중국 소재 고구려 유적과 유물 I

압록강 중상류 1 환인

표지 사진 | 환인 오녀산성 전경 © 동북아역사재단

중국 소재 고구려 유적과 유물 Ⅰ

압록강 중상류 1 환인

THE KINGDOM OF KOGURYO RUINS AND ARTIFACTS IN CHINA

| 동북아역사재단 편 |

• 이 책은 2018년 동북아역사재단 연구용역 수행 결과물임.

책머리에

압록강 중상류를 비롯해 중국 동북지역에는 고구려 유적과 유물이 무수히 산재해 있다. 이러한 유적과 유물은 고구려사를 연구하고 한국사를 체계화하는 데 매우 중요한 자료일 뿐 아니라, 모든 인류가 공유해야 할 소중한 문화유산이기도 하다. 그런데 아쉽게도 이와 관련된 각종 보고서나 연구논저가 여러 학술지에 산재해 있거나 절판된 경우가 적지 않아 관련 연구자나 역사에 관심 있는 일반인들이 이용하는 데 많은 어려움을 겪고 있다. 이에 동북아역사재단에서는 2007년부터 중국 소재 고구려 유적·유물을 집대성하여 DB를 구축하는 사업을 추진하였다.

본 연구팀도 이 사업에 참여하여 DB 구축에 필요한 기초자료를 정리하는 과제를 수행하였다. 2007~2008년에는 고구려 발흥지인 압록강 중상류, 2009~2011년에는 두 번째 도성이었던 통구분지(집안분지), 2012~2014년에는 요동반도와 요하·송화강·두만강 유역 등에 분포한 유적과 유물을 정리하였다. 이어 2015~2016년에는 2007년 이후 새롭게 조사된 유적에 대한 정리 작업을 진행하였다. 이를 통해 고분군 246곳, 개별 고분 269기, 성곽 301곳, 성곽의 개별 유구 31기, 기타 유적 40곳, 개별 유물 84개 등 총 971건의 유적과 유물을 정리하였다.

그런데 이렇게 정리한 기초자료를 토대로 DB를 구축한 결과, 각 지역별 '개관'이나 각 유적의 '역사적 성격' 등 종합적인 서술 부분을 모두 DB로 전환하는 데는 상당한 애로가 따르는 것으로 확인되었다. 또한 연구자나 일반인들이 각 유적의 전체 현황을 일목요연하게 파악하는 데도 많이 불편하다는 문제점이 제기되었다. 이에 2018~2019년에 기존의 DB 구축용 기초자료를 재정리하여 책자 형태로 출간하는 사업을 진행하였다.

본 연구팀은 연구과제를 체계적으로 수행하기 위해 각 유적·유물을 고분, 성곽, 기타 유적, 개별 유물 등으로 분류한 다음, 관련 전공자로 연구팀을 구성하였다. 연구 책임자인 여호규는 과제를 총괄하면서 성곽을 담당하였고, 강현숙은 고분, 백종오는 유물 등을 담당하면서 각 권의 개관과 유적의 역사적 성격을 집필하였다. 김종은(고분), 이경미(성곽), 정동민(고분과 성곽), 한준영(유물)은 각종 보고서와 연구논저의 서술 내용을 1차 정리하는 작업을 담당하였다. 나유정과 노윤성은 출간 사업에 참여하여 원고 교정과 지도 제작 등을 담당하였다.

이 작업에서 본 연구팀은 중국 소재 고구려 유적과 유물을 체계적으로 정리하여 집대성하는 데 가장 주안점을 두었다. 이를 위해 먼저 각종 보고서와 연구논저, 지도와 지지(地誌), 보도자료, 답사자료 등을 광범위하게 수집하였다. 그런 다음 각 유적별로 조사 현황, 위치와 자연환경, 유적의 전체 현황, 유구별 현황(또는 성벽과 성곽시설, 성내시설과 유적), 출토유물, 역사적 성격, 참고문헌 등의 항목을 설정해 각 유적의 조사 현황과 연구성과를 체계적이고 통일성 있게 정리하고자 노력하였다.

이러한 작업을 통해 본 연구팀은 A4 약 1만 매에 이르는 DB 구축용 기초자료를 확보하였다. 이를 바탕으로 책자 형태의 출간 사업을 진행하여 압록강 중상류 3권(Ⅰ-Ⅲ), 통구분지 3권(Ⅳ-Ⅵ), 요동반도-요하-송화강-두만강 유역 4권(Ⅶ-Ⅹ) 등 총 10권으로 구성하였다. 각 권의 서두에는 개관을 설정하여 각 지역별 전체 현황을 서술하는 한편, 시·현 행정구역이나 유적군을 단위로 각 권의 부(部)를 설정해 유적의 현황을 정리하고 역사적 성격을 서술하였다.

이상의 과정을 거쳐 출간하게 된 본 시리즈는 중국 동북지역에 산재한 고구려 유적과 유물을 체계적으로 집대성한 최초의 성과라 할 수 있다. 이러한 점에서 본서의 발간은 고구려 유적·유물에 관한 방대한 정보를 체계적으로 제공하여 고구려사 연구기반을 확충하는 한편, 이를 활용한 다양한 역사 콘텐츠 개발 및 일반 국민의 역사인식 제고에도 크게 기여할 것으로 기대된다.

본서는 동북아역사재단의 중장기적인 지원 덕분에 발간될 수 있었다. 김현숙 연구위원께서는 본 과제를 처음 기획하여 중장기 사업으로 추진할 수 있는 토대를 놓았고, 이성제 연구위원께서는 2011년부터 본 과제를 담당하여 각종 실무적인 뒷받침을 해주었는데, 이에 깊이 감사드린다. 그리고 2007년 이래 본 과제를 물심양면으로 성원해주신 김용덕, 정재정, 김학준, 김호섭, 김도형 역대 이사장님들과 이영호 이사장님께도 깊이 감사드린다. 아울러 난삽한 원고와 각종 도면을 깔끔하게 정리하여 산뜻한 책으로 꾸며주신 출판 관계자 여러분들께도 깊이 감사드린다.

2021년 10월 15일
연구팀을 대표하여 여호규

일러두기

1 중국의 간체자는 모두 우리식 한자로 수정하고, 음도 우리식 한자음으로 표기했다.

2 한자 용어는 가능한 한글 표현으로 풀어쓰고자 했으나, 의미 전달을 고려하여 그대로 노출하여 사용하거나 한글과 병기하기도 하였다.

3 기원전은 연도에 각각 표기했고, 기원후 혹은 서기는 생략했다.
〈예〉 기원전 45－기원전 12년 / 기원전 2－2세기 / 3－4세기

4 참고문헌은 오래된 연도부터 배열했고, 같은 연도에서는 가나다 순으로 배열했다.

5 유적 명칭은 공식 보고서나 『중국문물지도집』을 기준으로 '시·현+유적명'으로 표기하고, 이칭이 있는 경우 병기하였다. 다만 '등탑 백암성'처럼 국내에 널리 통용되는 명칭이 있는 경우 이를 따랐다. 같은 시·현에 명칭이 같거나 유사한 유적이 있는 경우, 향·진이나 촌을 표기하여 구분하였다. 지명 이외의 유적명은 한 단어로 보아 붙였다.
〈예〉 수암 조양향 고려성산산성 / 수암 합달비진 고려성산산성 / 관전 대고령지후강연고분군 / 수암 마권산성내고분군

6 유적 위치도는 각종 보고서의 도면을 집성하여 제시하였고, 정확한 위치를 파악한 경우에는 '만주국 10만분의 1 지형도'에 표기하였다. 아울러 『중국문물지도집』 길림분책(1993)과 요령분책(2009)에 실린 유적 위치를 구글 지형도(2020년 1월 기준)를 활용하여 제시하였다.

7 지도의 기호는 다음과 같이 사용했다. 단, 자체 범례를 가진 지도는 이에 해당하지 않는다.

산 : △	산성 : ▲	평지성 : ■	관애 : ▬
장성 : ⎍⎍	고분 : ⏏	기타 유적 : ●	
시·현 : ⦿	향·진 : ◎	촌 이하(촌·둔·동) : ○	

차례

책머리에 5
일러두기 7

제1부 압록강 중상류 편 개관

1. 고분군과 고분
1) 머리말 11
2) 고분군의 분포양상 13
3) 고분의 시공적 양상 22
4) 맺음말 26

2. 성곽
1) 머리말 28
2) 조사현황 29
3) 성곽의 입지와 유형 32
4) 축성방식과 성곽시설 36
5) 도성의 방어체계와 압록강 수로 운영 42
6) 맺음말 49

3. 유물
1) 머리말 50
2) 지역별 유물 출토 사례 50
3) 유물의 분류와 시기별 특징 62
4) 맺음말 68

제2부 환인현(桓仁縣) 지역의 유적과 유물

1. 고분군과 고분
01 환인 대리수구고분군 桓仁 大梨樹溝古墳群 73
02 환인 대전자청동단검묘 桓仁 大甸子靑銅短劍墓 83
03 환인 봉명석실소토묘 桓仁 鳳鳴石室燒土墓 89
04 환인 오도하자고분 桓仁 五道河子古墳 91
05 환인 채아보고분 桓仁 蔡我堡古墳 94
06 환인 망강루고분군 桓仁 望江樓古墳群 96
07 환인 대협판구고분 桓仁 大夾板溝古墳 106
08 환인 고력묘자고분군 桓仁 高力墓子古墳群 108
09 환인 상고성자고분군 桓仁 上古城子古墳群 127
10 환인 양가가고분군 桓仁 楊家街古墳群 132
11 환인 동선영고분군 桓仁 董船營古墳群 135
12 환인 연합고분군 桓仁 聯合古墳群 138
13 환인 만만천고분군 桓仁 灣灣川古墳群 141
14 환인 미창구고분군 桓仁 米倉溝古墳群 144
15 환인 대청구고분군 桓仁 大靑溝古墳群 166
16 환인 사도령자고분군 桓仁 四道嶺子古墳群 169
17 환인 천리고분군 桓仁 川里古墳群 171
18 환인 대황구고분군 桓仁 大荒溝古墳群 173
19 환인 대파고분군 桓仁 大把古墳群 175
20 환인 대전자고분군 桓仁 大甸子古墳群 178
21 환인 대전자서고분군 桓仁 大甸子西古墳群 181
22 환인 풍가보자고분군 桓仁 馮家堡子古墳群 183
23 환인 용두산고분 桓仁 龍頭山古墳 193
24 환인 사도하고분군 桓仁 四道河古墳群 195
25 환인 왕의구고분군 桓仁 王義溝古墳群 196
26 환인 산두자1호묘 桓仁 山頭子1號墓 198

2. 성곽

01 환인 오녀산성 桓仁 五女山城　　201
02 환인 하고성자성 桓仁 下古城子城　　435
03 환인 나합성지 桓仁 喇哈城址　　451
04 환인 마안산성 桓仁 馬鞍山城　　455
05 환인 고검지산성 桓仁 高儉地山城　　458
06 환인 성장립자산성 桓仁 城墻砬子山城　　493
07 환인 와방구산성 桓仁 瓦房溝山城　　497
08 환인 북구관애 桓仁 北溝關隘　　501
09 환인 동고성자유적 桓仁 東古城子遺蹟　　505
10 환인 수허산성 桓仁 愁虛山城　　508

3. 유물

01 청동제도끼 銅斧　　511
02 청동제꺾창 銅戈　　512
03 철제솥 鐵鍋　　513
04 철제화살촉 鐵鏃　　514
05 철제화살촉 鐵鏃　　515
06 철제화살촉 鐵鏃　　516
07 철제화살촉 鐵鏃　　517
08 철제화살촉 鐵鏃　　518
09 철제화살촉 鐵鏃　　519
10 철제화살촉 鐵鏃　　520
11 철제화살촉 鐵鏃　　521
12 철제화살촉 鐵鏃　　522
13 철제화살촉 鐵鏃　　523

제1부

압록강 중상류 편
개관

1. 고분군과 고분

1) 머리말

압록강 중상류 유역과 그 지류인 혼강 유역 일대는 중국의 행정구역에 따르면 요령성 환인현과 신빈현, 길림성 통화시와 통화현, 집안현, 백산시와 임강시(구 혼강시), 장백현 일대를 포함한다. 이 지역은 고구려가 형성되고 성장을 거듭하였던 곳으로, 적석총부터 봉토석실분에 이르기까지 고구려 전 시기의 고분이 분포하고 발해의 무덤도 자리해서, 고구려의 형성과 발전 및 멸망 후의 역사를 이해하는 데 있어서 중요한 곳이다.

이 지역의 최대 고분군은 집안 통구분지이며, 통구분지를 제외하고 압록강 중상류 유역에서 확인된 고구려 고분군은 집안시에서 82곳, 구 혼강시인 백산시와 임강시에서 15곳, 장백현에서 9곳이 확인되었다. 혼강 유역에서는, 환인현에서 26곳, 통화현과 통화시에서 28여 곳의 고구려 고분군이 확인되었고, 향후 조사에 따라 유적은 더 늘어날 것이다. 한편, 혼강 지류인 부이강 유역의 신빈현과 환인현에서는 고분의 보존상태가 양호하지는 않지만, 고구려 적석총과 유사한 방식으로 축조된 청동기시대 말이나 초기철기시대에 해당되는 돌무덤들이 조사되어서 적석총의 연원과 결부지어 설명되기도 한다.[1]

집안 통구분지를 제외하고, 압록강 중상류 유역과 혼강 유역에서 알려진 고구려 고분은 적게는 수 기에서 십수 기 혹은 수십, 수백 기씩 무리지어 분포한다. 무리를 이루는 무덤은 특정 형식의 적석총끼리 모여 있거나, 또는 서로 다른 몇 개의 형식이 함께 모여 있으며, 많은 수의 무덤이 모여 있는 경우 적석총부터 봉토석실분에 이르기까지 고구려 전 시기의 고분이 함께 하기도 하며, 그중에는 발해 무덤이 자리하기도 한다.

그러나 이 일대 고구려 고분군의 대부분은 방치되어 심각하게 훼손되었거나, 충분한 조사과정 없이 댐에 의해 수몰되기도 하였고, 소개된 고분군도 지표조사에서 확인된 경우가 많아서 고분의 내용에 대해서는 자세히 알기 어렵다. 설사 발굴조사를 거친 고분군의 경우에도 선택적인 조사로 인하여 고분의 전반적인 내용을 이해하는 데 한계가 있다. 특히 압록강 중상류나 혼강 유역은 고구려의 형성 전후 상황뿐 아니라 초기 사회를 이해하는 데 있어서 중요한 지역이므로 이 일대 고분 자료를 축적할 필요가 있는 곳이기도 하다.

---

1   李新全, 2009, 「遼東地區積石墓的演變」, 『東北史地』 2009-1, 3~9쪽.

지도 1 압록강 중상류의 고구려 적석총 분포도(여호규, 2014)

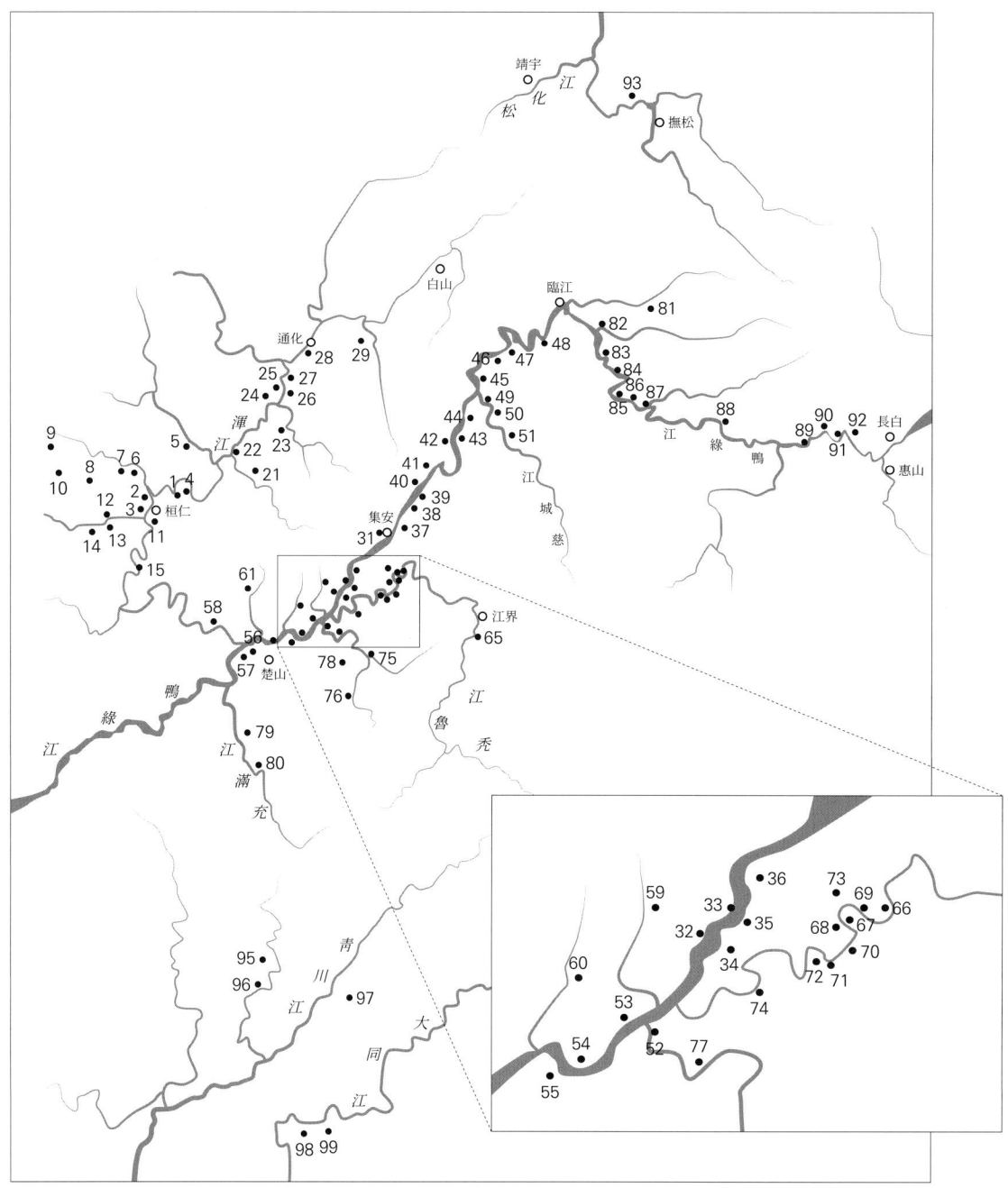

[渾江 유역] 1.高力墓子 2.上古城子 3.望江樓 4.連江村 5.大荒溝 6.楊家街 7.五道河子 8.馮家堡子 9.川里 10.蔡我堡 11.董船營 12.灣灣川 13.聯合 14.大靑溝 15.大把 21.橫路九隊 22.母背嶺 23.潘家街 24.繁榮 25.下龍頭 26.南頭屯 27.江沿村 28.萬發撥子 29.向陽村

[압록강 중류 유역] 31.涌溝 일대 32.下活龍 33.上活龍 34.남상리 35.고산리 36.분토 37.미타동 38.별오리 39.문악리 40.長川 41.蒿子溝 42.良民 43.조아리 44.서해리 45.연풍리 46.토성리 47.장성리 48.호하리 49.법동리 50.신풍동 51.송암리 52.舍長里 53.老虎哨 54.地溝·弓獠川·楡林河河口 55.新川洞 56.운평리(운해천동) 57.연무리 58.古馬嶺 59.太平溝 60.大高力墓子·小高力墓子 61.高地 65.공귀리 66.심귀리 67.남파동 68.내평 69.간평 70.풍청리 71.하천장 72.연상리 73.미타골 74.연하리 75.양강동 76.용연동 77.만호동 78.덕암동 79.관평리 80.동서리

[압록강 상류 유역] 81.賈家營 82.長川 83.砬臺 84.東甸子 85.西馬鹿泡子 86.龍崗 87.七道溝 88.十二道溝 89.安樂 90.干溝子 91.良種場 92.金華

[松花江 상류 유역] 93.新安村

[청천강-대동강 상류 일대] 95.용호동 96.상초리 97.소민리 98.묵방리 99.봉창리

2) 고분군의 분포양상

압록강 중상류 유역과 혼강 유역에서 조사된 고구려 고분은 크게 적석총과 봉토분으로 나눌 수 있지만, 그 세부 형식에서는 매우 다양한 양상을 띤다. 따라서 어느 한 기준으로 고분의 다양한 양상을 다 포괄하여 설명하기 어렵다. 더욱이 발굴조사로 분구와 매장부 구조가 정확히 파악되지 않은 경우 지표조사만으로 고구려 고분을 설명하기 쉽지 않을 뿐더러, 설사 조사되었다고 해도 매장주체부가 분구 가운데 위치한 고구려 적석총의 구조적 특징상 고분으로부터 얻을 수 있는 자료는 제한적이다. 특히 소형분의 경우 잔존상태에서 원래 모습을 추적하는 데에는 한계가 있다. 다만, 가시적으로 드러나는 분구의 축조재료를 기준으로 적석총과 봉토분, 기단봉토분은 어느 정도 파악할 수 있으며, 발굴조사를 거치지 않았더라도 잔존상태만으로 적석총과 봉토분의 구별이 불가능한 것은 아니어서 고분의 대강을 이해하는 데 있어서 커다란 장애가 되지는 않는다.

먼저, 적석총은 분구 형태와 축조상태를 기준으로 무기단과 기단, 계단으로 구분하는데, 판단의 기준은 석재의 종류, 대형 석재의 사용 여부, 석재의 가공 정도이다. 즉 무기단과 기단의 경우 네 모서리에 커다란 돌이 방형 평면을 유지하였는지 여부가 기준이 되며, 기단과 계단의 경우 안으로 들여쌓아 올려 형성된 층단 여부가 판단 기준이 된다. 그럼에도 불구하고 분구의 일부만 잔존하거나 가공하지 않은 작은 돌을 뉘어서 쌓아올려 단을 형성한 경우 기단과 계단의 구분이 쉽지 않다. 커다란 석재는 후대에 재사용하기 위해 빼내어 간 경우가 왕왕 있어서 외형 판단이 어려운 경우도 있다. 이렇기 때문에 훼손 정도가 심하여 분구 형태를 판별하기 어려운 경우 적석총으로, 그리고 외형 식별이 어느 정도 가능한 경우에는 외형에 반영된 사회적 의미나 시간에 따른 축조기술의 발전을 고려하여 무기단, 기단, 계단으로 나눌 수 있다.

적석총의 매장부는 봉토분과 달리 석광, 광실, 석실로 보고되나 발굴조사가 이루어지지 않은 상태에서는 구조를 파악하기 쉽지 않다. 매장방식도 다양하여 분구 내에 한 기의 매장부만 있는 무덤도 있지만, 분구 내에 매장부가 여럿 있는 다곽식 혹은 합장이 가능한 횡혈식 구조의 매장부가 동일 분구 내에 둘 이상 있는 異穴合葬, 그리고 분구의 한 변을 잇대어 무덤이 조성된 串墓(연접묘) 등 다양하다. 그러나 잔존하고 있는 분구의 함몰상태만으로는 석광이나 광실의 구별이 가능하지 않다. 석실의 경우 분구 가운데 함몰부에서 비교적 커다란 천정석이나 벽석의 일부가 확인되거나, 분구 중간에 묘도로 판단되는 空洞이 확인되는 경우 어느 정도 석실로 판단 가능하다.

봉토분은 주로 방형 평면으로, 원래는 방추형의 뾰족한 꼭대기가 둥글어진 截頭方錐形이거나 소형분 중에는 圓丘상의 원형분도 있었을 것이다. 한편, 봉토분으로 판단한 무덤 중에는 분구의 흙이 흘러내리면서 기단을 덮은 기단봉토분도 있을 것이다. 기단봉토분은 돌로 기단을 돌린 후 내부를 돌을 채우고 그 위에 매장부를 만들고 흙을 덮어 마감한 것이다. 대형분의 경우 봉토가 흘러내려 기단을 덮고 있음이 발굴조사로 확인되었지만, 육안으로 기단 여부를 판단하기 어렵다. 현재 보고된 기단봉토분은 대개 대형분에 속하나, 중국 측 보고에 따르면 중·소형분 중에도 기단봉토분이 있을 개연성이 있다. 이러한 기준으로 혼강과 압록강 중상류 일대 고구려 고분군의 양상을 살펴보고자 한다.

(1) 혼강 유역 고분군

① 환인현 일대

혼강 유역의 고분은 혼강의 본류를 중심으로 환인현 일대와 통화현과 통화시 일대로 나누어볼 수 있다.

환인현 경내의 고분군 중 발굴조사되어 그 내용을 알 수 있는 고분은 극히 일부에 불과하지만, 적석총, 봉토분, 벽화분 등을 통하여 고구려 형성 전과 직후, 그리고 국내 천도 후 환인 일대의 모습을 살펴볼 수 있다.

환인현의 고구려 고분은 혼강 본류와 서쪽에서 동남쪽으로 흘러 혼강으로 유입되는 지류 유역의 주변 대지와 계곡에 분포한다. 혼강 본류에는 환인댐에 수몰된 고력묘자, 연강향과 장강 고분군을 위시하여, 봉명, 망강루, 사도령자, 대파, 대협판구 고분군 등이 자리한다. 혼강으로 유입되는 지류인 부이강과 혼강이 합류하는 대지와 계곡에서는 왕의구, 산두자, 대황구, 대리수구 고분이, 환인현은 아니지만 부이강 유역의 신빈 왕청문유적이 알려졌다. 육도하 유역은 상류로 거슬러 올라가면서 상고성자, 양가가, 오도하자, 사도하, 대전자, 채아보, 천리 고분군이 자리하며, 화래진에서 풍가보자고분군이 조사되어 일부 보고되었다. 아하 유역에서는 미창구, 동선영, 연합, 만만천, 대청구 고분군이 확인되었다(표 1).

먼저, 고구려 형성 전후의 상황을 보여주는 고분군으로 신빈 왕청문, 환인 대전자,[2] 채아보, 풍가보자, 왕의구, 망강루 고분군을 들 수 있다. 이 무덤들에서는 묘실 내에서 행한 화장 흔적과 함께 청동기, 철기, 전·후한대 화폐 등이 출토되었다. 특히 적석총은 아니지만 왕청문의 지하묘광을 가진 대석개묘에서는 동병철검이, 대전자에서는 청동단검이 출토되어서 고구려 건국 전의 상황을 보여준다.

망강루고분군은 6기로 이루어졌다. 무덤은 산비탈을 약간 파거나 지면 위에 매장부를 만든 후 그 위에 돌을 덮어 매장을 마감한 적석총으로, 분구는 울타리 쌓듯이 돌무지 외연에 돌을 세워 축조한 계장식무기단적석총이다. 도굴로 인해 1971년 수습조사가 진행되었고, 2004년에 재조사가 실시되었다. 여기서 수습된 금제귀고리, 유리귀고리, 차축 등의 유물은 서풍 서차구나 길림 유수 노하심 중층의 목곽묘에서 출토된 것과 유사해서 고구려 건국 초의 무덤으로 보고 있고, 동명왕릉으로 비정되기도 하였지만,[3] 고고학적으로 아직 증명되지 않았다.

고구려 초기의 모습은 상고성자고분군에서 잘 드러난다. 상고성자고분군은 1960년대 초반까지만 해도 200여 기의 고분이 확인되었다고 하지만, 1988년 조사에서는 27기만 확인되었고 대다수가

---

[2] 대전자 만구둔촌에서는 청동단검이 부장된 대석개석관묘와 떨어져 봉토분으로 이루어진 두 개의 고분군이 확인되었다. 청동단검이 부장된 대석개석관묘는 산기슭에서, 봉토석실분은 충적대지에서 확인되었다. 2008년 9월 조사 시 충적대지에서는 봉토분 외에도 원구식과 기단적석총이 확인되었는데, 『환인만족자치현문물지』에서는 봉토분만 소개하고 있다.
曾昭藏, 齊俊, 1981, 桓仁大甸子發現靑銅短劍墓, 遼寧文物 1981-2 ; 桓仁滿族自治縣文物志編纂委會, 1990, 『桓仁滿族自治縣文物志』.

[3] 張福有, 2007, 『高句麗 王陵統監』, 2~14쪽.

표 1 환인현 경내의 고분군

분포	고분군	계
혼강 본류 유역	고력묘자, 연강향, 장강(이하 환인댐 수몰지), 망강루, 봉명, 대파, 대협판구, 사도령자	8
육도하 유역	양가가, 오도하자, 채아보, 대전자, 천리, 풍가보자, 상고성자, 사도하, 용두산	9
아하 유역	연합, 만만천, 미창구, 동선영, 대청구	5
부이강과 혼강 합류 유역	대황구, 대리수구왕의구, 산두자, 왕청문(신빈)	5

파괴되었다고 한다. 상고성자고분군은 무기단, 기단 적석총으로 이루어져 이른 시기에 조성되었으며, 존속기간도 그리 길지 않은 고구려 초기 고분군으로 비정된다. 따라서 인근의 하고성자성을 졸본성으로 비정하는 근거가 되기도 하지만, 하고성자성을 졸본성으로 비정하게 되면 〈광개토왕릉비〉와 부합하지 않는 문제가 있다. 현재 상고성자고분군은 오녀산성과 함께 유네스코 세계유산으로 지정되어 관리되고 있지만, 고분에 인접한 땅이 밭으로 이용되고 있어서 상당수 원형을 잃거나 훼손되고 있다.

고력묘자고분군은 환인현 내에서 알려진 대규모 고분군이라고 할 수 있다. 이 고분군은 혼강을 사이에 두고 오녀산성과 마주하여, 이 일대에 있는 나합성지를 초기 평지성인 졸본성으로 보는 근거를 제공하기도 하지만 나합성지와 졸본성의 관계 또한 고고학적 증거는 확실하지 않다. 고력묘자고분군은 1956년과 1958년 그리고 1964년에 조사된 이래 환인댐에 수몰되었고, 이후 갈수기에 드러난 고분을 1994년에 다시 조사하였다. 조사 결과 고력묘자고분군은 이른 시기의 무기단적석총부터 기단, 계단 적석총에 이르기까지 여러 형식의 적석총과 함께 봉토분이 확인되어 거의 고구려 전 기간에 걸쳐 조성된 고분군임이 밝혀졌다. 특히 적석총 중에는 다곽식과 단곽식 무덤이 서로 연접되어 줄지어 자리하면서 분지되어 가기도 하여 혈연에 기초한 집단묘역으로 볼 수 있다. 또한 집안 일대의 이른 시기 적석총과 마찬가지로 熔石이라고 하는 불에 녹은 돌들이 확인되어서, 환인 일대에서도 무덤 매장부에서 행한 화장 즉 번소의식이 행해진 것으로 추정된다.

연강향고분군은 고력묘자고분군의 서북쪽 2.5km 거리에 자리한 고분군으로, 고력묘자고분군과 함께 환인댐에 수몰되었다. 고분의 구체적인 정황은 알려지지 않았으나, 북한과 중국의 공동 발굴조사 보고에 진식대금구의 과판과 과판 수하식이 보고된 바 있다.[4] 진식대금구로 미루어 4세기 중엽 이 일대에 유력집단이 존재했을 가능성을 타진해볼 수 있다.

환인 일대에서 5세기대 유력자의 모습을 보여주는 것은 미창구고분이다. 이 고분은 1954년에 도굴로 알려진 이래 방치되었다가 1984, 1987, 1989, 1991년 네 차례에 걸쳐 조사가 행해졌다. 미창

---

[4] 주영헌, 1966, 『중국동북지방의 고구려 및 발해유적 답사보고』, 17~19쪽.

구고분군은 1호분을 중심으로 반경 50m 내외 범위에 봉토석실분 10여 기가 분포한다. 미창구1호분은 방대형의 봉토석실분으로, 석실은 현실과 연도 좌우의 측실로 구성되었으며 벽면 전체에 회를 바르고 그림을 그려 넣은 벽화분이다. 벽화의 주된 내용은 연꽃과 王字 등 장식무늬이다. 무덤의 규모와 벽화 내용으로 미루어 왕족이나 귀족의 무덤으로 보고 있는데, 그 주인공에 대해서는 발기묘, 주몽과 왕후의 천장묘, 고국원왕묘 등 여러 견해가 있지만, 무덤의 시간적 위치와 잘 부합되지는 않는다.

이외에도 대리수구고분군은 고구려 형성 전인 청동기 단계의 석관묘로, 청동단검이 출토된 대전자무덤과 비슷한 성격으로 보인다. 채아보, 오도하자 유적이나 구조를 알 수 없는 대협판구고분은 청동 화살촉과 방울, 중국 한대 화폐 등의 유물이 출토되어 망강루고분군과 유사한 성격을 가진 것으로 추정된다. 한편, 천리고분군은 대다수가 적석총이며 그중에는 석붕형 석실을 가진 것도 포함되어 있어서 무덤의 시기 판단이 과제로 남는다. 대파고분군에서는 기단적석총이 확인되었으며, 대황구고분군은 소형의 무기단, 기단 적석총으로 이루어졌다. 대청구, 연합, 동선영, 만만천, 양가가 고분군은 기단적석총과 계단적석총이 함께 있는 고분군으로 알려져 있다. 그러나 이 고분들에 대한 체계적인 발굴조사가 이루어지지 않아 그 내용은 확실히 알 수 없다.

② 통화시, 통화현 일대

통화현과 통화시는 혼강 중류에 자리하며, 서쪽으로는 환인현, 남쪽으로는 집안현, 동쪽으로는 혼강시와 접한다. 이 일대에는 30여 곳에 석붕, 적석총, 봉토석실분 등이 분포한다고 하지만, 상당수의 고분군은 조사되지 않은 채 고분의 대다수가 파괴되었거나 훼손 정도가 심하여 내용 파악이 어렵다.

고분은 혼강 본류와 혼강으로 유입되는 지류 유역에 분포한다. 통화현 일대에서는 강연, 녹장, 번영, 신개, 하룡두, 만발발자 외에도 강구, 고석만, 공가가, 광화, 민화, 만만천, 용강후, 우가구, 이가점, 입봉, 주도목, 서강, 서산남파, 금주, 태평, 동강, 석호, 승리, 태평 고분군과 남두둔, 향양촌 고분군이 고구려 고분군으로 알려졌다.

통화현과 통화시의 고분은 크게 적석총과 봉토분으로 나눌 수 있다. 강연고분군과 향양촌고분군은 적석총과 봉토분으로 구성되어 있지만, 대개는 적석총끼리 혹은 봉토분끼리 구성되어 있으며 적석총으로 구성된 고분군보다는 봉토분으로 구성된 고분군이 더 많다. 그러나 이 일대에서 적석총부터 봉토분에 이르기까지 고분들이 지속적으로 축조되었는지, 시간적 단절이 있었는지는 알 수 없다.

적석총으로 구성된 고분군으로는 남두둔, 하룡두 고분군이 있다. 이 두 고분군은 무기단에서 기단, 계단, 석실 적석총에 이르기까지 여러 형식의 적석총으로 구성되었다는 점이 공통된다. 녹장, 번영, 신개, 동강, 강구 고분군은 봉토석실분으로 이루어졌고, 이외에도 석호, 승리, 태평, 금주 고분군이 봉토동실묘 또는 봉토석실묘로 구성되어 있다. 한편, 청동기시대에 해당하는 고분군으로는 토광묘가 확인된 서강고분군과 석붕이 확인된 입봉고분군이 있어서 이들 무덤과 적석총과의 관련 여부가 과제이다. 마찬가지로 강남 활설장고분은 봉토석실분인데, 출토유물로 미루어 발해시기로 비정되어서 봉토분으로 이루어진 고분군과의 관계를 추후 살펴보아야 한다.

이 일대에서 가장 주목을 받는 유적은 만발발자유적이다. 이 유적은 신석기시대부터 명대에 이르는 장기간에 걸쳐 조성된 유적으로, 무덤은 토광묘, 석관묘, 석곽석관묘와 대석개묘, 석개적석묘, 무기단적석총과 계단적석총 등 청동기시대에서 고구려에 걸쳐서 다양한 형식의 고분이 조사되었다. 보고서에 의하면,[5] 토광묘와 토광석곽묘는 춘추전국, 석곽석관묘는 전국 중·만기의 무덤으로 다인, 다차의 화장무덤이며, 대개석묘는 전국 만기에서 한대 초에 걸친 무덤으로, 묘실 내에서 화장이 행해졌다고 한다. 대개석적석묘는 대개석묘 위에 돌을 덮어 이중으로 봉한 고구려 적석총과 대개석묘와의 과도기 묘제로, 무기단적석총과 병존하는 것으로 보고 있으며 그 시기는 기원전 2세기~기원전 1세기로 비정한다. 한편, 계단적석총은 魏晉시기로 비정하여 고구려 초기 무덤들과 시간적 공백이 있지만, 多人火葬을 근거로 초기 유적과 고구려의 계단적석총을 연결시켰다.

이처럼 만발발자유적에서 여러 시기에 걸쳐 조성된 무덤 가운데 대석개묘, 석개적석묘, 석곽관묘에서 고구려의 무기단적석총과 마찬가지로 화장이 관찰된 것에 근거하여, 만발발자의 춘추전국시대 다인합장의 토광묘와 토광석곽묘, 토광석곽석관묘는 서단산문화의 영향을 받은 예계 문화이며, 전국시대 말에서 전한 초를 거치면서 출현한 화장을 한 대석개묘, 대석개적석묘와 적석묘는 맥계의 무덤으로 보아서 맥계 묘제와 예계의 요소가 결합하면서 고구려 적석총으로 발전하였다고 보기도 한다.[6]

(2) 압록강 중상류 유역 고분군

압록강 중상류 본류 일대의 고분은 여러 지역에 걸쳐 분포한다. 집안현 내의 고분은 압록강 본·지류 유역의 고분과 압록강 수계는 아니나 노령산맥에서 발원하여 혼강으로 흘러가는 신개하와 위사하 수계의 고분군으로 나눌 수 있다. 임강, 장백 일대의 고분은 중상류 유역의 고분으로 묶어서 살펴보고자 한다.

① 집안시(현) 일대

집안현 내의 고분군은 압록강 중류 본류와 지류 그리고 노령산맥에서 발원하여 혼강으로 들어가는 신개하, 위사하 유역으로 나누어 분포한다. 통구분지의 고분군을 제외하면, 유수림하와 신개하 일대가 고분 분포밀도가 높은 편이나, 대개는 비슷한 정도의 밀도를 보인다(표 2).

압록강 중류 본류 연안의 고분군으로는 장천고분군, 호자구고분군, 하투고분군과 운봉댐에 수몰된 양민, 석호, 추피 고분군이 있다. 그중 장천고분군은 하곡을 사이에 두고 양쪽으로 구릉의 정상부부터 말단부에 이르기까지 고분이 자리한다. 확인된 고분은 적석총과 석실봉토분, 석실봉토벽화분에 이르기까지 여러 형식이 군을 달리하며 분포한다. 구릉의 중턱과 상부에는 대형분이 분포하며, 하곡

---

5 吉林省文物考古硏究所·通化市文物管理辦公室, 2019, 『通化萬發撥子遺址考古發掘報告』.

6 王綿厚, 2005, 「고구려문화와 중국 동북 예맥계 청동문화의 연원관계」, 『고구려와 동아시아 – 문물교류를 중심으로』, 고려대학교박물관·고려사학회 국제학술심포지움 14.

표 2 집안현 내의 고분군

수계		고분군	계
압록강 중류	본류	장천, 호자구, 하투, 양민, 석호, 추피	6
	통구하	산성촌, 양차, 대천구남천, 두도양차, 석묘자, 초가구(통구고분군 제외)	6
	태평구하	자홍, 흥농, 흥농교, 태평구, 오도령구문, 피덕기둔, 사구령, 대양목간자, 하활룡, 상활룡, 대유수	11
	유수림하	지구문, 치안, 하조구, 부흥, 사도구문, 양자구, 향양, 대주선구, 소고려묘구, 대고려묘구, 영수, 노호초, 관문립, 지구, 동구, 하동구	16
	외차구하	대동구, 노방구, 대양차, 소양차, 파보촌, 고지, 정의촌, 칠개정자, 대로촌, 만구문, 석청구	11
혼강		고마령, 고마령강구, 고려묘구	1(3)
신개하		판차구, 대양구, 소청구, 유가포자, 요지구문, 삼도양차, 황차구문, 화전자, 횡로구대, 동차구문, 합당촌, 재원, 신건, 마제구, 쌍홍, 보마, 모배령, 소방자구, 쌍차육대, 금가, 묘서, 요영자	22
위사하		반가가, 홍석립자, 종가, 대천, 청구자, 양목교자	6

을 경계로 한쪽 구릉에는 계단적석총과 기단봉토분이, 다른 쪽 이어지는 구릉의 중·상부에는 석실봉토벽화분이 한 기씩 자리한다. 구릉의 말단부와 동서로 좁고 길게 뻗은 하곡분지에는 중·소형 적석총 120여 기가 밀집되어 있으며, 기단과 계단 적석총이 다수이다.

호자구고분군의 7기 중 1호분을 제외한 나머지 고분들은 파괴가 심하다. 1호분은 계장식으로 축조한 석광적석총으로 한 변 길이 동서 35m, 남북 35m, 잔존높이 2.5m의 대형분이다. 적석분구와 불에 탄 기와와 용석, 기단 버팀석 등이 확인되었는데, 이러한 양상은 집안 통구의 고구려 왕릉으로 비정되는 초기 적석총[7]과 유사하여 호자구1호분을 동천왕릉으로 비정하기도 하였다.[8] 호자구1호분이 동천왕릉이라는 입장에서 양민고성을 동천왕대 축조된 평양성으로 비정하였는데, 무덤에서 확인되는 기와는 대형분에서만 보이는 것이 아니고, 양민고성을 동천왕대의 평양성으로 볼 만한 고고학적 근거도 확실하지 않다. 따라서 호자구1호분의 동천왕릉 견해는 신중한 검토가 필요하다. 하투고분군은 봉토석실분 2기가 확인되었다고 하나, 현재 유적이 포도밭으로 개간되어 고분은 확인되지 않는다.

운봉댐에 수몰된 양민고분군은 건설을 위한 조사에서 170여 기의 고분이 확인되었다고 하나, 발굴조사를 거치지 않아서 그 내용을 알 수 없다. 다만, 2004년 갈수기에 드러난 고분 13기를 조사한 결과에 의하면, 고분군 대다수는 원구형의 무기단이나 계장식적석총이어서 비교적 이른 시기에 조성

---

7   中國吉林省文物考古研究所·集安市博物館, 2004, 『集安高句麗王陵-1990~2003年集安高句麗王陵調查報告』.

8   張福有·孫仁杰·遲勇, 2006, 「集安芦子溝墓地調查與東川王陵考」, 『東北史地』 2006-3.

된 고분군임을 알 수 있다. 봉토분은 적석총과 떨어져 자리한다. 추피고분군에서는 적석총 3기, 석호고분군에서는 14기의 고분이 확인되었으며, 다수는 적석총으로 둘레는 4~6m 정도로 보고되었다.

통구분지를 벗어난 두도양차, 양차, 산성촌 고분군은 1983년 조사 시 이미 심하게 파괴되어 그 내용이 자세하지 않다. 다만, 산성촌에서는 한 변 길이 6~15m 정도의 기단적석총 등 50여 기의 고분이 자리하며, 통구고분군 분류 시 제외되었던 두도양차고분군에서는 1983년 조사 시 비교적 양호한 상태의 기단적석총 8기가 확인되었다.

태평구하 유역의 고분군 중 가장 군집 규모가 큰 고분군은 태평구고분군이며, 그 외 고분군은 수십 기에서 십수 기로 구성되어 있다. 태평구고분군은 무기단, 기단, 계단 적석총부터 봉토분에 이르기까지 다양한 형식의 고분이 평지에 열상 분포한다. 무기단적석총은 한 변 3~6m의 소형이며, 기단적석총은 한 변 6~10m 정도로 3~4열 분포한다. 계단적석총은 기단적석총 사이에 자리하며, 매장부는 석실이고, 한 변 8~12m 규모이다.

적석총과 봉토분이 함께 있는 고분군으로는 이외에도 상활룡, 흥농, 피덕기둔 고분군이 있다. 상활룡고분군은 노호초수력발전소 건설을 계기로 하활룡고분군과 함께 조사되었다. 현재 하활룡고분군은 댐에 수몰되었다. 하활룡고분군에서는 34기의 적석총이 조사되었는데, 소형은 둘레 3~6m이며, 대형은 한 변 8~15m 규모이다. 상활룡고분군은 무기단, 계단 적석총과 봉토석실분으로 구성되었는데, 그중 봉토석실분인 4호분에서는 唐代의 청동거울이 출토되어 발해시기의 무덤으로 추정된다.[9] 이는 고구려 고분으로 보고 있는 봉토석실분 중에 고구려 멸망 이후에 조성된 고분이 포함되었음을 시사하는 자료이면서 고구려 멸망 이후 주민이 지속적으로 거주하였음을 시사한다.

오도령구문적석총은 무너져 내린 돌무지에서 퇴화형 세형동검과 동모, 동부, 동경, 도끼날형 철촉 2점이 출토된 것이 계기가 되어 조사된 무덤으로 계장식방형적석총으로 추정된다. 여기서 출토된 청동기는 기원전 3세기경으로 연대 비정이 가능하지만, 철촉은 시기가 내려와서 유적의 성격과 연대에 대해서는 여러 견해가 있다. 그렇지만 건국 이전 압록강 중류 유역에서의 고구려 형성과정을 이해할 수 있는 자료이다.

노령에서 발원하여 압록강으로 들어가는 유수림하 유역의 고분군 중 가장 고분이 밀집된 곳은 대·소고려묘자고분군이다. 이 고분군에서는 무기단, 기단, 계단 적석총과 봉토석실분 수백 기가 확인되었으나, 현재는 고분군 사이로 도로가 관통하면서 상당수의 고분이 파괴되었다. 대고려묘자고분군의 경우 적석총과 봉토분이 열상 분포하며, 봉토석실분 중에는 동일 분구 내에 석실 2~3개가 있는 同墳異穴合葬 무덤도 포함되어 있다. 반면 노호초고분군은 주로 봉토분으로 조성된 고분군으로, 노호초수력발전소 건설을 계기로 12기의 봉토석실분이 조사되었다. 석실은 횡구식과 횡혈식 두 종류이며, 횡혈식 구조의 경우 연도 위치는 중앙과 우편재 연도이다. 또한 동일 분구 내에 2기의 석실이 있는 동분이혈합장무덤도 있으며, 그중 7호분은 두 개의 석실이 벽을 사이에 두고 나란히 조성되었다. 그 외 지구문, 하조구, 대주선구 고분군은 주로 봉토분으로 구성된 반면, 치안, 부흥, 사도구문 고

---

9 張雪岩, 1986, 「吉林集安出土古鏡」, 『文物』 1986-6.

분군은 수 기에서 십수 기의 적석총으로 이루어졌다.

외차구하 유역에서 가장 많은 고분이 모여 있는 고분군은 파보촌고분군이며, 그 외 고분군은 수 기에서 십수 기 정도의 소규모 고분군이다. 칠개정자, 소양차, 대로촌 고분군은 적석총이 주로 모여 있는 고분군이며, 대양차고분군은 봉토분이 적석총보다 많은 비중을 점하는 고분군이다. 고지고분군에서는 무기단, 기단적석총, 석실봉토분 등 여러 형식의 고분이 100여 기 있었다고 하나, 현재는 10여 기만 잔존한다.

압록강 수계는 아니지만, 고마령고분군은 남쪽으로 혼강이 흐르고, 삼면이 높은 산과 협곡으로 둘러쌓인 수로와 육로 교통의 요지에 자리한다. 이 고분군은 고려묘구, 강구 고분구 등 여러 개 구역으로 나뉘며, 각 구역에는 적석총과 봉토분이 함께 분포한다. 현재 파괴가 심하여 잔존하는 고분의 양상을 구체적으로 알기 어렵지만, 적석총과 봉토분으로 구성된 점으로 미루어 상당히 장기간에 걸쳐서 조성된 고분군임을 유추할 수 있다.

이상에서 개괄한 바와 같이, 통구분지를 제외한 압록강 중상류의 본·지류 유역 고분군 가운데 가장 많은 수의 고분군이 분포하는 곳은 유수림하 유역이며, 통구분지에서 멀리 떨어질수록 고분군의 분포밀도는 떨어진다. 한편, 적석총부터 봉토분에 이르기까지 여러 형식의 고분이 혼재하며, 수십 기 또는 수백 기로 구성된 고분군의 경우 고분군 내 대형분은 계단적석총이며, 그중 분구 한 변 길이가 10m를 넘는 고분은 장천과 호자구 고분군이고, 나머지 고분군에서 대형 계단적석총은 확인되지 않는다. 그 외 여러 형식이 존재하더라도 동일 형식의 고분은 십수 기에 불과하다. 적석총 혹은 봉토분 단일 묘제로 구성된 고분군은 대개 수 기에서 십수 기 정도의 고분이 모여 있는 소규모 고분군이다. 소규모 고분군의 경우 무덤의 규모는 한 변 길이 6m 미만으로 대형분은 확인되지 않는다. 이러한 현상은 집안 통구가 중심지로 부각되면서 주변부인 이들 지역이 성장과 발전의 기회를 갖지 못한 결과로 해석될 수 있을 것이다.

② 신개하, 위사하 일대

신개하와 위사하는 혼강의 지류이다. 신개하 일대에서는 판차구, 대양구, 소청구, 유가포자, 요지구문, 삼도양차, 황차구문, 화전자, 횡로구대, 동차구문, 합당촌, 재원, 신건, 마제구, 쌍흥, 보마, 모배령, 소방자구 고분군 등 22곳이 알려졌다. 위사하 일대에서는 반가가, 홍석립자, 종가, 대천, 청구자, 양목교자 등 6곳에서 고구려 고분이 확인되었으며, 그 외 묘서와 요영자에서도 고분군이 확인되었다.

신개하 일대의 고분군은 대개 수 기에서 수십 기의 고분으로 이루어졌으나, 그 내용은 확실하지 않다. 소방자구고분군의 경우 15기가 확인되나 대부분 멸실되었으며, 대양구, 판차구, 소청구, 삼도양차 고분군은 적석총으로 구성되어 있다. 대양구고분군에서는 기단적석총이 확인되었지만, 나머지 고분군의 고분 형식은 알 수 없다. 그 외 횡로구대, 신건, 보마, 금가, 모배령 고분군은 무기단, 기단 적석총과 함께 봉토석실분으로 이루어졌으나, 1983년 조사에서 확인된 고분은 십수 기에서 20여 기 내외로 단위 시간 내에 많은 고분이 조성되지는 않았다.

신개하 일대의 최대 고분군은 횡로구대고분군이다. 이 고분군은 적석총과 봉토분으로 이루어졌으며, 1983년 조사에서 121기가 확인되었지만, 현재는 50여 기만 잔존한다. 횡로구대고분군으로부터 서쪽으로 15km 거리에 패왕조산성이 있고, 오녀산성까지는 30km 거리이므로 이 인근에 고구려 초기부터 주민이 거주하였을 개연성이 크다고 할 수 있다. 모배령고분군도 횡로구대고분군과 마찬가지로 적석총과 봉토분으로 조성되었다고 하나, 현재 적석총은 보이지 않고 분구가 결실된 석실분만 확인된다.

묘서고분군은 1983년 조사에서 20여 기의 고분이 조사되었고, 그중 기단적석총이 다수를 점하므로 특정 기간 중에 조성된 고분군일 개연성이 높다. 요영자고분군은 5기가 확인되었는데, 조사 당시 파괴가 심하였다고 하며 현재 고분군의 내용도 정확하지 않다.

위사하 일대의 고분군 중 홍석립자, 종가, 대천, 청구자 고분군은 10기 미만의 작은 고분군이다. 양목교자고분군은 확인된 24기의 고분 대부분이 적석총이라고 한다. 이처럼 위사하 일대는 집안현 내에서 고분군의 분포밀도가 가장 낮다. 위사하 일대의 최대 고분군은 반가가고분군이다. 이 고분군은 1984년 조사에서 적석총과 기단적석총, 봉토분 등 44기가 확인되었는데, 조사 당시 고분의 80%가 파괴, 훼손되었다고 하며, 고분군의 연대를 판단할 근거는 확실하지 않다. 다만, 석실로 보이는 고분이 다수 확인되는 점으로 미루어 비교적 장기간에 걸쳐 조성된 고분군임을 유추할 수 있으며, 현재는 후대의 고분군과 혼재되어 있다.

③ 임강시, 백산시, 장백현

압록강을 따라 거슬러 올라간 백산시, 임강시, 장백현 일대에서도 고구려 고분군이 확인되었다. 백산시에서는 적대, 이도구, 선인동, 대장천 고분군이 확인되었고, 현재는 운봉댐에 수몰되었다. 임강시에는 호로투, 이도하자, 대율자, 파구, 입대, 동전자, 서마록포자, 용강, 칠도구 고분군이 있다. 이 중 임강 호로투고분군은 현재 운봉댐에 수몰되었다. 장백현에는 합마천, 12도구, 안락, 양종장, 14도구 전참, 간구자, 금와, 동강 고분군이 자리한다.

운봉댐에 수몰된 백산시의 고분군과 임강 호로투고분군은 적석총으로 구성되었으며, 『집안현문물지』(1984)에 따르면 고분이 대규모로 군집을 이루지는 않은 듯하지만, 자세하지는 않다. 다만, 적대와 선인동, 대장천 등지에서 기단적석총이 확인되었다는 점으로 미루어 무기단과 기단 적석총 두 형식의 고분이 군을 이루었을 것으로 추정되며, 고구려 초기부터 고분이 조성되었을 것이다.

임강시의 고분군은 봉토분으로 구성된 이도하자고분군을 제외하고는 모두 적석총으로 이루어졌다. 그중 입대, 동전자, 서마록포자, 용강, 칠도구 고분군에서는 기단적석총이 확인되었다고 해서 운봉댐에 수몰된 고분군과 비슷한 성격일 것으로 추정된다. 임강시의 최대 고분군은 동전자고분군이다. 『집안현문물지』(1984)에 따르면 60여 기의 고분이 보고되었고, 무기단, 기단, 계단 적석총 등 여러 형식의 고분이 자리하며, 銅鍑이 출토되어 소개되기도 하였다. 원래 고력묘자로도 불렸던 곳이고, 많은 수의 고분이 자리하는 대규모 고분군임을 감안할 때 압록강 중상류 유역의 최대 고분군이었을 것으로 추정된다. 현존 상황으로 미루어볼 때 고분은 평지와 구릉상에 나뉘어 있다. 평지의 고분은 원래 대형 석재를 이용한 계단적석총이었는데, 대형의 계단석이 민가의 기초부나 담장의 기초부로 활용되는 등 원상을 찾아볼 수 없을 정도로 파괴가 심하다. 고분은 통구분지의 우산하고분군처럼 구릉을 따라 내려오면서 연접된 모습을 보인다.

장백현 일대의 고분군은 대개 수 기에서 십수 기로 이루어진 군집 규모가 크지 않은 고분군으로, 고분은 밭으로 개간된 대지에 분포한다. 합마천고분군은 원형의 흙무지가 있었다고 하는 점으로 미루어 봉토분이었을 개연성이 높지만, 그 외 고분군들은 모두 적석총으로 이루어졌다. 12도구, 14도구전참, 동강 고분군에는 원형의 무기단적석총이 자리하며, 간구자고분군은 원형의 무기단적석총이 중층적으로 연접된 군집분이 간구자하 주변의 평탄지에 분포한다. 그 외 안락, 양종장, 금화 고분군에서는 커다란 돌로 기단을 축조한 기단적석총이 확인되었다. 기단적석총은 부분 가공된 대형 괴석으로 축조하여 기단과 계단의 구분이 명확하지 않으나, 기단 축조에 대형 괴석을 이용한 점은 장백현 일대 고분군의 특징이라고 할 수 있다.

특히 간구자고분군은 고구려 건국 이전에 축조되었을 가능성이 큰 고분군으로, 압록강 중상류 유역 적석총의 기원을 간구자적석총에서 구하기도 한다.[10] 간구자적석총은 중앙에 원형 평면의 적석총이 있고, 그 주위를 돌아가며 4~6개의 반원형 평면의 적석총이 중층적으로 연접되어서, 많게는 십수 기가 중앙 무덤을 중심으로 하나의 군을 이룬다. 원형 평면이고 주위를 돌아가면 중층적으로 연접되는 간구자적석총의 평면형태와 연접방식은 방형 평면의 한 변에 잇대어 열상 배치를 하는 통구분지의 연접묘와는 차이를 보인다. 간구자적석총에서는 반량전, 일화전과 화천, 오수전 등 전국시대에서 한대에 걸친 화폐와 목이 긴 토기, 간석기 등이 출토되었다. 이러한 유물과 고분군 맞은편 언덕의 청동기시대 유적들과 결부시켜 간구자적석총을 청동기시대 요동반도 남단의 강상, 루상 적석묘와 연결시키거나 길림 서단산문화와 연결시키기도 하지만, 고고학적 근거가 충분하지 못해서 자료 축적이 필요하다.

3) 고분의 시공적 양상

(1) 고분의 구조

압록강 중상류 유역과 혼강 유역에서 조사된 고구려 고분은 크게 적석총과 봉토분으로 나눌 수 있지만, 그 세부 형식에서는 매우 다양한 양상을 띤다. 따라서 어느 한 기준으로는 고분의 다양한 양상을 다 포괄하여 설명하기 어렵다. 더욱이 발굴조사로 분구와 매장부 구조가 정확히 파악되지 않은 경우 지표조사만으로 고구려 고분을 설명하기란 쉽지 않다.

고구려 고분은 가시적으로 드러나는 분구의 축조재료를 기준으로 적석총과 봉토분, 기단봉토분으

---

10   李新全, 2009, 「遼東地區積石墓的演變」, 『東北史地』 2009-1, 3~9쪽.

표 3 고구려 고분의 구조

분구			매장부
적석	무기단	방형, 원형, 전방후원형, 전원후방형, 장방형, 타원형	매장부에 따라 세분 (석광·석곽-수혈식, 광실·석실·동실-횡혈식)
	기단	방형, 장방형	
	계단	방형, 장방형 *방형 우세	횡혈식 매장부
	무기단, 봉석묘	미상	횡혈식 매장부
기단봉토		방형, 장방형	횡혈식 매장부
봉토		방형 우세	횡혈식 매장부

로 나눌 수 있고, 적석총의 경우 석재의 종류, 대형 석재나 석재의 가공 정도, 네 모서리 부분의 양상 등을 종합해 보면 무기단, 기단, 계단 적석총으로 분구 형태에 따른 고분 형식을 판단할 수 있다. 매장부의 경우 중국학자들은 석광, 광실, 석실로 설명하지만, 석광과 광실을 판단할 고고학적 기준은 명확하지 않다. 석실의 경우 추가합장이 전제된 구조이므로 천장의 개석과 연도로 추정되는 양상 등으로 미루어 판단하게 된다. 이러한 양상을 통해서 볼 때 고구려 고분의 구조는 표 3과 같이 정리된다.

적석총은 무기단, 기단, 계단식으로 세분되며, 무기단의 경우 분구를 높고 크게 쌓기 위해서 외연에 돌을 돌려가면서 축조하는 계장식 축조도 무기단에 해당된다. 매장부는 무기단 적석총의 경우 석광이 다수를 점하며, 석실 매장부를 가진 경우 봉석묘 또는 동실묘로 구별하기도 한다. 기단적석총은 돌을 쌓아 방형이나 장방형 평면을 만들고 그 내부에 잔돌을 채워넣어 방단을 형성한 후 주검을 안치하고 돌을 쌓은 것으로 매장부는 석광, 광실, 드물지만 석실도 있다. 계단적석총은 기단적석총과 마찬가지로 기단을 만든 후 그 위로 내축하면서 몇 단을 더 쌓아올려 전체 모습이 계단모양을 띠는 것으로 매장부는 광실도 있지만 다수를 점하는 것은 석실이다.

봉토분은 흙을 쌓아올린 것으로, 매장부는 주로 석실이어서 석실봉토분으로 부르기도 한다. 석실 중에는 주검이 안치되는 현실과 외부와 연결되는 통로인 연도로 구성되기도 하지만, 현실 앞에 별도의 공간(전실)이 부가되거나 긴 연도 좌우에 대칭되도록 측실이 부가되어서 두 칸 구조처럼 보이는 등 다양한 양상을 띠며, 여러 칸으로 공간이 나뉜 석실은 주로 벽화분에서 관찰된다. 혼강과 압록강 중상류 유역에서 이러한 고분은 환인 미창구1호분(장군묘)과 장천1, 2호분 등 3기가 있다.

위와 같은 기준으로 고구려 고분을 나누어 볼 때 고구려 고분은 시간의 흐름에 따라서 적석총에서 봉토분으로 변화하며, 적석총은 축조방식에 따른 분구 형태가 무기단에서 기단, 계단으로 변화한다. 분구 형태의 변화와 매장부 구조가 일대일로 대응하면서 변하는 것은 아니지만, 매장방식은 수혈식에서 횡혈식으로 변화한다. 따라서 등장 시점에 따라서 적석총은 무기단적석총에서 기단, 계단 적석총으로 외형에서의 분화와 함께 규모가 커지는 변화를 겪으며, 4세기를 경과하면서 횡혈식 장법과 봉토분구의 수용에 따라 석실적석총과 석실봉토분이 병존하다가 6세기대에 들어서면서 적석총을 대신하여 봉토분이 고분의 중심이 된다. 따라서 고분군을 구성하는 고분의 형식 조합을 통해서 고분군 조영의 시간적 양상을 어느 정도 가늠해 볼 수 있고, 나아가 집단의 성장과 발전을 유추할 수 있다.

(2) 고분군의 시공적 양상

지표상에 드러난 고분군 조사로는 혼강과 압록강 중상류 유역의 고구려 고분에 대해 자세히 판단하기 어렵다. 고구려 고분을 대표하는 적석총은 지상의 분구에 매장부가 놓이므로, 지하 매장부를 가진 고분에 비해 고분에 가해진 장기간에 걸친 자연적 또는 인위적 변형이 일어나서 원래 모습을 판단하기 어렵다. 단지, 잔존하는 분구 등 외부적 특징을 어느 정도 파악할 수 있으므로 고구려 고분의 등장과 시간에 따른 전개 양상의 일면을 설명할 수는 있다.

적석총의 등장에 관한 정보는 환인 망강루적석총, 집안 오도령구문적석총, 장백 간구자적석총을 통하여 얻을 수 있다. 이 무덤들은 무기단이나 계장식의 석광적석총으로 청동유물과 함께 철제유물이 부장되거나 전국시대에서 한대에 걸친 화폐나 부여 노하심 중층의 분묘와 유사한 유물이 부장되어 있어 고구려 형성 전 초기철기시대에서 고구려로의 이행과정을 보여준다. 특히 이 무덤들은 전국시대에서 진·한 교체기를 거치면서 중국 동북의 여러 지역에서 유행한 木質 葬具를 사용한 지하식 토광묘계 무덤과 확연하게 구별되는 무덤이다. 따라서 고구려 건국 이전부터 압록강 중상류 유역과 혼강 유역에서는 중국 동북의 여타 지역과 구별되는 적석총을 사용하였던 주민집단이 거주하였음을 보여준다.

그러나 환인 망강루, 집안 오도령구문, 장백 간구자 세 지역의 적석총은 지상에 주검이 안치되고 돌로 분구를 한 돌무지라는 점에서 공통될 뿐 무덤의 축조나 매장방식, 부장기물 등에서는 세부적인 차이를 보인다. 망강루적석총은 지면에 매장부를 가진 무기단적석총이며, 오도령구문적석총은 방형 평면의 계장식적석총이며, 간구자적석총은 원형의 계장식적석총으로 이 무덤에서는 화장 흔적이 확인되었다. 따라서 분구 축조방식이나 매장방식 등에서 차이가 나는 초기 적석총 집단을 동질의 집단이었다고 보기는 어렵다. 한편, 최근 중국에서는 요동반도에서 본계, 신빈 일대 청동기시대의 돌로 만든 석붕이나 대석개묘를 맥족의 산물로 보고 이를 고구려와 연결시키기도 하며, 환인 지역의 적석총은 부이강 유역이나 통화 만발발자에서 보이는 석개적석묘에 연결시키기도 하고, 장백 간구자적석총을 요동반도 남단의 강상이나 루상의 적석묘와 연결시키기도 한다. 그러나 이 무덤들과 고구려 적석총과는 시간과 공간상의 공백이 설명되지 않는다. 단지, 고구려 초기 적석총과의 관계를 염두에 두고 이 지역의 청동기시대 통화 입봉의 석붕, 환인 대전자와 대리수구의 대석개묘, 풍가보자 석개적석묘 등은 앞으로 관심을 갖고 살펴보아야 할 것이다.

다음으로 고분군을 구성하는 고분 형식의 조합을 통해서 시공적 변화를 추적할 수 있고, 시공적 양상을 통한 지역집단의 변화를 추적해 볼 수 있다. 가령, 혼강 유역에서 많은 고분이 모여 있는 상고성자고분군과 고력묘자고분군을 비교해 보면 고분군을 조성한 주민집단이 잘 드러난다. 상고성자고분군에서는 무기단과 기단 적석총 두 형식의 고분만 확인된다. 따라서 상고성자고분군의 조성기간이

표 4 압록강 중상류 유역과 혼강 유역 고분군의 고분 구성

구분		적석총	적석총과 봉토분	봉토분
압록강 중상류 유역	중류의 본·지류	호자구, 치안, 양차, 파보촌, 안락, 금화, 십이도구, 입대, 용강, 칠도구, 대장천, 오도령구문, 대유수, 대양목간자, 대로촌, 대동구, 노방구, 사도구문, 치안, 복흥, 사도령자	장천, 고지, 대·소고력묘자, 상활룡, 양민, 태평구, 흥농, 피덕기둔	하투, 노호초, 대주선구, 하조구, 고마령
	중류의 상류	대장천, 칠도구, 선인동, 가가영, 호로투, 용강, 입대, 서마록포자, 동전자, 적대, 간구자, 금화, 양종장, 안락	합마천	
신개하, 위사하 유역		판차구, 대양구, 소청구, 유가포자, 요지구문, 삼도양차, 황차구문, 화전자, 요영자, 묘서, 양목교자	모배령, 횡로구대, 신건, 보마, 금가, 반가가	
혼강 유역	환인현	망강루, 상고성자, 대리수구, 대파, 대협판구, 사도령자, 오도하자, 채아보, 천리, 동선영, 연합, 만만천, 양가가, 대청구	고력묘자	미창구, (대전자)
	통화시, 통화현	만발발자, 남두둔, 하룡두	강연, 향양촌	녹장, 번영, 신개, 태평, 동강, 강구, 승리, 공가가, 석호, 금주

그리 길지 않고 주민집단의 지속적인 성장도 보이지 않는다. 이에 비해 고력묘자고분군에서는 무기단에서 기단, 계단 적석총과 함께 봉토석실분이 함께 하며, 그중에는 연접되어 열상으로 분포하는 등 다양한 양상을 보여준다. 따라서 고력묘자고분군은 장기간에 걸쳐 조영되었음을 시사하는 한편, 장기간에 걸친 주민집단이 상정된다. 이와는 달리 적석총 없이 봉토석실분이나 봉토석실벽화분으로 구성된 환인 미창구고분군은 상고성자고분군이나 고력묘자고분군에 비해 비교적 늦게 조성된 고분군임을 유추할 수 있고, 묘실 벽화가 있는 대형분은 미창구1호분으로 미루어 5세기대 유력자의 존재를 상정할 수 있다. 이외에도 집안 상활룡고분군 중에는 발해의 봉토석실분이 포함되어 있기도 하므로 고구려 멸망 이후 이 일대의 상황을 이해할 수도 있다.

따라서 압록강 중상류 유역과 혼강 유역 고분군을 구성하는 고분의 조합 양상으로부터 이 일대 지역집단의 변화를 읽을 수 있다(표 4). 고분군의 조영기간을 판단하는 데 있어서 무기단, 기단, 계단 적석총 등 적석총의 분구 형태, 봉토분 그리고 수혈식에서 횡혈식으로의 매장방식 변화가 기준이 될 수 있다.

압록강 중상류와 혼강 유역의 고분군에서 가장 많은 비중을 점하는 것은 적석총으로 구성된 고분군이다. 이들 고분군 중 무기단이나 기단적석총으로 구성된 고분군이 무기단, 기단, 계단 적석총으로

구성된 고분군보다 상대적으로 조영기간이 짧았을 것이다. 또한 석실적석총이 있는 고분군은 4세기 이후에도 조영되었을 것이다. 적석총의 분구 형태나 매장부에 대해 정확히 알 수 없는 경우가 많아서 한계가 있기는 하지만, 봉토분 없이 적석총으로 구성된 고분군이 압록강 중상류와 혼강 유역 일대에서 조사된 고분군 중에서 큰 비중을 점한다는 것은, 이 일대 주민이 고구려 형성의 주체가 되었음을 시사하므로, 압록강 중상류 유역과 혼강 유역 일대가 원고구려 주민의 거주지로 해석될 수 있다.

적석총에 봉토분이 더해진 고분군은 4세기 이후까지 지속적으로 조영되었다. 그러한 고분군을 대표하는 것은 환인 고력묘자고분군과 집안 통구분지의 고분군과 상활룡고분군, 태평구고분군, 그리고 장천고분군 외에도 고지고분군과 대고력묘자고분군 등을 들 수 있으며, 주로 집안현 일대와 압록강 중류 유역에 집중된다. 이들 고분군은 대개는 중형분이나 중·소형분으로 구성된다. 임강 동전자고분군은 파괴되어 잔존하지 않지만 대형분이 존재했을 가능성이 있다. 그렇지만, 현재로서 대형분은 집안 통구분지와 장천고분군에서만 확인된다. 따라서 국내도성이 자리한 집안과 그곳에서 동쪽으로 가면서 장천, 임강 등지가 주요 거점지였음을 상정해 볼 수 있다. 한편, 상활룡고분군에는 발해의 봉토석실분도 포함되어 있으므로 고구려에서 계기적으로 발해로 이어졌을 것으로 추정된다.

반면 적석총 없이 봉토분으로 구성된 환인 미창구고분군이나 혼강 중류의 통화현과 통화시 일대의 고분군들은 4세기대 이후에 조성된 고분군이라고 할 수 있다. 특히 적석총으로 구성된 고분군보다는 봉토분으로 구성된 고분군이 더 많은 비중을 점하는 통화현과 통화시 일대는 고구려 고분의 분포가 확대되었음을 보여주며, 이는 고구려 영역 확장에 대한 고고학적 증거가 될 수 있다.

4) 맺음말

혼강과 압록강 중상류 유역 고구려 고분군의 시공적 양상은 고구려의 형성과 성장과정을 이해하는 데 있어서 중요한 정보를 제공한다. 혼강 유역의 적석총들은 초기철기시대의 청동기와 철기가 부장된 석개묘, 석개적석묘는 공간적으로 중복될 뿐 아니라 일부 구조적 유사성을 보이기도 해서 적석총의 등장과 관련한 단서를 제공할 것으로 기대되는 곳이다. 마찬가지로 압록강 중상류 유역의 고분군들은 지역집단의 성장을 이해하는 데 중요한 근거가 된다. 한편, 환인·장천 일대의 석실봉토벽화분이나 대형 계단석실적석총은 해당 지역이 가지는 위상을 잘 보여준다. 고분에 대한 구체적인 정보가 추가된다면 보다 사실에 근사한 고구려사 복원이 가능할 것이다.

그러나 혼강과 압록강 중상류 유역 고구려 고분군에 대한 조사가 체계적으로 이루어졌다고 보기는 어렵다. 가령 환인 오녀산성과 함께 고구려 초기 정보를 제공할 것으로 기대되는 고력묘자고분군에 대한 정보는 매우 제한적이며, 장천 일대는 대형분에 해당되는 봉토석실벽화분이나 계단석실적석총 외에도 100여 기가 넘는 고분이 군을 이루고 있지만, 정작 많은 수를 점하는 고분에 대한 보고는 확인되고 있지 않다. 이러한 사정은 임강 동전자고분군도 마찬가지여서 구릉에서는 사면을 따라 내려오면서 기단 혹은 계단 적석총이 연접되어 군집을 이루고, 평지에 대형 계단석들이 잔존하고 있어서 대형 계단적석총이 있었을 것으로 추정되나 현존하는 자료로는 자세히 설명하기 어렵다. 충분한 조사가 이루어지지 못한 채 수몰된 양민고분군을 비롯한 수몰지구의 무덤들도 마찬가지이다.

물론, 고구려 고분이 지상의 분구 중에 매장부가 있는 무덤이다 보니 지하에 매장부를 가진 고분에 비해 상대적으로 자연적·인위적 훼손에 노출될 수밖에 없어서 정밀발굴조사를 거쳤다고 해서 얻을 수 있는 정보는 제한적이다. 적석총이 가지는 구조적 한계로 인하여 매장부 구조와 장법에 대한 정보나 부장품 등의 유물에 대해서는 잘 알려지지 않았다. 또한 대형 적석총이나 봉토석실벽화분을 제외한 혼강이나 압록강 중상류 유역의 대다수 고분군들은 드러난 분구 형태를 기준으로 적석총을 설명하지만 지상에 드러난 증거만으로는 고분을 이해하기 어렵다.

현재 다수의 고분들은 방치된 채 농기 개간이나 석재의 재활용 등으로 자연적·인위적 변형을 겪고 있다. 혼강과 압록강 중상류 유역 일대에서 일제강점기에 조사된 고분의 상황과 1960년대, 1970년대, 1980년대를 거치면서 조사된 고분의 현상황에 대한 기록이 차이를 보이는 것은 말할 것도 없고, 현재도 의도하건 의도하지 않았건 간에 고구려 고분은 파괴, 멸실되어 가고 있을 것이다. 그렇지만, 혼강과 압록강 중상류 유역이 고구려 역사에서 차지하는 지정학적 중요성을 감안해볼 때 이 일대에 분포하고 있는 고분의 현상황에 대한 정확한 기술과 함께 조사와 보존책 마련이 절실히 요구된다고 하겠다.

2. 성곽

1) 머리말

압록강 중상류 일대는 고구려의 발상지일 뿐 아니라, 건국 이래 약 400여 년간 도성이 위치했던 고구려의 중심지였다. 이로 인해 이곳에는 고분과 성곽 등 고구려 유적이 조밀하게 분포해 있다. 특히 첫 번째와 두 번째 도성인 卒本과 國內城이 위치했던 桓仁분지나 通溝분지 일대에는 도성 관련 유적이 밀집해 있다. 이러한 유적은 건국과정을 비롯하여 고구려사의 다양한 면모를 밝힐 핵심 단서를 간직하고 있다.

이 가운데 성곽은 고구려사의 특징적인 면모를 잘 보여준다. 고구려는 흔히 '城의 나라'라고 불릴 정도로 초기 이래 무수히 많은 성곽을 축조했다. '高句麗'라는 국호가 城이나 고을을 뜻하는 '溝婁'나 '忽'이라는 고구려말에서 유래했을 뿐 아니라, 고구려인들은 건국 이후 영역을 확장하는 곳마다 성곽을 축조하여 지방통치조직을 정비하고 군사방어체제를 구축했다. 성곽은 고구려 건국의 비밀을 간직하고 있을 뿐 아니라, 광대한 영역을 지배하고 방어하기 위한 국가체제의 근간인 것이다.

압록강 중상류 유역에는 고구려와 관련된다고 보고된 성곽이 총 41기에 이른다. 물론 고고조사를 거치지 않은 성곽이 많고, 通化 赤柏松古城처럼 漢의 郡縣城으로 확인된 것도 있다. 또 출토유물이 없거나 흔적조차 확인하기 어려운 것도 있다. 심지어 현장을 답사해보면 고구려 성곽이라고 보기에 의문이 드는 경우도 있다. 따라서 고구려와 관련된다고 보고된 성곽을 모두 고구려 시기에 처음 축조했다고 단정하기는 어렵다.

다만 후술하듯이 이들 성곽은 고구려 두 번째 도성이었던 國內城을 중심으로 일정한 분포양상을 띠고 있다. 이는 현재까지 보고된 성곽 가운데 상당수가 고구려시기에 축조되었고, 특히 도성을 중심으로 하는 방어체계 구축이나 국가체제 운영과 밀접히 연관되었을 가능성을 시사한다. 또 고구려의 발상지이자 초기 중심지인 이 지역에서 고구려 성곽문화의 토대가 형성되었을 텐데, 이와 관련하여 이 지역의 성곽이 입지나 축성방식 등에서 공통점을 많이 지니고 있다는 사실이 주목된다.

이에 본 연구팀은 각종 보고서와 연구논저를 망라하여 고구려와 관련된 것으로 보고된 이 지역의 성곽을 체계적으로 정리하여 집대성하였다. 이를 토대로 이 글에서는 압록강 중상류(통구분지 제외) 유역의 고구려 성곽을 개관하고자 한다. 성곽의 조사현황, 입지와 유형, 축성방식과 성곽시설, 도성의 방어체계와 압록강 수로 운영과의 연관성 등의 순서로 살펴보고자 한다. 이를 통해 이 지역 고구려 성곽의 전체현황을 개관하고, 성곽의 주요 특징과 국가체제의 운영양상 등을 새롭게 이해할 수 있기를 기대한다.[1]

2) 조사현황

압록강 중상류의 고구려 성곽은 20세기 초부터 조사되기 시작했는데, 초창기 조사는 일본학자들이 주도하였다. 1905년에 鳥居龍藏이 集安·桓仁·通化 일대를 조사한 이래 1909년에는 谷井濟一과 栗山俊一, 1913년과 1916년에는 關野貞 등이 차례로 集安 일대의 고구려 유적을 조사하였다. 1935년에는 池內宏·浜田耕策·梅原末治·三上次男 및 三宅俊成, 1936년에는 池內宏·水野淸一 및 三上次男, 1943년에는 小泉顯夫, 1944년에는 三上次男 등이 集安을 비롯하여 桓仁·通化 일대를 답사하고 조사하였다.[12]

이러한 조사를 통해 당시까지 잔존하던 유적 현황을 비교적 상세하게 파악할 수 있게 되었다. 특히 桓仁 五女山城, 集安 山城子山城과 國內城址 등과 관련하여 비교적 상세한 실측도를 작성하고,[13] 유리건판 사진자료를 다수 남겨 유적의 초창기 현황을 파악하는 데 크게 기여했다.[14] 다만 이 시기 일본학자들의 조사는 도성과 관련한 유적에 집중되었고, 관심도 〈광개토왕릉비〉나 고분에 편중되었다. 이로 인해 압록강 중상류 유역에 분포한 성곽의 전체현황은 제대로 조사되지 않았고, 성곽 연구도 초기 도성의 위치를 둘러싼 논쟁이 주류를 이루었다.[15]

이 지역의 고구려 성곽에 대한 본격적인 고고조사는 1960년대부터 중국학자들에 의해 이루어졌다.[16] 1962년에 集安市 老嶺山脈 일대의 山城과 關隘를 조사한 이래[17] 1970년대에는 두 번째 도성이었던 國內城址에 대한 본격적인 발굴조사를 시행하였다.[18] 더욱이 1980년대에는 각 市·縣별로 文物志를 편찬하기 위해 광범위한 고고조사를 실시하여 압록강 중상류 일대에서만 약 40여 기에 이르는 고구려 성곽을 확인하였다.[19]

---

11 개별 성곽에 대한 참고문헌은 각 성곽의 참고문헌 항목을 참조 요망.

12 東潮·田中俊明, 1996, 『高句麗の歷史と遺跡』, 中央公論社, 439~444쪽 ; 東潮, 1997, 『高句麗考古學研究』, 吉川弘文館, 5~10쪽의 도표 참조.

13 鳥居龍藏, 1910, 『南滿洲調査報告』 ; 朝鮮總督府, 1915, 『朝鮮古蹟圖譜』 1 ; 池內宏·梅原末治, 1938·1940, 『通溝』 上·下, 日滿文化協會.

14 성균관대학교 박물관, 2006, 『집안 고구려 유적의 어제와 오늘』 ; 기획편집위원회 편, 2009, 『고구려 유적의 어제와 오늘』 1(도성과 성곽), 동북아역사재단 ; 국립중앙박물관 연구기획부, 2014, 『(유리건판으로 보는) 고구려의 도성』, 국립중앙박물관.

15 20세기 전반에 출간된 『輯安縣鄕土志』(1915년), 『輯安縣志』(1931년), 『臨江縣志』(1935년), 『通化縣志』 등의 지방지에 압록강 중상류 유역의 고구려 성곽에 대한 간략한 기술이 산견된다.

16 20세기 후반 중국학계의 고고조사 성과는 다음 논저에 잘 정리되어 있다. 方起東·林至德, 1984, 「集安高句麗考古的新收穫」, 『文物』 1984-1 ; 耿鐵華, 1993, 「中國高句麗文化研究十年」, 『高句麗研究文集』, 延邊大學出版社 ; 魏存成, 1994, 『高句麗考古』, 吉林大學出版社.

17 方起東, 1962, 「吉林集安高句麗覇王朝山城」, 『考古』 1962-11 ; 吉林省博物館輯安考古隊·輯安縣文物管理所, 1964, 「吉林輯安高句麗南道和北道上的關隘和城堡」, 『考古』 1964-2.

18 集安縣文物保管所, 1984, 「集安高句麗國內城址的調査與試掘」, 『文物』 1984-1.

19 吉林省文物志編委會, 1984, 『集安縣文物志』 ; 吉林省文物志編修委員會, 1984, 『渾江市文物志』 ; 吉林省文物志編委會, 1986, 『通化縣文物志』 ; 吉林省文物志編委會, 1986, 『長白朝鮮族自治縣文物志』 ; 吉林省文物志編委會, 1986, 『通化市文物志』 ; 桓仁滿族自治縣文物志 編纂委員會, 1990, 『桓仁滿族自治縣文物志』.

지도 2 압록강 중상류의 고구려 성곽 분포도(여호규, 1998, 9쪽)

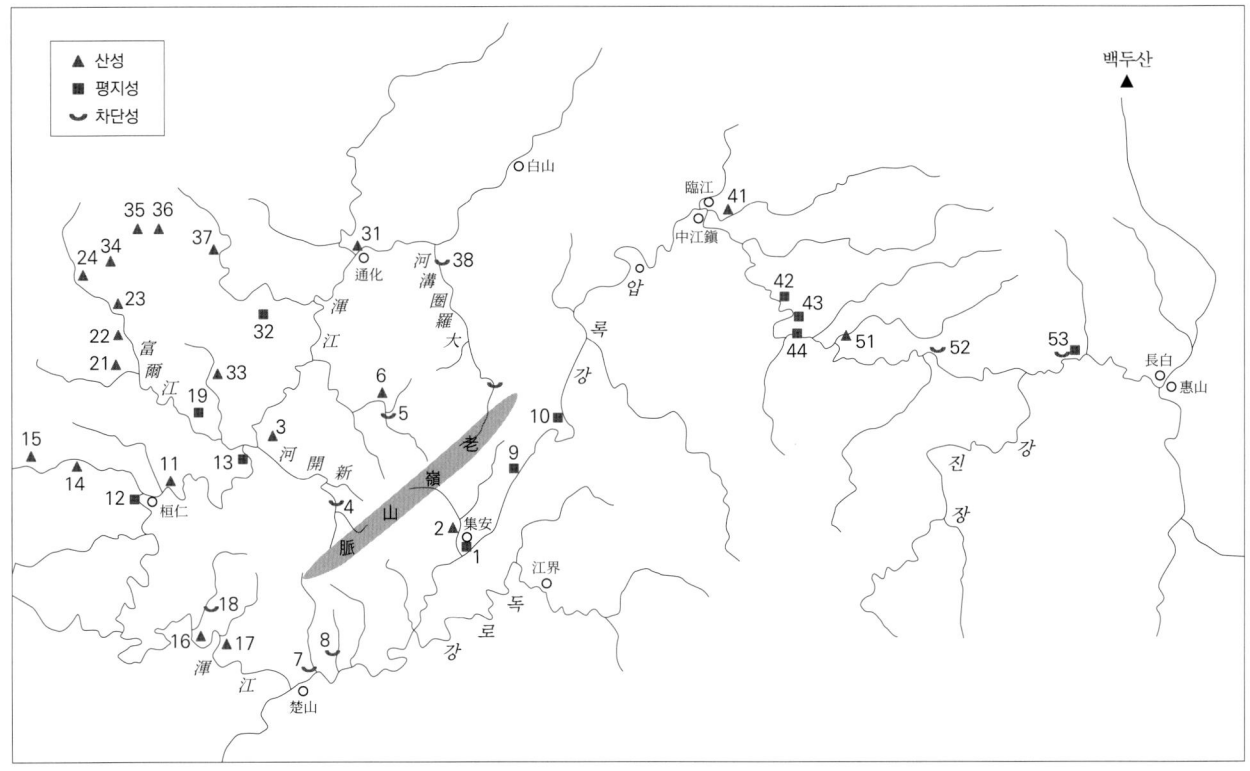

1.集安 國內城 2.山城子山城 3.覇王朝山城 4.望波嶺關隘 5.關馬墻山城 6.大川哨所 7.七個頂子關隘 8.灣溝老邊墻關隘 9.長川古城 10.良民古城 11.桓仁 五女山城 12.下古城子 13.喇哈城址 14.馬鞍山城 15.高儉地山城 16.城墻砬子山城 17.瓦房溝山城 18.北溝關隘 19.東古城子遺蹟 21.新賓 黑溝山城 22.四道溝山城 23.轉水湖山城 24.孤脚山山城 31.通化 自安山城 32.赤柏松古城 33.建設山城 34.南台古城 35.太平溝門古城 36.依木樹古城 37.英戈布山城 38.二道溝門關隘 39.石湖關隘 41.臨江 臨城古城 42.樺皮甸子古城 43.夾皮溝古城 44.東馬鹿村古城 51.長白 八道溝鎭山城 52.十二道灣關隘 53.十四道溝古城/關隘

이로써 압록강 중상류 일대 고구려 성곽의 전체현황과 개별 성곽의 구체적인 상황을 파악할 수 있게 되었다.[20] 특히 중국학계에서는 이러한 고고조사 성과를 바탕으로 고구려 성곽의 전개양상과 각종 성곽시설,[21] 도성의 위치와 도성체계,[22] 교통로,[23] 군사방어체계[24] 등에 대한 연구를 다각도로 진

---

[20] 각 성곽의 참고문헌에서 보듯이 1980년대 이래 개별 성곽에 대한 조사가 잇따라 발표되었다.

[21] 陳大爲, 1985, 「遼寧高句麗山城初探」, 『中國考古學會第五次會論集』; 李殿福, 1991, 「高句麗山城の構造とその變遷」, 『九州考古學』 66; 梁志龍, 1992, 「桓仁地區高句麗城址槪述」, 『博物館硏究』 1992-1; 辛占山, 1994, 「遼寧境內高句麗城址的考察」, 『遼海文物學刊』 1994-2; 王綿厚, 1994, 「鴨綠江右岸高句麗山城硏究」, 『遼海文物學刊』 1994-2; 馮永謙, 1994, 「高句麗城址輯要」, 『北方史地硏究』, 中州古籍出版社; 陳大爲, 1995, 「遼寧高句麗山城再探」, 『北方文物』 1995-3; 李殿福, 1998, 「高句麗山城硏究」, 『北方文物』 1998-4.

[22] 魏存成, 1985, 「高句麗初中期的都城」, 『北方文物』 1985-2; 李殿福·孫玉良, 1990, 「高句麗的都城」, 『博物館硏究』 1990-1.

[23] 王綿厚·李健才, 1990, 『東北古代交通』, 瀋陽出版社; 張正岩·王平魯, 1994, 「新城道及新城道上的諸城考」, 『遼海文物學刊』 1994-2.

[24] 遲勇, 1993, 「高句麗都城的戰略防禦系統」, 『高句麗硏究文集』, 延邊大學出版社.

행하였다. 이와 함께 고구려 성곽의 전체현황과 제반 연구를 집대성한 저서도 잇따라 출간되었다.[25]

북한학계도 1960년대 이래 독로강이나 자성강 등 압록강 중상류 일대에 대한 고고조사를 시행했다.[26] 북한학계는 주로 고분만 발굴하고 성곽은 거의 조사하지 못했는데, 압록강 중상류의 북한 지역에는 고구려 성곽이 거의 분포하지 않았기 때문이다. 이는 압록강 중상류의 고구려 성곽이 주로 요동 방면에 자리한 중국왕조의 침공을 방어하기 위해 축조되어 桓仁-集安 지역의 서북방에 분포한 결과이다. 다만 압록강 중상류의 본류 연안에는 水路 운영을 위해 소형 평지성을 다수 조영한 것으로 조사되었는데, 향후 압록강 좌안의 북한 지역에서도 이러한 소형 평지성이 발견될 가능성이 있다.

한편 중국학계는 1990년대 후반에서 2000년대 초에 걸쳐 고구려 도성유적을 유네스코 세계유산으로 등재하기 위해 왕릉급 고분과 함께 桓仁 五女山城, 集安 山城子山城(丸都山城)과 國內城址 등에 대한 발굴조사를 대대적으로 시행하였다.[27] 가령 五女山城의 경우, 1996년부터 2003년까지 총 4차에 걸쳐 성벽과 성곽시설 및 건물지에 대한 조사를 시행했다. 이를 통해 신석기시대에서 遼·金대에 이르는 총 5시기의 문화층을 확인하는 한편, 초소를 비롯하여 고구려시기의 대형 건물지 3기와 주거지 12기를 확인했다. 특히 1호 대형 건물지에서는 前漢과 王莽 시기의 화폐가 출토되어 오녀산성의 사용과 조영 시기를 규명하는 데 중요한 단서를 제공하였다.

그 밖에 개별 성곽에 대한 정밀 지표조사나 발굴조사도 본격적으로 이루어졌다. 특히 종래 漢 玄菟郡의 郡縣城으로 비정되던 桓仁 下古城子城과 通化 赤柏松古城을 발굴조사했다. 그 결과 桓仁 下古城子城은 漢이 아니라 고구려가 처음 축조한 것으로 밝혀졌고,[28] 通化 赤柏松古城은 前漢대에 玄菟郡의 郡縣城으로 조영되었다가 後漢 초에 폐기된 사실이 확인되었다.[29] 아울러 桓仁 高儉地山城,[30] 集安 霸王朝山城,[31] 通化 自安山城[32] 등에 대한 정밀 고고조사가 이루어지고, 압록강 상류 연안의 소형 평지성에 대한 조사도 다시 이루어졌다.[33] 이러한 조사를 통해 각 성곽의 축조시기나 제반

---

25 孫進己·馮永謙, 1988, 『東北歷史地理』(2), 黑龍江人民出版社 ; 李殿福(西川宏 譯), 1991, 『高句麗·渤海の考古と歷史』, 學生社 ; 王禹浪·王宏北, 1994, 『高句麗·渤海古城址 硏究匯編』(上), 哈爾濱出版社 ; 魏存成, 1994, 『高句麗考古』, 吉林大學出版社 ; 李殿福, 1994, 『東北考古研究』(二), 中州古籍出版社 ; 王綿厚, 2002, 『高句麗古城研究』, 文物出版社 ; 魏存成, 2002, 『高句麗遺迹』, 文物出版社.

26 정찬영, 1983, 『압록강 독로강 유역 고구려 유적발굴보고』, 과학백과사전출판사.

27 遼寧省文物考古研究所, 2004, 『五女山城』, 文物出版社 ; 吉林省文物考古研究所·集安市博物館, 2004, 『國內城』, 文物出版社 ; 吉林省文物考古研究所·集安市博物館, 2004, 『集安高句麗王陵』, 文物出版社 ; 吉林省文物考古研究所·集安市博物館, 2004, 『丸都山城』, 文物出版社.

28 遼寧省文物考古研究所, 2004, 『五女山城』, 文物出版社 ; 양시은, 2016, 『고구려 성 연구』, 진인진, 25쪽.

29 王義學, 2008, 「赤柏松古城考古發現及其相關問題研究」, 吉林大學 碩士學位論文 ; 여호규, 2014, 『고구려 초기 정치사 연구』, 신서원, 185쪽.

30 梁志龍·王俊輝, 2011, 「遼宁省桓仁縣高儉地高句麗山城調查」, 『東北史地』 2011-1 ; 遼寧省文物考古研究所, 2012, 「2008-2009年遼寧桓仁縣高儉地高句麗山城發掘簡報」, 『東北史地』 2012-3.

31 王春燕·鄭霞, 2008, 「霸王朝山城的調査與研究」, 『東北史地』 2008-3.

32 通化市文物保護研究所, 2010, 「吉林省通化市自安山城調查報告」, 『北方文物』 2010-3.

33 孫仁杰·遲龍·張殿甲, 2004, 「鴨綠江上流右岸考古調查」, 『東北史地』 2004-5.

현황과 관련한 구체적인 고고자료를 다수 확보하게 되었다.

이처럼 1990년대 후반 이후 압록강 중상류 일대 고구려 성곽에 대한 중국학계의 고고조사가 이전에 비해 더욱 활발하게 이루어지고 있다. 특히 각 성곽의 초축과 이용 시기와 관련한 구체적인 고고자료를 다수 확보하였다는 점이 매우 주목된다.[34] 그러므로 향후 중국학계의 고고조사 및 발굴현황을 면밀하게 파악하면서 이 지역 고구려 성곽에 대한 조사성과를 지속적으로 집대성할 필요가 있다.

3) 성곽의 입지와 유형

앞의 지도 2에서 보듯이 압록강 중상류 유역에는 고구려와 관련된다고 보고된 성곽이 총 41기 분포한다.[35] 이 중 두 번째 도성인 國內城과 관련된 集安 山城子山城(丸都山城)과 國內城址는 Ⅳ～Ⅵ권 '통구분지 편'에서 정리할 예정이다. Ⅰ～Ⅲ권 '압록강 중상류 편'에서는 이를 제외한 39기의 성곽을 정리하였다.

고구려 성곽은 立地에 따라 크게 平地城과 山城으로 나뉜다. 그 밖에 교통로상의 협곡을 가로지르는 關隘(차단성), 소형 요망시설인 哨所(堡壘)는 별도로 분류한다. 또 평양성처럼 평지성과 산성의 특징을 동시에 지닌 경우 平山城으로 분류하고, 국경지대에 기다랗게 축조한 성곽을 長城으로 분류하지만, 압록강 중상류 일대에는 이러한 유형이 확인되지 않는다. 또한 산성을 크기에 따라 대형·중형·소형으로 나누거나 성곽 개수에 따라 단곽식과 복곽식으로 분류하기도 한다.

표 5에서 보듯이 고구려와 관련된다고 보고된 성곽 39기 가운데 산성은 14기, 평지성은 12기, 관애는 9기, 평지성+관애는 1기, 초소는 2기 등이다. 다만 39기 가운데 13기 정도는 고구려시기의 성곽이라고 단정할 만한 명확한 근거가 없다. 이들 13기의 성곽을 제외하면 대략 26기를 고구려 성곽으로 파악할 수 있는데, 산성이 11기로 가장 많고, 관애 7기, 평지성 6기, 평지성+관애 1기, 초소(보루) 1기 등의 순서이다.

여러 유형 가운데 山城의 비중이 높다는 사실을 알 수 있지만, 그에 못지않게 관애와 평지성의 비중도 높다. 그런데 山城이 주로 渾江 右岸에 분포한 반면, 關隘는 老嶺山脈의 북쪽 사면, 平地城은 압록강 본류 연안을 따라 집중적으로 분포한다. 이는 고구려인들이 지역별로 용도에 따라 각기 다른 유형의 성곽을 축조했을 가능성을 시사한다.

(1) 산성과 초소

압록강 중상류에 가장 많이 분포한 산성은 전통적으로 지세에 따라 栲栳峰式·蒜峰式·紗帽峰式·

---

34 정원철, 2017, 『고구려 산성 연구』, 동북아역사재단, 406～416쪽.

35 余昊奎, 1998, 『高句麗 城』Ⅰ(압록강 중상류편), 국방군사연구소.

표 5 압록강 중상류 일대 고구려 성곽의 유형별 현황

분류	성곽명	총수
山城	桓仁：五女山城, 馬鞍山城, 高儉地山城, 城墻砬子山城, 瓦房溝山城, (愁虛山城)[36] 集安：覇王朝山城 通化：自安山城, 建設山城, 英戈布山城 新賓：黑溝山城, 轉水湖山城, (四道溝山城), (孤脚山山城)	11 + (3)
平地城	桓仁：下古城子城, (喇哈城址), (東古城子遺蹟) 集安：長川古城, 良民古城 通化：(赤柏松古城),[37] (南台古城), (太平溝門古城), (平崗山古城) 臨江：樺皮甸子古城, 夾皮溝古城, 東馬鹿村古城	6 + (6)
關隘	桓仁：北溝關隘 集安：望波嶺關隘, 關馬墻山城, 七個頂子關隘, 灣溝老邊墻關隘 通化：二道溝門關隘, 石湖關隘 長白：(八道溝鎭山城), (十二道灣關隘)	7 + (2)
關隘+平地城	長白：十四道溝古城·關隘	1
哨所(堡壘)	集安：大川哨所 通化：(依木樹古城) 臨江：(臨城古城)	1 + (2)
총계		26 + (13)

馬鞍峰式 등으로 분류되어 왔다.[38] 이를 현재의 분류방식과 비교하면 栲栳峰式山城은 包谷式山城, 蒜峰式山城은 山頂式山城(테뫼식산성), 紗帽峰式山城은 山腹式山城 등과 각각 대비할 수 있으며, 馬鞍峰式은 지금도 동일하게 분류한다. 이러한 여러 형태의 산성 가운데 압록강 중상류 일대에는[39] 蒜峰式과 유사한 山頂式山城, 栲栳峰式과 유사한 包谷式山城이 가장 많이 분포되어 있다.

산정식산성은 대체로 산정상이나 산마루의 평탄지에 자리잡고 있는데, 桓仁 五女山城과 城墻砬子山城, 新賓 黑溝山城과 轉水湖山城, 通化 建設山城과 英戈布山城 등 6기가 이에 해당한다. 특히 五女山城은 해발 820m인 五女山 정상부의 평탄면에 위치하고 있으며, 黑溝山城도 해발 700m인 좁고 기다란 산마루에 자리잡고 있다. 이러한 산정식산성은 일반적으로 산 정상 아래쪽의 낭떠러지나 산마루를 둘러싸고 있는 절벽을 천연성벽으로 삼고, 인공성벽을 부분적으로 축조하였다.

36　( ) 안에 기입한 성곽은 고구려 성곽으로 보기 힘들거나 명확히 확인되지 않은 것이다.

37　通化 赤柏松古城은 漢의 郡縣城인데, 고구려가 재활용한 흔적은 확인되지 않았다.

38　丁若鏞(柳在浩 번역), 『民堡議』, 전사편찬위원회(국방군사연구소), 14~15쪽.

39　桓仁 愁虛山城과 新賓 四道溝山城은 관련 정보가 너무 적어 고구려 산성으로 단정하기 힘든 상태이며, 新賓 孤脚山山城도 고구려 산성으로 단정할 만한 명확한 근거가 없다.

五女山城의 경우, 서·남·북은 낭떠러지와 절벽을 천연성벽으로 삼고 지세가 험준하지 않은 동쪽과 동남쪽에만 인공성벽을 축조하였다. 黑溝山城도 수십 미터 높이로 우뚝 솟은 절벽 8개를 천연성벽으로 삼고 그 사이의 트인 곳이나 지세가 낮은 산등성이 등에 인공성벽을 축성했다. 이러한 축성방식은 桓仁 城墻砬子山城이나 新賓 轉水湖山城에서도 확인되는데, 대체로 인공성벽의 비율이 3분의 1 이하이다. 이러한 산정식산성은 산 정상부의 험준한 자연지세를 이용하여 축조했기 때문에 군사방어기능이 아주 뛰어났다.

포곡식산성은 산골짜기 또는 산기슭의 완만한 경사지를 감싸면서 산마루나 능선을 따라 성벽을 축조했는데, 桓仁 高儉地山城과 瓦房溝山城, 集安 覇王朝山城 등 3기가 이에 해당한다. 이들 산성은 세 방향은 대체로 높고 한 방향은 낮아 전체적으로 키모양을 이룬다. 대체로 성벽 바깥면은 급경사이거나 절벽인 반면, 안쪽면은 경사가 완만하고 비교적 넓은 산기슭이 펼쳐진다. 또한 산정식산성처럼 낭떠러지나 절벽을 천연성벽으로 삼기도 하였지만, 전체적으로 보면 인공성벽의 비중이 높다.

다만 산성 입구가 주변의 평지와 곧바로 연결되는 요하 유역의 포곡식산성과 달리,[40] 이 지역의 포곡식산성은 산중턱이나 골짜기를 따라 깊숙이 들어간 지점에 성문을 설치했다는 점이 특징적이다. 이 시기만 하더라도 평지와 연접한 골짜기보다는 산중턱에서 시작하여 정상부로 연결되는 골짜기와 같은 입지를 선호했던 것이다. 이로 보아 이 지역의 포곡식산성은 산정식산성의 영향을 받았으며, 군사방어 기능을 우선시하여 입지를 선정한 것으로 짐작된다.[41] 이에 포곡식산성의 유형을 산상형과 하곡평지형으로 양분한 다음, 고검지산성 등을 산상형 포곡식산성으로 분류하기도 한다.[42]

한편 산정식산성과 포곡식산성을 절충한 경우도 있다. 가령 通化 自安山城은 산정상이나 산마루는 아니지만 산줄기에서 남쪽으로 돌출한 산등성이의 평탄지에 자리잡고 있으면서 완만한 경사지를 감싸고 있다. 그리고 桓仁 馬鞍山城의 경우, 전통적 분류방식에 따른다면 馬鞍峰式에 해당한다고 할 수 있다. 이들 산성도 골짜기보다는 정상부의 평탄지나 산마루를 주요 공간으로 삼고 있다는 점에서 기본적인 성격은 산정식산성과 동일하다고 생각된다. 다만 통화 자안산성은 규모나 입지로 보아 거점성의 기능도 상당히 가졌을 것으로 추정되는데, 강변에 성문을 설치한 것은 이를 잘 보여준다.

哨所도 특수한 기능을 수행하던 山城으로 분류된다. 초소는 한 변의 길이 50m 전후인 소형 산성으로 교통로 요충지 부근의 높은 산 위에 자리잡고 있다. 대체로 敵情을 살피기 위한 군사적 眺望施設이나 위급한 상황을 이웃 거점성에 보고하기 위한 봉화대 등 간단한 성곽시설만 갖추고 있다. 大川哨所의 경우 주성인 關馬墻山城의 전방에 위치하여 이곳으로 향하는 적군의 동정을 살폈던 것으로 추정된다. 그 밖에 臨江 臨城古城을 초소나 보루성으로 분류할 수 있는데, 고구려시기에 축조했는지 명확하지 않다.[43] 또한 通化 依木樹古城도 입지조건으로 보아 초소나 보루성일 가능성이 높은데, 역

---

40 余昊奎, 1999, 『高句麗 城』 II (요하유역편), 국방군사연구소, 22~27쪽.

41 林起煥, 1998, 「高句麗前期 山城 硏究」, 『國史館論叢』 82, 76~72쪽.

42 양시은, 2016, 앞의 책, 127쪽 ; 정원철, 2017, 앞의 책, 122~124쪽.

43 臨城古城을 발해 성곽으로 분류하기도 한다(『渾江市文物志』, 36~38쪽).

시 고구려 시기의 성곽으로 단정할 만한 명확한 근거는 없다.

(2) 관애와 평지성

關隘는 교통로상의 요충지인 협곡에 자리잡고 있다. 양 측면에는 험준한 산봉우리나 절벽이 우뚝 솟아 있는데, 계곡물이 흐르는 곳을 제외한 나머지 부분에 협곡을 횡단하는 성벽을 쌓고, 성벽 중앙에 성문을 설치하는 것이 일반적이다. 그리고 계곡물이 흐르는 협곡에 자리잡고 있기 때문에 水源과 관련된 별도의 시설은 없다. 이러한 關隘는 老嶺山脈 북쪽 사면의 교통로에 집중적으로 분포되어 있다.

集安 關馬墻山城은 淸河(葦沙河)변에 위치하였는데, 集安-通化 도로에서 가장 좁은 深山峽谷이다. 북벽 바깥쪽에 참호가 있고, 참호 바깥에는 참호둑이 있다. 이에 비해 남벽에는 참호와 참호둑이 없다. 이는 關馬墻山城이 청하 하류 방면에서 상류로 거슬러 올라오는 적을 방어하기 위해 축조된 관애임을 보여준다. 大羅圈溝河 유역에 위치한 石湖關隘도 하류 쪽에 반원형 치와 塹壕가 있어 대라권구하를 거슬러 통구분지로 향하는 교통로를 차단하던 관애임을 알 수 있다. 또한 桓仁 北溝關隘도 북단의 동쪽에서 건물터가 발견되었고, 산등성이 절벽의 동단부터 성벽을 축조했는데, 이는 渾江 유역에서 通溝盆地로 향하는 적군을 방어하기 위해 관애를 축조했음을 보여준다.

國內城 하류 방면의 압록강 연안에서도 集安 七個頂子關隘와 灣溝老邊墻關隘 등이 확인되었다. 그런데 이들 관애는 老嶺山脈 북사면의 관애와 외형은 비슷하지만 기능이나 성격상 많은 차이가 난다. 이들 관애는 주요 교통로를 직접 차단하지 않고, 교통로 주변의 골짜기에 위치하고 있기 때문이다. 이러한 현상은 通化 二道溝門關隘에서도 확인된다. 大羅圈溝河 하류에 위치한 이도구문관애의 경우, 하곡평지의 폭이 너무 넓어 교통로를 직접 차단하기 힘들자, 주변 계곡을 차단하여 관애를 설치한 것이다. 이러한 관애는 외형은 관애이지만 성격은 일반 성곽에 가깝다고 할 수 있다.

압록강 상류 연안에서는 長白 十二道灣關隘, 十四道溝關隘 등이 확인되었는데, 十二道溝灣關隘는 고구려시기의 관애인지 명확하지 않다. 十四道溝關隘는 평지성인 십사도구고성과 세트를 이루고 있는데, 대체로 압록강 수로를 방어하기 위한 군사시설로 추정되지만 정확한 성격은 아직 파악되지 않고 있다. 또 산성으로 보고된 長白 八道溝鎭山城도 산마루를 따라 성벽을 기다랗게 쌓았다는 점에서 외형상 關隘로 분류할 수 있지만, 역시 축조시기를 파악하기 힘든 상태이다. 그 밖에 通化 建設山城에서도 산성으로 향하는 골짜기를 두 겹으로 가로막은 부속 關隘가 확인되었다.

平地城은 일반적으로 교통이 편리하고 토지가 비옥한 하천 주위에 자리잡고 있으며, 평면은 方形 또는 長方形인 경우가 대부분이다. 압록강 중상류 일대의 대표적인 평지성으로는 集安 國內城址를 들 수 있는데, Ⅳ~Ⅵ권 '통구분지 편'에 정리할 예정이다. 이를 제외하면 모두 11기의 평지성이 고구려와 관련된 것으로 보고되었다.

이 가운데 通化 赤柏松古城은 발굴조사를 통해 前漢대에 玄菟郡의 郡縣城으로 조영되었다가 後漢 초에 폐기된 사실이 확인되었다.[44] 桓仁 喇哈城址도 종래 현도군의 군현성이나 고구려 평지성으로 추정했지만, 최근 발굴성과만 놓고 보면 현도군의 군현성이나 고구려시기의 성곽이라고 단정하기 힘든 상태이다. 桓仁 東古城子遺蹟의 경우 고구려시기의 기와가 출토되었지만, 성벽이 확인되지 않아 성터라고 단정하기 힘들다. 또한 富爾江 지류인 三棵榆樹河 연안에 위치한 通化 太平溝門古城이나 南台古城 역시 고구려시기에 축조했다고 단정할 만한 명확한 근거가 없는 상태이다.

이들을 제외하면 6기의 평지성을 고구려 성곽으로 파악할 수 있으며, 이 중 桓仁 下古城子城은 고구려가 처음 축조한 것으로 밝혀졌다.[45] 이들 평지성은 모두 하천변에 위치했는데, 水源 등 거주하기에 편리한 여건을 갖추었을 것으로 짐작된다. 또 下古城子城의 경우 고구려시기 토기가 대량으로 출토되고, '十'자형 도로가 개설되어 있는 등 생활유적이 상당히 많이 남아 있어 거주용 건물이 밀집하고 도로도 정비했을 것으로 여겨진다. 이는 군사방어 기능이 강한 山城과 달리 평지성은 거주성의 성격이 강했음을 반영한다.

下古城子城 이외의 平地城 5기는 모두 국내성 상류 방면의 압록강 본류 연안에 위치해 있다. 이들 평지성은 압록강변의 2단 충적대지 가장자리에 위치해 있고, 규모도 良民古城을 제외하면 한 변이 100m 전후에 불과한 소형 평지성이다. 축성방식도 대부분 토석혼축 또는 석축성벽이다. 따라서 이들 평지성은 하고성자성과 같은 거주성이라기보다는 압록강 수로 운영과 연관하여 특수한 기능을 수행했을 것으로 추정된다.

4) 축성방식과 성곽시설

(1) 축성방식

성곽은 흔히 축성재료에 따라 土城, 石城, 土石混築城 등으로 분류한다. 그 밖에 木柵城도 있지만 아직까지 압록강 중상류 일대에서 발견된 사례는 없다.

표 6에서 보는 바와 같이 압록강 중상류 일대에는 석성이 많이 분포한다. 특히 고구려 성곽이 거의 명확한 26기 가운데 18기가 석성으로 70% 가까운 비중을 차지한다. 이는 압록강 중상류 일대가 험준한 산간지대로서 흙보다 돌을 구하기 쉬운 자연조건과 연관있다고 여겨진다. 아울러 평지성보다는 험준한 산이나 협곡에 산성과 관애를 많이 축조한 사실도 중요한 요소로 작용했을 것이다. 실제 표 6을 보면 산성이나 관애는 거의 대부분 석성이거나 토석혼축성인 반면, 평지성은 토성이거나 토석혼축성임을 알 수 있다. 또한 돌을 사용하여 積石墓라는 독특한 무덤을 조영하던 문화적 전통도 크게 작용했을 것이다.

일반적으로 石城의 축성법은 內托式(외면쌓기)과 夾築式(양면쌓기)으로 분류한다. 내탁식은 주

---

44 王義學, 2008, 앞의 논문 ; 여호규, 2014, 앞의 책, 185쪽.

45 遼寧省文物考古硏究所, 2004, 앞의 책 ; 양시은, 2016, 앞의 책, 25쪽.

표 6 압록강 중상류 일대 고구려 성곽의 축성방식 현황

분류	성곽명	총수
石城	山城：五女山城, 馬鞍山城, 高儉地山城, 城墻砬子山城, 瓦房溝山城, 霸王朝山城, 自安山城, 建設山城, 英戈布山城, 黑溝山城, 轉水湖山城 平地城：夾皮溝古城, (喇哈城址)[46] 關隘：北溝關隘, 望波嶺關隘, 關馬墻山城, 七個頂子關隘, 灣溝老邊墻關隘, (八道溝鎭山城) 哨所：大川哨所, (臨城古城) 미상：(依木樹古城)	18 + (4)
土石混築城	平地城：樺皮甸子古城, 東馬鹿村古城, (南台古城), (太平溝門古城) 關隘：二道溝門關隘, 石湖關隘, (十二道灣關隘) 平地城+關隘：十四道溝古城·關隘	5 + (3)
土城	山城：(愁虛山城), (孤脚山山城) 平地城：下古城子, (赤柏松古城), (平崗山古城)	1 + (4)
土城 + 石城	平地城：長川古城	1
土石混築 + 石城	平地城：良民古城	1
미상	山城：(四道溝山城) 平地城：(東古城子遺蹟)	(2)
총계		26 + (13)

로 경사가 가파른 산기슭에 축조했는데, 五女山城 동벽에서 구체적인 축성양상이 확인되었다. 반면 협축식은 경사가 완만한 산등성이나 평지에서 주로 나타나는데, 高儉地山城 북벽에 전형적인 협축식 성벽이 잘 남아 있다. 그렇지만 이 지역의 석성은 경사가 일정하지 않은 산비탈에 축조되었기 때문에 전형적인 내탁식이나 협축식으로 분류하기 힘든 경우가 많다. 즉 외형은 협축식이지만 외벽이 내벽보다 훨씬 높아 대칭을 이루지 못할 뿐 아니라, 내벽이 내탁식처럼 외벽을 보완하는 성격이 강한 경우가 많다.

이에 이 지역의 고구려 석성은 성돌의 가공 정도에 따라 잘 가공한 성돌로 가지런하게 쌓은 경우, 산돌·강돌 등 자연석으로 축조한 경우 등으로 분류하기도 한다. 잘 가공한 성돌로 축조한 石城으로는 五女山城을 비롯하여 高儉地山城, 城墻砬子山城, 黑溝山城, 轉水湖山城, 霸王朝山城, 自安山城 등을 들 수 있다. 대부분 이 지역의 대표적인 산성으로 규모가 비교적 큰 편이다. 이들 산성의 성돌은 기단부에는 장대석, 내외 벽의 面石에는 쐐기형 성돌(楔形石)이나 장방형 성돌, 안채움부에는 북꼴돌(梭形石)이나 마름모꼴돌(菱形石) 등과 같이 용도에 따라 모양을 다양하게 다듬었다.

그런 다음 기단부에 커다란 장대석이나 쐐기형 성돌을 1~5단 정도 약간씩 물리면서 쌓아 성벽의

---

[46] ( ) 안에 기입한 성곽은 고구려 성곽으로 보기 힘들거나 명확히 확인되지 않은 것이다.

기초를 튼튼하게 다졌다. 이때 성벽 하단부에 암반이 있으면 이를 제거하지 않고 기단부로 삼아 그 위에 성벽을 쌓아올린 경우가 많다. 기단부 위쪽에는 쐐기형 성돌, 북꼴돌, 잔석 등을 이용하여 성벽을 차곡차곡 쌓아올렸다. 먼저 내외 벽 가장자리에 쐐기형 성돌을 가지런하게 놓은 다음, 성벽 안쪽의 쐐기형 성돌 사이에 북꼴돌을 끼워넣고 틈새를 잔돌로 채워 모든 성돌이 서로 맞물리도록 쌓았다. 이렇게 한 단 한 단씩 안쪽으로 약간 경사지게 쌓아올렸는데, 오녀산성이나 고검지산성 등에는 지금도 30단 가까이 쌓아올린 성벽이 웅장한 위용을 뽐내고 있다.

한편, 산돌이나 강돌 등의 자연석을 그대로 또는 조금만 다듬어 축조한 석성은 集安 關馬墻山城을 비롯하여 望波嶺關隘, 七個頂子關隘, 灣溝老邊墻關隘 등의 關隘와 桓仁 馬鞍山城, 英戈布山城, 夾皮溝古城 등의 소형성이 있다. 이 가운데 관마장산성이나 망파령관애는 강돌이나 산돌을 사용하면서도 위로 올라갈수록 약간씩 물리면서 바깥면을 가지런하게 쌓은 흔적을 확인할 수 있다. 아마 자연석을 활용한 다른 성곽도 처음에는 이러한 형태로 쌓았을 텐데, 현재는 성벽이 거의 모두 허물어져 원형을 파악하기 힘든 상태이다. 물론 처음부터 성벽을 가지런하게 쌓지 않은 경우도 있을 것이다.

표 6에서 보듯이 土石混築城은 주로 關隘와 소형 平地城에서 확인된다. 通化 石湖關隘는 토석혼축 양상을 가장 잘 보여준다. 성벽 하단에 강돌과 잔돌로 기초를 다진 다음, 양쪽 가장자리 하단에 큰 절석이나 강돌을 놓고 그 안쪽에는 흙을 다지거나 흙과 잔돌을 섞어 성벽을 축조했다. 특히 축성 재료는 주변에서 쉽게 구할 수 있는 것을 사용했는데, 동단부는 산기슭에서 흘러내린 산돌을 많이 이용한 반면, 중간 부분은 흙과 강돌·자갈을 많이 사용했다. 성벽 축조에 드는 공력을 최소화한 모습을 잘 보여준다.

土城은 세 가지 유형의 축성방식 가운데 비중이 가장 낮다. 특히 고구려 성곽이 명확한 26기 가운데에서는 桓仁 下古城子城 1기뿐이다. 이에 많은 연구자가 요동 지역의 평지토성이 대부분 漢의 郡縣城이라는 점에 주목하여 下古城子城도 본래 漢郡縣의 治所로 축조되었다가 그 후 고구려인들이 재활용한 것으로 파악하기도 했다.[47] 그렇지만 하고성자성에서 청동기시대나 고구려시기의 유물은 출토되었지만 漢代의 유물은 거의 출토되지 않았다는 점에서 이 견해는 더욱 면밀한 검토가 필요하다고 하겠다.

고구려인들이 漢의 평지토성 축성기술을 수용하여 하고성자성을 직접 축조했을 가능성도 고려할 필요가 있는데, 전술했듯이 下古城子城은 漢이 아니라 고구려가 처음 축조한 것으로 밝혀졌다.[48] 전술했듯이 이러한 점에서 고구려에서 토성이 4세기 이후[49] 또는 요동평원 점령 이후[50]에 비로소 출현했다는 견해는 재고의 여지가 있다. 압록강 중상류 일대에 토성이 적은 것은 축성기술보다는 산악지

47　魏存成, 1985, 앞의 글 ; 1994, 앞의 책, 14쪽.

48　遼寧省文物考古硏究所, 2004, 앞의 책 ; 양시은, 2016, 앞의 책, 25쪽.

49　辛占山, 1994, 앞의 글, 34~37쪽.

50　李殿福, 1991, 앞의 글 ; 1994, 앞의 책, 220~222쪽.

대여서 흙보다 돌을 구하기 쉬운 자연환경이 더 큰 영향을 미쳤다고 생각된다.

하고성자성의 축성양상은 1998년 서벽 북단의 발굴을 통해 구체적으로 밝혀졌다. 그에 따르면, 성벽의 밑너비 15.2m, 윗너비 8.4m, 잔고 1.4m로서 단면은 사다리꼴이라고 한다. 황토, 흑회토, 黃色泥沙, 황색모래 등을 다져서 축조했는데, 다진 정도는 위치에 따라 다르다. 가령 양측 가장자리는 비교적 단단하게 다진 반면, 중간 부분은 모래흙이 많고 다진 정도도 조금 덜 단단하다는 것이다. 다진 층위는 양측이 아래쪽으로 기울어진 활모양이며, 층위 두께는 2~5cm 전후로서 10~20cm에 달하는 곳도 있다고 한다.

(2) 성곽시설

주요 성곽시설로는 城門, 將臺와 望臺(角臺), 치성과 성가퀴, 해자, 수원, 배수시설, 건물지 등을 들 수 있다.[51] 이 가운데 성 안팎을 연결하는 성문은 가장 중요한 성곽시설이다. 성문은 성벽의 다른 부분과 달리 트여 있을 뿐 아니라 접근하기 쉬운 곳에 자리잡고 있기 때문에 군사방어상 많은 취약점을 안고 있다. 이러한 취약점을 보완하기 위해 성문 부근에는 갖가지 방어시설을 설치하거나 성문 자체를 甕城으로 축조한 경우가 많다. 다만 平地城이나 關隘의 성문은 현재 거의 남아 있지 않아 실제 모습을 파악하기 힘들며, 산성의 성문도 본래 모습을 간직한 경우는 거의 없다.

그럼에도 불구하고 五女山城, 覇王朝山城, 黑溝山城 등의 성문은 본래 모습을 비교적 많이 간직하고 있어 주목된다. 특히 최근 발굴된 오녀산성 서문에서는 성벽 바깥쪽에 자연암반을 이용하여 옹성구조를 축조한 양상을 비롯하여, 성문에 오르는 계단석, 성문의 기둥을 세운 문확돌, 성문 안쪽의 문지기실 등이 발견되어 매우 주목된다. 향후 고구려 성문 연구에 아주 중요한 자료가 될 것으로 기대된다.

흔히 옹성의 형태는 어긋문식에서 장방형을 거쳐 반원형으로 전환되었다고 이해된다.[52] 어긋문식 옹성의 시원적인 형태는 오녀산성 동문에서 확인되었는데, 성벽 양 끝이 직각으로 엇갈려 만나고 성문 옆의 북벽은 반원형을 이루고 있다. 장방형 옹성은 흑구산성 동문에서 확인되었는데, 두 겹의 석벽으로 축조한 장방형 구조가 잘 남아 있다. 반원형 옹성은 패왕조산성 북문에서 확인되었는데, 옹문 바깥에 두 겹의 석벽을 쌓아 군사방어적 기능을 강화한 흔적도 남아 있다.

그 밖에 성문 좌우에는 長方形 平臺를 쌓아 방어상의 취약점을 보완하기도 했는데, 패왕조산성 북문, 관마장산성 동문, 자안산성 등에서 이러한 시설이 발견되었다. 또한 흑구산성 북문처럼 성문 부근에 角臺와 望臺를 설치하여 군사방어 기능을 강화한 경우, 자안산성 서남쪽 정문처럼 성문 밖 양 옆에 門闕이 있는 경우도 있다. 또한 성장립자산성이나 건설산성처럼 자연절벽으로 둘러싸인 골

---

[51] 성곽시설에 대한 종합 고찰은 여호규, 1998, 앞의 책, 28~38쪽 ; 양시은, 2016, 앞의 책, 133~176쪽 ; 정원철, 2017, 앞의 책, 189~389쪽 참조.

[52] 사회과학출판사 엮음, 1975, 『고구려문화』(논장 복각판), 52~53쪽.

짜기 입구를 천연성문으로 삼은 경우도 있다.

전투를 지휘하던 將臺와 성 안팎을 감시하던 望臺는 주변 지역을 잘 조망할 수 있는 지점에 설치했는데, 자연암벽을 활용한 경우가 많다. 인공 將臺나 望臺로는 성장립자산성 남서쪽의 타원형 石臺, 흑구산성 북벽의 望臺 등을 들 수 있다. 흑구산성 북벽 망대에는 烽火시설로 추정되는 원형 구덩이가 남아 있어 주목된다. 천연 장대나 망대로는 오녀산성 동남쪽 점장대를 비롯하여 고검지산성 남벽의 암벽, 흑구산성 東門 바깥쪽의 望臺, 전수호산성 서벽의 망대 등을 들 수 있다. 성벽 모서리나 꺾인 곳에 설치한 角臺도 망대의 일종인데, 패왕조산성, 흑구산성, 전수호산성, 자안산성 등에서 확인되었다. 특히 흑구산성 서북 모서리의 角臺는 쐐기형 돌을 사용하여 견고하게 축조했다. 전수호산성 동남 모서리의 절벽처럼 자연암석을 천연각대로 삼은 경우도 있다.

적의 공격을 방어하기 위한 雉城은 평지성이나 완만한 경사지에 자리잡은 산성에서 흔히 볼 수 있다. 그렇지만 이 지역의 성곽은 거의 대부분 험준한 산악지대에 자리잡았기 때문에 치를 설치할 필요가 거의 없었다. 통구분지를 제외한 압록강 중상류의 성곽 가운데에서는 석호관애에만 치성이 확인되었다. 성벽 바깥쪽에 흙으로 쌓은 반원형 치가 6개 있었는데, 치의 간격은 일정하지 않으며, 반경 5~6m로서 성벽보다 0.5m 높았다.

성벽 위에 설치된 성가퀴(女墻)는 아군의 몸을 은폐하고 성벽으로 접근하는 적을 향해 활을 쏘던 방어시설이다. 거의 모든 성곽의 성벽에는 본래 성가퀴를 설치했겠지만 거의 대부분 무너지고, 오녀산성, 패왕조산성, 고검지산성 등에서 그 흔적을 확인할 수 있다. 특히 오녀산성 동벽에는 곳곳에 성가퀴가 잘 남아 있는데, 제2구간에는 길이 13m, 폭 1.2~15m, 잔고 0.2~0.6m의 성가퀴가 남아 있다. 고검지산성의 경우, 동벽 성가퀴 너비 1m, 높이 0.6m, 남벽 성가퀴 너비 0.5~0.6m, 높이 0.7m, 북벽 성가퀴 너비 0.6~1m, 높이 0.4m 등으로 비교적 낮은 편이다.

성가퀴와 관련하여 주목되는 방어시설이 성가퀴 안쪽의 돌구멍(石洞)인데, 오녀산성, 패왕조산성, 고검지산성, 흑구산성 등에서 발견되었다. 오녀산성 동벽에서는 전 구간에 걸쳐 돌구멍이 확인되었는데, 특히 제5구간에서는 11개의 돌구멍이 일정한 간격으로 배열된 양상이 확인되었다. 돌구멍 간격은 2m 정도인데, 잔돌이나 오물이 떨어지는 것을 방지하기 위해 돌구멍 입구를 판석으로 덮은 경우도 있다. 돌구멍의 평면은 長方形으로 보통 길이 0.3m, 폭 0.2m, 깊이 0.5~0.8m 전후이다.

패왕조산성 북벽 동단에서는 18개의 돌구멍이 확인되었는데, 간격은 1.45~1.5m, 方形으로 길이 27~30cm, 깊이 50cm이다. 고검지산성 서벽 북단에서는 1.8~2m 간격으로 배열된 9개의 돌구멍이 확인되었는데, 長方形으로 길이 30cm, 너비 25cm, 깊이 50cm이다. 흑구산성 서벽의 북단에서는 1.5m 간격으로 배열된 25개의 돌구멍이 발견되었는데, 방형 또는 장방형으로 길이 20~35cm, 깊이 30~60cm이며 깊이가 108cm인 것도 있다. 이러한 돌구멍의 성격에 대해서는 滾木雷石의 기둥구멍, 쇠뇌를 설치한 방어시설, 목책을 설치한 기둥구멍 등의 견해가 제시되었는데,[53] 향후 다른 지역의 사례까지 포괄해 종합적으로 검토할 필요가 있다.

---

53 정원철, 2017, 앞의 책, 276~294쪽.

垓字나 塹壕는 군사방어에 취약한 평지성에 주로 설치한 방어시설이다. 통구분지를 제외한 압록강 중상류의 성곽 가운데에는 하고성자성 서벽 바깥의 도랑이 해자일 가능성이 높은 것으로 확인되었고, 동벽 바깥의 혼강은 천연해자를 이루었을 것으로 추정된다. 또한 관마장산성, 석호관애, 십이도만관애 등에서 참호가 확인되었다. 관마장산성의 참호는 북벽 바깥쪽 1~4.6m 지점에 있고, 석호관애의 참호도 성벽 서북쪽 바깥 6m 지점에 있다. 십이도만관애의 참호는 위쪽 너비 4.5m, 아래쪽 너비 3m, 깊이 0.4m이다. 한편 칠개정자관애 바깥의 副壁도 참호 기능을 수행했다고 추정된다. 관애의 경우 참호시설의 위치를 통해 성곽의 안팎을 명확히 구분할 수 있다는 점에서 매우 주목된다.

하천을 끼고 있는 평지성이나 관애는 물을 확보하기 위한 별다른 시설이 필요없지만, 산성은 물의 확보가 가장 중요하다. 특히 이 지역의 산성은 산정식이 많기 때문에 수원 확보는 더욱 중요했을 것이다. 수원시설로는 천연샘, 저수지, 우물 등이 확인된다. 인공 저수지와 우물로는 오녀산성 天池가 대표적이다. 그 밖에 자안산성과 고검지산성에서 저수지가 확인되었다. 천연샘은 패왕조산성, 자안산성 등에서 확인되었고, 인공우물은 전수호산성, 자안산성, 건설산성, 흑구산성 등에서 확인되었다.

성곽에서는 수원시설 이상으로 배수시설도 중요하다. 배수시설을 제대로 갖추지 않으면 홍수 시에 성곽 전체가 물에 잠기거나 성벽이 붕괴될 위험이 있기 때문이다. 이에 평지성이든 산성이든 배수시설을 잘 갖추었을 텐데, 주로 계곡에 위치했기 때문인지 대부분 붕괴되고 본래 모습을 간직한 곳은 거의 없다. 배수구는 자안산성 북문 동쪽 100m 지점에서 확인되었는데, 배수구 입구 위쪽에 거대한 판석을 2개 덮어 놓았다. 한편 전수호산성의 서벽은 성벽과 배수구의 기능을 겸하고 있는 것으로 추정되며, 오녀산성 동벽 제9구간은 배수를 고려하여 성벽 윗면을 판석으로 축조했다고 파악되었다.

성곽은 군인이든 민간인이든 궁극적으로 사람이 거주하는 공간이다. 이에 성곽 내부에는 거주를 위한 다양한 건물지가 있었을 텐데, 조사상의 미비로 인해 건물지가 확인된 사례는 그리 많지 않다. 다만 오녀산성에서 초석을 갖춘 대형 건물지와 온돌시설을 갖춘 주거지 등이 대거 발견되어 주목된다. 특히 오녀산성에서는 고구려 초기에 해당하는 제3기층에서 초석 대형 건물지가 확인되었는데, 발굴자들은 초기 도성과 관련된 건물로 추정했다. 그 밖에 고구려 초기 주거지 4기와 더불어 중기에 해당하는 제4기층에서 대형 건물지 2기, 주거지 8기, 초소 6기 등을 발굴했는데, 대부분 온돌시설을 갖추고 있었다. 향후 고구려 건물지 연구에서 가장 주목되는 자료라고 하겠다.

그 밖에 흑구산성에서는 장방형 석실이 6개 발견되었고, 패왕조산성, 망파령관애, 동고성자유적, 자안산성, 북구관애, 화피전자고성, 동마록촌고성 등에서 건물 초석이나 기와 등이 발견되었다. 특히 자안산성에서는 여러 곳에서 건물터가 발견되었을 뿐 아니라, 초석도 1.5m, 너비 0.7m, 두께 1m인 대석이라는 점에서 지방관아 건물이 있었을지도 모른다. 패왕조산성에서도 최근 남문과 북문을 연결하는 통로를 따라 건물지가 밀집한 현황이 확인되었다. 한편 흙구덩이를 파서 병사주둔지나 저장구덩이로 이용하기도 했는데, 고검지산성 동쪽 북문 부근에서 이러한 원형 구덩이가 발견되었다.

5) 도성의 방어체계와 압록강 수로 운영

(1) 초기 도성의 위치

압록강 중상류 일대는 크게 지역에 따라 鴨綠江 본류 연안과 渾江 유역으로 대별할 수 있다. 本流 연안의 경우 넓은 평지가 거의 발달하지 않은 반면, 渾江 유역에는 혼강 연안이나 그 지류를 따라 河谷盆地나 平地가 비교적 넓게 발달한 편이다. 다만 老嶺山脈의 북사면에 해당하는 渾江 左岸은 지류의 길이가 짧을 뿐 아니라 평지도 크게 발달하지 않은 반면, 渾江 右岸에는 지류인 大雅河, 六道河, 富爾江 등을 따라 평지가 비교적 넓게 펼쳐져 있다.

이처럼 압록강 本流 연안, 渾江 左岸 및 右岸 등의 지형이 뚜렷이 구별되므로 성곽의 입지나 분포 양상도 지역별로 조금씩 다를 것으로 예상된다. 먼저 압록강 중상류에서 평지가 가장 잘 발달된 환인분지 일대는 고구려 초기 도성인 卒本으로 비정된다. 그러므로 환인분지 일대의 성곽은 고구려 초기 도성과 관련될 가능성이 높을 것으로 예상되는데, 실제 종래 논의도 주로 이를 중심으로 진행되었다.

한편, 두 번째 도성이었던 國內城을 기준으로 놓고 본다면, 압록강 본류 연안은 하류 방면을 제외하면 적군의 침공 가능성이 거의 없으면서 압록강 수로를 통해 도성과 직접 내왕할 수 있는 지역이다. 이에 비해 渾江 유역은 요동 방면의 중국왕조가 고구려를 침공할 때 항상 경유한 곳으로 노령산맥 일대는 도성 외곽에 해당하며, 渾江 右岸은 蘇子河나 太子河를 경유한 적군이 압록강 중류 유역으로 진입하는 길목에 해당한다. 이로 보아 각 지역에 따라 성곽의 기능과 성격도 조금씩 달랐을 것으로 예상된다.

그럼 먼저 초기 도성인 卒本으로 비정되는 桓仁盆地의 성곽부터 검토해보자.[54] 주지하듯이 桓仁盆地에는 해발 820m에 이르는 오녀산이 웅장한 자태를 뽐내며 서 있는데, 산 정상부 평탄면과 동쪽 산기슭에 五女山城이 자리잡고 있다. 오녀산성은 깎아지른 절벽으로 둘러싸인 산 정상부의 넓은 평탄면을 포함하고 있을 뿐 아니라 동쪽 산기슭까지 포함하면 전체 둘레가 5km에 가까운 대형 성곽이어서 일찍부터 고구려 초기 도성인 卒本城이나 紇升骨城의 후보지로 추정되어 왔다.

더욱이 1996년 이래 중국학자들이 발굴한 결과 오녀산은 신석기시대부터 거주공간으로 활용되었고, 초기철기시대(청동기 후기), 고구려 초기, 고구려 중기, 금대 등 모두 5시기에 걸친 문화층이 확인되었다. 이 가운데 초기철기시대층은 고구려 건국 직전으로 비정되며, 고구려 초기에 해당하는 제3기층에서는 도성과 관련된 초석 대형 건물지가 발견되었다. 이에 발굴자들은 고구려 초기 왕도가 山上에 위치했다는 〈광개토왕릉비〉, 〈東明王篇〉 등의 기록을 근거로 오녀산성을 흘승골성으로 비정하고 있다.

한편 五女山城 서남쪽 8.5km 거리에 위치한 下古城子城은 평지토성이라는 점에서 종래 漢의

---

[54] 고구려 초기 도성의 위치에 대한 서술은 余昊奎, 2005, 「고구려 國內 遷都의 시기와 배경」, 『한국고대사연구』 38 ; 2014, 「고구려 도성의 구조와 경관의 변화」, 『삼국시대 고고학개론 1(도성과 토목 편)』을 수정 보완한 것이다.

郡縣城으로도 이해되었지만, 고구려 초기 도성 가운데 평상시에 거주하던 평지성으로도 추정되었다. 둘레 800m 전후의 중형 성곽인 하고성자성은 환인분지 한복판에 위치했으며, 고구려 초기의 沸流水나 卒本川으로 비정되는 渾江변에 위치했다는 점에서 고려해볼 만한 견해라고 할 수 있다. 다만 〈광개토왕릉비〉에 따르면 卒本은 산상의 성곽 동쪽에 위치했다고 하는데, 오녀산성을 산상의 성곽으로 비정하면 하고성자성과는 방향이 다른 문제가 발생하므로 신중하게 재검토할 필요가 있다.

최근에는 富爾江과 渾江이 합류하는 지점 부근에 위치한 桓仁 喇哈城址를 졸본성이나 비류국성으로 비정하는 견해가 제기되었다. 또한 중국학자 가운데에는 富爾江 상류의 黑溝山城 – 轉水湖山城 일대를 沸流國의 중심지로 파악하거나 通化 沿江 일대의 혼강 유역을 卒本 지역으로 비정하기도 한다. 그렇지만 桓仁 喇哈城址의 경우 고구려 성곽으로 단정할 만한 명확한 근거가 확보되지 않은 상태이다. 또 黑溝山城 – 轉水湖山城 일대에서는 거주지와 관련된 유적이 확인되지 않았고, 通化 沿江 일대의 구릉유적 역시 고구려 초기로 비정할 만한 명확한 근거가 없는 상태이다.

이렇게 본다면 고구려 초기 도성인 卒本이나 紇升骨城은 역시 충적평원이 넓게 발달한 桓仁盆地 일대에서 찾을 수밖에 없다고 생각된다. 현전하는 자료상 紇升骨城이 산 위에 위치한 것은 명확하다(〈광개토왕릉비〉,〈東明王篇〉). 따라서 卒本 지역을 지금의 환인 일대로 상정한다면, 紇升骨城은 이 지역에서 가장 웅장하면서 신비로운 느낌까지 주는 오녀산성으로 비정하는 것이 가장 타당하다. 다만 〈광개토왕릉비〉,〈東明王篇〉의 기록처럼 오녀산성이 말 그대로 초기 도성이었는지는 조금 더 면밀한 검토가 필요하다.

이와 관련하여 朱蒙의 정착·건도 지역을 『三國史記』에는 '水上' 곧 沸流水 연안의 충적평원, 〈광개토왕릉비〉에는 '山上' 곧 忽本(卒本) 서쪽 산 위로 각각 다르게 서술된 사실이 주목된다. 〈東明王篇〉에 따르면, 주몽은 沸流水 유역에 정착하여 松讓國의 항복을 받는 등 일정한 시간이 흐른 다음 鶻嶺에 성곽을 축조했다고 한다. 이렇게 본다면 '水上'은 최초의 정착지, '산상'은 맹주로 등장한 이후의 건도지로 구분할 수도 있다. 그렇지만 해발 820m인 오녀산은 군사방어 거점으로는 천혜의 요새이지만, 일상적으로 거주하기 위한 도성으로는 주변 배후지와 지나치게 격리되어 있다. 따라서 『三國史記』의 '水上'을 최초의 정착지, 〈광개토왕릉비〉의 '山上'을 맹주로 등장한 이후의 도성으로 구분하기는 힘들다고 생각된다.

환인 일대는 수도의 입지조건인 생산활동과 군사방어에 적합한 자연지형을 동시에 갖추고 있다. '수상'과 '산상'은 이러한 입지조건을 기능에 따라 상징적으로 표현한 것으로 생각된다. '水上'이 농경과 어로 등 일상적인 생산활동에 적합한 지형이라면, '山上'은 군사요충지, 나아가 의례를 거행하기 위한 聖所로서의 면모를 각기 반영한다고 생각된다. 즉 도성이 기능에 따라 분리되어 평상시에는 충적평원인 '水上'에 거주하다가, 비상시에는 '山上'으로 대피하여 방어거점으로 삼았고, 의례를 거행할 때도 山上을 聖所로 활용했다고 추정할 수 있는 것이다.

〈광개토왕릉비〉 서두에서 '忽本'은 주몽이 건도하였다는 '산상'이나 승천하였다는 '東岡'의 위치를 나타내는 기준점이다. 특히 '忽'이라는 고구려어는 '고을'이나 '성곽'을 뜻한다. 그러므로 〈광개토왕릉비〉의 忽本은 산상에 위치한 오녀산성이 아니라 '산상 성곽'의 동쪽 평지에 위치한 평상시 거점을 뜻한다고 보아야 한다. 고구려 첫 번째 도성인 忽本(卒本)은 '수상(홀본=졸본)'과 '산상(골령)'으로 상징되는 평상시 거점과 비상시 군사방어성으로 구성되어 있었던 것이다. 고구려는 건국 초기부터 평지의 평상시 거점과 산상의 군사방어성으로 이루어진 도성체계를 구축했던 것이다. 그러므로 五女山城은 고구려 초기 도성의 군사방어성 및 의례용 성소였다고 생각된다. 오녀산성은 평상시에 거주하는 도성은 아니었지만, 초기 도성의 일부를 구성했던 것이다.

산상 성곽의 동쪽에 위치했다는 평상시 거점인 卒本은 오녀산 동쪽의 환인댐 수몰지구 일대로 추정된다. 卒本을 下古城子城으로 비정하기도 하지만, 이 성은 오녀산성의 동쪽이 아닌 서남쪽에 위치하므로 〈광개토왕릉비〉의 서술과 상충된다. 현재까지 알려진 환인댐 수몰지구의 평지성으로는 환인 喇哈城址가 유일하지만, 나합성지가 고구려 성곽이라는 명확한 근거는 없다. 더욱이 나합성지는 오녀산성의 동쪽에 위치했지만, 직선거리로 15km 이상 떨어져 있고, 만곡이 심한 혼강 연안로를 거슬러 가면 30km 이상 된다. 국내성이나 전기 평양성의 평지성과 산성이 2~5km의 근거리에 위치한 사실을 고려하면 나합성지를 오녀산성의 평상시 거점으로 보기 힘들다.

그러므로 〈광개토왕릉비〉의 서술을 존중한다면 졸본(홀본)은 산상 성곽인 오녀산성 바로 동쪽의 혼강 연안에 위치했다고 보는 것이 가장 타당하다. 이 지역은 현재 환인댐 수몰지구이며, 수몰 이전에 성곽유적이 확인된 적도 없다. 다만 혼강 좌안에는 본래 남북으로 기다란 충적평지가 발달해 있었고, 그 남단에 환인분지에서 규모가 가장 큰 고구려 초기의 高力墓子고분군이 자리하고 있다. 高力墓子고분군은 오녀산성 동쪽의 평상시 거점에 살던 사람들이 남긴 유적일 가능성이 높은 것이다. 다만 이 지역에서는 아직까지 성곽이 확인되지 않았고, 고구려 건국설화에서도 평지성을 축조했다는 서술이 없다는 점에서 고구려가 건국 초기에는 평상시 거점에 성곽을 축조하지 않았을 가능성도 상정할 필요가 있다. 즉, 渾江과 험준한 산으로 둘러싸인 혼강가의 충적평지를 평상시 거점으로 삼다가, 비상시에는 산상의 군사방어성으로 피난했을 가능성이 있는 것이다.

(2) 국내성기의 도성방어체계

渾江 유역의 성곽 가운데 富爾江 유역의 黑溝山城 - 轉水湖山城을 沸流國과 연관시키거나 集安 覇王朝山城을 위나암성으로 비정하기도 하지만, 이들 성곽은 고구려가 國內城으로 천도하기 이전에 축조했다는 명확한 근거가 없다. 따라서 五女山城이나 下古城子城을 제외한 혼강 유역의 고구려 성곽은 대체로 국내성기의 도성방어체계와 관련하여 축조되었을 것으로 보이는데, 이들이 국내성을 중심으로 일정한 분포상 정형성을 보인다는 사실은 이를 잘 보여준다.[55]

가령 老嶺山脈 일대에서는 모두 9기의 고구려 성곽이 보고되었는데, 통구분지로 향하는 교통로

---

55 국내성기 도성방어체계에 대한 서술은 余昊奎, 1998, 「國內城期 高句麗의 軍事防禦體系」, 『한국군사사연구』 1 참조. 다만 이 논문에서는 당시까지 고구려와 관련된다고 보고된 모든 성곽을 대상으로 논의를 전개했지만, 이 글에서는 고구려 성곽으로 단정하기 힘든 성곽을 제외하고 논의를 진행하도록 하겠다.

에 따라 대략 네 그룹으로 묶을 수 있다. 가장 동북방에서 통구분지로 향하는 大羅圈溝河 유역에는 通化 二道溝門關隘와 石湖關隘가 있다. 두 관애는 20여km 정도 떨어져 있으며 모두 토석혼축이다. 다음으로 淸河(葦沙河) 유역에는 集安 關馬墻山城과 大川哨所가 있다. 관마장산성은 협곡의 삼면을 가로막아 내부공간을 마치 성곽처럼 활용했다. 관마장산성 북쪽 7km 거리에 위치한 대천초소는 그 전방초소로 추정된다.

세 번째로 新開河 유역에는 集安 覇王朝山城과 望波嶺關隘가 분포해 있다. 패왕조산성은 新開河 진입로를 봉쇄하는 요새지이고, 상류쪽의 망파령관애는 板岔嶺으로 향하는 교통로상의 요충지이다. 마지막으로 桓仁분지에서 渾江 하류를 따라가다가 集安 경내로 진입하는 교통로상에는 桓仁 城墻砬子山城, 瓦房溝山城, 北溝關隘 등이 분포해 있다. 모두 혼강변이나 혼강 유역에서 통구분지로 향하는 교통로상의 요새지에 자리잡고 있다.

이상과 같이 노령산맥 일대에서는 9기의 산성, 관애, 초소 등이 보고되었는데, 모두 노령산맥의 북사면에 위치했다는 공통점을 지니고 있다. 이는 이들 성곽이 혼강 유역에서 각 지류 연안을 거슬러 노령산맥으로 진군하는 적군을 방어하기 위해 축조되었을 가능성을 시사한다. 실제 石湖關隘에서는 북쪽 바깥에서 치성과 참호가 확인되었고, 집안 關馬墻山城에서도 북벽 바깥에서만 참호와 참호벽이 확인되었다. 또한 北溝關隘에서도 북단의 동쪽에서 건물터가 발견되었고, 산등성이 절벽의 동단부터 성벽을 축조했다. 이는 이들 關隘가 모두 渾江 유역에서 老嶺山脈을 넘어 通溝盆地로 향하는 적군을 방어하기 위해 축조되었음을 보여준다.[56]

이로 보아 노령산맥 일대의 성곽은 기본적으로 혼강 유역에서 통구분지로 나아가는 교통로를 방어하기 위해 축조한 것으로 추정된다. 이 지역의 성곽은 통구분지에 위치한 국내성을 방어하기 위해 고구려시기에 축조되었다고 추정되는 것이다. 따라서 이 지역의 성곽은 국내성을 방어하기 위한 군사방어체계의 일부를 이루었다고 추정된다. 특히 이들 성곽과 관애들이 국내성을 중심으로 도성 외곽에 활모양을 그리며 분포되어 있다는 점에서 도성 외곽의 弧形防禦線이라 명명할 수 있다.

한편 集安 七個頂子關隘와 灣溝老邊墻關隘도 비록 압록강 본류 연안에 위치해 있지만, 압록강을 거슬러오다가 外岔溝河-凉水泉子河 일대에 상륙한 다음 국내성으로 나아가는 적군을 봉쇄하기 위해 축조했다는 점에서 노령산맥 북사면의 성곽과 더불어 도성 외곽의 방어선을 구성했다고 여겨진다. 고구려는 국내성기에 적군의 침공 위협이 없는 동남 방향을 제외하고는 도성 외곽인 노령산맥 일대의 모든 교통로를 봉쇄하는 형태로 도성방어체계를 구축했던 것이다.

渾江 右岸의 성 가운데 평지성인 下古城子城은 군사방어시설로 단정할 만한 명확한 근거가 없다. 그 밖에 赤柏松古城은 漢의 군현성으로 파악되며, 평지성인 喇哈城址, 東古城子遺蹟, 太平溝門古城, 南台古城 등은 고구려 성곽으로 단정할 만한 명확한 근거가 없다. 또한 산성으로 보고된 桓仁 愁虛山城이나 新賓 四道溝山城도 자료상의 미비로 고구려 성곽이라고 단정하기 힘들다. 新賓

---

56 이 가운데 환인 와방구산성는 성벽이 거의 남아 있지 않고 유물도 출토되지 않아 고구려 성곽이라고 단정할 만한 명확한 근거가 없지만, 성곽의 입지조건은 환인 고검지산성이나 집안 패왕조산성과 동일하다.

孤脚山山城이나 通化 依木樹古城도 고구려 성곽이라고 볼 만한 명확한 근거가 없다.

이들을 제외하면 현재까지 渾江 右岸에서는 모두 8기의 성곽이 확인되었다. 이들 가운데 통화 建設山城이나 英戈布山城처럼 소형 산성도 있지만, 대부분 둘레 1~2km에 이르는 중형 산성으로 산 정상부나 정상부를 낀 산중턱에 위치했다는 공통점을 지니고 있다. 또한 석축성이면서 五女山城처럼 깎아지른 절벽을 천연성벽으로 활용했다는 공통점도 지니고 있다. 더욱이 이들은 太子河나 蘇子河, 輝發河 유역에서 渾江 유역으로 진입하는 교통로상에 분포하고 있어 주목된다.

환인 서쪽의 태자하나 소자하에서 환인분지로 진입하는 교통로상에는 高儉地山城과 馬鞍山城이 위치해 있다. 이들 모두 산 정상부를 포함한 산중턱 위쪽에 위치하고 있다. 馬鞍山城은 渾江의 지류인 六道河 남쪽에 위치해 있는데, 소자하나 태자하에서 육도하로 진입하여 환인분지로 나아가려는 적군을 控制했다. 다만 高儉地山城에 대해서는 신중한 검토가 요구된다. 현재 교통로만 놓고 보면 高儉地山城은 太子河 방면에서 혼강 유역으로 진입하는 교통로만 공제하는 것으로 보이지만, 실제로는 소자하에서 태자하 상류를 경유하여 혼강 유역으로 진입하는 적군도 방어했기 때문이다(이 책 489~491쪽 환인 고검지산성의 '역사적 성격' 참조).

富爾江 일대의 성곽 가운데 轉水湖山城, 黑溝山城, 建設山城 등은 고구려 산성이 거의 명확하다. 이 가운데 黑溝山城과 轉水湖山城은 沸流國의 본거지로도 추정되었지만, 모두 해발 600~700m의 높은 산 위에 있고, 각각 부이강 연안을 잘 관찰할 수 있도록 望臺를 마련했다는 점에서 부이강 연안을 공제하던 군사방어시설로 추정된다. 부이강·혼강 합류지점을 한눈에 관찰할 수 있는 해발 600m의 산 위에 위치한 건설산성도 마찬가지이다. 따라서 이들 산성은 소자하 유역에서 부이강 상류로 진입하여 혼강 유역으로 나아가는 적군을 방어하기 위해 축조했다고 추정된다.

부이강 상류에서 喇咕河 유역을 거쳐 혼강 유역으로 나아가는 교통로상에서는 通化 英戈布山城과 自安山城이 확인되었다. 영과포산성은 나고하 유역의 산 정상에 위치했다는 점에서 소자하 유역에서 富爾江 상류를 경유하여 喇咕河 유역으로 진입하는 적군을 공제하기 위해 축조했다고 파악된다. 通化 自安山城은 혼강 상류의 중심지인 통화분지에 위치해 있다. 이 일대는 輝發河에서 龍崗山脈을 넘어 통구분지로 나아가거나 富爾江 상류에서 喇咕河를 거쳐 통구분지로 들어갈 때 반드시 거쳐야 하는 전략적 요충지이다. 자안산성은 고구려시기에 혼강 상류 일대의 중심성으로 기능하였을 가능성이 높다.

이처럼 渾江 右岸의 고구려 성은 각 교통로에 따라 여러 그룹으로 묶인다. 이들은 太子河나 蘇子河에서 桓仁盆地 서부로 들어오는 교통로, 蘇子河 상류에서 富爾江이나 喇咕河를 거쳐 혼강으로 향한 교통로, 輝發河 유역에서 龍崗山脈을 넘어 혼강으로 향한 교통로 등을 각각 방어하고 있다. 혼강 우안의 산성들은 압록강 유역 외곽에서 혼강 유역으로 진입하는 길목을 차단하기 위해 축조한 군사방어성인 것이다. 따라서 老嶺山脈 일대의 關隘·山城이 도성 외곽의 弧形防禦線이었다면, 이들은 압록강 중상류 일대 전체를 방어하기 위한 군사방어선이라고 할 수 있다.

이상과 같이 老嶺山脈 북사면과 渾江 右岸 등 혼강 유역의 성곽은 국내성을 중심으로 각 교통로를 따라 분포되어 있다는 점에서 국내 천도 이후에 축조되었으며, 국내 지역을 방어하기 위한 목적에서 축조되었다고 파악된다. 그런데 문헌자료상 3세기 후반에 두만강 유역으로 나아가는 동북지역에 新城(敦城)을 축조했으며, 4세기 초에는 소자하와 혼하 연안의 국경지대에도 중대형 산성을 대거 축조한 사실이 확인된다. 이로 보아 도성 외곽을 방어하던 혼강 유역의 성곽은 늦어도 3세기 중반 이전에 축조했을 것으로 추정되지만, 구체적인 시기는 더욱 면밀하게 검토할 필요가 있다.

(3) 압록강 수로 운영

압록강 중상류 本流 沿岸에는 넓은 평원이 발달하지 않은 대신, 支流와의 합류지점이나 曲流하는 안쪽 보호사면 등에 충적대지가 형성되어 있다. 현재까지 보고된 압록강 본류 연안의 고구려 성곽은 이러한 충적대지나 그 주변의 계곡, 산 정상부 등에 자리잡고 있다. 通溝盆地의 集安 國內城址와 山城子山城을 제외하면 모두 11기가 고구려 성곽으로 보고되었다.

이 가운데 上流 연안의 臨江 臨城古城, 長白 八道溝鎭山城과 十二道灣關隘 등은 고구려 성곽이라고 단정할 만한 근거가 없다. 이들을 제외한 8기는 고구려시기 유물이 출토되거나 주변에 관련 유적이 분포해 있다는 점에서 고구려 성곽일 가능성이 높다. 그런데 이들 8기를 지역별로 분류해보면 국내성 하류 방면에는 계곡을 가로질러 축조한 關隘만 분포한 반면, 상류 방면에는 충적대지에 자리한 소형 평지성만 분포한다. 이러한 양상은 이 지역 고구려 성곽의 기능 및 성격과 밀접히 관련된 것으로 추정된다.[57]

압록강 본류 연안 가운데 國內城보다 하류 방면에 위치한 集安 七個頂子關隘와 灣溝老邊墻關隘는 전술했듯이 老嶺山脈 북사면의 성곽들과 함께 국내성 외곽 防禦線을 구성했다. 그런데 七個頂子關隘와 灣溝老邊墻關隘는 老嶺山脈 북사면의 關隘와 외형은 비슷하지만 기능상으로 많은 차이를 나타내고 있다. 즉 관마장산성, 망파령관애, 북구관애 등 노령산맥 북사면의 관애와 달리, 주요 교통로를 직접 차단하지 않고 교통로 주변의 골짜기를 가로질러 쌓아 실제로는 골짜기 내부공간을 성곽으로 활용할 수 있도록 했다.

이와 관련해 七個頂子關隘 - 灣溝老邊墻關隘 위쪽의 압록강 수로가 험하여 20세기 전반만 하더라도 압록강을 거슬러 온 배들이 外岔溝河 - 凉水泉子河 일대에 정박한 다음, 육로를 이용해 集安市 소재지로 나아간 사실이 주목된다.[58] 이로 보아 고구려시기에도 압록강을 거슬러 國內城으로 나아갈 경우 이들 관애 부근에 정박한 다음 육로를 이용해 국내성으로 나아갔을 것으로 짐작된다. 칠개정자관애는 外岔溝河 - 凉水泉子河 일대보다 하류에 위치했다는 점에서 이 일대로 상륙하려는 적군을 공제하기 위해 축조했으며, 만구노변장관애는 外岔溝河 - 凉水泉子河 일대보다 내륙에 위치했다는 점에서 이 일대에 상륙한 적군이 국내성으로 진격하는 것을 공제하기 위해 축조했다고 추정된다.

---

57 압록강 본류 연안의 성곽과 압록강 수로교통에 관해서는 余昊奎, 2008, 「鴨綠江 中上流의 고구려 성곽과 東海路」, 『역사문화연구』 29를 수정 보완한 것이다.

58 吉林省文物志編委會, 1984, 『集安縣文物志』, 81쪽.

그런데 이 일대는 압록강 水路와 國內城으로 향하는 陸路의 結節點으로 평상시에는 압록강 수로상의 요지였을 것이다. 이러한 점에서 칠개정자관애와 만구노변장관애가 다른 관애와 달리 교통로로 거의 사용되지 않던 계곡에 위치한 사실이 주목된다. 이 경우 관애 안쪽의 골짜기를 행정관서나 창고시설 등을 지을 성곽 내부공간으로 활용할 수 있기 때문이다. 따라서 이들 관애는 국내성 외곽을 방어하기 위한 군사적 기능과 더불어 압록강 水路를 관리하기 위한 水運驛站의 기능도 지녔다고 판단된다.

압록강 본류 연안 가운데 國內城보다 상류 방면의 경우, 고구려 성곽인지 판단하기 힘든 3기를 제외하면 모두 압록강 연안의 충적대지에 위치했다. 특히 長白 十四道溝古城을 제외하면 압록강변의 1단 충적대지보다 5~10m 정도 높은 2단 충적대지의 가장자리에 위치하고 있다. 이는 압록강의 범람으로부터 성곽을 보호하면서 강과의 거리를 최대한 단축하기 위한 입지 선택으로 추정된다. 그리고 둘레가 1km를 넘는 集安 良民古城을 제외하면, 대체로 400m 미만인 소형 평지성으로 별다른 방어시설도 갖추지 않았다.[59]

이로 보아 國內城보다 상류 방면에 위치한 성곽은 군사방어성이라기보다는 鴨綠江 水路를 관리하기 위한 수운역참의 성격이 강했다고 생각된다. 특히 東馬鹿泡子古城의 경우 강변 쪽으로 성문을 설치하고 그 아래에 석축 계단을 축조했다. 이는 강변으로 나아가는 통로로서 압록강 수로를 관리하기 위해 성곽을 축조한 사실을 잘 보여준다. 이상과 같이 국내성을 기준으로 압록강 하류와 상류 방면의 성곽은 형태나 기능에서 차이가 난다.

이러한 차이는 고구려를 둘러싼 대외정세에서 연유한다. 고구려는 건국 이래 주로 요동 방면의 중국세력과 각축전을 벌였으며, 상류 방면에는 대적할 만한 정치체가 존재하지 않았다. 이에 국내성보다 下流 방면에는 군사방어기능을 우선시하여 계곡 안쪽에 關隘를 축조해 수운역참으로도 활용한 반면, 上流 방면에는 군사방어적 측면을 거의 고려하지 않고 수로 관리에 유리한 강변의 충적대지에 소형 평지성을 축조했다고 추정된다. 이처럼 國內城을 기준으로 성곽의 형태가 다르지만, 압록강 본류 연안의 고구려 성곽은 기본적으로 압록강 수로망의 운영과 연관되어 있었다.

鴨綠江 本流 이외 지역에도 水路 운영과 관련된 성곽을 축조했을 것이다. 특히 桓仁盆地 한복판의 渾江변에 위치한 下古城子城은 혼강 수로에서 가장 중요한 수운역참으로 기능했을 것이다. 그리고 만약 桓仁 喇哈城址도 고구려시기에 축조한 성곽이라면 역시 혼강 수로의 수운역참으로 기능했을 텐데, 20세기 전반에 혼강 수운을 이용해 물자를 운반하던 '日子紅'이라는 상점이 이곳에 위치한 사실은 이를 잘 보여준다. 아울러 통화 자안산성도 서남 정문이 渾江 수로로 나아가는 지점에 위치했다는 점에서 수운역참의 기능을 가졌을 것으로 추정된다.

---

59 다만 長白 十四道溝古城은 압록강변을 따라 500m 길이의 關隘를 축조했는데, 이는 군사방어시설로 파악된다. 十四道溝古城은 현재까지 확인된 고구려 성곽 가운데 가장 상류에 위치해 있다. 이에 압록강 상류 방면을 방어하기 위해 關隘를 축조했을 가능성을 상정해 볼 수 있다.

6) 맺음말

이상에서 압록강 중상류 일대 고구려 성곽의 현황을 종합적으로 검토했다. 이를 통해 압록강 중상류 일대의 성곽은 山城과 關隘의 비중이 아주 높으며, 산성의 경우 기본적으로 산 정상부에 위치한 군사방어성의 성격이 강하다는 사실을 알았다. 또한 축성재료를 보면 石城의 비중이 압도적으로 높은데, 이는 적석묘를 축조하던 문화적 전통과 더불어 흙보다 돌을 구하기 쉬운 산간지대라는 지형적 요인이 큰 영향을 미친 것으로 파악된다.

아울러 성곽시설과 관련된 조사내용도 종합적으로 정리했는데, 특히 최근 五女山城의 발굴성과를 더욱 면밀하게 검토할 필요성을 절감했다. 桓仁盆地의 五女山城이나 下古城子城 등은 고구려 초기 도성인 卒本의 위치와 관련하여 매우 주목된다. 지금까지의 논의와 조사 내용을 종합하면 五女山城이 기록상의 山上 都城이나 紇升骨城인 것은 명확하다. 다만 입지조건상 오녀산성은 초기 도성의 군사방어성 내지는 의례용 성소로 파악된다. 평상시 거점은 오녀산성 동쪽의 환인댐 수몰지구에 위치했을 것으로 보인다.

五女山城과 下古城子城을 제외하면 혼강 유역의 성곽은 대체로 국내 천도 이후 축조되었고, 國內城期의 도성방어체계와 연관된 것으로 추정된다. 老嶺山脈 북사면의 關隘와 山城이 도성 외곽의 방어선이라면, 渾江 右岸의 산성들은 太子河, 蘇子河, 輝發河 등에서 혼강으로 진입하는 교통로를 공제하는 것으로 파악되었다. 또한 압록강 본류 연안의 성곽은 압록강 수로를 운영하던 수운역참으로 파악되며, 혼강 유역의 하고성자성이나 자안산성 등도 이러한 기능을 지닌 것으로 추정된다.

이상을 통해 압록강 중상류 일대 고구려 성곽의 특징, 도성의 방어체계, 압록강 수로의 운영양상 등을 종합적으로 고찰했다. 다만 이 지역의 산성에 대한 고고조사는 이제 겨우 본격화되었다고 할 수 있다. 성곽을 전면적으로 발굴한 사례가 오녀산성 하나뿐이기 때문이다. 따라서 이 지역 고구려 성곽의 특징, 나아가 성곽을 통한 국가체제의 운영양상 등을 파악하려면 향후 더욱 면밀한 조사와 연구를 진행할 필요가 있다.

3. 유물

1) 머리말

압록강 중상류 유역은 고구려의 발생과 발전과정을 규명하는 데 있어 중요한 지역이다. 이 지역은 환인과 집안 등 고구려 수도가 있었던 관계로 고구려 유적의 밀집도가 굉장히 높다. 또한 지리적 중요성으로 인해 중국의 동북공정이 진행되면서 발굴조사가 많이 이루어졌으며 이 내용을 담은 보고서가 발간되고 있다. 보고서에는 많은 양의 고구려 유물이 기술되어 있으나 이에 대한 체계적인 연구는 이제부터 시작인 셈이다.

고구려는 기원전 3세기~기원전 2세기 무렵 환인과 집안 지역의 토착문화를 중심으로 급속하게 성장하며 평양으로 천도하기 전까지 압록강 유역을 중심으로 융성하였다. 따라서 압록강 중상류 유역과 혼강 유역에서 출토된 고구려 유물은 초·중기의 양상을 보여주는 좋은 자료가 된다. 하지만 현재까지 이 지역의 유물 편년 연구는 고분 자료에 의존하는 경향 때문에 유물 자체의 연구는 매우 부진한 실정이다.

이에 이 글에서는 압록강 중상류 유역에서 출토된 고구려 유물의 지역별 사례와 종류에 대해 개관한 후, 그 유물들의 시기별 특징을 개략적으로 살펴보고자 한다. 대상지는 집안시(통구분지 제외), 임강시, 장백현, 환인현, 통화시(현) 등으로 지역을 한정하였다.

2) 지역별 유물 출토 사례

압록강 중상류 지역의 고구려 유물을 재질별로 구분하면 金銀器, 鎏金器, 銅器, 鐵器, 陶器, 瓦, 기타 등으로 나뉘어진다.[60] 통구분지를 제외한 압록강 중상류 유역에서 확인된 유물의 종류는 성곽과 고분에서 뚜렷하게 차이를 보이는데, 성곽에서는 철기류와 토기류가 대부분을 차지하며 고분에서는 금은기, 금동기, 토기류를 중심으로 출토되는 경향을 보여준다. 이 글에서는 고구려 유물이 출토되는

---

60 압록강 중상류 유역의 고구려 유물을 다루기 위해서는 용어 분류기준을 재검토할 필요성이 제기된다. 현재 중국은 고구려를 지방정권으로 간주하여 여기서 출토된 유물이 중국의 영향하에 제작되었다는 관점에서 서술하고 있으며, 보고서나 논문상에 적용된 기준은 유물의 재질에 따라 분류된다. 하지만 고구려 유물을 중심에 두지 않기 때문에 생소한 용어도 자주 등장하며 토기류나 철기류의 세부 분류기준은 우리와 차이가 크다. 또한 금은기, 금동기, 청동기 등은 남한의 고구려 유적에서 확인되지 않은 유물로 적절한 명칭을 정하기 쉽지 않으며 고구려 중기의 유물을 중심으로 분류체계를 정하고 있어, 압록강 중상류 유역에서 나타나는 다양한 형태의 고구려 유물에 그대로 적용하기에는 어려운 실정이다. 따라서 고구려 유물에 대한 전반적인 용어 분류체계가 마련되기 전까지 중국 측에서 사용하는 재질별 분류기준을 사용하는 것이 바람직하다고 판단된다.

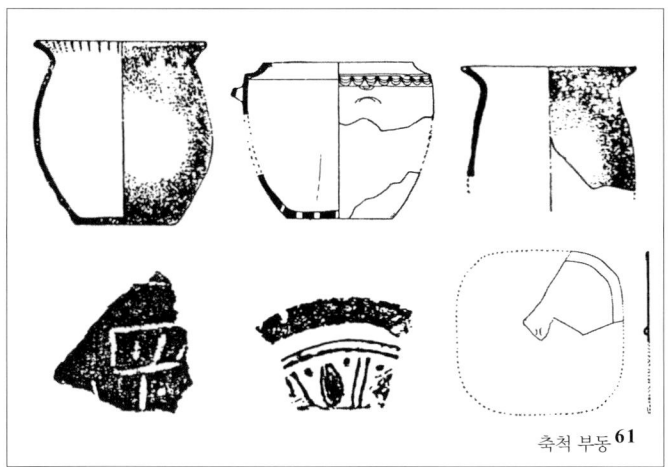
그림 1 집안 상활룡고분군 출토유물

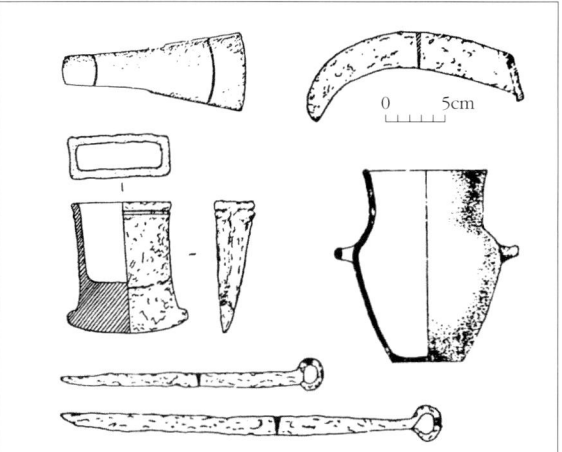
그림 2 집안 하활룡고분군 출토유물

고분과 성곽을 중심으로 지역별 출토 사례를 개관하며 고구려 건국과 관련된 토착세력이 사용한 것으로 보이는 청동기시대 말기 유물도 함께 언급하고자 한다.[62]

(1) 집안시

① 집안 상활룡고분군(그림 1)[63]

集安 上活龍古墳群은 집안시 마선향 상활룡촌에 소재한다. 적석총과 봉토석실분 등 총 14기의 고분이 파악되었으며 토기류, 연화문와당, 청동거울 등이 출토되었다.

토기류의 기종은 심발형토기, 시루, 호 등이며 명문토기편도 확인되었다. 심발형토기는 남한 지역 고구려 성곽에서 출토된 것과 매우 유사하다. 동최대경이 중하부에 있고 구연부를 손으로 마무리하여 제작하였다. 이 토기는 공반된 시루의 편년으로 미루어 남한 지역 고구려 토기보다 이른 3세기 무렵에 제작된 것으로 추정된다.[64]

② 집안 하활룡고분군(그림 2)[65]

集安 下活龍古墳群은 집안시 마선향 하활룡촌 아래의 동서 1km, 남북 1.5km 범위에 34기의 적석

---

61 '3. 유물' 편 그림 중 축척이 명시되지 않은 것은 축척 부동임.

62 백종오, 2010, 「압록강 중·상류역 출토 고구려 유물 검토」, 『단군학연구』 22.

63 吉林省文物志編纂委會, 1983, 『集安縣文物志』; 集安縣文物保管所, 1984, 「集安縣上·下活龍村高句麗古墓淸理簡報」, 『文物』 1984-1.

64 2세기 말로 추정한 견해도 있다(東潮, 1997, 『高句麗 考古學 研究』, 吉川弘文館).

65 吉林省文物志編纂委會, 1983, 위의 책; 集安縣文物保管所, 1984, 위의 책.

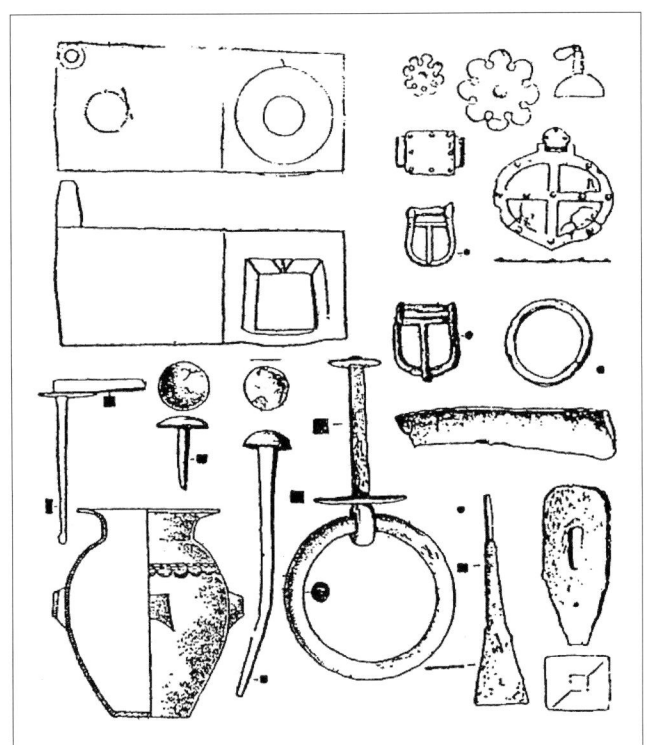

그림 3 집안 장천고분군 출토유물

그림 4 집안 호자구고분군 출토 토기 동체부편

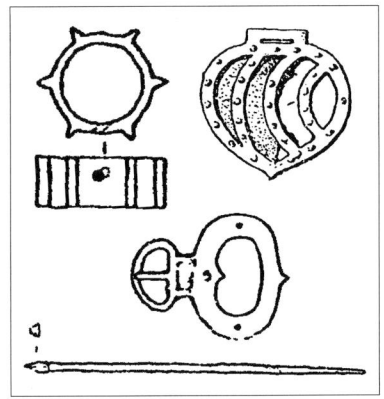

그림 5 집안 패왕조산성 출토유물

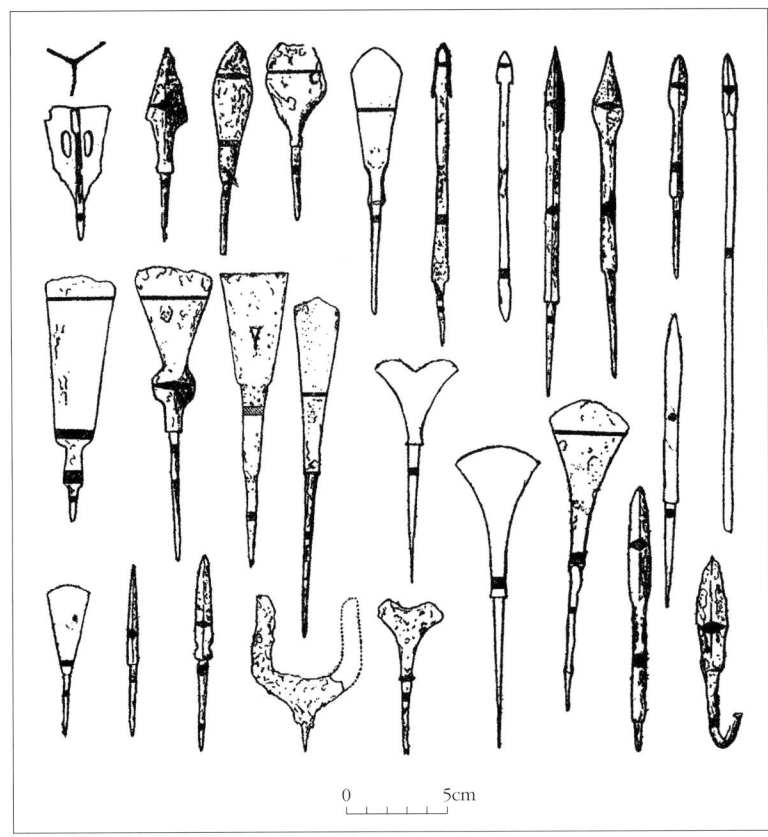

그림 6
집안시 출토 철제화살촉

총이 분포된 유적이다. 이곳에서는 철기와 토기 등 비교적 다양한 유물이 출토되었다. 철기류는 환두대도, 철제도끼, 철제낫, 철제띠고리, 화살촉집 등이며, 청동기는 청동제장식 2점이 출토되었다. 토기류는 손잡이 달린 호가 특징적인데, 동체에 두 귀 달린 것과 네 귀 달린 것이 있으며, 넓고 직립한 구연, 좁은 어깨, 대상파수 2개 부착, 편평한 바닥의 형태이다. 보고서에는 후한 – 한위교체기의 유물로 추정하였으며, 東潮는 3세기 전반의 것으로 비정하였다.[66]

③ 집안 장천고분군(그림 3)[67]

集安 長川古墳群은 집안현 황백현 장천촌에 위치한다. 고분군은 적석총과 봉토석실분으로 이루어졌으며, 벽화분인 1호분과 2호분에서 유물이 발견되었다. 유물은 2호분에서 금동제유물과 토기류, 기타 등이 출토되었다. 금동제유물로는 행엽, 운주 등 마구를 비롯하여 관장식, 띠고리, 걸이쇠, 귀고리, 못 등이며, 철기는 관장식으로 추정되는 철제고리를 비롯하여 낫, 화살촉, 띠고리, 못 등이 있다.

토기류는 황갈색 시유토기로 부뚜막모양토기와 사이호가 있다. 이 밖에도 비단조각과 木靈牌片, 복선연화문와당, 평기와류 등 다양한 유물이 출토되었다.[68]

④ 집안 호자구고분군[69]

集安 蒿子溝古墳群은 집안시 황백향 호자구촌에 위치한다. 총 6기의 계단식적석총이 확인되었는데, 1호분(중국 측 : 동천왕릉 비정)에서는 많은 양의 기와편이 확인되었다. 또한 호 구연부편과 사이호편, 음각의 파상문이 시문된 동체부편(그림 4) 등이 함께 수습되었다.

⑤ 집안 패왕조산성(그림 5)[70]

集安 覇王朝山城은 집안시 재원향 패왕조촌 혼강가에 위치한다. 성내부에는 2개의 문지, 여장, 기둥구멍 등이 확인되었다. 성곽 중앙부에는 건물지가 있는데, 이곳에서 토기편과 철기류 등이 출토되었다. 철기류는 철제차관, 금동제행엽, 청동제허리띠고리, 철경동촉 등이 있다.

이 밖에도 집안현 일대에서는 출토지가 확실하지 않은 철제 가래, 등자, 창, 칼과 다양한 형태의 철제화살촉(그림 6)이『집안현문물지』에 기록되어 있다.

---

66 東潮, 1997, 앞의 책.

67 陳相偉, 1982,「集安長川二號封土墓發掘簡記」,『文物考古彙編』1982-1 ; 吉林省文物工作隊, 1983,「集安長川二號封土墓發掘紀要」,『考古與文物』1983-1 ; 張雪岩, 1988,「集安兩座高句麗封土墓」,『博物館研究』1988-1.

68 백종오, 2002,『고구려 기와의 성립과 왕권』, 106~107쪽.

69 張福有·孫仁杰·遲勇, 2006,「集安蒿子溝墓地調査與東川王陵考」,『東北史地』2006-3.

70 方起東, 1962,「吉林輯安高句麗覇王朝山城」,『考古』1962-11 ; 李殿福, 1962,「1962年春季吉林輯安考古調査簡報」,『考古』1962-1 ; 吉林省文物志編委會, 1984,『集安縣文物志』; 吉林省地方志編纂委員會, 1991,「覇王朝山城」,『吉林省志』43(文物志) ; 王綿厚, 1994,「鴨綠江右岸高句麗山城研究」,『遼海文物學刊』1994-2 ; 余昊奎, 1998,「集安 覇王朝山城」,『高句麗 城』I, 國防軍史硏究所.

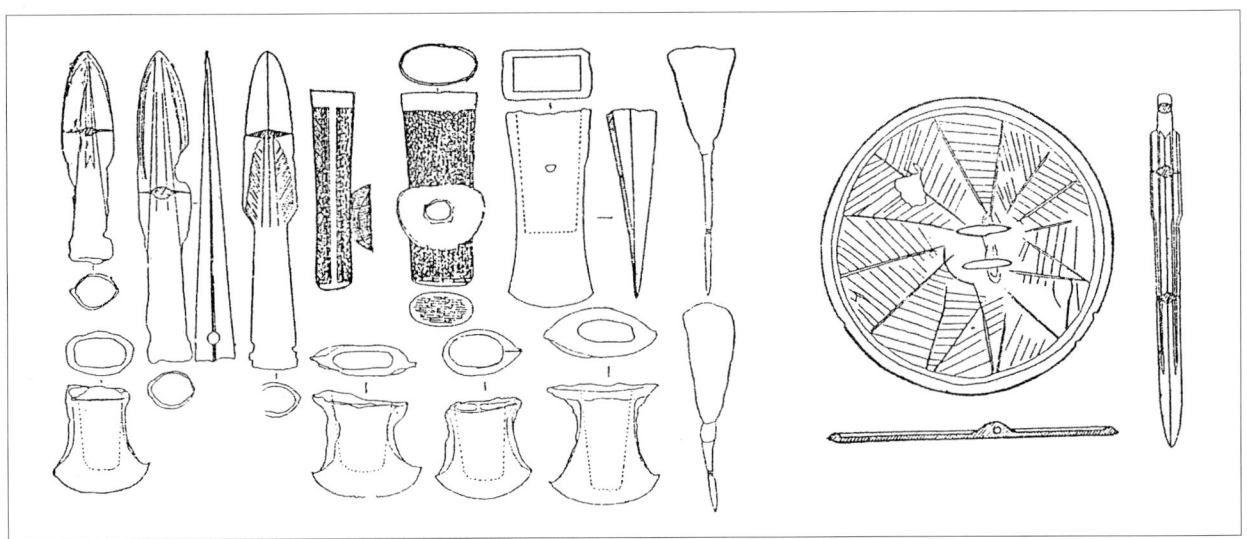

그림 7 집안 오도령구문고분군 출토유물

⑥ 집안 오도령구문고분(그림 7)[71]

集安 五道嶺溝門古墳은 고구려 건국 이전에 생성된 이 지역 토착세력의 무덤유적으로, 청동기, 철기, 은기 등이 출토되었다. 청동기로는 청동단검, 청동제 칼집끝장식, 창, 도끼, 월형도끼, 거울이 있으며, 철기로는 철제 화살촉, 손칼 등이 확인되었다. 은기는 반지가 출토되었다.

(2) 임강시

臨江 東甸子古墳群[72]은 임강시 육도구진 동전자촌의 압록강 우안 충적대지에 위치한다. 원래 高麗墓子로도 불렸으며 수십여 기의 고분이 있었던 것으로 알려졌으나, 현재는 60여 기 정도 남아 있다. 고분은 기단식 또는 계단식 적석총이며 기단적석연접묘도 확인된다. 유물은 1984년 조사 당시 채집된 것으로 청동제솥, 철제 자귀, 괭이, 창과 토기 등이 있다. 출토유물 중 호[73]는 구연이 직립하고 동최대경이 중상부에 위치하며 평저이다. 오녀산성에서 출토된 호와 비교하여 구연이 길이가 약간 길며, 환인 고력묘자고분군 M15호 출토품과도 유사한 형태이다(그림 8).

이 밖에 臨江 長川古墳群[74]에서는 철제괭이 2점이 발견되었으며, 臨江 東馬鹿泡子古城에서는

---

71 集安縣文物保管所, 1981, 「集安發現靑銅短劍墓」, 『考古』 1981-5 ; 吉林省文物志編纂委員會, 1983, 『集安縣文物志』.

72 吉林省文物志編纂委員會, 1984, 『渾江市文物志』 ; 王洪峰, 1988, 「臨江電站庫區古遺存調査綜述」, 『博物館研究』 1988-3 ; 孫仁杰·遲勇·張殿甲, 2004, 「鴨綠江上游右岸考古調査」, 『東北史地』 2004-5.

73 吉林省文物志編纂委員會, 1984, 『渾江市文物志』.

74 王洪峰, 1988, 「臨江電站庫區古遺存調査綜述」, 『博物館研究』 1988-3.

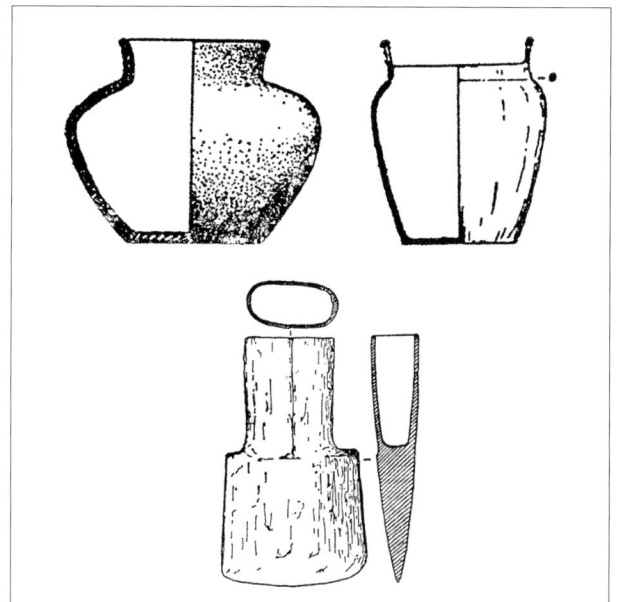

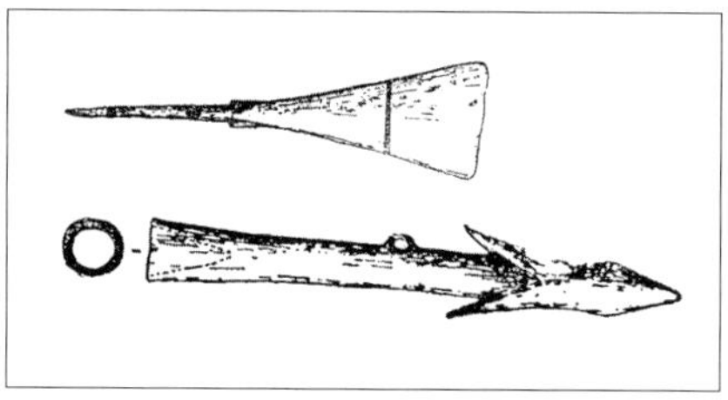

그림 8 임강 동전자고분군 출토유물

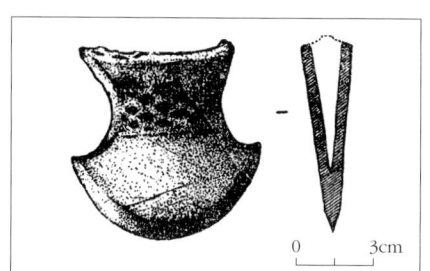

그림 9 임강 동마록포자고성 출토유물

그림 10 임강 위사하향 위사하촌 월형동부

1984년 조사 시 도끼날모양의 철제화살촉과 철제창이 출토되었다(그림 9).[75] 임강 위사하향 위사하촌에서는 鐵形銅斧가 채집되었다(그림 10).[76]

(3) 장백현

長白 干溝子古墳群[77]은 장백현 14도구진 간구자촌의 압록강변에 위치한다. 고분군은 4개 구역으로 나뉘는데, 고구려계의 원시무덤으로 파악된다. 유물은 토기류, 옥제품, 석기류, 청동제품, 철기류 등이 확인되었으며, 모두 고구려 조기에 해당한다. 토기류는 심발형토기가 가장 많으며 잔이나 컵모양 토기도 관찰된다. 철기는 형태가 다른 2점의 손칼과 괭이가 출토되었다. 동기는 고리와 대롱, 동전 등이 출토되었는데, 특히 동전은 半兩, 一化 등이 확인되어 유적의 연대를 추정하는 데 좋은 자료이다 (그림 11).

이 밖에 長白 十四道溝關隘[78]에서는 철제솥 1점(그림12)이 확인되었으며, 長白 十二道溝古墳

---

75 吉林省文物志編修委員會, 1984, 위의 책；孫仁杰·遲龍·張殿甲, 2004,「鴨綠江上流右岸考古調查」,『東北史地』2004-5.

76 吉林省文物志編修委員會主編, 1984, 위의 책.

77 朴潤武, 1990,「長白縣干溝子墓地調查」,『博物館研究』1990-3；吉林省文物考古研究所, 2003,「吉林長白縣干溝子墓地發掘簡報」,『考古』2003-8；孫仁杰·遲勇·張殿甲, 2004, 위의 글.

78 吉林省文物志編委會編, 1986,『長白朝鮮族自治縣文物志』；孫仁杰·遲龍·張殿甲, 2004, 앞의 글.

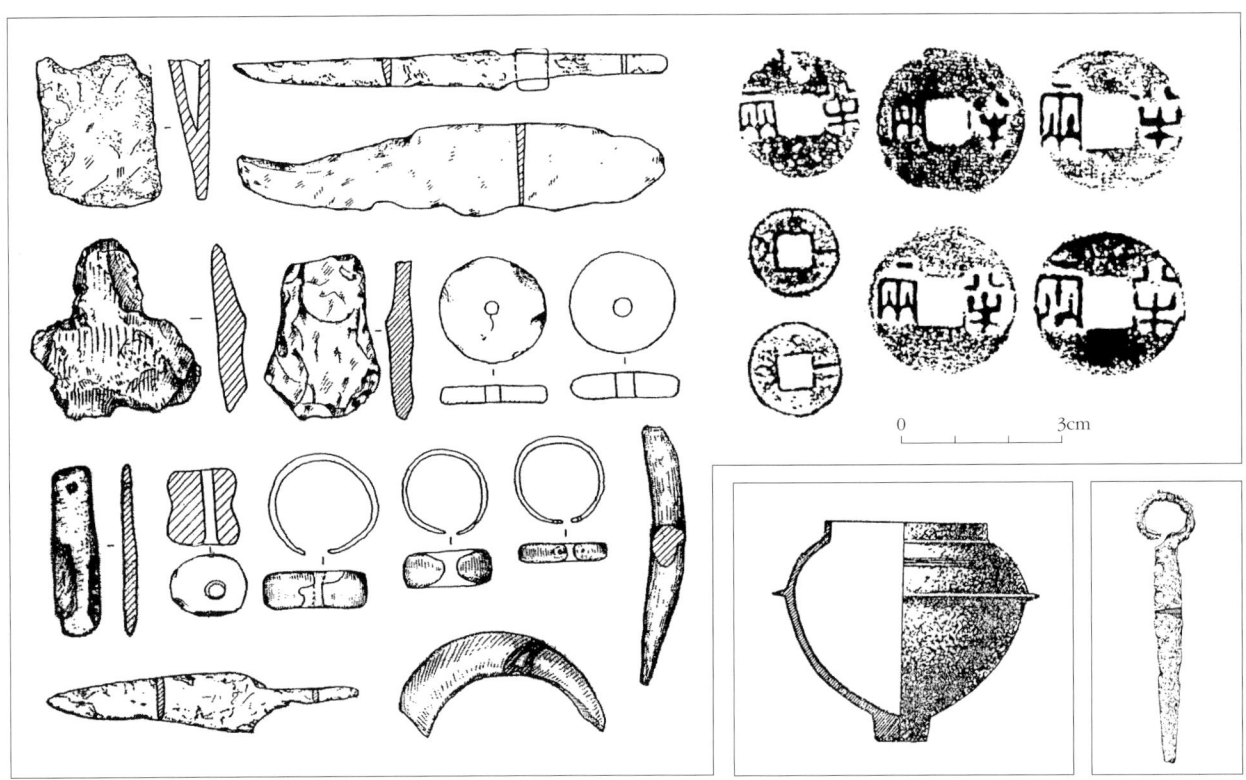

그림 11 장백 간구자고분군 출토유물   그림 12 장백 14구도관애 철제솥   **그림 13** 장백 12도구고분 고리자루칼

群[79]에서는 1986년 조사 당시 철제 자귀, 고리자루칼(그림13), 청동제화살촉 등이 출토되었다.

(4) 환인현

① 환인 미창구고분군(그림 14)[80]

『桓仁縣志』에 19세기 말 도굴을 당한 사실이 기록된 桓仁 米倉溝古墳群은 오녀산성과 약 16km 떨어진 환인현 아하향 미창구촌에 위치한다. 장군묘로 불리는 가장 큰 봉토석실묘를 중심으로 10여 기가 분포한다. 이 무덤은 벽화묘로 토기류, 금동기, 철기 등이 확인되었다.

토기는 부뚜막모양토기, 사이호 등이며, 금동기로는 방울모양장신구, 관장식, 철기는 삽날, 살포, 도끼, 괭이, 등잔, 못 등이 출토되었다. 이 중 부뚜막모양토기는 장천고분군 출토품과 비교가 가능하며 철서는 오녀산성 출토품과 유사하다.

---

79 吉林省文物志編纂委會, 1986, 위의 책.

80 武家昌·梁志龍·王俊輝, 2003,「桓仁米倉溝高句麗壁畫墓」,『遼寧考古文集』.

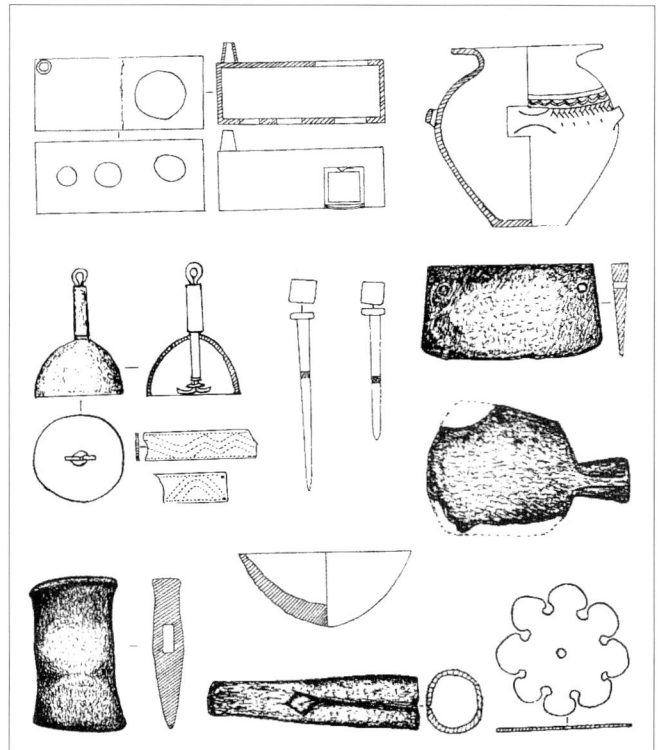
그림 14 환인 미창구고분군 출토유물

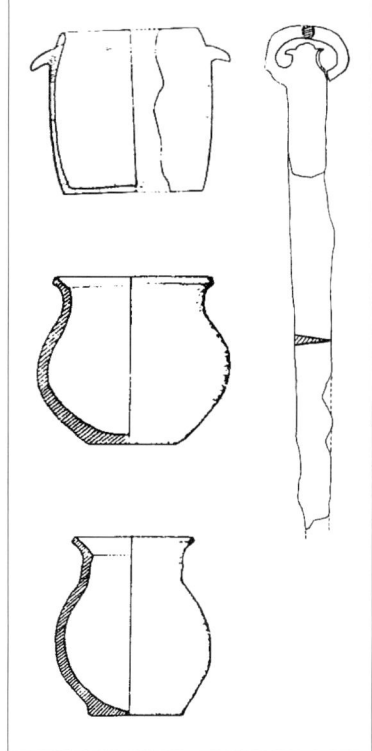
그림 15 환인 고력묘자고분군 출토유물

② 환인 고력묘자고분군(그림 15)[81]

桓仁 高力墓子古墳群은 오녀산성과 5km 정도 떨어진 환인현 연강향 고력묘자촌에 위치한다. 1950년대 봉토묘, 적석묘 등 44기가 발굴되었으며, 환인댐 건설로 수몰되었다. 당시 금동기, 은기, 철기, 토기 등이 출토되었으나, 자세한 내용은 알 수 없다. 이후 1990년대 발굴을 통해 호, 잔, 환두대도, 낚시바늘 등이 출토되었다. 적석총(M8)에서 출토된 호 2점은 구연이 외반되고 평저이며 동체가 구형이다. 보고자는 오녀산성 3기와 비슷한 시기에 제작된 초기 유물로 추정하였다.

③ 환인 오녀산성(그림 16)[82]

桓仁 五女山城은 요령성 환인현에 위치한다. 혼강가에 위치한 포곡식 산성으로 4차에 걸쳐 발굴이 진행되어 많은 유물이 알려지게 되었다. 발굴조사 결과 건물지와 주거지 24동과 철기매장유구 등이 확인되었으며, 조사된 5개의 층위 가운데 3기와 4기 문화층에서 토기류와 철기류를 중심으로 유물

81　遼寧省文物考古研究所·本溪市博物館·桓仁縣文物管理所, 1998,「遼寧桓仁縣高麗墓子高句麗積石墓」,『考古』1998-3.
82　桓仁滿族自治縣文物志 編纂委員會, 1990,『桓仁滿族自治縣文物志』; 遼寧省文物考古研究所, 2004,『五女山城』, 文物出版社.

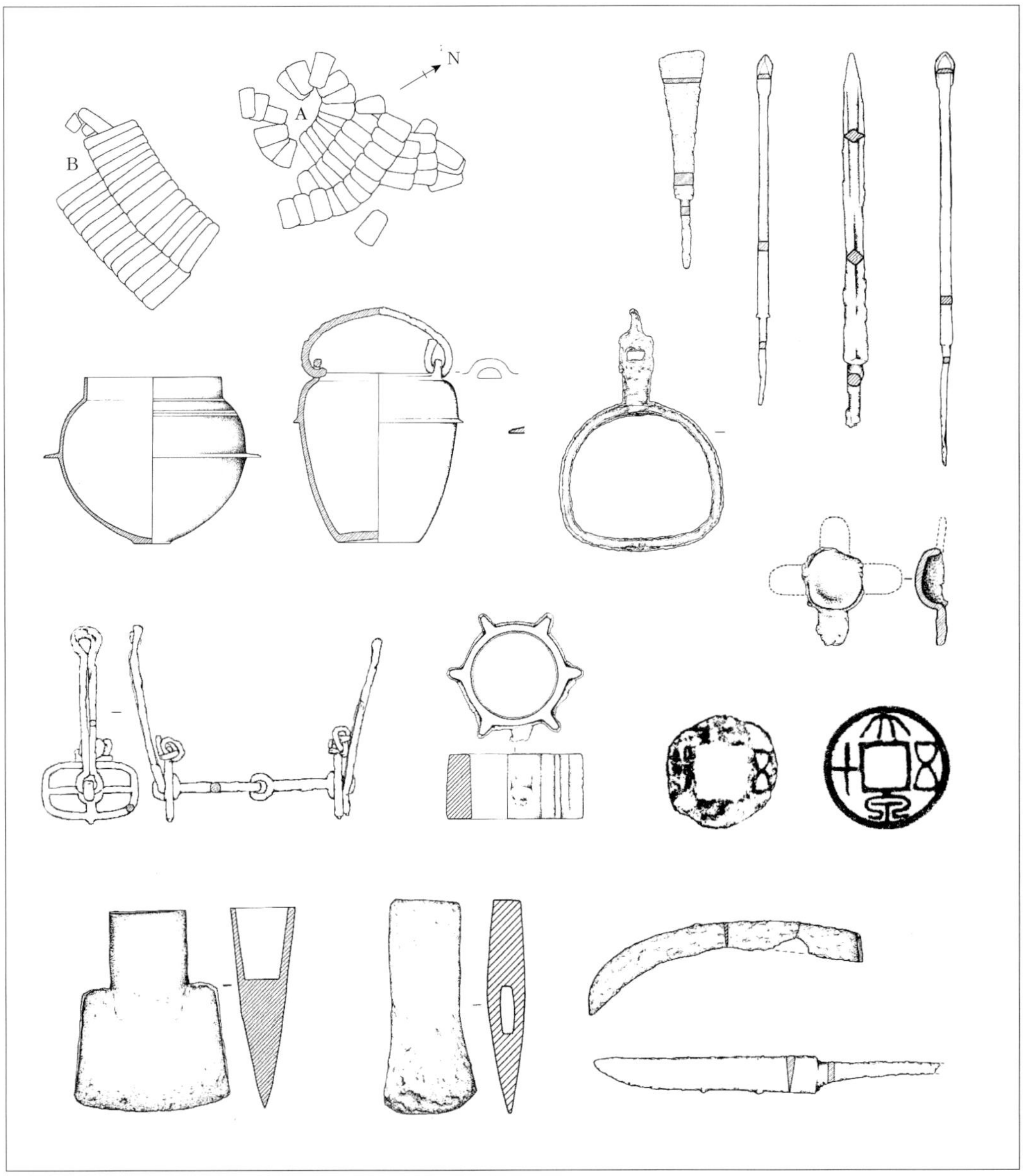

그림 16 환인 오녀산성 출토유물

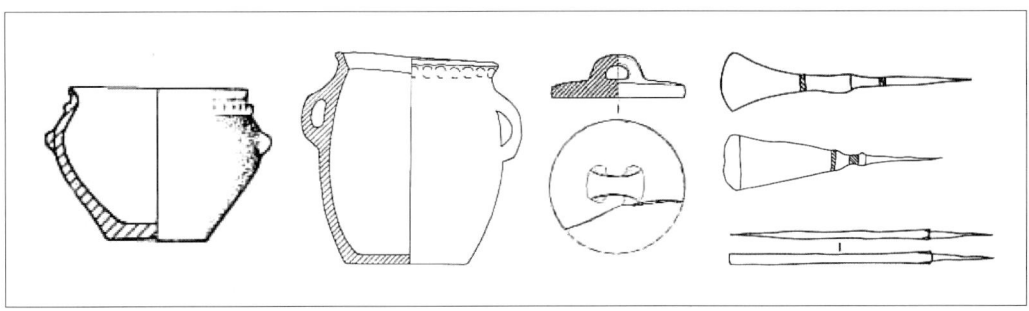

그림 17 환인 하고성자성 출토유물

이 출토되었다. 토기는 대략 208점이 발굴되었는데, 기종은 호, 옹, 심발, 동이, 시루, 합 등 16개 기종이 확인되었다.[83]

철기는 오녀산성 4기 문화층에서 대부분 출토되었다. 종류는 창·물미·화살촉 등 무기류, 솥 등 용기류, 도끼·칼·낫·삽·끌·톱·쐐기·갈고리 등 공구류, 등자·재갈 등 마구류, 차관, 허리띠고리, 낚시바늘, 고리 등이 있다. 제작기법은 소량의 주조품을 제외하고 대부분 단조품이다.

철기매장유구에서는 등자, 재갈, 도끼, 화살촉, 낫, 망치, 끌, 못, 송곳 등 300여 점이 발견되었는데, 화살촉은 191점이 일괄 출토된 점이 특이하다. 이 밖에도 1호 대형 건물지에서는 고구려 건국 무렵의 유물인 五銖錢, 大泉五十 등의 동전이 출토되었다.

④ 환인 하고성자성(그림 17)[84]

桓仁 下古城子城은 환인현 육도하자향 하고성자촌에 위치한다. 오녀산성과는 동북쪽으로 10km가량 떨어져 있는 평지성이다. 1998년 발굴결과 성벽의 축조양상과 토기, 철기 등의 유물이 확인되었다. 토기는 양이심발과 호가 있으며 손잡이편도 여러 개체 분량이 수습되었다. 이외에도 방추차, 갈돌, 물미, 화살촉 등이 출토되었다.

(5) 통화시

通化 萬發拔子古墳群(王八脖子古墳群)[85]에서는 21호묘에서 많은 양의 토기류와 석기류, 골기 등이 출토되었다. 토기는 주로 호와 발 등의 기종이며, 석기는 방추차, 어망추, 돌칼, 돌도끼, 화살촉 등이다. 유물의 제작시기는 고구려 건국 이전의 청동기시대이다(그림 18).

이상의 압록강 중상류 지역에서 출토된 고구려 유물의 현황을 정리하면 61쪽 표 7과 같다.

---

83 양시은, 2005, 「환인 오녀산성 출토 고구려토기의 양상과 성격」, 『북방사논총』 3, 64~65쪽.

84 桓仁滿族自治縣文物志 編纂委員會, 1990, 앞의 책.
遼寧省文物考古研究所, 2004, 앞의 책.

85 吉林省文物考古研究所·通化市文物管理委員會辦公室, 2003, 「吉林通化市萬發拔子遺址二十一號墓的發掘」, 『考古』 2003-8. 다음과 같이 만발발자유적에 대한 650여 쪽 분량의 방대한 발굴보고서가 발간되었으며, 이와 함께 최근 해제가 소개된 바 있다.
吉林省文物考古研究所·通化市文物管理委員會辦公室, 2019, 『通化萬發拔子遺址考古發掘報告』; 이종수, 2020, 「고구려문화의 보고-通化萬發拔子遺址考古發掘報告」, 『야외고고학』 37.

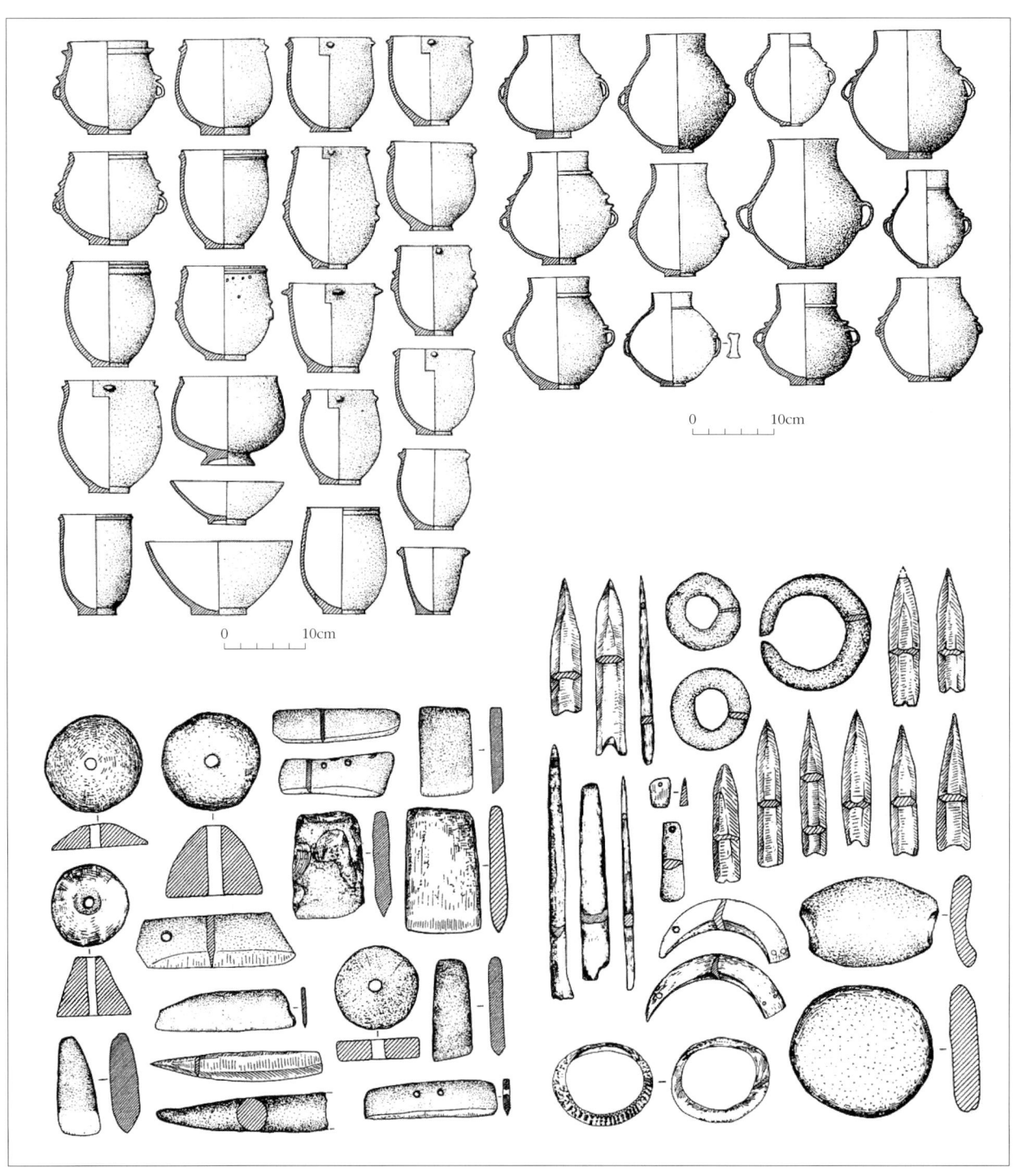

그림 18 통화 만발발자고분(21호묘) 출토유물

표 7 압록강 중상류 유역 출토 고구려 유물 주요 현황

지역	유적명	주요 유물		
		토기류	철기류	기타
집안시	상활룡고분군	심발형토기, 시루, 호, 명문토기편		연화문와당 청동제거울
	하활룡고분군	양이호, 사이호	환두대도, 허리띠고리, 화살촉집, 낫, 도끼	청동제장식
	장천고분군	부뚜막모양토기, 사이호	낫, 화살촉, 띠고리, 못	금동기(행엽, 운주, 관장식, 띠고리, 걸이쇠, 귀고리, 못), 비단조각, 목령패편, 기와편
	호자구고분군	호, 사이호		기와편
	패왕조산성		차관, 허리띠고리, 행엽, 철정동촉	
	오도령구문고분		화살촉, 손칼	청동기(단검, 칼집끝장식, 창, 월형동부, 도끼, 거울), 은반지
임강시	동전자고분군	호	자귀, 괭이, 창	청동제솥
	장천고분군		괭이	
	동마록포자고성		화살촉, 창	
장백현	간구자고분군	심발형토기, 잔, 컵모양토기	손칼, 괭이	동제고리, 대롱, 동전(半兩, 一化)
	14도구관애		솥	
	12도구고분군		자귀, 고리자루칼	청동제화살촉
환인현	미창구고분군	부뚜막모양토기, 사이호	삽날, 살포, 도끼, 괭이, 등잔, 못	금동기(방울모양장신구, 관장식)
	고력묘자고분군	호, 잔,	환두대도, 낚시바늘	
	오녀산성	심발형토기, 호, 옹, 동이, 시루, 반, 접시, 합, 뚜껑, 병, 사이호 등 16개 기종	창, 물미, 화살촉, 솥, 도끼, 칼, 낫, 삽, 끌, 톱, 쐐기, 갈고리, 등자, 재갈, 차관, 허리띠고리, 낚시바늘	동전(銖錢, 大泉五十), 방추차, 어망추
	하고성자성	양이심발, 호, 손잡이편	물미, 화살촉	방추차, 갈돌
통화시	만발발자고분군	호, 발		방추차, 어망추, 돌칼, 돌도끼, 돌화살촉

3) 유물의 분류와 시기별 특징

다음에서는 압록강 중상류 지역의 고구려 유물을 용도별로 분류한 후 시기적인 민감성을 가장 잘 반영하는 토기류를 중심으로 기종별 양상과 시기별 특징을 살펴보고자 한다.

(1) 고구려 유물의 분류

압록강 중상류 지역에서 출토된 고구려 유물을 용도별로 살펴보면 장신구류, 마구류, 무기류, 농기구류, 용기류, 기타 등으로 구분된다.

무기류는 창, 칼, 찌르개, 갈고리, 도끼, 월형동부, 화살촉, 철경동촉, 전촉, 찰갑 등 10여 종이 확인된다. 무기류 중 종류와 개체 수에서 가장 많은 비중을 차지하는 화살촉은 형태에 따라 17종으로 세분되는데, 세날개형, 마름모형, 뱀머리형, 삽형, 작은부채날형, 큰부채날형, 물고기꼬리형, 막대기형, 버들잎형, 세날개삽형, 삼각릉형, 첨두산형, 첨추형, 연간형, 착선면형 등이다.

마구류는 재갈, 운주, 행엽, 등자, 안장, 방울 등이 출토되었는데, 금동기와 철기로 구분 제작되어 말주인의 신분에 따라 다른 재료의 마구를 사용한 것으로 추정된다.

농기구류는 괭이, 철서, 삽날, 쇠스랑, 낫 등이 있다. 용도에 따라 여러 형태의 농기구로 분화되었는데, 이는 고구려의 농업생산력과 관계가 있는 것으로 알려져 있다. 출토량이 많은 낫은 환인 오녀산성, 집안 하활룡고분군, 집안 장천2호분 등에서 고루 출토되었다. 낫의 보편화는 농업생산이 안정적인 단계에 이르렀음을 나타내는 증거로 알려져 있다.[86] 괭이와 호미, 삽날 등은 땅을 일구는 데 사용된 유물이다. 괭이는 환인 오녀산성, 미창구고분군 등에서 확인되었다. 쇠날은 일자형과 U자형이 있는데, 두 유적에서는 일자형이 출토되었다. 쇠스랑과 호미는 땅을 고르는 데 사용한 도구로 오녀산성과 미창구고분군에서 수습되었다.

공구류는 망치, 끌, 쐐기, 줄 등이 있는데, 오녀산성의 철기매납유구에서 일괄로 출토된 것으로 철기 생산과 밀접한 연관이 있는 유물이다.[87] 이 밖에도 문고리, 자물쇠, 못, 벽걸이, 경첩, 차관, 관장식, 낚시바늘, 허리띠고리와 같은 생활용구도 성곽을 중심으로 출토되었다.

용기류는 대부분 토기류이나 청동기와 철기, 금동기도 확인된다. 청동제솥은 오녀산성과 동전자고분군에서 출토되었으며, 철제솥은 오녀산성과 장백 14도구관애에서 출토되었다. 확인된 토기의 기종은 다음과 같다. 호류는 장경호, 사이장경호, 양이호, 직구호, 구형호, 장동호가 있으며, 옹류는 대옹, 광구옹, 사이옹, 양이옹 등이 있다. 발류는 심발형토기, 양이심발이 있으며, 기타 기종으로 大鉢(동이), 대야, 잔, 시루, 완, 병, 뚜껑, 부뚜막모양토기가 확인되었다.

기와류는 집안 상활룡5호분과 장천2호분에서 복선연화문와당(Ⅰ-3식)이 출토되었는데, 연판은

---

86 강현숙, 2006, 「유적·유물로 본 고구려의 식생활」, 『고고자료에서 찾은 고구려인의 삶과 문화』, 고구려연구재단, 102쪽.
87 차순철, 2007, 「삼국~통일신라성곽의 철기생산과 관리」, 『동북아역사논총』 18.

8엽이며 지름은 16.5cm이다. 특히 장천2호분 출토품은 장군총과 유사한 와범을 사용한 것으로 추정된다.[88] 이것이 유일한 막새이며 집안 호자구1호분에서 용석과 함께 다량의 평기와류가 검출되었다.

기타 유물로는 방추차, 어망추, 인감, 칠기, 비석, 석기 등이 있는데, 특히 어망추는 낚시바늘과 더불어 압록강 유역의 고구려 유적에서 자주 출토되는 생산도구이다.

(2) 고구려 토기의 양상

압록강 중상류 유역 출토 고구려 토기는 크게 두 시기로 구분할 수 있는데, 건국 전후에 해당하는 시기와 중기 이후로 나뉘어진다. 다음에서는 두 시기를 대표하는 유적인 장백 간구자고분군과 환인 오녀산성의 토기류에 대하여 기종별로 재검토한 후 시기별 특징을 살펴보고자 한다.

먼저 간구자고분군 출토 토기류는 심발, 발 등의 기종이 있다. 보고서에는 구연과 동체의 형태에 따라 여러 유형으로 구분하고 있으나, 동체의 심도를 기준으로 재분류하고자 한다. 심발형토기는 크게 두 종류로 구분된다. 보고자는 심발형토기를 그릇의 깊이에 따라 深腹罐과 淺腹罐으로 구분하였으며, 다시 구연부와 동체의 형태에 따라 A~C형으로 세분하였다. 각 형식의 특징을 살펴보면, A형은 동체가 직선화되어 구연이 넓게 바라진 형태이며, B형은 동체가 둥글고 굽이 부착되었다. 이에 반해 C형은 곡선화된 동체에 둥글게 바라진 형태의 입술이 특징이다. 대상 유물의 심도 기준이 모호하고 A~C형의 구별기준이 일부 중복되어 있어서 심발형토기로 분류하기 어려운 경우도 있다. 이는 아직 고구려 토기로 정형화되기 이전의 양상이며, 두만강 유역의 영향을 받은 압록강 상류 유역 고구려 토기의 특징으로 판단된다.

소형 기종인 盌과 盞(종지)[89]은 각각 세 가지 형으로 구분된다. A형 완은 구연이 넓고 동체가 아래로 경사져 내려간다. B형 완은 구연이 곧고 동체가 둥그스름하다. C형 완은 입술을 둥글게 처리하고 외반된 형태이며 굽의 형태가 다양하게 나타난다. A형 종지는 구연이 곧고 굽이 있으며 심도가 깊은 편이다. B형 종지는 깊이가 얕으며 동체가 둥근 편이다. C형 종지는 구연이 직립하였다.

다음으로 환인 오녀산성에서 출토된 토기류를 검토해보고자 한다. 오녀산성 출토 토기는 크게 3기 문화층과 4기 문화층으로 구분된다. 3기 문화층에서는 세로띠손잡이가 부착된 양이심발이 출토되었다. 형태는 심발형토기에 종 방향의 대상파수가 경부에 이어져 있는데, 이러한 형태는 노남리형 토기의 특징과 유사하다.

호는 고구려 토기 중 가장 많은 기종이다. 중국에서는 목의 길이에 따라 罐(단지)과 壺 등으로 구분하고 있으나 모두 호로 표현해도 좋을 듯하다. 이 기종은 대부분 니질태토이며 황색 또는 황갈색을 띤다. 오녀산성에서 출토된 호는 형태에 따라 크게 8형(A~H)으로 세분 가능하다. A형(斂口罐)은

---

[88] 백종오, 2002, 앞의 책, 106~107쪽.
[89] 중국에서는 杯로 분류된다(최종택, 1999, 『고구려 토기 연구』, 57쪽).

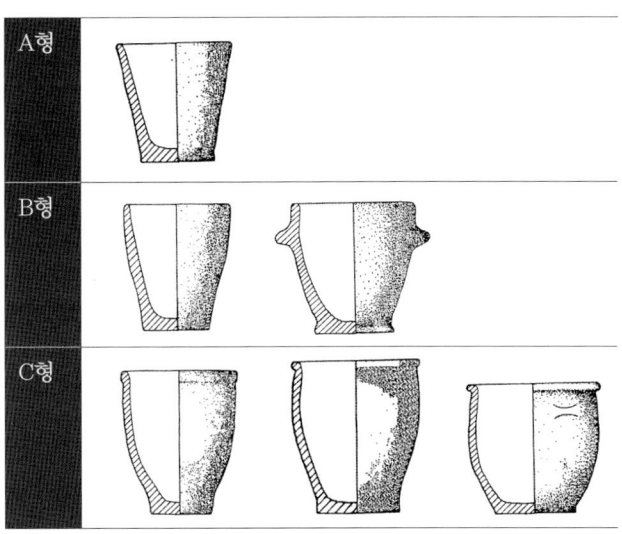

그림 19 장백 간구자고분군 출토 심발형토기

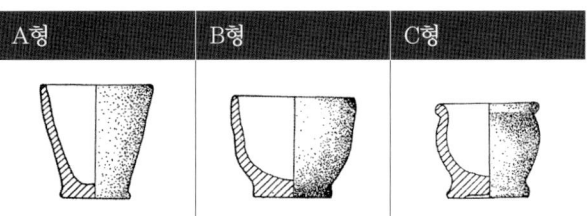

그림 20 장백 간구자고분군 출토 완

그림 21 장백 간구자고분군 출토 종지

구연이 좁고 평저이며 동최대경이 동상부에 위치한다. 내만구연이며 구순은 뾰족하다. B형은 A형과 유사하나 어깨가 더욱 발달한 형태이다. 동최대경이 중상부에 위치하며 구연은 매우 짧고 바닥은 평저이다. C형(侈口罐)은 구연부가 짧고 동체가 길며 평저이다. 동최대경은 동체 가운데 위치한다. D형(小口罐)은 구연이 매우 짧아 흔적만 있다. 동체는 구형에 가까우며 평저이다. E형은 구연이 좁고 외반되었으며 구순이 둥글게 처리되었다. 바닥은 평저이며 동체 중앙부와 어깨 부분에 침선이 돌아간다. 아차산4보루 출토품[90]과 형태상 유사하다. F형은 동체 중앙에 가로띠모양의 손잡이가 양쪽에 부착되었다. 손잡이가 부착되는 부분에는 약간 위쪽으로 치우쳐 횡침선이 돌아간다. 이러한 모습은 손잡이가 부착된 다른 기종에서도 관찰되며[91] 문양이 아닌 손잡이를 부착하는 기능적인 표시로 판단되고 있다.[92] 높이는 30cm 내외의 것이 일반적이다. 경부가 꺾여 외반한 형태(束頸罐)와 바로 외반하는 형태가 있다. G형은 장동호로 직립구연이며 동체 중상부에 두 줄의 弦文 사이로 파도문이 시문되었다. H형은 대상파수 4개가 부착된 장경호이다. 동체 상부에 현문 사이로 파도문이 새겨진 점은 G형과 같다.

甕은 높이 50cm 이상이며 동체부 양쪽에 가로띠손잡이가 부착되었다. 구연은 짧고 내만하거나 직립한 형태이다. 동하부에는 여러 개의 침선(弦文)이 새겨지거나 무문이다. 이러한 형태는 남한 지역의 구의동보루와 시루봉보루에서도 출토된다.

甑(시루)은 3가지 형태가 나타난다. 바닥의 투공형태로 제작시기의 선후관계를 추정할 수 있다.

---

90 서울대학교박물관, 2000, 『아차산 제4보루』, 272쪽, 도면 18-1.
91 遼寧省文物考古硏究所, 2004, 앞의 책, 288쪽.
92 양시은, 2005, 앞의 글, 72쪽.

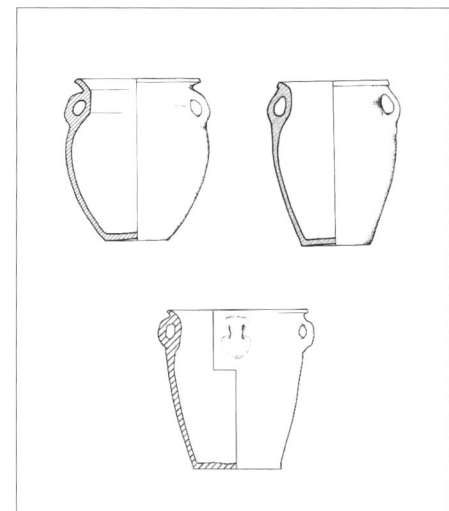

그림 22 환인 오녀산성 출토 양이심발

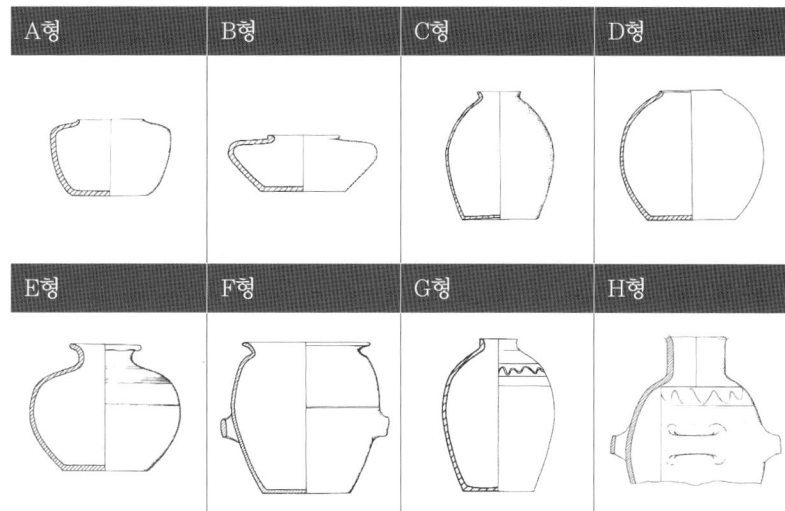

그림 23 환인 오녀산성 출토 호

A형은 바닥에 작은 구멍이 촘촘하게 투공되어 있으며 구연은 90°로 급격하게 외반되었다. B형은 원형구멍이 7개가 투공되었으며, C형 시루는 가운데 원형 구멍을 두고 대·소형의 원형 구멍이 서로 교차된 형태이다. 또한 B형의 구순은 둥글게 처리되었으며 C형은 각지게 마무리되었다. 시루는 바닥의 투공 형태에 따라 시기구분이 가능하다. 최종택의 편년안에 의해 분류하면 다음과 같다.

A형 : 5세기 전반. 지경동1호분 출토품과 비교 가능
B형 : 5세기 후반. 몽촌토성, 아차산4보루 등에서 여러 개체 출토
C형 : 6세기 전반. 시루봉보루[93] 출토품과 유사

大鉢(동이)[94]은 시루에 비해 깊이가 얕고 구연부가 발달되었다. 동체부의 가로띠손잡이 부착 여부에 따라 A형과 B형으로 구분된다.

皿(접시)[95]은 4기 문화층에서 여러 점이 출토된다. 남한 지역 아차산보루군 출토품에 비해 器高가 높으며 바닥에 명문이 발견되지 않는다. 이는 접시에 음식을 담을 때 실용성을 높이기 위한 것으로 이해된다. 또한 아차산보루군 출토 사례로 미루어, 뚜껑으로도 사용되었을 것이다.

---

93 서울대학교박물관, 2002, 『아차산 시루봉보루』, 218쪽, 도면 32-2.
94 중국에서는 盆으로 분류된다(최종택, 1999, 앞의 글, 54쪽).
95 오녀산성에서 출토된 기종 중 구분기준이 애매한 盤, 碟 등이 皿(접시)에 포함될 수 있다.

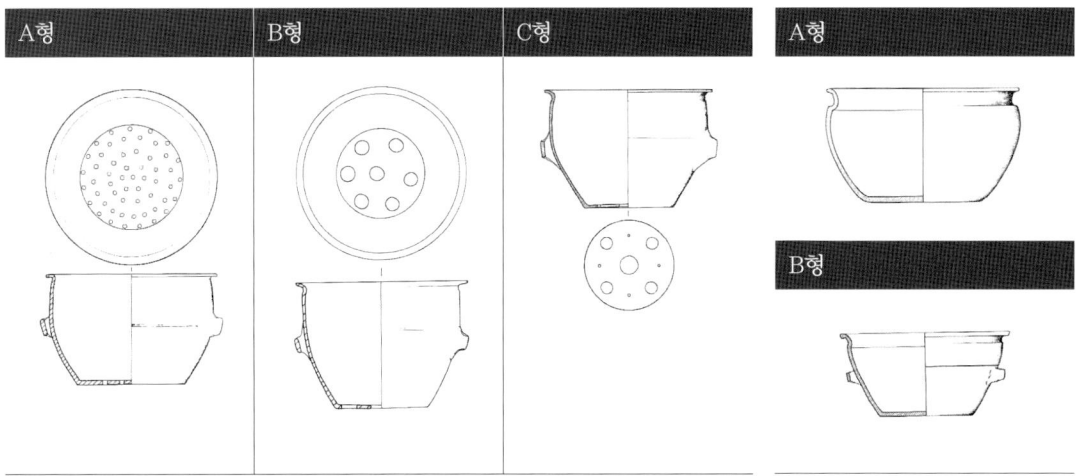

그림 24 환인 오녀산성 출토 시루   그림 25 환인 오녀산성 출토 동이

(3) 고구려 토기의 시기별 특징

다음은 두 유적에서 확인된 토기의 분류를 중심으로 고구려 토기의 시기별 특징을 살펴보고자 한다. 3세기 이전의 고구려 토기 자료는 매우 부족하다. 현재까지 자료로 볼 때 3세기 말~4세기 전반에 이르러서야 정형성을 갖춘 발전된 형태의 고구려 토기가 제작된 것으로 인식된다.[96] 최근 만발발자 유적이나 고려묘자적석총 출토유물이 소개되면서 고구려 건국 무렵의 토기상을 이해할 수 있는 계기가 마련되었다.

오녀산성 3기에서 출토된 고구려 토기는 세로 방향의 파수가 부착된 양이심발이 특징적이다. 가로 방향의 파수가 부착된 단지도 일부 있으나 수량은 매우 적은 편이다. 파수의 부착 위치는 경부 양쪽에 대칭으로 조성하였으며, 말린 목과 각진 구순, 각지게 바라진 경부, 구형에 가까운 동체, 평평한 밑바닥 등의 특징이 있다.

3기의 대형 건물유구인 F35유구는 전국시대 말기에서 漢 초에 해당하는 F3유구보다 상층에 있고, 위진시기의 H13유구에 의해 파괴되었다. 내부에서는 大泉五十 동전이 출토되어 기원 전후 시기로 비정된다.[97]

초기 고구려 토기의 기원은 자강도 시중군 노남리유적에서 출토된 노남리형토기로 알려져 있다.[98] 이 토기는 종 방향 또는 횡 방향으로 붙은 橋狀把手에 고운 점토를 사용한 니질태토로 표면은 마연되었다. 이러한 특징은 청동기시대의 공귀리형토기, 미송리형토기에서 연원되었으며, 초기철기

---

96 최종택, 2007, 「3부 - Ⅵ.고구려의 토기와 와전」, 『고구려의 문화와 사상』, 동북아역사재단, 381쪽.
97 李新全, 2003, 「高句麗初期都城考」, 『遼寧考古文集』, 遼寧民族出版社.
98 정찬영, 1965, 「조기 고구려 문화의 몇 가지 측면」, 『고고민속』 1965-4, 사회과학원출판사, 24~35쪽.

와 함께 전래된 제작기술과 미송리형토기 이래 재래적 요소가 결합된 결과로 알려져 있다.[99] 노남리형토기의 형성시점은 기원전 2세기(정찬영)로 비정된다. 청원현 남구전 대남구석관묘에서 노남리형토기가 출토되었는데, 니질태토, 마연, 縱耳의 교상파수가 달린 유경호 등 고구려 토기의 특징을 보이며, 석관묘의 연대가 전국시대 말~한 초로 비정되어 대략 기원전 200년경으로 추정되었다. 따라서 고구려 토기의 기원을 규명하기 위해서는 청동기시대와 초기철기시대 등 先고구려 토기의 양상에 대한 면밀한 검토가 필요하다.[100]

박순발은 혼강 및 압록강 중류 유역 고구려 건국 이전의 청동기문화 편년을 묘후산유형, 공귀리유형, 납랍둔유형으로 정리하고, 초기철기문화는 대전자유형이며 5부의 비정 범위는 대략 노남리형토기 분포와 일치한다고 지적한 바 있다.[101]

고구려 건국 무렵 5부의 소재지는 환인 지역(계루부), 신빈현(소노부), 통화현(절노부), 집안현(순노부), 환인 남부 및 관전현(관노부)으로 비정된다.[102] 이들 지역에서 발견된 토기는 지역마다 약간의 차이가 있으나 대부분 거친 태토로 적갈색을 띠며, 물레를 사용하지 않은 고구려 토기의 초기 형태이다. 이전복은 고구려 건국 시 요동군, 현도군을 통해 한 문화의 영향을 받았으며, 토기는 5부 문화의 고유한 전통을 기반으로 일부 기종이나 무늬, 니질태토 등에서 한 문화의 영향이 보이는 것으로 해석하였다.

장백 간구자고분군에서 출토된 심발형토기와 종지, 완 등은 고구려 건국 무렵의 토기상을 나타내고 있다. 이들 토기는 두만강 유역 초기철기문화의 계통으로 지목되는 유정동유형 출토유물과 유사하다. 유정동유형은 두만강 중하류 유역에 분포하는 청동기후기문화로 호곡동 3~4기와 연관되며 호곡동 5~6기로 자연스럽게 계승되면서 두만강 유역의 초기철기문화를 형성하였다.[103] 따라서 고구려 토기의 계통은 압록강 상류에서보다는 압록강 중류 유역에서 찾는 것이 합당하다고 판단된다.

오녀산성 4기 문화층 출토유물은 4세기 말에서 5세기 초로 보고되었지만,[104] 시루와 같은 일부 기종에서는 6세기 무렵에 나타나는 특징이 보인다. 이러한 점은 白井에 의해서도 지적되었으며,[105] 일부 철기의 경우 고구려 말기까지 지속적으로 사용되는 형태이다. 하지만 이러한 모습이 오녀산성

---

99 박순발, 1999, 「고구려 토기의 형성에 대하여」, 『백제연구』 29, 충남대학교 백제연구소.

100 이에 대해서는 다음 글을 참고할 수 있다. 강현숙, 2021, 「만발발자유적 분묘로 본 고구려 적석총의 출현에 대한 논의」, 『동북아역사논총』 71 ; 김상민, 2021, 「통화 만발발자유적 철기를 통해 본 후기고조선~초기 고구려 철기문화의 상호관계」, 『동북아역사논총』 71 ; 박선미, 2021, 「고조선과 고구려의 계승 관계-길림성 통화 만발발자 유적 사례 검토를 중심으로」, 『백산학보』 119 ; 양시은, 2021, 「통화 만발발자 유적을 통해 본 고구려 토기의 기원과 형성」, 『동북아역사논총』 71 ; 이종수, 2021, 「통화 만발발자 유적 집장묘의 계통과 성격」, 『동북아역사논총』 71 ; 하문식, 2020, 「초기 고구려의 기층문화연구③ : 통화 만발발자 유적의 무덤」, 『동양학』 81.

101 박순발, 1999, 위의 글.

102 이전복, 1986, 「兩漢時代的高句麗及其物質文化」, 『遼海文物學刊』 창간호.

103 유은식, 2004, 「두만강 유역 초기철기문화 연구」, 숭실대학교 석사학위논문, 49~50쪽.

104 遼寧省文物考古研究所, 2004, 앞의 책.

105 白井克也, 2005, 「고구려토기 연구의 성과와 새로운 과제」, 『한국 고대의 Global Pride 고구려』, 고려대학교박물관.

표 8 고구려 유물로 본 유적의 사용시기

주요 유적	사용시기	
	전기(1~2세기)	중·후기(3~6세기)
간구자고분군	○	
상활룡고분군		○
하활룡고분군		○
장천고분군		○
미창구고분군		○
고력묘자고분군	○	○
오녀산성	○	○

4기 문화층 토기에도 적용되는지는 면밀한 검토가 요구된다.

 오녀산성 4기 유물의 기종은 호, 뚜껑, 대접, 동이, 시루, 직구옹, 내만구연옹, 외반구연호, 내만구연호, 말린구연호, 소구호, 접시 등으로, 남한 지역 아차산보루군에서 출토된 기종과 거의 유사함을 알 수 있다. 다만 지역적인 차이로 인해 세부적인 특징에서 차이가 날 뿐인데, 접시 형태나 명문 여부, 뚜껑 수가 적은 점에서는 차이가 있다. 몽촌토성이나 시루봉4보루 출토품과 비교하면 원통형삼족기류, 구절판류, 또아리병 등과 같은 다양한 기종은 보이지 않는데, 이는 남한의 고구려 토기보다 이른 시기의 양상으로 판단된다.

 오녀산성에서 가장 많이 출토된 기종은 호이다. 각진 입술에 직립구연하거나 약간 바라진 형태이다. 동체는 둥글며 동최대경은 동중상부에 위치한다. 이러한 형태의 토기는 심양 석대자산성이나 무순 고이산성에서도 발견된다. 이들 토기의 시기는 대략 4세기 말로 편년되는데, 파도문이 시문된 호가 후연(384~407)의 조양 최규묘 출토품과 유사함을 근거로 설정하였다.[106]

 이상에서와 같이 압록강 중상류 지역의 고구려 토기에 대해 간략히 알아보았다. 이미 알려진 내용을 포함하여 이 지역 고구려 토기의 사용시기는 표8과 같이 정리할 수 있다.

4) 맺음말

혼강을 포함한 압록강 중상류 유역은 국가 건국 이전부터 평양 천도 이전까지 고구려의 중심지였다. 현재까지의 고구려 유물 연구는 주로 집안현 통구분지의 고구려 유적에 집중되는 경향이다. 이 글에서는 이 지역을 제외하고 보고서 상에 수록된 여러 유적의 유물 현황을 살펴보았으며, 이 중 토기류

---

106 遼寧省文物考古硏究所, 2004, 앞의 책.

에 대하여 재분류하고 시기별 특징을 살펴보았다. 집안시 상활룡고분군과 하활룡고분군, 장천고분군 등에서는 3~5세기에 사용된 철기와 토기가 주로 출토되었다. 임강시와 장백현은 압록강 상류 지역으로 고구려 건국 무렵의 지역색이 강한 유물이 특징적이다. 환인현은 오녀산성과 하고성자성, 미창구고분군 등에서 고구려 중기의 유물이 다량 출토되어 고구려 중심지로서의 면모를 보여준다. 특히 오녀산성 출토 토기에서는 남한 지역 고구려 유적 출토품과 유사한 모습을 보이고 있으며 기와의 출토 사례가 거의 없다는 특이점도 발견된다.

각 유적의 유물 현황을 고분과 성곽별로 정리한 결과, 이 지역에서 확인된 고구려 유물은 토기와 철기류의 비율이 높게 나타나며 유적의 성격별로 유물 구성에 차이가 있었다. 이 중 간구자고분군과 오녀산성 출토 토기에 대한 기종을 분류하고 시기별 특징을 살펴본 결과 청동기시대부터 내려온 토착적인 토기문화와 초기철기와 함께 들어온 새로운 제작기술을 바탕으로 형성된 고구려 토기의 전통이 압록강 중상류 유역을 중심으로 발전한 것으로 생각된다.

향후 이 지역의 고구려 유물에 대한 연구는 통구분지에서 출토된 유물을 포함하여 종합적으로 검토해야 성격이 명확해질 것이다. 이와 더불어 용어에 대한 재검토도 함께 진행되어야 할 것으로 판단된다.

제2부

환인현(桓仁縣) 지역의 유적과 유물

1
고분군과 고분

01 환인 대리수구고분군
桓仁 大梨樹溝古墳群

1. 조사현황

1) 1987년 조사

(1) 7월 발견
○ 당시 桓仁縣 산비탈에서 도로 보수반 노동자들이 흙을 채취하여 도로를 닦을 때 석제칼(石刀), 호(陶罐) 등 다수의 유물과 사람의 정강이뼈 잔편을 발견함.
○ 桓仁縣文管所에서 현장조사를 실시했으나 지표에는 노출된 유적이 없었음.

(2) 9월 조사
○ 조사기관 : 本溪市博物館, 桓仁縣文管所.
○ 조사내용 : 유물 발견 지점 부근에 남북 방향으로 3×1m의 탐색 구덩이를 넣었으나, 고분은 발견하지 못하고 도제어망추(陶網墜) 1점만 수습함.

2) 1988년 8월 조사
○ 조사기관 : 本溪市博物館, 桓仁縣文管所.
○ 조사참여자 : 高尙華, 梁志龍, 王俊輝.
○ 조사내용 : 도로 수리반 노동자들이 처음 발견한 지점의 남쪽 약 10m의 지점에서 수차례 조사를 통해 한 무더기의 유물을 발견함.

2. 위치와 자연환경

1) 고분군 위치(그림 1~그림 2)
○ 桓仁縣 拐磨子鎭 窪泥甸子村 大梨樹溝屯 서북 150m의 산기슭 경사면에 위치.
○ 경사지는 길이 약 50m, 너비 약 20m로 東高西低임. 북쪽은 경사도 약 43°로 비교적 가파르고, 남쪽은 완만하여 대부분이 경작지이고, 동쪽은 좌우로 길게 작은 언덕이 펼쳐져 있음. 서쪽 언덕 아래는 鄕路이고 그 아래 '干巴江'이라 불리는 호수가 있었으나 현재는 양어장으로 바뀌었으며, 그 서쪽 약 700m에는 혼강 지류 부이강이 흐름.

2) 고분군 주변환경
고분군 서남쪽 20km 정도의 거리에 환인현성이, 북쪽 6km 거리에는 괴마자진이 위치함.[1]

3. 고분군의 현황

1) 현지인 증언
해당 유적지는 오래전부터 커다란 판석(大板石)이 빗물에 의해 노출되어 있었음. 사람들에게 발견된 후 대

---

[1] 『桓仁滿族自治縣文物志』(1990) 참조. 『遼海文物學刊』 1991-2 에서는 서남쪽 10km로 기재되었으나 이는 실제 거리상 오류임.

그림 1
대리수구고분군 위치도

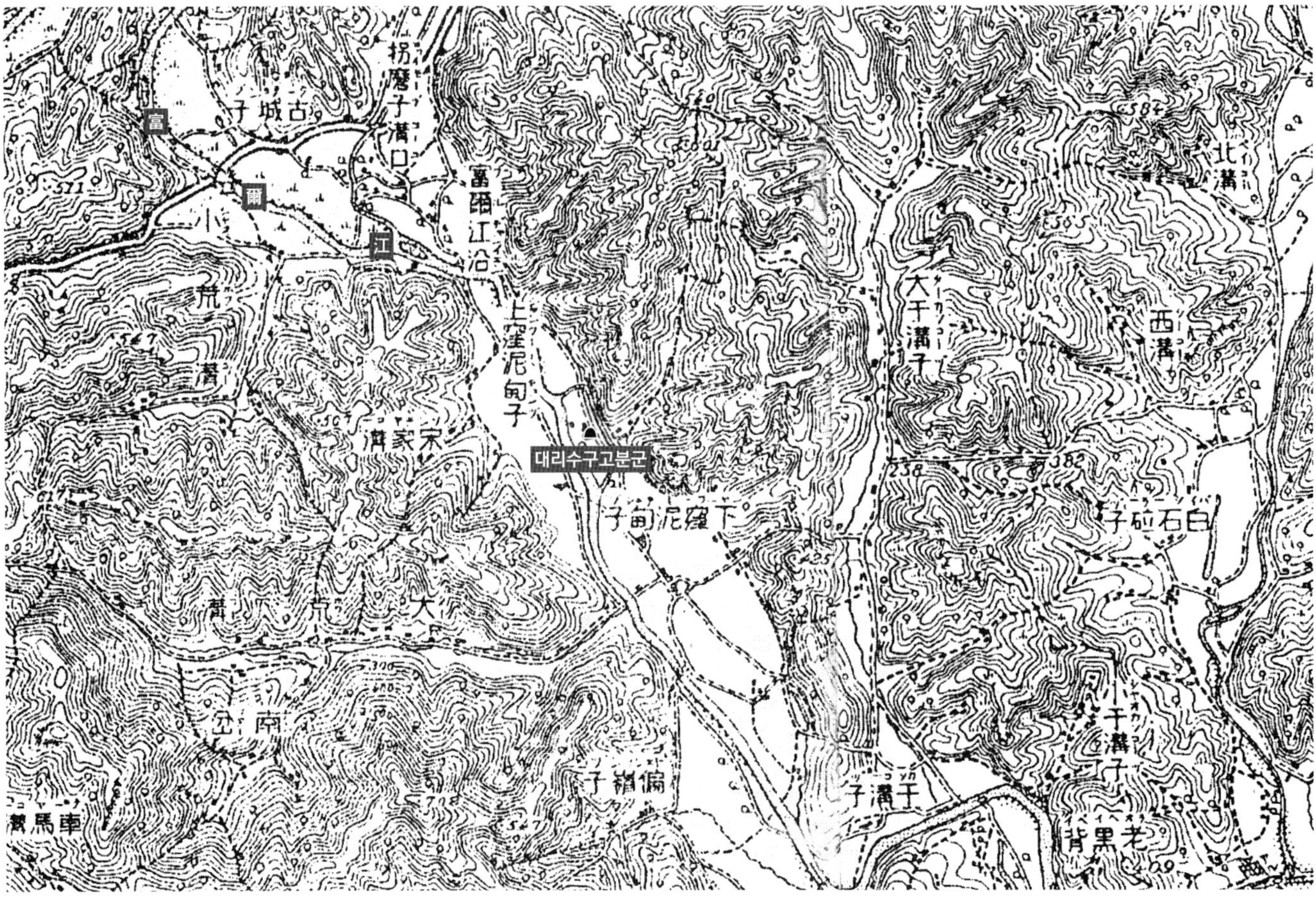

그림 2 대리수구고분군 주변 지형도(滿洲國 10만분의 1 지형도)

판석을 전부 들어 옮기다 우연히 토기편을 찾아냄.

2) 1987년과 1988년 발견 당시 상황

○ 1987년 상황 : 고분 소재지의 토양은 모래를 비교적 많이 함유하고 있는데, 당시 몇 개의 판석이 모래와 함께 미끄러지면서 많은 유물이 발견됨. 이들 판석 가운데 하나는 아직 옮겨지지 않고 세워져 있으나 점차 안으로 기울어지고 있는 상태였음. 판석은 길이 1.5m, 너비 약 1m, 두께 약 0.2m임.[2]

○ 1988년 상황 : 당시 발견된 유물의 남쪽에는 세 개의 돌이 담장(墻)의 기초모양으로 배열되어 있었는데 무덤 벽의 기초석으로 추정됨.

3) 고분 형식

현지인 증언과 발견 당시 상황을 고려하면, 해당 고분군은 파괴된 석관묘 고분군으로 고분은 판석을 세워 쌓거나 돌을 층층이 쌓는 두 가지 형식일 가능성이 있음.

4) 유물 출토지점의 지층

(1) 주변부 지층

○ 제1층 : 흑색 잔디흙(草皮土) 또는 경작토로 두께는 20~25cm임.
○ 제2층 : 흑갈색 모래(沙土)에 작은 碎石이 섞여 있으며 두께는 80~90cm임.
○ 제3층 : 황색 모래에 작은 碎石이 섞여 있음.

(2) 유물의 출토지점

○ 제2층과 제3층이 서로 만나는 곳에 유물이 다수 있었음.
○ 1988년 수차례 조사를 통해 2곳에서 유물이 집중 출토되었는데, 두 곳 모두 석제칼(石刀), 호(陶罐), 발(陶鉢), 완(碗) 등으로 구성되어 있음. 이는 두 무덤의 부장품으로 추정됨.

4. 출토유물

1) 석기

○ 타제석기와 마제석기로 나뉘는데 타제석기는 칼(刀) 1점만 있고, 마제석기는 도끼(斧) 1점, 자귀(錛) 1점, 칼(刀) 10점, 화살촉(鏃) 1점, 달개장식(墜飾) 1점 등 총 14점이 있음.
○ 그 밖에 가락바퀴(紡輪) 4점과 어망추(網墜) 1점이 있음.

(1) 칼(石刀)

○ 마제석도는 雙面刃으로 한 면은 약간 넓고, 한 면은 약간 좁음. 대다수 칼등(刀背)에서 조금 가까운 자리에 雙孔이 뚫려 있음.
○ 여섯 가지 유형으로 나뉨. I형은 장방형으로 등(背)과 날(刃)이 곧음. II형은 장방형으로 양끝이 둥글게 처리되었으며, 등과 날은 곧음. III형은 등과 날이 모두 둥근 호선임. IV형은 평면이 梯形으로 등과 날이 곧음. V형은 등은 곧고 날은 弧를 이룸. VI은 평면이 삼각형에 가까운 형태로 등은 곧고 날은 한쪽으로 비스듬히 기울어짐.

① 칼(그림 3-3)

○ 출토지 : 환인 대리수구고분군.
○ 크기 : 길이 6.4cm, 너비 4.6cm, 두께 0.5cm.
○ 형태 : 타제석기로 흑색 頁岩으로 제작했는데 평면은 방형에 가깝고 비교적 얇음. 타격흔이 刃部와 양측 가장자리에 주로 분포함. 한 면의 刃部에 연마흔이 보임.

---

[2] 『桓仁滿族自治縣文物志』(1990) 참조. 『遼海文物學刊』 1991-2 에서는 판석 두께 0.1m로 소개.

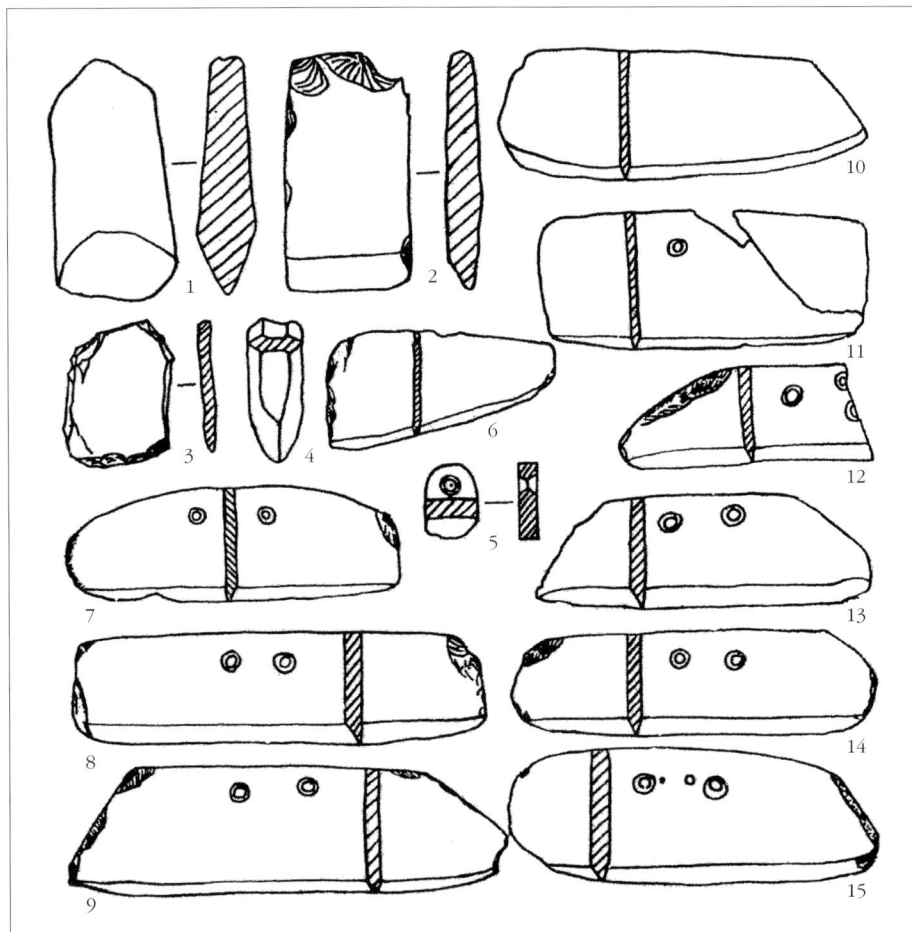

그림 3
대리수구고분군의 석기
(『遼海文物學刊』 1991-2)
1. 도끼 2. 자귀
3·6~15. 칼
4. 화살촉
5. 달개장식

② 칼(그림 3-8)

○ 출토지 : 환인 대리수구고분군.

○ 크기 : 길이 18.4cm, 너비 5cm, 두께 0.8cm.

○ 형태 : 마제석기. I형. 양 끝에 타격흔적이 있음.

③ 칼(그림 3-11)

○ 출토지 : 환인 대리수구고분군.

○ 크기 : 길이 14.4cm, 너비 6.2cm, 두께 0.4cm.

○ 형태 : 마제석기. I형. 손상된 상태로 갈라져서 구멍이 하나만 남아 있음. 비교적 얇고 약간 넓음.

④ 칼(그림 3-14)

○ 출토지 : 환인 대리수구고분군.

○ 크기 : 길이 16cm, 너비 4.6cm, 두께 0.6cm.

○ 형태 : 마제석기. II형. 드문드문 타격점이 있음.

⑤ 칼(그림 3-7)

○ 출토지 : 환인 대리수구고분군.

○ 크기 : 길이 14.8cm, 너비 5cm, 두께 0.5cm.

○ 형태 : 마제석기. III형. 양끝에는 타제흔적이 있음.

⑥ 칼(그림 3-15)

○ 출토지 : 환인 대리수구고분군.

○ 크기 : 길이 16.3cm, 너비 6cm, 두께 0.8cm.

○ 형태 : 마제석기. III형. 양끝에는 타제흔적이 있음. 정면 雙孔 사이에 두 개의 작은 구멍이 남아 있는데 아

직 뚫리지 않은 구멍임.

⑦ 칼(그림 3-13)
○ 출토지 : 환인 대리수구고분군.
○ 크기 : 길이 14.5cm, 너비 5cm, 두께 0.6cm.
○ 형태 : 마제석기. Ⅳ형.

⑧ 칼(그림 3-9)
○ 출토지 : 환인 대리수구고분군.
○ 크기 : 길이 19.6cm, 너비 5.8cm, 두께 0.6cm.
○ 형태 : 마제석기. Ⅳ형. 양끝에는 타제흔적이 있음.

⑨ 칼(그림 3-12)
○ 출토지 : 환인 대리수구고분군.
○ 크기 : 잔편 길이 11cm, 너비 4.3cm, 두께 0.5cm.
○ 형태 : 마제석기. Ⅳ형. 잔편으로 刃部는 약간 內弧 현상이 있고 한쪽 끝에는 타제 흔적이 있음. 구멍은 세 개인데 하나는 아직 뚫리지 않았음.

⑩ 칼(그림 3-10)
○ 출토지 : 환인 대리수구고분군.
○ 크기 : 길이 16.2cm, 너비 5.7cm, 두께 0.4cm.
○ 형태 : 마제석기. Ⅴ형. 구멍이 없으며, 한쪽 끝은 타제임.

⑪ 칼(그림 3-6)
○ 출토지 : 환인 대리수구고분군.
○ 크기 : 길이 10.2cm, 너비 5.23cm, 두께 0.3cm.
○ 형태 : 마제석기. Ⅵ형. 양끝은 타제를 거쳤음.

(2) 도끼(石斧, 그림 3-1)
○ 출토지 : 환인 대리수구고분군.
○ 크기 : 길이 10.5cm, 너비 5.4cm, 두께 2.6cm.
○ 형태 : 마제석기. 평면은 梯形으로, 상단은 심하게 탈락되어 이미 尖狀을 띠며, 하단에는 호형의 날이 있음.

(3) 자귀(石錛, 그림 3-2)
○ 출토지 : 환인 대리수구고분군
○ 크기 : 길이 10.4cm, 너비 5.6cm, 두께 1.6cm.
○ 형태 : 마제석기. 장방형으로 상단은 한 모서리가 훼손되었고, 하단은 單面刃으로 호형을 띰.

(4) 화살촉(石鏃, 그림 3-4)
○ 출토지 : 환인 대리수구고분군.
○ 크기 : 잔편 길이 3.2cm, 너비 1.2cm, 두께 0.4cm.
○ 형태 : 마제석기. 꼬리부(尾部) 잔편으로 鋒尖이 약간 손상되었고 脊이 오목함. 형식상 원래 無鋌임.

(5) 달개장식(石墬飾, 그림 3-5)
○ 출토지 : 환인 대리수구고분군.
○ 크기 : 길이 1.7cm, 너비 1.2cm, 두께 0.4cm.
○ 형태 : 마제석기. 옅은 남색. 평면은 약간 타원형을 띰. 상부는 반원이고, 하부는 약간 外弧하고 있고, 상단 가까이에는 雙孔이 뚫려 있음.

2) 토기
○ 토기는 수제로, 모두 가는 모래와 활석가루를 포함하고 있고 陶質이 고르기 때문에 매끄러움.
○ 대다수 무문이며, 간혹 무늬가 새겨진 것도 있음. 罐, 碗의 구연부 아래에 모두 附加堆紋을 돌림.
○ 주로 협사홍도이고 다음은 홍갈도이며, 협사흑도와 흑갈도는 소량임.
○ 기형은 罐, 碗, 鉢, 壺 등임. 罐 9점, 碗 1점, 鉢 2점, 壺 5점이 있음.

(1) 호(罐)
○ 호(罐)는 총 9점으로 형태상 4개 유형으로 나눔.

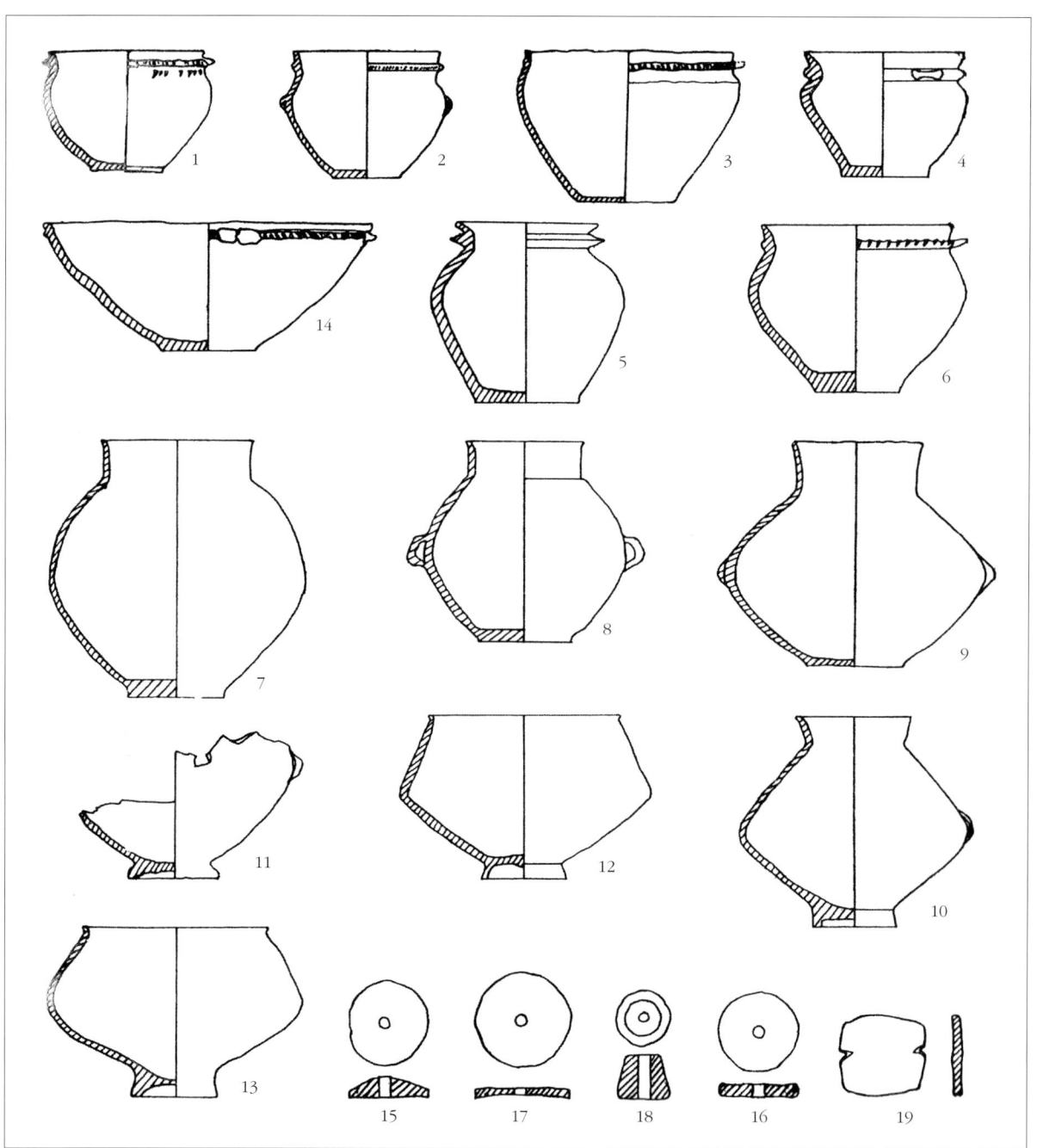

그림 4 대리수구고분군의 토기(『遼海文物學刊』 1991-2)
1~6. 호(罐) 7~11. 호(壺) 12·13. 발 14. 완 15~18. 가락바퀴 19. 어망추

○ Ⅰ형으로 입이 넓고(侈口), 입술이 뾰족하고(尖脣), 배가 볼록하고(鼓腹), 기벽이 경사져 약간 호를 이루고, 바닥은 평평하고, 구연 아래에 鋸齒모양을 새긴 附加堆紋을 둘렀음.

○ Ⅱ형은 곧은 입(直口)에 가까운 형태이고, 구연단이 둥글고, 어깨는 볼록하다가 약간 꺾이며, 복부는 기울어져 있고(斜腹), 바닥은 평평하고(平底), 구연 아래에는 거치모양이 새겨진 부가퇴문이 둘려져 있음.

○ Ⅲ형은 입이 넓고(侈口), 입술이 뽀족하고(尖脣), 목이 잘록하고(束頸), 어깨가 볼록하다 약간 꺾이고, 복부는 경사지고(斜腹), 굽이 들려 있음(假圈足).
○ Ⅳ형은 목이 잘록하고(束頸), 배가 볼록하고(鼓腹), 바닥은 평평함(平底).

① 호(그림 4-1)
○ 출토지 : 환인 대리수구고분군.
○ 크기 : 입직경 10.4cm, 동체직경 11.4cm, 바닥직경 4.8cm, 높이 8.1cm.
○ 태토 및 색깔 : 모래 섞인 흑갈도(夾沙黑褐陶)로 內壁은 홍갈색이 많이 보임.
○ 형태 : Ⅰ형. 바닥이 평평하고 약간 오목함. 부가퇴문 위에 네 개의 작은 손잡이가 있고, 어깨 위에 드문드문 錐點文을 새겼음.

② 호(그림 4-2)
○ 출토지 : 환인 대리수구고분군.
○ 크기 : 입직경 9.9cm, 동체직경 10.8cm, 바닥직경 4.6cm, 높이 8.4cm.
○ 태토 및 색깔 : 모래 섞인 홍갈도(夾沙紅褐陶).
○ 형태 : Ⅰ형. 부가퇴문 위에 두 개의 소형 鷄冠耳를, 복부 양쪽에는 소형 橋狀耳를 붙였음.

③ 호(그림 4-6)
○ 출토지 : 환인 대리수구고분군.
○ 크기 : 입직경 12.8cm, 동체직경 14.4cm, 바닥직경 5.6cm, 높이 11.2cm.
○ 태토 및 색깔 : 모래 섞인 홍갈도(夾沙紅褐陶).
○ 형태 : Ⅰ형. 손잡이는 두 개이지만 현재 오른쪽 손잡이만 남아 있는데 약간 위로 들려있음.

④ 호(그림 4-3)
○ 출토지 : 환인 대리수구고분군.
○ 크기 : 입직경 13.8cm, 동체직경 14.8cm, 바닥직경 6.6cm, 높이 10cm.
○ 태토 및 색깔 : 모래 섞인 흑도(夾沙黑陶).
○ 형태 : Ⅱ형.

⑤ 호(그림 4-4)
○ 출토지 : 환인 대리수구고분군.
○ 크기 : 입직경 10.5cm, 동체직경 11.2cm, 바닥직경 5.8cm, 높이 8.3cm.
○ 태토 및 색깔 : 모래 섞인 홍도(夾沙紅陶).
○ 형태 : Ⅲ형. 경부에는 부가퇴문이 새겨져 있고, 부가퇴문 위에 4개의 작은 대상파수(帶狀耳)가 붙어 있음.

⑥ 호(그림 4-5)
○ 출토지 : 환인 대리수구고분군.
○ 크기 : 입직경 9.5cm, 동체직경 13cm, 바닥직경 7cm, 높이 12cm.
○ 태토 및 색깔 : 모래 섞인 홍갈도(夾沙紅褐陶).
○ 형태 : Ⅳ형. 경부 위에 비교적 넓은 凸棱文을 한 줄 둘렀고, 손잡이가 없음.

(2) 완(碗, 그림 4-14)
○ 출토지 : 환인 대리수구고분군.
○ 크기 : 입직경 22cm, 바닥직경 6.4cm, 높이 8.5cm.
○ 태토 및 색깔 : 모래 섞인 홍갈도(夾沙紅褐陶).
○ 형태 : 일부 흑색을 띰. 입은 널찍하고(敞口), 입술이 둥글고(圓脣), 기벽이 경사져 있고(斜壁), 바닥이 평평함(平底). 구연 아래에 鋸齒모양이 새겨진 부가퇴문이 둘려져 있음. 손잡이는 다섯 개로 부가퇴문 위에 비대칭으로 붙어 있는데 그 가운데 3개는 單耳이고, 두 개는 雙耳가 횡렬로 달라붙어 있음.

(3) 발(鉢)

○ 총 2점으로 모두 모래 섞인 홍갈도(夾沙紅褐陶)임.
○ 형식은 동일함. 입술이 뾰족하여(尖脣) 밖으로 벌어져 있고(外侈), 입은 오무라져 있음(斂口). 어깨가 경사져 있고(斜肩), 배가 꺾여 있고(折腹), 다리는 굽이 조금 들려 있음(小圈足). 器壁은 비교적 얇음.

① 발(그림 4-12)
○ 출토지 : 환인 대리수구고분군.
○ 크기 : 입직경 13cm, 동체직경 17cm, 바닥직경 5.8cm, 높이 11cm.

② 발(그림 4-13)
○ 출토지 : 환인 대리수구고분군.
○ 크기 : 입직경 12.6cm, 동체직경 17.3cm, 바닥직경 5.9cm, 높이 11.4cm.

(4) 호(壺)

○ 총 5점. 형태에 따라 3개 유형으로 나뉨.
○ Ⅰ형은 입술이 벌어져 있고(侈脣), 목이 곧고(直領), 배가 볼록하고(鼓腹), 바닥이 평평함(平底).
○ Ⅱ형은 입술이 벌어져 있고(侈脣), 약간 입이 나팔형을 띠고 있음(喇叭口). 배는 볼록하다가 약간 꺾여 있고(鼓腹微折), 바닥이 평평함(平底).
○ Ⅲ형은 입술이 벌어져 있고(侈脣), 목이 경사져 있고(斜領), 입은 나팔형을 띠고 있음(喇叭口). 배는 볼록하고 약간 꺾여 있고(鼓腹微折), 다리는 굽이 들려 있음(圈足).

① 호(그림 4-7)
○ 출토지 : 환인 대리수구고분군.
○ 크기 : 입직경 10.2cm, 동체직경 17.2cm, 바닥직경 6.5cm, 높이 17.2cm.
○ 태토 및 색깔 : 모래 섞인 홍도(夾沙紅陶)이나 일부는 흑갈색을 띰.
○ 형태 : Ⅰ형.

② 호(그림 4-8)
○ 출토지 : 환인 대리수구고분군.
○ 크기 : 입직경 8cm, 동체직경 17.6cm, 바닥직경 6.3cm, 높이 13.4cm.
○ 태토 및 색깔 : 모래 섞인 홍도(夾沙紅陶)이나 일부는 흑갈색을 띰.
○ 형태 : Ⅰ형. 복부 양측에는 세로로 대상파수(橋狀竪耳)가 붙어 있음.

③ 호(그림 4-9)
○ 출토지 : 환인 대리수구고분군.
○ 크기 : 입직경 8.8cm, 동체직경 17.4cm, 바닥직경 6.5cm, 높이 15.2cm.
○ 태토 및 색깔 : 모래 섞인 홍갈도(夾沙紅褐陶).
○ 형태 : Ⅱ형. 복부 양쪽에는 소형의 손잡이(竪耳)가 붙어 있음.

④ 호(그림 4-10)
○ 출토지 : 환인 대리수구고분군.
○ 크기 : 입직경 7.7cm, 동체직경 15.2cm, 바닥직경 5.6cm, 높이 14.2cm.
○ 태토 및 색깔 : 모래 섞인 홍도(夾沙紅陶).
○ 형태 : Ⅲ형. 복부 양측에는 작은 손잡이(貼耳)가 있는데 왼쪽 손잡이는 결실됨.

⑤ 호(그림 4-11)
○ 출토지 : 환인 대리수구고분군.
○ 크기 : 바닥직경 6.2cm, 잔존 높이 10cm.
○ 태토 및 색깔 : 모래 섞인 홍갈도(夾沙紅褐陶)이나 일부는 흑색을 띠고 있음.
○ 형태 : 동체 중·하부만이 남아 있음. Ⅲ형으로 추정.

복부 오른쪽에 손잡이 하나가 남아 있음.

(5) 가락바퀴(紡輪)

① 가락바퀴(그림 4-15)
○ 출토지 : 환인 대리수구고분군.
○ 크기 : 직경 5.4cm, 두께 1.4cm.
○ 태토 및 색깔 : 모래 섞인 홍갈도(夾沙紅褐陶).
○ 형태 : 약간 臺狀을 띰.

② 가락바퀴(그림 4-16)
○ 출토지 : 환인 대리수구고분군.
○ 크기 : 직경 5.4cm, 두께 1cm.
○ 태토 및 색깔 : 모래 섞인 홍갈도(夾沙紅褐陶).
○ 형태 : 약간 圓餠狀을 띰. 둥근 구멍(圓孔) 주위는 약간 두꺼운데 나무막대(木棍)류의 공구를 사용해 구멍을 뚫을 때 만들어진 것임.

③ 가락바퀴(그림 4-17)
○ 출토지 : 환인 대리수구고분군.
○ 크기 : 직경 6.5cm, 두께 0.6cm.
○ 태토 및 색깔 : 모래 섞인 홍갈도(夾沙紅褐陶).
○ 형태 : 圓餠狀. 가장자리를 둥글게 갈아서 만듦.

④ 가락바퀴(그림 4-18)
○ 출토지 : 환인 대리수구고분군.
○ 크기 : 윗 직경 2.2cm, 아래 직경 3.5cm, 두께 3cm.
○ 태토 및 색깔 : 모래 섞인 황도(夾沙黃陶).
○ 형태 : 망루모양(墩臺狀)을 띰.

(6) 어망추(石網墜, 그림 4-19)
○ 출토지 : 환인 대리수구고분군.
○ 크기 : 길이 5.6cm, 너비 5.4cm, 두께 0.7cm.
○ 태토 및 색깔 : 모래 섞인 홍갈도(夾沙紅褐陶).
○ 형태 : 장방형. 양끝은 삼각형 割口로 잘라냄.

5. 역사적 성격

1) 유적의 의의
○ 대리수구고분군은 혼강 중하류에서 처음 발견된 청동기시대의 고분군임.
○ 환인지구는 고구려 초기 활동지역이므로 대리수구고분군은 혼강 유역 청동기문화와 前고구려, 고구려와의 연계를 연구하는 데 있어 중요한 가치를 지님.

2) 주요 생산활동
유물 종류가 비교적 많고 보존상태도 비교적 양호함. 특히 석제칼(石刀)이 많고, 어망추(網墜)·석제화살촉(石鏃) 등 어렵·수렵도구는 비교적 적어 당시 농경생산이 사회 경제적 주요 위치를 차지한 데 비해 어렵·수렵경제는 보조적 위치를 점유하였던 것을 시사함.

3) 토기 특징 및 연대비정
○ 『桓仁滿族自治縣文物志』(1990) : 陶罐·陶碗의 구연부 아래에는 모두 附加堆紋 한 줄이 장식되어 있고, 일반적으로 토기에는 모두 작은 손잡이가 붙어 있음. 이는 이 지역 토기의 특징임. 태토는 모래 섞인 홍도(夾沙紅陶)가 주를 이루고 모두 활석 가루를 포함하고 있는데 이런 토기편은 集安 長川유적지 및 勝利유적지, 寬甸 下金坑유적지, 桓仁 鳳鳴유적지 및 狍圈溝유적지 등에서 일정 수량이 발견되어 혼강 유역이 해당 문화의 주요 분포지임을 보여줌.
○ 梁志龍(『遼海文物學刊』1991-2) : 환인 대리수구고분군에서 출토된 II형 陶壺가 本溪縣 東崴子 청동시대 洞穴墓에서 출토된 斜領圓腹陶壺와 형태가 유사함. 동위자 동혈묘는 지금으로부터 약 3000년 전으로, 두 지역 간의 일정한 문화적 연계로 미루어 시대도 비

숯할 것으로 추정됨.

○ 齊俊(『北方文物』 1992-1) : 해당 고분의 출토품인 마제석기 등이 비교적 정교하게 제작되고 그 특징이 주변 청동기시대의 유물과 많은 유사점이 있는 것으로 파악됨. 특히 해당 고분군에서 출토된 折腹鉢이 廟后山 文化類型의 老砬背 1호 동혈묘지에서 출토된 갈색 折腹鉢과 유사하고, 斜頸壺가 묘후산문화유형의 陶壺와도 유사한 점이 있음. 묘후산문화유형을 지금으로부터 3300년~3600년으로 추정함. 따라서 해당 유적의 유물이 청동문화의 기본특징을 가지고 있으므로 해당 유적은 청동기시대에 해당한다고 봄.

참고문헌

- 吉林省文物志編纂委會, 1990, 『桓仁滿族自治縣文物志』.
- 梁志龍, 1991, 「桓仁大梨樹溝靑銅時代墓葬調査」, 『遼海文物學刊』 1991-2.
- 齊俊, 1994, 「遼寧桓仁渾江流域新石器及靑銅時期的遺迹和遺物」, 『北方文物』 1992-1.
- 國家文物局 主編, 2009, 『中國文物地圖集』 遼寧分冊, 西安地圖出版社.

02 환인 대전자청동단검묘[1]
桓仁 大甸子靑銅短劍墓 | 大甸子墓

1. 조사현황 : 1974년 조사

○ 조사계기 : 4월에 四道河子鄕 大甸子村民이 농지를 개발하면서 구릉의 경작지에서 계단식 밭을 만들 때 '石格子'(돌로 짜맞춘 방형의 틀로 석관을 가리킴)를 해체하던 중 커다란 판석 하나를 폭약으로 쪼개어 돌덩어리를 들어내다가 청동단검 등의 유물을 발견함.
○ 조사기관 : 本溪市文化局, 本溪市博物館.
○ 조사내용 : 주민들의 유물 발견 소식을 듣고 本溪市文化主管部門이 전문가를 조직해 현장을 조사하고 고분을 정리함.

2. 위치와 자연환경

1) 고분 위치(그림 1~그림 2)
大甸子村 灣溝子屯의 뒷산 비탈의 비교적 평탄한 경작지에 위치.

2) 고분군 주변환경
○ 고분군 서남에는 牛毛大山이 자리함.
○ 고분 북쪽으로 본계-환인 도로가 통과하고, 도로 북쪽으로 六道河가 흐름.
○ 고분 서남으로 약 1km 떨어진 곳에 대전자촌이 위치.
○ 고분 동북으로 약 4km 떨어진 곳에 四道河子鄕이 위치.
○ 고분 동남 약 35華里(약 17.5km)에 환인현성이 위치.

3. 고분 현황

○ 유형 : 석관묘.
○ 규모 : 길이 4m, 너비 3m.
○ 구조 : 묘실은 장방형 단실로 규모는 길이 2.34m, 너비 1.80m임. 석관 네 벽은 두께 30cm[2]의 大板石 네 개를 세우고, 그 위의 천정에는 두껍고 무거운 대판석을 덮음. 석관 바닥에는 자갈(鵝卵石)을 한 층 깔고 황색 진흙을 평평하게 바름.
○ 기타 : 묘실 바닥에는 불에 타서 부서진 뼈조각(碎骨) 한 층이 남아 있고, 석관 벽에는 흑색의 연기에 그을린 흔적이 보임. 부장품도 대다수 불타서 파손되고 변형됨.

---

1 『桓仁滿族自治縣文物志』(1990) 참조. 『中國文物地圖集』 遼寧分冊(2009)에서는 '大甸子墓'로 명명.

2 『桓仁滿族自治縣文物志』(1990) 참조. 『博物館研究』 1994-2에서는 판석 두께가 54~66cm로 소개.

그림 1
대전자청동단검묘 위치도

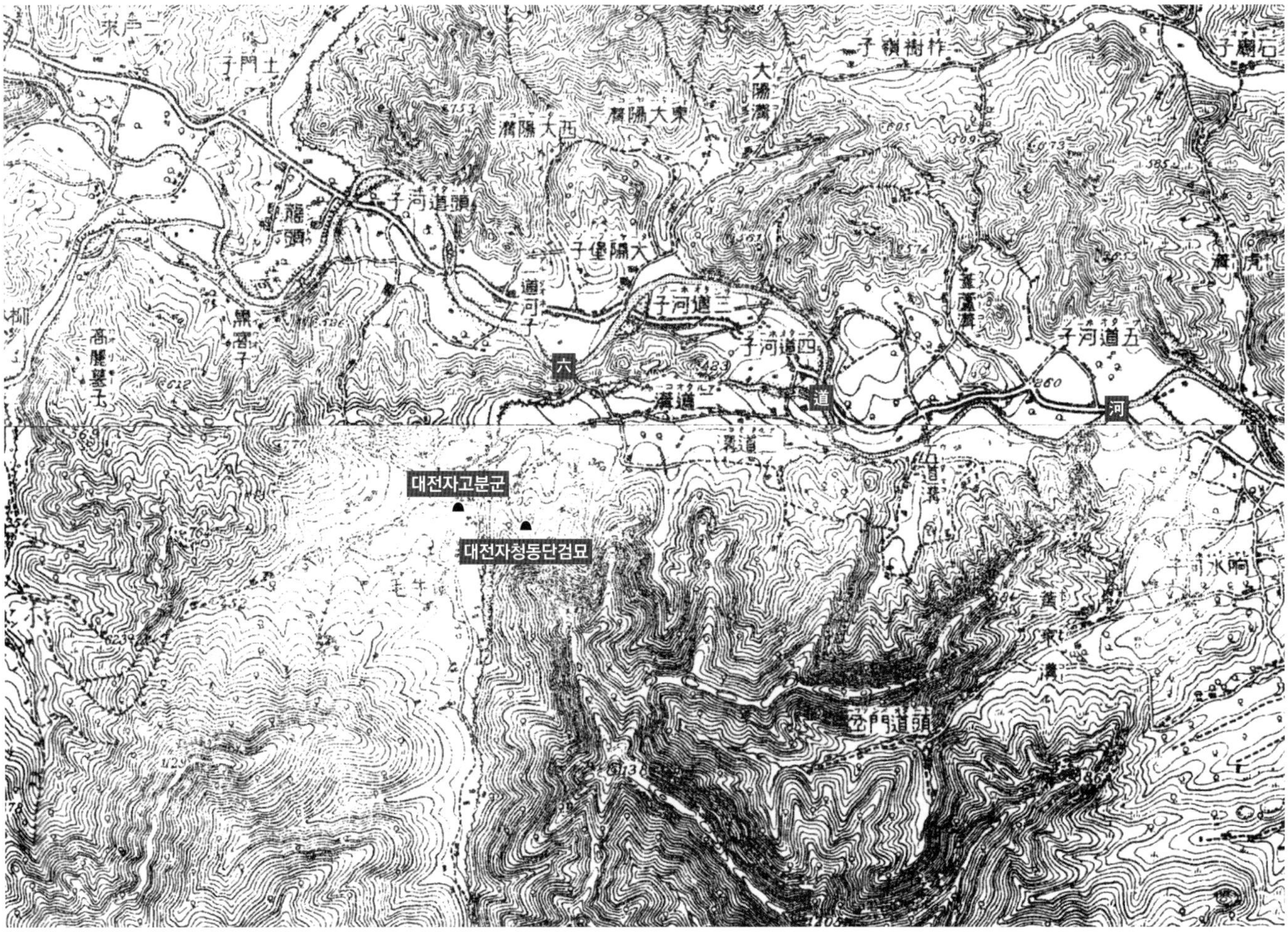

그림 2 대전자고분군과 대전자청동단검묘 주변 지형도(滿洲國 10만분의 1 지형도)

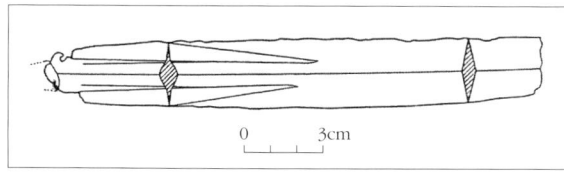

그림 3 청동단검(『遼寧文物』 1981-1)

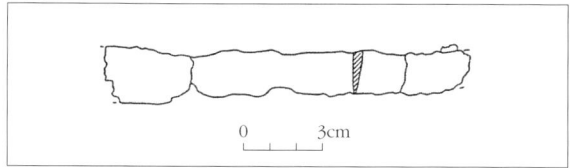

그림 4 철제도자(『遼寧文物』 1981-1)

4. 출토유물

○ 출토유물은 총 500여 점. 그 가운데 구슬장식(珠飾) 300여 점, 燕 명도전(明刀錢, 刀幣) 200여 매, 청동화살촉(銅鏃) 2점 등이 있음. 청동단검, 청동귀고리(銅耳飾), 청동테두리(銅箍), 철도(鐵刀, 鐵削), 석제품(石環狀器, 石棍棒頭) 등은 각 1점임.

○ 구슬장식 300여 점은 재질이 瑪瑙, 백색 斜長石, 짐승뼈 등임. 형식은 다섯 가지로 분류할 수 있음.

○ 명도전은 200여 매 가운데 온전한 것이 148매임. 등이 직선인 折背形(89.8%)이 대부분이고, 등이 곡선을 이룬 弧背形(10.2%)은 소량으로 관찰됨. 정면에는 '明' 또는 '匽'자가 대다수 눈썹모양(眼眉狀)으로 새겨져 있음. 뒷면에는 左, 左二, 左六, 左乙, 右, 內, 行 등의 글자가 새겨져 있음.

(1) 청동단검(그림 3, 그림 5-1)

○ 출토지 : 대전자청동단검묘.

○ 크기 : 잔존 전체길이 19.4cm, 鋒部 잔존 길이 8.6cm, 최고 너비 2.8cm.

○ 형태 : 파손 정도가 심한 편임. 銅質이 비교적 나쁘고 鑄製가 미숙함. 불에 타 변형되어 鋒·莖이 모두 손상됨. 날이 곧고(直刃) 등마루가 높게 솟았으며(柱脊), 단면은 육각형임. 脊中線과 稜線이 앞뒤를 관통하며, 葉刃은 평평하고 곧으며, 葉尾는 안으로 꺾여 들어감. 피홈(血槽)은 약간 짧고 봉부는 비교적 길며, 단면은 菱形을 띰.

(2) 청동화살촉(銅鏃, 그림 5-2)

○ 출토지 : 대전자청동단검묘.

○ 크기 : 잔존 길이 1.9cm, 너비 0.7cm.

○ 형태 : 三翼式으로 기둥모양의 짧은 슴베(鋌)을 갖춤(柱狀短鋌).

(3) 청동화살촉(銅鏃, 그림 5-3)

○ 출토지 : 대전자청동단검묘.

○ 크기 : 잔존 길이 3.2cm, 너비 1.0cm.

○ 형태 : 三翼式. 슴베(鋌)에 구멍(銎)이 뚫려 있음. 葉緣에는 날이 세워져 있음.

(4) 청동귀고리(銅耳飾, 그림 5-4)

○ 출토지 : 대전자청동단검묘.

○ 크기 : 직경 1.9cm, 높이 0.9cm, 銅絲 직경 0.1cm.

○ 형태 : 스프링모양(彈簧狀)으로 銅絲를 감아서 만들었는데 고리는 총 다섯 개임.

(5) 청동테두리(銅箍)

○ 출토지 : 대전자청동단검묘.

○ 크기 : 추정 길이 6cm, 너비 3cm.

○ 형태 : 파손이 심해 네 조각만이 남아 있어 복원이 불가능함. 흡사 타원형 같으며, 단면은 外弧形을 띠고 안으로 오목함.

(6) 철제도자(鐵刀, 鐵削, 그림 4)

○ 출토지 : 대전자청동단검묘.

○ 크기 : 잔존 길이 11.2cm, 너비 1.9cm, 두께 0.4cm.

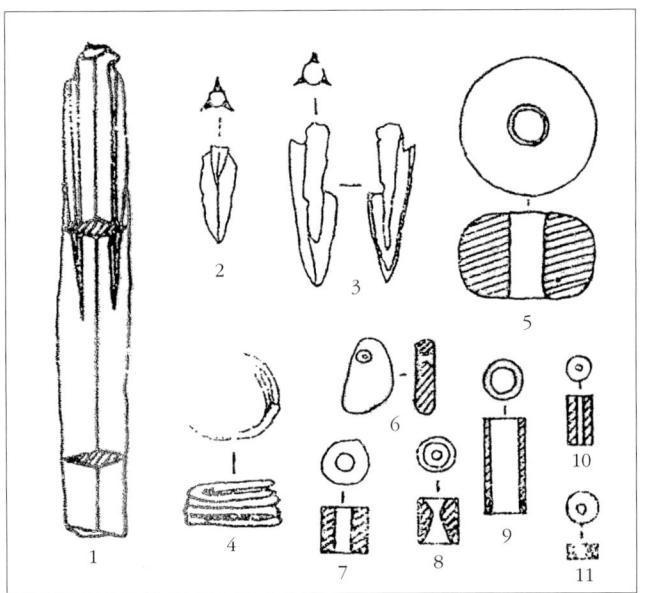

그림 5
대전자청동단검묘(『博物館研究』 1994-2)
1. 청동단검 2·3. 청동화살촉 4. 청동귀고리
5. 환상석기 6~11. 구슬

○ 형태 : 불에 타서 이미 손상되었으나 형태는 판별 가능함. 등이 평평하고(平背) 날이 곧음(直刃).

(7) 환상석기(石環狀器, 그림 5-5)

○ 출토지 : 대전자청동단검묘.
○ 크기 : 직경 5.5cm, 구멍 직경 1.3cm, 두께 3.4cm.
○ 형태 : 백색 화강암을 마연함. 불에 탄 흔적이 있음. 중간에 구멍이 뚫려 있음.

(8) 구슬장식(珠飾, 그림 5-6)

○ 출토지 : 대전자청동단검묘.
○ 크기 : 길이 3cm, 너비 2cm, 두께 0.8cm.
○ 형태 : Ⅰ식. 백색의 사장석을 마연함. 반원형으로 상단에는 구멍이 있는데 마주 뚫려 있거나(對鑽) 한쪽만 뚫림(單鑽).

(9) 구슬장식(珠飾, 그림 5-7~그림 5-8)

○ 출토지 : 대전자청동단검묘.
○ 크기 : 길이 0.9cm, 너비 0.8~0.9cm.
○ 형태 : Ⅱ식. 마노 혹은 백색의 사장석을 마연. 원주형으로 가운데 구멍이 있는데 마주 뚫려 있거나(對鑽) 한쪽만 뚫려 있음(單鑽).

(10) 구슬장식(珠飾, 그림 5-9)

○ 출토지 : 대전자청동단검묘.
○ 크기 : 길이 1.9cm, 너비 0.8cm.
○ 형태 : Ⅲ식. 뼈로 제작(骨製). 관모양(管狀)으로 안의 구멍이 크고, 두께가 얇음. 겉은 남색을 띰.

(11) 구슬장식(珠飾, 그림 5-10)

○ 출토지 : 대전자청동단검묘.
○ 크기 : 길이 1cm, 너비 0.5cm.
○ 형태 : Ⅳ식. 수량이 가장 많은 형식. 뼈로 제작(骨製). 세장한 관 형태로 크기가 조금 다름.

(12) 구슬장식(珠飾, 그림 5-11)

○ 출토지 : 대전자청동단검묘.
○ 크기 : 길이 0.6cm, 너비 0.3cm.
○ 형태 : Ⅴ식. 뼈로 제작(骨製). 양면이 편평한 원형임.

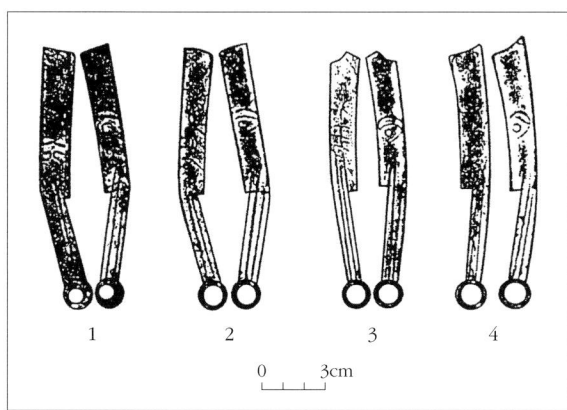

그림 6 명도전 탁본(『遼寧文物』1981-1)

(13) 명도전(明刀錢, 그림 6-1~그림 6-2)
○ 출토지 : 대전자석관묘.
○ 형태 : 등이 꺾인 형태(折背). 정면의 '明'자는 눈썹모양(眼眉形)임.

(14) 명도전(明刀錢, 그림 6-3~그림 6-4)
○ 출토지 : 대전자석관묘.
○ 형태 : 등이 弧를 이룬 형태(弧背). 정면의 '明'자는 눈썹모양(眼眉形)과는 다른 형태임.

5. 역사적 성격

1) 청동단검묘의 특징
대전자석관묘는 本溪지구에서 처음 발견된 청동단검묘임. 집안 오도령구문적석묘와 함께 고구려 초기 활동지역에서 청동단검이 출토된 무덤으로 두 무덤은 고분 유형이 다르지만 후대의 고구려 무덤에 모두 영향을 미침.

---

3 華玉冰(2008)과 李新全(2009)은 모두 덮개돌(蓋石)의 존재를 인정하지만 매장부에 대해서는 석광과 석관으로 달리 파악함. 화옥빙은 매장부가 보다 크다는 점에서 '석광'으로 파악함.

2) 무덤 유형 [3]

(1) 梁志龍·王俊輝(1994) : 석관묘
이 고분은 구조가 명확하지 않지만 판석을 세운 석관묘로 이해함. 석관묘는 石棚 또는 石蓋墓를 이어받았고 다시 적석석실묘로 이어짐. 환인 고력묘자1호묘(방단석실묘)의 석실과 대전자석관묘 석관의 구조적 차이가 없다고 파악함. 석관묘 바닥에는 자갈(鵝卵石) 한 층을 깔았는데 이런 구축방법은 고구려 초·중기 무덤에서 매우 유행함.

(2) 華玉冰(2008) : 개석석광묘
매장부를 석재로 축조한 개석묘로 파악. 매장부가 넓고 깊기 때문에 기존의 석관과 구별하기 위해 '石壙'으로 표현.

(3) 李新全(2009) : 적석석개석관묘
적석묘와 대석개묘가 결합한 고분 형식으로, 매장부는 석관으로 파악함. 이 무덤 형식을 고구려 적석묘의 선행 고분 형식으로 봄.

3) 매장습속
○ 화장묘 : 석관 내부 바닥에 불에 타서 깨진 뼈가 한 층 남아 있고, 석관 벽의 일부는 불에 타서 검게 그을렸고, 부장품은 대부분 불타서 변형되었음. 비교적 이른 시기 화장묘는 本溪지역 내 태자하 상류 유역 청동기시대 洞穴墓에서 많이 발견되어 양자는 일정한 연원관계가 있음. 아울러 집안지역 등의 고구려 초기 적석묘에서 화장은 보편적 현상으로 고구려 화장습속은 이 지역의 오랜 문화적 관습이었다고 보임.
○ 화장방식 : 시신을 석관 안에서 직접 불태움. 화장 절차는 ① 고분 안에 땔나무를 쌓고, ② 시신을 그 위에 올려놓고, ③ 부장품을 늘어놓은 후, ④ 불을 붙여 태우고, ⑤ 불이 꺼지면 대판석으로 그 위를 덮음.

4) 연대 추정

○ 청동단검은 중국 동북지구 고대 청동문화의 독특한 유물로, 주로 무덤에서 출토되었음. 분포범위는 넓으며 특히 요령지구에서 많이 발견되었음.

○ 대전자석관묘의 청동단검은 刃部가 좁고 鋒部가 細長한 특징을 가지며 銅質이 좋지 않음. 이는 요동지구 청동단검문화 제4기 유물과 비슷함.[4] 청동단검 형식은 旅順 윤가촌12호 석관묘에서 출토된 것과 매우 유사하며, 두 무덤에서 출토된 環狀石器나 무덤의 구조도 대체로 유사함. 윤가촌12호묘의 연대는 전국 晚期에서 진한시기에 해당하므로, 대전자유적도 비슷한 시기로 비정됨. 문화상으로도 양자는 일정한 관련이 있을 것으로 추정됨.

참고문헌

- 曾昭藏·齊俊, 1981, 「桓仁大甸子發現靑銅短劍墓」, 『遼寧文物』 1981-1.
- 桓仁滿族自治縣文物志編纂委會, 1990, 『桓仁滿族自治縣文物志』.
- 梁志龍·王俊輝, 1994, 「遼寧桓仁出土靑銅遺物墓葬及相關問題」, 『博物館硏究』 1994-2.
- 國家文物局 主編, 2009, 『中國文物地圖集』 遼寧分冊, 西安地圖出版社.
- 華玉冰, 2008, 「中國東北地區石棚硏究」, 吉林大學 博士論文 ; 2011, 「中國東北地區石棚硏究」, 科學出版社.
- 李新全, 2009, 「遼東地區積石墓的演變」, 『東北史地』 2009-1.

---

[4] 靳楓毅, 1982, 「論中國東北地區含曲刃靑銅短劍的文化遺存」, 『考古學報』 1982-4.

03 환인 봉명석실소토묘
桓仁 鳳鳴石室燒土墓

1. 조사현황 : 1990년 조사

○ 혼강가에 원래 진흙에 묻혀있던 고분군이 1990년 鳳鳴발전소 저수 당시에 강물이 드나들며 강가의 진흙이 점차 씻기면서 노출됨.
○ 고분은 대다수가 파괴되고, 강물에 쓸린 유물이 강변에 널려 있었으나, 무덤의 중앙 또는 그 부근에서 많이 유리되지 않았음. 이곳에서 발견한 청동유물은 주로 한 石室燒土墓 부근에 집중되어 있었음.
○ 강변에 바짝 인접해 있어서 물이 불어날 때 매몰됨.
○ 1990년 10월에 정리를 진행함.

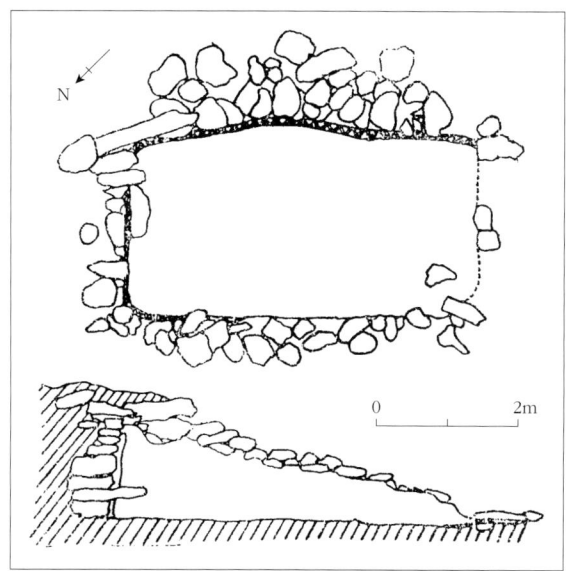

그림 1 봉명석실소토묘 평·단면도(『博物館硏究』 1994-2, 73쪽)

2. 위치와 자연환경

桓仁鎭 鳳鳴村 혼강가에 위치.

3. 고분 현황(그림 1)

1) 고분 형식
비교적 특이한 형식.

2) 고분 구조
○ 묘실은 장방형으로 길이 2.5m, 너비 1.4m, 깊이 0.86m임.

○ 묘실 네 벽면은 扁圓形 자갈(鵝卵石)로 쌓고 벽면에 두께 3~7cm의 풀을 섞은 진흙(草拌泥)을 바름. 묘실 바닥도 풀을 섞은 진흙(草拌泥)을 평평하게 깐 후 불로 태워서 바닥과 벽을 매우 단단하게 만듦.
○ 천정(墓頂)은 남아 있지 않음.
○ 무덤 밖에는 많은 자갈(鵝卵石)이 산재해 있음.

3) 부장품
유물은 무덤 안에서는 보이지 않고 무덤 밖 서쪽 끝에서 석제동곳(石釵) 1점, 청동동곳(銅釵) 2점, 청동장식(銅牌飾) 3점을 발견함. 발견 위치를 볼 때 해당 고분의 부장품으로 추정됨.

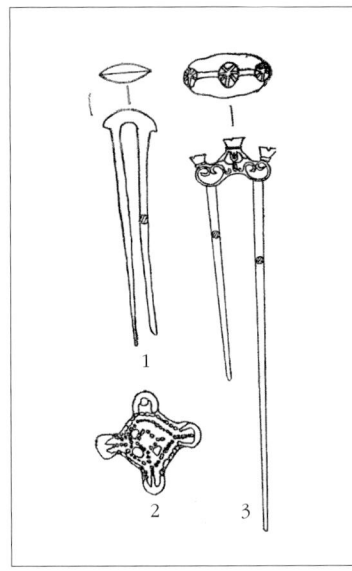

그림 2
봉명석실소토묘
(『博物館研究』 1994-2, 74쪽)
1. 석제동곳
2. 청동장식
3. 청동동곳

4. 출토유물

(1) 석제동곳(石釵, 그림 2-1)
○ 출토지 : 봉명석실소토묘.
○ 크기 : 길이 9.2cm, 너비 2.1cm.
○ 형태 : 백색 斜長石을 마연함. 두 가닥(雙股)으로 釵端은 호를 이루고, 股部는 단면이 원형을 띰.

(2) 청동장식(銅牌飾, 그림 2-2)
○ 출토지 : 봉명석실소토묘.
○ 크기 : 길이 4.1cm, 너비 4cm.
○ 형태 : 3점 출토. 한 점은 손상됨. 나비모양임. 상단에 구멍이 하나 있고, 가운데에는 3개 혹은 4개의 구멍이 있는데 구슬이 연속적으로 이어진 무늬가 장식되어 있음.

(3) 청동동곳(銅釵 그림 2-3)
○ 출토지 : 봉명석실소토묘.
○ 크기 : 길이 15.3cm, 너비 3.5cm.
○ 형태 : 2점 출토. 형태가 같음. 두 가닥(雙股)으로 股部 단면에는 직선으로 교차된 꽃무늬가 새겨져 있고 옆면에는 권운문과 人形무늬가 새겨 있음. 인형은 쭈그리고 앉아서 손을 든 모습임.

5. 역사적 성격

○ 봉명석실소토묘 부근에서 출토된 유물은 비교적 보기 드문데 다른 곳에서 아직 발견되거나 보고되지 않음. 청동동곳의 측면에 새겨진 卷雲文은 漢代 와당에서 유행하던 문양과 흡사하며, 내몽고 寧城 黑城 古城址에서 출토된 한대 와당에도 이런 유형의 권운문이 새겨져 있음. 따라서 보고서는 권운문에 근거해 청동동곳의 연대는 한대로 비정되며, 해당 고분은 고구려시기에 조성된 것으로 파악함.

○ 반면 山자형장식의 청동동곳은 발해 무덤에서 자주 출토되고 있어 권운문만으로는 해당 고분을 고구려 무덤으로 단정 지을 수는 없음.

참고문헌
· 梁志龍·王俊輝, 1994, 「遼寧桓仁出土靑銅遺物墓葬及相關問題」, 『博物館研究』 1994-2.

04 환인 오도하자고분
桓仁 五道河子古墳

1. 조사현황 : 1983년 발견

오도하자촌 부근 채소밭에서 돌무지를 제거하다가 유물 발견.

2. 위치와 자연환경(그림 1)

桓仁鎭 四道河子鄕 五道河子村에 위치.

3. 고분 현황

○ 고분은 적석묘 형식.
○ 석제화살촉(石鏃) 2점, 철촉 2점, 청동팔찌(銅釧) 1점, 청동장식(銅飾) 1점, 五銖錢 1매, 貨泉 1매 등이 출토됨.

4. 출토유물

(1) 석제화살촉(石鏃, 그림 2-3)
○ 출토지 : 오도하자고분.
○ 크기 : 길이 3.3cm, 너비 1.3cm, 두께 0.3cm.
○ 형태 : 脊이 평평하고(平脊), 꼬리가 오목하고(凹尾), 날 부분이 얇음(薄刃).

(2) 석제화살촉(石鏃, 그림 2-4)
○ 출토지 : 오도하자고분.
○ 크기 : 길이 5.8cm, 너비 0.8cm.
○ 형태 : 三棱式. 꼬리(尾)에 아주 짧은 세 개의 날개가 있음. 슴베(鋌)는 원주형임.

(3) 철제화살촉(鐵鏃, 그림 2-5)
○ 출토지 : 오도하자고분.
○ 크기 : 길이 11.3cm, 너비 1.2cm.
○ 형태 : 주조. 鏃身은 사각뿔(四棱錐)모양을 띠고, 슴베(鋌)는 원주형으로 길고, 슴베 측면에는 주조 흔적이 남아 있음.

(4) 철제화살촉(鐵鏃, 그림 2-6)
○ 출토지 : 오도하자고분.
○ 크기 : 길이 8.4cm, 너비 1.2cm.
○ 형태 : 鏃身은 능형으로 한 면은 평평하고, 다른 한 면은 볼록하여 단면은 삼각형을 띰. 슴베(鋌)는 방형임.

(5) 청동팔찌(銅釧, 그림 2-1)
○ 출토지 : 오도하자고분.
○ 크기 : 길이 7.1cm, 너비 6.2cm.
○ 형태 : 타원형, 단면은 삼각형.

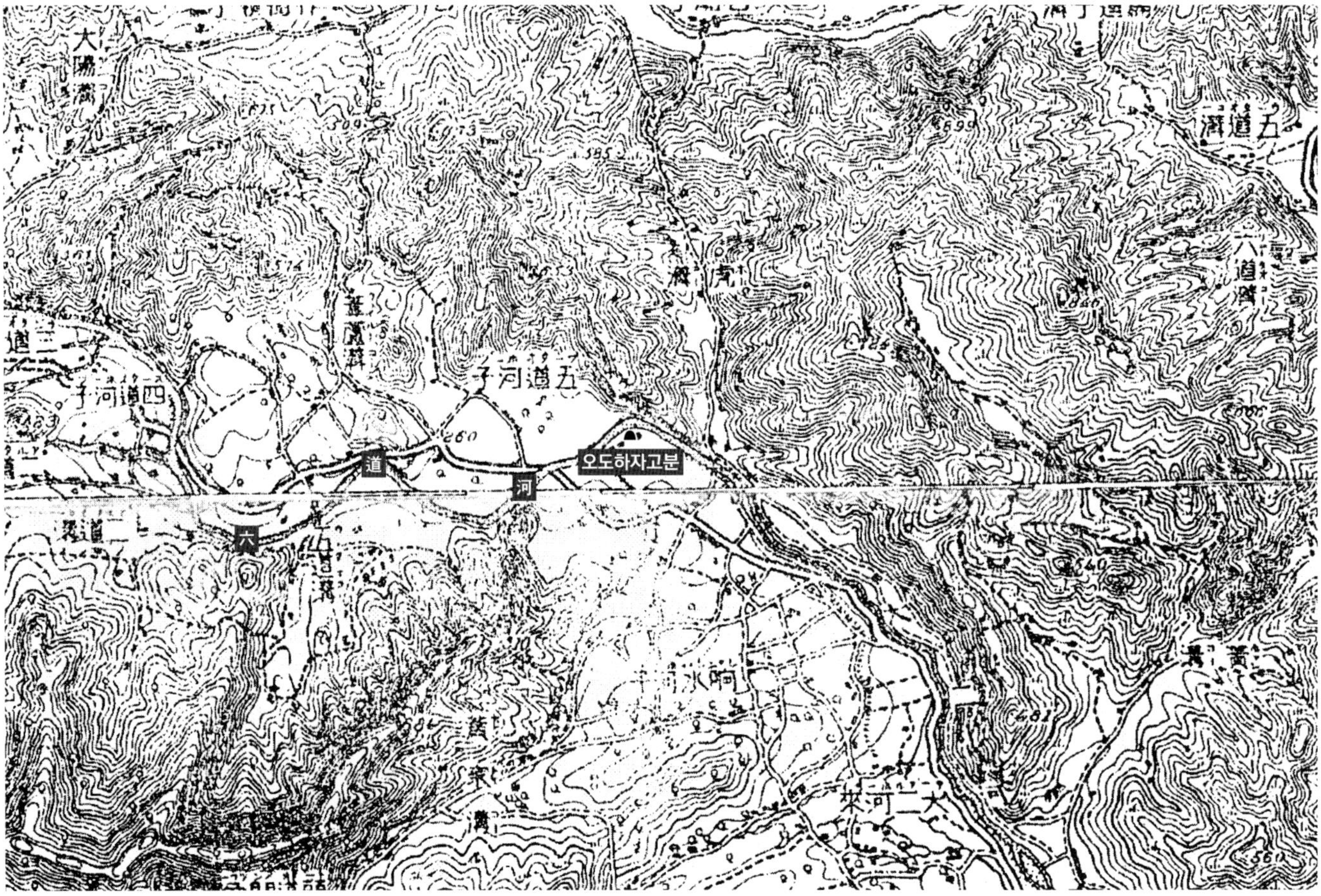

그림 1 오도하자고분 주변 지형도(滿洲國 10만분의 1 지형도)

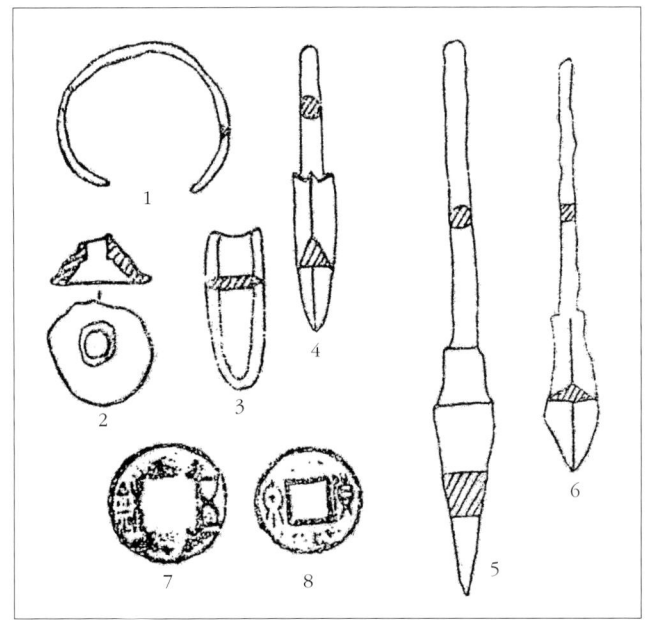

그림 2
오도하자고분 출토유물(『博物館硏究』 1994-2, 75쪽)
1. 청동팔찌 2. 청동장식 3·4. 석제화살촉
5·6. 철제화살촉 7. 오수전 8. 화천

(6) 청동장식(銅飾, 그림 2-2)

  ○ 출토지 : 오도하자고분.

  ○ 크기 : 직경 2.1cm, 높이 1.0cm.

  ○ 형태 : 망루모양(墩臺狀). 가운데가 뚫려 있음.

(7) 오수전(五銖錢, 그림 2-7)

  ○ 출토지 : 오도하자고분.

  ○ 크기 : 직경 2.5cm.

(8) 화천(貨泉, 그림 2-8)

  ○ 출토지 : 오도하자고분.

  ○ 크기 : 직경 2.3cm.

5. 역사적 성격

무덤의 구조를 알 수 없으나, 동한의 특징을 갖고 있는 오수전과 화천이 출토되어서 동한시기의 고구려 초기 고분으로 추정함. 청동팔찌는 오녀산성에서 일찍이 출토된 바 있는 환인지역 고구려 초기에 보편적으로 유행하던 장식구임. 따라서 유적은 고구려 초기로 비정됨.

참고문헌

- 梁志龍·王俊輝, 1994, 「遼寧桓仁出土靑銅遺物墓葬及相關問題」, 『博物館硏究』 1994-2.

05 환인 채아보고분
桓仁 蔡我堡[1] 古墳

1. 조사현황 : 1980년 조사

채아보촌 주민이 집을 지을 때 훼손되고, 그 후 文物部門이 전면 조사할 때 고분 내에서 출토된 유물들을 회수함.

2. 위치와 자연환경(그림 1)

桓仁鎭 木盂子鎭 蔡我堡村 西洋 北溝에 위치.

3. 고분 현황

○ 고분은 적석묘 형식.
○ 청동팔찌(銅釧) 1점, 五銖錢 2매, 소량의 토기편이 출토됨.

4. 출토유물

(1) 청동팔찌(銅釧, 그림 2-1)
○ 출토지 : 채아보고분.
○ 크기 : 길이 5.3cm, 너비 4.6cm.
○ 형태 : 타원형. 안쪽이 조금 오목하고, 단면은 月弧形임.

(2) 오수전(五銖錢, 그림 2-2)
○ 출토지 : 채아보고분.
○ 크기 : 직경 2.7cm.

(3) 오수전(五銖錢, 그림 2-3)
○ 출토지 : 채아보고분.
○ 크기 : 직경 2.5cm.
○ 형태 : 하단에 'ㅐ' 기호가 얕게 새겨 있음.

5. 역사적 성격

채아보고분에서 출토된 오수전에 표시된 'ㅐ' 표기는 東漢 中晩期 오수전에서 흔히 보이는 현상임. 청동팔찌는 오녀산성에서 일찍이 출토되어 환인지역 고구려 초기에 보편적으로 유행하던 장식구임. 따라서 채아보고분은 동한시기의 고구려 초기 고분으로 비정됨.

참고문헌

- 國家文物局 主編, 2009, 『中國文物地圖集』 遼寧分冊, 西安地圖出版社.
- 「遼寧桓仁出土靑銅遺物墓葬及相關問題」, 『博物館研究』 1994-2.

1　梁志龍・王俊輝, 1994 참조. 『中國文物地圖』 遼寧分冊에서는 '蔡娥堡'로 기재.

그림 1
채아보고분 위치도

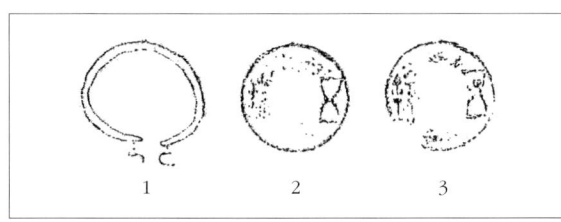

그림 2
채아보고분 출토유물
(『博物館硏究』 1994-2, 76쪽)
1. 청동팔찌   2·3. 오수전

06 환인 망강루고분군
桓仁 望江樓古墳群

1. 조사현황

1) 1971년 4월 조사[1]
○ 조사기관 : 本溪市·桓仁縣文物管理部門.
○ 조사내용 : 묘지 부근 하고성자촌 촌민에게 일찍이 심하게 도굴당해 고분 중심에는 큰 구덩이가 여럿 파여 있음. 市·縣文物部門에서 소식을 듣고 조사하여 촌민이 무덤 안에서 도굴한 목걸이(項飾) 등의 일부 유물만을 회수한 후에 본계시박물관과 환인현문물관리소에 나누어 보관함. 이때 도굴당한 고분 4기에서 유물 대다수는 이미 훼손된 상태였음.

2) 1973년 8월 조사[2]
○ 조사기관 : 本溪市文物普查隊.
○ 조사내용 : 본계시 문물조사 기간에 무덤 속의 교란된 흙을 간단히 정리하면서 철제 괭이(鐵钁) 2점, 철제 차관(鐵車䥫) 1점, 활석 거푸집(滑石范) 1쌍(合)과 약간의 구슬을 발견함.

3) 1974년 조사[3]
○ 조사기관 : 本溪市·桓仁縣文物管理部門.

○ 조사내용 : 고분은 총 6기로 심하게 도굴·파괴됨. 금은기·청동기·철검(銅柄鐵劍) 등의 유물은 도굴로 이미 산실되고 철제 차관(鐵車䥫)과 한 무더기 구슬장식(珠飾) 등이 회수됨. 이후 조사에서 토기 잔편, 청동 운주(銅節約), 금제귀고리(金耳飾) 등의 유물을 발견함.[4]

4) 2004년 10~11월 조사[5]
○ 조사계기 : 빈번한 도굴로 구제 발굴 실시.
○ 조사기관 : 遼寧省文物考古研究所, 本溪市博物館, 桓仁縣文物局.
○ 조사내용 : 적석묘 6기를 발굴 조사함. 출토유물은 사이호(陶四耳壺), 호(陶罐), 석제도끼(石斧), 청동방울(銅鈴), 청동고리(銅環), 철제재갈(鐵馬銜), 철제화살촉, 유리팔찌(玻璃手鐲), 유리귀고리(玻璃耳瑱) 등이 있음. 그 외 여러 점의 목걸이(項飾)가 출토되었는데, 목걸이는 마노, 수정, 유리, 녹송석, 管玉 등을 꿰어 만듦.[6]

1　『桓仁滿族自治縣文物志』, 200쪽 및 吳江原, 2012 참조.
2　吳江原, 2012 참조.
3　『博物館研究』 1994-2 참조. 1974년 조사는 『桓仁滿族自治縣文物志』에서는 확인되지 않고 앞서 1971년과 1973년 조사 내용과 중첩되는 것으로 보아 이 두 조사를 종합정리한 내용으로 추정됨.
4　『博物館研究』 1994-2 참조. 李新全, 2005에 의하면 당시 금팔찌(金鐲), 철검(銅柄鐵劍), 철제차관(鐵車䥫), 구슬장식 등과 함께 오수전이 발견되었다고 함.
5　李新全, 2005 참조. 梁志龍·李新全, 2009에 의하면 2006년 보충 발굴 진행.
6　梁志龍·李新全, 2009 참조.

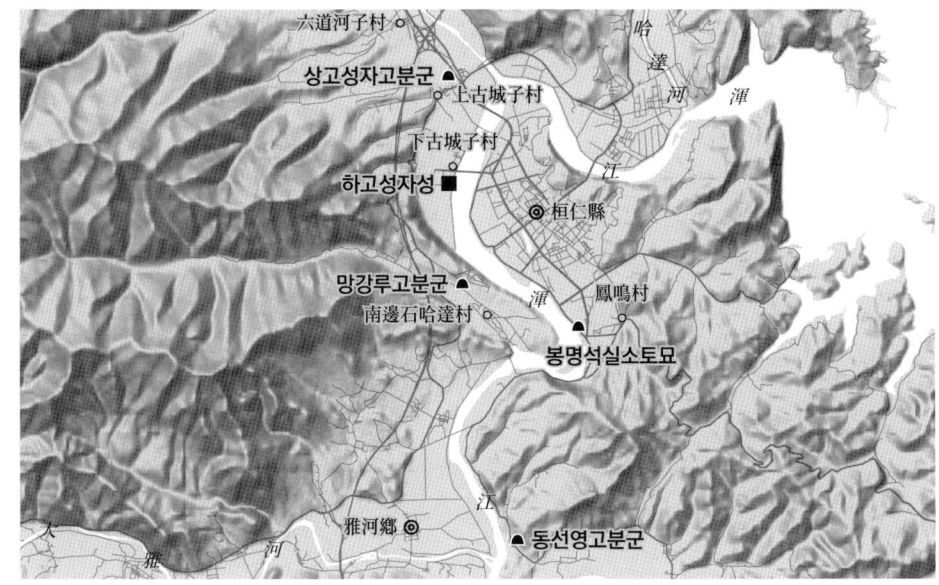

그림 1
망강루고분군 위치도

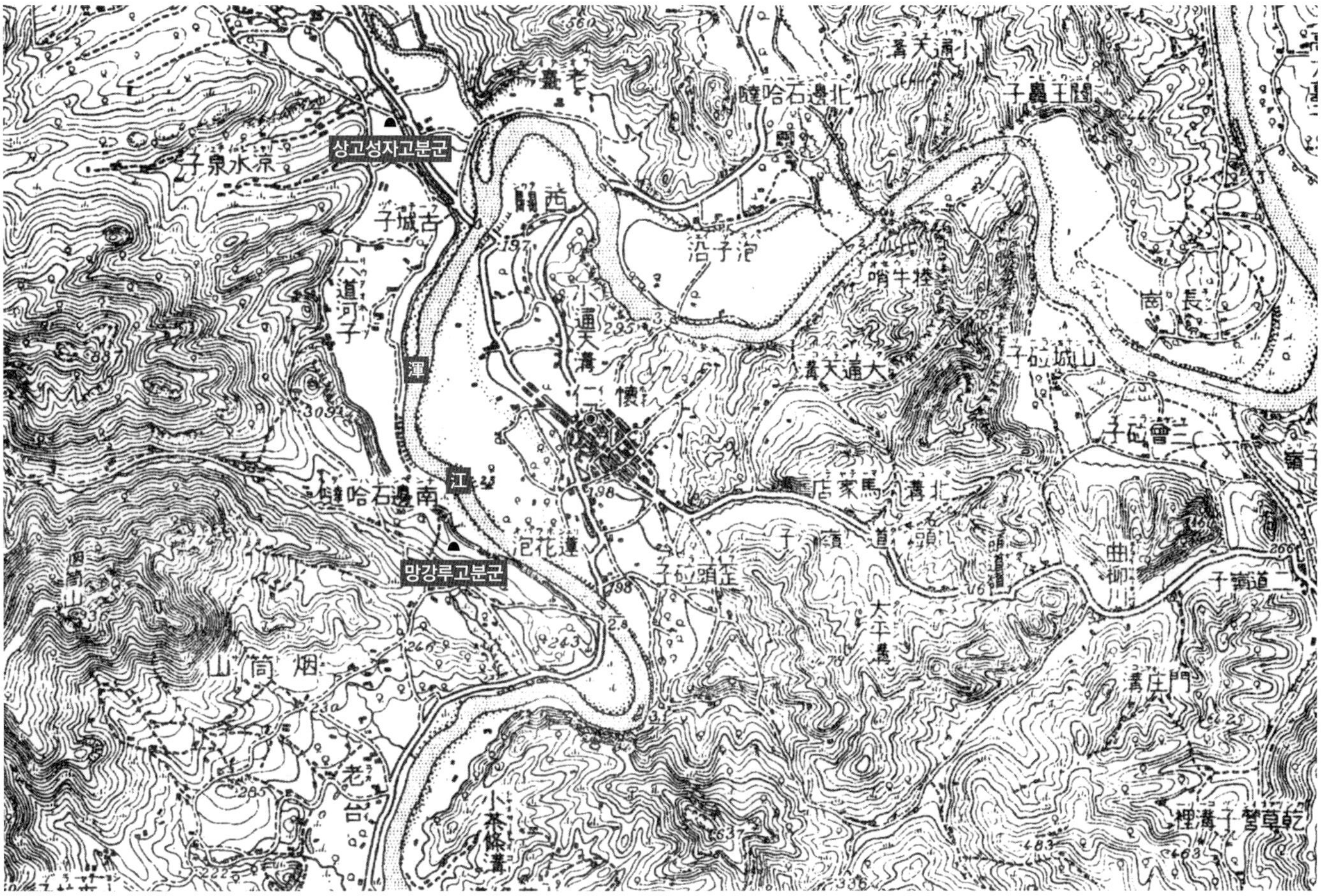

그림 2 망강루고분군 주변 지형도(滿洲國 10만분의 1 지형도)

제2부 환인현(桓仁縣) 지역의 유적과 유물 97

2. 위치와 자연환경(그림 1~그림 2)

○ 雅河鄕 南邊石哈達村 서북 1.5km[7]의 구릉 위에 위치.
○ 구릉의 북쪽은 가파른 절벽이고, 그 아래 혼강이 흐름.

3. 고분군의 현황

1) 고분 분포
○ 적석묘 6기가 구릉 주향을 따라 높은 곳에서 낮은 곳으로 배열됨.
○ 지세가 높은 서쪽에서부터 낮은 동쪽으로 가면서 순서대로 배열되어 M1~M6호로 편호함.
○ 4기는 능선의 돌출부를 이용하여 축조하고, 2기는 능선 아래의 완만한 비탈에 축조함. 고분은 산세에 따라 높은 곳은 돌을 좀 낮게, 낮은 곳은 비교적 높게 축조함.
○ 고분 규모는 M1·M4·M6의 3기는 비교적 크고, M2·M3의 고분은 비교적 작음.
○ M5는 지표 위에 조약돌 한 층만 깔려 있어 미완성 무덤의 기초 부분으로 추정됨.

2) 고분 형태
○ 고분 외형은 원형 또는 타원형 丘狀의 적석 구조임. 평면은 모두 불규칙 타원형이나(李新全, 2005 ; 梁志龍·李新全, 2009), 1974년 조사 때 가장 큰 고분은 남쪽 무덤 밖의 가장자리가 비교적 직선을 이루고 있어서 본래 평면을 장방형으로 추정함(『博物館硏究』1994-2).

○ 강자갈(鵝卵石)과 산돌(碎山石)로 쌓았는데 각 층의 밖은 둥근모양(圓圈狀)으로 배열되어 축조된 것이 보이고, 가장 바깥쪽으로 돌아가는 원형 둘레의 강자갈이 크고 평평함. 아래에서 위로 각층이 약간 들여 쌓여 있음.
○ 어떤 고분은 가장자리 일부분이 편평한 모양의 큰 강자갈(鵝卵石)과 산돌을 안으로 기울게 세워 돌담을 쌓음. 이는 분구 적석을 보호하여 아래로 흘러내리는 것을 방지함.
○ 내부구조를 보면 묘실은 실제 석광으로, 대체로 무덤 중앙부에 위치하며, 평면은 근장방형임. 묘실바닥은 강자갈(河砂石)을 한 층 깔았음. 묘실은 지표와 대체로 일치하며 어떤 것은 암반을 파내어 얕은 구덩이를 만듦.
○ 葬式은 화장임.

4. 고분별 현황[8]

1) 망강루1호묘

(1) 위치
고분군 서단에 위치하는데 기타 고분에 비해 높은 곳에 있음.

(2) 규모
길이 11.7m, 너비 10.5m, 잔존 높이 0.6m.

(3) 평면
근타원형.

---

7 『博物館硏究』1994-2에서는 '북쪽 약 100m'로 소개되었으나 실제 위치와 부합하지 않으며, 이신전은 서북으로 2.5km로 보고(李新全, 2005)하여 이신전의 견해를 참조.

8 李新全, 2005 및 王志剛, 2016, 55쪽 참조.

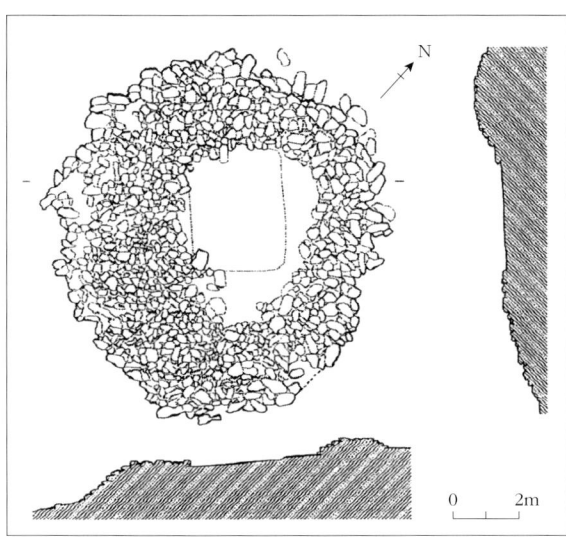

그림 3 망강루1호묘 평·단면도(王志剛, 2016)

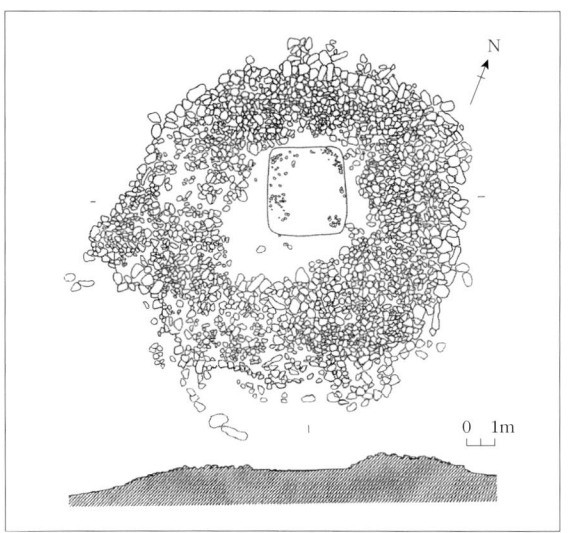

그림 4 망강루4호묘 평·단면도(王志剛, 2016)

(4) 구조(그림 3)

전부 강자갈(河卵石)로 축조.

2) 망강루4호묘

(1) 위치

고분군 중부에 위치. 서쪽으로 M3과 약 7m 떨어져 있음.

(2) 규모

길이 15m, 너비 13m, 잔존 높이 1.6m.[9]

(3) 평면

불규칙타원형.

(4) 방향

350°.

---

9 李新全, 2005 참조. 王志剛, 2016, 55쪽에서는 길이 13.2m, 너비 12.5m, 아래 비탈 높이 1.6m.

(5) 구조(그림 4)

○ 강자갈(鵝卵石)로 축조함.

○ 묘실이 위치하고 있는 범위 내 지면이나 암반을 쪼아 파서 비교적 얕은 장방형의 묘광을 만듦. 묘실 바닥 부분이 위치한 곳은 암반으로 북쪽이 높고 남쪽이 낮으므로, 암반을 쪼아 판 묘광은 깊이가 북쪽이 깊고 남쪽이 얕음.

○ 묘실 평면은 말각장방형(近圓角長方形)으로 길이 3.5m, 너비 2.9m, 제일 깊은 곳 0.3m, 제일 얕은 곳은 0.1m임.

○ 무덤 바닥에는 작은 강자갈을 한 층 평평하게 깔아 놓았음. 작은 강자갈 위와 그 틈새에서 인골 잔해와 구슬장식(珠飾)들을 발견함. 묘실 내의 동북쪽과 서북쪽 모서리에 주먹 크기의 강자갈(河卵石)로 쌓은 두께 약 0.3m쯤 되는 돌무지가 남아 있으며, 그 위에 강자갈(河卵石)로 쌓은 돌무지가 있음. 이는 죽은 자를 장례한 후 주먹 크기의 강자갈로 묘실을 채워 넣은 다음 다시 조금 더 큰 강자갈로 묘실 전체를 봉했던 것을 보여주는 현상으로 추정됨.

○ 무덤 파괴가 심해 쪼아서 판 묘광의 사면 가장자리, 특히 비교적 얕은 남쪽의 가장자리를 강자갈로 묘실 벽

을 계속하여 쌓았는지는 불명확함.

○ 북쪽에 있는 적석 바깥쪽에서 강자갈로 에워 쌓은 불규칙적인 石圈 1곳이 확인됨. 석권 직경은 0.3m 안팎이고, 내부에서 비교적 많은 토기편들이 발견됨. 이는 墓祭와 연관이 있을 것으로 추정됨.

3) 망강루6호묘

(1) 위치
고분군 가장 아래 동단에 위치하고 M5와 약 2m 떨어져 있음.

(2) 규모
길이 13.5m, 너비 13m, 높이 1.5m.[10]

(3) 평면
불규칙타원형.

(4) 구조(그림 5)
○ 강자갈로 축조. 무덤 꼭대기 및 무덤 동쪽에 산돌이 산재함.

○ 묘실은 2호묘와 3호묘와 더불어 지상에 축조함. 묘실 평면은 근장방형으로 길이 4m, 너비 2m, 깊이 0.3m임. 무덤 바닥은 지면과 대체로 거의 평행하며, 무덤 바닥에는 10~27cm 두께로 돌을 깖. 무덤 바닥 돌 위에서도 일부 주먹 만한 크기의 강자갈을 채워 넣은 것이 발견되었으나 이미 파괴되어 강자갈 축조 정황은 불명확함. 무덤 내에는 1개의 장방형 돌이 있는데, 적석에 사용된 자갈과는 달리 묘광 축조에 사용된 것으로 보임.

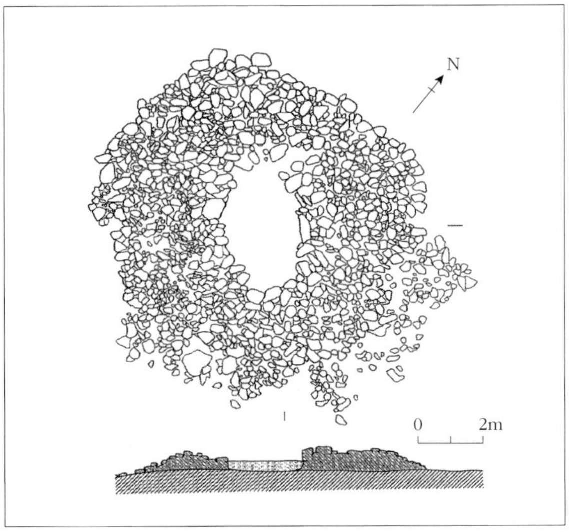

그림 5 망강루6호묘 평·단면도(王志剛, 2016)

○ 묘실 축조방식을 살펴보면, 먼저 구릉 위에 묘실을 만들 공간을 남겨 놓은 채 돌을 쌓아 분구를 만들고, 묘실 네 면을 비교적 큰 강자갈과 산돌로 정연하지 않게 쌓아 벽체를 만듦. 묘실 안에 작은 강자갈이 섞인 모래를 평평하게 펴서 무덤 바닥을 시설했는데 바닥이 완만하게 비탈져서 위쪽은 비교적 얇게, 아래쪽은 두껍게 깔았음.

○ 서남쪽 돌무지 밖의 가장자리에는 안으로 기울게 세워진 편평한 대형 강자갈과 산돌들이 한 층 보존되어 있음. 기울게 세워진 돌들은 빈틈없이 빼곡하게 쌓아져 돌담장을 형성하는데, 주로 분구돌들이 아래로 굴러 떨어지거나 허물어지는 것을 방지하는 작용을 함. 이들 호석(倚護石)을 고정하기 위해 호석의 바깥 기초 부분에도 부분적으로 강자갈을 쌓아 그 꼭대기를 눌러 주었음.

---

[10] 李新全, 2005 참조. 『博物館研究』 1994-2에서는 '길이 10.5m, 너비 9m, 서남쪽에 잔존 높이 1.5m'로 기록되어 있음. 王志剛, 2016, 55쪽에서는 길이 12.5m, 너비 12m, 아래비탈 높이 1.5m 로 소개.

5. 출토유물

1) 1974년 조사 유물[11]

(1) 토기

○ 모두 잔편으로 手製이고 색깔은 고르지 않으며, 주로 협사홍도, 황갈도, 회도, 니질흑도가 있음.
○ 구연부 잔편 외에 협사회도로서 평평한 바닥의 토기 바닥 1점, 반월형의 장식(貼飾) 등을 발견함.

① 호(陶罐, 그림 6-1)
○ 출토지 : 망강루적석묘.
○ 크기 : 구연 직경 11cm, 동체 직경 15.8cm, 잔존 높이 12.4cm.
○ 태토 및 색깔 : 모래 섞인 황갈색토기(夾沙黃褐陶).
○ 형태 : 입이 안으로 들어가 있고(斂口), 둥근 입술(圓脣)이며, 동체는 불룩함(鼓腹). 내부는 빨간색을 띠고, 표면은 문질러 반들반들하게 만듦. 입구 근처에 작은 가로손잡이(橫耳)를 달음.

② 호(陶罐, 그림 6-2)
○ 출토지 : 망강루적석묘.
○ 크기 : 구연 직경 10.4cm, 동체 직경 14.6cm, 잔존 높이 8.5cm.
○ 태토 및 색깔 : 모래 섞인 홍색토기(夾沙紅陶).
○ 형태 : 입이 안으로 들어가 있고(斂口), 둥근 입술(圓脣)이며, 동체는 불룩함(鼓腹). 구연과 인접한 곳에 소형 橋狀耳가 세로로 달림.

③ 토기 구연부(陶壺, 그림 6-3)
○ 출토지 : 망강루적석묘.
○ 크기 : 구연 직경 11cm, 잔존 높이 9cm.
○ 태토 및 색깔 : 모래 섞인 회색토기(夾沙灰陶).
○ 형태 : 구연만 남았으나 호로 추정됨. 구연은 좁은 경부에서 바라졌으며(侈口束頸) 어깨가 넓음.

④ 토기 구연부(陶壺, 그림 6-4)
○ 출토지 : 망강루적석묘.
○ 크기 : 구연 직경 10cm, 잔존 높이 4.6cm.
○ 태토 및 색깔 : 모래 섞인 홍색토기(夾沙紅陶).
○ 형태 : 구연만 남았으나 호로 추정됨. 구연은 바라졌으며 끝을 편평하게 조성함(喇叭口). 입술은 평평함(平脣).

(2) 청동기와 철기

① 청동운주(銅節約, 그림 6-6)
○ 출토지 : 망강루적석묘.
○ 크기 : 길이 2.4cm, 너비 2.4cm, 높이 1.4cm.
○ 형태 : 십자형태. 중앙이 만두모양으로 돌출되었고 가운데가 비어 있음. 밑은 평평한데 불규칙한 방형 구멍이 있음. 사면이 밖으로 뻗은 형태임.

② 철제차관(鐵車軎, 그림 6-5)
○ 출토지 : 망강루적석묘.
○ 크기 : 길이 7.1cm, 너비 4.8~6.5cm, 두께 1.7~1.9cm.
○ 형태 : 筒形. 밑부분이 넓고 윗부분이 조금 좁아짐. 밖에 두 줄의 양각선(凸弦紋)이 새겨 있고, 밑부분 가까운 곳의 양쪽에 장방형의 구멍이 서로 마주하고 있음.

---

[11] 『博物館硏究』 1994-2 참조.

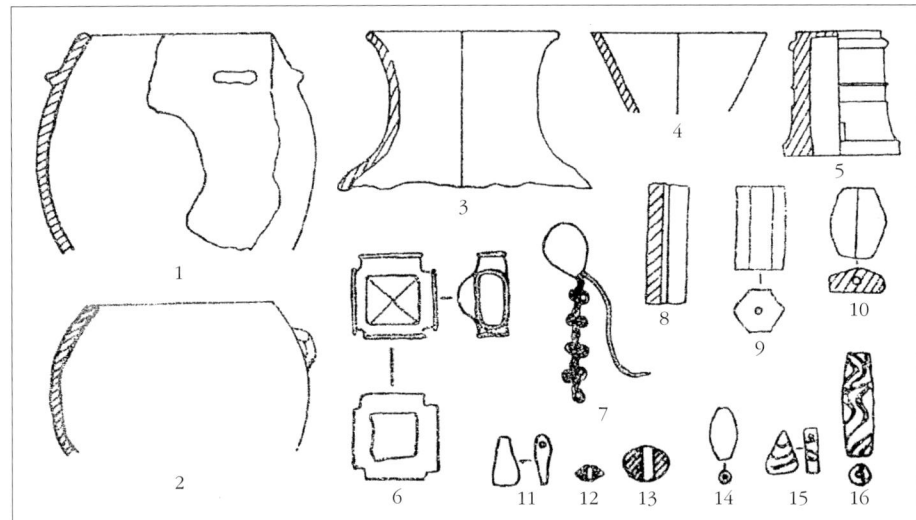

그림 6
망강루고분군 출토유물 1
(『博物館研究』1994-2)
1·2. 호(陶罐)
3·4. 토기 구연부
5. 철제차관 6. 청동운주
7. 금제귀고리
8~16. 구슬장식

(3) 금기

① **금제귀고리**(金耳飾, 그림 6-7)

○ 출토지 : 망강루적석묘.

○ 크기 : 길이 5.2cm, 너비 1.3cm.

○ 형태 : 상단에는 타원형의 잎모양이 있음. 아래는 금줄 2개를 서로 감아 4개의 8자형태를 꼬고 그 제일 아래에는 한 개의 고리를 만듦. 잎모양 아래에는 다른 한 개의 금줄이 아래로 늘어져 있으나 원래의 모습은 아닌 것으로 추정됨.

(4) 구슬장식

○ 137점, 재질은 주로 마노, 수정, 사장석 등임. 그 가운데 4점은 무늬모양으로 부식되어 있는데 이는 인공적 재래식 방법으로 부식시켜 제작한 것임.

○ 모양에 따라 9형식으로 분류 가능. 가장 많은 수량을 차지하는 Ⅰ형식은 관모양(管狀)이며 Ⅱ형식은 육각기둥형(六稜柱狀), Ⅲ형식은 육각형, Ⅳ형식은 작은 도끼모양(小斧狀), Ⅴ형식은 주판알모양(算珠狀), Ⅵ형식은 공모양(球狀), Ⅶ형식은 대추알모양(棗核狀), Ⅷ형식은 삼각형, Ⅸ형식은 양 끝이 오므라드는 관모양임.

① **구슬장식**(그림 6-8)

○ 출토지 : 망강루적석묘.

○ 크기 : 크기 길이 3.4cm, 너비 1.1cm.

○ 형태 : Ⅰ식형 관모양(管狀)으로 각겨 있음.

② **구슬장식**(그림 6-9)

○ 출토지 : 망강루적석묘.

○ 크기 : 길이 2.4cm, 너비 1.4cm.

○ 형태 : Ⅱ형식 육각기둥형(六稜柱狀).

③ **구슬장식**(그림 6-10)

○ 출토지 : 망강루적석묘.

○ 크기 : 길이 2cm, 너비 1.6cm, 두께 0.7cm.

○ 형태 : Ⅲ형식 육각형, 아래와 위가 편평함.

④ **구슬장식**(그림 6-11)

○ 출토지 : 망강루적석묘.

○ 크기 : 길이 1.4cm, 너비 0.8cm.

○ 형태 : Ⅳ형식은 작은 도끼모양(小斧狀). 평면이 사다리꼴이며 측면은 결형문자와 비슷함.

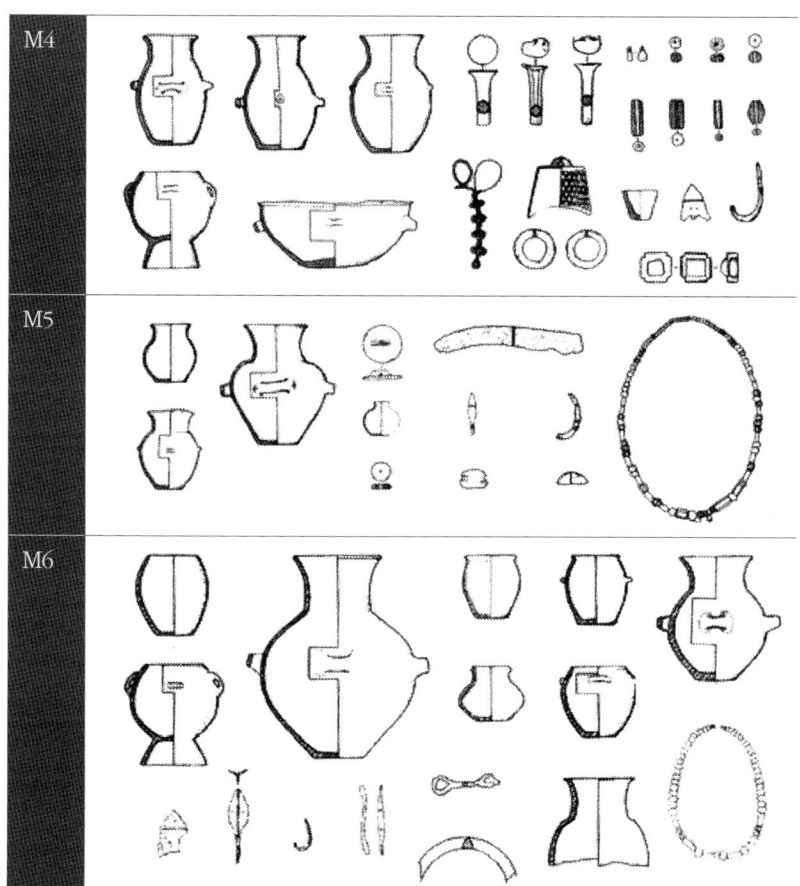

그림 7
망강루고분군 출토유물 2
(孫顥, 2012, 107쪽)

⑤ **구슬장식**(그림 6-12)

○ 출토지 : 망강루적석묘.

○ 크기 : 길이 0.8cm, 너비 0.4cm.

○ 형태 : V형식 주판알모양(算珠狀).

⑥ **구슬장식**(그림 6-13)

○ 출토지 : 망강루적석묘.

○ 크기 : 길이 1.3cm, 너비 1.0cm.

○ 형태 : VI형식 공모양(球狀).

⑦ **구슬장식**(그림 6-14)

○ 출토지 : 망강루적석묘.

○ 크기 : 길이 1.5cm, 너비 0.8cm.

○ 형태 : VII형식 대추알모양(棗核狀).

⑧ **구슬장식**(그림 6-15)

○ 출토지 : 망강루적석묘.

○ 크기 : 길이 1.3cm, 너비 0.4cm, 두께 0.4cm.

○ 형태 : VIII형식 삼각형. 남색으로 사이에 암홍색을 띠며 3줄의 백색 파도 무늬로 부식되어 있음.

⑨ **구슬장식**(그림 6-16)

○ 출토지 : 망강루적석묘.

○ 크기 : 길이 3cm, 너비 0.9cm.

○ 형태 : IX형식은 양 끝이 오므라드는 관모양. 남색이며 황색의 물결무늬로 부식되어 있음.

2) 2004년 조사 유물[12]

○ 토기, 목걸이(項飾), 석제도끼(石斧), 석제어망추(石網墜), 숫돌(石硏磨器), 청동방울(銅鈴), 청동고리(銅環), 청동팔찌(銅鐲), 청동반지(銅指環), 청동포식(銅泡飾), 철제재갈(鐵馬銜), 철제낚싯바늘(鐵魚鉤), 철제화살촉, 철제칼(鐵削), 은반지(銀指環), 유리팔찌(玻璃手鐲), 유리귀고리(玻璃耳璫) 등이 출토.

○ 발굴 전 채집한 유물은 철제괭이(鐵钁) 2점, 철제차관(鐵車䡇) 1점, 활석거푸집(滑石范) 1쌍(合), 구슬장식 약간임.[13]

○ 토기 : 거친 모래 섞인 회갈색토기(夾粗砂灰褐陶), 가는 모래 섞인 홍갈색토기(夾細砂紅褐陶), 황갈색토기(黃褐陶), 점토질 황갈색토기(泥質黃褐陶), 회색토기(灰陶) 등으로 분류 가능. 기형은 壺와 罐 등이 있음.

○ 목걸이 구슬장식 : 구슬장식은 M1, M3, M4, M6에서 출토. 특히 M4와 M6에서 출토된 수량이 많음. 구슬장식의 재질은 마노, 수정, 관옥, 유리, 녹송석 등이며, 형태로는 육각기둥모양(六棱柱狀), 주판알(算珠狀), 원구형(圓球狀), 대추씨모양(棗核狀), 마름모형(菱形), 삼각형 등 여러 종류가 있음. 일부 구슬장식에는 평행선문을 인공적으로 새긴 것도 있었는데 제작 상태가 아주 정교하고 아름다움.

6. 역사적 성격

1) 훼기(毁器) 습속

고분 출토 토기는 모두 잔편으로, 대부분 무덤의 분구돌 틈새와 서북부 적석분구 밖 원지표 및 石圈 안에서 발견됨. 다만 M1호 무덤에서는 묘실 내에서 토기편이 출토되었으나 완형은 하나도 없음. 부장토기의 대부분은 훼손되어 매장부 밖에 묻혀 있음. 이는 毁器 습속을 시사함.

2) 고분군 피장자 성격

○ 1950년대 환인댐 수몰구역 내의 고구려 무덤을 발굴했고 1990년대 초기에 댐 주변의 고구려 초기 무덤 발굴을 발굴하였으나, 환인댐 수몰지구 내에서 망강루와 비슷한 규모의 무덤은 발견되지 않았음.

○ 개별 단독무덤이 일직선상으로 분포하며, 높은 곳으로부터 낮은 곳으로 전개되어 나감. 따라서 무덤 배열은 시간적인 순서와 관련을 가지며, 가족의 묘역일 가능성이 있음.

○ 출토유물의 수준을 볼 때, 고구려 건국 전후의 귀족 무덤 구역으로 추정됨.

3) 고분 연대 : 고구려 건국 전후

○ 구슬장식은 漢代 및 漢代에 해당하는 遼陽 三道壕 漢代촌락유적, 遼寧省 西豊 西岔溝고분군, 吉林省 榆樹 老河深 2期文化무덤, 黑龍江省 江平洋무덤 등 동북지역의 문화유적에서 일찍이 발견된 바 있음.

○ 유리귀고리(玻璃耳璫)는 요양 삼도호 한대촌락유지, 노하심 2기 문화(기원전 2세기 전반~기원후 : 서한 말~동한 초) 고분에서도 발견되었음.

○ 청동방울은 서차구고분군에서 출토된 것과 일치함.

○ 금제귀고리는 西豊 西岔溝고분군과 榆樹 老河深 고분군에서도 보임.

○ 철제차관은 노하심 출토의 2형차관(二型車䡇)과 기본적으로 일치하는데 전형적 漢式 차관임.

○ 청동운주(銅節約)와 일부 구슬장식은 黑龍江省 江平洋무덤의 출토품에 가까움.

○ 서차구고분군의 연대가 漢 武帝에서 昭帝 시기에 해당하고, 노하심고분군 연대가 서한 말 또는 동한 초에 해당함. 따라서 망강루고분군 연대 역시 西漢 中晩

---

[12] 李新全, 2005 참조.
[13] 王志剛, 2016, 55쪽 참조.

期~東漢 初期로 추정되며, 이는 고구려 건국 전후기에 해당함(梁志龍·李新全, 2009).

4) 고구려문화의 다양성
○ 토착문화 요소 : 조질의 회갈색토기(夾粗砂灰褐陶器)는 이 지역 초기 철기시대 유적에서 나온 토기와 대체로 일치함. 이 지역 토착문화와 일맥상통하는 것을 보여줌.
○ 중원문화 요소 : 점토질 회색토기(泥質灰陶)는 중원문화적 요소임.
○ 부여문화 요소 : 유리귀고리와 금제귀고리는 중원영향으로 설명하기도 하지만, 동형의 귀고리가 출토된 노하심2기고분, 서차구고분은 부여의 문화유적으로 보고 있음. 망강루고분군은 지리상 서차구와 노하심에 가까우며, 고분의 입지 역시 유사하여 구릉성의 언덕에 위치함. 또한 이들 유적에서 출토된 유물은 망강루고분에서 출토된 유물과 서로 비슷하며, 이는 고구려 왕족이 부여에서 나왔다는 기록과도 부합됨. 다만, 고구려와 부여의 무덤 형식이 각기 적석묘와 토광묘라는 차이는 두 문화의 상이한 문화적 기원이 있다는 것을 의미하기도 함.
○ 결국 망강루고분군의 고분에서 출토된 유물의 복잡한 문화요소는 고구려문화 기원의 다원성을 반영함.

5) 졸본부여 유적
○ 환인지역은 일찍부터 졸본부여로 비정되었는데, 망강루적석묘는 고분의 지위와 시기상 마땅히 졸본부여 유적에 해당함(梁志龍·王俊輝, 1994).
○ 특히 망강루고분은 혼강 우안의 대지에 위치하며 북으로 하고성자성, 동으로 오녀산성, 서로 청동기시대 말기의 남변합달촌유적과 지리적으로 밀착되어 있음. 지리적 위치상 〈광개토왕릉비문〉 등의 기록에서 '忽本(卒本)'에 도읍한 고구려 제1도성과의 관계가 밀접한 곳임(왕면후, 2008).

참고문헌
- 吉林省文物志編纂委會, 1990, 『桓仁滿族自治縣文物志』.
- 梁志龍·王俊輝, 1994, 「遼寧桓仁出土靑銅遺物墓葬及相關問題」, 『博物館硏究』1994-2.
- 李新全, 2005, 「五女山山城及其周圍的高句麗早期遺跡」, 『고구려 문화의 역사적 의의』.
- 王綿厚, 2008, 「환인지역의 '망강루 적석총'과 '졸본부여'에 대한 시론」, 『초기 고구려역사 연구』; 2009, 「試論桓仁"望江樓積石墓"與"卒本夫餘"-兼論高句麗起源和早期文化的內涵與分布」, 『東北史地』 2009-6, 재수록.
- 梁志龍·李新全, 2009, 「本溪地區高句麗考古三十年」, 『高句麗與東北民族研究』.
- 李新全, 2009, 「遼東地區積石墓的演變」, 『東北史地』 2009-1.
- 國家文物局 主編, 2009, 『中國文物地圖集』遼寧分冊, 西安地圖出版社.
- 孫顥, 2012, 「高句麗陶器研究」, 吉林大學博士論文.
- 吳江原, 2012, 「高句麗 初期 積石墓의 出現과 形成 過程」, 『高句麗渤海硏究』 第43輯.
- 王志剛, 2016, 「高句丽王城及相关遗存研究」, 吉林大學博士論文.

07 환인 대협판구고분
桓仁 大夾板溝古墳

1. 조사현황 : 1985년 발견

마을 사람이 取土 작업 중에 발견.

2. 위치와 자연환경

沙尖子鎭 秋皮溝村 大夾板溝 골짜기 입구에 위치.

3. 고분군의 현황

○ 고분은 이미 훼손된 상태로 발견되어 형식은 불분명함.
○ 출토유물은 총 7점. 청동화살촉(銅鏃) 1점, 청동방울(銅鈴) 1점, 청동거울(銅鏡形飾) 3점 회수. 그 밖에 산실된 청동방울과 청동거울 각 1점씩이 있었음.

4. 출토유물

(1) 청동화살촉(銅鏃, 그림 1-1)
○ 출토지 : 대협판구고분.
○ 크기 : 길이 3.9cm, 너비 1.2cm.
○ 형태 : 촉날(鏃刃)은 삼각형. 촉끝(鋒)이 아주 날카롭고, 촉날의 뒷부분이 앞부분보다 낮음. 슴베(鋋)는

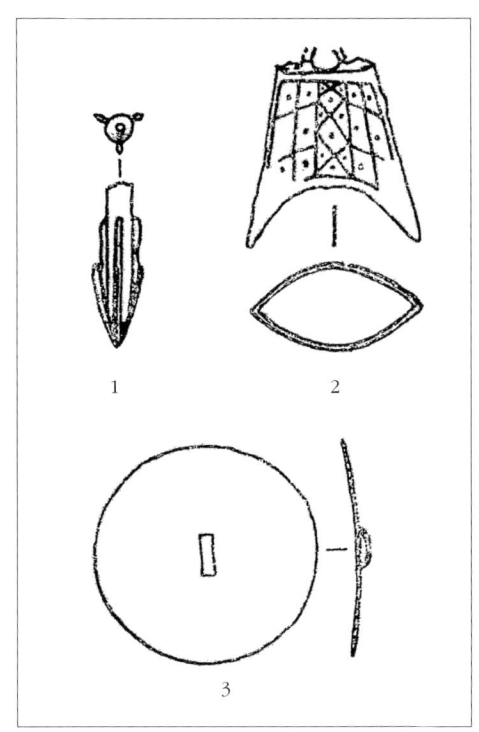

그림 1 대협판구고분군의 청동기 유물(『博物館研究』 1994-2, 73쪽)
1. 화살촉 2. 방울 3. 거울

기둥형이고 슴베 끝(鋋端)의 중심에는 둥근 돌기가 하나 있음.

(2) 청동방울(銅鈴, 그림 1-2)
○ 출토지 : 대협판구고분.
○ 크기 : 길이 4.3cm, 상부 너비 2.3cm, 하부 너비 4cm.
○ 형태 : 頂部는 평평하고 고리모양의 손잡이가 손상

됨. 입구(口)가 입술처럼 생겼고, 몸통 안에 혀(鈴舌)가 결실되었고. 몸통(鈴身)에는 격자문(網格文)과 乳丁文이 새겨 있음.

(3) 청동거울(銅鏡形飾, 그림 1-3)
○ 출토지 : 대협판구고분.
○ 크기 : 직경 10.4cm, 두께 0.2cm. 손잡이는 길이 2cm, 너비 0.7cm.
○ 형태 : 3점 발견. 원형. 전면이 오목하고, 뒷면(背部) 중심에 궁형 손잡이(弓形紐)가 있음. 그중에 2점의 가장자리는 약간 뒷면(背部)으로 뒤집혀 말려 올라감.

5. 역사적 성격

대협판구고분에서 출토된 청동방울은 胸帶에 매달던 馬具의 한 종류임. 형식과 문양은 모두 내몽고 寧城縣 黑城古城址 출토의 한대 동령과 일치하고, 河北省 陽原 西漢고분 출토의 동령과 유사함. 청동화살촉은 내몽고 朝魯庫倫石城 출토의 한대 청동화살촉과 형식이 유사함. 따라서 유적의 연대는 한대로 비정됨.

참고문헌
- 梁志龍·王俊輝, 1994,「遼寧桓仁出土靑銅遺物墓葬及相關問題」,『博物館硏究』1994-2.

08 환인 고력묘자고분군[1]
桓仁 高力墓子古墳群 | 高麗墓子古墳群

1. 조사현황

1) 1956년 4~5월 조사
○ 시행기관 : 東北博物館文物工作隊.
○ 조사계기 : 환인댐 건설로 인한 혼강 유역의 고고조사 시행.
○ 조사내용 : 혼강 중류와 부이강 하류의 양안에서 제1차 고고조사를 실시함. 조사구역은 서쪽으로 환인 泡子沿부터 長崗을 거쳐, 동쪽으로 橫道川에 이르고, 북쪽으로 灣龍背·大牛溝 및 부이강 유역의 北甸子·窪泥甸子에서 業主溝까지 이름(그림 1). 총 9개 鄕, 31개 촌락을 조사함. 총 750기의 고분을 발견하고 이 가운데 高力墓子村(高麗墓子村)에서 240여 기를 확인했는데, 그중 적석대묘가 70~80기이고 모두 지세가 가장 높은 고분군 남단의 언덕에 위치함(『遼寧文物』 1981-2).

2) 1958년 6월 하순 조사
1956년 조사지역에서 한 차례 재조사함. 고분 총 750기, 유적 24곳을 발견함. 조사기간에 고분 7기를 선택해 발굴조사함. 750기 고분은 절대다수가 봉석묘

---
1 『考古』1960-1 및 『桓仁滿族自治縣文物志』(1990) 참조. 『中國文物地圖集』 遼寧分冊(2009)에서는 '高麗墓子古墳群'으로 명명, 특히 1998년 조사한 고분들을 별도로 '渾江水庫東 古墳群'으로 분리함.

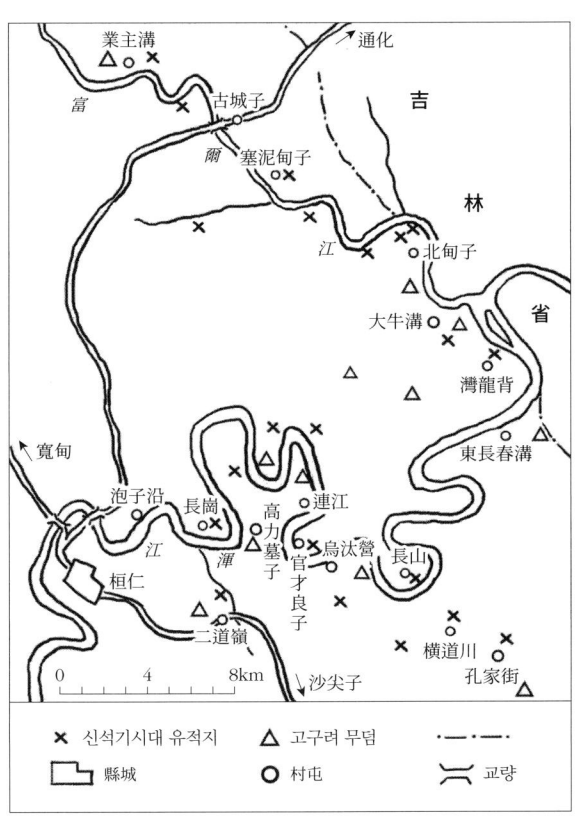

그림 1 환인지역 고분과 유적지 분포도(『考古』1960-1)

이고 소량은 적석대묘이고, 봉토묘는 겨우 34기임.

3) 1958년 10~11월 중순 및 1959년 3월 26일~5월 3일 조사
○ 시행기관 : 東北博物館文物工作隊.
○ 조사상황 : 기온 저하로 인해 가을·봄으로 나누어 발굴조사.

그림 2
고력묘자고분군 위치도 1

○ 조사내용 : 고력묘자촌 31기, 連江村 6기 등 총 37기 고분을 발굴조사함. 발굴조사 고분은 이전에 조사한 7기를 포함해 총 44기로[2] 봉토묘 10기, 봉석묘 10기, 小石墓 3기, 대형적석묘 21기임.

4) 1964년[3] 7월 하순 조사
○ 시행기관 : 朝中聯合考古隊.
○ 참여자 : 박시형(김일성대) 등 북한측 9인과 李殿福 (길림성고고연구소) 등 중국측이 합동조사.
○ 조사기간 : 4일간 고려묘자촌에서 총 240여 기 확인.

---

[2] 『考古』 1960-1 참조. 『中國文物地圖集』 遼寧分冊(2009)에는 총 38기로 소개.

[3] 『考古』 1960-1 참조. 『中國文物地圖集』 遼寧分冊의 '渾江水庫 東墓群', 東潮, 1995b, 『高句麗の歷史と遺跡』; 박천수 이근우 옮김, 2008, 『고구려의 역사와 유적』, 동북아재단, 190쪽에서는 1963년으로 소개하였으며, 북한의 보고 내용에 따르면 1963년에 답사하고, 다음해에 연강향의 고분 7기를 발굴 조사한 것으로 되어 있음(주영헌, 1966, 『중국 동북지방의 고구려 및 발해 유적 답사보고』, 17~18쪽).

5) 1994년 6월 중순~7월 상순 조사(『中國文物地圖集』 遼寧分冊의 '渾江水庫東墓群')
○ 조사기관 : 遼寧省文物考古研究所, 本溪市博物館, 桓仁縣文物管理所.
○ 발굴지역 : 수몰된 원 고력묘자고분군 지역의 가장자리 나머지 부분.
○ 조사내용 : 산돌로 축조한 연접묘 4기가 산등성이를 따라 높은 곳에서 점차 낮은 곳으로 종렬로 배열해 있음. 연접된 무덤을 '方壇'이라 칭하고, 발굴 순서에 따라 壇1~壇4로 편호함(단1 : M1·M2·M9, 단2 : M3, 단3 : M4·M5·M6·M8, 단4 : M7).

2. 위치와 자연환경(그림 2~그림 4)

1) 1950년대 조사 고분군
○ 원래 連江鄕 高力墓子村 남쪽의 낮고 완만한 구릉에 위치.
○ 고분군 서쪽은 환인현성과 10km 떨어져 있고, 서북으로는 혼강 너머 6km 거리에 오녀산성이 자리하고

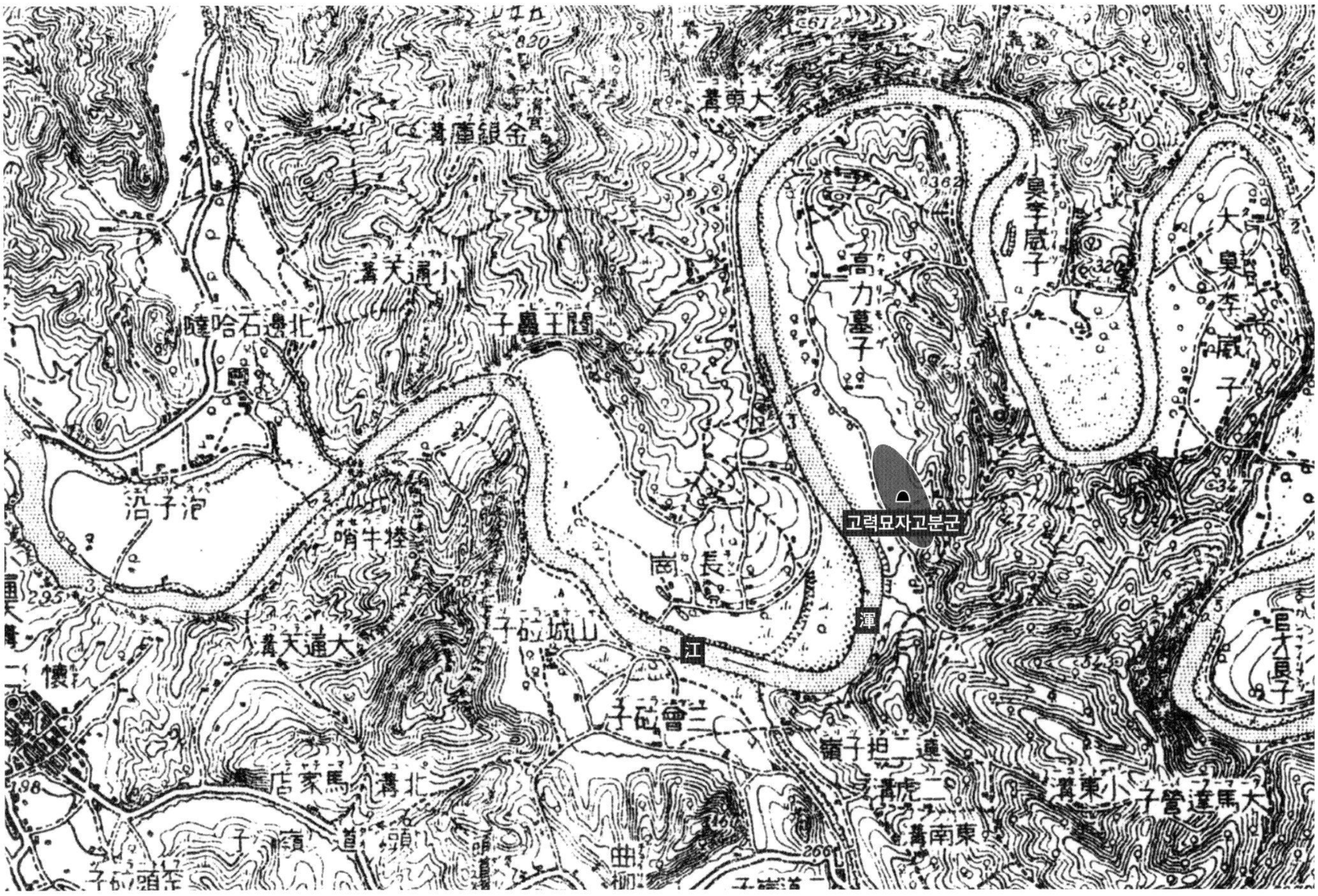

그림 3 고력묘자고분군 주변 지형도(滿洲國 10만분의 1 지형도)

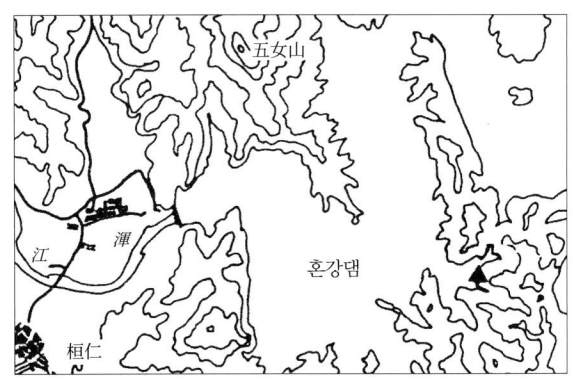

그림 4 1994년 조사고분군(渾江水庫東古墳群) 위치도 2
(『考古』 1998-3)

있음.[4]

○ 고려묘자촌 서쪽 1.2km는 원래 혼강 東岸임. 동쪽 산등성이를 지나 2.5km 떨어진 곳인 연강촌에서도 남쪽 강안 부근에 고구려시기 대형묘가 있었음.

○ 혼강댐 건설로 고분군은 인근의 連江 및 長崗 등과 함께 수몰됨.

2) 1994년 조사지역(『中國文物地圖集』 遼寧分冊의 '渾江水庫東墓群')

○ 환인현 혼강댐 동남부 가장자리에 일부 고분이 확인되는데 國有庫區 林場高句麗墓子工區에 속함.

○ 고분은 낮고 완만한 산등성이에 입지, 지세는 동남

---

[4] 『考古』 1998-3 참조. 『桓仁滿族自治縣文物志』(1990)와 李殿福, 1994에는 환인현성과 15km, 오녀산성과 5km 떨어져 있는 것으로 기록.

에서 서북으로 점차 낮아지며, 양쪽은 비탈지임. 적석묘는 우거진 산림 속에서 뚜렷이 보임.
○ 댐 담수 이전 산등성이 양쪽 아래는 원래 계곡으로 안에는 작은 하천이 서쪽으로 흘러 혼강으로 유입됨.
○ 산등성이 서북 1km에는 원래 고려묘자촌이 있었음.
○ 현재 고분군이 자리한 곳은 댐 수면보다 5m정도 높음.

3. 고분군의 현황

1) 1950년대 조사지역(그림 5)

(1) 묘역
묘역의 지세는 남쪽이 높고 북쪽이 낮으며, 범위는 남북 길이 1,000m임.

(2) 구역
고분군은 하천을 사이에 두고 남·북·동 세 구역으로 나뉨. 남구역은 방형분이 남북으로 가지런한 모양으로 분포하고, 동구역은 구릉 위에 위치하며, 북구역은 방형분이 줄지어 배치되어 있음(정찬영, 1973).

(3) 고분 배열의 규칙성(李新全, 2005)
○ 고분군 남구역을 보면 고분이 남쪽 언덕의 꼭대기에서부터 산비탈을 따라 북쪽으로 이어지면서 마을 가운데까지 배열됨.
○ 고분 개체 수는 남쪽 언덕에는 적고 북쪽 마을로 내려오며 점차 많아지는 양상을 보임. 고분군 남단의 積石大墓區에서 약 70기가 확인됨. 최남단의 높은 자리에 1기, 그 북쪽에 인접한 곳에 2기가 있고 다시 북쪽으로 순서대로 기대어 4행으로 배열되는데 연접된 길이는 70m에 달함.
○ 연접묘는 北墓가 전부 남벽이 없이 南墓의 북벽 담

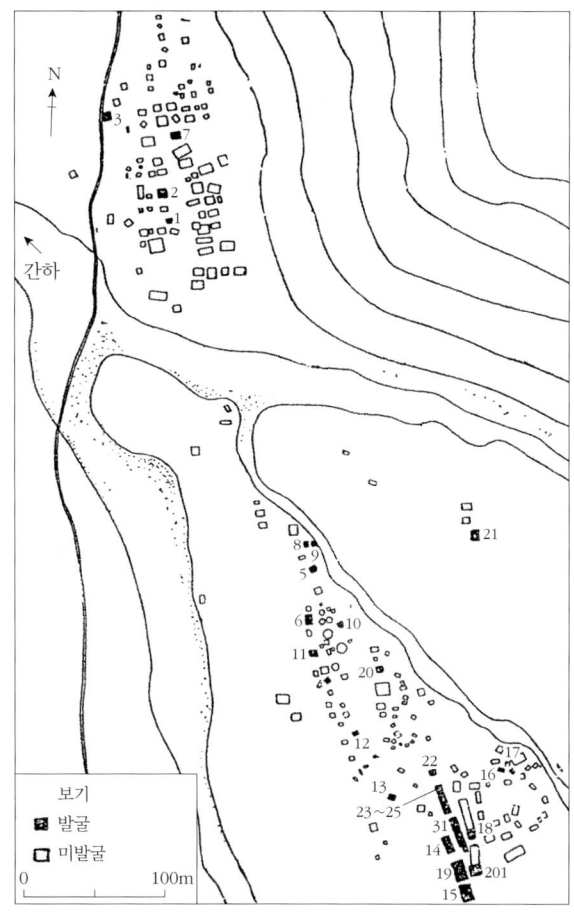

그림 5 고력묘자고분군 분포도(정찬영, 1973)

장에 접해 묘실을 축조함. 남쪽에서 북쪽으로 확장되어 감. 4행의 적석묘는 순서 있게 배열되었고, 점차 북으로 갈수록 동·서 양측으로 확산되어 분포함.
○ 봉토묘는 소수로 대부분 고분군 최북단에 위치함(李殿福, 1994).

(4) 고분 형식의 다양성
○ 다수의 적석묘(석묘)와 소수의 봉토묘(토묘) 확인.
○ 『考古』1960-1 : 대형적석묘(M11, M15), 봉토동실묘(M8), 봉석동실묘(M1), 소형묘(M12).
○ 『桓仁滿族自治縣文物志』(1990) : 적석묘(M15), 방단적석묘((M1), 계단적석묘(M11), 봉석동실묘(M12), 방단봉토묘, 봉토동실묘(M8), 소형석관묘 등임.

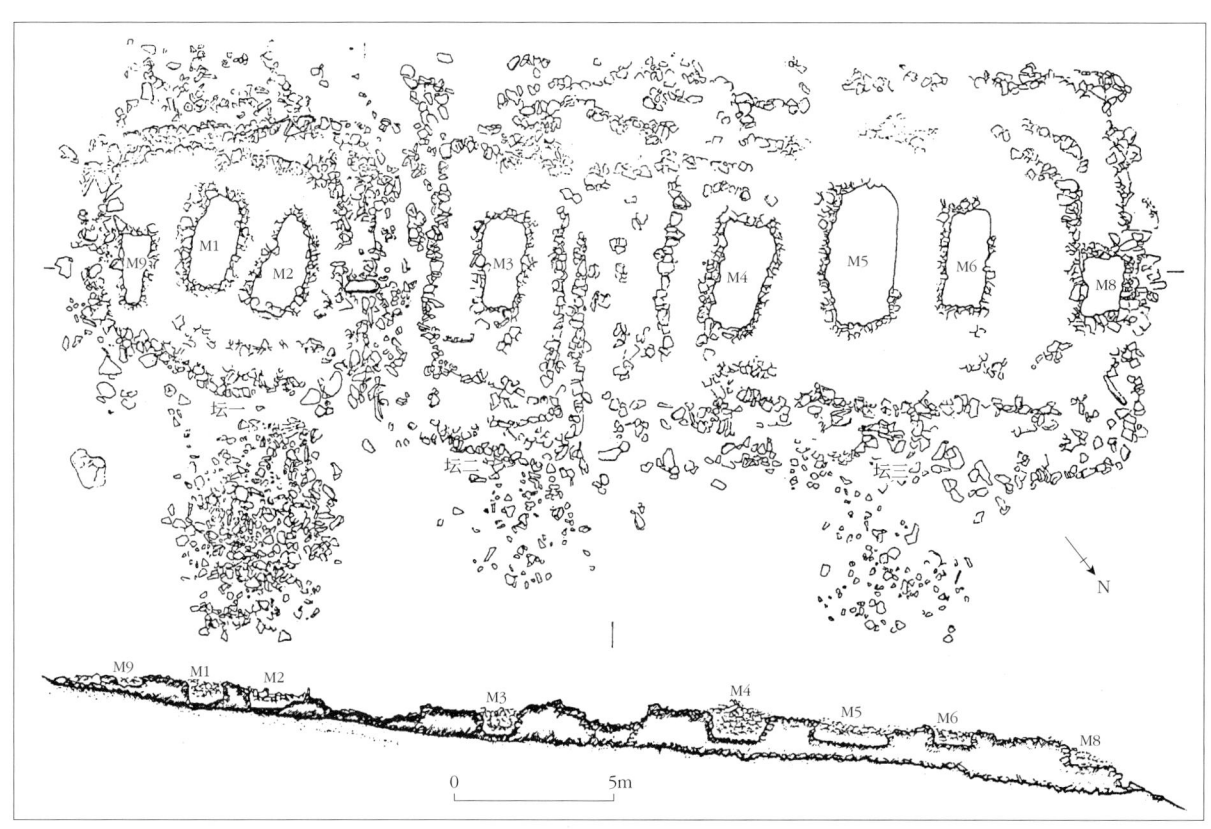

그림 6 1994년 발굴 고분군(渾江水庫東古墳群, 단1~단3)의 분포도(『考古』 1998-3)

2) 1994년 조사지역(『中國文物地圖集』 遼寧分冊의 '渾江水庫東墓群')

○ 고분 배열 : 산등성이를 따라 높은 곳에서 점차 낮은 곳으로 종렬로 배열함.

○ 고분은 근방형 또는 장방형 큰 돌 무지 4기로 조성되었고, '方壇'이라 명명함. 발굴 순서에 따라 단1~단4로 편호함. 단1~단3은 서로 연접해 있는데 전체 길이 34m, 너비 9~13m임(그림 6). 단4는 고립된 方壇(그림 20)으로 단1의 동남단으로부터 40m 지점에 위치하는데 단4는 가장 높은 곳에 자리하여 가장 낮은 단3과 높이 차가 6m 정도임. 단4 주변에는 돌이 많이 훼손되어 무질서하고 일부는 階墻이 보임.

○ 壇의 側壁에 기대어 담을 축조하였는데 담은 그다지 규칙적이지 않음. 상부의 모양은 계장이지만, 하부는 돌무지와 혼재하여 계장 담의 기초부가 확인되지 않음.

○ 기단 위에 석광을 축조함. 각 기단마다 주 매장부(石壙墓穴)는 1~4기로 고르지 않음. 매장부는 총 9기를 발견하고 94HGM1~9로 편호함. 석광의 네 벽은 고르지 않고 석광 안에서 모두 화장 흔적이 보임.

4. 고분별 현황

1) 1950년대 발굴조사[5]

(1) 고력묘자1호묘(그림 7)

① 형식

방단적석묘(『桓仁滿族自治縣文物志』), 봉석동실묘(陳大爲, 1960 ; 정찬영 ; 魏存成), 방단석실묘(魏存成).

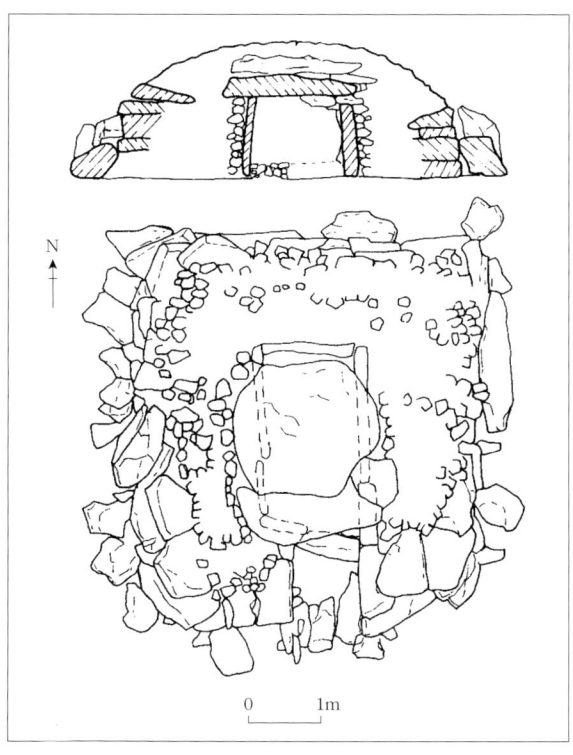

그림 7 고력묘자1호묘 평·단면도(『考古』 1960-1)

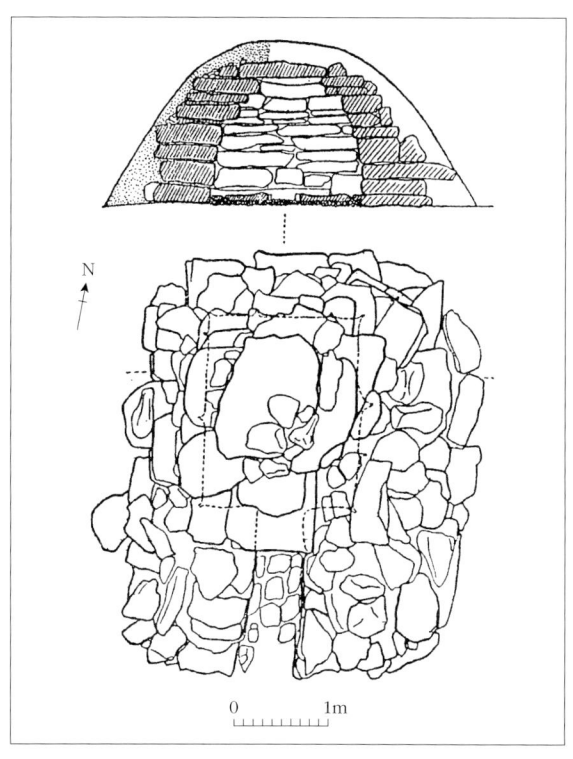

그림 8 고력묘자8호묘 평·단면도(『考古』 1960-1)

② 규모

남북 길이 6m, 동서 너비 5m, 높이 1.7m.[6]

③ 방향

남향.

④ 구조

고분 주위 기저부에는 10여 개의 장대석이나 방대석으로 방형 기단을 축조하고 그 내부와 위에 잔돌을 쌓음. 묘실은 중앙에서 남쪽으로 치우친 곳에 위치하며 장방형의 단실로 남북 길이 2m, 동서 너비 1.1m, 높

이 0.8m임. 묘실은 대략 지면상에 축조하였는데 사면에 판석을 세워 묘실 벽을 만들고, 묘실 벽면의 높이가 고르지 않아 작은 할석으로 높이를 고른 후 판상석 3매로 뚜껑을 덮음. 묘실 바닥에는 잔자갈과 할석을 깔았고, 천장 위에 작은 강돌이나 할석을 덮어 丘狀을 이룸. 묘문은 남벽에서 동쪽으로 치우쳐 있고, 방향은 정남북임. 묘도는 길이 1.2m, 너비 0.8m이며 묘도 밖은 돌로 막음. 묘실 외부의 전체는 대형 돌로 쌓았는데 많은 곳은 4열로 높이는 1~1.4m이고, 위로 올라가면서 들여 쌓기 함. 사면의 기저부는 십여 개의 큰 장대석이나 방형석을 기대어 보호함.

(2) 고력묘자8호묘(그림 8)

① 형식

봉토묘(『桓仁滿族自治縣文物志』), 봉토동실묘(陳大爲, 1960), 東潮, 1995a).

---

5 『考古』 1960-1와 『桓仁滿族自治縣文物志』(1990)의 보고 내용을 중심으로 정리. 여기서 제외된 19호묘와 23~33호 연접묘는 東潮, 1995a를 참조하여 정리함.

6 『桓仁滿族自治縣文物志』(1990) 참조. 『考古』 1960-1에는 남북 길이와 동서 너비를 각각 4.8m, 높이 1.7m로 기록.

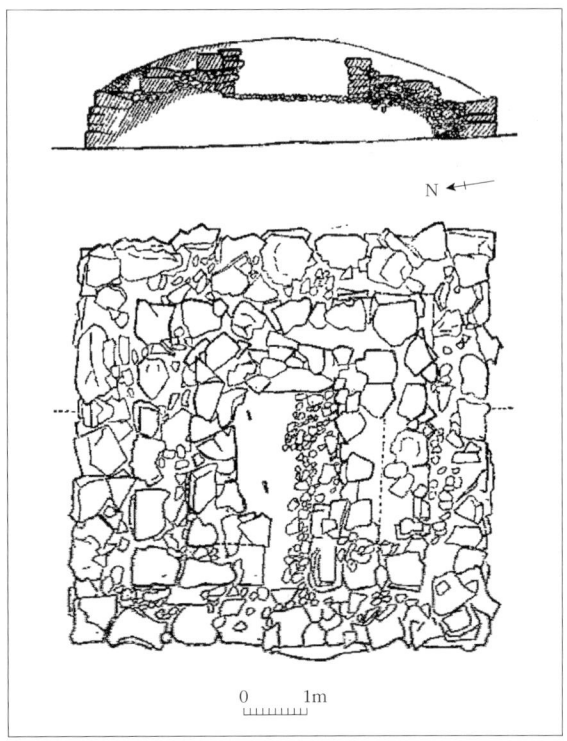

그림 9 고력묘자11호묘 평·단면도(『考古』 1960-1)

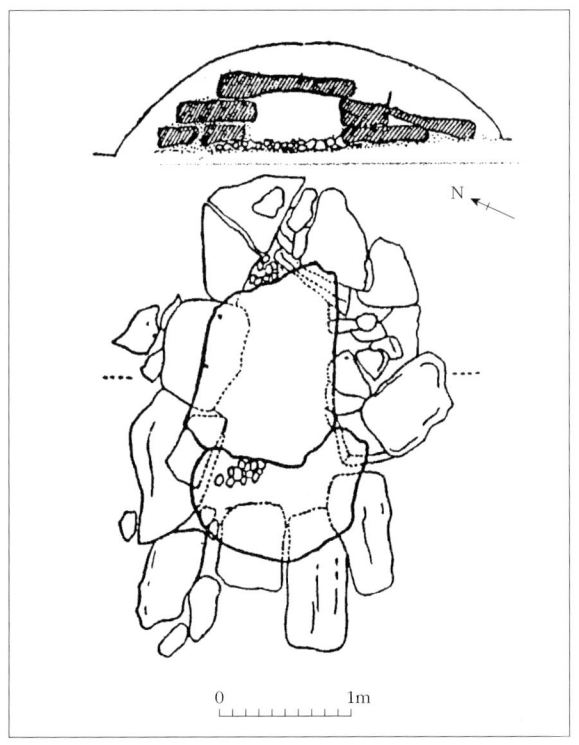

그림 10 고력묘자12호묘 평·단면도(『考古』 1960-1)

② 규모

남북 길이 4.5m, 동서 너비 3.7m, 높이 1.7m.

③ 방향

南偏東 10°.

④ 구조

묘실은 장방형 단실로 남북 길이 2.05m, 동서 너비 1.6m, 높이 1.3m임. 돌로 네 벽을 평평하게 쌓았고 벽은 위로 올라가면서 점차 들여쌓은 후에 3~4매의 커다란 판상석으로 천장을 막음. 묘실 바닥에는 한 겹 자갈을 깔고, 좌우 양쪽에 작은 판상석을 깔아 屍床을 만듦. 시상은 너비 25~35cm, 높이 6cm임. 묘도는 길이 1.7m, 너비 0.6m로 돌로 막았음. 묘실 밖의 사면은 돌로 쌓고 틈새는 碎石과 자갈(卵石)로 메운 후에 흙으로 봉함.

⑤ 기타

부장품은 없고 우측 屍床 북단에서 두개골편이 발견되었는데 시신을 頭北足南으로 배치함.

(3) 고력묘자11호묘(그림 9)

① 형식

계단적석묘(『桓仁滿族自治縣文物志』), 계대식적석묘(陳大爲, 1981b), 방단계제석광묘(魏存成).

② 규모

길이 12m, 너비 12m, 높이 3m.[7]

③ 방향

北偏東 10°.

---

[7] 魏存成, 1987에는 길이 7m, 너비 7m, 높이 1.8m로 기록.

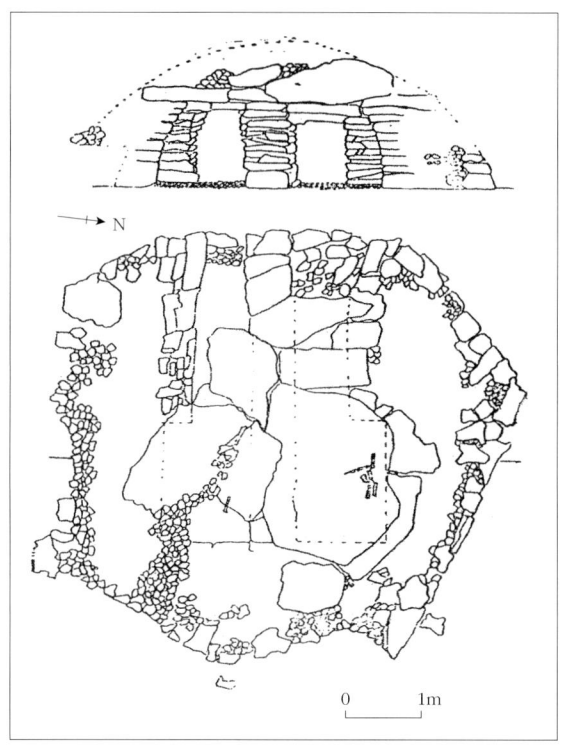

그림 11 고력묘자13호묘(『고고민속론문집』5, 1973)

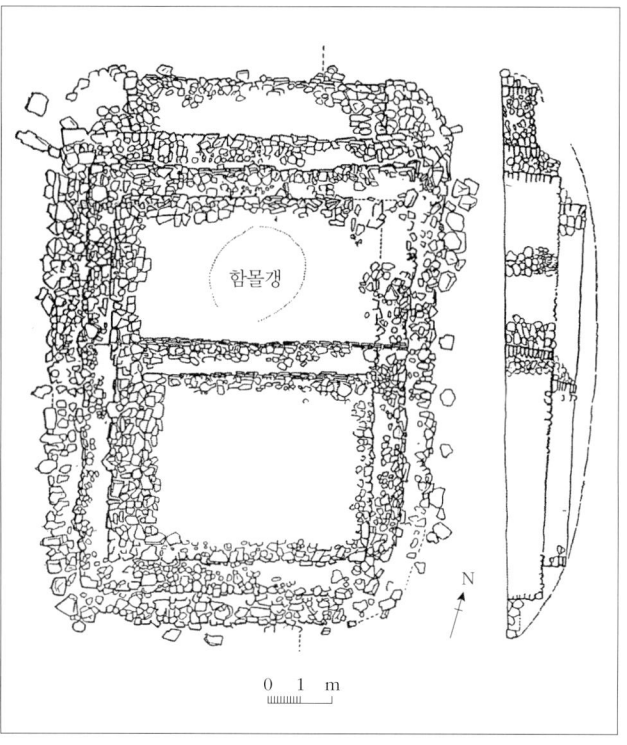

그림 12 고력묘자15호묘 평·단면도(『考古』1960-1)

④ 구조

장대석으로 방형 평면의 기단을 축조함. 1단 기단 높이는 80~90cm[8]로 고르지 않으며, 기단 내부는 크고 작은 돌로 메웠고, 2단 계단은 제1단 기단 위에 70~110cm를 들여쌓아 높이 10~20cm로 축조했고, 3단 계단은 제2단 위에 60~100cm를 들여쌓아 축조했는데 이 부분은 묘실 천정부에 해당함. 묘실[9]은 길이 2m, 너비 1.8m, 높이 0.8m로 비교적 거칠게 쌓았음. 묘실 바닥은 지표로부터 0.8m 위로 올라가 제1단 기단의 상면에 위치하며, 바닥에 碎石과 자갈(卵石)을 깔았음. 서벽 중앙에 열려있는 부분은 묘도로 추정됨. 묘광 중심에 평평한 台面을 축조했는데 台面 위에 인골이 놓여 있고 그 위를 돌로 봉함.

⑤ 기타

묘실 서부에서 肢骨 잔편을 발견했는데 단인장으로 추정됨. 부장 유물은 없음.

(4) 고력묘자12호묘(그림 10)

① 형식

봉석동실묘(『桓仁滿族自治縣文物志』),[10] 소석묘(陳大爲, 1960), 봉석석관묘·적석석관묘(魏存成), 봉석동실묘(東潮, 1995a).

---

8 『桓仁滿族自治縣文物志』(1990) 참조. 『考古』1960-1에는 60~90cm로 기록.

9 陳大爲(1981b)는 이 고분 유형의 묘실을 '框室'로 표현, 이 광실은 묘대 중심에 4면이 평탄한 墻面이 방형 또는 장방형이 이루고 있다고 설명. 반면 그는 '墓室'은 돌 또는 판석으로 사면에 묘실 벽을 쌓고 그 위에 커다란 돌을 덮고, 묘실 바닥은 강돌로 깔은 형태로 설명. '광실'과 '묘실'의 가장 큰 차이는 덮개돌(蓋石)의 유무 여부임.

10 본문에는 '봉토동실묘'로 기록되었으나 내용상 "외부를 封石하였다"고 하여 봉석동실묘의 오류로 보임.

② 규모

길이 3.8m, 너비 2m, 높이 0.5m.

③ 방향

270°.

④ 구조

돌로 네 벽을 평평하게 쌓았는데 높은 곳은 2층뿐임. 천정에는 커다란 판상석 2매가 있음. 묘실 바닥에는 작은 자갈(卵石)과 碎石을 깔음. 묘문 없음.

⑤ 기타

출토유물 없음.

(5) 고력묘자15호묘(그림 12)

① 형식

적석묘(『桓仁滿族自治縣文物志』), 원구식적석묘(陳大爲, 1981b), 방단계제석광묘(魏存成), 기단식적석묘·계단식적석묘(東潮, 1995a).

② 위치

고분군 최남단 구릉 위에 단독으로 위치.

③ 규모

평면은 장방형으로 길이 17.5m, 너비 13m, 높이 2.5m.

④ 방향

北偏西 15°.

⑤ 구조

외부는 모두 돌로 봉하여 돌무지모양을 띰. 묘실은 돌로 축조한 두 묘실이 남북으로 배치됨. 묘실 축조 순서를 보면, 남측 묘실의 기단을 축조하고 남측 묘실 기단

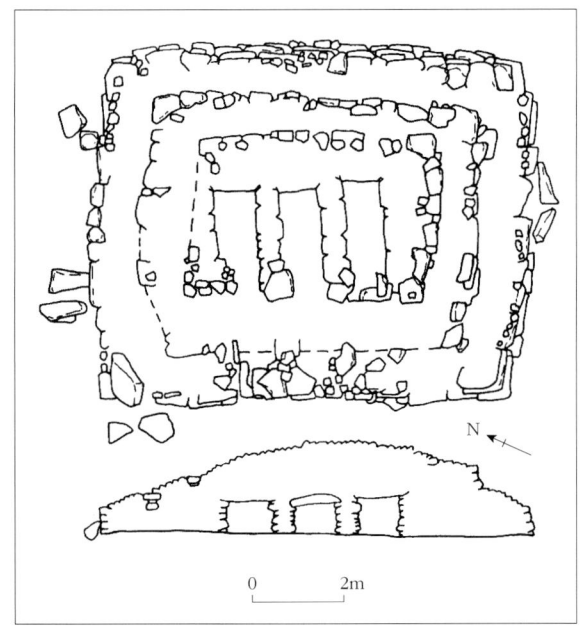

그림 13 고력묘자21호묘 평·단면도(『遼寧省博物館學會論文集』1)

의 북쪽에 의지해 북측 묘실 기단 축조하고 기단을 평평하게 쌓음. 그리고 각 기단 위에 제2단 계장(계단)을 축조하고 남북 두 무덤 기단의 사면에 울타리 담(圍墻)을 1줄 더 돌리는데 울타리 담의 북면에는 묘실 보호를 위한 울타리(護墻) 1줄을 더 축조함. 마지막으로 무덤 전체를 돌로 덮음. 울타리 담(圍墻) 바깥 쪽 사면 모서리에 무덤 기초(基墻)를 보호하기 위해 호석과 지탱석을 설치했는데 특히 서북 모서리가 가장 명확하게 드러남. 북실 묘실 바닥은 제1단 기단의 기단면에 축조했음. 북실에서 발굴 전 원형의 함몰 흔적을 발견했는데 많은 鎔石과 燒石 속에서 소량의 燒骨 잔편이 보였음.

⑥ 기타

북실에서 발견된 인골은 모두 불태워져 鎔石 속에 있었는데, 頭骨과 肢骨는 매우 명확히 확인되며 모두 희게 변하였음. 단인장으로 추정됨. 부장유물은 鎔石과 燒石 부근에서 철제고리자루칼(環首鐵刀) 1점, 철제띠고리(鐵帶卡) 2점, 철제재갈(鐵馬銜) 1점, 철제화살촉(鐵鏃) 2점 외에 많은 토기편과 호(壺, 罐) 등도 여러

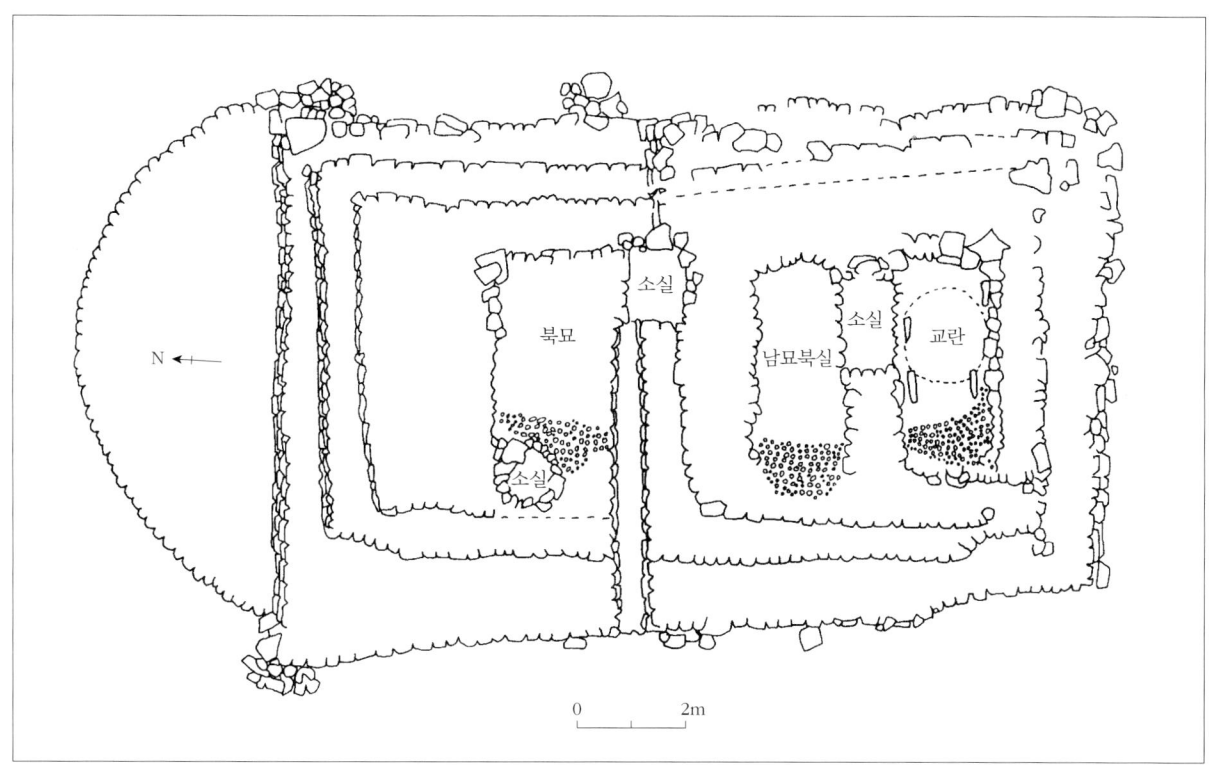

그림 14 고력묘자19호묘 평·단면도(『遼寧省博物館學會論文集』 1)

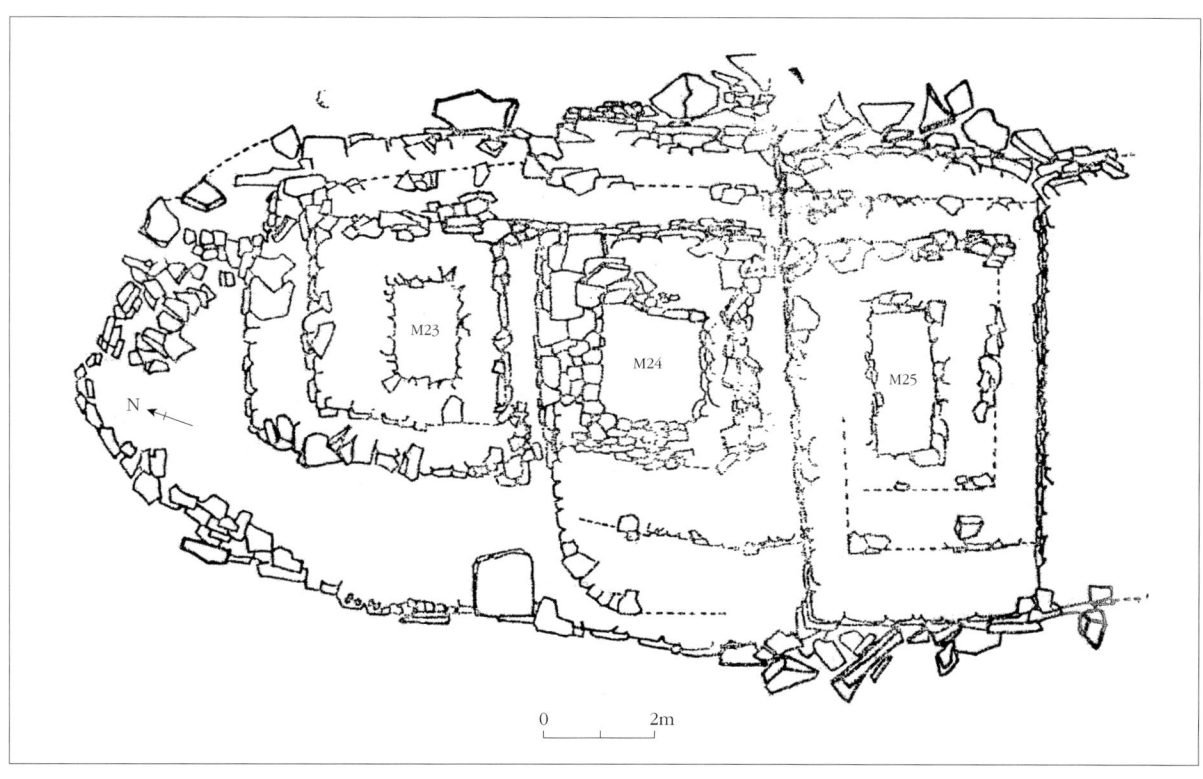

그림 15 고력묘자23~25호묘 평·단면도(『遼寧省博物館學會論文集』 1)

점이 출토됨.

(6) 고력묘자19호묘(그림 14)

① 형식

계대식적석묘(陳大爲, 1981b), 기단적석총(東潮, 1995a).

② 구조

남북 2기의 연접묘로 묘실은 장방형임. 남묘실에 석곽 3기가 병립하며, 북묘실에서는 중심 석곽에 소형 석곽 2기가 부설됨.

(7) 고력묘자21호묘(그림 13)

① 형식

계대식석실묘(陳大爲, 1981b), 방단계제석실묘(魏存成), 방단계제석실적석총(東潮, 1995a).

② 방향

南偏西 60°.

③ 구조

묘실은 3실로 구성되며 묘실은 지표상에 축조하였고 묘도는 불명확함. 묘실은 돌 또는 판석으로 네 벽을 축조하고 그 위에 커다란 돌로 덮었으며, 묘실 바닥에는 자갈(卵石)을 깔음. 묘실 안의 공간이 비교적 큼.

(8) 고력묘자23~33호묘(그림 15~그림 16)

① 형식

계대식적석묘(陳大爲, 1981b), 방단계제석곽적석총(東潮, 1995a).

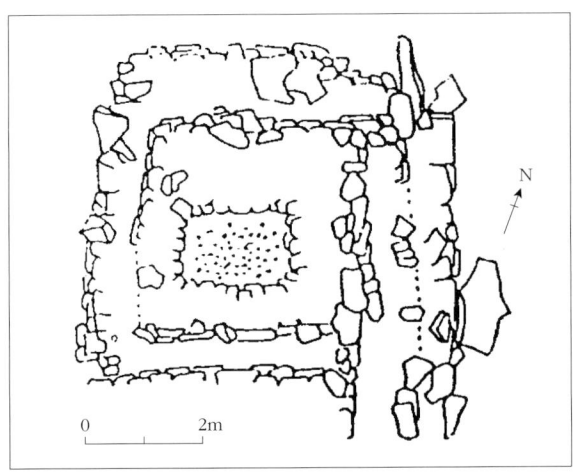

그림 16 고력묘자23호묘 평면도
(『遼寧省考古·博物館學會成立大會會刊』)

② 구조

11기가 남북으로 길게 연접해 있음. 할석으로 축조함. 23호묘와 24호묘는 방형이며, 이후 남쪽으로 연접한 각 고분은 동서 방향의 긴 장방형임.

2) 1994년 발굴조사(『中國文物地圖集』遼寧分冊의 '渾江水庫東墓群')

(1) 고력묘자 단1

① 위치

연접묘의 가장 위쪽에 위치.

② 평면

말각방형.

③ 규모

길이 9~9.5m, 높이 0~1.4m(동남쪽은 지표에 가깝고, 서북쪽 0.8m, 서남쪽 1.4m, 동북쪽 1m).

④ 구조

지세가 낮은 서남과 서북쪽에는 대략 2줄 또는 3줄의 階墻이 있음. 서북의 계장 중앙부에는 거대한 장대석을 비스듬하게 기대어 놓았음. 장대석은 길이 1.3m, 너비 0.35~0.4m, 두께 0.4m임(그림 17). 묘광 3개가 높은 곳에서 낮은 곳으로 잇대어 조성되었는데 M9, M1, M2호 무덤순으로 조성되었음.

⑤ 개별 묘광

○ 제9호 : 평면은 세장한 사다리형이고, 규모는 길이 2m, 너비 0.4~0.9m, 깊이 0.4m임. 방향은 40°이고, 묘실 바닥에서 소량의 적석과 표토가 보임.

○ 제1호 : 평면은 근장방형이고, 규모는 길이 2.7m, 너비 1.4m, 깊이 0.7m이며 방향은 48°임. 묘실 바닥에는 약간의 碎石이 깔려 있고, 무덤 정상부는 함몰되어 소량의 鎔石이 보임.

○ 제2호 : 평면은 사다리에 가까운 형태이며 규모는 길이 2.7m, 너비 1.3m, 깊이 0.6m이고 방향은 58°임. 묘실 바닥에는 소량의 鎔石, 燒石, 강자갈(河卵石) 등이 있음. 석광 동북 모서리 바깥쪽 돌 틈 사이에서 회색토기 바닥 잔편이 여러 개 출토됨.

(2) 고력묘자 단2

① 위치

단1의 서북쪽 1.5m 지점에 위치.

② 평면

장방형.

③ 규모

길이 12.5m, 너비 5.5m, 높이 1m.

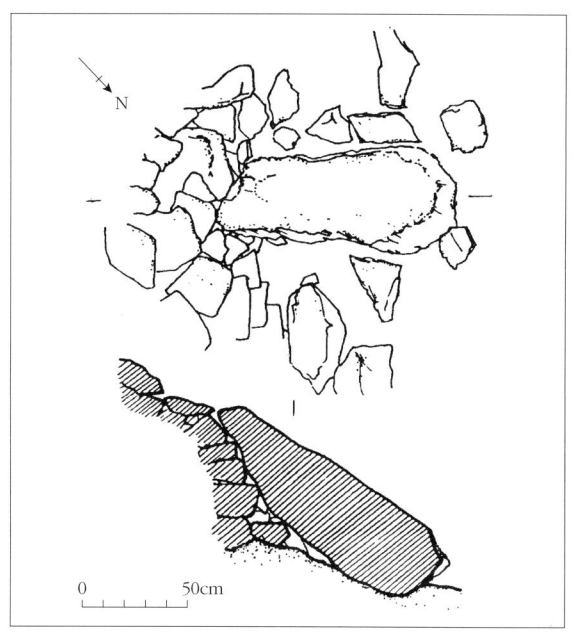

그림 17 단1의 서북 호석 평·단면도(『考古』 1998-3)

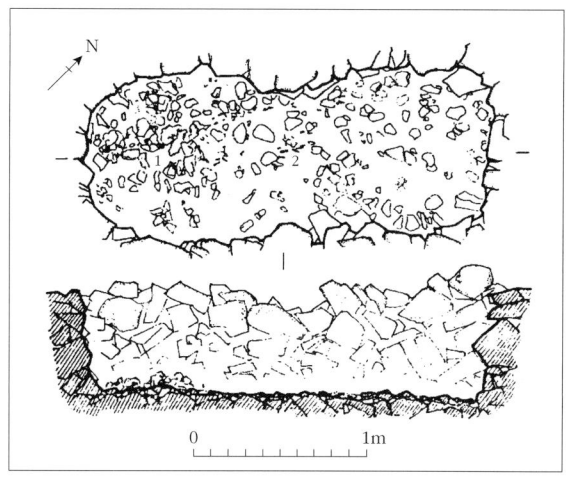

그림 18 단2의 3호묘 평·단면도(『考古』 1998-3)

④ 구조

돌이 허물어져 단1과 단2 사이를 메움. 동남쪽에는 階墻 1단을 축조했는데 벽면이 정연함. 서북쪽에는 2단 계장이 명확한데 높이 0.5~0.6m임. 동북과 서남쪽에는 3~4단 계장이 남아 있는 듯하나, 훼손이 심각하여 원상은 명확히 알 수 없음. 壇 정상부는 평평한 편이고 위에 석광(墓穴) 1개(M3)를 조성함.

⑤ 개별 묘광

묘광은 제3호(그림 18) 1기뿐임. 석광은 장방형에 가까운 형태로 길이 2.7, 너비 0.9~1.4m, 깊이 0.8m이고 방향은 42°임. 적석분구 아래에 두께 20cm의 燒石層이 있음. 고분 바닥에는 작은 돌과 강자갈(河卵石)이 깔려 있고, 서남 모서리에는 청남색 鎔石 무지가 일찍부터 있었음. 중앙부와 서북 석광 벽 아래 소량의 肱骨 잔편과 기타 쇄골 덩어리들이 산재해 있으며 그 밖의 趾骨 粘面이 鎔石 燒結面 위에 있음.

⑥ 기타

굉골과 지골의 위치로 보아 원래 머리 방향은 동북쪽임. 석광 네 벽 아래의 돌무지는 불에 타서 홍갈색을 띰. 묘광에서 사질 홍갈색토기(罐) 1점, 대상파수(板 耳) 1점을 출토함.

(3) 고력묘자 단3

① 위치

단2 서북쪽에 위치. 단2와 단3 위에서 보이는 계장 간의 거리 약 2.2m임.

② 평면

말각장방형에 가까운 형태.

③ 규모

길이 18m, 너비 13m, 높이 1.7m.

④ 구조

단2와 단3 사이에 돌이 무너져 내려 2단과 3단이 서로 연결되어 있는 형상이 보임. 기단 중 가장 규모가 크고 비교적 높음. 적석은 심하게 훼손되었으나 일부 계장은 확인 가능함. 동북쪽 1단 계장이 약간 드러남. 동남과 서북 양쪽에는 3~4단 계장이 보임. 서남쪽에는 1단 계장이 남아 있음. 무덤 정상부에는 석광 3기(M4·M5·M6)가, 서북쪽 계장 밖 동쪽으로 치우친 곳에는 소묘 1기(M8)가 조성되어 있음.

⑤ 개별 묘광

○ 제4호 : 평면은 장방형으로 길이 3.2m, 너비 1.5m, 깊이 1m이고 방향은 50°임. 묘실 바닥에는 소량의 쇄석과 자갈을 깔고, 그 위에 소량의 인골 잔편, 척추뼈, 肋骨, 肢骨 등이 불에 타 있음. 용석 위에는 粘結 인골이 보임. 묘광 서북 모서리에는 쇄석이 깔려 있는데 여기서 철제낚싯바늘(鐵魚鉤) 1점, 고리(環) 1점, 토기편 등이 출토됨. 석광 밖 동북쪽 적석 틈 사이에 일찍부터 토기편이 보였음.

○ 제5호 : 평면은 장방형으로 길이 4.2m, 너비 2m, 깊이 0.6m이고 방향은 43°임. 석광 가운데 가장 큰데 파괴되어 서북벽, 서남 모서리, 묘실 바닥 대부분이 남아 있지 않음. 대량의 鎔石이 교란된 구덩이 안팎으로 산재하고, 용석에는 두골 잔편 등 인골이 붙어 있음. 묘실 바닥의 잔존 상태로 미루어, 원래 10cm 두께로 한 층의 자갈을 깔았던 것으로 추정됨.

○ 제6호 : 평면은 장방형으로 길이 2.8m, 너비 1.1m, 깊이 0.6m이고 방향은 43°임. 석광의 서남 모서리는 파괴되었고 석광 안은 위에서부터 封石層 → 紅褐色燒石層 → 靑藍色熔石層 → 약간 붉은 강자갈(河卵石)을 깔은 묘실 바닥 순서로 퇴적되어 있음. 그 아래는 방단적석임. 묘실 바닥과 용석에서 모두 인골 잔뼈가 보임.

○ 제8호(그림 19) : 평면은 장방형에 가까운 형태로 길이 1.8m, 너비 1.2m, 너비 0.8m이고 방향은 43°임. 서북측은 계장을 이루고, 나머지 삼면은 돌을 돌려서 축조함. 서벽 바깥에 계장을 보호하는 지탱석(護墻石) 8매가 있으며, 묘실 바닥은 작은 강자갈(河卵石)을 깔았으나 바닥이 고르지 않음.

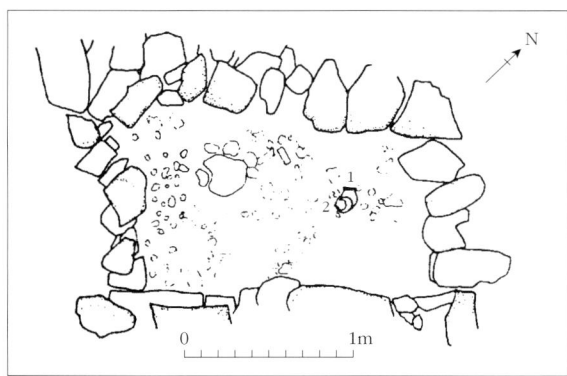

그림 19 단3의 8호묘 평·단면도(『考古』1998-3)
1. 호(陶壺) 2. 호(陶罐)

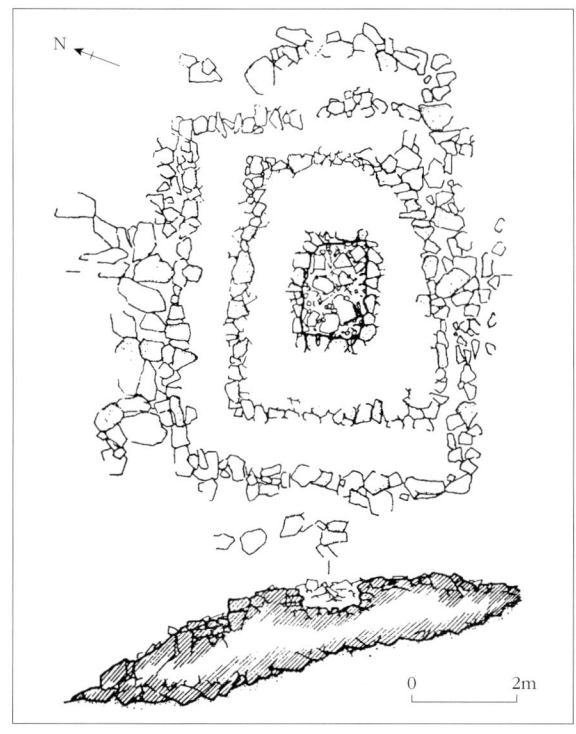

그림 20 단4(M7) 평·단면도(『考古』1998-3)

⑥ 기타

석광의 중간에서 동북쪽으로 치우친 곳에서 사질홍갈색의 壺와 罐 각 1점씩이 출토됨.

(4) 고력묘자 단4(그림 20)

① 위치

고분군의 동남부에 위치.

② 평면

근장방형.

③ 규모

길이 9.7m, 너비 8.2m.

④ 구조

석광은 7호 1기만 잔존함. 서쪽은 오르막 경사로 계장 1단을 쌓고 서북쪽은 내리막 경사로 계장 2단을 축조했으며, 계장 밖 하부에는 비교적 큰 倚護石을 기대어 배열시킴. 다른 양측 계장은 2~3단으로 고르지 않음. 방단은 사면보다 약 2m 높은데 그 위에 墓穴 1기, 즉 제7호가 있음.

⑤ 개별 묘광

제7호는 평면은 장방형이고 석광의 규모는 길이 1.6m, 너비 1.1m, 깊이 0.4m이고 방향은 75°임. 분구 돌을 들어내면 묘실 바닥이 드러남. 묘실 바닥의 적석 사이가 비교적 커서 그 위에 작은 돌 여러 매를 깔아 편평하게 하고, 일부는 강자갈(河卵石)을 놓음. 묘광 안의 서남쪽 모서리에서 脛骨 잔편을 발견했는데 유골 방향은 頭東足南으로 추정함.

(5) 기타

① 淌石溜

단4의 옆에는 산돌이 무너져 내렸는데, 속칭 '창석류'라고 함. 이곳이 무덤 축조에 사용된 석재의 원생산 지점으로 추정되는데 실제 단1~4의 무덤 축조에 사용된 석재는 부근에서 많이 보이는 암석류로, 특히 창석류에서 잘 확인됨.

② 散石
단1, 단2, 단3 각각의 동북쪽에 모두 돌들이 흩어져 있는데, 그중 단1의 것이 규모가 가장 크고, 밀집도 역시 가장 높음.

5. 출토유물

1) 1950년대 조사
○ 부장품은 토기(陶罐 : M201, M19), 철제칼(鐵刀 : M19), 철제띠고리(鐵帶卡 : M15), 철제고리자루칼(環首鐵刀 : M15), 철제재갈(鐵馬銜 : M19), 철제화살촉(鐵鏃), 철제창(鐵矛 : M19), 철제칼(鐵刀 : M19), 철제패옥형노리개(璜形鐵佩), 은팔찌(銀鐲), 청동팔지(銅鐲), 반지(錫指環 : M4), 금동(鎏金), 은동제장식편(鎏銀銅飾件殘片) 등 총 47점임.
○ 이들 유물은 봉토묘 가운데 제4호묘에서 출토된 2점의 반지(錫脂環)을 제외하고 모두 제15호, 제19호, 201호에서 출토됨.

(1) 철제재갈(鐵馬銜, 그림 21)
○ 출토지 : 고력묘자19호묘.
○ 형태 : 양끝이 둥근고리가 있음. 고리 안에 재갈멈추개는 보이지 않음.

(2) 철제창(鐵矛, 그림 22-㉠)
○ 출토지 : 고력묘자19호묘.

(3) 철제칼(鐵刀, 그림 22-㉡)
○ 출토지 : 고력묘자19호묘.

(4) 철제고리자루칼(環手鐵刀, 그림 23)
○ 출토지 : 고력묘자15호묘.

(5) 잔(瘤耳陶杯, 그림 24)
○ 출토지 : 고력묘자201호묘.
○ 형태 : 손으로 만듦. 표면이 마연됨.
○ 태토 : 모래가 함유된 흙을 사용

(6) 호(陶罐, 그림 25~그림 26)
○ 출토지 : 고력묘자 201호묘(그림 25) · 19호묘(그림 26).
○ 형태 : 2점. 수제. 기형은 입이 벌어지고 목이 짧으며 복부가 볼록하게 나옴. 바닥이 평평하며 한대의 토기와 아주 비슷함.

2) 1994년 조사
부장품이 매우 소략하며, 토기와 철기 2종류만 확인되는데 토기는 壺 3점, 바닥(器底) 1점, 이외에 대상파수(板耳) 잔편 등이 보이고 철기는 고리(環) 1점, 낚싯바늘(魚鉤) 1점 등이 출토됨.

(1) 호(陶壺, M8:1, 그림 27-1)
○ 출토지 : 고력묘자(渾江水庫東)8호묘.
○ 크기 : 구연 직경 8.3m, 동체 직경 11cm, 바닥 직경 6.5cm, 높이 12cm.
○ 태토 및 색깔 : 모래 섞인 홍갈색토기
○ 형태 : 기형이 고르지 못함. 구연은 좁은 경부에서 외반되며 끝이 편평함. 어깨는 유선형으로 아래로 내려오며 배가 깊고 굽은 평평함. 구연과 목이 연결되는 안쪽 부분에는 약간 꺾여서 형성된 모가 있음.

(2) 호(陶罐, M8:2, 그림 27-2)
○ 출토지 : 고력묘자(渾江水庫東)8호묘.
○ 크기 : 구연 직경 8.7cm, 동체 직경 10.5cm, 바닥

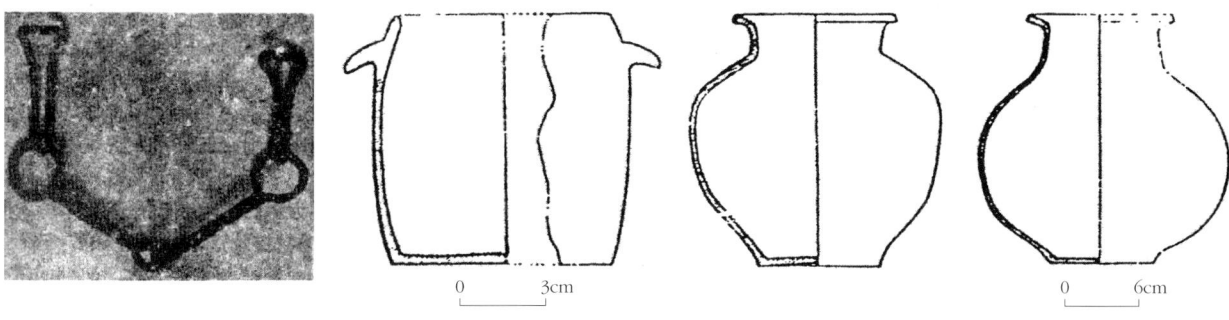

그림 21 철제재갈(19호묘, 『考古』1960-1) 그림 24 잔(陳大爲, 1981b) 그림 25 호(陳大爲, 1981b) 그림 26 호(陳大爲, 1981b)

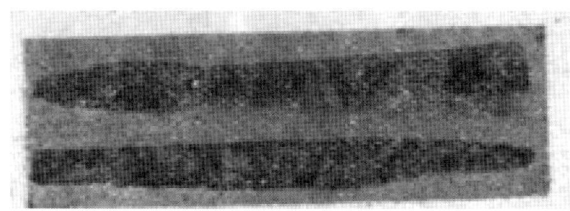

그림 22 철제창(上)과 철제칼(下)(19호묘, 『考古』1960-1)

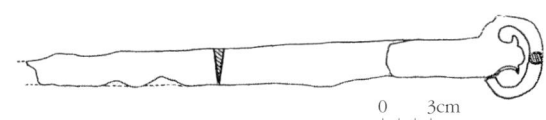

그림 23 철제고리자루칼(陳大爲, 1981b)

직경 5cm, 높이 9cm.
○ 태토 및 색깔 : 모래 섞인 홍갈색토기.
○ 형태 : 구연은 외반되고 끝이 반듯함. 목은 짧고 동체는 불러있음. 바닥이 편평함.

(3) 토기 구연부(陶罐, M3:1, 그림 27-3)
○ 출토지 : 고력묘자(渾江水庫東) 3호묘.
○ 크기 : 구경 9cm, 동체 직경 12.4cm, 잔존 높이 9cm.
○ 태토 및 색깔 : 운모와 활석가루 홍갈색토기.
○ 형태 : 입술이 외반되었으며 끝이 둥근 편임. 어깨는 유선형으로 동체가 불러있음.

(4) 토기 바닥(陶器底, M2:1, 그림 27-4)
○ 출토지 : 고력묘자(渾江水庫東) 2호묘.
○ 크기 : 바닥 직경 9.6cm.
○ 태토 및 색깔 : 모래 섞인 회색토기.
○ 형태 : 표면은 약간 마연, 굽은 편평함.

(5) 토기 파수(殘陶器耳, M3:2, 그림 27-5)
○ 출토지 : 고력묘자(渾江水庫東) 3호묘.
○ 형태 : 표면은 일반적으로 마연함. 어떤 것은 표면이 검은색을 띠고 유약을 입힌 듯함.
○ 태토 및 색깔 : 홍갈색 혹은 황갈색.

(6) 철제고리(鐵環, M4:1, 그림 27-6)
○ 출토지 : 고력묘자(渾江水庫東) 4호묘.
○ 크기 : 길이 4.3cm, 너비 1.5cm, 두께 0.5cm.
○ 형태 : 한쪽 끝은 둥글면서 둔하고 다른 한 끝은 약간 뾰족한 작은 쇠 가닥을 둥글게 후려서 고리모양으로 만듦. 양 끝은 겹쳐 있음. 단면과 평면은 모두 장방형임.

(7) 철제낚싯바늘(鐵魚鉤, M4:2, 그림 27-7)
○ 출토지 : 고력묘자(渾江水庫東) 4호묘.
○ 크기 : 길이 4.4cm, 너비 2.5cm.
○ 형태 : 납작한 쇠를 'U'자형으로 만듦. 끝은 예리한 편이고 바깥쪽에는 반대 방향으로 가시가 있음.

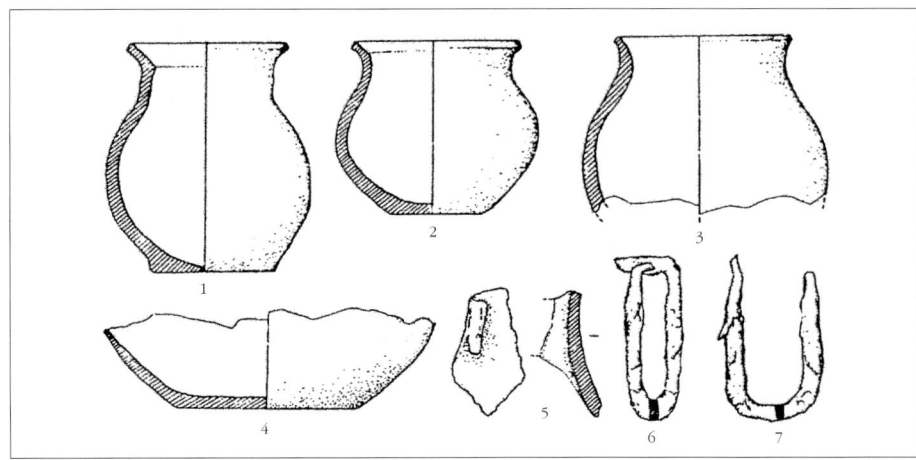

그림 27
1994년 조사 고분군의 출토 유물(『考古』1998-3)
1. 호(陶壺) 2. 호(陶罐)
3. 토기 구연부 4. 토기 바닥
5. 토기 파수 6. 철제고리
7. 철제낚싯바늘

6. 역사적 성격

1) 1950년대 발굴 고분의 성격

(1) 매장방식

○ 44기 고분 가운데 24기 고분에서 유골이 발견됨. 무기단적석묘과 계단적석묘에서 발견된 頭骨과 四肢骨은 보존상태가 양호함. 두개골은 모두 묘실 뒷벽을 향하고, 다리는 묘문을 향함. 대다수 仰身直肢葬이고, 봉토묘 4기에서 屈肢葬과 俯身葬 등도 발견.
○ 單人葬, 雙人葬, 三人葬이 확인됨.
○ 화장 : 15호묘, 20호묘, 23호묘 등 3기 고분에서 불탄 인골 잔편이 발견됨.

(2) 고분의 열상 배치와 연접묘의 의미

① 열상 배치

고분군 남단의 적석묘 구역에서는 약 70기 고분이 정연하게 배열되어 있는데 남단의 높은 자리에 1기, 바로 아래 북쪽에 2기, 다시 북쪽으로 4줄로 정연하게 자리하고 있음. 북쪽으로 갈수록 동·서 두 방향으로 확장되어 나감.

② 연접묘

북묘는 모두 남벽이 없이 남묘의 북쪽 벽에 기대어 묘실이 조성되었는데 이는 남묘가 먼저 축조되고 북묘가 이후에 축조되었음을 보여줌. 이런 매장방식은 일명 연접묘(串墓)라고 함. 이는 적석묘 구역 고분은 공동 조상을 갖고, 각 줄의 연접묘는 가까운 혈연관계의 한 가족을 대표하며, 여러 줄의 연접묘는 공동 혈연관계에 따라 동일한 묘지에 묻히는 씨족사회 생활 습속을 반영한 것으로 해석됨. 연접묘는 集安 七星山墓域의 木耳場 일대 및 禹山墓域의 남쪽 기슭에서도 발견됨.

(3) 연대 추정

고력묘자고분군에서 출토된 토기의 태토와 제작 기술은 서한 말기에서 동한 초기의 토기 특징을 지님. 대부분 모래가 섞인 홍갈색 혹은 황갈색토기로, 소성도는 높지 않고 기형도 불규칙적임. 기형 특징은 方脣, 折沿, 束頸, 平底인데 이는 서한 말기부터 동한 초기까지의 토기 특징으로 고력묘자고분군의 상한연대는 기원 전후 시기로 볼 수 있음. 한편 고력묘자고분군의 봉토묘는 고구려 고분 형식의 편년에 의하면 비교적 늦은 시기이므로, 하한연대는 고구려 말기임. 정리하면 고력묘자고분군은 고구려 전 기간에 걸쳐 조성되었다고 볼 수 있음.

(4) 주변 고구려 유적과의 관계
고력묘자고분군은 환인지구 최대 고분군으로 원래 혼강 서안에 위치하는데 서쪽으로 5km 떨어진 혼강 맞은편에는 고구려 초기 도성인 오녀산성이 있고, 서북 약 2.5km의 連江村 역시 원래 비교적 규모가 큰 고구려 고분군이 있었음. 고력묘자고분군은 오녀산성 및 그 부근의 고구려유적과 밀접한 관계가 있었다고 추정됨.

2) 1994년 발굴 고분의 역사적 성격

(1) 고분 구조의 성격

① 연접묘
환인 고력묘자고분군 가운데 단1~단4 고분은 연접묘로 이와 유사한 고분은 고력묘자고분군 M15 및 M19를 비롯하여 집안 東大坡 M356, 집안 轉山子 M191 및 162 등임.

② 계장(階墻)
환인 고력묘자 M15 및 M19의 계장은 집안 동대파 M356의 계장과 마찬가지로 비교적 규칙적이고 무덤 전체를 쇄석으로 봉하여 丘狀을 이룸. 반면 해당 고분군의 적석묘 계장은 대다수 거칠고 윤곽이 불분명한 계대를 쌓고 전체를 봉하지 못해 드러난 외관은 원시적 형태임.

③ 의호석(倚護石)
단3 및 단4의 계장 바깥에는 비교적 커다란 돌을 1열로 배치하여 분구를 지탱하도록 함. 이는 다른 고분에서도 일찍부터 보임. 다만 단1의 서북 계장 바깥에 하나의 장대석만을 중앙부에 기대는 방법은 드문 예로, 후세의 고구려 태왕릉, 장군총 등 독립적 장대석을 倚護石으로 사용한 건축법과 무관하지 않음.

(2) 석광과 장구

① 장구
석광 벽에서 불태워진 흔적이 있고 석광 안에서 목곽에 사용된 꺾쇠나 관못은 보이지 않음. 고구려 초기 고분군 가운데 목곽이 간단히 끼워 맞추는 구조였거나, 곽이 없을 가능성도 배제하지 못함.

② 석광
곽이 없었다면, 석단을 쌓는 과정 중에 시신을 설치하는 곳에 미리 빈 구덩이를 남기거나, 석단을 모두 축조한 후에 묘의 위치에 따라 다시 적석을 헤치고 구덩이를 만드는 두 방법이 사용되었을 것인데 전자가 비교적 시간과 노력을 절약하는 방법임.

(3) 장례풍속에 관한 특이점

① 가족장
연접묘는 일종의 가족 고분으로, 가족을 모아 장례하여 나타난 형식으로 보임. 동일 단 위의 여러 묘광은 아마도 일가족 중의 동년배일 가능성도 있음. 고구려 후기 봉토묘 가운데 '同墓異穴'은 이런 '同壇異穴' 장속의 계승을 시사함.

② 화장
고력묘자 적석묘는 보편적으로 화장을 채용했으며 불태워진 정도는 다름. 단3 위의 M5 및 M6는 심하게 불타서 돌이 벌어져 있으며, 유리질화된 용석이 많고 그 위에 커다란 땔나무 흔적이 명확히 보임. 따라서 불의 온도는 1000도보다 낮지 않았다고 추정됨. 가장 위쪽의 단4에서 순차적으로 그 뒤의 단1~단3으로 점차 불태워지는 정도가 심해지는 추세를 확인할 수 있음.

③ 묘광 바닥

다수의 묘실 바닥 위에 碎石이 많이 보이고 강자갈(河卵石)은 극히 드물게 산재함. 이것은 후에 주로 강자갈을 고분 바닥에 깔았던 방법과는 차이가 있음.

④ 장속과 관련한 기록

『北史』 기록에 의하면, 고구려 습속은 죽은 자를 매장한 후 "사자가 생시에 服玩하던 車馬를 취해 고분 옆에 두면 장례에 참석한 사람들이 다투어 취해서 간다"고 하였음. 이번 발굴 중 석광 바깥쪽 돌 틈 사이에서 토기편 등이 발견된 것은 이런 장속의 초기 현상의 반영인지 주목할 가치가 있음.

(4) 연대 추정

万欣·梁志龍(1998) : 환인 경내는 고구려 초기 활동의 중심지구로 현성 동북의 오녀산성은 이미 많은 학자들이 고구려 제1도성인 흘승골성으로 보고 있음. 고력묘자 적석묘는 오녀산성과 비교적 가까운 거리에 위치하여 일정한 관계가 있을 것이며, 적석묘 내외 구조를 보면 고구려 초기 고분의 특징을 갖추고 있음. 토기가 모두 물레를 사용하지 않고 손으로 빚었으며, 태토가 거칠고, 소성도가 높지 않으므로 고구려 전기 토기보다 조금 이른 단계임. 또한 출토된 陶壺와 陶罐의 형식 특징은 각각 동일한 집안 동대파M356에서 출토된 單耳陶杯, 고력묘자고분군 19호묘 및 201호묘의 陶罐과 서로 유사함. 이 세 고분의 연대는 기원 1~3세기 또는 3세기로 추정됨. 고려묘자 적석묘가 자리한 지리적 위치, 무덤 구조상의 원시성, 토기편 중 일부는 漢式 철제괭이(鐵钁)가 출토된 바 있는 환인 龍家溝와 小荒溝 유적지 토기편과 유사하므로, 고력묘자적석묘 연대는 고구려 건국 초기, 즉 약 기원 1세기 또는 조금 이른 시기로 추정됨.

참고문헌

- 陳大爲, 1960, 「桓仁縣考古調查發掘簡報」, 『考古』 1960-1.
- 주영헌, 1966, 『중국 동북지방의 고구려 및 발해 유적답사보고』.
- 정찬영, 1973, 「기원4세기까지의 고구려 묘제에 관한 연구」, 『고고민속론문집』 5.
- 李殿福, 1980, 「集安高句麗墓研究」, 『考古學報』 1980-2.
- 陳大爲, 1981a, 「桓仁高句麗積石墓的外形和內部結構」, 『遼寧文物』 1981-2.
- 陳大爲, 1981b, 「試論桓仁高句麗積石墓的類型·年代及其演變」, 『遼寧省考古·博物館學會成立大會會刊』; 陳大爲, 1985, 「試論桓仁高句麗積石墓的類型·年代及其演變」, 『遼寧省博物館學會論文集』 1(1949~1984).
- 方起東, 1985, 「高句麗石墓的演進」, 『博物館研究』 1985-2.
- 魏存成, 1987, 「高句麗積石墓的類型和演變」, 『考古學報』 1987-3.
- 桓仁滿族自治縣文物志編纂委會, 1990, 『桓仁滿族自治縣文物志』.
- 東潮, 1995a, 「高句麗積石塚と橫穴式石室墓の出現と展開」, 『高句麗考古學研究』, 吉川弘文館.
- 東潮, 1995b, 『高句麗の歷史と遺跡』; 박천수·이근우 옮김, 2008, 『고구려의 역사와 유적』, 동북아역사재단.
- 万欣·梁志龍, 1998, 「遼寧桓仁縣高麗墓子高句麗積石墓」, 『考古』 1998-3.
- 李殿福 著, 車勇杰·金仁經 譯, 1994, 『中國內의 高句麗遺蹟』.
- 李新全, 2005, 「五女山山城及其周圍的高句麗早期遺跡」, 『고구려 문화의 역사적 의의』.
- 國家文物局 主編, 2009, 『中國文物地圖集』 遼寧分冊, 西安地圖出版社.
- 王志剛, 2016, 「高句丽王城及相关遗存研究」, 吉林大學博士論文.

09 환인 상고성자고분군
桓仁 上古城子古墳群

1. 조사현황

1) 1960년대 조사와 파괴
○ 초반 : 대략 200여 기 고분 확인.
○ 후반 : 농지 개간으로 심하게 파괴되었으며, 서쪽에 위치한 고분들은 모두 허물어져 훼손됨.

2) 1988년 조사
27기 고분만 확인했으며, 대다수 파괴됨.

3) 2006년 조사
○ 조사기관 : 遼寧省文物考古硏究所.
○ 조사기간 : 9~11월.
○ 조사내용 : 고구려 후속 연구프로젝트를 위해 상고성자고분군에 대해 부분적인 발굴이 진행됨. 보호구역 안에는 고분 22기(HSM1~HSM22)가 있는데 HSM1~HSM4 등의 4기를 발굴조사함.

2. 위치와 자연환경

1) 고분군 위치(그림 1~그림 2)

(1) 1988년 조사
○ 六道河子鄕 上古城子村 동북쪽에서 100m 정도[1] 거리의 밭 가운데 위치.
○ 고분군이 자리한 밭은 산기슭에서 완만하게 펼쳐진 경사지로 지세는 비교적 평탄함.
○ 동쪽으로는 너비 2m의 작은 물웅덩이가 있고,[2] 중앙에서 북쪽으로 치우친 곳에는 비교적 큰 골짜기가 하나 있음.

(2) 2006년 조사
○ 해당 묘지는 환인진 상고성자촌 북쪽의 2급 대지 위에 위치.
○ 고분군 서쪽은 凉水泉子 골짜기이고 서·서북·서남은 큰 산이 둘러쌓았음. 남쪽은 상고성자촌 주택이며, 동·북은 작은 하천이 둘러싸고 있음.

2) 고분군 주변환경
○ 남쪽으로 下古城子古城과 1.5km 떨어져 있고, 동쪽으로 1.8km[3] 거리에 혼강이 흐르고 있음.
○ 동북쪽 1.5km의 六道河가 서북쪽에서 남쪽으로 흘러 東老臺를 지나 혼강으로 들어감.
○ 서쪽으로 수백 미터 되는 곳에는 산줄기가 남북으로

---

1 『桓仁滿族自治縣文物志』(1990) 참조. 李新全, 2005에는 몇십 m 떨어진 것으로 기록.
2 『桓仁滿族自治縣文物志』(1990) 참조. 李新全, 2005에는 '작은 하천'이라고 기록.
3 『桓仁滿族自治縣文物志』(1990) 참조. 李新全, 2005에는 1km로 기록.

그림 1
상고성자고분군 위치도

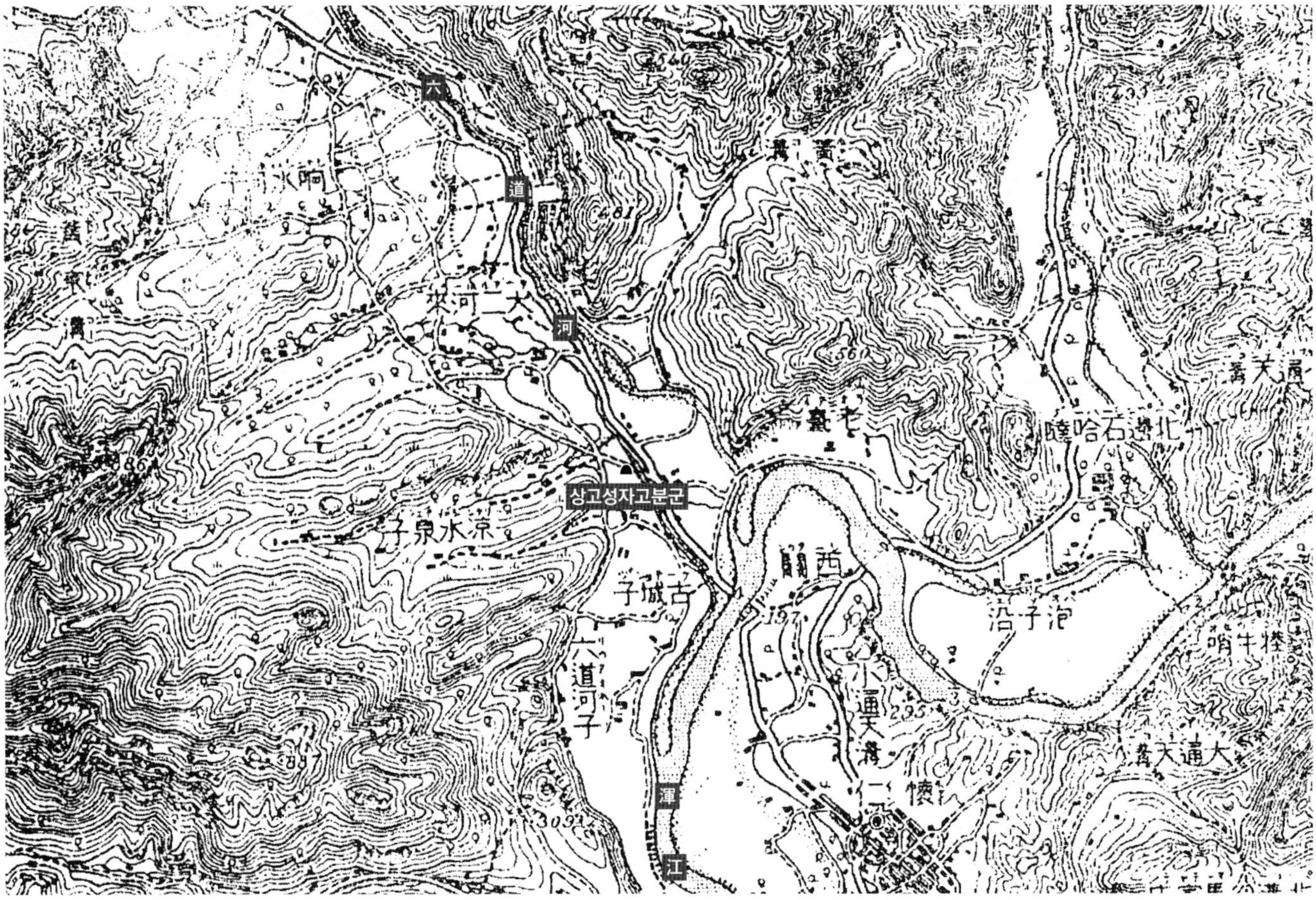

그림 2 상고성자고분군 주변 지형도(滿洲國 10만분의 1 지형도)

연이어져 있음.
○ 동남쪽 4km 거리에 환인현성이 있음.

3. 고분군의 현황[4]

1) 고분군 범위
○ 원래 고분군의 점유면적은 서쪽으로 산기슭에서 시작하여 동쪽으로 작은 하천가에 이르러, 남북 너비 200여m에 달하였다고 전함.
○ 문화혁명기 개간사업에 의해 파괴됨. 서쪽 고분은 대부분 파괴되어 고분군 면적이 크게 축소되어 현재 고분군의 범위는 동서 길이 약 200m, 남북 너비 약 150m임.

2) 고분군 분포
○ 무덤은 물웅덩이와 골짜기 사이에 분포함. 골짜기 남쪽에는 방단적석묘가 몇 기가 있는데 그 간격은 비교적 큰 편임. 골짜기 이북의 무덤은 비교적 밀집 분포함.
○ 대다수 방단적석묘로, 방단 없는 적석묘는 몇 기 안 됨. 일부 무덤 상면을 덮은 강자갈(鵝卵石)이 거의 파괴되어 사면에 커다란 돌(巨石)로 축조한 기단만 잔존함.
○ 고분 형식은 적석묘, 방단적석묘, 방단적석연접묘 등이 확인되고, 방단계제적석묘와 봉토묘는 발견되지 않음.

4. 고분별 현황[5]

1) 1988년 조사 고분

(1) 적석묘
○ 위치 : 고분군 동남 모서리에 위치.
○ 규모 : 길이 9.7m, 너비 7.2m, 높이 2.2m.
○ 평면 : 불규칙 타원형.
○ 구조 : 비교적 규모는 큰 편에 해당하며 방단적석묘와 유사함. 무덤 정상부 중앙에 원형 함몰갱이 1곳 있는데 묘실 자리로 추정됨.

(2) 방단적석묘 1
○ 규모 : 길이 10m, 너비 8m, 높이 2m.
○ 평면 : 장방형.
○ 구조 : 고분 네 모서리에만 큰 돌(巨石) 4개를 놓아 기단을 형성했는데 그 돌(巨石)들은 길이 1.5m, 너비 1m, 두께 0.6m 정도로 두껍고 무거운 장방형체임. 이러한 기단 축조방법은 온전한 방단은 아니지만 방단적석묘의 초기 형태이거나 동일시기 간략화한 형식일 가능성도 있음.

(3) 방단적석묘 2
○ 규모 : 길이 12m, 너비 9m, 높이 2.3m. 비교적 큰 편임.
○ 구조 : 기단 네 면을 巨石으로 축조한 정형적인 방단적석묘이며, 적석 정상부 중앙에 타원형 함몰갱이 있음.

---

[4] 『桓仁滿族自治縣文物志』(1990) 참조.

[5] 『桓仁滿足自治縣文物志』 참조. 여기서는 적석묘, 방단적석묘, 대형방단적석묘 등으로 고분 형식을 구분, 각각의 사례로 편호되지 않은 고분들을 설명하고 있다. 따라서 고분들의 편호를 제시할 수 없었음.

(4) 대형 방단적석묘
○ 위치 : 고분군 西端에 위치.
○ 규모 : 동서 길이 19.7m, 남북 너비 0.2m, 높이 2.5m.
○ 구조 : 분구 상면에 4개의 함몰갱이 있어 다실묘로 추정되는데 중간에 장대석이 고분을 동·서 두 구역으로 나눔. 동·서 구역에 각각 2개씩 함몰갱이 있어 연접묘(串墓)로 추정됨. 환인 고력묘자15호묘, 집안 양민74호묘 등에서도 확인되지만, 이들 고분은 모두 계단적석묘 형식임.

2) 2006년 조사 고분군

(1) HSM1호묘
○ 위치 : 북쪽 구역(北區)의 동북 모서리에 위치함. 고분 서쪽으로 M2와 32m, 서남으로 M9와 6m, 동쪽으로 작은 하천과 5m, 북으로 탁 트인 特鋼廠과 50m 떨어져 있음.
○ 방향 : 163°.
○ 유형 : 방단적석묘.
○ 평면 : 장방형.
○ 규모 : 길이 13.6m, 너비 8m, 잔존 높이 1m 정도.
○ 구조
- 무덤 외벽은 큰 靑石으로 비교적 정연하게 쌓았음. 그 남·북 양측 벽은 무너졌고, 인위적으로 파괴당해 교란됨. 무덤 안은 강돌(河卵石)로 메워져 있고 묘벽면까지 정리할 때 동·서벽 안에 비교적 큰 청石으로 主壇이 조성된 것을 발견함. 주단 길이는 7.9m이고 주단 묘벽 밖에는 倚護石이 세워져 있음. 그 동·서 양측은 倚護壇으로 동부 너비 2.7m, 서부 너비 3m임. 온전한 묘벽 밖의 네 둘레에는 모두 수량이 고르지 않은 의호석이 있음. 무덤 안의 강돌(河卵石)은 2층으로 나뉘는데 제1층은 현재의 퇴적층으로 자갈(卵石) 안은 黑土로 메워짐. 제2층은 원시의 무덤이 축조된 퇴적층으로 자갈 안은 黃土로 메워짐.
- 무덤의 축조방식은 地面을 가지런히 하고 자갈 지면을 평평히 하고 다시 그 위에 큰 靑石으로 무덤의 주단 외벽을 쌓고 안에 자갈로 메웠음. 주단의 호석의 높이가 약 1m라는 점에 의하면 주단 높이는 약 2m 정도로 추정됨. 다시 주단 동서 양측에 의호단을 쌓고, 또 靑石으로 묘벽을 쌓고 안에 자갈로 메웠는데 그 높이는 약 1m 정도. 靑石으로 평평히 主壇面에 깔았음. 주단면 위에 묘실이 조성되었을 것임.
- 분구돌을 정리한 후에 매장부를 축조한 돌이 노출되었음. 돌은 다수가 길이 9~17cm이며, 중앙에서 북쪽으로 치우친 돌은 상대적으로 비교적 커서 길이 26~37cm임.
○ 기타 : 인골은 보이지 않고 동쪽 의호단의 서북 모서리에서 모래 섞인 홍갈색토기(夾砂紅褐陶罐) 잔편이 출토됨.

(2) HSM2호묘
○ 유형 : 방단적석묘.
○ 평면 : 근방형.
○ 규모 : 길이 6m, 잔존 높이가 1m 정도.
○ 구조 : 무덤 외벽은 큰 靑石으로 정연하게 쌓았고, 묘광벽의 동북부 청석은 파괴됨. 무덤 안에는 강돌(河卵石)로 메웠음.

(3) HSM3호묘
○ 유형 : 방단적석묘.
○ 평면 : 장방형.
○ 규모 : 길이 9m, 너비 7m, 잔존 높이 1m 정도.
○ 구조 : 무덤 외벽은 큰 청석으로 비교적 정연하게 축조함.

(4) HSM4호묘
○ 유형 : 방단적석묘.
○ 평면 : 장방형.
○ 규모 : 길이 9m, 너비 7m, 잔존 높이 1m 정도.
○ 구조 : 무덤 외벽은 큰 청석으로 비교적 정연하게 축조함. 그 동·남 양측의 묘벽은 무너져 내렸고, 인위적으로 파괴당해 묘벽이 밖으로 튀어나갔음. 동남 모서리의 묘광벽은 파괴되었음. 무덤 안은 강돌(河卵石)로 메웠음.
○ 부장품 : 묘광벽 밖에서 점토질 회색토기(泥質灰陶) 잔편을 발견함. 토기 무늬는 점열문에 음각선문을 더하고, 물결무늬에 점열문 및 음각선문을 더함.

5. 역사적 성격

1) 고분 연대
○ 고구려 초기 고분군, 3~4세기에 해당.
○ 고분 형식은 적석묘, 방단적석묘, 대형방단적석묘(일명 방단적석연접묘) 등을 확인. 적석묘는 고구려 고분 가운데 비교적 이른 시기의 형식으로 고구려가 건국하기 이전에 출현하여 존속 기간이 깊. 방단적석묘의 건축 기술은 적석묘보다 선진기술로, 사면의 石壇은 적석이 흘러내리는 것을 방지하고 고분을 보호하기 위해 적극 채용된 것임. 이들 고분 형태는 모두 고구려 초기 고분 형태로, 연대는 대체로 3세기 중후기, 즉 東漢 초기에 해당함. 고구려 중후기에 조성되는 계단적석묘와 봉토묘는 발견되지 않았음. 이는 상고성자고분군의 연대가 비교적 이르다는 것을 보여줌.

2) 주변 고구려 유적과의 관계
상고성자고분군과 하고성자고성 사이의 거리는 1.5km에 불과. 상고성자고분군은 하고성자고성에서 살고 있던 사람들의 공동묘지일 가능성이 매우 큼.

3) 현황
상고성자고분군은 입구에 안내판과 표지석을 세우는 등 정비되어 있음. 그러나 정비과정에서 일부 적석묘들이 훼손되어 무덤이 잘린 채 단면이 드러나 있으며, 정비된 고분의 바로 옆까지 밭으로 활용되면서 큰 돌을 적석묘 위에 얹어 놓아 적석묘 외형이 변형되거나 훼손되고 있음.

참고문헌
- 桓仁滿族自治縣文物志編纂委會, 1990, 『桓仁滿族自治縣文物志』.
- 李新全, 2005, 「五女山山城及其周圍的高句麗早期遺跡」, 『고구려 문화의 역사적 의의』.
- 梁振晶, 2008, 「桓仁縣上古城子魏晋時期墓群」, 『中國考古學年鑑』 2007.
- 梁志龍·李新全, 2009, 「本溪地區高句麗考古三十年」, 『高句麗與東北民族研究』.
- 國家文物局 主編, 2009, 『中國文物地圖集』 遼寧分冊, 西安地圖出版社.

10 환인 양가가고분군
桓仁 楊家街古墳群

1. 조사현황

관련 내용 없음.

2. 위치와 자연환경(그림 1 ~ 그림 2)

1) 고분군 위치
桓仁縣 六道河子鄕 楊家街村 동북 200여m의 경작지에 위치.

2) 고분군 주변환경
○ 고분군 동쪽으로부터 약 500m 되는 곳에 육도하가 동남쪽으로 흐름.
○ 서쪽에는 육도하 우안에 인접해서 본계-환인 간의 도로가 지나감.
○ 북쪽에는 산들이 계속 이어짐.
○ 남쪽은 지세가 완만하고 낮으며, 가까이 민가가 있음.

3. 고분군의 분포현황

○ 현재 모두 9기가 확인되고, 6기가 보존상태가 양호함.
○ 동서 방향으로 두 열이 매우 규칙적으로 배치됨. 북쪽 열에 4기, 남쪽 열에 5기가 배치되었는데 열 사이는 대체로 평행하고 무덤 사이 간격은 일정치 않음.
○ 고분은 모두 방단적석묘임.
○ 현지인들이 기단돌을 이용해 담장을 쌓으면서 고분이 부분적으로 파괴되어 1 ~ 2개 거석만이 남아 있기도 하며, 적석에 사용된 자갈(卵石)이나 碎石, 묘실 벽의 축조석 등도 파괴됨.

4. 고분별 현황

1) 양가가7호묘
○ 평면 : 장방형.
○ 규모 : 길이 6.7m, 너비 5.6m, 높이 1.2m.
○ 구조 : 무덤 정상부는 丘狀을 이룸. 기단은 돌과 장대석으로 축조하였고, 내부에 강자갈(鵝卵石)을 채워 쌓음.

2) 洞室로 추정되는 고분
○ 파괴가 심하여 내부구조가 노출됨.
○ 묘실은 돌로 네 벽을 층층이 쌓아 올리고 그 위에 커다란 돌을 덮은 동실로 추정됨.

그림 1
양가가고분군 위치도

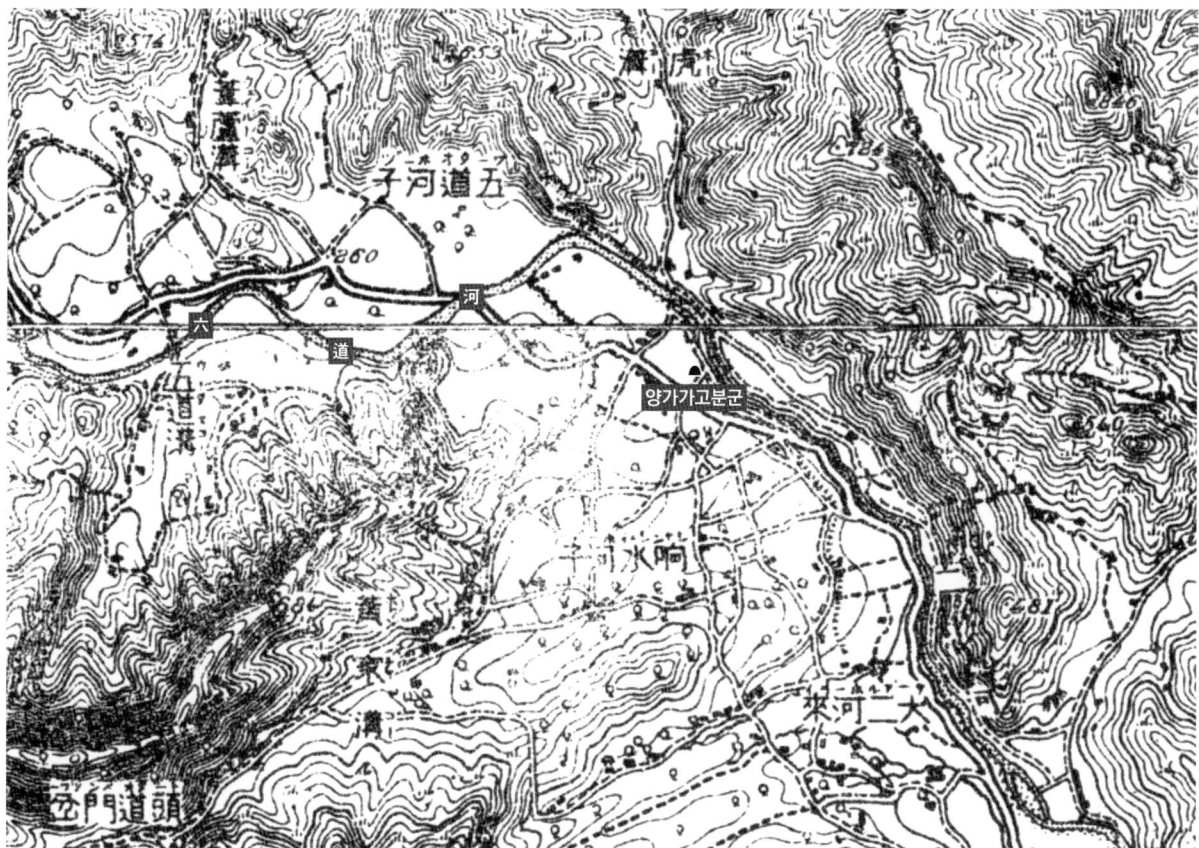

그림 2 양가가고분군 주변 지형도(滿洲國 10만분의 1 지형도)

5. 역사적 성격

○ 가족장 : 고분군은 남북 2열로 질서 있게 분포하여 가족 묘지로 추정됨.
○ 주변 유적과의 관계 및 연대 : 고분군 남쪽 약 5km의 환인지구에는 비교적 큰 상고성자고분군이 있음. 두 고분군은 고분 유형이 대체로 유사하여 비슷한 시기에 조성되었을 것으로 추정됨. 다만 양가가고분군은 규모가 작은 것이 많으므로 양가가고분군 묘주인의 생전 지위가 비교적 낮았던 것을 시사함.

참고문헌

- 桓仁滿族自治縣文物志編纂委會, 1990, 『桓仁滿族自治縣文物志』.
- 國家文物局 主編, 2009, 『中國文物地圖集』 遼寧分冊, 西安地圖出版社.

11 환인 동선영고분군
桓仁 董船營古墳群

1. 조사현황 : 1987년 조사

○ 조사기관 : 本溪市·桓仁縣考古工作隊.
○ 조사내용 : 10여 기의 고구려 고분군 발견.

2. 위치와 자연환경(그림 1 ~ 그림 2)

○ 고분군은 桓仁縣 雅河鄉 董船營村의 마을과 그 부근에 위치.
○ 북으로 7km 거리에 환인현성, 서북으로 2.5km 거리에 아하향이 있음.
○ 혼강이 남쪽으로 흘러 마을 서쪽 언덕 아래를 통과하며, 동쪽에서 아하가 흘러 마을 남쪽 700m 지점에서 혼강으로 유입함.

3. 고분군의 현황

1) 1950년대
○ 1950년대 초반 비교적 큰 규모의 고분군으로 마을 동북 산기슭의 평지에만 약 20~30여 기가 자리함.
○ 1950년대 말부터 땅을 고르고 집을 지으면서 파괴되기 시작함.

2) 1987년 조사
○ 10여 기만 남았는데 이 가운데 몇 기는 이미 심하게 파괴되어 비교적 드물게 분포하고 있음.
○ 고분 형식은 모두 방단적석묘임.
○ 고분은 마을 동북의 평지 위에 자리하며, 배산임수의 지세임. 무덤은 남북으로 배열되었는데 서로 간의 거리는 대개 모두 10m 정도임. 고분의 사면 둘레는 巨石으로 기단을 축조했으며, 무덤 위에는 강자갈(鵝卵石)로 봉함. 부분적으로 거석이 옮겨지고 강자갈이 미끄러지면서 원래 장방형이었던 고분이 漫丘狀으로 변화된 것으로 보임. 고분 둘레에 남아 있는 巨石으로 미루어 고분 규모는 대개 길이 8~10m, 너비 5~7m, 높이 약 1~1.5m 정도로 추정됨.
○ 마을 내 供銷社 부근에는 고분 2기가 현존하나 훼손이 심한데 세워 쌓은 판석 1개만이 남아 있음. (묘실) 평면은 장방형으로 길이 2m, 너비 1m, 높이 1.5m 정도임. 판석은 비교적 큰 편으로 잔존하는 묘실 네 벽에 해당하며, 묘실 바닥은 지표와 서로 평행함.
○ 마을 남단에는 방단적석묘 1기가 있음. 마을 길을 따라 남쪽으로 약 1.8km에 이르면 혼강 연안이며, 연안 가의 대지 위에 홀로 우뚝 위치하지만 이미 심하게 파괴됨. 이 지역에서 혼강을 건너 秧歌汀을 지나면 미창구고분군에 이르는데 미창구고분군과의 거리는 약 3km임.

그림 1
동선영고분군 위치도

그림 2 동선영고분군 주변 지형도(滿洲國 10만분의 1 지형도)

4. 출토유물

마을 주민들에 의하면 문화혁명 기간에 계단식 밭을 만들면서 고분이 크게 파괴되었는데 무덤 안에서 토기(陶罐), 인골 등이 발견되었다고 함.

5. 역사적 성격

동선영고분군은 여러 형식의 고분이 자리하는 점으로 미루어 장기간에 걸쳐 조성된 것으로 보임.

참고문헌

- 桓仁滿族自治縣文物志編纂委會, 1990, 『桓仁滿族自治縣文物志』.
- 國家文物局 主編, 2009, 『中國文物地圖集』 遼寧分冊, 西安地圖出版社.

12 환인 연합고분군
桓仁 聯合古墳群

1. 조사현황

관련 내용 없음.

2. 위치와 자연환경(그림 1 ~ 그림 2)

1) 고분군 위치
桓仁縣 雅河鄉 聯合村 동남에서 25m 떨어진 경작지에 위치.

2) 고분군 주변환경
○ 약 500m 떨어진 곳에 雅河가 흐르는데 아하 옛 명칭은 大雅兒河임.
○ 雅河를 따라 桓仁 - 寬甸 간의 도로가 펼쳐짐.
○ 고분의 남쪽 약 1.5km쯤에 小干溝라 불리는 골짜기에 있는데 골짜기에서 시작된 물이 북류하여 고분 서쪽을 지나 다시 동쪽으로 꺾여 아하로 유입됨.

3. 고분군의 현황

1) 1950년대 초기 상황
○ 고분군은 원래 수 백기의 고분이 분포하는 대형 고분군임.
○ 고분은 산기슭 경사진 밭에서부터 마을 안까지 이어져 있음.

2) 1980년대
○ 현재 30여 기의 고분이 훼손된 상태로 잔존하는데 경작지 정리와 가옥 축조 과정에서 고분이 점차 파괴됨.
○ 몇 기만이 양호한 상태인데 대다수 방단적석묘이고 그 가운데 1기는 2층으로 방단을 형성하고 있음. 방단은 2층으로 됨. 커다란 석재로 방단의 제1층을 축조하고 그 위에 대석으로 제2층을 쌓음. 대석은 들여쌓지 않아 계단 현상은 없음. 방단 안에는 강자갈(鵝卵石)과 작은 碎石으로 채우고 무덤 정상은 丘狀을 하고 있음. 이 고분의 규모는 길이 12m, 너비 10m, 높이 2m임.
○ 그 외 고분 2기가 심하게 파괴된 상태. 그 가운데 한 기는 방단은 돌로 축조하고 무덤 위에는 자갈로 봉하였으나 거의 제거되고 묘실 양 벽에 세워진 판석만이 남아 있음. 판석으로 묘실을 축조하고, 묘실 바닥은 지표와 평행한 점으로 미루어 원래는 방단석실묘로 추정됨.[1]

---

1 『中國文物地圖集』 遼寧分冊의 아하고분군에 의하면 석관묘 1기도 발견.

그림 1
연합고분군 위치도

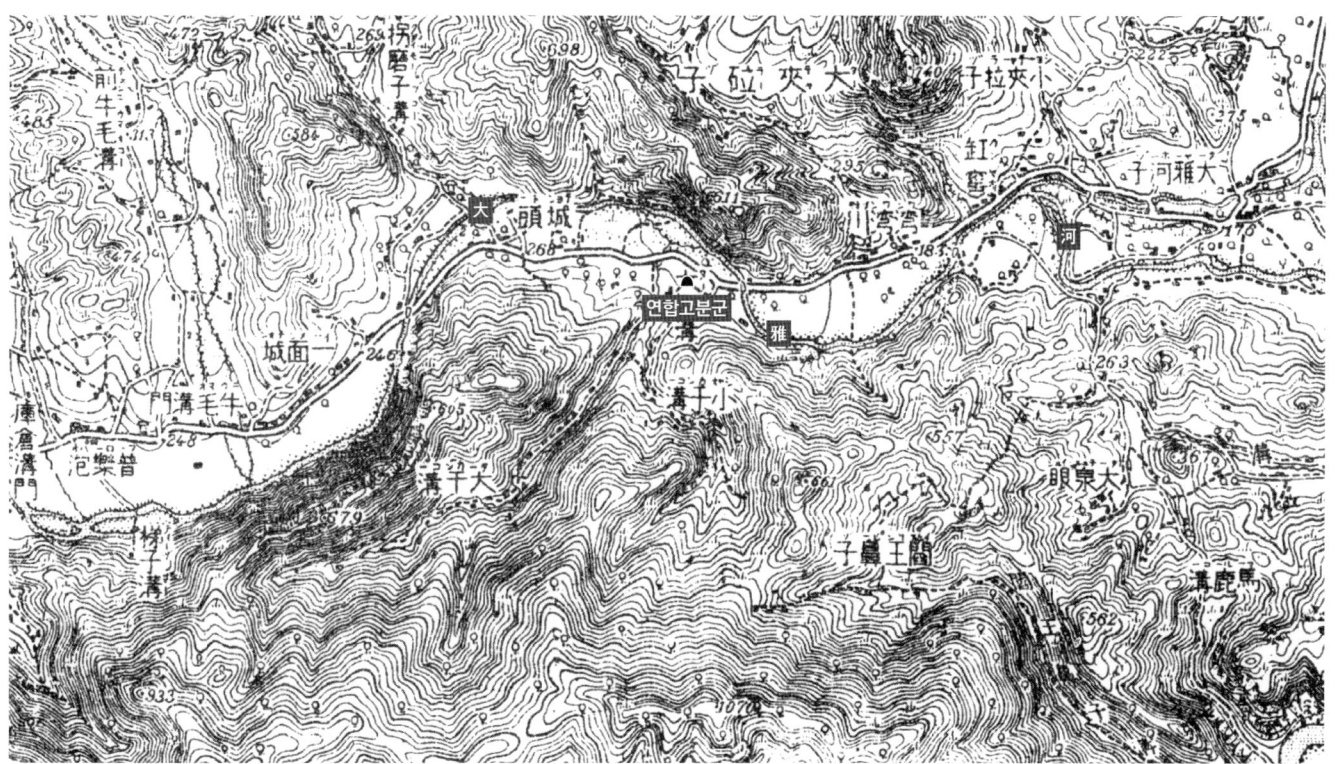

그림 2 연합고분군 주변 지형도(滿洲國 10만분의 1 지형도)

4. 역사적 성격

보고자는 고구려 고분의 형식 연구성과에 따라 고분군 연대는 고구려 중기 전후로 추정하나 객관적 근거는 확실하지 않음.

참고문헌

- 桓仁滿族自治縣文物志編纂委會, 1990, 『桓仁滿族自治縣文物志』.
- 國家文物局 主編, 2009, 『中國文物地圖集』 遼寧分冊, 西安地圖出版社.

13 환인 만만천고분군
桓仁 灣灣川古墳群

1. 조사현황

1950년대 문물조사 당시 약 100여 기의 고분 확인.

2. 위치와 자연환경(그림 1~그림 2)

1) 고분군 위치
桓仁縣 雅河鄉 灣灣川村 남부 경작지 안에 위치.

2) 고분군 주변환경
○ 北溝屯이 매우 가까운 거리에 위치.
○ 고분군과 북구둔 사이에는 桓仁–寬甸 간의 도로가 있음.
○ 남쪽에는 수심이 매우 얕은 작은 하천이 있고, 그 남쪽 700여 미터에 雅河가 있음. 아하는 고분군 서쪽 약 400m 지점에서 동남쪽으로 흐르다가 동쪽에서 꺾여서 고분군을 둘러싸고 지나감.

3. 고분군의 현황

1) 1950년대
약 100여 기 고분 확인.

2) 1980년대 이후
○ 11기만 남았으나 대부분 파괴된 상태인데 어떤 고분은 몇 개의 장대석만 남은 상태로 흔적이 불분명함.
○ 고분 형식은 대다수 방단적석묘임. 기단 축조는 규칙성이 보이지 않음. 개별 고분의 기단 석축은 비교적 높아 어떤 경우는 3층에 이르는데 층층이 점차 들여쌓기가 되어있으나 계단을 형성하지는 못함.
○ 방단적석묘의 사례를 보면, 고분군의 중부에 위치하는데 사면 둘레의 기단 층수는 서면은 1층, 북면은 2층, 동면과 남면은 3층 등으로 균일하지 않음. 외벽은 기본적으로 평평하며 위에는 들여쌓기가 보이지 않음. 3층으로 된 기단의 총 높이는 1.5m임. 무덤 위에는 자갈(鵝卵石)을 쌓음. 고분은 길이 10m, 너비 8m, 높이 2m임.
○ 방단적석연접묘 1기가 확인[1]되는데 동서 방향으로 늘어서 있는 모양임. 고분 주위의 장대석이 일부 들어 올려져 있으나 비교적 온전한 형태를 갖추고 있음. 고분은 길이 30m, 너비 10m, 높이 1.5~2m이며 묘실은 이미 노출된 상태로 남북 길이 5.6m, 동서 너비 1.7m, 높이 0.9m의 장방형임. 사면 둘레는 돌로 4층을 쌓았는데 내벽은 평행하며, 그 위에 두께 30cm의 커다란 판석 1매를 덮어 천정을 이룸.

---

1 『中國文物地圖集』 遼寧分册의 아하고분군에 의하면 만만천 3호묘와 4호묘기 남북연접하여 총 길이 35m이고 石壇 밖에 石墻을 쌓는데 높이 약 1.5m라고 소개함.

그림 1
만만천고분군 위치도

그림 2 만만천고분군 주변 지형도(滿洲國 10만분의 1 지형도)

4. 역사적 성격

만만천고분군은 심하게 파괴되어 몇 기만이 남았으나 환인지구에서는 매우 중요한 고구려 유적지임. 기단을 多層으로 축조한 방식으로 미루어 방단적석묘와 계단적석묘의 과도기 단계로 추정됨. 고분은 비교적 거칠고 기단석은 가공이 제대로 되지 않은 점으로 보아 하위집단의 고분구역으로 추정됨.

참고문헌

- 桓仁滿族自治縣文物志編纂委會, 1990, 『桓仁滿族自治縣文物志』.
- 國家文物局 主編, 2009, 『中國文物地圖集』 遼寧分冊, 西安地圖出版社.

14 환인 미창구고분군
桓仁 米倉溝古墳群

1. 조사현황

1) 1854년(함풍 4년) 봄(『桓仁縣志』)
○ 도굴상황 : 10여 명의 변방민이 이틀 동안 고분을 파냄.
○ 도굴내용 : 위로부터 봉토층은 황토층 1丈(≒3.03m)이고 그 아래로 백탄층 약 4尺(≒1.2m), 그리고 석회층 약 5尺(≒1.5m)으로 이루어짐. 석회층 아래에는 판석이 약 3尺(≒0.9m) 두께로 평평하게 깔려 있음. 석판을 들어 올리지 못해 고분 뒤를 파내 석벽을 뚫고 묘실로 들어감.
○ 묘실상황 : 石床 2개를 확인했음. 묘실 네 벽에는 백회가 발라져 있고 홍색 꽃무늬가 시문되어 있음. 앞에는 양쪽에서 여는 문 2짝이 양쪽에 배열되어 있고 밖의 1실은 堂과 같으며 얇게 색이 칠해져 있음. 백회를 바른 묘실 벽에는 글자가 있었으나, 도굴자에 의해 훼손됨.

2) 1984년 4월 조사
○ 조사기관 : 遼寧省考古硏究所·本溪市博物館.
○ 조사내용 : 장군묘를 발굴 조사함. 무덤 정상부 남부에 소형 탐색갱을 하나 넣고 봉토를 4.2m를 파내려가니 대형 돌로 6층을 층층이 쌓았음. 그 아래는 커다란 판석이 있는데 그 가운데 판석 하나는 길이가 3.5m에 달함. 이들 돌과 판석은 묘실 외벽에 해당함.

3) 1987년 4월 조사
○ 조사기관 : 本溪市·桓仁縣文物工作隊.
○ 조사내용 : 문물조사 당시 다시 장군묘를 실측했는데 분구 둘레 길이 144m, 높이 약 7m임. 장군묘는 분구형태가 원래 절두방추형(截尖方錐形)이었으나 오랜 세월에 사면 둘레의 방형 가장자리가 그다지 명확치 않아져 원형을 띰.

4) 1989년 보수작업
발굴 당시 탐사를 위해 파낸 시굴구덩이에 빗물이 오래 고여 있어서 桓仁縣文管所에서 평평하게 메움.

5) 1991년 9~11월 조사
○ 조사기관 : 遼寧省考古硏究所·本溪市博物館·桓仁縣文管所.
○ 조사참여자 : 武家昌·梁志龍·王俊輝·魏海波·劉興林·陳德輝·余平.
○ 벽화 모사자 및 촬영자 : 許海·劉義丹·李梗, 穆啓文.
○ 조사내용 : 문물보호를 위해 장군묘 및 주변 소형묘 10여 기 발굴.

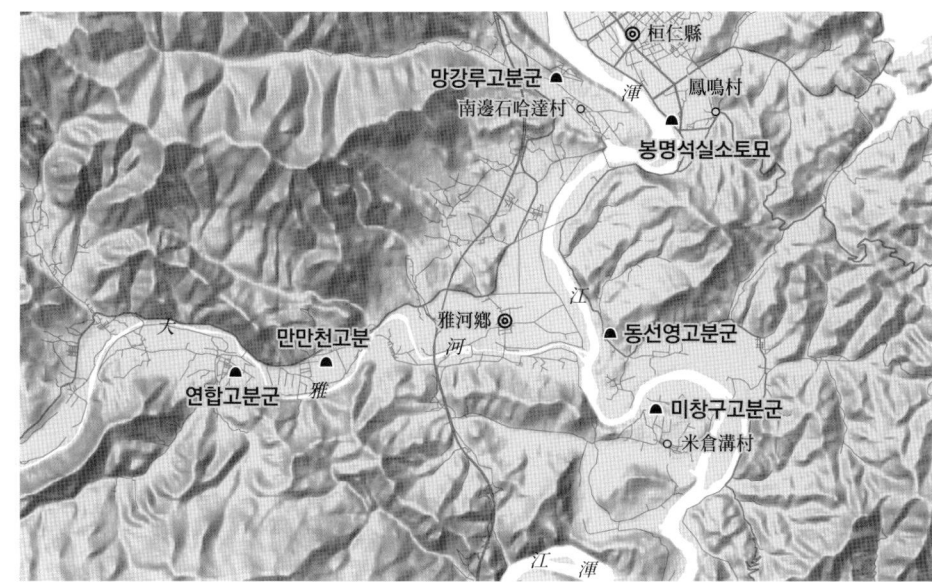

그림 1
미창구고분군 위치도

그림 2 미창구고분군 주변 지형도(滿洲國 10만분의 1 지형도)

2. 위치와 자연환경(그림 1~그림 3)

1) 고분군 위치
○ 桓仁縣 雅河嚮 米倉溝村 북쪽 약 500m의 구릉 위에 위치.
○ 구릉 정상부는 해발 272m이며, 상대 고도는 약 50m.
○ 고분은 구릉의 완만하고 평평한 남쪽 비탈에 위치.
○ 구릉은 동서 방향으로 펼쳐져 있음.
○ 혼강이 서북 방향에서 흘러와 구릉을 반쯤 휘감아 돌다가 서남 방향으로 흘러감. 구릉 3면을 둘러싸고 있음.

그림 3 미창구고분군 위치도 2(『遼寧考古文集』, 58쪽)

2) 고분군 주변환경
○ 정북 방향 약 10km 거리에 환인현성이 있음.
○ 미창구 장군묘에서 동북 16km 거리에 오녀산성이 있음.
○ 서북 13km 거리의 육도하자향에는 하고성자성터, 그 북쪽에는 상고성자고분군이 자리함.
○ 동북 방향으로 혼강을 두고 동선영촌과 서로 마주보고 있는데 동선영에는 고구려 적석묘가 있음.

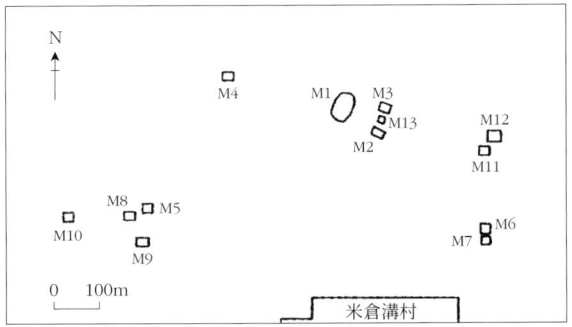

그림 4 미창구고분군 분포도(『遼寧考古文集』, 58쪽)

3. 고분군의 현황(그림 4)

1) 장군묘
구릉 위에 일명 장군묘로 불리는 가장 큰 규모의 봉토석실벽화묘 1기가 위치.

2) 소형 봉토석실묘
장군묘를 중심으로 약 500m 범위 내에 10여 기의 봉토석실묘가 방사상으로 분포하는데 두 기씩 짝을 이루며, 고분 사이의 거리는 가깝고 다른 고분들과는 비교적 멀리 떨어져 있음. 장군묘의 동남측과 서남측에 모두 분포하는데 고분의 크기는 일정치 않고, 형식도 다름. 봉토는 漫丘狀이며 상부는 비교적 평평함. 고분들이 일찍부터 파괴되어 부장품은 거의 남아 있지 않으나, 보존상태가 양호한 것도 있음. 대체로 고분의 규모는 직경 12~18m, 높이 1~1.5m 정도임. 일부 고분의 정상부에는 비교적 넓으면서 얕은 함몰갱이 있음. 고분군이 자리한 구릉의 남쪽은 대부분 경작지로, 몇 기의 고분은 봉토가 거의 삭평되어 밭으로 이용되는데 윤곽은 알아볼 수 있음.

4. 고분별 현황

1) 미창구1호묘(장군묘)

(1) 형식
봉토석실묘, 벽화묘.

(2) 위치
미창구촌 북쪽 약 500m 구릉의 가장 높은 곳.

(3) 규모
동서 길이 45m, 남북 너비 41m, 둘레 길이 170m, 높이 약 7.2m.[1]

(4) 평면
방형에 가까운 형태(近方形).

(5) 방향
北偏西 15°.

(6) 봉토부

① **외부형태**
截尖方錐形으로 覆斗狀(그림 5)임. 방형의 네 모서리가 불분명하지만 방형으로 판단 가능함.

② **봉토 현황**
봉토는 북고남저이며, 남부와 서부는 파괴가 심하고 나머지는 비교적 양호함. 황토색 모래흙을 다져 쌓았고 묘실 가까이에서 목탄과 백회가 발견됨.

③ **분구 내외 시설물**

○ 층계와 평대 : 분구 정상부 동쪽에 너비 3.5m, 길이 19m의 층계(臺階)가 있고, 층계 위쪽에는 잔존 길이 9m, 너비 8m의 평대(平臺)가 있음.

○ 토대 : 분구 바깥으로 남쪽과 북쪽에 각각 반원형의 土臺가 있음. 길이는 남쪽 토대 21m, 북쪽 토대 36m임.

○ 방형 판석 : 분구 남단에서 묘실 중심을 향해 10m, 깊이 4.7m 되는 지점에서 판석을 발견함. 판석은 비교적 평평하고 방형에 가까운데 크기는 길이 1.6m, 너비 1.5m, 두께 0.28m이고 판석 중앙에 길이 0.42m, 너비 0.27m, 깊이 0.12m의 장방형 홈이 있음. 방형 판석 주위는 자갈과 목탄으로 꽉 채워 쌓았고 그 북쪽으로 판석에 잇대어 장대석이 놓여 있음. 장대석은 길이 1.4m, 너비 0.2m로 그 주위에도 목탄이 있음.

○ 부정형 삼각형 판석 : 방형 판석 상면에서 동쪽으로 치우친 곳에 부정형한 삼각형 판석이 있음. 가장 긴 길이 0.9m, 너비 0.8m, 두께 0.3m임.

○ 묘실 외벽 장대석과 靴形石 : 봉토 가장자리에서 안으로 약 18m 들어가서 묘실 외벽에 장대석 1매가 기대어 있음. 장대석은 길이 3.6m, 바닥쪽 너비 0.76m, 위쪽 너비 0.5m로[2] 잘 가공되었고 백회를 바른 흔적이 있음. 장대석 아랫부분에는 자갈, 돌(塊石), 백회로 쌓아 돌렸으며, 그 아래에는 돌 3매가 있는데, 그 중간은 빗장을 걸은 화형석임. 화형석은 이전 무덤에서 보이지 않던 것으로 첫 발견 사례임.

④ **분구와 묘실 사이의 축조양상**

○ 분구의 북부는 원상태를 유지하고 있으며, 분구 정상부 아래 8m 되는 곳은 평평하게 다진 평대로 그 위에 묘실을 조성함.

---

[1] 1991년 발굴 내용을 정리한 2003년 발굴보고서 참조. 『遼寧考古文集』(2003) 및 『桓仁縣文物志』에서는 둘레 길이 144m, 높이 7m, 점유면적은 약 1,295m²로 기재. 武家昌, 1993에는 둘레가 150m로 기록.

[2] 2003년 발굴보고서 참조. 武家昌의 1992년과 1993년 글에는 길이 2.7m, 상부 너비 0.5m, 하부 너비 1.10m로 기록되어 있다.

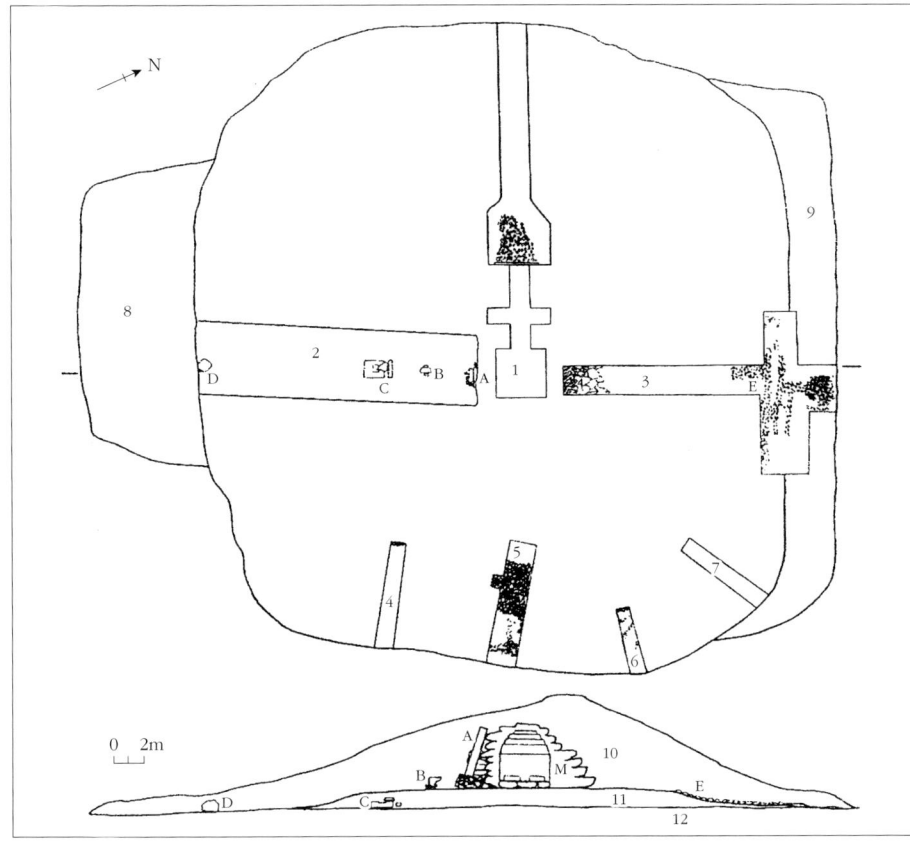

그림 5
미창구1호묘(장군묘)의 봉토 평·단면도(『遼寧考古文集』, 59쪽)
1. 묘실 2~7. 탐색구덩이
8·9. 봉토 밖 남·북측 토대
10. 묘실 위 봉토
11. 묘실 아래 항토대
12. 지면 및 생토
A. 묘실 남쪽 입석
B. 봉토 속 화형석
C. 중간지대 방단의 판석
D. 봉토 가장자리의 대석
E. 북부봉토중의 자갈 및 작은 돌
M. 묘실 및 외부 곽석

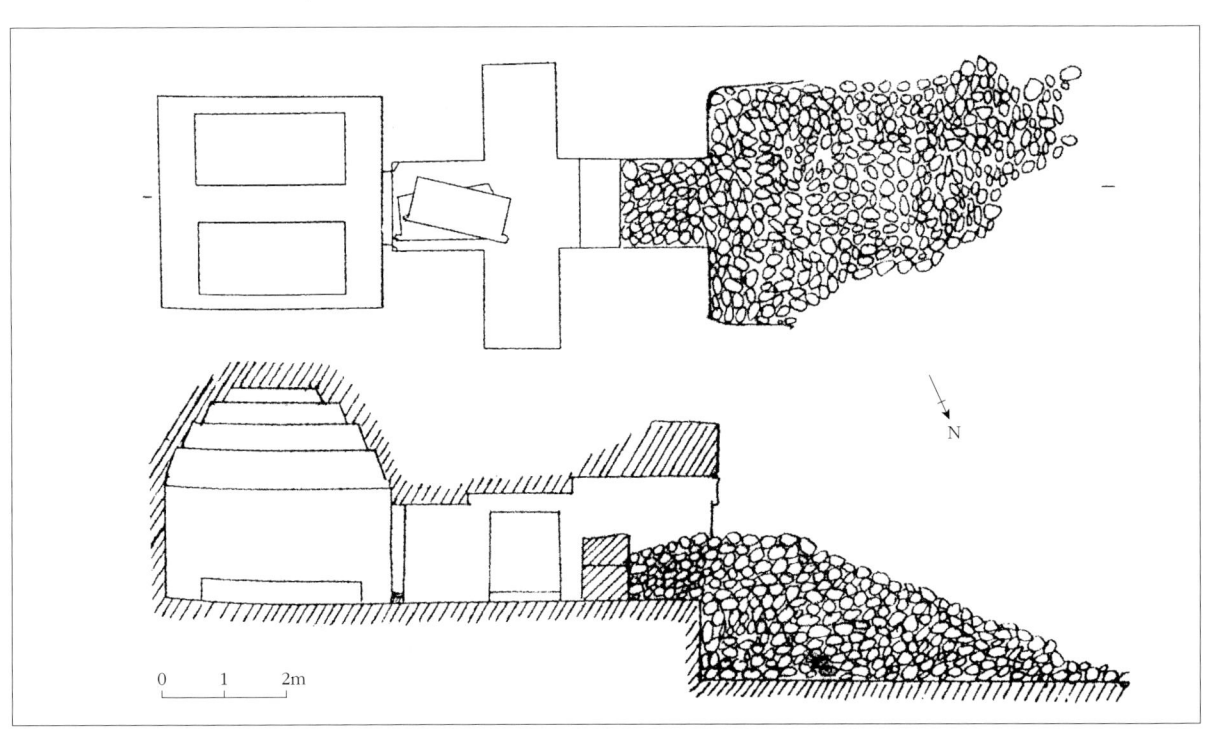

그림 6 미창구1호묘(장군묘) 평·단면도(『遼寧考古文集』, 61쪽)

○ 묘실 외부의 보강적석에서 북쪽으로 6m 되는 곳은 경사짐. 경사면 전체는 너비 1m로 자갈(卵石)과 목탄을 깔아 자갈띠(卵石帶)를 형성함. 이 자갈띠 북쪽으로 직경 5cm 미만의 작은 돌로 깔은 부석열이 있고, 이 부석열의 가장자리에서 동서 양 방향으로 펼쳐져 '丁'자형을 이룸. 그 규모는 길이 1m, 동쪽으로 펼쳐진 길이 약 5.2m, 너비 0.6m임. 이 경사면 북측에 다시 부석열 3개를 깔음.[3] 첫째 석대와 둘째 석대의 간격은 0.4~0.5m이고, 둘째 석대와 셋째 석대의 간격은 0.4m인데 둘째 석대는 동서 길이 6.8m로 양 끝은 비교적 좁으며, 가장 폭이 넓은 곳이 0.6m임. 셋째 석대는 길이 4m, 너비 0.5m로 비교적 짧고 규칙적이지 못함. 발견된 석대 3개는 봉토 안에 있지 않고 봉토 가장자리의 土臺에 자리하고 있음.

○ 묘실 외부는 미가공의 커다란 돌로 쌓음. 이 큰 돌은 묘실 밖 의호석인데 계단식으로 층층이 쌓아 묘실 정상부까지 구축함.

○ 봉토 가장자리에서 2m 떨어진 분구 동쪽에서도 碎石으로 만든 너비 약 1m 정도의 부석열을 발견함. 그 서쪽 1.5m 되는 곳에서 약 너비 4m의 남북 방향 부석열이 분구 경사를 따라 축조됨. 이 부석열은 봉토 경사를 따라 동쪽에서 서쪽으로 가면서 점차 높아져 가장 높은 곳은 0.8m가 됨. 부석열은 비교적 큰 쇄석으로 만들었는데 쇄석의 모서리가 명확하고, 자갈(卵石)은 극히 드묾.

(7) 내부구조(그림 6)

① 묘실 축조석
잘 가공된 巨石.

② 묘실 구성
연도(墓道), 이음길(甬道), 좌·우 耳室, 主室.

③ 연도(墓道)
○ 규모는 전체 길이 2.8m, 너비 1.46m, 높이 2m임.[4]
○ 연도는 이음길과 서로 연결되어 있고, 연도 입구는 돌을 쌓아 폐쇄함. 폐쇄석은 크기가 일정하지 않은 자갈을 사용함. 폐쇄석 무지는 길이 5.5m, 너비 3~4m, 가장 좁은 곳 2.5m임. 묘도 입구 적석은 도굴로 인해 대부분 훼손되고 현재 1m 정도 남아 있음.
○ 연도 입구는 장방형으로 양벽은 장대석으로 쌓고, 커다란 돌을 올려 천장을 만듦. 천장돌은 길이 3m, 두께 0.8~1m임.
○ 연도 중간에 돌을 쌓은 폐쇄시설이 있음. 중간 폐쇄시설은 큰 돌을 쌓아올렸고, 훼손되어 아래쪽에 돌 2개만 남아 있는 상태임. 중간 폐쇄시설의 바깥으로 자갈과 백회를 발라 봉하였음. 봉한 돌의 너비는 묘도의 너비와 거의 같고, 폭은 0.48m임. 이 중간 폐쇄시설은 연도 입구로부터 2.5m, 주실 문에서 3.05m, 좌우 이실과 0.4m 떨어져 있음.
○ 좌우 이실(耳室)은 연도 양쪽에 자리하고 있음. 좌·우 이실 모두 너비 1.17m, 길이 1.6m, 높이 1.65m임.[5] 이실 바닥은 연도 바닥보다 0.15m 높음.
○ 연도로부터 이실(耳室)까지의 총길이가 3.05m, 너비 1.4m이고, 천정은 3매의 비교적 커다란 장대석을 덮었음. 연도의 천정부 높이는 현실 쪽이 가장 낮고, 양 이실이 있는 중간 부분은 현실 쪽보다 높으며, 연도 입구 쪽이 가장 높아서 계단상을 이룸. 연도 가장 바깥

---

3 『遼寧考古文集』(2003)에는 石帶가 2개로 나오는데 내용상 2개의 오류로 보임.

4 『博物館研究』 2004-3에서 『桓仁米倉溝將軍墓考古調査報告』를 인용하여 소개.

5 모든 기록이 대체로 일치. 『博物館研究』 2004-3에는 『桓仁米倉溝將軍墓考古調査報告』를 인용하여 길이 1.46m, 너비 1.8m, 높이 1.32m, 용도 길이 1.6m로 기록.

쪽의 천정석은 길이 2.5m, 중간으로부터 계산한 높이 0.9m, 너비 3m이며, 이실이 있는 중간 부분 천정석은 길이 1.65m이고 현실과의 높이 차이는 0.2m이며, 연도 입구 부분의 천정석은 길이 1.05m임.
○ 이실에서 현실 사이의 통로 중간에 현실 문이 있음. 현실 문은 너비 1.27m, 높이 1.5m이고 이맛돌은 너비 0.2m, 높이 0.11m. 문틀(門框)은 두께 0.2m의 장대석을 세움. 문 밖 네 모서리에는 각 1개의 둥근 구멍이 있는데, 구멍은 직경 0.1m, 깊이 0.07m로 문확(門臼)으로 추정됨. 현문 방향은 북쪽으로 15° 치우친 서향임. 이음길 가운데에 돌문(扇石門) 두 짝이 바닥에 눕혀져 있음. 형식은 서로 같아 너비 0.68m, 길이 1.5m, 두께 0.05m임.

④ 현실(주실)
○ 평면은 정방형으로 한 변 길이 3.56m이며, 현실 바닥에서 천정부까지 높이 3.5m, 벽 높이 2.2m임. 바닥에는 커다란 판석이 깔려 있음.
○ 현실 좌우 양측에는 각 1개의 관대가 있음. 관대는 장방체로 크기는 서로 같아 길이 2.54m, 너비 1.22m, 두께 0.4m이며, 관대 사이의 거리는 0.6m임. 관대는 가공한 장대석으로 만들었으며, 두 관대의 동부 안쪽에는 각기 모서리 하나가 없음.
○ 현실 벽 높이 1.5m 지점에는 1열로 약 20군데에 걸쳐 못구멍이 뚫려 있음. 못구멍 간의 거리는 0.5m이고 일부 구멍 안에는 절단된 철제못이 있음. 못구멍은 장막을 걸기 위한 못자리로 추정함.
○ 현실 벽은 매끄럽고 평평하며 표면에 백회를 한 겹 바르고, 그 위에 채색 연화를 그림. 벽 상부에는 주홍색으로 들보를 그리고, 들보 가운데에는 둘씩 서로 만나는 용모양의 도안을 그림.
○ 천장가구는 벽 위에는 3단의 평행고임을 한 후 1매의 돌을 덮어 총 4단의 평행고임 천장이 됨. 천장 고임부는 아래로부터 제1단은 길이 3.38m · 높이 0.48m이

고, 제2단은 길이 2.8m · 높이 0.4m이고, 제3단은 길이 2.06m · 높이 0.34m이고, 천정부는 길이 1.36m · 높이 0.26m임. 고임 각 단에는 側視蓮花를 그림. 천장 막음돌에는 9송이의 正視蓮花를 그렸으나 이미 박락되었음. 고임돌 밑면에는 流雲王字의 연속 기하문 도안을, 하부 제1단의 고임돌 정면에는 연화 꽃봉오리의 줄기와 가지의 기하문 연속 도안을 그려놓음.

(8) 출토유물
고분 안에서 시유도기 4점, 금동기 11점, 청동기 4점, 금기 2점, 철기 7점, 화형석 1점, 목제 안장편 1점, 대상파수 1점 등이 출토됨.

(9) 벽화 내용
○ 이음길과 현실 벽 위에는 모두 벽화가 그려져 있음.
○ 벽화 내용은 장식문 · 기하문 도안 위주, 화풍은 소박하고, 기법은 유려함.
○ 현실 네 벽에는 유채색 연화를 그림. 側視蓮花는 주홍색과 흑색으로 각 벽에 5행을 그렸음. 동벽은 각 행 11송이를, 남 · 북벽은 각 행 12송이를, 서벽은 묘문이 있어 소략하게 그려 묘실 벽에는 총 213송이 연화가 그려져 있음(그림 7 - 상).[6]
○ 현실 벽과 천장 고임부가 만나는 곳에는 들보를 그림. 들보는 주홍색으로 그리고 그 위에는 묵선으로 무늬를 그림. 들보의 너비는 0.17m, 길이 3.5m이며, 상하 2층으로 구분되어 있음. 상층에는 두 마리의 용이 목을 서로 휘감아 머리를 맞대면서 상호대칭을 이루고 있으며, 두 마리 용 사이의 빈 공간에는 장고형 도안을 그림. 하층은 상부와 기본적으로 같으나 용의 상부인

---

[6] 『遼寧考古文集』(2003) 참조. 武家昌의 1992 · 1993 · 1994년 글에는 모두 한 벽면에 5행, 1행마다 11송이로 한 벽면에 총 55개의 연화가 그려졌다고 기술하고 있으므로, 네 벽면에는 총 220송이가 그려졌다고 볼 수 있음.

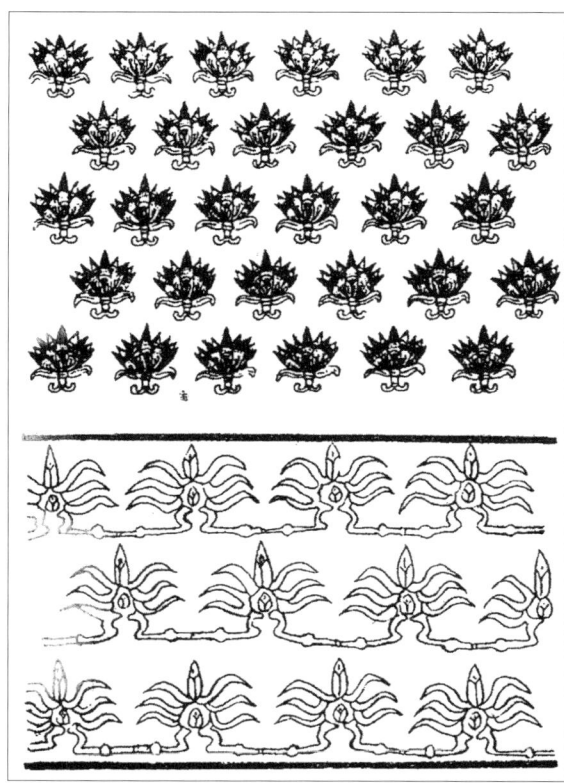

그림 7 미창구1호묘(장군묘)의 연화문(상)과 변형연화문(하) (『遼寧考古文集』, 62쪽)

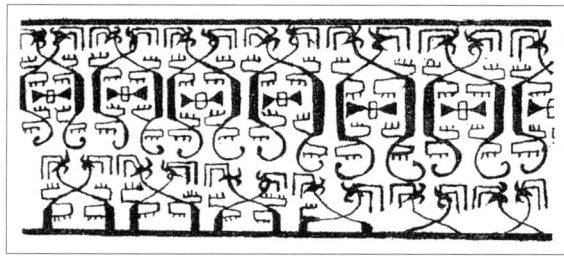

그림 8 그려진 들보 위의 용무늬 도안(『遼寧考古文集』, 63쪽)

목 부분만 그려지고 하부의 꼬리 부분과 장고가 없음 (그림 8).

○ 각 벽의 하부 역시 주홍색 무늬 띠가 그려져 있으며, 도안은 현벽 상부와 동일함. 다만 다년간 빗물침식에 의해 대부분 박락되면서 무늬 띠의 상부만 남아 있음.

○ 현실 문 주위에도 각 벽의 상부와 하부와 같은 도안이 그려져 있음.

○ 현실 네 벽의 천장 고임돌 위에도 벽화가 그려져 있음.

① 제1단 고임돌의 정면

상·하 두 줄의 주홍색 장식띠가 그려져 있음. 상부는 좁고 하부는 넓어 상부 너비 3.5cm, 하부 너비 6cm 임. 두 줄의 주홍색 장식띠 사이에는 3행의 변형연화문이 그려져 있음. 중간은 원형이며, 안에는 끝이 뾰족한 연화봉오리가 있고, 중간의 원형 밖 좌우에는 각기 3엽의 버들잎모양(柳葉狀) 나뭇잎이 그려져 있음. 그 상부에는 길고 뾰족한 꽃봉오리를 그렸는데 가운데는 꽃잎이 서로 감싸고 있고, 꽃잎 속에는 각기 하나의 검은 점을 찍었음. 그 하부에는 2개의 개구리 발모양(蛙足狀) 뿌리가 양쪽으로 펼쳐져 서로 인접한 뿌리와 맞붙어져 그려있음. 각 개구리발모양 뿌리의 끝에는 원형의 마디(骨節)가 그려져 있음. 각 벽에는 이런 도안이 3행, 53개가 그려져 있음. 도안은 높이 0.115m, 너비 0.16m, 도안 사이의 거리 0.025~0.03m임. 묵선으로 테두리를 그리고, 그 내부는 黃·綠·赭·紅·黑·白 色이 칠해졌음(그림 7-하).

② 1단 고임돌의 아랫부분

流雲王字 도안이 그려져 있음. 각 1개의 流雲 속에는 1개의 王字 연속도안을 그림. 상하 3행으로 나뉘는데 각 1행은 正反流雲文으로 총 117개 도안으로 형성되어 있음. 流雲系는 검은색과 붉은색으로 弧線形을 이루어 양 끝이 안으로 말리며, 弧形 밖에는 등거리의 5개 돌기가 장식되어 있는데 일반적으로 길이는 8.5cm임. 流雲 내부에는 붉은색의 '王'자가 그려져 있거나 어떤 流雲은 붉은색이고 王자는 검은색으로 그려져 있음. 이 같은 流雲王字 도안은 각 단의 고임돌 바닥부에 모두 그려져 있음.

③ **제2단 고임돌**

총 9송이의 側視蓮花가 그려져 있는데, 형상은 묘실 네 벽의 연화와 같으나 크기는 묘실 네 벽의 연화보다 큼.

④ **제3단 고임돌**

역시 側視蓮花가 그려져 있는데, 양 끝의 반송이를 포함해 총 7송이.

⑤ **제4단 고임돌**

최상부에 위치, 각 벽에는 5송이의 측면시화가 그려져 있음.

⑥ **천장 정상부**

正視蓮花를 그렸으나 이미 박락되고 9송이가 판별이 가능한데, 가운데에는 큰 송이의 평면연화가 그려져 있고 그 주위에는 대체로 작은 8송이가 그려져 있음. 희미하게 원형의 8엽이 보이고 꽃잎은 비교적 비대함. 붉은색 큰 꽃의 직경은 43cm, 주변의 작은 꽃은 직경 30cm.

⑦ **좌우 이실의 천정부 및 벽**

각 고임돌의 바닥부와 마찬가지로 流雲王字 도안이 그려져 있음. 바닥부는 이미 파괴되고 북부의 이실 바닥부에만 부분적으로 잔흔이 남아 있음. 도안, 크기, 색채는 묘실 내 고임돌 위의 流雲王字와 서로 같음. 각 벽의 流雲王字는 가로 12행으로 流雲弧背가 위로 향한 것이 6행이고 아래로 향한 것이 6행이며, 세로 24행임.

2) 미창구2호묘(그림 9)

(1) 형식

봉토석실묘.

(2) 위치

장군묘의 동쪽 65m 떨어져 있는 곳에 위치. 북으로는

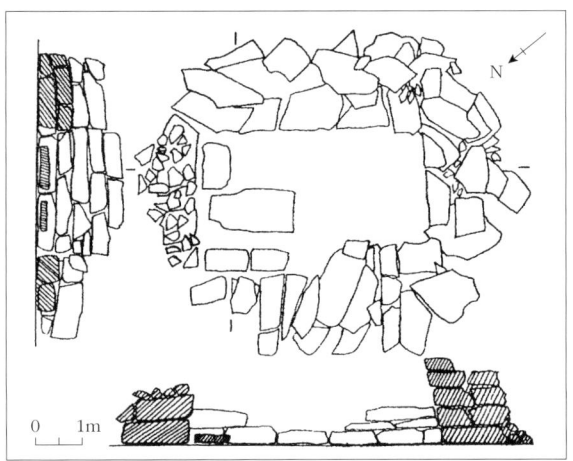

그림 9 미창구2호묘 평·단면도(『遼寧考古文集』, 67쪽)

13호묘와 인접해 있고, 13호묘 북쪽에는 3호묘가 자리함.

(3) 규모

동서 길이 20m, 남북 길이 18m, 현존 높이 2.2m.

(4) 외부형태

圓丘狀으로 봉토는 황색 점토로 이루어짐. 봉토 가장자리 주위에는 깬돌로 만든 석대(碎石臺)가 있음. 너비 2.8m, 묘실과의 거리는 4.5m임.

(5) 내부구조

○ 묘도는 서측의 중앙부에 위치하는데 鏟形(중앙연도)으로 이미 파괴되고 폐쇄석으로 사용된 돌만 남아 있음. 규모는 길이 1.8m, 너비 1.1m이며 방향은 305°임.

○ 묘실 평면은 횡장방형으로 길이 4.8m, 너비 2.5m, 높이 1.8m임.

○ 묘실 벽은 두껍고 무거운 대석으로 바닥부에서부터 층층이 들여쌓음. 동북 모서리는 보존상태가 비교적 양호하고 벽석은 4단이 현존하는데 그 높이는 1.8m임. 네 벽에는 백회면이 아직 남아 있음.

○ 묘실 밖으로 벽에 대석을 덧대어 쌓고 목탄을 더하

였음.

(6) 기타
묘실 안 인골은 이미 교란되었으나 2인 합장묘로 볼 수 있으며, 머리는 동쪽을 향하고 있음. 묘실 안에서 소형 금동못(小鎏金銅泡釘) 1점이 출토됨.

3) 미창구3호묘(그림 10)

(1) 형식
봉토석실묘.

(2) 위치
2호묘 북쪽에 위치. 2호묘·13호묘와 함께 일직선으로 배열되어 있음.

(3) 규모
남북 길이 26m, 동서 길이 17m, 잔존 높이 1.7m.

(4) 외부형태
봉토 북부는 覆斗狀이나 현재는 타원형에 가까워져 있으며, 봉토는 황색 점토임.

(5) 내부구조
○ 묘실 : 횡혈식 석실. 평면은 횡장방형으로 길이 5.86m, 너비 2.6m임. 네 벽은 대석으로 쌓았는데 현재 2~3층만 남았으며 바닥부에서 점차 들여쌓음. 석재는 화강암으로 다수가 가공을 거치지 않아 자연면을 내벽면으로 삼음. 묘실 벽 밖에서 돌을 쌓은 것은 보이지 않으며 벽석 사이에는 작은 돌로 메우는 동시에 백회를 바름.
○ 묘실 입구는 길이 5.3m, 너비 2.2m, 묘실벽 잔존 높이 1.3m.
○ 묘실 바닥은 지표면과 평행, 바닥은 4겹의 백회와

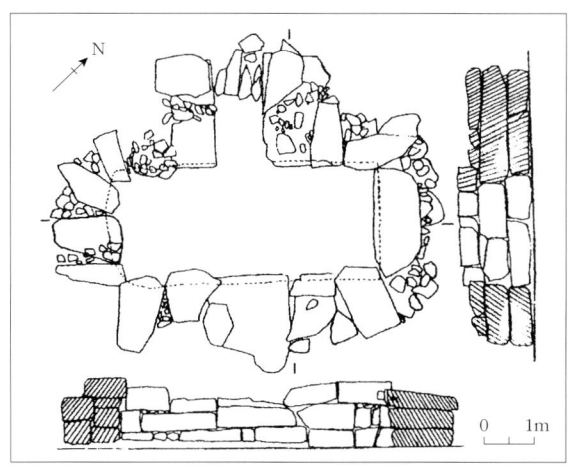

그림 10 미창구3호묘 평·단면도(『遼寧考古文集』, 68쪽)

3겹의 목탄을 층층이 겹쳐 깔았으며, 그 두께는 0.25m.
○ 묘도 : 서벽 중간에 있는 鏵形(중앙연도)으로 방향은 310°인데 마치 장군묘를 향한 듯함. 규모는 길이 2.5m, 상부 너비 1.08m, 하부 너비 1.18m임. 축조석은 가공 석재로 묘실 석재와는 다름. 묘도 바깥 입구의 내측은 장대석으로 막고 그 밖은 할석으로 폐쇄함. 장대석 8매가 남아 있음.

(6) 기타
고분에서 두개골 잔편과 금동반지(包金銅指環) 1점이 출토됨. 동남부에서 사람의 두개골 잔편이 발견되었는데 이미 교란되었으나 두개골의 위치로 머리 방향은 동쪽으로 추정됨.

4) 미창구5호묘(그림 11)

(1) 형식
봉토석실묘.

(2) 위치
장군묘 서남 약 600m 지점에 위치. 5호묘를 비롯해 주위에는 봉토석실묘 4기가 있는데 모두 구릉 남부에 자

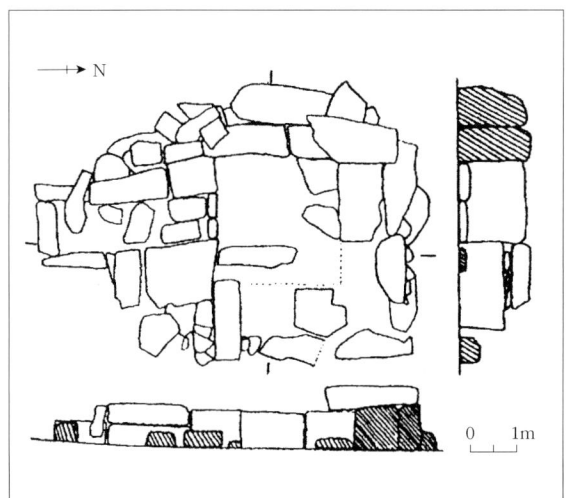

그림 11 미창구5호묘 평·단면도(『遼寧考古文集』, 69쪽)

리하고 있어 미창구고분군 속의 다른 묘구에 해당함.

(3) 규모
남북 길이 21m, 동서 너비 19m, 높이 3m.

(4) 외부형태
원래는 覆斗狀이었으나 현재 圓丘狀임. 봉토 남부는 비탈로 봉토 유실을 방지하기 위해 호석이 한 줄 돌아감. 호석열은 길이 11m, 너비 1m, 높이 1m임. 분구는 비교적 크고 황색 점토로 이루어짐.

(5) 내부구조
○ 묘실 : 평면은 정방형으로 길이 2.9m, 너비 2.86m임. 묘실은 가공한 거석으로 축조했는데 이들 거석 사이는 자갈(卵石)·돌(塊石)·백회로 메움. 묘실 밖에서 벽석에 덧대어 큰 돌로 또다시 축조함. 벽면 위에는 한 겹의 백회를 바름. 현지인에 의하면 오래전 이 고분에서 벽화를 발견했다고 하나 현재는 존재하지 않음.
○ 묘도 : 남벽 중앙부에 있는 鏟形(중앙연도)로 방향은 180°임. 좁고 긴 형태로 규모는 길이 4.2m, 안쪽 너비 1m, 바깥쪽 너비 1.4m, 잔존 높이 0.8m임. 墓道

입구에는 장방형 돌 2개로 문턱(門檻)을 구축했는데 문턱은 길이 0.98m, 너비 0.22m, 높이 0.12m임. 안쪽 문턱 밖은 대석으로 막고 바깥쪽은 대석 하나를 가로로 놓아 막음. 묘도 가까운 곳에 '靴形石'이 세워져 놓여 있는데 장군묘에서 나온 화형석과 크기와 형태 같으나, 가공 정도는 차이가 있음.
○ 묘실과 묘도의 바닥부에는 판석이 깔려 있으며 현재는 몇 개만 남아 있고, 주로 서북 모서리가 보존되어 있음.

(6) 기타
묘실 내에서 인골은 보이지 않고 작은 금단추장식(小金泡飾) 1점이 출토됨.

5) 미창구6호묘(그림 12)

(1) 형식
봉토석실묘.

(2) 위치
장군묘의 동남부에 위치.

(3) 규모
동서 길이 14m, 남북 너비 11.7m, 현존 높이 1.3m.

(4) 외부형태
현재 圓丘狀으로 황토로 이루어졌음.

(5) 내부구조
○ 이미 파괴되어 무덤 정상부는 남아 있지 않고 묘실 네 벽과 묘도 하부의 보존상태는 양호함.
○ 묘실은 장방형이고 묘실 벽은 돌로 축조하였고 일부분은 장대석으로 쌓음. 묘벽은 내·외벽으로 나뉘며, 묘벽 안은 평평하고 가지런하며, 묘벽 밖은 가지런

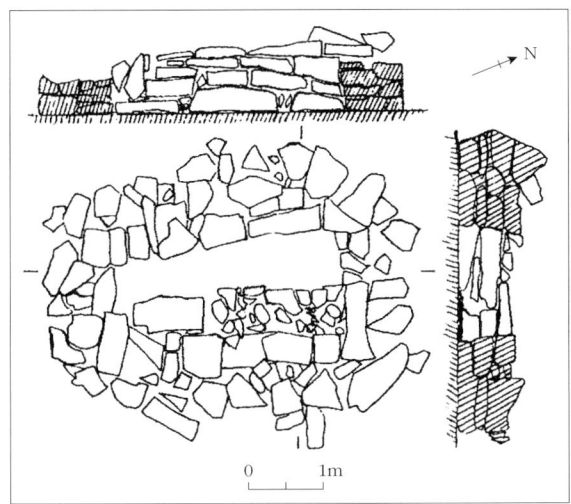

그림 12 미창구6호묘 평·단면도(『遼寧考古文集』, 70쪽)

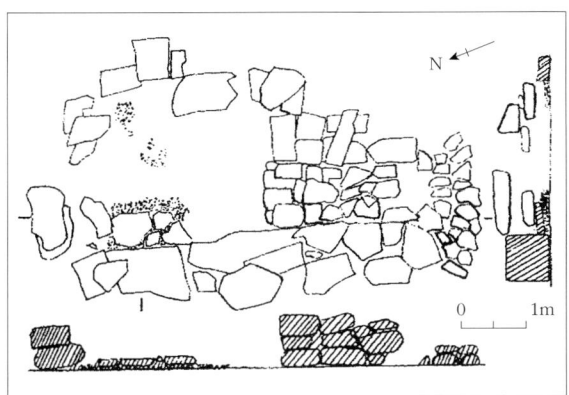

그림 13 미창구7호묘 평·단면도(『遼寧考古文集』, 70쪽)

하지 않음. 네 벽은 바닥에서 위로 들여쌓기 함. 墓口는 남북 길이 2m, 동서 너비 1.25~1.37m, 잔존 높이 0.8m임. 북벽은 너비가 남벽보다 대체로 넓음.

○ 시상(屍床) : 묘실 동측에는 屍床 1개가 있음. 작은 자갈(卵石)과 소량의 작은 돌로 축조하였는데 장방형으로 길이 2m, 너비 0.64m임. 시상대는 내측보다 0.06m 높게 테두리를 형성했는데 지면보다 0.09~0.18m 높음.

○ 묘도 : 남벽의 서측에 위치한 刀形(편재연도)인데 묘실 서벽에서 묘도로 그대로 이어져 조성됨. 방향

은 200°이며, 평면은 장방형으로 길이 1.8m, 상부 너비 0.68~0.75m, 하부 너비 0.85~0.9m, 잔존 높이 0.8m임. 묘도 바깥쪽은 안쪽보다 넓고 현재 5층이 남아 있으며, 2매의 장대석으로 막음.

(6) 기타

○ 시상 위와 서측 가장자리 위에는 대량의 불태워진 쇄골이 흑회색을 띠고 있음. 두개골, 척추골, 늑골 등으로 보임. 고분 안에 목탄과 불태워진 흔적이 없어 시신은 외부에서 불태워진 후에 유골과 유골 잔편을 고분에 매장한 것으로 추정됨.

○ 고분 내에는 철제띠장식(桃形鐵扣飾) 2점, 철제장식(環狀鐵鼻) 1점 등이 출토됨.

6) 미창구7호묘(그림 13)

(1) 형식

봉토석실묘.

(2) 위치

6호묘 남쪽.

(3) 규모

직경 12m, 잔존 높이 1m.

(4) 외부형태

봉토는 황색 점토로 이루어졌으며 원구상임.

(5) 내부구조

○ 묘실 : 평면은 남북이 대체로 넓은 장방형으로 남북 길이 2.8m, 동서 너비 2.48m, 현존 높이 0.9m임. 묘실 네 벽은 화강암 대석으로 축조했는데 고분 파괴가 심각하나 서벽 일부분은 2층이 남아 있음. 묘실 바닥은 판석을 깔아 지표와 높이가 같고, 판석 틈 사이는 작

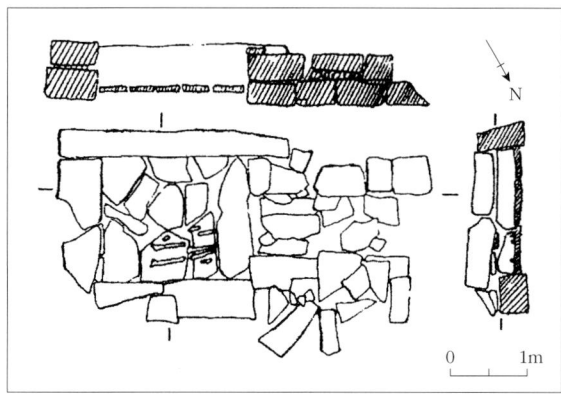

그림 14 미창구11호묘 평·단면도(『遼寧考古文集』, 70쪽)

은 자갈로 메웠으며, 판석 아래 역시 작은 자갈이 깔려 있음. 이 고분군 중에 바닥부에 자갈이 깔린 사례는 이 7호묘가 유일함.

○ 묘도 : 남벽 서측에 위치한 刀形(편재연도)으로 방향은 195°(남향)임. 바닥부는 보존상태가 양호하며 규모는 길이 2.1m, 너비와 잔존 높이 1m임. 묘도 안은 괴석으로 막았고, 묘도 外口는 불규칙한 괴석으로 쌓아 모양이 짧은 담장 같음.

(6) 기타

고분 안에서 인골 및 부장품이 보이지 않음.

7) 미창구11호묘 (그림 14)

(1) 형식

봉토석실묘.

(2) 위치

장군묘 정동 방향으로 380m 떨어진 곳에 자리하고 있고 이 고분의 동북 약 10m 거리에는 12호묘가 있음.

(3) 규모

직경 13m, 잔존 높이 1m.

(4) 외부형태

봉토는 황색 점토로 이루어졌고 원구상임.

(5) 내부구조

○ 파괴가 심하여 묘실 네 벽은 1~3층 석괴만 남아 있음.

○ 묘실 : 방형으로 上口 길이 2m·너비 1.58m, 묘실 바닥 길이 2.08m, 너비 1.65~1.71m, 잔존 높이 0.7m임. 묘실 네 벽은 돌 축조와 장대석 축조로 나뉘며, 바닥부에서 위로 올라가면서 들여쌓음. 남벽은 현재 바닥층만 남아 있는데, 독립된 장방형의 厚重한 판석 1매를 가로로 안으로 기울게 놓음. 남벽을 제외한 나머지는 모두 돌로 축조했음. 묘실 바닥은 작은 판석을 평평히 깔고 그 틈은 작은 돌로 메움. 묘실 벽과 묘실 바닥에는 백회 흔적이 남아 있고 벽면 역시 백회 바른 흔적이 있음.

○ 묘도 : 서벽 중앙부에 마련된 鏟形(중앙연도)이고 방향은 295°로 장군묘를 향해 있음. 평면은 장방형으로 上端口 길이 2.24m, 너비 0.8m, 잔존 높이 0.5m이고, 下端口 길이 2.25m, 너비 0.86m임. 안쪽에는 장방형의 돌 문턱(石門檻)이 마련되어 있는데 높이는 묘실 바닥보다 0.15m 높음. 안쪽은 장대석으로 막고, 돌에는 백회를 바름.

(6) 기타

○ 묘실 바닥에는 목탄 흔적이 남아 있음.

○ 고분 안에는 모두 6개 인골이 보이는데, 2개체분으로 추정됨.

○ 고분 내에서 철제못(方帽鐵棺釘) 10매와 금동고리(鎏金銅鉤) 1점이 출토됨.

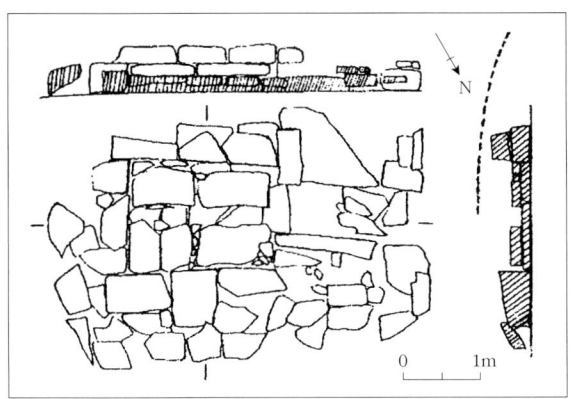

그림 15 미창구12호묘 평·단면도(『遼寧考古文集』, 71쪽)

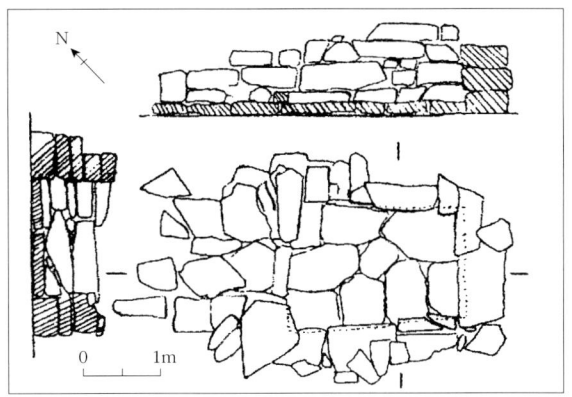

그림 16 미창구13호묘 평·단면도(『遼寧考古文集』, 71쪽)

8) 미창구12호묘(그림 15)

(1) 형식
봉토석실묘.

(2) 위치
고분군 최동단의 장군묘 동쪽 약 390m 거리에 위치하며, 고분 서쪽 10m에 11호묘가 자리하고 있음.

(3) 규모
직경 15m, 잔존 높이 1m.

(4) 외부형태
봉토는 황색 점토로 이루어졌으며 원구상.

(5) 내부구조
○ 묘실 : 평면은 장방형으로 동서 길이 2.14m, 남북 너비 1.46~1.6m임. 묘실 네 벽은 가공한 돌로 축조했는데 동벽은 서벽보다 넓음. 묘실 바닥에는 판석을 평평하게 깔고 그 위에는 판석을 깔아서 만든 2개의 관대가 각각 남·북 두 벽에 잇대어 있음. 규모는 길이 2.1m, 너비 0.79m, 높이 0.17m이며, 두 관대 사이의 거리는 0.17~0.25m임. 관대의 판석 틈은 자갈로 메웠고 관대 측면에는 백회가 발라 있음.

○ 묘도 : 서벽 중앙부에 위치한 鏟形(중앙연도)으로 방향은 305°(서향)임. 규모는 길이 2.2m, 너비 0.72m, 잔존 높이 0.38m임. 묘도 밖 가까이에는 현재 5개의 장대형(長條形) 폐쇄석이 묘도를 따라 놓여 있음.

(6) 기타
고분 안에서 인골과 부장품은 발견되지 않음.

9) 미창구13호묘(그림 16)

(1) 형식
봉토석실묘.

(2) 위치
장군묘 동쪽 66m에 위치하며, 2호묘와 3호묘 사이에 끼어 있음.

(3) 규모
동서 길이 8m, 남북너비 6m, 잔존 높이 1.5m. 2호묘와 3호묘 보다 작음.

(4) 외부형태
봉토는 황색 점토로 현재 원구상임.

(5) 내부구조
○ 묘실 : 장방형으로 上口 너비 1.46m · 길이 2.03m · 현존 높이 0.85m임. 묘실 벽은 가공을 거친 화강암으로 쌓았고, 바닥부에서 위로 점차 들여쌓음. 동부는 대체로 좁고 서부는 대체로 넓어 동벽 길이 1.2m · 서벽 길이 1.54m임. 벽면에는 백화를 칠한 흔적이 있으나 벽화 흔적은 보이지 않음. 묘실 바닥은 길이 2.14m · 너비 1.54m이며, 묘실 바닥과 지표는 평평함.
○ 묘도 : 서벽의 중앙부에 위치한 鏟形(중앙연도)으로 방향은 305°임. 규모는 길이 2.1m, 너비 0.6m, 현존 높이 0.58m임. 묘도 안쪽으로 장방형 긴돌(條石)이 가로로 놓여 있는데 이는 문턱(門坎)으로 길이 0.6m, 너비 0.2m, 높이 0.13m임. 묘도 중앙부는 불규칙한 돌과 긴돌(條石)로 막음. 묘도는 위로 돌을 점차 들여쌓기 하였고, 바닥부에는 판석이 깔려 있음.

(6) 기타
고분 안에서 소량의 인골이 있는데, 두골잔편이 동벽 아래에서 출토되었고 趾骨은 서북 모서리에서 발견되어 시신의 머리가 동쪽에 두어졌던 것으로 추정. 2호묘와 3호묘 사이에 끼여 위치하며 규모도 작다는 점에서 두 고분을 만든 이후 어린아이를 매장한 고분으로 추정됨.

5. 출토유물

미창구1호묘(장군묘)에서 모두 출토됨. 시유도 4점, 금동기 11점[띠고리(鎏金銅帶扣) 1점, 입식운주(鎏金銅鈴形飾件) 2점, 관장식(鎏金銅八瓣花形飾件) 2점, 띠고리(鎏金銅扣飾件) 1점, 단추장식(鎏金銅泡飾件) 1점, 동전

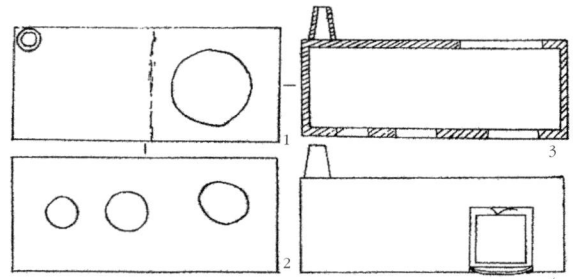

그림 17 부뚜막모양 토기(『遼寧考古文集』, 64쪽)

형장식(鎏金銅錢形飾件) 1점, 장조형장식(鎏金銅長條形飾件) 1점, 사미(鎏金銅鉈尾) 1점, 비녀(鎏金銅簪) 1점], 청동기 4점[행엽(桃形銅飾片) 1점, 단추장식(銅泡飾件) 1점, 못(銅釘) 2점)], 금기 2점[요엽(桃形金搖葉) 1점, 단추장식(金泡形飾件) 1점)], 철기 7점[칼(鐵鋼刀) 1점, 삽(鐵鍤) 1점, 도끼(鐵斧) 1점, 따비(鐵穿頭) 1점, 등잔(鐵燈碗) 1점, 못(方帽鐵釘) 1점, 꺾쇠(鐵扒釘) 1점], 화형석(靴形石) 1점, 목제 안장편(木馬鞍橋殘塊) 1점, 회색토기 대상파수(灰陶橋狀耳) 1점 등임.

1) 시유도
이실 내에서 모두 출토되었는데 모두 파손되어 후에 복원함. 부뚜막 1점과 사이호 3점으로 호 2점은 복원했고 1점만이 잔편임.

(1) 부뚜막(釉陶竈, 그림 17)
○ 출토지 : 미창구1호묘 이실.
○ 크기 : 총 길이 77cm, 총 높이 27.5cm, 굴뚝 포함 높이 33cm, 가마 뚜껑 직경 23cm. 굴뚝 높이 10.2cm, 굴뚝 위 직경 5.4cm, 바닥 원형 구멍 지름 (우→좌) 14.5cm, 12.5cm 7.5cm.
○ 태토 및 색깔 : 전체적으로 녹색을, 부분적으로 노란색을 띰.
○ 형태 : 시유도기. 유색은 투명하며 바닥에는 시유하지 않음. 장방형으로 위에 둥근 가마뚜껑이 있음. 좌측 끝에 위로 갈수록 좁아지는 굴뚝이 있음. 정면에는 정

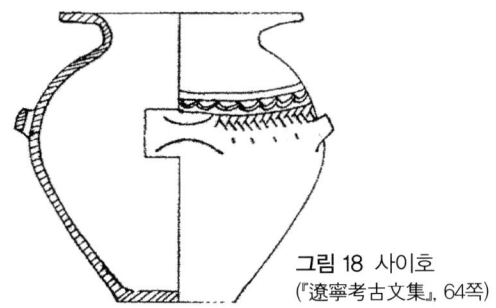

그림 18 사이호
(『遼寧考古文集』, 64쪽)

방향의 문이 달려 있으며 그 아래에 반원형 門舌이 있음. 위에는 수초문이 있음. 바닥에는 세 개의 불규칙한 형태의 재가 나가는 구멍이 있음.

(2) 사이호(黃釉四系平展沿罐, 그림 18)

○ 출토지 : 미창구1호묘 이실.
○ 크기 : 구연 직경 32cm, 바닥 직경 14.5cm, 전체 높이 37cm.
○ 태토 및 색깔 : 황갈색.
○ 형태 : 같은 형태 3점을 출토함. 구연이 밖으로 외반되고, 목이 좁음. 동체는 원형이고 바닥이 좁음. 동체에는 네 개의 띠모양 손잡이가 달려 있음.

2) 금동기

(1) 띠고리(鎏金銅帶扣)

○ 출토지 : 미창구1호묘.
○ 크기 : 길이 4cm, 직경 3.6cm.
○ 형태 : 표면은 도금했으며, 긴 원형으로 가운데에 침이 있고 횡량(橫梁)과 이어져 있음. 횡량(橫梁)의 아래로 두 개의 청동포(泡)가 지나가고 아래에 또 하나의 횡량(橫梁)이 있으며 청동포(泡)와 횡량(橫梁)에 띠의 흔적이 있음.

(2) 입식부 운주(鎏金銅鈴形飾件, 그림 19-1)

○ 출토지 : 미창구1호묘.

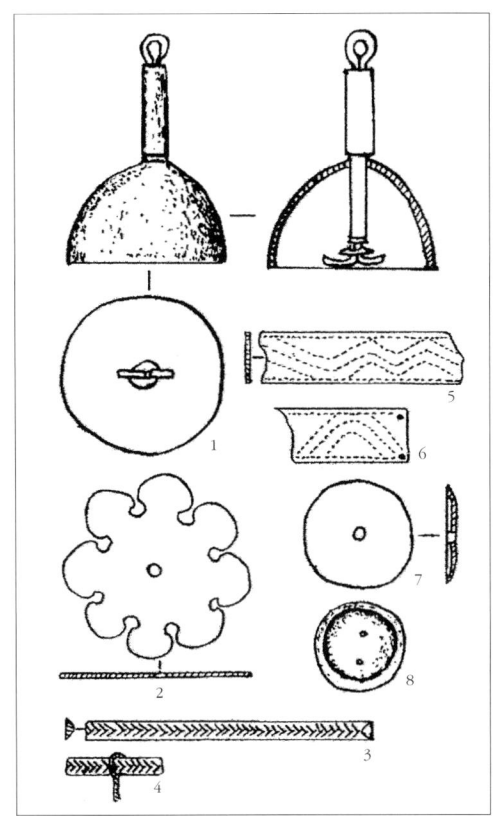

그림 19 금동유물(『遼寧考古文集』, 64쪽)
1. 입식부 운주 2. 관장식 3. 띠고리장식 4. 단추장식
5·6. 장조형장식 7·8. 장식

○ 크기 : 전체길이 4.5cm, 높이 2cm, 직경 3cm.
○ 형태 : 두 점이 출토됨. 한 개 기둥 형태의 연결못(鉚釘)이 연결됨. 위에는 한 개의 뚫린 구멍이 있으며 가운데에 한 개의 둥근 청동막대기가 지나감. 아래에는 둥근 방울이 있고 방울의 가운데에 기둥이 위와 이어져 있는데 아래는 두 갈래로 나뉘어서 호형으로 벌어졌으며 벌어진 위로 원형의 청동조각이 있고 그 가운데에 기둥이 뚫려 있음.

(3) 관장식(鎏金銅八瓣花形飾件, 그림 19-2)

○ 출토지 : 미창구1호묘.
○ 크기 : 직경 5cm, 원 직경 2.8cm, 각 화판 너비 1.4m, 중심 구멍 직경 0.4m, 잎 두께 0.1cm.
○ 형태 : 꽃잎모양. 8개의 잎으로 구성. 중심에 원형

구멍 1개가 있음.

(4) 띠고리장식(鎏金銅扣飾件, 그림 19-7)
○ 출토지 : 미창구1호묘.
○ 크기 : 직경 2.3cm, 구멍 직경 0.2cm.
○ 형태 : 원형으로 가운데에 작은 구멍이 있음. 가운데 부분이 조금 나왔으며 어깨 부위에 세 개의 작은 돌기(小爪)가 있음.

(5) 단추장식(鎏金銅泡飾件, 그림 19-8)
○ 출토지 : 미창구1호묘.
○ 크기 : 직경 1.8cm, 두께 0.3cm.
○ 형태 : 원형으로 가운데 조금 돌출된 부분이 있음. 가운데 두 개의 작은 구멍이 있으며 그 안에 청동줄(線)이 있음.

(6) 장조형장식(鎏金銅長條形飾件, 그림 19-5~그림 19-6)
○ 출토지 : 미창구1호묘.
○ 크기 : 잔존 길이 5.5cm, 너비 0.1cm.
○ 형태 : 이미 파손됨. 장방형으로 표면에 점열로 파상문이 새겨짐.

(7) 동전형장식(鎏金銅錢形飾件)
○ 출토지 : 미창구1호묘.
○ 크기 : 직경 3.2cm, 안의 방형 길이 0.7cm, 두께 0.1cm.
○ 형태 : 원형이고 가운데에 네모난 구멍이 있음. 동전 모양과 같으며 주변부가 안으로 굽었고 정면이 조금 튀어 나왔음.

(8) 거울꼭지(鎏金銅鉈尾)
○ 출토지 : 미창구1호묘.
○ 크기 : 반경 1.5cm, 아래 직경 1.7cm, 두 조각 거리 0.6cm.
○ 형태 : 반원형. 양면이 같음. 가운데에 세 개의 못을 연결해 지탱함. 정면은 연결못 대가리 부분임.

(9) 비녀(鎏金銅簪, 그림 19-3~그림 19-4)
○ 출토지 : 미창구1호묘.
○ 크기 : 잔존길이 0.8cm, 너비 0.4cm, 두께 0.2cm.
○ 형태 : 튀어나온 면에 '八'자로 조성된 무늬를 시문했으며, 한쪽 끝은 편평함.

3) 청동기

(1) 못(銅釘)
○ 출토지 : 미창구1호묘.
○ 크기 : 길이 5.5cm, 너비 0.5cm.
○ 형태 : 한 끝은 손상되었고 남은 부분은 사각뿔모양(四棱尖錐狀)임.

(2) 못(銅釘)
○ 출토지 : 미창구1호묘.
○ 크기 : 길이 1.7cm, 못 대가리 직경 0.9cm.
○ 형태 : 못 대가리는 원형임.

(3) 단추장식(銅泡飾件)
○ 출토지 : 미창구1호묘.
○ 크기 : 직경 1.8cm, 두께 0.1cm, 줄(線) 길이 1.2cm.
○ 형태 : 원형. 가운데가 조금 튀어 나왔음. 옆에 작은 구멍이 있으며 구멍 안에 가는 구리줄(銅絲線)이 지나감.

(4) 행엽(桃形銅飾片)
○ 출토지 : 미창구1호묘.
○ 크기 : 길이 1.2cm, 두께 0.1cm.
○ 형태 : 桃形. 납작한 모양으로 아래가 뾰족함.

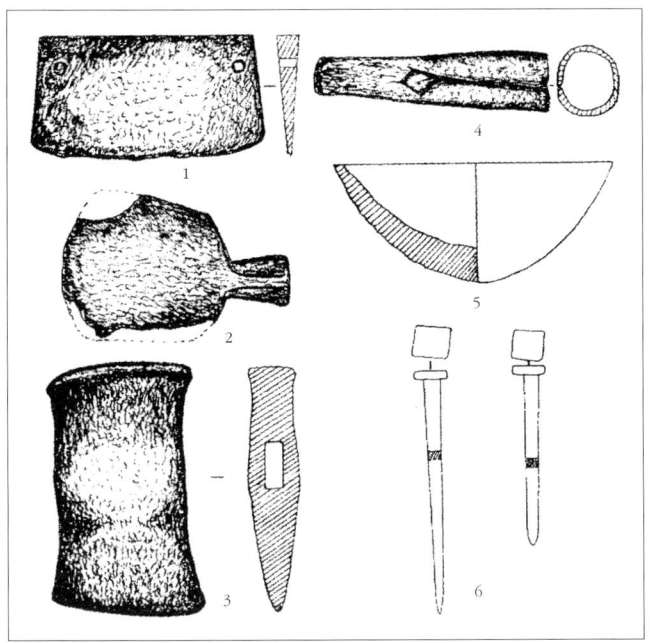

그림 20
철기(『遼寧考古文集』, 66쪽)
1. 측도 2. 삽 3. 도끼
4. 따비 5. 등잔 6. 못

4) 금기

(1) 요엽(桃形金腰葉)
○ 출토지 : 미창구1호묘.
○ 크기 : 길이 2cm, 너비 1.8cm.
○ 형태 : 桃形. 문양이 없음. 상부에 작은 穿孔이 있으나 구멍은 이미 손상됨.

(2) 단추모양장식(金泡形飾件)
○ 출토지 : 미창구1호묘.
○ 크기 : 직경 1.3cm, 두께 0.2cm.
○ 형태 : 원형. 가운데에 튀어나온 거품모양이 있음. 주변에 동일 간격의 작은 구멍이 3개가 있고, 가운데에도 구멍이 있음.

5) 철기
수량은 많지 않지만 주로 봉토 속에서 출토되었는데 다수가 생산 공구임.

(1) 측도(鐵側刀, 그림 20-1)
○ 출토지 : 미창구1호묘.
○ 크기 : 길이 21cm, 너비 12cm, 두께 1.8cm.
○ 형태 : 정방형. 칼날 면은 위에 있고, 양변에는 등거리의 穿孔 2개가 있음. 왼쪽 구멍에는 아직도 녹이 슬어 부식된 못이 있음. 날면의 부식 정도가 심하고 날 부분(刃部)은 약간 호형으로 일부분은 손상됨.

(2) 삽(鐵鍤, 그림 20-2)
○ 출토지 : 미창구1호묘.
○ 크기 : 전체 길이 14cm, 너비 7cm.
○ 형태 : 삽의 몸(鍤身)은 부채모양이고 위에는 손잡이가 있음. 손잡이 부분이 구멍(銎)이 있는데 두 변이 서로 맞지 않음. 삽의 몸은 어깨가 경사지고 양변은 곧고 날은 원형을 이룸.

(3) 도끼(鐵斧, 그림 20-3)
○ 출토지 : 미창구1호묘.
○ 크기 : 길이 16cm, 너비 5.5cm, 두께 2.5cm, 구멍

(쫄) 길이 3.5cm, 구멍(쫄) 너비 1.5cm.

○ 형태 : 길고 납작한 형태로 한 끝은 날 부분이고 다른 한 끝은 손잡이임. 도끼의 측면에 한 개의 네모난 구멍이 있고 안에 철과 나무찌꺼기가 있음.

(4) 따비(鐵穿頭, 그림 20-4)

○ 출토지 : 미창구1호묘.

○ 크기 : 길이 23cm, 구멍(쫄) 직경 5.5cm, 날 길이 4.5cm.

○ 형태 : 창과 비슷한 형태로 한 끝은 원형의 구멍(쫄)이며 다른 한 끝은 납작한 장방형의 도끼모양임.

(5) 등잔(鐵燈碗, 그림 20-5)

○ 출토지 : 미창구1호묘.

○ 크기 : 구경 9cm, 높이 3.8cm.

○ 형태 : 구연이 넓고 바닥이 뾰족하며 복부가 약간 호형임.

(6) 못(方帽鐵釘, 그림 20-6)

○ 출토지 : 미창구1호묘.

○ 크기 : 길이 21cm, 15.5cm, 11.5cm.

○ 형태 : 네모난 못대가리가 있음. 못의 몸은 추형(錐形)이며 크기는 다르지만 기본 형태는 같음.

(7) 꺾쇠(鐵扒釘)

○ 출토지 : 미창구1호묘.

○ 크기 : 길이 9.4cm, 너비 1.5cm.

○ 형태 : 'ㄴ'자형을 띔. 전체가 편평하고, 양단은 尖錐狀.

6) 기타

(1) 장화형석(靴形石, 그림 21)

○ 출토지 : 미창구1호묘.

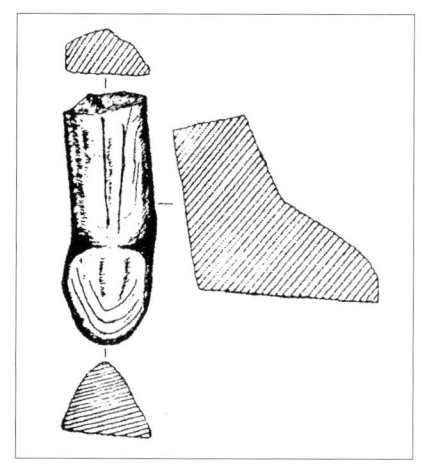

그림 21 미창구1호묘(장군묘)의 장화형석
(『遼寧考古文集』, 67쪽)

○ 크기 : 높이 1.1cm, 길이 0.9cm, 너비 0.5cm, 두께 0.35cm, 밑바닥 길이 90cm, 목 부위 높이 70cm.

○ 형태 : 장화모양으로 회백색의 화강암 하나로 제작했으며, 표면은 반들반들하게 만듦. 상부는 다리 형태이고 바닥은 평평하며, 후부는 종아리와 연결된 부분(목 부분)도 평면임. 다리 양쪽에 세 줄의 현문(弦紋)이 새겨 있음.

(2) 목제안장편(木馬鞍橋殘塊)

○ 출토지 : 미창구1호묘.

○ 크기 : 남은 길이 26cm, 너비 2.6cm, 못의 거리 4.5cm.

○ 형태 : 이미 부식됨. 반 호형만 남음. 표면이 반들반들하고 주변부에 등거리로 5개의 작은 청동못이 있음.

(3) 토기 대상파수(灰陶橋狀耳)

○ 출토지 : 미창구1호묘.

○ 태토 및 색깔 : 점토질 회색토기로 섞인 모래입자가 비교적 큼.

○ 형태 : 아치형(拱橋狀), 한 변은 너비가 넓음.

6. 역사적 성격

1) 고분 연대

미창구장군묘의 형상·구조·벽화내용·출토유물 등은 모두 집안 장천2호벽화묘와 유사함. 고분 구조를 보면, 두 고분 모두 방형 평면의 4단 고임천정의 묘실과 연도·좌우 측실(이실)·이음길로 이루어진 봉토석실묘이며, 황록색 시유 화덕, 황색 시유 사이전연호, 장식문을 위주로 側視蓮花와 流雲王字 도안 등도 동일하게 나타남. 따라서 미창구1호묘(장군묘)는 장천2호묘와 동일 시기의 고분임. 장천2호묘는 약 5세기 중엽 또는 5세기 말로 비정함.

장군묘 출토품인 금동관장식(鎏金銅八瓣花形飾件), 청동띠고리(銅帶扣) 등은 비교적 늦은 고분에서 보이지 않고, 3~4세기로 비정되는 羅通山城에서 이런 종류의 유물이 출토되었음.

고구려 고분벽화의 시기구분 안에 따르면, 초기 벽화의 내용은 도안이 간단하고 묘주인 생전의 각종 생활 장면이 주요 제재가 되고 그 외 日月星辰, 奇獸飛禽·飛仙 등이 도안으로 사용되는데 연대는 대체로 3세기 중엽에서 4세기 중엽에 해당함. 중기 벽화의 내용은 묘주인의 생활과 더불어 불교내용과 사신도상이 출현하는데 연대는 대체로 4세기 중엽에서 5세기 중엽에 해당하며, 말기 벽화는 벽면에 직접 그림을 그리며, 사신도가 주요 제재임.

장군묘는 벽화 내용이 장식문 위주로 인물·산수의 화법이 보이지 않고 연화만 그려져 있음. 연화문은 불교와 관련되나 아직 불교와 유관한 도안이 직접 그려져 있지 않아 불교가 처음 보급되는 단계로 보임. 문헌에는 소수림왕 2년(372)에 불교가 고구려에 전파되었다고 하므로, 장군묘는 고구려 중기보다 조금 앞서는 시기로 비정하는 것이 합당함.

장군묘와 같은 봉토석실묘는 고구려 후기의 고분 형식으로 대체로 4세기에 출현하여 5세기에 성행함. 특히 장군묘와 같은 구조는 무용총, 각저총, 집안 통구 산성하332호묘 등이 대표적임. 무용총의 벽화에는 장천2호묘와 미창구장군묘의 측시연화와 유사한 도안이 있음. 이들 고분의 연대는 모두 4세기임.

이상의 내용을 종합해보면, 환인 미창구 장군묘의 조성연대는 4세기 말에서 5세기 초에 해당함. 다만, 장천2호묘은 구조와 벽화 내용, 부장유물과 출토 기와들을 종합해 볼 때 4세기 말이나 5세기 초로 보기 어려운 점이 있음.

2) 벽화의 의의

(1) 장식무늬 화법

장군묘는 耳室을 제외하고 주실 전체를 연화로 장식함. 연화는 측시연화로 이런 장식무늬 위주의 화법은 비교적 단조로우며 파악이 쉽지 않고, 일정 회화 수준에서 그리기 어렵지 않음. 그러나 전체 화면에서 본다면 배치가 합리적이고 구조가 정연한데 천장 고임부의 측시연화는 가로·세로, 좌·우 모두 열을 이룬 장식무늬 위주의 화법으로 지금까지 드문 사례임.

(2) 불교적 세계관 : 연화문

장군묘 벽화의 주제인 연화문는 당시 고구려인의 불교 숭배와 관련됨. 불교가 고구려에 전파된 후 왕족 및 귀족을 거쳐 민간에까지 영향을 미쳤음을 시사함. 특히 장군묘 묘실 안 전체를 연화로 장식한 것은 묘주인의 불교 신앙과 숭배를 반영한 것으로 이는 불교가 당시 사회에서 성행했던 사실을 보여줌. 중국내 고구려 벽화고분 20여 기 가운데에 연화가 표현된 것은 16기로 장군묘 이외에 집안 무용총, 장천1호묘, 오회분4호묘 등이 있음.

묘실 천정 고임돌의 변형연화는 화염문과 같고 물결이 움직이는 듯한 형상으로, 바닥부는 개구리 발과 같은데 둘씩 서로 붙어 있음. 이런 연화 도안 역시 벽화에서 최초로 발견되어 벽화예술에 신자료를 제공함.

(3) 묘주의 신분과 중원문화의 영향 : 용무늬·流雲王字 도안

○ 용무늬 : 묘실 네 벽에는 들보가 그려져 있는데, 그 위의 용무늬장식은 이전의 벽화에서 볼 없는 최초의 예로, 고구려에서도 용의 형상과 그 의미에 대해 이미 이해하고 있던 것을 보여줌. 중원지구에서 용의 형상은 비교적 일찍 출현하는데 용은 富貴·吉祥·神權 등을 대표하며, 용의 형상은 더욱 복잡해지고, 제왕에게 독점되어 권력의 상징이 됨. 묘주가 고구려왕과 일정한 관계를 가졌다고 짐작케 함.

○ 流雲王字 : 고임돌의 하부와 이실 안의 流雲王字 도안은 장천2호묘 벽화에서 이미 발견되었음. 이 유운왕자 도안은 權貴를 상징하는데 王字 역시 묘주의 특수한 신분과 지위를 보여주는 사례로, 장군묘 봉토는 高大하여 묘주인의 권세와 특수한 신분을 보여줌.

(4) 죽음에 대한 인식 : 장고무늬

용무늬 사이의 장고형 도안은 최초의 예이며, 가장 이른 시기의 장고 형상으로 오늘날 한국 악기인 장고와 유사함. 『北史』 고려전에 고구려인이 사후 장례를 지낼 때 "鼓舞以作樂 以送之" 하는 습속이 있다는 기록과의 연관성을 찾아 볼만함.

3) 고분의 피장자

○ 장군묘는 규모가 크고, 구조는 빈틈없고, 제작은 정밀함. 묘실벽은 모두 가공을 거친 대석으로 축조하였고, 두 관대 역시 온전한 대석을 가공하여 만들었음. 부장품은 적으나 대다수가 금동기임. 이로 미루어 묘주는 적어도 왕족·귀족의 일원일 것임.

○ 武家昌·梁志龍·王俊輝, 2003 : 『삼국지』 고구려전에 의하면, 206년 이이모와 발기의 왕위쟁탈과정에서 이이모가 왕위에 오르자 발기는 公孫康에 내투하였다가 돌아가 비류수가에 머물었다는 기록과 결부시켜 묘주를 국내(집안)에서 졸본(환인)으로 옮겨간 발기세력과 유관하다고 추정함.

○ 任傳興, 1994[7] : 장군묘를 2차 遷葬한 주몽과 왕후의 합장묘로 파악.

○ 寧會學, 2004a : 장군묘의 피장자를 고국양왕 부부로 비정. 장군묘는 연화문벽화로 고분벽화의 내용에 따른 시기구분상 대략 370~380년에 해당되며 이 시기는 소수림왕과 고국양왕대로, 고구려왕의 시호는 장지명을 따르고 있는데, 여러 왕들에게서 보이는 '故國'이란 시호 역시 '고국'이란 장지에 의해 붙여진 것임. 즉 '고국'은 고구려의 첫번째 수도를 지칭한 표현으로 오늘날 환인지역으로, 장군묘 건축시기 '고국'이란 장지명 시호를 가진 '고국양왕'이 장군묘의 묘주라고 주장함.

4) 수공제작술과 고분제작술의 발달

○ 수공업제작술 : 장군묘에 부장된 금동장식류(鎏金銅飾件), 細如蠶絲의 金線, 대량의 철제공구 등은 고구려의 수공제작·야철단조 기술의 발전과 경제상황을 보여줌.

○ 분구 축조술 : 봉토분구가 지금까지 원형을 유지하고 있는 것은 고구려인이 건축 방면에서 상당한 수준의 기술에 이르렀던 사실을 보여줌. 묘실 외부를 거석으로 보강하고 목탄·백회·진흙 등으로 깔은 방수시설, 황토 모래로 다져 지표면의 수분과 토사가 유실되지 않도록 하였으며, 봉토 동쪽과 북쪽의 부석시설은 묘실을 보강과 함께 종교와 예속 방면의 의미를 내포함.

---

[7] 任傳興, 1994, 「高句麗先都考」, 『滿族研究』 1994-4 ; 寧會學, 2004, 「桓仁米倉溝將軍墓墓主考」, 『博物館研究』 2004-3, 23쪽 재인용.

5) 매장습속

○ 홀수 관련 습속 : 장군묘에서 황색 시유사이호(黃釉四耳展沿罐) 3점이 출토된 것이 3이라는 홀수 조합을 보여주는 사례로 고구려 장속의 하나인지 살펴볼 여지가 있음.

○ 공덕비 : 장군묘 남부 봉토 중에 묘실 벽에 바짝 붙어서 장대석(大條石)이 발견되었고, 하부에는 뒤집어진 靴形石 및 方孔을 지닌 판석이 확인됨. 이는 묘주 후손이 묘주에게 비를 세워 공덕을 노래하기 위해 준비했으나 어떤 이유로 글자를 새기지 못하고 흙 속에 묻었던 것으로 보임. 봉토 속에서 출토된 화형석은 고구려 장속의 일종으로, 장군묘 부근 5호묘의 연도 입구(墓道口)에서도 화형석이 확인됨. 다만 1호묘에 비해 가공이 비교적 거칠음.

○ 배장묘 : 장군묘 주위의 소형묘들이 장군묘의 주위를 둘러싸고 분포한다는 점에서 장군묘의 배장묘로 보임. 배장묘는 장군묘와 동일시기 또는 장군묘보다 늦은 시기임. 배장묘는 刀形墓(6·7호)와 鏟形墓로 나뉨. 도형묘와 산형묘는 시기의 선후관계를 가진다고 봄. 소형묘는 두 기씩 짝을 이루고 있음(6·7호묘, 11·12호묘, 2·3호묘).

참고문헌

- 三上次男, 1946, 「桓仁調査行記 - 高句麗の遺跡を尋ねて」, 『民族學硏究』 3-1 ; 1990, 「東滿風土雜記 - 高句麗の遺跡を尋ねて」, 『高句麗と渤海』 재수록.
- 桓仁滿族自治縣文物志編纂委會, 1990, 『桓仁滿族自治縣文物志』.
- 武家昌·魏運亨, 1992, 「桓仁發現高句麗壁畵大墓」, 『中國文物報』 9 ; 李殿福 著, 車勇杰·金仁經 譯, 1994, 『中國內의 高句麗遺蹟』 재수록.
- 武家昌, 1993, 「遼寧桓仁高句麗壁畵墓」, 『中國文物報』 18.
- 辛占山, 1993, 「桓仁米倉溝高句麗"將軍墓"」, 『東北亞文明的源流的考古學硏究』.
- 劉伊丹, 1994, 「淺談桓仁米倉溝高句麗將軍墓壁畵」, 『遼海文物學刊』 1994 副刊.
- 武家昌, 1994, 「桓仁米倉溝將軍墓壁畵初探」, 『遼海文物學刊』 1994-2.
- 李春琴·孫雪蓮, 2000, 「桓仁高句麗壁畵」, 『高句麗歷史與文化』.
- 전호태, 2000, 『고구려 고분벽화 연구』, 사계절.
- 武家昌·梁志龍·王俊輝, 2003, 「桓仁米倉溝高句麗壁畵墓」, 『遼寧考古文集』.
- 寧會學, 2004a, 「桓仁米倉溝將軍墓墓主考」, 『博物館硏究』 2004-3.
- 寧會學, 2004b, 「桓仁米倉溝將軍墓所葬何人」, 『東北史地』 2004-4.
- 國家文物局 主編, 2009, 『中國文物地圖集』 遼寧分冊, 西安地圖出版社.

15 환인 대청구고분군
桓仁 大靑溝古墳群

1. 조사현황

관련 내용 없음.

2. 위치와 자연환경(그림 1 ~ 그림 2)

○ 桓仁縣 普樂堡鎭 大靑溝村 동북 500에 위치.
○ 동쪽으로 약 3km 거리에 普樂堡鎭이 위치.
○ 서남으로는 작은 길이 있음.
○ 북쪽 500m 지점에는 雅河가 서쪽에서부터 동쪽으로 완만하게 고분군을 둘러싸고 있음.
○ 桓仁 - 寬甸 간의 도로가 바로 인접해 고분군 남쪽을 통과함.

3. 고분군의 현황

1) 고분군 현황

○ 고분군은 대부분 작은 하천의 연안을 따라 분포하는데 점유 면적은 약 1만 m²임.
○ 현지인들에 의하면 1950년대 초기에는 수백여 기가 분포하였고, 고분군에는 수목이 무성하였다고 함.
○ 농경지 개발로 인해 고분 대다수가 파괴되고 고분 18기만 잔존함. 비교적 온전한 고분은 몇 기에 불과하여 어떤 고분은 불완전한 묘광만이 남아 있었고, 묘광 안도 개간되어 작은 토지가 되기도 함.

2) 고분 형식별 분포상황

(1) 방단적석묘

○ 보존상태가 비교적 양호한 것은 매우 드물고 형식을 판별할 수 있는 몇 기를 제외하면 모두 파괴된 상태임.
○ 고분 기단은 비교적 커다란 강자갈(鵝卵石)로 축조했는데 돌 표면은 가공하지 않았으나 매끈함. 커다란 강자갈(鵝卵石)은 부근의 작은 하천과 조금 먼 거리의 雅河에서 채집하였을 것으로 추정됨.
○ 고분 평면은 방형 또는 장방형으로 둘레 길이 10m 정도이며, 고분 위에는 방단에 쓰인 것보다 좀 더 작은 자갈(鵝卵石)이 사용되었는데, 현재 거의 남아 있지 않음.

(2) 방단계제적석묘

○ 현재 3기가 비교적 온전한 형태로 모두 고분군 남부에 위치하며 도로와 인접하는데 이들 고분은 2단의 계단으로 이루어졌음. 제2단은 제1단에 비해 1 ~ 2m 들여쌓음.
○ 축조방법을 보면, 지면을 평평하게 깎고 비교적 커다란 괴석으로 네 면에 기단을 축조한 후에 기단 내부를 돌로 메워 1단의 평평한 대를 만들고 제1단 평대 위에 다시 작은 제2단 평대를 축조함.
○ 묘실 바닥은 일반적으로 제1단 상면을 이용하고, 묘

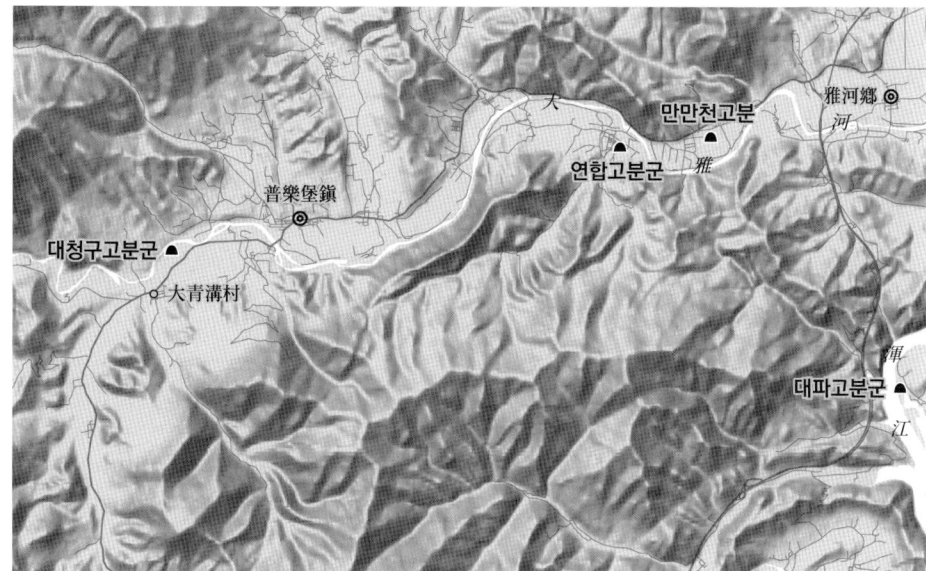

그림 1
대청구고분군 위치도

그림 2 대청구고분군 주변 지형도(滿洲國 10만분의 1 지형도)

실은 대다수 제2단 평대 안에 조성됨.
○ 분구는 자갈(礫石)로 봉함.

4. 고분별 현황

1) 대청구1호묘
○ 위치 : 고분군 남단에 위치.
○ 유형 : 방단계제적석묘.
○ 평면 : 방형.
○ 구조 : 제1단은 길이 10m, 너비 9.7m, 높이 0.8m. 제2단은 길이 6.4m, 너비 6.4m, 높이 1.5m(봉석 포함)임. 계단 사면 둘레는 모두 가공을 거친 巨石으로 축조함.

2) 대청구2호묘
○ 위치 : 고분 형식이 기본적으로 제1호묘와 유사.
○ 유형 : 방단계제적석묘.
○ 평면 : 장방형.
○ 구조 : 제1단은 길이 11.6m, 너비 9m, 높이 1m이며 제2단은 들여쌓기 하여 계단 내부가 1m 정도로 줄어듦. 계단은 서쪽은 이미 파괴되어 불분명하고 동쪽은 보존이 양호하여 관찰이 가능함.

5. 역사적 성격

○ 대청구고분군은 환인지구의 중요한 고분군 가운데 하나임.
○ 방단계제적석묘는 환인지구에서는 드문 무덤 형식으로, 유적 부근에서 모래 섞인 조질의 홍갈색토기편(夾沙紅褐陶片)과 점토질 흑색토기편(泥質黑陶片)이 채집되었지만, 묘실 구조와 부장품은 모두 불분명함.
○ 방단계제적석묘의 유행 연대는 약 4세기이므로, 고분 형식으로 미루어 고분군 연대는 4세기 전후로 추측됨.

참고문헌
- 桓仁滿族自治縣文物志編纂委會, 1990, 『桓仁滿族自治縣文物志』.
- 國家文物局 主編, 2009, 『中國文物地圖集』 遼寧分冊, 西安地圖出版社.

16 환인 사도령자고분군
桓仁 四道嶺子古墳群

1. 조사현황

관련 내용 없음.

2. 위치와 자연환경(그림 1)

○ 고분군은 桓仁縣 二棚甸子 四道嶺子村에 위치.
○ 환인-이붕전자 도로를 따라 동쪽 약 12km에 작은 산이 있고, 그 산기슭 아래 사도령자촌이 위치.
○ 고분군 남쪽으로 약 3.5km 거리에 二棚甸子가 위치.

3. 고분군의 현황

○ 사도령자촌 서쪽의 경작지 안에 고분 몇 기가 분포.
○ 남북 양쪽에 있는 소하천이 마을 동북 지점에서 혼강댐으로 유입.
○ 현지인들에 의하면 해방 초기에는 고분군이 형성되어 있었다고 하나, 현재는 5기의 고분만 확인됨. 3기의 고분은 심하게 파괴되어 형식 판별이 불가능. 2기의 고분은 보존상태가 비교적 양호함.

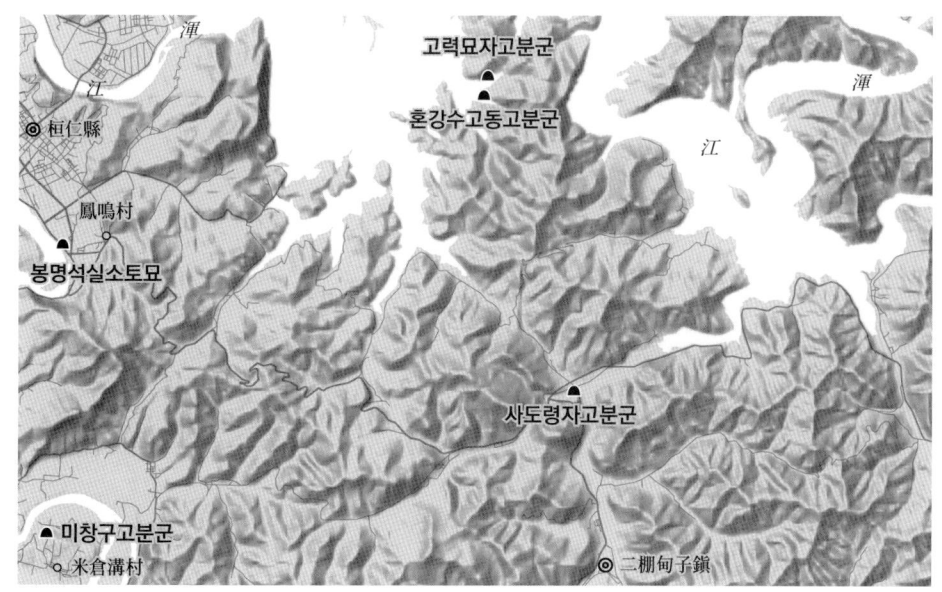

그림 1
사도령자고분군 위치도

4. 고분별 현황

1) 사도령자1호묘
- ○ 위치 : 고분군 최동단의 마을 서남 논 사이에 위치.
- ○ 유형 : 방단적석석실묘.
- ○ 평면 : 원형.
- ○ 고분 규모 : 길이 5.3m, 너비 4.7m, 높이 1.5m.
- ○ 구조 : 기저부는 큰 돌로 축조했고 서면을 제외하고는 대다수 결실됨. 분구 정상에 약간 남쪽의 두꺼운 대형 판석이 묘실 천정을 덮은 뚜껑돌로 추정됨.

2) 사도령자2호묘
- ○ 위치 : 제1호묘과 약 150m 떨어진 거리의 마을 서쪽, 논으로 둘러싸인 곳에 위치.
- ○ 유형 : 방단적석석실묘.
- ○ 평면 : 방형.
- ○ 규모 : 길이 7m, 너비 6.5m, 높이 2.5m.
- ○ 구조 : 무덤 기저부 주위는 거석으로 기단을 구축했으나 불규칙한 방형으로 훼손이 심함. 기단 위에는 碎石과 강자갈(鵝卵石)로 봉하여 丘狀을 이룸. 고분 최정상부에 장방형의 두꺼운 커다란 판석이 노출되었는데 규모가 길이 1.9m, 너비 1.6m, 두께 0.6m임. 분구 정상부에 노출된 석판 아래로 약 30cm의 틈이 있는데, 그 틈 사이로 양쪽에 커다란 돌을 층층이 쌓아 올린 것이 보임. 즉, 매장부는 돌을 층층이 쌓아 조성한 석실로 추정됨.

5. 역사적 성격

보고자는 사도령자고분군의 1호묘 및 2호묘의 연대를 대략 고구려 초중기 또는 중기에 해당하는 4세기 전후로 비정함. 그러나 이 두 고분은 방단적석석실묘로, 4세기 이후에 석실이 매장부로 유행한 점을 미루어 고구려 초기의 고분군이라고 단정하기 어려움.

참고문헌
- 桓仁滿族自治縣文物志編纂委會, 1990, 『桓仁滿族自治縣文物志』.
- 國家文物局 主編, 2009 『中國文物地圖集』 遼寧分冊, 西安地圖出版社.

17 환인 천리고분군
桓仁 川里古墳群

1. 조사현황

1980년 4월 제1차 文物普查 당시 발견.

2. 위치와 자연환경(그림 1)

○ 고분군은 桓仁縣 鏵尖子鎭 川里村 동쪽 360m에 위치.
○ 천리-환인 간의 도로에 인접해 있고, 이 도로가 고분군 남쪽을 통과.
○ 고분군 동쪽 약 6km에는 화첨자진, 서쪽 360m 거리에는 천리촌이 있으며, 북쪽에는 老營溝門, 남쪽에는 川里河가 있음.

3. 고분군의 현황

○ 고분군은 老營山 아래 완만한 비탈지에 고분이 분포.
○ 고분군은 발견 당시 이미 파괴를 당해 일부 고분은 형식이 불분명한 상태.
○ 주위 산지는 모두 개간에 의해 파괴되고 농지로 변경.
○ 현재 총 9기의 고분이 확인되며, 이외에 무너져 내린 쇄석무지(碎石堆)가 약간 확인되는데, 원래는 고분

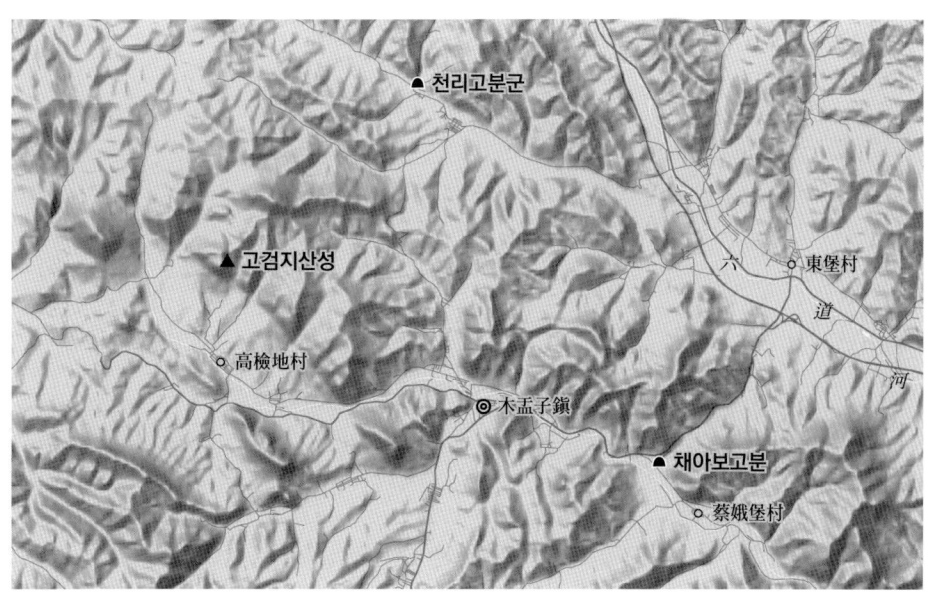

그림 1
천리고분군 위치도

이었을 것으로 추정.

○ 고분군은 대다수 적석묘이나, 고분 주위에 여러 개의 커다란 돌(巨石) 흔적이 있는 것을 보면, 본래 방단이나 계단 적석묘도 있었을 것으로 추정.

○ 그 가운데 독특한 고분 1기 확인되는데 양측에는 각기 거석이 세워져 있고 상부에는 비교적 두꺼운 판석 1매가 덮여 있는데 이 판석은 앞이 높고 뒤가 낮은 경사진 상태임. 거석과 판석 사이를 돌로 층층이 쌓았으며, 무덤 안은 자갈(礫石)로 메우고 蓋頂 역시 자갈로 봉하여 石棚과 흡사한 형태이나 본래 파괴된 적석묘로 추정됨. 묘실 외벽은 방형으로 길이 2m, 너비 2m, 높이 1.5m임.

4. 역사적 성격

천리고분군은 환인지구의 고분군 가운데 가장 서북쪽에 위치한 적석묘 고분군임. 노출된 석실로 미루어 볼 때 무덤 외형은 원래 방단 또는 계단이 있었을 것으로 추정됨. 적석묘의 축조방식으로 미루어 볼 때 그 연대는 기원 3~4세기로 비정됨.

참고문헌

- 桓仁滿族自治縣文物志編纂委會, 1990, 『桓仁滿族自治縣文物志』.
- 國家文物局 主編, 2009, 『中國文物地圖集』遼寧分冊, 西安地圖出版社.

18 환인 대황구고분군
桓仁 大荒溝古墳群

1. 조사현황

1980년 11월에 本溪市·桓仁縣文物普査隊가 최초로 발견한 이래, 여러 차례 조사가 진행됨.

2. 위치와 자연환경(그림 1 ~ 그림 2)

○ 고분군은 桓仁縣 拐磨子鎭 大荒溝村 동쪽에 위치.
○ 대황구 북쪽 7km 거리에 괴마자진이 위치.
○ 작은 하천이 마을 안을 지나 大荒溝門을 거쳐 북으로 흐르는 부이강으로 유입됨.

3. 고분군의 현황

1) 위치
○ 마을 동쪽의 비탈에 30여 기의 고분이 분포함.
○ 고분은 산비탈 아래쪽의 평지를 따라 가로 방향으로 펼쳐짐.

2) 규모
○ 고분군 범위는 길이 약 150m, 너비 50m, 점유면적 7,500m²임.

3) 고분 형식에 의한 분류
○ 소형 적석묘 : 다수. 일반적으로 규모는 길이 3 ~

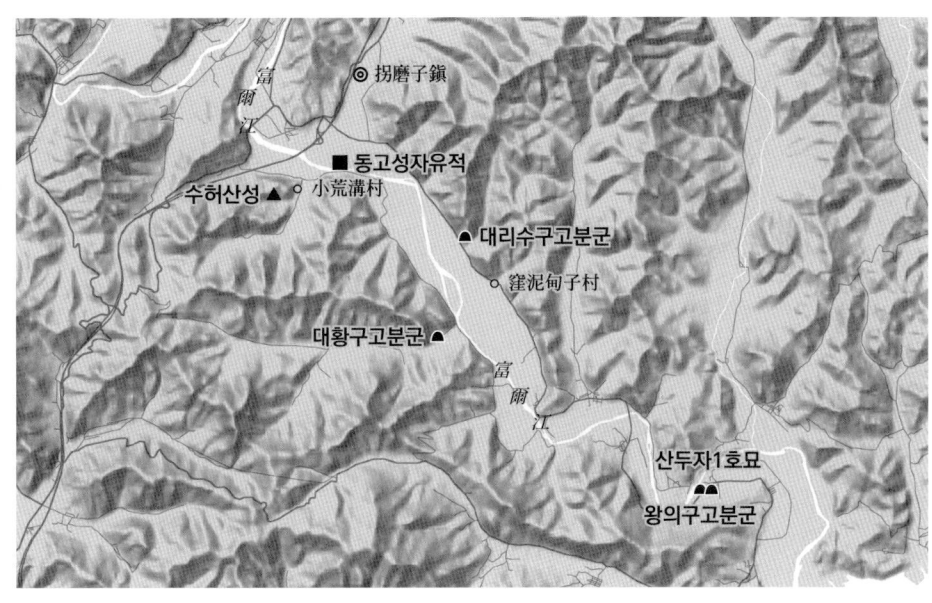

그림 1
대황구고분군 위치도

그림 2 대황구고분군 주변 지형도(滿洲國 10만분의 1 지형도)

4m, 너비 2m, 잔존 높이 1∼1.5m이며 평면은 타원형 또는 원형임. 고분 위 적석은 대다수 강자갈(鵝卵石)과 碎石을 사용함.
○ 방단적석묘 : 소량. 기단에 사용된 커다란 돌(巨石)들은 대부분이 이탈하여 일부 남아 있는 돌들로 고분 형식을 추정해보면, 규모는 작은 편으로 둘레 길이가 10m를 넘지 않고 대다수 5∼7m 사이에 해당함.

으로 보존상태는 양호한 편임.
○ 적석묘는 비교적 일찍 출현하여 장기간 사용되었으므로 연대를 알 수 없음.
○ 규모가 작은 무덤은 일반적으로 신분이 비교적 낮은 평민의 고분으로 인식하고 있으므로, 사도령자고분도 이에 해당됨.

4. 역사적 성격

○ 현황 : 대황구고분군은 과거에 이미 파손되어 마을 주택과 돌담장의 석재로 이용되기도 하였으나 전반적

참고문헌

· 桓仁滿族自治縣文物志編纂委會, 1990, 『桓仁滿族自治縣文物志』.
· 國家文物局 主編, 2009, 『中國文物地圖集』 遼寧分冊, 西安地圖出版社.

19 환인 대파고분군
桓仁 大把古墳群

1. 조사현황

관련 내용 없음.

2. 위치와 자연환경(그림 1~그림 3)

(1) 고분군 위치
- 向陽鄕 和平村 서쪽 500m에 위치.
- 동쪽 20m 지점에서 가로 방향의 구릉이 점차 융기하며, 구릉 정상부는 비교적 평탄하여 경지로 사용함. 고도는 약 5~8m임.

(2) 고분군 주변 환경
- 서남쪽으로 6.5km 거리에 向陽鄕, 북쪽으로 약 14km 거리에 환인현이 있음.
- 혼강이 북쪽에서 흘러와서 고분군 서쪽을 남류하여 흘러감.

3. 고분군의 현황

1) 고분군 범위
- 환인지구에서 비교적 넓은 범위에 고분이 밀집한 고분군에 해당함.

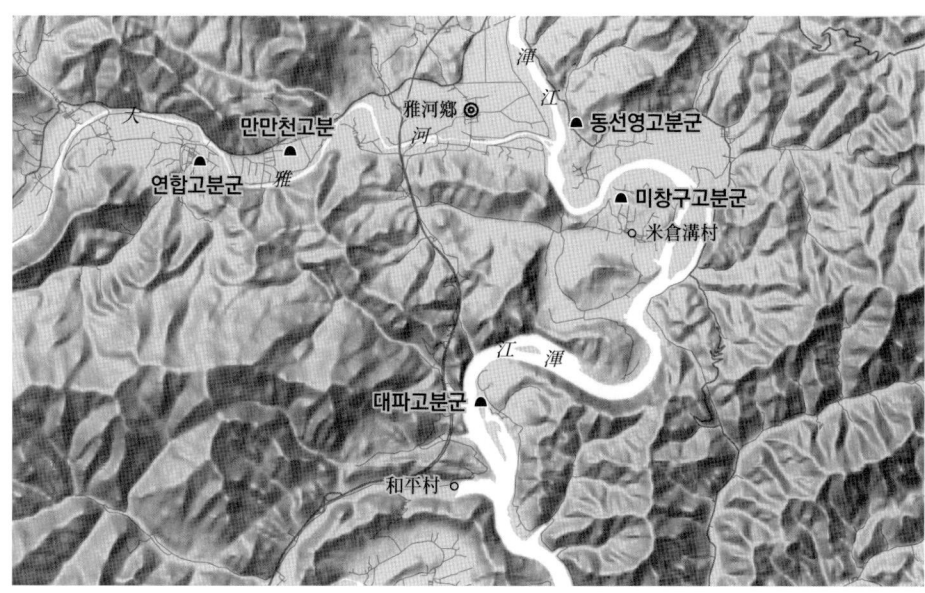

그림 1
대파고분군 위치도 1

그림 2 대파고분군 주변 지형도(滿洲國 10만분의 1 지형도)

그림 3 대파고분군 위치도 2

○ 고분군 범위는 길이 275m, 너비 50m임.
○ 초기 통계에 의하면 대략 80여 기 고분이 확인됨.

2) 고분군 분포

① 방단적석연접묘 다수 분포
○ 고분군은 대다수가 2열 종행의 방단적석연접묘이며, 기본적으로 남북 방향으로 배열되어 있음. 평행한 2열이 남북 방향으로 줄지어 있고 그 사이에 단독 고분이 극소수 산재해 있음.

○ 2열의 고분은 질서 정연하고 열과 열 사이의 간격은 2.5m 정도임.
○ 가장 큰 고분은 모두 중앙에 위치.

② **방단적석묘의 양상**
○ 각 고분은 절대다수가 방단적석묘인데 평면은 방형으로 한 변 길이 6m 정도. 큰 고분은 한 변 길이 10m임.
○ 기단은 모두 가공한 方形 巨石과 장대석(石條)으로 축조했는데 모두 화강암으로 보통 길이 1.2~1.m, 너비 1m, 두께 0.3~0.4m임.
○ 한 고분 사례를 보면, 장대석으로 축조한 길이가 10m에 달하는 대형고분임. 그 중 장대석 하나는 길이 2.6m, 너비 0.6m, 두께 0.5m로 비교적 정연하게 가공됨.
○ 분구돌은 강변에서 채집된 강자갈(鵝卵石)을 사용했으며, 대다수 무덤의 적석은 남아 있지 않고 기단만 남음.
○ 소수 무덤은 위에 돌과 흙을 섞어 봉하였는데 보통 잔존 높이 1~1.5m 정도임.

③ **대석개적석묘**
고분군 북단에 大石蓋墓 1기가 있는데 石蓋는 대략 지면보다 높으며, 평면은 원형으로 직경 2.6m, 두께 0.36m임.

④ **석재 채취지**
고분군의 혼강 맞은편에 1개 산봉우리가 있는데 여기서 화강암이 생산됨. 고분 기단에 사용된 거석은 이 산에서 채취된 것으로 추정.

⑤ **고분군 내의 기타 유적**
고분군 남부의 한 곳이 유적일 가능성이 제기되는데 이곳은 현재 回龍水庫에 의해 수몰된 상태임. 현지인들에 의하면 과거 많은 돌절구 등의 유물이 발견되고 집으로 가져가기도 했다고 함.

⑥ **현황**
대파고분군은 마을로부터 비교적 가깝고 여러 해에 걸쳐 마을에서 집을 짓고 담장을 쌓을 때 고분 돌을 사용하면서 심하게 파괴됨.

4. 역사적 성격

○ 고구려 고분의 편년 연구에 따르면, 방단적석묘의 유행한 시간은 비교적 길음. 상한은 東漢 초년보다 늦지 않으며, 하한은 4세기 때까지임.
○ 종행으로 연접된 연접묘(串墓)를 볼 때, 가족공동묘로 추정됨.

참고문헌
- 桓仁滿族自治縣文物志編纂委會, 1990, 『桓仁滿族自治縣文物志』.
- 國家文物局 主編, 2009, 『中國文物地圖集』 遼寧分冊, 西安地圖出版社.

20 환인 대전자고분군
桓仁 大甸子古墳群

1. 조사현황

관련 내용 없음.

2. 위치와 자연환경 (그림 1~그림 2)

○ 고분군은 桓仁縣 四道河子鄕 大甸子村 북쪽에 위치.
○ 대전자촌 灣溝子屯 사이의 충적대지 위에 끼어 있으며 대전자촌과 약 1km 떨어져 있음.
○ 고분군의 지세는 비교적 평탄하며, 동쪽에는 농지가 있음.
○ 고분군에는 높이 솟은 고압전선탑이 있음.

3. 고분군 현황

1) 고분 수량
총 14기 고분이 비교적 집중적으로 분포함.

2) 고분 형식
○ 고분의 외부형태를 보면 모두 봉토묘로 추정됨. 정상부 봉토는 대부분 파헤쳐졌고, 묘실 상단을 덮은 장대석이나 판상석이 다수 옮겨져서 묘실이 노출된 상태임.
○ 원구상 봉토묘 1기가 확인되는데 바깥지름 6~8m, 높이 약 1.5m임.

3) 묘실 벽의 축조방식
○ 묘실 벽은 장대석(石條), 판상석, 큰 돌로 축조함. 장대석과 큰 돌을 층층이 쌓아올려 축조하거나 판석을 세워 쌓거나, 돌들을 층층이 쌓고 판석을 세우는 등 다양한 축조 방식이 보임.
○ 묘실 상면에는 한 개 또는 여러 개의 커다란 판상석을 덮었음.

4) 연도(墓道)
묘실 남쪽에는 연도가 설치됨.

5) 묘실 분류
묘실은 지하 또는 반지하에 위치하여 일부 묘실에는 지하수가 침투함.

(1) 묘실 수에 의한 분류
○ 이실묘 : 묘실 벽은 커다란 돌을 층층이 쌓고, 장방형 묘실 중간에 격벽을 두어 두 개의 방으로 구획하였는데 1기만 확인됨.
○ 단실묘 : 대부분의 고분은 단실묘임.

(2) 고분 평면에 의한 분류
○ 刀形 고분(치우친 연도 고분) : 묘실은 장방형으로 길

그림 1
대전자고분군 위치도

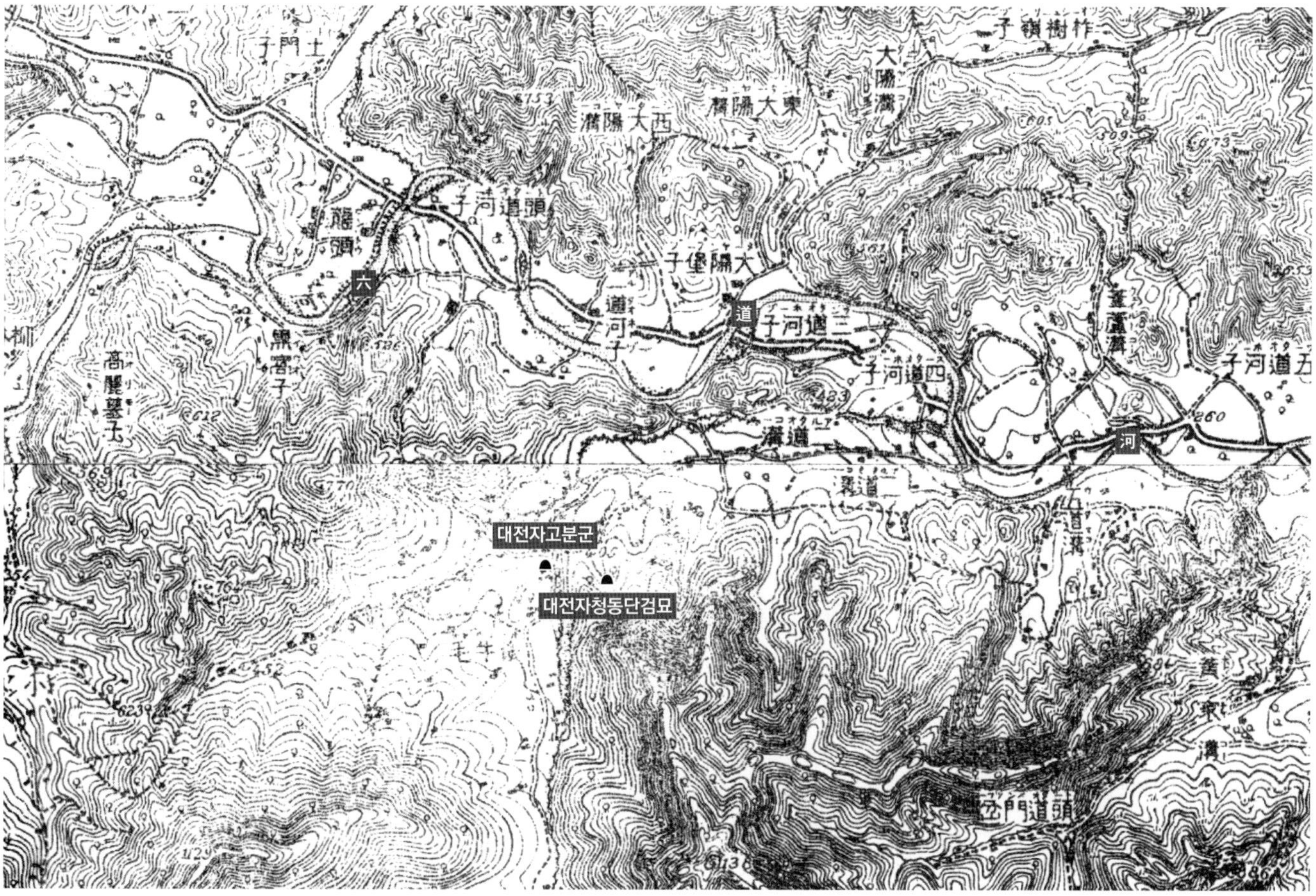

그림 2 대전자고분군 주변 지형도(滿洲國 10만분의 1 지형도)

이 1.56m, 너비 1.4m, 깊이 0.7m임. 서벽은 2개의 커다란 장대석을 위아래로 쌓고, 동벽과 북벽은 板石을 세워 축조함. 상부 판석은 원래 2~3개로 덮여 있었을 것으로 추정되나 현재는 남단에 1개 판석만 남아 있음. 묘도는 남벽 서측에 위치하는데 규모는 길이 0.8m·너비 0.6m임.

○ 鏟形 고분(중앙 연도 고분) : 묘실은 근방형으로 길이 2.2m, 너비 2m, 깊이 약 1m임. 묘실 네 벽은 층층이 쌓고 정상부는 抹角조정임. 묘도는 남벽 중앙부에 위치하는데 규모는 길이 0.9m·너비 0.7m임.

○ 長方形 고분(횡구식 고분) : 구조는 간단. 뒤는 넓고 앞은 좁으며, 비교적 긺. 묘실 벽은 할석으로 축조했는데 남쪽에는 壁石이 없이 좁아지고 있어 묘도와 유사하며, 규모는 길이 2m, 북쪽 길이 1m, 남쪽 길이 0.5~0.7, 깊이 0.5m임.

4. 역사적 성격

○ 구조 : 대전자고분군은 모두 봉토묘로 봉토석실묘 또는 봉토동실묘로 분류될 수 있음. 이러한 형식의 고분은 환인 고력묘자고분군, 집안 통구고분군 및 노호초고분군 등에서 발견되며, 동시에 일정 수량의 유물이 출토된 바 있음.

○ 연대 : 봉토묘는 고구려시대에 비교적 늦게 출현한 고분 형식임. 소형 봉토석실묘는 계속 사용된 시간이 장구하며, 발해시기에도 사용됨. 그러나 長方形 고분은 도형과 산형의 고분에 비해 이른 시기에 해당되며 상한은 兩晋시기로 비정됨. 하지만 장방형 무덤이 고분의 시간적 위치를 확정시켜 주는 것은 아니며, 적석묘도 일부 혼재하고 있으므로 고분군의 정확한 연대는 확실히 알 수 없음.

참고문헌

- 桓仁滿族自治縣文物志編纂委會, 1990, 『桓仁滿族自治縣文物志』.

21 환인 대전자서고분군
桓仁 大甸子西古墳群

1. 조사현황 : 2003년 조사

○ 조사기관 : 遼寧省文物考古硏究所.
○ 조사기간 : 5~7월.
○ 조사내용 : '東水西調' 프로젝트를 위한 발굴로 고분 6기를 발견하고 HDM1~HDM6으로 편호함.

2. 위치와 자연환경(그림 1)

○ 환인진 대전자촌 劉家大院屯 서북에 위치.
○ 고분군 북·서쪽에는 육도하의 지류인 牛毛河가 흐르고, 우모하 건너편은 대전자 北山이고, 남쪽은 前山임. 해당 지역은 산골짜기 지형으로 북·서·남의 산들로 둘러싸이고, 동쪽은 탁 트인 산 입구임.

3. 고분군의 현황

고분 6기를 확인했는데 M1~M5는 봉토석실묘이고 M6은 적석묘임.

1) 적석묘(M6)

자갈(卵石) 무지 속에서 판상석재 3매가 남아 있는데 동서로 놓여 있어 장방형으로 추정됨. 판상석재 3매는 북부에 1매, 남부에 2매가 있었으며, 남부 서측의 판상석은 누워 있었고 동측의 판상석은 세워져 있었으며, 판상석 아래에는 자갈(卵石)이 있었음. 심하게 도굴당해 인골 및 부장품이 보이지 않았음. 발굴 당시 무덤 안에 채워진 흙 속에서 모래 섞인 조질의 갈색토기편(夾沙褐陶片) 3점을 발굴하였는데 이 토기편 위에는 두 줄의 선문 및 乳釘式 꼭지(鈕)가 있어 시대는 비교적 이른 편으로 추정됨.

2) 봉토석실묘(M1~M5)

M3~M5는 단실묘이고, M1 및 M2는 이실묘임. 단실묘는 판석으로 장방형 또는 방형의 묘실을 조성하고, 묘도는 남벽의 동쪽에 치우쳐 있으며, 묘실 벽 위에는 거석을 덮어 천정을 만듦. 이실묘는 큰 돌로 조성했는데 단실묘와 구조는 유사함. 묘도 및 묘실 중간에 석재로 격벽을 쌓아 묘실과 묘도를 양분했으며, 천정석은 보이지 않으며, 묘도는 비교적 큰 자갈(卵石)로 막았고 주위에는 흙을 쌓아 분구를 만듦.

4. 역사적 성격

1) 적석묘(M6) 연대

해당 무덤의 입지 및 3매의 판상석만이 보이는 정황 근거와 부근 청동단검묘에서 일찍 청동단검 및 燕 명도전 등이 출토되었다는 사실을 볼 때, 적석묘 6호묘는 청동단검묘와 같은 戰國시기로 비정 가능함.

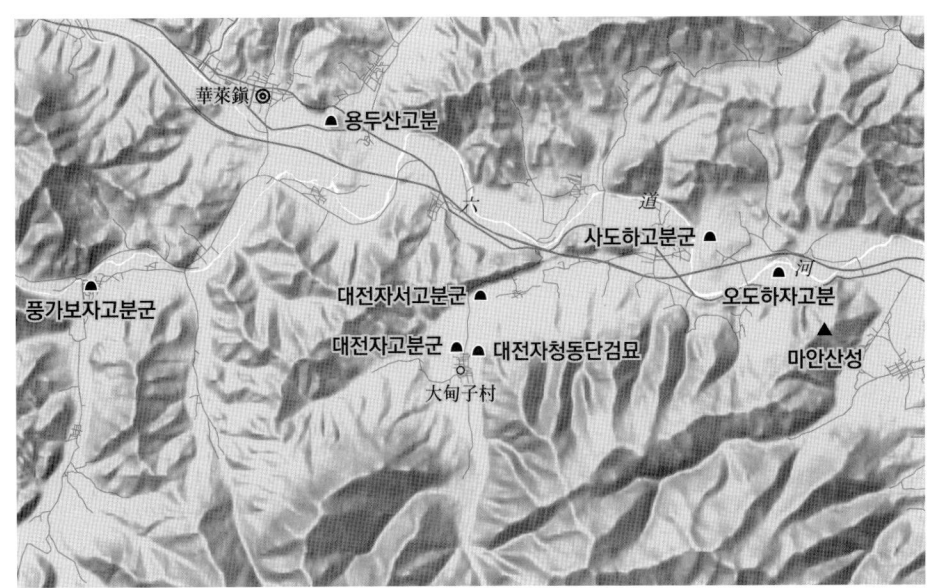

그림 1
대전자서고분군 위치도

2) 봉토석실묘(M1~M5) 연대

이 5기 고분은 초기에 도굴당하고 현대 파괴당해 어떤 부장품도 보이지 않고 인골 역시 보이지 않음. 다만 무덤 형식에 의해 고구려 중기에 조성된 것으로 추정함.

참고문헌

- 梁振晶, 2005, 「桓仁縣大甸子靑銅時代及高句麗時期墓地」, 『中國考古學年鑒』 2004.
- 國家文物局 主編, 2009, 『中國文物地圖集』 遼寧分冊, 西安地圖.

22 환인 풍가보자고분군
桓仁 馮家堡子古墳群

1. 조사현황[1]

1) 2006년 조사
○ 조사기관 : 遼寧省文物考古硏究所, 本溪市博物館, 桓仁縣文物局.
○ 조사기간 : 9~11월.
○ 조사내용 : 총 10기의 고분을 발굴함.[2] 석개묘 2기(2區 M7, M8), 적석석개묘 4기(1區에 위치, 비교적 M5가 전형임), 적석석광묘 1기(M4), 방단석실적석묘 1기, 방단석광적석묘 1기 등임.

2) 2007년 조사
○ 조사기관 : 遼寧省文物考古硏究所.
○ 조사기간 : 10~11월.
○ 조사내용 : 총 6기 고분을 정리하였는데 그 가운데 2기가 積石石室墓이고 그 나머지 4기는 大石蓋積石壙室墓임. 출토유물은 비교적 적은데 복원 가능한 토기 5점, 석기 1점 등임.

2. 위치와 자연환경(그림 1)

○ 환인현 華萊鎭(舊 二戶來鎭) 馮家堡子村 第5村民組 서쪽 약 1km 되는 곳의 논에 자리하고 있음.
○ 고분군 입지는 河岸 제1단 대지에 속하며, 지표에 대량의 강자갈(河卵石)이 분포해 있는 것을 보면 이곳은 과거 범람지(河漫灘)였음.
○ 고분군 남쪽 약 100m 지점에는 서에서 동으로 흐르는 작은 하천이 있는데 마을 서남에서 북으로 흐르는 작은 하천과 서로 합류함.

3. 고분군의 현황(그림 2)

1) 고분군 구역별 상황[3]
○ 발굴조사는 2006년 및 2007년 두 차례 실시하여 총 16기 무덤을 발굴함. 2006년에서 10기(M1~M10), 2007년 6기(발굴 당시 M1~M6, 차후 M11~M16로 편호 정리)임.
○ 풍가보자 고구려 무덤은 분산 분포하여, 대체로 3개 구역으로 나눔.
○ I구역은 마을 동쪽 밭에 위치하며, 고분 10기가 현존함. 옛 강바닥(河床)을 정리하면서 M2, M7, M8 등의 고분 3기를 발굴함. II구역은 마을 서쪽 논에 위치

---

[1] 정식 발굴조사 보고가 이루어지지 않아서 2006년도 조사는 李新全과 華玉冰의 글을, 2007년도 조사는 樊聖英의 글을 참고함(李新全, 2008, 「高句麗早期遺存及其起源硏究」, 吉林大學 博士學位論文 ; 華玉冰, 2008, 「中國東北地區石棚硏究」, 吉林大學 博士學位論文 ; 樊聖英, 2009, 「桓仁縣馮家堡子高句麗墓群」, 『中國考古學年鑑』 2008).

[2] 李新全, 2008 참조. 華玉冰(2008)에서는 9기로 소개했으나 오류로 보임.

[3] 『遼海記憶』(2014) 참조.

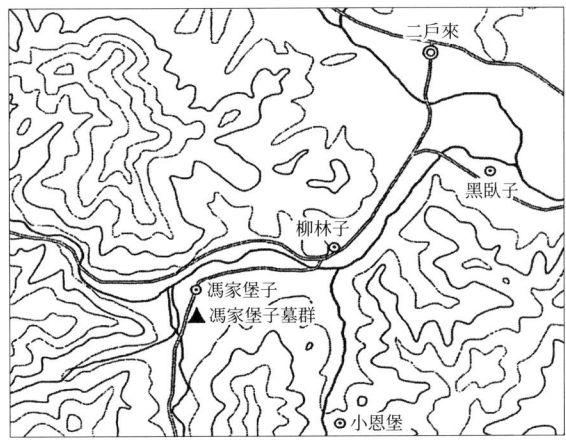

그림 1 풍가보자고분군 위치도(李新全, 2008)

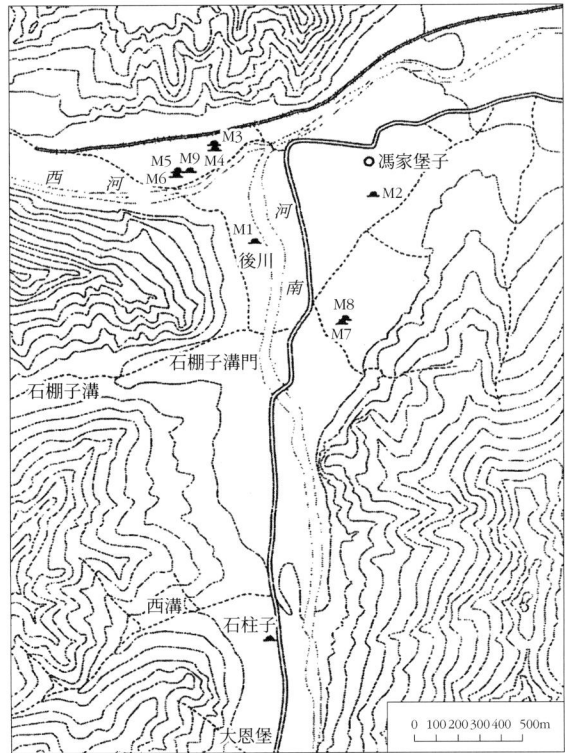

그림 2 풍가보자고분군 분포도(李新全, 2008)

하며 고분 15기가 현존함. 모두 옛 강바닥 위에 수축되었음. 해당 구역은 M1, M3, M4, M5, M6, M9, M10, M11, M12, M13 등의 고분 10기를 발굴함. Ⅲ구역은 마을 서북 약 1.5km의 구릉에 위치하며, 현재 고분 수량은 명확치 않음. 해당 구역에서는 M14 고분 1기를 발굴함. 이 세 구역 외에서 10여 기의 고분이 분포하고 있음.

2) 고분 형식별 상황

(1) 『遼海記憶』(2014)

○ 풍가보자고분군의 M3, M4, M5, M6, M7, M8, M10, M11, M12, M13 등이 無壇積石石蓋石壙墓임. 출토유물을 종합해 보면 그 연대는 고구려 전기 초에 속하며, 서한 초·중기임. M2는 方壇積石石壙墓에 속하며, M14는 無壇積石石室墓에 속하며, M1 및 M9는 方壇積石石室墓에 속함. 상술한 고분은 비록 명확한 연대의 유물이 출토되지 않았지만 고분 유형상 보면 모두 고구려 건국 이후의 고분 유형이지만 호(圓疊脣陶罐)가 있어 그 연대는 서한 초·중기에 해당하며 고구려 건국 전 유적에 해당함.

○ 풍가보자고분군 M3, M5, M7, M8 등의 고분은 적석석광석개묘이며, 모두 두껍고 무거운 대석개를 무덤 상부에 덮고, 묘광은 장방형을 띠고 있음. 어떤 것은 적석이 壙을 이루고, 어떤 것은 돌을 층층이 쌓아 壙壁을 이루며, 출토유물은 호(圓疊脣陶罐)·환상석기(石棍棒頭) 등이 있음. 다수의 토기가 고구려 초기 토기와 발전관계를 가지므로 적석석광석개묘는 고구려 건국 전의 주요 고분 유형임을 보여줌. 석개석광묘는 새로 발견한 고분 유형으로 묘광은 적석무지의 중앙에 위치하며, 평면은 장방형이고 돌과 자갈(卵石)을 층층이 쌓아 묘광 안을 자갈(卵石)으로 메우고 그 위에 대석개를 덮음. 어떤 대석개묘의 개석은 厚重한데 壙 안에 토기(陶罐, 陶壺) 등 유물이 출토되었음.

(2) 梁志龍·李新全, 2009

○ 풍가보자의 적석묘와 적석석개묘는 고구려 초기의 무덤임.

○ 적석묘 : 일반적으로 비교적 작고, 평면은 타원형이

며, 대다수 강자갈(鵝卵石) 무지를 이루고 있음. 무덤 안은 돌(塊石)로 간단한 묘실을 조성했는데 일부는 묘실을 지하에 조영했으며, 평면은 장방형으로 네 벽은 돌(塊石)과 자갈(卵石)로 층층이 쌓고 묘실 바닥에는 판석을 깔았음. 그 안은 작은 자갈(鵝卵石)로 메웠고 호류(陶罐, 陶壺), 管珠를 엮은 목걸이 등이 출토됨.

○ 적석석개묘 : 자갈(鵝卵石)과 깨진 산돌(碎山石)로 무덤 무지를 만들고, 무덤 무지 내에 광실(壙室)을 마련함. 광실 평면은 장방형으로 돌(塊石)과 자갈(卵石)로 층층이 쌓았으며 그 안은 자갈(卵石)로 메웠음. 광실 위에는 큰 덮개돌을 덮었는데, 일부 덮개돌은 후중하며, 높이가 0.7m임. 호류(陶罐, 陶壺), 石劍 등의 유물이 출토됨.

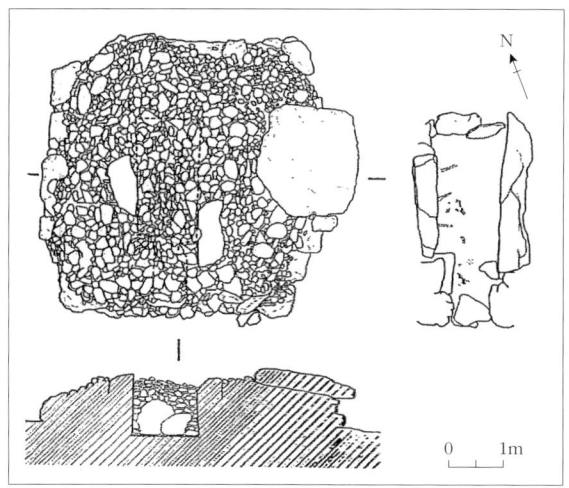

그림 3 풍가보자1호묘 평·단면도(李新全, 2008)

4. 고분별 현황[4]

1) 1호묘(M1, 그림 3)

(1) 위치

Ⅱ구역.

(2) 유형

방단석실묘(『遼海記憶』: 방단적석석실묘).

(3) 구조

지표 위에 석실을 조영함. 묘실 천정부의 대석개와 양측 묘벽은 두껍고 무거운 돌을 세워 축조함.

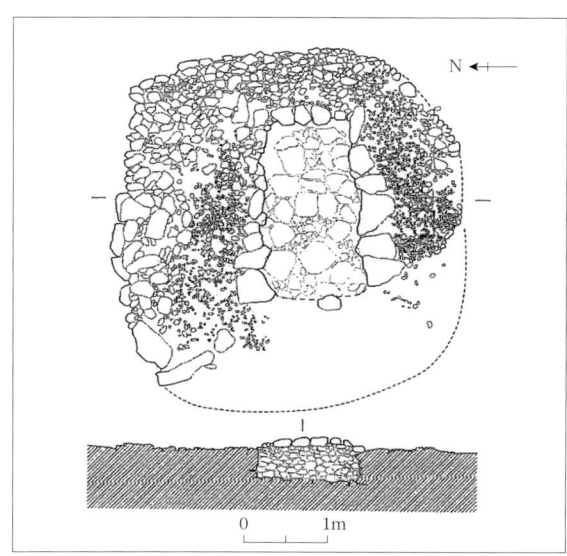

그림 4 풍가보자4호묘 평·단면도(李新全, 2008)

2) 4호묘(M4, 그림 4)

(1) 위치

Ⅰ구역.

(2) 유형

적석석광묘(『遼海記憶』: 무단적석석개석광묘).

---

[4] 고분 형식(유형)은 보고된(李新全, 2008 ; 樊聖英, 2009) 명칭을 따라 정리하여 앞서 고분군 현황(『遼海記憶』(2014))에 소개된 고분 형식의 명칭과 다를 수 있음.

(3) 구조

○ 덮개돌이 보이지 않는 것을 제외하고 적석석개묘와 유사한 형태임.

○ 묘실 평면은 장방형으로 동서 길이 2m, 남북 너비 0.9m, 깊이 0.1~0.3m임. 네 벽은 얇은 석판과 편평하고 얇은 강자갈(河卵石)로 축조했음. 북벽의 서단은 얇은 판석으로 한 층을 평평하게 깔았고 중앙부는 편평하고 얇은 강자갈(河卵石) 하나를 세웠으나 불을 맞아서 이미 터져서 갈라짐. 동단에는 약간 큰 강자갈(河卵石)과 얇은 판석을 평평하게 깔거나 세웠음. 남벽은 얇은 판석으로 1~2층을 평평하게 쌓았는데 축조는 비교적 정연함. 동벽 부분은 모래 壙壁을 이용하고 그 상부에 작은 판석 및 편평하고 얇은 강자갈(河卵石)로 한 층을 평평히 깔았음. 서벽도 모래 광벽을 이용함. 묘실 바닥에는 얇은 판석 한 층을 깔았고 부분적으로 강자갈(河卵石)을 깔았으나 아주 정연하지는 못함. 얇은 판석의 상면에는 두께 약 5cm의 작은 자갈(鵝卵石) 한 층을 평평하게 깔았음.

○ 묘실 안에는 많은 얇은 판석 및 약간 큰 강자갈(河卵石)이 있음. 무덤 밖 또한 커다란 강자갈(河卵石)로 봉하였는데, 봉한 돌무지 평면은 근방형으로 길이 4.5m, 너비 4.4m, 높이 0.3m임.

(4) 기타

불에 탄 인골 및 유물은 묘실 바닥 판석 위의 자갈층에서 모두 출토됨. 무덤 안의 불에 탄 뼈(燒骨)는 비교적 많아 서부에는 두개골 잔편이 많고 북벽 부근의 중앙부에는 팔뚝뼈(肱骨) 잔편이 발견되고 동부에서는 넓적다리뼈(股骨) 잔편이 발견되어 頭西脚東으로 분석됨. 출토유물은 호류(陶壺, 陶罐) 대롱옥(管狀石珠), 타원형 구슬(石墜穿綴)의 목걸이 등이 출토됨.

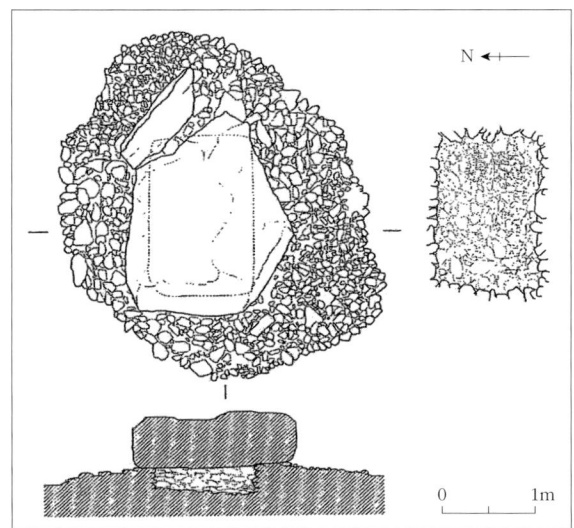

그림 5 풍가보자5호묘 평·단면도(李新全, 2008)

3) 5호묘 (M5, 그림 5)

(1) 위치

I구역.

(2) 유형

적석석개묘(『遼海記憶』: 무단적석석개석광묘).

(3) 구조

○ 덮개돌(頂石)은 매우 厚重하고, 마름모형(菱形)으로 길이 2.5m, 너비 1.8m, 두께 0.7m임. 덮개돌 아래에는 강자갈(河卵石) 무지가 있는데 이미 파괴됨. 현존하는 돌무지의 평면은 장방형으로 길이 6m, 너비 5m, 높이 0.5m임.

○ 묘실은 덮개돌 아래의 강자갈(河卵石) 무지 속에 위치하는데 평면은 장방형으로 길이 2.2m, 너비 1.1m이며, 네 벽은 강자갈(河卵石)로 축조되었는데 들쭉날쭉 가지런하지 못함.

○ 묘실 안에 채워진 돌은 불을 맞아서 대부분 갈라져 있음.

(4) 기타

○ 묘실 안의 인골은 2차례 매장되었음.
○ 상층 묘실바닥은 묘광 입구에서 20～40cm 깊이이며, 묘실 바닥에는 강자갈(河卵石) 및 소량의 쇄석이 깔려 있으나 울퉁불퉁 가지런하지 못함. 묘실 중부에서는 척추뼈, 서부에서는 두개골 잔편이 발견되었는데 불에 탄 정도는 높지 않음. 토기 3점이 발견됨.
○ 하층 묘실바닥은 묘광 입구에서 30～40cm 떨어져 있으며 강자갈(河卵石) 한 층이 깔려 있는데 약간 편평한 편임. 발견된 인골은 비교적 심하게 불에 탔고 집중되어 있지 않음. 석검 끝(石劍尖)이 1점 출토됨.

4) 7호묘(M7)

(1) 위치

Ⅰ구역. Ⅱ구역 서측의 밭 안에 위치.

(2) 유형

석개묘(『遼海記憶』: 무단적석석개석광묘).

(3) 구조

일찍 도굴당함. 덮개돌 형태는 타원형이며, 가장자리에는 다듬은 흔적이 있음. 덮개돌 아래의 묘실 평면은 장방형임. 묘실 네 벽은 비교적 큰 강자갈(河卵石)로 축조했고 현재 1～2층이 남아 있음. 묘실 바닥의 남북 양끝에는 판석 1층이 평평히 깔려 있고 중앙부에는 작은 강자갈(河卵石)이 평평히 깔려 있음.

(4) 기타

환상석부, 석검, 토기편 등이 출토됨.

5) 8호묘(M8)

(1) 위치

Ⅰ구역. M7의 북쪽 10m 지점에 위치.

(2) 유형

석개묘(『遼海記憶』: 무단적석석개석광묘).

(3) 구조

일찍 도굴당함. 덮개돌은 옮겨져 있고, 형태는 말각장방형이고, 가장자리는 다듬은 흔적이 명확함. 묘실 평면은 장방형으로 네 벽은 대부분 판석을 세워 쌓음. 북벽은 얇은 판석 하나를 세웠는데 잔편 2개가 있고 서벽 역시 판석을 세웠는데 잔편 3개가 있음. 남벽 서단은 약간 큰 강자갈(河卵石)으로 쌓았는데 겨우 1층만 있고 동단은 1개의 작은 판석을 세웠는데 안으로 기울어져 있음. 동벽은 강자갈(河卵石)과 판석으로 쌓았음. 묘실 바닥은 작은 강자갈(河卵石)로 평평히 깔았음.

(4) 기타

토기(陶罐), 원추형 가락바퀴(圓錐狀 陶紡輪), 원반형 가락바퀴(扁餠狀 陶紡輪), 석제대롱옥(管狀 石珠) 등이 출토됨.

6) 11호묘(M11 ; 조사 당시 M1)

(1) 위치

Ⅱ구역.

(2) 유형

방단적석석실묘(『遼海記憶』: 무단적석석개광묘).

(3) 구조

심하게 파괴되어 모서리 한 부분만 남아 있음. 현재 방단은 이미 남아 있지 않으며, 동측 부근 밭두렁에는 여러 매의 커다란 판석이 층층이 쌓여 있는데 총 26개의 돌이 있음. 무덤 밖의 적석은 강자갈(河卵石)을 사용하였으나 무덤 밖 서북쪽에서만 여전히 남아 있고 그 밖의 부분은 모두 땅을 갈 때 훼손되었음. 묘도는 남아 있지 않으며 묘실 잔존 흔적의 분석에 따르면 묘실 남부에 위치했음.

(4) 기타

인골과 유물이 확인되지 않았음.

7) 12호묘(M12 ; 조사 당시 M2)

(1) 위치

Ⅱ구역.

(2) 유형

대석개적석광실묘(『遼海記憶』: 무단적석석개석광묘).

(3) 구조

○ 적석 평면은 원형에 가까우며, 남북 길이 5.6m, 동서 너비 5.4m, 높이 0.5m임.
○ 덮개돌 평면 형태는 장방형에 가까우나 북측 가장자리는 튀어나와 삼각형을 띰. 대략 남북 길이 3.2m, 동서 너비 2.3m, 두께 0.15~0.35m임. 덮개돌 상면은 비교적 평평하며 요철현상이 나타나지만 가공 흔적은 명확하지 않음. 덮개돌은 東高西低로 놓였고 덮개돌 아래는 적석임. 대석개는 현재 적석 중앙부에 자리하지 않고 서남에 치우쳐 있음.
○ 덮개돌 아래는 壙室임. 광실은 적석무지의 편서 남측에 자리하고 있음. 평면은 장방형으로 동서 길이 2.2m, 남북 너비 1m임. 광실은 비교적 낮은데 깊이가 0.2m임. 광실벽은 가지런하지 않음.
○ 묘실 바닥에는 석판이 한 겹 깔려 있음. 묘실바닥의 석판면과 바깥 둘레의 제1층 적석면은 기본적으로 서로 높이가 같음.

(4) 기타

○ 광실 네 벽 및 묘실 바닥에 깔린 돌 다수는 불에 타 갈라졌음. 광실 안을 메운 판석은 불타서 대다수 마르고 갈라져 작은 돌이 되었음. 광실 안에는 비교적 많은 화장 인골이 발견되는데 보존상태가 아주 좋지 않음. 기본적으로 모두 깨졌으나 묘실 동부에서는 비교적 집중된 깨진 두개골편이 발견되어 M12의 두향을 頭東脚西로 추정함.
○ 많은 흔적들이 M12가 원래의 자리에서 화장한 묘임을 보여주고 있음. 광실 안의 동부 중심지점에서는 石墜飾 1점이 출토됨.

8) 13호묘(M13 ; 조사 당시 M3)

(1) 위치

Ⅱ구역.

(2) 유형

석개적석광실묘(『遼海記憶』: 무단적석석개석광묘).

(3) 구조

○ 적석 평면은 말각방형에 가까운데 동서 길이 4.2m, 남북 너비 3.3m, 높이 0.6m임.
○ 석개의 평면은 장방형에 가깝고 서측 가장자리는 한 귀퉁이가 밖으로 볼록 튀어나왔음. 규모는 길이 2m, 너비 1.6m, 두께 0.35m임. 대석개가 적석 정상부에 압력을 가하는데 적석 서남이 낮기 때문에 대석개가 적석을 따라서 서남으로 기울어져 있음.
○ 광실은 덮개돌 아래에 위치하는데 기본적으로 적석무지의 중앙부에 자리하고 평면은 불규칙한 장방형으로 남북 길이 1.6m, 동서 너비 1.1m, 깊이 0.2m임.

광실 네 벽은 가지런하지 않음.

(4) 기타
인골 및 유물이 확인되지 않음.

9) 14호묘(M14 ; 조사당시 M4)

(1) 위치
II구역.

(2) 유형
석개적석광실묘(『遼海記憶』: 무단적석석실묘).

(3) 구조
○ 덮개돌은 이미 존재하지 않음.
○ 광실은 무덤 적석 중심에 위치하며, 평면은 장방형으로 동서 길이 2.1m, 남북 너비 1.1m, 깊이 0.5m임. 동북 모서리가 가장 깊고 서남 모서리가 가장 낮는데 거의 묘실 바닥과 서로 높이가 같음. 묘실바닥은 제1층 적석 위에 축조되었고 석판과 강자갈(河卵石)을 평평하게 깔았음. 광실 네 벽은 약간 정연하나 축조 현상이 명확하지 않음.
○ 광벽 안에는 불에 탄 뼈 胸·頸이 자리한 곳에서 둥글게 말린 고운 점토덩이 1점이 출토되었는데 화장할 때 불을 받아서 陶化되었을 가능성이 있음. 그 위에는 布文이 있는데 죽은 자의 옷에 의해 남겨진 것임.
○ 무덤 밖 적석 중에서 토기편 일부가 출토되었는데 적석 북부에서 출토된 것은 모래 섞인 홍갈색토기(夾沙紅褐陶片)로 호(罐)로 추정되며, 서부에서 출토된 것은 모래 섞인 회갈색토기(夾砂灰褐陶壺)의 구연부임. 복원을 거쳐 호류(壺·罐)와 잔(杯) 등 3종 기형을 볼 수 있으며, 陶質은 일반적으로 협사홍갈 또는 회도임. 그 가운데 壺의 구연 가까운 경부에 파상문(水波弦文)이, 몸체에는 꺾음선무늬(波折文)와 물결무늬(壓水波弦文)가 새겨져 있음.

10) 15호묘(M15 ; 조사당시 M5)

(1) 위치
II구역.

(2) 유형
석개적석광실묘.[5]

(3) 구조
○ 덮개돌은 이미 존재하지 않음.
○ 무덤 밖 서쪽 부근에서 2개의 큰 덮개돌을 발견하였는데 원래 무덤 정상부의 大石蓋이었으나 깨져 이처럼 남겨진 것으로 추정됨. 광실은 적석 남측에 위치함. 광실 바깥쪽에는 비교적 큰 강자갈(河卵石)로 쌓았으며, 그 위쪽에는 대다수 비교적 작은 강자갈(河卵石)로 쌓았음. 광실 주위 적석은 비교적 높음. 광실 평면은 장방형으로 동서 길이 1.9m, 남북 너비 1.3m, 깊이 0.4m임. 광실 네 벽은 가지런하지 않으며, 축조 현상이 없음. 묘실 바닥은 강자갈(河卵石)로 깔았는데 양쪽에는 약간 큰 납작한 강자갈(河卵石)로 평행하게 깔았으며, 가운데는 주먹 크기의 강자갈(河卵石)로 메웠음. 묘실 바닥 및 광실 네 벽은 심하게 불에 타서 색깔이 불그스름하고 다수가 갈라져 있음.

(4) 기타
무덤 안에서 비교적 많은 불에 탄 인골을 발견했는데 광실 西部에는 두개골 잔편이 남아 있음. 분석에 따르면, 화장 전에 죽은 자는 頭西脚東으로 놓인 것으로 추정됨. M14 피장자의 頭向과 상반됨. 두골 잔편의 남

---

5 『遼海記憶』(2014))에서는 소개되지 않음.

북 양쪽에서 각기 1점의 토기가 출토되었는데 북쪽은 圈足罐, 남측은 壺임. 흉부와 복부 사이에서 둥글게 말린 고운 점토덩이 2점이 출토되었는데 불을 받은 후에 陶化된 것임. 그 위에는 布文이 눌려 있는데 죽은 자의 유물 흔적일 가능성이 있음. 여러 흔적은 해당 고분이 원래 자리에서 화장된 무덤임을 보여주고 있음. 무덤 밖 동측의 적석에서 陶壺 1점이 출토되었는데 복원 가능함.

11) 16호묘(M16 ; 조사 당시 M6)

(1) 위치

Ⅱ구역.

(2) 유형

적석석축쌍실묘.[6]

(3) 구조

○ 분구는 비교적 큰 깨진 산돌로 쌓았으며, 평면은 타원형에 가까운 형태로 동서 길이 4.6m, 남북 너비 3.8m, 높이 0.8m임. 서측 쇄산석 가장자리에서 큰 돌이 둘러싼 현상을 명확히 볼 수 있는데 적석이 아래로 미끄러지는 것을 방지하기 위한 것임. 무덤 밖 북부 및 동부의 북측은 모두 돌로 쌓았음. 무덤 남부 및 동부 남측에서는 적석이 보이지 않는데 이곳이 일찍이 농경지로 경작되었기 때문이며, 원래 적석이 있었을 것임. 묘실은 板石을 세워 구축하였으며, 두 묘실은 동서로 배열되었으며 중간에 세운 2개의 판석으로 분리됨.

○ 서묘실 : 규모는 길이 2.5m, 너비 0.7m, 높이 0.7m임. 서묘실 동벽은 두 묘실이 공용하는 격벽임. 서벽에 세운 2개의 판석은 길이 2.2m, 두께 0.2m임. 북벽에

그림 6 석제목걸이(『遼海記憶』, 2014)

세운 1개의 판석은 길이 1.2m, 두께 0.2m임. 남벽 또한 1개의 판석을 세웠는데 현재 안으로 기울어져 있음. 판석 밖의 하부에는 1개의 큰 돌이 기대어져 있는데 남벽 倚護石으로 추정됨. 묘실 바닥은 여러 개의 비교적 두꺼운 판석을 평평하게 깔고 틈새는 깨진 돌로 메웠음.

○ 동묘실 : 규모는 길이 2.6m, 너비 0.8m, 높이 0.7m임. 동묘실의 동벽은 2개의 판석을 세웠는데 남측 판석은 이미 밖으로 넘어져 있음. 서벽은 두 묘실의 격벽이며, 북벽은 1개의 판석을 세웠는데 대체로 내부로 기울어져 있음. 남벽은 판석 없이 강자갈(河卵石)로 막았는데 잔존 높이가 약 20cm임. 묘실 바닥은 서묘실 구축 방식과 동일하여 3개의 비교적 두꺼운 판석으로 평평하게 깔았음. 묘실 바닥은 대체로 원래 지표보다 높음.

(4) 기타

묘실 위에서 소량의 인골이 발견되었는데 매우 심하게 부패하여 판별할 수 없음. 아직 어떤 부장품도 발견되지 않았음.

---

[6] 樊聖英, 2009에서 (무기단) 적석석실묘로 파악, 『遼海記憶』(2014)에서는 소개되지 않음.

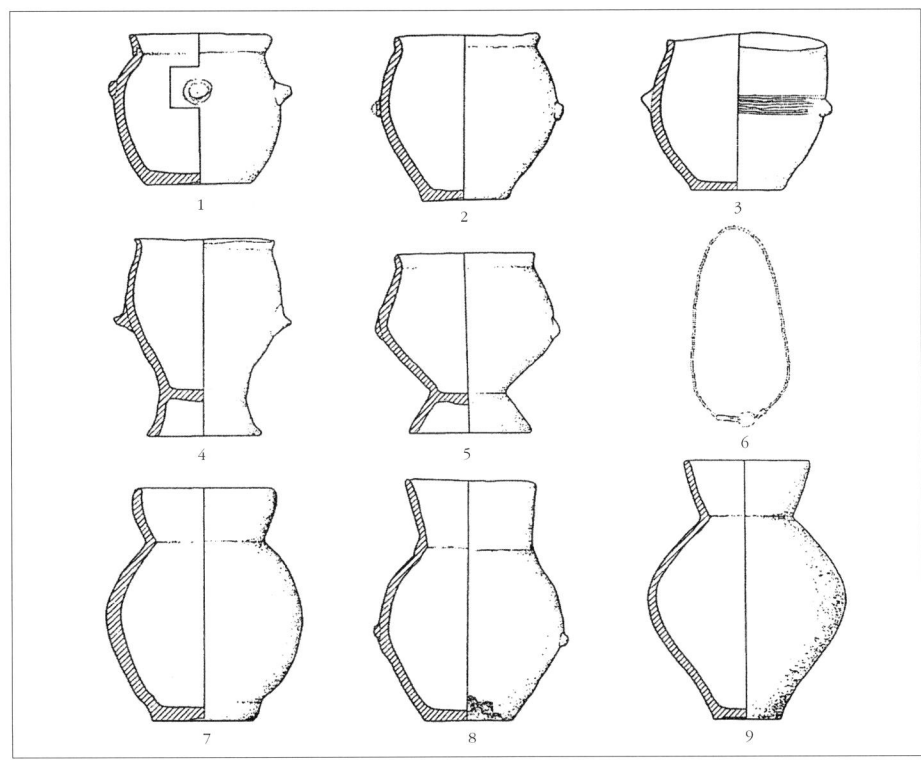

그림 7
풍가보자고분군 출토유물
(李新全, 2008)
1~3. 발형토기(陶罐)
4·5. 罐形豆 6. 목걸이
7~9. 호

그림 8
출토 토기
(『遼海記憶』, 2014)

제2부 환인현(桓仁縣) 지역의 유적과 유물

5. 역사적 성격

○ 풍가보자고분군 M3은 적석석개석광묘, M4는 적석석광묘임. 비록 두 고분 형식이 다르지만 동일 묘구에 분포하고 긴밀하게 순서가 함께 배열됨. 이는 두 고분 형식이 모두 고구려 초기 고분의 기원과 유관함을 보여줌. M4 형식은 비록 작지만 출토유물은 비교적 많음.

○ 풍가보자고분군 M1 및 M2는 고구려 중기 무덤임. M1 묘실 정부의 대석개와 양측 벽석이 후중함. 묘실 주위의 방단적석무지가 날아가서 그 석실의 구조가 석붕과 비슷함. 이에 대해 보고자는 고구려 적석석실묘와 요동지구의 석붕묘의 계승성을 보여주는 묘실 구조로 파악하고, 동시에 석붕과 고구려 중기의 대형적석묘 왕릉이 매우 긴밀한 관계를 갖는다고 파악함.

참고문헌

- 李新全, 2008, 「高句麗早期遺存及其起源研究」, 吉林大學 博士學位論文.
- 華玉冰, 2008, 「中國東北地區石棚研究」, 吉林大學 博士學位論文.
- 樊聖英, 2009, 「桓仁縣馮家堡子高句麗墓群」, 『中國考古學年鑒』 2008.
- 梁志龍·李新全, 2009, 「本溪地區高句麗考古三十年」, 『高句麗與東北民族研究』.
- 李新全, 2009, 「遼東地區積石墓的演變」, 『東北史地』 2009-1.
- 遼寧省文物考古研究所 編著, 2014, 「馮家堡子墓地」, 『遼海記憶-遼寧考古六十年重要發現(1954-2014)』, 遼寧人民出版社.

23 환인 용두산고분
桓仁 龍頭山古墳

1. 조사현황

2007년 발굴조사됨.

2. 위치와 자연환경(그림 1)

환인현 華萊鎭(舊 二戶來鎭) 光復村 남쪽 작은 산 서쪽의 돌출부에 자리함.

3. 고분의 현황(그림 2)

1) 유형
巖穴石蓋墓.

2) 평면
불규칙장방형.

3) 구조
○ 암반을 뚫고 묘광(墓穴)을 만들고 커다란 돌 1매를 덮어 개석으로 함. 개석 평면은 불규칙한 타원형으로 지표 위에 노출되어 있음. 개석의 상태가 웅크려 엎드린 거북이와 같은 형상이어서 王八蓋子라고도 함. 개석의 頭部와 身部가 서로 만나는 지점의 북측 가장자리에는 인위적으로 만든 둥근 함몰부가 하나 있고, 남측에도 둥근 함몰부가 하나 있으나, 그 성격은 명확치 않음. 아마 大石蓋를 옮길 때 밧줄로 묶는 것과 관련 있을 것으로 추정함.

○ 개석 아래의 묘실은 바위를 뚫어 만들었는데 평면은 불규칙한 원각장방형으로 북쪽은 좁고 남쪽은 넓음. 광실 墓口와 바닥(墓底)은 모두 산세를 따라 북고남저이며, 묘벽은 가지런하지 않으며, 묘실 바닥도 산암으로 가지런하지 않음. 묘실 바닥에는 두께 5cm의 돌이 섞인 山土를 한 겹 깔았음. 묘실 안은 흙을 채워 메웠음. 개석은 지표 위에 노출되고 개석 아래 묘실은 바위를 뚫어 조성하였다는 점에서 지하에 위치함.

4) 기타
○ 묘실 안에서 조질 모래가 섞인 회색발형토기(夾砂灰陶圓疊骨罐), 작은 발형토기(陶杯), 청동팔찌(銅手鐲) 등이 출토됨(그림 3).

○ 묘실 내에 대량의 불탄 인골(燒骨) 및 목탄 조각이 발견됨. 묘벽 동남 모서리 및 서남 모서리의 암석은 불을 맞아 색이 홍색을 띠고 있어 특히 부슬부슬함.

4. 역사적 성격

○ 고분의 성격과 조성연대 : 華玉冰은 대석개묘로 파악하며, 梁志龍·李新全(2009)은 망강루적석묘와 고분입지나 묘광 축조과정 등이 매우 유사하다는 점에서

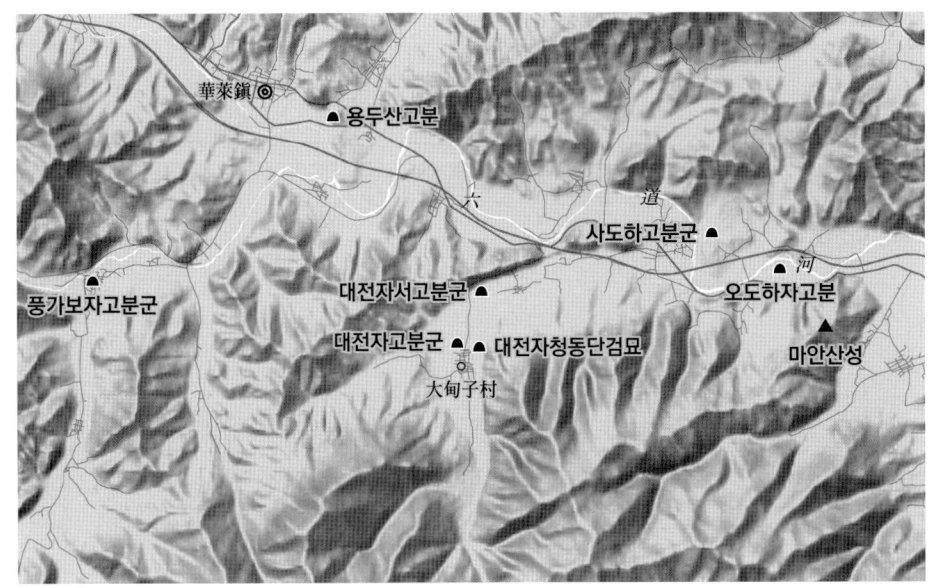

그림 1
용두산고분 위치도

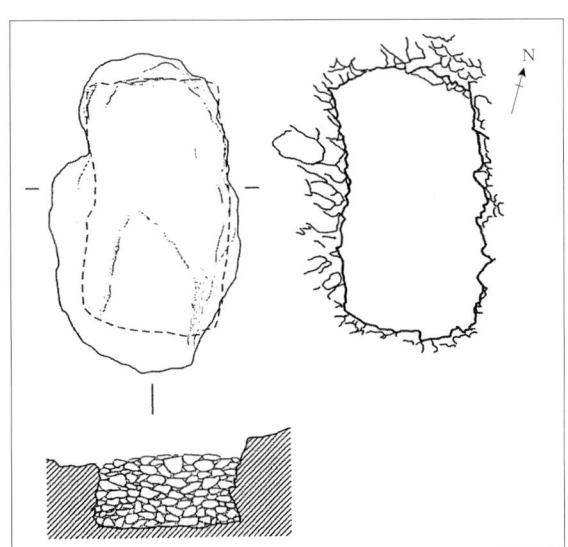

그림 2 용두산고분 평·단면도(李新全, 2008)

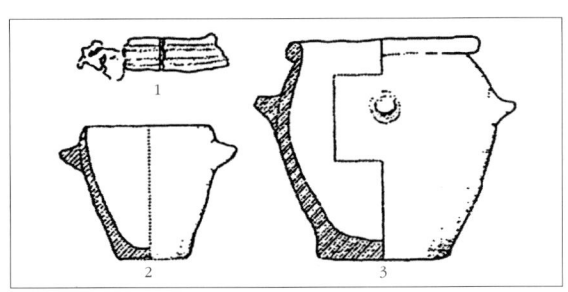

그림 3 용두산고분 출토품(李新全, 2008)
1. 불타 변형된 청동팔찌 2. 발형토기(陶杯) 3. 발형토기(陶罐)

고구려 초기유적으로 파악함. 양한에 해당하여 고구려 초기 유적지임.

○ 1994년 화래진 광복촌에서 고구려 봉토석실묘 1기를 정리한 것으로 보아 인근에 고구려 고분군이 있었던 것으로 추정됨.

참고문헌

- 李新全, 2008, 「高句麗早期遺存及其起源研究」, 吉林大學 博士學位論文.
- 華玉冰, 2008, 「中國東北地區石棚研究」, 吉林大學 博士學位論文.
- 梁志龍·李新全, 2009, 「本溪地區高句麗考古三十年」, 『高句麗與東北民族研究』.

24　환인 사도하고분군
桓仁 四道河古墳群

1. 조사현황 : 1996년 조사

고분 5기를 확인해 발굴조사를 실시함.

2. 위치와 자연환경

환인진 사도하자촌에 위치.

3. 고분군의 현황

○ 고분은 평지에 위치함.
○ 고분 5기가 현존하는데 적석묘와 봉토묘가 있음.
○ 비교적 큰 적석묘은 자갈(鵝卵石)로 쌓은 연접묘인데 길이 약 20m, 너비 5m 정도, 높이 약 1m임. 비교적 심하게 파괴되어 묘실은 이미 명확치 않음.
○ 봉토묘는 거의 파괴되어 거의 남아 있지 않으며, 묘실만 겨우 남음.

참고문헌

- 國家文物局 主編, 2009, 『中國文物地圖集』 遼寧分冊, 西安地圖出版社.

25 환인 왕의구고분군
桓仁 王義溝古墳群

1. 조사현황 : 2007년 발굴조사

王義溝 유적을 발굴하면서 부근의 山頭子1호묘를 비롯해 王義溝 1·2호묘를 동시에 발굴조사를 진행함.

2. 위치와 자연환경

○ 환인현 北甸子鄕 北甸子村 盛家街村民組 서남 1km 지점의 작은 산 위에 자리한 생활유적에 위치함.
○ 속칭 南大臺子으로 큰 산에서 흘러내린 산줄기 아래임. 서남-동북 주향을 띠며, 점차 완만하게 변함.
○ 유적지 동북부에는 沖積溝가 인접해 있으며, 유적지는 이로 인해 王義溝라는 명칭을 얻음.
○ 유적지의 서쪽과 북쪽은 단애이며, 단애 아래에는 혼강 지류인 부이강이 흐름.

3. 고분별 현황

1) 왕의구1호묘

(1) 위치
언덕 끝에 위치하는데 서남쪽에는 부이강이 흐르고 있음.

(2) 유형
적석석광묘.

(3) 평면
불규칙다변형.

(4) 규모
길이 11.3m, 너비 10.5m.

(5) 구조
○ 산돌을 쌓아 축조하였는데 가장자리에는 비교적 큰 산돌을 둘러쌓아 간단한 石壇을 형성함. 지세가 낮은 동측의 남쪽으로 대석 3매가 세워져 있으며, 이는 의호석임.
○ 壙室은 분구 적석의 중앙부에서 남쪽에 치우친 곳에 위치, 평면은 불규칙한 장방형이며, 네 벽은 고르지 않고 바닥에는 강자갈(河卵石)과 작은 부서진 산돌이 한 겹 깔려 있음.
○ 묘실 바닥에서는 팔뚝뼈(肱骨)를, 동측 중앙부에서는 청동팔찌(銅鐲)를 하나 발견함. 광실 밖 동측의 적석 틈 속에서 출토된 토기편들은 복원 결과 壺 1점으로 확인됨. 화장 흔적은 보이지 않음.

2) 왕의구2호묘

(1) 위치
언덕 정상부에 위치.

(2) 유형
방단적석광실묘.

(3) 평면
방형에 가까움(近方形).

(4) 규모
한 변 길이 6m 정도, 높이 30cm(방단).

(5) 구조
○ 무덤 외부의 둘레는 대석으로 둘러쌓았는데 가지런하지 못하여 빈약한 石壇을 형성함. 석단 안은 부서진 산돌로 메웠으며, 방단은 약 30cm 높이임.
○ 壙室은 무덤 적석 상부에 위치하는데 평면은 길이 1.9m, 너비 1.4m, 깊이 5~20cm로 장방형에 가까우면서 매우 얕음. 바닥에는 작은 강자갈(河卵石) 한 겹을 깔았음.

(6) 기타
강자갈을 깔은 묘실 바닥의 상면에서 불탄 인골 덩어리 및 부스러기 등을 발견함. 광실 밖의 적석 틈 속에서는 단지(陶罐) 잔편을 발견함.

4. 역사적 성격

인근 山頭子1호묘를 비롯해 왕의구 1·2호묘 출토유물의 분석에 의하면 세 고분은 모두 고구려 초기에 축조됨. 인근 왕의구유적에서는 주거지지 23곳, 灰坑 11곳, 灰溝 1곳 등을 발견하였는데 여기서 고구려 건국 전후의 유물들이 출토됨.

참고문헌
- 梁志龍·李新全, 2009, 「本溪地區高句麗考古三十年」, 『高句麗與東北民族硏究』.
- 樊聖英, 2009, 「桓仁縣王義溝鐵器時代遺址」, 『中國考古學年鑑』 2008.

26 환인 산두자1호묘
桓仁 山頭子1號墓

1. 조사현황 : 2007년 발굴조사

王義溝 유적을 발굴하면서 부근의 山頭子1호묘를 비롯해 王義溝 1·2호묘를 동시에 발굴조사를 진행함.

2. 위치와 자연환경

○ 환인현 北甸子鄕 北甸子村 盛家街村民組 서남 1km 지점의 작은 산 위에 자리한 생활유적에 위치함.
○ 속칭 南大臺子으로 큰 산에서 흘러내린 산줄기 아래임. 서남-동북 주향을 띠며, 점차 완만하게 변함.
○ 유적지의 서쪽과 북쪽은 단애이며, 단애 아래에는 혼강 지류인 부이강임.

3. 고분 현황

○ 위치 : 작은 언덕 끝 가까운 곳에 위치.
○ 유형 : 적석석개묘.
○ 평면 : 타원형.
○ 구조 : 적석은 비교적 낮으며, 적석 안에는 간단한 묘광이 축조되었고 그 위에는 厚重한 대석을 하나 올려 덮음. 화장묘임.
○ 기타 : 단지(陶罐), 석촉, 철솥 바닥(鐵釜底) 등이 출토됨.

4. 역사적 성격

인근 왕의구 1·2호묘를 비롯해 山頭子1호묘 출토유물의 분석에 의하면 세 고분은 모두 고구려 초기에 축조됨. 인근 왕의구유적에서는 주거지지 23곳, 灰坑 11곳, 灰溝 1곳 등을 발견하였는데 여기서 고구려 건국 전후의 유물들이 출토됨.

참고문헌

- 梁志龍·李新全, 2009, 「本溪地區高句麗考古三十年」, 『高句麗與東北民族硏究』.
- 樊聖英, 2009, 「桓仁縣王義溝鐵器時代遺址」, 『中國考古學年鑒』 2008.

2

성곽

01 환인 오녀산성
桓仁 五女山城

1. 조사현황

1) 1905년
○ 조사자 : 鳥居龍藏.
○ 조사내용 : 桓仁 일대를 답사하면서 조사.

2) 1912~1913년
○ 조사자 : 鳥居龍藏, 澤俊一, 佐藤醇吉.
○ 조사내용 : 鳥居龍藏이 朝鮮總督府로부터 교과서 편찬 관련 사료 조사를 의뢰받아 1912년 겨울에 사진사 澤俊一, 佐藤醇吉 등과 함께 五女山城에 올라 서문지 일대와 동벽, 집수시설 등 성 내외의 유적에 대해 유리건판 사진과 스케치 등의 자료로 남김(국립중앙박물관, 2014, 20~45쪽). 1912년 10월부터 1913년 3월까지 遼東 일대의 유적을 조사하면서 현지 지형, 고문헌, 음운학적 유사성을 근거로 오녀산성을 國內城, 集安의 山城子山城을 丸都城으로 각각 비정함.

3) 1944년[1]
○ 조사자 : 三上次男.
○ 조사내용 : 東古城子, 將軍墓 등과 함께 조사.

4) 1961~1963년
○ 1961년 : 桓仁縣 人民委員會가 縣級 문물보호단위로 지정.
○ 1961년 10월 27일 : 本溪市 人民委員會가 市級 문물보호단위로 지정.
○ 1963년 9월 30일 : 遼寧省 人民委員會가 省級 문물보호단위로 지정.

5) 1964년
○ 조사기간 : 1964년 7월 하순.
○ 조사기관 : 中朝聯合考古隊(吉林省 文物考古硏究所 李殿福, 북한 김일성대학의 박시형 등 9명).
○ 조사내용 : 4일에 걸쳐 조사.

6) 1974년
○ 조사기간 : 1974년 4월.
○ 조사기관 : 遼寧省 文化局 文物調査組.
○ 조사내용 : 五女山城에 대한 보존 상황을 조사.

7) 1978년
○ 조사기간 : 1978년 7월 14일.
○ 조사자 : 魏存成, 吉林大學 역사계 학생 등 100여 명.
○ 조사내용 : 3일에 걸쳐 桓仁의 五女山城과 下古城子古城 등을 조사.

---

[1] 괴뢰 滿洲國 성립 이후 黑田源次 등 여러 일본인 연구자가 오녀산성을 답사했고, 村田治郎은 1944년에 『滿洲の史蹟』을 간행하여 五女山城 등 遼東지역의 주요 고구려 산성을 소개함.

8) 1985~1986년
○ 1985년 6월 20일 : 텔레비전 송신탑을 세울 때 많은 유물이 출토됨.
○ 1986년 1월 11일 : 桓仁縣 文化局이 '桓仁縣 文物管理所 五女山城 保護責任制'를 발표.

9) 1986년 5~8월
○ 조사기간 : 1986년 5~8월.
○ 조사기관 : 遼寧省 文物考古硏究所, 本溪市·桓仁縣 聯合發掘隊.
○ 조사내용 : 1,000m² 발굴. 산성 정상 서부에서 건물지 발견. 유물 수습.
○ 발표 : 桓仁滿族自治縣文物志編纂委員會, 1990, 『桓仁滿族自治縣文物志』; 梁志龍, 1992, 「桓仁地區高句麗城址槪述」, 『博物館硏究』 1992-1.

10) 1987년
○ 조사기간 : 1987년 4월 23일.
○ 조사자 : 李健才(吉林省 文物考古硏究所), 王綿厚(遼寧省博物館 副官長).
○ 조사내용 : 고고 조사를 진행.

11) 1996년
○ 조사기관 : 遼寧省 文物考古硏究所, 本溪市博物館, 桓仁縣 文物管理所.
○ 조사자 : 辛占山(遼寧省 文物考古硏究所, 책임), 李新全, 吳亞成(이상 遼寧省 文物考古硏究所), 梁志龍(本溪市博物館), 王俊輝, 郭劍鋒(이상 桓仁縣 文物管理所).
○ 조사내용 : 1996~1998년, 2003년에 遼寧省 文物考古硏究所, 本溪市博物館, 桓仁縣 文物管理所가 함께 4차례에 걸쳐 발굴을 진행함. 1996년에는 산성에 대한 전면 조사를 실시하면서 Ⅰ·Ⅱ구역과 五女山 정상에 있는 2개의 초소를 발굴하였고, 산 정상의 돌계단, 동북 골짜기의 1호~2호벽, 서문에 대해서는 부분 조사를 진행함. 산 정상 서부의 비교적 평탄한 산등성이에 위치한 Ⅰ구역에는 5×5m의 피트 19개(96HW T-1~T19), 확장 피트(擴方) 30m²를 발굴함(그림 5). Ⅰ구역 남부에 위치한 Ⅱ구역에는 5×5m의 피트 35개(96HW T-20~T54), 확장 피트 8m²를 발굴함(그림 6). 발굴 면적은 1,700여m²임. 시기가 다른 주거지 15기, 대형 건물지 1기, 재구덩이(灰坑, 竪穴) 11개를 조사함.
○ 발표 : 遼寧省文物考古硏究所, 2004, 『五女山城-1996~1999, 2003年 桓仁五女山城調査發掘報告』, 文物出版社.
○ 결과 : 1996년에 중국 전국 중점문물보호단위로 지정.

12) 1997년
○ 조사기관 : 遼寧省 文物考古硏究所, 本溪市博物館, 桓仁縣 文物管理所.
○ 조사자 : 辛占山(遼寧省 文物考古硏究所, 책임), 李新全, 吳亞成(이상 遼寧省 文物考古硏究所), 梁志龍(本溪市博物館), 王俊輝, 郭劍鋒(이상 桓仁縣 文物管理所), 承担(遼寧省 水利測繪學校, 실측).
○ 조사내용 : 장대(点將臺) 서쪽의 Ⅲ구역을 중점적으로 발굴함. 지표에 밀집 분포하고 있는 구덩이를 확인. 5×5m의 피트 67개(97HW T-70~T136)를 발굴함. 처음에는 트렌치 발굴법(探方發掘法)을 시도했지만, 산림이 무성해지면서 발굴이 어려워지자, 구덩이(반지하식 주거지)를 확인·조사한 후 유적 단위로 직접 발굴을 진행함. 유구의 위치를 명확하게 정하기 위해 발굴하지 않은 피트에 대해서도(T86~T136) 원래 편호를 계속 부여함(그림 7). Ⅱ구역에 5×5m의 피트 10개(97HW T56~T65)를 새롭게 발굴함. 2호 대형 건물지를 조사하고, 동문과 남문을 정리하였으며, 산성에 대한 실측을 진행함. 발굴 면적은 1,638m²임. 주거지 22기, 대형 건물지 1기를 조사함.
○ 발표 : 遼寧省文物考古硏究所, 2004, 『五女山城-

1996~1999, 2003年 桓仁五女山城調査發掘報告』, 文物出版社.

13) 1998년
○ 조사기관 : 遼寧省 文物考古硏究所, 本溪市博物館, 桓仁縣 文物管理所.
○ 조사자 : 辛占山(遼寧省 文物考古硏究所, 책임), 李新全, 吳亞成(이상 遼寧省 文物考古硏究所), 梁志龍(本溪市博物館), 王俊輝, 郭劍鋒(이상 桓仁縣 文物管理所).
○ 조사내용 : 서문 동부 Ⅳ구역을 중점적으로 발굴함. 5×5m의 피트 15개(98HW T401~T415)를 발굴함(그림 8). 玉皇觀(玉皇廟, 玉皇閣) 부근에 각각 14×1m, 22×1m, 6×1m인 트렌치 3개를 팠는데(98HW G1~G3), 유적은 보이지 않았음. 동벽, 남벽의 기단부와 윗면을 정리함. 1996~1997년 Ⅰ~Ⅲ구역의 피트에 대해 기존 편호 유지. 다만 기존의 편호 방법은 산 위의 지형과 식생 분포 등 복잡한 요인으로 인해 발굴에 적합하지 않았음. 이에 새롭게 발굴하는 구역의 피트에 대해서는 기존과 다른 방식으로 편호하였는데, 첫 번째에는 구역, 그 다음에는 피트 번호를 설정함. 발굴 면적은 1,015m²임. 주거지 12기를 조사함.
○ 발표 : 遼寧省文物考古硏究所, 2004, 『五女山城 - 1996~1999, 2003年 桓仁五女山城調査發掘報告』, 文物出版社.

14) 1999년
○ 조사기관 : 遼寧省 文物古考硏究所, 本溪市博物館, 桓仁縣 文物管理所.
○ 조사자 : 李新全(遼寧省 文物古考硏究所, 책임), 白寶玉, 吳亞成, 王小磊(이상 遼寧省 文物古考硏究所), 梁志龍(本溪市博物館), 李龍彬, 趙小剛, 趙菊梅, 韓玉巖(이상 瀋陽市 文物古考硏究所), 吳鵬(錦州市 文物古考硏究所), 王俊輝(桓仁縣 文物管理所).
○ 조사내용 : 동벽을 추가적으로 실측함. 일부 무너진 성벽 구간에 대해 발굴과 해부 작업을 진행.
○ 발표 : 遼寧省文物考古硏究所, 2004, 『五女山城 - 1996~1999, 2003年 桓仁五女山城調査發掘報告』, 文物出版社.
○ 결과 : 1999년 중국 전국 10대 고고학 발견으로 평가.

15) 2002년 3월
○ 조사자 : 王綿厚, 辛占山, 李新全 등.
○ 조사내용 : 산성 중부에서 건물지와 유물 다량 발견.
○ 발표 : 王綿厚, 2002, 『高句麗古城硏究』, 文物出版社.

16) 2003년
○ 조사기관 : 遼寧省 文物古考硏究所, 本溪市博物館, 桓仁縣 文物管理所.
○ 조사자 : 李新全(遼寧省 文物古考硏究所, 책임), 白寶玉, 吳亞成, 王小磊(이상 遼寧省 文物古考硏究所), 梁志龍(本溪市博物館), 李龍彬, 趙小剛, 趙菊梅, 韓玉巖(이상 瀋陽市 文物古考硏究所), 吳鵬(錦州市 文物古考硏究所), 王俊輝(桓仁縣 文物管理所).
○ 조사내용 : Ⅱ구역에 5×5m의 피트 3개(2003HW T66~T68), Ⅳ구역에 5×5m의 피트 12개(2003HW T416~T427)를 발굴함. 철기저장구덩이(鐵器窖藏)를 발견하면서 Ⅴ구역에 대한 발굴을 진행하였고, 5×5m의 피트 9개(2003HW T501~509), 확장 피트(擴方) 3m²를 발굴함(그림 9). Ⅲ구역에 대해 추가 발굴을 실시. 3호 대형 건물지를 발굴하고 2호 대형 건물지에 대해서는 추가 발굴을 진행. 산 아래의 초소 유적을 발굴하고 저수지를 조사함. 서문에 대한 전면 발굴을 진행하였고, 옛길인 '十八盤'에 대해서는 일부 발굴을 진행. 발굴 면적은 1,300m²임. 주거지 23기, 대형 건물지 1기, 철기저장구덩이 1기를 조사함.
○ 발표 : 遼寧省文物考古硏究所, 2004, 『五女山城 -

1996~1999, 2003年 桓仁五女山城調査發掘報告』, 文物出版社.

2. 위치와 자연환경(그림 1 ~ 그림 3)

1) 지리위치

○ 산성은 遼寧省 桓仁滿族自治縣 소재지 동북쪽 8.5km 거리의 渾江 우안 五女山에 위치함. 桓仁縣은 遼寧省 동쪽의 산악지역으로 혼강 중류에 위치. 북쪽으로 新賓縣, 남쪽으로 寬甸縣, 서쪽으로 本溪縣, 동쪽으로 吉林省 通化縣 및 集安市와 접해 있음. 오녀산은 환인분지 동북측의 여러 산 사이에 자리 잡고 있는데, 해발은 806.32m임. 산성의 중심지리좌표는 동경 125°23'44", 북위 41°14'36"임.
○ 五女山 동·남 양쪽은 원래 혼강 연안의 골짜기였으나, 지금은 환인댐 건설로 인해 수몰됨. 환인댐 건설 이전에는 長崗村과 강 건너 高麗墓子村이 있었음. 동북쪽에는 大東溝村, 서쪽에는 劉家溝村이 있음.
○ 五女山이 위치한 지점은 예로부터 수륙 교통의 요충지였으며 현재도 교통의 중심지임. 혼강 본류를 거슬러 올라가면 富爾江口, 新開河口, 통화에 이를 수 있음. 富爾江을 거슬러 올라가면 신빈에 이를 수 있고, 신개하 상류를 거슬러 올라가면 집안에 도달함. 혼강 하류를 따라 내려가면 寬甸에서 압록강과 합류한 다음 丹東으로 나아갈 수 있음. 현재 瀋陽, 大連, 撫順, 本溪, 丹東, 遼陽 등지에서 통화, 집안으로 통하는 도로가 산 아래 부근을 통과함.
○ 오녀산 기슭의 동남쪽에서 환인댐까지의 거리는 약 500m이고, 남쪽에서 댐까지는 약 200m임. 서쪽으로 2km 지점에 환인-통화 도로가 지나감.
○ 서남쪽으로 10km 지점에 下古城子城이 있음.

2) 자연환경

○ 桓仁은 높은 산이 많고 산봉우리가 밀집해 있으며 깊은 골짜기가 많음.
○ 五女山은 老嶺山脈의 지류에 속함. 북부에는 연이어진 여러 봉우리, 서북에는 좁은 골짜기, 서쪽에는 石洞溝, 그리고 다시 서쪽으로 合達河가 있고, 서남쪽으로는 환인분지가 넓게 펼쳐져 있음.
○ 오녀산 아래를 지나는 渾江은 老嶺山脈에서 발원하여 通化와 桓仁을 거쳐 寬甸에서 압록강에 유입됨. 전체 길이는 445km인데, 환인을 지나는 수로는 약 150km임. 원래 渾江은 오녀산 동쪽에서 南流하다가 오녀산 남쪽에서 서쪽으로 꺾어 환인현 소재지를 감싸고 돌다가 다시 방향을 바꾸어 남류했음. 하지만 현재는 산 아래가 수몰되면서 강이 굽이쳐 흐르던 모습을 볼 수 없음. 환인현 관내 혼강 양안과 산간 골짜기에는 면적이 일정하지 않은 띠모양의 평원이 분포하고 있음. 그리고 혼강의 지류인 富爾江, 大雅河, 六道河 등의 연안에도 너비 500m 전후의 하곡평지가 기다랗게 펼쳐져 있음. 이러한 하곡평지가 여러 산으로 둘러싸임에 따라 분지가 형성됨. 이러한 하곡평지 주변에는 고구려 초기의 적석묘 고분군이 많이 분포해 있음.

3. 성곽의 전체현황(그림 4)

1) 오녀산의 지세와 성곽 현황

○ 산성의 평면은 대체로 불규칙한 장방형임. 남북 양단이 동쪽으로 돌출되고 동부 가운데가 움푹 들어가면서 신발모양에 가까움.
○ 남북 길이 1,540m, 동서 너비 약 350~550m, 면적 약 60만m²임.
○ 산성이 위치한 五女山은 서쪽이 높고 동쪽이 낮음. 서부와 서남부는 절벽과 주봉이고 동부는 경사진 산비탈이며 동남쪽은 큰 골짜기를 끼고 있음.

○ 산성은 산 위와 아래로 나눌 수 있음. 윗부분은 산의 주봉으로 산성의 서부와 서남부가 위치함. 해발고도는 평균 800m 정도임. 오녀산 주봉은 상대적으로 주위 산세와 독립되어 있고 주변은 깎아지른 험준한 절벽인데, 높이는 100m가 넘음.

○ 오녀산 주봉 정상부의 평면은 길고 좁은 타원형으로, 길이 600m, 동서 너비 110~200m임. 주봉 정상부의 지세는 대체로 평탄하며, 동·서 양측이 중부보다 다소 높음. 정상에 서면 桓仁縣 시가지와 환인댐 주변이 한눈에 들어옴. 산성은 주봉 정상부의 평탄지와 동부의 산비탈에 자리 잡고 있음. 북쪽에는 약간 높고 넓은 산등성이가 있는데, 서북쪽에서 동남쪽으로 펼쳐져 있음. 동남쪽 끝의 장대(点將臺)가 있는 지점이 산성에서 가장 높음.

○ 산 정상부의 평탄지는 주요 활동 구역으로 지금까지 발견된 대부분의 유구는 이곳에 위치함. 1~3호 대형 건물지, 병영, 초소, 거주지, 저수지, 망대, 서문 등이 있음. 산 위 동북 골짜기에는 1, 2호 성벽이 있음. 산 아랫부분에는 산성의 동부, 북부, 동남부가 위치하는데, 남벽과 남문, 동벽과 동문, 초소 등이 있음.

○ 오녀산의 지질지층은 華北地層 遼東分區에 속함. 지질 연대가 오래되고 단열과 褶曲이 활발하게 이루어지면서 地貌造型이 풍부하고 다채로운데, 이로 인해 주봉에는 독특한 암석이 많이 형성되어 있음. 토양은 棕壤土類에 속함. 단면은 대체로 3층으로 구성되어 있는데, 상층은 낙엽층, 중층은 부식토층, 하층은 집적층(淀積層)임. 산 위의 식수로는 떡갈나무, 단풍나무, 소나무 등 교목과 가시오갈피, 개암나무 등 관목 등 다양함.

2) 발굴구역의 지층 현황

발굴을 진행한 5개 구역의 퇴적 지층을 보면 비교적 얇음. 또 지세의 기복과 인간 활동 등의 요인으로 인하여 각 구역 간 혹은 동일 구역 내에서의 구체적인 퇴적 상황이 일치하지 않음. 토질, 토색, 성질 및 상태, 함유물 등에 따라 발굴구역 내의 퇴적 지층을 3층으로 나누어 볼 수 있음. 이 가운데 1층과 3층은 각 구역 모두 분포해 있고, 2층은 단속적으로 퇴적되어 있으며, Ⅲ구역과 산 아래 초소 유적 발굴구역 내에서는 2층 퇴적층이 발견되지 않았음. 각 유구의 지층 현황은 다음과 같음.

① T43, T23 북벽

Ⅱ구역 중부에 위치함. 제1층은 표토층으로 흑색이고 토질은 푸석푸석하며 두께는 10~20cm임. 제작시기가 같지 않은 토기, 철기편, 적은 양의 현대 자기편, 유리편 등이 출토됨. 제2층은 흑갈색토로 토질이 세밀하고 비교적 부드러움. 두께는 10~25cm임. 니질의 회흑색토기, 백자, 유약이 발라진 자기, 宋·金 시대의 동전 등이 출토됨. 제2층의 유구로는 6호 주거지(F6)와 7호 주거지(F7), 7호 재구덩이(灰坑 : 竪穴, H7)가 있음. 6호 주거지(F6)는 7호 주거지(F7) 위에 조성됨. 제3층은 황갈색토로 토질은 비교적 단단함. 깨진 작은 돌이 섞여 있음. 두께는 10~18cm임. 주로 모래가 혼입된 운모로 제작한 홍갈색토기편과 회갈색토기편 등이 출토됨. 3층 아래에 開口된 유구로는 1호 대형 건물지(J1)가 있는데, 6호 주거지(F6)와 7호 주거지(F7)에 의해 파괴됨(그림 10).

② T84, T83 남벽

Ⅲ구역 동남부에 위치함. 제1층은 표토층으로 흑색 부식토이고 토질이 푸석푸석함. 나무뿌리가 그 사이로 뒤얽혀있음. 두께는 10~15cm임. 제2층은 보이지 않음. 제3층은 황갈색토로 토질이 비교적 단단함. 깨진 작은 돌이 섞여 있음. 두께는 8~18cm임. 모래가 혼입된 운모로 제작한 홍갈색토기편과 회갈색토기편 등이 출토됨. 제3층의 유구로는 27호 주거지(F27)와 32호 주거지(F32)가 있음. 27호 주거지(F27)는 32호 주거지(F32) 위에 조성됨(그림 11).

표 1 오녀산성 조사 유구의 상호관계

```
1. ① → ② ┬→ F43 → F46 → F42 ──→ ③ → F47 → F41 → F48
          └→ F44
2. ① → ② ──→ H13 → ③ → J1 ┬→ F8
                           └→ F9
3. ① → ② ──→ F6  → F7  → ③ ──→ J1
4. ① → ② ──→ F10 → ③ → F36
```

③ T411, T412 북벽

Ⅳ구역 서남부에 위치함. 제1층은 표토층으로 흑색이고 토질이 푸석푸석함. 두께는 10~20cm임. 제2층은 흑갈색토로 토질은 세밀하고 비교적 부드러움. 두께는 10~30cm임. 니질의 회색토기편, 유약이 발라진 자기편, 송·금시대 동전 등이 출토됨. 제2층의 유구로는 43호 주거지(F43), 44호 주거지(F44), 46호 주거지(F46)가 있는데, 43호 주거지(F43)는 46호 주거지(F46) 위에 조성됨. 제3층은 황갈색토로 토질은 비교적 단단함. 깨진 작은 돌이 섞여 있음. 두께는 10cm 정도임. 주로 모래가 혼입된 운모로 제작한 토기편과 회갈색토기편 등이 출토됨. 刻劃文 토기편, 석기편 등도 들어가 있음. 제3층 아래에 開口된 유구로는 47호 주거지(F47), 41호 주거지(F41)가 있음. 47호 주거지(F47)는 41호 주거지(F41)를 파괴하였고, 47호 주거지(F47)는 43호 주거지(F43)와 46호 주거지(F46)에 의해 파괴됨(그림 12). 그 이외에 46호 주거지(F46)가 42호 주거지(F42), 41호 주거지(F41)가 48호 주거지(F48)를 파괴하였음(그림 8).

④ T508, T509 서벽

Ⅴ구역 중부에 위치함. 제1층은 표토층으로 흑색이고 토질은 푸석푸석함. 두께는 10~50cm임. 제2층은 흑갈색토로 토질은 세밀하고 비교적 부드러움. 두께는 10~20cm임. 니질의 회흑색토기, 백자편, 송·금시대 동전이 출토됨. 제2층의 유구로는 62호 주거지(F62), 61호 주거지(F61)가 있는데, 23호 주거지(F23)는 61호 주거지(F61) 위에 조성됨. 제3층은 황갈색토로 토질은 비교적 단단함. 깨진 작은 돌이 섞여 있음. 두께는 15cm 정도임. 제3층의 유구로는 63호 주거지(F63)가 있음(그림 13).

3) 유구의 관계와 문화층 현황

산성에서 발견된 유구간 관계는 매우 복잡함. 시기가 같거나 다른 유구의 중첩이나 파괴 현상이 20여 개 확인되는데, 이를 종합하면 위와 같이 4개조로 나눌 수 있음(표1).

유구 상호 간의 관계는 오녀산성 유적을 시기 구분하는 데 가장 중요한 근거가 됨. 5개의 발굴구역은 모두 산 정상부에 위치함. 이곳의 토층 두께는 가장 얇은 것이 10cm에도 이르지 못하는 등 매우 얇고, 전체적으로 1m가 채 안 됨. 게다가 지세의 기복이 심하고, 유구 사이의 중첩과 파괴가 매우 심함. 이로 인해 초기 유물이 후기 지층에 섞여 들어간 현상이 자주 나타남. 오녀산에서 출토된 초기 유물이 비교적 적고 각 시기 문화의 특징이 매우 뚜렷하다는 점을 고려하며 지층의 정황을 종합하면, 오녀산성의 문화층은 다음과 같이 크게 5시기로 나눌 수 있음.

① 제1기 문화층

II구역과 IV구역의 서부에서 보임. 제3층 아래에 개구된 48호 주거지(F48)와 제2·3층 안에서 모래가 혼입된 滑石으로 제작한 각획문 홍갈색·회갈색토기가 소량 확인됨. 토기의 종류로는 통형 호(罐)와 호(陶壺)가 있음. 대략 신석기 후기임.

② 제2기 문화층

II, III, IV 구역에서 보임. 3층 아래에 개구된 8호 주거지(F8), 9호 주거지(F9), 40호 주거지(F40), 41호 주거지(F41) 그리고 2·3층 안에서 모래가 혼입된 활석으로 제작한 홍갈색·회갈색토기편이 소량 확인됨. 토기는 모두 手制이고 민무늬이며 일부 토기에는 거치문이 부가된 堆文, 戳印三角文, 捺窩文 등이 보임. 구연이 외반되고 파수가 있는 호(侈口竪耳陶壺), 파수가 있는 통형 호(橫耳筒形罐), 파수가 있는 호(鋬耳罐), 두형토기(豆), 가락바퀴(紡輪), 어망추(網墜) 등이 출토됨. 돌로 제작한 도끼, 정(鑿), 칼, 검, 화살촉 등도 보임. 연대는 대략 청동기 후기임.

③ 제3기 문화층

II·IV구역에서 보임. III구역과 3호 대형 건물지 부근에서도 소량의 유물이 발견됨. 제3층 아래에 개구된 1호 대형 건물지(J1), 재구덩이(灰坑), 일부 주거지와 2·3층 내에서 모래혼입 회갈색토기편, 철제괭이(鐵钁)와 가래(鐵锸) 등이 확인됨. 토기는 모두 手制임. 두 개의 파수가 있는 호(雙竪耳罐), 4개의 파수가 있는 호(四耳罐), 파수가 있는 분(橫耳盆), 파수가 있는 잔(單耳杯), 五銖錢, 大泉五十錢 등이 출토됨. 석기는 보이지 않음. 연대는 대략 兩漢시기에 해당하므로 고구려 초기 문화층으로 볼 수 있음.

④ 제4기 문화층

모든 발굴구역에서 발견됨. 제1·2층 아래에 개구된 대부분의 유구와 제3층을 포함함. 문화층 가운데 유구가 가장 풍부함. 주거지가 밀집 분포하고 있음. 토기는 沙質과 泥質 두 종류가 있음. 沙質 토기는 대체로 운모나 활석을 함유하고 있고, 출토된 토기 가운데 절대 다수를 차지. 泥質 토기는 비교적 적게 보이고, 소성도는 대체로 높지 않음. 토기는 모두 물레로 제작하였음. 옹(瓮), 호(罐), 분(盆), 호(壺), 시루(甑), 반(盤), 접시(碟), 뚜껑(器蓋) 등이 있음. 문양과 장식이 있는 토기는 비교적 적은데, 일부에서 선문(弦文)과 파상문(水波文)이 보임. 철기는 대부분 단조품(鍛制)이고, 일부 생활용구에서 주조품(鑄制)이 보임. 병기, 생산 공구, 생활 용구 등이 있는데, 병기가 가장 많이 보임. 연대는 대략 4세기 말에서 5세기 초로 고구려 중기에 해당함.

⑤ 제5기 문화층

모든 발굴구역에서 보편적으로 보임. 제1, 2층 아래에 개구된 일부 주거지와 제2층 대부분의 유물을 포함함. 주거지는 반지하식(半地穴式)임. 유물로는 토기, 자기, 철기, 청동기, 은기, 옥기 등이 있는데, 토기, 자기, 철기가 대부분을 차지함. 토기는 모두 泥質의 회흑색이고, 사질은 보이지 않음. 물레로 제작하였고 소성도는 비교적 높음. 호(罐), 분(盆), 시루(甑) 등이 있음. 자기는 白釉, 黑釉, 醬釉, 茶綠釉 등 여러 종류가 있고, 옹(瓮), 호(罐), 완(碗), 병(瓶) 등이 있음. 철기는 단조와 주조가 있음. 병기, 생산 공구, 생활 용구 등 다양한 종류가 있음. '按撫使之印', '經略使司之印', '都統所印'명 도장 등도 보임. 연대는 대략 金代임.

4. 성벽과 성곽시설

1) 성벽

○ 산성의 성벽은 천연 성벽과 인공 성벽으로 이루어져 있음.

○ 천연 성벽은 가파른 절벽 혹은 솟은 산등성이를 성벽으로 삼은 것인데, 인위적인 흔적은 보이지 않음. 형태에 따라 초벽장(峭壁墻)과 산등성이벽(山背墻)으로 나눔.
○ 인공 성벽은 모두 석축인데 일부 구간은 내벽과 정상부를 배토함.
○ 산성의 성벽은 대부분 천연 성벽이고, 산 아래 동·남부의 산세가 다소 완만한 지점과 산 위의 중요한 트인 지점(豁口)은 인공 성벽을 축조하였음.
○ 성벽 전체 길이는 4,754m임. 천연 성벽은 4,189m로 전체 성벽의 약 88%를 차지함. 인공 성벽은 565m로 전체 성벽의 약 12%를 차지함.
○ 남벽과 동벽이 비교적 잘 보존되어 있음. 특히 성벽 윗면의 성가퀴가 잘 남아 있는데, 고구려 산성에 보이는 성가퀴 가운데 가장 오래된 구조임.

(1) 성돌

성돌은 장대석(大石條), 쐐기형돌(楔形石), 북꼴돌(梭形石), 괴석, 판석, 깬돌(碎石) 등 6종류로 나눌 수 있는데, 용도에 따라 가공 형태가 다름.

① 장대석(大石條)

○ 일반적으로 외벽 기단부에 사용하였고, 일부는 체성 아랫부분에 사용함. 성벽 윗부분에 가로로 놓여 있는 사례도 있는데, 이는 특별한 경우임.
○ 가공한 흔적은 분명치 않고 대부분 원석임.

② 쐐기형돌(楔形石)

○ 전부 외벽의 면석으로 사용.
○ 일부 화강암도 있는데, 五女山에서 볼 수 없는 암석으로 다른 곳에서 운반해 온 것으로 추정됨.
○ 단단하고 정밀하게 가공하였는데, 머리쪽은 넓고 두꺼우며 꼬리쪽은 좁고 얇음.

◎ 쐐기형돌 1 (그림 14-1)
○ 크기 : 아랫변 길이 50cm, 높이 55cm, 두께 13~17cm.
○ 형태 : 평면은 이등변삼각형임. 아랫부분이 약간 얇고 꼭지각은 약간 두꺼움.

◎ 쐐기형돌 2 (그림 14-2)
○ 크기 : 아랫변 길이 38cm, 높이 48cm, 두께 20cm.
○ 형태 : 평면은 이등변삼각형임. 꼭지각은 뾰족함.

◎ 쐐기형돌 3 (그림 14-3)
○ 크기 : 아랫변 길이 27cm, 높이 46cm, 두께 17cm.
○ 형태 : 평면은 이등변삼각형에 가까움. 전체적으로 四棱錐形임. 꼭지각은 뾰족함.

◎ 쐐기형돌 4 (그림 14-4)
○ 크기 : 길이 50cm, 높이 31cm, 두께 7~12cm.
○ 형태 : 평면은 약간 직각삼각형임. 빗변은 호형을 이룸.

◎ 쐐기형돌 5 (그림 14-5)
○ 크기 : 길이 48cm, 너비 41cm, 두께 9~16cm.
○ 형태 : 평면은 직각삼각형에 가까움. 꼭지각은 없음. 윗부분은 편평하고 얇음.

◎ 쐐기형돌 6 (그림 14-6)
○ 크기 : 길이 50cm, 너비 14~34cm, 두께 9~15cm.
○ 형태 : 평면은 사다리꼴임.

◎ 쐐기형돌 7 (그림 14-7)
○ 크기 : 길이 50cm, 너비 15~27cm, 두께 19cm.
○ 형태 : 평면은 사다리꼴에 가까움. 윗부분은 비교적 뾰족함.

◎ 쐐기형돌 8(그림 14-8)
○ 크기 : 길이 50cm, 너비 15~27cm, 두께 19cm.
○ 형태 : 평면은 사다리꼴에 가까움. 윗부분은 비교적 뾰족함.

◎ 쐐기형돌 9(그림 14-9)
○ 크기 : 길이 36cm, 너비 20~50cm, 두께 6~22cm.
○ 형태 : 평면은 사다리꼴에 가까움. 양측은 약간 안으로 들어가 있음. 윗부분은 비교적 얇음.

◎ 쐐기형돌 10(그림 14-10)
○ 크기 : 길이 50cm, 너비 40cm, 두께 10cm.
○ 형태 : 평면은 장방형임.

◎ 쐐기형돌 11(그림 14-11)
○ 크기 : 길이 48cm, 너비 10cm, 두께 15cm.
○ 형태 : 평면은 장방형에 가까움. 뾰족한 부분은 편평하고 얇음.

◎ 쐐기형돌 12(그림 14-12)
○ 크기 : 변 길이 32cm, 두께 13~18cm.
○ 형태 : 평면은 방형에 가까움.

◎ 쐐기형돌 13(그림 14-13)
○ 크기 : 길이 45cm, 너비 45cm, 두께 10~16cm.
○ 형태 : 평면은 부채꼴임.

◎ 쐐기형돌 14(그림 14-14)
○ 크기 : 길이 60cm, 너비 39cm, 두께 15cm.
○ 형태 : 평면은 부채꼴에 가까움. 호형의 변은 약간 밖으로 꺾임.

◎ 쐐기형돌 15(그림 14-15)
○ 크기 : 길이 42cm, 너비 42cm, 두께 16cm.
○ 형태 : 평면은 가운데가 들어간 삽모양(鏟形)임.

③ 북꼴돌(梭形石)
○ 안채움부에 주로 사용함.
○ 대부분 현무암인데, 현무암은 五女山과 그 주위 산간에 널리 분포되어 있음.
○ 대부분 좁고 긴 모양임. 가운데 부분은 약간 굵고, 양쪽 끄트머리는 상대적으로 얇고 편평하면서 둥그스름하거나 뾰족함.
○ 안채움부에 사용한 탓인지 대체로 거칠게 가공하여 모양만 내었음.

◎ 북꼴돌 1(그림 15-1)
○ 크기 : 길이 86cm, 너비 24cm, 두께 13cm.
○ 형태 : 한쪽 끝부분은 뾰족하고 다른 한쪽은 원호형임.

◎ 북꼴돌 2(그림 15-2)
○ 크기 : 길이 83cm, 너비 22cm, 두께 13cm.
○ 형태 : 한쪽 끝부분은 약간 뾰족하고, 다른 한쪽은 원호형임.

◎ 북꼴돌 3(그림 15-3)
○ 크기 : 길이 84cm, 너비 22cm, 두께 12cm.
○ 형태 : 양쪽 끝부분은 뾰족함.

◎ 북꼴돌 4(그림 15-4)
○ 크기 : 길이 76cm, 너비 26cm, 두께 18cm.
○ 형태 : 양쪽 끝부분은 약간 뾰족함.

◎ 북꼴돌 5(그림 15-5)
○ 크기 : 길이 63cm, 너비 19cm, 두께 16cm.

○ 형태 : 양쪽 끝부분 모두 원호형임.

◎ 북꼴돌 6(그림 15-6)
○ 크기 : 길이 63cm, 너비 22cm, 두께 15cm.
○ 형태 : 한쪽 끝부분은 뾰족하고 다른 한쪽 끝은 평평하고 가지런함.

④ **괴석과 판석**
○ 대부분 내외 면석으로 사용하거나 성벽 윗부분을 축조하는 데 사용. 안채움부에서도 소량 발견됨.
○ 공들여 가공한 모습이 없음. 당초 성벽을 쌓을 때 평면인 것을 찾거나 일부는 현장에서 간단히 가공한 것으로 추측됨.

⑤ **깬돌**(碎石)
○ 성돌을 가공하면서 떼어져 나온 廢石으로, 형태는 일정하지 않음.
○ 성벽 어디에서나 볼 수 있으나, 주로 안채움부의 북꼴돌 사이 틈새를 메우는 데 사용함. 간혹 내외 벽면 성돌의 틈새를 막거나 평평하게 하는 데 사용하기도 함.

(2) 인공 성벽의 축조방식
○ 인공 성벽은 모두 석축임.
○ 벽체 외벽의 경우 보통 기단은 장대석(大石條)으로 쌓고 그 위로 쐐기형돌을 맞물리도록 층을 교차해 쌓아 마무리하였는데, 위로 올라갈수록 조금씩 들여 쌓았음.
○ 안채움부는 북꼴돌을 교차해 첩첩이 눌러 쌓고, 북꼴돌과 외벽의 쐐기형돌을 서로 어긋나게 교차해 서로 맞물리게 하면서 빈 틈은 깬돌을 채워 넣어 평평하고 견고하게 축조함.
○ 내벽의 벽면은 불규칙한 길쭉한 돌덩이(石條) 혹은 판석을 맞물리도록 첩첩히 쌓았음(李新全, 2003).

① **외벽의 축성법**

㉠ 동벽 제5구간, 산 위 동북 골짜기 1호 성벽의 외벽
○ 외벽은 대체로 산기슭 아래부터 쌓기 시작하였고, 내벽은 산기슭 위에서부터 쌓기 시작했음. 외벽은 일정한 높이까지 쌓다가 내벽의 기단부와 높이가 비슷해지면 내외벽을 동시에 쌓기 시작함. 기단부는 산세를 따라 축조하면서 밖이 높고 안이 낮은 체성이 만들어짐.
○ 경사가 가파른 산기슭의 경우에는 內托式으로 외벽을 쌓았고, 외벽과 산기슭 사이에 북꼴돌을 쌓아 채워 넣었음. 이로 인해 외벽만 있고 내벽은 없는 외면쌓기 형식이 됨. 상부에는 대개 낮은 성가퀴를 쌓았음.

㉡ 동벽 제2, 3구간의 외벽과 서문 북측의 석벽
외벽은 일반적으로 장대석(大石條)을 1~5단 쌓아 올린 다음, 쐐기형돌을 꽉 맞물리도록 평평하게 쌓았음. 이러한 축성법은 서문 북측 석벽에서도 보이는데, 기단석 크기가 약간 작음.

② **내벽의 축성법**
○ 대부분 판석과 괴석으로 쌓아 올렸음. 벽면은 가지런하지만 가로 방향으로는 가지런하지 않음. 성벽 하단에는 보통 흙을 북돋아 보호하였고, 동벽 제5~6구간, 남단 제4구간과 같이 내벽을 흙으로 반쯤 덮은 경우도 있음. 또 서문 북단 석벽과 남단 제4구간과 같이 내벽과 성벽 윗부분까지 흙이나 돌을 덮은 경우도 있음.

③ **안채움부**(墻芯) **축성법**
○ 북꼴돌을 정교하게 서로 맞물리도록 쌓았는데, 외벽의 벽면을 쐐기형돌로 1단 쌓은 다음, 그 안쪽 안채움부에 쐐기형돌과 맞물리도록 북꼴돌을 쌓아 올렸음.
○ 쐐기형돌의 머리가 바깥을 향하고 뾰족한 꼬리는 안을 향하도록 쌓았기 때문에 내부에 삼각형의 빈 틈이 생기게 되었는데, 북꼴돌을 그 사이에 끼워서 맞물리도

록 하여 빈틈없이 꽉 들어맞도록 쌓았음.
○ 쐐기형돌을 따라 꽉 맞물리도록 평평하게 쌓은 상층 꼬리 부분은 다시 아래층 북꼴돌의 뾰족한 가장자리 위를 누르게 되고 북꼴돌의 뾰족한 부분은 아래층 쐐기형돌의 꼬리 부분을 누르게 됨. 이렇게 쌓아 올리기를 반복하여 층층이 교대로 눌러 쌓으면 벽체의 견고성이 증가하고 바깥으로 향하려는 張力은 감소하게 됨.

④ 성벽 윗부분의 축성법
성벽 윗부분의 바깥쪽에는 대부분 성가퀴를 설치하였고, 성가퀴 기단을 따라 안쪽에는 네모난 돌구멍(石洞, 기둥구멍)을 설치하였음.

(3) 남벽 [2]
○ 전체 길이 : 424m.
○ 평면 : 대체로 곱자형.
○ 위치 : 산 정상부 동남 모서리에서 산 아래의 남문 동쪽 구간까지.
○ 구성 : 서쪽에서 동쪽으로 두 구간의 천연 성벽과 두 구간의 인공 성벽이 번갈아 조성됨.

① 제1구간
○ 초벽장으로 길이는 165m임.
○ 정상부 서남변의 절벽에서 시작하여 동북쪽으로 뻗어 있는데, 가운데 부분은 약간 들어감.

[2] 『桓仁滿族自治縣文物志』, 32쪽과 梁志龍 1992, 65쪽에는 남벽에 대해 다음과 같이 기술함. 전체 길이는 110m로 축조방법이나 석재는 동벽과 동일함. 정상 남단의 작은 將臺 아래쪽 100m 지점에서 시작하여 동남쪽으로 70m 정도 가다가 동으로 꺾여 40m 정도 떨어진 곳에서 동벽과 만남. 성벽은 많이 파괴되어 내외벽이 거의 무너졌는데, 동쪽 끝 약 5m 정도만 보존이 양호한 편으로 조사 당시 남은 높이는 6m였음.

② 제2구간
○ 인공 성벽으로 길이는 16m임.
○ 산골짜기의 아래 입구를 막고 있음.
○ 많이 훼손되어 일부 기단과 쐐기형돌만 겨우 발견됨.

③ 제3구간
○ 천연 성벽으로 길이는 105m임.
○ 초벽, 산등성이(山梁), 암벽으로 조성됨.

④ 제4구간
○ 인공 성벽으로 길이 138m임.
○ 서쪽이 높고 동쪽이 낮은 산등성이 바깥 가장자리를 따라 쌓았음.
○ 전체적으로 약간 안으로 굽어 있음.
○ 성벽 기단부는 산비탈을 따라 동시에 축조하지 않고 수평이 되도록 쌓았음. 외벽은 가공하여 정연한 쐐기형돌을 겹겹이 쌓고 틈을 막아 평평하게 축조하였는데, 위로 갈수록 안으로 들여 쌓았음. 내벽의 기단은 주로 약간 큰 돌로 쌓았고, 그 위로 판형, 사다리형, 삼각형의 쐐기형돌을 쌓았는데, 틈새는 정연하지 않음. 기단부는 배토하였는데, 일부 구간은 성벽 윗부분까지 배토함(그림 16).
○ 배토는 안쪽에서 바깥쪽으로 기울어진 형태임. 판축을 하지 않았지만 비교적 단단한 편임. 두께는 약 0.9~1.4m임.
○ 벽 내부는 북꼴돌과 길쭉한 돌을 끼워 쌓아 올렸고, 외벽의 성돌과 서로 꽉 물리게 하면서 그 틈새는 깬돌로 채웠음.
○ 성벽 윗부분에는 두께 0.2m의 황토를 깔았음.
○ 산기슭의 비교적 가파른 지점에 있는 성벽 윗부분은 계단모양으로 구축함. 각 계단 사이의 거리는 2~3m이고, 아래층으로 내려갈수록 점차 줄어듦. 낙차는 0.4~0.6m임.

○ 성벽은 아랫너비 5m, 윗너비 2.5~3.5m임. 외벽 높이는 일반적으로 2~4m이고, 최고 높이는 4.5m에 달함. 내벽 높이는 2.2~2.6m임(그림 17).

○ 성벽 기단부에서 배토를 한 바깥쪽에 위에서 아래로 얕은 도랑이 있음. 도랑 입구의 너비는 2m, 깊이는 1m 정도임. 도랑은 성벽 기단을 배토하면서 만들어진 것이지만 우천 시에 山水를 배출하여 성벽을 보호하는 역할도 하였음.

○ 외벽 윗부분은 이미 무너져 내려서 성가퀴를 설치했는지 확인할 수 없음. 외벽의 면석은 대부분은 떨어져 나갔지만 안채움석은 그대로 남아 있음. 서단은 보존의 차이가 있지만, 그 나머지 부분은 보존상태가 좋은 편임.

(4) 동벽[3]

○ 전체 길이 : 1,847m.

○ 평면 : 안으로 들어간 호형.

○ 위치 : 남문 동쪽에서 북부 절벽이 서쪽으로 꺾이는 구간까지.

---

[3] 『桓仁滿族自治縣文物志』, 31쪽과 梁志龍 1992, 65쪽에는 동벽에 대해 다음과 같이 기술함. 동벽은 산 정상부보다 180m 낮은 산허리에 축조되었는데, 정상에서의 거리는 240~380m임. 안쪽으로 휜 활모양으로 전체 길이는 약 1,000m임. 산비탈의 지세를 따라 성벽을 쌓았고, 바깥쪽이 높고 안쪽은 낮음. 내벽의 높이는 1~2m, 외벽의 높이는 6~8m이며, 위쪽 너비는 3~4m임. 외벽은 장대석으로 기단부를 1~3단 쌓은 다음 잘 다듬은 쐐기형돌을 층층이 포개어 축조하였는데, 위로 올라갈수록 성돌의 크기가 작아짐. 내벽은 크기가 비슷한 쐐기형돌과 마름모꼴돌(菱形石)로 축조하였으며, 부분적으로 성벽 기초부에 긴 大石을 쌓기도 함. 쐐기형돌의 평면은 삼각형에 가까우며 한 변은 넓은 반면, 다른 한 변은 뾰족함. 거의 비슷한 크기로 다듬었는데, 길이 50cm, 너비 40cm, 두께 20cm 전후이며, 뾰족한 부분이 안쪽을 향하도록 쌓았음. 성벽 축조방식은 동벽 허물어진 곳의 단면을 통해 파악할 수 있음. 먼저 외벽을 1~2층 쌓고 안쪽에 잔돌을 메워 경사면을 평평하게 한 다음 내외벽을 1~2층 축조하였음. 위쪽으로 올라갈수록 안쪽으로 기울어지게 쌓았는데, 이러한 현상은 외벽에서 두드러지며 경사는 15° 정도임. 현외벽 가운데 보존이 양호한 곳은 27층에 달함. 동벽 가운데 몇 곳은 벼랑이나 절벽을 이용하여 터진 입구만 막기도 하였는데, 북쪽 부분에 이런 곳이 많음.

○ 구성 : 천연 성벽 6구간과 인공 성벽 6구간. 인공 성벽은 주로 가파른 산기슭과 골짜기 입구에 축조함. 천연 성벽은 모두 수직 낭떠러지임.

① 제1구간

○ 천연 성벽으로 길이는 54m임.

○ 높이 약 20m의 절벽을 성벽으로 삼았음.

② 제2구간

○ 인공 성벽으로 길이는 110m임.

○ 동문 남쪽의 바깥쪽은 높고 안쪽이 낮은 가파른 산기슭에 축조.

○ 동벽 제2구간의 벽체(북단)가 비교적 보존이 양호해서 높고 웅장한 위용을 자랑함.

○ 북단 성벽의 외벽 기단부를 보면 장방형의 커다란 돌을 1~5층 겹겹이 쌓았고, 그 위로는 쐐기형돌을 쌓아 올렸음. 기단부의 들여쌓기는 아랫부분에서는 명확히 확인할 수 있으나 윗부분은 뚜렷하지 않고, 들여쌓기를 하지 않은 곳도 있음. 장대석의 크기가 길이 2.6m, 두께 0.45m인 것도 있음. 견실한 땅이 기단부와 압착되면서 기초의 하중을 견디는 능력을 증가시킴. 쐐기형돌은 가지런히 쌓아 올려 수평을 이루는데, 층마다 대략 10~15° 정도 기울여 쌓았음. 본 구간의 벽체는 비교적 보존상태가 좋아서 높고 웅장한 위용을 자랑함(그림 18).

○ 남단 성벽 기단부에서는 장대석이 보이지 않음. 위와 아래 모두 쐐기형돌로 쌓아 올렸으며 축성 방식은 북부의 쐐기형 성벽과 동일함(그림 19). 내벽은 대부분 약간 손질한 괴석과 판석으로 쌓아 올렸고, 벽면은 가지런하며 들여쌓기를 하지 않았는데, 쌓은 층은 일정하지 않음(그림 20). 내벽은 쌓아 올린 후 배토하였음. 지세의 높이가 일정하지 않아 배토의 두께 또한 일정하지 않은데, 두꺼운 부분은 1.6m, 얇은 부분은 0.3m 정도임. 배토 위에는 폭 2m 가량의 회곽도(馬道)를 만들

었음.

○ 성벽 윗부분은 황토로 덮어 보호하였는데, 두께는 약 0.2cm임(그림 21).

○ 성벽 내부에는 약간 다듬은 북꼴돌, 길쭉한 돌, 괴석 등을 알맞게 섞어 채워 넣었음. 이러한 채움돌들은 서로 눌러 틈새를 메우면서 층층이 쌓아 올라가 있음. 북꼴돌의 뾰족한 끝부분이 외벽 쐐기형돌 사이의 삼각형 틈새에 끼워짐으로써 양자가 서로 꽉 맞물려 장력을 크게 줄이고 있음.

○ 성벽 윗부분 바깥쪽에 성가퀴를 설치하였는데, 현재도 단속적으로 남아 있음. 주로 양 끝에 보임. 남단 성가퀴의 보존상태가 좋은데, 남은 길이 13m, 너비 1.2~1.5m, 남은 높이 0.2~0.6m임.

○ 성가퀴 안쪽에는 돌구멍(石洞)이 설치되어 있는데, 모두 7개가 발견되었음. 돌구멍의 간격은 1.8~2m임. 돌구멍 입구의 평면은 방형 혹은 장방형이고, 길이와 폭은 대략 0.3m 정도임. 돌구멍의 벽은 평평하고 가지런하며 아래를 향하여 수직하고 있는데, 깊이는 0.3~0.5m임(그림 22).

○ 보존상태가 비교적 양호한 성벽 윗부분에는 평평하게 깐 판석이 있고, 판석 위에는 황토를 한층 깔아놓았는데, 황토의 두께는 약 0.2m임.

○ 성벽은 아랫너비 4~6m, 윗너비 3~4m, 외벽 높이 3~6m, 내벽 높이 2~4m임(그림 23).

③ 제3구간

○ 인공 성벽으로 길이는 70m임.

○ 동문의 북쪽에 위치함.

○ 평면은 직각형에 가까움.

○ 시작 구간은 동벽 제2구간의 벽체 북단과 수직을 이루는데, 양자 사이에는 동문이 있음. 해당 벽은 동쪽으로 한 구간을 쌓은 후 북으로 꺾어져 낭떠러지 절벽에 이르고 있음. 꺾어진 지점의 내외 벽면은 모두 호형임. 모서리를 기준으로 남단과 북단으로 나뉨.

○ 남단 성벽은 동서로 뻗어 있으며 길이는 21m임. 외벽 기단부 일부는 커다란 돌로 쌓아 올리고 그 위로 쐐기형돌을 층층이 쌓았음. 기단부에 장대석이 없는 곳에는 직접 쐐기형돌을 쌓아 놓았음. 이곳에는 기울어진 천연 거석이 하나 있는데, 지대석으로 활용했음. 커다란 돌이 1~3단 층층이 쌓아 올려져 있는데, 들여쌓기를 했는지는 분명치 않음. 그 위쪽으로는 쐐기형돌을 층층이 평평하게 쌓아 올렸는데, 위로 갈수록 조금씩 들여쌓았음(그림 24).

○ 북단 성벽은 길이가 49m임. 외벽 기단부에는 커다란 돌이 적게 보이며 주로 쐐기형돌로 쌓았음. 다만 너비가 약 5m 정도 되는 성벽의 경우 기단부에서 성벽의 중간까지 모두 커다란 돌로 쌓아 올렸는데, 7~8단이나 되고 들여쌓기한 것이 약간 보임. 層位를 평평하게 하기 위해 장대석 사이에 쐐기형돌을 1~2단 쌓은 경우도 있음.

○ 남단 내벽은 대부분 쐐기형돌로 쌓아 올렸음. 북단 내벽과 모서리에는 약간 가공한 괴석, 판석 등을 번갈아 쌓아 올렸는데, 들여쌓기를 한 흔적은 없고, 벽면 또한 가지런하지 않음.

○ 내벽을 다 쌓아 올린 후에 배토한 흔적이 있음. 성벽의 높이가 다르고 배토의 두께 또한 다르기 때문에 내벽 일부분은 지표에 노출되어 있으며 일부는 땅 속에 매몰되어 있음.

○ 성벽 내부 축조방식은 제2구간과 같은데, 북꼴돌과 길쭉한 돌이 맞물리도록 하였고, 틈새는 잔돌로 채워 넣었음.

○ 성벽 윗부분 바깥쪽에 성가퀴를 설치하였는데, 꺾어지는 곳과 북단의 보존상태가 비교적 좋음. 성가퀴는 폭 1.2m, 남은 높이 0.4~0.8m임.

○ 성가퀴 안쪽에 돌구멍을 설치하였는데, 현재는 1개가 남아 있음. 돌구멍 입구의 평면은 장방형임. 길이 0.5m, 너비 0.35m, 깊이 0.6m임.

○ 성벽 윗부분은 두께 0.2m 정도의 황토를 덮었음.

○ 성벽은 밑너비 4.4~5m, 윗너비 2.6~4.4m, 외벽 높이 2.5~6m, 내벽 높이 0.5~3m임(그림 25).
○ 북단의 안쪽에서 초소 유적지 2곳을 발견함.

④ 제4구간
○ 천연 성벽으로 길이는 18m임.
○ 바깥쪽이 볼록하게 튀어나온 절벽임.
○ 절벽 위에 초소 유적지 2곳이 있음.

⑤ 제5구간
○ 인공 성벽으로 길이는 34m임.
○ 산골짜기의 위쪽에 쌓았음. 평면은 안으로 휜 호형임(그림 26).
○ 내외벽은 보존상태가 비교적 좋고 중부 벽면은 대부분 떨어져 나갔음.
○ 축성 방법은 남벽 제4구간, 동벽 제2구간, 동벽 제3구간과 차이가 있음. 산골짜기 입구가 안쪽이 높고 바깥쪽이 낮은 특수한 지세를 이용하면서 아랫부분에 외벽을 축조하였고, 외벽과 산골짜기 입구의 비교적 가파른 산기슭 사이에는 북꼴돌, 길쭉한 돌, 잔돌 등을 쌓거나 채워 넣었음.
○ 성벽은 산기슭을 따라 아래에서 위로 갈수록 너비가 넓어짐.
○ 성체 내측이 산기슭에 기대어 있기 때문에 내벽은 매우 낮음.
○ 외벽은 주로 쐐기형돌로 쌓아 올렸는데, 기단부와 중부에서 장대석이 일부 보임. 쐐기형돌은 평평하게 쌓았고 점차 들여 쌓았음(그림 27~그림 28).
○ 성벽 윗부분에는 판석을 깔았고 그 위로는 황토로 포장하였음. 성벽은 윗너비 3.7m, 외벽 높이 3.5m임(그림 29). 성벽 위에서 회곽도가 확인되었음.
○ 성벽 윗부분에 성가퀴가 설치되어 있는데, 폭은 1m, 남은 높이는 0.2~0.4m임.
○ 성가퀴 안쪽에 일정한 간격으로 돌구멍 11개가 배열되어 있음(동벽 제5구간 D1~D11). 돌구멍의 간격은 2m이고, 보존상태가 양호함. 돌구멍은 벽체를 일정 높이까지 쌓은 다음 설치하였음. 돌구멍 내벽은 정연하게 쌓았고, 외측은 외벽 내측의 벽면을 이용했으며, 다른 세 측은 모두 장방형돌을 사용하여 가지런히 쌓아올렸음. 일부 돌구멍에서는 잔돌이나 오물이 들어가는 것을 방지하기 위해서 위를 판석으로 덮은 경우를 볼 수 있음. 돌구멍의 평면은 장방형. 일반적으로 길이 0.3m, 너비 0.2m, 깊이 0.5~0.8m 정도임.
○ D2 : 제5구간 인공 성벽 남측에 위치함. 구멍 벽은 돌로 4~5층을 쌓았고 바닥에는 평평한 판석 한 개를 깔았음. 길이 0.36m, 너비 0.24m, 깊이 0.76m임(그림 30-1).
○ D3 : 제5구간 인공 성벽 남측 꺾어지는 지점에 위치함. 구멍 벽은 돌로 4~5층을 쌓았음. 길이 0.32m, 너비 0.23m, 깊이 0.82m임(그림 30-2).
○ D4 : 제5구간 인공 성벽 남측에 위치함. 구멍 벽은 돌로 4~5층을 쌓았고 바닥에는 평평한 판석 한 개를 깔았음. 길이 0.3m, 너비 0.22m, 깊이 0.76m임(그림 30-3).
○ D5 : 제5구간 인공 성벽 북측에 위치함. 구멍 벽은 돌로 4층을 쌓았고 바닥에 판석을 깔았음. 길이 0.23m, 너비 0.14m, 깊이 0.55m임(그림 30-4).

⑥ 제6구간
○ 천연 성벽으로 길이는 86m임.
○ 바깥으로 볼록 튀어나온 절벽 2개로 구성됨.
○ 각 절벽 위에 초소 유적지가 있음.

⑦ 제7구간
○ 인공 성벽으로 길이는 30m인데, 골짜기 입구를 막고 있음.
○ 평면과 축성법은 제5구간의 인공 성벽과 유사함. 평면은 밖으로 휜 호형임.

○ 훼손이 심하여 외벽 및 성가퀴는 거의 남아 있지 않음. 북단 외벽은 보존상태가 약간 좋은 편임. 층층이 쌓은 쐐기형돌 위로 장방형의 큰 돌이 가로로 놓여 있음.
○ 성벽은 윗너비 3.5m, 높이 2.5m이고, 성벽 위에 회곽도가 있음.

⑧ 제8구간
○ 천연 성벽으로 길이는 35m임.
○ 밖으로 볼록 튀어나온 절벽임.

⑨ 제9구간
○ 인공 성벽으로 길이는 120m인데, 평면은 밖으로 휜 호형임.
○ 산성에서 가장 낮은 곳으로 성 내부의 동부 골짜기에서 내려오는 물의 주요 배수구임.
○ 외벽의 기단부는 대부분 커다란 돌을 깔고 위쪽으로 쐐기형돌을 쌓았음. 쐐기형돌은 정연하게 가공한 것으로 형태가 다양하고 비교적 큼.
○ 외벽과 산기슭 사이에는 대형 판석과 괴석을 층층이 쌓았고, 내벽은 없음.
○ 성벽 윗부분은 완만한 산기슭모양으로, 판석을 밖에서부터 안으로 층층이 쌓아 올려 안이 높고 밖이 낮노록 경사지게 축조하였는데, 안쪽과 산기슭이 서로 접하고 있음. 이러한 특수한 형태의 성벽은 적군이 물이 흘러내리는 곳을 통해 성 안으로 들어와 공격하는 것을 막아 주는 한편, 산골짜기의 물이 성벽 윗부분으로 흘러나가도록 해줌. 新賓의 黑溝山城과 轉水湖山城에도 이와 비슷한 형태의 성벽이 있음.
○ 골짜기에서 흘러내리는 물에 의해 벽면이 심하게 무너졌지만 기단부와 안채움부는 보존상태가 좋음. 하단부에 배수구가 보이지 않고 윗부분에 성가퀴 시설이 없는 것으로 보아 골짜기 물이 산기슭을 따라 내려와 성벽 윗부분으로 흘러 지나간 것으로 추정됨.
○ 성벽 윗부분은 너비 15m, 외벽 높이는 약 4m임.

⑩ 제10구간
○ 천연 성벽으로 길이는 172m임.
○ 모두 낭떠러지 절벽임.

⑪ 제11구간
○ 인공 성벽으로 길이는 18m임.
○ 골짜기 입구 상단에 축조하였음.
○ 평면은 'S'자형임.
○ 외벽은 쐐기형돌로 대충 쌓아 올렸음.
○ 안채움부에는 북꼴돌과 길쭉한 돌이 서로 끼워져 있음.
○ 내벽 윗부분은 약간 볼록 올라가서 지표보다 약간 높음.
○ 성벽은 윗너비 4m, 외벽 높이 2m, 내벽 높이 0.4m임.

⑫ 제12구간
○ 천연 성벽으로 길이는 1,100m인데, 동벽 전체 길이의 1/2을 훨씬 초과함.
○ 모두 깎아지른 듯한 낭떠러지임.
○ 본 구간의 성벽은 꺾어져서 북쪽으로 향하고 있음.

(5) 북벽
○ 모두 천연 성벽으로 전체 길이는 475m임.
○ 평면은 안으로 휜 호형임.
○ 동벽 북단에서 시작해 절벽을 따라 서북방향으로 65m 이어지고, 다시 굽어진 산등성이는 안으로 들어간 호형을 이루는데, 한데 모이는 작은 산봉우리까지 이르고 있음.
○ 산등성이는 바깥이 가파르고 안은 완만함. 바깥쪽 50~100m 지점에 서북-동남 방향의 절벽이 있음.

(6) 서벽
○ 전체 길이는 2,008m임.
○ 서문 부근의 매우 짧은 인공 성벽을 제외하면 모두

천연 성벽임.
○ 평면은 불규칙한 둔각형임.
○ 북단 정상부에서 산 정상 동남 모서리까지 이르고 있음.

① 제1구간
○ 천연 성벽으로 길이는 280m임.
○ 산등성이와 암석이 솟아 있는 산등성이로 구성됨.

② 제2구간
○ 천연 성벽으로 길이는 868m임.
○ 이어져 있는 산꼭대기를 장벽으로 삼았음.
○ 산꼭대기 서측 벽면은 우뚝 솟아 있는데, 거의 수직에 가깝고, 서문까지 이르고 있음.

③ 제3구간
○ 인공 성벽으로 길이는 29m임.
○ 서문 양쪽에 위치함.

④ 제4구간
○ 천연 성벽으로 길이는 831m임.
○ 서문에서 시작하여 남벽의 산 윗부분 서남 모서리까지 이르고 있음.
○ 천연 성벽은 매우 높고 가장 험준함.
○ 반쯤 포위한 형세로, 산 정상부의 서북부를 감싸고 있음.

(7) 산 위 동북 골짜기 1호, 2호 벽(방호벽, 차단성)

① 1호 벽(그림 31)
○ 산 정상 동북부의 산골짜기에 위치. 서문과 마주하고 있음.
○ 길이는 23m임.
○ 산골짜기는 대체로 동서로 뻗어 있는데, 1호 벽은 남북으로 가로질러 막고 있음. 산골짜기 윗부분에는 4단의 土臺가 있는데, 인위적으로 정리한 것으로 보이고 높이는 2m 정도임. 바깥 가장자리에는 단속적으로 돌들이 배열되어 있음.
○ 1호 벽은 제4단 토대 바깥쪽에 축조함. 양 옆은 모두 낭떠러지임. 남단과 절벽이 서로 맞닿아 있고, 북단과 절벽 사이에 너비 1.5m의 트인 지점(豁口)이 남아 있는데, 문길임.
○ 외벽은 쐐기형돌과 괴석으로 쌓아 올렸음. 북단에는 큰 판석을 하나 세웠는데, 벽면은 가지런하지 않음.
○ 안채움부는 북꼴돌과 길쭉한 돌로 쌓아 올리고 그 위에 흙을 덮었음. 흙을 덮은 곳과 토대 아랫부분이 이어져 있어 내벽은 보이지 않음.
○ 성벽 윗부분 바깥쪽에 성가퀴가 있는데, 너비 0.8~1m, 높이 0.2~0.5m임.
○ 성벽 윗부분은 너비 1.3~2.2m, 남은 높이 1.5m임.
○ 1호 벽 양 옆의 절벽 위에 각각 초소 유적지 1곳이 있음.
○ 문길을 나와 길을 따라 내려가면 성내의 산 아랫부분에 있는 동문에 이르게 됨.

② 2호 벽
○ 1호 벽의 동쪽 산비탈 아래 약 80m 지점에 위치함.
○ 길이는 18m인데, 이미 심하게 붕괴된 상태임.
○ 남북방향으로, 북단은 절벽에 막혀있고 남쪽과 산기슭은 서로 이어져 있으며 골짜기 입구 절반만을 막고 있음.
○ 외벽은 쐐기형돌로 쌓아 올렸고 성벽 윗부분은 흙으로 덮었음.
○ 너비는 2m, 남은 높이는 1m임.

2) 성문
동문, 남문, 서문 등 3개가 있음.

(1) 남문(그림 33)

○ 남벽 제4구간의 동단에 위치하고 있는데, 산성의 동남 모서리로서 남벽과 동벽이 만나는 곳에 위치하고 있음.

○ 남벽은 산등성이를 따라 동쪽으로 축조하였고 낭떠러지 근처에는 축조하지 않음으로써 빈 공간이 생겼는데, 이 빈 공간에 남문이 위치함.

○ 남문은 지세에 맞추면서 간단하게 축조함.

○ 문길은 너비 2.3m, 방향 263°임(그림 32). 그 바깥쪽은 낙차 10~20m의 낭떠러지임.

○ 남문 서벽은 남벽 동단에 해당하는데, 쐐기형돌을 사용하여 호형으로 쌓아 올렸음. 심하게 훼손되었지만 1~3단의 기단석이 남아 있고 안채움돌은 그대로 남아 있음. 너비 2.7m, 높이 4.3m임.

○ 남문 동측에는 벽이 없고 아래가 가파른 낭떠러지인데, 낭떠러지 높이는 20m 정도임.

○ 회곽도가 남문을 통과함.

○ 남문 뒤의 서쪽 산등성이에는 초소로 추정되는 원형 구덩이가 있음.

○ 남문 밖에는 산을 휘감으면서 아래로 내려가는 길이 있음.

(2) 동문(그림 34~그림 36)

○ 동벽 제2구간과 제3구간 사이에 위치함. 남문과의 거리는 150m임.

○ 동벽은 남쪽에서 북쪽으로 한 구간을 쌓았으며, 문길을 비워두고 가파른 지세를 따라 거의 직각으로 꺾어 21m 정도 성벽을 쌓은 후 다시 북쪽으로 꺾어짐. 동문 좌우의 성벽이 굽어 돌면서 두 개의 직각을 형성함. 성벽 방향의 변화로 인해 동문은 남북 방향임.

○ 문길은 너비 4.3m, 방향 152°임.

○ 동문 서벽은 동벽 2구간 북단을 차용하였고, 쐐기형돌로 축조함. 정면과 양 측면 모두 들여쌓기를 하였음. 아랫너비 6.4m, 윗너비 2m, 남은 높이 5.2m임.

○ 동문 동벽은 제3구간 서단을 차용함. 하단부에는 커다란 돌을 깔았고, 그 위에 쐐기형돌을 쌓았음. 정면과 양 측면 모두 들여쌓기를 하였음. 너비 5.2m, 윗너비 2.3m, 남은 높이 3.2m임.

○ 좌우벽 모두 기단부를 축조한 다음 흙을 북돋우면서 절반이 땅속에 묻힘.

○ 산성을 출입하는 주요 회곽도가 통과함. 회곽도를 따라 내려가면 혼강 우안에 이르고, 성으로 들어갈 때는 성벽을 따라 있는 회곽도와 서로 접함.

○ 동문은 성벽 양쪽이 직각으로 만나고, 성벽 옆의 북벽은 반원형을 이루며 성벽 안쪽을 감싸고 있음. 이러한 형태의 성문은 기능상으로 성문의 방어를 강화하는 옹성의 역할을 한다는 점에서 어긋문식 옹성(사회과학출판사, 1975, 52~53쪽)이나 원시 형태의 옹성(『五女山城』, 30쪽)으로 분류하기도 하지만, 형태상 성문 앞쪽을 가로막는 구조물이 없다는 점에서 옹성으로 분류하지 않기도 함(『桓仁滿族自治縣文物志』, 32쪽; 梁志龍 1992, 65쪽).

(3) 서문과 부속시설

① 서문

○ 정상부 주봉의 서쪽 중간, 길이 갈리는 골짜기 입구에 위치함. 골짜기는 위로 갈수록 좁아지며 양쪽은 절벽임. 지표면은 안이 높고 바깥이 낮음.

○ 너비는 3m, 방향은 300°임. 남북 양쪽 끝 부분에 석벽을 쌓았는데, 남벽이 비교적 짧고 石臺처럼 보임(그림 37).

○ 서북 양측 외벽은 쐐기형돌로 쌓았는데, 현재 2~4단이 남아 있고 돌아가는 모서리 부분은 호형으로 굽어 있음. 동부는 안채움부의 길쭉한 돌만 남아 있고 대부분은 흙에 덮여 있음. 남쪽은 절벽과 맞닿아 있는데, 절벽 높이가 약 5m이고 바깥쪽으로 뻗어 있음.

○ 서문 남벽은 길이 4m, 너비 6.8m, 남은 높이 2m임.

○ 서문 북벽은 평면이 'ㄱ'자형으로, 굽어지는 곳을 기준으로 남단과 북단으로 나눌 수 있음. 남단은 가로 방향으로 골짜기 입구를 막고 있음. 외벽 기단부는 비교적 큰 장방형의 돌로 쌓았고, 그 위로는 쐐기형돌을 쌓아 올렸음. 북단은 밖으로 뻗어나가는 암반 위에 쌓았음. 외벽은 모두 쐐기형돌로 쌓았는데, 쐐기형돌은 안채움부의 북꼴돌과 끼워 맞추었고 그 사이에는 괴석과 깬돌을 채워 넣었음. 내벽과 성벽 윗부분에 황토를 0.4m 두께로 덮었음. 길이는 25m, 너비는 4m, 높이는 2여m임(그림 38).

○ 서문 북벽 남단 일부 외벽에 거칠면서 엉성한 부분이 있고 양쪽 서벽과 잘 물리지 않는 곳이 있는데, 성벽이 무너진 후에 보수한 것으로 보임.

○ 서문과 양측 석벽, 절벽 등이 서로 조화를 이루면서 초보적인 '凹'형 옹성을 갖추고 있음.

○ 서문 양쪽에서 문장부를 끼우는 문확돌 2개가 발견되었음. 남쪽 문확돌의 경우 평평하게 놓여 있었고 밑바닥에 판석이 하나 깔려 있는 것으로 보아 원래 자리에 계속 있었던 것으로 추정됨. 반면 북쪽 문확돌은 원래 위치를 이탈한 것으로 보임. 두 문확돌 모두 화강암을 다듬어 만들었음.

○ 남쪽 문확돌은 양 모서리가 결실되어 평면은 장방형임. 길이 56cm, 너비 43cm, 두께 22cm임. 한쪽 끝에 바닥이 평평한 원형의 기둥 구멍(石窩)이 있는데, 입구 지름 16cm, 바닥 지름 11cm, 깊이 8cm임 (그림 39-1).

○ 북쪽 문확돌은 한쪽 모서리가 결실되어 평면은 규수형임. 길이 49cm, 너비 47cm, 두께 22cm임. 한쪽 모서리 근처에 바닥이 평평한 원형의 기둥 구멍이 있는데, 입구 지름 15cm, 바닥 지름 10cm, 깊이 8cm임 (그림 39-2).

○ 성문 밖에는 돌계단이 있음. 자연 판석을 깔아서 만듦. 아래의 판석이 위의 판석보다 상대적으로 작음. 그 중 하나는 길이 145cm, 너비 96cm, 두께 15cm임.

계단은 모두 5단으로, 각 단은 너비 약 20~30cm이고 높이차는 10cm 정도임. 전체 길이는 3.3m, 너비는 2.4m임.[4]

○ 출토된 유물은 6. 출토유물 1) 서문 참조.

② **문지기실**(門衛室)

○ 서문 안의 남과 북 양쪽에 각각 문지기실이 있어 서로 마주보고 있는데, 형태는 서로 같음. 모두 쐐기형돌로 쌓아 올렸으며 평면은 '凹'자형임.

○ 남측 문지기실은 동·서·남 세 면에 벽을 쌓았는데, 대부분 안으로 기울어져 있거나 붕괴됨. 길이 1.2m, 너비 1.2m, 높이 0.8m임(그림 40).

○ 북측 문지기실은 동·서·북 세 면에 벽을 쌓았음. 보존상태는 비교적 양호함. 서벽은 쐐기형돌로 쌓았고 너비는 0.58m이며 5층이 남아 있는데, 남은 높이는 1m임. 북벽은 쐐기형돌로 쌓았음. 석면은 안을 향하고 바깥쪽은 산비탈의 흙둔덕에 기대어 있는데, 벽과 둔덕 사이에는 깬돌과 산흙을 채워 넣었음. 동벽은 기초만 남아 있음. 높이 1m, 너비 0.85m, 남은 높이 1m임(그림 41).

○ 출토된 유물은 6. 출토유물 1) 서문 참조.

3) **장대**(속칭 '點將臺')

○ 산 정상부 동남단의 가장 높은 곳(806.32m)에 위치함. 밑에서 올려다보면 우뚝 솟아 있는 절벽임.

○ 절벽 위에 너비 15m, 길이 17m인 평평한 자연 石臺가 있는데, 동남쪽으로 약간 경사져 있음. 석대 위에 인위적으로 판 원형의 작은 구덩이가 있는데, 지름 10cm, 깊이 8cm임. 기둥 구멍으로 추정됨.

---

4 종래 서문 바깥에 석벽을 여러 겹 축조하고, 남쪽이나 북쪽에 성문을 설치하여 옹성 구조를 갖추었다고 보았으나(『桓仁滿族自治縣文物志』, 32쪽 ; 梁志龍 1992, 65쪽), 1996년 이후의 발굴조사에서 이러한 양상은 확인되지 않음.

○ 석대에서 아래를 내려다보면 시야가 탁 트여 있는데, 혼강 수로와 그 양안 육로를 감시할 수 있는 최적의 장소에 위치함.
○ 산 정상 주봉 주변에는 작은 망대(小點將臺), 서남 모서리의 석대, 서문 남쪽 절벽 위의 석대, 서문 북쪽 절벽 위의 석대 등 천연 석대가 많은데, 산 아래 모든 방향을 조망하는 데 적합함. 한편 서문 남쪽 절벽 위에 있는 석대의 경우 바깥 가장자리에 낮은 담장을 반 바퀴 정도 쌓았는데, 쐐기형돌로 쌓아 올렸고 현재 1~3단이 남아 있음. 남은 길이 약 2m, 높이 0.3~0.5m임. 내부는 흙으로 메웠음.

5. 성내시설과 유적

1) 도로 유구

(1) 성내 주요 도로

① 서문-망대 도로
○ 서문에서 동남쪽으로 넓고 평평한 산등성이를 끼고 망대에 이를 수 있음. 성내 산 정상부의 주요 도로임. 길은 평탄하여 이동하기 편함.
○ 발굴 과정에서 단단한 路土踩踏層이 발견되었는데, 踩踏層은 두께가 약 10cm임. 너비는 2m, 길이는 545m임.

② 산 정상을 둘러싸고 있는 도로
○ 서문에서 시작해 산 정상부 서남 가장자리를 따라 동쪽으로 가면 1호 대형 건물지, 저수지, 2호 대형 건물지, 병영터 등을 지나며, 망대에 이르러서 그 뒷쪽으로 돌아 정상부 동북 가장자리를 따라 서쪽으로 가면 3호 대형 건물지 등을 지나 다시 서문으로 돌아옴.
○ 산 정상부를 한 바퀴 돌 수 있는 도로인데, 성내 산 윗부분을 순시할 수 있는 회곽도로 추정됨. 도로 서남단은 너비 1.5m, 동북단은 너비 약 1m, 전체 길이는 1,150m임.

③ 서문-동문 도로
○ 서문에서 동쪽으로 산골짜기를 끼고 돌아 아래쪽으로 가면 산 위 동북 골짜기 1호 벽 문길과 2호 벽을 지나 골짜기 아래에 이름. 다시 산비탈을 끼고 동쪽으로 약 165m를 가서 남향으로 꺾으면 곧바로 동문에 이르게 됨.
○ 성 내부의 아래와 위를 이어주는 주요 도로임. 너비 1.5~2m, 길이 620m임.

④ 성벽을 끼고 있는 도로
○ 남문에서 북쪽으로 올라가 성벽 안쪽을 따라 동벽 제11구간 인공 성벽을 지난 다음, 절벽 윗부분 비탈길을 따라 서쪽으로 꺾어지고 북벽의 천연 산등성이를 따라 산성 서북 모서리에 이르러 남쪽으로 꺾어지며, 서벽 제1구간 산등성이를 지나 서쪽으로 성을 나갈 수 있음.
○ 동벽 남부를 지나는 구간은 너비 약 2m이고, 나머지는 대체로 좁으며, 일부 구간은 풀들이 무성함. 길의 노면은 명확하지 않음.
○ 성내 동부와 북부를 반쯤 에워싸고 있으며, 양 끝 모두 산 아래로 내려가는 도로와 연결되어 있음. 전체 길이는 2,350m임.

⑤ 돌계단(石階)
○ 산 정상부 서문 동북쪽 부근의 트인 곳에 위치하는데, 트인 곳은 양쪽에 석벽이 마주하고 있어 석문과 같은 형태를 띠고 있음.
○ 돌계단은 괴석, 판석, 쐐기형돌 등으로 쌓아 올렸음. 각 층마다 쌓은 돌의 수량은 같지 않는데, 적은 것은 2개, 많은 것은 5개임. 계단 가장자리도 각 층마다 다

름. 계단의 면은 고르지 않음.
○ 전체 길이는 22.7m임.
○ 제1구간 : 8층 돌계단임. 너비 0.7~1.1m, 계단 높이 0.1~0.2m, 길이 2.5m임.
○ 제2구간 : 경사진 비탈길로 돌계단은 보이지 않음. 너비 2.4m, 길이 4.8m임.
○ 제3구간 : 55층 돌계단임. 폭 0.6~1.5m, 계단 높이 0.1~0.2m, 길이 15.4m임. 일부는 쐐기형돌 3개 또는 판석을 2단 쌓아 올렸음(그림 42).
○ 돌계단을 따라 아래로 내려갔을 때 명확한 산길은 보이지 않음.

(2) 성 밖 주요 도로

① 서문 - 劉家溝 도로
○ 서문 아래 서쪽으로 '十八盤'이라고 불리는 옛 길을 지나 서남향으로 꺾은 후 산길을 따라가면 劉家溝村에 이르게 됨. 다시 앞으로 가면 哈達河 계곡이 나오고, 남쪽 아래로 2km 정도 가면 합달하와 渾江이 만나는 지점이 나오며, 다시 서쪽으로 1km 가면 환인-통화 도로가 나옴.
○ 도로가 통과하는 '十八盤'은 서문을 출입할 수 있는 주요 통로임. 구불구불 돌아가기 때문에 그 명칭을 갖게 됨. '십팔반'은 인위적으로 만든 길로 노면에는 산흙이나 산돌을 깔았으며 가장자리에는 대체로 낮은 석벽이 있고 일부는 보호석을 깔았음. 노면의 경사도는 10° 정도이며, 가장 심한 곳은 40°에 이름. 너비 1~1.5m, 전체 길이 700여m임(그림 43).

② 서쪽 산등성이 - 劉家溝 도로
○ 성내 성벽도로를 따라서 서벽 제1구간 산등성이를 지나 성을 빠져나오면 본 도로와 이어짐. 산비탈을 따라 남쪽으로 735m 가면 서문-劉家溝 도로와 합쳐짐.
○ 도로는 평탄하고 완만하여 다니기 쉬움.

○ 너비는 약 2m임.

③ 서문 - 남문 도로
서문-劉家溝 도로를 따라 아래로 '十八盤'을 지난 후 교차점을 돌아 동쪽으로 가면 주봉 서남 절벽 아래의 산비탈 길을 지나게 됨. 두 갈래의 길에서 북쪽으로 꺾으면 남문에 이를 수 있고, 남쪽 아래로 가면 金銀庫溝에 도달할 수 있음.

④ 동문 - 혼강 우안 도로
동문을 나간 다음 동북쪽으로 산비탈과 산골짜기를 따라 아래로 내려가면 혼강 우안에 도달할 수 있음.

2) 저수지(그림 44)
○ 오녀산 정상부의 중앙 부분에서 서남쪽 절벽 근처의 지세가 가장 낮은 곳에 위치하는데, 속칭 '天池'로 불림.
○ 평면은 장방형이고 돌로 만든 물탱크와 유사함.
○ 둘레는 대부분 암벽임. 남북 양벽면은 가지런한데, 가공한 흔적은 보이지 않음. 서벽 하부는 대부분 쐐기형돌로 쌓아 올렸는데, 기단부 위치가 옮겨져 벽면이 가지런하지 못함. 윗부분은 쐐기형돌, 괴석, 판석 등을 섞어 쌓았으며 벽면과 층위가 분명하지 않은데, 후대 사람들이 덧쌓은 것으로 추정됨. 동벽은 자연 石臺이고, 3층 계단 형태가 저수지 안 아래로 뻗어 있음.
○ 저수지 바닥은 평탄하지 않은 암반으로 서쪽으로 경사져 있음. 북벽 아랫쪽에 길게 패인 도랑이 있는데, 너비는 1.2m, 깊이는 0.35m임. 서남 모서리 아랫쪽에 움푹 파인 곳이 저수지에서 가장 깊음.
○ 윗너비 3.3~5m, 길이 11.5m, 밑너비 3.5~4.8m, 길이 11m, 깊이 1.5m임.[5]

---

5 『桓仁滿族自治縣文物志』, 32~33쪽과 梁志龍 1992, 65쪽에는 저수지가 장방형으로 길이 14m, 너비 6m, 깊이 2m 정도라고 기

○ 저수지 바깥 가장자리에 돌담을 쌓아 둘렀음. 돌담에서 저수지 벽까지의 거리는 0.5~1m임. 동서 길이 12.7m, 남북 너비 5~6.4m, 높이 0.4~1m임.
○ 저수지 동벽 바깥쪽에 작은 우물(水井)이 있음. 평면은 장방형으로 길이 0.9m, 너비 0.7m, 깊이 1.2m임. 괴석과 쐐기형돌로 쌓았음. 우물에 있는 물은 벽을 사이에 두고 저수지의 물과 통함.
○ 출토된 유물은 6. 출토유물 2) 저수지 참조.

3) 천연 샘

○ 산 아래 동벽 제9구간 부근에 위치함. 성내 산 아래의 중요 수원임.
○ 북쪽에 큰 바위가 가로로 놓여 있음. 큰 바위 남쪽 틈에서 물이 흘러내려와 원형의 水池를 형성하고 있는데, 직경 약 2m, 깊이 0.5m임.

4) 건물지

(1) 제3기 문화 대형 건물지

① 1호 대형 건물지(J1, 그림 45)
○ II구역 T23, T24, T27, T28, T43 피트(探方)에 위치함. 開口는 제3층 아래에 있음. 3호 주거지(F3)와 7호 주거지(F7), 13호 재구덩이(灰坑, 13H)에 의해 파괴되었고, 8호 주거지(F8)와 9호 주거지(F9) 위에 조성됨.
○ 평면은 장방형으로 방향은 220°, 길이는 13.8m, 너비는 6~7.3m임.
○ 남부에 6개의 초석이 남아 있는데, 동서방향의 일직선으로 배열되어 있음. 초석 간격은 일반적으로 1m 정도임. 다만 서부의 두 번째 초석과 세 번째 초석의 간격은 약 3m인데, 두 초석 사이는 7호 주거지(F7)의 一角에 부합함. 이로 볼 때 원래는 하나의 초석이 더 있었고, 나중에 7호 주거지(F7)가 축조될 때 없어진 것으로 추정됨. 6개의 초석은 지표에 평평하게 놓여 있음. 초석 면은 비교적 정연하고 약간 가공한 흔적이 있음. 평면은 대부분 마름모형 혹은 불규칙한 사각형임. 크기는 같지 않은데, 작은 것은 길이 52cm, 너비 34cm, 두께 12cm이고, 큰 것은 길이 94cm, 너비 74cm, 두께 15cm임. 주위 피트의 후기 퇴적층에서 1호 대형 건물지 초석과 상당히 비슷한 큰 돌 5개가 발견되었음. 1호 대형 건물지 북부의 초석으로 추정되는데, 후대에 사람들에 의해 옮겨졌다가 다시 이용된 것으로 보임.
○ 지면은 황갈색토로 비교적 단단함. 북측 변 가장자리에 높이 25cm 정도의 흙둔덕이 있음. 동서 양측에서는 초석이나 흙둔덕이 발견되지 않았음.
○ 五銖錢과 大泉五十錢 각각 1매가 출토됨[출토된 유물은 6. 출토유물 3) 1호 대형 건물지(J1) 참조].

(2) 제3기 문화 주거지

① 35호 주거지(F35, 그림 46)
○ II구역 T48, T49, T51, T52 피트(探方)에 위치함. 開口는 제3층 아래에 있음. 반지하식 건물임. 평면은 불규칙한 원형으로 직경은 3.4m, 깊이는 0.3m임.
○ 실내 동북쪽에 홍색의 탄 흙이 있음. 평면은 타원형이고, 길이는 0.66m, 너비는 0.54m임. 노지(爐址)가[6] 있었던 자리임. 흙은 불에 타면서 비교적 단단함.
○ 거주면은 황갈색토로 비교적 견실함. 실내 퇴적은 흑회색토로 토질은 부드러움. 대부분 풀과 나무가 탄재로 비교적 많은 숯가루를 포함하고 있음.

술되어 있음.

[6] 『五女山城』 72~77쪽에서는 제3기 문화 주거지의 난방시설을 '竈址' 즉 '아궁이'라고 표현하였지만 부뚜막이나 고래 시설이 없다는 점에서 노지(爐址)로 해석하는 것이 더 적합하다고 생각됨.

○ 기둥 구명은 보이지 않음.
○ 출토된 유물은 6. 출토유물 4) 35호 주거지(F35) 참조.

② 36호 주거지(F36, 그림 47)
○ Ⅱ구역 T45, T47 피트(探方)에 위치함. 開口는 제3층 아래에 있음. 10호 주거지(F10)에 의해 파괴됨.
○ 반지하식 건물임. 평면은 원형으로 절반만 남아 있는데, 직경은 4.4m, 깊이 0.16m임.
○ 지면은 고르지 않음. 여러 개의 돌이 놓여져 있음. 기둥 구명은 보이지 않고 문길도 명확하지 않음.
○ 실내 퇴적은 짙은 흑색토로 토질은 푸석푸석함. 풀과 나무가 탄 재와 적은 양의 숯가루가 포함되어 있음.
○ 출토된 유물은 6. 출토유물 5) 36호 주거지(F36) 참조.

③ 47호 주거지(F47, 그림 48)
○ Ⅳ구역 T403, T411 피트(探方)에 위치함. 開口는 제3층 아래에 있음. 41호 주거지(F41)에 의해 파괴되었고, 46호 주거지(F46)와 43호 주거지(F43) 아래에 있음.
○ 반지하식 건물임. 평면은 타원형이고 직경은 3.6~4m, 깊이는 0.2m임.
○ 노지(爐址)는 주거지 북부 穴壁 곁에 있음. 세워진 두 판석은 바깥에 황색 진흙이 발라져 있음. 평면은 장방형으로 길이는 0.65m, 너비는 0.38m, 깊이는 0.26m임. 노지 안과 주위에 많은 양의 숯가루와 홍색의 탄 흙이 남아 있음.
○ 지면은 황갈색토로 토질은 단단함.
○ 출토된 유물은 6. 출토유물 6) 47호 주거지(F47) 참조.

④ 57호 주거지(F57, 그림 49)
○ Ⅳ구역 T421 피트(探方)에 위치함. 남부는 T410 북쪽 격벽(隔梁)을 지나감. 開口는 제3층 아래에 있음.
○ 반지하식 건물임. 평면은 원각 장방형임. 노출된 부분은 길이 3.6m, 너비 1.5m, 깊이 0.36m임.
○ 실내에 원형 노지(爐址)가 있는데, 직경은 0.47m, 깊이는 0.15m임.
○ 거주면은 황갈색토이고, 비교적 평평하고 정연함.
○ 실내 퇴적은 흑회색토이고, 안에는 많은 양의 숯가루와 모래혼입 홍색토기가 있음.
○ 출토된 유물은 6. 출토유물 7) 57호 주거지(F57) 참조.

(3) 제4기 문화 대형 건물지

① 2호 대형 건물지 1(J2, 그림 50)
○ 성내 산 위 서남부에 위치함. 서쪽으로 저수지까지 약 130m이고, 동쪽으로 장대까지 약 180m임. 위치한 지세는 비교적 낮음. 방향은 237°임. 開口는 제2층 아래에 있음.
○ 반지하식임. 평면은 장방형이고, 전체 길이는 24.5m, 너비는 16m임.
○ 서·남·북 세 면에는 돌담장(石墻)을 쌓았고, 동면은 산기슭의 흙둔덕을 벽으로 삼았음. 돌담장은 안쪽과 바깥쪽으로 나누어져 있고 중간에 도랑(溝)이 있음. 안쪽 담장과 바깥쪽 담장 서북 구간이 비교적 보존상태가 양호하고 나머지 부분은 파괴가 심함.
○ 안쪽 담장 내벽은 쐐기형돌로 쌓았고 현재 1~4층이 남아 있음. 중간의 일부 구간이 밖으로 돌출되어 있는데, 길이가 2.7m임. 문길로 보여짐. 외벽 기초부에는 판석 혹은 쐐기형돌을 깔았고 그 윗면에는 쐐기형돌을 쌓아 올렸는데, 현재 1~3층이 남아 있음. 담장 내에는 길쭉한 돌과 북꼴돌이 놓여 있고, 벽석과 서로 맞물려져 있음. 담장은 너비 2~3m, 내벽 남은 높이 0.6m, 외벽 남은 높이 0.8m임.
○ 바깥쪽 담장 내벽은 대부분 판석을 3층 정도 쌓은

후 다시 쐐기형돌을 쌓아 올렸는데, 현재 3~5층이 남아 있음. 외벽 전체는 쐐기형돌로 쌓아 올렸고, 현재 1층이 남아 있음. 담장 내에는 괴석, 깬돌 그리고 적은 양의 쐐기형돌이 채워져 있음. 구축 방법은 안쪽 담장과 다르고, 너비 2~3m, 내벽 남은 높이 0.4m, 외벽 남은 높이 0.2m임. 양 담장 사이의 도랑은 너비 0.3~0.6m, 깊이 0.4m임. 도랑 바닥에서는 판석을 볼 수 있는데, 정연하지 않음. 붕괴되면서 아래로 떨어진 도랑 덮개석(溝頂覆石)으로 추정됨.

○ 동면에 파헤쳐진 흙둔덕은 약간 곧고, 높이는 약 0.5m임.

○ 지면은 약간 서남쪽으로 경사진 자연 기반암으로, 비교적 평평하고 인위적인 흔적은 보이지 않음.

○ 서쪽 담장 바깥에는 흙두둑(土塄)이 있는데, 길이는 약 23.6m, 너비 6m, 높이 1.5m임. 2호 대형 건물지(J2)를[7] 축조할 때 파낸 흙이라고 볼 수 있음.

○ 출토된 유물은 6. 출토유물 8) 2호 대형 건물지(J2) 참조.

② 3호 대형 건물지(J3, 그림 51)

○ 성내 산 윗부분 동남부에 위치함. 동쪽으로 작은 망대까지의 거리는 120m임. 인위적으로 가공한 평대 위에 축조됨. 開口는 제1층 아래에 있음. 발굴 전에 일부 초석이 지표로 노출되어 있었음. 길이 20m, 너비 9.5m임.

○ 인위적으로 가공한 평대는 큰 것과 작은 것이 있는데, 동서로 연결되어 있음. 큰 평대는 동쪽에 위치하고 있고, 길이 20.6m, 너비 8m임. 작은 평대는 서쪽에 위치하고 있고, 길이 13m, 너비 5.1m임. 평대 앞부분은 완만한 언덕 형태로 평대 앞 지표보다 0.4~0.6m 높음.

---

7 『五女山城』, 83쪽에는 '1호 건물지(J1)'라고 나오지만, '2호 건물지(J2)'의 오기로 보임.

○ 건물지의 주요 부분은 큰 평대에 위치하고 있음. 서북-동남 방향으로 3열의 초석이 배열되어 있음. 각 열에는 9~11개의 초석이 있는데, 가로 방향 초석의 간격은 1.4~2.4m, 세로 방향 초석의 간격은 1.4~1.7m임. 초석은 대부분 자연석이고 크기는 같지 않음. 일부 초석 아랫면과 주위에 작은 돌이 깔려 있어 초석 범위가 형성되어 있음. 그 범위는 일반적으로 길이 20~80cm, 너비 15~20cm, 두께 8~20cm임. 일부 초석은 갈라져 있는데, 불에 노출된 것으로 보임. 지면 일부 구역에는 두께 1cm 정도의 흑색 잿더미층이 남아 있는데, 그 위에 많은 양의 홍색의 탄 흙이 있고, 다시 그 위로 나무 몽둥이 혹은 나무 조각 흔적이 있음.

○ 작은 평대 위에는 평평하게 깔았던 혹은 반매장한 초석이 있는데, 건물이 있었음을 알 수 있음. 64호 주거지(F64)에 의해 파괴되어 구체적인 형태는 알 수 없으나, 3호 대형 건물지의 부속시설로 추정됨.

○ 큰 평대와 작은 평대 서남쪽에 높이 4m의 낭떠러지가 있고, 낭떠러지 아래에 자연적으로 형성된 한 줄기의 황토 두둑(土塄)이 있는데, 황토 두둑에서 주거지 2기(F65, F66)가 발견됨.

○ 출토된 유물은 6. 출토유물 9) 3호 대형 건물지(J3) 참조.

(4) 제4기 문화 Ⅰ류 주거지(병영지)

○ 산성내 산 위 동남부 Ⅲ구역에 집중 분포하고 있음. 지세는 비교적 평탄함. 모두 21기가 발견되었는데(F13~17, F19~33, 37), 밀집 분포하고 있음. 開口는 제1층 아래에 있음.

○ 대부분은 반지하식이고, 평면은 원각 장방형임. 구축 방법은 대체로 같음. 구덩이를 파서 건물을 축조하였는데, 파낸 흙이 주거지 주변에 쌓임으로써 낮은 흙담(土垣)이 형성됨.

○ 실내에 온돌(火炕)이나 쪽구들(火墻)이 보이는데,

대부분 곱자형임.
○ 일반적으로 기둥 구멍과 문길은 보이지 않음.
○ 실외 구릉지에서 배수구를 희미하게 볼 수 있음.
○ 유물로는 주로 병기가 출토되었는데, 병영지였음을 반영함.

① 13호 주거지(F13, 그림 52)
○ III구역 T125와 그 인접한 7개의 피트(探方)에 위치함. 동쪽으로 15호 주거지(F15)와 인접해 있음.
○ 평면은 원각 장방형이고, 반지하식 건물임.
○ 실내 동·북 양측에 곱자형 온돌(火炕)이 구축되어 있는데, 심하게 파괴됨. 세 줄기의 고래(烟道)가 있고, 고래 격벽(隔梁)은 작은 돌을 평평하게 깔아 설치함. 고래는 일반적으로 안쪽 너비 0.2m, 높이 0.2m 정도임. 온돌 면에 평평하게 깔았던 얇은 판석은 현재 남아 있지 않음. 동쪽 온돌의 남단 고래 격벽과 온돌 면은 점차 높아지고, 굴뚝과 서로 접해 있음. 북쪽 온돌은 길이 1.3m, 너비 1.2m이고, 동쪽 온돌은 길이 3.2m, 너비 1m임.
○ 아궁이(竈址)는 북쪽 온돌 서단에 있는데, 반원형의 얕은 구덩이모양임. 길이 0.9m, 너비 0.5m, 깊이 0.1m임. 안에는 홍색의 탄 흙이 있음. 굴뚝(烟囱)은 동쪽 온돌 남단의 실외 흙담(土垣)에 있는데, 판석과 작은 돌을 주위에 쌓았음. 안은 장방형이고, 길이 0.32m, 너비 0.24m, 높이 0.2m임.
○ 실내는 길이 4m, 너비 3.4m, 깊이 0.3m임. 주거지 주위 흙담은 너비 1.2~1.5m, 높이 0.2m임.
○ 지면은 황갈색토로 비교적 단단함.
○ 실내 퇴적은 흑갈색토이고, 안에는 모래혼입 홍갈색토기, 니질의 홍갈색토기편이 있음[출토된 유물은 6. 출토유물 10) 13호 주거지(F13) 참조].

② 14호 주거지(F14, 그림 53)
○ III구역 T135, T136, T132, T133 피트(探方)에 위치함. 남쪽으로 15호 주거지(F15)와 인접해 있음.
○ 평면은 원각 장방형이고, 반지하식 건물임.
○ 실내 서·남측에 곱자형 온돌(火炕)이 구축되어 있음. 고래(烟道) 격벽(隔梁)은 돌을 배열하여 평평하게 깔았음. 고래는 모두 세 줄기가 있음. 고래 너비는 점차 넓어지는데, 일반적으로 안쪽 너비 0.1~0.3m이고, 가장 넓은 곳은 0.6m임. 고래 격벽은 높이 0.1m 정도임. 평평하게 깔았던 온돌 면의 판석은 남쪽 온돌에 남아 있음. 서쪽 온돌은 길이 3.6m, 너비 1.6m이고, 남쪽 온돌은 길이 5.2m, 너비 1.9m임.
○ 아궁이(竈址)는 서쪽 온돌 북단에 있는데, 원형의 얕은 구덩이모양이고, 주위에 쌓았던 여러 개의 작은 돌이 남아 있음. 안에는 많은 양의 숯가루가 있음. 직경 0.4m, 깊이 0.2m임. 굴뚝(烟囱)은 남쪽 온돌 동단에 있는데, 절반은 실내, 나머지 절반은 실외의 흙담(土垣)에 있음. 원형으로 현재는 기초부 주위에 쌓은 작은 돌만 남아 있고, 직경은 0.8m임.
○ 실내는 길이 6m, 너비 4.4m, 깊이 0.2m임. 주거지 주위 흙담은 너비 1.2m, 높이 0.2m임.
○ 지면은 황갈색토로 비교적 단단함. 실내 퇴적은 흑갈색토임.
○ 여러 점의 모래혼입 홍갈색토기, 니질의 홍갈색토기편이 출토됨.

③ 15호 주거지(F15, 그림 54)
○ III구역 T126, T127, T120, T121 피트(探方)에 위치함.
○ 평면은 원각 장방형이고, 반지하식 건물임.
○ 실내 동·남측에 곱자형 온돌(火炕)이 구축되어 있음. 고래(烟道) 격벽(隔梁)은 돌로 평평하게 깔았음. 고래는 모두 세 줄기가 있는데, 일반적으로 안쪽 너비 0.2m, 높이 0.1m임. 고래 격벽에는 판석을 덮어 온돌 면을 형성하였는데, 남쪽 온돌의 판석은 거의 남아 있지 않고, 동쪽 온돌의 판석은 약간 남아 있음.

판석은 약간 가공을 하였고, 길이 0.4~0.7m, 너비 0.3~0.4m, 두께 0.1m 정도임.

○ 아궁이(竈址)는 남쪽 온돌 북측에 있음. 반원형의 구덩이모양으로 길이 1m, 너비 0.6m, 깊이 0.1m임. 아궁이 바닥에는 불에 구워진 흔적이 있는데, 비교적 단단함. 아궁이 안에서 많은 양의 숯가루가 발견됨. 동쪽 온돌 북부는 점차 높아지는데, 실외 동북 모서리 흙담(土垣)까지 이르다가 굴뚝(烟囱)과 이어짐. 남쪽 온돌은 길이 5m, 너비 2.2m이고, 동쪽 온돌은 길이 3.4m, 너비 1.9m임. 굴뚝의 경우 주위에 작은 돌을 쌓았고, 안은 불규칙한 방형임. 변의 길이는 0.15m, 높이는 0.1m임.

○ 지면은 황갈색토로 비교적 평평하고 단단함.

○ 실내는 길이 5m, 너비 4.4m, 깊이 0.4m임. 주거지 주위 흙담은 너비 1m, 높이 0.2m임.

○ 실내 퇴적은 흑갈색토이고, 안에는 모래혼입 홍색토기와 니질의 황갈색토기편이 있음[출토된 유물은 6. 출토유물 11) 15호 주거지(F15) 참조].

④ 16호 주거지(F16, 그림 55)

○ Ⅲ구역 T104, T105, T111, T112 피트(探方)에 위치함. 동쪽으로 17호 주거지(F17)와 인접해 있음.

○ 평면은 원각 방형에 가깝고, 반지하식 건물임.

○ 실내 서·북측에 곱자형 온돌(火炕)이 구축되어 있는데, 서쪽 온돌은 심하게 파괴되어 여러 개의 돌만 남아 있음. 북쪽 온돌은 비교적 잘 남아 있는데, 작은 돌을 깔아 배열한 고래(烟道) 격벽(隔梁) 세 줄기가 있음. 고래의 안쪽 너비는 0.2m, 높이는 0.1m임. 격벽 위에 판석으로 온돌 면을 평평하게 깔았는데, 판석은 일반적으로 길이 0.4m, 너비 0.3m, 두께 0.1m임. 서쪽 온돌 면은 북쪽 온돌보다 낮고, 북쪽 온돌은 동쪽으로 갈수록 점차 높아짐. 서쪽 온돌은 길이 1.4m, 너비 1m이고, 북쪽 온돌은 길이 4.2m, 너비 2m임.

○ 아궁이(竈址)는 서쪽 온돌 남단에 있는데, 평면은 장방형에 가깝고, 주위에는 판석과 돌을 쌓았음. 길이는 0.66m, 너비 0.5m, 깊이 0.3m임. 안에서는 많은 양의 홍색 탄 흙과 숯가루가 보임. 굴뚝(烟囱)은 북쪽 온돌 동단의 실외 흙담(土垣)에 위치하고 있는데, 주위에 돌을 쌓았음. 원형으로 직경 0.3m, 높이 0.1m임.

○ 지면은 황갈색토로 비교적 평평하고 단단함.

○ 실내 변 길이 4~4.2m, 깊이 0.3~0.5m임.

○ 주거지 주위 흙담 안측 일부에 판석과 돌이 바짝 붙어 있음. 흙담은 너비 0.8m, 높이 0.3m임.

⑤ 17호 주거지(F17, 그림 56)

○ Ⅲ구역 T113, T114, T106, T107 피트(探方)에 위치함.

○ 평면은 원각 장방형이고, 반지하식 건물임.

○ 실내 서·남측에 곱자형 온돌(火炕)이 구축되어 있음. 심하게 파괴되어 남쪽 온돌 일부만 남아 있음. 고래(烟道)는 세 줄기가 있었던 것으로 보이며, 격벽(隔梁)은 작은 돌을 평평하게 배열하였고, 그 위에는 판석을 평평하게 깔았음. 남쪽 온돌은 남은 길이 3.2m, 너비 1.7m이고, 서쪽 온돌은 남은 길이 1.5m, 너비 1.2m임. 아궁이(竈址)는 서쪽 온돌 북단에 있는데, 원형의 얕은 구덩이모양이고, 주위에 쌓았던 작은 돌이 남아 있고, 직경 1.1m임.

○ 지면은 황갈색토로 비교적 평평하고 단단함.

○ 실내는 길이 4.4m, 너비 3.1m, 깊이 0.2m임. 주거지 주위 서측 흙담(土垣)에는 여러 개의 판석이 평평하게 놓여 있고, 흙담은 너비 0.5~0.8m, 높이 0.3m임.

○ 실내 퇴적은 흑갈색토이고, 안에는 모래와 운모가 혼입된 홍갈색토기편과 니질의 황갈색토기편이 있음[출토된 유물은 6. 출토유물 12) 17호 주거지(F17) 참조].

⑥ 19호 주거지(F19, 그림 57)

○ Ⅲ구역 T92, T93과 그 인근 피트(探方)에 위치함. 남쪽으로 20호 주거지(F20)와 연접함.

○ 평면은 원각 장방형이고, 반지하식 건물임.
○ 실내 서·북측에 곱자형 온돌(火炕)이 구축되어 있는데, 심하게 파괴되어 판석과 돌 몇 개만 남아 있음. 아궁이(竈址)는 서쪽 온돌 남단에 있는데, 판석과 돌을 쌓아 설치하였음. 평면은 불규칙한 원형으로 길이 0.4m, 너비 0.25m임. 안에는 불에 탄 흙덩이와 숯가루가 있음. 굴뚝(烟囱)은 북쪽 온돌 동단 실외 흙담(土垣)에 위치함. 기초부는 돌로 쌓았고, 평면은 원형으로 직경 0.3m, 높이 0.1m임.
○ 지면은 황갈색토로 비교적 단단함.
○ 실내는 길이 4.6m, 너비 3.3m, 깊이 0.3m임. 주거지 주위 흙담은 너비 0.8~1m, 높이 0.2m임.
○ 실내 퇴적은 흑갈색토이고, 안에는 모래혼입 홍갈색토기편 등이 있음[출토된 유물은 6. 출토유물 13) 19호 주거지(F19) 참조].

⑦ 20호 주거지(F20, 그림 58)
○ Ⅲ구역 T79, T87과 그 인근 4개의 피트(探方)에 위치함.
○ 평면은 원각 장방형이고, 반지하식 건물임.
○ 실내 온돌(火炕)은 구축하는 데 사용한 판석과 돌 모두 교란됨에 따라 명확하지 않음.
○ 지면은 황갈색토로 비교적 단단함.
○ 실내는 길이 4.2m, 너비 3.3m, 깊이 0.2~0.4m임. 주거지 주위 흙담(土垣)은 너비 0.6~1.1m, 높이 0.2m임.
○ 실내 퇴적은 흑갈색토이고, 안에는 모래혼입 홍갈색토기편 등이 있음[출토된 유물은 6. 출토유물 14) 20호 주거지(F20) 참조].

⑧ 21호 주거지(F21, 그림 59)
○ Ⅲ구역 T94, T95와 그 주위의 4개 피트(探方)에 위치함. 서남쪽으로는 23호 주거지(F23)와 인접해 있음.
○ 평면은 장방형이고 반지하식 건물인데, 심하게 파괴되었음.
○ 실내와 실외 흙담(土垣)에 일부 돌과 판석이 어지럽게 놓여 있는데, 온돌(火炕)이 교란된 것으로 보임.
○ 지면은 山巖임.
○ 실내는 길이 4.5m, 너비 2.8m, 깊이 0.5m임. 주거지 주위 흙담은 너비 0.6~1.1m, 높이 0.2m임.
○ 주거지 주위 내측 흙담은 쌓여진 돌로 인해 중간에서 끊겼음. 흙담은 너비 1m, 너비 0.2m임.
○ 실내 퇴적은 흑갈색토이고, 안에는 많은 양의 모래혼입 홍갈색·회색토기편, 니질의 황색토기편 등이 있음[출토된 유물은 6. 출토유물 15) 21호 주거지(F21) 참조].

⑨ 22호 주거지(F22, 그림 60)
○ Ⅲ구역 T81, T89와 그 인근의 4개 피트(探方)에 위치함.
○ 평면은 원각 장방형이고 반지하식 건물인데, 심하게 파괴되었음.
○ 실내 지면에 교란되어 있는 돌과 판석은 온돌(火炕)의 흔적임. 서남 모서리에서 불에 탄 흙과 숯가루가 보이는데, 아궁이(竈址)로 추정됨.
○ 지면은 기반암임. 실내는 길이 5.1m, 너비 3.8m, 깊이 0.2~0.5m임. 주거지 주위 흙담은 너비 0.8~1.1m, 높이 0.1~0.3m임.
○ 실내 퇴적은 흑갈색토이고, 안에는 모래혼입 황갈색토기와 니질의 흑색토기편 등이 있음[출토된 유물은 6. 출토유물 16) 22호 주거지(F22) 참조].

⑩ 23호 주거지(F23, 그림 61)
○ Ⅲ구역 T102, T103, T109, T110 피트(探方)에 위치함. 북쪽으로 25호 주거지(F25), 남쪽으로 26호 주거지(F26)와 연접해 있음.
○ 평면은 원각 방형에 가깝고 반지하식 건물인데, 심하게 파괴되었음.

○ 실내 서남부에 온돌(火炕)을 구축하는 데 사용한 돌들이 남아 있는데, 대부분 교란됨.
○ 지면은 황갈색토로 비교적 단단함.
○ 실내는 변 길이 3.9~4.4m, 깊이 0.4m임.
○ 주거지 동부 흙담(土垣) 내측에는 길쭉한 돌들이 단속적으로 깔려 있고, 서북 모서리 흙담 밑에는 두 개의 석판이 평평하게 깔려 있는데, 흙담은 너비 0.6~1m, 높이 0.2m임.
○ 실내 퇴적은 흑갈색토이고, 안에는 모래혼입 홍갈색토기편과 니질의 회갈색·황갈색토기편 그리고 적은 양의 숯가루가 있음[출토된 유물은 6. 출토유물 17) 23호 주거지(F23)를 참조].

⑪ 24호 주거지(F24, 그림 62)
○ 서문에서 장대로 가는 길 동측에 위치함.
○ 평면은 원각 장방형이고 반지하식 건물인데, 심하게 파괴되었음.
○ 실내에는 여러 개의 돌이 교란되어 있음.
○ 지면은 황갈색토로 비교적 단단함.
○ 실내는 길이 5.6~4.4m, 너비 3.9m, 깊이 0.6m이고, 주거지 흙담(土垣)은 너비 1~1.2m, 높이 0.2m임.
○ 실내 퇴적은 흑갈색토이고, 안에는 모래혼입 홍갈색토기편과 니질의 회색토기편이 있음[출토된 유물은 6. 출토유물 18) 24호 주거지(F24) 참조].

⑫ 25호 주거지(F25, 그림 63)
○ Ⅲ구역 T109, T110, T116, T117 피트(探方)에 위치함. 남쪽으로 23호 주거지(F23)와 접해 있고, 동북쪽으로 약 5m 지점에는 서문에서 장대로 이어지는 길이 있음.
○ 평면은 원각 장방형이고, 반지하식 건물임. 방향은 226°임.
○ 실내 동·남·북 穴壁을 따라 돌담(石墻)이 있음. 남·북쪽 돌담은 대부분 괴석으로 쌓았음. 동쪽 돌담은 대부분 판석을 세웠고 혈벽과 판석 사이는 작은 돌로 메웠음. 담의 꼭대기는 대체로 흙두둑(土塄)과 높이가 같고, 너비 0.6m, 남은 높이 0.2~0.4m임.
○ 실내 동북 양측에는 곱자형 쪽구들(火墻)이 있고, 안에는 고래(烟道) 한 줄기가 있음. 고래 양측의 격벽(隔梁)은 돌을 깔아 구축하였는데, 안 너비 0.2m, 높이 0.15m 정도임. 격벽 위에는 판석을 평평하게 깔았음. 쪽구들이 꺾어지는 곳과 동벽 남단에는 비교적 큰 판석이 여러 개 남아 있는데, 판석은 일반적으로 길이 0.6m, 너비 0.5m, 두께 0.1m임. 동측 쪽구들은 남쪽으로 갈수록 점차 높아지는데, 실외 흙담(土垣)에 구축되어 있고 굴뚝(烟囱)과 연결됨. 북측 쪽구들은 길이 3.1m, 너비 0.8m, 동측 쪽구들은 길이 3.8m, 너비 0.7m, 높이 0.3m임.
○ 아궁이(竈址)는 북측 구들장 서단에 위치하고 있음. 원형이고 바닥에 판석이 깔려 있음. 주위에는 불에 노출된 단단한 흙이 형성되어 있음. 직경 0.6m, 깊이 0.2m임. 굴뚝은 동측 쪽구들 남단 실외 흙담에 있는데, 작은 돌로 주위를 쌓았음. 평면은 원형에 가깝고, 안쪽 직경 0.4m, 높이 0.15m임.
○ 문길은 서측에 있고, 너비 1m임.
○ 실내는 길이 3.8m, 너비 3m, 깊이 0.4m이고, 주거지 주위 흙담은 너비 약 1m, 높이 0.2m임.
○ 실내 퇴적은 흑갈색토이고, 안에는 모래혼입 홍갈색·회갈색토기편, 니질의 흑회색토기편 등이 있음[출토된 유물은 6. 출토유물 19) 25호 주거지(F25) 참조].

⑬ 26호 주거지(F26, 그림 64)
○ Ⅲ구역 T96, T97과 그 인근 4개의 피트(探方)에 위치함. 북쪽으로 23호 주거지(F23)와 접해 있음.
○ 평면은 원각 장방형이고, 반지하식 건물임.
○ 실내 서·북 양측에 곱자형 쪽구들(火墻)이 구축되어 있고, 안에는 한 줄기의 고래(烟道)가 있음. 고래 격벽(隔梁)은 괴석과 판석을 세워서 설치함. 고래는 안

너비 0.16~0.4m, 높이 0.3m 정도임. 북측 동단 쪽 구들 아랫면 흙은 점차적으로 높아짐. 쪽구들은 실외 흙담(土垣)까지 이어지고 굴뚝(烟囱)과 접함. 북측 쪽 구들 격벽 외벽과 穴壁 사이에는 판석과 괴석을 쌓았고, 서측은 채워진 흙임. 쪽구들의 윗면을 덮은 판석은 거의 남아 있지 않지만 꺾어지는 곳에 2개가 보이는데, 위치가 바뀌지는 않았음. 비교적 큰 판석은 길이 0.6m, 너비 0.5m, 두께 0.1m임.

○ 아궁이(竈址)는 서측 쪽구들 남단에 위치하는데, 원형임. 아궁이 입구 주위로 작은 돌을 볼 수 있고, 바닥에는 평평한 판석이 깔려 있음. 직경은 0.4~0.5m, 깊이는 0.1m 정도임. 주위에 많은 양의 불에 탄 흙과 숯이 있음. 굴뚝은 실외 동북 모서리의 흙담에 위치하고 있음. 기초부 평면은 반원형에 가깝고, 주위에 작은 돌이 있음. 길이 0.5m, 너비 0.3m, 남은 높이 0.15m임.

○ 지면은 황갈색토이고 단단함.

○ 실내는 길이 4.5m, 너비 4m, 깊이 0.4m이고, 실외 흙담은 너비 약 0.8~1.2m, 높이 0.2m임.

○ 실내 퇴적은 흑갈색토이고, 안에는 모래혼입 홍갈색토기편과 니질의 회갈색토기편 등이 있음[출토된 유물은 6. 출토유물 20) 26호 주거지(F26) 참조].

⑭ **27호 주거지**(F27, 그림 65)

○ Ⅲ구역 T75, T76, T83, T84 피트(探方)에 위치함. 남쪽으로 28호 주거지(F28)와 인접해 있음. 32호 주거지(F32)를 파괴하며 조영됨.

○ 평면은 원각 장방형이고, 반지하식 건물임.

○ 실내에 온돌(火炕)이 구축되어 있으나 심하게 파괴되면서 동측의 고래(烟道)만 남아 있음. 고래 격벽(隔梁)은 돌을 깔아 설치하였음. 구들은 너비 0.2m, 높이 0.1m임. 아궁이(竈)와 굴뚝(烟囱)의 위치는 명확하지 않음.

○ 지면은 황갈색토로 비교적 단단함.

○ 실내는 길이 5.4m, 너비 4.2m, 깊이 0.1m임.

○ 실외 북부에서 흙담(土垣)을 희미하게 볼 수 있음.

○ 실내 퇴적은 흑갈색토이고, 안에는 모래혼입 홍갈색토기편과 니질의 황갈색토기편 등이 있음[출토된 유물은 6. 출토유물 21) 27호 주거지(F27) 참조].

⑮ **28호 주거지**(F28, 그림 66)

○ Ⅲ구역 T70, T71, T74, T75 피트(探方)에 위치함.

○ 평면은 원각 방형이고, 반지하식 건물임.

○ 실내 서·북 양측에 곱자형 온돌(火炕)이 구축되어 있음. 고래(烟道) 격벽(隔梁)은 작은 돌을 평평하게 깔았음. 서쪽 온돌은 심하게 파괴되었음. 남단 고래 격벽은 약간 낮고 북으로 갈수록 높아짐. 북쪽 온돌 고래가 비교적 잘 남아 있는데, 세 줄기가 있음. 안 너비 0.2~0.4m, 높이 0.1m임. 고래 격벽 위를 평평하게 덮고 있던 판석은 수 개만 남아 있음. 서쪽 온돌은 길이 3.1m, 너비 1.2m, 북쪽 온돌은 길이 4.8m, 너비 1.9m임.

○ 아궁이(竈址)는 서쪽 온돌 남단의 지표상에 있음. 원형으로 직경 0.6m임. 안에는 홍색의 불에 탄 흙과 목탄이 있음. 굴뚝(烟囱)은 파괴되어 흔적을 찾아볼 수 없으나, 온돌의 방향을 감안할 때 실외 동북 모서리 흙담(土垣)에 있었을 것으로 추정됨.

○ 지면은 황갈색토로 비교적 단단함.

○ 실내는 변 길이 4.8m, 깊이 0.4m이고, 주거지 주위 흙담은 너비 약 0.4~1.1m, 높이 0.2m임.

○ 실외 북부에서 흙담을 희미하게 볼 수 있음.

○ 실내 퇴적은 흑갈색토이고, 안에는 모래와 운모가 함유된 황갈색토기편, 니질의 황갈색토기편 등이 있음[출토된 유물은 6. 출토유물 22) 28호 주거지(F28) 참조].

⑯ **29호 주거지**(F29, 그림 67)

○ Ⅲ구역 T77과 이와 인접한 3개의 피트(探方)에 위치함. 남쪽으로 약 20m 떨어진 지점에 장대가 있음.

○ 평면은 원각 방형에 가깝고, 반지하식 건물임.

○ 실내 서·북 양측에 곱자형 쪽구들(火墻)이 구축되어 있고, 안으로는 한 줄기의 고래(烟道)가 있음. 고래 격벽(隔梁)으로 판석을 세웠고, 일부 구간에는 길다란 돌을 깔아 쌓았음. 고래는 안 너비 0.3~0.4m, 높이 0.3m임. 서측 쪽구들이 꺾어지는 지점과 북측 쪽구들 동부에 격벽 위를 덮고 있는 판석이 남아 있음. 꺾어지는 지점에 있는 판석은 비교적 큰데, 길이 0.8m, 너비 0.6m, 두께 0.1m임. 나머지 판석은 비교적 작은데, 길이 0.4m, 너비 0.3m, 두께 0.1m임. 서측과 꺾어지는 지점의 쪽구들 격벽은 실내 한 면을 향하고 있고, 또한 2층의 세워진 판석이 바로 옆에 있음. 쪽구들 격벽 외벽과 穴壁 사이의 틈은 작은 돌로 메웠음. 북측 쪽구들 격벽은 서쪽에서 동쪽으로 갈수록 점차 높아지고, 실외 흙담(土垣)에 이르러 굴뚝(烟囱)과 접함. 서쪽 쪽구들은 길이 2.6m, 너비 1.1m, 북쪽 쪽구들은 길이 4.1m, 너비 1.1m임.

○ 아궁이(竈址)는 서쪽 쪽구들 남단에 있는데, 장방형의 석축임. 서측에는 판석이 세워져 있고, 남측에는 돌 3개가 붙어 있는 판석이 세워져 있으며, 북측에는 2개의 돌이 쌓여 있음. 동측은 아궁이 입구로 너비 0.26m이고, 바닥은 약간 들어가 있으며, 판석이 평평하게 깔려 있음. 아궁이는 길이 0.5m, 너비 0.24m, 높이 0.2m임. 굴뚝은 북측 구들장 동단 실외의 흙담 위에 있음. 평면은 타원형임. 기초부 주위에 돌이 쌓여 있는데, 대부분 작은 돌임. 동측에서 볼 수 있는 3개의 비교적 큰 돌은 길이 0.6m, 너비 0.3m, 높이 0.1m임.

○ 지면은 황갈색토이고 일부는 산돌을 직접 이용하였음.

○ 실내는 길이 4.4m, 너비 4.2m, 깊이 0.3m이고, 주거지 주위 흙담은 너비 약 0.9~1.2m, 높이 0.2m임.

○ 실내 퇴적은 흑갈색토이고, 안에는 적은 양의 모래혼입 황갈색토기편이 있음[출토된 유물은 6. 출토유물 23) 29호 주거지(F29) 참조].

⑰ 30호 주거지(F30, 그림 68)

○ Ⅲ구역 T72와 T73 피트(探方)에 위치함.
○ 평면은 장방형이고, 반지하식 건물임.
○ 파괴가 심하여 절반만 남아 있음.
○ 실내 서북 모서리에 돌로 쌓은 격벽(隔梁)이 있는 고래(烟道)가 남아 있음. 고래 안 너비는 0.2m 정도임. 아궁이(竈址)와 굴뚝(烟囱)의 위치는 명확하지 않음.
○ 지면은 황토로 약간 단단함.
○ 실내는 남은 길이 2.7m, 너비 2.9m, 깊이 0.1m이고, 주거지 주위에 흙담은 없음.
○ 실내 퇴적은 흑갈색토이고, 안에는 모래와 운모가 함유된 홍갈색토기편, 모래혼입 황갈색토기편, 니질의 황갈색토기편이 있음[출토된 유물은 6. 출토유물 24) 30호 주거지(F30) 참조].

⑱ 31호 주거지(F31, 그림 69)

○ Ⅲ구역 T122, T123, T128, T129의 피트(探方)에 위치함. 동측에서 3m 떨어진 지점에 서문에서 장대에 이르는 도로가 있음.
○ 평면은 원각 장방형이고, 반지하식 건물임.
○ 실내 동·남측에는 곱자형 온돌(火炕)이 구축되어 있음. 남쪽 온돌은 파괴되면서 축조에 사용한 돌들을 거의 볼 수 없음. 동쪽 온돌에는 한 줄기의 고래(煙道)가 남아 있고, 격벽(隔梁)은 돌로 쌓았음. 고래는 안 너비 0.2m, 높이 0.1m 정도임. 평평하게 깔아진 판석은 6개가 남아 있는데, 남쪽에서 북쪽으로 배열되어 있고, 실외 흙담(土垣)까지 이어짐. 판석은 일반적으로 길이 0.5m, 너비 0.3m, 두께 0.1m 정도임.
○ 아궁이(竈址)는 명확하지 않음. 굴뚝(烟囱)은 동쪽 온돌 북단 실외의 흙담에 위치함. 돌로 축조하였음. 평면은 원형으로 직경 0.8m, 높이 0.1m임.
○ 지면은 황갈색토이고 서북 모서리에는 기반암이 노출되어 있음.
○ 실내는 변 길이 3m, 깊이 0.3m이고, 주거지 주위

흙담은 너비 0.8~1m, 높이 0.1~0.2m임.
○ 실내 퇴적은 흑갈색토임.
○ 출토된 유물은 6. 출토유물 25) 31호 주거지(F31) 참조.

⑲ 32호 주거지(F32, 그림 70)

○ Ⅲ구역 T75, T76, T83, T84의 피트(探方)에 위치함. 남쪽으로는 28호 주거지(F28), 동남쪽으로는 29호 주거지(F29)와 접해 있음. 27호 주거지(F27)에 눌려 있어서 파괴됨.
○ 평면은 원각 장방형이고 반지하식 건물임. 방향은 30°임.
○ 실내 서·북 양측에 곱자형의 쪽구들(火墻)이 있고, 쪽구들 안에는 고래(煙道) 한 줄이 있음. 고래 격벽(隔梁)은 대부분 판석을 세워 쌓았고, 일부는 괴석을 쌓았음. 판석은 절반 정도가 지하에 묻혀 있음. 일반적으로 길이 0.2~0.6m, 너비 0.4m, 두께 0.05~0.2m임. 고래는 안 너비 0.2~0.4m, 높이 0.3m임. 쪽구들 격벽은 실내의 측면을 향하고 있고, 가까이에 1~2층의 판석을 쌓음. 높이는 고래 격벽보다 약 0.3m 높음. 고래 격벽 위를 덮고 있는 판석은 쪽구들이 꺾어지는 지점과 동단에서 3개가 발견됨. 판석은 비교적 큰데, 길이 0.8m, 너비 0.3~0.5m, 두께 0.1m 정도임. 북측 쪽구들은 동측 穴壁 뒤에 이르러 다시 북쪽으로 꺾이고, 실외로 이어짐. 서측 쪽구들은 길이 2m, 너비 0.9m이고, 북측 쪽구들은 길이 3.9m, 너비 1.1m, 높이 0.4m임.
○ 아궁이(竈址)는 서측 쪽구들 남단에 위치함. 낮은 구덩이모양이고 평면은 원형에 가까움. 동서 양측에는 판석이 세워져 있음. 바닥에는 판석이 깔려 있음. 직경 0.4m, 깊이 0.15m임. 아궁이 입구는 남쪽을 향하고 있고, 너비는 0.2m임. 굴뚝(煙囱)은 현재 남아 있지 않은데, 온돌의 방향을 감안할 때 동북 모서리에 있었다고 추정됨.
○ 문길은 서남 모서리에 위치하는데, 대략 흙계단 형태임. 계단 일부에 한 개의 판석이 평평하게 깔려 있음. 양 단에는 돌이 평평하게 놓여 있음. 문길은 너비 1m임.
○ 남부 지표면에 2개의 비교적 평평한 돌이 있는데, 기둥 초석임.
○ 지면은 대부분 황색토로 비교적 단단함. 일부는 평평한 기반암을 이용.
○ 실내는 길이 4.4m, 너비 3.9m, 깊이 0.3m이고, 주거지 주위 흙담(土垣)은 명확하게 보이지 않음.
○ 실내 퇴적은 흑갈색토이고, 안에는 많은 양의 모래 혼입 홍갈색·회갈색토기편, 니질의 황갈색·회갈색토기편이 있음[출토된 유물은 6. 출토유물 26) 32호 주거지(F32) 참조].

⑳ 33호 주거지(F33, 그림 71)

○ Ⅲ구역 T88, T94 피트(探方)에 위치함.
○ 평면은 원각 장방형에 가까움. 반지하식 건물인데, 파괴가 심함.
○ 실내 서·남 양측에는 곱자형 쪽구들(火墻)이 있고, 안에는 고래(煙道) 한 줄이 있음. 고래 격벽(隔梁)은 돌로 쌓았는데, 일부 구간에만 남아 있음. 아궁이(竈址)와 굴뚝(煙囱)은 위치가 명확하지 않음.
○ 실내는 길이 4.1m, 너비 2.7m, 깊이 0.1m이고, 주거지 주위에 흙담(土垣) 흔적이 없음.
○ 실내 퇴적은 흑갈색토이고, 안에는 깬돌과 적은 양의 모래혼입 황갈색토기편이 있음[출토된 유물은 6. 출토유물 27) 33호 주거지(F33) 참조].

㉑ 37호 주거지(F37, 그림 72)

○ Ⅲ구역 T107, T108, T114, T115 피트(探方)에 위치함. 동쪽과 서쪽은 각각 25호 주거지(F25), 17호 주거지(F17)와 접해 있음.
○ 평면은 원각 장방형에 가깝고, 반지하식 건물임.
○ 북벽 동단 하부에 돌을 판 흔적이 있음.

○ 동남 모서리는 현대에 판 구덩이에 의해 파괴됨.
○ 실내 서측에 쪽구들(火墻)이 있는데, 일부 구간에만 남아 있음. 쪽구들 격벽(隔梁)으로 판석을 세웠음. 안 너비는 0.5m, 높이는 0.3m 정도임. 서측 쪽구들은 북벽 뒤 서쪽의 실외 흙담(土垣)에 구축하였는데, 쪽구들의 방향을 감안할 때 굴뚝(烟囱)은 실외 서북 모서리에 있었다고 추정됨. 아궁이(竈址)는 명확하지 않음.
○ 실내는 길이 3.5m, 너비 2.4m, 깊이 0.4m이고, 주거지 주위 흙담은 비교적 낮음. 내측 일부에 돌이 깔려 있음.
○ 실내 퇴적은 흑갈색토이고, 안에는 깬돌과 적은 양의 모래혼입 홍갈색토기편이 있음[출토된 유물은 6. 출토유물 28) 37호 주거지(F37) 참조].

(5) 제4기 문화 II류 주거지(초소)

II류 주거지는 성내 산 위와 산 아래 모두 분포하고 있음. 위치를 감안할 때 산성 방어와 관련이 있었던 것으로 볼 수 있음. 산 위의 II류 주거지는 주로 산 입구 부근에 위치하고 있고, 산 아래의 II류 주거지는 주로 동벽선상의 골짜기 입구 양측과 인근 성벽의 산지에 위치하고 있음. 동벽선상의 골짜기 입구 양측에는 일반적으로 밖으로 뻗어 있는 바위가 있는데, 자연적인 치와 같음. 주거지는 대부분 반지하식 건물이고 안에는 온돌(火炕) 혹은 쪽구들(火墻)이 있음. 발굴하기 전 지표면에 많은 흙구덩이가 노출되어 있었는데, 일부는 단독으로 분포하고 있고, 일부는 2~3개가 한 세트를 이룸. 주거지의 성격을 감안할 때 산성의 초소하고 볼 수 있음. 1996년과 2003년에 6곳을 발굴함.

① 38호 주거지(F38, 그림 73)

○ V구역 T501, T502, T504, T505 피트(探方)에 위치함. 開口는 제2층 아래에 있음.
○ 평면은 원각 방형에 가깝고 반지하식 건물임. 방향은 250°임.
○ 실내 서·북 양측에 곱자형 쪽구들(火墻)이 있음. 서측 쪽구들(火墻)은 파괴되었지만 고래(煙道) 바닥에서 불에 그을린 흔적을 볼 수 있음. 북측 쪽구들은 일부 구간이 남아 있는데, 안에 고래가 있음. 고래 북측 격벽(隔梁)으로는 판석을 세웠음. 남측 격벽으로는 괴석을 평평하게 깔았고 괴석 외측에 비교적 큰 판석을 세웠음. 고래는 안 너비 0.3m, 높이 0.2m 정도임. 실내 서벽 근처 가운데 부분 지면에 직경 0.4m의 홍색 탄 흙이 있는데, 아궁이(竈址)로 볼 수 있음. 굴뚝(烟囱)의 위치는 명확하지 않음.
○ 지면은 황갈색토로 평평하고 견실함.
○ 가운데 부분에 판석 한 개가 깔려 있는데. 기둥 초석으로 추정됨.
○ 실내 남벽 가운데 부분에 원형의 기둥 구멍이 있는데, 직경 0.3m, 깊이 0.2m임.
○ 문길은 서벽 남부에 위치함. 경사진 형태로 실내로 이어짐. 너비는 1m임.
○ 실내는 변 길이 3.9m, 깊이 0.2m임.
○ 출토된 유물은 6. 출토유물 29) 38호 주거지(F38) 참조.

② 39호 주거지(F39)

○ V구역 T502, T503, T505, T506 피트(探方)에 위치함. 開口는 제2층 아래에 있음. 심하게 파괴되어 한 모서리만 남아 있음.
○ 평면은 장방형이고 반지하식 건물임.
○ 실내에 구축된 쪽구들(火墻)은 동북 모서리에서 1m 정도만 확인되는데, 안에 고래(煙道)가 있고, 너비는 0.2m, 높이는 0.3m임. 고래 격벽(隔梁)으로는 판석이 세워져 있고, 윗면에 판석을 덮었는데, 길이는 0.6m, 너비는 0.45m임.
○ 지면은 황갈색토임.
○ 실내는 남은 길이 2.8m, 너비 2.8m임.
○ 출토된 유물은 6. 출토유물 30) 39호 주거지(F39)

참조.

③ 63호 주거지(F63, 그림 74)

○ V구역 T506, T509와 북부 확장피트(擴方)에 위치함. 開口는 제2층 아래에 있음. 북쪽으로는 산 입구와 접해 있음.

○ 평면은 원각 장방형이고, 반지하식 건물임.

○ 실내 서·북 양측에 곱자형 온돌(火炕)이 있음. 북측 온돌(火炕)에 두 줄기의 고래(煙道)가 있음. 고래 격벽(隔梁)으로 판석을 세웠는데, 판석은 두께가 5~8cm로 비교적 얇음. 고래 안 너비는 좁은 지점이 0.2m, 넓은 지점이 0.5m에 이르고, 높이는 0.25m임. 온돌 격벽 위에는 판석을 평평하게 깔았음. 온돌이 꺾어지는 지점에 남아 있는 판석에서 두께가 7cm 정도인 황색 진흙이 보임. 황색 진흙은 평평하고 고르며 단단함. 온돌 면에 발려져 있던 흙임.

○ 아궁이(竈址)는 서측 온돌 남단에 위치함. 얕은 구덩이 형태로 평면은 장방형에 가까움. 바닥은 불에 그을린 흙이 있는 단단한 면임. 길이 0.6m, 너비 0.5m, 깊이 0.1m임. 굴뚝(烟囱)은 파괴되어 형태가 명확하지 않지만, 온돌 방향을 감안할 때 실외 동북 모서리에 있었다고 추정됨.

○ 지면은 황갈색토로 평평하고 고르며 단단함.

○ 실내 길이 2.9m, 너비 2.7m, 깊이 0.1~0.25m임.

○ 실내 퇴적은 흑갈색토로, 안에는 모래 혼입 회색토 기편이 있음[출토된 유물은 6. 출토유물 31) 63호 주거지(F63) 참조].

④ 70호 주거지(F70, 그림 75)

○ 산 아래 동벽 제6구간의 천연 성벽 북측 바위 위에 위치함. 서쪽으로 71호 주거지(F71)와 접해 있음. 開口는 제1층 아래에 있음.

○ 평면은 원각 장방형이고, 방향은 125°임.

○ 온돌(火炕)은 실내 서·남·북 세 측면에 각각 구축되어 있어 'U'자형을 이룸. 온돌 평면은 모두 장방형임. 아궁이(竈址), 고래(煙道), 굴뚝(烟囱) 모두 독립적으로 설치되어 각각의 계통을 이룸. 고래는 돌로 축조하였고, 위에는 판석을 덮어 온돌 면을 형성함. 판석 사이의 틈은 작은 돌로 메움. 온돌 면 모두 경사져 있는데, 아궁이에서 굴뚝으로 갈수록 점차 높아짐.

○ 서쪽 온돌은 서벽을 따라 구축하였고, 고래 세 줄이 있음. 온돌 면의 판석은 대부분 남아 있고, 일부 구간에서는 온돌 면에 발랐던 황색 진흙을 볼 수 있는데, 진흙의 두께는 5~8cm임. 아궁이는 남단에 위치함. 竈坑과 竈臺로 구성되어 있는데, 竈坑과 남쪽 온돌이 함께 사용됨. 파헤쳐진 흙구덩이는 평면이 불규칙한 장방형이고, 벽은 기울어져 있으며, 바닥은 약간 평평함. 길이 1.5m, 너비 1.2m, 깊이 0.4m임. 竈臺의 돌은 대부분 원래 자리를 이탈함. 서남측에서 길다란 돌이 세워져 있는 모습을 볼 수 있음. 바닥의 흙은 불에 탄 홍색임. 구체적인 형태는 명확하지 않음. 굴뚝은 남아 있지 않지만, 서쪽 온돌의 방향을 감안할 때 서쪽 온돌 북단의 실외 흙담(土垣)에 위치하고 있었다고 추정됨. 서쪽 온돌은 길이 3.6m, 너비 1.4~1.9m, 높이 0.2m임.

○ 남쪽 온돌은 남벽을 따라 구축함. 보존상태는 비교적 양호함. 안에 고래 두 줄이 있음. 아궁이는 서단에 위치함. 竈坑과 竈臺로 구성됨. 竈坑과 서쪽 온돌이 함께 사용됨. 竈臺는 돌로 축조함. 아궁이문(竈門)은 서쪽을 향하고 있음. 양측은 돌로 쌓았음. 위에는 비교적 긴 돌이 가로 방향으로 놓여 있음. 너비 0.24m, 높이 0.2m임. 竈臺 윗면의 아궁이 입구는 용기를 놓는 곳으로, 평면은 방형에 가깝고 양측은 돌로 쌓았음. 온돌 면과 접해 있는 내측에 가늘고 긴 돌이 가로 방향으로 놓여 있음. 외측은 아궁이문 윗면의 가로 방향으로 걸쳐 있는 가늘고 긴 돌을 이용함. 아궁이 입구는 길이 0.44m, 너비 0.31m임. 굴뚝은 실외 동남 모서리에 위치하고 있는데, 온돌 동단과 직각으로 접함. 돌로 주위를 쌓았음. 평면은 원형에 가까움. 길이 약 0.6m,

남은 높이 0.15m임. 남쪽 온돌은 길이 3.7m, 너비 1.5~1.8m, 높이 0.2m임.

○ 북쪽 온돌은 북벽을 따라 구축함. 안에 고래 두 줄이 있음. 아궁이는 서단에 위치함. 竈坑과 竈臺로 구성됨. 竈坑은 비교적 큼. 북쪽은 穴壁을 이용함. 서부는 서쪽 온돌 동부 가장자리에 이름. 평면은 장방형임. 길이 1.5m, 너비 1.4m, 깊이 0.4m임. 竈臺는 竈坑 동부에 설치함. 아궁이문은 서쪽을 향하고 있음. 양측에 판석이 세워져 있는 모습을 볼 수 있음. 너비 0.2m, 높이 0.2m임. 아궁이 입구는 파괴되어 구체적인 형태를 명확하게 파악할 수 없음. 굴뚝은 쪽구들(火墻) 동단의 실외 흙담에 위치함. 평면은 원형임. 돌로 주위를 쌓았음. 직경 0.4m, 남은 높이 0.1m임. 북쪽 온돌은 길이 2.5m, 너비 1.4m, 높이 0.2m임.

○ 지면은 황토로 비교적 단단함.

○ 문길은 동벽 가운데 부분 근처에 위치함. 너비는 0.7m임. 양측에 판석이 놓여 있는데, 초석으로 추정됨.

○ 실내는 길이 5.8m, 너비 4.8m, 깊이 0.3m임. 주거지 주위에 흙담(土垣)이 희미하게 남아 있음.

○ 실내 퇴적은 흑갈색토로 안에는 적은 양의 모래혼입 회색토기편이 있음[출토된 유물은 6. 출토유물 32) 70호 주거지(F70) 참조].

⑤ 71호 주거지 (F71, 그림 76)

○ 산 아래 동벽 제6구간의 천연 성벽 북측 바위 위에 위치함. 동쪽으로 70호 주거지(F70)와 접해 있음.

○ 평면은 원각 장방형이고, 반지하식 건물임. 방향은 100°임. 開口는 제1층 아래에 있음. 실내 서·남 양측에 'V'자형 온돌(火坑)이 구축되어 있음. 온돌 표면은 하나로 연결되어 있음. 비록 한 개의 굴뚝(煙囱)을 함께 사용하지만, 내부는 각자의 고래(煙道)와 아궁이(竈)가 있음. 고래 격벽(隔梁)은 돌을 깔아 설치하였고, 윗면에 판석을 평평하게 깔았는데, 틈은 작은 돌로 메움. 판석 위에 한 층의 황색 진흙을 발랐는데, 두께는 약 8cm임. 일부 구간에 남아 있음. 연기를 원활하게 빼내기 위해 온돌 면은 시작점에서 종점으로 갈수록 점차 높게 구축함. 아궁이는 竈坑 안에 있음. 돌로 축조하였는데, 심하게 파괴됨.

○ 남쪽 온돌 안에는 고래 세 줄이 있음. 고래 격벽은 일반적으로 너비 0.25m, 높이 0.15m임. 고래 안 너비는 0.3m임. 남쪽 온돌 동단은 북쪽을 향하여 휘어져 있음. 아궁이는 온돌 끝에 위치함. 竈坑은 평면이 불규칙한 타원형임. 벽은 기울어져 있음. 바닥은 기반암임. 길이 0.8m, 너비 0.6m, 깊이 0.3m임. 아궁이문(竈門)은 서북쪽을 향하고 있고, 양측에 세워진 돌만 남아 있음. 너비 0.22m, 높이 0.24m임.

○ 서쪽 온돌 북단은 동쪽을 향하여 휘어져 있음. 아궁이는 온돌 끝에 위치함. 竈坑은 평면이 불규칙한 타원형임. 길이 0.8m, 너비 0.5m, 깊이 0.3m임. 아궁이문은 동쪽을 향하고 있고, 양측에 세워진 돌이 남아 있음. 너비 0.4m, 높이 0.2m임. 굴뚝은 실외 서북 모서리에 위치하고 있음. 주위에 돌을 쌓음. 평면은 원형에 가까움. 직경 0.3m, 높이 0.2m임. 서쪽 온돌은 길이 4.9m, 너비 1.7m, 높이 0.18m임. 남쪽 온돌은 길이 4.6m, 너비 1.8m, 높이 0.2m임.

○ 지면은 황토로 비교적 단단함.

○ 문길은 동북 모서리에 있음. 너비는 0.9m임. 양측에는 커다란 판석이 평평하게 놓여 있음. 안쪽을 향하여 판석을 평평하게 깐 형태의 계단이 있음. 계단의 판석은 길이 1m, 너비 0.8m, 두께 0.13m임. 바깥을 향하여 경사진 문길과 서로 연결됨.

○ 실내는 길이 4.6m, 너비 4.4m, 깊이 0.3m임. 실외 흙담(土垣)은 명확하지 않음.

○ 출토된 유물은 6. 출토유물 33) 71호 주거지(F71) 참조.

⑥ 72호 주거지 (F72, 그림 77)

○ 산 아래 동문 북측 약 20m 지점에 위치함. 동벽 제

3구간 인공 성벽과의 거리는 6m임. 주위 지세는 평탄함. 開口는 제1층 아래에 있음. 발굴하기 전 실내 축조 때 사용된 돌 일부가 지표에 노출되어 있었음.

○ 평면은 원각 장방형이고, 반지하식 건물임. 방향은 155°임.

○ 온돌(火炕)은 실내 동·북·서측에 구축되어 있어 'U'자형을 이룸. 동·북측 온돌(火炕)은 곱자형의 독립 구조임. 서측 온돌은 장방형의 독립된 구조임. 두 온돌은 각각 아궁이(竈)가 있고, 한 개의 굴뚝(烟囪)을 함께 사용함. 고래(煙道) 격벽(隔梁)은 모두 돌을 깔아 설치함. 온돌 면은 판석을 평평하게 깔았음. 동북측 곱자형 온돌(火炕) 가운데 부분의 꺾어지는 지점은 비교적 넓고, 양단은 비교적 좁음. 안에 고래 세 줄이 있는데, 바깥 고래는 파괴됨. 고래 격벽은 너비 0.2m, 높이 0.2m 정도이고, 고래 안 너비는 0.3m 정도임.

○ 동측 온돌 면은 길이 3.2m, 너비 1.7m, 높이 0.2m, 북측 온돌 면은 길이 3.8m, 너비 1.9m, 높이 0.25m임. 아궁이는 동쪽 온돌 남단에 위치함. 얕은 구덩이 형태로 평면은 장방형. 주위에 쌓았던 돌은 대부분 원래 자리를 이탈함. 아궁이 바닥에는 홍색의 불에 탄 흙이 있음. 아궁이는 길이 0.5m, 너비 0.4m, 깊이 0.1m임.

○ 서쪽 온돌 안에는 두 줄의 고래가 있음. 고래 격벽은 너비 0.2m, 높이 0.2m, 고래 안 너비는 0.2m, 온돌 면은 길이 2.6m, 너비 1.3m, 높이 0.2m임. 아궁이는 남단에 위치하는데, 홍색의 불에 탄 흙만 남아 있음. 길이 약 0.5m, 너비 0.4m 정도임. 서쪽 온돌 북단과 곱자형 온돌의 북쪽 온돌 서단이 접하는 곳에는 작은 돌이 채워져 있음. 양자의 경계는 명확한데, 서쪽 온돌은 후대에 증축된 것으로, 시간상 곱자형 온돌보다 늦음. 굴뚝은 실외 서남 모서리에 위치함. 파괴되면서 작은 돌무더기만 남아 있음.

○ 지면은 황토로 비교적 단단함.

○ 문길은 남벽 가운데 부분에 위치함. 너비는 1m임. 바깥으로 경사진 도로면과 접해 있음.

○ 실내는 길이 4.6m, 너비 3.9m, 깊이 0.4m임.

○ 출토된 유물은 6. 출토유물 34) 72호 주거지(F72) 참조.

(6) 제4기 문화 Ⅲ류 주거지(일반 주거지)

주로 산성 내부의 산 정상부에 위치함. Ⅰ, Ⅱ, Ⅳ구역에서 볼 수 있음. 대부분 반지하식 건물임. 실내에는 온돌(火炕) 혹은 쪽구들(火墻)이 구축되어 있음. 건축 형태는 Ⅰ, Ⅱ 유형 주거지와 기본적으로 같으나, 비교적 흩어져 있음. 대부분 남향의 평탄한 곳에 위치하며, 초소처럼 좁은 곳에는 있지 않음. 병기가 출토되기는 하였으나, 위치를 감안할 때 주거지로 보는 것이 타당함.

① 4호 주거지(F4, 그림 78)

○ Ⅱ구역 T21, T22, T41, T42 피트(探方)에 위치함. 개구는 제2층 아래에 있음. 동북 모서리는 3호 재구덩이(H3)에 의해 파괴됨. 서북 모서리는 근래에 파헤쳐져서 파괴됨.

○ 평면은 원각 장방형이고, 반지하식 건물임. 파괴가 심하여 실내의 구체적인 상황은 파악할 수 없고, 지면에 자잘한 돌무지만 어지럽게 놓여 있음.

○ 지면은 황토로 비교적 단단함. 남은 길이 4.2m, 너비 3.5m, 깊이 0.25m임.

○ 실내 퇴적은 비교적 푸석푸석한 흑갈색토이고, 안에는 모래혼입 홍갈색토기, 니질의 회갈색토기편이 있음[출토된 유물은 6. 출토유물 35) 4호 주거지(F4) 참조].

② 11호 주거지(F11, 그림 79)

○ Ⅰ구역 T12, T13, T18, T19 피트(探方)에 위치함. 동남 모서리는 근래에 판 구덩이로 인해 파괴됨. 개구는 제2층 아래에 있음.

○ 평면은 원각 장방형이고, 반지하식 건물임.

○ 길이 5.6m, 너비 4.2m, 깊이 0.2m임.

○ 실내 서남부와 동부에 판석과 돌이 남아 있는데, 온돌 구축에 사용된 돌로 보임.
○ 지면은 황갈색토로 비교적 단단함.
○ 출토된 유물은 6. 출토유물 36) 11호 주거지(F11) 참조.

③ 42호 주거지(F42, 그림 80)
○ T401, T403 피트(探方)에 위치함. 개구는 제2층 아래에 있음. 43호 주거지(F43)에 의해 파괴됨. 남부에는 현대 건물의 기초가 들어섰음. 현재 서북 모서리가 남아 있음.
○ 평면은 원각 장방형이고, 반지하식 건물임.
○ 실내 서·북 穴壁 바로 옆에 돌담(石墻)이 있음. 동쪽 담 기초부의 돌은 밖으로 돌출되어 있음.
○ 실내 북측에 2줄의 고래(烟道)가 있음. 고래 격벽(隔梁)은 작은 돌로 쌓았음. 일부 구역에 여러 개의 온돌 면석이 남아 있음.
○ 지면은 황토로 비교적 단단함.
○ 출토된 유물은 6. 출토유물 37) 42호 주거지(F42) 참조.

④ 51호 주거지(F51)
○ Ⅳ구역 T408 피트(探方)에 위치함. 개구는 제2층 아래에 있음. 50호 주거지(F50)에 의해 파괴되어 일부만 남아 있음.
○ 평면은 원각 장방형에 가깝고, 반지하식 건물임.
○ 남은 길이 2.3m, 너비 0.7m, 깊이 0.2~0.4m임.
○ 출토된 유물은 6. 출토유물 38) 51호 주거지(F51) 참조.

⑤ 52호 주거지(F52, 그림 81)
○ Ⅳ구역 T424 피트(探方)에 위치함. 북부는 격벽(隔梁) 아래에 깔려 있음. 개구는 제2층 아래에 있음. 59호 주거지(F59)에 의해 파괴됨.

○ 평면은 장방형으로 추정되고, 반지하식 건물임.
○ 남은 길이 2m, 너비 2.7m, 깊이 0.25m임.
○ 실내 서·남측에 곱자형 쪽구들(火墻)이 있고, 안에 고래(烟道) 한 줄이 있음. 고래 격벽은 돌을 세워 쌓았음. 위를 덮고 있던 판석은 거의 남아 있지 않음. 남측 쪽구들 동단에서 홍색의 탄 흙이 보이는데, 아궁이(竈址)가 있었던 자리로 추정됨.
○ 출토된 유물은 6. 출토유물 39) 52호 주거지(F52) 참조.

⑥ 54호 주거지(F54)
○ Ⅳ구역 T417, T418, T421, T422, T423 피트(探方)에 위치함. 심하게 파괴되어 대부분 남아 있지 않음. 개구는 제2층 아래에 있음. 53호 주거지(F53), 55호 주거지(F55), 56호 주거지(F56)에 의해 파괴됨.
○ 평면은 원각 장방형이고, 반지하식 건물임.
○ 길이 11m, 너비 6.3m, 깊이 0.4m임.
○ 북측 穴壁 아래에 2개의 큰 돌이 깔려 있는데, 비교적 평평하고 길이 약 0.8m, 너비 0.5m 정도임. 주거지 내 초석으로 보임. 맞은 편 남측에서는 3개의 기둥 구멍이 보이는데, 직경 0.8m, 깊이 0.2m임.
○ 주거면은 비교적 평평한데, 약간 북쪽이 높고 남쪽이 낮음.
○ 실내 퇴적은 흑회색토이고, 커다란 숯가루가 혼입되어 있음.
○ 구조와 규모 등을 볼 때 비교적 큰 건물지로 추정됨.
○ 출토된 유물은 6. 출토유물 40) 54호 주거지(F54) 참조.

⑦ 65호 주거지(F65, 그림 82)
○ 3호 대형 건물지가 소재한 큰 平臺 남측 황토 두둑(土塄) 위에 위치함. 개구는 제1층 아래에 있음.
○ 평면은 장방형이고, 반지하식 건물임. 방향은 50°임.
○ 동측 穴壁 안쪽 가까이에 비스듬하게 서 있는 판석

이 있음. 서측 혈벽 위에는 작은 돌이 배열되어 있음. 남측은 암벽을 이용함.

○ 실내 서북측에 곱자형 쪽구들(火墻)이 있고, 안에는 고래(烟道) 한 줄이 있음. 고래 격벽(隔梁)은 판석을 세워 설치함. 안 너비는 0.5m, 높이는 0.3m임. 위에는 커다란 판석이 덮고 있는데, 판석은 거의 남아 있지 않고 일부는 쪽구들 안에 무너져 있음. 북측 쪽구들 길이는 2.8m, 서측 쪽구들 길이는 3.1m임. 아궁이(竈址)는 북측 쪽구들 동단에 위치함. 평면은 방형에 가까움. 아궁이 입구는 남쪽을 향하고 있음. 주위에 돌을 쌓았고 움푹 들어가 있음. 변 길이 0.5m, 깊이 0.5m임. 서측 쪽구들 남단은 실외로 통하는데, 굴뚝(烟囱)과 접함. 굴뚝은 파괴되어 형태가 명확하지 않음.

○ 문길은 북벽 동측에 위치함. 너비는 0.7m임.
○ 실내는 길이 4m, 너비 3.2m, 깊이 0.7m임.
○ 지면은 황갈색토로 비교적 견고함.
○ 출토된 유물은 6. 출토유물 41) 65호 주거지(F65) 참조.

⑧ 66호 주거지(F66)

○ 3호 대형 건물지가 소재한 큰 平臺 남측 황토 두둑(土堎) 위에 위치함. 開口는 제1층 아래에 있음.
○ 평면은 장방형이고, 반지하식 건물임. 심하게 파괴되어 한 모서리와 어지럽게 흩어져 있는 돌 및 판석만 볼 수 있음.
○ 출토된 유물은 6. 출토유물 42) 66호 주거지(F66) 참조.

5) 재구덩이(灰坑 : 竪穴)

(1) 제3기 문화 재구덩이(灰坑)

① 5호 재구덩이(灰坑, H5, 그림 83)
○ Ⅱ구역 T51 피트(探方)와 확장피트(擴方)에 위치함. 開口는 제3층 아래에 있음.
○ 평면은 타원형이고, 얕은 분(盆) 모양임. 구덩이 바닥에는 깬돌 퇴적이 있는데, 길이 1.04m, 너비 0.6m, 깊이 0.2m임.
○ 구덩이 안 퇴적은 회갈색토이고, 목탄이 약간 있음.
○ 호(陶罐) 1점이 출토됨[출토된 유물은 6. 출토유물 43) 5호 재구덩이(H5) 참조].

② 10호 재구덩이(灰坑, H10, 그림 84)
○ Ⅱ구역 T49, T52 피트(探方)에 위치함. 開口는 제3층 아래에 있음.
○ 평면은 불규칙한 원형이고 비교적 얕음. 구덩이 벽은 완만한 호형임.
○ 길이 2.2m, 너비 1m, 깊이 0.2m임.
○ 구덩이 안 퇴적은 흑갈색토임.
○ 호(陶罐) 1점이 출토됨[출토된 유물은 6. 출토유물 44) 10호 재구덩이(H10) 참조].

③ 11호 재구덩이(灰坑, H11, 그림 85)
○ Ⅱ구역 T44 피트(探方)에 위치함. 開口는 제3층 아래에 있음. 34호 주거지(F34)에 의해 파괴됨.
○ 평면은 원형이고, 반지하식임. 직경 2m, 깊이 0.23m임.
○ 구덩이 안 퇴적은 회갈색토임.
○ 출토된 유물은 6. 출토유물 45) 11호 재구덩이(H11) 참조).

(2) 제4기 문화 재구덩이(灰坑)

제4기 문화 재구덩이(灰坑)는 일반적으로 원형 혹은 타원형임. 모두 비교적 얕음. 일부는 솥(鍋)의 바닥 모양임. 구덩이 안에서 출토되는 유물은 대부분 토기편임.

① 1호 재구덩이(灰坑, H1, 그림 86)
○ Ⅱ구역 T20 피트(探方)에 위치함. 開口는 제2층 아래에 있음.
○ 평면은 타원형임. 벽은 곧음. 바닥은 평평함. 비교적 얕음.
○ 길이 1m, 너비 0.84m, 깊이 0.16m임.
○ 구덩이 안의 퇴적은 황갈색토이고, 모래혼입 홍갈색토기편과 니질의 황색토기편이 함유되어 있음[출토된 유물은 6. 출토유물 46) 1호 재구덩이(H1) 참조].

② 3호 재구덩이(灰坑, H1, 그림 87)
○ Ⅱ구역 T21, T22 피트(探方)에 위치함. 開口는 제2층 아래에 있음. 4호 주거지(F4)에 의해 파괴됨.
○ 평면은 타원형임. 벽면은 정연하지 않음. 바닥은 솥(锅)의 바닥모양으로, 밖에서 안으로 갈수록 낮아짐.
○ 길이 2.2m, 너비 1.7m, 깊이 0.36m임.
○ 구덩이 바닥에는 크기가 다른 돌들이 어지럽게 놓여 있음. 서남부에 붉은색의 불탄 흙덩이와 숯가루가 있음.
○ 구덩이 안 퇴적은 흑색토로, 모래혼입 홍갈색토기편과 니질의 회색토기편이 함유되어 있음[출토된 유물은 6. 출토유물 47) 3호 재구덩이(H3) 참조].

③ 4호 재구덩이(灰坑, H4, 그림 88)
○ Ⅱ구역 T31 피트(探方)에 위치함. 開口는 제2층 아래에 있음.
○ 노출된 구덩이 평면은 반원형임. 구덩이 벽은 비교적 곧음. 바닥은 약간 평평함.
○ 길이 1m, 너비 0.5m, 깊이 0.2m임.
○ 구덩이 안 퇴적토는 황갈색토로 모래혼입 황갈색토기편과 니질의 흑회색토기편이 함유되어 있음[출토된 유물은 6. 출토유물 48) 4호 재구덩이(H4) 참조].

④ 13호 재구덩이(灰坑, H13, 그림 89)
○ Ⅱ구역 T27 피트(探方)에 위치함. 開口는 제2층 아래에 있음. 1호 대형 건물지(J1)를 파괴함.
○ 평면은 타원형임. 구덩이 바닥 동북쪽에 불에 탄 홍색의 단단한 토면이 있음. 길이 2.2m, 너비 1.7m, 깊이 0.2m임.
○ 구덩이 안 퇴적은 짙은 흑색토로, 많은 양의 숯가루와 모래혼입 회갈색토기편이 함유되어 있음[출토된 유물은 6. 출토유물 49) 13호 재구덩이(H13) 참조].

6) 철기저장구덩이(鐵器窖藏, JC)
○ Ⅴ구역 T504 피트(探方)에 위치함.
○ 2003년 6월 5일 인부가 구덩이를 파면서 발견되었는데, 인부가 급하게 파는 바람에 파괴됨.
○ 開口는 제2층 아래에 있고, 지표와의 거리는 대략 0.3m임.
○ 구덩이는 원형에 가깝고, 직경 1.4m, 깊이 0.6m임.
○ 구덩이 안에 철제솥(鐵釜)이 뒤집혀 있었음. 솥 바닥과 측면은 철제찰갑편(鐵甲片)에 덮혀 있었는데, 원래는 위에 철제찰갑옷(鐵甲衣片)이 놓여 있었다고 볼 수 있음. 철제솥 바깥에는 철제재갈(鐵馬銜鑣)이 있었음. 솥 안에는 생활용구, 생산용구, 거마구, 병기, 刑具 등 300여 짐의 철기가 있었음. 그 가운데 가장 많은 철기는 화살촉으로 모두 191점이고, 전부 솥 아랫부분에 있었음. 솥을 뒤집어 매장하면서 물이 직접적으로 스며드는 것을 피했기 때문에 솥 안의 철기는 보존상태가 비교적 양호한데, 많은 허리띠고리(帶扣)의 교침(扣針)이 움직일 정도임.
○ 저장구덩이 부근에 동일한 시기의 초소 3기(F38, F39, F63)가 있는데, 서로 관련이 있는지는 좀 더 연구해보아야 함.
○ 출토된 유물은 6. 출토유물 50) 철기저장구덩이(JC) 참조.

6. 출토유물

1) 서문

(1) 청동기

① **청동제숟가락**(銅匙, 03XM:9, 그림 90-17)
○ 출토지 : 오녀산성 서문(제4기 문화).
○ 크기 : 길이 17.4cm, 너비 3.5cm.
○ 형태 : 머리는 타원형이고 긴 자루가 있음. 자루 끝은 약간 넓고 정면에 짧은 줄무늬가 두 줄 새겨져 있음.

② **상부원보**(祥符元寶, 그림 91-1)
○ 출토지 : 오녀산성 서문(제5기 문화).
○ 형태 : 宋의 3대 황제 眞宗 祥符 연간(1008~1016)에 주조한 화폐임.

③ **지도원보**(至道元寶, 그림 91-2)
○ 출토지 : 오녀산성 서문(제5기 문화).
○ 형태 : 宋의 2대 황제 太宗 至道 연간(995~997)에 주조한 화폐임.

④ **원우통보**(元祐通寶, 그림 91-3)
○ 출토지 : 오녀산성 서문(제5기 문화).
○ 형태 : 宋의 7대 황제 哲宗 元祐 연간(1086~1093)에 주조한 화폐임.

⑤ **가우통보**(嘉祐通寶, 그림 91-4)
○ 출토지 : 오녀산성 서문(제5기 문화).
○ 형태 : 宋의 4대 황제 仁宗 嘉祐 연간(1056~1063)에 주조한 화폐임.

(2) 철기

① **철제호 바닥**(鐵罐底, 03XM:20, 그림 90-20)
○ 출토지 : 오녀산성 서문(제4기 문화).
○ 크기 : 바닥직경 8.6cm, 남은 높이 5.4cm.
○ 형태 : 주조품. 벽은 기울어져 있음(斜壁). 바닥은 가운데 부분이 들어가 있음.

② **철제수레바퀴굿대축 1**(鐵車軎, 03XM:14, 그림 90-15)
○ 출토지 : 오녀산성 서문(제4기 문화).
○ 크기 : 직경 9.5cm, 높이 4.3cm.
○ 형태 : 주조품. 톱니바퀴모양임. 바깥쪽에 일정한 간격으로 6개의 톱니가 있음. 구멍을 만들 때 남은 흔적이 있음.

③ **철제수레바퀴굿대축 2**(鐵車軎, 03XM:15, 그림 90-16)
○ 출토지 : 오녀산성 서문(제4기 문화).
○ 크기 : 길이 9.1cm, 높이 3.8cm.
○ 형태 : 주조품. 위의 철제수레바퀴굿대축과 유사하나, 약간 작음.

④ **철제물미**(鐵鐏, 03XM:17, 그림 90-18)
○ 출토지 : 오녀산성 서문(제4기 문화).
○ 크기 : 길이 11cm, 너비 2.6~3.5cm.
○ 형태 : 원추형. 속은 비었음. 공부 입구(銎口)는 타원형임.

⑤ **철제도자 1**(鐵削, 03XM:10, 그림 90-14)
○ 출토지 : 오녀산성 서문(제4기 문화).
○ 크기 : 남은 길이 16.7cm, 너비 1.7cm.
○ 형태 : 등은 편평하고 날은 휘어짐. 날에 사용한 흔적이 남아 있음. 경부(鋌)는 납작함.

⑥ **철제도자 2**(鐵削, 03XM:11, 그림 90-13)
○ 출토지 : 오녀산성 서문(제4기 문화).
○ 크기 : 길이 12.3cm, 너비 1.5cm.
○ 형태 : 위의 철제도자와 유사.

⑦ **철기**(03XM:12, 그림 90-19)
○ 출토지 : 오녀산성 서문(제4기 문화).
○ 크기 : 길이 12.3cm, 너비 1.5cm.
○ 형태 : 파손됨. 평면은 장방형이고 하단은 약간 뾰족함. 하단에 작은 구멍이 있음.

⑧ **철제허리띠고리**(鐵帶扣, 03XM:4, 그림 90-12)
○ 출토지 : 오녀산성 서문(제4기 문화).
○ 크기 : 길이 5.5cm, 너비 4.6cm.
○ 형태 : 고리(扣環) 평면은 타원형임. 교침(扣針)은 'T'자형임. 교침 끝은 약간 아래로 꺾여 있음. 後梁과 반원형 경첩(合頁)은 서로 접해 있음. 경첩에는 3개의 구멍이 뚫려 있음.

⑨ **철제화살촉 1**(鐵鏃, 96XM:13, 그림 90-1)
○ 출토지 : 오녀산성 서문 남측 문지기실(제4기 문화).
○ 크기 : 길이 19.3cm, 너비 0.9cm.
○ 형태 : 주조품임. 촉두(鏃鋒)는 뱀머리모양. 촉신(鏃身)은 편평함. 경부(鋌)는 가늘고 四棱錐形임.

⑩ **철제화살촉 2**(鐵鏃, 03XM:13, 그림 90-2)
○ 출토지 : 오녀산성 서문(제4기 문화).
○ 크기 : 남은 길이 14cm, 너비 1.1cm.
○ 형태 : 주조품임. 위의 철제화살촉과 유사.

⑪ **철제화살촉 3**(鐵鏃, 96XM:14, 그림 90-3)
○ 출토지 : 오녀산성 서문 남측 문지기실 안(제4기 문화).
○ 크기 : 길이 13cm, 너비 1cm.

○ 형태 : 촉두(鏃鋒)는 정모양(鑿形)임. 촉신(鏃身)은 잘록함. 경부(鋌)는 가늘고 원추형임.

⑫ **철제화살촉 4**(鐵鏃, 03XM:12, 그림 90-4)
○ 출토지 : 오녀산성 서문(제4기 문화).
○ 크기 : 길이 12.2cm, 너비 2.3cm.
○ 형태 : 평면은 柳葉形임. 등(脊)은 없음. 경부(鋌)는 갈고리 형태로 변모.

⑬ **철제화살촉 5**(鐵鏃, 96XM:10, 그림 90-5)
○ 출토지 : 오녀산성 서문 북측 성벽 남단 밑(제4기 문화).
○ 크기 : 길이 9.3cm, 너비 1.9cm.
○ 형태 : 평면은 柳葉形이고, 단면은 마름모꼴임. 촉두(鋒) 끝과 경부(鋌)는 꺾여져 있음.

⑭ **철제찰갑편 1**(鐵甲片, 03XM:3, 그림 90-6)
○ 출토지 : 오녀산성 서문(제4기 문화).
○ 크기 : 길이 5cm, 너비 2.5cm.
○ 형태 : 평면은 사다리꼴에 가까움. 윗부분 양단은 말각됨. 아랫변은 호형임. 상단에 2개의 구멍이 가로 방향으로 배열되어 있음. 가운데 부분에 1개의 구멍이 있음. 하단에는 2개의 구멍이 세로 방향으로 있음. 양측에 각각 2개의 구멍이 있고 마주하고 있음.

⑮ **철제찰갑편 2**(鐵甲片, 96XM:9, 그림 90-7)
○ 출토지 : 오녀산성 서문(제4기 문화).
○ 크기 : 길이 7.2cm, 너비 2.8cm.
○ 형태 : 약간 파손됨. 평면은 장방형임. 상단의 양 모서리는 말각됨. 하단은 약간 곧음. 구멍은 대체로 위의 철제찰갑편과 비슷하게 분포하고 있는데, 다만 양측에 세로 방향으로 분포된 2개의 구멍이 더 있음.

⑯ **철제찰갑편 3**(鐵甲片, 03XM:1, 그림 90-9)
- 출토지 : 오녀산성 서문(제4기 문화).
- 크기 : 길이 7.8cm, 너비 2.6cm.
- 형태 : 전체적으로 위의 철제찰갑편과 같음.

⑰ **철제찰갑편 4**(鐵甲片, 03XM:2, 그림 90-8)
- 출토지 : 오녀산성 서문(제4기 문화).
- 크기 : 남은 길이 7.4cm, 너비 2.3cm.
- 형태 : 파손됨. 전체적으로 위의 철제찰갑편과 같음.

⑱ **철제찰갑편 5**(鐵甲片, 96XM:11, 그림 90-10)
- 출토지 : 오녀산성 서문 북측 문지기실 안(제4기 문화).
- 크기 : 길이 8.5cm, 너비 7.9cm.
- 형태 : 평면은 다변형임. 위와 아래는 평평하고 곧음. 양끝은 꺾어졌거나 구부러져 있음. 주변에 7개의 구멍이 있음.

⑲ **철제찰갑편 6**(鐵甲片, 96XM:3, 그림 90-11)
- 출토지 : 오녀산성 서문(제4기 문화).
- 크기 : 길이 9.8cm, 너비 6.4cm.
- 형태 : 평면은 장방형임. 한쪽 측면에 5개의 구멍이 남아 있음. 가운데 부분에 청동제연결못(銅鉚釘) 2개가 남아 있음.

⑳ **철제못 1**(鐵釘, 96XM:5, 그림 92-1)
- 출토지 : 오녀산성 서문(제4기 문화).
- 크기 : 길이 16cm, 너비 1cm.
- 형태 : 두부(釘帽)는 편평하지만 타격으로 인해 꺾임. 몸체는 편평한 四棱錐形임.

㉑ **철제못 2**(鐵釘, 96XM:7, 그림 92-2)
- 출토지 : 오녀산성 서문(제4기 문화).
- 크기 : 길이 12.3cm, 너비 0.9cm.
- 형태 : 위의 철제못과 같음.

㉒ **철제못 3**(鐵釘, 03XM:5, 그림 92-3)
- 출토지 : 오녀산성 서문(제4기 문화).
- 크기 : 길이 11.6cm, 너비 0.7cm.
- 형태 : 위의 철제못과 같음.

㉓ **철제못 4**(鐵釘, 96XM:21, 그림 92-4)
- 출토지 : 오녀산성 서문(제4기 문화).
- 크기 : 길이 11.5cm, 너비 0.9cm.
- 형태 : 위의 철제못과 같음.

㉔ **철제못 5**(鐵釘, 03XM:22, 그림 92-5)
- 출토지 : 오녀산성 서문(제4기 문화).
- 크기 : 길이 11.4cm, 너비 1.9cm.
- 형태 : 위의 철제못과 같음.

㉕ **철제못 6**(鐵釘, 03XM:23, 그림 92-6)
- 출토지 : 오녀산성 서문(제4기 문화).
- 크기 : 길이 11.2cm, 너비 1.6cm.
- 형태 : 위의 철제못과 같음.

㉖ **철제못 7**(鐵釘, 03XM:24, 그림 92-7)
- 출토지 : 오녀산성 서문(제4기 문화).
- 크기 : 길이 10.6cm, 너비 1.5cm.
- 형태 : 위의 철제못과 같음.

㉗ **철제못 8**(鐵釘, 03XM:6, 그림 92-8)
- 출토지 : 오녀산성 서문(제4기 문화).
- 크기 : 길이 10.5cm, 너비 0.8cm.
- 형태 : 위의 철제못과 같음.

㉘ **철제못 9**(鐵釘, 03XM:25, 그림 92-9)
- 출토지 : 오녀산성 서문(제4기 문화).

㉙ **철제못 10**(鐵釘, 96XM:8, 그림 92-13)
○ 출토지 : 오녀산성 서문(제4기 문화).
○ 크기 : 길이 8.2cm, 너비 0.8cm.
○ 형태 : 위의 철제못과 같음.

㉚ **철제못 11**(鐵釘, 03XM:26, 그림 92-12)
○ 출토지 : 오녀산성 서문(제4기 문화).
○ 크기 : 길이 7.6cm, 너비 1.5cm.
○ 형태 : 위의 철제못과 같음.

※ 크기 : 길이 8.8cm, 너비 1.9cm.
○ 형태 : 위의 철제못과 같음.

㉛ **철제못 12**(鐵釘, 03XM:8, 그림 92-11)
○ 출토지 : 오녀산성 서문(제4기 문화).
○ 크기 : 길이 6cm, 너비 1.1cm.
○ 형태 : 위의 철제못과 같음. 두부(釘帽)는 直立.

㉜ **철제못 13**(鐵釘, 03XM:28, 그림 92-10)
○ 출토지 : 오녀산성 서문(제4기 문화).
○ 크기 : 길이 4.6cm, 너비 1.2cm.
○ 형태 : 위의 철제못과 같음. 두부(釘帽)는 타격으로 인해 한쪽이 편평함.

㉝ **철제못 14**(鐵釘, 96XM:1, 그림 92-17)
○ 출토지 : 오녀산성 서문(제4기 문화).
○ 크기 : 길이 13.3cm, 너비 1.1cm.
○ 형태 : 두부(釘帽)는 마름모꼴임. 몸체는 四棱錐形임. 사용하면서 뾰족한 부분은 구부러짐.

㉞ **철제못 15**(鐵釘, 96XM:2, 그림 92-16)
○ 출토지 : 오녀산성 서문(제4기 문화).
○ 크기 : 길이 13.5cm, 너비 1.4cm.
○ 형태 : 위의 철제못과 같음.

㉟ **철제못 16**(鐵釘, 03XM:27, 그림 92-15)
○ 출토지 : 오녀산성 서문(제4기 문화).
○ 크기 : 길이 12.1cm, 너비 1.4cm.
○ 형태 : 위의 철제못과 같음.

㊱ **철제못 17**(鐵釘, 03XM:7, 그림 92-14)
○ 출토지 : 오녀산성 서문(제4기 문화).
○ 크기 : 길이 8.3cm, 너비 1.5cm.
○ 형태 : 위의 철제못과 같음.

㊲ **철제솥 파수**(鐵锅耳, 96XM:4, 그림 93-1)
○ 출토지 : 오녀산성 서문(제5기 문화).
○ 크기 : 길이 8.3cm, 너비 5.7cm, 두께 0.8cm.
○ 형태 : 물고기의 꼬리지느러미모양임.

㊳ **철제다리**(鐵器足, 96XM:6, 그림 93-3)
○ 출토지 : 오녀산성 서문(제5기 문화).
○ 크기 : 길이 12cm, 너비 2cm, 두께 1cm.
○ 형태 : 기둥모양임. 단면은 육각형임.

㊴ **철제삽**(鐵锹, 03XM:29, 그림 93-4)
○ 출토지 : 오녀산성 서문(제5기 문화).
○ 크기 : 남은 길이 12.6cm, 너비 12.8cm.
○ 형태 : 몸체는 대부분 부식됨. 공부(銎)는 철편을 말아서 제작함.

㊵ **철제모**(鐵矛, 03XM:16, 그림 93-5)
○ 출토지 : 오녀산성 서문(제5기 문화).
○ 크기 : 길이 15cm, 너비 2.4cm.
○ 형태 : 끝부분(鋒)은 뾰족함. 몸체는 四棱錐形임. 공부(銎)는 원형임. 공부 입구 근처 뚫어진 구멍에 철제못(鐵釘)이 남아 있음.

㊶ **철제화살촉**(鐵鏃, 03XM:19, 그림 93-2)
  ○ 출토지 : 오녀산성 서문(제5기 문화).
  ○ 크기 : 길이 8.3cm, 너비 5.7cm, 두께 0.8cm.
  ○ 형태 : 촉두(鋒)는 舌形임. 촉신(身)은 길고 편평한데, 뒤에서 앞으로 갈수록 점차 얇아짐. 경부(鋌)는 가늘고 四棱錐形임.

(3) 토기

① **옹 구연부**(陶瓮口沿, 96XM:15, 그림 94-1)
  ○ 출토지 : 오녀산성 서문 북측 문지기실 지표(제4기 문화).
  ○ 크기 : 口徑 24cm, 남은 높이 6.6cm.
  ○ 형태 : 구순은 각이 짐(方脣). 구연은 내반됨(斂口). 어깨는 둥그스름함(鼓肩).
  ○ 태토 및 색깔 : 모래와 운모가 함유된 회색토기.

② **토기 동체부 1**(96XM:16, 그림 94-2)
  ○ 출토지 : 오녀산성 서문 남측 문지기실 지표(제4기 문화).
  ○ 형태 : 선문(弦文)과 파상문(水波文)을 시문.
  ○ 태토 및 색깔 : 모래와 운모가 함유된 회색토기.

③ **토기 동체부 2**(96XM:17, 그림 94-3)
  ○ 출토지 : 오녀산성 서문(제4기 문화).
  ○ 형태 : 선문(弦文)과 파상문(水波文)을 시문.
  ○ 태토 및 색깔 : 모래와 운모가 함유된 회색토기.

2) 저수지

2003년에 저수지의 물을 빼고 정리하였는데, 저수지 서벽 바닥의 적석과 진흙에서 유물이 발견됨. 유물은 대부분 제4기 문화에 속함.

(1) 토기

① **호**(陶罐, 03SC:2, 그림 95-2)
  ○ 출토지 : 오녀산성 저수지 서벽 바닥.
  ○ 크기 : 동체(腹) 직경 23.9cm, 바닥직경 15.8cm, 남은 높이 20.8cm.
  ○ 형태 : 구순은 파손됨. 어깨는 흘러내려감(溜肩). 동체는 둥그스름함(鼓腹). 바닥은 평평함. 어깨 위에는 선문(弦文)과 파상문(水波文)이 시문.
  ○ 태토 및 색깔 : 모래혼입 홍갈색토기.

② **등잔**(陶燈盞, 03SC:1, 그림 95-1)
  ○ 출토지 : 오녀산성 저수지 서벽 바닥.
  ○ 크기 : 口徑 8.5cm, 바닥직경 7cm, 높이 3cm.
  ○ 형태 : 기표는 문질러져서 광택이 남. 구순은 뾰족함(尖脣). 구연은 외반됨(侈口). 구순 아래는 약간 잘록함(束). 동체는 얕음(淺腹). 바닥은 평평함. 한 측에 파수(柄)가 있는데, 파손됨. 잔 안에는 그을린 흔적이 있음.
  ○ 태토 및 색깔 : 니질의 흑색토기.

(2) 목기

① **나무 부재 1**(木構件, 03SC:3)
  ○ 출토지 : 오녀산성 저수지 서벽 바닥.
  ○ 크기 : 길이 80cm, 너비 15cm, 두께 6cm.
  ○ 형태 : 평면은 弧曲形임.

② **나무 부재 2**(木構件, 03SC:4, 그림 95-3)
  ○ 출토지 : 오녀산성 저수지 서벽 바닥.
  ○ 크기 : 길이 23.5cm, 너비 4.5cm, 두께 4.4cm.
  ○ 형태 : 평면은 네모난 기둥모양임. 중간에 장방형의 구멍이 뚫어져 있음. 한쪽 끝이 약간 굵고 윗부분은 모아짐.

3) 1호 대형 건물지(J1)

(1) 청동기

① 오수전(五銖錢, J1:1, 그림 96-1)
○ 출토지 : 오녀산성 1호 대형 건물지(제3기 문화).
○ 크기 : 직경 2.3cm.
○ 형태 : 원형임. 중간에 방형의 구멍이 뚫려 있음. 외곽은 있지만 내곽은 없음. '五'자의 중간에 曲筆이 교차하고 있고, '銖'자에서 '金'은 삼각형모양임. 前漢시기에 주조한 것임.

② 대천오십전(大泉五十錢, J1:2, 그림 96-2)
○ 출토지 : 오녀산성 1호 대형 건물지(제3기 문화).
○ 크기 : 직경 2.5cm.
○ 형태 : 원형임. 중간에 방형의 구멍이 뚫려 있음. 내·외곽은 뚜렷함.

4) 35호 주거지(F35)

(1) 토기

① 호(陶罐, F35:2, 그림 97-1)
○ 출토지 : 오녀산성 35호 주거지(제3기 문화).
○ 크기 : 남은 높이 8.5cm.
○ 형태 : 구순은 각이 짐(方脣). 구연은 꺾여 있음(折沿). 구연 아래에 가로 방향의 파수(橫橋狀耳)가 있음.
○ 태토 및 색깔 : 모래혼입 홍갈색토기.

② 분(陶盆, F35:1, 그림 97-2)
○ 출토지 : 오녀산성 35호 주거지(제3기 문화).
○ 크기 : 口徑 24cm, 동체(腹) 직경 21cm, 남은 높이 9cm.
○ 형태 : 기표에는 광택이 남. 구순은 각이 짐(方脣). 동체는 호형임(弧腹). 바닥은 파손됨.
○ 태토 및 색깔 : 모래혼입 회갈색토기.

③ 토기 파수(F35:3, 그림 97-3)
○ 출토지 : 오녀산성 35호 주거지(제3기 문화).
○ 형태 : 가로 방향의 파수임(橫橋狀耳).
○ 태토 및 색깔 : 모래혼입 황갈색토기.

④ 토기 바닥(F35:4, 그림 97-4)
○ 출토지 : 오녀산성 35호 주거지(제3기 문화).
○ 크기 : 바닥직경 10cm, 남은 높이 5.6cm.
○ 형태 : 기표에는 광택이 남. 바닥은 평평함.
○ 태토 및 색깔 : 모래혼입 홍갈색토기.

5) 36호 주거지

(1) 토기

① 호 구연부(陶罐口沿, F36:1, 그림 98)
○ 출토지 : 오녀산성 36호 주거지(제3기 문화).
○ 크기 : 口徑 14cm, 남은 높이 7cm.
○ 형태 : 구순은 각이 짐(方脣). 구연은 꺾여 있음(折沿). 동체 벽(腹壁)은 비교적 곧음(直). 복(頸) 위에 세로 방향의 파수(竪橋狀耳)가 있음.
○ 태토 및 색깔 : 모래혼입 회갈색토기.

6) 47호 주거지(F47)

(1) 토기

① 호(陶罐, F47:1, 그림 99-4)
○ 출토지 : 오녀산성 47호 주거지(제3기 문화).
○ 크기 : 口徑 18.4cm, 동체(腹) 직경 20.4cm, 바닥 직경 9.2cm, 높이 23cm.

○ 형태 : 표면은 매끄러움. 구순은 각이 짐(方脣). 구연은 꺾여 있음(折沿). 목은 잘록함(頸束). 어깨는 흘러내려감(溜肩). 동체는 둥그스름함(鼓腹). 바닥은 평평함. 목 아래에 단면이 둥근 파수가 세로 방향으로 붙어 있음(竪橋狀耳).
○ 태토 및 색깔 : 모래혼입 회갈색토기.

② 호 구연부 1(陶罐口沿, F47:2, 그림 99-1)
○ 출토지 : 오녀산성 47호 주거지(제3기 문화).
○ 크기 : 직경 16cm, 남은 높이 4.5cm.
○ 형태 : 표면은 매끄러움. 구순은 각이 짐(方脣). 구연은 꺾여 있음(折沿). 목은 잘록함(頸束). 목 아래에 단면이 둥근 파수가 세로 방향으로 붙어 있으나(竪橋狀耳), 파손됨.
○ 태토 및 색깔 : 모래와 활석분이 혼입된 회갈색토기.

③ 호 구연부 2(陶罐口沿, F47:5, 그림 99-3)
○ 출토지 : 오녀산성 47호 주거지(제3기 문화).
○ 크기 : 口徑 16cm, 남은 높이 10.5cm.
○ 형태 : 구순은 각이 짐(方脣). 구연은 외반됨(敞口). 동체(腹) 윗부분에 둥그런 기둥모양의 파수가 있음.
○ 태토 및 색깔 : 모래혼입 황갈색토기.

④ 분(盆, F47:4, 그림 99-5)
○ 출토지 :오녀산성 47호 주거지(제3기 문화).
○ 크기 : 口徑 38cm, 남은 높이 13.6cm.
○ 형태 : 구순은 각이 짐(方脣). 구연(口)은 약간 외반됨(侈). 동체는 호형임(弧腹). 동체에 가로 방향의 파수(橫橋狀耳)가 있음.
○ 태토 및 색깔 : 모래와 활석분이 혼입된 홍갈색토기.

⑤ 토기 파수(F47:3, 그림 99-2)
○ 출토지 : 오녀산성 47호 주거지(제3기 문화).
○ 형태 : 가로 방향의 파수(橫橋狀耳)임. 파손됨.

○ 태토 및 색깔 : 모래혼입 회갈색토기.

7) 57호 주거지(F57)

(1) 토기

① 호(陶罐, F57:1, 그림 100)
○ 출토지 : 오녀산성 57호 주거지(제3기 문화).
○ 크기 : 口徑 11cm, 동체(腹) 직경 12.4cm, 바닥직경 6.8cm, 높이 16cm.
○ 형태 : 표면은 매끄러움. 구순은 각이 짐(方脣). 구연은 꺾여 있음(折沿). 목은 잘록함(頸束). 어깨는 흘러내려감(溜肩). 동체는 둥그스름함(鼓腹). 바닥은 평평함. 어깨(肩) 위에 세로 방향의 파수(竪橋狀耳)가 있음.
○ 태토 및 색깔 : 모래와 운모가 혼입된 회갈색토기.

8) 2호 대형 건물지(J2)

(1) 청동기

① 청동제운주(銅節約, J2:33, 그림 101-11)
○ 출토지 : 오녀산성 2호 대형 건물지(제4기 문화).
○ 크기 : 길이 4.8cm, 너비 0.8cm.
○ 형태 : 반원형의 기둥모양에 가까움. 중간은 가로 방향으로 뚫려 있음.

② 함평원보(咸平元寶, 그림 102-1)
○ 출토지 : 오녀산성 2호 대형 건물지.
○ 형태 : 宋의 3대 황제 眞宗 咸平 연간(998~1003)에 주조한 화폐임.

③ 경우원보(景祐元寶, 그림 102-2)
○ 출토지 : 오녀산성 2호 대형 건물지.

○ 형태 : 宋의 4대 황제 仁宗 景祐 연간(1034~1038)에 주조한 화폐임.

④ **염승전**(厭勝錢, 그림 102-3)
○ 출토지 : 오녀산성 2호 대형 건물지.
○ 크기 : 직경 3.5cm.
○ 형태 : 원형으로 중간에 구멍이 있음. 한 면에는 地支와 12지신, 다른 한 면에는 북두칠성과 쌍검, 현무 등의 도안이 새겨져 있음.

(2) 철기

① **철제칼**(鐵刀, J2:1, 그림 101-8)
○ 출토지 : 오녀산성 2호 대형 건물지(제4기 문화).
○ 크기 : 남은 길이 27.2cm, 너비 6.4cm.
○ 형태 : 파손됨. 등은 곧음. 자루는 짧음.

② **철제차**(鐵叉, J2:27, 그림 101-9)
○ 출토지 : 오녀산성 2호 대형 건물지(제4기 문화).
○ 크기 : 길이 12.8cm, 너비 5cm.
○ 형태 : 몸체 평면은 'U'자형임. 뾰족한 부분 안쪽에 가시와 같은 것(倒刺)이 있음. 뒷부분에는 고리가 끼워져 있음.

③ **철제뚫개**(鐵鑽, J2:30, 그림 101-18)
○ 출토지 : 오녀산성 2호 대형 건물지(제4기 문화).
○ 크기 : 남은 길이 23.5cm, 너비 4.6cm.
○ 형태 : 윗부분은 가로 방향의 통모양 손잡이임. 형태는 소라모양을 띰.

④ **철제허리띠고리 1**(鐵帶扣, J2:9, 그림 101-14)
○ 출토지 : 오녀산성 2호 대형 건물지(제4기 문화).
○ 크기 : 길이 7.9cm, 너비 5cm.
○ 형태 : 고리(帶環) 앞부분은 반원형이고 뒷부분은 장방형임. 교침(扣針)은 'T'자형임.

⑤ **철제허리띠고리 2**(鐵帶扣, J2:11, 그림 101-13)
○ 출토지 : 오녀산성 2호 대형 건물지(제4기 문화).
○ 크기 : 길이 3.5cm, 너비 3.5cm.
○ 형태 : 고리(帶環)는 장방형에 가깝고 뒷부분에는 경첩(合頁)이 붙어 있음. 경첩에는 3개의 연결못(鉚釘)이 있음. 교침(扣針)은 소실됨.

⑥ **철제운주**(鐵節約, J2:29, 그림 101-6)
○ 출토지 : 오녀산성 2호 대형 건물지(제4기 문화).
○ 크기 : 남은 길이 3.9cm, 너비 2.6cm.
○ 형태 : 평면은 '十'자형임. 중간에 반원형의 본체(泡飾)가 있음.

⑦ **철제단추장식**(鐵泡飾, J2:31, 그림 101-7)
○ 출토지 : 오녀산성 2호 대형 건물지(제4기 문화).
○ 크기 : 직경 2cm, 높이 0.5cm.
○ 형태 : 반구형을 띠고 위에 작은 구멍 하나가 있음.

⑧ **철제자물쇠**(鐵釘錦, J2:6, 그림 101-12)
○ 출토지 : 오녀산성 2호 대형 건물지(제4기 문화).
○ 크기 : 길이 11cm, 너비 5.4cm.
○ 형태 : 평면은 '8'자형임. 한쪽은 방형의 경첩(合頁)과 연결되어 있고, 경첩에는 3개의 연결못(鉚釘)이 있음.

⑨ **철제고리 1**(鐵環, J2:7, 그림 101-3)
○ 출토지 : 오녀산성 2호 대형 건물지(제4기 문화).
○ 크기 : 고리 직경 4.5cm, 테(箍) 길이 4.2cm, 너비 2cm.
○ 형태 : 원형고리가 철테(鐵箍)에 끼워져 있음.

⑩ **철제고리 2**(鐵環, J2:8, 그림 101-4)
- 출토지 : 오녀산성 2호 대형 건물지(제4기 문화).
- 크기 : 길이 13.4cm, 너비 4.5cm.
- 형태 : 원형고리가 사슬 마디에 끼워져 있음. 사슬 마디 한쪽 끝은 고리모양이고, 다른 한쪽 끝은 원형고리를 끼우고 휘감았음.

⑪ **철제고리 3**(鐵環, J2:28, 그림 101-1)
- 출토지 : 오녀산성 2호 대형 건물지(제4기 문화).
- 크기 : 직경 5.5cm.
- 형태 : 원형임.

⑫ **철제고리 4**(鐵環, J2:19, 그림 101-5)
- 출토지 : 오녀산성 2호 대형 건물지(제4기 문화).
- 크기 : 직경 5.7cm(추정).
- 형태 : 파손되었는데, 원형으로 추정됨.

⑬ **철제고리 5**(鐵環, J2:20, 그림 101-2)
- 출토지 : 오녀산성 2호 대형 건물지(제4기 문화).
- 크기 : 직경 3.3cm.
- 형태 : 원형임.

⑭ **철제칼코**(鐵挡片, J2:24, 그림 101-15)
- 출토지 : 오녀산성 2호 대형 건물지(제4기 문화).
- 크기 : 남은 길이 7.4cm, 너비 5.6cm.
- 형태 : 파손됨. 얇은 철편으로 제작. 평면은 반원형을 띠고 중앙에 장방형의 구멍이 있음.

⑮ **방울모양철기**(鐵鈴形器, J2:5, 그림 101-10)
- 출토지 : 오녀산성 2호 대형 건물지(제4기 문화).
- 크기 : 너비 1.3~3.5cm, 높이 7cm.
- 형태 : 파손됨. 평면은 사다리꼴임. 아래 측면은 약간 둥그스름함. 위와 아래 양 끝에 각각 정방형의 작은 구멍 한 개가 있음.

⑯ **철제못**(鐵釘, J2:25, 그림 103-5)
- 출토지 : 오녀산성 2호 대형 건물지(제4기 문화).
- 크기 : 길이 11.5cm, 너비 2cm.
- 형태 : 두부(帽)는 편평하고 곧음. 몸체는 네모난 모양임.

⑰ **철제화살촉 1**(鐵鏃, J2:12, 그림 103-1)
- 출토지 : 오녀산성 2호 대형 건물지(제4기 문화).
- 크기 : 길이 15.5cm, 너비 1cm.
- 형태 : 검모양임. 촉두(鋒)는 뾰족함. 등(脊)은 돌출되어 있음. 등 측면에 血槽가 있음. 앞부분 횡단면은 六棱形이고 뒷부분은 마름모꼴임. 경부(鋌)는 네모난 기둥모양임.

⑱ **철제화살촉 2**(鐵鏃, J2:13, 그림 103-2)
- 출토지 : 오녀산성 2호 대형 건물지(제4기 문화).
- 크기 : 길이 14.8cm, 너비 1cm.
- 형태 : 위의 철제화살촉과 같음.

⑲ **철제화살촉 3**(鐵鏃, J2:14, 그림 103-3)
- 출토지 : 오녀산성 2호 대형 건물지(제4기 문화).
- 크기 : 남은 길이 12.5cm, 너비 1cm.
- 형태 : 위의 철제화살촉과 같음.

⑳ **철제화살촉 4**(鐵鏃, J2:2, 그림 103-4)
- 출토지 : 오녀산성 2호 대형 건물지(제4기 문화).
- 크기 : 남은 길이 12.4cm, 너비 0.7cm.
- 형태 : 뱀머리모양임.

㉑ **철제화살촉 5**(鐵鏃, J2:18, 그림 103-8)
- 출토지 : 오녀산성 2호 대형 건물지(제4기 문화).
- 크기 : 길이 15cm, 너비 0.9cm.
- 형태 : 矛形임. 촉두(鋒)는 뾰족함. 앞부분의 단면은 마름모꼴이고, 뒷부분의 단면은 둥근 기둥모양임.

경부(鋌)는 가늘고 원형임.

㉒ **철제화살촉 6**(鐵鏃, J2:10, 그림 103-6)
○ 출토지 : 오녀산성 2호 대형 건물지(제4기 문화).
○ 크기 : 길이 18.3cm, 너비 1.3cm.
○ 형태 : 위의 철제화살촉과 같음. 비교적 짧음.

㉓ **철제화살촉 7**(鐵鏃, J2:22, 그림 103-9)
○ 출토지 : 오녀산성 2호 대형 건물지(제4기 문화).
○ 크기 : 길이 11cm, 너비 1.2cm.
○ 형태 : 정모양(鑿形)임. 촉두(鋒)는 평평함. 촉신(身)은 약간 안으로 들어가 있음. 경부(鋌)는 가늘고 원형임.

㉔ **철제화살촉 8**(鐵鏃, J2:17, 그림 103-7)
○ 출토지 : 오녀산성 2호 대형 건물지(제4기 문화).
○ 크기 : 길이 9.8cm, 너비 0.9cm.
○ 형태 : 위의 철제화살촉과 같음.

㉕ **철제화살촉 9**(鐵鏃, J2:21, 그림 103-10)
○ 출토지 : 오녀산성 2호 대형 건물지(제4기 문화).
○ 크기 : 남은 길이 13.4cm, 너비 0.8cm.
○ 형태 : 대체적으로 위의 철제화살촉과 같음. 촉두(鏃頭)는 옆에서 보면 삼각형임.

㉖ **철제찰갑편 1**(鐵甲片, J2:23, 그림 101-16)
○ 출토지 : 오녀산성 2호 대형 건물지(제4기 문화).
○ 크기 : 길이 4.2m, 너비 2.8cm.
○ 형태 : 평면은 장방형임. 상단 양 모서리는 비스듬하게 말각됨. 아랫변은 약간 평평함. 위와 아래에는 각각 한 개의 구멍이 있고, 양 측변에는 각각 2개의 구멍이 있어 대칭하고 있음.

㉗ **철제찰갑편 2**(鐵甲片, J2:26, 그림 101-17)
○ 출토지 : 오녀산성 2호 대형 건물지(제4기 문화).
○ 크기 : 길이 4.6m, 너비 2.8cm.
○ 형태 : 대체로 위의 철제찰갑편과 같음. 다만 구멍에 있어 차이가 있는데, 위에는 3개의 구멍이 삼각형으로 분포하고 있고, 아래에는 3개의 구멍이 세로 방향으로 분포하고 있으며, 양측에는 각각 2개의 구멍이 있음.

(3) 토기

① **호 1**(陶罐, J2:3, 그림 104-9)
○ 출토지 : 오녀산성 2호 대형 건물지(제4기 문화).
○ 크기 : 口徑 11.5cm, 동체(腹) 직경 12.8cm, 남은 높이 13.6cm.
○ 형태 : 소성 온도는 비교적 높음. 구순은 뾰족함(尖脣). 구연은 외반됨(侈口). 목은 잘록함(束頸). 동체(腹)는 약간 둥그스름함(鼓).
○ 태토 및 색깔 : 모래혼입 회색토기.

② **호 2**(陶罐, J2:44, 그림 104-3)
○ 출토지 : 오녀산성 2호 대형 건물지(제4기 문화).
○ 크기 : 口徑 22.4cm, 남은 높이 6.4cm.
○ 형태 : 둥그런 구순은 약간 뾰족함(圓脣略尖). 구연은 꺾여 있음(折沿). 목은 잘록함(束頸). 어깨는 흘러 내려감(溜肩).
○ 태토 및 색깔 : 니질의 황갈색토기.

③ **호 구연부 1**(陶罐口沿, J2:12, 그림 104-1)
○ 출토지 : 오녀산성 2호 대형 건물지(제4기 문화).
○ 크기 : 口徑 18cm, 남은 높이 4.5cm.
○ 형태 : 구순은 각이 짐(方脣). 구연은 꺾여 있음(折沿). 목은 잘록함(束頸).
○ 태토 및 색깔 : 모래혼입 황갈색토기.

④ 호 구연부 2(陶罐口沿, J2:43, 그림 104-2)
○ 출토지 : 오녀산성 2호 대형 건물지(제4기 문화).
○ 크기 : 口徑 12.5cm, 남은 높이 7.3cm.
○ 형태 : 구순은 각이 짐(方脣). 구연은 꺾여 있음(折沿). 목은 잘록함(束頸). 어깨는 흘러내려감(溜肩). 구연 안쪽에 한 줄의 홈이 돌아감.
○ 태토 및 색깔 : 모래와 운모가 혼입된 회갈색토기.

⑤ 호 구연부 3(陶罐口沿, J2:45, 그림 104-8)
○ 출토지 : 오녀산성 2호 대형 건물지(제4기 문화).
○ 크기 : 口徑 16.4cm, 남은 높이 4.6cm.
○ 형태 : 구순은 둥그스름함(圓脣). 구연은 꺾여 있음(折沿). 동체 벽(腹壁)은 비교적 곧음(直).
○ 태토 및 색깔 : 모래혼입 회갈색토기.

⑥ 호 구연부 4(陶罐口沿, J2:46, 그림 104-10)
○ 출토지 : 오녀산성 2호 대형 건물지(제4기 문화).
○ 크기 : 口徑 24.4cm, 남은 높이 2.6cm.
○ 형태 : 구순은 둥그스름함(圓脣). 구연은 꺾여 있음(折沿). 목은 잘록함(束頸).
○ 태토 및 색깔 : 모래혼입 흑갈색토기.

⑦ 호 구연부 5(陶罐口沿, J2:47, 그림 104-11)
○ 출토지 : 오녀산성 2호 대형 건물지(제4기 문화).
○ 크기 : 남은 높이 7cm.
○ 형태 : 구연부는 파손됨. 어깨(肩)에 한 줄의 돌대(凸棱)가 돌아감.
○ 태토 및 색깔 : 모래혼입 홍갈색토기.

⑧ 분(陶盆, J2:4, 그림 104-4)
○ 출토지 : 오녀산성 2호 대형 건물지(제4기 문화).
○ 크기 : 口徑 48.8cm, 바닥직경 26.8cm, 높이 24cm.
○ 형태 : 소성 온도는 비교적 높음. 구순은 각이 짐(方脣). 구연은 평평함(平沿). 구연 아래는 잘록하게 들어감. 바닥은 평평함. 동체(腹)에 대칭하는 가로 방향의 파수(橫橋狀耳)가 있음. 파수 위에는 선문(弦文) 한 줄이 돌아가고 있음.
○ 태토 및 색깔 : 니질의 회색토기.

⑨ 토제어망추 1(陶網墜, J2:15, 그림 104-7)
○ 출토지 : 오녀산성 2호 대형 건물지(제4기 문화).
○ 크기 : 길이 2.8cm, 너비 1cm.
○ 형태 : 둥그런 기둥모양임. 양 끝에 홈(凹槽)이 둘러져 있음.
○ 태토 및 색깔 : 니질의 황갈색.

⑩ 토제어망추 2(陶網墜, J2:16, 그림 104-6)
○ 출토지 : 오녀산성 2호 대형 건물지(제4기 문화).
○ 크기 : 길이 2.2cm, 너비 0.8cm.
○ 형태 : 위의 토제어망추와 같음.
○ 태토 및 색깔 : 니질의 황갈색.

⑪ 병(陶餠, J2:42, 그림 104-5)
○ 출토지 : 오녀산성 2호 대형 건물지(제4기 문화).
○ 크기 : 직경 5.5cm, 두께 0.6cm.
○ 형태 : 원형임. 선문(弦文)이 남아 있음.
○ 태토 및 색깔 : 니질의 회색.

9) 3호 대형 건물지(J3)

(1) 청동기

① 청동제허리띠고리(銅帶扣, J3:81, 그림 105-2)
○ 출토지 : 오녀산성 3호 대형 건물지(제4기 문화).
○ 크기 : 길이 3.8cm, 너비 1.8cm.
○ 형태 : 휘어졌으며 교침(針)은 사라짐. 평면은 장방형에 가까움. 고리(扣環)는 동으로 제작함. 後梁은

철로 제작한 둥근 기둥 형태로 고리의 끝단에 들어가 있음.

(2) 철기

① 철제도자 1(鐵削, J3:16, 그림 106-11)
○ 출토지 : 오녀산성 3호 대형 건물지(제4기 문화).
○ 크기 : 남은 길이 17.4cm, 너비 1.8cm.
○ 형태 : 등은 편평하고 날은 구부러짐. 편평한 모양의 가느다란 경부(鋌)가 있음.

② 철제도자 2(鐵削, J3:17, 그림 106-10)
○ 출토지 : 오녀산성 3호 대형 건물지(제4기 문화).
○ 크기 : 남은 길이 15.8cm, 너비 1.7cm.
○ 형태 : 위의 철제도자와 같음.

③ 철제도자 3(鐵削, J3:18, 그림 106-9)
○ 출토지 : 오녀산성 3호 대형 건물지(제4기 문화).
○ 크기 : 길이 15.8cm, 너비 1.6cm.
○ 형태 : 위의 철제도자와 같음. 경부(鋌)는 파손됨.

④ 철제도자 4(鐵削, J3:19, 그림 106-8)
○ 출토지 : 오녀산성 3호 대형 건물지(제4기 문화).
○ 크기 : 길이 11.1cm, 너비 1.3cm.
○ 형태 : 위의 철제도자와 같음.

⑤ 철제도자 5(鐵削, J3:20, 그림 106-7)
○ 출토지 : 오녀산성 3호 대형 건물지(제4기 문화).
○ 크기 : 길이 7.4cm, 너비 1.3cm.
○ 형태 : 비교적 작음. 등은 편평하고 날은 곧음.

⑥ 철제낚시구(鐵魚鰾, J3:23, 그림 106-6)
○ 출토지 : 오녀산성 3호 대형 건물지(제4기 문화).
○ 크기 : 남은 길이 8.2cm, 너비 2.2cm.

○ 형태 : 파손됨. 평면은 삼각형을 띔. 톱니(齒) 4개가 있음.

⑦ 철제낚싯바늘(鐵魚鉤, J3:22, 그림 106-12)
○ 출토지 : 오녀산성 3호 대형 건물지(제4기 문화).
○ 크기 : 길이 2.5cm, 너비 1cm.
○ 형태 : 구부러진 갈고리모양임. 뾰족한 부분에 가시와 같은 것(倒刺)이 있음.

⑧ 철제경첩(鐵合頁, J3:28, 그림 106-2)
○ 출토지 : 오녀산성 3호 대형 건물지(제4기 문화).
○ 크기 : 길이 3cm, 너비 2.5cm.
○ 형태 : 평면은 반원형임. 철편을 접어서 제작.

⑨ 철제리벳이음 1(鐵鉚件, J3:30, 그림 106-3)
○ 출토지 : 오녀산성 3호 대형 건물지(제4기 문화).
○ 크기 : 길이 3.4cm, 너비 2.9cm.
○ 형태 : 평면은 반원형임. 위에 세 개의 연결못(鉚釘)이 있음.

⑩ 철제리벳이음 2(鐵鉚件, J3:29, 그림 106-1)
○ 출토지 : 오녀산성 3호 대형 건물지(제4기 문화).
○ 크기 : 한 변 길이 3.4cm.
○ 형태 : 평면은 정방형에 가까움. 한 모서리는 둥글고 다른 세 모서리에는 연결못(鉚釘)이 있음.

⑪ 철제리벳이음 3(鐵鉚件, J3:31, 그림 106-4)
○ 출토지 : 오녀산성 3호 대형 건물지(제4기 문화).
○ 크기 : 길이 3.4cm, 너비 2.8cm.
○ 형태 : 평면은 마름모꼴임. 네 모서리에 각각 한 개의 연결못(鉚釘)이 있음.

⑫ 철제리벳이음 4(鐵鉚件, J3:32, 그림 106-5)
○ 출토지 : 오녀산성 3호 대형 건물지(제4기 문화).

○ 크기 : 직경 2.4cm.
○ 형태 : 평면은 원형임. 위에 세 개의 연결못(鉚釘)이 있음.

⑬ **철제갈코**(鐵擋片, J3:84, 그림 106-19)
○ 출토지 : 오녀산성 3호 대형 건물지(제4기 문화).
○ 크기 : 길이 8.6cm, 너비 7.2cm.
○ 형태 : 약간 파손됨. 평면은 장방형이고, 중간에 두 개의 정방형 구멍이 있음. 각 모서리에 작은 원형 구멍 한 개가 있음.

⑭ **철제코 1**(鐵鼻, J3:25, 그림 106-20)
○ 출토지 : 오녀산성 3호 대형 건물지(제4기 문화).
○ 크기 : 길이 7.5cm, 너비 2.8cm.
○ 형태 : 윗부분은 타원형의 고리이고, 아랫부분은 四棱錐形임. 몸체는 구부러짐.

⑮ **철제코 2**(鐵鼻, J3:26, 그림 106-17)
○ 출토지 : 오녀산성 3호 대형 건물지(제4기 문화).
○ 크기 : 길이 7.5cm, 너비 2.1cm.
○ 형태 : 위의 철제코와 같음.

⑯ **철제코 3**(鐵鼻, J3:27, 그림 106-16)
○ 출토지 : 오녀산성 3호 대형 건물지(제4기 문화).
○ 크기 : 길이 4.5cm, 너비 2.5cm.
○ 형태 : 위의 철제코와 같음.

⑰ **철제못 1**(鐵釘, J3:33, 그림 107-18)
○ 출토지 : 오녀산성 3호 대형 건물지(제4기 문화).
○ 크기 : 길이 10.5cm, 너비 2.3cm.
○ 형태 : 두부(釘首)는 편평하고 한쪽으로 치우쳐 있음. 몸체는 四棱錐形임.

⑱ **철제못 2**(鐵釘, J3:34, 그림 107-17)
○ 출토지 : 오녀산성 3호 대형 건물지(제4기 문화).
○ 크기 : 길이 8.1cm, 너비 1.5cm.
○ 형태 : 위의 철제못과 같음.

⑲ **철제못 3**(鐵釘, J3:35, 그림 107-16)
○ 출토지 : 오녀산성 3호 대형 건물지(제4기 문화).
○ 크기 : 길이 7.3cm, 너비 1.3cm.
○ 형태 : 위의 철제못과 같으나, 몸체가 약간 구부러져 있음.

⑳ **철제못 4**(鐵釘, J3:36, 그림 107-15)
○ 출토지 : 오녀산성 3호 대형 건물지(제4기 문화).
○ 크기 : 길이 6.4cm, 너비 3.2cm.
○ 형태 : 위의 철제못과 같으나, 뾰족한 부분이 가로 방향으로 구부러져 있음.

㉑ **철제못 5**(鐵釘, J3:37, 그림 107-13)
○ 출토지 : 오녀산성 3호 대형 건물지(제4기 문화).
○ 크기 : 길이 4.5cm, 너비 2.5cm.
○ 형태 : 위의 철제못과 같음.

㉒ **철제못 6**(鐵釘, J3:38, 그림 107-14)
○ 출토지 : 오녀산성 3호 대형 건물지(제4기 문화).
○ 크기 : 길이 4.8cm, 너비 2.8cm.
○ 형태 : 위의 철제못과 같음.

㉓ **철제못 7**(鐵釘, J3:39, 그림 107-9)
○ 출토지 : 오녀산성 3호 대형 건물지(제4기 문화).
○ 크기 : 길이 6cm, 너비 1.7cm.
○ 형태 : 위의 철제못과 같음.

㉔ **철제못 8**(鐵釘, J3:40, 그림 107-10)
○ 출토지 : 오녀산성 3호 대형 건물지(제4기 문화).

○ 크기 : 길이 4.8cm, 너비 2.8cm.

○ 형태 : 위의 철제못과 같으나, 몸체가 휘어져 있음.

㉕ **철테**(鐵箍, J3:41, 그림 106-13)

○ 출토지 : 오녀산성 3호 대형 건물지(제4기 문화).

○ 크기 : 길이 3.3cm, 너비 2.5cm, 두께 2.3cm.

○ 형태 : 편평한 통모양임.

㉖ **철제거멀못**(鐵扒鋦, J3:42, 그림 106-14)

○ 출토지 : 오녀산성 3호 대형 건물지(제4기 문화).

○ 크기 : 길이 8.3cm, 너비 2.3cm.

○ 형태 : 몸체는 넓고 얇음. 박히는 부위(鋦釘)는 가느다란데, 그 가운데 하나는 구부러져 있음.

㉗ **철제수레바퀴줏대축**(鐵車軸, J3:43, 그림 106-18)

○ 출토지 : 오녀산성 3호 대형 건물지(제4기 문화).

○ 크기 : 남은 길이 10.8cm, 너비 5cm, 두께 4.7cm.

○ 형태 : 파손됨. 톱니바퀴모양임.

㉘ **철제모**(鐵矛, J3:44, 그림 106-15)

○ 출토지 : 오녀산성 3호 대형 건물지(제4기 문화).

○ 크기 : 길이 27.5cm, 너비 2.6cm.

○ 형태 : 뾰족한 부분은 예리함. 몸체 가운데 부분에는 등(脊)이 일어나 있음. 단면은 마름모꼴임. 공부(銎)는 통모양임. 공부 입구 한 측에 구멍이 뚫어져 있음.

㉙ **철제화살촉 1**(鐵鏃, J3:45, 그림 107-2)

○ 출토지 : 오녀산성 3호 대형 건물지(제4기 문화).

○ 크기 : 길이 13.7cm, 너비 0.9cm.

○ 형태 : 뱀머리모양임. 경부(鋌)는 휘어져 있음.

㉚ **철제화살촉 2**(鐵鏃, J3:46, 그림 107-3)

○ 출토지 : 오녀산성 3호 대형 건물지(제4기 문화).

○ 크기 : 남은 길이 13.6cm, 너비 0.8cm.

○ 형태 : 위의 철제화살촉과 같으나, 경부(鋌)는 파손됨.

㉛ **철제화살촉 3**(鐵鏃, J3:47, 그림 107-4)

○ 출토지 : 오녀산성 3호 대형 건물지(제4기 문화).

○ 크기 : 남은 길이 9.2cm, 너비 0.9cm.

○ 형태 : 위의 철제화살촉과 같음.

㉜ **철제화살촉 4**(鐵鏃, J3:48, 그림 107-1)

○ 출토지 : 오녀산성 3호 대형 건물지(제4기 문화).

○ 크기 : 길이 15.2cm, 너비 2.1cm.

○ 형태 : 부채꼴모양임. 경부(鋌)는 四棱錐形임.

㉝ **철제화살촉 5**(鐵鏃, J3:49, 그림 107-6)

○ 출토지 : 오녀산성 3호 대형 건물지(제4기 문화).

○ 크기 : 남은 길이 6.1cm, 너비 0.9cm

○ 형태 : 검형임. 뾰족한 부분만 남아 있음.

㉞ **철제화살촉 6**(鐵鏃, J3:50, 그림 107-7)

○ 출토지 : 오녀산성 3호 대형 건물지(제4기 문화).

○ 크기 : 길이 6.7cm, 너비 0.8cm.

○ 형태 : 정모양(鏧形)임. 가느다라한 경부(鋌)는 원추형임.

㉟ **철제화살촉 7**(鐵鏃, J3:53, 그림 107-11)

○ 출토지 : 오녀산성 3호 대형 건물지(제4기 문화).

○ 크기 : 길이 6cm, 너비 0.9cm.

○ 형태 : 위의 철제화살촉과 같음.

㊱ **철제화살촉 8**(鐵鏃, J3:51, 그림 107-12)

○ 출토지 : 오녀산성 3호 대형 건물지(제4기 문화).

○ 크기 : 남은 길이 3.6cm, 너비 0.7cm.

○ 형태 : 四棱錐形임. 경부(鋌)는 짧고 원추형임.

㊲ **철제화살촉 9**(鐵鏃, J3:52, 그림 107-5)
- 출토지 : 오녀산성 3호 대형 건물지(제4기 문화).
- 크기 : 길이 9.1cm, 너비 1.2cm.
- 형태 : 矛形임. 경부(鋌)는 四棱錐形임.

㊳ **철제화살촉 10**(鐵鏃, J3:54, 그림 107-8)
- 출토지 : 오녀산성 3호 대형 건물지(제4기 문화).
- 크기 : 남은 길이 7.8cm, 너비 1.7cm.
- 형태 : 葉形임. 촉두는 파손됨.

㊴ **철제찰갑편 1**(鐵甲片, J3:60, 그림 108-1)
- 출토지 : 오녀산성 3호 대형 건물지(제4기 문화).
- 크기 : 길이 8cm, 너비 2.7cm.
- 형태 : 평면은 역사다리꼴임. 윗부분은 양단이 말각되었고 2개의 구멍이 가로 방향으로 배열되어 있음. 아랫변은 둥그스름하고 하단에 2개의 구멍이 세로 방향으로 배열되어 있음. 양 측변에는 6개의 작은 구멍이 대칭하여 분포하고 있음.

㊵ **철제찰갑편 2**(鐵甲片, J3:63, 그림 108-3)
- 출토지 : 오녀산성 3호 대형 건물지(제4기 문화).
- 크기 : 길이 7.6cm, 너비 3.1cm.
- 형태 : 위의 철제찰갑편과 같으나, 구멍의 차이가 있음.

㊶ **철제찰갑편 3**(鐵甲片, J3:62, 그림 108-4)
- 출토지 : 오녀산성 3호 대형 건물지(제4기 문화).
- 크기 : 길이 8.6cm, 너비 3cm.
- 형태 : 위의 철제찰갑편과 같으나, 구멍의 차이가 있음.

㊷ **철제찰갑편 4**(鐵甲片, J3:74, 그림 108-8)
- 출토지 : 오녀산성 3호 대형 건물지(제4기 문화).
- 크기 : 길이 5cm, 너비 2.5cm.
- 형태 : 위의 철제찰갑편과 같으나, 약간 작음.

㊸ **철제찰갑편 5**(鐵甲片, J3:72, 그림 108-9)
- 출토지 : 오녀산성 3호 대형 건물지(제4기 문화).
- 크기 : 길이 7.7cm, 너비 2.5cm.
- 형태 : 위의 철제찰갑편과 같음.

㊹ **철제찰갑편 6**(鐵甲片, J3:57, 그림 108-10)
- 출토지 : 오녀산성 3호 대형 건물지(제4기 문화).
- 크기 : 길이 9.4cm, 너비 2.5cm.
- 형태 : 위의 철제찰갑편과 같음.

㊺ **철제찰갑편 7**(鐵甲片, J3:75, 그림 108-14)
- 출토지 : 오녀산성 3호 대형 건물지(제4기 문화).
- 크기 : 길이 5.5cm, 너비 2.3cm.
- 형태 : 대체로 위의 철제찰갑편과 같으나, 상단의 말각이 명확하지 않음.

㊻ **철제찰갑편 8**(鐵甲片, J3:59, 그림 108-6)
- 출토지 : 오녀산성 3호 대형 건물지(제4기 문화).
- 크기 : 길이 8.8cm, 너비 2.3cm.
- 형태 : 평면은 약간 타원형에 가까움. 상단에는 2개의 구멍이 가로 방향으로 배열되어 있음. 가운데 부분에 구멍 한 개가 있음. 하단에는 3개의 구멍이 세로 방향으로 배열되어 있음. 양 측변에는 8개의 구멍이 대칭하여 분포하고 있음.

㊼ **철제찰갑편 9**(鐵甲片, J3:79, 그림 108-7)
- 출토지 : 오녀산성 3호 대형 건물지(제4기 문화).
- 크기 : 남은 길이 5.6cm, 너비 2.5cm.
- 형태 : 위의 철제찰갑편과 같으나, 파손됨. 양 측변에 10개의 구멍이 남아 있음.

⑱ **철제찰갑편** 10(鐵甲片, J3:64, **그림** 108-2)
○ 출토지 : 오녀산성 3호 대형 건물지(제4기 문화).
○ 크기 : 길이 7.8cm, 너비 3cm.
○ 형태 : 평면은 장방형임. 상단 양 모서리는 말각되었고, 2개의 구멍이 가로 방향으로 배열되어 있음. 아랫변은 호형임. 가운데 부분 근처에 한 개의 구멍이 있음. 양 측변에는 8개의 구멍이 대칭하여 분포하고 있음.

㊾ **철제찰갑편** 11(鐵甲片, J3:65, **그림** 108-5)
○ 출토지 : 오녀산성 3호 대형 건물지(제4기 문화).
○ 크기 : 길이 7.4cm, 너비 3cm.
○ 형태 : 위의 철제찰갑편과 같음.

㊿ **철제찰갑편** 12(鐵甲片, J3:61, **그림** 108-20)
○ 출토지 : 오녀산성 3호 대형 건물지(제4기 문화).
○ 크기 : 남은 길이 9cm, 너비 2.3cm.
○ 형태 : 평면은 장방형에 가까움. 상단은 파손됨.

(51) **철제찰갑편** 13(鐵甲片, J3:70, **그림** 108-11)
○ 출토지 : 오녀산성 3호 대형 건물지(제4기 문화).
○ 크기 : 길이 5.5cm, 너비 2.5cm.
○ 형태 : 평면은 사다리꼴임. 하단 가운데 부분에 2개의 작은 구멍이 세로 방향으로 배열되어 있음. 양 측변 가장자리에는 6개의 작은 구멍이 대칭하여 분포하고 있음.

(52) **철제찰갑편** 14(鐵甲片, J3:68, **그림** 108-12)
○ 출토지 : 오녀산성 3호 대형 건물지(제4기 문화).
○ 크기 : 길이 5.5cm, 너비 2.5cm.
○ 형태 : 위의 철제찰갑편과 같음.

(53) **철제찰갑편** 15(鐵甲片, J3:71, **그림** 108-17)
○ 출토지 : 오녀산성 3호 대형 건물지(제4기 문화).
○ 크기 : 길이 5.1cm, 너비 2.5cm.
○ 형태 : 위의 철제찰갑편과 같음.

(54) **철제찰갑편** 16(鐵甲片, J3:69, **그림** 108-18)
○ 출토지 : 오녀산성 3호 대형 건물지(제4기 문화).
○ 크기 : 길이 6.4cm, 너비 2.4cm.
○ 형태 : 위의 철제찰갑편과 같음.

(55) **철제찰갑편** 17(鐵甲片, J3:78, **그림** 108-13)
○ 출토지 : 오녀산성 3호 대형 건물지(제4기 문화).
○ 크기 : 길이 4.7cm, 너비 2.9cm.
○ 형태 : 평면은 사다리꼴에 가까움. 상부는 양 모서리가 말각되었고, 2개의 구멍이 가로 방향으로 배열되어 있음. 하부 중간에는 3개의 구멍이 세로 방향으로 배열되어 있음. 양 측변에는 4개의 작은 구멍이 대칭하여 분포하고 있음.

(56) **철제찰갑편** 18(鐵甲片, J3:76, **그림** 108-15)
○ 출토지 : 오녀산성 3호 대형 건물지(제4기 문화).
○ 크기 : 길이 6cm, 너비 2.5cm.
○ 형태 : 대체로 위의 철제찰갑편과 같음.

(57) **철제찰갑편** 19(鐵甲片, J3:77, **그림** 108-16)
○ 출토지 : 오녀산성 3호 대형 건물지(제4기 문화).
○ 크기 : 길이 6cm, 너비 2.6cm.
○ 형태 : 위의 철제찰갑편과 같음.

(58) **철제찰갑편** 20(鐵甲片, J3:55, **그림** 108-21)
○ 출토지 : 오녀산성 3호 대형 건물지(제4기 문화).
○ 크기 : 길이 9.8cm, 너비 2.6cm.
○ 형태 : 대체로 위의 철제찰갑편과 같으나, 약간 큼. 상단에는 2개의 구멍이 가로 방향으로 배열되어 있음. 가운데 부분 근처에는 한 개의 구멍이 있음. 하단에는 2개의 구멍이 세로 방향으로 배열되어 있음. 주변에는 8개의 작은 구멍이 대칭하여 분포하고 있음.

(59) **철제찰갑편** 21(**鐵甲片**, J3:67, **그림** 108-22)
○ 출토지 : 오녀산성 3호 대형 건물지(제4기 문화).
○ 크기 : 길이 9.2cm, 너비 2.1cm.
○ 형태 : 위의 철제찰갑편과 같음.

(60) **철제찰갑편** 22(**鐵甲片**, J3:56, **그림** 108-23)
○ 출토지 : 오녀산성 3호 대형 건물지(제4기 문화).
○ 크기 : 길이 9.8cm, 너비 2.6cm.
○ 형태 : 위의 철제찰갑편과 같음.

(61) **철제찰갑편** 23(**鐵甲片**, J3:58, **그림** 108-24)
○ 출토지 : 오녀산성 3호 대형 건물지(제4기 문화).
○ 크기 : 남은 길이 8.5cm, 너비 1.9cm.
○ 형태 : 위의 철제찰갑편과 같으나, 파손됨.

(62) **철제찰갑편** 24(**鐵甲片**, J3:66, **그림** 108-19)
○ 출토지 : 오녀산성 3호 대형 건물지(제4기 문화).
○ 크기 : 남은 길이 11cm, 너비 2.1cm.
○ 형태 : 평면은 사다리꼴에 가까움. 상단은 약간 파손됨. 하단에는 2개의 구멍이 세로 방향으로 배열되어 있음. 양 측변에는 작은 구멍이 대칭하여 분포하고 있는데, 모두 11개임. 옆에서 보면 휘어져 있어 'S'자형에 가까움.

(3) 토기

① **옹** 1(**陶瓮**, J3:1, **그림** 109-4)
○ 출토지 : 오녀산성 3호 대형 건물지(제4기 문화).
○ 크기 : 口徑 50cm, 남은 높이 21.6cm.
○ 형태 : 파손됨. 구순은 각이 짐(方唇). 구연은 내반됨(斂口). 어깨는 흘러내려감(溜肩). 동체(腹) 위에 음각선문(凹弦文)이 한 바퀴 둘러져 있음.
○ 태토 및 색깔 : 모래혼입 황갈색토기.

② **옹** 2(**陶瓮**, J3:2, **그림** 109-2)
○ 출토지 : 오녀산성 3호 대형 건물지(제4기 문화).
○ 크기 : 口徑 44cm, 남은 높이 7.5cm.
○ 형태 : 파손됨. 구순은 각이 짐(方唇). 깃은 낮고 곧음(矮直領). 깃 주위는 아래로 들어가 있음. 어깨는 솟아 있음(聳肩).
○ 태토 및 색깔 : 모래혼입 흑회색토기.

③ **호**(**陶罐**, J3:7, **그림** 109-9)
○ 출토지 : 오녀산성 3호 대형 건물지(제4기 문화).
○ 크기 : 口徑 9cm, 남은 높이 4.2cm.
○ 형태 : 파손됨. 구순은 각이 짐(方唇). 구연(口)은 약간 내반됨(斂). 어깨는 넓음(廣肩).
○ 태토 및 색깔 : 니질의 회갈색토기.

④ **호 구연부** 1(**陶罐口沿**, J3:3, **그림** 109-6)
○ 출토지 : 오녀산성 3호 대형 건물지(제4기 문화).
○ 크기 : 口徑 12cm, 남은 높이 5cm.
○ 형태 : 구순은 둥그스름함(圓唇). 구연은 꺾여 있음(折沿). 목은 잘록함(束頸). 어깨는 흘러내려감(溜肩).
○ 태토 및 색깔 : 니질의 회갈색토기.

⑤ **호 구연부** 2(**陶罐口沿**, J3:13, **그림** 109-5)
○ 출토지 : 오녀산성 3호 대형 건물지(제4기 문화).
○ 크기 : 口徑 12cm, 남은 높이 5cm.
○ 형태 : 구순은 둥그스름함(圓唇). 구연은 외반됨(侈口). 목은 잘록함(束頸). 어깨는 흘러내려감(溜肩).
○ 태토 및 색깔 : 모래혼입 갈색토기.

⑥ **호 구연부** 3(**陶罐口沿**, J3:8, **그림** 109-1)
○ 출토지 : 오녀산성 3호 대형 건물지(제4기 문화).
○ 크기 : 口徑 26cm, 남은 높이 4.1cm.
○ 형태 : 구순은 각이 짐(方唇). 구연은 꺾여 있음(折沿). 목은 잘록함(束頸). 어깨는 흘러내려감(溜肩).

○ 태토 및 색깔 : 니질의 회색토기.

⑦ **호 구연부 4**(陶罐口沿, J3:4, 그림 109-3)
○ 출토지 : 오녀산성 3호 대형 건물지(제4기 문화).
○ 크기 : 口徑 34cm, 남은 높이 5cm.
○ 형태 : 구순은 각이 짐(方脣). 구연은 꺾여 있음(折沿).
○ 태토 및 색깔 : 모래혼입 회색토기.

⑧ **토기 바닥 1**(J3:11, 그림 109-12)
○ 출토지 : 오녀산성 3호 대형 건물지(제4기 문화).
○ 크기 : 바닥직경 26cm, 남은 높이 6cm.
○ 형태 : 바닥은 평평함.
○ 태토 및 색깔 : 모래와 운모가 혼입된 홍갈색토기.

⑨ **토기 바닥 2**(J3:9, 그림 109-10)
○ 출토지 : 오녀산성 3호 대형 건물지(제4기 문화).
○ 크기 : 바닥직경 12cm, 남은 높이 5.4cm.
○ 형태 : 바닥은 평평함.
○ 태토 및 색깔 : 모래혼입 회갈색토기.

⑩ **토기 바닥 3**(J3:6, 그림 109-11)
○ 출토지 : 오녀산성 3호 대형 건물지(제4기 문화).
○ 크기 : 바닥직경 16cm, 남은 높이 5.2cm.
○ 형태 : 바닥은 평평함.
○ 태토 및 색깔 : 모래혼입 흑색토기.

⑪ **토기 파수 1**(J3:5, 그림 109-7)
○ 출토지 : 오녀산성 3호 대형 건물지(제4기 문화).
○ 형태 : 가로 방향의 파수임(橫橋狀耳).
○ 태토 및 색깔 : 모래혼입 흑색토기.

⑫ **토기 파수 2**(J3:10, 그림 109-8)
○ 출토지 : 오녀산성 3호 대형 건물지(제4기 문화).

○ 형태 : 가로 방향의 파수임(橫橋狀耳).
○ 태토 및 색깔 : 모래혼입 황갈색토기.

(4) 석기

① **석제가락바퀴**(石紡輪, J3:82, 그림 105-1)
○ 출토지 : 오녀산성 3호 대형 건물지(제4기 문화).
○ 크기 : 직경 4cm, 두께 1.5cm.
○ 형태 : 원형임. 밑부분은 편평함. 윗부분은 약간 볼록하고 중간에 구멍이 있음.

10) 13호 주거지(F13)

(1) 청동기

① **청동제숟가락 자루**(銅匙柄, F13:4, 그림 110-2)
○ 출토지 : 오녀산성 13호 주거지(제4기 문화).
○ 크기 : 남은 길이 7.2cm, 너비 1.5cm.
○ 형태 : 편평함. 끝부분은 원호형임.

(2) 철기

① **철제못**(鐵釘, F13:2, 그림 110-3)
○ 출토지 : 오녀산성 13호 주거지(제4기 문화).
○ 크기 : 남은 길이 3.7cm, 너비 1.4cm.
○ 형태 : 파손됨. 두부(帽)는 평평하고 꺾여 있음. 몸체는 납작한 방형임.

② **철제화살촉**(鐵鏃, F13:1, 그림 110-4)
○ 출토지 : 오녀산성 13호 주거지(제4기 문화).
○ 크기 : 남은 길이 6.3cm, 너비 1cm.
○ 형태 : 파손됨. 矛形임.

③ 철제찰갑편(鐵甲片, F13:3, 그림 110-1)
o 출토지 : 오녀산성 13호 주거지(제4기 문화).
o 크기 : 남은 길이 3.7cm, 너비 2.5cm.
o 형태 : 파손됨. 상단 양 모서리는 말각됨. 4개의 작은 구멍이 남아 있음.

11) 15호 주거지(F15)

(1) 철기

① 철제솥(鐵釜, F15:2, 그림 111-2)
o 출토지 : 오녀산성 15호 주거지(제4기 문화).
o 크기 : 口徑 40cm, 남은 높이 11.8cm.
o 형태 : 파손됨. 구순은 뾰족함(尖脣). 구연은 꺾여 있음(折沿). 동체는 둥그스름함(鼓腹). 동체 위에는 돌대(鐵棱)가 한 바퀴가 둘러져 있음.

(2) 토기

① 분(陶盆, F15:1, 그림 111-1)
o 출토지 : 오녀산성 15호 주거지(제4기 문화).
o 크기 : 口徑 36cm, 남은 높이 5.2cm.
o 형태 : 물레질로 제작함. 구순은 둥그스름함(圓脣). 구연은 외반됨(侈口). 구연 아래는 잘록함(凹束).
o 태토 및 색깔 : 니질의 회색토기.

12) 17호 주거지(F17)

(1) 금동기

① 금동패식(鎏金鐵牌飾, F17:1, 그림 112-4)
o 출토지 : 오녀산성 17호 주거지(제4기 문화).
o 크기 : 직경 3.8cm, 두께 0.3cm.
o 형태 : 평면은 원형임. 정면 중심이 볼록하게 두드러짐. 주위에 국화꽃잎모양이 장식됨. 도금은 떨어져 나감.

(2) 철기

① 철제허리띠고리(鐵帶扣, F17:3, 그림 112-3)
o 출토지 : 오녀산성 17호 주거지(제4기 문화).
o 크기 : 길이 4.8cm, 너비 2.6cm.
o 형태 : 평면은 타원형임. 교침(扣針)은 'T'자형임.

② 철제화살촉(鐵鏃, F17:5, 그림 112-1)
o 출토지 : 오녀산성 17호 주거지(제4기 문화).
o 크기 : 길이 16.2cm, 너비 0.9cm.
o 형태 : 뱀머리모양임.

③ 철제고리 1(鐵環, F17:2, 그림 112-7)
o 출토지 : 오녀산성 17호 주거지(제4기 문화).
o 크기 : 길이 4.8cm, 너비 3.3cm.
o 형태 : 평면은 '8'자형임. 철사 한 줄을 구부려서 각각의 끝부분을 맞대어 이은 것임.

④ 철제고리 2(鐵環, F17:7, 그림 112-5)
o 출토지 : 오녀산성 17호 주거지(제4기 문화).
o 크기 : 길이 3.5cm, 너비 2.5cm.
o 형태 : 평면은 타원형에 가까움.

⑤ 철제고리 3(鐵環, F17:8, 그림 112-6)
o 출토지 : 오녀산성 17호 주거지(제4기 문화).
o 크기 : 길이 3.2cm, 너비 2.2cm.
o 형태 : 위의 철제고리와 같음.

(3) 토기

① **반**(陶盤, F17:6, 그림 112-8)
- 출토지 : 오녀산성 17호 주거지(제4기 문화).
- 크기 : 口徑 28cm, 바닥직경 25cm, 높이 5cm.
- 형태 : 구순은 각이 짐(方脣). 동체는 얕음(淺腹). 바닥은 평평함.
- 태토 및 색깔 : 모래와 운모가 혼입된 회갈색토기.

② **토제어망추**(陶網墜, F17:4, 그림 112-2)
- 출토지 : 오녀산성 17호 주거지(제4기 문화).
- 크기 : 길이 2.5cm, 너비 1cm.
- 형태 : 기둥모양임. 양 끝에 한 줄의 홈(凹槽)이 둘러져 있음.
- 태토 및 색깔 : 니질의 황갈색.

13) 19호 주거지(F19)

(1) 철기

① **철제도자**(鐵削, F19:3, 그림 113-1)
- 출토지 : 오녀산성 19호 주거지(제4기 문화).
- 크기 : 남은 길이 8cm, 너비 1.5cm.
- 형태 : 파손됨. 등은 편평하고 날은 곧음.

② **철제화살촉 1**(鐵鏃, F19:1, 그림 113-4)
- 출토지 : 오녀산성 19호 주거지(제4기 문화).
- 크기 : 남은 길이 13.6cm, 너비 2.6cm, 두께 0.8cm.
- 형태 : 柳葉形임. 가느다란 경부(鋌)는 원추형임.

③ **철제화살촉 2**(鐵鏃, F19:2, 그림 113-2)
- 출토지 : 오녀산성 19호 주거지(제4기 문화).
- 크기 : 남은 길이 9.2cm, 너비 0.8cm.
- 형태 : 뱀머리모양임. 짧은 경부(鋌)는 원추형임.

(2) 석기

① **숫돌**(礫石, F19:4, 그림 113-3)
- 출토지 : 오녀산성 19호 주거지(제4기 문화).
- 크기 : 길이 7.8cm, 너비 3cm.
- 형태 : 불규칙한 모양이며, 상단에 구멍 한 개가 있음. 숫돌면은 기울어져 있음.

14) 20호 주거지(F20)

(1) 청동기

① **청동제못**(銅釘, F20:1, 그림 114-5)
- 출토지 : 오녀산성 20호 주거지(제4기 문화).
- 크기 : 길이 2.4cm, 너비 1.8cm.
- 형태 : 두부(帽)는 반구형임.

(2) 철기

① **철구재**(鐵構件, F20:5, 그림 114-3)
- 출토지 : 오녀산성 20호 주거지(제4기 문화).
- 크기 : 길이 6.5cm, 너비 3cm, 두께 1.8cm.
- 형태 : 평면은 장방형임. 한쪽 끝은 원호임. 양측에는 가로 방향으로 3개의 연결못(鉚釘)이 있음.

② **철기**(鐵條形器, F20:4, 그림 114-4)
- 출토지 : 오녀산성 20호 주거지(제4기 문화).
- 크기 : 남은 길이 10.3cm, 너비 1.3cm.
- 형태 : 가늘고 긴 모양임. 파손됨. 전체적으로 편평한데, 한쪽 끝이 비교적 뾰족하고 끝부분에 원형의 구멍이 있음.

③ 철제화살촉 1(鐵鏃, F20:2, 그림 114-2)
- 출토지 : 오녀산성 20호 주거지(제4기 문화).
- 크기 : 길이 9.5cm, 너비 2.8cm, 두께 0.5cm.
- 형태 : 마름모꼴임. 짧은 경부(鋌)는 원추형임.

④ 철제화살촉 2(鐵鏃, F20:3, 그림 114-1)
- 출토지 : 오녀산성 20호 주거지(제4기 문화).
- 크기 : 길이 15cm, 너비 3cm, 두께 0.4cm.
- 형태 : 柳葉形임. 짧은 경부(鋌)는 四棱錐形임.

15) 21호 주거지(F21)

(1) 철기

① 철제운주(鐵節約, F21:1, 그림 115-4)
- 출토지 : 오녀산성 21호 주거지(제4기 문화).
- 크기 : 길이 6.8cm, 너비 5.7cm.
- 형태 : 파손됨. 원래는 감꼭지모양으로 중간은 솟아 있고 안은 비었음. 바깥으로 뻗어 있는 鐵葉의 구멍에 연결못(鉚釘)이 남아 있음.

② 철제화살촉 1(鐵鏃, F21:3, 그림 115-1)
- 출토지 : 오녀산성 21호 주거지(제4기 문화).
- 크기 : 남은 길이 13.2cm, 너비 0.9cm.
- 형태 : 뱀머리모양임. 경부(鋌)는 파손됨.

③ 철제화살촉 2(鐵鏃, F21:2, 그림 115-2)
- 출토지 : 오녀산성 21호 주거지(제4기 문화).
- 크기 : 남은 길이 5cm, 너비 1.2cm.
- 형태 : 뱀머리모양임. 촉두(鋒)는 비교적 평평함.

(2) 토기

① 호 구연부 1(陶罐口沿, F21:10, 그림 116-11)
- 출토지 : 오녀산성 21호 주거지(제4기 문화).
- 크기 : 口徑 32cm, 남은 높이 8cm.
- 형태 : 구순은 뾰족함(尖脣). 구연은 외반됨(侈口). 목은 잘록함(束頸).
- 태토 및 색깔 : 모래혼입 황갈색토기.

② 호 구연부 2(陶罐口沿, F21:11, 그림 116-12)
- 출토지 : 오녀산성 21호 주거지(제4기 문화).
- 크기 : 口徑 36cm, 남은 높이 7.2cm.
- 형태 : 대체로 위의 호 구연부와 같음.
- 태토 및 색깔 : 니질의 흑회색토기.

③ 호 구연부 3(陶罐口沿, F21:12, 그림 116-13)
- 출토지 : 오녀산성 21호 주거지(제4기 문화).
- 크기 : 口徑 30cm, 남은 높이 13.8cm.
- 형태 : 대체로 위의 호 구연부와 같음.
- 태토 및 색깔 : 니질의 홍회색토기.

④ 호(陶罐, F21:13, 그림 116-8)
- 출토지 : 오녀산성 21호 주거지(제4기 문화).
- 크기 : 바닥직경 12cm, 남은 높이 17.6cm.
- 형태 : 바닥은 평평함.
- 태토 및 색깔 : 모래혼입 황갈색토기.

⑤ 분(陶盆, F21:17, 그림 116-9)
- 출토지 : 오녀산성 21호 주거지(제4기 문화).
- 크기 : 口徑 26cm, 바닥직경 13.4cm, 높이 16.4cm.
- 형태 : 구순은 둥그스름함(圓脣). 구연은 외반됨(侈口). 구연(沿) 아래 잘록한 부분에 홈(凹槽)이 형성되어 있음. 바닥은 평평함.
- 태토 및 색깔 : 니질의 흑색토기.

⑥ **분 구연부**(陶盆口沿, F21:14, 그림 116-10)
○ 출토지 : 오녀산성 21호 주거지(제4기 문화).
○ 크기 : 口徑 36cm, 남은 높이 6cm.
○ 형태 : 구순은 뾰족함(尖脣). 구연은 꺾여 있음(折沿). 구연 아래는 잘록함(內束).
○ 태토 및 색깔 : 니질의 황갈색토기.

⑦ **시루 1**(陶甑, F21:15, 그림 116-1)
○ 출토지 : 오녀산성 21호 주거지(제4기 문화).
○ 크기 : 口徑 41cm, 바닥직경 21.4cm, 높이 29.5cm.
○ 형태 : 구순은 뾰족함(尖脣). 구연은 꺾여 있음(折沿). 구연 아래는 약간 잘록함(內束). 동체(腹)는 약간 호형임. 바닥은 평평함. 바닥 중심에는 약간 큰 원형의 구멍이 있고, 주위로 4개의 큰 구멍과 4개의 작은 구멍이 분포하고 있음. 동체 측면에는 가로 방향의 파수(橫橋狀耳)가 있음. 동체 윗쪽으로는 음각선문(凹弦文)이 한 바퀴 둘러져 있음.
○ 태토 및 색깔 : 니질의 황갈색토기.

⑧ **시루 2**(陶甑, F21:16, 그림 116-2)
○ 출토지 : 오녀산성 21호 주거지(제4기 문화).
○ 크기 : 口徑 40cm, 남은 높이 22cm.
○ 형태 : 위의 시루와 같으나, 바닥이 파손됨.
○ 태토 및 색깔 : 니질의 황갈색토기.

⑨ **반 1**(陶盤, F21:5, 그림 116-3)
○ 출토지 : 오녀산성 21호 주거지(제4기 문화).
○ 크기 : 口徑 16.4cm, 바닥직경 14cm, 높이 2.5cm.
○ 형태 : 구순은 각이 짐(方脣). 동체는 얕음(淺腹). 바닥은 평평함.
○ 태토 및 색깔 : 니질의 흑회색토기.

⑩ **반 2**(陶盤, F21:6, 그림 116-4)
○ 출토지 : 오녀산성 21호 주거지(제4기 문화).

○ 크기 : 口徑 17.3cm, 바닥직경 13cm, 높이 3.2cm.
○ 형태 : 구순은 뾰족함(尖脣). 동체는 얕음(淺腹). 바닥은 평평함.
○ 태토 및 색깔 : 니질의 회색토기.

⑪ **반 3**(陶盤, F21:7, 그림 116-7)
○ 출토지 : 오녀산성 21호 주거지(제4기 문화).
○ 크기 : 口徑 27cm, 바닥직경 23.5cm, 높이 4.6cm.
○ 형태 : 구순은 각이 짐(方脣). 동체는 얕음(淺腹). 바닥은 평평함.
○ 태토 및 색깔 : 모래혼입 회색토기.

⑫ **반 4**(陶盤, F21:8, 그림 116-5)
○ 출토지 : 오녀산성 21호 주거지(제4기 문화).
○ 크기 : 口徑 21.6cm, 바닥직경 18.5cm, 높이 3.4cm.
○ 형태 : 구순은 둥그스름함(圓脣). 동체는 얕음(淺腹). 바닥은 평평함.
○ 태토 및 색깔 : 모래혼입 홍갈색토기.

⑬ **반 5**(陶盤, F21:9, 그림 116-6)
○ 출토지 : 오녀산성 21호 주거지(제4기 문화).
○ 크기 : 口徑 25.2cm, 바닥직경 22.5cm, 높이 2.5cm.
○ 형태 : 구순은 각이 짐(方脣). 동체는 얕음(淺腹). 바닥은 평평함.
○ 태토 및 색깔 : 모래혼입 회색토기.

(3) 석기

① **활석**(滑石, F21:4, 그림 115-3)
○ 출토지 : 오녀산성 21호 주거지(제4기 문화).
○ 크기 : 길이 2.9cm, 너비 2.8cm.
○ 형태 : 흑회색임. 불규칙한 삼각형임.

16) 22호 주거지(F22)

(1) 금동기

① 금동패식(鎏金鐵牌飾, F22:9, 그림 117-6)
○ 출토지 : 오녀산성 22호 주거지(제4기 문화).
○ 크기 : 길이 3.4cm.
○ 형태 : 평면은 '亞'자형임. 위에 그림이 있었으나 부식으로 인하여 명확하지 않고, 도금도 거의 떨어져 나감.

(2) 청동기

① 청동제숟가락 1(銅匙, F22:2, 그림 117-4)
○ 출토지 : 오녀산성 22호 주거지(제4기 문화).
○ 크기 : 남은 길이 8.1cm, 너비 3.9cm.
○ 형태 : 파손되면서 머리만 남아 있음.

② 청동제숟가락 2(銅匙, F22:3, 그림 117-3)
○ 출토지 : 오녀산성 22호 주거지(제4기 문화).
○ 크기 : 남은 길이 6.6cm, 너비 2cm.
○ 형태 : 자루 앞부분만 남아 있음.

(3) 철기

① 철제칼(鐵刀, F22:8, 그림 117-7)
○ 출토지 : 오녀산성 22호 주거지(제4기 문화).
○ 크기 : 남은 길이 9cm, 너비 3.3cm.
○ 형태 : 평면은 삼각형에 가까움. 뾰족한 부분은 손실. 등은 굽었으며 날은 곧음.

② 철제화살촉 1(鐵鏃, F22:5, 그림 117-2)
○ 출토지 : 오녀산성 22호 주거지(제4기 문화).
○ 크기 : 남은 길이 5cm, 너비 1cm.

○ 형태 : 뱀머리모양으로, 비교적 작음.

③ 철제화살촉 2(鐵鏃, F22:4)
○ 출토지 : 오녀산성 22호 주거지(제4기 문화).
○ 형태 : 四棱錐形의 경부(鋌)만 남아 있음.

④ 철제찰갑편(鐵甲片, F22:6, 그림 117-5)
○ 출토지 : 오녀산성 22호 주거지(제4기 문화).
○ 크기 : 남은 길이 5.9cm, 너비 2.5cm.
○ 형태 : 부식이 심하여 절반만 남아 있음. 평면은 장방형임.

(4) 토기

① 호 구연부(陶罐口沿, F22:1, 그림 117-1)
○ 출토지 : 오녀산성 22호 주거지(제4기 문화).
○ 크기 : 口徑 36cm, 남은 높이 6cm.
○ 형태 : 구순은 뾰족함(尖脣). 구연은 외반됨(侈口). 목은 잘록함(束頸).
○ 태토 및 색깔 : 니질의 황갈색토기.

17) 23호 주거지(F23)

(1) 철기

① 철제띠장식(鐵帶飾, F23:2, 그림 118-2)
○ 출토지 : 오녀산성 23호 주거지(제4기 문화).
○ 크기 : 길이 5.7cm, 너비 3.1cm.
○ 형태 : 반원형의 철제고리와 방형의 경첩(合頁)으로 이루어짐. 경첩의 네 모서리에 각각 1개의 연결못(鉚釘)이 있음.

② 철제화살촉(鐵鏃, F23:1, 그림 118-1)
○ 출토지 : 오녀산성 23호 주거지(제4기 문화).

○ 크기 : 길이 13.4cm, 너비 2.5cm, 두께 0.3cm.
○ 형태 : 柳葉形임. 가느다란 경부(鋌)는 원추형임.

(2) 토기

① **호 바닥**(陶罐底, F23:6, 그림 118-5)
○ 출토지 : 오녀산성 23호 주거지(제4기 문화).
○ 크기 : 바닥직경 12cm, 남은 높이 5cm.
○ 형태 : 바닥이 평평함.
○ 태토 및 색깔 : 니질의 황갈색토기.

② **토제어망추**(陶網墜, F23:5, 그림 118-4)
○ 출토지 : 오녀산성 23호 주거지(제4기 문화).
○ 크기 : 길이 1.5~3.9cm, 너비 1~1.4cm.
○ 형태 : 모두 23점이 발견되었는데, 모두 기둥모양임. 양끝에 각각 한 줄의 홈(凹槽)이 돌아감.
○ 태토 및 색깔 : 대부분 니질의 황갈색이고 일부는 흑색.

③ **토기편**(F23:4, 그림 118-3)
○ 출토지 : 오녀산성 23호 주거지(제4기 문화).
○ 형태 : 어깨(肩)와 동체(腹) 부분임. 위에 선문(弦文)이 돌아감.

18) 24호 주거지(F24)

(1) 철기

① **철제고리장식**(鐵鼻, F24:3, 그림 119-2)
○ 출토지 : 오녀산성 24호 주거지(제4기 문화).
○ 크기 : 길이 5cm, 너비 4.1cm.
○ 형태 : 방형의 철고리(鐵環), 두 개의 철코(鐵鼻), 복숭아모양의 받침대(鐵墊)로 구성. 철코가 구부려진 곳에 철고리가 끼워져 있음. 철코 끝부분을 받침대의 네모난 구멍에 넣은 다음 꺾었음.

② **철제고리**(鐵環, F24:1, 그림 119-3)
○ 출토지 : 오녀산성 24호 주거지(제4기 문화).
○ 크기 : 길이 4.6cm, 너비 3.5cm.
○ 형태 : 복숭아모양임. 납작한 철사로 제작. 鍛制임. 철사 양단이 모이는 부분은 'ㅏ'자형으로 돌출됨.

③ **철제화살촉**(鐵鏃, F24:2, 그림 119-1)
○ 출토지 : 오녀산성 24호 주거지(제4기 문화).
○ 크기 : 남은 길이 6cm, 너비 1.6cm.
○ 형태 : 파손됨. 柳葉形임.

19) 25호 주거지(F25)

(1) 철기

① **철제경첩**(鐵合頁, F25:2, 그림 120-3)
○ 출토지 : 오녀산성 25호 주거지(제4기 문화).
○ 크기 : 길이 2.8cm, 너비 2.7cm.
○ 형태 : 평면은 반원형임. 양측에 각각 연결못(鉚釘) 한 개가 있음.

② **철제화살촉 1**(鐵鏃, F25:11, 그림 120-1)
○ 출토지 : 오녀산성 25호 주거지(제4기 문화).
○ 크기 : 길이 9.4cm, 너비 1cm.
○ 형태 : 정모양(鑿形)임. 경부(鋌)는 가늘고 원추형임.

③ **철제화살촉 2**(鐵鏃, F25:12, 그림 120-2)
○ 출토지 : 오녀산성 25호 주거지(제4기 문화).
○ 크기 : 남은 길이 7.3cm.
○ 형태 : 방추형의 경부(鋌)만 남아 있음.

(2) 토기

① 호(陶罐, F25:4, 그림 120-11)
○ 출토지 : 오녀산성 25호 주거지(제4기 문화).
○ 크기 : 口徑 10.8cm, 동체(腹) 직경 22cm, 바닥직경 12.5cm, 높이 18.1cm.
○ 형태 : 구순은 둥그스름함(圓脣). 구연은 외반됨(侈口). 목은 잘록함(束頸). 동체는 둥그스름함(鼓腹). 바닥은 평평함. 동체 위에 선문(弦文)이 평행하게 여러 줄 있음.
○ 태토 및 색깔 : 니질의 흑회색토기.

② 호 바닥 1(陶罐底, F25:1, 그림 120-10)
○ 출토지 : 오녀산성 25호 주거지(제4기 문화).
○ 크기 : 바닥직경 9cm, 남은 높이 4.4cm.
○ 형태 : 바닥이 평평함.
○ 태토 및 색깔 : 모래와 운모가 함유된 회갈색토기.

③ 호 바닥 2(陶罐底, F25:3, 그림 120-12)
○ 출토지 : 오녀산성 25호 주거지(제4기 문화).
○ 크기 : 바닥직경 21cm, 남은 높이 6.6cm.
○ 형태 : 바닥이 평평함.
○ 태토 및 색깔 : 모래혼입 적갈색토기.

④ 반 1(陶盤, F25:5, 그림 120-8)
○ 출토지 : 오녀산성 25호 주거지(제4기 문화).
○ 크기 : 口徑 18cm, 바닥직경 14.4cm, 높이 3.5cm.
○ 형태 : 구순은 뾰족함(尖脣). 동체는 얕음(淺腹). 바닥은 평평함.
○ 태토 및 색깔 : 니질의 흑회색토기.

⑤ 반 2(陶盤, F25:7, 그림 120-9)
○ 출토지 : 오녀산성 25호 주거지(제4기 문화).
○ 크기 : 口徑 23.4cm, 바닥직경 20.5cm, 높이 4.9cm.
○ 형태 : 구순은 뾰족함(尖脣). 동체는 얕음(淺腹). 바닥은 평평함.
○ 태토 및 색깔 : 니질의 황색토기.

⑥ 토기 뚜껑(F25:8, 그림 120-7)
○ 출토지 : 오녀산성 25호 주거지(제4기 문화).
○ 크기 : 口徑 14cm, 남은 높이 2.4cm.
○ 형태 : 꼭지(紐)는 결실. 윗부분은 평평함. 벽은 비스듬히 기울어져 있음(斜壁). 구순은 뾰족함(尖脣).
○ 태토 및 색깔 : 모래혼입 황갈색토기.

⑦ 토기 뚜껑꼭지(F25:6, 그림 120-6)
○ 출토지 : 오녀산성 25호 주거지(제4기 문화).
○ 크기 : 남은 길이 4.5cm, 높이 5cm.
○ 형태 : 버섯모양임.
○ 태토 및 색깔 : 니질의 흑회색토기.

⑧ 토제어망추 1(陶網墜, F25:9, 그림 120-4)
○ 출토지 : 오녀산성 25호 주거지(제4기 문화).
○ 크기 : 길이 3.6cm, 너비 1.3cm.
○ 형태 : 기둥모양임. 양단에 각각 홈(凹槽)이 한 바퀴 둘러져 있음.

⑨ 토제어망추 2(陶網墜, F25:10, 그림 120-5)
○ 출토지 : 오녀산성 25호 주거지(제4기 문화).
○ 크기 : 길이 3.4cm, 너비 1.3cm.
○ 형태 : 위의 토제어망추와 같음.
○ 태토 및 색깔 : 니질의 회색.

20) 26호 주거지(F26)

(1) 철기

① **철제괭이**(鐵鋤板, F26:10, 그림 121-17)
○ 출토지 : 오녀산성 26호 주거지(제4기 문화).
○ 크기 : 길이 21.1cm, 너비 11.2cm, 두께 1cm.
○ 형태 : 평면은 장방형임. 등은 약간 안으로 들어감. 날은 곧고 끝부분이 약간 호형임. 양측에 각각 원형 구멍 한 개가 있음.

② **철제낫**(鐵鎌, F26:9, 그림 121-15)
○ 출토지 : 오녀산성 26호 주거지(제4기 문화).
○ 크기 : 남은 길이 23.7cm, 너비 4cm.
○ 형태 : 파손됨. 등과 날 모두 호형임. 꼬리 부분은 들려져 있음.

③ **철제허리띠고리 1**(鐵帶扣, F26:5, 그림 121-12)
○ 출토지 : 오녀산성 26호 주거지(제4기 문화).
○ 크기 : 길이 3.8cm, 너비 2.9cm.
○ 형태 : 고리(帶環) 앞부분은 타원형이고, 뒷부분은 장방형임. 교침(扣針)은 'T'자형임.

④ **철제허리띠고리 2**(鐵帶扣, F26:12, 그림 121-13)
○ 출토지 : 오녀산성 26호 주거지(제4기 문화).
○ 크기 : 길이 5.4cm, 너비 4.1cm.
○ 형태 : 위의 철제허리띠고리와 같음. 뒷부분의 橫梁은 복숭아잎모양의 판과 연결됨.

⑤ **철제허리띠고리받침**(鐵帶扣盤座, F26:4, 그림 121-11)
○ 출토지 : 오녀산성 26호 주거지(제4기 문화).
○ 크기 : 직경 2.1cm.
○ 형태 : 쟁반과 같은 넓은 원형으로, 가운데 부분이 들어가 있음. 양쪽 테두리 부분에 작은 구멍 두 개가 대칭으로 뚫어져 있음. 가운데 부분에는 長條形의 구멍이 있음.

⑥ **철제고리**(鐵環, F26:2, 그림 121-14)
○ 출토지 : 오녀산성 26호 주거지(제4기 문화).
○ 크기 : 직경 6.8cm.

⑦ **철제도자**(鐵削, F26:20, 그림 121-16)
○ 출토지 : 오녀산성 26호 주거지(제4기 문화).
○ 크기 : 남은 길이 13.8cm, 너비 1.5cm.
○ 형태 : 일부 파손됨. 등과 날 모두 곧음.

⑧ **철제물미 1**(鐵鐏, F26:14, 그림 121-18)
○ 출토지 : 오녀산성 26호 주거지(제4기 문화).
○ 크기 : 길이 16.7cm, 너비 5cm.
○ 형태 : 원추형으로 중간은 비었음. 끝부분(鍛鋒)이 그대로 남아 있음.

⑨ **철제물미 2**(鐵鐏, F26:13, 그림 121-19)
○ 출토지 : 오녀산성 26호 주거지(제4기 문화).
○ 크기 : 길이 16.9cm, 너비 3.5cm.
○ 형태 : 원추형임. 공부(銎部)는 완전히 접해지지 않음.

⑩ **철제화살촉 1**(鐵鏃, F26:27, 그림 121-1)
○ 출토지 : 오녀산성 26호 주거지(제4기 문화).
○ 크기 : 길이 18.8cm, 너비 0.8cm.
○ 형태 : 뱀머리모양임. 경부(鋌)는 가늘고 긺.

⑪ **철제화살촉 2**(鐵鏃, F26:28, 그림 121-2)
○ 출토지 : 오녀산성 26호 주거지(제4기 문화).
○ 크기 : 길이 17cm, 너비 0.8cm.
○ 형태 : 위의 철제화살촉과 같음.

⑫ **철제화살촉 3**(鐵鏃, F26:29, 그림 121-3)
- 출토지 : 오녀산성 26호 주거지(제4기 문화).
- 크기 : 길이 17cm, 너비 0.8cm.
- 형태 : 위의 철제화살촉과 같음.

⑬ **철제화살촉 4**(鐵鏃, F26:30, 그림 121-4)
- 출토지 : 오녀산성 26호 주거지(제4기 문화).
- 크기 : 길이 15.5cm, 너비 0.9cm.
- 형태 : 위의 철제화살촉과 같음.

⑭ **철제화살촉 5**(鐵鏃, F26:31, 그림 121-5)
- 출토지 : 오녀산성 26호 주거지(제4기 문화).
- 크기 : 길이 13.9cm, 너비 0.8cm.
- 형태 : 위와 같음.

⑮ **철제화살촉 6**(鐵鏃, F26:32, 그림 121-6)
- 출토지 : 오녀산성 26호 주거지(제4기 문화).
- 크기 : 길이 11.2cm, 너비 1cm.
- 형태 : 위의 철제화살촉과 같음.

⑯ **철제찰갑옷**(鐵甲衣, F26:33)
- 출토지 : 오녀산성 26호 주거지(제4기 문화).
- 형태 : 200여 점의 찰갑편(甲片)으로 구성됨. 찰갑편은 두 유형이 있음. 첫 번째 유형은 평면이 사다리꼴임. 상단 양측은 말각되었고, 아랫변은 약간 호형이거나 평평하게 곧음. 작은 구멍이 분포하고 있는데, 대칭하고 있음. 일반적으로 길이 6cm, 너비 5.4cm임(그림 121-7). 두 번째 유형은 첫 번째 유형보다 얇고 길어서 평면이 장방형에 가까움. 상단은 약간 호형이고, 아랫변은 비교적 곧음. 일반적으로 길이 9cm, 너비 2.5cm임(그림 121-8). 출토 당시 주위에 흩어져 있던 찰갑편을 제외하면 기본적으로 원래 형태를 유지하고 있었음. 찰갑편의 집중 출토지점은 A(북측)와 B(남측) 두 곳으로 나눌 수 있는데, 사이의 거리는 8~14cm임. A지점에서는 사다리꼴의 작은 찰갑편이 출토되었고, B지점에서는 약간 큰 장방형의 찰갑편이 출토되었음. 찰갑편은 2층으로 구성되어 있음. A지점 출토 찰갑편의 1층은 5행이고, B지점 출토 찰갑편의 1층은 2행으로 배열되어 있는데, 모두 위를 향하고 있음(그림 122). A지점 출토 찰갑편의 2층은 6행인데, 위에서 첫 번째 행은 원형임. B지점 출토 찰갑편의 2층은 2행이고, 아래를 향하고 있음(그림 123).

(2) 토기

① **호 1**(陶罐, F26:19, 그림 124-6)
- 출토지 : 오녀산성 26호 주거지(제4기 문화).
- 크기 : 口徑 8cm, 동체(腹) 직경 16.4cm, 바닥직경 9.6cm, 높이 6cm.
- 형태 : 구순은 둥그스름함(圓脣). 구연(口)은 약간 외반됨(侈). 깃은 낮음(矮領). 어깨는 넓음(廣肩). 바닥은 평평함.
- 태토 및 색깔 : 니질의 흑회색토기.

② **호 2**(陶罐, F26:23, 그림 124-7)
- 출토지 : 오녀산성 26호 주거지(제4기 문화).
- 크기 : 口徑 6.8cm, 바닥직경 8cm, 높이 8.2cm.
- 형태 : 구순은 뾰족함(尖脣). 구연은 내반됨(斂口). 어깨는 넓음(廣肩). 동체(腹)는 약간 둥그스름함(鼓). 바닥은 평평함. 어깨 위에 선문(弦文)이 있음.
- 태토 및 색깔 : 니질의 흑회색토기.

③ **호 3**(陶罐, F26:25, 그림 124-3)
- 출토지 : 오녀산성 26호 주거지(제4기 문화).
- 크기 : 口徑 38cm, 남은 높이 2.4cm.
- 형태 : 구순은 뾰족함(尖脣). 구연은 꺾여 있음(折沿). 목은 잘록함(束頸).
- 태토 및 색깔 : 니질의 황갈색토기.

④ **호 구연부**(陶罐口沿, F26:24, 그림 124-5)
○ 출토지 : 오녀산성 26호 주거지(제4기 문화).
○ 크기 : 口徑 30cm, 남은 높이 12.8cm.
○ 형태 : 구순은 뾰족함(尖脣). 구연은 외반됨(侈口). 동체는 둥그스름함(鼓腹).
○ 태토 및 색깔 : 모래와 운모가 함유된 회갈색토기.

⑤ **호 바닥 1**(陶罐底, F26:6, 그림 124-9)
○ 출토지 : 오녀산성 26호 주거지(제4기 문화).
○ 크기 : 바닥직경 16cm, 남은 높이 5.5cm.
○ 형태 : 바닥이 평평함. 바닥 근처에 선문(弦文)이 한 바퀴 둘러져 있음.
○ 태토 및 색깔 : 모래와 운모가 함유된 황갈색토기.

⑥ **호 바닥 2**(陶罐底, F26:21, 그림 124-8)
○ 출토지 : 오녀산성 26호 주거지(제4기 문화).
○ 크기 : 바닥직경 9cm, 남은 높이 4.6cm.
○ 형태 : 바닥이 평평함.
○ 태토 및 색깔 : 니질의 흑회색토기.

⑦ **호 바닥 3**(陶罐底, F26:11, 그림 124-11)
○ 출토지 : 오녀산성 26호 주거지(제4기 문화).
○ 크기 : 바닥직경 18cm, 남은 높이 5.4cm.
○ 형태 : 바닥이 평평함.
○ 태토 및 색깔 : 모래와 운모가 함유된 황갈색토기.

⑧ **호 바닥 4**(陶罐底, F26:18, 그림 124-10)
○ 출토지 : 오녀산성 26호 주거지(제4기 문화).
○ 크기 : 바닥직경 16cm, 남은 높이 7cm.
○ 형태 : 바닥이 평평함.
○ 태토 및 색깔 : 모래와 운모가 함유된 흑회색토기.

⑨ **옹 바닥**(陶瓮底, F26:26)
○ 출토지 : 오녀산성 26호 주거지(제4기 문화).
○ 크기 : 바닥직경 25.5cm, 남은 높이 4cm.
○ 형태 : 바닥이 평평함. 비교적 두껍고 무거움.
○ 태토 및 색깔 : 모래와 운모가 함유된 홍갈색토기.

⑩ **분**(陶盆, F26:16, 그림 124-2)
○ 출토지 : 오녀산성 26호 주거지(제4기 문화).
○ 크기 : 口徑 36cm, 남은 높이 6.4cm.
○ 형태 : 구순은 뾰족함(尖脣). 구연은 외반됨(侈口).
○ 태토 및 색깔 : 니질의 황갈색토기.

⑪ **분 구연부**(陶盆口沿, F26:15, 그림 124-1)
○ 출토지 : 오녀산성 26호 주거지(제4기 문화).
○ 크기 : 口徑 34cm, 남은 높이 3.9cm.
○ 형태 : 구순은 각이 짐(方脣). 구연은 꺾여 있음(折沿).
○ 태토 및 색깔 : 모래혼입 황갈색토기.

⑫ **분 바닥**(陶盆底, F26:17, 그림 124-12)
○ 출토지 : 오녀산성 26호 주거지(제4기 문화).
○ 크기 : 바닥직경 34cm, 남은 높이 7cm.
○ 형태 : 바닥이 평평함.
○ 태토 및 색깔 : 모래혼입 황갈색토기.

⑬ **시루**(陶甑, F26:22, 그림 124-4)
○ 출토지 : 오녀산성 26호 주거지(제4기 문화).
○ 크기 : 口徑 42.2cm, 바닥직경 27cm, 높이 26.7cm.
○ 형태 : 구순은 둥그스름함(圓脣). 구연은 꺾여 있음(折沿). 동체는 호형임(弧腹). 바닥은 평평함. 동체 측면에 가로 방향의 파수(橫橋狀耳)가 있고, 선문(弦文)이 한 바퀴 둘러져 있음. 바닥에 작은 구멍이 밀집 분포하고 있음.
○ 태토 및 색깔 : 모래혼입 홍갈색토기.

⑭ **토제가락바퀴**(陶紡輪, F26:7, 그림 121-10)
○ 출토지 : 오녀산성 26호 주거지(제4기 문화).

○ 크기 : 직경 4.3cm, 두께 1.4cm.
○ 형태 : 편평한 원형으로 중간에 구멍이 있음.
○ 태토 및 색깔 : 니질의 회색.

(3) 석기

① **석제가락바퀴**(石紡輪, F26:8, 그림 121-9)
○ 출토지 : 오녀산성 26호 주거지(제4기 문화).
○ 크기 : 직경 4.2cm, 두께 1.6cm.
○ 형태 : 파손됨. 마제임. 원형으로 바닥은 편평하고 윗부분은 약간 호형임.

21) 27호 주거지(F27)

(1) 금동기

① **금동패식**(鎏金鐵牌飾, F27:5, 그림 125-3)
○ 출토지 : 오녀산성 27호 주거지(제4기 문화).
○ 크기 : 길이 3.9cm, 너비 3.4cm.
○ 형태 : 평면은 '亞'자형에 가까움. 상단에 고리모양의 작은 꼭지(紐)가 있음. 정면에 그림이 있었으나, 부식되어 보이지 않음. 도금은 거의 다 떨어져 나감.

(2) 철기

① **철제도끼**(鐵斧, F27:2, 그림 125-6)
○ 출토지 : 오녀산성 27호 주거지(제4기 문화).
○ 크기 : 길이 17.6cm, 너비 7.5cm, 두께 2.5cm.
○ 형태 : 평면은 장방형임. 날은 호형을 이루는데, 양 모서리는 약간 뻗어 있음. 측면에 장방형의 구멍이 있음.

② **철제송곳**(鐵錐, F27:3, 그림 125-5)
○ 출토지 : 오녀산성 27호 주거지(제4기 문화).
○ 크기 : 길이 11.6cm, 너비 1.4cm.
○ 형태 : 끝은 뾰족함. 원형의 공부(銎部)가 있음.

③ **철제허리띠고리**(鐵帶扣, F27:10, 그림 125-2)
○ 출토지 : 오녀산성 27호 주거지(제4기 문화).
○ 크기 : 길이 3.9cm, 너비 3.7cm.
○ 형태 : 고리(扣環) 앞부분은 타원형이고, 뒷부분은 장방형임. 'T'자형의 교침(扣針)이 있음.

④ **철제리벳이음**(鐵鉚件, F27:4, 그림 125-4)
○ 출토지 : 오녀산성 27호 주거지(제4기 문화).
○ 크기 : 길이 2.7cm, 너비 2.4cm.
○ 형태 : 평면은 장방형임. 네 모서리에 각각 연결못(鉚釘)이 한 개씩 있음.

⑤ **철제화살촉**(鐵鏃, F27:1, 그림 125-1)
○ 출토지 : 오녀산성 27호 주거지(제4기 문화).
○ 크기 : 길이 17.6cm, 너비 0.8cm.
○ 형태 : 뱀머리모양임.

(3) 토기

① **옹**(陶瓮, F27:7, 그림 126-2)
○ 출토지 : 오녀산성 27호 주거지(제4기 문화).
○ 크기 : 口徑 24cm, 남은 높이 7.8cm.
○ 형태 : 구순은 각이 짐(方脣). 구연은 내반됨(斂口).
○ 태토 및 색깔 : 모래혼입 회갈색토기.

② **호 구연부**(陶壺口沿, F27:6, 그림 126-4)
○ 출토지 : 오녀산성 27호 주거지(제4기 문화).
○ 크기 : 口徑 13cm, 남은 높이 8.2cm.
○ 형태 : 구순은 뾰족함(尖脣). 부가 구연임(盤口). 목은 잘록함(束頸). 어깨(肩)와 동체부(腹部)에 선문(弦文)이 있음.

○ 태토 및 색깔 : 니질의 황갈색토기.

③ 분 구연부(陶盆口沿, F27:8, 그림 126-1)
○ 출토지 : 오녀산성 27호 주거지(제4기 문화).
○ 크기 : 口徑 20cm, 남은 높이 8cm.
○ 형태 : 구순은 각이 짐(方脣). 구연은 외반됨(敞口).
○ 태토 및 색깔 : 모래혼입 황갈색토기.

④ 호 바닥(陶罐底, F27:9, 그림 126-3)
○ 출토지 : 오녀산성 27호 주거지(제4기 문화).
○ 크기 : 바닥직경 10cm, 남은 높이 7cm.
○ 형태 : 바닥이 평평함.
○ 태토 및 색깔 : 모래혼입 황갈색토기.

22) 28호 주거지(F28)

(1) 철기

① 철제톱(鐵鋸, F28:3, 그림 127-5)
○ 출토지 : 오녀산성 28호 주거지(제4기 문화).
○ 크기 : 길이 11.5cm, 너비 4.3cm.
○ 형태 : 파손됨. 장방형임.

② 철제도자(鐵削, F28:4, 그림 127-4)
○ 출토지 : 오녀산성 28호 주거지(제4기 문화).
○ 크기 : 남은 길이 7.7cm, 너비 1.2cm.
○ 형태 : 파손됨. 등은 곧음. 날은 약간 안으로 들어가 있음.

③ 철제낚싯바늘(鐵鉤, F28:5, 그림 127-6)
○ 출토지 : 오녀산성 28호 주거지(제4기 문화).
○ 크기 : 남은 길이 8.8cm, 너비 2.5cm.
○ 형태 : 철사를 구부려서 제작.

④ 철제허리띠고리(鐵帶扣, F28:2, 그림 127-1)
○ 출토지 : 오녀산성 28호 주거지(제4기 문화).
○ 크기 : 길이 4cm, 너비 2.6cm.
○ 형태 : 고리(帶環)의 앞부분은 타원형이고 뒷부분은 장방형임. 교침(扣針)은 'T'자형임.

⑤ 철제화살촉(鐵鏃, F28:1, 그림 127-2)
○ 출토지 : 오녀산성 28호 주거지(제4기 문화).
○ 크기 : 남은 길이 5.7cm, 너비 0.9cm.
○ 형태 : 四棱錐形임. 경부(鋌)는 가늘고 원형임.

(2) 토기

① 접시(碟, F28:7, 그림 127-7)
○ 출토지 : 오녀산성 28호 주거지(제4기 문화).
○ 크기 : 口徑 10.6cm, 바닥직경 10cm, 높이 1.2cm.
○ 형태 : 구순은 각이 짐(方脣). 동체(腹)는 약간 곧음(直). 바닥은 평평함.

(3) 석기

① 석제구슬(石球, F28:6, 그림 127-3)
○ 출토지 : 오녀산성 28호 주거지(제4기 문화).
○ 크기 : 길이 3.3cm, 너비 1.2cm.
○ 형태 : 납작하고 둥그런 형태로 거위 알과 비슷함.

23) 29호 주거지(F29)

(1) 철기

① 철제망치(鐵剎子, F29:1, 그림 128-2)
○ 출토지 : 오녀산성 29호 주거지(제4기 문화).
○ 크기 : 길이 11.6cm, 너비 3.1cm, 두께 3.6cm.

○ 형태 : 평면은 긴 사다리꼴임. 평평하나, 가운데 부분은 융기됨. 날은 곧지만 무뎌짐. 측면에 방형의 공부(銎部)가 있음.

② 철제화살촉(鐵鏃, F29:2, 그림 128-1)
○ 출토지 : 오녀산성 29호 주거지(제4기 문화).
○ 크기 : 길이 10.4cm, 너비 2.4cm.
○ 형태 : 마름모꼴임. 경부(鋌)는 가늘고 방추형임.

24) 30호 주거지(F30)

(1) 청동기

① 청동제못(銅釘, F30:6, 그림 129-5)
○ 출토지 : 오녀산성 30호 주거지(제4기 문화).
○ 크기 : 남은 길이 1.6cm, 너비 1.2cm.
○ 형태 : 두부(帽)는 원형이고 몸체는 네모난 기둥모양임.

(2) 철기

① 철제연결금구(鐵轉環, F30:5, 그림 129-14)
○ 출토지 : 오녀산성 30호 주거지(제4기 문화).
○ 크기 : 길이 4.5cm, 너비 2.5cm.
○ 형태 : 원형의 고리(環)와 꼬아진 형태의 연결금구(柱軸)로 구성됨. 연결금구 한쪽 끝에 작은 고리가 있고, 나머지 한쪽 끝에는 철제고리비공(鐵環臂孔)이 있음. 구부려서 釘帽를 형성하였고, 양자 결합부에서 고리는 자유롭게 이동이 가능함.

② 철제고리(鐵環, F30:1, 그림 129-9)
○ 출토지 : 오녀산성 30호 주거지(제4기 문화).
○ 크기 : 직경 3.3cm.
○ 형태 : 원형임.

③ 철테(鐵箍, F30:4, 그림 129-11)
○ 출토지 : 오녀산성 30호 주거지(제4기 문화).
○ 크기 : 길이 3.9cm, 너비 2.7cm.
○ 형태 : 얇은 철편으로 제작. 양 끝이 맞닿지는 않음. 측면에서 보면 타원형임.

④ 철제방울모양장식(鐵鈴形飾, F30:3, 그림 129-12)
○ 출토지 : 오녀산성 30호 주거지(제4기 문화).
○ 크기 : 직경 3.6cm, 높이 3.1cm.
○ 형태 : 몸체는 반구형이고 아랫부분은 밖으로 꺾여 있음. 위에는 납작한 방형의 꼭지(紐)가 달려 있고, 꼭지 중간에는 구멍이 있음.

⑤ 철제사슬(鐵鏈節帶飾, F30:12, 그림 129-10)
○ 출토지 : 오녀산성 30호 주거지(제4기 문화).
○ 크기 : 길이 12.1cm, 너비 3cm.
○ 형태 : 두 줄의 쇠사슬과 하나의 경첩(合頁)을 鍛接하여 조성. 쇠사슬 마디는 '8'자형임. 한 줄의 쇠사슬에는 4마디가 남아 있고, 다른 한 줄의 쇠사슬에는 5마디가 있음. 경첩은 철편을 구부려서 제작. 양측은 평평하고 곧음. 앞부분은 약간 뾰족함. 경첩 몸체에는 3개의 연결못(鉚釘)이 있음.

⑥ 철제경첩(鐵合頁, F30:8, 그림 129-13)
○ 출토지 : 오녀산성 30호 주거지(제4기 문화).
○ 크기 : 길이 2.9cm, 너비 2.7cm.
○ 형태 : 평면은 약간 반원형에 가까움. 앞부분은 비교적 뾰족함. 몸체에 3개의 연결못(鉚釘)이 있음.

⑦ 철제허리띠고리(鐵帶扣, F30:7, 그림 129-6)
○ 출토지 : 오녀산성 30호 주거지(제4기 문화).
○ 크기 : 길이 7cm, 너비 4.7cm.
○ 형태 : 앞부분은 원형이고 뒷부분은 방형임. 교침(扣針)은 'T'자형임.

⑧ **철제화살촉 1**(鐵鏃, F30:11, 그림 129-1)
○ 출토지 : 오녀산성 30호 주거지(제4기 문화).
○ 크기 : 길이 15.4cm, 너비 0.9cm.
○ 형태 : 뱀머리모양임. 경부(鋌)는 가느다라함.

⑨ **철제화살촉 2**(鐵鏃, F30:9, 그림 129-2)
○ 출토지 : 오녀산성 30호 주거지(제4기 문화).
○ 크기 : 남은 길이 12.9cm, 너비 0.8cm.
○ 형태 : 위의 철제화살촉과 같음.

⑩ **철제화살촉 3**(鐵鏃, F30:14, 그림 129-3)
○ 출토지 : 오녀산성 30호 주거지(제4기 문화).
○ 크기 : 남은 길이 7.8cm, 너비 0.9cm.
○ 형태 : 위의 철제화살촉과 같음.

⑪ **철제화살촉 4**(鐵鏃, F30:2, 그림 129-4)
○ 출토지 : 오녀산성 30호 주거지(제4기 문화).
○ 크기 : 남은 길이 5.5cm, 너비 2.6cm.
○ 형태 : 마름모꼴임. 경부(鋌)는 파손됨.

⑫ **철제찰갑편**(鐵甲片, F30:10, 그림 129-7)
○ 출토지 : 오녀산성 30호 주거지(제4기 문화).
○ 크기 : 길이 3.1cm, 너비 1.7cm.
○ 형태 : 평면은 장방형에 가깝고 비교적 작음. 윗면은 양각이 안으로 좁아 들며 둥글고 아랫변은 밖으로 약간 둥글게 제작함. 윗면에 가로 방향으로 구멍 2개가 있음. 중간에 구멍 한 개가 있고, 그 양측과 하단에 각각 세로 방향으로 2개의 구멍이 있음.

(3) 토기

① **호**(陶壺, F30:16, 그림 130)
○ 출토지 : 오녀산성 30호 주거지(제4기 문화).
○ 크기 : 口徑 9.3cm, 남은 높이 14.6cm.
○ 형태 : 구순은 뾰족함(尖脣). 구연은 외반됨(侈口). 목은 잘록함(束頸). 어깨는 둥그스름함(鼓肩). 어깨 위에는 선문(弦文) 세 줄이 둘러져 있음.
○ 태토 및 색깔 : 모래와 운모가 함유된 적갈색토기.

(4) 석기

① **숫돌**(礪石, F30:13, 그림 129-8)
○ 출토지 : 오녀산성 30호 주거지(제4기 문화).
○ 크기 : 길이 4.6cm, 너비 1.9cm, 두께 1.1cm.
○ 형태 : 평면은 장방형임. 윗부분에 구멍 한 개가 있음. 아랫부분으로 갈수록 점차 얇아짐. 네 측변 가장자리는 말각됨.

25) 31호 주거지(F31)

(1) 철기

① **철제낫**(鐵鎌, F31:6, 그림 131-3)
○ 출토지 : 오녀산성 31호 주거지(제4기 문화).
○ 크기 : 길이 20.2cm, 너비 3.8cm.
○ 형태 : 끝은 아래로 처짐. 뒷부분은 약간 넓음. 꼬리부분은 접혀짐. 날은 호형임.

② **철제화살촉 1**(鐵鏃, F31:2, 그림 131-1)
○ 출토지 : 오녀산성 31호 주거지(제4기 문화).
○ 크기 : 길이 14.7cm, 너비 0.9cm.
○ 형태 : 뱀머리모양임.

③ **철제화살촉 2**(鐵鏃, F31:1, 그림 131-2)
○ 출토지 : 오녀산성 31호 주거지(제4기 문화).
○ 크기 : 길이 8cm, 너비 2.1cm.
○ 형태 : 葉形임. 한 면은 편평하고 다른 한 면은 융기됨. 경부(鋌)는 가늘고 방추형임.

(2) 토기

① **토제가락바퀴 1**(陶紡輪, F31:3, 그림 131-6)
○ 출토지 : 오녀산성 31호 주거지(제4기 문화).
○ 크기 : 길이 4.1cm, 높이 2.1cm.
○ 형태 : 원추형에 가깝고, 중간에 구멍이 있음. 세로 방향의 줄무늬가 있음.

② **토제가락바퀴 2**(陶紡輪, F31:4, 그림 131-4)
○ 출토지 : 오녀산성 31호 주거지(제4기 문화).
○ 크기 : 남은 길이 5cm, 너비 3cm.
○ 형태 : 파손되면서 일부분만 남아 있음.

(3) 석기

① **석제가락바퀴**(石紡輪, F31:5, 그림 131-5)
○ 출토지 : 오녀산성 31호 주거지(제4기 문화).
○ 크기 : 직경 4cm, 두께 2.3cm.
○ 형태 : 주판알모양임. 중간에 구멍이 있음.

26) 32호 주거지(F32)

(1) 청동기

① **청동제연결못**(銅鉚釘, F32:16, 그림 132-4)
○ 출토지 : 오녀산성 32호 주거지(제4기 문화).
○ 크기 : 길이 3.2cm, 너비 1.5cm.
○ 형태 : 양단은 우산모양의 못두부(釘帽)임. 몸체는 납작한 원형임. 몸체 가운데 부분에는 원형 구멍 한 개가 있음.

② **청동제팔찌**(銅鐲, F32:23, 그림 132-1)
○ 출토지 : 오녀산성 32호 주거지(제4기 문화).
○ 크기 : 직경 5.5cm.
○ 형태 : 반원만 남아 있음. 단면은 삼각형에 가까움.

③ **청동제연결금구**(銅轉環, F32:20, 그림 132-2)
○ 출토지 : 오녀산성 32호 주거지(제4기 문화).
○ 크기 : 남은 길이 3.2cm, 너비 2cm.
○ 형태 : 파손됨. 청동제노는고리(遊環)와 연결금구(柱軸, 連結金具)로 구성됨. 노는고리는 타원형인데, 하단은 원형의 끼움쇠태(軸套)에 끼워져 있음. 연결금구는 육각형의 기둥모양임. 하부는 안으로 점차 모아지고, 상부는 원형의 立柱임. 입주가 청동제고리끼움쇠태(銅環軸套)를 통과한 후에 상단은 구부려져서 釘帽를 이룸. 입주를 중심으로, 노는고리가 끼움쇠태(軸套)를 따라 자유롭게 이동함.

(2) 철기

① **철제솥 구연부**(鐵釜口沿, F32:48, 그림 133-17)
○ 출토지 : 오녀산성 32호 주거지(제4기 문화).
○ 형태 : 작은 덩어리만 남아 있음. 구순은 각이 짐(方脣). 盤口임.

② **철제삽**(鐵鍤, F32:2, 그림 133-20)
○ 출토지 : 오녀산성 32호 주거지(제4기 문화).
○ 크기 : 길이 14.8cm, 너비 0.8cm.
○ 형태 : 얇은 철판으로 제작. 평면은 사다리꼴임. 몸체는 평평하고 곧음. 뒷부분에는 철판을 통모양으로 구부려서 원형의 공부(銎)를 형성함.

③ **철제정**(鐵鑿, F32:3, 그림 133-19)
○ 출토지 : 오녀산성 32호 주거지(제4기 문화).
○ 크기 : 길이 14.1cm, 윗너비 3.4cm, 날 너비 1.7cm.
○ 형태 : 공부(銎)는 원형인데, 타격을 받아 밖으로 퍼짐. 몸체는 네모난 기둥모양인데, 구부러져 있음. 날은 곧음.

④ 철제조각칼(鐵刻刀, F32:9, 그림 133-21)
○ 출토지 : 오녀산성 32호 주거지(제4기 문화).
○ 크기 : 길이 13.4cm, 너비 1cm.
○ 형태 : 부식이 심함. 몸체는 매우 짧음. 날은 기울어져 있음. 자루는 김. 자루 앞뒤 양단의 단면은 네모난 기둥모양임. 중단은 코일 형태로 꼬아져 있음.

⑤ 철제도자 1(鐵削, F32:53, 그림 133-14)
○ 출토지 : 오녀산성 32호 주거지(제4기 문화).
○ 크기 : 길이 12.4cm, 너비 1.5cm.
○ 형태 : 등은 평평함. 날은 곧음. 맨 앞부분은 뭉툭함. 자루는 짧음.

⑥ 철제도자 2(鐵削, F32:11, 그림 133-16)
○ 출토지 : 오녀산성 32호 주거지(제4기 문화).
○ 크기 : 길이 17.6cm, 너비 1.3cm.
○ 형태 : 등은 약간 휘었음. 날 부분은 부식됨. 앞쪽 끝은 평평하고 곧음.

⑦ 철제도자 3(鐵削, F32:47, 그림 133-15)
○ 출토지 : 오녀산성 32호 주거지(제4기 문화).
○ 크기 : 길이 17.5cm, 너비 1cm.
○ 형태 : 등은 평평함. 날은 곧음. 맨 앞부분은 평평하고 곧음. 자루와 몸체의 경계는 명확하지 않음.

⑧ 철제낚싯바늘 1(鐵魚鉤, F32:21, 그림 133-7)
○ 출토지 : 오녀산성 32호 주거지(제4기 문화).
○ 크기 : 길이 3.2cm, 너비 1.6cm.
○ 형태 : 휘어진 갈고리모양임. 뾰족한 부분에는 가시와 같은 것(倒刺)이 있음.

⑨ 철제낚싯바늘 2(鐵魚鉤, F32:4, 그림 133-6)
○ 출토지 : 오녀산성 32호 주거지(제4기 문화).
○ 크기 : 남은 길이 2.4cm, 너비 1.3cm.
○ 형태 : 뾰족한 부분은 파손됨. 끝부분은 편평함.

⑩ 철제자루(鐵器柄, F32:63, 그림 133-13)
○ 출토지 : 오녀산성 32호 주거지(제4기 문화).
○ 크기 : 남은 길이 7.1cm, 너비 1.6cm.
○ 형태 : 파손됨. 원형 기둥모양의 철사 양단에는 철편을 반쯤 싸맸음.

⑪ 철제거울모양장식(鐵鏡形飾, F32:1, 그림 133-18)
○ 출토지 : 오녀산성 32호 주거지(제4기 문화).
○ 크기 : 직경 7.8cm, 자루 높이 1cm.
○ 형태 : 원형임. 거울 면은 약간 볼록함. 뒷부분 중심에는 납작한 방형의 꼭지(立紐)가 있고, 꼭지 가운데에는 작은 구멍이 있음. 거울 가장자리에는 원호형의 꼭지(乳突) 3개가 있음.

⑫ 철제연결금구(鐵轉環, F32:17, 그림 133-11)
○ 출토지 : 오녀산성 32호 주거지(제4기 문화).
○ 크기 : 길이 4.5cm, 너비 2.3cm.
○ 형태 : 철제고리(鐵環)와 꼬아진 연결금구(柱軸)로 구성됨. 연결금구 한쪽 끝에는 작은 고리가 있고, 다른 한 쪽 끝에는 철제고리비공(鐵環臂孔)이 있음. 단조하면시 구부려 釘帽를 형성하였고, 양자 결합부에서 고리가 자유로이 이동이 가능.

⑬ 철제고리 1(鐵環, F32:10, 그림 133-1)
○ 출토지 : 오녀산성 32호 주거지(제4기 문화).
○ 크기 : 직경 3.8cm.
○ 형태 : 원형임.

⑭ 철제고리 2(鐵環, F32:22, 그림 133-2)
○ 출토지 : 오녀산성 32호 주거지(제4기 문화).
○ 크기 : 직경 3.9cm.
○ 형태 : 원형임.

⑮ **철제고리 3**(鐵環, F32:55, 그림 133-3)
○ 출토지 : 오녀산성 32호 주거지(제4기 문화).
○ 크기 : 직경 1.9cm.
○ 형태 : 원형임.

⑯ **철제고리 4**(鐵環, F32:52, 그림 133-4)
○ 출토지 : 오녀산성 32호 주거지(제4기 문화).
○ 크기 : 직경 1.4cm.
○ 형태 : 원형임. 비교적 작음.

⑰ **철제리벳이음 1**(鐵鉚件, F32:61, 그림 133-5)
○ 출토지 : 오녀산성 32호 주거지(제4기 문화).
○ 크기 : 길이 1.7cm, 너비 1.6cm.
○ 형태 : 평면은 반원형임. 위에는 3개의 구멍이 있는데, 2개의 구멍에 연결못(鉚釘)이 있음.

⑱ **철제리벳이음 2**(鐵鉚釘, F32:51, 그림 133-10)
○ 출토지 : 오녀산성 32호 주거지(제4기 문화).
○ 크기 : 길이 2.2cm, 너비 1.3cm.
○ 형태 : 양단은 원형의 못두부(釘帽)임. 가운데 몸체는 네모난 기둥모양임.

⑲ **철제못**(鐵釘, F32:18, 그림 133-9)
○ 출토지 : 오녀산성 32호 주거지(제4기 문화).
○ 크기 : 남은 길이 4.3cm.
○ 형태 : 파손됨. 두부(釘帽)는 납작한 원형인데, 타격으로 인하여 구부러짐. 몸체는 네모난 기둥모양임.

⑳ **철제꼭지모양장식**(鐵紐狀飾件, F32:49, 그림 133-8)
○ 출토지 : 오녀산성 32호 주거지(제4기 문화).
○ 크기 : 직경 1.9cm, 두께 0.8cm.
○ 형태 : 원형 꼭지(紐)모양의 편 2개로 구성됨. 꼭지는 사발모양임. 아랫부분 중간의 경우, 하나는 들어가 있고 하나는 솟아 있음. 형태가 장부쇠(榫鉚)와 유사한데, 서로 맞대어 결합.

㉑ **철제화살촉 1**(鐵鏃, F32:8, 그림 134-1)
○ 출토지 : 오녀산성 32호 주거지(제4기 문화).
○ 크기 : 직경 19.6cm, 너비 0.8cm.
○ 형태 : 뱀머리모양임.

㉒ **철제화살촉 2**(鐵鏃, F32:6, 그림 134-2)
○ 출토지 : 오녀산성 32호 주거지(제4기 문화).
○ 크기 : 직경 18cm, 너비 1cm.
○ 형태 : 대체로 위의 철제화살촉과 같음. 경부(鋌)에는 나무 흔적이 있음.

㉓ **철제화살촉 3**(鐵鏃, F32:7, 그림 134-3)
○ 출토지 : 오녀산성 32호 주거지(제4기 문화).
○ 크기 : 길이 12.5cm, 너비 0.8cm.
○ 형태 : 대체로 위의 철제화살촉과 같은데, 경부(鋌)는 구부러짐.

㉔ **철제화살촉 4**(鐵鏃, F32:62, 그림 134-4)
○ 출토지 : 오녀산성 32호 주거지(제4기 문화).
○ 크기 : 남은 길이 11.8cm.
○ 형태 : 대체로 위의 철제화살촉과 같은데, 촉두(鋒)는 구부러짐.

㉕ **철제화살촉 5**(鐵鏃, F32:50, 그림 134-5)
○ 출토지 : 오녀산성 32호 주거지(제4기 문화).
○ 크기 : 남은 길이 7.8cm, 너비 1cm.
○ 형태 : 대체로 위의 철제화살촉과 같음.

㉖ **철제화살촉 6**(鐵鏃, F32:5, 그림 134-6)
○ 출토지 : 오녀산성 32호 주거지(제4기 문화).
○ 크기 : 남은 길이 6.9cm, 너비 3cm.
○ 형태 : 넓은 葉形임. 등(脊)이 있음.

㉗ **철제화살촉 7**(鐵鏃, F32:57, 그림 134-7)
○ 출토지 : 오녀산성 32호 주거지(제4기 문화).
○ 크기 : 남은 길이 3.5cm, 너비 0.7cm.
○ 형태 : 四棱錐形임.

㉘ **철제화살촉 8**(鐵鏃, F32:56, 그림 134-8)
○ 출토지 : 오녀산성 32호 주거지(제4기 문화).
○ 크기 : 남은 길이 4.2cm, 너비 0.9cm.
○ 형태 : 위의 철제화살촉과 같음.

㉙ **철제화살촉 9**(鐵鏃, F32:46, 그림 134-9)
○ 출토지 : 오녀산성 32호 주거지(제4기 문화).
○ 크기 : 길이 5.5cm, 너비 0.9cm, 두께 0.7cm.
○ 형태 : 위의 철제화살촉과 같음.

㉚ **철제화살촉 10**(鐵鏃, F32:64, 그림 134-10)
○ 출토지 : 오녀산성 32호 주거지(제4기 문화).
○ 크기 : 남은 길이 8.5cm, 너비 0.9cm.
○ 형태 : 위의 철제화살촉과 같음.

㉛ **철제화살촉 11**(鐵鏃, F32:19, 그림 134-11)
○ 출토지 : 오녀산성 32호 주거지(제4기 문화).
○ 크기 : 남은 길이 10.3cm, 너비 0.8cm.
○ 형태 : 矛形임. 촉두(鏃鋒) 단면은 마름모꼴임. 촉신(鏃身)은 원형 기둥모양임. 경부(鋌)는 파손됨.

㉜ **철제찰갑편**(鐵甲片, F32:58, 그림 133-12)
○ 출토지 : 오녀산성 32호 주거지(제4기 문화).
○ 크기 : 길이 5.1cm, 너비 2.5cm.
○ 형태 : 상단 양 모서리는 말각됨. 아랫변은 약간 호형임. 상단에는 가로 방향으로 2개의 구멍이 있음. 아랫부분 중간에는 세로 방향으로 2개의 구멍이 있음. 양측 변 가장자리에는 각각 3개의 구멍이 있어 마주하고 있음.

(3) 납기

① **납제어망추**(鉛網墜, F32:54, 그림 132-3)
○ 출토지 : 오녀산성 32호 주거지(제4기 문화).
○ 크기 : 길이 2.4cm, 너비 1.7cm.
○ 형태 : 말아진 통모양임. 양단은 약간 안으로 들어감. 중간에는 구멍이 있고, 구멍 안에는 마직물이 남아 있음.

(4) 토기

① **옹 1**(陶甕, F32:41, 그림 135-1)
○ 출토지 : 오녀산성 32호 주거지(제4기 문화).
○ 크기 : 口徑 27cm, 동체(腹) 직경 49cm, 바닥직경 27.6cm, 높이 51cm.
○ 형태 : 구순은 각이 짐(方脣). 구연은 내반됨(斂口). 깃은 낮음(矮領). 어깨는 흘러내려감(溜肩). 동체는 둥그스름함(鼓腹). 바닥은 평평함. 동체 위에 가로 방향의 파수(橫橋狀耳)가 있고, 선문(弦文)이 한 바퀴 둘러져 있음. 동체 아래에는 가는 선문(弦文)이 여러 줄 둘러져 있음.
○ 태토 및 색깔 : 운모와 활석이 들어가 있는 모래혼입 회갈색토기.

② **옹 2**(陶甕, F32:24, 그림 135-2)
○ 출토지 : 오녀산성 32호 주거지(제4기 문화).
○ 크기 : 口徑 28cm, 동체(腹) 직경 51cm, 바닥직경 29cm, 높이 56cm.
○ 형태 : 구순은 각이 짐(方脣). 구연은 내반됨(斂口). 깃은 낮음(矮領). 어깨는 흘러내려감(溜肩). 동체는 둥그스름함(鼓腹). 동체 위에 가로 방향의 파수(橫橋狀耳)가 있고, 선문(弦文)이 한 바퀴 둘러져 있음.
○ 태토 및 색깔 : 운모와 활석 가루가 들어간 모래혼입 황갈색토기.

③ 호 1(陶罐, F32:25, 그림 136-3)
- 출토지 : 오녀산성 32호 주거지(제4기 문화).
- 크기 : 口徑 27cm, 동체(腹) 직경 32.2cm, 바닥직경 17.2cm, 높이 32cm.
- 형태 : 구순은 뾰족함(尖脣). 구연은 꺾여 있음(折沿). 동체는 둥그스름함(鼓腹). 바닥은 평평함. 동체 측면에 가로 방향의 파수(橫橋狀耳)가 마주하고 있음. 동체 벽(腹壁)의 파수 위에 음각선문(凹弦文)이 한 바퀴 둘러져 있음.
- 태토 및 색깔 : 모래혼입 홍색토기.

④ 호 2(陶罐, F32:60, 그림 136-6)
- 출토지 : 오녀산성 32호 주거지(제4기 문화).
- 크기 : 口徑 20.2cm, 바닥직경 16cm, 높이 28cm.
- 형태 : 구순은 둥그스름함(圓脣). 구연은 외반됨(侈口). 목은 잘록함(束頸). 동체는 둥그스름함(鼓腹). 바닥은 평평함. 동체 측면에 가로 방향의 파수(橫橋狀耳)가 마주하고 있음. 동체 벽(腹壁)의 파수 위에 음각선문(凹弦文)이 한 바퀴 둘러져 있음.
- 태토 및 색깔 : 운모가 들어간 모래혼입 회갈색토기.

⑤ 호 3(陶罐, F32:27, 그림 136-7)
- 출토지 : 오녀산성 32호 주거지(제4기 문화).
- 크기 : 口徑 8.4cm, 동체(腹) 직경 14.2cm, 바닥직경 8.4cm, 높이 8.6cm.
- 형태 : 구순은 뾰족함(尖脣). 구연은 외반됨(侈口). 동체는 둥그스름함(鼓腹). 바닥은 평평함.
- 태토 및 색깔 : 운모가 들어간 모래혼입 회갈색토기.

⑥ 호 4(陶罐, F32:36, 그림 136-8)
- 출토지 : 오녀산성 32호 주거지(제4기 문화).
- 크기 : 口徑 8cm, 남은 높이 6.4cm.
- 형태 : 파손됨. 구순은 각이 짐(方脣). 구연은 약간 내반됨(口斂). 깃은 낮음(矮領). 동체는 둥그스름함(鼓腹).
- 태토 및 색깔 : 니질의 회색토기.

⑦ 호 5(陶罐, F32:42, 그림 136-5)
- 출토지 : 오녀산성 32호 주거지(제4기 문화).
- 크기 : 口徑 16.6cm, 남은 높이 13.6cm.
- 형태 : 파손됨. 구순은 각이 짐(方脣). 구연은 내반됨(斂口). 깃은 낮음(矮領). 깃 아래는 안으로 들어감. 어깨는 솟아 있음(聳肩). 동체는 곧음(直腹). 동체 위에 음각선문(凹弦文) 두 줄이 둘러져 있음.
- 태토 및 색깔 : 모래혼입 회갈색토기.

⑧ 호 6(陶罐, F32:31, 그림 136-1)
- 출토지 : 오녀산성 32호 주거지(제4기 문화).
- 크기 : 口徑 21cm, 남은 높이 6cm.
- 형태 : 파손됨. 구순은 둥그스름함(圓脣). 구연은 꺾여 있음(折沿). 동체는 둥그스름함(鼓腹).
- 태토 및 색깔 : 모래혼입 홍갈색토기.

⑨ 호 바닥 1(陶罐底, F32:43, 그림 136-10)
- 출토지 : 오녀산성 32호 주거지(제4기 문화).
- 크기 : 바닥직경 20cm, 남은 높이 7.5cm.
- 형태 : 바닥이 평평함.
- 태토 및 색깔 : 모래혼입 황갈색토기.

⑩ 호 바닥 2(陶罐底, F32:44, 그림 136-9)
- 출토지 : 오녀산성 32호 주거지(제4기 문화).
- 크기 : 바닥직경 14cm, 남은 높이 7.6cm.
- 형태 : 바닥이 평평함.
- 태토 및 색깔 : 모래혼입 홍갈색토기.

⑪ 호(陶壺, F32:38, 그림 136-4)
- 출토지 : 오녀산성 32호 주거지(제4기 문화).
- 크기 : 口徑 4.5cm, 남은 높이 5.1cm.

○ 형태 : 파손됨. 구순은 둥그스름함(圓脣). 구연부는 곧음(直口). 어깨는 비스듬히 기울어져 있음(斜肩). 한 측은 곧은 동체부임(直腹). 단면은 반원형임.
○ 태토 및 색깔 : 니질의 흑회색토기.

⑫ **분**(陶盆, F32:45, 그림 136-2)
○ 출토지 : 오녀산성 32호 주거지(제4기 문화).
○ 크기 : 口徑 38.5cm, 남은 높이 8cm.
○ 형태 : 파손됨. 구순은 각이 짐(方脣). 구연은 꺾여 있음(折沿). 동체(腹)는 약간 둥그스름함(鼓).
○ 태토 및 색깔 : 니질의 황갈색토기.

⑬ **반 1**(陶盤, F32:39, 그림 136-11)
○ 출토지 : 오녀산성 32호 주거지(제4기 문화).
○ 크기 : 口徑 18cm, 바닥직경 13cm, 높이 3.4cm.
○ 형태 : 구순은 뾰족함(尖脣). 바닥은 평평함.
○ 태토 및 색깔 : 니질의 황갈색토기.

⑭ **반 2**(陶盤, F32:40, 그림 136-12)
○ 출토지 : 32호 주거지(제4기 문화).
○ 크기 : 口徑 21.5cm, 바닥직경 19cm, 높이 5cm.
○ 형태 : 구순은 뾰족함(尖脣). 동체는 얕음(淺腹). 바닥은 평평함.
○ 태토 및 색깔 : 니질의 황갈색토기.

(5) 석기

① **석제긁개 1**(石刮削器, F32:13, 그림 137-14)
○ 출토지 : 오녀산성 32호 주거지(제4기 문화).
○ 크기 : 길이 7.9cm, 너비 4.4cm, 두께 2.4cm.
○ 형태 : 청록색의 니질 灰巖임. 평면은 반원형에 가까움. 한 측에 갈아진 굽은 날이 있음. 양단에 타격 흔적이 있음.

② **석제긁개 2**(石刮削器, F32:34, 그림 137-12)
○ 출토지 : 오녀산성 32호 주거지(제4기 문화).
○ 크기 : 길이 5.2cm, 너비 2.8cm, 두께 1.8cm.
○ 형태 : 회색의 泥質巖임. 평면은 혀모양에 가까움. 단면은 삼각형임. 날은 호형임. 약간의 가공이 이루어졌음.

③ **석제고잡기**(石敲砸器, F32:35, 그림 137-11)
○ 출토지 : 오녀산성 32호 주거지(제4기 문화).
○ 크기 : 길이 5cm, 너비 4.5cm, 두께 3.7cm.
○ 형태 : 타제임. 흑색의 철광석임. 평면은 원형에 가까움. 한 면은 비교적 편평하고 다른 한 면은 볼록함. 가장자리에서 타제 흔적을 볼 수 있음.

④ **석제삽**(石鏟, F32:33, 그림 137-10)
○ 출토지 : 오녀산성 32호 주거지(제4기 문화).
○ 크기 : 길이 17.6cm, 너비 6.5cm, 두께 0.6cm.
○ 형태 : 파손됨. 흑회색의 泥質灰巖임. 타제임. 평면은 장방형에 가까움. 자루 부분은 잘록함. 날은 휘었고 갈아진 흔적이 있음.

⑤ **숫돌**(礪石, F32:14, 그림 137-13)
○ 출토지 : 오녀산성 32호 주거지(제4기 문화).
○ 크기 : 남은 길이 7.7cm, 너비 5.9cm, 두께 1.7cm.
○ 형태 : 파손됨. 평면은 장방형에 가까움. 한 면은 약간 휘었고, 세 면은 다듬어 매끈함.

⑥ **석제가락바퀴 1**(石紡輪, F32:29, 그림 137-1)
○ 출토지 : 오녀산성 32호 주거지(제4기 문화).
○ 크기 : 직경 5cm, 두께 1.1cm.
○ 형태 : 백색 頁巖으로 제작. 마제임. 원형으로 중간에 구멍이 있음. 중간은 두껍고, 가장자리로 갈수록 얇아짐.

⑦ **석제가락바퀴 2**(石紡輪, F32:28, 그림 137-3)
○ 출토지 : 오녀산성 32호 주거지(제4기 문화).
○ 크기 : 직경 4.4cm, 두께 1cm.
○ 형태 : 청회색의 활석임. 마제임. 한 면은 비교적 편평하고 다른 한 면은 약간 융기됨. 중간에 비교적 큰 구멍이 뚫려 있음.

⑧ **석제가락바퀴 3**(石紡輪, F32:26, 그림 137-4)
○ 출토지 : 오녀산성 32호 주거지(제4기 문화).
○ 크기 : 직경 4.4cm, 두께 1.6cm.
○ 형태 : 청회색 頁巖임. 마제임. 한 면은 비교적 편평하고 다른 한 면은 볼록함.

⑨ **석제가락바퀴 4**(石紡輪, F32:27, 그림 137-2)
○ 출토지 : 오녀산성 32호 주거지(제4기 문화).
○ 크기 : 직경 4.1cm, 두께 1.1cm.
○ 형태 : 청회색 활석임. 마제임. 한 면은 비교적 편평하고 다른 한 면은 볼록함.

⑩ **뿔모양석기**(石角狀器, F32:30, 그림 137-7)
○ 출토지 : 오녀산성 32호 주거지(제4기 문화).
○ 크기 : 남은 길이 3.1cm, 너비 2.6cm, 두께 1.2cm.
○ 형태 : 파손됨. 철광석으로 제작. 마제품임. 한쪽만 남아 있음.

⑪ **삼각기둥모양석기 1**(石三棱柱狀器, F32:12, 그림 137-9)
○ 출토지 : 오녀산성 32호 주거지(제4기 문화).
○ 크기 : 길이 3.5cm, 너비 1.5cm.
○ 형태 : 철광석으로 제작. 마제품임. 삼각 기둥모양임. 단면은 삼각형임.

⑫ **삼각기둥모양석기 2**(石三棱柱狀器, F32:15, 그림 137-8)
○ 출토지 : 오녀산성 32호 주거지(제4기 문화).
○ 크기 : 길이 3.1cm, 너비 1.6cm.
○ 형태 : 앞의 삼각기둥모양석기와 재료 및 형태가 같음.

⑬ **석제구슬**(石球, F32:32, 그림 137-5)
○ 출토지 : 오녀산성 32호 주거지(제4기 문화).
○ 크기 : 길이 3.5cm, 너비 2.9cm, 두께 1.7cm.
○ 형태 : 납작한 원형임. 담황색 천연 자갈로 제작. 표면은 반들반들함.

⑭ **활석**(滑石塊, F32:59, 그림 137-6)
○ 출토지 : 오녀산성 32호 주거지(제4기 문화).
○ 크기 : 길이 4cm, 너비 3.5cm, 두께 1.1cm.
○ 형태 : 평면은 불규칙형임. 조각 형태임. 비교적 얇음.

27) 33호 주거지(F33)

(1) 철기

① **철제도끼**(鐵斧, F33:5, 그림 138-7)
○ 출토지 : 오녀산성 33호 주거지(제4기 문화).
○ 크기 : 남은 길이 8.6cm, 너비 5.3cm, 두께 3.5cm.
○ 형태 : 파손. 평면은 장방형에 가까움. 공부(銎)가 있음.

② **철제삽**(鐵鍤, F33:1, 그림 138-10)
○ 출토지 : 오녀산성 33호 주거지(제4기 문화).
○ 크기 : 길이 12cm, 너비 7.2cm.
○ 형태 : 몸체는 사다리꼴임. 날 부분은 약간 휘었음. 공부(銎)는 원각 장방형임.

③ 철제날(鐵刃器, F33:6, 그림 138-6)
○ 출토지 : 오녀산성 33호 주거지(제4기 문화).
○ 크기 : 남은 길이 5.6cm, 너비 3.4cm, 두께 0.4cm.
○ 형태 : 파손됨. 평면은 장방형임. 세 변의 모서리에 날이 있음.

④ 철제허리띠고리 1(鐵帶扣, F33:2, 그림 138-9)
○ 출토지 : 오녀산성 33호 주거지(제4기 문화).
○ 크기 : 길이 5.8cm, 너비 5.5cm.
○ 형태 : 고리(帶環) 평면은 방형에 가까움. '一'자형 교침(扣針)은 後梁에 감싸여 있음.

⑤ 철제허리띠고리 2(鐵帶扣, F33:3, 그림 138-8)
○ 출토지 : 오녀산성 33호 주거지(제4기 문화).
○ 크기 : 길이 3.3cm, 너비 2.7cm.
○ 형태 : 고리(帶環)만 남음. 앞부분은 타원형이고 뒷부분은 장방형임.

⑥ 철제고리(鐵環, F33:13, 그림 138-5)
○ 출토지 : 오녀산성 33호 주거지(제4기 문화).
○ 크기 : 직경 3cm.
○ 형태 : 원형임.

⑦ 철제송곳 1(鐵錐, F33:11, 그림 138-1)
○ 출토지 : 오녀산성 33호 주거지(제4기 문화).
○ 크기 : 길이 19.4cm, 너비 0.5cm.
○ 형태 : 원기둥모양의 철사로 제작.

⑧ 철제송곳 2(鐵錐, F33:4, 그림 138-2)
○ 출토지 : 오녀산성 33호 주거지(제4기 문화).
○ 크기 : 길이 36cm, 너비 0.8cm.
○ 형태 : 납작한 방형의 철사로 제작.

⑨ 철제화살촉 1(鐵鏃, F33:10, 그림 138-3)
○ 출토지 : 오녀산성 33호 주거지(제4기 문화).
○ 크기 : 길이 17.3cm, 너비 0.8cm.
○ 형태 : 뱀머리모양임.

⑩ 철제화살촉 2(鐵鏃, F33:12, 그림 138-4)
○ 출토지 : 오녀산성 33호 주거지(제4기 문화).
○ 크기 : 남은 길이 7.5cm, 너비 1.1cm.
○ 형태 : 앞의 철제화살촉과 유사함. 경부(鋌)는 파손.

(2) 토기

① 호(陶壺, F33:14, 그림 139)
○ 출토지 : 오녀산성 33호 주거지(제4기 문화).
○ 크기 : 동체(腹) 직경 24cm, 남은 높이 25.5cm.
○ 형태 : 구부는 파손됨. 깃은 곧음(直領). 어깨는 흘러내려감(溜肩). 동체 위에는 가로 방향의 파수(橫橋狀耳) 4개가 마주하고 있음. 동체에 두 줄의 선문(弦文)과 파상문(水波文)이 둘러져 있음.
○ 태토 및 색깔 : 모래혼입 황갈색토기.

28) 37호 주거지(F37)

(1) 철기

① 철제허리띠고리(鐵帶扣, F37:4, 그림 140-7)
○ 출토지 : 오녀산성 37호 주거지(제4기 문화).
○ 크기 : 길이 4.4cm, 너비 3.3cm.
○ 형태 : 고리(扣環)는 타원형임. 교침(扣針)은 'T'자형임. 後梁은 철편으로 제작한 경첩(合頁)과 접해 있는데, 경첩은 장방형임. 하단은 약간 구부러졌으며, 그 위로 연결못(鉚釘)이 3개 있음.

② **철제연결금구**(鐵轉環, F37:9, 그림 140-8)
- 출토지 : 오녀산성 37호 주거지(제4기 문화).
- 크기 : 길이 4.2cm, 너비 2.2cm.
- 형태 : 철제고리(鐵環)와 연결금구(柱軸)로 구성. 연결금구 한쪽 끝은 작은 고리를 이루고 있음. 다른 한쪽 끝에는 철제고리비공(鐵環臂孔)이 있으며, 단조하여 釘帽를 형성. 양자 결합부에서 고리는 자유롭게 이동이 가능.

③ **철제도자**(鐵削, F37:8, 그림 140-10)
- 출토지 : 오녀산성 37호 주거지(제4기 문화).
- 크기 : 길이 9.5cm, 너비 1.2cm.
- 형태 : 등은 편평함. 날은 기울어져 있는데, 끝부분이 약간 위로 들림.

④ **철제화살촉 1**(鐵鏃, F37:2, 그림 140-1)
- 출토지 : 오녀산성 37호 주거지(제4기 문화).
- 크기 : 길이 17.2cm, 너비 0.6cm.
- 형태 : 뱀머리모양임.

⑤ **철제화살촉 2**(鐵鏃, F37:6, 그림 140-2)
- 출토지 : 오녀산성 37호 주거지(제4기 문화).
- 크기 : 길이 13.5cm, 너비 1cm.
- 형태 : 위의 철제화살촉과 같음.

⑥ **철제화살촉 3**(鐵鏃, F37:10, 그림 140-4)
- 출토지 : 오녀산성 37호 주거지(제4기 문화).
- 크기 : 길이 11.5cm, 너비 0.9cm.
- 형태 : 위의 철제화살촉과 같음.

⑦ **철제화살촉 4**(鐵鏃, F37:7, 그림 140-3)
- 출토지 : 오녀산성 37호 주거지(제4기 문화).
- 크기 : 길이 11.8cm, 너비 0.6cm.
- 형태 : 위의 철제화살촉과 같음.

⑧ **철제화살촉 5**(鐵鏃, F37:5, 그림 140-5)
- 출토지 : 오녀산성 37호 주거지(제4기 문화).
- 크기 : 길이 7.2cm, 너비 0.7cm.
- 형태 : 四棱錐形임.

⑨ **철제화살촉 6**(鐵鏃, F37:3, 그림 140-6)
- 출토지 : 오녀산성 37호 주거지(제4기 문화).
- 크기 : 남은 길이 8.4cm, 너비 2.4cm.
- 형태 : 넓은 葉形임.

(2) 석기

① **숫돌**(礪石, F37:1, 그림 140-11)
- 출토지 : 오녀산성 37호 주거지(제4기 문화).
- 크기 : 남은 길이 6cm, 너비 4.2cm, 두께 3.3cm.
- 형태 : 한 부분만 남아 있음. 다듬어진 부분은 반들반들함.

② **석제가락바퀴**(石紡輪, F37:11, 그림 140-9)
- 출토지 : 오녀산성 37호 주거지(제4기 문화).
- 크기 : 직경 4.6cm, 두께 1cm.
- 형태 : 원형으로 중간에 구멍이 있음. 바닥은 편평하며 윗부분은 원호형임.

29) 38호 주거지(F38)

(1) 철기

① **철제화살촉 1**(鐵鏃, F38:2, 그림 141-5)
- 출토지 : 오녀산성 38호 주거지(제4기 문화).
- 크기 : 남은 길이 11cm, 너비 0.6cm.
- 형태 : 촉두(鏃鋒)는 뾰족함. 촉신(鏃身)에는 등(脊)이 있고 촉두와 곧게 이어짐. 단면은 마름모형임. 경부(鋌)는 파손됨.

② **철제화살촉 2**(鐵鏃, F38:3, 그림 141-3)
○ 출토지 : 오녀산성 38호 주거지(제4기 문화).
○ 크기 : 남은 길이 14.4cm, 너비 1cm.
○ 형태 : 뱀머리모양임.

③ **철제화살촉 3**(鐵鏃, F38:4, 그림 141-2)
○ 출토지 : 오녀산성 38호 주거지(제4기 문화).
○ 크기 : 남은 길이 15cm, 너비 0.7cm.
○ 형태 : 위의 철제화살촉과 같음.

④ **철제화살촉 4**(鐵鏃, F38:5, 그림 141-1)
○ 출토지 : 오녀산성 38호 주거지(제4기 문화).
○ 크기 : 남은 길이 16cm, 너비 0.8cm.
○ 형태 : 위의 철제화살촉과 같음.

⑤ **철제화살촉 5**(鐵鏃, F38:6, 그림 141-4)
○ 출토지 : 오녀산성 38호 주거지(제4기 문화).
○ 크기 : 남은 길이 13.7cm, 너비 0.5cm.
○ 형태 : 위의 철제화살촉과 같음.

(2) 토기

① **토제가락바퀴**(陶紡輪, F38:1, 그림 141-6)
○ 출토지 : 오녀산성 38호 주거지(제4기 문화).
○ 크기 : 직경 4cm, 두께 1.8cm.
○ 형태 : 원형임. 비교적 두꺼움.
○ 태토 및 색깔 : 모래혼입 홍갈색.

30) 39호 주거지(F39)

(1) 철기

① **철제수레바퀴굿대축**(鐵車軎, F39:3, 그림 142-3)
○ 출토지 : 오녀산성 39호 주거지(제4기 문화).
○ 크기 : 직경 12.3cm, 높이 5.4cm.
○ 형태 : 파손품. 톱니바퀴모양임. 외측에 6개 톱니(齒)가 일정한 간격으로 분포함.

(2) 토기

① **호**(陶罐, F39:2, 그림 142-2)
○ 출토지 : 오녀산성 39호 주거지(제4기 문화).
○ 크기 : 바닥직경 6.8cm, 남은 높이 7cm.
○ 형태 : 바닥은 평평함. 바닥에 부호(模壓符號)가 있음. 부호는 원과 '十'자가 겹쳐진 모양임.
○ 태토 및 색깔 : 滑石가루가 들어간 모래혼입 적갈색 토기.

② **접시**(陶碟, F39:1, 그림 142-1)
○ 출토지 : 오녀산성 39호 주거지(제4기 문화).
○ 크기 : 口徑 9cm, 바닥직경 7cm, 높이 1.5cm.
○ 형태 : 구순은 둥그스름함(圓脣). 바닥은 평평함.
○ 태토 및 색깔 : 니질의 회색토기.

31) 63호 주거지(F63)

(1) 철기

① **철제도끼**(鐵斧, F63:12, 그림 143-13)
○ 출토지 : 오녀산성 63호 주거지(제4기 문화).
○ 크기 : 남은 길이 6.5cm, 너비 6cm, 두께 2cm.
○ 형태 : 아랫부분만 남아 있음. 날각은 약간 휘었음. 중간에 공부(銎)가 있음.

② **철제낫**(鐵鎌, F63:13, 그림 143-12)
○ 출토지 : 오녀산성 63호 주거지(제4기 문화).
○ 크기 : 남은 길이 12.8cm, 너비 3.2cm.
○ 형태 : 평면은 삼각형에 가까움. 등은 평평함. 날은

기울어짐. 꼬리 부분은 들림.

③ **철제거울모양장식**(鐵鏡形飾, F63:14, 그림 143-15)
○ 출토지 : 오녀산성 63호 주거지(제4기 문화).
○ 크기 : 직경 6cm.
○ 형태 : 원형임. 면은 평평함. 뒷면에 원형의 꼭지(紐)가 있는데, 꼭지에는 구멍이 없음.

④ **철제고리**(鐵環, F63:3, 그림 143-14)
○ 출토지 : 오녀산성 63호 주거지(제4기 문화).
○ 크기 : 직경 5.5cm, 두께 0.3cm.
○ 형태 : 원형임. 납작하고 얇음.

⑤ **철테**(鐵箍, F63:7, 그림 143-11)
○ 출토지 : 오녀산성 63호 주거지(제4기 문화).
○ 크기 : 길이 4.5cm, 너비 1.7cm, 두께 0.6cm.
○ 형태 : 평면은 타원형임.

⑥ **철제비수**(鐵匕首, F63:9, 그림 143-10)
○ 출토지 : 오녀산성 63호 주거지(제4기 문화).
○ 크기 : 남은 길이 8.2cm, 너비 2cm.
○ 형태 : 날카로운 부분만 남아 있음. 양면은 호형임. 양측은 모두 날임.

⑦ **철제화살촉 1**(鐵鏃, F63:15, 그림 143-1)
○ 출토지 : 오녀산성 63호 주거지(제4기 문화).
○ 크기 : 길이 18cm, 너비 1.2cm.
○ 형태 : 뱀머리모양임.

⑧ **철제화살촉 2**(鐵鏃, F63:8, 그림 143-2)
○ 출토지 : 오녀산성 63호 주거지(제4기 문화).
○ 크기 : 남은 길이 16cm, 너비 1cm.
○ 형태 : 위의 철제화살촉과 같음.

⑨ **철제화살촉 3**(鐵鏃, F63:10, 그림 143-3)
○ 출토지 : 오녀산성 63호 주거지(제4기 문화).
○ 크기 : 남은 길이 15.5cm, 너비 0.9cm.
○ 형태 : 위의 철제화살촉과 같음.

⑩ **철제화살촉 4**(鐵鏃, F63:4, 그림 143-4)
○ 출토지 : 오녀산성 63호 주거지(제4기 문화).
○ 크기 : 남은 길이 14cm, 너비 1cm.
○ 형태 : 위의 철제화살촉과 같음.

⑪ **철제화살촉 5**(鐵鏃, F63:16, 그림 143-5)
○ 출토지 : 오녀산성 63호 주거지(제4기 문화).
○ 크기 : 남은 길이 13.2cm, 너비 1cm.
○ 형태 : 위의 철제화살촉과 같음.

⑫ **철제화살촉 6**(鐵鏃, F63:22, 그림 143-7)
○ 출토지 : 오녀산성 63호 주거지(제4기 문화).
○ 크기 : 남은 길이 7.8cm, 너비 1.8cm.
○ 형태 : 錐形의 경부(鋌)만 남아 있음. 정모양(鑿形)임.

⑬ **철제화살촉 7**(鐵鏃, F63:6, 그림 143-6)
○ 출토지 : 오녀산성 63호 주거지(제4기 문화).
○ 크기 : 남은 길이 6.3cm, 너비 1.3cm.
○ 형태 : 촉두(鏃鋒)는 葉形임. 경부(鋌)는 길고 四棱錐形임.

⑭ **철제화살촉 8**(鐵鏃, F63:21, 그림 143-8)
○ 출토지 : 오녀산성 63호 주거지(제4기 문화).
○ 크기 : 남은 길이 5.8cm, 너비 1.8cm.
○ 형태 : 정모양(鑿形)임. 경부(鋌)는 파손.

⑮ **철제화살촉 9**(鐵鏃, F63:24, 그림 143-9)
○ 출토지 : 오녀산성 63호 주거지(제4기 문화).

○ 크기 : 남은 길이 6cm, 너비 0.8cm.
○ 형태 : 四棱錐形임. 경부(鋌)는 짧음.

(2) 토기

① 옹 구연부(陶甕口沿, F63:17, 그림 144-2)
○ 출토지 : 오녀산성 63호 주거지(제4기 문화).
○ 크기 : 口徑 26cm, 남은 높이 9cm.
○ 형태 : 구순은 평평함(平脣). 구연은 내반됨(斂口). 어깨는 흘러내려감(溜肩).
○ 태토 및 색깔 : 모래혼입 회갈색토기.

② 호(陶罐, F63:12, 그림 144-5)
○ 출토지 : 오녀산성 63호 주거지(제4기 문화).
○ 크기 : 口徑 9cm, 동체(腹) 직경 14cm, 바닥직경 8.8cm, 높이 8cm.
○ 형태 : 구순은 각이 짐(方脣). 구연(口)은 약간 내반됨(斂). 어깨는 둥그스름함(鼓肩). 바닥은 평평함.
○ 태토 및 색깔 : 모래혼입 회색토기.

③ 호 바닥(陶罐底, F63:11, 그림 144-6)
○ 출토지 : 오녀산성 63호 주거지(제4기 문화).
○ 크기 : 바닥직경 8.8cm, 남은 높이 8cm.
○ 형태 : 바닥은 평평함.
○ 태토 및 색깔 : 모래혼입 회색토기.

④ 분(陶盆, F63:1, 그림 144-3)
○ 출토지 : 오녀산성 63호 주거지(제4기 문화).
○ 크기 : 口徑 30cm, 바닥직경 18cm, 높이 18cm.
○ 형태 : 구순은 둥그스름함(圓脣). 구연은 꺾여 있음(折沿). 목은 잘록함(束頸). 어깨(肩)는 약간 꺾여있음(折). 바닥은 평평함.
○ 태토 및 색깔 : 니질의 흑색토기.

⑤ 분 구연부(陶盆口沿, F63:18, 그림 144-1)
○ 출토지 : 오녀산성 63호 주거지(제4기 문화).
○ 크기 : 口徑 38cm, 남은 높이 8cm.
○ 형태 : 구순은 뾰족함(尖脣). 구연은 꺾여 있음(折沿). 동체(腹)는 약간 곧음(直).
○ 태토 및 색깔 : 니질의 회색토기.

⑥ 분 바닥 1(陶盆底, F63:19, 그림 144-7)
○ 출토지 : 오녀산성 63호 주거지(제4기 문화).
○ 크기 : 바닥직경 18cm, 남은 높이 3cm.
○ 형태 : 바닥이 평평함.
○ 태토 및 색깔 : 니질의 회색토기.

⑦ 분 바닥 2(陶盆底, F63:23, 그림 144-8)
○ 출토지 : 오녀산성 63호 주거지(제4기 문화).
○ 크기 : 바닥직경 22cm, 남은 높이 5cm.
○ 형태 : 바닥이 평평함.
○ 태토 및 색깔 : 니질의 회색토기.

⑧ 토기 파수(陶器耳, F63:20, 그림 144-4)
○ 출토지 : 오녀산성 63호 주거지(제4기 문화).
○ 형태 : 가로 방향의 파수임(橫橋狀耳).
○ 태토 및 색깔 : 니질의 흑회색토기.

32) 70호 주거지(F70)

(1) 청동기

① 청동제발 구연부(銅鉢口沿, F70:6, 그림 145-1)
○ 출토지 : 오녀산성 70호 주거지(제4기 문화).
○ 크기 : 口徑 20.5cm, 남은 높이 4.5cm.
○ 형태 : 구순은 둥그스름함(圓脣). 동체(腹)는 약간 둥그스름함(鼓).

② 청동제숟가락(銅匙, F70:7, 그림 145-12)
  ○ 출토지 : 오녀산성 70호 주거지(제4기 문화).
  ○ 크기 : 남은 길이 7.7cm, 너비 3.6cm.
  ○ 형태 : 타원형의 머리만 남아 있음.

(2) 철기

① 철제도끼(鐵斧, F70:12, 그림 145-11)
  ○ 출토지 : 오녀산성 70호 주거지(제4기 문화).
  ○ 크기 : 남은 길이 6.7cm, 너비 6cm.
  ○ 형태 : 일부 파손됨. 날은 휘어짐.

② 철제날(鐵刃器, F70:5, 그림 145-10)
  ○ 출토지 : 70호 주거지(제4기 문화).
  ○ 크기 : 남은 길이 6.7cm, 너비 6cm.
  ○ 형태 : 파손품임. 날 부분만 남았음. 날은 곧음.

③ 철제자물쇠(鐵鎖, F70:1, 그림 145-5)
  ○ 출토지 : 오녀산성 70호 주거지(제4기 문화).
  ○ 크기 : 길이 13.8cm, 너비 4.1cm, 두께 1.2cm.
  ○ 형태 : 몸체는 장방형의 통모양임. 鎖簧과 몸체는 접해 있음. 鎖舌은 'U'자형임. 한쪽 끝은 쇠활에 채워져 있으며, 다른 한쪽 끝은 鎖梁과 합해짐.

④ 추형철기(鐵錐形器, F70:2, 그림 145-4)
  ○ 출토지 : 오녀산성 70호 주거지(제4기 문화).
  ○ 크기 : 길이 6.7cm, 너비 0.9cm.
  ○ 형태 : 가운데 부분은 납작하고 넓음. 양단은 원추형으로 뻗어 있음.

⑤ 철제거멀못(鐵扒鋦, F70:4, 그림 145-2)
  ○ 출토지 : 오녀산성 70호 주거지(제4기 문화).
  ○ 크기 : 길이 6cm, 너비 1.3cm.
  ○ 형태 : 활모양임. 파손됨. 양단과 중간에 못(爪釘)이 있음.

⑥ 철제화살촉(鐵鏃, F70:3, 그림 145-3)
  ○ 출토지 : 오녀산성 70호 주거지(제4기 문화).
  ○ 크기 : 길이 4.5cm, 너비 0.7cm.
  ○ 형태 : 四棱錐形임. 경부(鋌)는 짧음.

(3) 토기

① 토제어망추 1(陶網墜, F70:8, 그림 145-9)
  ○ 출토지 : 오녀산성 70호 주거지(제4기 문화).
  ○ 크기 : 길이 2.9cm, 너비 1.2cm.
  ○ 형태 : 원기둥모양임. 양단 부근에 각각 홈(凹槽)이 둘러져 있음. 한 단의 윗부분은 패여 있음.
  ○ 태토 및 색깔 : 니질의 흑회색.

② 토제어망추 2(陶網墜, F70:9, 그림 145-7)
  ○ 출토지 : 오녀산성 70호 주거지(제4기 문화).
  ○ 크기 : 길이 2.8cm, 너비 1.3cm.
  ○ 형태 : 위의 토제어망추와 같음. 양단 각각의 윗부분은 패여 있음.
  ○ 태토 및 색깔 : 니질의 흑회색.

③ 토제어망추 3(陶網墜, F70:10, 그림 145-8)
  ○ 출토지 : 오녀산성 70호 주거지(제4기 문화).
  ○ 크기 : 길이 2.5cm, 너비 1.2cm.
  ○ 형태 : 위의 토제어망추와 같음.
  ○ 태토 및 색깔 : 니질의 황색.

④ 토제어망추 4(陶網墜, F70:11, 그림 145-6)
  ○ 출토지 : 오녀산성 70호 주거지(제4기 문화).
  ○ 크기 : 길이 2.2cm, 너비 1.1cm.
  ○ 형태 : 위의 토제어망추와 같음.
  ○ 태토 및 색깔 : 니질의 회색.

33) 71호 주거지(F71)

(1) 청동기

① 청동제장식(銅飾件, F71:2)
○ 출토지 : 오녀산성 71호 주거지(제4기 문화).
○ 크기 : 길이 3cm, 너비 2.2cm.
○ 형태 : 파손됨. 가는 동사로 제작. 평면은 'S'자형에 가까움.

(2) 철기

① 철제고리장식(鐵鼻, F71:1, 그림 146-1)
○ 출토지 : 오녀산성 71호 주거지(제4기 문화).
○ 크기 : 길이 3.6cm, 너비 3.5cm.
○ 형태 : 고리못(環釘) 형태의 철제코(鐵鼻), 꽃잎 형태의 철제받침(鐵墊), 철제고리(鐵環)로 구성되어 있음. 철제코와 철제고리는 서로 끼워져 있음. 철제코의 못(釘)은 철제받침을 뚫어서 들어간 후에 양측을 향해 꺾여 있음.

34) 72호 주거지(F72)

(1) 철기

① 철제방형고리(鐵方形環, F72:1, 그림 146-2)
○ 출토지 : 오녀산성 72호 주거지(제4기 문화).
○ 크기 : 길이 2.4cm, 너비 2.8cm.
○ 형태 : 가는 철사를 구부려서 제작. 양단을 합친 후 鍛接함. 단접한 부분은 볼록함.

35) 4호 주거지(F4)

(1) 철기

① 철제허리띠고리 1(鐵帶扣, F4:10, 그림 147-9)
○ 출토지 : 오녀산성 4호 주거지(제4기 문화).
○ 크기 : 허리띠고리(帶扣) 길이 4.5cm, 너비 2.5cm, 葉片 길이 5.6cm, 너비 3.6cm.
○ 형태 : 허리띠고리와 복숭아모양의 엽편으로 구성됨. 허리띠고리 평면은 타원형임. 교침(扣針)은 'T'자형임. 엽편에는 4개의 연결못(鉚釘)이 남아 있음.

② 철제허리띠고리 2(鐵帶扣, F4:11, 그림 147-10)
○ 출토지 : 오녀산성 4호 주거지(제4기 문화).
○ 크기 : 길이 5cm, 너비 4.4cm.
○ 형태 : 복숭아모양의 엽편만 남아 있음.

(2) 토기

① 옹 구연부 1(陶瓮口沿, F4:1, 그림 147-4)
○ 출토지 : 오녀산성 4호 주거지(제4기 문화).
○ 크기 : 口徑 28cm, 남은 높이 7.4cm.
○ 형태 : 구순은 각이 짐(方脣). 깃은 낮고 곧음(矮直領).
○ 태토 및 색깔 : 모래혼입 황갈색토기.

② 옹 구연부 2(陶瓮口沿, F4:9, 그림 147-12)
○ 출토지 : 오녀산성 4호 주거지(제4기 문화).
○ 크기 : 口徑 18cm, 남은 높이 2.5cm.
○ 형태 : 구순은 각이 짐(方脣). 깃은 낮고 곧음(矮直領).
○ 태토 및 색깔 : 모래혼입 홍갈색토기.

③ **호 구연부 1**(陶罐口沿, F4:2, 그림 147-2)
- 출토지 : 오녀산성 4호 주거지(제4기 문화).
- 크기 : 口徑 20cm, 남은 높이 8.5cm.
- 형태 : 구순은 둥그스름함(圓脣). 구연은 꺾여 있음(折沿). 목은 잘록함(束頸). 어깨는 흘러내려감(溜肩).
- 태토 및 색깔 : 모래혼입 홍갈색토기.

④ **호 구연부 2**(陶罐口沿, F4:3, 그림 147-1)
- 출토지 : 오녀산성 4호 주거지(제4기 문화).
- 크기 : 口徑 24cm, 남은 높이 5cm.
- 형태 : 구순은 뾰족함(尖脣). 구연은 외반됨(侈口). 목은 잘록함(束頸).
- 태토 및 색깔 : 모래혼입 회색토기.

⑤ **호**(陶壺, F4:5, 그림 147-3)
- 출토지 : 오녀산성 4호 주거지(제4기 문화).
- 크기 : 남은 높이 13.5cm.
- 형태 : 구연(口沿)은 파손됨. 목은 잘록함(束頸). 어깨는 흘러내려감(溜肩). 어깨와 동체(腹)에 여러 줄의 음각선문(凹弦文)과 파상문(水波文)이 있음.
- 태토 및 색깔 : 모래혼입 홍갈색토기.

⑥ **호 구연부**(陶壺口沿, F4:4, 그림 147-11)
- 출토지 : 오녀산성 4호 주거지(제4기 문화).
- 크기 : 口徑 14cm, 남은 높이 2.5cm.
- 형태 : 구순은 뾰족함(尖脣). 구연은 꺾여 있음(折沿).
- 태토 및 색깔 : 모래혼입 회색토기.

⑦ **발 바닥**(陶鉢底, F4:8, 그림 147-8)
- 출토지 : 오녀산성 4호 주거지(제4기 문화).
- 크기 : 바닥직경 6cm, 남은 높이 3cm.
- 형태 : 기표는 반들반들하고 광택이 남. 바닥은 평평함. 동체는 둥그스름함(鼓腹).
- 태토 및 색깔 : 니질의 흑색토기.

⑧ **분 바닥**(陶盆底, F4:6, 그림 147-14)
- 출토지 : 오녀산성 4호 주거지(제4기 문화).
- 크기 : 바닥직경 28cm, 남은 높이 4cm.
- 형태 : 바닥이 평평함.
- 태토 및 색깔 : 운모가 들어가 있는 모래혼입 홍색토기.

⑨ **시루 바닥**(陶甑底, F4:7, 그림 147-13)
- 출토지 : 오녀산성 4호 주거지(제4기 문화).
- 크기 : 바닥직경 16cm, 남은 높이 2.5cm.
- 형태 : 바닥이 평평하고 작은 구멍이 있음.
- 태토 및 색깔 : 니질의 회색토기.

⑩ **토기 파수**(陶器耳, F4:12, 그림 147-7)
- 출토지 : 오녀산성 4호 주거지(제4기 문화).
- 크기 : 남은 길이 6cm, 너비 4cm.
- 태토 및 색깔 : 모래혼입 홍갈색토기.

⑪ **토기편 1**(文飾陶片, F4:15, 그림 147-5)
- 출토지 : 오녀산성 4호 주거지(제4기 문화).
- 크기 : 남은 길이 6cm, 너비 4cm.
- 형태 : 음각선문(凹弦文)과 파상문(水波文)이 있음.
- 태토 및 색깔 : 모래혼입 홍갈색토기.

⑫ **토기편 2**(文飾陶片, F4:16, 그림 147-6)
- 출토지 : 오녀산성 4호 주거지(제4기 문화).
- 크기 : 남은 길이 6cm, 너비 4cm.
- 형태 : 음각선문(凹弦文)과 파상문(水波文)이 있음.
- 태토 및 색깔 : 모래혼입 회갈색토기.

36) 11호 주거지(F11)

(1) 철기

① 철제화살촉(鐵鏃, F11:1, 그림 148-1)
○ 출토지 : 오녀산성 11호 주거지(제4기 문화).
○ 크기 : 길이 19cm, 너비 0.9cm.
○ 형태 : 뱀머리모양임.

37) 42호 주거지(F42)

(1) 철기

① 철제삼지창(鐵叉, F42:14, 그림 148-6)
○ 출토지 : 오녀산성 42호 주거지(제4기 문화).
○ 크기 : 길이 19cm, 너비 4cm, 공부(銎) 직경 1.2cm.
○ 형태 : 가지(齒) 세 개가 있는데, 양측의 가지는 안으로 구부러져 있음. 원형의 공부가 있는데, 맞물리는 부분이 비교적 명확함.

② 철제등자(鐵馬鐙, F42:7, 그림 148-7)
○ 출토지 : 오녀산성 42호 주거지(제4기 문화).
○ 크기 : 길이 26.2cm, 너비 17.6cm.
○ 형태 : 윤부(鐙環)의 평면은 타원형이고, 답수부(踏脚處)는 비교적 평평하고 곧음. 윤부 안팎으로 얇은 판을 한 바퀴 둘렀고, 위에는 못구멍이 있음. 병부(柄部)는 장방형인데, 윗부분이 약간 넓고 장방형의 구멍이 있음. 병부 끝부분은 송곳모양으로 뾰족함.

③ 철제물미(鐵鐏, F42:8, 그림 148-8)
○ 출토지 : 오녀산성 42호 주거지(제4기 문화).
○ 크기 : 길이 15cm, 구멍 직경 4.2cm.
○ 형태 : 철판을 말아서 제작하였지만 완전히 이어지지는 않았음. 원추형임. 중간은 비었음.

④ 철제화살촉 1(鐵鏃, F42:6, 그림 148-2)
○ 출토지 : 오녀산성 42호 주거지(제4기 문화).
○ 크기 : 길이 12.9cm, 너비 1.3cm.
○ 형태 : 矛形임. 경부(鋌)는 길고 원추형임.

⑤ 철제화살촉 2(鐵鏃, F42:11, 그림 148-3)
○ 출토지 : 오녀산성 42호 주거지(제4기 문화).
○ 크기 : 길이 11cm, 너비 0.8cm.
○ 형태 : 대체로 위와 같음. 경부(鋌)는 四棱錐形임.

⑥ 철제화살촉 3(鐵鏃, F42:12, 그림 148-5)
○ 출토지 : 오녀산성 42호 주거지(제4기 문화).
○ 크기 : 길이 8.4cm, 너비 0.9cm.
○ 형태 : 위의 철제화살촉과 같음.

⑦ 철제화살촉 4(鐵鏃, F42:13, 그림 148-4)
○ 출토지 : 오녀산성 42호 주거지(제4기 문화).
○ 크기 : 길이 8.9cm, 너비 0.9cm.
○ 형태 : 대체로 위의 철제화살촉과 같음. 촉두(鋒)와 촉신(身)의 경계가 명확하지 않음.

38) 51호 주거지(F51)

(1) 철기

① 철제낫(鐵鎌, F51:1, 그림 149-7)
○ 출토지 : 오녀산성 51호 주거지(제4기 문화).
○ 크기 : 길이 33.5cm, 너비 3.6cm, 두께 0.5cm.
○ 형태 : 휘어진 갈고리모양임. 뾰족한 부분은 아래로 늘어져 있음. 꼬리 부분은 한측으로 휨.

② 철제못(鐵釘, F51:7, 그림 149-8)
○ 출토지 : 오녀산성 51호 주거지(제4기 문화).
○ 크기 : 길이 6.6cm, 너비 1.4cm.

○ 형태 : 두부(釘帽)는 납작하고 평평함. 몸체(釘身)는 四棱錐形임.

③ **철편**(鐵片, F51:3, 그림 149-9)
○ 출토지 : 오녀산성 51호 주거지(제4기 문화).
○ 크기 : 길이 8.8cm, 너비 4cm.
○ 형태 : 평면은 타원형임. 몸체는 약간 구부러짐.

④ **철제허리띠고리**(鐵帶扣, F51:4, 그림 149-10)
○ 출토지 : 오녀산성 51호 주거지(제4기 문화).
○ 크기 : 길이 10.4cm, 너비 5cm.
○ 형태 : 고리(扣環)는 사다리꼴임. 뒤에 橫梁이 있음. 교침(扣針)은 'T'자형임.

⑤ **철제화살촉 1**(鐵鏃, F51:9, 그림 149-2)
○ 출토지 : 오녀산성 51호 주거지(제4기 문화).
○ 크기 : 남은 길이 15.7cm, 너비 0.9cm.
○ 형태 : 뱀머리모양임.

⑥ **철제화살촉 2**(鐵鏃, F51:10, 그림 149-3)
○ 출토지 : 오녀산성 51호 주거지(제4기 문화).
○ 크기 : 남은 길이 16cm, 너비 0.8cm.
○ 형태 : 위의 철제화살촉과 같음.

⑦ **철제화살촉 3**(鐵鏃, F51:8, 그림 149-4)
○ 출토지 : 오녀산성 51호 주거지(제4기 문화).
○ 크기 : 남은 길이 6.2cm, 너비 0.8cm.
○ 형태 : 위의 철제화살촉과 같음.

⑧ **철제화살촉 4**(鐵鏃, F51:11, 그림 149-1)
○ 출토지 : 오녀산성 51호 주거지(제4기 문화).
○ 크기 : 남은 길이 16.5cm, 너비 1cm.
○ 형태 : 劍形임. 경부(鋌)는 가늘고 四棱錐形임.

⑨ **철제화살촉 5**(鐵鏃, F51:2, 그림 149-6)
○ 출토지 : 오녀산성 51호 주거지(제4기 문화).
○ 크기 : 남은 길이 11.5cm, 너비 0.9cm.
○ 형태 : 四棱錐形임. 가늘고 긴 경부(鋌)는 네모난 기둥모양임.

⑩ **철제화살촉 6**(鐵鏃, F51:6, 그림 149-5)
○ 출토지 : 오녀산성 51호 주거지(제4기 문화).
○ 크기 : 남은 길이 11.5cm, 너비 0.9cm.
○ 형태 : 원추형임.

(2) 토기

① **분**(陶盆, F51:5, 그림 149-11)
○ 출토지 : 오녀산성 51호 주거지(제4기 문화).
○ 크기 : 口徑 40cm, 남은 높이 16.4cm.
○ 형태 : 파손됨. 구순은 뾰족함(尖脣). 구연은 꺾여 있음(折沿). 구연(沿) 아래는 안으로 들어감(內束). 동체는 호형임(弧腹). 동체에는 가로 방향의 파수(橫橋狀耳)가 있고, 음각선문(凹弦文)이 둘러져 있음.
○ 태토 및 색깔 : 운모가 들어간 모래혼입 황갈색토기.

39) 52호 주거지(F52)

(1) 철기

① **철제화살촉**(鐵鏃, F52:1, 그림 150-2)
○ 출토지 : 오녀산성 52호 주거지(제4기 문화).
○ 크기 : 길이 14.5cm, 너비 0.9cm.
○ 형태 : 뱀머리모양임.

40) 54호 주거지(F54)

(1) 철기

① **철제쐐기**(鐵楔, F54:1, 그림 150-3)
○ 출토지 : 오녀산성 54호 주거지(제4기 문화).
○ 크기 : 길이 10cm, 너비 4.5cm, 두께 2.7cm.
○ 형태 : 평면은 장방형이고, 옆에서 보면 쐐기형임. 윗부분은 타격으로 인해 무뎌짐.

② **철제도자**(鐵削, F54:2, 그림 150-4)
○ 출토지 : 오녀산성 54호 주거지(제4기 문화).
○ 크기 : 길이 8cm, 너비 1.3cm.
○ 형태 : 파손됨. 등은 곧음. 날은 기울어짐.

③ **철제리벳이음**(鐵卡, F54:3, 그림 150-5)
○ 출토지 : 오녀산성 54호 주거지(제4기 문화).
○ 크기 : 길이 13.7cm, 너비 2.3cm.
○ 형태 : 두 철편과 연결못(鉚釘)으로 구성됨. 평면은 장방형에 가까움. 철편 양단은 원호형이고, 각각 한 개의 연결못이 있음.

④ **철제화살촉**(鐵鏃, F54:4, 그림 150-1)
○ 출토지 : 오녀산성 54호 주거지(제4기 문화).
○ 크기 : 남은 길이 15.3cm, 너비 1cm.
○ 형태 : 파손됨. 矛形임.

41) 65호 주거지(F65)

(1) 청동기

① **청동제패식**(銅牌飾, F65:6, 그림 151-6)
○ 출토지 : 오녀산성 65호 주거지(제4기 문화).
○ 크기 : 길이 6cm, 너비 5cm.
○ 형태 : 평면은 타원형임. 전체적으로 새모양인데, 가운데 부분이 몸에 해당하고 상단은 머리, 하단은 꼬리와 같이 돌출함. 가장자리와 가운데 부분에 連珠文이 있음. 가운데 일부는 솟아 있음. 솟은 부분과 연주가 함께 무늬를 형성하고 있는데, 말을 타고 있는 사람으로 보임. 뒷쪽에 꼭지(紐)가 있음.

(2) 철기

① **철제가지창**(鐵叉, F65:2, 그림 151-3)
○ 출토지 : 오녀산성 65호 주거지(제4기 문화).
○ 크기 : 길이 20cm, 너비 5cm.
○ 형태 : 평면은 'U'자형임. 가지(齒)는 2개이고, 안에는 가시와 같은 것(倒刺)이 있음. 경부(鋌)는 四棱錐形임.

② **철제화살촉 1**(鐵鏃, F65:3, 그림 151-4)
○ 출토지 : 오녀산성 65호 주거지(제4기 문화).
○ 크기 : 길이 13.5cm, 너비 2.8cm.
○ 형태 : 납작한 삽모양(鏟形)임. 경부(鋌)는 四棱錐形임.

③ **철제화살촉 2**(鐵鏃, F65:5, 그림 151-5)
○ 출토지 : 오녀산성 65호 주거지(제4기 문화).
○ 크기 : 남은 길이 13.2cm, 너비 0.8cm.
○ 형태 : 정모양(鑿形)임. 경부(鋌)는 원추형임.

(3) 토기

① **등잔**(陶燈盞, F65:1, 그림 151-2)
○ 출토지 : 오녀산성 65호 주거지(제4기 문화).
○ 크기 : 口徑 11.8cm, 바닥직경 7.5cm, 높이 4.8cm.
○ 형태 : 구순은 둥그스름함(圓脣). 구연은 꺾여 있음(折沿). 동체는 호형임(弧腹). 바닥은 평평함. 구연 한

측에 파수(鋬耳)가 있음.
○ 태토 및 색깔 : 모래와 운모가 함유된 적갈색토기.

(4) 석기

① 석제가락바퀴(石紡輪, F65:4, 그림 151-1)
○ 출토지 : 오녀산성 65호 주거지(제4기 문화).
○ 크기 : 직경 4cm, 두께 1.8cm, 쇠막대 길이 14.8cm, 너비 0.6cm.
○ 형태 : 활석으로 제작. 만두모양으로 중간에 구멍이 있고 바닥은 편평함. 윗쪽에는 깊이와 너비가 서로 다른 홈(凹槽) 8줄이 세로 방향으로 새겨져 있고, 가로 방향으로도 홈이 여러 줄 새겨져 있음. 중간의 홈은 비교적 깊음. 출토 당시 중간 구멍에 원형 기둥모양의 쇠막대가 그대로 남아 있었음.

42) 66호 주거지(F66)

(1) 토기

① 호(陶罐, F66:1, 그림 152-1)
○ 출토지 : 오녀산성 66호 주거지(제4기 문화).
○ 크기 : 口徑 20.2cm, 동체(腹) 직경 30cm, 바닥직경 18.3cm, 높이 31.5cm.
○ 형태 : 구순은 뾰족함(尖脣). 구연은 꺾여 있음(折沿). 목은 잘록함(束頸). 어깨는 흘러내려감(溜肩). 동체는 둥그스름함(鼓腹). 바닥은 편평함. 동체에 가로 방향의 파수(橫橋狀耳) 2개가 마주하고 있음. 파수 위에는 음각선문(凹弦文)이 한 바퀴 둘러져 있음.
○ 태토 및 색깔 : 모래혼입 회갈색토기.

② 토기 바닥(陶罐, F66:2, 그림 152-2)
○ 출토지 : 오녀산성 66호 주거지(제4기 문화).
○ 크기 : 바닥직경 20cm, 남은 높이 9.5cm.

○ 형태 : 바닥이 편평함.
○ 태토 및 색깔 : 모래혼입 흑회색토기.

43) 5호 재구덩이(灰坑, H5)

(1) 토기

① 호(陶罐, H5:1, 그림 153-4)
○ 출토지 : 오녀산성 5호 재구덩이(제3기 문화).
○ 크기 : 口徑 20.5cm, 동체(腹) 직경 20cm, 남은 높이 18.5cm.
○ 형태 : 구순은 각이 짐(方脣). 구연은 꺾여 있음(折沿). 목은 잘록함(頸束). 동체는 약간 둥그스름함(鼓). 목 부분(頸部)에 세로 방향의 파수(竪橋狀耳)가 있음.
○ 태토 및 색깔 : 모래혼입 회갈색토기.

44) 10호 재구덩이(灰坑, H10)

(1) 토기

① 호(陶罐, H10:1, 그림 153-5)
○ 출토지 : 오녀산성 10호 재구덩이(제3기 문화).
○ 크기 : 口徑 12cm, 동체(腹) 직경 12cm, 바닥직경 8cm, 높이 14cm.
○ 형태 : 기표는 매끄러움. 구순은 뾰족함(尖脣). 구연은 꺾여 있음(折沿). 목은 잘록함(頸束). 동체는 곧음(直腹). 바닥은 편평함. 목 부분(頸部)에 세로 방향의 파수(竪橋狀耳) 4개가 대칭하고 있음.
○ 태토 및 색깔 : 가는 모래혼입 회갈색토기.

45) 11호 재구덩이(灰坑, H11)

(1) 토기

① 잔(陶杯, H11:1, 그림 153-3)
- 출토지 : 오녀산성 11호 재구덩이(제3기 문화).
- 크기 : 口徑 6.6cm, 바닥직경 6cm, 높이 8.6cm.
- 형태 : 구순은 각이 짐(方脣). 구연은 꺾여 있음(折沿). 동체(腹)는 약간 둥그스름함(鼓). 바닥은 평평함. 동체 윗부분 한 측면에 기둥모양의 파수가 있음.
- 태토 및 색깔 : 가는 모래혼입 회갈색토기.

② 토제가락바퀴(陶紡輪, H11:2, 그림 153-2)
- 출토지 : 오녀산성 11호 재구덩이(제3기 문화).
- 크기 : 직경 4.2cm, 두께 0.3cm.
- 형태 : 원반모양으로 중간에 구멍이 뚫려 있음.
- 태토 및 색깔 : 모래혼입 홍갈색.

(2) 석기

① 숫돌(礪石, H11:3, 그림 153-1)
- 출토지 : 오녀산성 11호 재구덩이(제3기 문화).
- 크기 : 남은 길이 8cm, 너비 6.8cm, 두께 1.7cm.
- 형태 : 파손됨. 砂巖으로 제작함. 평면은 불규칙형임. 숫돌면은 비교적 매끈하고 광택이 남.

46) 1호 재구덩이(灰坑, H1)

(1) 토기

① 옹(陶瓮, H1:2, 그림 154-3)
- 출토지 : 오녀산성 1호 재구덩이(제4기 문화).
- 크기 : 바닥직경 28cm, 동체(腹) 직경 43.2cm, 남은 높이 36cm.
- 형태 : 동체와 바닥 부분만 남음. 동체는 둥그스름함(鼓). 바닥은 평평함. 동체에 가로 방향의 파수(橫橋狀耳)가 마주하고 있고, 그 위에 음각선문(凹弦文) 한 줄이 둘러져 있음.
- 태토 및 색깔 : 모래혼입 적갈색토기.

② 호 구연부(陶罐口沿, H1:3, 그림 154-2)
- 출토지 : 오녀산성 1호 재구덩이(제4기 문화).
- 크기 : 口徑 11cm, 남은 높이 6.4cm.
- 형태 : 구순은 둥그스름함(圓脣). 구연은 외반됨(侈口). 목은 잘록함(束頸). 어깨는 흘러내려감(溜肩).
- 태토 및 색깔 : 모래와 운모가 함유된 적갈색토기.

③ 시루(陶甑, H1:1, 그림 154-1)
- 출토지 : 오녀산성 1호 재구덩이(제4기 문화).
- 크기 : 口徑 39cm, 바닥직경 21cm, 높이 28cm.
- 형태 : 구순은 뾰족함(尖脣). 구연은 꺾여 있음(折沿). 동체는 깊음(深腹). 바닥은 평평함. 동체 위에 가로 방향의 파수(橫橋狀耳)가 마주하고 있고, 파수 위에 음각선문(凹弦文)이 한 바퀴 둘러져 있음. 바닥 중간에 구멍 한 개가 있고 그 주변으로 6개의 구멍이 분포하고 있는데, 크기는 같고 모두 원형임.
- 태토 및 색깔 : 니질의 황색토기.

47) 3호 재구덩이(灰坑, H3)

(1) 토기

① 옹 구연부(陶瓮口沿, H3:1, 그림 155-2)
- 출토지 : 오녀산성 3호 재구덩이(제4기 문화).
- 크기 : 口徑 24cm, 남은 높이 6.9cm.
- 형태 : 구순은 각이 짐(方脣). 구연은 내반됨(斂口). 어깨는 넓음(廣肩).
- 태토 및 색깔 : 모래와 운모가 함유된 적갈색토기.

② 호 구연부(陶罐口沿, H3:2, 그림 155-1)
○ 출토지 : 오녀산성 3호 재구덩이(제4기 문화).
○ 크기 : 口徑 24cm, 남은 높이 6cm.
○ 형태 : 구순은 둥그스름함(圓脣). 구연은 외반됨(侈口). 목은 잘록함(束頸). 어깨는 흘러내려감(溜肩).

48) 4호 재구덩이(灰坑, H4)

(1) 철기

① **철제찰갑편 1**(鐵甲片, H4:5, 그림 156-6)
○ 출토지 : 오녀산성 4호 재구덩이(제4기 문화).
○ 크기 : 길이 9.8cm, 너비 2.8cm.
○ 형태 : 평면은 사다리꼴에 가까움. 윗부분 양단은 말각됨. 아랫변은 약간 호형임. 위에는 구멍 2개가 가로 방향으로 분포하고 있고, 아래에는 구멍 2개가 세로 방향으로 분포하고 있음. 중간에 구멍 한 개가 있고 그 양측에 각각 4개의 구멍이 있는데, 대칭함.

② **철제찰갑편 2**(鐵甲片, H4:6, 그림 156-7)
○ 출토지 : 오녀산성 4호 재구덩이(제4기 문화).
○ 크기 : 남은 길이 6.2cm, 너비 2.9cm.
○ 형태 : 파손됨. 평면은 장방형임.

(2) 토기

① **호**(陶罐, H4:1, 그림 156-5)
○ 출토지 : 오녀산성 4호 재구덩이(제4기 문화).
○ 크기 : 口徑 27.6cm, 남은 높이 18cm.
○ 형태 : 구순은 둥그스름함(圓脣). 구연은 외반됨(侈口). 동체는 둥그스름함(鼓腹).
○ 태토 및 색깔 : 모래와 운모가 함유된 회색토기.

② **분 구연부 1**(陶盆口沿, H4:2, 그림 156-2)
○ 출토지 : 오녀산성 4호 재구덩이(제4기 문화).
○ 크기 : 口徑 30cm, 남은 높이 5.4cm.
○ 형태 : 구순은 뾰족함(尖脣). 구연은 외반됨(侈口). 목은 잘록함(束頸).
○ 태토 및 색깔 : 모래혼입 홍갈색토기.

③ **분 구연부 2**(陶盆口沿, H4:3, 그림 156-1)
○ 출토지 : 오녀산성 4호 재구덩이(제4기 문화).
○ 크기 : 口徑 28cm, 남은 높이 8cm.
○ 형태 : 구순은 뾰족함(尖脣). 구연은 꺾여 있음(折沿). 동체(腹)는 약간 곧음(直).
○ 태토 및 색깔 : 모래와 운모가 함유된 황갈색토기.

④ **토기 바닥**(陶器底, H4:4, 그림 156-3)
○ 출토지 : 오녀산성 4호 재구덩이(제4기 문화).
○ 크기 : 바닥직경 16cm, 남은 높이 4.4cm.
○ 형태 : 바닥이 평평함.
○ 태토 및 색깔 : 모래혼입 홍갈색토기.

49) 13호 재구덩이(灰坑, H13)

(1) 토기

① **호**(陶罐, H13:1, 그림 156-4)
○ 출토지 : 오녀산성 13호 재구덩이(제4기 문화).
○ 크기 : 口徑 9.3cm, 바닥직경 16cm, 높이 26.4cm.
○ 형태 : 구순은 뾰족함(尖脣). 구연(口)은 작고 외반됨(侈). 목은 잘록함(束頸). 어깨는 흘러내려감(溜肩). 바닥은 평평하고 안으로 들어가 있음.
○ 태토 및 색깔 : 모래와 운모가 함유된 회갈색토기.

50) 철기저장구덩이(鐵器窖藏, JC)

(1) 철기

JC:75~226은 철제화살촉임. 뱀머리모양이 절대 다수를 차지함. 촉두(鏃鋒)는 약간 다른데, 삼각형 혹은 원호형임. 촉신(鏃身)은 모두 네모난 기둥모양이고 일반적으로 긺. 일부 촉두 아래에 가시와 같은 것(倒刺)이 있음. 촉신과 경부(鋌)가 결합하는 부분에는 격(欄)이 있음. 일부는 기타 유형에 속함.

① **철솥**(鐵釜, JC:1, 그림 157-2)
 ○ 출토지 : 오녀산성 철기저장구덩이(제4기 문화).
 ○ 크기 : 口徑 31.2cm, 동체(腹) 직경 42.4cm, 바닥직경 8cm, 높이 38cm, 扉沿 너비 3.2cm, 두께 0.7cm.
 ○ 형태 : 주조품임. 구순은 각이 짐(方脣). 구연(口)은 약간 곧음(直). 동체는 둥그스름함(圓腹). 바닥은 작고 평평함. 동체의 벽 중상부 외측에 비연이 한 바퀴 둘려져 있음. 어깨(肩) 위에는 철현문(凸弦文) 두 줄이 둘러져 있음.

② **철복**(鐵提梁罐, JC:2, 그림 157-1)
 ○ 출토지 : 오녀산성 철기저장구덩이(제4기 문화).
 ○ 크기 : 口徑 11.2cm, 어깨(肩) 직경 13.6cm, 바닥직경 7.2cm, 높이 14.7cm.
 ○ 형태 : 주조품임. 구순은 뾰족함(尖脣). 구연은 내반됨(斂口). 어깨는 넓음(廣肩). 동체는 기울어짐(斜腹). 바닥은 평평하고 약간 안으로 들어감. 구연부 위의 양측에 반원형 파수(耳)가 있음. 어깨 아래에 여러 줄의 음각선문(凹弦文)이 있음. 동체 위에는 밖으로 나온 扉沿 한 줄이 둘러져 있음. 손잡이(提梁)는 철로 제작하였는데, 반원형임. 양단은 각각 손잡이를 밖에서 안으로 통과한 후 구부렸음.

③ **철제낫 1**(鐵鐮, JC:3, 그림 158-1)
 ○ 출토지 : 오녀산성 철기저장구덩이(제4기 문화).
 ○ 크기 : 길이 31cm, 너비 4cm.
 ○ 형태 : 구부러진 갈고리모양임. 끝은 뾰족하고 아래로 처짐. 뒷부분은 조금 넓고 아래에 반달모양의 결구(豁缺)가 있는데, 철날을 감을 때 쓰임. 꼬리 부분은 조금 접혔음.

④ **철제낫 2**(鐵鐮, JC:4, 그림 158-2)
 ○ 출토지 : 오녀산성 철기저장구덩이(제4기 문화).
 ○ 크기 : 길이 30cm, 너비 4cm.
 ○ 형태 : 위의 철제낫과 같음.

⑤ **철제낫 3**(鐵鐮, JC:5, 그림 158-3)
 ○ 출토지 : 오녀산성 철기저장구덩이(제4기 문화).
 ○ 크기 : 길이 30cm, 너비 3.6cm.
 ○ 형태 : 대체로 위의 철제낫과 같음. 다만 뒷부분이 조금 좁음.

⑥ **철제쇠스랑**(鐵耙, JC:6, 그림 159-4)
 ○ 출토지 : 오녀산성 철기저장구덩이(제4기 문화).
 ○ 크기 : 길이 15cm, 너비 10.3cm.
 ○ 형태 : 가지(齒)는 3개로, 四棱錐形이고 단면은 마름모꼴임. 공부(銎)는 통모양임. 공부 입구 근처에 원형의 못구멍 한 개가 있음.

⑦ **철제삽**(鐵鍬, JC:7, 그림 158-8)
 ○ 출토지 : 오녀산성 철기저장구덩이(제4기 문화).
 ○ 크기 : 길이 10.6cm, 날 너비 8.5cm, 공부 입구(銎口) 길이 4.1cm, 너비 3.5cm.
 ○ 형태 : 몸체 평면은 사다리꼴에 가까움. 양측은 비스듬하게 곧음. 날 부분은 약간 호형임. 공부는 원각 장방형임.

⑧ 철제도끼 1(鐵斧, JC:8, 그림 158-10)
○ 출토지 : 오녀산성 철기저장구덩이(제4기 문화).
○ 크기 : 길이 14.8cm, 너비 7.4cm, 두께 3cm.
○ 형태 : 평면은 장방형에 가까움. 허리 부분 양측은 약간 잘록함. 양 면은 약간 볼록함. 날각은 조금 넓혀져 있음. 도끼 측면에 장방형의 구멍이 뚫려 있음. 날 부분은 손상됨.

⑨ 철제도끼 2(鐵斧, JC:9)
○ 출토지 : 오녀산성 철기저장구덩이(제4기 문화).
○ 크기 : 남은 길이 7.1cm, 너비 6.3cm, 두께 2.2cm.
○ 형태 : 앞부분만 남아 있음. 날은 기울어져 있음.

⑩ 철제망치 1(鐵錘, JC:10, 그림 158-7)
○ 출토지 : 오녀산성 철기저장구덩이(제4기 문화).
○ 크기 : 길이 10.8cm, 너비 4cm, 두께 3.4cm.
○ 형태 : 상부는 네모난 기둥모양에 가깝고, 하부는 四棱錐形임. 윗면은 약간 볼록함. 뾰족한 부분은 비교적 뭉툭함. 장방형의 공부(銎)는 측면에 뚫어져 있음.

⑪ 철제망치 2(鐵剉, JC:11, 그림 158-9).
○ 출토지 : 오녀산성 철기저장구덩이(제4기 문화).
○ 크기 : 길이 10.8cm, 너비 2.5cm, 두께 2.3cm.
○ 형태 : 평면은 장방형에 가까움. 상부 측변 네 모서리에 긴 형태의 棱面이 있음. 장방형의 공부(銎)는 측면에 뚫어져 있음. 날 부분은 뭉툭함.

⑫ 철제쐐기(鐵楔, JC:12, 그림 159-9)
○ 출토지 : 오녀산성 철기저장구덩이(제4기 문화).
○ 크기 : 길이 11.2cm, 너비 4.8cm, 두께 2cm.
○ 형태 : 평면은 사다리꼴임. 측면에서 보면 쐐기형임.

⑬ 철제정(鐵鑿, JC:13, 그림 159-5)
○ 출토지 : 오녀산성 철기저장구덩이(제4기 문화).

○ 크기 : 길이 4.9cm, 너비 1cm.
○ 형태 : 비교적 작음. 날은 편평함. 윗부분의 가장자리는 장기간에 걸친 타격으로 인하여 파손됨.

⑭ 철제줄(鐵銼, JC:14, 그림 159-7)
○ 출토지 : 오녀산성 철기저장구덩이(제4기 문화).
○ 크기 : 길이 29.4cm, 너비 2.1cm, 두께 0.4cm.
○ 형태 : 평면은 장방형에 가깝고, 편평함. 끝부분은 모아짐. 양면은 구멍과 찌른 자국으로 가득함.

⑮ 철제뚫개(鐵鑽, JC:15, 그림 159-8)
○ 출토지 : 오녀산성 철기저장구덩이(제4기 문화).
○ 크기 : 길이 15cm, 너비 0.5cm.
○ 형태 : 원추형임. 위에서 아래로 나선이 돌아감.

⑯ 철제도자 1(鐵削, JC:16, 그림 158-6)
○ 출토지 : 오녀산성 철기저장구덩이(제4기 문화).
○ 크기 : 길이 14.6cm, 너비 1.4cm.
○ 형태 : 등은 평평함. 기울어진 날은 약간 들어가 있음.

⑰ 철제도자 2(鐵削, JC:17, 그림 158-5)
○ 출토지 : 오녀산성 철기저장구덩이(제4기 문화).
○ 크기 : 남은 길이 10.5cm, 너비 1cm.
○ 형태 : 파손됨. 등과 날은 휘었음. 뾰족한 부분은 아래로 처짐.

⑱ 철제도자 3(鐵削, JC:18, 그림 158-4)
○ 출토지 : 오녀산성 철기저장구덩이(제4기 문화).
○ 크기 : 남은 길이 6.2cm, 너비 0.9cm.
○ 형태 : 파손됨. 등은 평평함. 날은 휘었음. 뾰족한 부분은 위로 약간 올라가 있음.

⑲ **공형철기**(鐵銎形器, JC:19, 그림 159-3)
○ 출토지 : 오녀산성 철기저장구덩이(제4기 문화).
○ 크기 : 남은 길이 7.3cm, 너비 5.5cm, 두께 3.3cm.
○ 형태 : 파손됨. 공부(銎部)만 남아 있음. 한 면 가장자리에 반원형의 결구(豁缺)가 있음. 가운데 부분 근처에 작은 구멍 한 개가 있음.

⑳ **철제리벳이음**(鐵卡, JC:20, 그림 159-6)
○ 출토지 : 오녀산성 철기저장구덩이(제4기 문화).
○ 크기 : 길이 9.7cm, 너비 4cm, 두께 3.5cm.
○ 형태 : 평면은 장방형임. 철편과 연결못(鉚釘)으로 구성됨. 두 철편의 양단에 각각 2개의 연결못(鉚釘)이 박혀 있음.

㉑ **철테**(鐵箍, JC:21, 그림 159-1)
○ 출토지 : 오녀산성 철기저장구덩이(제4기 문화).
○ 크기 : 길이 4cm, 너비 2.6cm, 높이 2.1cm.
○ 형태 : 철편이 둥그렇게 말아져 있음.

㉒ **철제고리**(鐵環, JC:22, 그림 159-2)
○ 출토지 : 오녀산성 철기저장구덩이(제4기 문화).
○ 크기 : 직경 6.2~6.6cm.
○ 형태 : 원형에 가까움.

㉓ **철제수레바퀴줏대축 1**(鐵車䡇, JC:23, 그림 160-6)
○ 출토지 : 오녀산성 철기저장구덩이(제4기 문화).
○ 크기 : 직경 11.6cm, 높이 6.2cm, 벽 두께 1.2cm.
○ 형태 : 약간 파손됨. 톱니바퀴모양임. 외측에 일정한 간격으로 5개의 톱니(齒)가 있음. 톱니 단면은 사다리꼴 혹은 삼각형에 가까움.

㉔ **철제수레바퀴줏대축 2**(鐵車䡇, JC:24, 그림 160-2)
○ 출토지 : 오녀산성 철기저장구덩이(제4기 문화).
○ 크기 : 직경 10.7cm, 높이 5cm, 벽 두께 1cm.

○ 형태 : 톱니바퀴모양임. 바깥쪽에 일정한 간격으로 6개의 톱니(齒)가 있음.

㉕ **철제수레바퀴줏대축 3**(鐵車䡇, JC:25, 그림 160-3)
○ 출토지 : 오녀산성 철기저장구덩이(제4기 문화).
○ 크기 : 직경 10cm, 높이 5.8cm, 벽 두께 0.8cm.
○ 형태 : 위의 철제수레바퀴줏대축과 같음.

㉖ **철제수레바퀴줏대축 4**(鐵車䡇, JC:26, 그림 160-5)
○ 출토지 : 오녀산성 철기저장구덩이(제4기 문화).
○ 크기 : 직경 10.5cm, 높이 4.8cm, 벽 두께 1cm.
○ 형태 : 위의 철제수레바퀴줏대축과 같음. 다만 파손되어 2개의 톱니(齒)만 남아 있음.

㉗ **철제수레바퀴줏대축 5**(鐵車䡇, JC:27, 그림 160-4)
○ 출토지 : 오녀산성 철기저장구덩이(제4기 문화).
○ 크기 : 직경 6.9cm, 높이 4.2cm, 벽 두께 0.8cm.
○ 형태 : 위의 철제수레바퀴줏대축과 같음.

㉘ **철제수레바퀴줏대축 6**(鐵車䡇, JC:28, 그림 160-1)
○ 출토지 : 오녀산성 철기저장구덩이(제4기 문화).
○ 크기 : 직경 7cm, 높이 3.5cm, 벽 두께 0.6cm.
○ 형태 : 위의 철제수레바퀴줏대축과 같음.

㉙ **철제수레바퀴비녀장**(鐵車轄, JC:29, 그림 160-8)
○ 출토지 : 오녀산성 철기저장구덩이(제4기 문화).
○ 크기 : 길이 11cm, 너비 2.7cm, 두께 1~2cm.
○ 형태 : 평면은 장방형임. 한 면은 평평하고 다른 한 면은 윗부분이 경사진 모습으로 볼록함. 경사면에 평행한 돌기(凸棱)가 있음. 아래 끝에는 한 개의 둥근 구멍이 있음.

㉚ **철제장식 1**(鐵多孔飾件, JC:30, 그림 160-9)
○ 출토지 : 오녀산성 철기저장구덩이(제4기 문화).

○ 크기 : 길이 11cm, 너비 7.5cm, 높이 18.5cm.
○ 형태 : 손잡이(提梁)와 철판(卡子)으로 구성. 손잡이의 중심 부위는 방형이고 중간에 구멍이 있음. 네 모서리는 각각 아래로 갈퀴(爪)가 뻗어 있음. 갈퀴 끝에는 구멍이 있는데, 연결못(鉚釘)이 뚫고 들어가 철판과 연결됨. 철판은 구부려져 있는데, 측면에서 보면 '∩'형임. 윗면은 평평함. 그 가운데 양측은 약간 아래로 꺾여 있음. 다른 양측은 아래로 곧게 뻗어 있음. 끝은 삼각형임. 가장자리에 5개의 구멍이 있음.

㉛ **철제장식 2**(鐵拱形飾件, JC:31, 그림 160-7)
○ 출토지 : 오녀산성 철기저장구덩이(제4기 문화).
○ 크기 : 철편 너비 6.5cm, 두께 0.2cm, 장식 길이 28.5cm, 너비 20cm.
○ 형태 : 출토 당시 접어져 있었음. 철편으로 제작. 평면은 반원형인데, 말안장 안교와 유사함. 양단은 수축됨. 아래 가장자리에는 10개의 작은 구멍이 있는데, 2개가 한 세트로서 일정한 간격으로 분포하고 있음. 못을 박거나 끈을 연결하는 데 사용한 것임.

㉜ **철제재갈 1**(鐵馬銜鑣, JC:32, 그림 161-2)
○ 출토지 : 오녀산성 철기저장구덩이(제4기 문화).
○ 크기 : 銜 길이 19cm, 너비 2.6cm, 인수(拴轡環) 길이 14.8cm, 너비 2.8cm, 함유(鑣) 길이 8.8cm, 너비 4.7cm, 총 길이 20.7cm, 너비 18.3cm.
○ 형태 : 함은 연결된 2개의 철봉으로 구성. 철봉 단면은 원형임. 한쪽 끝은 원형의 고리이고, 다른 한쪽 끝은 편평함. 양측은 바깥으로 갈수록 점점 감소하고 끝에 꽃잎모양이 있음. 꽃잎모양 중간에 원형 구멍이 있는데, 인수가 끼워져 있음. 인수는 철로 제작하였고, 평면은 '8'자형에 가까움. 양단 모두 둥그런 고리모양인데, 크기는 다름. 함유는 철판으로 제작하였고, 평면은 타원형임. 위에는 장방형의 구멍, 아래에는 세장형의 구멍이 뚫어져 있음. 세장형 구멍에 함의 바깥 끝이 끼워져 있음.

㉝ **철제재갈 2**(鐵馬銜鑣, JC:33, 그림 161-1)
○ 출토지 : 오녀산성 철기저장구덩이(제4기 문화).
○ 크기 : 銜 길이 19.1cm, 너비 2.5cm, 인수(拴轡環) 길이 16.5cm, 너비 3cm, 함유(鑣) 길이 9cm, 너비 7.5cm, 전체 길이 19cm, 너비 18.5cm.
○ 형태 : 함은 연결된 2개의 철봉으로 구성. 철봉 단면은 원형임. 양단 모두 원형의 고리임. 바깥쪽 원형고리 안에는 막이(隔檔)가 있고, 함유 및 인수가 끼워져 있음. 인수는 철로 제작하였고, 평면은 '8'자형에 가까움. 양단 또한 원형고리임. 함유 평면은 원각 장방형으로, '田'자에 가까움. 중간에 '十'자모양이 있고, '十'자 교차점은 원형고리인데, 함 바깥 끝의 원형고리가 끼워져 있음. 가장자리에는 얽혀 있는 철사가 있는데, 뚫어진 틈이 남아 있음.

㉞ **철제등자 1**(鐵馬鐙, JC:34, 그림 161-4)
○ 출토지 : 오녀산성 철기저장구덩이(제4기 문화).
○ 크기 : 길이 24.7cm, 너비 17cm, 두께 1.8cm.
○ 형태 : 윤부(鐙環)에는 철편이 씌워져 있음. 평면은 타원형임. 윗면에는 구멍과 연결못(鉚釘)이 있는데, 원래는 안에 나무로 만든 윤부가 있었음을 보여줌. 병부(柄)는 긴 편임. 끝부분은 약간 뾰족하고 가운데가 조금 넓음. 장방형의 구멍이 가로로 뚫려 있고, 그 아래로는 잘록함.

㉟ **철제등자 2**(鐵馬鐙, JC:35, 그림 161-3)
○ 출토지 : 오녀산성 철기저장구덩이(제4기 문화).
○ 크기 : 길이 23.3cm, 너비 18.6cm, 두께 3cm.
○ 형태 : 윤부(鐙環)에는 철편이 씌워져 있음. 평면은 타원형임. 그 위에 4개의 작은 구멍이 있는데, 연결못(鉚釘)을 박기 위한 용도임. 원래는 안에 나무로 만든 윤부가 있었음. 윤부 근처 병부(柄) 한 측은 삼각형으

로 뻗어 있음. 병부는 측면에서 보면 사다리꼴임. 상부에는 장방형의 구멍이 가로로 뚫려 있고, 꼭대기에 뾰족하게 튀어나온 부분이 있음.

㊱ **철제띠고리 1**(鐵盤座帶扣, JC:36, 그림 162-2)
○ 출토지 : 오녀산성 철기저장구덩이(제4기 문화).
○ 크기 : 받침(盤座) 직경 8.3cm, 두께 1cm, 띠고리(帶扣) 길이 3.5cm, 너비 3cm.
○ 형태 : 받침, 띠고리(帶扣), 코(鼻)로 구성. 받침은 원형이고 낮음. 가장자리는 꺾여 있음. 8개의 작은 구멍이 있는데, 2개가 한 세트임. 가운데 부분에는 가로 방향의 구멍이 뚫어져 있음. 띠고리 평면은 타원형에 가까움. 교침(扣針)은 'T'자형임. 코는 철편을 꺾어서 제작함. 꺾어진 부분은 띠고리 뒷부분의 橫梁을 감고 있음. 코 끝은 받침의 구멍을 통과한 후 각각 양측으로 꺾어 띠고리와 받침을 함께 고정함.

㊲ **철제띠고리 2**(鐵盤座帶扣, JC:37, 그림 162-1)
○ 출토지 : 오녀산성 철기저장구덩이(제4기 문화).
○ 크기 : 직경 8cm, 두께 0.9cm, 띠고리(帶扣) 길이 5cm, 너비 4cm.
○ 형태 : 위의 띠고리와 같음. 다만 받침(盤座)은 파손됨.

㊳ **철제띠고리 3**(鐵盤座帶扣, JC:38, 그림 162-3)
○ 출토지 : 오녀산성 철기저장구덩이(제4기 문화).
○ 크기 : 받침(盤座) 직경 6.4cm, 두께 0.8cm, 띠고리(帶扣) 길이 4.1cm, 너비 3.1cm.
○ 형태 : 받침의 모습은 위의 띠고리와 같음. 띠고리 평면은 장방형임.

㊴ **철제허리띠고리 4**(鐵盤座帶扣, JC:39, 그림 162-4)
○ 출토지 : 오녀산성 철기저장구덩이(제4기 문화).
○ 크기 : 직경 8.8cm, 두께 0.6cm.

○ 형태 : 받침(盤座)만 남아 있는데, JC:68 띠고리(扣環)와 세트인 것으로 추정됨.

㊵ **철제허리띠고리 1**(鐵桃形葉片帶扣, JC:40, 그림 163-3)
○ 출토지 : 오녀산성 철기저장구덩이(제4기 문화).
○ 크기 : 허리띠고리(帶扣) 길이 3.9cm, 너비 2.9cm, 葉片 길이 7cm, 너비 5.3cm.
○ 형태 : 복숭아모양 엽편과 허리띠로 구성됨. 띠고리 평면은 타원형임. 교침(扣針)은 'T'자형임. 뒷부분의 橫梁은 엽편과 접해 있음. 엽편은 가운데 부분이 뚫려 있고, 주변에는 작은 원형 구멍이 분포하고 있는데, 2개가 한 세트로 마주하고 있음.

㊶ **철제허리띠고리 2**(鐵桃形葉片帶扣, JC:41, 그림 163-4)
○ 출토지 : 오녀산성 철기저장구덩이(제4기 문화).
○ 크기 : 허리띠고리(帶扣) 길이 3.7cm, 너비 2.5cm, 葉片 길이 6.4cm, 너비 5.1cm.
○ 형태 : 위의 허리띠고리와 같음. 엽편 주변의 작은 원형 구멍에 3개의 연결못(鉚釘)이 남아 있음.

㊷ **철제허리띠고리 3**(鐵桃形葉片帶扣, JC:42, 그림 163-2)
○ 출토지 : 오녀산성 철기저장구덩이(제4기 문화).
○ 크기 : 허리띠고리(帶扣) 길이 4.6cm, 너비 2.9cm, 葉片 길이 6.3cm, 너비 4.2cm.
○ 형태 : 위의 허리띠고리와 같음.

㊸ **철제허리띠고리 4**(鐵桃形葉片帶扣, JC:43, 그림 163-5)
○ 출토지 : 오녀산성 철기저장구덩이(제4기 문화).
○ 크기 : 허리띠고리(帶扣) 길이 4.3cm, 너비 3cm, 葉片 길이 6.1cm, 너비 4.2cm.
○ 형태 : 위의 허리띠고리와 같음. 교침(扣針)은 없어짐.

㊹ **철제허리띠고리** 5(鐵桃形葉片帶扣, JC:44, 그림 163-1)
○ 출토지 : 오녀산성 철기저장구덩이(제4기 문화).
○ 크기 : 허리띠고리(帶扣) 길이 4.5cm, 너비 2.5cm, 葉片 길이 5.9cm, 너비 4.3cm.
○ 형태 : 위의 허리띠고리와 같음.

㊺ **철제허리띠고리** 6(鐵長條合頁帶扣, JC:45, 그림 164-4)
○ 출토지 : 오녀산성 철기저장구덩이(제4기 문화).
○ 크기 : 허리띠고리(帶扣) 길이 4.5cm, 너비 3.8cm, 경첩(合頁) 길이 8.3cm, 너비 1.5cm.
○ 형태 : 長條形의 경첩(合頁)과 띠고리로 구성됨. 띠고리 평면은 타원형임. 교침(扣針)은 'T'자형임. 뒷부분 橫梁과 경첩은 접함.

㊻ **철제허리띠고리** 7(鐵長條合頁帶扣, JC:46, 그림 164-3)
○ 출토지 : 오녀산성 철기저장구덩이(제4기 문화).
○ 크기 : 허리띠고리(帶扣) 길이 4.4cm, 너비 3.5cm, 경첩(合頁) 길이 8.2cm, 너비 1.5cm.
○ 형태 : 위의 허리띠고리와 같음.

㊼ **철제허리띠고리** 8(鐵合頁帶扣, JC:47, 그림 164-1)
○ 출토지 : 오녀산성 철기저장구덩이(제4기 문화).
○ 크기 : 허리띠고리(帶扣) 길이 4.5cm, 너비 2.2cm, 경첩(合頁) 길이 3.3cm, 너비 3.1cm.
○ 형태 : 띠고리(帶扣) 평면은 타원형임. '一'자형 교침(扣針)은 後梁을 감싸고 있음. 경첩 평면은 圭首形임. 띠고리와 후량은 서로 끼워져 있음.

㊽ **철제허리띠고리** 9(鐵帶扣, JC:48, 그림 164-2)
○ 출토지 : 오녀산성 철기저장구덩이(제4기 문화).
○ 크기 : 길이 3.6cm, 너비 2.3cm.
○ 형태 : 파손됨. 고리(扣環)만 남아 있는데, 평면은 타원형임.

㊾ **철제허리띠고리** 10(鐵帶扣, JC:49, 그림 165-20)
○ 출토지 : 오녀산성 철기저장구덩이(제4기 문화).
○ 크기 : 길이 13.2cm, 너비 5.8cm.
○ 형태 : 평면은 사다리꼴임. 고리(扣環) 앞부분 양 모서리는 둥그스름함. 단면은 원형임. 뒷부분은 편평함. 양벽에 끼워져 있는 교침(扣針)은 'T'자형임. 後梁은 네모난 기둥모양임.

(50) **철제허리띠고리** 11(鐵帶扣, JC:50, 그림 165-21)
○ 출토지 : 오녀산성 철기저장구덩이(제4기 문화).
○ 크기 : 길이 13cm, 너비 5.8cm.
○ 형태 : 위의 허리띠고리와 같음.

(51) **철제허리띠고리** 12(鐵帶扣, JC:51, 그림 165-18)
○ 출토지 : 오녀산성 철기저장구덩이(제4기 문화).
○ 크기 : 길이 12.3cm, 너비 5.8cm.
○ 형태 : 위의 허리띠고리와 같음.

(52) **철제허리띠고리** 13(鐵帶扣, JC:52, 그림 165-17)
○ 출토지 : 오녀산성 철기저장구덩이(제4기 문화).
○ 크기 : 길이 12cm, 너비 5.9cm.
○ 형태 : 위의 허리띠고리와 같음.

(53) **철제허리띠고리** 14(鐵帶扣, JC:53, 그림 165-7)
○ 출토지 : 오녀산성 철기저장구덩이(제4기 문화).
○ 크기 : 길이 10.5cm, 너비 5cm.
○ 형태 : 위의 허리띠고리와 같음.

(54) **철제허리띠고리** 15(鐵帶扣, JC:54, 그림 165-6)
○ 출토지 : 오녀산성 철기저장구덩이(제4기 문화).
○ 크기 : 길이 10.4cm, 너비 5cm.
○ 형태 : 위의 허리띠고리와 같음.

(55) **철제허리띠고리** 16(鐵帶扣, JC:55, 그림 165-11)
○ 출토지 : 오녀산성 철기저장구덩이(제4기 문화).
○ 크기 : 길이 11.2cm, 너비 4.5cm.
○ 형태 : 위의 허리띠고리와 같음.

(56) **철제허리띠고리** 17(鐵帶扣, JC:56, 그림 165-12)
○ 출토지 : 오녀산성 철기저장구덩이(제4기 문화).
○ 크기 : 길이 11cm, 너비 4.2cm.
○ 형태 : 위의 허리띠고리와 같음.

(57) **철제허리띠고리** 18(鐵帶扣, JC:57, 그림 165-15)
○ 출토지 : 오녀산성 철기저장구덩이(제4기 문화).
○ 크기 : 길이 10cm, 너비 4.4cm.
○ 형태 : 위의 허리띠고리와 같음.

(58) **철제허리띠고리** 19(鐵帶扣, JC:58, 그림 165-16)
○ 출토지 : 오녀산성 철기저장구덩이(제4기 문화).
○ 크기 : 길이 11cm, 너비 4.2cm.
○ 형태 : 대체로 위의 허리띠고리와 같음. 後梁과 고리(帶環)는 하나로 주조됨.

(59) **철제허리띠고리** 20(鐵帶扣, JC:59, 그림 165-10)
○ 출토지 : 오녀산성 철기저장구덩이(제4기 문화).
○ 크기 : 길이 9.4cm, 너비 5.1cm.
○ 형태 : 고리(帶環) 앞부분은 타원형임. 단면은 원형임. 뒷부분은 편평함. 교침(扣針)과 後梁의 형태는 위의 철제허리띠고리와 같음.

(60) **철제허리띠고리** 21(鐵帶扣, JC:60, 그림 165-9)
○ 출토지 : 오녀산성 철기저장구덩이(제4기 문화).
○ 크기 : 길이 8.6cm, 너비 5.3cm.
○ 형태 : 위의 허리띠고리와 같음.

(61) **철제허리띠고리** 22(鐵帶扣, JC:61, 그림 165-2)
○ 출토지 : 오녀산성 철기저장구덩이(제4기 문화).
○ 크기 : 길이 8cm, 너비 4.6cm.
○ 형태 : 위의 허리띠고리와 같음.

(62) **철제허리띠고리** 23(鐵帶扣, JC:62, 그림 165-5)
○ 출토지 : 오녀산성 철기저장구덩이(제4기 문화).
○ 크기 : 길이 8.1cm, 너비 4.7cm.
○ 형태 : 위의 허리띠고리와 같음.

(63) **철제허리띠고리** 24(鐵帶扣, JC:63, 그림 165-1)
○ 출토지 : 오녀산성 철기저장구덩이(제4기 문화).
○ 크기 : 길이 7.7cm, 너비 4.2cm.
○ 형태 : 위의 허리띠고리와 같음.

(64) **철제허리띠고리** 25(鐵帶扣, JC:64, 그림 165-4)
○ 출토지 : 오녀산성 철기저장구덩이(제4기 문화).
○ 크기 : 길이 6.9cm, 너비 5.3cm.
○ 형태 : 위의 허리띠고리와 같음.

(65) **철제허리띠고리** 26(鐵帶扣, JC:65, 그림 165-8)
○ 출토지 : 오녀산성 철기저장구덩이(제4기 문화).
○ 크기 : 길이 8.4cm, 너비 5.3cm.
○ 형태 : 평면은 타원형에 가까움. '一'자형 교침(扣針) 끝부분은 납작한 고리모양으로 중간에 작은 구멍이 있고 後梁이 끼워져 있음.

(66) **철제허리띠고리** 27(鐵帶扣, JC:66, 그림 165-3)
○ 출토지 : 오녀산성 철기저장구덩이(제4기 문화).
○ 크기 : 길이 8cm, 너비 4.9cm.
○ 형태 : 평면은 장방형에 가까움. 앞부분 끝의 두 모서리는 밖으로 뻗어 있음. '一'자형 교침(扣針)은 後梁을 감싸고 있음.

(67) **철제허리띠고리** 28(**鐵帶扣**, JC:67, **그림** 165-13)

○ 출토지 : 오녀산성 철기저장구덩이(제4기 문화).

○ 크기 : 길이 5cm, 너비 4.2cm.

○ 형태 : 평면은 타원형임. 교침(扣針)은 'T'자형임.

(68) **철제허리띠고리** 29(**鐵帶扣**, JC:68, **그림** 165-14)

○ 출토지 : 오녀산성 철기저장구덩이(제4기 문화).

○ 크기 : 길이 4.5cm, 너비 3.8cm.

○ 형태 : 대체로 위의 허리띠고리와 같음.

(69) **철제허리띠고리** 30(**鐵帶扣**, JC:69, **그림** 165-19)

○ 출토지 : 오녀산성 철기저장구덩이(제4기 문화).

○ 크기 : 길이 11.8cm, 너비 5.2cm.

○ 형태 : 평면은 사다리꼴임. 後梁이 접해지는 부분은 돌출됨.

(70) **철제족쇄**(**鐵脚鐐**, JC:70, **그림** 166-7)

○ 출토지 : 오녀산성 철기저장구덩이(제4기 문화).

○ 크기 : 길이 41cm, 너비 9.3cm.

○ 형태 : 체인링크(鏈節), 자물쇠고리(鎖環), 자물쇠(鎖), 열쇠(鑰匙)로 구성. 체인링크는 둥그런 기둥 형태의 철로 제작함. 평면은 '8'자형임. 양단 모두 원형고리임. 모두 세 마디인데, 서로 끼워져 연결되어 있음. 바깥 끝 원형고리와 자물쇠고리는 서로 연결되어 있음. 자물쇠고리는 납작한 방형의 철로 제작하였음. 반원형으로 모두 2개임. 전체 평면은 타원형임. 상반고리 바깥에는 鎖簧이 연결되어 있음. 쇄황은 모두 4편이 있고, 네모난 기둥모양의 鎖芯 네 면에 부착되어 있음. 상반고리 바깥에는 자물쇠가 붙어 있음. 자물쇠는 원통모양으로 한쪽 끝에 구멍이 남아 있음. 열쇠는 편평한 철로 제작함. 바깥쪽은 구부러진 원형고리이고, 안쪽은 꺾여 있는 방형 철편인데, 안에 구멍이 있어서 쇄황과 서로 끼워짐. 출토 당시 열쇠는 자물쇠(鎖) 안에 끼워져 있었음.

(71) **철제도끼** 1(**鐵雙端刃斧**, JC:71, **그림** 166-1)

○ 출토지 : 오녀산성 철기저장구덩이(제4기 문화).

○ 크기 : 몸체 길이 16cm, 너비 6cm, 두께 2.2cm, 자루 길이 24.2cm, 너비 2.5cm, 두께 0.7cm.

○ 형태 : 몸체 평면은 장방형에 가까운데, 가운데 부분이 잘록함. 윗쪽 가장자리는 비교적 명확함. 양단 모두 날인데, 비교적 곧고 예리함. 장방형의 공부(銎)는 가운데 부분 측면에 있음. 철로 제작한 자루는 짧은데, 위가 넓고 아래가 좁음. 상단은 공부에 끼워져 있음. 하단은 뾰족함. 나무자루와 접해 있었을 것임.

(72) **철제도끼** 2(**鐵雙孔斧**, JC:72, **그림** 166-2)

○ 출토지 : 오녀산성 철기저장구덩이(제4기 문화).

○ 크기 : 길이 20cm, 너비 4.8cm, 두께 2.5cm.

○ 형태 : 양날 도끼임. 평면은 장방형에 가까움. 한쪽 끝은 약간 호형의 곧은 날인데, 날각은 약간 뻗었음. 한쪽 끝은 뾰족한 날임. 장방형의 공부(銎)는 가운데 부분 측면에 있음. 몸체에 2개의 구멍이 있는데, 한 구멍 옆에 뚫리지 않은 반달모양의 구멍이 있음.

(73) **철제포편**(**鐵包片**, JC:73, **그림** 166-3)

○ 출토지 : 오녀산성 철기저장구덩이(제4기 문화).

○ 크기 : 남은 길이 7.7cm, 너비 2.5cm.

○ 형태 : 파손됨. 철편으로 제작. 반원형임. 한 측은 가장자리를 좁게 꺾었음. 내벽에는 활모양의 작은 연결못(鉚釘)이 남아 있음.

(74) **철제찰갑옷**(**鐵甲衣**, JC:74)

○ 출토지 : 오녀산성 철기저장구덩이(제4기 문화).

○ 형태 : 210매의 찰갑편(甲片)으로 구성되었는데, 발견 당시 철제솥(鐵釜) 바깥과 주변에 흩어져 있었기 때문에 원래의 형태가 명확하지 않음. 찰갑편(甲片)은 대, 중, 소 세 유형으로 나눌 수 있음. 대유형은 모두 156매임. 면은 장방형에 가까움. 상단 양각은 말각됨.

아랫변은 비교적 평평하고 곧음. 윗쪽 가장자리 근처에 2개의 작은 구멍이 가로 방향으로 분포하고 있음. 아랫부분 중간에 작은 구멍 한 개가 있고, 다시 아래측에 2개의 작은 구멍이 세로 방향으로 분포하고 있음. 양측에는 각각 4개의 작은 구멍이 있어 마주하고 있음. 일반적으로 길이 8cm, 너비 2.8cm임(그림 166-4). 중유형은 1매만 있음. 평면은 사다리꼴에 가까움. 상단 양각은 말각됨. 아랫변은 약간 호형임. 윗쪽 가장자리 근처에 2개의 작은 구멍이 가로 방향으로 분포하고 있음. 아랫부분에는 3개의 작은 구멍이 세로 방향으로 분포하고 있음. 양측에는 각각 2개의 작은 구멍이 있어 마주하고 있음. 길이 4.7cm, 너비 2.7cm임(그림 166-5). 소유형은 53매임. 형태는 중유형과 대체로 같음. 일반적으로 길이 4cm, 너비 2cm임(그림 166-6). 찰갑편은 모두 철기저장구덩이에 있었던 철제솥(鐵釜) 바깥에서 출토되어 대다수 파괴되었고 부식이 매우 심함.

(75) **철제화살촉** 1(鐵鏃, JC:75, **그림** 167-1)
○ 출토지 : 오녀산성 철기저장구덩이(제4기 문화).
○ 크기 : 길이 22.5cm, 너비 0.7cm.
○ 형태 : 뱀머리모양임.

(76) **철제화살촉** 2(鐵鏃, JC:76, **그림** 167-2)
○ 출토지 : 오녀산성 철기저장구덩이(제4기 문화).
○ 크기 : 길이 20.3cm, 너비 0.7cm.
○ 형태 : 뱀머리모양임.

(77) **철제화살촉** 3(鐵鏃, JC:77, **그림** 167-3)
○ 출토지 : 오녀산성 철기저장구덩이(제4기 문화).
○ 크기 : 길이 20.2cm, 너비 0.6cm.
○ 형태 : 뱀머리모양임.

(78) **철제화살촉** 4(鐵鏃, JC:78, **그림** 167-4)
○ 출토지 : 오녀산성 철기저장구덩이(제4기 문화).
○ 크기 : 길이 20.2cm, 너비 0.8cm.
○ 형태 : 뱀머리모양임.

(79) **철제화살촉** 5(鐵鏃, JC:79, **그림** 167-5)
○ 출토지 : 오녀산성 철기저장구덩이(제4기 문화).
○ 크기 : 길이 19cm, 너비 0.7cm.
○ 형태 : 뱀머리모양임.

(80) **철제화살촉** 6(鐵鏃, JC:80, **그림** 167-6)
○ 출토지 : 오녀산성 철기저장구덩이(제4기 문화).
○ 크기 : 길이 19.5cm, 너비 0.9cm.
○ 형태 : 뱀머리모양임.

(81) **철제화살촉** 7(鐵鏃, JC:81, **그림** 167-7)
○ 출토지 : 오녀산성 철기저장구덩이(제4기 문화).
○ 크기 : 길이 20.5cm, 너비 0.9cm.
○ 형태 : 뱀머리모양임.

(82) **철제화살촉** 8(鐵鏃, JC:82, **그림** 167-8)
○ 출토지 : 오녀산성 철기저장구덩이(제4기 문화).
○ 크기 : 길이 19.2cm, 너비 0.8cm.
○ 형태 : 뱀머리모양임.

(83) **철제화살촉** 9(鐵鏃, JC:83, **그림** 167-9)
○ 출토지 : 오녀산성 철기저장구덩이(제4기 문화).
○ 크기 : 길이 19.2cm, 너비 1cm.
○ 형태 : 뱀머리모양임.

(84) **철제화살촉** 10(鐵鏃, JC:84, **그림** 167-10)
○ 출토지 : 오녀산성 철기저장구덩이(제4기 문화).
○ 크기 : 길이 19.4cm, 너비 0.9cm.
○ 형태 : 뱀머리모양임.

⑧⑤ **철제화살촉 11**(鐵鏃, JC:85, 그림 167-11)
- 출토지 : 오녀산성 철기저장구덩이(제4기 문화).
- 크기 : 길이 17.8cm, 너비 0.6cm.
- 형태 : 뱀머리모양임.

⑧⑥ **철제화살촉 12**(鐵鏃, JC:86, 그림 167-12)
- 출토지 : 오녀산성 철기저장구덩이(제4기 문화).
- 크기 : 길이 17.5cm, 너비 0.8cm.
- 형태 : 뱀머리모양임.

⑧⑦ **철제화살촉 13**(鐵鏃, JC:87, 그림 167-13)
- 출토지 : 오녀산성 철기저장구덩이(제4기 문화).
- 크기 : 남은 길이 13.6cm, 너비 0.7cm.
- 형태 : 뱀머리모양임.

⑧⑧ **철제화살촉 14**(鐵鏃, JC:88, 그림 167-14)
- 출토지 : 오녀산성 철기저장구덩이(제4기 문화).
- 크기 : 남은 길이 14.4cm, 너비 0.9cm.
- 형태 : 뱀머리모양임.

⑧⑨ **철제화살촉 15**(鐵鏃, JC:89, 그림 167-15)
- 출토지 : 오녀산성 철기저장구덩이(제4기 문화).
- 크기 : 남은 길이 14.5cm, 너비 0.8cm.
- 형태 : 뱀머리모양임.

⑨⓪ **철제화살촉 16**(鐵鏃, JC:90, 그림 167-16)
- 출토지 : 오녀산성 철기저장구덩이(제4기 문화).
- 크기 : 남은 길이 14.7cm, 너비 0.6cm.
- 형태 : 뱀머리모양임.

⑨① **철제화살촉 17**(鐵鏃, JC:91, 그림 167-17)
- 출토지 : 오녀산성 철기저장구덩이(제4기 문화).
- 크기 : 남은 길이 15.6cm, 너비 0.7cm.
- 형태 : 뱀머리모양임.

⑨② **철제화살촉 18**(鐵鏃, JC:92, 그림 167-18)
- 출토지 : 오녀산성 철기저장구덩이(제4기 문화).
- 크기 : 길이 16cm, 너비 0.8cm.
- 형태 : 뱀머리모양임.

⑨③ **철제화살촉 19**(鐵鏃, JC:93, 그림 167-19)
- 출토지 : 오녀산성 철기저장구덩이(제4기 문화).
- 크기 : 남은 길이 16.2cm, 너비 0.8cm.
- 형태 : 뱀머리모양임.

⑨④ **철제화살촉 20**(鐵鏃, JC:94, 그림 167-20)
- 출토지 : 오녀산성 철기저장구덩이(제4기 문화).
- 크기 : 남은 길이 17.7cm, 너비 1cm.
- 형태 : 뱀머리모양임.

⑨⑤ **철제화살촉 21**(鐵鏃, JC:95, 그림 167-21)
- 출토지 : 오녀산성 철기저장구덩이(제4기 문화).
- 크기 : 남은 길이 17cm, 너비 1cm.
- 형태 : 뱀머리모양임.

⑨⑥ **철제화살촉 22**(鐵鏃, JC:96, 그림 167-22)
- 출토지 : 오녀산성 철기저장구덩이(제4기 문화).
- 크기 : 길이 18cm, 너비 0.9cm.
- 형태 : 뱀머리모양임.

⑨⑦ **철제화살촉 23**(鐵鏃, JC:97, 그림 167-23)
- 출토지 : 오녀산성 철기저장구덩이(제4기 문화).
- 크기 : 남은 길이 18.2cm, 너비 0.8cm.
- 형태 : 뱀머리모양임.

⑨⑧ **철제화살촉 24**(鐵鏃, JC:98, 그림 167-24)
- 출토지 : 오녀산성 철기저장구덩이(제4기 문화).
- 크기 : 남은 길이 18.3cm, 너비 0.7cm.
- 형태 : 뱀머리모양임.

⑨⑨ **철제화살촉 25**(鐵鏃, JC:99, 그림 168-1)
  ○ 출토지 : 오녀산성 철기저장구덩이(제4기 문화).
  ○ 크기 : 남은 길이 19.5cm, 너비 0.9cm.
  ○ 형태 : 뱀머리모양임.

⑩⑩ **철제화살촉 26**(鐵鏃, JC:100, 그림 168-2)
  ○ 출토지 : 오녀산성 철기저장구덩이(제4기 문화).
  ○ 크기 : 길이 19.5cm, 너비 0.9cm.
  ○ 형태 : 뱀머리모양임.

⑩① **철제화살촉 27**(鐵鏃, JC:101, 그림 168-3)
  ○ 출토지 : 오녀산성 철기저장구덩이(제4기 문화).
  ○ 크기 : 길이 18cm, 너비 0.8cm.
  ○ 형태 : 뱀머리모양임.

⑩② **철제화살촉 28**(鐵鏃, JC:102, 그림 168-4)
  ○ 출토지 : 오녀산성 철기저장구덩이(제4기 문화).
  ○ 크기 : 길이 17.6cm, 너비 0.8cm.
  ○ 형태 : 뱀머리모양임.

⑩③ **철제화살촉 29**(鐵鏃, JC:103, 그림 168-5)
  ○ 출토지 : 오녀산성 철기저장구덩이(제4기 문화).
  ○ 크기 : 남은 길이 17.5cm, 너비 0.7cm.
  ○ 형태 : 뱀머리모양임.

⑩④ **철제화살촉 30**(鐵鏃, JC:104, 그림 168-6)
  ○ 출토지 : 오녀산성 철기저장구덩이(제4기 문화).
  ○ 크기 : 길이 17.4cm, 너비 0.8cm.
  ○ 형태 : 뱀머리모양임.

⑩⑤ **철제화살촉 31**(鐵鏃, JC:105, 그림 168-7)
  ○ 출토지 : 오녀산성 철기저장구덩이(제4기 문화).
  ○ 크기 : 남은 길이 17.1cm, 너비 0.8cm.
  ○ 형태 : 뱀머리모양임.

⑩⑥ **철제화살촉 32**(鐵鏃, JC:106, 그림 168-8)
  ○ 출토지 : 오녀산성 철기저장구덩이(제4기 문화).
  ○ 크기 : 길이 16.9cm, 너비 0.9cm.
  ○ 형태 : 뱀머리모양임.

⑩⑦ **철제화살촉 33**(鐵鏃, JC:107, 그림 168-9)
  ○ 출토지 : 오녀산성 철기저장구덩이(제4기 문화).
  ○ 크기 : 길이 16.6cm, 너비 0.8cm.
  ○ 형태 : 뱀머리모양임.

⑩⑧ **철제화살촉 34**(鐵鏃, JC:108, 그림 168-10)
  ○ 출토지 : 오녀산성 철기저장구덩이(제4기 문화).
  ○ 크기 : 남은 길이 16.3cm, 너비 0.8cm.
  ○ 형태 : 뱀머리모양임.

⑩⑨ **철제화살촉 35**(鐵鏃, JC:109, 그림 168-11)
  ○ 출토지 : 오녀산성 철기저장구덩이(제4기 문화).
  ○ 크기 : 길이 16.2cm, 너비 0.8cm.
  ○ 형태 : 뱀머리모양임.

⑪⑩ **철제화살촉 36**(鐵鏃, JC:110, 그림 168-12)
  ○ 출토지 : 오녀산성 철기저장구덩이(제4기 문화).
  ○ 크기 : 길이 15.4cm, 너비 0.8cm.
  ○ 형태 : 뱀머리모양임.

⑪① **철제화살촉 37**(鐵鏃, JC:111, 그림 168-13)
  ○ 출토지 : 오녀산성 철기저장구덩이(제4기 문화).
  ○ 크기 : 남은 길이 15.6cm, 너비 0.7cm.
  ○ 형태 : 뱀머리모양임.

⑪② **철제화살촉 38**(鐵鏃, JC:112, 그림 168-14)
  ○ 출토지 : 오녀산성 철기저장구덩이(제4기 문화).
  ○ 크기 : 남은 길이 14.2cm, 너비 0.9cm.
  ○ 형태 : 뱀머리모양임.

⑬ **철제화살촉 39**(鐵鏃, JC:113, 그림 168-15)
- 출토지 : 오녀산성 철기저장구덩이(제4기 문화).
- 크기 : 남은 길이 15.7cm, 너비 0.8cm.
- 형태 : 뱀머리모양임.

⑭ **철제화살촉 40**(鐵鏃, JC:114, 그림 168-16)
- 출토지 : 오녀산성 철기저장구덩이(제4기 문화).
- 크기 : 길이 16.5cm, 너비 0.7cm.
- 형태 : 뱀머리모양임.

⑮ **철제화살촉 41**(鐵鏃, JC:115, 그림 168-17)
- 출토지 : 오녀산성 철기저장구덩이(제4기 문화).
- 크기 : 남은 길이 16.5cm, 너비 0.8cm.
- 형태 : 뱀머리모양임.

⑯ **철제화살촉 42**(鐵鏃, JC:116, 그림 168-18)
- 출토지 : 오녀산성 철기저장구덩이(제4기 문화).
- 크기 : 길이 16.7cm, 너비 0.9cm.
- 형태 : 뱀머리모양임.

⑰ **철제화살촉 43**(鐵鏃, JC:117, 그림 168-19)
- 출토지 : 오녀산성 철기저장구덩이(제4기 문화).
- 크기 : 남은 길이 17.9cm, 너비 0.6cm.
- 형태 : 뱀머리모양임.

⑱ **철제화살촉 44**(鐵鏃, JC:118, 그림 168-20)
- 출토지 : 오녀산성 철기저장구덩이(제4기 문화).
- 크기 : 남은 길이 18cm, 너비 0.7cm.
- 형태 : 뱀머리모양임.

⑲ **철제화살촉 45**(鐵鏃, JC:119, 그림 168-21)
- 출토지 : 오녀산성 철기저장구덩이(제4기 문화).
- 크기 : 남은 길이 17.7cm, 너비 0.7cm.
- 형태 : 뱀머리모양임.

⑳ **철제화살촉 46**(鐵鏃, JC:120, 그림 168-22)
- 출토지 : 오녀산성 철기저장구덩이(제4기 문화).
- 크기 : 길이 18.1cm, 너비 0.9cm.
- 형태 : 뱀머리모양임.

㉑ **철제화살촉 47**(鐵鏃, JC:121, 그림 168-23)
- 출토지 : 오녀산성 철기저장구덩이(제4기 문화).
- 크기 : 길이 18.3cm, 너비 0.8cm.
- 형태 : 뱀머리모양임.

㉒ **철제화살촉 48**(鐵鏃, JC:122, 그림 168-24)
- 출토지 : 오녀산성 철기저장구덩이(제4기 문화).
- 크기 : 길이 18.3cm, 너비 0.9cm.
- 형태 : 뱀머리모양임.

㉓ **철제화살촉 49**(鐵鏃, JC:123, 그림 169-1)
- 출토지 : 오녀산성 철기저장구덩이(제4기 문화).
- 크기 : 길이 28cm, 너비 0.8cm.
- 형태 : 뱀머리모양임.

㉔ **철제화살촉 50**(鐵鏃, JC:124, 그림 169-2)
- 출토지 : 오녀산성 철기저장구덩이(제4기 문화).
- 크기 : 길이 16.6cm, 너비 0.7cm.
- 형태 : 뱀머리모양임. 촉두(鏃鋒)는 편평하고 삽모양(鏵形)임.

㉕ **철제화살촉 51**(鐵鏃, JC:125, 그림 169-3)
- 출토지 : 오녀산성 철기저장구덩이(제4기 문화).
- 크기 : 남은 길이 14.6cm, 너비 0.8cm.
- 형태 : 뱀머리모양임.

㉖ **철제화살촉 52**(鐵鏃, JC:126, 그림 169-4)
- 출토지 : 오녀산성 철기저장구덩이(제4기 문화).
- 크기 : 남은 길이 13.7cm, 너비 1.1cm.

○ 형태 : 劍形임. 양측의 血槽는 움푹 들어감. 뒷부분 단면은 마름모꼴임. 경부(鋌)는 四棱錐形임.

⑫⑦ **철제화살촉 53**(鐵鏃, JC:127, 그림 169-5)
○ 출토지 : 오녀산성 철기저장구덩이(제4기 문화).
○ 크기 : 길이 7.9cm, 너비 0.6cm.
○ 형태 : 四棱錐形임. 경부(鋌)는 가늘고 원추형임.

⑫⑧ **철제화살촉 54**(鐵鏃, JC:128, 그림 169-6)
○ 출토지 : 오녀산성 철기저장구덩이(제4기 문화).
○ 크기 : 길이 9.5cm, 너비 0.9cm.
○ 형태 : 矛形임. 경부(鋌)는 원추형임.

⑫⑨ **철제화살촉 55**(鐵鏃, JC:129, 그림 169-7)
○ 출토지 : 오녀산성 철기저장구덩이(제4기 문화).
○ 크기 : 남은 길이 10.5cm, 너비 2cm.
○ 형태 : 넓은 葉形임. 등(脊)은 기둥모양임. 경부(鋌)는 둥그런 기둥모양임.

51) 3기 문화층 출토유물

(1) 철기

① **철제괭이**(鐵钁, T72③:5, 그림 170-1)
○ 출토지 : 오녀산성 제3기 문화층.
○ 크기 : 남은 길이 9.8cm, 너비 7cm.
○ 형태 : 파손됨. 평면은 장방형임.

② **철제삽**(鐵鍤, T32③:1, 그림 170-2)
○ 출토지 : 오녀산성 제3기 문화층.
○ 크기 : 길이 16.8cm, 너비 5.2cm.
○ 형태 : 평면은 역사다리꼴이고, 측면은 쐐기형임. 장방형의 구멍이 있었으며, 날은 곧음.

(2) 토기

① **호**(陶罐, T50③:1, 그림 171-9)
○ 출토지 : 오녀산성 제3기 문화층.
○ 크기 : 口徑 20.5cm, 동체(腹) 직경 27.2cm, 남은 높이 24cm.
○ 형태 : 구순은 각이 짐(方脣). 구연은 꺾여 있음(折沿). 목은 잘록함(束頸). 동체는 둥그스름함(鼓腹). 목 부분(頸部)에 세로 방향의 파수(竪橋狀耳)와 盲耳가 있음.
○ 태토 및 색깔 : 가는 모래혼입 회갈색토기.

② **호 구연부 1**(陶罐口沿, T50③:2, 그림 171-1)
○ 출토지 : 오녀산성 제3기 문화층.
○ 크기 : 口徑 14cm, 남은 높이 5.5cm.
○ 형태 : 구순은 각이 짐(方脣). 구연은 꺾여 있음(折沿). 목은 잘록함(束頸). 목 부분(頸部)에 세로 방향의 파수(竪橋狀耳)가 있음.
○ 태토 및 색깔 : 가는 모래혼입 회갈색토기.

③ **호 구연부 2**(陶罐口沿, T50③:3, 그림 171-2)
○ 출토지 : 오녀산성 제3기 문화층.
○ 크기 : 口徑 16cm, 남은 높이 6.8cm.
○ 형태 : 구순은 둥그스름함(圓脣). 구연은 꺾여 있음(折沿). 목은 잘록함(束頸). 목 부분(頸部)에 세로 방향의 파수(橫橋狀耳)가 있음.
○ 태토 및 색깔 : 가는 모래혼입 황갈색토기.

④ **호 구연부 3**(陶罐口沿, T23③:8, 그림 171-3)
○ 출토지 : 오녀산성 제3기 문화층.
○ 크기 : 口徑 14cm, 남은 높이 6.5cm.
○ 형태 : 구순은 각이 짐(方脣). 구연은 외반됨(侈口). 목은 잘록함(束頸). 목 부분(頸部)에 세로 방향의 파수(竪橋狀耳)가 있음.

○ 태토 및 색깔 : 모래와 활석이 혼입된 회갈색토기.

⑤ 호 구연부 4(陶罐口沿, T31①:3, 그림 171-10)
○ 출토지 : 오녀산성 제3기 문화층.
○ 크기 : 口徑 12cm, 동체(腹) 직경 14cm, 남은 높이 11cm.
○ 형태 : 구순은 둥그스름함(圓脣). 구연은 외반됨(侈口). 목은 잘록함(束頸). 동체는 둥그스름함(鼓腹). 바닥은 파손됨. 목 부분(頸部)에 세로 방향의 파수(竪橋狀耳) 흔적이 있음.
○ 태토 및 색깔 : 가는 모래혼입 홍갈색토기.

⑥ 호 구연부 5(陶罐口沿, T30②:2, 그림 171-8)
○ 출토지 : 오녀산성 제3기 문화층.
○ 크기 : 口徑 10cm, 동체(腹) 직경 10cm, 남은 높이 7cm.
○ 형태 : 구순은 각이 짐(方脣). 구연은 외반됨(斂口). 동체는 둥그스름함(鼓腹). 바닥은 파손됨. 구연부 근처에 세로 방향의 파수(竪橋狀耳)가 있음.
○ 태토 및 색깔 : 가는 모래혼입 홍갈색토기.

⑦ 호 구연부 6(陶罐口沿, T47②:6, 그림 171-4)
○ 출토지 : 오녀산성 제3기 문화층.
○ 크기 : 口徑 15.6cm, 남은 높이 5.6cm.
○ 형태 : 구순은 각이 짐(方脣). 구연은 꺾여 있음(折沿). 구연 아래에 구멍 한 개가 뚫려 있음.
○ 태토 및 색깔 : 가는 모래혼입 황갈색토기.

⑧ 호 구연부 7(陶罐口沿, T64②:2, 그림 171-15)
○ 출토지 : 오녀산성 제3기 문화층.
○ 크기 : 口徑 15.6cm, 남은 높이 5.6cm.
○ 형태 : 구순은 각이 짐(方脣). 구연은 꺾여 있음(折沿). 동체 벽(腹壁)은 비교적 곧음(直).
○ 태토 및 색깔 : 가는 모래혼입 황갈색토기.

⑨ 호 구연부 8(陶罐口沿, T52③:1, 그림 171-13)
○ 출토지 : 오녀산성 제3기 문화층.
○ 크기 : 口徑 16cm, 남은 높이 4cm.
○ 형태 : 구순은 각이 짐(方脣). 구연은 꺾여 있음(折沿). 목은 잘록함(束頸).
○ 태토 및 색깔 : 가는 모래혼입 홍갈색토기.

⑩ 호 구연부 9(陶罐口沿, T50②:2, 그림 171-11)
○ 출토지 : 오녀산성 제3기 문화층.
○ 크기 : 口徑 14cm, 남은 높이 4cm.
○ 형태 : 구순은 각이 짐(方脣). 구연은 꺾여있음(折沿). 동체 벽(腹壁)은 비교적 곧음(直).
○ 태토 및 색깔 : 가는 모래혼입 홍갈색토기.

⑪ 호 구연부 10(陶罐口沿, T57③:1, 그림 171-14)
○ 출토지 : 오녀산성 제3기 문화층.
○ 크기 : 口徑 18cm, 남은 높이 4.8cm.
○ 형태 : 구순은 각이 짐(方脣). 구연은 꺾여 있음(折沿). 동체 벽(腹壁)은 비교적 곧음(直).
○ 태토 및 색깔 : 가는 모래혼입 황갈색토기.

⑫ 호 구연부 11(陶罐口沿, T406②:1, 그림 171-12)
○ 출토지 : 오녀산성 제3기 문화층.
○ 크기 : 口徑 14cm, 남은 높이 5cm.
○ 형태 : 구순은 각이 짐(方脣). 구연은 외반됨(侈口). 목은 잘록함(束頸).
○ 태토 및 색깔 : 가는 모래혼입 황갈색토기.

⑬ 호 구연부 12(陶罐口沿, T24③:5, 그림 171-7)
○ 출토지 : 오녀산성 제3기 문화층.
○ 크기 : 口徑 10cm, 남은 높이 4cm.
○ 형태 : 구순은 각이 짐(方脣). 구연은 외반됨(侈口). 목은 잘록함(束頸).
○ 태토 및 색깔 : 가는 모래혼입 홍갈색토기.

⑭ **종지 구연부**(陶盅口沿, T24③:5, 그림 171-6)
○ 출토지 : 오녀산성 제3기 문화층.
○ 크기 : 口徑 3.7cm, 남은 높이 4.6cm.
○ 형태 : 구순은 둥그스름함(圓脣). 구연은 곧음(直口). 동체부 벽(腹壁)은 비교적 곧음(直). 바닥은 둥그스름함.
○ 태토 및 색깔 : 모래혼입 회갈색토기.

⑮ **토기 파수**(T402②:1, 그림 171-5)
○ 출토지 : 오녀산성 제3기 문화층.
○ 크기 : 口徑 3.7cm, 남은 높이 4.6cm.
○ 형태 : 세로 방향의 파수(竪橋狀耳) 혹은 盲耳로 추정됨.
○ 태토 및 색깔 : 모래혼입 홍갈색토기.

52) 제4기 문화층 출토유물

제4기 지층 유물은 대부분 제2층 퇴적에서 출토되었고, 일부는 제1층과 제3층 퇴적에서 출토됨. 주로 복원이 불가능한 토기편이 출토되었고, 그 다음은 철기, 청동기 순임.

(1) 청동기

족집게(銅鑷子) 1점, 젓가락(銅箸) 1점, 숟가락(銅匙) 3점, 비녀(銅釵) 2점, 팔찌(銅鐲) 3점, 귀고리(銅耳環) 1점, 추장식(銅墜飾) 2점, 연결금구(銅轉環) 1점, 테(銅箍) 1점, 연결못(銅鉚釘) 1점, 장식편(銅飾件) 1점, 고리(銅帶袴) 1점이 출토됨.

① **청동제족집게**(銅鑷子, T46②:4, 그림 172-3)
○ 출토지 : 오녀산성 제4기 문화층.
○ 크기 : 길이 6.6cm, 너비 1.2cm.
○ 형태 : 납작한 방형의 동사를 구부려서 제작. 구부러진 부분은 타원형임. 끝부분은 꺾음.

② **청동제젓가락**(銅箸, T79③:1, 그림 172-16)
○ 출토지 : 오녀산성 제4기 문화층.
○ 크기 : 길이 22.5cm, 너비 0.4cm.
○ 형태 : 앞부분은 원형의 기둥모양임. 뒷부분은 방형의 기둥모양임. 뒷부분이 앞부분보다 굵음.

③ **청동제숟가락** 1(銅匙, T424②:3, 그림 172-14)
○ 출토지 : 오녀산성 제4기 문화층.
○ 크기 : 남은 길이 12.5cm, 너비 3.6cm.
○ 형태 : 머리(勺頭)는 타원형임. 자루(柄)는 길고 가느다라함.

④ **청동제숟가락** 2(銅匙, T426②:10, 그림 172-15)
○ 출토지 : 오녀산성 제4기 문화층.
○ 크기 : 길이 14.2cm, 너비 2cm.
○ 형태 : 자루(柄部)만 남아 있음. 편평하면서 가늘고 긴 형태임. 끝부분은 약간 넓음.

⑤ **청동제숟가락** 3(銅匙, T4②:13)
○ 출토지 : 오녀산성 제4기 문화층.
○ 크기 : 남은 길이 9.4cm, 너비 0.6cm.
○ 형태 : 자루(柄部)만 남아 있음. 위의 청동제숟가락과 같음.

⑥ **청동제비녀** 1(銅釵, T31③:1, 그림 172-1)
○ 출토지 : 오녀산성 제4기 문화층.
○ 크기 : 길이 13cm, 너비 1cm.
○ 형태 : 원형 기둥모양의 동사를 구부려서 제작. 앞부분은 약간 뾰족함.

⑦ **청동제비녀** 2(銅釵, T56②:10, 그림 172-2)
○ 출토지 : 오녀산성 제4기 문화층.
○ 크기 : 길이 9.7cm, 너비 0.5cm.
○ 형태 : 파손. 원형 기둥모양의 동사를 구부려서 제

작. 두 가닥으로 나누어져 있는데, 한 가닥은 꺾여 있음. 앞부분은 약간 뾰족함.

⑧ **청동제팔찌 1**(銅鐲, T56②:3, 그림 172-6)
○ 출토지 : 오녀산성 제4기 문화층.
○ 크기 : 남은 길이 2.5cm, 너비 2.3cm.
○ 형태 : 파손됨. 단면은 삼각형임.

⑨ **청동제팔찌 2**(銅鐲, T407②:4)
○ 출토지 : 오녀산성 제4기 문화층.
○ 형태 : 일부분만 남아 있음. 단면은 원형에 가까움.

⑩ **청동제귀고리**(銅耳環, T52②:7, 그림 172-8)
○ 출토지 : 오녀산성 제4기 문화층.
○ 크기 : 직경 1.8cm.
○ 형태 : 동사를 둥그렇게 구부려서 제작함. 평면은 불규칙한 원형임.

⑪ **청동제반지**(銅指環, T51②:7, 그림 172-7)
○ 출토지 : 오녀산성 제4기 문화층.
○ 크기 : 직경 1.8cm, 너비 0.8cm.
○ 형태 : 동편을 둥그렇게 구부려서 제작함. 표면 양측에 홈(凹槽)이 있음.

⑫ **청동제추장식 1**(銅墜飾, T24②:3, 그림 172-5)
○ 출토지 : 오녀산성 제4기 문화층.
○ 크기 : 길이 4.6cm, 너비 4cm, 두께 0.2cm.
○ 형태 : 얇은 동판으로 제작. 평면은 복숭아모양임. 윗부분에는 작은 원형 구멍 한 개가 있음. 하부에는 휘어진 돌기(凸棱) 두 줄이 있음.

⑬ **청동제추장식 2**(銅墜飾, T414②:3)
○ 출토지 : 오녀산성 제4기 문화층.
○ 크기 : 길이 6.4cm, 너비 5cm.

○ 형태 : 파손됨. 몸체는 편평함. 남아 있는 부분은 새머리모양임. 위에는 구멍 한 개가 있음. 파손된 부분에 2개의 반원형 구멍이 남아 있음.

⑭ **청동제연결금구**(銅轉環, T410②:15, 그림 172-11)
○ 출토지 : 오녀산성 제4기 문화층.
○ 크기 : 길이 5.1cm, 너비 2.5cm.
○ 형태 : 청동제노는고리(銅環)와 연결금구(柱軸)로 구성. 청동제노는고리(銅環)는 타원형임. 한 측면은 원형 축에 끼워서 주조. 연결금구는 육각형의 기둥모양임. 한쪽 끝에는 원형 구멍이 뚫어져 있음. 다른 한쪽 끝은 청동제노는고리를 끼워 통과시킨 후에 단조하여 釘帽를 형성. 세운 축(立軸)을 중심으로 청동제고리는 끼움쇠태(軸套)를 따라 자유롭게 이동이 가능.

⑮ **청동제테**(銅箍, T402②:5, 그림 172-13)
○ 출토지 : 오녀산성 제4기 문화층.
○ 크기 : 길이 5.1cm, 너비 2.3cm.
○ 형태 : 측면에서 보면 타원형임. 표면 한 측면 가운데에는 돌기(凸棱)가 있음.

⑯ **청동제연결못**(銅鉚釘, T43②:9, 그림 172-12)
○ 출토지 : 오녀산성 제4기 문화층.
○ 크기 : 길이 3.4cm, 너비 1.9cm.
○ 형태 : 양단은 우산모양의 두부(釘帽)임. 중간은 네모난 기둥모양의 몸체(釘身)임. 몸체 가운데 부분에는 한 개의 원형 구멍이 있음.

⑰ **청동제장식**(銅飾件, T3②:1, 그림 172-9)
○ 출토지 : 오녀산성 제4기 문화층.
○ 크기 : 길이 3.8cm, 너비 1.9cm.
○ 형태 : 평면이 '日'자형임.

⑱ **청동제고리**(銅帶袴, T19③:3, 그림 172-10)
○ 출토지 : 오녀산성 제4기 문화층.
○ 크기 : 길이 4cm, 너비 2.3cm.
○ 형태 : 반구형의 본체(泡飾)와 청동제고리(銅環)로 구성. 본체 상단과 하단에 각각 꼭지(紐)가 돌출되어 있고, 꼭지 안에는 구멍이 있음. 본체 중심에도 납작하고 네모난 꼭지(扣紐)가 있고, 꼭지에는 구멍이 있음. 아래 꼭지에는 청동제고리가 들어가 있음.

(2) 철기

○ 가래편(鐵鋤板) 1점, 낫(鐵鎌) 1점, 자르개(鐵鍘) 1점, 도자(鐵削) 7점, 추(鐵錐) 5점, 송곳(鐵鑽) 2점, 집게(鐵鑷子) 3점, 낚시구(鐵鏢) 2점, 낚싯바늘(鐵魚鉤) 2점, 수레바퀴줏대축(車輻) 1점, 허리띠고리(鐵帶扣) 4점, 경첩(鐵合頁) 2점, 리벳이음(鉚件) 2점, 연결금구(鐵環) 5점, 걸쇠(鐵釘錨) 1점, 테(鐵箍) 4점, 점편(鐵垫片) 2점, 복숭아모양장식(鐵桃形飾件) 1점, '凸'자형장식(鐵凸字形飾件) 1점, 연결못(鐵鉚釘) 3점, 가지창(鐵叉) 1점, 손잡이(鐵提梁) 1점, 궁형걸쇠(鐵弓形挂鉤) 1점, 고리장식(鐵鼻) 3점, 엽형장식(鐵葉形飾件) 1점, '山'자형장식(鐵山字形飾件) 1점이 출토됨.
○ 화살촉은 88점이 출토됨. 촉두(鋒部)와 기타 부위의 특징에 따라 9유형으로 나눌 수 있음. 1유형은 뱀머리모양으로 23점이 출토됨. 2유형은 정모양(齒形)으로 16점이 출토됨. 3유형은 劍形으로 17점이 출토됨. 4유형은 마름모꼴임. 5유형은 矛形으로 7점이 출토됨. 6유형은 錐形으로 13점이 출토됨. 7유형은 葉形으로 10점이 출토됨. 8유형은 삽모양(鏟形)으로 1점이 출토됨. 9유형은 생선꼬리모양(魚尾形)으로 2점이 출토됨.
○ 찰갑편(甲片)은 89점이 출토됨. 모두 납작한 철편으로 제작. 평면은 대다수 장방형 혹은 사다리꼴임. 크기는 차이가 있음. 많은 구멍이 뚫어져 있는데, 대부분 가장자리에 분포하고 있고, 2개 혹은 3개가 한 세트를 이루면서 좌우로 마주하고 있음.

① **철제가래편**(鐵鋤板, T407②:2, 그림 173-15)
○ 출토지 : 오녀산성 제4기 문화층.
○ 크기 : 길이 18.2cm, 너비 13.2cm, 두께 1.1cm.
○ 형태 : 평면은 장방형에 가까움. 등은 곧음. 날은 호형이고, 양측 가장자리 근처에 각각 한 개의 둥근 구멍이 있음.

② **철제낫**(鐵鎌, T41②:1, 그림 173-18)
○ 출토지 : 오녀산성 제4기 문화층.
○ 크기 : 남은 길이 21cm, 너비 4.2cm.
○ 형태 : 파손됨. 등은 호형이고, 날은 들어감. 뒷부분은 조금 넓고 삼각형의 결구(豁缺)가 있음. 꼬리 부분은 접혀 있음.

③ **철제자르개**(鐵鍘, T41②:5, 그림 173-17)
○ 출토지 : 오녀산성 제4기 문화층.
○ 크기 : 길이 7.2cm, 너비 1.9cm, 두께 1cm.
○ 형태 : 평면이 장방형임. 윗부분은 평평함. 날은 곧음. 날 부분은 예리하지 않음. 공부(銎)는 없음.

④ **철제도자 1**(鐵削, T49②:2, 그림 173-23)
○ 출토지 : 오녀산성 제4기 문화층.
○ 크기 : 길이 13.7cm, 너비 2cm.
○ 형태 : 등은 평평함. 날은 기울어졌음. 자루는 짧음. 자루와 몸체가 결합하는 부분에 철테(鐵箍)가 씌워져 있음.

⑤ **철제도자 2**(鐵削, T60②:5, 그림 173-22)
○ 출토지 : 오녀산성 제4기 문화층.
○ 크기 : 길이 12.9cm, 너비 1.4cm.
○ 형태 : 등은 평평함. 날은 기울어졌음. 자루는 짧음. 자루와 몸체가 결합하는 부분에 철테(鐵箍)가 씌워져 있음.

⑥ **철제도자 3**(鐵削, T419③: 39, 그림 173-21)
- 출토지 : 오녀산성 제4기 문화층.
- 크기 : 남은 길이 12.2cm, 너비 1.6cm.
- 형태 : 파손됨. 등은 평평함. 날은 기울어졌음.

⑦ **철제도자 4**(鐵削, T402②: 12, 그림 173-20)
- 출토지 : 오녀산성 제4기 문화.
- 크기 : 남은 길이 10.3cm, 너비 2cm.
- 형태 : 파손됨. 등은 평평함. 날은 기울어졌음. 자루는 짧음.

⑧ **철제도자 5**(鐵削, T402②: 10, 그림 173-19)
- 출토지 : 오녀산성 제4기 문화층.
- 크기 : 남은 길이 6.2cm, 너비 1.5cm.
- 형태 : 파손됨. 등은 평평함. 날은 기울어졌음. 자루는 짧음.

⑨ **철제도자 6**(鐵削, T401②: 20, 그림 173-16)
- 출토지 : 오녀산성 제4기 문화층.
- 크기 : 남은 길이 8.6cm, 너비 2.3cm.
- 형태 : 날 끝부분(鋒)만 남아 있음. 등은 평평함. 날은 곧음.

⑩ **철제도자 7**(鐵削, T404②: 7)
- 출토지 : 오녀산성 제4기 문화층.
- 크기 : 길이 15.6cm, 너비 1.3cm.
- 형태 : 날 끝부분(鋒)은 조금 위로 올라감. 등은 평평함. 날은 안으로 들어가 있음. 경부(鋌)는 뾰족함.

⑪ **철제추 1**(鐵錐, T8②: 1, 그림 173-1)
- 출토지 : 오녀산성 제4기 문화층.
- 크기 : 길이 21.2cm, 너비 0.9cm.
- 형태 : 납작한 방형임. 경부(鋌)는 수축.

⑫ **철제추 2**(鐵錐, T34②: 3, 그림 173-2)
- 출토지 : 오녀산성 제4기 문화층.
- 크기 : 길이 13.5cm, 너비 1.5cm.
- 형태 : 약간 파손됨. 단면은 원형임. 공부(銎)는 원형임.

⑬ **철제추 3**(鐵錐, T419②: 7, 그림 173-3)
- 출토지 : 오녀산성 제4기 문화층.
- 크기 : 길이 6.5cm, 너비 0.5cm.
- 형태 : 네모난 기둥모양임. 경부(鋌)는 가늘고 원형임.

⑭ **철제추 4**(鐵錐, T426②: 5, 그림 173-4)
- 출토지 : 오녀산성 제4기 문화층.
- 크기 : 길이 6.4cm, 너비 0.6cm.
- 형태 : 납작한 방형임. 경부(鋌)는 가늘고 원형임.

⑮ **철제추 5**(鐵錐, T419②: 8, 그림 173-5)
- 출토지 : 오녀산성 제4기 문화층.
- 크기 : 길이 3.8cm, 너비 0.8cm.
- 형태 : 위의 철제추와 같음.

⑯ **철제송곳 1**(鐵鑽, T56②: 17, 그림 173-7)
- 출토지 : 오녀산성 제4기 문화층.
- 크기 : 길이 14.2cm, 너비 0.6cm.
- 형태 : 원추형임. 뒤로 갈수록 점차 얇아짐. 나사모양의 溝槽가 있음.

⑰ **철제송곳 2**(鐵鑽, T63②: 3, 그림 173-8)
- 출토지 : 오녀산성 제4기 문화층.
- 크기 : 길이 13.6cm, 너비 0.6cm.
- 형태 : 위의 철제송곳과 같음.

⑱ **철제집게 1**(鐵鑷子, T45②:7, 그림 173-9)
  ○ 출토지 : 오녀산성 제4기 문화층.
  ○ 크기 : 길이 12.5cm, 너비 0.7cm.
  ○ 형태 : 좁고 평평한 철편 2개로 제작. 철편 각각의 한쪽 끝이 연결되었는데, 한 측이 약간 납작함. 집게 안쪽은 약간 접힘.

⑲ **철제집게 2**(鐵鑷子, T78③:1, 그림 173-10)
  ○ 출토지 : 오녀산성 제4기 문화층.
  ○ 크기 : 길이 11.9cm, 너비 0.8cm.
  ○ 형태 : 평면이 반원형인 철편 2개로 제작. 철편 각각의 한쪽 끝은 연결됨. 집게 안쪽은 꺾이면서 맞물림.

⑳ **철제집게 3**(鐵鑷子, T53②:4, 그림 173-11)
  ○ 출토지 : 오녀산성 제4기 문화층.
  ○ 크기 : 길이 12.5cm, 너비 0.7cm.
  ○ 형태 : 위의 철제집게와 같은데, 절반만 남아 있음.

㉑ **철제낚시구 1**(鐵鏢, T52②:6, 그림 173-14)
  ○ 출토지 : 오녀산성 제4기 문화층.
  ○ 크기 : 남은 길이 7.4cm, 너비 1.6cm.
  ○ 형태 : 손상됨. 톱니모양임.

㉒ **철제낚시구 2**(鐵鏢, T57②:1, 그림 173-13)
  ○ 출토지 : 오녀산성 제4기 문화층.
  ○ 크기 : 남은 길이 5.6cm, 너비 1.5cm.
  ○ 형태 : 손상됨. 톱니모양임.

㉓ **철제낚싯바늘 1**(鐵魚鉤, T76③:2, 그림 173-12)
  ○ 출토지 : 오녀산성 제4기 문화층.
  ○ 크기 : 총 길이 11.1cm, 너비 2.5cm.
  ○ 형태 : 두 낚싯바늘 끝부분을 회백색 납을 이용해 붙임. 한 개의 낚싯바늘의 뾰족한 부분에 가시와 같은 것 (倒刺)이 있음. 나머지 한 개의 낚싯바늘은 파손됨.

㉔ **철제낚싯바늘 2**(鐵魚鉤, T42②:1, 그림 173-6)
  ○ 출토지 : 오녀산성 제4기 문화층.
  ○ 크기 : 길이 5.6cm, 너비 2.2cm.
  ○ 형태 : 철사를 구부려서 제작. 상단은 평평하게 접힘. 때려서 얇게 제작. 바늘 끝은 손상됨.

㉕ **철제수레바퀴굿대축**(鐵車軎, T45③:13, 그림 174-9)
  ○ 출토지 : 오녀산성 제4기 문화층.
  ○ 크기 : 직경 9.9cm, 높이 4.2cm.
  ○ 형태 : 톱니바퀴모양임. 바깥에 일정한 간격으로 6개의 톱니(齒)가 있음.

㉖ **철제허리띠고리 1**(鐵帶扣, T47③:1, 그림 174-13)
  ○ 출토지 : 오녀산성 제4기 문화층.
  ○ 크기 : 길이 10.3cm, 너비 4.9cm.
  ○ 형태 : 띠고리(帶環) 앞부분은 호형이고 뒷부분은 장방형임. 교침(扣針)은 'T'자형임.

㉗ **철제허리띠고리 2**(鐵帶扣, T24②:1, 그림 174-12)
  ○ 출토지 : 오녀산성 제4기 문화층.
  ○ 크기 : 길이 7.5cm, 너비 5.1cm.
  ○ 형태 : 띠고리(帶環) 앞부분은 호형이고, 양 모서리는 약간 밖으로 뺄음. 뒷부분은 장방형임.

㉘ **철제허리띠고리 3**(鐵帶扣, T22②:3, 그림 174-10)
  ○ 출토지 : 오녀산성 제4기 문화층.
  ○ 크기 : 길이 6.8cm, 너비 4.1cm.
  ○ 형태 : 평면은 타원형임. 교침(扣針)은 'T'자형임.

㉙ **철제허리띠고리 4**(鐵帶扣, T406②:11, 그림 174-11)
  ○ 출토지 : 오녀산성 제4기 문화층.
  ○ 크기 : 남은 길이 4cm, 너비 2.2cm.
  ○ 형태 : 파손됨. 평면은 타원형임.

㉚ **철제경첩 1**(鐵合頁, T423②:15, 그림 174-1)
○ 출토지 : 오녀산성 제4기 문화층.
○ 크기 : 길이 4.5cm, 너비 2.4cm.
○ 형태 : 반원형임. 위에 3개의 연결못(鉚釘)이 있음. 뒷축(後軸)에는 반원형의 葉片이 끼워져 있음. 엽편에는 3개의 작은 구멍이 있음.

㉛ **철제경첩 2**(鐵合頁, T426②:8, 그림 174-2)
○ 출토지 : 오녀산성 제4기 문화층.
○ 크기 : 길이 4.2cm, 너비 2.5cm.
○ 형태 : 위의 철제경첩과 같음. 뒷축(後軸)에는 반원형 葉片이 끼워져 있음.

㉜ **철제리벳이음 1**(鐵鉚件, T54②:2, 그림 174-4)
○ 출토지 : 오녀산성 제4기 문화층.
○ 크기 : 높이 3cm, 너비 2.8cm, 두께 0.3cm.
○ 형태 : 평면은 방형에 가까움. 네 모서리에 각각 한 개의 연결못(鉚釘)이 있음.

㉝ **철제리벳이음 2**(鐵鉚件, T404②:3, 그림 174-3)
○ 출토지 : 오녀산성 제4기 문화층.
○ 크기 : 길이 4cm, 너비 3.7cm.
○ 형태 : 평면은 반원형임. 상단과 아랫변 두 모서리에 각각 한 개의 원형 구멍이 있고, 구멍 안에는 2개의 연결못(鉚釘)이 있음.

㉞ **철제고리**(鐵環, T410②:18)
○ 출토지 : 오녀산성 제4기 문화층.
○ 크기 : 직경 9.5cm.
○ 형태 : 원형임. 납작하고 얇음.

㉟ **철제연결금구 1**(鐵轉環, T45②:2, 그림 174-7)
○ 출토지 : 오녀산성 제4기 문화층.
○ 크기 : 길이 5.3cm, 너비 3cm.
○ 형태 : 철제고리(鐵環)와 감겨 있는 연결금구(柱軸)로 구성. 연결금구 한쪽 끝에는 작은 고리가 형성되어 있음. 다른 한 끝에는 철제고리비공(鐵環臂孔)이 있고 단조하여 釘帽를 형성. 양자 결합부에서 고리는 이동이 가능함.

㊱ **철제연결금구 2**(鐵轉環, T2②:2, 그림 174-6)
○ 출토지 : 오녀산성 제4기 문화층.
○ 크기 : 길이 4.1cm, 너비 2.2cm.
○ 형태 : 위의 철제연결금구와 같음.

㊲ **철제연결금구 3**(鐵轉環, T4②:4, 그림 174-8)
○ 출토지 : 오녀산성 제4기 문화층.
○ 크기 : 길이 11.4cm, 너비 6.6cm.
○ 형태 : 파손됨. 철사를 감아서 제작. 한쪽 끝은 축처럼 곧은데, 축머리는 버섯모양임. 다른 한쪽 끝은 원형 고리 형태로 구부린 후 남은 철사를 곧은 축에 감았음. 축 위에 이동이 가능한 원형고리가 있었을 것이나, 지금은 남아 있지 않음.

㊳ **철제연결금구 4**(鐵轉環, T56②:6, 그림 174-5)
○ 출토지 : 오녀산성 제4기 문화층.
○ 크기 : 길이 6cm, 너비 2.1cm.
○ 형태 : 짧은 연결금구(柱)와 반원형의 철제고리(鐵環)로 구성됨. 기둥의 단면은 마름모꼴이고, 상단은 구형이며, 가운데에 구멍이 있음. 철제고리(鐵環) 양단은 납작한 원형임. 모두 둥근 구멍이 있는데, 세 구멍이 서로 마주함. 한 축이 뚫어져 있어 철제고리가 앞뒤로 움직일 수 있음.

㊴ **철제걸쇠**(鐵釘錦, T33②:1, 그림 175-5)
○ 출토지 : 오녀산성 제4기 문화층.
○ 크기 : 길이 12.5cm, 너비 6.5cm.
○ 형태 : 평면은 '8'자와 비슷함. 한쪽 끝은 철편인 경

첩(合頁)과 이어짐.

㊵ **철테 1**(鐵箍, T31②:1, 그림 175-13)
○ 출토지 : 오녀산성 제4기 문화층.
○ 크기 : 길이 3.7cm, 너비 1.6cm, 두께 0.8cm.
○ 형태 : 납작한 통모양임. 테 안은 원각 장방형임.

㊶ **철테 2**(鐵箍, T53②:3, 그림 175-12)
○ 출토지 : 오녀산성 제4기 문화층.
○ 크기 : 길이 2.1cm, 너비 1.4cm, 두께 1.1cm.
○ 형태 : 철편을 구부려서 제작. 납작한 통모양임.

㊷ **철테 3**(鐵箍, T404②:5, 그림 175-6)
○ 출토지 : 오녀산성 제4기 문화층.
○ 크기 : 길이 4.9cm, 너비 2.8cm.
○ 형태 : 납작한 통모양임.

㊸ **철테 4**(鐵箍, T402②:14, 그림 175-11)
○ 출토지 : 오녀산성 제4기 문화층.
○ 크기 : 길이 10.2cm, 너비 3cm.
○ 형태 : 철편을 구부려서 제작. 원형의 통모양임.

㊹ **철제점편 1**(鐵垫片, T64②:8, 그림 175-16)
○ 출토지 : 오녀산성 제4기 문화층.
○ 크기 : 직경 2.6cm, 두께 0.2cm.
○ 형태 : 원형임. 가운데에 작은 둥근 구멍이 있음.

㊺ **철제점편 2**(鐵垫片, T64②:11, 그림 175-8)
○ 출토지 : 오녀산성 제4기 문화층.
○ 크기 : 길이 4.6cm, 너비 3.4cm, 두께 0.2cm.
○ 형태 : 평면은 타원형에 가까운데, 꽃잎모양. 중간에 2개의 구멍이 있는데, 한 구멍에는 철제못(鐵釘)이 남아 있음.

㊻ **철제복숭아모양장식**(鐵桃形飾件, T23③:3, 그림 175-18)
○ 출토지 : 오녀산성 제4기 문화층.
○ 크기 : 길이 5.2cm, 너비 4.1cm, 두께 0.2cm.
○ 형태 : 평면은 복숭아모양임. 가운데 부분에 장방형의 철제코(鐵鼻)가 붙어 있음. 철제코 상부에는 2개의 장방형 구멍이 있는데, 한 개의 구멍에는 철제못(鐵釘)이 있음. 아래에는 한 개의 장방형 구멍이 있음. 주변에 3개의 작고 둥근 구멍이 분포함.

㊼ **철제'凸'자형장식**(鐵凸字形飾件, T2②:1, 그림 175-15)
○ 출토지 : 오녀산성 제4기 문화층.
○ 크기 : 길이 6.8cm, 너비 2.7cm, 두께 0.5cm.
○ 형태 : 평면은 '凸'자에 가까움. 위가 좁고 아래는 넓음. 상단과 아래 모서리에 각각 한 개의 둥근 구멍이 있고, 연결못(鉚釘)이 남아 있음.

㊽ **철제연결못 1**(鐵鉚釘, T22②:1, 그림 175-3)
○ 출토지 : 오녀산성 제4기 문화층.
○ 크기 : 길이 7.8cm, 너비 4cm.
○ 형태 : 두부(釘帽)는 우산모양임. 몸체는 방추형임.

㊾ **철제연결못 2**(鐵鉚釘, T401②:18, 그림 175-1)
○ 출토지 : 오녀산성 제4기 문화층.
○ 크기 : 길이 4cm, 너비 1.7cm.
○ 형태 : 두부(釘帽)는 원형임. 몸체는 방추형임.

㊿ **철제연결못 3**(鐵鉚釘, T41②:2, 그림 175-2)
○ 출토지 : 오녀산성 제4기 문화층.
○ 크기 : 길이 2.8cm, 너비 1.4cm.
○ 형태 : 양단은 크기가 다른 단추형의 두부(帽)임. 몸체는 원형의 기둥모양임.

(51) **철제가지창**(鐵叉, T425②:6, 그림 175-19)

○ 출토지 : 오녀산성 제4기 문화층.

○ 크기 : 길이 24.7cm, 너비 7.5cm.

○ 형태 : 세 개의 가지(齒)가 있음. 측면에 있는 가지(齒) 안에는 가시와 같은 것(倒刺)이 있음. 공부(銎)는 원형임.

(52) **철제손잡이**(鐵提梁, T76③:3, 그림 175-10)

○ 출토지 : 오녀산성 제4기 문화층.

○ 크기 : 길이 15.6cm, 너비 12cm.

○ 형태 : 철사 2줄로 제작함. 철사 한쪽 끝은 원형고리인데, 서로 끼워져 있음. 다른 한쪽 끝은 갈고리모양임. 기물을 거는 데 쓰임.

(53) **철제궁형걸쇠**(鐵弓形挂鉤, T79③:2, 그림 175-9)

○ 출토지 : 오녀산성 제4기 문화층.

○ 크기 : 길이 1.5cm, 너비 7cm.

○ 형태 : 네모난 기둥모양의 철로 제작함. 활모양임. 한쪽 끝은 뾰족하고 구부러져 있음. 다른 한쪽 끝은 평평하게 꺾임.

(54) **철제고리장식** 1(鐵鼻, T34③:3, 그림 175-14)

○ 출토지 : 오녀산성 제4기 문화층.

○ 크기 : 길이 6cm, 너비 2cm.

○ 형태 : 상부는 가로 방향의 원형 공부(銎)이고, 표면에 홈(沟槽) 세 줄이 있음. 하부에는 2개의 못(釘)이 붙어 있는데, 못(釘)은 뾰족하고 약간 꺾임.

(55) **철제고리장식** 2(鐵鼻, T423③:26, 그림 175-7)

○ 출토지 : 오녀산성 제4기 문화층.

○ 크기 : 길이 10.5cm, 너비 6cm.

○ 형태 : 위는 원형고리(環)임. 아래에는 2개의 못(釘)이 평평하게 꺾여 있음.

(56) **철제고리장식** 3(鐵鼻, T420②:1)

○ 출토지 : 오녀산성 제4기 문화층.

○ 크기 : 길이 12cm, 너비 3cm.

○ 형태 : 위는 방형고리(環)임. 아래는 원형의 기둥모양의 못(釘)임.

(57) **철제엽형장식**(鐵葉形飾件, T404②:4, 그림 175-17)

○ 출토지 : 오녀산성 제4기 문화층.

○ 크기 : 길이 6.3cm, 너비 2cm.

○ 형태 : 상단은 버섯모양의 연결못(鉚釘)임. 하단은 단풍잎모양의 얇고 평평한 葉片임. 엽편 위에는 2개의 작은 구멍이 있음. 목(頸)은 구부러져 있고, 중간에 가로 방향의 원형 구멍이 있음.

(58) **철제'山'자형장식**(鐵山字形飾件, T26③:3, 그림 175-4)

○ 출토지 : 오녀산성 제4기 문화층.

○ 크기 : 남은 길이 9.2cm, 너비 5cm, 두께 0.3cm.

○ 형태 : 파손됨. 얇은 철편으로 제작. 남은 부분의 평면은 '山'자임. 모서리 주위에 각각 한 개의 작고 둥근 구멍이 있음.

(59) **철제화살촉** 1(鐵鏃, T10②:6, 그림 176-1)

○ 출토지 : 오녀산성 제4기 문화층.

○ 크기 : 길이 20.2cm, 너비 0.8cm.

○ 형태 : 뱀머리모양임. 촉두(鏃鋒)는 편평함. 촉신(身)은 네모난 기둥모양임. 경부(鋌)는 四棱錐形임.

(60) **철제화살촉** 2(鐵鏃, T21②:6, 그림 176-2)

○ 출토지 : 오녀산성 제4기 문화층.

○ 크기 : 길이 18.9cm, 너비 0.8cm.

○ 형태 : 뱀머리모양임. 위의 철제화살촉과 같음.

(61) **철제화살촉** 3(鐵鏃, T4②:6, **그림** 176-3)
○ 출토지 : 오녀산성 제4기 문화층.
○ 크기 : 길이 17.6cm, 너비 0.9cm.
○ 형태 : 뱀머리모양임. 위의 철제화살촉과 같음.

(62) **철제화살촉** 4(鐵鏃, T55②:2, **그림** 176-4)
○ 출토지 : 오녀산성 제4기 문화층.
○ 크기 : 남은 길이 14.8cm, 너비 0.9cm.
○ 형태 : 뱀머리모양임. 위의 철제화살촉과 같음.

(63) **철제화살촉** 5(鐵鏃, T26②:5, **그림** 176-5)
○ 출토지 : 오녀산성 제4기 문화층.
○ 크기 : 남은 길이 14.7cm, 너비 0.7cm.
○ 형태 : 뱀머리모양임. 위의 철제화살촉과 같음.

(64) **철제화살촉** 6(鐵鏃, T64②:7, **그림** 176-6)
○ 출토지 : 오녀산성 제4기 문화층.
○ 크기 : 남은 길이 13.7cm, 너비 0.8cm.
○ 형태 : 뱀머리모양임. 위의 철제화살촉과 같음.

(65) **철제화살촉** 7(鐵鏃, T30②:5, **그림** 177-5)
○ 출토지 : 오녀산성 제4기 문화층.
○ 크기 : 길이 16.6cm, 너비 0.8cm.
○ 형태 : 정모양임(鑿形). 촉두(鋒)는 납작하고, 날은 평평함. 촉신(鏃身)은 네모난 기둥모양인데, 가운데 부분이 들어가 있음. 경부(鋌)는 四棱錐形임.

(66) **철제화살촉** 8(鐵鏃, T8②:3, **그림** 177-1)
○ 출토지 : 오녀산성 제4기 문화층.
○ 크기 : 길이 10.7cm, 너비 0.9cm.
○ 형태 : 정모양임(鑿形). 위의 철제화살촉과 같음.

(67) **철제화살촉** 9(鐵鏃, T60②:3, **그림** 177-2)
○ 출토지 : 오녀산성 제4기 문화층.
○ 크기 : 길이 10.2cm, 너비 1cm.
○ 형태 : 정모양임(鑿形). 위의 철제화살촉과 같음.

(68) **철제화살촉** 10(鐵鏃, T410②:13, **그림** 177-3)
○ 출토지 : 오녀산성 제4기 문화층.
○ 크기 : 남은 길이 10.2cm, 너비 1cm.
○ 형태 : 정모양임(鑿形). 위의 철제화살촉과 같음.

(69) **철제화살촉** 11(鐵鏃, T16②:1, **그림** 177-8)
○ 출토지 : 오녀산성 제4기 문화층.
○ 크기 : 남은 길이 10.6cm, 너비 0.9cm.
○ 형태 : 정모양임(鑿形). 위의 철제화살촉과 같음.

(70) **철제화살촉** 12(鐵鏃, T63②:2, **그림** 177-4)
○ 출토지 : 오녀산성 제4기 문화층.
○ 크기 : 길이 15.5cm, 너비 1cm.
○ 형태 : 정모양임(鑿形). 대체로 위의 철제화살촉과 같으나, 촉두(鋒部) 근처 양측이 융기됨.

(71) **철제화살촉** 13(鐵鏃, T49③:4, **그림** 177-7)
○ 출토지 : 오녀산성 제4기 문화층.
○ 크기 : 길이 12.3cm, 너비 1cm.
○ 형태 : 정모양임(鑿形). 위의 철제화살촉과 같음.

(72) **철제화살촉** 14(鐵鏃, T51②:5, **그림** 177-10)
○ 출토지 : 오녀산성 제4기 문화층.
○ 크기 : 남은 길이 9.5cm, 너비 0.9cm.
○ 형태 : 정모양임(鑿形). 위의 철제화살촉과 같음.

(73) **철제화살촉** 15(鐵鏃, T46②:1, **그림** 177-6)
○ 출토지 : 오녀산성 제4기 문화층.
○ 크기 : 길이 13.2cm, 너비 1.1cm.
○ 형태 : 정모양임(鑿形). 대체로 위의 철제화살촉과 같으나, 촉두(鋒部) 근처 양측이 명확하게 융기됨.

(74) **철제화살촉** 16(**鐵鏃**, T406②:14, **그림** 177-9)

○ 출토지 : 오녀산성 제4기 문화층.

○ 크기 : 길이 10.4cm, 너비 1.1cm.

○ 형태 : 정모양임(鑿形). 위의 철제화살촉과 같음.

(75) **철제화살촉** 17(**鐵鏃**, T34③:5, **그림** 178-1)

○ 출토지 : 오녀산성 제4기 문화층.

○ 크기 : 길이 18.6cm, 너비 1.1cm.

○ 형태 : 劍形임. 촉두(鋒)는 뾰족함. 촉신(鏃身) 앞부분에는 등(脊)이 솟아 있음. 등 양측에는 血槽가 오목하게 들어가 있음. 뒷부분에는 棱線의 등이 있고, 단면은 마름모꼴임. 경부(鋌)는 네모난 기둥모양이고, 단면은 마름모꼴임.

(76) **철제화살촉** 18(**鐵鏃**, T401②:11, **그림** 178-2)

○ 출토지 : 오녀산성 제4기 문화층.

○ 크기 : 길이 16.6cm, 너비 1.1cm.

○ 형태 : 劍形임. 위의 철제화살촉과 같음.

(77) **철제화살촉** 19(**鐵鏃**, T47②:12, **그림** 178-3)

○ 출토지 : 오녀산성 제4기 문화층.

○ 크기 : 길이 15.5cm, 너비 0.9cm.

○ 형태 : 劍形임. 위의 철제화살촉과 같음.

(78) **철제화살촉** 20(**鐵鏃**, T33②:5, **그림** 178-4)

○ 출토지 : 오녀산성 제4기 문화층.

○ 크기 : 길이 14.4cm, 너비 1cm.

○ 형태 : 劍形임. 대체로 위의 철제화살촉과 같음. 경부(鋌)는 원형의 기둥모양임.

(79) **철제화살촉** 21(**鐵鏃**, T404②:6, **그림** 178-5)

○ 출토지 : 오녀산성 제4기 문화층.

○ 크기 : 길이 11.2cm, 너비 1.1cm.

○ 형태 : 劍形임. 위의 철제화살촉과 같음.

(80) **철제화살촉** 22(**鐵鏃**, T27②:2, **그림** 179-1)

○ 출토지 : 오녀산성 제4기 문화층.

○ 크기 : 길이 15cm, 너비 1cm.

○ 형태 : 劍形임. 촉두(鋒)는 뾰족함. 촉신(鏃身) 가운데 부분은 약간 안으로 들어감. 솟아 있는 등(脊)이 앞뒤로 지나감. 경부(鋌)는 가느다라함. 촉신과 경부 단면 모두 마름모꼴임.

(81) **철제화살촉** 23(**鐵鏃**, T26②:6, **그림** 179-4)

○ 출토지 : 오녀산성 제4기 문화층.

○ 크기 : 길이 10.3cm, 너비 0.9cm.

○ 형태 : 劍形임. 위의 철제화살촉과 같음.

(82) **철제화살촉** 24(**鐵鏃**, T30②:1, **그림** 179-3)

○ 출토지 : 오녀산성 제4기 문화층.

○ 크기 : 길이 14cm, 너비 0.8cm.

○ 형태 : 劍形임. 대체로 위의 철제화살촉과 같음. 경부(鋌)는 구부러졌음.

(83) **철제화살촉** 25(**鐵鏃**, T29②:8, **그림** 179-2)

○ 출토지 : 오녀산성 제4기 문화층.

○ 크기 : 남은 길이 14cm, 너비 0.7cm.

○ 형태 : 劍形임. 한 면에 등(脊)이 솟아 있고, 등 측면에는 血槽가 있음. 단면은 마름모꼴에 가까움.

(84) **철제화살촉** 26(**鐵鏃**, T408②:6, **그림** 180-1)

○ 출토지 : 오녀산성 제4기 문화층.

○ 크기 : 길이 12.4cm, 너비 0.9cm.

○ 형태 : 矛形임. 촉신(鏃身) 앞부분은 矛形이고 단면은 마름모꼴임. 뒷부분은 원형의 기둥모양임. 앞에서 뒤로 갈수록 점차 굵어짐. 경부(鋌)는 가늘고 원추형임.

⑧⑤ **철제화살촉 27**(鐵鏃, T402②:9, 그림 180-2)
- 출토지 : 오녀산성 제4기 문화층.
- 크기 : 길이 11.1cm, 너비 0.9cm.
- 형태 : 矛形임. 위의 철제화살촉과 같음.

⑧⑥ **철제화살촉 28**(鐵鏃, T403②:8)
- 출토지 : 오녀산성 제4기 문화층.
- 크기 : 길이 11.5cm, 너비 0.8cm.
- 형태 : 矛形임. 위의 철제화살촉과 같음.

⑧⑦ **철제화살촉 29**(鐵鏃, T45②:6, 그림 180-3)
- 출토지 : 오녀산성 제4기 문화층.
- 크기 : 남은 길이 9.5cm, 너비 0.8cm.
- 형태 : 矛形임. 위의 철제화살촉과 같음.

⑧⑧ **철제화살촉 30**(鐵鏃, T47②:13, 그림 180-4)
- 출토지 : 오녀산성 제4기 문화층.
- 크기 : 남은 길이 6.3cm, 너비 0.8cm.
- 형태 : 矛形임. 위의 철제화살촉과 같지만, 비교적 짧고 작음.

⑧⑨ **철제화살촉 31**(鐵鏃, T43②:5, 그림 180-5)
- 출토지 : 오녀산성 제4기 문화층.
- 크기 : 길이 7.5cm, 너비 1cm.
- 형태 : 矛形임. 위의 철제화살촉과 같지만, 경부(鋌)가 구부러짐.

⑨⓪ **철제화살촉 32**(鐵鏃, T22②:7, 그림 181-1)
- 출토지 : 오녀산성 제4기 문화층.
- 크기 : 남은 길이 8.1cm, 너비 0.7cm.
- 형태 : 錐形임. 촉신(鏃身)은 원추형으로 弹頭모양과 유사함. 앞부분은 약간 뭉툭함. 경부(鋌) 단면은 약간 장방형에 가까움. 가늘고 길며, 약간 파손.

⑨① **철제화살촉 33**(鐵鏃, T21②:1, 그림 181-2)
- 출토지 : 오녀산성 제4기 문화층.
- 크기 : 길이 6.8cm, 너비 0.8cm.
- 형태 : 錐形임. 대체로 위의 철제화살촉과 같음. 앞부분은 비교적 뾰족함.

⑨② **철제화살촉 34**(鐵鏃, T49①:1, 그림 181-3)
- 출토지 : 오녀산성 제4기 문화층.
- 크기 : 남은 길이 5.2cm, 너비 0.7cm.
- 형태 : 錐形임. 대체로 위의 철제화살촉과 같음. 촉두(鋒)는 뾰족함. 경부(鋌)는 원추형임.

⑨③ **철제화살촉 35**(鐵鏃, T34②:10, 그림 181-4)
- 출토지 : 오녀산성 제4기 문화층.
- 크기 : 남은 길이 3.5cm, 너비 0.8cm.
- 형태 : 錐形임. 대체로 위의 철제화살촉과 같음.

⑨④ **철제화살촉 36**(鐵鏃, T29②:2, 그림 181-10)
- 출토지 : 오녀산성 제4기 문화층.
- 크기 : 남은 길이 8.4cm, 너비 0.9cm.
- 형태 : 錐形임. 촉신(鏃身)은 四棱錐形임. 경부(鋌)는 가늘고 원형임.

⑨⑤ **철제화살촉 37**(鐵鏃, T27②:1)
- 출토지 : 오녀산성 제4기 문화층.
- 크기 : 길이 7.2cm, 너비 1.5cm.
- 형태 : 錐形임. 대체로 위의 철제화살촉과 같음. 경부(鋌)는 둥근 기둥모양임.

⑨⑥ **철제화살촉 38**(鐵鏃, T43②:4, 그림 181-11)
- 출토지 : 오녀산성 제4기 문화층.
- 크기 : 남은 길이 6.4cm, 너비 1cm.
- 형태 : 錐形임. 대체로 위의 철제화살촉과 같음.

⑨⑦ **철제화살촉 39**(鐵鏃, T64②:9, 그림 181-9)
- 출토지 : 오녀산성 제4기 문화층.
- 크기 : 남은 길이 5.8cm, 너비 0.7cm.
- 형태 : 錐形임. 대체로 위의 철제화살촉과 같음. 경부(鋌)는 四棱錐形인데, 약간 파손.

⑨⑧ **철제화살촉 40**(鐵鏃, T43②:3, 그림 181-8)
- 출토지 : 오녀산성 제4기 문화층.
- 크기 : 남은 길이 5cm, 너비 0.7cm.
- 형태 : 錐形임. 위의 철제화살촉과 같음. 파손됨.

⑨⑨ **철제화살촉 41**(鐵鏃, T44②:3, 그림 181-7)
- 출토지 : 오녀산성 제4기 문화층.
- 크기 : 남은 길이 4.4cm, 너비 0.9cm.
- 형태 : 錐形임. 대체로 위의 철제화살촉과 같음.

⑩⓪ **철제화살촉 42**(鐵鏃, T403②:12, 그림 181-12)
- 출토지 : 오녀산성 제4기 문화층.
- 크기 : 남은 길이 5.5cm, 너비 0.95cm.
- 형태 : 錐形임. 촉신(鏃身)은 四棱錐形으로 단면은 장방형임. 경부(鋌)는 四棱錐形으로 단면은 장방형임.

⑩① **철제화살촉 43**(鐵鏃, T51③:2, 그림 181-6)
- 출토지 : 오녀산성 제4기 문화층.
- 크기 : 남은 길이 5.5cm, 너비 1.1cm.
- 형태 : 錐形임. 촉두(鋒)는 파손됨. 촉신(鏃身) 양면에 등(脊)이 솟아 있고, 단면은 마름모꼴임. 경부(鋌)는 가늘고 원추형임.

⑩② **철제화살촉 44**(鐵鏃, T51②:4, 그림 181-5)
- 출토지 : 오녀산성 제4기 문화층.
- 크기 : 남은 길이 5cm, 너비 0.9cm.
- 형태 : 錐形임. 촉신(鏃身)은 四棱錐形으로 단면은 마름모꼴임. 경부(鋌)는 가느다람.

⑩③ **철제화살촉 45**(鐵鏃, T31③:3, 그림 182-11)
- 출토지 : 오녀산성 제4기 문화층.
- 크기 : 길이 6.1cm, 너비 1.5cm.
- 형태 : 葉形임. 등(脊)은 원형의 기둥모양임. 촉두날(葉刃)은 비교적 넓고, 아랫부분은 약간 안으로 들어가 있음. 경부(鋌)는 방추형임.

⑩④ **철제화살촉 46**(鐵鏃, T401②:7, 그림 182-2)
- 출토지 : 오녀산성 제4기 문화층.
- 크기 : 남은 길이 4.4cm, 너비 1.6cm.
- 형태 : 葉形임. 대체로 위의 철제화살촉과 같으나, 경부(鋌)는 파손됨.

⑩⑤ **철제화살촉 47**(鐵鏃, T410②:14, 그림 182-6)
- 출토지 : 오녀산성 제4기 문화층.
- 크기 : 남은 길이 6.5cm, 너비 2.2cm.
- 형태 : 葉形임. 등(脊)은 원형의 기둥모양임. 촉두 아랫부분(葉尾)은 넓음. 경부(鋌)는 四棱錐形인데, 약간 파손됨.

⑩⑥ **철제화살촉 48**(鐵鏃, T23③:9, 그림 182-13)
- 출토지 : 오녀산성 제4기 문화층.
- 크기 : 길이 9.4cm, 너비 2.2cm.
- 형태 : 葉形임. 촉신(鏃身) 중간은 두껍고 양 측면은 얇음. 단면은 마름모꼴임. 경부(鋌)는 가늘고 방추형임.

⑩⑦ **철제화살촉 49**(鐵鏃, T24③:6, 그림 182-4)
- 출토지 : 오녀산성 제4기 문화층.
- 크기 : 남은 길이 6.7cm, 너비 1.7cm.
- 형태 : 葉形임. 대체로 위의 철제화살촉과 같음.

⑩⑧ **철제화살촉 50**(鐵鏃, T60②:4, 그림 182-3)
- 출토지 : 오녀산성 제4기 문화층.

○ 크기 : 남은 길이 4.3cm, 너비 1.9cm.
○ 형태 : 葉形임. 위의 철제화살촉과 같음.

⑩⑨ **철제화살촉 51**(鐵鏃, T23③:10, 그림 182-7)
○ 출토지 : 오녀산성 제4기 문화층.
○ 크기 : 남은 길이 6.9cm, 너비 2.9cm.
○ 형태 : 葉形임. 촉신(鏃身) 중간은 약간 두껍고 양 측면은 점차 얇아짐. 단면은 마름모꼴임. 경부(鋌)는 방추형임.

⑪⑩ **철제화살촉 52**(鐵鏃, T49②:2, 그림 182-1)
○ 출토지 : 오녀산성 제4기 문화층.
○ 크기 : 남은 길이 4.4cm, 너비 1.3cm.
○ 형태 : 葉形임. 위의 철제화살촉과 같음.

⑪⑪ **철제화살촉 53**(鐵鏃, T8③:4, 그림 182-5)
○ 출토지 : 오녀산성 제4기 문화층.
○ 크기 : 길이 6.7cm, 너비 1.6cm.
○ 형태 : 葉形임. 대체로 위의 철제화살촉과 같음. 단면은 장방형임.

⑪⑫ **철제화살촉 54**(鐵鏃, T26②:1, 그림 182-12)
○ 출토지 : 오녀산성 제4기 문화층.
○ 크기 : 길이 6.6cm, 너비 1.6cm.
○ 형태 : 葉形임. 위의 철제화살촉과 약간 유사함. 촉두(鋒)는 비교적 둥글고 뭉툭함.

⑪⑬ **철제화살촉 55**(鐵鏃, T63②:8, 그림 182-10)
○ 출토지 : 오녀산성 제4기 문화층.
○ 크기 : 길이 7.9cm, 너비 2cm.
○ 형태 : 납작한 삽모양(鏟形)임. 촉두(鋒)는 평평함. 경부(鋌)는 가늘고 네모난 기둥모양임.

⑪⑭ **철제화살촉 56**(鐵鏃, T47③:2, 그림 182-8)
○ 출토지 : 오녀산성 제4기 문화층.
○ 크기 : 길이 12.4cm, 너비 4cm.
○ 형태 : 촉두(鋒部)는 생선꼬리모양이고 비교적 넓음. 경부(鋌)는 가늘고 네모난 기둥모양임.

⑪⑮ **철제화살촉 57**(鐵鏃, T417③:21, 그림 182-9)
○ 출토지 : 오녀산성 제4기 문화층.
○ 크기 : 길이 12cm, 너비 4.1cm.
○ 형태 : 촉두(鋒部)는 약간 생선 꼬리모양임.

⑪⑯ **철제찰갑편 1**(鐵甲片, T4②:2, 그림 183-2)
○ 출토지 : 오녀산성 제4기 문화층.
○ 크기 : 길이 10cm, 너비 2.5cm.
○ 형태 : 상단은 평평하고 곧음. 하단은 호형임. 주변에 15개의 구멍이 분포하고 있음.

⑪⑰ **철제찰갑편 2**(鐵甲片, T10②:8, 그림 183-4)
○ 출토지 : 오녀산성 제4기 문화층.
○ 크기 : 길이 10cm, 너비 2.6cm.
○ 형태 : 위의 철제찰갑편과 같음.

⑪⑱ **철제찰갑편 3**(鐵甲片, T408②:8, 그림 183-1)
○ 출토지 : 오녀산성 제4기 문화층.
○ 크기 : 길이 9cm, 너비 3cm.
○ 형태 : 위의 철제찰갑편과 약간 유사함. 주변과 중간에 12개의 구멍이 뚫어져 있음.

⑪⑲ **철제찰갑편 4**(鐵甲片, T34③:4, 그림 183-3)
○ 출토지 : 오녀산성 제4기 문화층.
○ 크기 : 길이 9cm, 너비 3.2cm.
○ 형태 : 상단은 약간 안으로 들어감. 아랫변은 호형임. 주변에 11개의 구멍이 분포하고 있음.

⑫⓪ **철제찰갑편 5**(鐵甲片, T34③:1, 그림 183-6)
○ 출토지 : 오녀산성 제4기 문화층.
○ 크기 : 길이 4.9cm, 너비 2.5cm.
○ 형태 : 상단은 말각됨. 아랫변은 약간 호형임. 주변과 중간에 9개의 구멍이 분포하고 있음.

⑫① **철제찰갑편 6**(鐵甲片, T29③:1, 그림 183-5)
○ 출토지 : 오녀산성 제4기 문화층.
○ 크기 : 길이 5.2cm, 너비 2.5cm.
○ 형태 : 위의 철제찰갑편과 같음.

⑫② **철제찰갑편 7**(鐵甲片, T6③:1, 그림 183-7)
○ 출토지 : 오녀산성 제4기 문화층.
○ 크기 : 길이 4.3cm, 너비 3cm.
○ 형태 : 상단은 약간 안으로 들어가 있음. 아랫변은 약간 호형임. 주변과 중간에 9개의 구멍이 분포하고 있음.

⑫③ **철제찰갑편 8**(鐵甲片, T65②:4, 그림 183-8)
○ 출토지 : 오녀산성 제4기 문화층.
○ 크기 : 길이 4.6cm, 너비 1.9cm.
○ 형태 : 상단은 말각됨. 하단은 원호형임. 주변과 중간에 9개의 구멍이 분포하고 있음.

⑫④ **철제찰갑편 9**(鐵甲片, T22③:6, 그림 183-9)
○ 출토지 : 오녀산성 제4기 문화층.
○ 크기 : 길이 6.5cm, 너비 4.4cm.
○ 형태 : 평면은 사다리꼴에 가까움. 비교적 넓음. 상단에는 가로 방향으로 2개의 구멍이 있음. 하부 중간에는 세로 방향으로 3개의 구멍이 있음. 양 측면에는 각각 5개의 구멍이 있는데, 구멍 2개 혹은 3개가 한 세트로 마주하고 있음.

⑫⑤ **철제찰갑편 10**(鐵甲片, T56③:3, 그림 183-10)
○ 출토지 : 오녀산성 제4기 문화층.
○ 크기 : 길이 6.3cm, 너비 5.4cm.
○ 형태 : 약간 파손됨. 비교적 넓음. 상단은 호형임. 하단은 약간 곧음. 주변과 중간에 6개의 구멍이 남아 있음.

⑫⑥ **철제찰갑편 11**(鐵甲片, T26②:3, 그림 183-11)
○ 출토지 : 오녀산성 제4기 문화층.
○ 크기 : 길이 8.2cm, 너비 7cm.
○ 형태 : 평면은 장방형임. 너비가 넓음. 중간에 한 개의 구멍이 있음. 하단 중간에 세로 방향으로 2개의 구멍이 있음. 양측에는 각각 4개의 구멍이 있는데, 2개의 구멍이 한 세트로 마주하고 있음. 오른쪽 변 윗 모서리의 구멍 2개는 파손됨.

(3) 토기

○ 옹(甕)은 13점이 출토되었는데, 모두 구연부(口沿)임. 기벽은 비교적 두꺼움. 구연의 형태로 볼 때 두 유형으로 나눌 수 있음. 1유형은 구연이 내반된 옹(斂口甕)으로 10점이 출토됨. 2유형은 구연이 곧은 옹(直口甕)으로 3점이 출토됨.

○ 호(罐)는 60점이 출토됨. 대부분 구연만 남아 있음. 구연의 형태로 볼 때 4유형으로 나눌 수 있음. 1유형은 구연이 외반된 호(侈口罐)로 13점이 출토됨. 2유형은 구연이 내반된 호(斂口罐)로 20점이 출토됨. 3유형은 목이 잘록한 호(束頸罐)로 20점이 출토됨. 4유형은 구부가 작은 호(小口罐)로 7점이 출토됨.

○ 분(盆)은 18점이 출토되었는데, 모두 구연부임. 구연의 형태와 목 부분(頸部)의 특징에 따라 3유형으로 나눌 수 있음. 1유형은 구연이 외반된 분(敞口盆)으로 2점이 출토됨. 2유형은 구연이 꺾인 분(折沿盆)으로 10점이 출토됨. 3유형은 구연이 꺾이고 목은 잘록한 분(折沿束頸盆)으로 6점이 출토됨.

○ 호(壺)는 5점이 출토됨. 구연의 형태에 따라 3유형으로 나눌 수 있음. 1유형은 구연이 곧은 호(直口壺)로 1점이 출토됨. 2유형은 구연이 외반된 호(侈口壺)로 1점이 출토됨. 3유형은 반구호(盤口壺)로 3점이 출토됨.

○ 발(鉢)은 2점, 반(盤)은 3점, 접시(碟)는 1점, 시루바닥(甑底)은 16점이 출토됨.

○ 토기 바닥은 46점이 출토됨. 대부분 호(罐)의 바닥이고, 일부는 분(盆)과 옹(瓮)의 바닥임. 평평한 바닥이 절대 다수이고, 가운데가 안으로 들어간 바닥은 수점에 불과함. 들린 굽(圈足)은 없음.

○ 토기 파수(器耳)는 10점이 출토됨. 대부분 가로 방향의 파수(橫橋狀耳)이고, 한 점만 동체부(腹部)의 扉棱임.

○ 문양이 있는 토기편은 6점이 출토되었는데, 문양은 어깨(肩)와 동체부에 있음. 선문(弦文)과 파상문(水波文) 등이 있음.

○ 어망추(網墜)는 32점이 출토됨. 모두 원형의 기둥 모양임. 양단 근처에 홈(凹槽)이 한 바퀴 둘러져 있어서 그물을 매는 데 편리함.

○ 구슬(珠)은 2점이 출토됨.

① 옹1(斂口瓮, T410②:2, 그림 184-5)
○ 출토지 : 오녀산성 제4기 문화층.
○ 크기 : 口徑 30cm, 남은 높이 5.2cm.
○ 형태 : 구순은 각이 짐(方脣). 구연은 내반됨(斂口). 어깨(肩)는 약간 솟아 있음(聳).
○ 태토 및 색깔 : 모래혼입 황갈색토기.

② 옹2(斂口瓮, T61②:2, 그림 184-2)
○ 출토지 : 오녀산성 제4기 문화층.
○ 크기 : 口徑 24cm, 남은 높이 7cm.
○ 형태 : 구순은 각이 짐(方脣). 구연은 내반됨(斂口). 구연 안에는 진흙을 발랐음.
○ 태토 및 색깔 : 모래와 운모가 함유된 회색토기.

③ 옹3(斂口瓮, T21③:2, 그림 184-4)
○ 출토지 : 오녀산성 제4기 문화층.
○ 크기 : 口徑 24cm, 남은 높이 7cm.
○ 형태 : 구순은 각이 짐(方脣). 구연은 내반됨(斂口). 어깨는 흘러내려감(溜肩).
○ 태토 및 색깔 : 모래와 운모가 함유된 홍갈색토기.

④ 옹4(斂口瓮, T401②:8, 그림 184-6)
○ 출토지 : 오녀산성 제4기 문화층.
○ 크기 : 口徑 36cm, 남은 높이 5cm.
○ 형태 : 구순은 각이 짐(方脣). 구연은 내반됨(斂口). 어깨는 솟아 있음(聳肩).
○ 태토 및 색깔 : 모래와 운모가 함유된 홍갈색토기.

⑤ 옹5(斂口瓮, T56②:9, 그림 184-3)
○ 출토지 : 오녀산성 제4기 문화층.
○ 크기 : 口徑 24cm, 남은 높이 4.2cm.
○ 형태 : 구순은 각이 짐(方脣). 구연은 내반됨(斂口). 어깨는 넓음(廣肩).
○ 태토 및 색깔 : 모래혼입 황갈색토기.

⑥ 옹6(斂口瓮, T53③:5, 그림 184-12)
○ 출토지 : 오녀산성 제4기 문화층.
○ 크기 : 口徑 28cm, 남은 높이 3.6cm.
○ 형태 : 구순은 각이 짐(方脣). 구연은 내반됨(斂口). 구연 안에는 진흙을 발랐음.
○ 태토 및 색깔 : 모래혼입 회색토기.

⑦ 옹7(斂口瓮, T22③:7, 그림 184-10)
○ 출토지 : 오녀산성 제4기 문화층.
○ 크기 : 口徑 24.3cm, 남은 높이 3.3cm.
○ 형태 : 구순은 각이 짐(方脣). 구연은 내반됨(斂口).

○ 태토 및 색깔 : 모래혼입 황갈색토기.

⑧ 옹 8(斂口瓮, T23③:3, 그림 184-11)
○ 출토지 : 오녀산성 제4기 문화층.
○ 크기 : 口徑 28cm, 남은 높이 3.3cm.
○ 형태 : 구순은 각이 짐(方脣). 구연은 내반됨(斂口).
○ 태토 및 색깔 : 가는 모래와 운모가 함유된 황갈색토기.

⑨ 옹 9(斂口瓮, T44③:11, 그림 184-8)
○ 출토지 : 오녀산성 제4기 문화층.
○ 크기 : 口徑 22cm, 남은 높이 3.4cm.
○ 형태 : 구순은 각이 짐(方脣). 구연은 내반됨(斂口).
○ 태토 및 색깔 : 모래와 운모가 함유된 황갈색토기.

⑩ 옹 10(斂口瓮, T35②:3, 그림 184-7)
○ 출토지 : 오녀산성 제4기 문화층.
○ 크기 : 口徑 22cm, 남은 높이 5.5cm.
○ 형태 : 구순은 각이 짐(方脣). 구연(口)은 약간 내반됨(斂).
○ 태토 및 색깔 : 모래와 운모가 함유된 회갈색토기.

⑪ 옹 11(直口瓮, T20②:1, 그림 184-9)
○ 출토지 : 오녀산성 제4기 문화층.
○ 크기 : 口徑 22cm, 남은 높이 3.2cm.
○ 형태 : 구순은 각이 짐(方脣). 구연은 곧음(直口).
○ 태토 및 색깔 : 가는 모래와 운모가 함유된 홍갈색토기.

⑫ 옹 12(直口瓮, T47②:2, 그림 184-13)
○ 출토지 : 오녀산성 제4기 문화층.
○ 크기 : 口徑 34cm, 남은 높이 5.5cm.
○ 형태 : 구순은 각이 짐(方脣). 구연은 곧음(直口). 어깨는 흘러내려감(溜肩).

○ 태토 및 색깔 : 모래혼입 회갈색토기.

⑬ 옹 13(直口瓮, T406②:10, 그림 184-1)
○ 출토지 : 오녀산성 제4기 문화층.
○ 크기 : 口徑 24cm, 남은 높이 9cm.
○ 형태 : 구순은 각이 짐(方脣). 구연은 곧음(直口). 어깨는 흘러내려감(溜肩).
○ 태토 및 색깔 : 모래혼입 황갈색토기.

⑭ 호 1(侈口罐, T403②:6, 그림 185-6)
○ 출토지 : 오녀산성 제4기 문화층.
○ 크기 : 口徑 14cm, 바닥직경 15cm, 남은 높이 4cm.
○ 형태 : 구순은 뾰족함(尖脣). 구연은 외반됨(侈口). 동체부는 둥그스름함(鼓腹). 바닥은 평평함.
○ 태토 및 색깔 : 모래혼입 회색토기.

⑮ 호 2(侈口罐, T23③:1, 그림 185-3)
○ 출토지 : 오녀산성 제4기 문화층.
○ 크기 : 口徑 9cm, 남은 높이 4cm.
○ 형태 : 구순은 둥그스름함(圓脣). 구연은 외반됨(侈口). 어깨는 흘러내려감(溜肩).
○ 태토 및 색깔 : 니질의 홍갈색토기.

⑯ 호 3(侈口罐, T48②:1, 그림 185-13)
○ 출토지 : 오녀산성 제4기 문화층.
○ 크기 : 口徑 24cm, 남은 높이 8.5cm.
○ 형태 : 구순은 둥그스름함(圓脣). 구연은 외반됨(侈口). 어깨는 흘러내려감(溜肩).
○ 태토 및 색깔 : 모래와 운모가 함유된 황갈색토기.

⑰ 호 4(侈口罐, T48②:4, 그림 185-9)
○ 출토지 : 오녀산성 제4기 문화층.
○ 크기 : 口徑 26cm, 남은 높이 2.8cm.

○ 형태 : 구순은 둥그스름함(圓脣). 구연은 외반됨(侈口).
○ 태토 및 색깔 : 모래혼입 홍갈색토기.

⑱ 호 5(侈口罐, T410②:3, 그림 185-7)
○ 출토지 : 오녀산성 제4기 문화층.
○ 크기 : 口徑 24cm, 남은 높이 4.8cm.
○ 형태 : 구순은 둥그스름함(圓脣). 구연은 외반됨(侈口).
○ 태토 및 색깔 : 모래혼입 홍갈색토기.

⑲ 호 6(侈口罐, T406②:9, 그림 185-11)
○ 출토지 : 오녀산성 제4기 문화층.
○ 크기 : 口徑 26cm, 남은 높이 8.5cm.
○ 형태 : 구순은 뽀족함(尖脣). 구연은 외반됨(侈口).
○ 태토 및 색깔 : 모래혼입 홍갈색토기.

⑳ 호 7(侈口罐, T406②:11, 그림 185-5)
○ 출토지 : 오녀산성 제4기 문화층.
○ 크기 : 口徑 16cm, 남은 높이 8cm.
○ 형태 : 구순은 뽀족함(尖脣). 구연은 외반됨(侈口). 어깨는 흘러내려감(溜肩).
○ 태토 및 색깔 : 모래혼입 황갈색토기.

㉑ 호 8(侈口罐, T30②:4, 그림 185-4)
○ 출토지 : 오녀산성 제4기 문화층.
○ 크기 : 口徑 14cm, 남은 높이 6cm.
○ 형태 : 구순은 둥그스름함(圓脣). 구연은 외반됨(侈口). 동체는 둥그스름함(鼓腹).
○ 태토 및 색깔 : 니질의 회색토기.

㉒ 호 9(侈口罐, T30②:1, 그림 185-2)
○ 출토지 : 오녀산성 제4기 문화층.
○ 크기 : 口徑 14cm, 남은 높이 3.6cm.
○ 형태 : 구순은 각이 짐(方脣). 구연은 외반됨(侈口).
○ 태토 및 색깔 : 모래혼입 홍갈색토기.

㉓ 호 10(侈口罐, T47②:8, 그림 185-1)
○ 출토지 : 오녀산성 제4기 문화층.
○ 크기 : 口徑 12cm, 남은 높이 3cm.
○ 형태 : 구순은 각이 짐(方脣). 구연은 외반됨(侈口). 어깨는 흘러내려감(溜肩).
○ 태토 및 색깔 : 모래혼입 흑갈색토기.

㉔ 호 11(侈口罐, T24③:1, 그림 185-10)
○ 출토지 : 오녀산성 제4기 문화층.
○ 크기 : 口徑 26cm, 남은 높이 5cm.
○ 형태 : 구순은 각이 짐(方脣). 구연은 외반됨(侈口).
○ 태토 및 색깔 : 모래와 운모가 함유된 황갈색토기.

㉕ 호 12(侈口罐, T59②:2, 그림 185-8)
○ 출토지 : 오녀산성 제4기 문화층.
○ 크기 : 口徑 22cm, 남은 높이 5.4cm.
○ 형태 : 구순은 각이 짐(方脣). 구연(口)은 약간 외반됨(侈). 어깨는 흘러내려감(溜肩).
○ 태토 및 색깔 : 니질의 회색토기.

㉖ 호 13(侈口罐, T59②:3, 그림 185-12)
○ 출토지 : 오녀산성 제4기 문화층.
○ 크기 : 口徑 24cm, 남은 높이 5.4cm.
○ 형태 : 구순은 각이 짐(方脣). 구연(口)은 곧지만(直) 약간 외반됨(侈). 어깨는 흘러내려감(溜肩).
○ 태토 및 색깔 : 가는 모래혼입 회색토기.

㉗ 호 14(斂口罐, T50②:3, 그림 186-9)
○ 출토지 : 오녀산성 제4기 문화층.
○ 크기 : 口徑 16cm, 남은 높이 2.5cm.
○ 형태 : 구순은 각이 짐(方脣). 구연은 내반됨(斂口).

○ 태토 및 색깔 : 모래혼입 회색토기.

㉘ 호 15(斂口罐, T32②:1, 그림 186-8)
○ 출토지 : 오녀산성 제4기 문화층.
○ 크기 : 口徑 12cm, 남은 높이 2.2cm.
○ 형태 : 구순은 각이 짐(方脣). 구연은 내반됨(斂口).
○ 태토 및 색깔 : 모래혼입 회갈색토기.

㉙ 호 16(斂口罐, T24③:2, 그림 186-6)
○ 출토지 : 오녀산성 제4기 문화층.
○ 크기 : 口徑 18.6cm, 남은 높이 6.5cm.
○ 형태 : 구순은 각이 짐(方脣). 구연은 내반됨(斂口). 어깨는 흘러내려감(溜肩).
○ 태토 및 색깔 : 니질의 황갈색토기.

㉚ 호 17(斂口罐, T19③:2, 그림 186-1)
○ 출토지 : 오녀산성 제4기 문화층.
○ 크기 : 口徑 16cm, 남은 높이 3.4cm.
○ 형태 : 구순(脣)은 각이 지면서(方) 약간 둥그스름함(圓). 구연은 내반됨(斂口).
○ 태토 및 색깔 : 모래혼입 황갈색토기.

㉛ 호 18(斂口罐, T57②:2, 그림 186-19)
○ 출토지 : 오녀산성 제4기 문화층.
○ 크기 : 口徑 20cm, 남은 높이 4.5cm.
○ 형태 : 구순은 각이 짐(方脣). 구연은 내반됨(斂口). 어깨는 흘러내려감(溜肩).
○ 태토 및 색깔 : 모래혼입 황갈색토기.

㉜ 호 19(斂口罐, T410②:10, 그림 186-17)
○ 출토지 : 오녀산성 제4기 문화층.
○ 크기 : 口徑 16cm, 남은 높이 5cm.
○ 형태 : 구순은 각이 짐(方脣). 구연은 내반됨(斂口). 구순(脣) 안에는 진흙이 발라져 있음.

○ 태토 및 색깔 : 가는 모래혼입 황갈색토기.

㉝ 호 20(斂口罐, T50②:4, 그림 186-13)
○ 출토지 : 오녀산성 제4기 문화층.
○ 크기 : 口徑 20cm, 남은 높이 2.8cm.
○ 형태 : 구순(脣)은 각이 지면서(方) 약간 둥그스름함(圓). 구연은 내반됨(斂口). 어깨(肩)는 완만하게 꺾여 있음(折).
○ 태토 및 색깔 : 모래혼입 황갈색토기.

㉞ 호 21(斂口罐, T42③:4, 그림 186-12)
○ 출토지 : 오녀산성 제4기 문화층.
○ 크기 : 口徑 16cm, 남은 높이 6.4cm.
○ 형태 : 구순은 각이 짐(方脣). 구연은 내반됨(斂口). 어깨는 흘러내려감(溜肩).
○ 태토 및 색깔 : 모래와 운모가 함유된 황갈색토기.

㉟ 호 22(斂口罐, T64②:4, 그림 186-2)
○ 출토지 : 오녀산성 제4기 문화층.
○ 크기 : 口徑 20cm, 남은 높이 4.2cm.
○ 형태 : 구순은 각이 짐(方脣). 구연은 내반됨(斂口). 어깨는 흘러내려감(溜肩).
○ 태토 및 색깔 : 모래혼입 황갈색토기.

㊱ 호 23(斂口罐, T47②:9, 그림 186-11)
○ 출토지 : 오녀산성 제4기 문화층.
○ 크기 : 口徑 21cm, 남은 높이 4.7cm.
○ 형태 : 구순은 각이 짐(方脣). 구연은 내반됨(斂口). 어깨는 흘러내려감(溜肩).
○ 태토 및 색깔 : 니질의 황갈색토기.

㊲ 호 24(斂口罐, T410②:11, 그림 186-20)
○ 출토지 : 오녀산성 제4기 문화층.
○ 크기 : 口徑 18cm, 남은 높이 12cm.

○ 형태 : 구순은 각이 짐(方脣). 구연은 내반됨(斂口). 어깨는 흘러내려감(溜肩). 구순(脣) 안에는 진흙이 발라져 있음. 동체(腹)에는 음각선문(凹弦文)이 여러 줄 둘러져 있음.
○ 태토 및 색깔 : 모래혼입 황갈색토기.

㊳ 호 25(斂口罐, T44②:10, 그림 186-7)
○ 출토지 : 오녀산성 제4기 문화층.
○ 크기 : 口徑 12cm, 남은 높이 4.6cm.
○ 형태 : 구순은 각이 짐(方脣). 구연은 내반됨(斂口). 어깨는 넓음(廣肩).
○ 태토 및 색깔 : 모래혼입 회색토기.

�439 호 26(斂口罐, T410②:1, 그림 186-15)
○ 출토지 : 오녀산성 제4기 문화층.
○ 크기 : 口徑 20cm, 남은 높이 4.6cm.
○ 형태 : 구순은 각이 짐(方脣). 구연(口)은 곧으면서(直) 약간 내반됨(斂).
○ 태토 및 색깔 : 모래혼입 회갈색토기.

㊵ 호 27(斂口罐, T412②:1, 그림 186-16)
○ 출토지 : 오녀산성 제4기 문화층.
○ 크기 : 口徑 22cm, 남은 높이 4cm.
○ 형태 : 구순은 각이 짐(方脣). 구연(口)은 곧으면서(直) 약간 내반됨(斂).
○ 태토 및 색깔 : 모래와 운모가 함유된 회갈색토기.

㊶ 호 28(斂口罐, T24③:3, 그림 186-10)
○ 출토지 : 오녀산성 제4기 문화층.
○ 크기 : 口徑 16cm, 남은 높이 6.5cm.
○ 형태 : 구순은 각이 짐(方脣). 구연(口)은 곧으면서(直) 약간 내반됨(斂).
○ 태토 및 색깔 : 가는 모래혼입 회색토기.

㊷ 호 29(斂口罐, T404②:1, 그림 186-4)
○ 출토지 : 오녀산성 제4기 문화층.
○ 크기 : 口徑 20cm, 남은 높이 4.5cm.
○ 형태 : 구순은 뾰족함(尖脣). 구연은 내반됨(斂口). 어깨(肩)는 약간 솟아 있음(聳).
○ 태토 및 색깔 : 모래와 운모가 함유된 홍갈색토기.

㊸ 호 30(斂口罐, T56③:1, 그림 186-18)
○ 출토지 : 오녀산성 제4기 문화층.
○ 크기 : 口徑 20cm, 남은 높이 4cm.
○ 형태 : 구순은 각이 짐(方脣). 구연은 내반됨(斂口). 어깨(肩)는 약간 솟아 있음(聳).
○ 태토 및 색깔 : 모래혼입 회색토기.

㊹ 호 31(斂口罐, T30②:3, 그림 186-3)
○ 출토지 : 오녀산성 제4기 문화층.
○ 크기 : 口徑 20cm, 남은 높이 6cm.
○ 형태 : 구순은 각이 짐(方脣). 구연은 내반됨(斂口). 어깨는 솟아 있음(聳肩). 구순(脣) 안에는 진흙이 발라져 있음.
○ 태토 및 색깔 : 모래혼입 회갈색토기.

㊺ 호 32(斂口罐, T22③:2, 그림 186-5)
○ 출토지 : 오녀산성 제4기 문화층.
○ 크기 : 口徑 20cm, 남은 높이 6cm.
○ 형태 : 구순은 각이 짐(方脣). 구연은 내반됨(斂口). 어깨는 솟아 있음(聳肩).
○ 태토 및 색깔 : 모래와 운모가 함유된 황갈색토기.

㊻ 호 33(斂口罐, T401②:2, 그림 186-14)
○ 출토지 : 오녀산성 제4기 문화층.
○ 크기 : 口徑 18cm, 남은 높이 4.2cm.
○ 형태 : 구순은 각이 짐(方脣). 구연은 내반됨(斂口). 어깨는 솟아 있음(聳肩). 구순(脣) 안에는 진흙이 발라

져 있음.
○ 태토 및 색깔 : 가는 모래혼입 흑회색토기.

㊼ **호** 34(**束頸罐**, T53③:1, **그림** 187-20)
○ 출토지 : 오녀산성 제4기 문화층.
○ 크기 : 口徑 18.5cm, 동체(腹) 직경 28.4cm, 바닥 직경 17.5cm, 높이 20cm.
○ 형태 : 구순은 둥그스름함(圓唇). 구연은 꺾여 있음(折沿). 목은 잘록함(束頸). 동체는 둥그스름함(鼓腹). 바닥은 평평하지만 약간 안으로 들어감. 동체 측면에는 가로 방향의 파수(橫橋狀耳)가 마주하고 있고, 음각선문(凹弦文)이 한 바퀴 둘러져 있음.
○ 태토 및 색깔 : 니질의 황색토기.

㊽ **호** 35(**束頸罐**, T410②:8, **그림** 187-5)
○ 출토지 : 오녀산성 제4기 문화층.
○ 크기 : 口徑 30cm, 남은 높이 4.6cm.
○ 형태 : 구순은 뾰족함(尖唇). 구연은 외반됨(侈口). 목은 잘록함(束頸).
○ 태토 및 색깔 : 가는 모래혼입 홍갈색토기.

㊾ **호** 36(**束頸罐**, T410②:5, **그림** 187-9)
○ 출토지 : 오녀산성 제4기 문화층.
○ 크기 : 口徑 18cm, 남은 높이 4cm.
○ 형태 : 구순은 각이 짐(方唇). 구연은 꺾여 있음(折沿). 목은 잘록함(束頸).
○ 태토 및 색깔 : 모래혼입 홍갈색토기.

㊿ **호** 37(**束頸罐**, T23③:4, **그림** 187-18)
○ 출토지 : 오녀산성 제4기 문화층.
○ 크기 : 口徑 18cm, 남은 높이 8cm.
○ 형태 : 구순은 뾰족함(尖唇). 구연은 꺾여 있음(折沿). 목은 잘록함(束頸). 어깨는 흘러내려감(溜肩).
○ 태토 및 색깔 : 모래혼입 황갈색토기.

(51) **호** 38(**束頸罐**, T56②:11, **그림** 187-12)
○ 출토지 : 오녀산성 제4기 문화층.
○ 크기 : 口徑 12cm, 남은 높이 3.2cm.
○ 형태 : 구순은 뾰족함(尖唇). 구연은 외반됨(侈口). 목은 잘록함(束頸).
○ 태토 및 색깔 : 모래와 운모가 함유된 회색토기.

(52) **호** 39(**束頸罐**, T408②:3, **그림** 187-15)
○ 출토지 : 오녀산성 제4기 문화층.
○ 크기 : 口徑 9.8cm, 남은 높이 4.4cm.
○ 형태 : 구순(唇)은 뾰족하면서(尖) 약간 둥그스름함(圓). 구연은 외반됨(侈口). 목은 잘록함(束頸). 어깨는 흘러내려감(溜肩).
○ 태토 및 색깔 : 니질의 회색토기.

(53) **호**40(**束頸罐**, T23③:6, **그림** 187-13)
○ 출토지 : 오녀산성 제4기 문화층.
○ 크기 : 口徑 12cm, 남은 높이 3cm.
○ 형태 : 구순은 뾰족함(尖唇). 구연은 외반됨(侈口). 목은 잘록함(束頸).
○ 태토 및 색깔 : 모래와 운모가 함유된 회색토기.

(54) **호** 41(**束頸罐**, T410②:6, **그림** 187-2)
○ 출토지 : 오녀산성 제4기 문화층.
○ 크기 : 口徑 20cm, 남은 높이 5cm.
○ 형태 : 구순은 뾰족함(尖唇). 구연은 외반됨(侈口). 어깨는 흘러내려감(溜肩).
○ 태토 및 색깔 : 모래와 운모가 함유된 홍갈색토기.

(55) **호** 42(**束頸罐**, T47②:1, **그림** 187-3)
○ 출토지 : 오녀산성 제4기 문화층.
○ 크기 : 口徑 22cm, 남은 높이 5cm.
○ 형태 : 구순은 각이 짐(方唇). 구연은 외반됨(侈口). 목은 잘록함(束頸). 어깨는 흘러내려감(溜肩).

○ 태토 및 색깔 : 니질의 회색토기.

(56) 호 43(束頸罐, T35②:2, 그림 187-16)
○ 출토지 : 오녀산성 제4기 문화층.
○ 크기 : 口徑 20cm, 남은 높이 4cm.
○ 형태 : 구순은 뾰족함(尖唇). 구연은 외반됨(侈口). 목은 잘록함(束頸).
○ 태토 및 색깔 : 모래혼입 황갈색토기.

(57) 호 44(束頸罐, T54②:5, 그림 187-10)
○ 출토지 : 오녀산성 제4기 문화층.
○ 크기 : 口徑 16cm, 남은 높이 3cm.
○ 형태 : 구순은 뾰족함(尖唇). 구연은 꺾여 있음(折沿). 목은 잘록함(束頸).
○ 태토 및 색깔 : 니질의 회색토기.

(58) 호 45(束頸罐, T21③:3, 그림 187-19)
○ 출토지 : 오녀산성 제4기 문화층.
○ 크기 : 口徑 24cm, 남은 높이 6cm.
○ 형태 : 구순은 둥그스름함(圓唇). 구연은 외반됨(侈口). 목은 잘록함(束頸). 어깨는 흘러내려감(溜肩).
○ 태토 및 색깔 : 모래혼입 황갈색토기.

(59) 호 46(束頸罐, T408②:2, 그림 187-11)
○ 출토지 : 오녀산성 제4기 문화층.
○ 크기 : 口徑 10cm, 남은 높이 2.8cm.
○ 형태 : 구순은 둥그스름함(圓唇). 구연은 외반됨(侈口). 목은 잘록함(束頸). 어깨는 넓음(廣肩).
○ 태토 및 색깔 : 니질의 황갈색토기.

(60) 호 47(束頸罐, T407②:12, 그림 187-7)
○ 출토지 : 오녀산성 제4기 문화층.
○ 크기 : 口徑 32cm, 남은 높이 8cm.
○ 형태 : 구순은 각이 짐(方唇). 구연은 외반됨(侈口). 목은 잘록함(束頸). 어깨(肩)는 약간 솟아 있음(聳).
○ 태토 및 색깔 : 니질의 회색토기.

(61) 호 48(束頸罐, T22①:1, 그림 187-1)
○ 출토지 : 오녀산성 제4기 문화층.
○ 크기 : 口徑 22cm, 남은 높이 3cm.
○ 형태 : 구순은 뾰족함(尖唇). 구연은 꺾여 있음(折沿). 목은 잘록함(束頸).
○ 태토 및 색깔 : 니질의 황갈색토기.

(62) 호 49(束頸罐, T47②:4, 그림 187-8)
○ 출토지 : 오녀산성 제4기 문화층.
○ 크기 : 口徑 22cm, 남은 높이 3cm.
○ 형태 : 구순은 각이 짐(方唇). 구연은 외반됨(侈口). 목은 잘록함(束頸). 목 위에 戳點文이 한 바퀴 둘러져 있음.
○ 태토 및 색깔 : 모래혼입 황갈색토기.

(63) 호 50(束頸罐, T407②:11, 그림 187-4)
○ 출토지 : 오녀산성 제4기 문화층.
○ 크기 : 口徑 22cm, 남은 높이 5cm.
○ 형태 : 구순은 뾰족함(尖唇). 구연은 외반됨(侈口). 목은 잘록함(束頸). 어깨는 솟아 있음(聳肩).
○ 태토 및 색깔 : 니질의 황갈색토기.

(64) 호 51(束頸罐, T19③:1, 그림 187-17)
○ 출토지 : 오녀산성 제4기 문화층.
○ 크기 : 口徑 21cm, 남은 높이 3.4cm.
○ 형태 : 구순은 각이 짐(方唇). 구연은 꺾여 있음(折沿). 목은 잘록함(束頸).
○ 태토 및 색깔 : 모래혼입 황갈색토기.

(65) 호 52(束頸罐, T408②:1, 그림 187-6)
○ 출토지 : 오녀산성 제4기 문화층.

○ 크기 : 口徑 32.8cm, 남은 높이 7.2cm.
○ 형태 : 구순은 각이 짐(方脣). 구연은 꺾여 있음(折沿). 목은 잘록함(束頸). 어깨(肩)는 약간 솟아 있음(耸).
○ 태토 및 색깔 : 니질의 황색토기.

⑥⑥ 호 53(束頸罐, T407②:1, 그림 187-14)
○ 출토지 : 오녀산성 제4기 문화층.
○ 크기 : 口徑 14cm, 남은 높이 4.5cm.
○ 형태 : 구순은 각이 짐(方脣). 구연은 꺾여 있음(折沿). 목은 잘록함(束頸).
○ 태토 및 색깔 : 니질의 황갈색토기.

⑥⑦ 호 54(小口罐, T51②:6, 그림 188-7)
○ 출토지 : 오녀산성 제4기 문화층.
○ 크기 : 口徑 8cm, 동체(腹) 직경 18.6cm, 바닥직경 16.6cm, 높이 16.4cm.
○ 형태 : 구순은 각이 짐(方脣). 구연은 작음(小口). 구연은 내반됨(敛口). 동체는 둥그스름함(球腹). 바닥은 평평함.
○ 태토 및 색깔 : 모래혼입 황갈색토기.

⑥⑧ 호 55(小口罐, T401②:6, 그림 188-1)
○ 출토지 : 오녀산성 제4기 문화층.
○ 크기 : 口徑 8cm, 남은 높이 2.6cm.
○ 형태 : 구순은 각이 짐(方脣). 구연은 작음(小口). 구연은 내반됨(敛口). 어깨는 넓음(廣肩).
○ 태토 및 색깔 : 니질의 흑갈색토기.

⑥⑨ 호 56(小口罐, T412②:9, 그림 188-5)
○ 출토지 : 오녀산성 제4기 문화층.
○ 크기 : 口徑 8cm, 남은 높이 3.8cm.
○ 형태 : 구순은 각이 짐(方脣). 구연은 작음(小口). 구연은 내반됨(敛口). 어깨는 넓음(廣肩).
○ 태토 및 색깔 : 모래혼입 회갈색토기.

⑦⓪ 호 57(小口罐, T23②:6, 그림 188-6)
○ 출토지 : 오녀산성 제4기 문화층.
○ 크기 : 동체(腹) 직경 15.6cm, 바닥직경 11cm, 남은 높이 9.4cm.
○ 형태 : 구연은 작음(小口). 동체는 둥그스름함(鼓腹). 바닥은 평평함.
○ 태토 및 색깔 : 모래혼입 홍갈색토기.

⑦① 호 58(小口罐, T23③:7, 그림 188-2)
○ 출토지 : 오녀산성 제4기 문화층.
○ 크기 : 口徑 8.2cm, 남은 높이 3.6cm.
○ 형태 : 구순은 둥그스름함(圓脣). 구연은 작음(小口). 구연은 내반됨(敛口). 구연 바깥 주위는 안으로 들어감.
○ 태토 및 색깔 : 니질의 황갈색토기.

⑦② 호 59(小口罐, T32②:2, 그림 188-4)
○ 출토지 : 오녀산성 제4기 문화층.
○ 크기 : 口徑 16cm, 남은 높이 5cm.
○ 형태 : 구순은 각이 짐(方脣). 구연은 작음(小口). 구연은 내반됨(敛口). 어깨는 흘러내려감(溜肩).
○ 태토 및 색깔 : 모래혼입 황갈색토기.

⑦③ 호 60(小口罐, T50②:6, 그림 188-3)
○ 출토지 : 오녀산성 제4기 문화층.
○ 크기 : 口徑 14cm, 남은 높이 5.6cm.
○ 형태 : 구순은 각이 짐(方脣). 구연은 작음(小口). 구연은 내반됨(敛口). 어깨는 흘러내려감(溜肩).
○ 태토 및 색깔 : 모래혼입 황갈색토기.

⑦④ 분 1(敞口盆, T406②:8, 그림 189-10)
○ 출토지 : 오녀산성 제4기 문화층.
○ 크기 : 口徑 36cm, 남은 높이 10cm.
○ 형태 : 구순은 뾰족함(尖脣). 구연(口)은 외반되면

서(侈) 약간 곧음(直). 동체는 둥그스름함(弧腹).
  ○ 태토 및 색깔 : 가는 모래혼입 홍갈색토기.

⑦⑤ 분2(敞口盆, T53③:2, 그림 189-1)
  ○ 출토지 : 오녀산성 제4기 문화층.
  ○ 크기 : 口徑 22cm, 남은 높이 6cm.
  ○ 형태 : 구순은 둥그스름함(圓脣). 구연은 외반됨(敞口).
  ○ 태토 및 색깔 : 모래혼입 홍갈색토기.

⑦⑥ 분3(折沿盆, T52③:2, 그림 189-11)
  ○ 출토지 : 오녀산성 제4기 문화층.
  ○ 크기 : 口徑 36.4cm, 남은 높이 8cm.
  ○ 형태 : 구순은 각이 짐(方脣). 구연은 꺾여 있음(折沿).
  ○ 태토 및 색깔 : 모래와 운모가 함유된 홍갈색토기.

⑦⑦ 분4(折沿盆, T407②:9, 그림 189-12)
  ○ 출토지 : 오녀산성 제4기 문화층.
  ○ 크기 : 口徑 36cm, 남은 높이 3.2cm.
  ○ 형태 : 구순은 각이 짐(方脣). 구연은 꺾여 있음(折沿).
  ○ 태토 및 색깔 : 모래와 운모가 함유된 회색토기.

⑦⑧ 분5(折沿盆, T43②:2, 그림 189-5)
  ○ 출토지 : 오녀산성 제4기 문화층.
  ○ 크기 : 口徑 26cm, 남은 높이 2cm.
  ○ 형태 : 구순은 각이 짐(方脣). 구연은 꺾여 있음(折沿).
  ○ 태토 및 색깔 : 모래혼입 홍갈색토기.

⑦⑨ 분6(折沿盆, T44②:1, 그림 189-15)
  ○ 출토지 : 오녀산성 제4기 문화층.
  ○ 크기 : 口徑 30cm, 남은 높이 4cm.
  ○ 형태 : 구순은 뾰족함(尖脣). 구연은 꺾여 있음(折沿).
  ○ 태토 및 색깔 : 가는 모래혼입 홍색토기.

⑧⓪ 분7(折沿盆, T56②:12, 그림 189-16)
  ○ 출토지 : 오녀산성 제4기 문화층.
  ○ 크기 : 口徑 30cm, 남은 높이 6.6cm.
  ○ 형태 : 구순은 각이 짐(方脣). 구연은 꺾여 있음(折沿).
  ○ 태토 및 색깔 : 모래혼입 황갈색토기.

⑧① 분8(折沿盆, T408②:4, 그림 189-4)
  ○ 출토지 : 오녀산성 제4기 문화층.
  ○ 크기 : 口徑 24cm, 남은 높이 4.5cm.
  ○ 형태 : 구순은 뾰족함(尖脣). 구연은 꺾여 있음(折沿).
  ○ 태토 및 색깔 : 모래혼입 회갈색토기.

⑧② 분9(折沿盆, T65①:2, 그림 189-3)
  ○ 출토지 : 오녀산성 제4기 문화층.
  ○ 크기 : 口徑 24cm, 남은 높이 5.1cm.
  ○ 형태 : 구순은 각이 짐(方脣). 구연은 꺾여 있음(折沿). 동체(腹)는 약간 둥그스름함(鼓).
  ○ 태토 및 색깔 : 모래혼입 황갈색토기.

⑧③ 분10(折沿盆, T27②:5, 그림 189-7)
  ○ 출토지 : 오녀산성 제4기 문화층.
  ○ 크기 : 口徑 33cm, 남은 높이 8cm.
  ○ 형태 : 구순은 각이 짐(方脣). 구연은 꺾여 있음(折沿).
  ○ 태토 및 색깔 : 모래혼입 황갈색토기.

⑧④ 분11(折沿盆, T47②:11, 그림 189-6)
  ○ 출토지 : 오녀산성 제4기 문화층.
  ○ 크기 : 口徑 26cm, 남은 높이 4cm.
  ○ 형태 : 구순은 각이 짐(方脣). 구연은 꺾여 있음(折沿).
  ○ 태토 및 색깔 : 모래혼입 황갈색토기.

⑧⑤ 분12(折沿盆, T56③:2, 그림 189-17)
  ○ 출토지 : 오녀산성 제4기 문화층.
  ○ 크기 : 口徑 32cm, 남은 높이 1.6cm.

○ 형태 : 구순은 뾰족함(尖唇). 구연은 꺾여 있음(折沿).
○ 태토 및 색깔 : 모래혼입 회갈색토기.

⑧⑥ 분 13(折沿束頸盆, T410②:12, 그림 189-19)
○ 출토지 : 오녀산성 제4기 문화층.
○ 크기 : 口徑 34cm, 남은 높이 4.5cm.
○ 형태 : 구순은 뾰족함(尖唇). 구연은 꺾여 있음(折沿). 구연(沿) 아래는 약간 잘록함(束).

⑧⑦ 분 14(折沿束頸盆, T76③:10, 그림 189-9)
○ 출토지 : 오녀산성 제4기 문화층.
○ 크기 : 口徑 30cm, 남은 높이 4.8cm.
○ 형태 : 구순은 뾰족함(尖唇). 구연은 꺾여 있음(折沿). 구연(沿) 아래는 약간 잘록함(束).
○ 태토 및 색깔 : 모래혼입 흑회색토기.

⑧⑧ 분 15(折沿束頸盆, T64②:8, 그림 189-18)
○ 출토지 : 오녀산성 제4기 문화층.
○ 크기 : 口徑 30cm 남은 높이 5.4cm.
○ 형태 : 구순은 각이 짐(方唇). 구연은 꺾여 있음(折沿). 목은 잘록함(束頸). 동체(腹)는 약간 둥그스름함(鼓).
○ 태토 및 색깔 : 모래혼입 회색토기.

⑧⑨ 분 16(折沿束頸盆, T407②:10, 그림 189-2)
○ 출토지 : 오녀산성 제4기 문화층.
○ 크기 : 口徑 25cm, 남은 높이 5.6cm.
○ 형태 : 구순은 뾰족함(尖唇). 구연은 꺾여 있음(折沿). 목은 잘록함(束頸).
○ 태토 및 색깔 : 모래와 운모가 함유된 회갈색토기.

⑨⓪ 분 17(折沿束頸盆, T49②:1, 그림 189-13)
○ 출토지 : 오녀산성 제4기 문화층.
○ 크기 : 口徑 40cm, 남은 높이 59cm.

○ 형태 : 구순은 뾰족함(尖唇). 구연은 꺾여 있음(折沿). 목은 잘록함(束頸).
○ 태토 및 색깔 : 모래혼입 회색토기.

⑨① 분 18(折沿束頸盆, T49②:8, 그림 189-14)
○ 출토지 : 오녀산성 제4기 문화층.
○ 크기 : 口徑 30cm, 남은 높이 4.2cm.
○ 형태 : 구순은 각이 짐(方唇). 구연은 꺾여 있음(折沿). 목은 잘록함(束頸).
○ 태토 및 색깔 : 니질의 홍갈색토기.

⑨② 호 1(直口壺, T406②:23, 그림 190-11)
○ 출토지 : 오녀산성 제4기 문화층.
○ 크기 : 口徑 7.8cm, 동체(腹) 직경 24cm, 바닥직경 19cm, 높이 32.4cm.
○ 형태 : 구순은 뾰족함(尖唇). 구연(口)은 곧으면서(直) 약간 외반됨(侈). 어깨는 흘러내려감(溜肩). 동체는 둥그스름함(鼓腹). 바닥은 평평함. 어깨에는 음각선문(凹弦文) 3줄과 파상문(水波文) 한 줄이 둘러져 있음.
○ 태토 및 색깔 : 모래혼입 홍갈색토기.

⑨③ 호 2(侈口壺, T406②:3, 그림 190-10)
○ 출토지 : 오녀산성 제4기 문화층.
○ 크기 : 口徑 13cm, 남은 높이 2.8cm.
○ 형태 : 구순은 뾰족함(尖唇). 구연은 외반됨(侈口).
○ 태토 및 색깔 : 모래혼입 홍갈색토기.

⑨④ 호 3(盤口壺, T56②:8, 그림 190-3)
○ 출토지 : 오녀산성 제4기 문화층.
○ 크기 : 口徑 8.7cm, 남은 높이 8cm.
○ 형태 : 구순은 뾰족함(尖唇). 부가 구연임(盤口). 목은 잘록함(束頸). 어깨는 흘러내려감(溜肩).
○ 태토 및 색깔 : 모래혼입 황갈색토기.

㉟ 호 4(盤口壺, T406②:12, 그림 190-1)
○ 출토지 : 오녀산성 제4기 문화층.
○ 크기 : 口徑 5.5cm, 남은 높이 5.4cm.
○ 형태 : 구순은 뾰족함(尖脣). 부가 구연임(盤口). 목은 가느다라함(細頸).
○ 태토 및 색깔 : 모래와 운모가 함유된 회색토기.

㊱ 호 5(盤口壺, T22③:5, 그림 190-2)
○ 출토지 : 오녀산성 제4기 문화층.
○ 크기 : 口徑 7.3cm, 남은 높이 9.2cm.
○ 형태 : 구순은 뾰족함(尖脣). 부가 구연임(盤口). 목은 가느다라함(細頸). 어깨는 흘러내려감(溜肩).
○ 태토 및 색깔 : 모래혼입 홍갈색토기.

㊲ 발 1(鉢, T410②:9, 그림 190-9)
○ 출토지 : 오녀산성 제4기 문화층.
○ 크기 : 口徑 14cm, 남은 높이 4cm.
○ 형태 : 구순은 뾰족함(尖脣). 부가 구연임(盤口).
○ 태토 및 색깔 : 가는 모래혼입 흑회색토기.

㊳ 발 2(鉢, T27②:1, 그림 190-4)
○ 출토지 : 오녀산성 제4기 문화층.
○ 크기 : 口徑 16cm, 남은 높이 3.8cm.
○ 형태 : 구순은 둥그스름함(圓脣). 구연은 꺾여 있음(折沿).
○ 태토 및 색깔 : 모래혼입 회색토기.

㊴ 반 1(盤, T56②:19, 그림 190-6)
○ 출토지 : 오녀산성 제4기 문화층.
○ 크기 : 口徑 32.4cm, 바닥직경 26.4cm, 높이 7cm.
○ 형태 : 구순은 뾰족함(尖脣). 기울어진 동체(腹)는 약간 둥그스름함(鼓). 바닥은 평평하지만 가운데가 약간 들어감.
○ 태토 및 색깔 : 모래와 운모가 함유된 회색토기.

⑩ 반 2(盤, T56③:7, 그림 190-5)
○ 출토지 : 오녀산성 제4기 문화층.
○ 크기 : 口徑 14.8cm, 남은 높이 2.2cm.
○ 형태 : 구순은 뾰족함(尖脣). 동체는 기울어짐(斜腹). 바닥은 평평함.
○ 태토 및 색깔 : 모래혼입 회갈색토기.

⑪ 반 3(盤, T63②:1, 그림 190-8)
○ 출토지 : 오녀산성 제4기 문화층.
○ 크기 : 口徑 18cm, 바닥직경 14cm, 높이 3.6cm.
○ 형태 : 구순은 각이 짐(方脣). 동체는 둥그스름함(弧腹). 바닥은 평평함.
○ 태토 및 색깔 : 니질의 황갈색토기.

⑫ 접시(碟, T44②:15, 그림 190-7)
○ 출토지 : 오녀산성 제4기 문화층.
○ 크기 : 口徑 16.2cm, 바닥직경 12.5cm, 높이 4.9cm.
○ 형태 : 구순은 각이 짐(方脣). 동체는 둥그스름함(弧腹). 바닥은 평평함.
○ 태토 및 색깔 : 모래혼입 회갈색토기.

⑬ 시루 바닥 1(甑底, T59②:4, 그림 191-2)
○ 출토지 : 오녀산성 제4기 문화층.
○ 크기 : 바닥직경 30cm, 남은 높이 4.6cm.
○ 형태 : 바닥의 구멍은 비교적 작고, 밀집 분포함.
○ 태토 및 색깔 : 모래혼입 황갈색토기.

⑭ 시루 바닥 2(甑底, T27③:1, 그림 191-1)
○ 출토지 : 오녀산성 제4기 문화층.
○ 크기 : 바닥직경 15.9cm, 남은 높이 4.5cm.
○ 형태 : 바닥의 구멍은 비교적 작고, 밀집 분포함.
○ 태토 및 색깔 : 니질의 회갈색토기.

⑩⑤ **시루 바닥 3**(甑底, T76③:4, 그림 191-4)
○ 출토지 : 오녀산성 제4기 문화층.
○ 크기 : 바닥직경 11cm, 남은 높이 7.4cm.
○ 형태 : 바닥의 구멍은 비교적 작고, 밀집 분포함.
○ 태토 및 색깔 : 모래와 운모가 함유된 황갈색토기.

⑩⑥ **시루 바닥 4**(甑底, T56②:15, 그림 191-3)
○ 출토지 : 오녀산성 제4기 문화층.
○ 형태 : 바닥에 작은 구멍이 밀집 분포함.
○ 태토 및 색깔 : 모래혼입 회갈색토기.

⑩⑦ **시루 바닥 5**(甑底, T27②:3, 그림 191-5)
○ 출토지 : 오녀산성 제4기 문화층.
○ 형태 : 바닥에 작은 구멍이 밀집 분포함.
○ 태토 및 색깔 : 모래혼입 홍갈색토기.

⑩⑧ **시루 바닥 6**(甑底, T414②:7, 그림 191-7)
○ 출토지 : 오녀산성 제4기 문화층.
○ 형태 : 바닥에 작은 구멍이 밀집 분포함.
○ 태토 및 색깔 : 모래와 운모가 함유된 홍갈색토기.

⑩⑨ **시루 바닥 7**(甑底, T407②:5, 그림 191-6)
○ 출토지 : 오녀산성 제4기 문화층.
○ 형태 : 바닥에 작은 구멍이 밀집 분포함.
○ 태토 및 색깔 : 가는 모래와 운모가 함유된 황갈색토기.

⑩⑩ **토기 바닥 1**(T30③:1, 그림 192-10)
○ 출토지 : 오녀산성 제4기 문화층.
○ 크기 : 바닥직경 6cm, 남은 높이 4cm.
○ 형태 : 바닥이 평평함.
○ 태토 및 색깔 : 모래혼입 홍갈색토기.

⑪⑪ **토기 바닥 2**(T414②:1, 그림 192-12)
○ 출토지 : 오녀산성 제4기 문화층.
○ 크기 : 바닥직경 6cm, 남은 높이 5cm.
○ 형태 : 바닥이 평평함.
○ 태토 및 색깔 : 모래혼입 흑색토기.

⑪⑫ **토기 바닥 3**(T413②:2, 그림 192-17)
○ 출토지 : 오녀산성 제4기 문화층.
○ 크기 : 바닥직경 7cm, 남은 높이 11cm.
○ 형태 : 바닥은 평평함. 동체(腹)는 약간 곧음(直).
○ 태토 및 색깔 : 모래혼입 회갈색토기.

⑪⑬ **토기 바닥 4**(T412②:4, 그림 192-9)
○ 출토지 : 오녀산성 제4기 문화층.
○ 크기 : 바닥직경 7cm, 남은 높이 2cm.
○ 형태 : 바닥이 평평함. 비교적 두꺼움.
○ 태토 및 색깔 : 모래와 운모가 함유된 회흑색토기.

⑪⑭ **토기 바닥 5**(T401②:4, 그림 192-2)
○ 출토지 : 오녀산성 제4기 문화층.
○ 크기 : 바닥직경 8cm, 남은 높이 6cm.
○ 형태 : 바닥이 평평함.
○ 태토 및 색깔 : 모래혼입 황갈색토기.

⑪⑮ **토기 바닥 6**(T412②:7, 그림 192-13)
○ 출토지 : 오녀산성 제4기 문화층.
○ 크기 : 바닥직경 9cm, 남은 높이 3.5cm.
○ 형태 : 바닥이 평평함.
○ 태토 및 색깔 : 모래혼입 황갈색토기.

⑪⑯ **토기 바닥 7**(T6②:1, 그림 192-1)
○ 출토지 : 오녀산성 제4기 문화층.
○ 크기 : 바닥직경 10cm, 남은 높이 2.8cm.
○ 형태 : 바닥이 평평함.

○ 태토 및 색깔 : 모래혼입 회갈색토기.

⑰ **토기 바닥 8**(T6②:2, 그림 192-15)
○ 출토지 : 오녀산성 제4기 문화층.
○ 크기 : 바닥직경 10cm, 남은 높이 6.8cm.
○ 형태 : 바닥이 평평함.
○ 태토 및 색깔 : 모래혼입 회갈색토기.

⑱ **토기 바닥 9**(T52③:3, 그림 192-14)
○ 출토지 : 오녀산성 제4기 문화층.
○ 크기 : 바닥직경 10cm, 남은 높이 4.4cm.
○ 형태 : 바닥이 평평함.
○ 태토 및 색깔 : 모래혼입 홍갈색토기.

⑲ **토기 바닥 10**(T44②:2, 그림 192-3)
○ 출토지 : 오녀산성 제4기 문화층.
○ 크기 : 바닥직경 12cm, 남은 높이 4.7cm.
○ 형태 : 바닥이 평평함.
○ 태토 및 색깔 : 모래혼입 홍갈색토기.

⑳ **토기 바닥 11**(T50②:7, 그림 192-16)
○ 출토지 : 오녀산성 제4기 문화층.
○ 크기 : 바닥직경 12cm, 남은 높이 3cm.
○ 형태 : 바닥이 평평함.
○ 태토 및 색깔 : 모래혼입 황갈색토기.

㉑ **토기 바닥 12**(T50②:5, 그림 192-11)
○ 출토지 : 오녀산성 제4기 문화층.
○ 크기 : 바닥직경 13cm, 남은 높이 4cm.
○ 형태 : 바닥이 평평함.
○ 태토 및 색깔 : 모래혼입 회색토기.

㉒ **토기 바닥 13**(T406②:15, 그림 192-4)
○ 출토지 : 오녀산성 제4기 문화층.
○ 크기 : 바닥직경 14cm, 남은 높이 7cm.
○ 형태 : 바닥은 평평함. 동체는 기울어짐(斜腹).
○ 태토 및 색깔 : 모래혼입 황갈색토기.

㉓ **토기 바닥 14**(T49③:1, 그림 192-8)
○ 출토지 : 오녀산성 제4기 문화층.
○ 크기 : 바닥직경 14cm, 남은 높이 17cm.
○ 형태 : 바닥은 평평함. 동체는 기울어짐(斜腹). 동체 위에는 음각선문(凹弦文)과 파상문(水波文)이 둘러져 있음.
○ 태토 및 색깔 : 모래혼입 회색토기.

㉔ **토기 바닥 15**(T48②:8, 그림 192-23)
○ 출토지 : 오녀산성 제4기 문화층.
○ 크기 : 바닥직경 15.6cm, 남은 높이 10.4cm.
○ 형태 : 바닥이 평평함.
○ 태토 및 색깔 : 모래와 운모가 함유된 홍갈색토기.

㉕ **토기 바닥 16**(T76③:3, 그림 192-21)
○ 출토지 : 오녀산성 제4기 문화층.
○ 크기 : 바닥직경 16.6cm, 남은 높이 8.1cm.
○ 형태 : 바닥이 평평함.
○ 태토 및 색깔 : 모래혼입 황갈색토기.

㉖ **토기 바닥 17**(T406②:16, 그림 192-6)
○ 출토지 : 오녀산성 제4기 문화층.
○ 크기 : 바닥직경 18cm, 남은 높이 7cm.
○ 형태 : 바닥이 평평함.
○ 태토 및 색깔 : 모래혼입 황갈색토기.

㉗ **토기 바닥 18**(T56②:14, 그림 192-5)
○ 출토지 : 오녀산성 제4기 문화층.
○ 크기 : 바닥직경 18cm, 남은 높이 8.7cm.
○ 형태 : 바닥이 평평함.

○ 태토 및 색깔 : 모래혼입 홍갈색토기.

⑬ 토기 바닥 19(T27②:4, 그림 192-7)
○ 출토지 : 오녀산성 제4기 문화층.
○ 크기 : 바닥직경 20cm, 남은 높이 5.5cm.
○ 형태 : 바닥이 평평함.
○ 태토 및 색깔 : 모래혼입 홍갈색토기.

⑭ 토기 바닥 20(T49②:5, 그림 192-18)
○ 출토지 : 오녀산성 제4기 문화층.
○ 크기 : 바닥직경 20cm, 남은 높이 18cm.
○ 형태 : 바닥이 평평함.
○ 태토 및 색깔 : 니질의 회색토기.

⑮ 토기 바닥 21(T64②:6, 그림 192-22)
○ 출토지 : 오녀산성 제4기 문화층.
○ 크기 : 바닥직경 20cm, 남은 높이 6.3cm.
○ 형태 : 바닥이 평평함.
○ 태토 및 색깔 : 모래혼입 홍갈색토기.

⑯ 토기 바닥 22(T23③:17, 그림 192-24)
○ 출토지 : 오녀산성 제4기 문화층.
○ 크기 : 바닥직경 20cm, 남은 높이 11cm.
○ 형태 : 바닥은 평평함. 동체는 둥그스름함(弧腹). 동체 위에는 음각선문(凹弦文)이 둘러져 있음.
○ 태토 및 색깔 : 가는 모래와 운모가 함유된 회갈색토기.

⑰ 토기 바닥 23(T46②:6, 그림 192-20)
○ 출토지 : 오녀산성 제4기 문화층.
○ 크기 : 바닥직경 12cm, 남은 높이 6cm.
○ 형태 : 바닥이 평평함.
○ 태토 및 색깔 : 니질의 회색토기.

⑱ 토기 바닥 24(T401②:5, 그림 192-19)
○ 출토지 : 오녀산성 제4기 문화층.
○ 크기 : 바닥직경 14cm, 남은 높이 6cm.
○ 형태 : 바닥이 평평함.
○ 태토 및 색깔 : 니질의 회색토기.

⑲ 토기 바닥 25(T76③:2, 그림 192-25)
○ 출토지 : 오녀산성 제4기 문화층.
○ 크기 : 바닥직경 21cm, 남은 높이 11.5cm.
○ 형태 : 바닥이 평평함.
○ 태토 및 색깔 : 모래혼입 황갈색토기.

⑳ 토기 바닥 26(T49③:2, 그림 192-26)
○ 출토지 : 오녀산성 제4기 문화층.
○ 크기 : 바닥직경 26cm, 남은 높이 5.5cm.
○ 형태 : 바닥이 평평함.
○ 태토 및 색깔 : 모래혼입 홍갈색토기.

㉑ 토기 바닥 27(T44③:1, 그림 192-27)
○ 출토지 : 오녀산성 제4기 문화층.
○ 크기 : 바닥직경 28cm, 남은 높이 6cm.
○ 형태 : 바닥이 평평함.
○ 태토 및 색깔 : 모래와 운모가 함유된 홍갈색토기.

㉒ 토기 파수 1(器耳, T42③:2, 그림 193-1)
○ 출토지 : 오녀산성 제4기 문화층.
○ 크기 : 길이 6.5cm, 너비 3cm, 두께 0.9cm.
○ 형태 : 가로 방향의 띠모양 파수임(橫橋狀耳).
○ 태토 및 색깔 : 모래혼입 회갈색토기.

㉓ 토기 파수 2(器耳, T55③:1, 그림 193-3)
○ 출토지 : 오녀산성 제4기 문화층.
○ 크기 : 길이 10cm, 너비 6cm, 두께 0.6cm.
○ 형태 : 가로 방향의 띠모양 파수임(橫橋狀耳). 약간

두꺼움. 파수 아래에는 가는 선문(弦文)이 둘러져 있음.
○ 태토 및 색깔 : 모래와 운모가 함유된 회갈색토기.

⑬⑨ **토기 파수 3**(器耳, T408②:5, 그림 193-4)
○ 출토지 : 오녀산성 제4기 문화층.
○ 크기 : 길이 7cm, 너비 2cm, 두께 1.2cm.
○ 형태 : 가로 방향의 띠모양 파수임(橫橋狀耳). 비교적 두꺼움.
○ 태토 및 색깔 : 모래혼입 회갈색토기.

⑭⓪ **토기 파수 4**(器耳, T26②:11, 그림 193-5)
○ 출토지 : 오녀산성 제4기 문화층.
○ 크기 : 길이 9cm, 너비 4cm, 두께 0.8cm.
○ 형태 : 가로 방향의 띠모양 파수임(橫橋狀耳). 비교적 평평하고 얇음.
○ 태토 및 색깔 : 모래혼입 흑회색토기.

⑭① **토기 비릉**(扉棱, T53③:6, 그림 193-2)
○ 출토지 : 오녀산성 제4기 문화층.
○ 형태 : 동체부(腹部)에 돌출되어 있던 것임.
○ 태토 및 색깔 : 모래혼입 회색토기.

⑭② **토기편 1**(文飾陶片, T410②:16, 그림 194-1)
○ 출토지 : 오녀산성 제4기 문화층.
○ 형태 : 어깨(肩)와 동체부(腹)의 편임. 음각선문(凹弦文) 세 줄이 둘러져 있음.
○ 태토 및 색깔 : 모래혼입 황갈색토기.

⑭③ **토기편 2**(文飾陶片, T6②:3, 그림 194-4)
○ 출토지 : 오녀산성 제4기 문화층.
○ 형태 : 어깨(肩)와 동체부(腹)의 편임. 누른 선문(抹壓弦文) 5줄이 있음.
○ 태토 및 색깔 : 모래혼입 회색토기.

⑭④ **토기편 3**(文飾陶片, T407②:8, 그림 194-5)
○ 출토지 : 오녀산성 제4기 문화층.
○ 형태 : 어깨(肩)와 동체부(腹)의 편임. 누른 선문(抹壓弦文) 5줄이 있음.
○ 태토 및 색깔 : 모래혼입 회색토기.

⑭⑤ **토기편 4**(文飾陶片, T22②:6, 그림 194-6)
○ 출토지 : 오녀산성 제4기 문화층.
○ 형태 : 어깨(肩)와 동체부(腹)의 편임. 가는 선문(弦文) 세 줄이 둘러져 있음.
○ 태토 및 색깔 : 모래혼입 황갈색토기.

⑭⑥ **토기편 5**(文飾陶片, T48②:9, 그림 194-3)
○ 출토지 : 오녀산성 제4기 문화층.
○ 형태 : 어깨(肩)와 동체부(腹)의 편임. 음각선문(凹弦文) 2줄이 둘러져 있고, 그 사이로 파상문(水波文)이 있음.
○ 태토 및 색깔 : 모래혼입 황갈색토기.

⑭⑦ **토기편 6**(文飾陶片, T49③:3, 그림 194-2)
○ 출토지 : 오녀산성 제4기 문화층.
○ 형태 : 위에 도안이 새겨져 있음. 불규칙한 타원형의 윗변에 짧은 선 세 줄이 새겨져 있음. 중간 선은 곧으며, 측선은 비스듬하고 방사형임.
○ 태토 및 색깔 : 모래혼입 홍갈색토기.

⑭⑧ **토제어망추 1**(網墜, T53②:9, 그림 195-1)
○ 출토지 : 오녀산성 제4기 문화층.
○ 크기 : 길이 2.8cm, 너비 1.3cm
○ 형태 : 원형의 기둥모양임. 양단 근처에 홈(凹槽)이 한 바퀴 새겨져 있음.
○ 태토 및 색깔 : 니질의 황갈색.

⑭⑨ **토제어망추 2**(網墜, T48②:14, 그림 195-2)
  ○ 출토지 : 오녀산성 제4기 문화층.
  ○ 크기 : 길이 2.5cm, 너비 0.9cm.
  ○ 형태 : 원형의 기둥모양임. 양단 근처에 홈(凹槽)이 한 바퀴 새겨져 있음.
  ○ 태토 및 색깔 : 니질의 황갈색.

⑮⓪ **토제어망추 3**(網墜, T410②:7, 그림 195-3)
  ○ 출토지 : 오녀산성 제4기 문화층.
  ○ 크기 : 길이 2.4cm, 너비 0.9cm.
  ○ 형태 : 원형의 기둥모양임. 양단 근처에 홈(凹槽)이 한 바퀴 새겨져 있음.
  ○ 태토 및 색깔 : 니질의 황갈색.

⑮① **토제어망추 4**(網墜, T406②:7, 그림 195-4)
  ○ 출토지 : 오녀산성 제4기 문화층.
  ○ 크기 : 길이 2.4cm, 너비 0.8cm.
  ○ 형태 : 원형의 기둥모양임. 양단 근처에 홈(凹槽)이 한 바퀴 새겨져 있음.
  ○ 태토 및 색깔 : 니질의 황갈색.

⑮② **토제어망추 5**(網墜, T47②:11, 그림 195-5)
  ○ 출토지 : 오녀산성 제4기 문화층.
  ○ 크기 : 길이 2.9cm, 너비 1cm.
  ○ 형태 : 원형의 기둥모양임. 양단 근처에 홈(凹槽)이 한 바퀴 새겨져 있음.
  ○ 태토 및 색깔 : 모래혼입 홍갈색.

⑮③ **토제어망추 6**(網墜, T26②:2, 그림 195-6)
  ○ 출토지 : 오녀산성 제4기 문화층.
  ○ 크기 : 길이 3.3cm, 너비 1.1cm.
  ○ 형태 : 원형의 기둥모양임. 양단 근처에 홈(凹槽)이 한 바퀴 새겨져 있음.
  ○ 태토 및 색깔 : 모래혼입 홍갈색.

⑮④ **토제어망추 7**(網墜, T406②:13, 그림 195-7)
  ○ 출토지 : 오녀산성 제4기 문화층.
  ○ 크기 : 길이 3.6cm, 너비 1cm.
  ○ 형태 : 원형의 기둥모양임. 양단 근처에 홈(凹槽)이 한 바퀴 새겨져 있음.
  ○ 태토 및 색깔 : 니질의 황갈색.

⑮⑤ **토제어망추 8**(網墜, T60②:6, 그림 195-8)
  ○ 출토지 : 오녀산성 제4기 문화층.
  ○ 크기 : 길이 3.5cm, 너비 1.4cm.
  ○ 형태 : 원형의 기둥모양임. 양단 근처에 홈(凹槽)이 한 바퀴 새겨져 있음.
  ○ 태토 및 색깔 : 모래혼입 황갈색.

⑮⑥ **토제구슬 1**(珠, T53②:8, 그림 195-9)
  ○ 출토지 : 오녀산성 제4기 문화층.
  ○ 크기 : 직경 1.4cm.
  ○ 형태 : 원구형임.
  ○ 태토 및 색깔 : 니질의 황갈색.

⑮⑦ **토제구슬 2**(珠, T56②:1, 그림 195-10)
  ○ 출토지 : 오녀산성 제4기 문화층.
  ○ 크기 : 길이 2.2cm, 너비 1.9cm, 두께 0.7cm.
  ○ 형태 : 납작한 원형임. 평면은 타원형임.
  ○ 태토 및 색깔 : 모래와 운모가 함유된 회갈색.

(4) 석기

가락바퀴(方輪) 4점, 석환(石環) 1점이 출토됨.

① **석제가락바퀴 1**(方輪, T406②:17, 그림 196-5)
  ○ 출토지 : 오녀산성 제4기 문화층.
  ○ 크기 : 직경 4.7cm, 두께 2.4cm.
  ○ 형태 : 구슬모양으로 가운데에 구멍이 있음.

② **석제가락바퀴 2**(方輪, T50②: 1, 그림 196-4)
- 출토지 : 오녀산성 제4기 문화층.
- 크기 : 직경 4.5cm, 두께 1.2cm.
- 형태 : 바닥면은 평평하고 윗부분은 융기됨. 가운데에 구멍이 있음. 표면은 매끈함.

③ **석제가락바퀴 3**(方輪, T22②: 2, 그림 196-1)
- 출토지 : 오녀산성 제4기 문화층.
- 크기 : 직경 5cm, 두께 1.3cm.
- 형태 : 파손됨. 위의 석제가락바퀴와 같음.

④ **석제가락바퀴 4**(方輪, T424②: 4, 그림 196-2)
- 출토지 : 오녀산성 제4기 문화층.
- 크기 : 직경 4.2cm, 두께 1.5cm.
- 형태 : 파손됨. 위의 석제가락바퀴와 같음.

⑤ **석환**(石環, T402②: 11, 그림 196-3)
- 출토지 : 오녀산성 제4기 문화층.
- 크기 : 직경 3.7cm, 두께 1cm.
- 형태 : 둥그런 고리모양임. 자연적으로 구멍이 형성된 무른 돌임. 가장자리는 조금 반들반들함.

53) 제4기 문화 수습 유물

제4기 문화에서 수습된 유물은 조사 중 혹은 발굴 전 지표에서 발견되었거나, 성내 시공 중 지하에서 우연히 발견되었음.

(1) 청동기

① **청동제호 구연부**(銅罐口沿, 03采:17, 그림 197-7)
- 출토지 : 오녀산성.
- 크기 : 남은 길이 12.4cm, 높이 2.4cm.
- 형태 : 파손됨. 구순은 둥그스름함(圓脣). 구연은 곧음(直口). 어깨는 넓음(廣肩).

② **청동제순가락**(銅匙, 03采:75, 그림 197-14)
- 출토지 : 오녀산성.
- 크기 : 길이 13.8cm, 너비 3.6cm.
- 형태 : 머리(勺頭)는 타원형임. 자루는 납작한 방형임.

③ **청동제방울**(銅鈴, 03采:32, 그림 197-8)
- 출토지 : 오녀산성.
- 크기 : 길이 4.2cm, 너비 2.5cm, 높이 2cm.
- 형태 : 파손됨. 원래는 반구형이지만 변형됨.

(2) 철기

① **철제도자 1**(鐵削, 03采:3, 그림 197-10)
- 출토지 : 오녀산성.
- 크기 : 길이 18.7cm, 너비 1.5cm.
- 형태 : 등은 평평함. 날은 곧음. 자루는 길고, 끝부분은 구부러져서 고리를 이룸.

② **철제도자 2**(鐵削, 03采:9, 그림 197-9)
- 출토지 : 오녀산성.
- 크기 : 길이 16.2cm, 너비 1.4cm.
- 형태 : 등은 평평함. 날은 약간 기울어졌음. 뒷부분 중간에 2개의 작은 구멍이 있음.

③ **철제가지창 1**(鐵叉, 03采:45, 그림 197-6)
- 출토지 : 오녀산성.
- 크기 : 길이 20.2cm, 너비 7cm.
- 형태 : 가지(齒)는 세 개임. 측면에 있는 두 가지의 안측에 가시와 같은 것(倒刺)이 있음. 공부(銎)는 원형임.

④ **철제가지창 2**(鐵叉, 03采:10, 그림 197-5)
- 출토지 : 오녀산성.

○ 크기 : 길이 10.6cm, 너비 2.4cm.
○ 형태 : 파손됨. 평면은 'Y'자형임.

⑤ **철제조각칼**(鐵刻刀, 03采:11, 그림 197-17)
○ 출토지 : 오녀산성.
○ 크기 : 길이 12.2cm, 너비 3.4cm.
○ 형태 : 날은 삼각형임. 자루는 길고, 끝부분은 구부러져서 고리를 이룸.

⑥ **철제고리 1**(鐵套環, 03采:13, 그림 197-13)
○ 출토지 : 오녀산성.
○ 크기 : 큰 고리 직경 5.5cm, 작은 고리 직경 5.2cm.
○ 형태 : 크기가 비슷한 2개의 원형고리가 서로 끼워져 있음.

⑦ **철제고리 2**(鐵環, 03采:29, 그림 197-12)
○ 출토지 : 오녀산성.
○ 크기 : 직경 5.2cm.
○ 형태 : 원형임.

⑧ **철제등자**(鐵馬鐙, 03采:47, 그림 197-18)
○ 출토지 : 오녀산성.
○ 크기 : 길이 25cm, 너비 18.9cm.
○ 형태 : 윤부(鐙環)는 평면이 타원형이고, 위에 못구멍(釘孔)이 있음. 윤부 위의 한 측면은 삼각형으로 뻗어 있음. 병부(柄)는 장방형인데, 윗부분이 약간 넓고 가로 방향의 장방형 구멍이 있으며, 맨 끝은 錐形으로 뾰족함.

⑨ **철제허리띠고리**(鐵桃形葉片帶扣, 03采:74, 그림 197-11)
○ 출토지 : 오녀산성.
○ 크기 : 길이 6.2cm, 너비 4.8cm.
○ 형태 : 복숭아모양의 葉片만 남아 있음.

⑩ **철제물미 1**(鐵鐏, 03采:57, 그림 197-15)
○ 출토지 : 오녀산성.
○ 크기 : 길이 17cm, 너비 4.5cm.
○ 형태 : 얇은 철판을 말아서 제작. 접합부분은 명확함. 원추형으로 속은 비었음. 공부(銎)는 원형임.

⑪ **철제물미 2**(鐵鐏, 03采:25, 그림 197-16)
○ 출토지 : 오녀산성.
○ 크기 : 길이 6.5cm, 너비 2.3cm.
○ 형태 : 위의 철제물미와 같으나, 비교적 작음.

⑫ **철제물미 3**(鐵鐏, 03采:80)
○ 출토지 : 오녀산성.
○ 크기 : 길이 7cm, 너비 4cm.
○ 형태 : 위의 철제물미와 같으나, 비교적 작음.

⑬ **철제화살촉 1**(鐵鏃, 03采:28, 그림 197-2)
○ 출토지 : 오녀산성.
○ 크기 : 길이 13cm, 너비 0.9cm.
○ 형태 : 정모양(釘形)임.

⑭ **철제화살촉 2**(鐵鏃, 03采:28, 그림 197-1)
○ 출토지 : 오녀산성.
○ 크기 : 길이 12.3cm, 너비 0.8cm.
○ 형태 : 정모양(釘形)임. 측면에서 본 촉두(鏃鋒)는 삼각형임.

⑮ **철제화살촉 3**(鐵鏃, 03采:64, 그림 197-3)
○ 출토지 : 오녀산성.
○ 크기 : 길이 12cm, 너비 4.2cm.
○ 형태 : 마름모꼴임. 경부(鋌)는 가늘고 四棱錐形임.

⑯ **철제화살촉 4**(鐵鏃, 03采:18, 그림 197-4)
○ 출토지 : 오녀산성.

○ 크기 : 길이 16.2cm, 너비 2.6cm.
○ 형태 : 葉形임. 경부(鋌)는 뾰족하고 四棱錐形임.

⑰ **철제화살촉 5**(鐵鏃, 03采:81)
○ 출토지 : 오녀산성.
○ 크기 : 길이 11.5cm, 너비 1.2cm.
○ 형태 : 삽모양(鏟形)임. 경부(鋌)는 가늘고 원추형임.

(3) 토기

① **호**(陶罐, 03采:56, 그림 198-1)
○ 출토지 : 오녀산성.
○ 크기 : 口徑 4cm, 남은 높이 33cm.
○ 형태 : 구순은 둥그스름함(圓脣). 구연은 외반됨(侈口). 동체는 둥그스름함(鼓腹).
○ 태토 및 색깔 : 니질의 회색토기.

② **분**(陶盆, 03采:30, 그림 198-5)
○ 출토지 : 오녀산성.
○ 크기 : 口徑 34cm, 남은 높이 14cm.
○ 형태 : 파손됨. 구순은 뾰족함(尖脣). 구연은 외반됨(侈口). 구연(沿) 아래는 약간 잘록함(束). 동체는 호형임(弧腹).
○ 태토 및 색깔 : 니질의 황갈색토기.

③ **토기 뚜껑 1**(陶器蓋, 03采:53, 그림 198-6)
○ 출토지 : 오녀산성.
○ 크기 : 口徑 9.2cm, 윗부분 직경 6cm, 높이 3.3cm.
○ 형태 : 구순은 각이 짐(方脣). 벽은 휘었음(曲壁). 윗부분은 평평함(平頂). 이중 구연임(子母口).
○ 태토 및 색깔 : 모래혼입 회색토기.

④ **토기 뚜껑 2**(陶器蓋, 03采:67, 그림 198-7)
○ 출토지 : 오녀산성.
○ 크기 : 口徑 12cm, 윗부분 직경 9.5cm, 높이 4.2cm.
○ 형태 : 구순은 각이 짐(方脣). 벽은 휘었음(曲壁). 윗부분은 평평함(平頂). 이중 구연임(子母口).
○ 태토 및 색깔 : 모래혼입 회갈색토기.

⑤ **토제어망추**(陶網墜, 03采:24, 그림 198-2)
○ 출토지 : 오녀산성.
○ 크기 : 길이 2.4cm, 너비 1.2cm.
○ 형태 : 원형의 기둥모양임. 양단 근처에 각각 홈(凹槽)이 한 바퀴 둘러져 있음.
○ 태토 및 색깔 : 니질의 회색.

(4) 석기

① **석제가락바퀴 1**(石紡輪, 03采:6, 그림 198-4)
○ 출토지 : 오녀산성.
○ 크기 : 직경 4.5cm, 두께 1.7cm.
○ 형태 : 활석을 갈아서 제작. 둥근 모양으로 중간에 구멍이 있음.

② **석제가락바퀴 2**(石紡輪, 03采:68, 그림 198-3)
○ 출토지 : 오녀산성.
○ 크기 : 직경 3.5cm, 두께 1.2cm.
○ 형태 : 만두모양임. 중간에 구멍이 있음.

7. 역사적 성격

1) 지정학적 위치와 주변의 유적 현황

五女山이 위치한 桓仁盆地는 압록강 중상류에서 가장 넓고 비옥한 분지를 이루고 있을 뿐 아니라, 예로부터 수륙 교통의 요충지였음. 이곳에서 渾江을 거슬러 올라가면 富爾江 하구, 新開河口, 通化에 이름. 또 혼강 지류인 부이강 상류로 거슬러 올라가면 新賓, 신개하 상류를 거슬러 올라가면 集安에 도달함. 그리고 혼강을 따라 내려가면 寬甸에서 압록강과 합류하여 서해로 나아갈 수 있음. 고구려시기에 혼강 연안의 주요 도로는 모두 桓仁지역을 통과했는데, 지금도 遼寧省의 瀋陽, 大連, 撫順, 本溪, 丹東, 遼陽 등에서 길림성의 통화, 집안으로 나아가는 도로는 오녀산 부근을 지나감.

오녀산은 이러한 환인분지 일대에서 가장 험준하며 웅장한 위용을 자랑함. 오녀산의 정상부에 올라서면 환인현 소재지를 비롯하여 혼강 연안의 환인분지 일대가 한눈에 들어오며, 멀리 서쪽으로 환인 馬鞍山城, 동쪽으로 집안 覇王朝山城까지 조망할 수 있음. 五女山城은 수륙 교통을 제어하는 요충지일 뿐 아니라 깎아지른 절벽으로 이루어진 난공불락의 천혜의 요새지임. 더욱이 오녀산은 환인분지 어디에서 보더라도 웅장하고 신비스러운 느낌을 주는데, 이로 인해 성스러운 이미지를 생성하였을 것으로 보임.

이처럼 오녀산이 위치한 환인분지는 압록강 중상류에서 가장 넓고 비옥한 분지를 이루고 있기 때문에 혼강 연안을 따라 高麗墓子(高力墓子), 上古城子, 灣灣川, 聯合, 大把, 董船營, 黑溝 등 고구려 초기 고분군이 다수 분포하고 있음. 이 가운데 산성에서 동남쪽으로 5km 정도 떨어진 혼강 좌안의 高麗墓子古墳群이 규모가 가장 큰데, 초기 도성인 卒本의 위치와 관련하여 많은 주목을 받고 있음.

또 산성 주변에는 고구려 성곽도 다수 분포하고 있음. 산성에서 서남쪽으로 10여 km 떨어진 혼강 우안에는 평지성인 下古城子城이 있고, 서쪽으로 20여 km 거리에는 馬鞍山城이 있음. 또 혼강 상류 방면으로는 직선거리로 동쪽 약 30km 거리에 집안 覇王朝山城이 있음. 이들 성곽은 오녀산성 정상부에서 모두 볼 수 있음.

2) 산성의 기능과 성격

五女山城은 일찍이 國內城으로 비정되기도 했지만(『東史綱目』; 鳥居龍藏, 1914), 1980년대 이래 중국 학계에서는 桓仁盆地 일대를 고구려의 건국지로 비정한 다음 오녀산성을 산 위에 건립했다는 紇升骨城, 혼강 가의 평지성인 下古城子城을 卒本城으로 비정하는 견해가 제기됨(王承禮, 1984 ; 魏存成, 1985, 28~29쪽 ; 李殿福·孫玉良, 1990, 36~38쪽). 특히 1996년 이래 오녀산성을 집중적으로 발굴한 다음 흘승골성으로 비정하는 견해를 더욱 강화하고 있는데, 주요 논거는 다음과 같음(『五女山城』, 284~297쪽).

오녀산성의 제3기 문화층은 고구려 건국 초기에 해당하는데, 이 문화층에서 발견된 1호 대형 건물지는 궁전 유적일 가능성이 높고 고구려 초기에 五女山을 도성으로 삼은 것과 직접적인 관련이 있다고 여겨짐. 더욱이 제3기 문화층은 고구려 초기 산성 가운데 오직 오녀산성에서만 보이는데, 이는 오녀산성이 고구려 초기 도성이라는 증거가 될 수 있음. 또 고구려 초기 산성 가운데 오녀산성의 성벽 구조는 상대적으로 시원적인 모습을 갖추고 있음. 즉, 성가퀴 안쪽의 돌구멍은 초기 산성에서 일반적으로 확인되며, 기단부를 장대석으로 쌓고 내벽의 벽면을 괴석과 판석으로 쌓은 축성법은 쐐기형돌로 내외벽을 쌓은 중후기의 축성법보다 시기적으로 앞서고 있다는 것임.

고구려 초기에 해당하는 제3기 문화층 아래의 제2기 문화층은 청동기시대 후기로서 즉 戰國時代 후기에 해당하는데, 이는 고구려 건국 이전부터 오녀산에 인간의 활동이 있었음을 보여줌. 그리고 제4기 문화층은 국내성 천도 이후의 고구려 중기에 해당하는데, 다른 산성에 비해 성곽시설이 매우 많음. 이는 국내성 천도 이후에도 오녀산성의 역할이 여전히 컸음을 보여줌.

오녀산 주위에도 고구려 초기 유적이 많이 남아 있는데, 특히 서남쪽 10km 거리의 下古城子城은 평지토성으로 고구려 건국 초기 평지 도성일 가능성이 높은 것으로 추정됨. 그 밖에 渾江 연안에는 고구려 고분군이 많이 분포해 있는데, 특히 高麗墓子古墳群은 혼강을 사이에 두고 오녀산성과 마주하고 있음. 현재 대다수 고분이 환인댐에 의해 수몰되었지만, 발굴 자료에 따르면 M201에서 출토된 파수가 2개인 잔(雙耳陶杯)은 초기 철기시대의 특징을 가지고 있고, M201과 M19에서 출토된 호(陶罐)는 漢代의 목이 잘록한 호(束頸罐)와 형태가 거의 일치한다고 함. 그리고 M8에서 출토된 호(陶壺)도 오녀산성 제3기 문화층에서 출토된 토기와 비슷한 양식임. 이로 보아 高麗墓子古墳群은 고구려 초기 오녀산 일대에 모여 살던 사람들과 깊이 연관된 것으로 추정됨.

한편 〈광개토왕릉비〉에 따르면 "시조 鄒牟가 북부여에서 남하한 후 沸流谷 忽本 서쪽 산 위에 도성을 세웠다"고 함. 그리고 이규보의 「東明王篇」에 인용된 『舊三國史』에도 고구려 초기 왕도가 산 위에 세워졌다고 기록하고 있으며, 『三國史記』高句麗本紀에도 이와 유사한 기록이 있음. 상기와 같은 제반 사실을 고려할 때 오녀산성이 고구려 초기 도성인 흘승골성이었다고 비정할 수 있다는 것임.[8]

이에 대해 중국의 耿鐵華는 다음과 같은 이유를 근거로 오녀산성을 紇升骨城으로 비정하기 힘들다고 비판함. 즉 오녀산성은 지세가 험준해서 교통이 불편하므로 도성으로 적합하지 않다는 것임. 오녀산 정상은 해발 806m 이상으로 차를 타고 오르기도 힘든데, 2000여 년 전 초목이 무성했을 때에는 더욱 힘들었을 것임. 『三國史記』高句麗本紀를 보면 고구려가 흘승골성을 수도로 삼은 시기는 동명성왕과 유리왕 재위기로 부근의 소국이나 부락을 정복했던 시기에 해당함. 오녀산 정상에 도읍했다면 5部의 수장들과 국가의 전반적인 계획이나 책략을 상의하기 힘들었을 것임.

또 오녀산성은 물자 보급이 힘들고 정상부의 공간이 협소하다는 점에서 도성으로 적합하지 않음. 정상부의 평탄지는 남북 길이 약 500m, 동서 너비 100m이지만, 저수지나 절벽 등으로 인하여 활동 공간이 매우 좁음. 발견된 건물지와 기타 유구를 볼 때 산 위에서 생활할 수 있는 사람은 100여 명을 넘길 수 없음. 이를 고려할 때 오녀산성을 흘승골성으로 비정하기는 힘들며, 혼강 가의 하고성자성을 졸본 곧 흘승골성으로 볼 수 있다고 파악함(耿鐵華, 2004, 95~110쪽).

그렇지만 〈광개토왕릉비〉나 「동명왕편」 등 제반 사료를 종합하면, 고구려 초기 도성으로 알려진 紇升骨城이 산 위에 위치한 것은 명확함. 따라서 초기 도성인 卒本을 지금의 桓仁 일대로 상정한다면, 이 지역에서 가장 웅장하면서 신비로운 느낌을 주는 오녀산성을 흘승골성으로 비정하는 것이 가장 타당함. 다만 중국학계에서 논의하는 것처럼 흘승골성으로 비정되는 오녀산성을 과연 초기 도성에서 가장 중요한 성곽으로 볼 수 있는지가 문제임.

오녀산성의 성격과 관련해 주목해야 하는 점은 고구려 시조인 주몽(동명성왕)의 定着·建都 지역에 대해 『삼국사기』 고구려본기와 〈광개토왕릉비〉가 조금 다르게 전한다는 것. 가령 『삼국사기』 고구려본기에는 '水上' 곧 沸流水 연안에 정착했다고 한 반면, 〈광개토왕릉비〉에는 '山上' 곧 忽本(졸본) 서쪽 산 위에 건도했다고 각기 다르게 서술하고 있음. 그런데 「동명왕편」에 따르면 동명성왕은 沸流水 유역에 정착하

---

8 그밖에 梁志龍, 1992, 69쪽 ; 辛占山, 1994, 35쪽 ; 王綿厚, 1994, 39쪽 ; 馮永謙, 1994, 181~182쪽 ; 陳大爲, 1995, 62쪽 ; 李健才, 2000, 263~268쪽 ; 王綿厚, 2002, 44~48쪽 ; 李新全, 2003, 258~261쪽 등에서도 오녀산성을 흘승골성으로 비정함.

고 松讓國의 항복을 받는 등 일정한 시간이 흐른 후 鶻嶺에 성곽을 축조하였다고 함. 이를 고려하면 '水上'은 최초의 정착지역, '山上'은 맹주로 등장한 이후의 건도지역이었다고 구분할 수도 있음.

그렇지만 五女山의 경우 군사 방어에 있어서는 천혜의 요새지만, 일상적으로 거주하기 위한 도성으로는 주변 배후지와 지나치게 격리되어 있음. 오녀산성은 지형조건을 고려하면 지역 중심지나 지배 거점의 기능보다는 군사적 목적으로 축조되었다고 보는 것이 더 타당한 것임(임기환, 1998, 68~72쪽). 따라서 『三國史記』의 '水上'을 주몽이 최초로 정착한 지역, 〈광개토왕릉비〉의 '山上'을 주몽이 이 지역의 맹주로 등장한 이후 도성을 축조한 곳이라고 이분적으로 구분하기는 힘들다고 생각됨.

환인 일대는 수도의 입지 조건인 생산 활동과 군사 방어에 적합한 자연지형을 동시에 갖추고 있음. '수상'과 '산상'은 이러한 입지 조건을 기능에 따라 상징적으로 표현한 것이라고 볼 수 있는데, '수상'은 생산 활동에 적합한 지형, '산상'은 군사 요충지 나아가 聖所로서의 면모를 각기 반영한다고 생각됨. 즉, 도성이 기능에 따라 분리되면서 평상시에는 충적평원 곧 '수상'에 거주하다가, 비상시에는 '산상'으로 대피하여 방어 거점으로 삼았고 의례를 거행할 때에도 '산상'을 성소로 활용했던 것으로 추정됨(노태돈, 1999, 337쪽).

〈광개토왕릉비〉 서두에서 '홀본'은 건도하였다는 '산상'이나 동명성왕이 승천하였다는 '東崗'의 위치를 나타내는 기준점임. 특히 '忽'이라는 고구려어는 '고을'이나 '성'을 뜻하므로 홀본은 '큰 마을'이나 '성곽이 축조된 지역'을 지칭함. 동명성왕의 정착지역인 홀본, 곧 졸본은 '산상'의 성곽에 대비되는 평상시의 중심지였을 것임. 이처럼 졸본지역에는 '수상'과 '산상'으로 상징되는 평상시 거점과 산성의 도성 방어체계가 구축되어 있었음. 따라서 오녀산성은 고구려 초기 도성의 군사 방어 및 의례용 성곽으로 활용되었다고 생각됨. 오녀산성은 평상시에 거주하는 도성은 아니었지만, 초기 도성의 일부를 구성했던 것임(여호규, 1998, 140~142쪽).

〈광개토왕릉비〉에서 졸본 서쪽의 산상에 성곽을 축조하였다는 기록을 볼 때 졸본은 오녀산성 동쪽의 환인댐 수몰지구 일대로 추정됨. 중국학자들은 대부분 下古城子城을 오녀산성의 평지성 곧 졸본성으로 비정하지만, 하고성자성은 오녀산성의 동쪽이 아닌 서남쪽에 위치하므로 〈광개토왕릉비〉의 서술과 상충됨. 현재까지 알려진 환인댐 수몰지구의 평지성으로는 환인 喇哈城이 유일하지만, 고구려 성곽인지도 명확하지 않은 상태임. 현재로서는 환인분지 일대에서 고분군의 규모가 가장 큰 오녀산성 동남쪽의 고려묘자고분군 일대가 졸본의 가장 유력한 후보라 할 수 있음. 특히 제반 사료상 산상의 흘승골성(골령)을 제외하면 평지에 성곽을 축조했다고 언급한 기사가 없으므로 고구려 초기의 평상시 거점에는 성곽을 축조하지 않았을 가능성도 고려할 필요가 있음(여호규, 2014, 64~70쪽; 양시은, 2016, 178~180쪽).

한편 卒本城을 富爾江과 渾江이 합류하는 喇哈城 일대나 나합성으로 비정한 다음, 五女山城을 유리왕 3년에 천도했다는 國內 尉那巖城으로 비정하는 견해도 제기되었음(노태돈, 1999, 334~339쪽; Mark. E. Byington, 2004, 560쪽).[9] 또 최근 고구려 초기의 도성이 평지성(평상시 거점)과 산성으로 이루어졌다는 통설을 비판하면서 왕도는 산상의 흘승골성 곧 오녀산성만으로 이루어졌다고 보는 견해도 제기되었음(기경량 2017, 40~63쪽). 다만 제반 사료상 졸본과 흘승골성은 상호 밀접히 연관되어 있으면서 졸본이 흘승골성의 동쪽에 위치한다는 사실에 유의할 필요가 있음. 흘승골성을 현재의 오녀산성으로 비정할 수 밖에 없다면 환인

---

9 권순홍 2017, 23~39쪽에서는 고려묘자고분군 일대를 졸본으로 비정한 다음, 오녀산성을 국내 위나암성으로 비정하였음.

지역 내에서의 천도를 상정하기는 어려우며, 졸본이 갖는 평상시 거점으로서의 위상을 간과하기도 어려움.

오녀산성에서는 고구려 초기뿐 아니라 중기나 후기의 유물·유적도 다수 조사됨. 2호 대형건물지에서는 중기 이후로 편년되는 다양한 토기가 출토되었음. 또 소형주거지의 경우 전기의 수혈주거지는 평면이 원형이나 장방형이며, 爐址나 부뚜막 시설만 확인되고, 그 수도 많지 않음. 이에 비해 중기 이후의 수혈주거지가 다수 조사되었는데, 온돌시설을 갖춘 반지하식 구조임. 이로 보아 오녀산성은 고구려 중기 이후 후기까지도 계속 사용된 것으로 보임. 다만 오녀산성에서는 고구려 기와가 전혀 출토되지 않는다는 점에서 지방지배를 위한 치소성보다는 주로 군사방어성으로 사용되었을 것으로 파악됨(임기환, 1998, 68~72쪽; 양시은, 2016, 22~23쪽). 이와 관련해 오녀산성을 고구려 후기 哥勿城으로 비정하기도 함(梁志龍, 1994, 68~73쪽; 張正巖·王平魯, 1994, 27쪽).

참고문헌

- 鳥居龍藏, 1914, 「丸都城及び國內城の位置について」, 『史學雜誌』 25-7.
- 三上次男, 1946, 「桓仁調査行記 – 高句麗の遺跡を尋ねて」, 『民族學研究』 3-1.
- 주영헌, 1966, 『중국 동북지방의 고구려 및 발해유적답사 보고』, 사회과학원출판사.
- 사회과학출판사, 1975, 『고구려문화』(논장 번각본)
- 劉永智, 1981, 「訪高句麗早期遺址五女山城」, 『朝鮮史通訊』 1981-3.
- 王承禮, 1984, 「吉林遼寧的高句麗遺蹟」, 『考古與文物』 1984-6.
- 郭俊武, 1985, 「紇升骨城初探」, 『遼寧省本溪丹東地區考古學術討論會文集』.
- 魏存成, 1985, 「高句麗初中期的都城」, 『北方文物』 1985-3.
- 孫進己·馮永謙, 1988, 『東北歷史地理(2)』, 黑龍江人民出版社.
- 三上次男, 1990, 「東滿風土雜記」, 『高句麗と渤海』, 吉川弘文館.
- 李殿福·孫玉良, 강인구·김영수 역, 1990, 『고구려간사』, 삼성출판사.
- 桓仁滿族自治縣文物志編纂委員會, 1990, 『桓仁滿族自治縣文物志』.
- 西川宏, 1992, 「中國における高句麗考古學の成果と課題」, 『靑丘學術論集』 2.
- 梁志龍, 1992, 「桓仁地區高句麗城址槪述」, 『博物館硏究』 1992-1.
- 서길수, 1994, 『고구려 성』, 한국방송공사.
- 辛占山, 1994, 「遼寧境內高句麗城址的考察」, 『遼海文物學刊』 1994-2.
- 梁志龍, 1994, 「可勿考辨」, 『遼海文物學刊』 1994-2.
- 王綿厚, 1994, 「鴨綠江右岸高句麗山城硏究」, 『遼海文物學刊』 1994-2.
- 王禹浪·王宏北, 1994, 「中國遼寧省桓仁縣五女山高句麗山城址」, 『高句麗·渤海古城址硏究匯編(上)』, 哈爾濱出版社.
- 魏存成, 1994, 「城址·建築址」, 『高句麗考古』, 吉林大學出版社.
- 李殿福, 차용걸·김인경 역, 1994, 『中國內의 高句麗遺蹟』, 학연문화사.
- 張正巖·王平魯, 1994, 「新城道及新城道上的諸城考」, 『遼海文物學刊』 1994-2.
- 馮永謙, 1994, 「高句麗城址輯要」, 『北方史地硏究』, 中州古籍出版社.
- 陳大爲, 1995, 「遼寧高句麗山城再探」, 『北方文物』 1995-3.
- 田中俊明·東潮, 1995, 『高句麗の歷史と遺跡』, 中央公論社.
- 여호규, 1998, 「桓仁 五女山城」, 『高句麗 城 I – 鴨綠江 中上流篇』, 國防軍史硏究所.
- 林起煥, 1998, 「高句麗前期 山城 硏究」, 『國史館論叢』 82.
- 周向永, 1998, 「"紇升骨"詞義發徵」, 『博物館硏究』 1998-1.
- 노태돈, 1999, 「고구려의 기원과 국내성 천도」, 『한반도와 중국 동북 3성의 역사와 문화』, 서울대학교출판부.
- 李健才, 2000, 「高句麗的都城和疆域」, 『高句麗歸屬問題硏究』, 吉林文史出版社.
- 王綿厚, 2002, 『高句麗古城硏究』, 文物出版社.
- 李新全, 2003, 「高句麗初期都城考」, 『遼寧考古文集』.
- 耿鐵華, 2004, 「高句麗紇升骨城新考」, 『高句麗考古硏究』, 吉林文史出版社.
- Mark. E. Byington, 2004, 「Problems Concerning the

- First Relocation of the Koguryo Capital」, 『고구려의 역사와 문화유산』, 서경문화사.
- 遼寧省文物考古硏究所, 2004, 『五女山城, 1996-1999, 2003年 桓仁五女山城調査發掘報告』, 文物出版社.
- 양시은, 2005, 「환인 오녀산성 출토 고구려 토기의 양상과 성격」, 『북방사논총』 3.
- 여호규, 2005, 「고구려 國內 遷都의 시기와 배경」, 『한국고대사연구』 38.
- 임효재, 2005, 「중국 환인현 오녀산 유적의 신석기유물에 대하여」, 『북방사논총』 3.
- 백종오, 2010, 「압록강 중·상유역 출토 고구려 유물 검토」, 『단군학연구』 22.
- 국립중앙박물관, 2014, 『유리건판으로 보는 고구려 도성 – 환인지역, 집안지역』
- 여호규, 2014, 「고구려 도성의 구조와 경관의 변화」, 『삼국시대 고고학개론』 1(도성과 토목편).
- 양시은, 2016, 『고구려 성 연구』, 진인진.
- 기경량, 2017, 「고구려 왕도 연구」, 서울대학교 박사학위논문.
- 白種伍, 2017, 「中國內 高句麗 山城의 發掘 現況과 主要 遺構·遺物의 檢討」, 『先史와 古代』 53.
- 白種伍, 2017, 「高句麗 城郭 築城術의 擴散에 대한 豫備的 檢討」, 『高句麗渤海硏究』 59.
- 권순홍, 2018, 「고구려 도성 연구」, 성균관대학교 박사학위논문.

환인 오녀산성 도면

그림 1-1 오녀산성 위치도 1(『五女山城』, 4쪽)

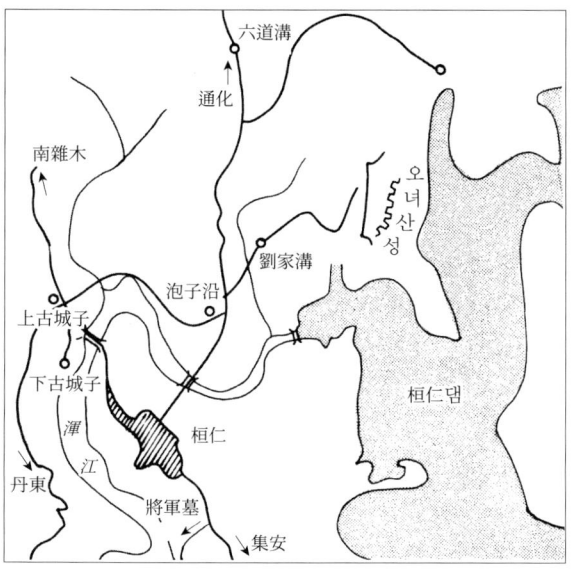

그림 1-2
오녀산성 위치도
(『고구려 성』, 24쪽)

제2부 환인현(桓仁縣) 지역의 유적과 유물   343

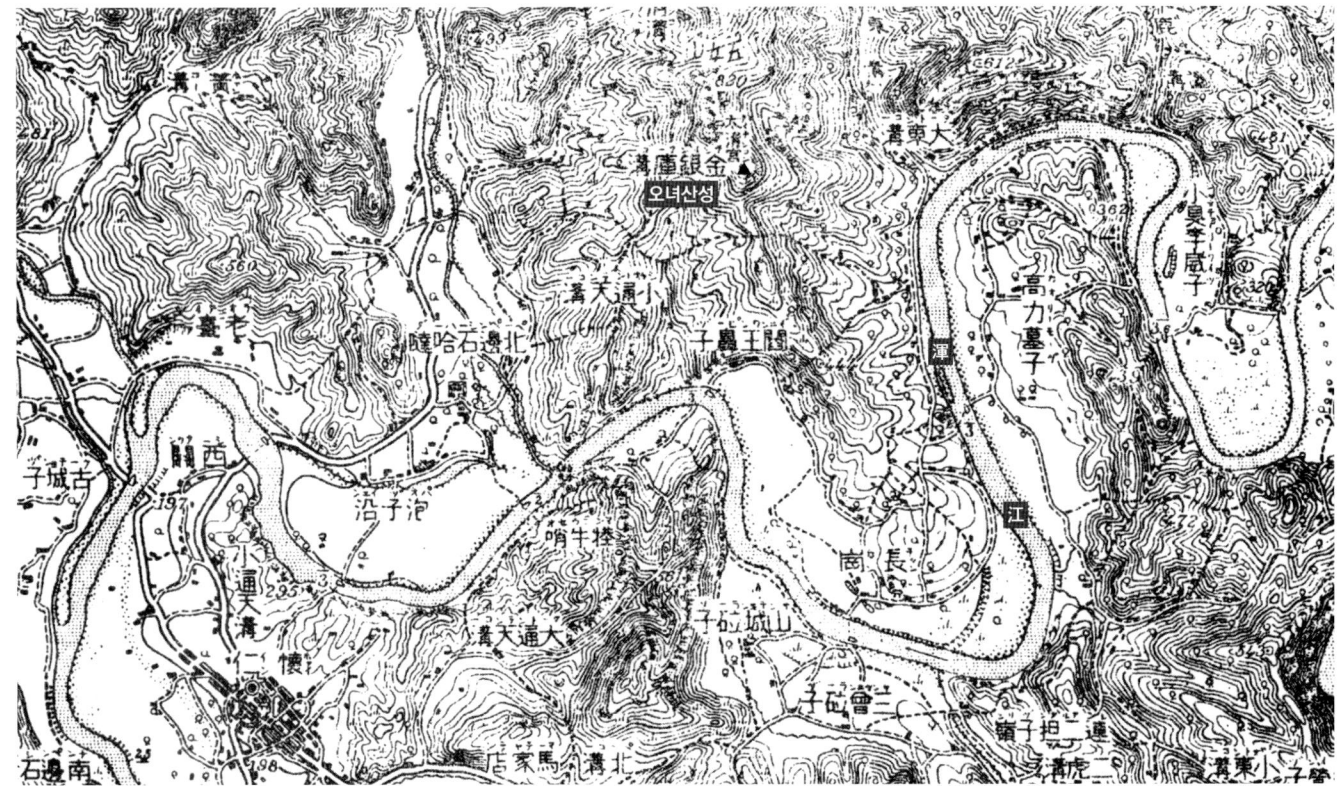

그림 2 오녀산성 위치도 2(滿洲國 10만분의 1 지형도)

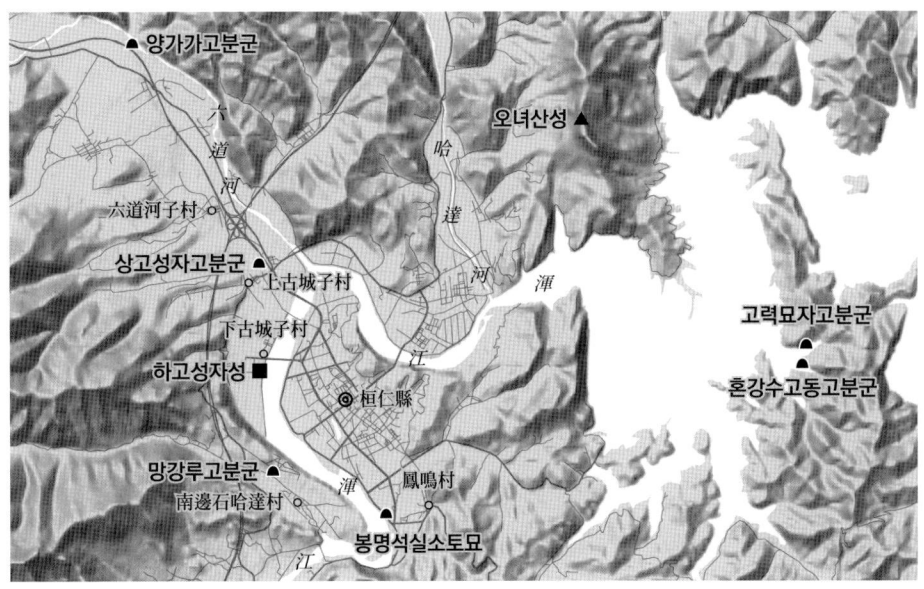

그림 3
오녀산성 위치도 3

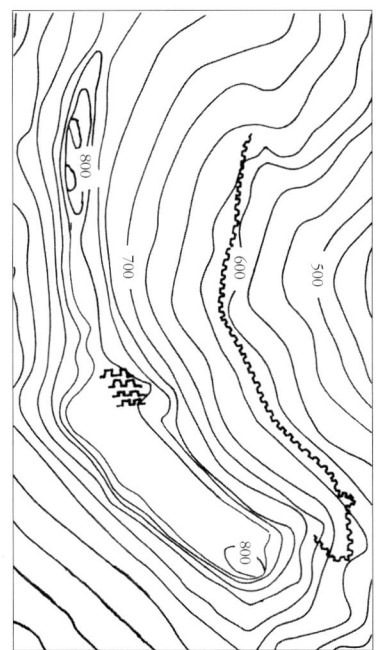

그림 4-1 오녀산성 평면도
(『博物館研究』1992-1, 65쪽)

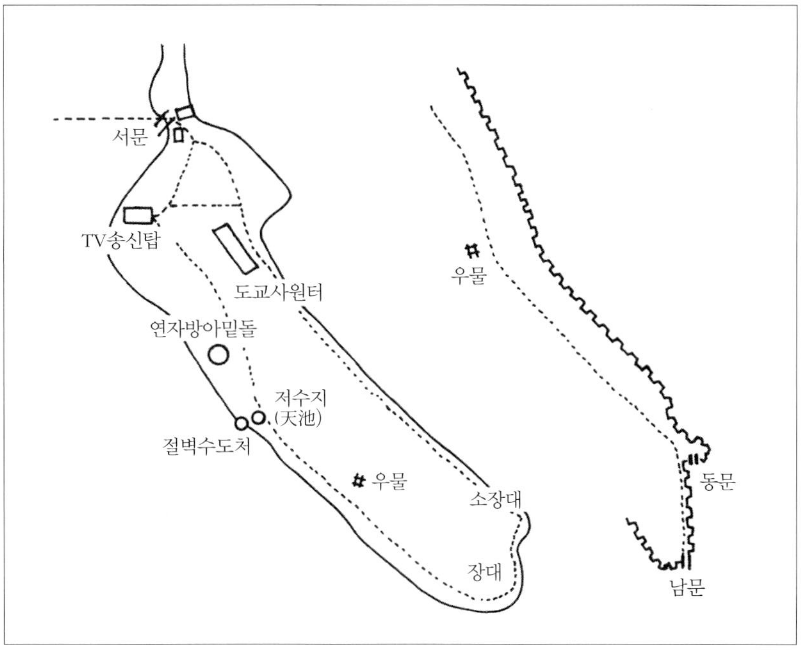

그림 4-2 오녀산성 평면도와 유적분포도(『고구려 성』, 25쪽)

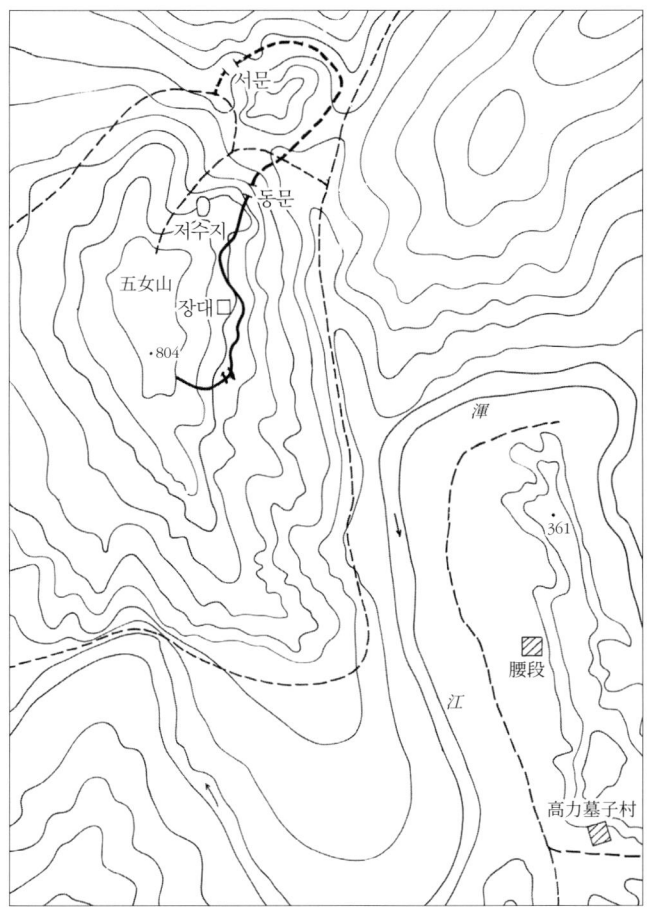

그림 4-3
오녀산성 평면도와 주변 지세
(『高句麗古城研究』, 45쪽)

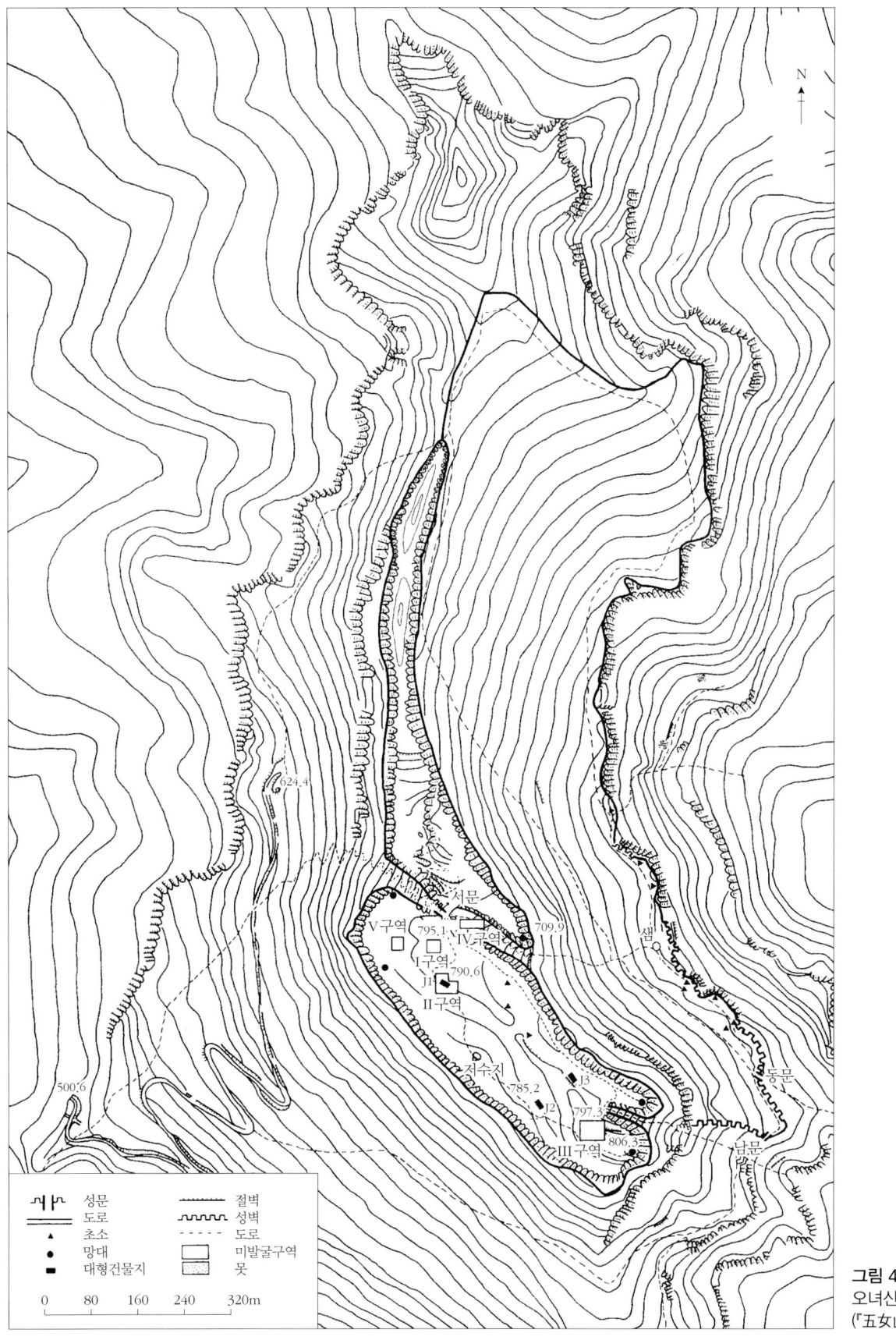

그림 4-4
오녀산성 평면도
(『五女山城』, 14쪽)

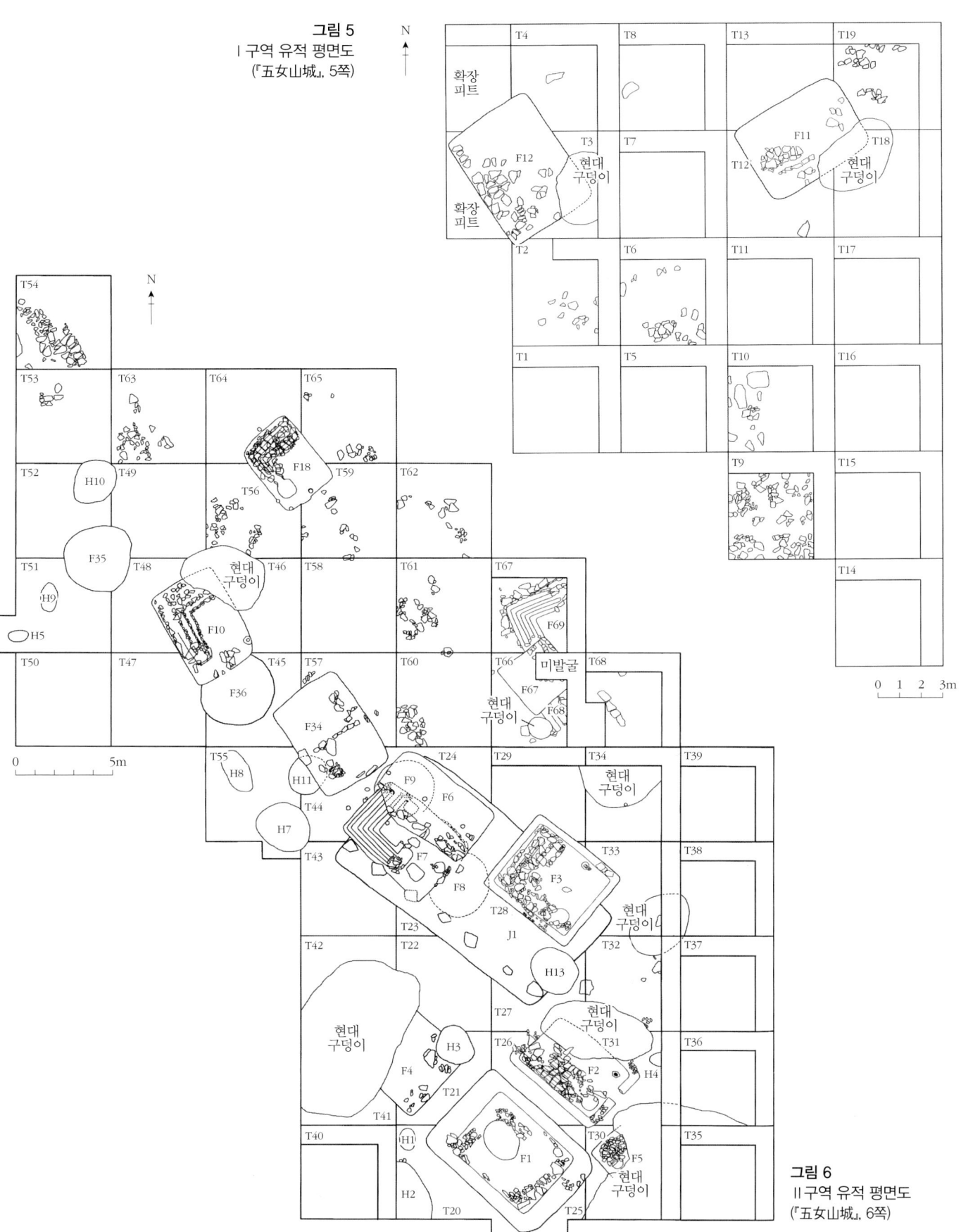

그림 5
I구역 유적 평면도
(『五女山城』, 5쪽)

그림 6
II구역 유적 평면도
(『五女山城』, 6쪽)

제2부 환인현(桓仁縣) 지역의 유적과 유물 347

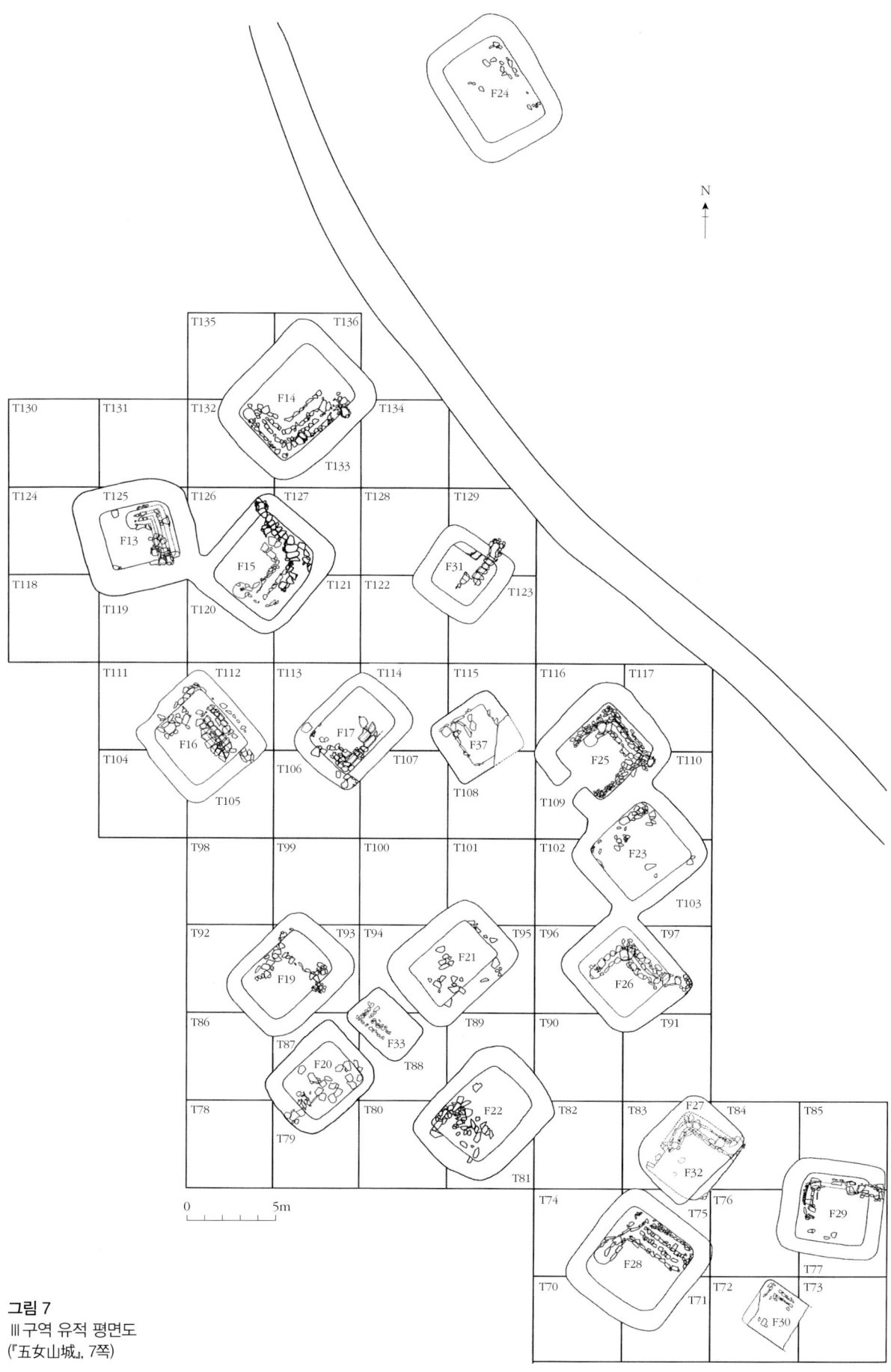

그림 7
Ⅲ구역 유적 평면도
(『五女山城』, 7쪽)

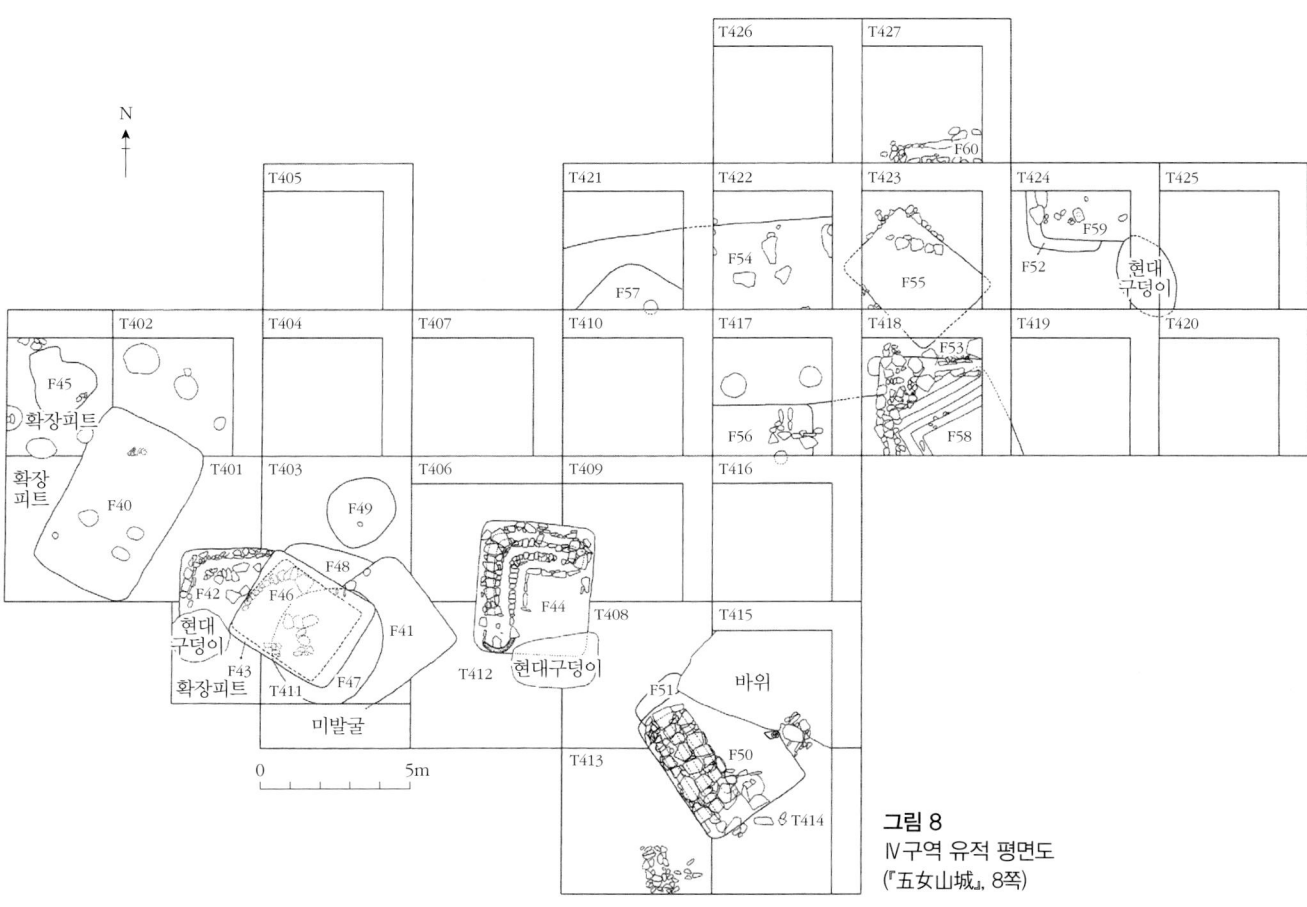

그림 8
Ⅳ구역 유적 평면도
(『五女山城』, 8쪽)

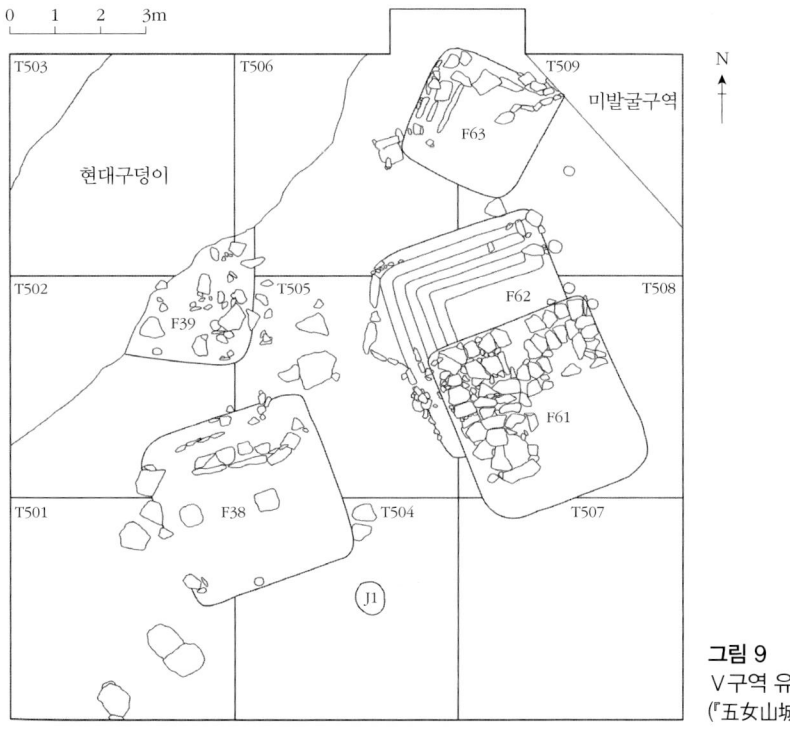

그림 9
Ⅴ구역 유적 평면도
(『五女山城』, 9쪽)

제2부 환인현(桓仁縣) 지역의 유적과 유물 349

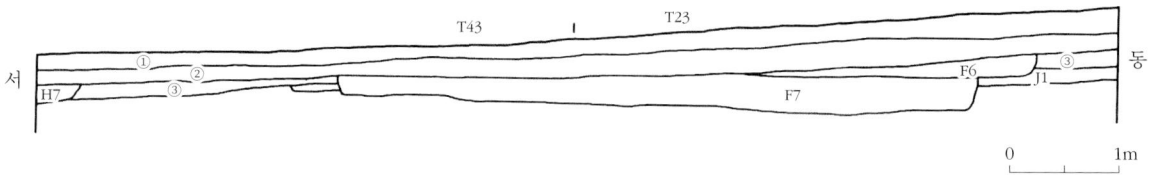

그림 10 T43, T23 북벽 단면도(『五女山城』, 11쪽)

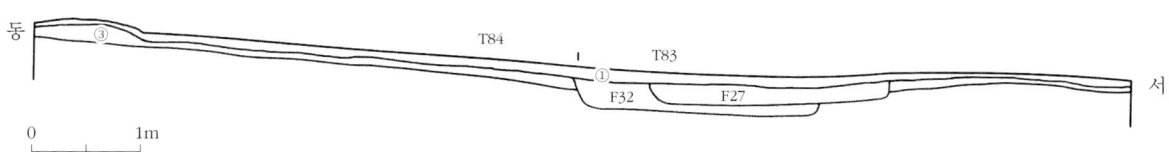

그림 11 T84, T83 남벽 단면도(『五女山城』, 11쪽)

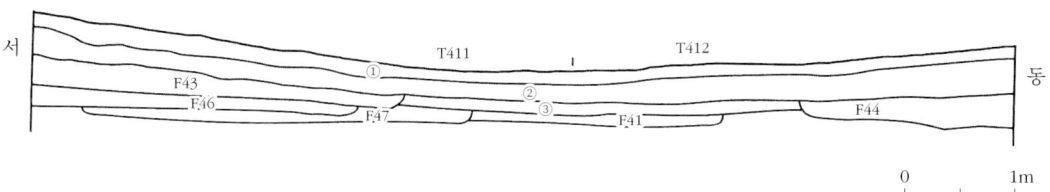

그림 12 T411, T412 북벽 단면도(『五女山城』, 11쪽)

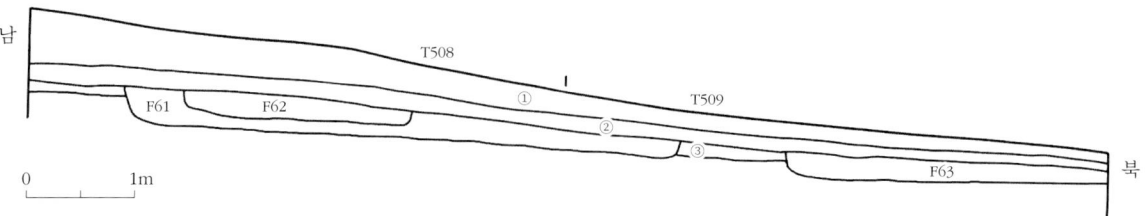

그림 13 T508, T509 서벽 단면도(『五女山城』, 11쪽)

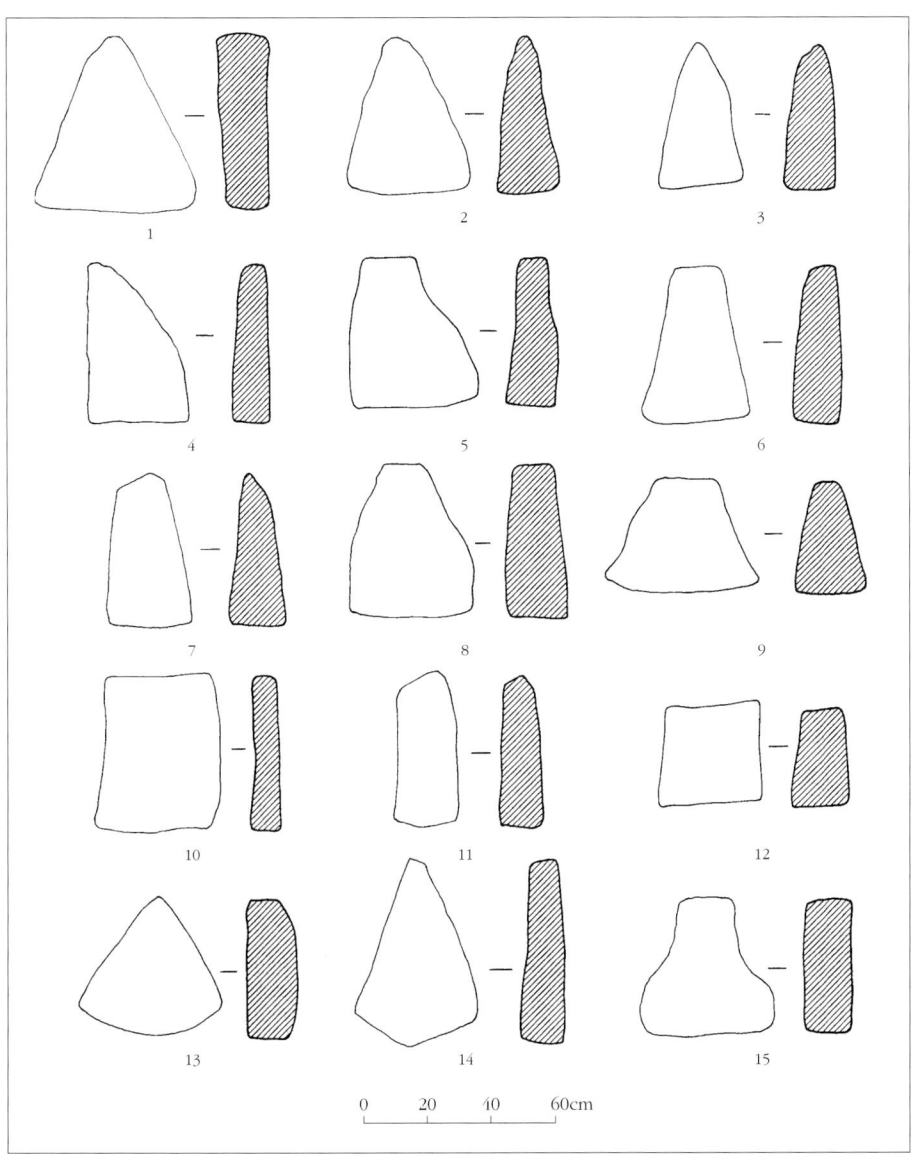

그림 14
쐐기형돌 평·단면도
(『五女山城』, 27쪽)

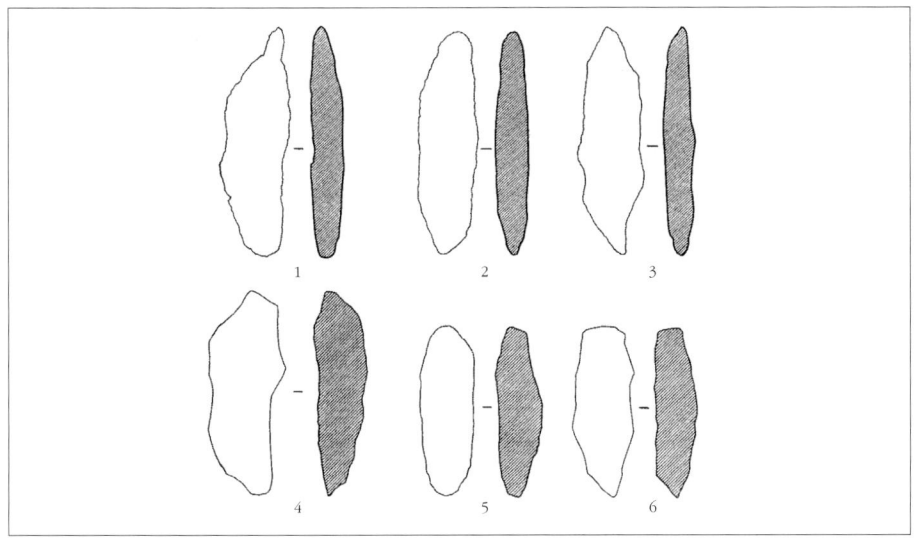

그림 15
북꼴돌 평·단면도
(『五女山城』, 28쪽)

제2부 환인현(桓仁縣) 지역의 유적과 유물 351

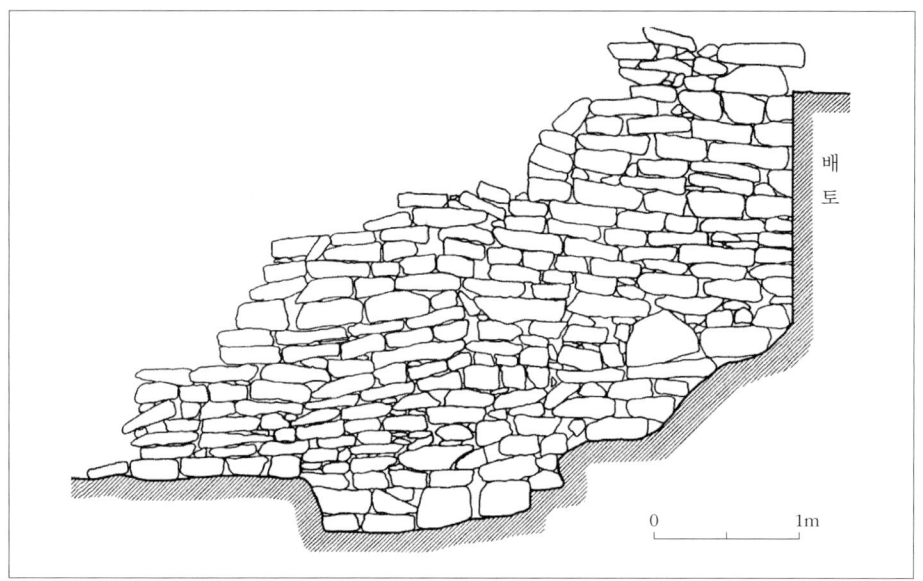

그림 16
남벽 일부 내벽 단면도
(『五女山城』, 15쪽)

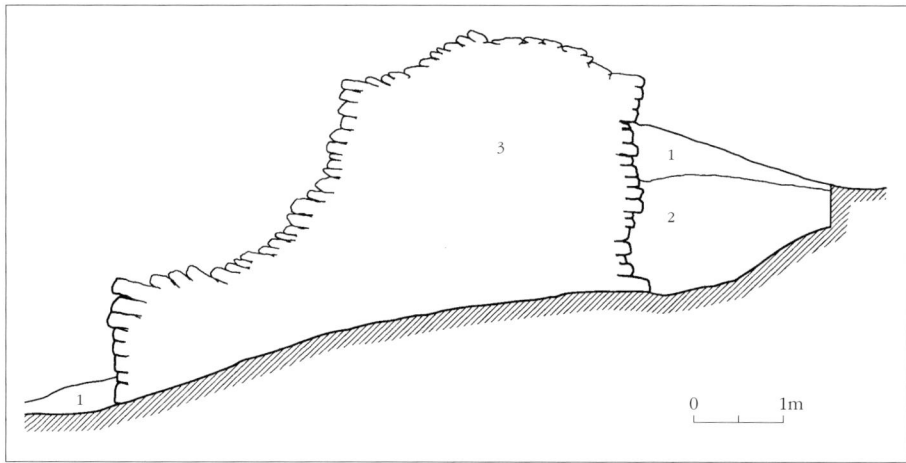

그림 17
남벽 내벽(『五女山城』, 16쪽)
1. 표토 2. 배토 3. 성벽

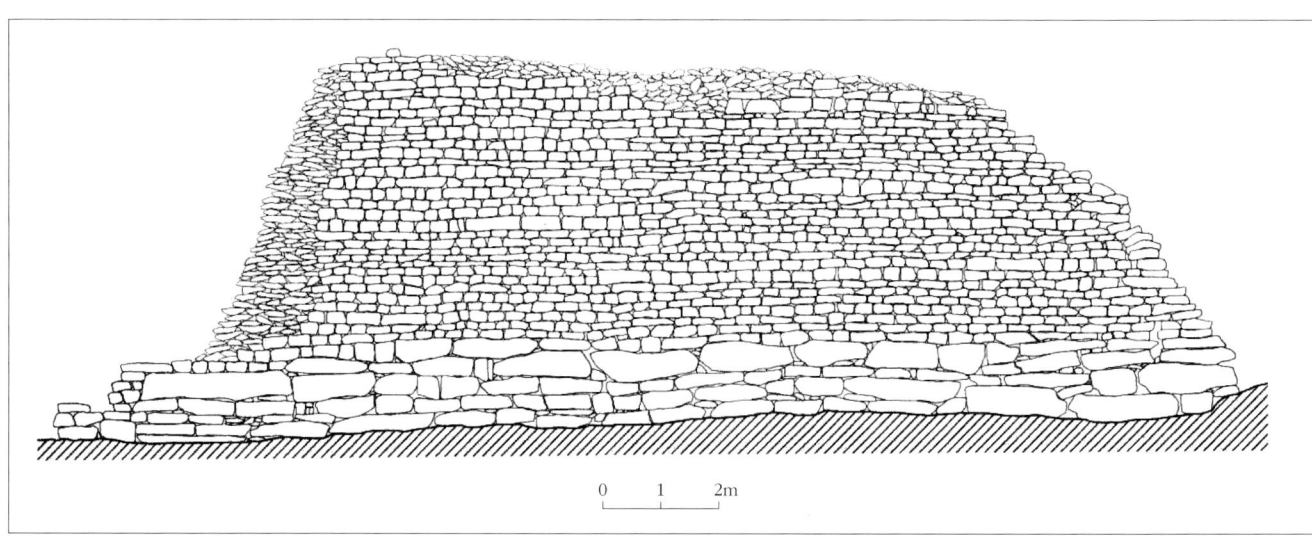

그림 18 동벽 제2구간 북부 외벽 일부 단면도(『五女山城』, 17쪽)

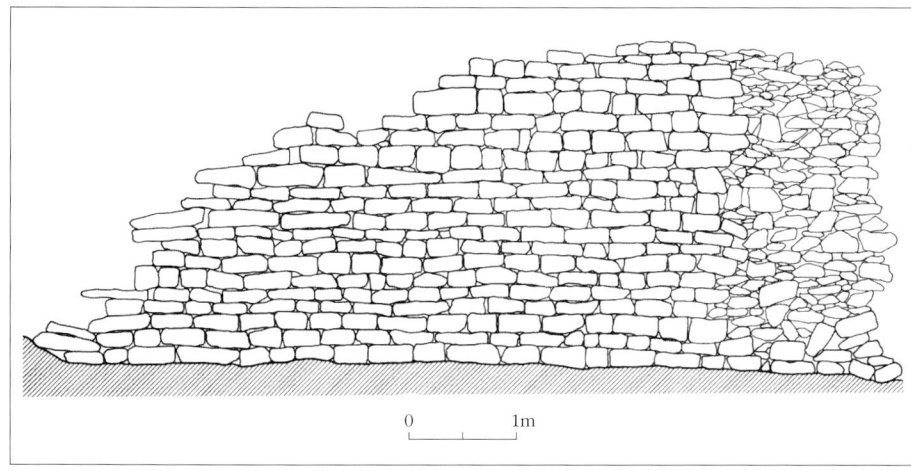

그림 19
동벽 제2구간 남부 외벽
일부 단면도(『五女山城』, 17쪽)

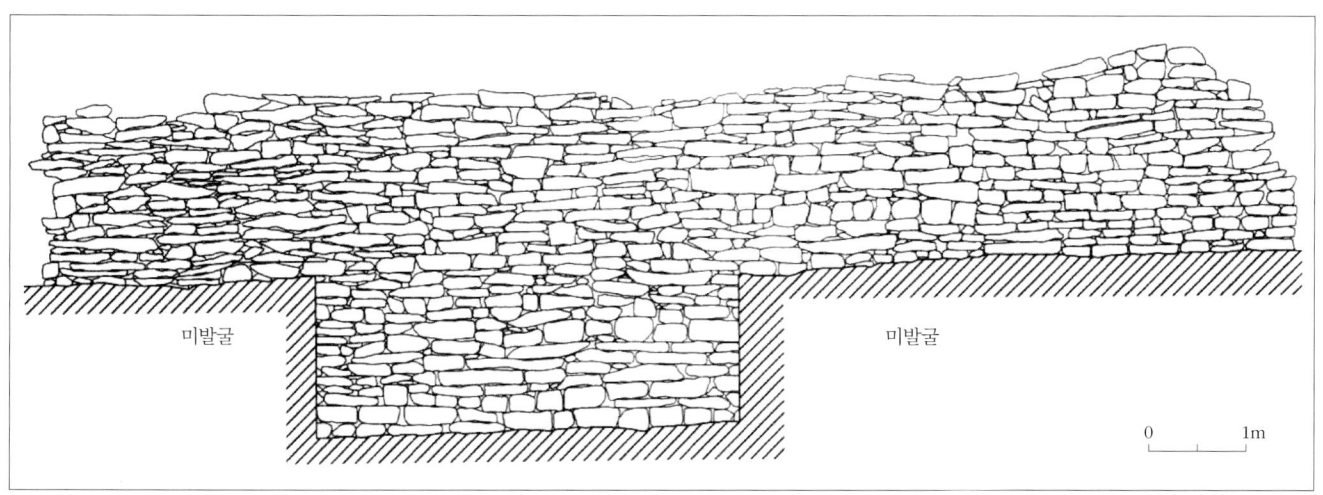

그림 20 동벽 제2구간 내벽 일부 단면도(『五女山城』, 17쪽)

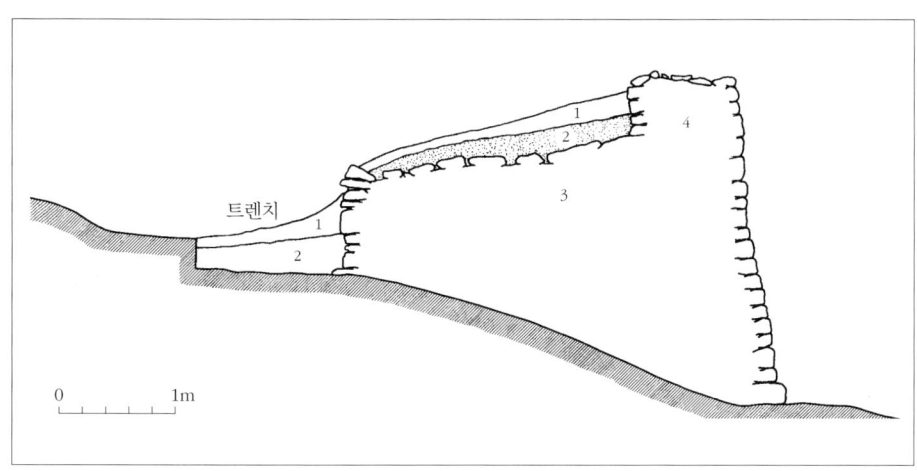

그림 21
동벽 제2구간 남부 단면도
(『五女山城』, 18쪽)
1.표토 2.배토 3.성벽
4.성가퀴

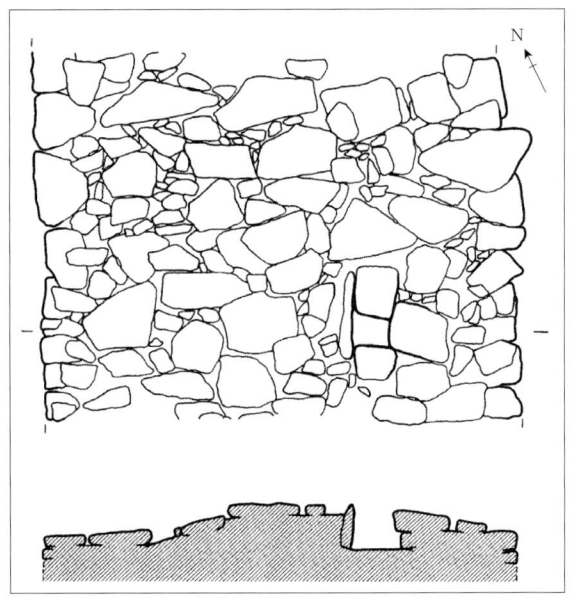

그림 22 동벽 제2구간 성벽 윗면의 돌구멍(『五女山城』, 18쪽)

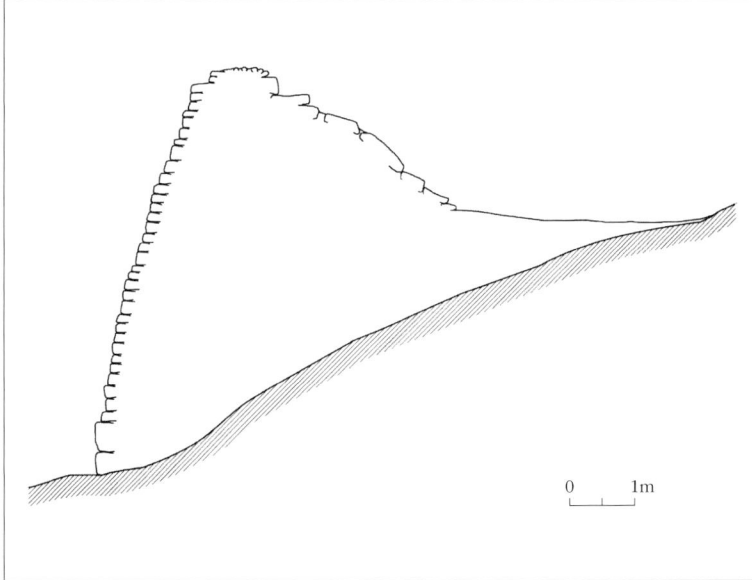

그림 23 동벽 제2구간 북부 단면도(『五女山城』, 19쪽)

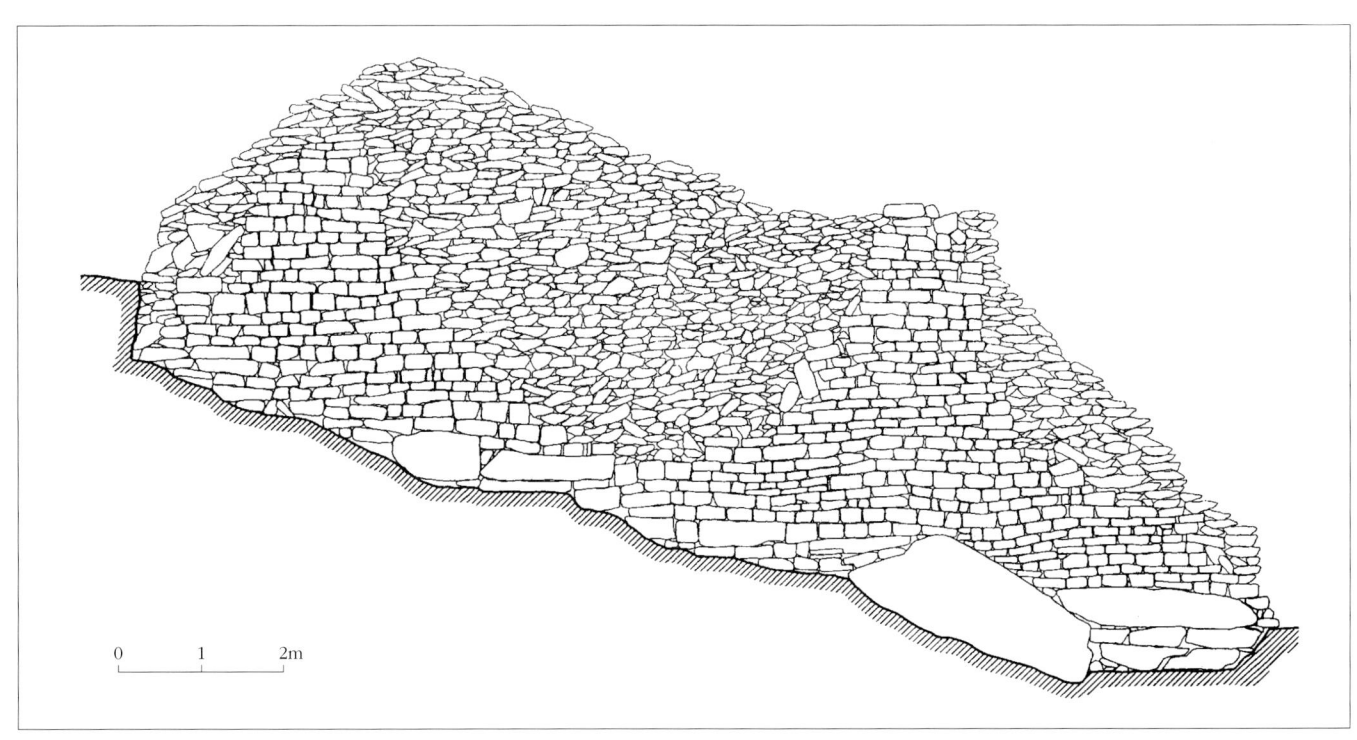

그림 24 동벽 제3구간 외벽 일부 단면도(『五女山城』, 20쪽)

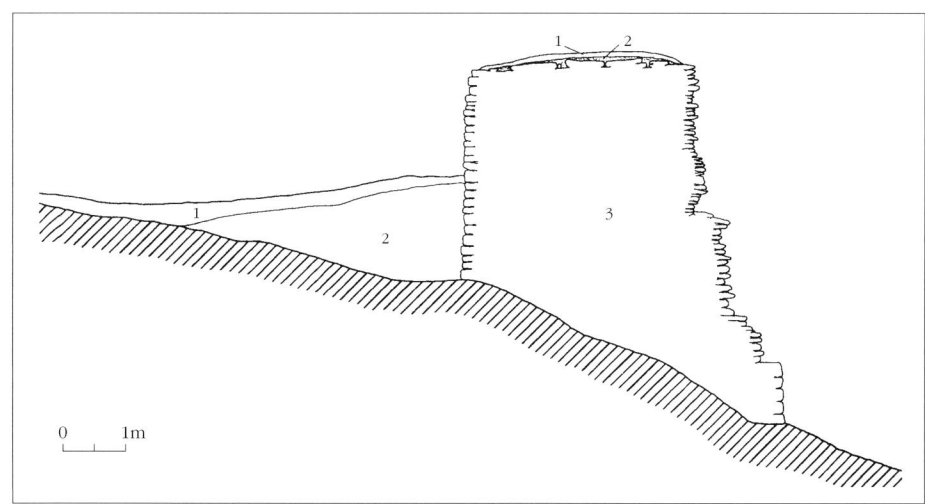

그림 25
동벽 제3구간 단면도
(『五女山城』, 20쪽)
1.표토 2.배토 3.성벽

그림 26 동벽 제5구간 평면도(『五女山城』, 21쪽)

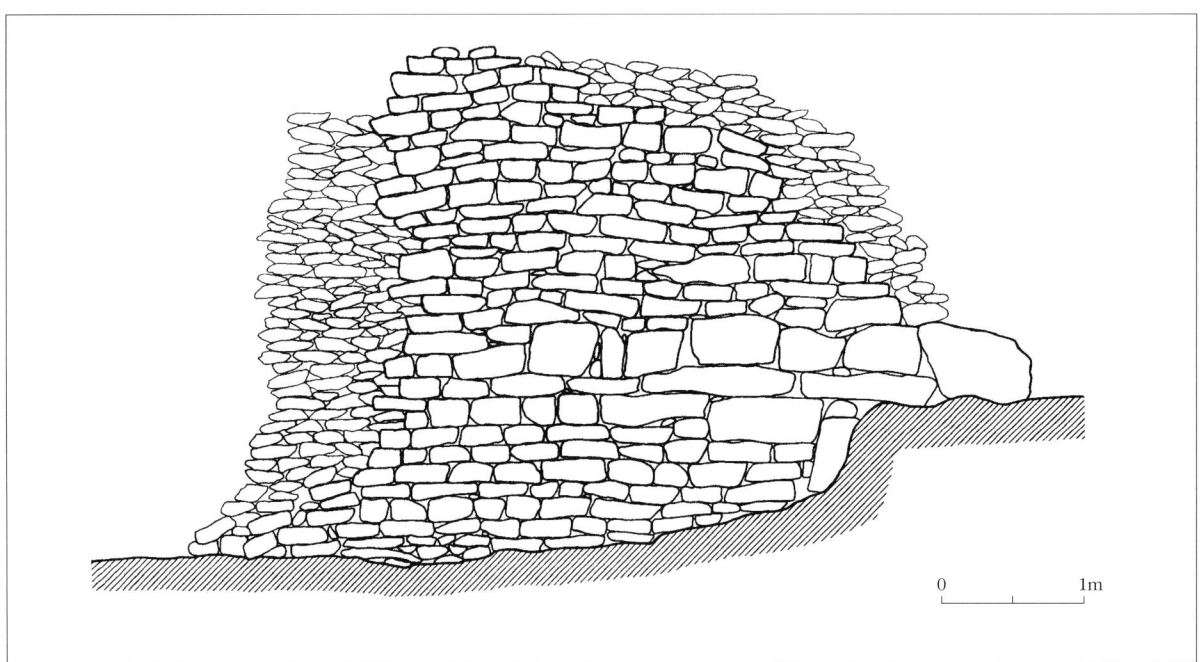

그림 27 동벽 제5구간 북측 외벽 일부 단면도(『五女山城』, 22쪽)

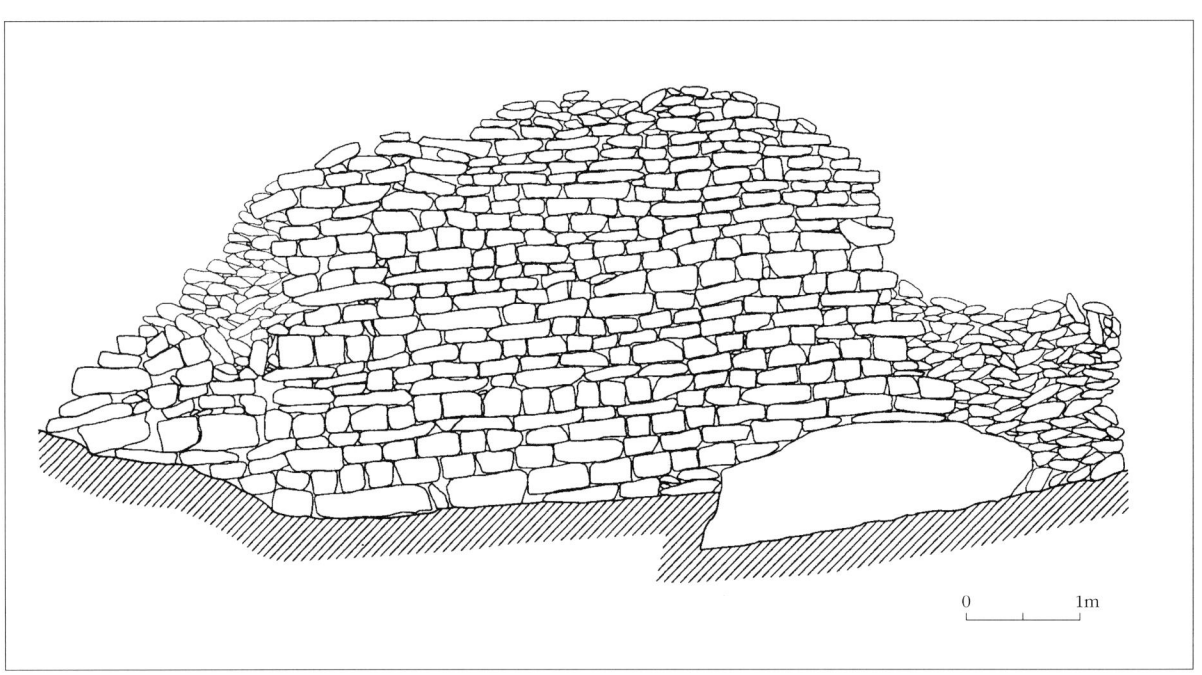

그림 28 동벽 제5구간 남측 외벽 일부 단면도(『五女山城』, 22쪽)

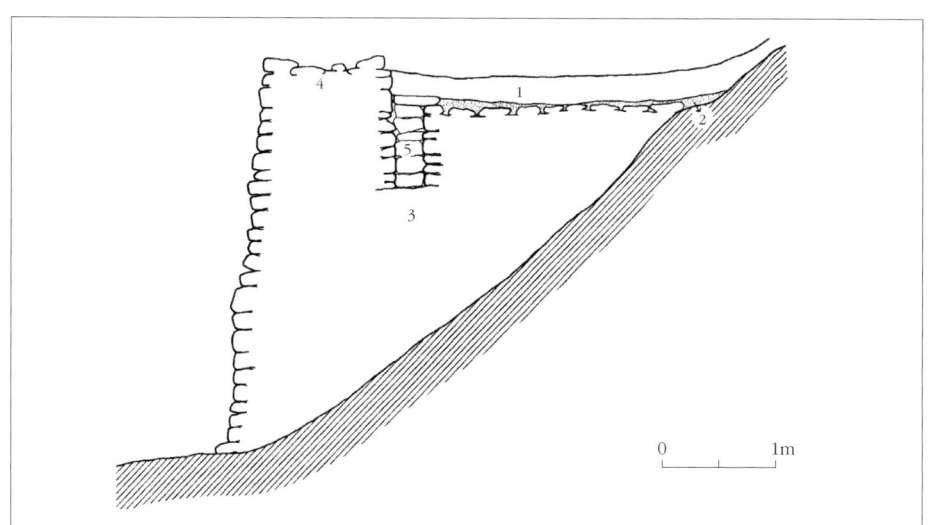

그림 29
동벽 제5구간 단면도
(『五女山城』, 25쪽)
1. 표토 2. 배토 3. 성벽
4. 성가퀴 5. 돌구멍

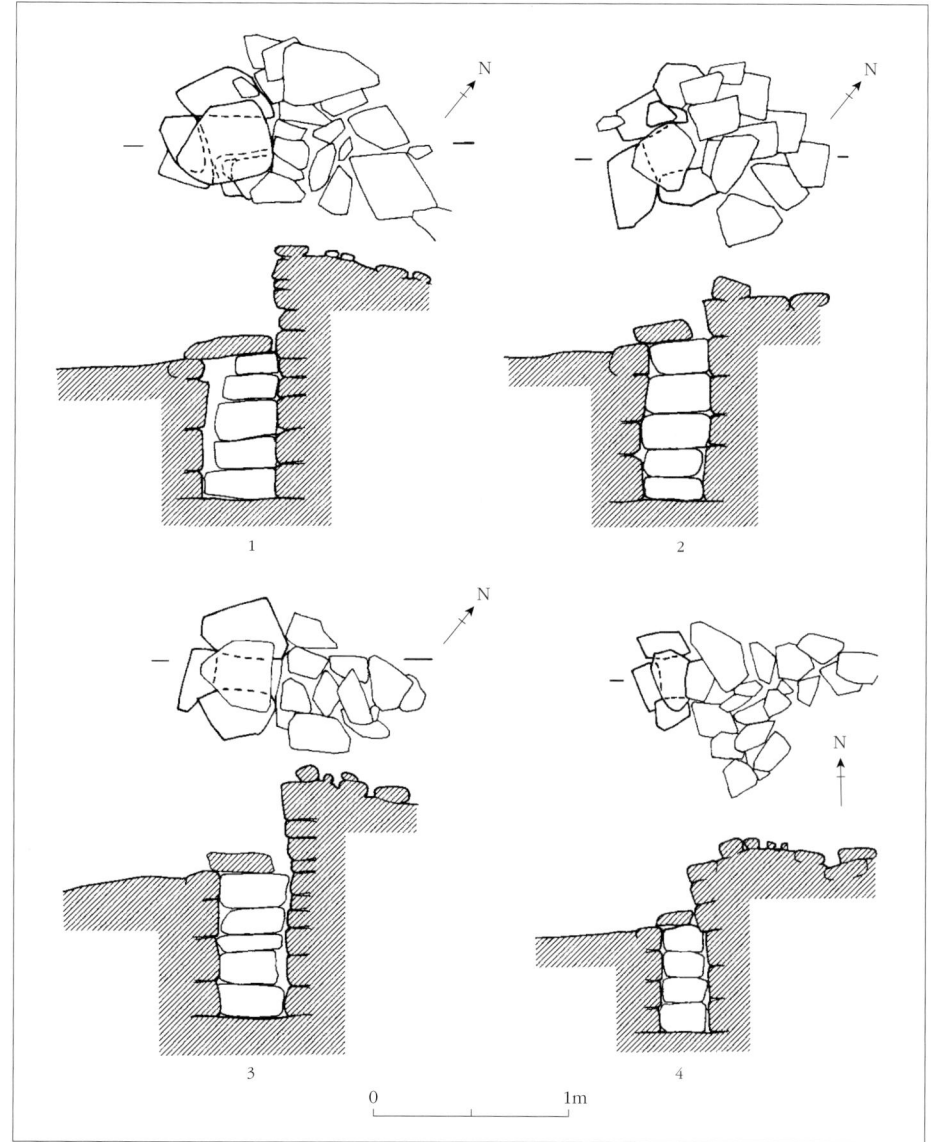

그림 30
동벽 제5구간 돌구멍
평·단면도(『五女山城』, 24쪽)
1. D2 2. D3 3. D4 4. D5

제2부 환인현(桓仁縣) 지역의 유적과 유물   357

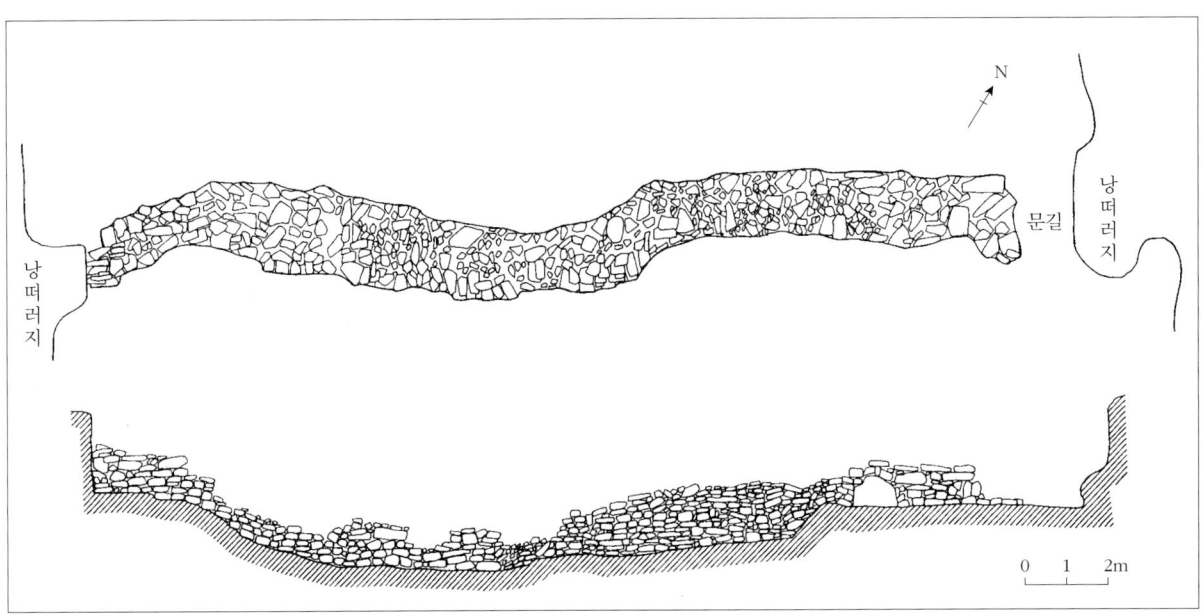

그림 31 산 위 동북골짜기 1호 벽 평·단면도(『五女山城』, 26쪽)

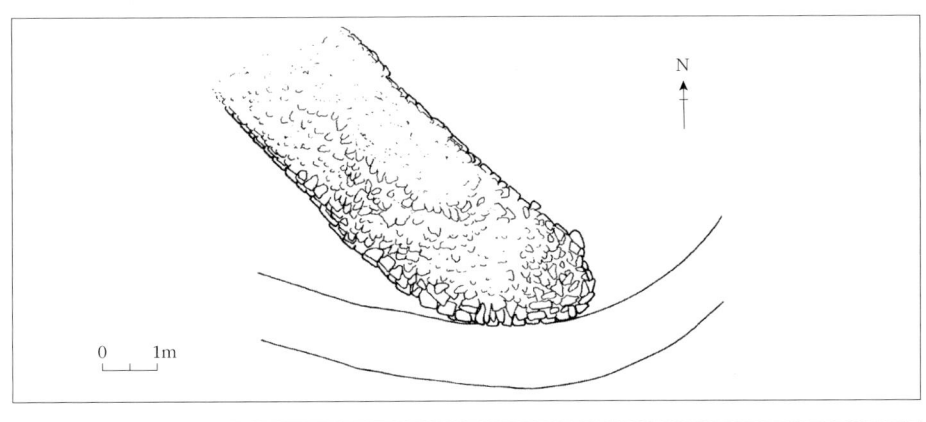

그림 32
남문 평면도
(『五女山城』, 29쪽)

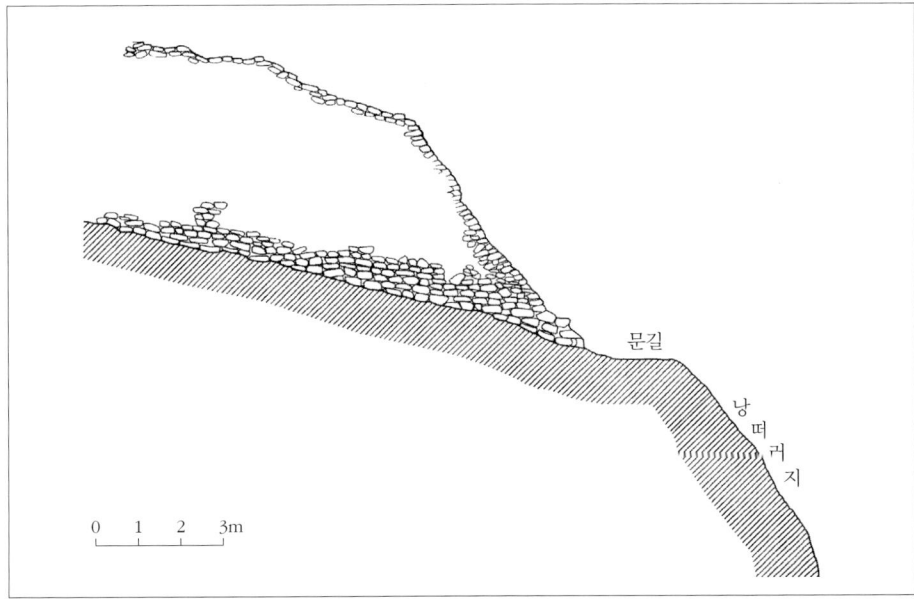

그림 33
밖에서 바라본 남문
(『五女山城』, 30쪽)

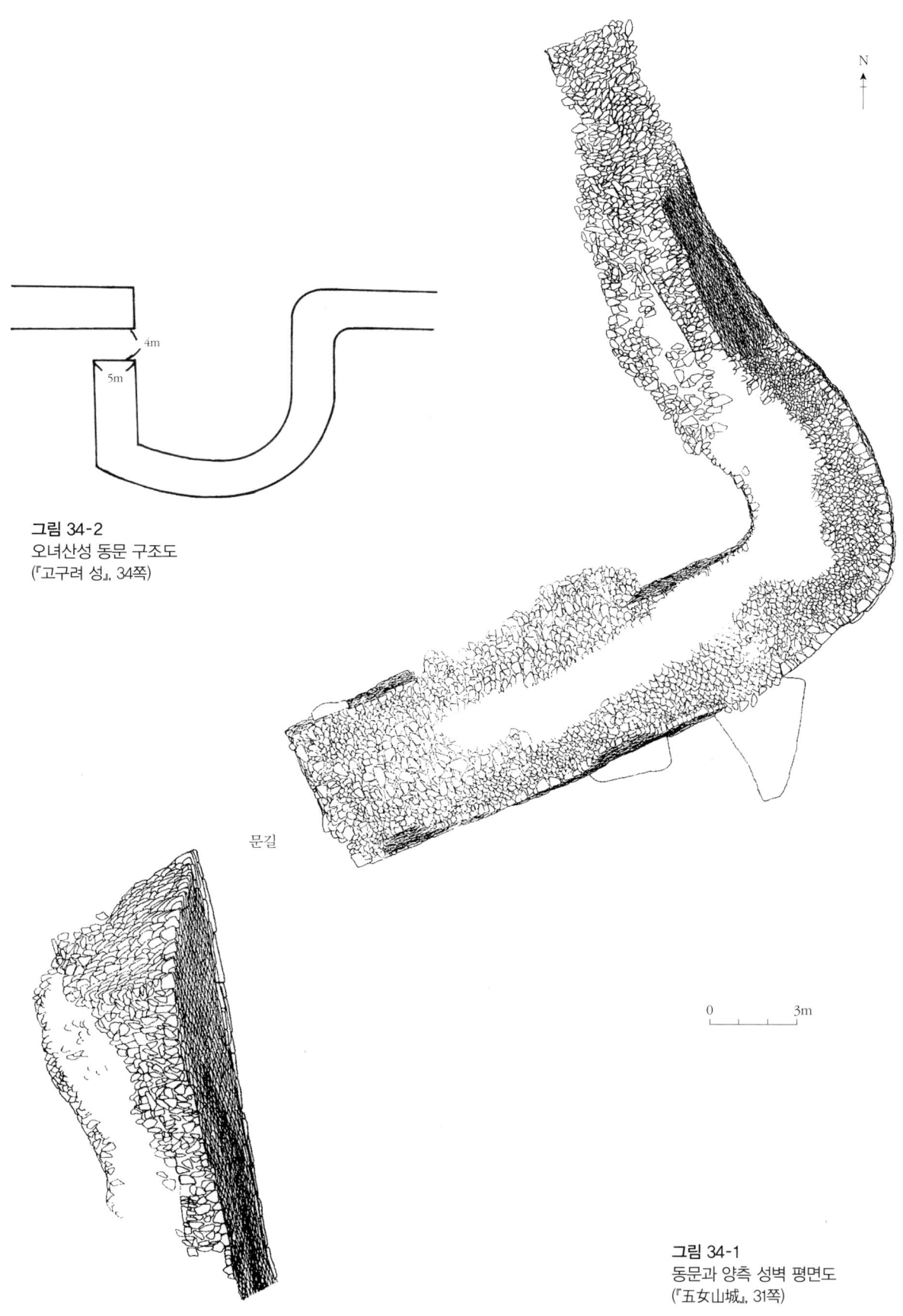

그림 34-2
오녀산성 동문 구조도
(『고구려 성』, 34쪽)

문길

그림 34-1
동문과 양측 성벽 평면도
(『五女山城』, 31쪽)

제2부 환인현(桓仁縣) 지역의 유적과 유물 359

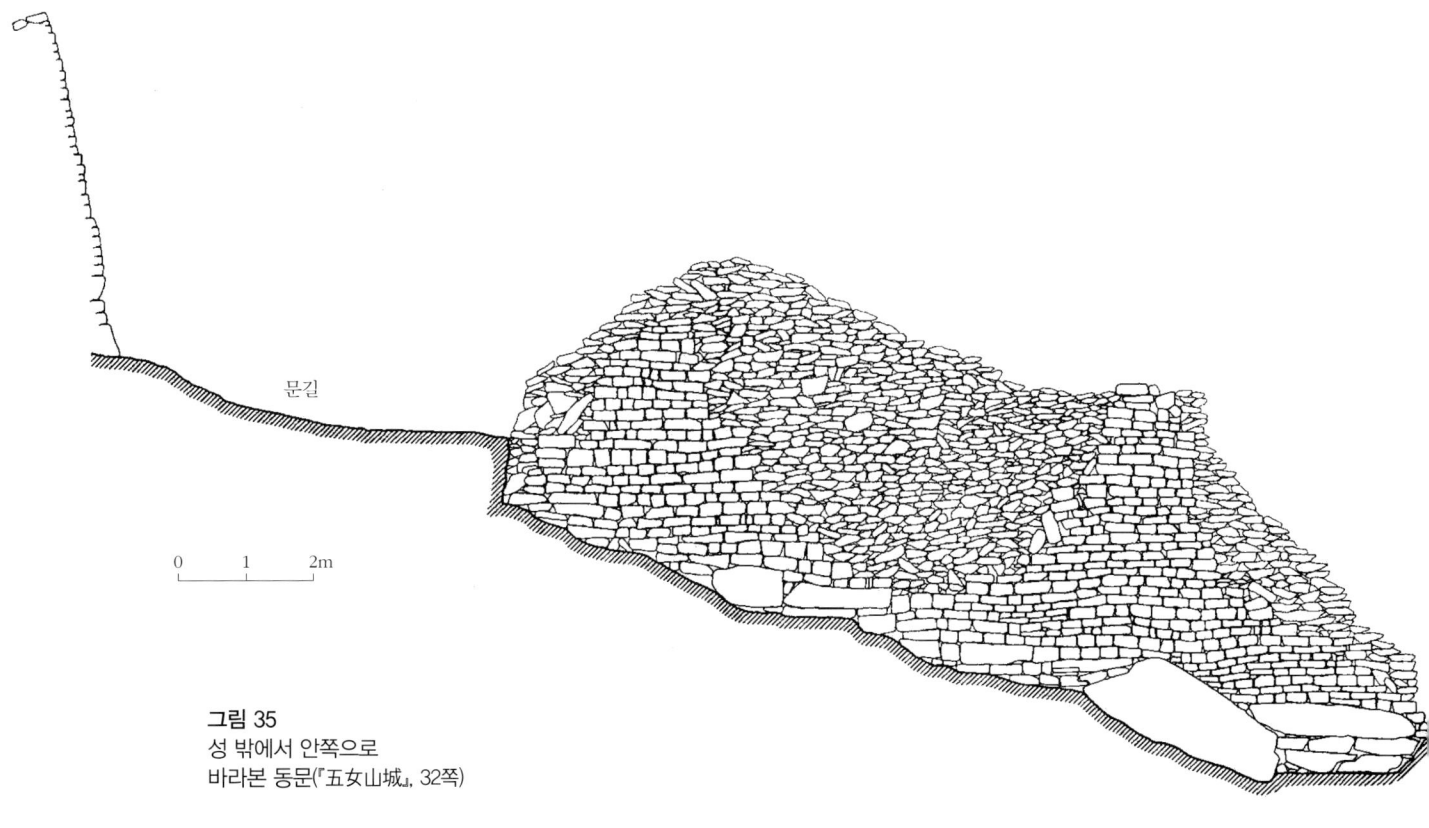

그림 35
성 밖에서 안쪽으로
바라본 동문(『五女山城』, 32쪽)

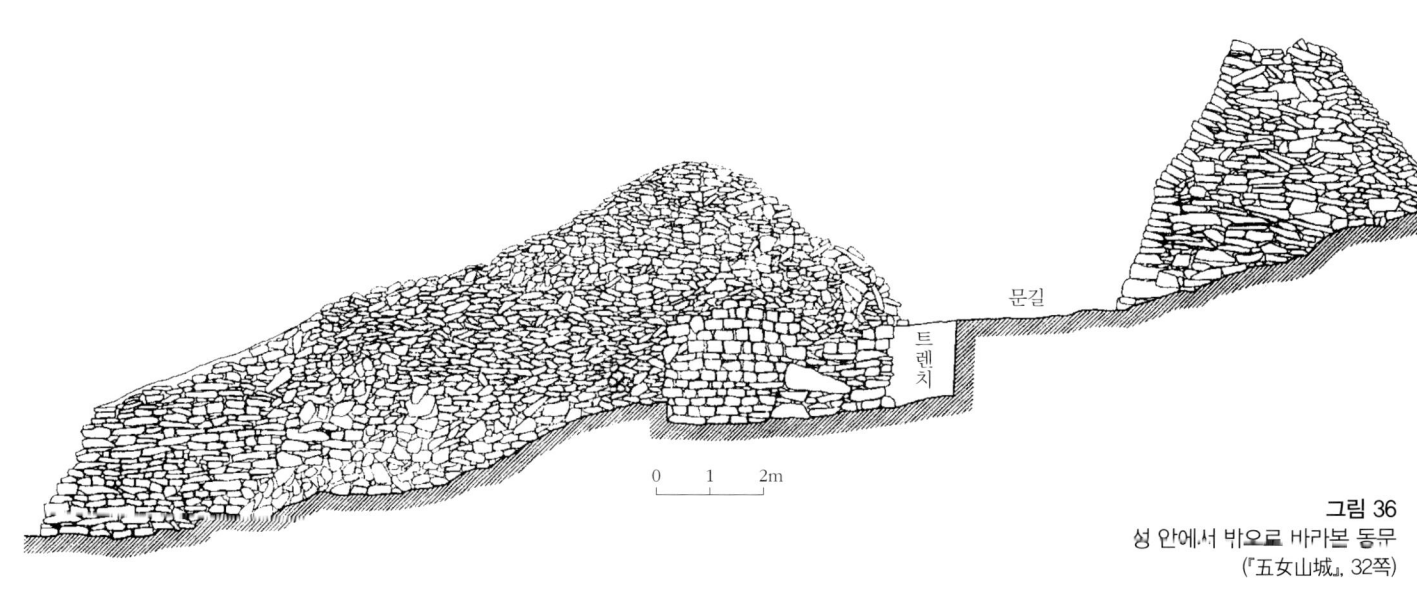

그림 36
성 안에서 밖으로 바라본 동무
(『五女山城』, 32쪽)

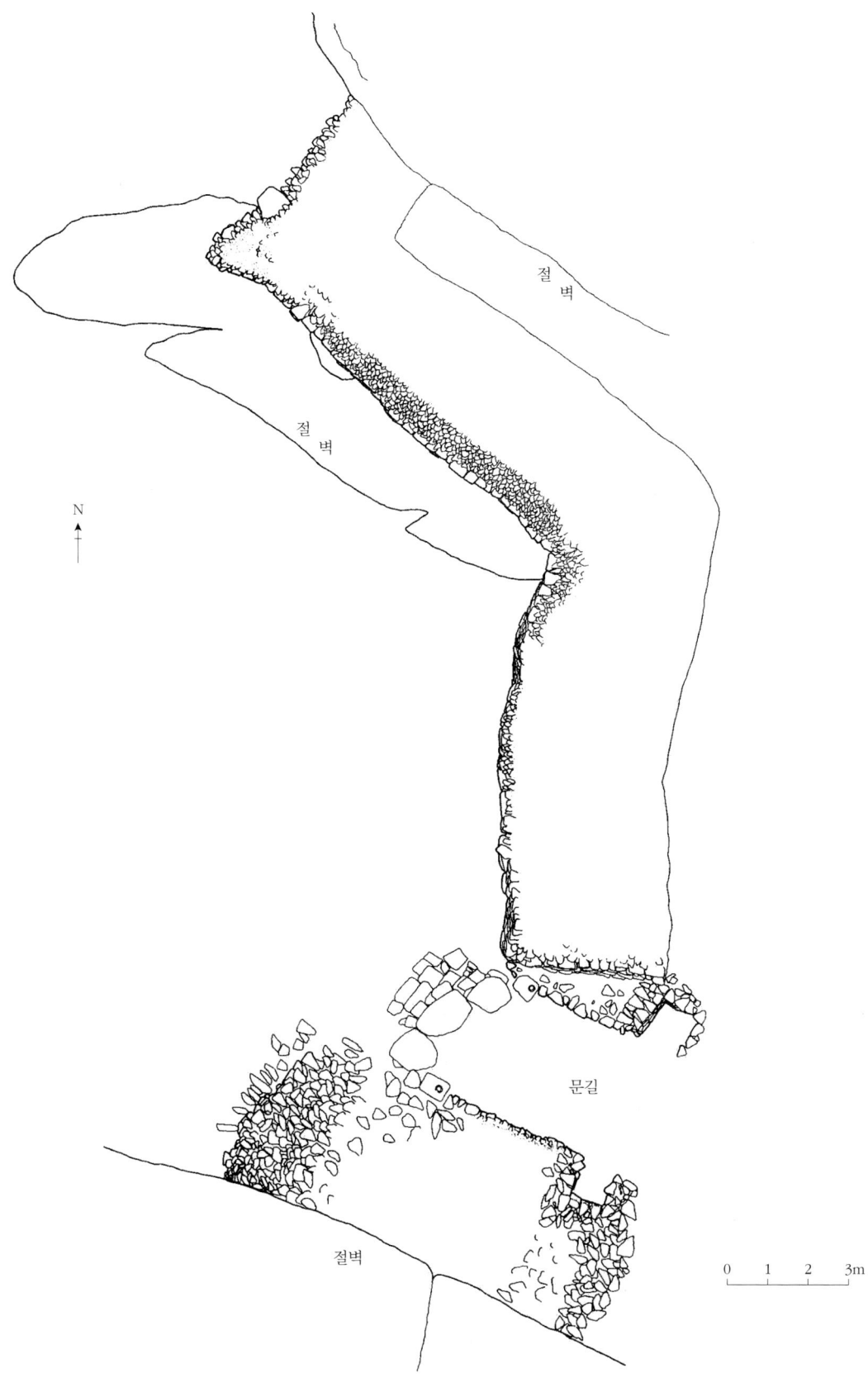

그림 37 서문과 양쪽 성벽 평면도(『五女山城』, 34쪽)

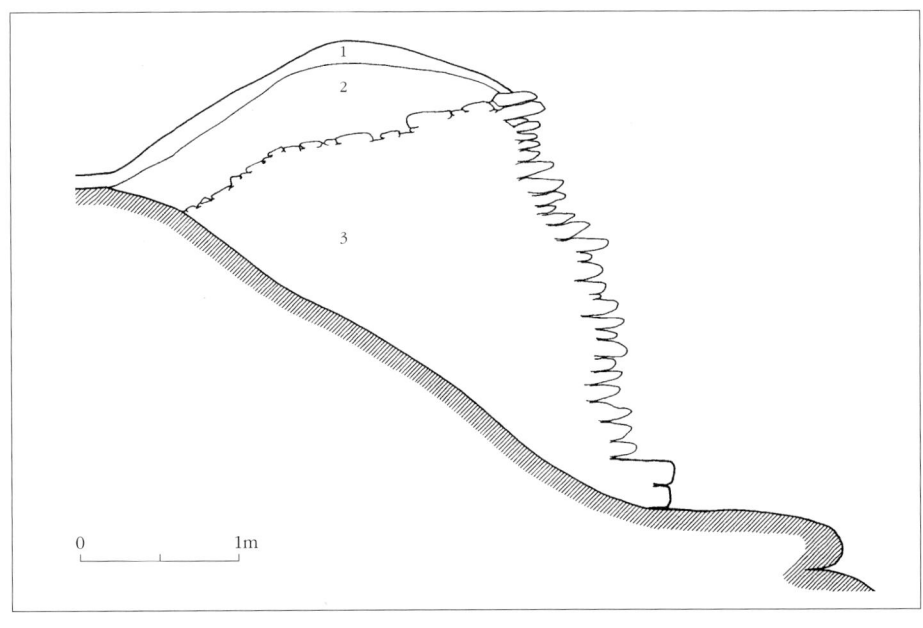

그림 38
서문 북벽 단면도
(『五女山城』, 35쪽)
1. 표토 2. 배토 3. 성벽

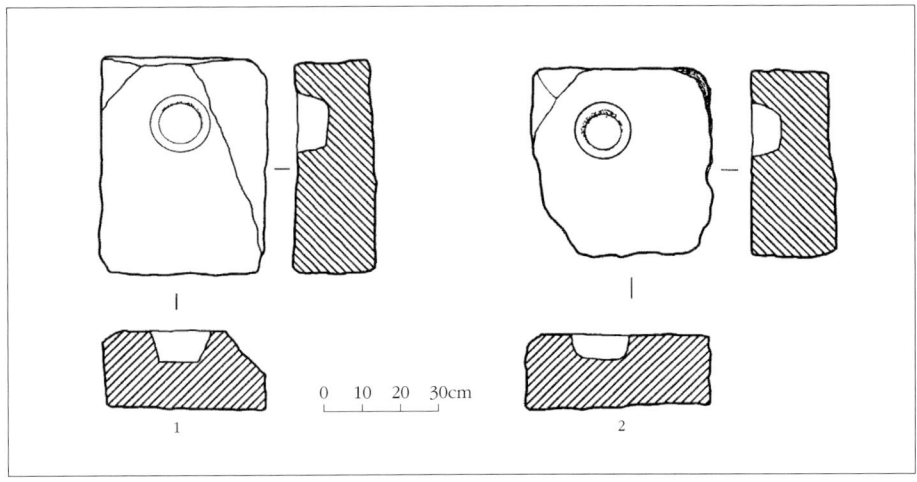

그림 39
서문 문확돌 평·단면도
(『五女山城』, 36쪽)
1. 남쪽 2. 북쪽

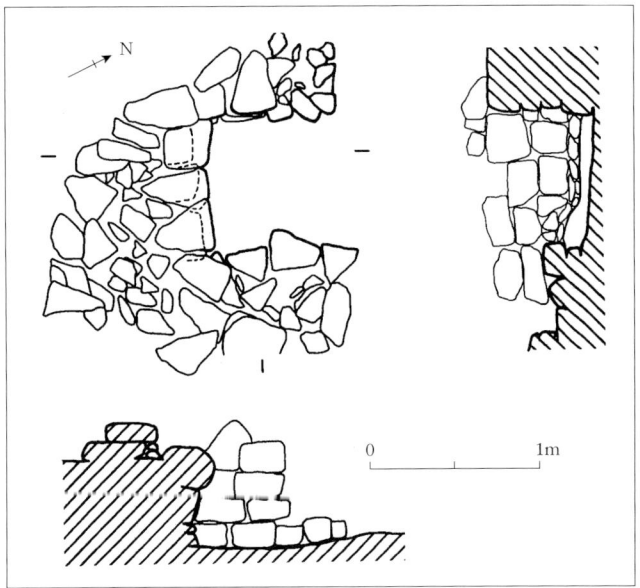

그림 40
서문 남측 눈지기실
평·단면도
(『五女山城』, 35쪽)

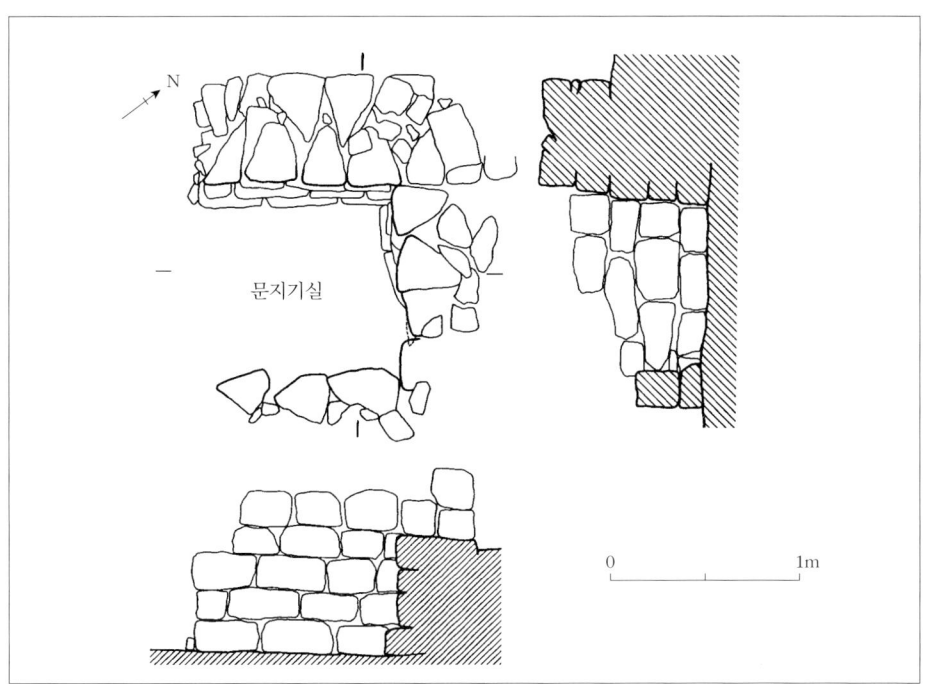

그림 41
서문 북측 문지기실
평·단면도
(『五女山城』, 36쪽)

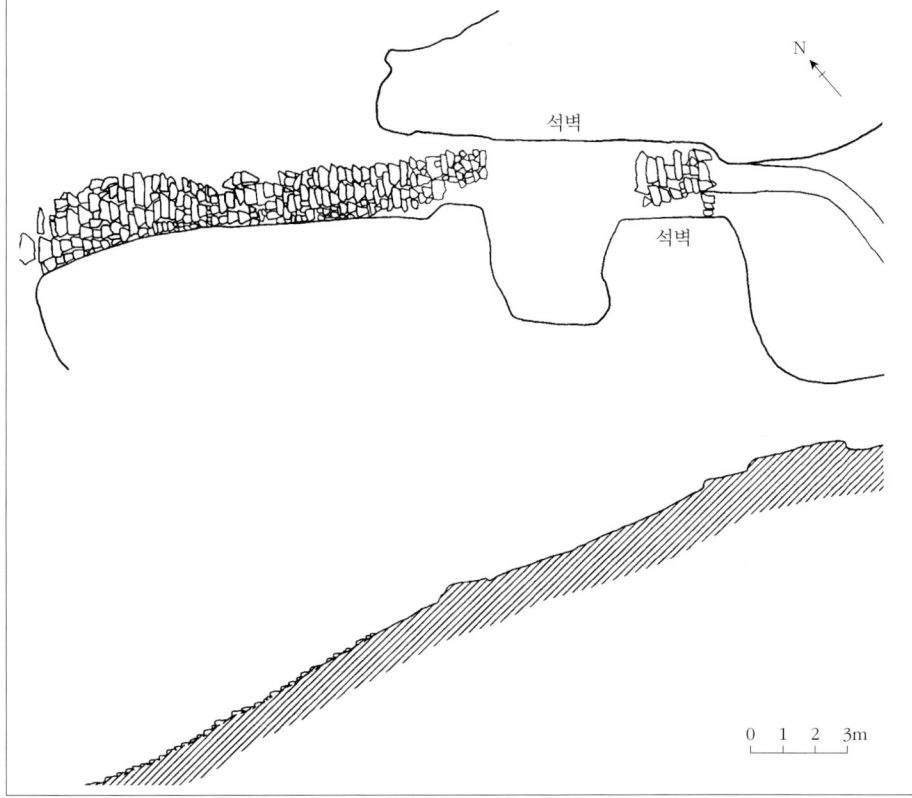

그림 42
서문 돌계단 평·단면도
(『五女山城』, 43쪽)

제2부 환인현(桓仁縣) 지역의 유적과 유물 363

그림 43 십팔반 일부 평·단면도(『五女山城』, 44쪽)   그림 44-1 저수지 평·단면도(『五女山城』, 46쪽)

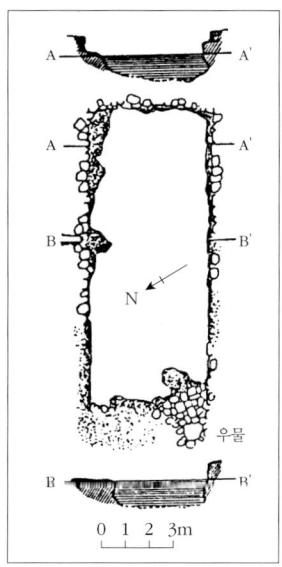

그림 44-2
저수지 평면도와 단면도
(田中俊明·東潮, 1995, 77쪽)

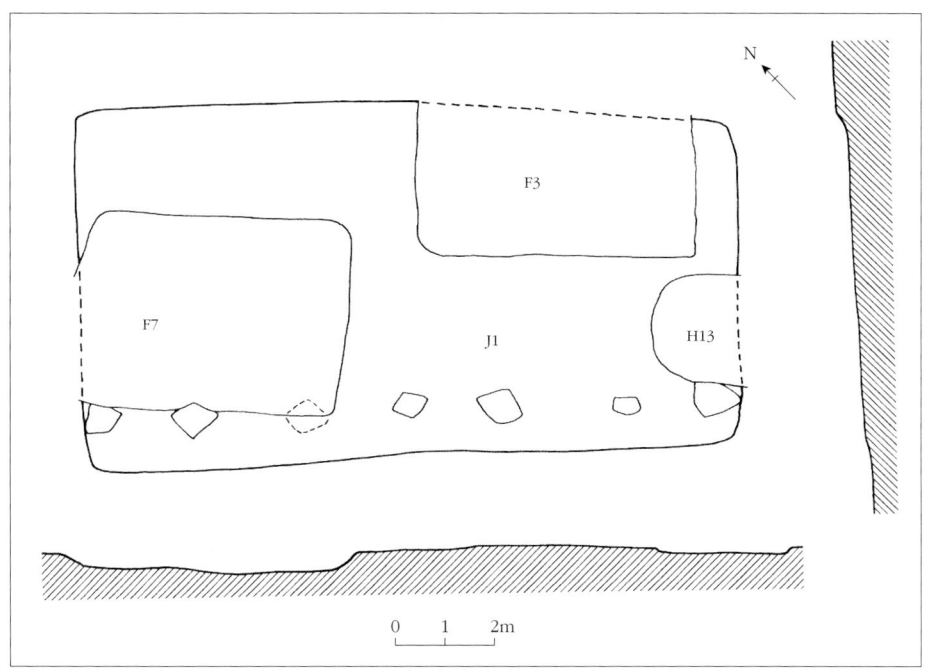

그림 45
1호 대형 건물지 평·단면도
(『五女山城』, 73쪽)

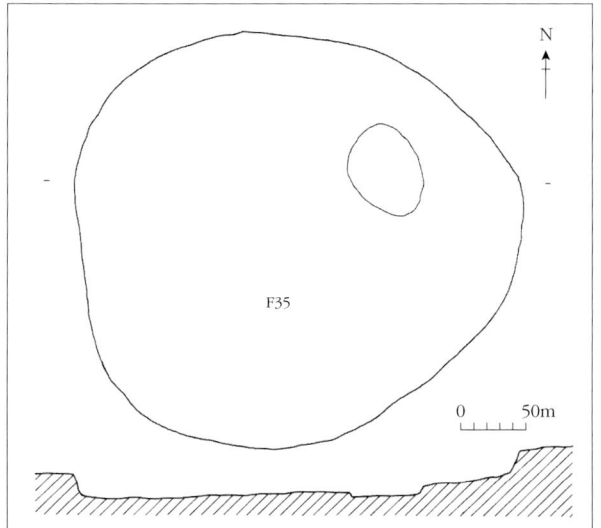

그림 46 35호 주거지 일부 평·단면도(『五女山城』, 74쪽)

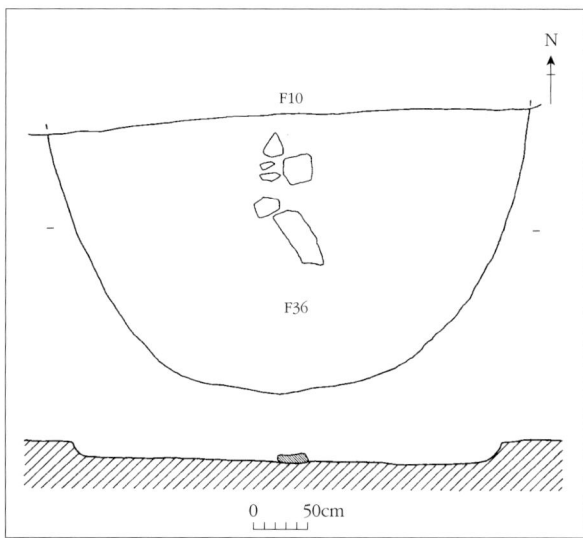

그림 47 36호 주거지 일부 평·단면도(『五女山城』, 75쪽)

제2부 환인현(桓仁縣) 지역의 유적과 유물   365

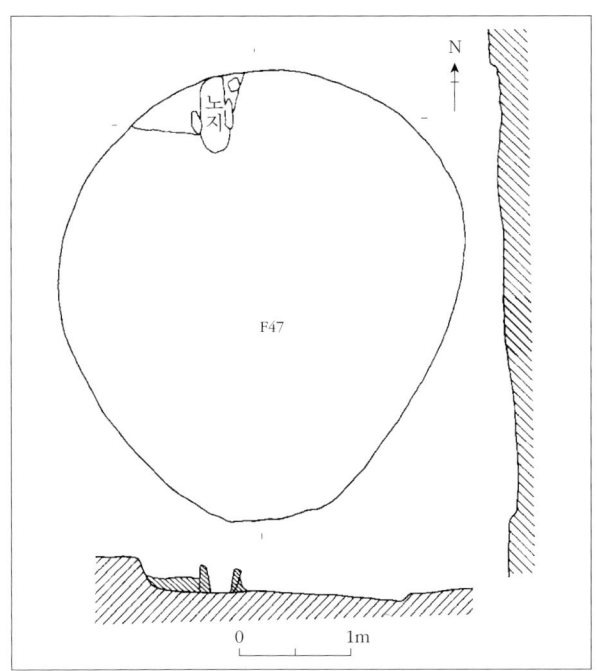

그림 48 47호 주거지 일부 평·단면도(『五女山城』, 76쪽)

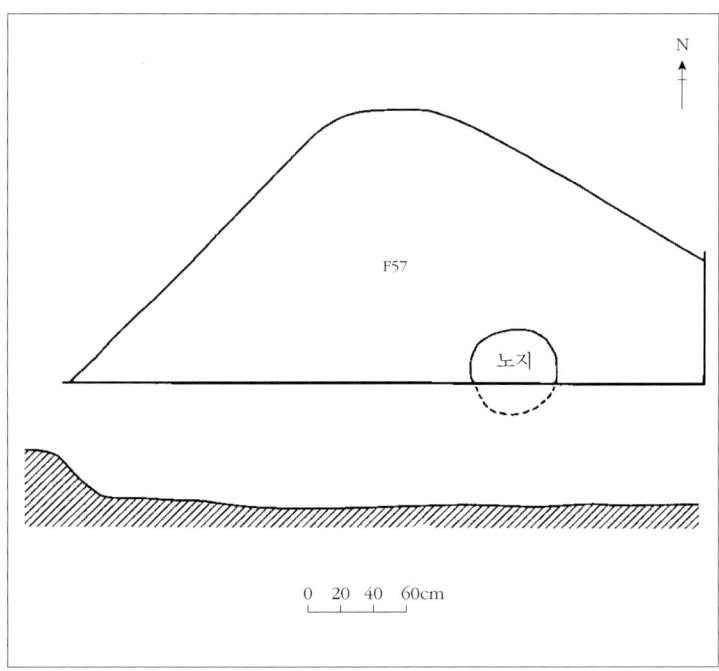

그림 49 57호 주거지 평·단면도(『五女山城』, 70쪽)

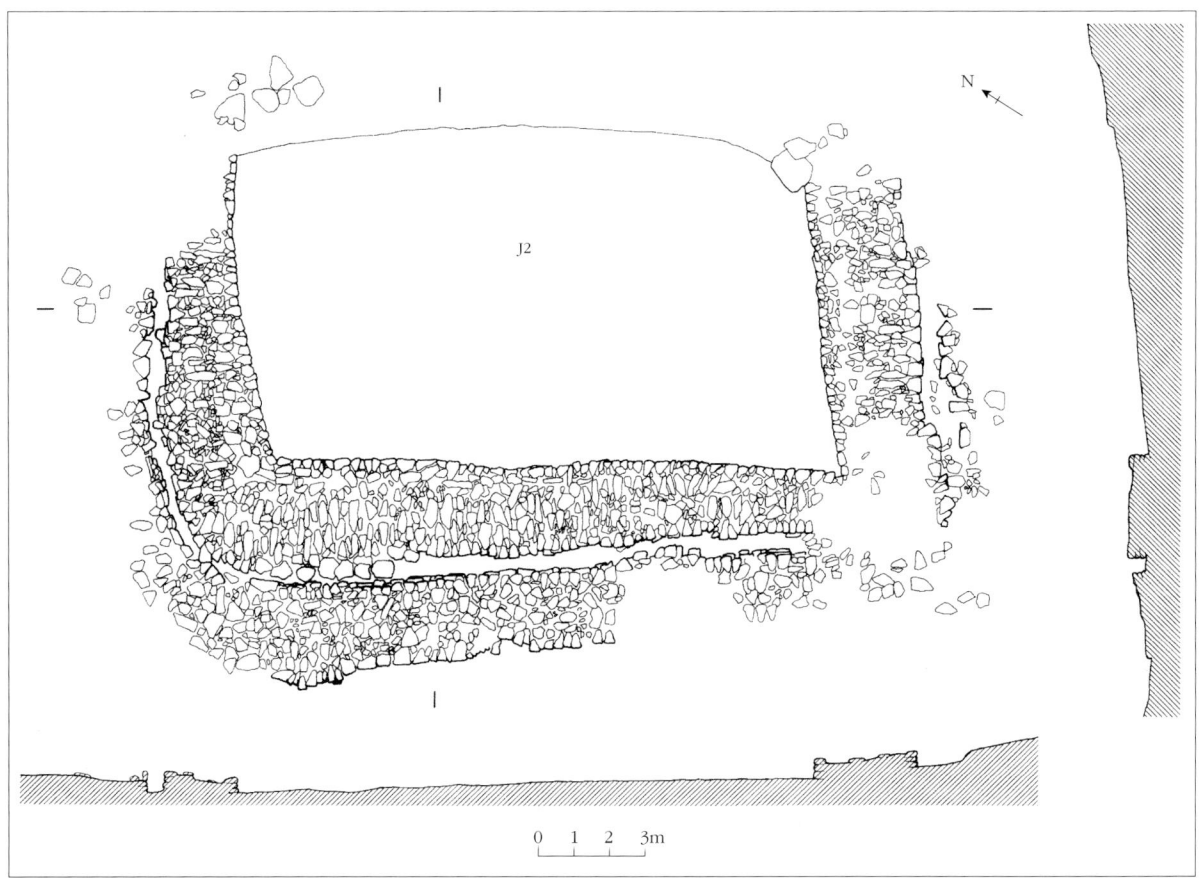

그림 50 2호 대형 건물지 평·단면도(『五女山城』, 84쪽)

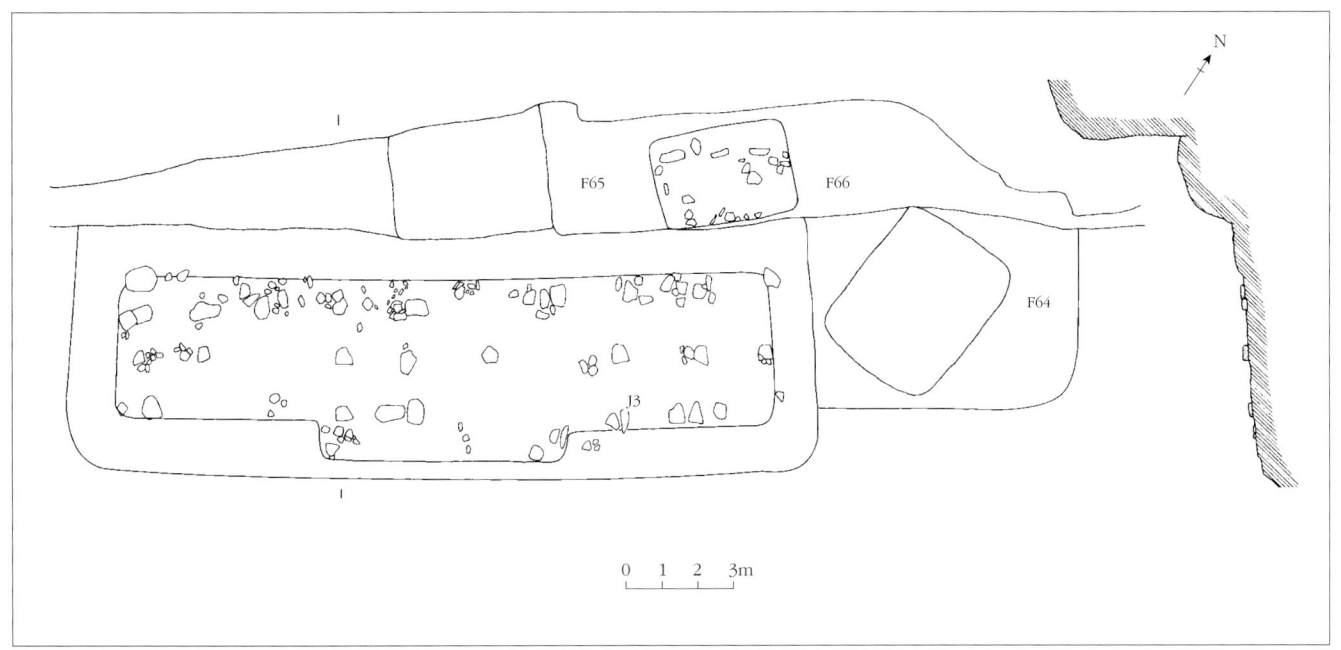

그림 51 3호 대형 건물지 평·단면도(『五女山城』, 96쪽)

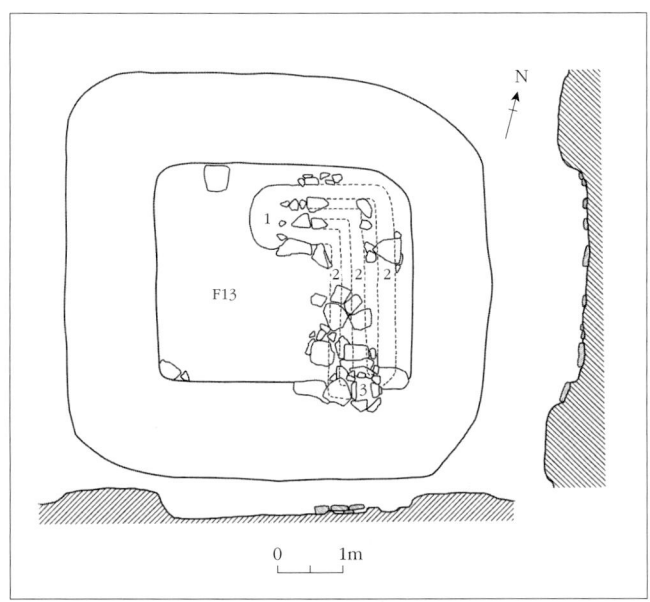

그림 52 13호 주거지 평·단면도(『五女山城』, 98쪽)
1. 아궁이 2. 고래 3. 굴뚝

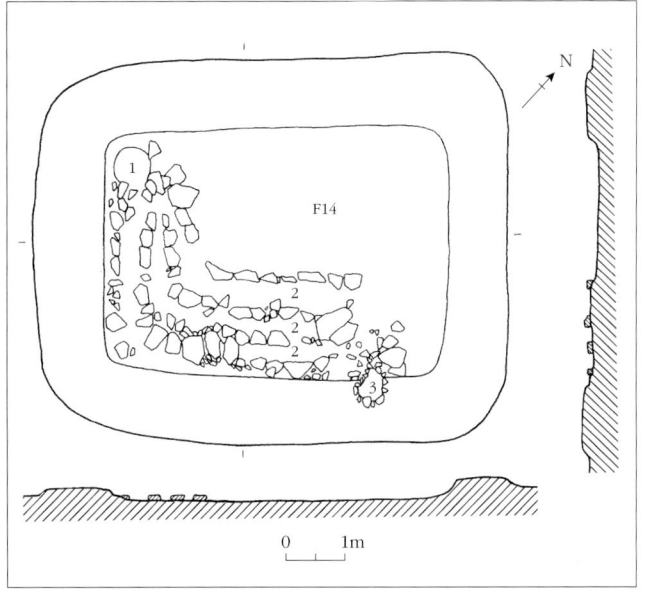

그림 53 14호 주거지 평·단면도(『五女山城』, 99쪽)
1. 아궁이 2. 고래 3. 굴뚝

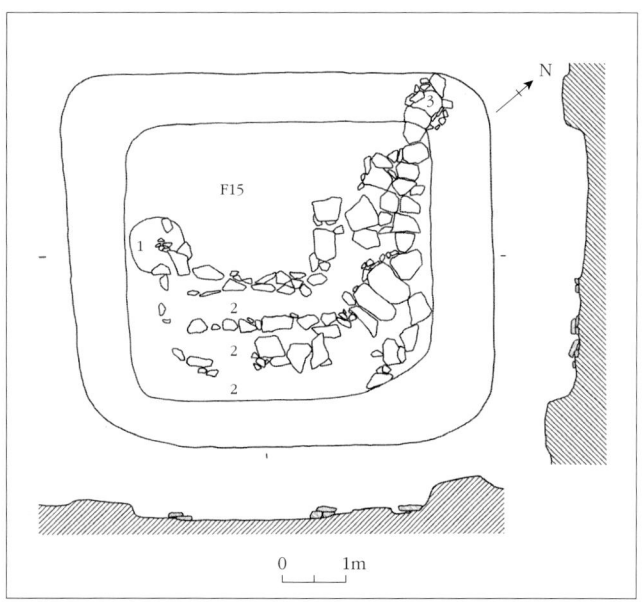

그림 54 15호 주거지 평·단면도(『五女山城』, 100쪽)
1. 아궁이 2. 고래 3. 굴뚝

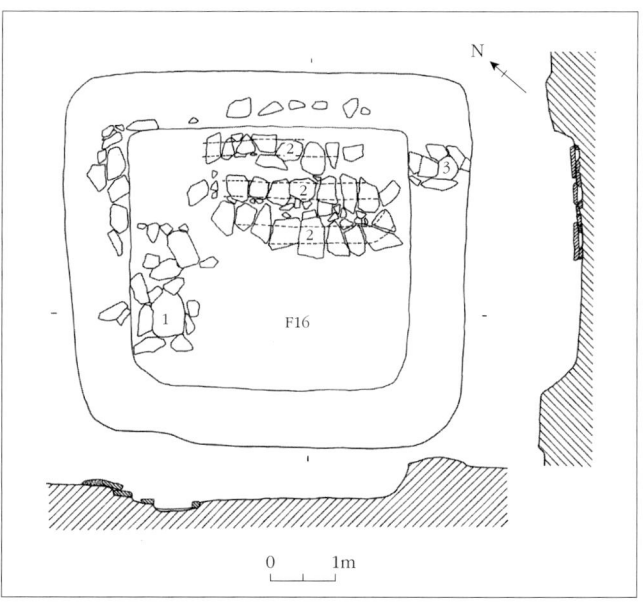

그림 55 16호 주거지 평·단면도(『五女山城』, 101쪽)
1. 아궁이 2. 고래 3. 굴뚝

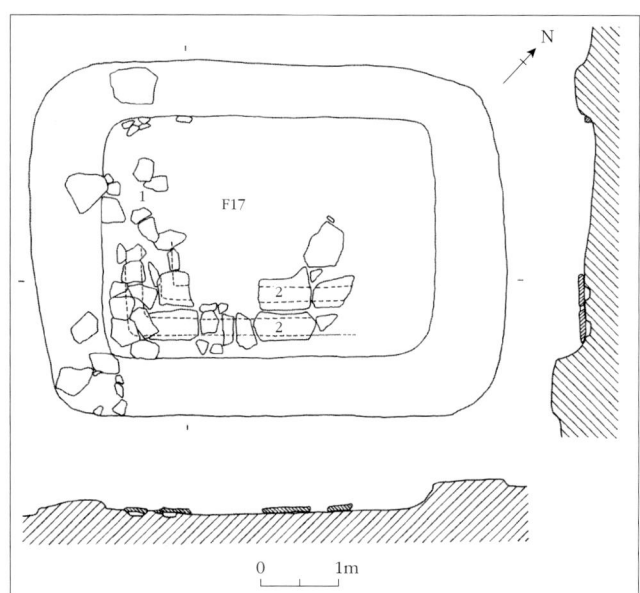

그림 56 17호 주거지 평·단면도(『五女山城』, 102쪽)
1. 아궁이 2. 고래

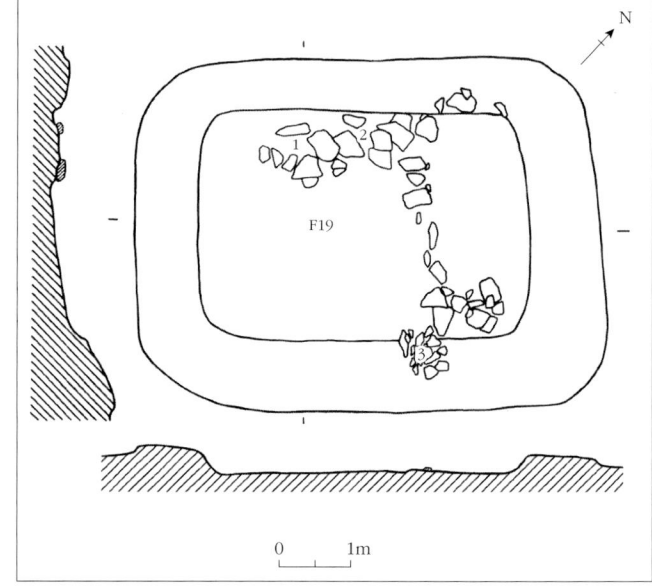

그림 57 19호 주거지 평·단면도(『五女山城』, 104쪽)
1. 아궁이 2. 고래 3. 굴뚝

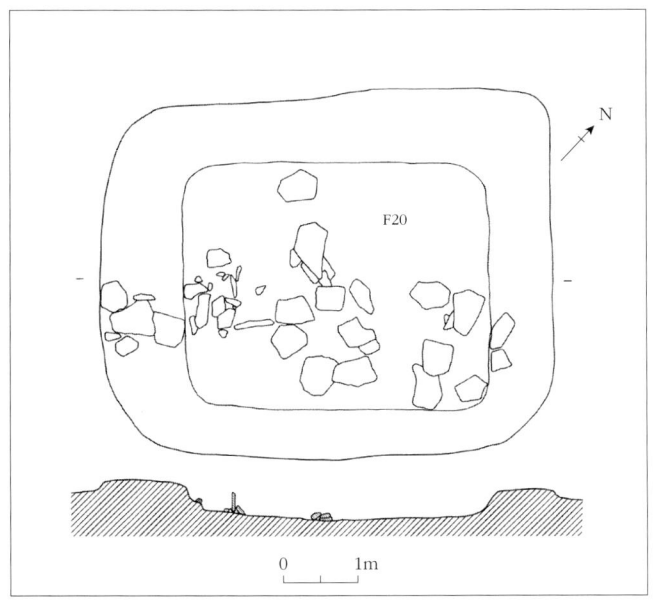

그림 58 20호 주거지 평·단면도(『五女山城』, 106쪽)

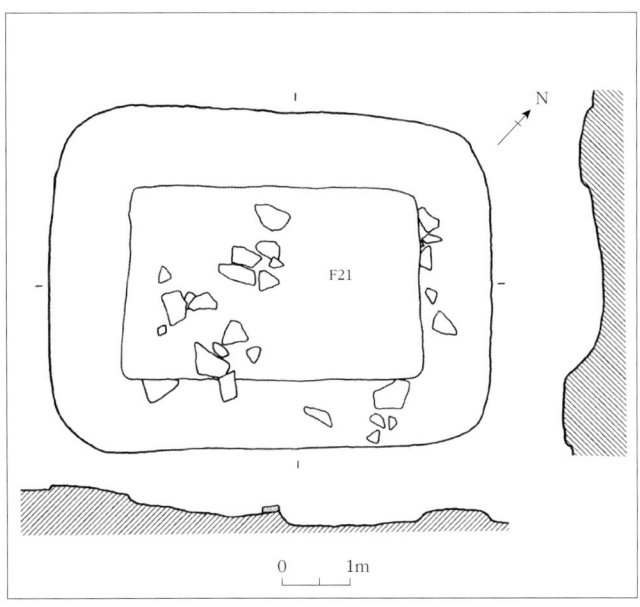

그림 59 21호 주거지 평·단면도(『五女山城』, 108쪽)

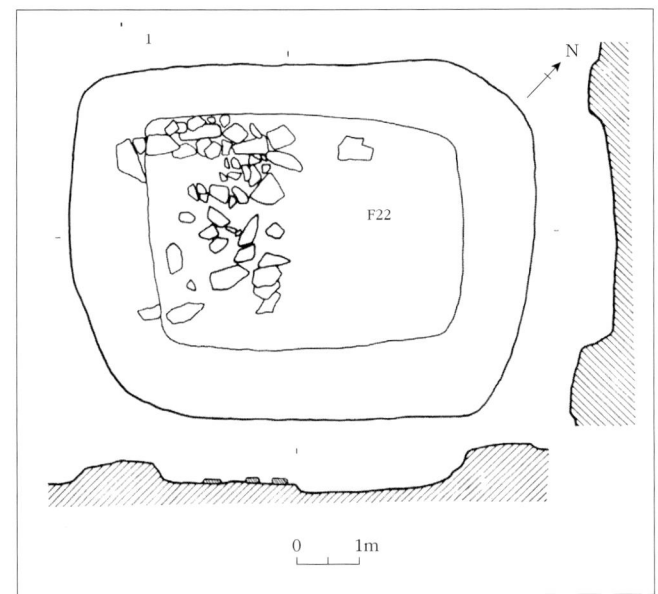

그림 60 22호 주거지 평·단면도(『五女山城』, 110쪽)

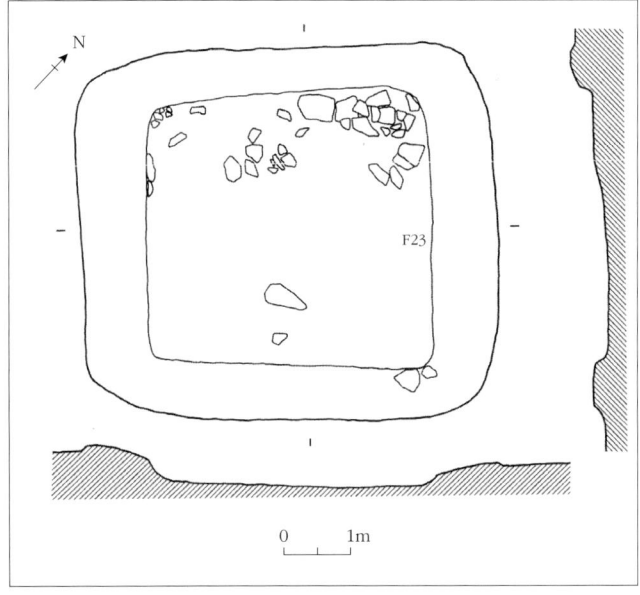

그림 61 23호 주거지 평·단면도(『五女山城』, 112쪽)

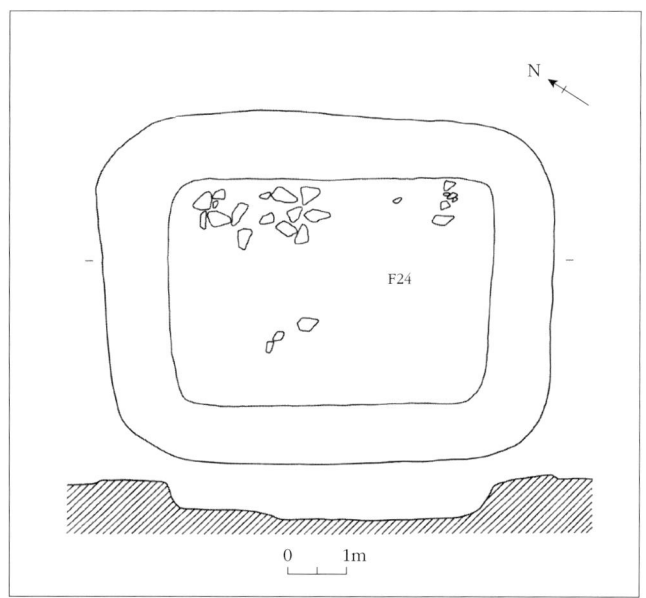

그림 62 24호 주거지 평·단면도(『五女山城』, 113쪽)

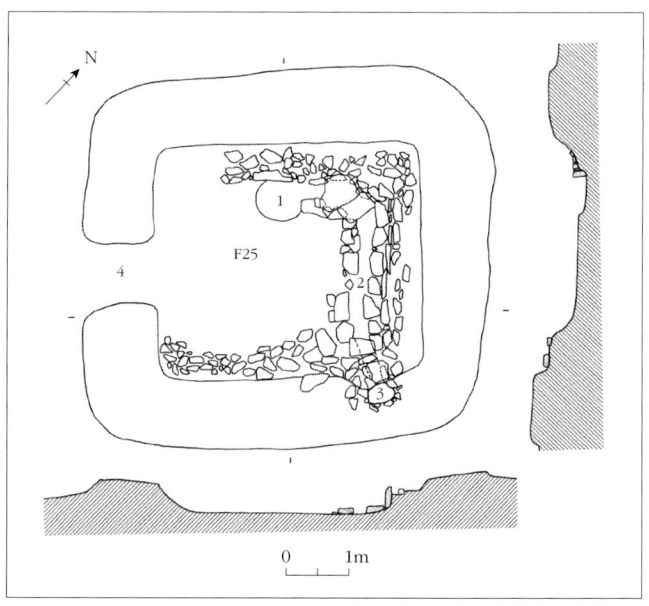

그림 63 25호 주거지 평·단면도(『五女山城』, 114쪽)
1. 아궁이 2. 고래 3. 굴뚝 4. 문길

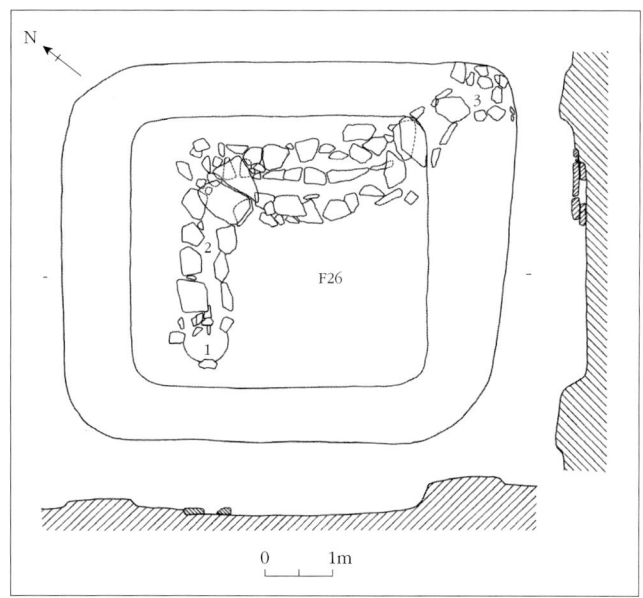

그림 64 26호 주거지 평·단면도(『五女山城』, 117쪽)
1. 아궁이 2. 고래 3. 굴뚝

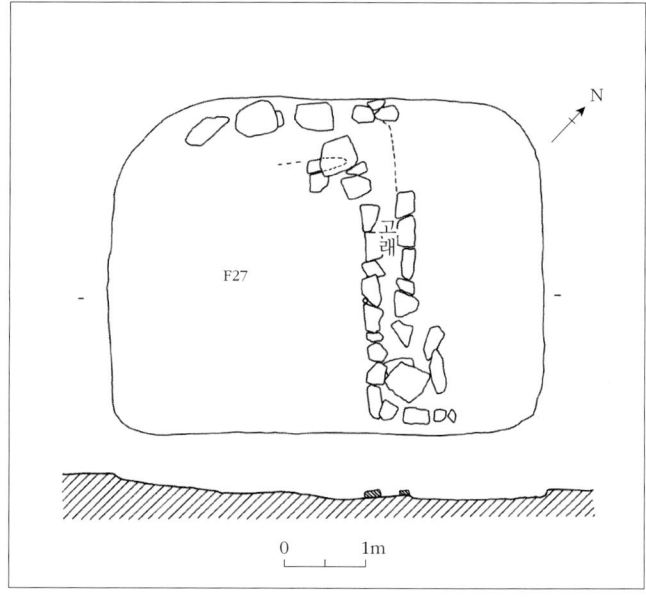

그림 65 27호 주거지 평·단면도(『五女山城』, 122쪽)

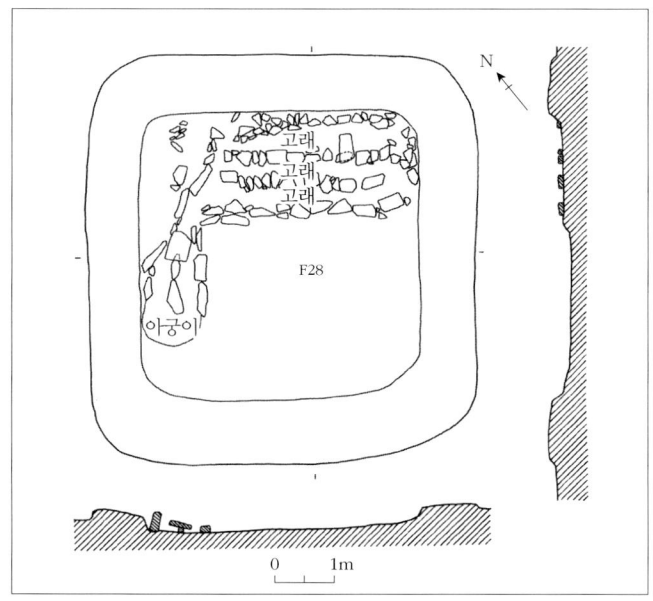

그림 66 28호 주거지 평·단면도(『五女山城』, 124쪽)

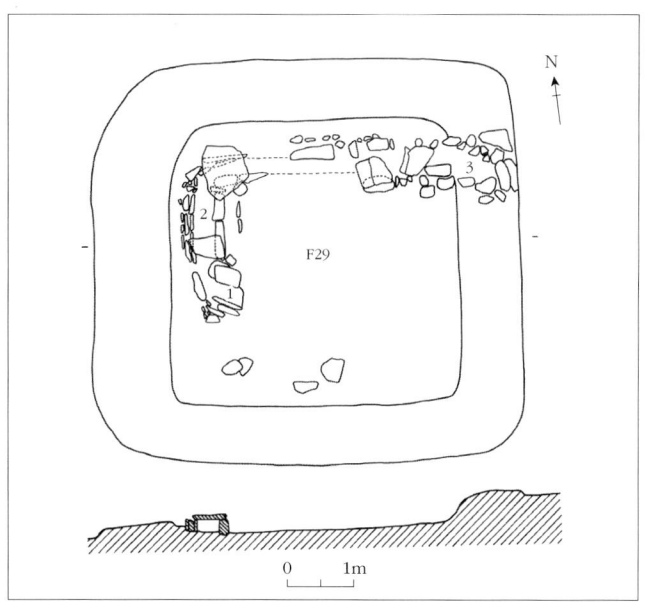

그림 67 29호 주거지 평·단면도(『五女山城』, 126쪽)
1. 아궁이 2. 고래 3. 굴뚝

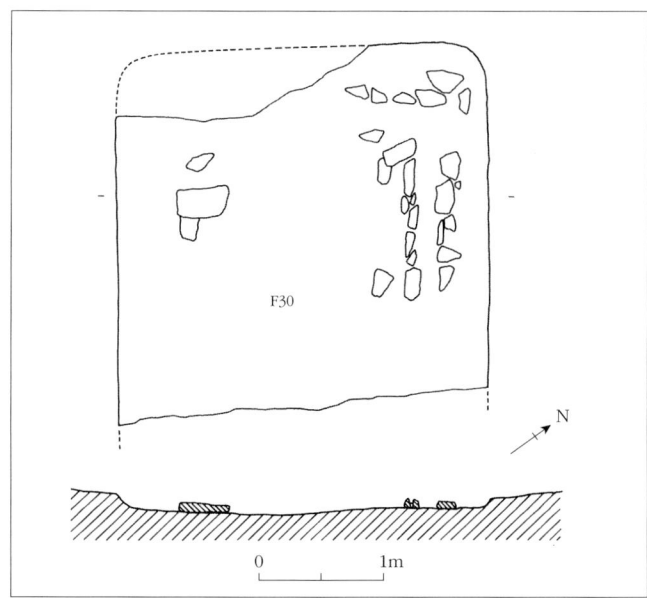

그림 68 30호 주거지 평·단면도(『五女山城』, 127쪽)

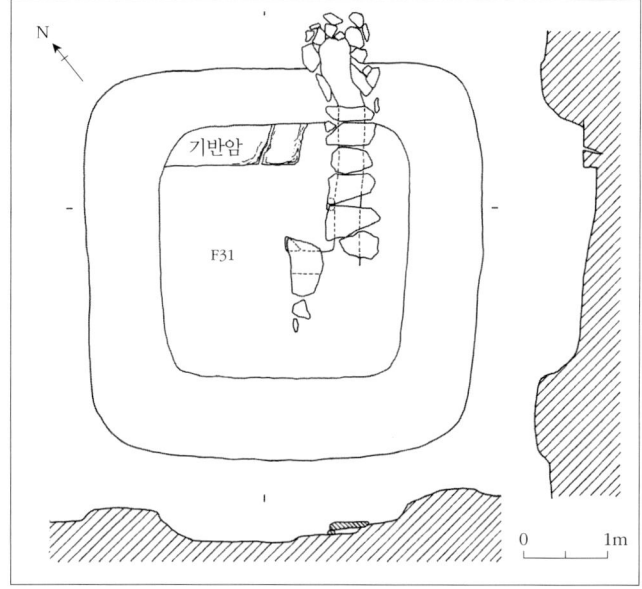

그림 69 31호 주거지 평·단면도(『五女山城』, 129쪽)

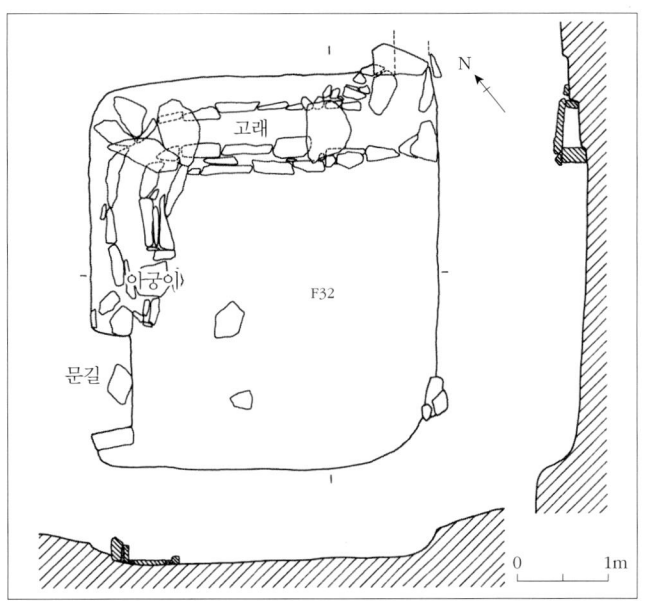

그림 70 32호 주거지 평·단면도(『五女山城』, 131쪽)

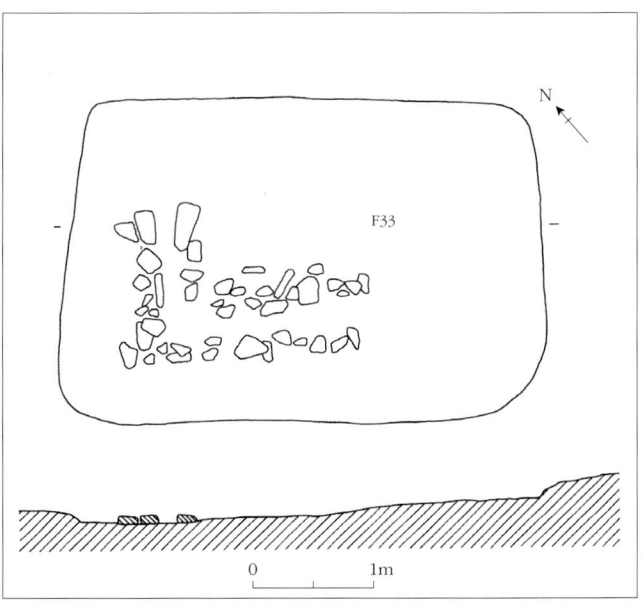

그림 71 33호 주거지 평·단면도(『五女山城』, 139쪽)

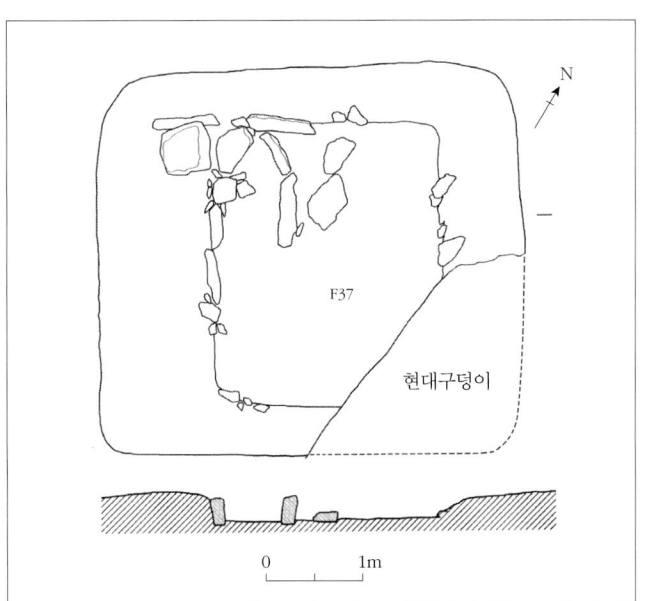

그림 72 37호 주거지 평·단면도(『五女山城』, 142쪽)

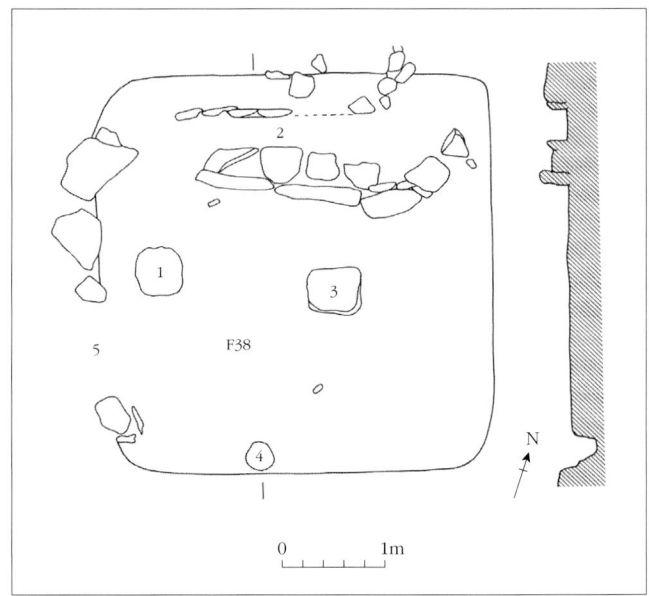

그림 73 38호 주거지 평·단면도(『五女山城』, 144쪽)
1. 아궁이 2. 고래 3. 판석 4. 기둥 구멍 5. 문길

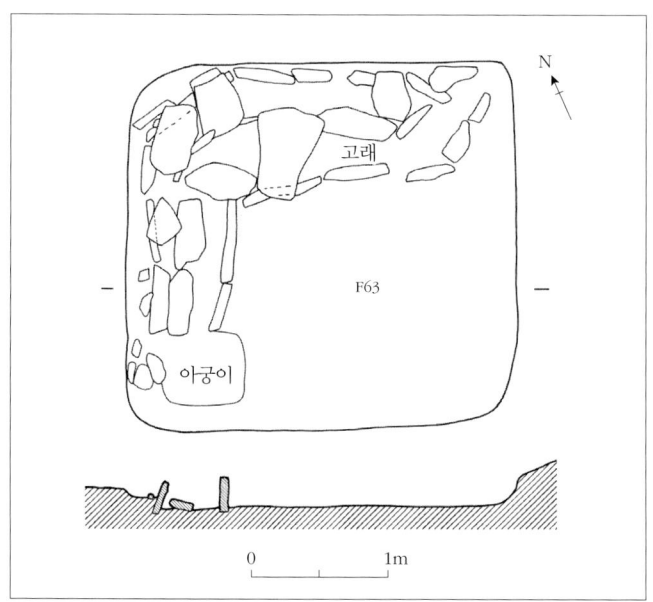

그림 74 63호 주거지 평·단면도(『五女山城』, 146쪽)

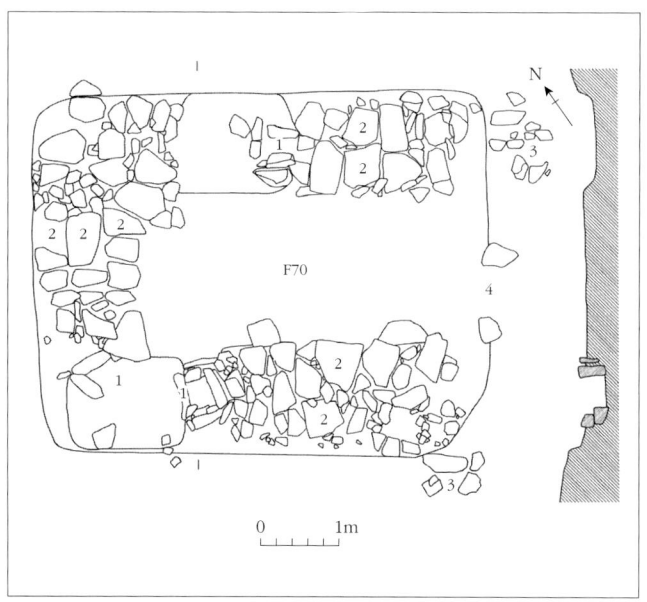

그림 75 70호 주거지 평·단면도(『五女山城』, 149쪽)
1. 아궁이 2. 고래 3. 굴뚝 4. 문길

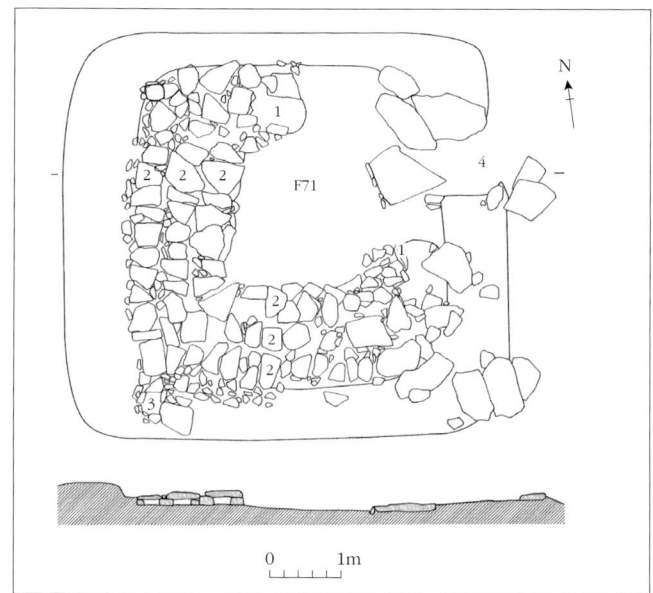

그림 76 71호 주거지 평·단면도(『五女山城』, 152쪽)
1. 아궁이 2. 고래 3. 굴뚝 4. 문길

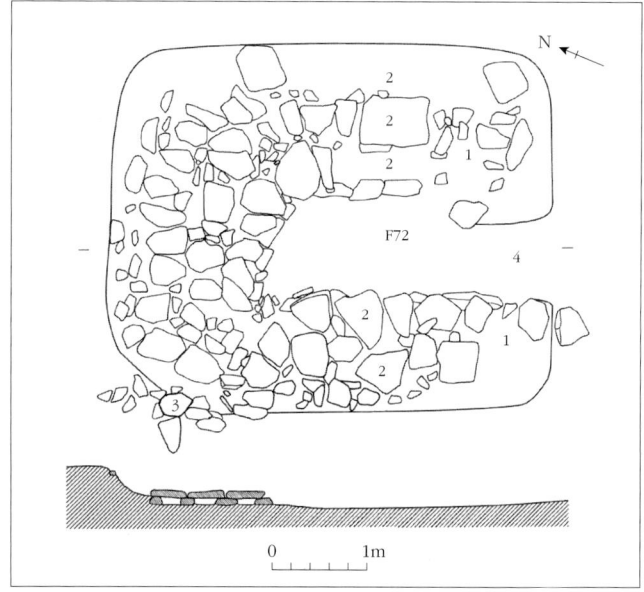

그림 77 72호 주거지 평·단면도(『五女山城』, 153쪽)
1. 아궁이 2. 고래 3. 굴뚝 4. 문길

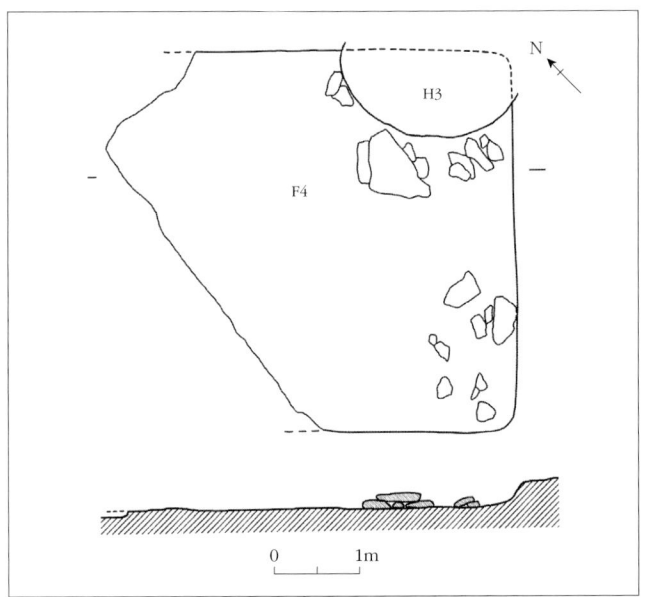
그림 78 4호 주거지 평·단면도(『五女山城』, 154쪽)

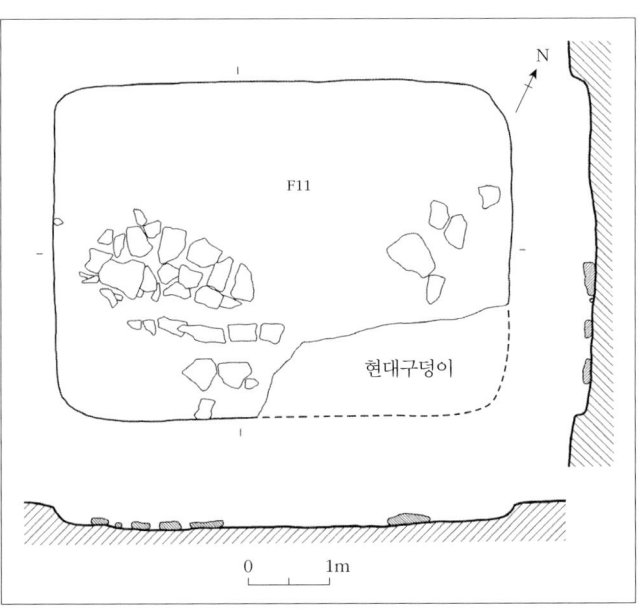
그림 79 11호 주거지 평·단면도(『五女山城』, 156쪽)

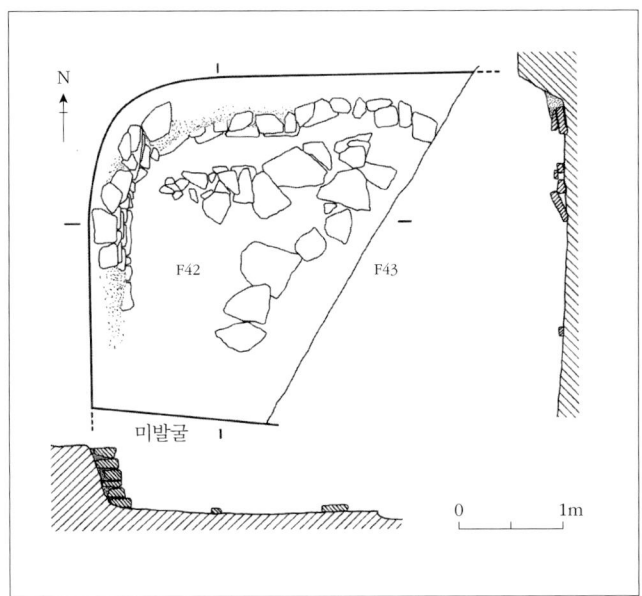
그림 80 42호 주거지 평·단면도(『五女山城』, 158쪽)

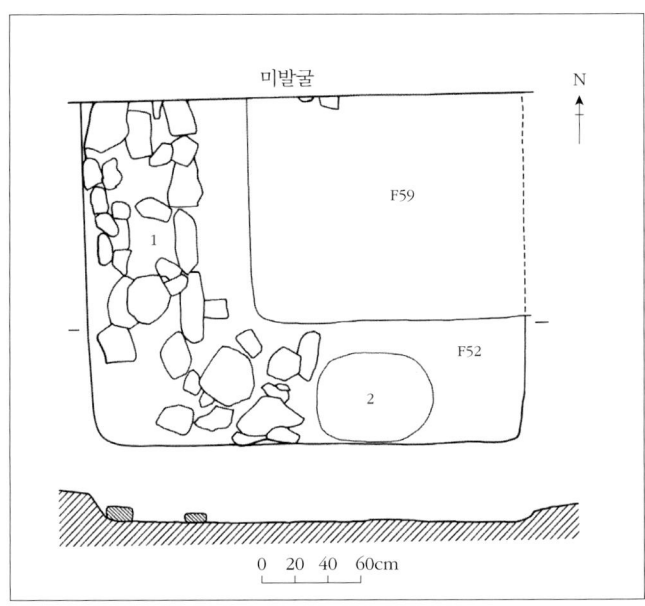
그림 81 52호 주거지 평·단면도(『五女山城』, 160쪽)
1. 고래 2. 홍색의 탄 흙면

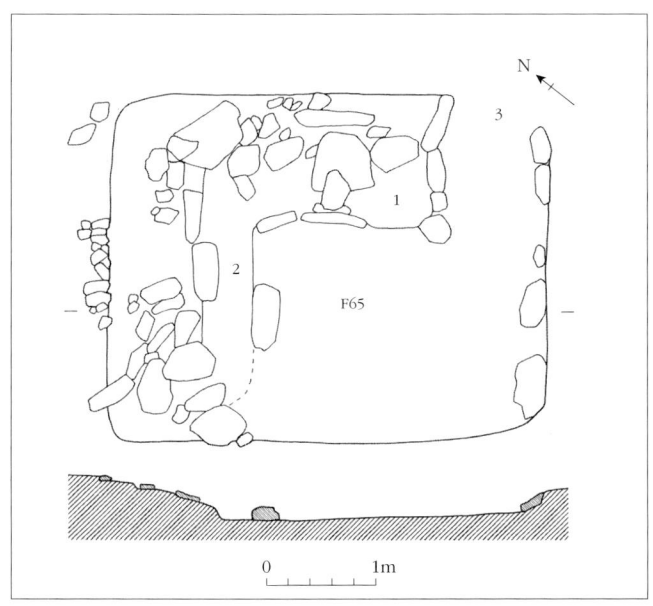

그림 82 65호 주거지 평·단면도(『五女山城』, 162쪽)
1. 아궁이 2. 고래 3. 문길

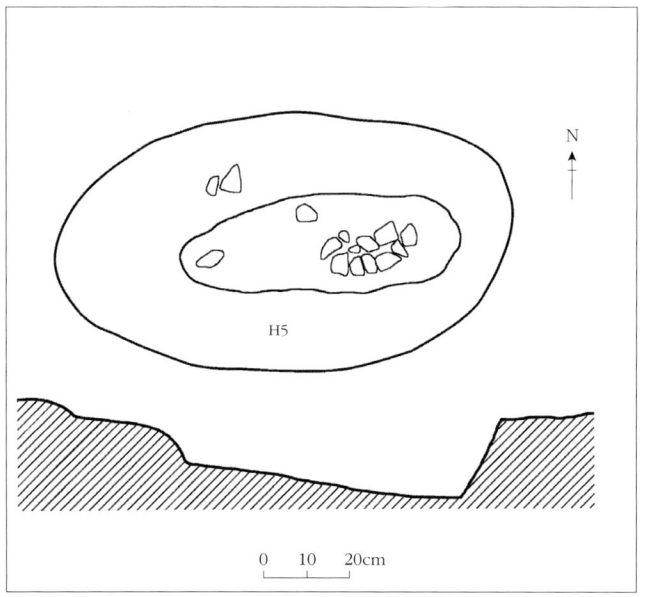

그림 83 5호 재구덩이 평·단면도(『五女山城』, 78쪽)

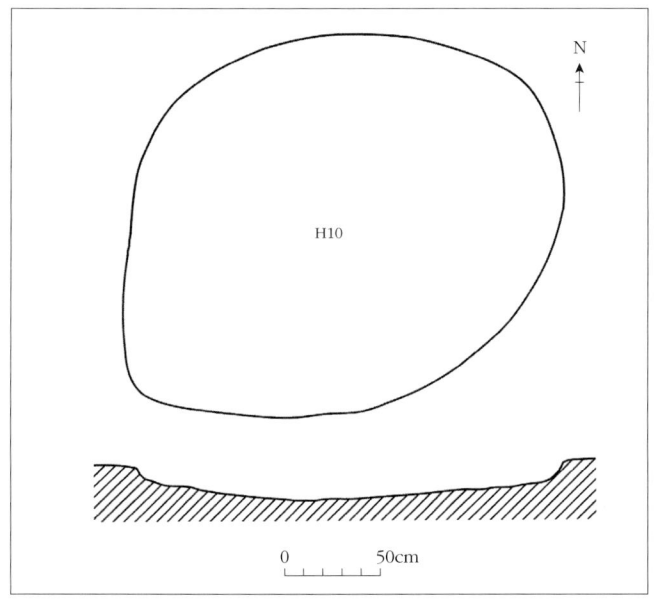

그림 84 10호 재구덩이 평·단면도(『五女山城』, 78쪽)

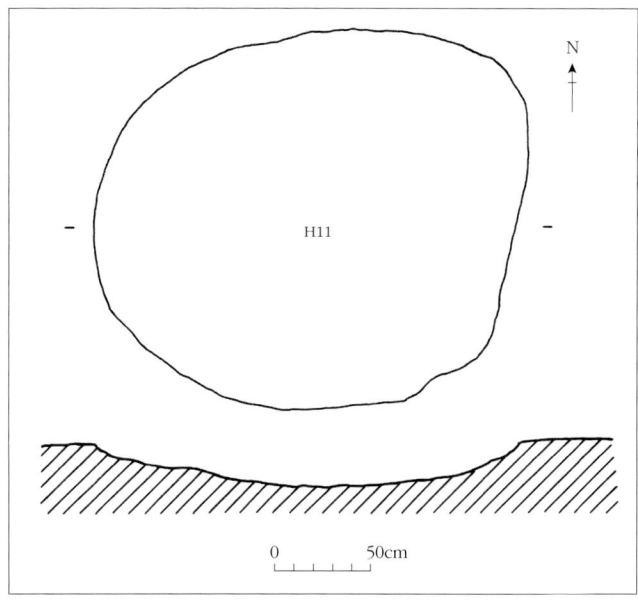

그림 85 11호 재구덩이 평·단면도(『五女山城』, 79쪽)

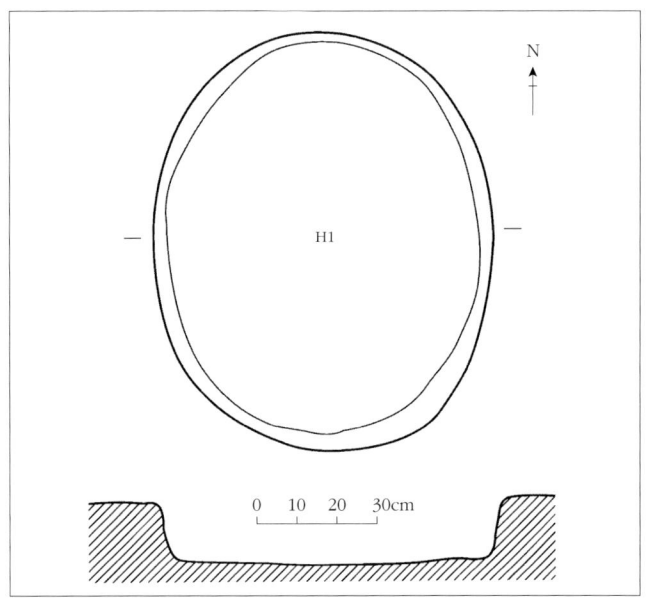

그림 86 1호 재구덩이 평·단면도(『五女山城』, 164쪽)

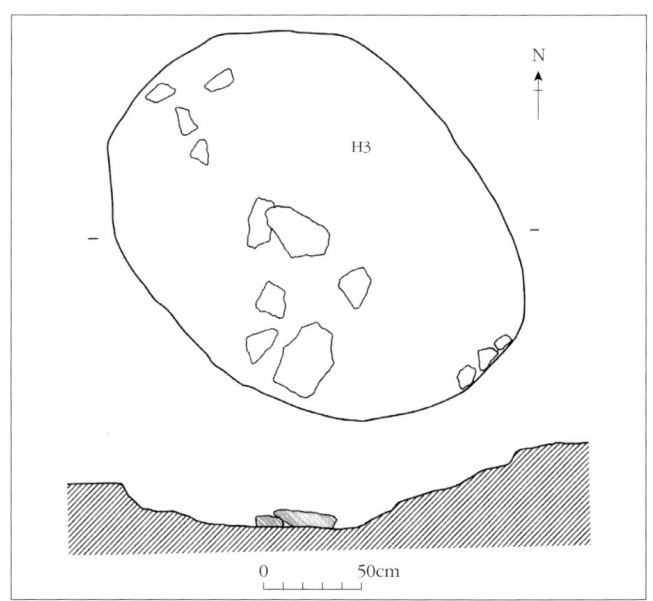

그림 87 3호 재구덩이 평·단면도(『五女山城』, 166쪽)

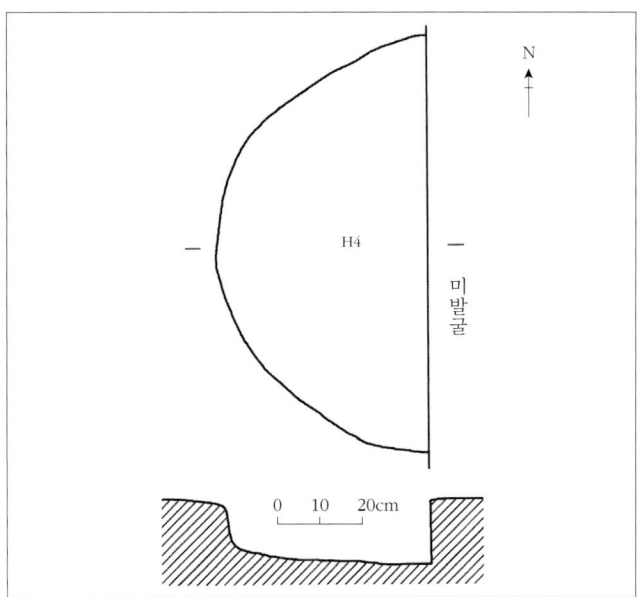

그림 88 4호 재구덩이 평·단면도(『五女山城』, 166쪽)

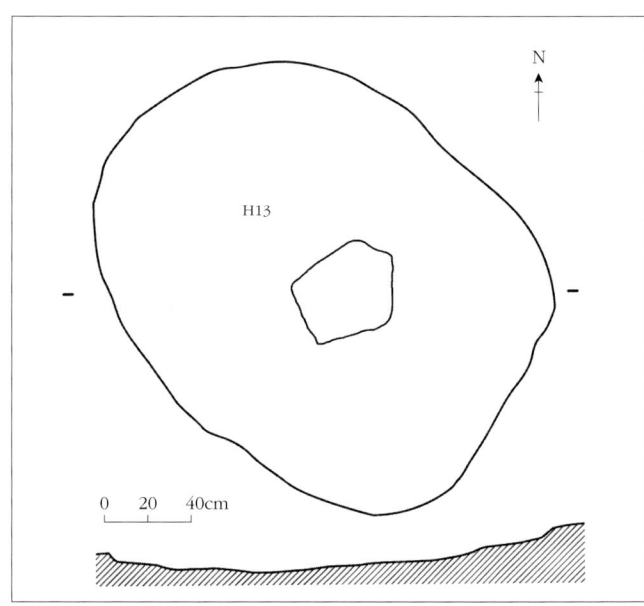

그림 89 13호 재구덩이 평·단면도(『五女山城』, 167쪽)

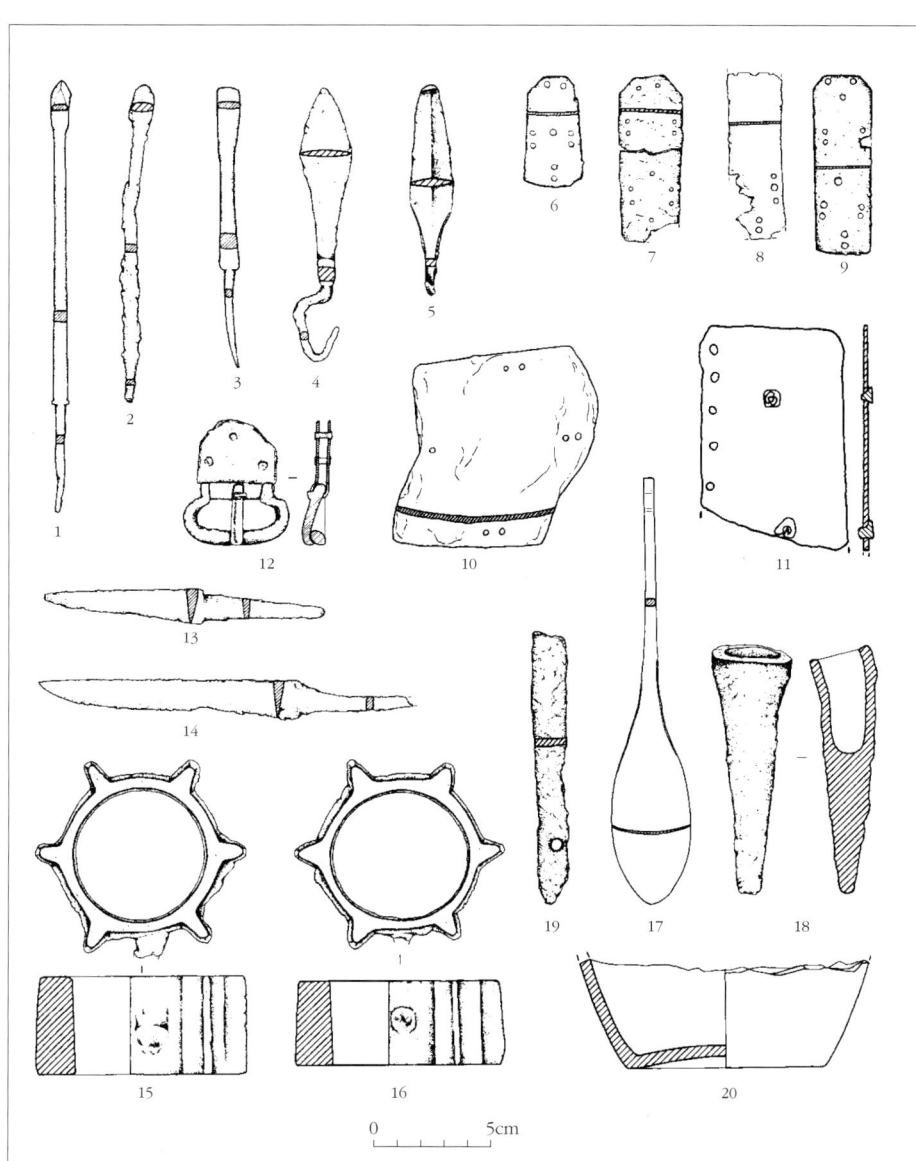

그림 90
서문 제4기 문화층 출토
청동기와 철기
(『五女山城』, 38쪽)
1~5. 철제화살촉
6~11. 철제찰갑편
12. 철제허리띠고리
13~14. 철제도자
15~16. 철제수레바퀴굣대축
17. 청동제숟가락
18. 철제물미 19. 철기
20. 철제호 바닥

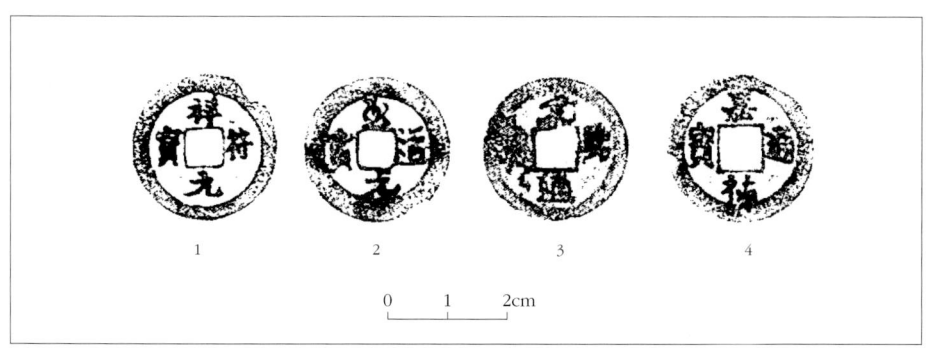

그림 91
서문 제5기 문화층 출토 동전
(『五女山城』, 42쪽)
1. 상부원보 2. 지도원보
3. 원우통보 4. 가우통보

제2부 환인현(桓仁縣) 지역의 유적과 유물

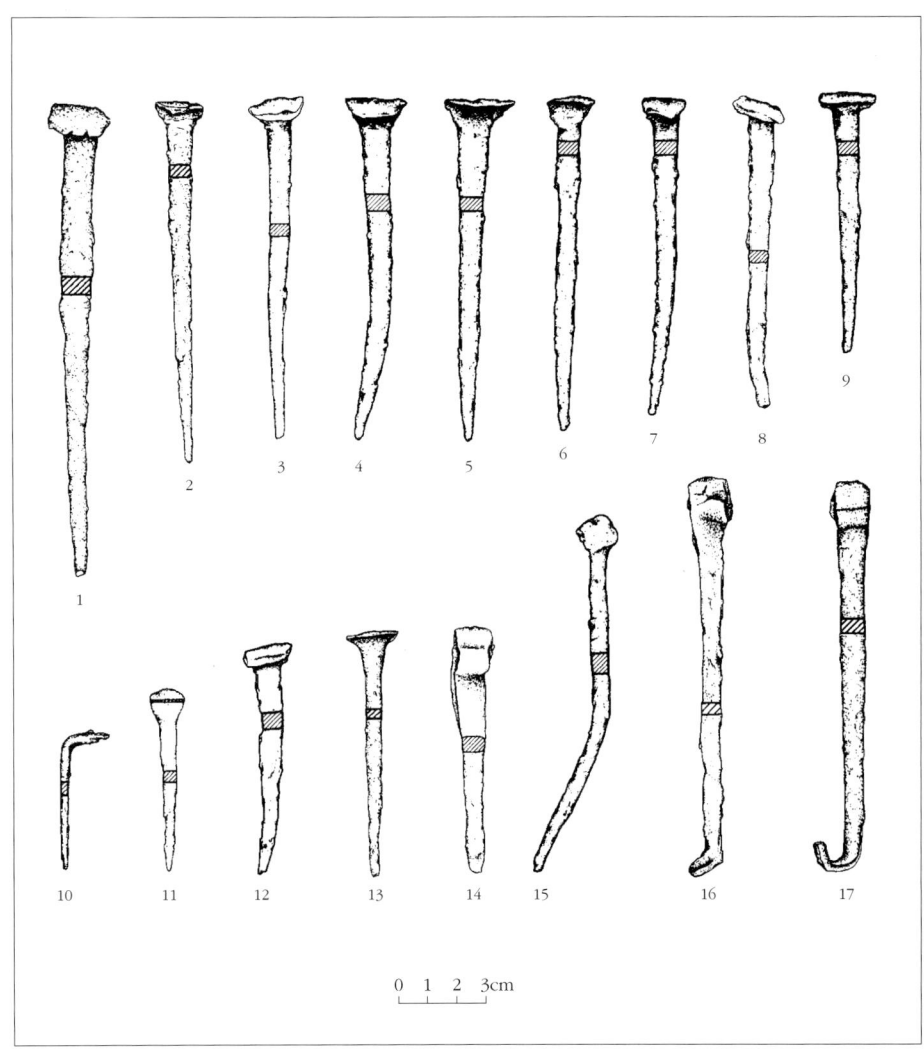

그림 92
서문 제4기 문화층 출토
철제못(『五女山城』, 40쪽)

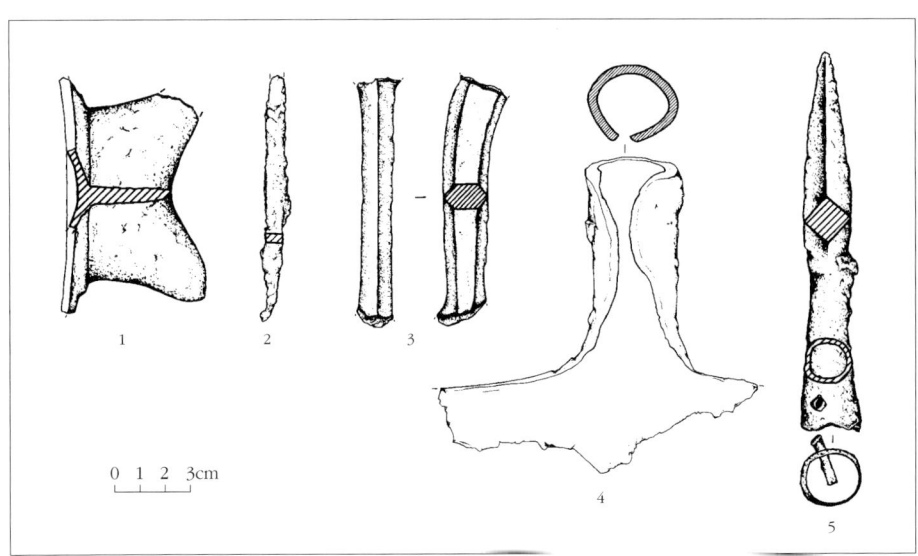

그림 93
서문 제5기 문화층 출토 철기
(『五女山城』, 41쪽)
1. 솥 파수 2. 화살촉 3. 족
4. 삽 5. 모

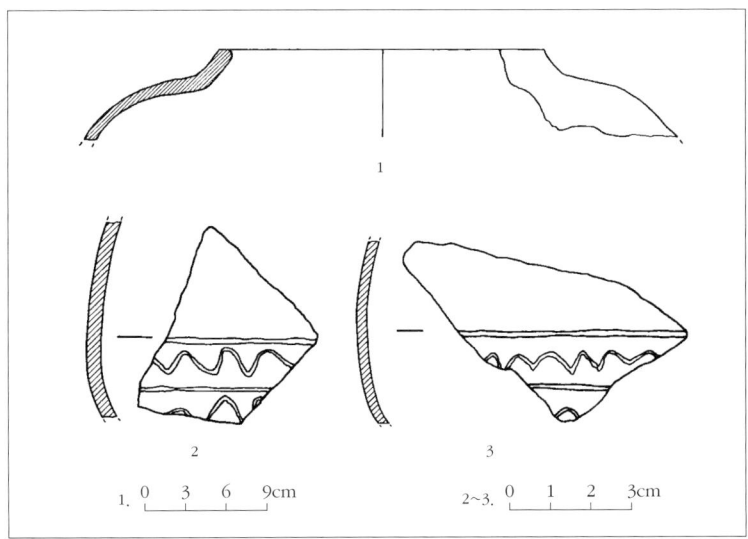

그림 94
서문 제4기 문화층 출토 토기
(『五女山城』, 37쪽)
1. 옹 구연부 2~3. 토기 동체부

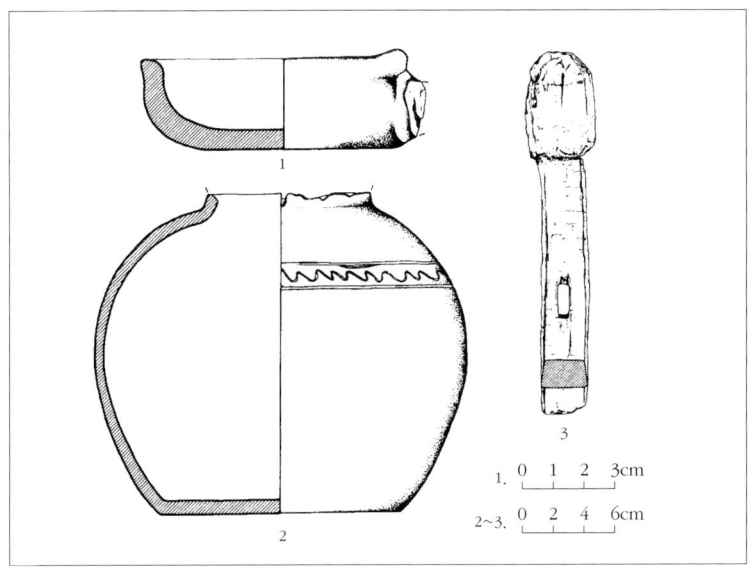

그림 95
저수지 출토 유물(『五女山城』, 47쪽)
1. 등잔 2. 호 3. 나무구재

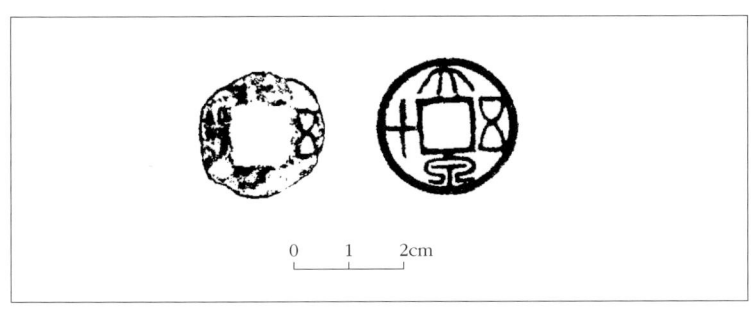

그림 96 1호 대형 건물지 출토 동전
(『五女山城』, 73쪽)
1. 오수전 2. 대천오십전

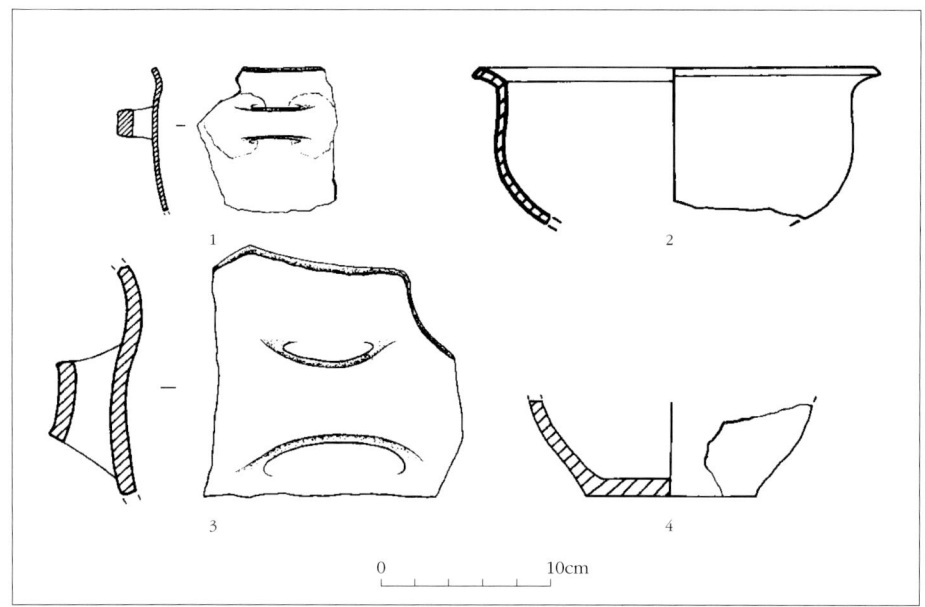

그림 97
35호 주거지 출토 토기
(『五女山城』, 74쪽)
1. 호 구연부 2. 분
3. 토기 파수 4. 토기 바닥

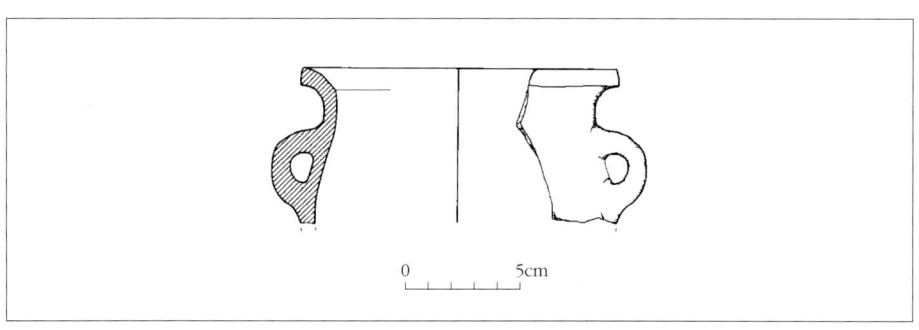

그림 98
36호 주거지 출토 호
(『五女山城』, 75쪽)

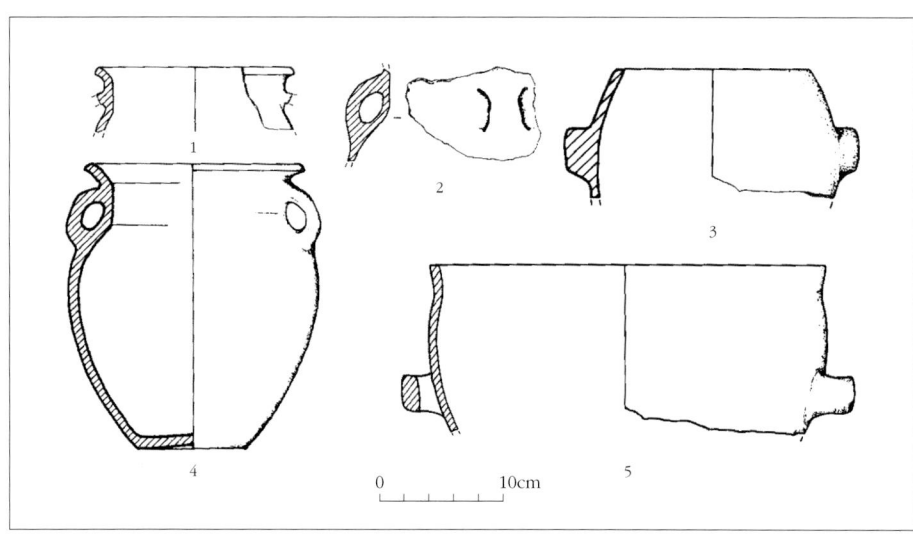

그림 99 47호 주거지 출토
토기(『五女山城』, 76쪽)
1. 호 구연부 2. 파수
3. 호 구연부 4. 호 5. 분

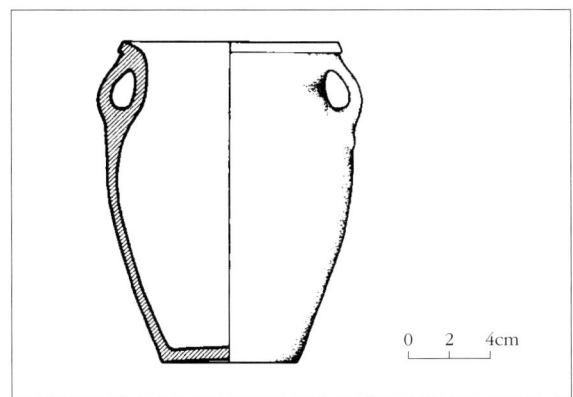

그림 100
57호 주거지 출토 호
(『五女山城』, 77쪽)

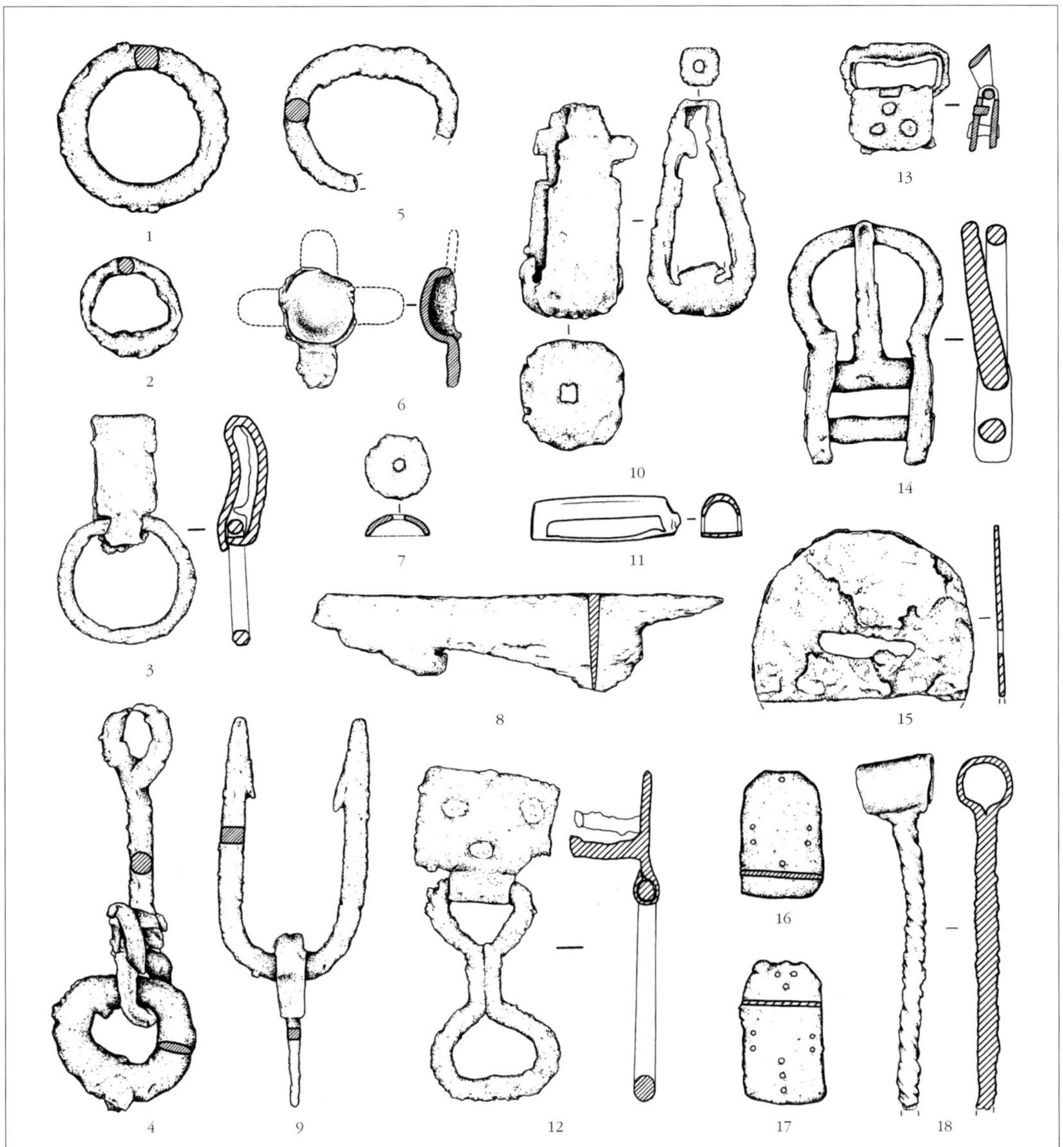

그림 101
2호 대형 건물지 출토 철기와
청동기(『五女山城』, 86쪽)
1~5. 철제고리
6. 철제운주
7. 철제단추장식
8. 철제도
9. 철제차
10. 방울형철기
11. 청동제운주
12. 철제자물쇠
13~14. 철제허리띠고리
15. 철제낭편
16~17. 철제찰갑편
18. 철제뚫개

제2부 환인현(桓仁縣) 지역의 유적과 유물 381

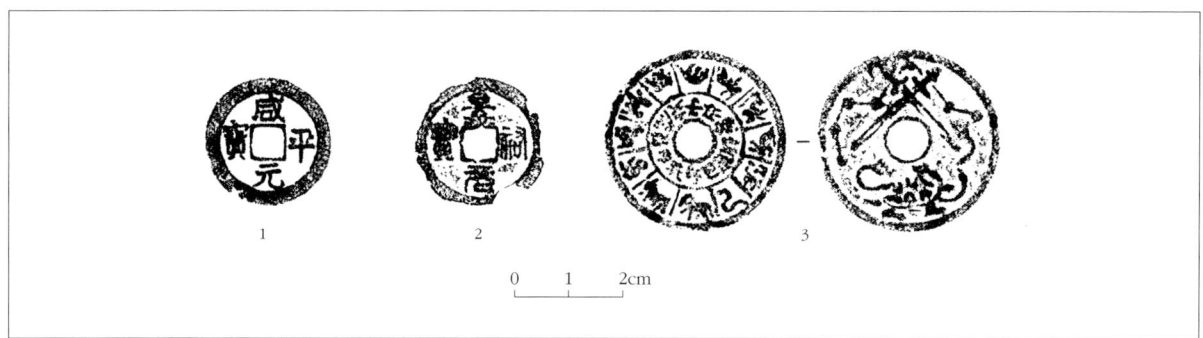

그림 102 2호 대형 건물지 출토 동전(『五女山城』, 89쪽)
1. 함평원보 2. 경우원보 3. 염승전

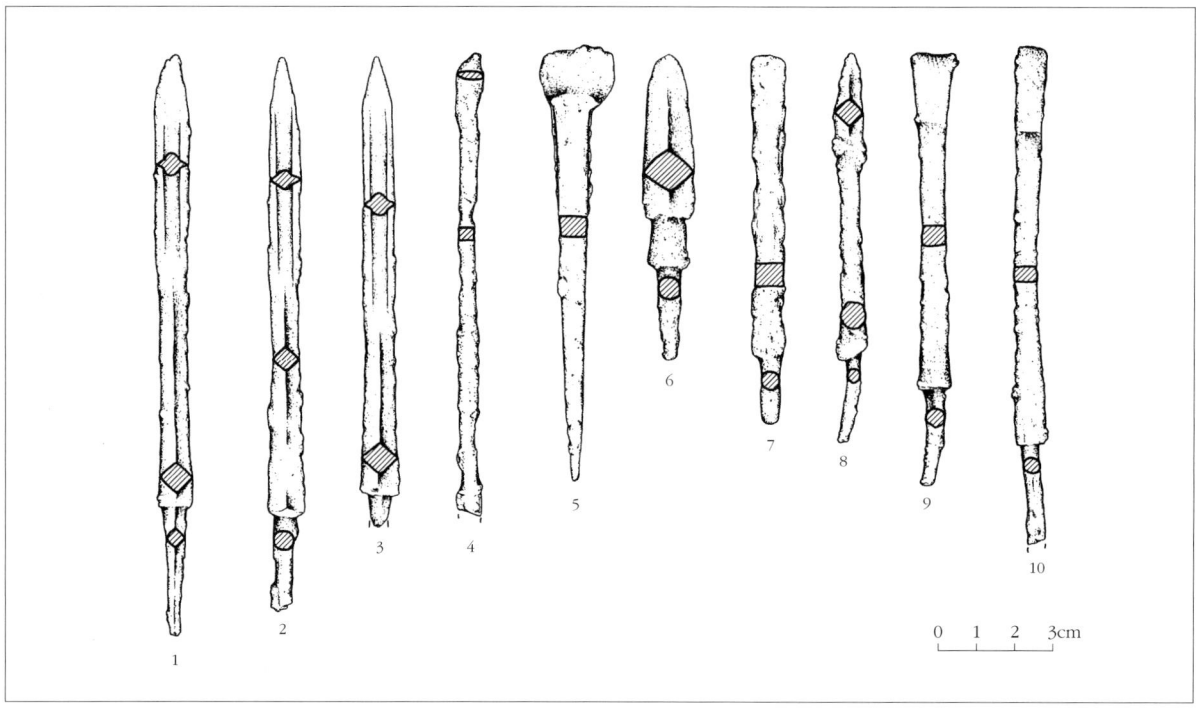

그림 103 2호 대형 건물지 출토 철기(『五女山城』, 87쪽)
1~4·6~10. 화살촉 5. 못

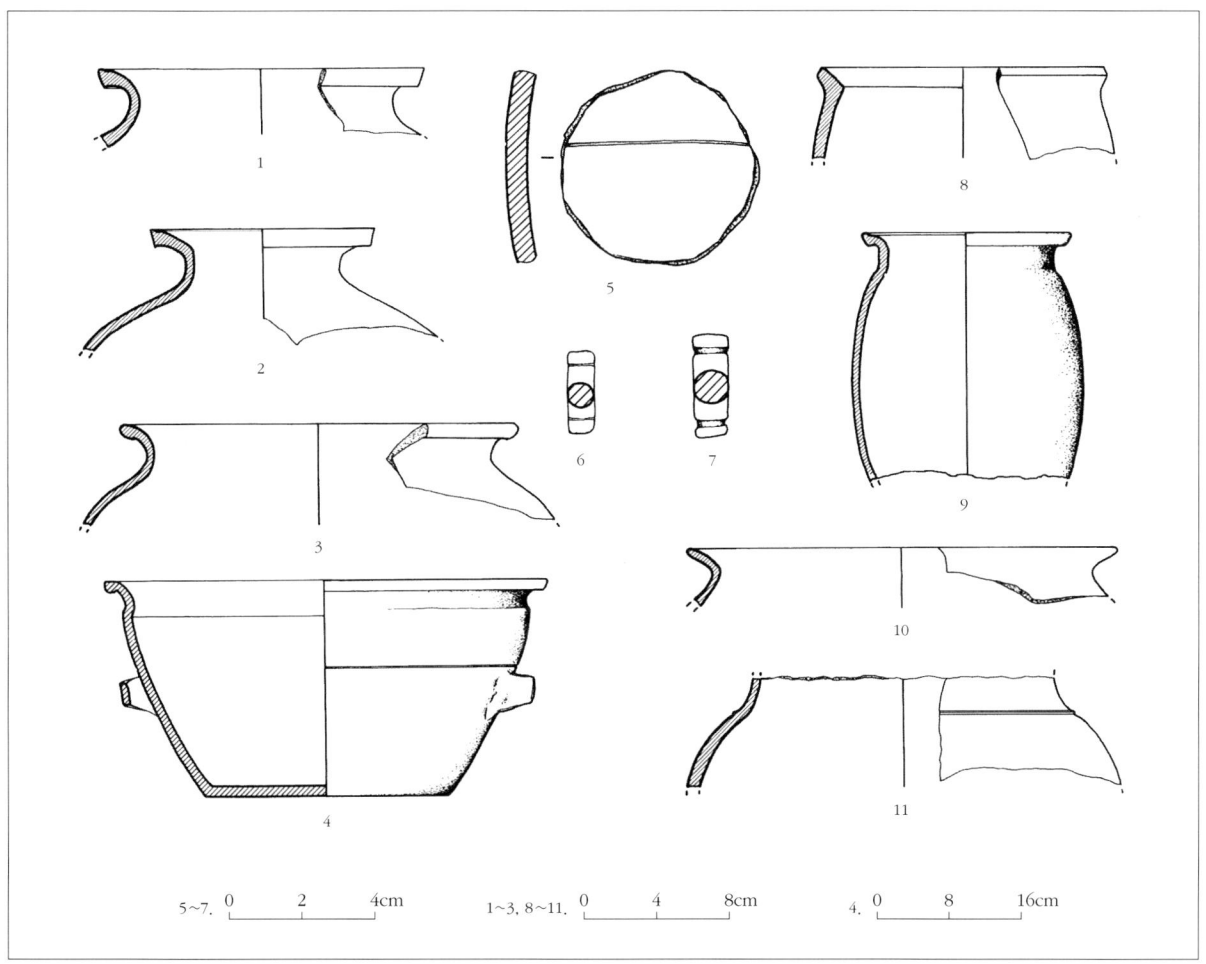

그림 104 2호 대형 건물지 출토 토기(『五女山城』, 85쪽)
1~3·8·10~11. 호 구연부 4. 분 5. 병 6~7. 어망추 9. 호

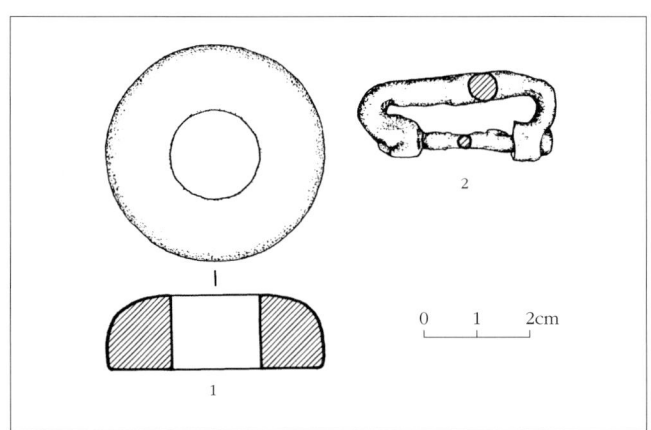

그림 105
3호 대형 건물지 출토 유물
(『五女山城』, 97쪽)
1. 석제가락바퀴
2. 청동제허리띠고리

제2부 환인현(桓仁縣) 지역의 유적과 유물   383

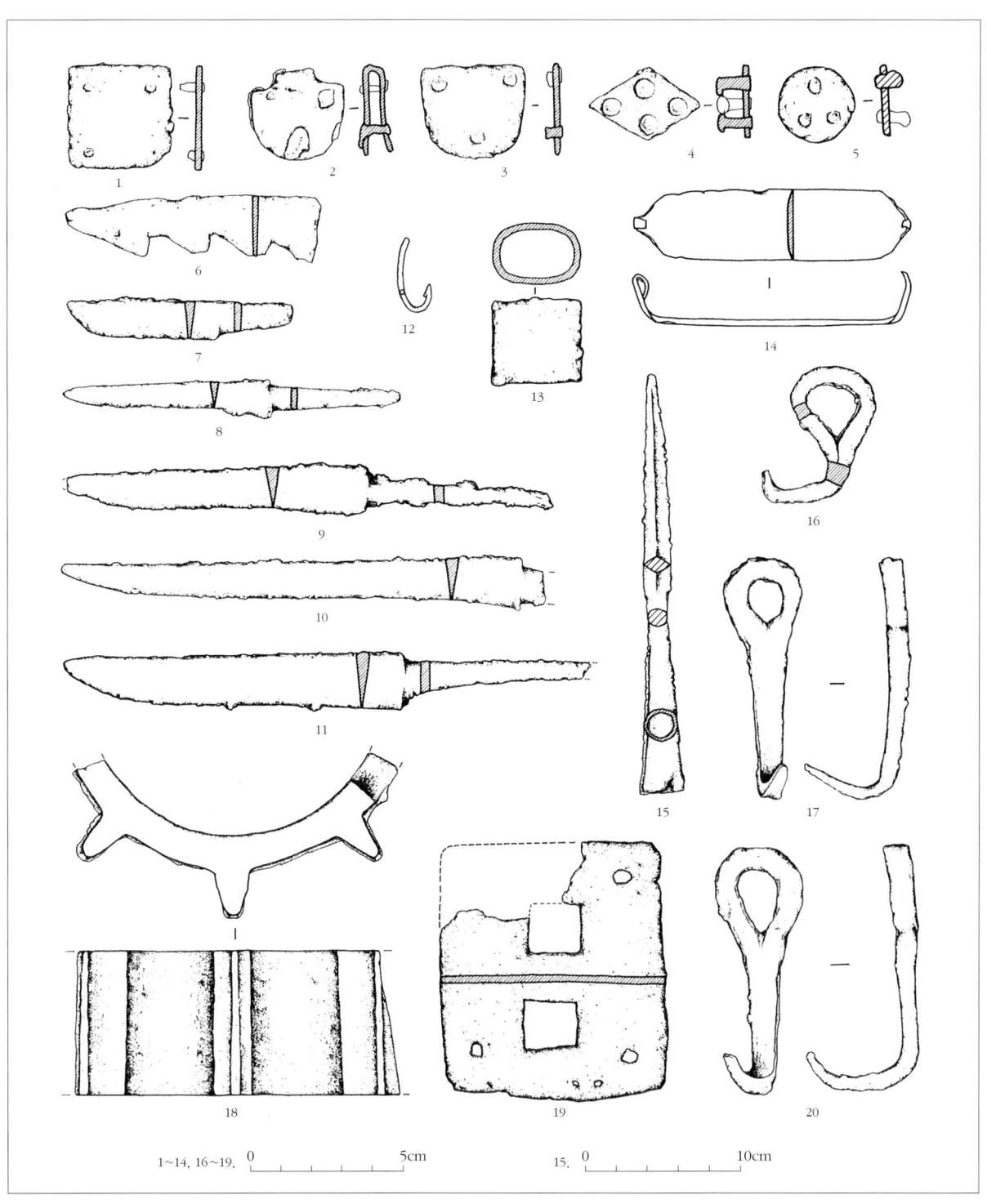

그림 106 3호 대형 건물지 출토 철기(『五女山城』, 92쪽)
1·3~5. 리벳이음 2. 경첩 6. 낚시구 7~11. 도자 12. 낚시바늘 13. 테 14. 거멀못 15. 모 16·17·20. 코 18. 수레바퀴줏대축
19. 칼코

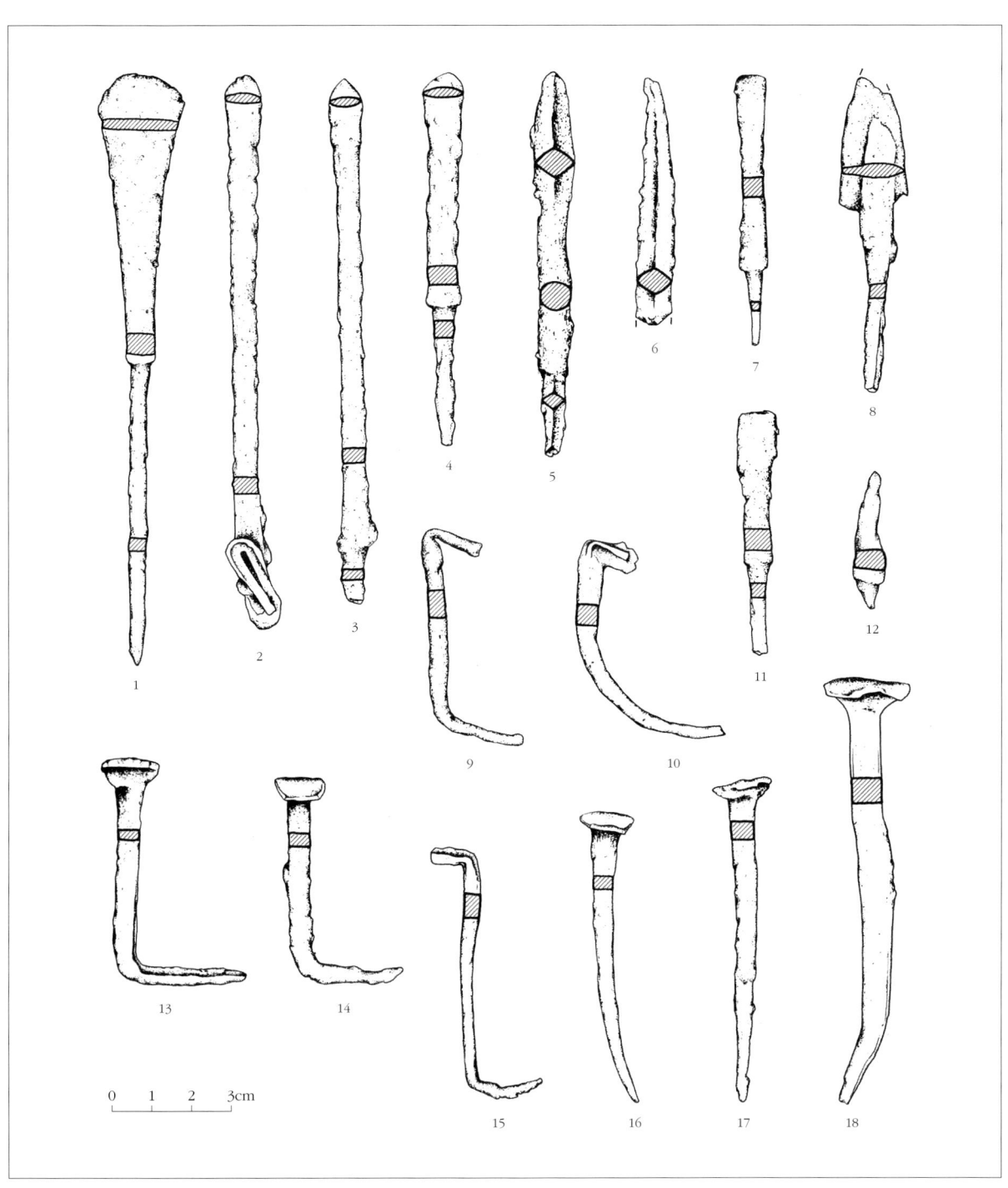

그림 107 3호 대형 건물지 출토 철기(『五女山城』, 94쪽)
1~8·11~12. 화살촉 9·10·13~18. 못

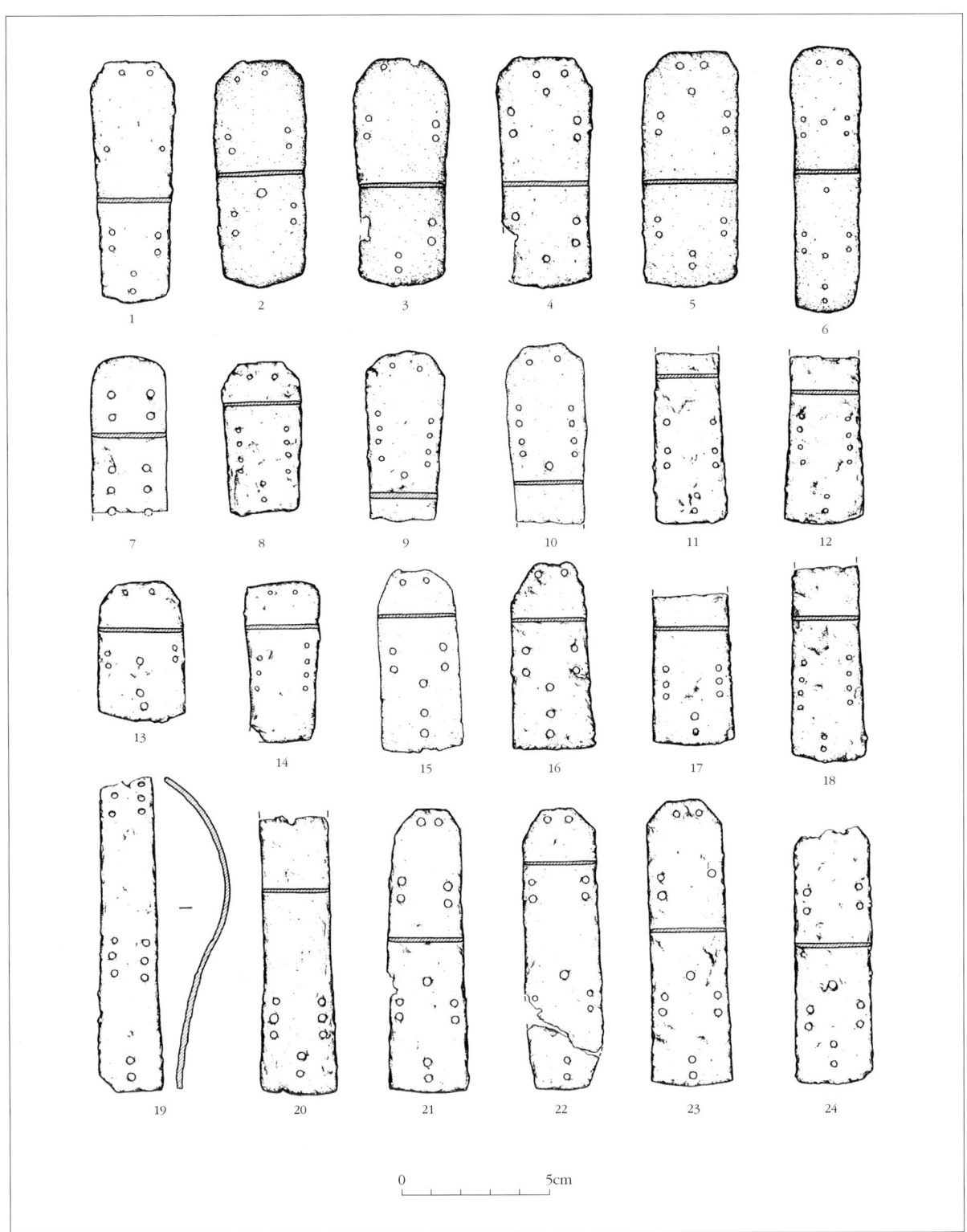

그림 108 3호 대형 건물지 출토 철제찰갑편(『五女山城』, 96쪽)

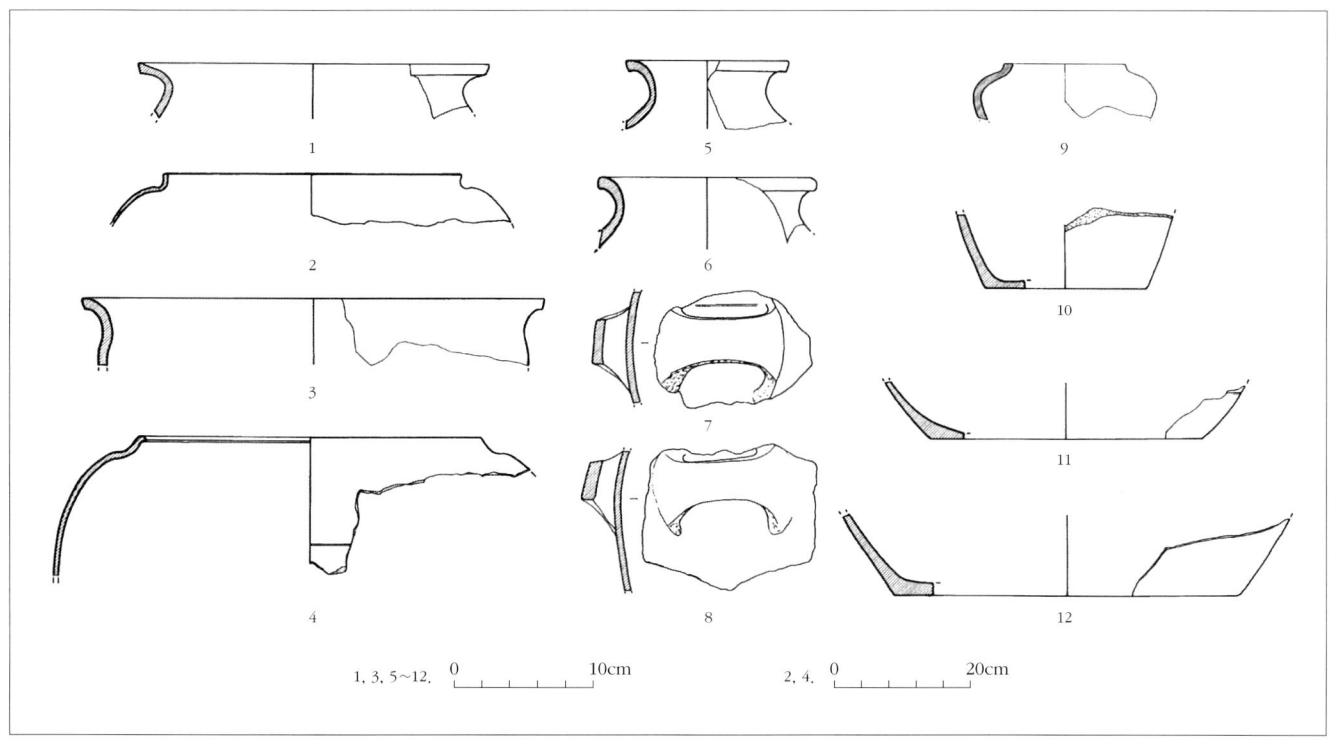

그림 109 3호 대형 건물지 출토 토기(『五女山城』, 91쪽)
1·3·5·6. 호 구연부 2·4. 옹 7~8. 토기 파수 9. 호 10~12. 토기 바닥

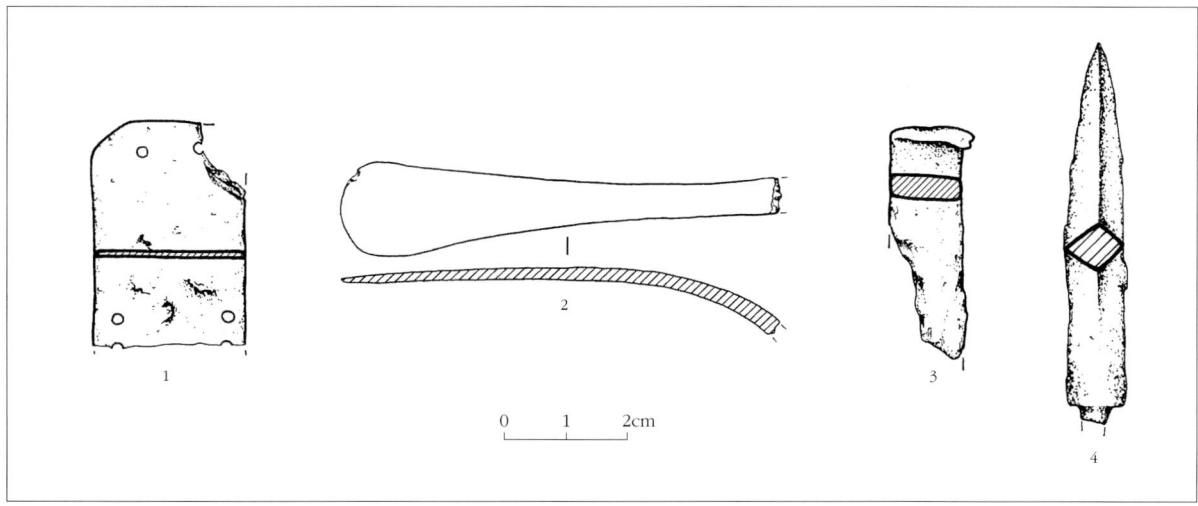

그림 110 13호 주거지 출토 유물(『五女山城』, 98쪽)
1. 철제찰갑편 2. 청동제숟가락 자루 3. 철제못 4. 철제화살촉

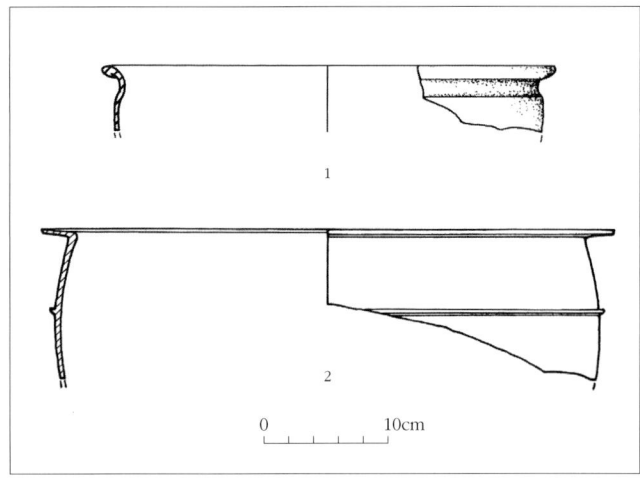

그림 111
15호 주거지 출토 유물(『五女山城』, 100쪽)
1. 분 2. 철제솥

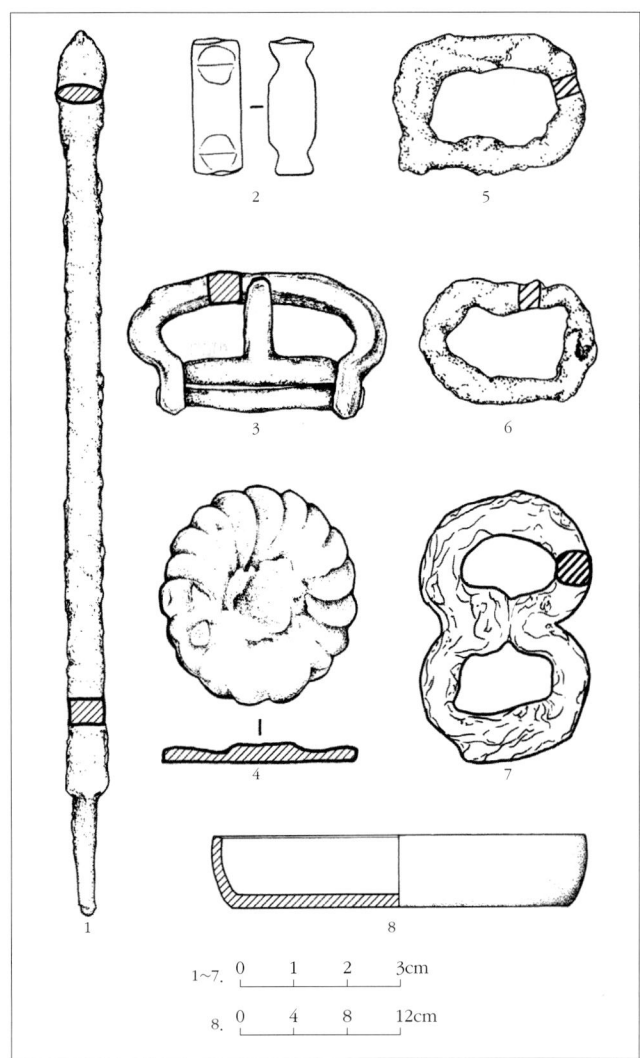

그림 112
17호 주거지 출토 유물(『五女山城』, 103쪽)
1. 철제화살촉 2. 토제어망추
3. 철제허리띠고리 4. 금동패식
5~7. 철제고리 8. 분

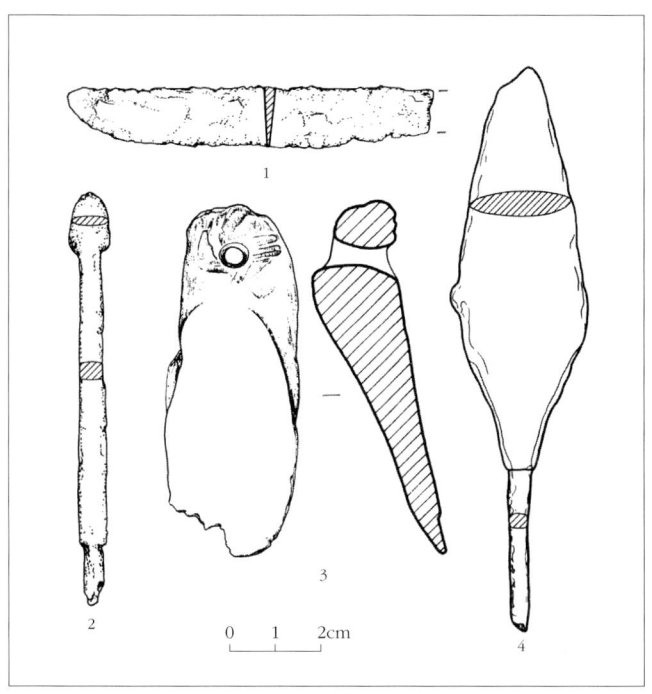

그림 113
19호 주거지 출토 유물(『五女山城』, 105쪽)
1. 철제도자 2, 4. 철제화살촉 3. 숫돌

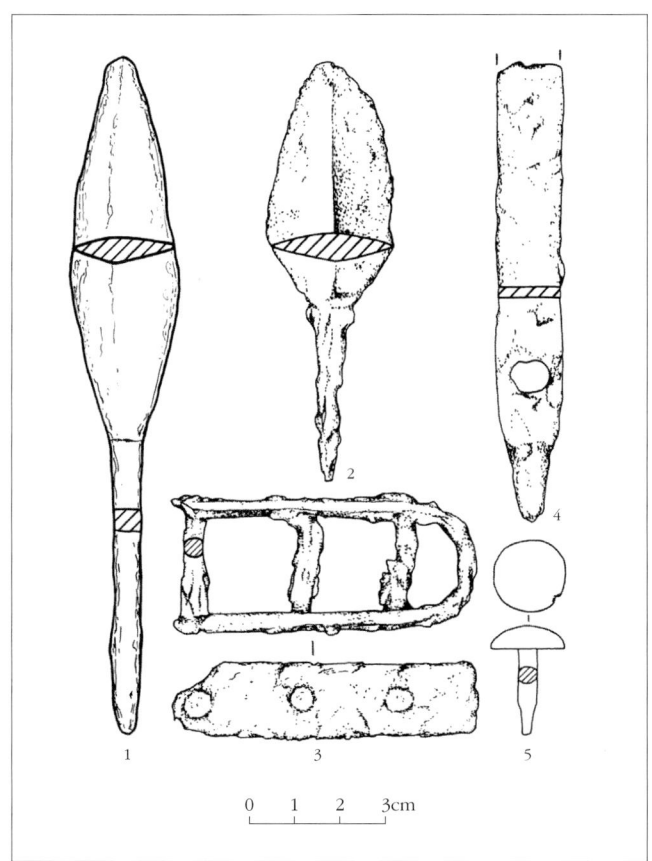

그림 114
20호 주거지 출토 유물(『五女山城』, 107쪽)
1~2. 철제화살촉 3. 철구재 4. 철기
5. 청동제못

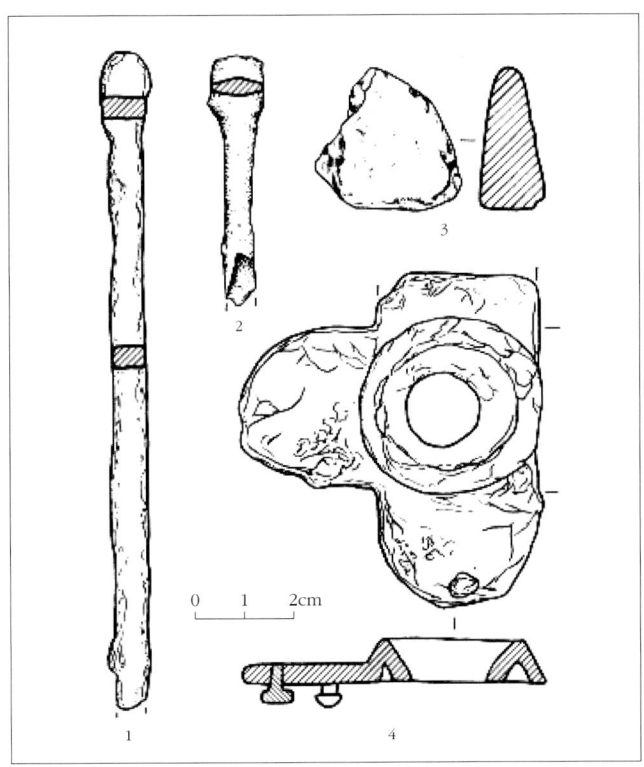

그림 115
21호 주거지 출토 유물
(『五女山城』, 110쪽)
1~2. 철제화살촉
3. 활석
4. 철제운주

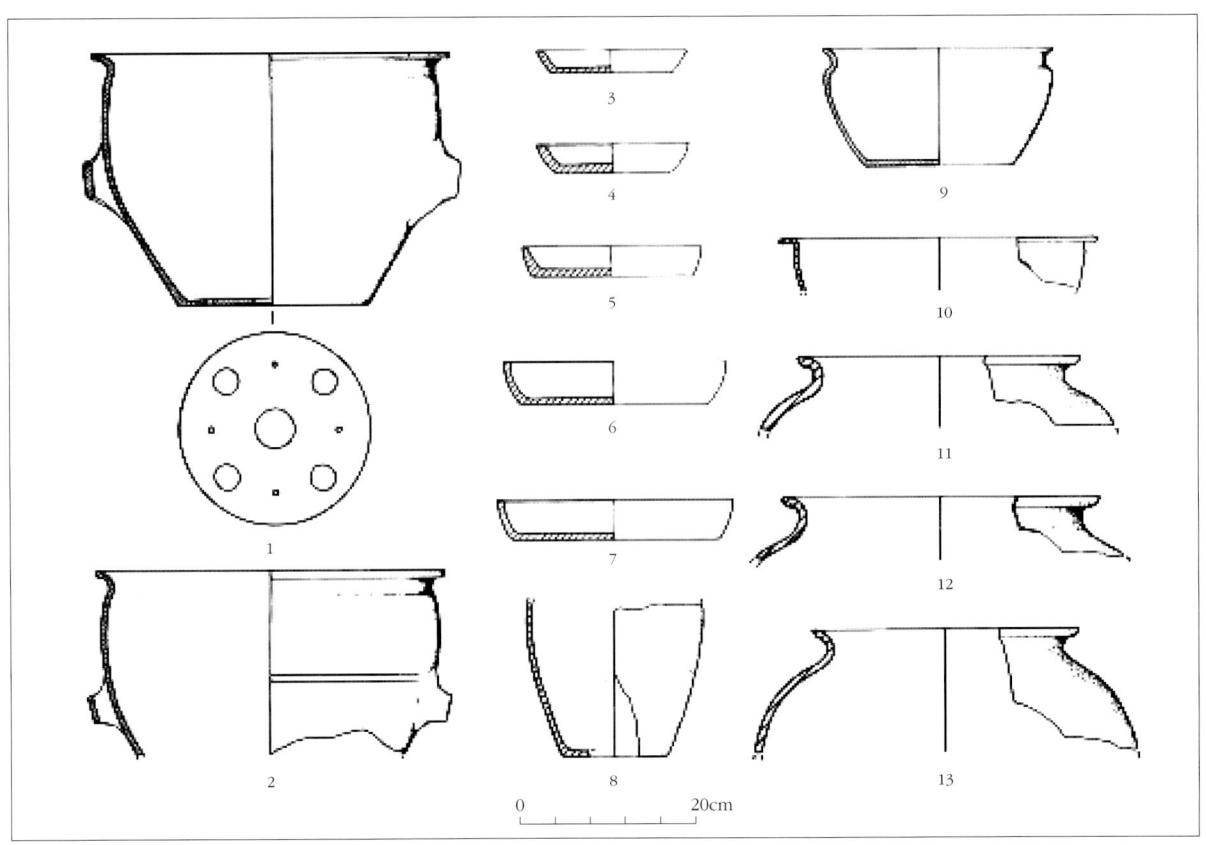

그림 116 21호 주거지 출토 토기(『五女山城』, 109쪽)
1~2. 시루 3~7. 반 8. 호 9. 반 10. 분 구연부 11~13. 호 구연부

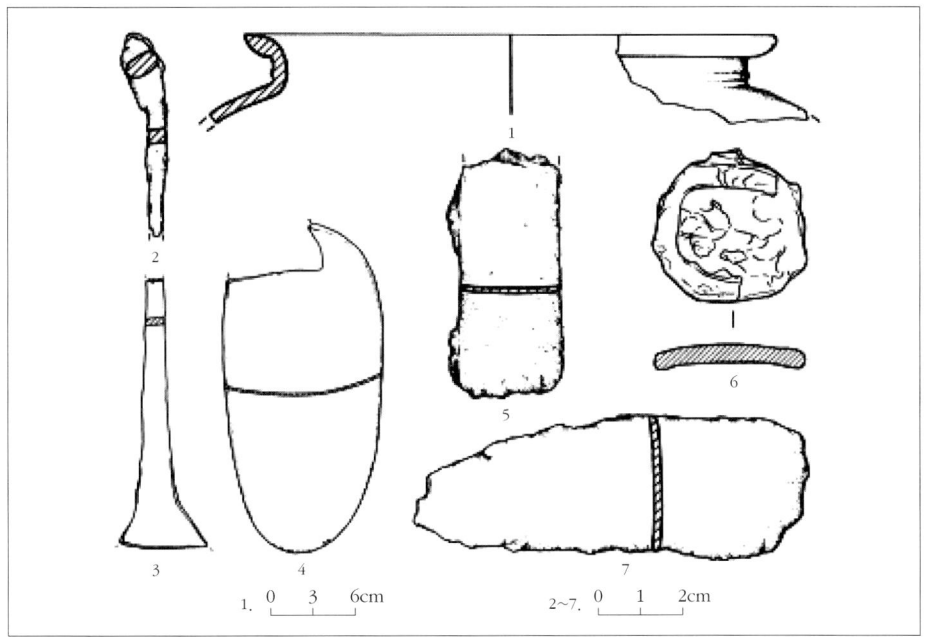

그림 117
22호 주거지 출토 유물
(『五女山城』, 111쪽)
1. 호 구연부 2. 철제화살촉
3~4. 청동제숟가락
5. 철제철갑편
6. 금동패식 7. 철제도

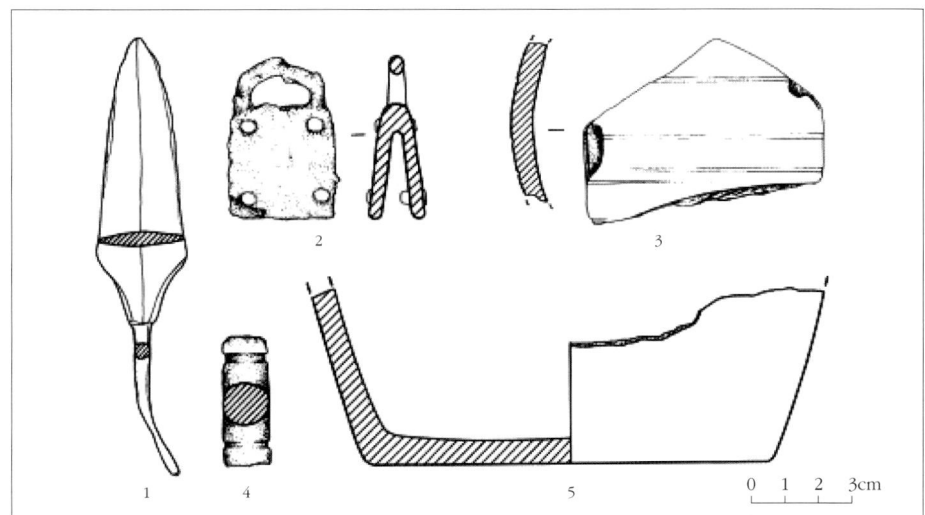

그림 118
23호 주거지 출토 유물
(『五女山城』, 112쪽)
1. 철제화살촉 2. 철제띠장식
3. 토기편 4. 토제어망추
5. 호 바닥

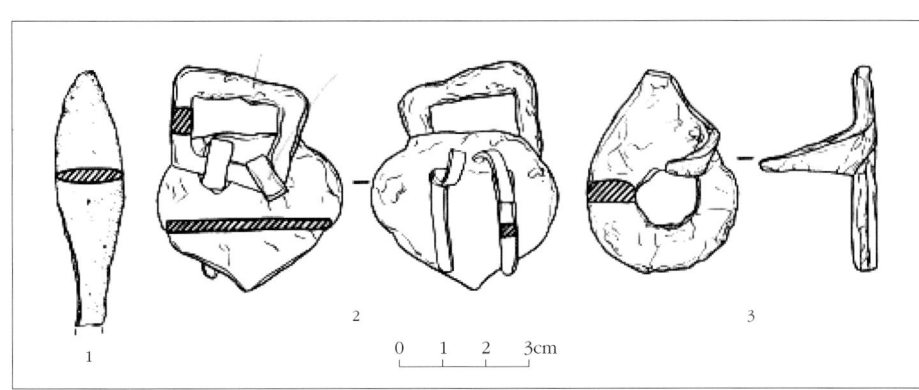

그림 119
24호 주거지 출토 유물
(『五女山城』, 114쪽)
1. 철제화살촉
2. 철제고리장식 3. 철제고리

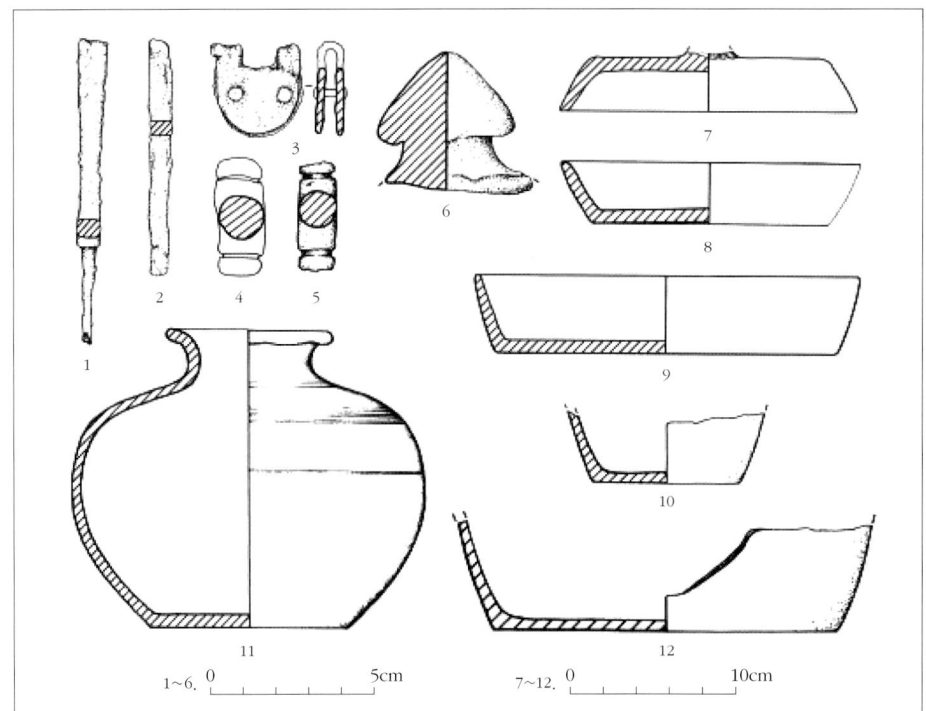

그림 120
25호 주거지 출토 유물
(『五女山城』, 116쪽)
1~2. 철제화살촉
3. 철제경첩
4~5. 토제어망추
6. 토기 뚜껑꼭지
7. 토기 뚜껑
8~9. 반
10·12. 호 바닥
11. 호

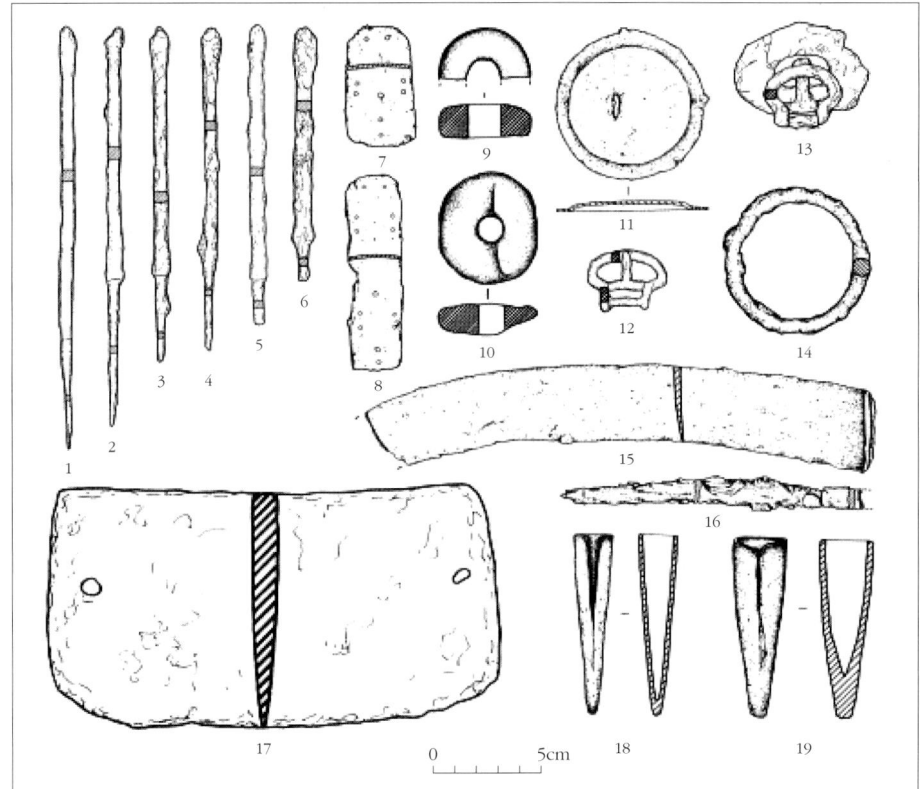

그림 121
26호 주거지 출토 유물
(『五女山城』, 119쪽)
1~6. 철제화살촉
7~8. 철제찰갑편
9. 석제가락바퀴
10. 토제가락바퀴
11. 철제허리띠고리 받침
12~13. 철제허리띠고리
14. 철제고리 15. 철제낫
16. 철제도자 17. 철제괭이
18~19. 철제물미

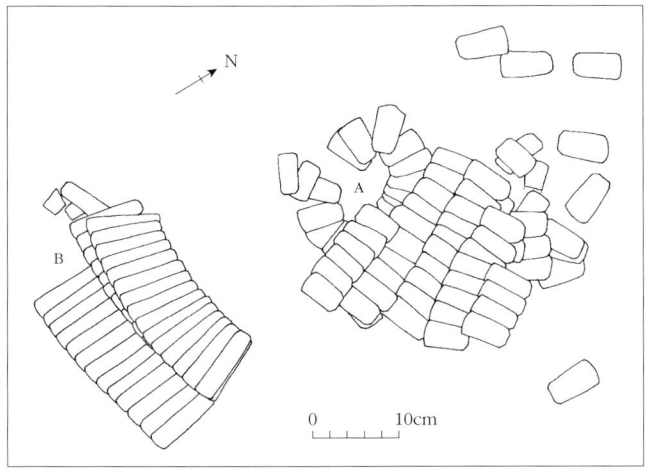

그림 122 26호 주거지 출토 찰갑옷 제1층 평면도(『五女山城』, 121쪽)

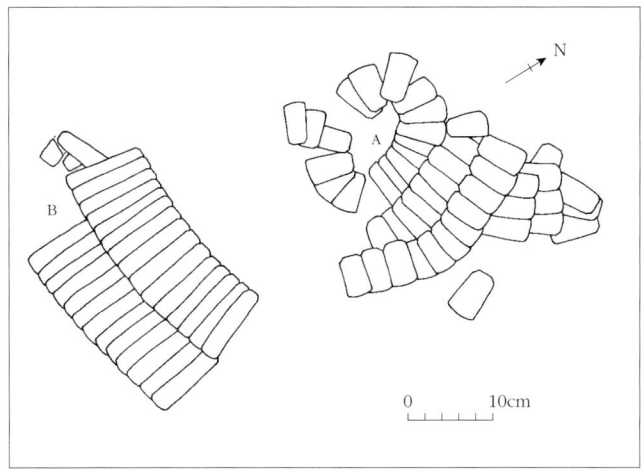

그림 123 26호 주거지 출토 찰갑옷 제2층 평면도(『五女山城』, 121쪽)

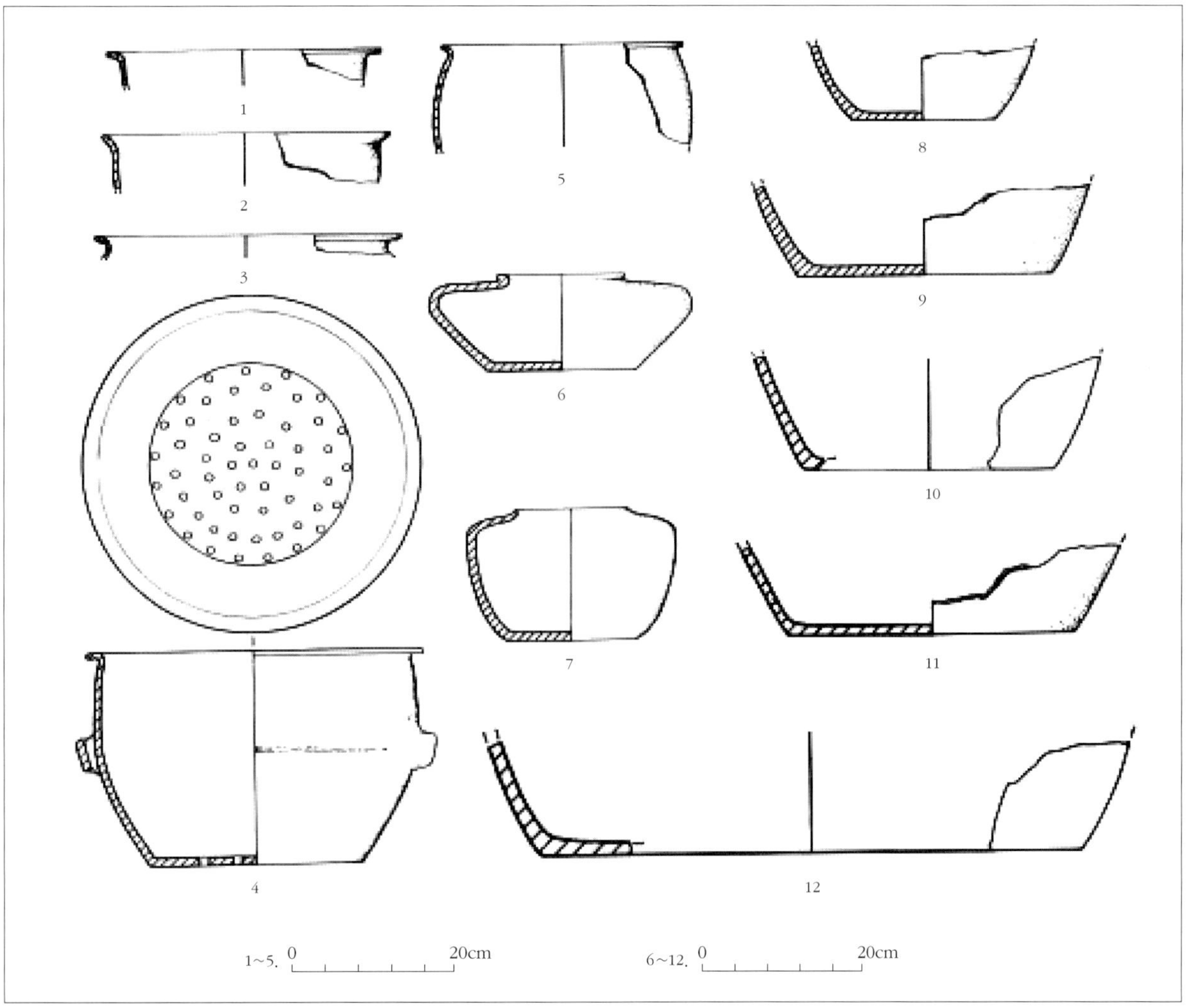

그림 124 26호 주거지 출토 토기(『五女山城』, 118쪽)
1~2. 분 구연부 3·5. 호 구연부 4. 시루 6~7. 호 8~11. 호 바닥 12. 분 바닥

제2부 환인현(桓仁縣) 지역의 유적과 유물   393

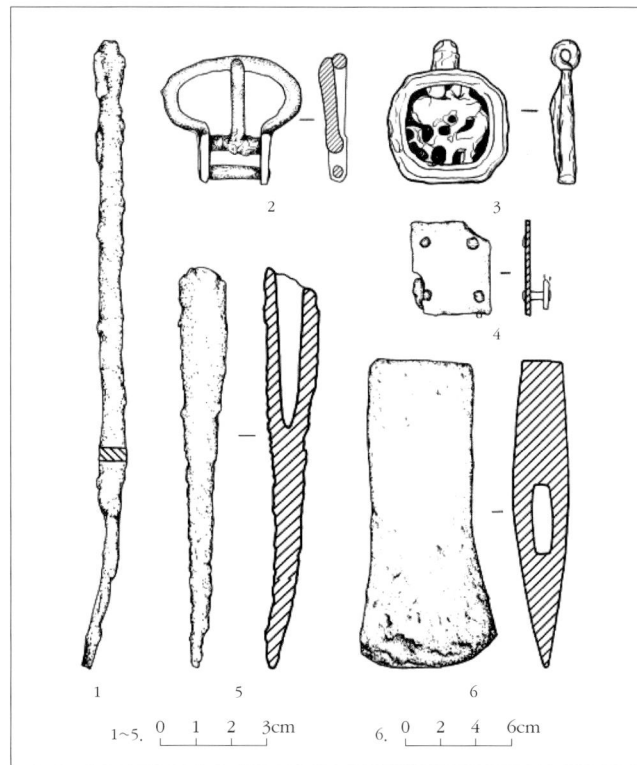

그림 125
27호 주거지 출토 철기
(『五女山城』, 123쪽)
1. 철제화살촉
2. 철제허리띠고리
3. 금동패식 4. 철제리벳이음
5. 철제송곳 6. 철제도끼

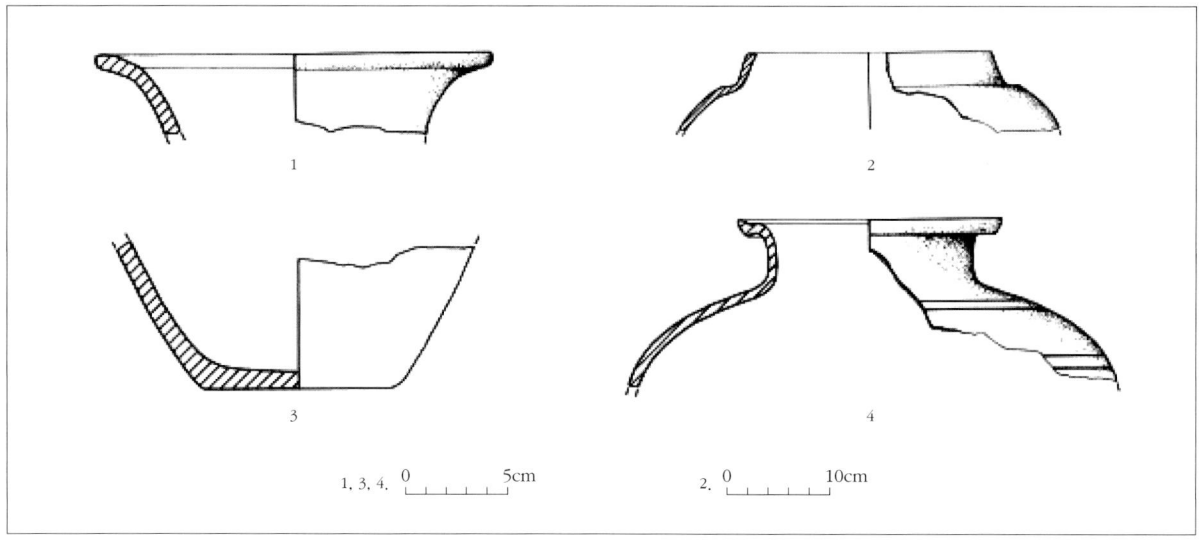

그림 126 27호 주거지 출토 토기(『五女山城』, 122쪽)
1. 분 구연부 2. 옹 3. 호 바닥 4. 호 구연부

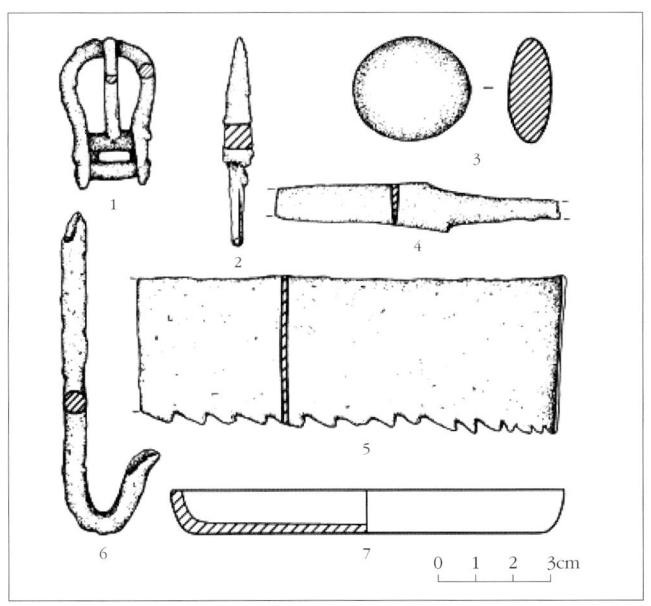

그림 127 28호 주거지 출토 유물(『五女山城』, 125쪽)
1. 철제허리띠고리 2. 철제화살촉 3. 석제구슬 4. 철제도자 5. 철제톱
6. 철제낚시바늘 7. 접시

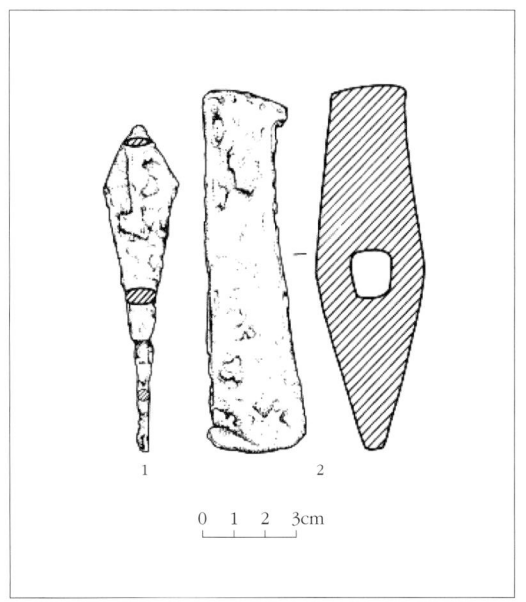

그림 128 29호 주거지 출토 철기(『五女山城』, 126쪽)
1. 화살촉 2. 망치

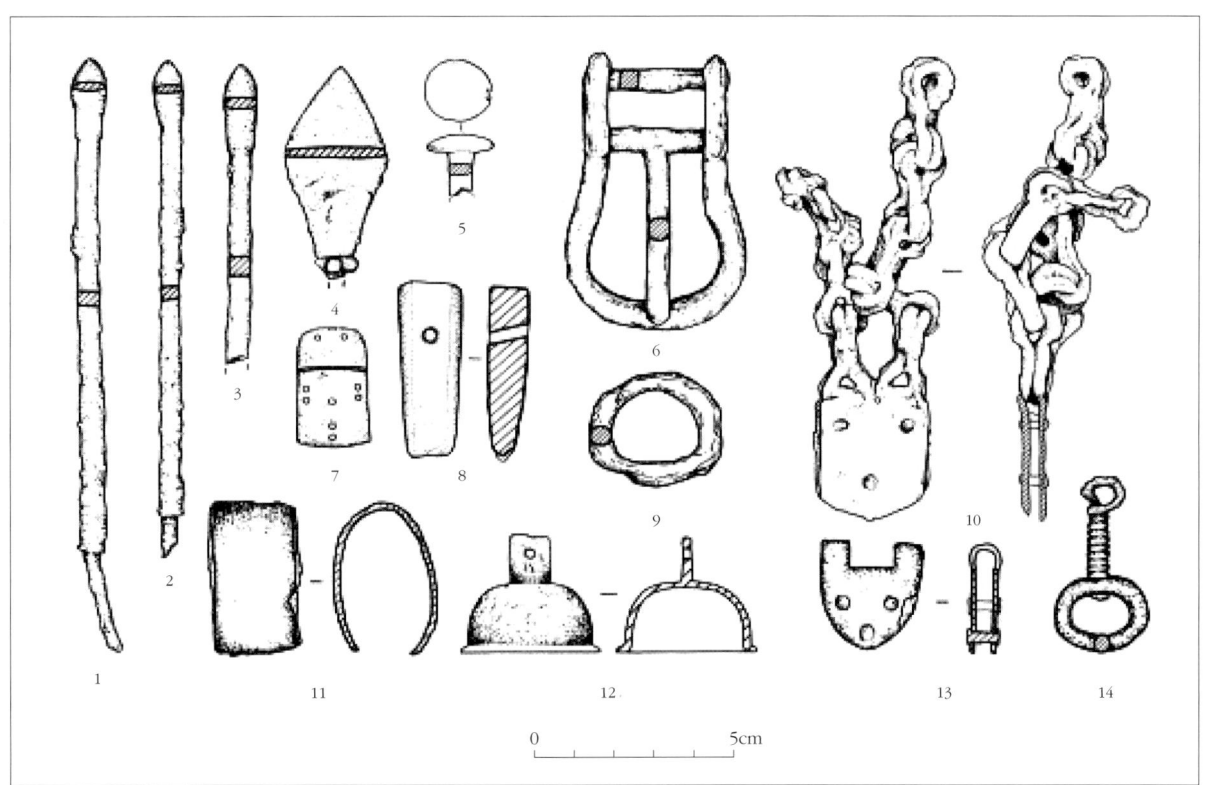

그림 129 30호 주거지 출토 유물(『五女山城』, 128쪽)
1~4. 철제화살촉 5. 청동제못 6. 철제허리띠고리 7. 철제찰갑편 8. 숫돌 9. 철제고리 10. 철제사슬 11. 철테 12. 철제방울모양장식
13. 철제경첩 14. 철제연결금구

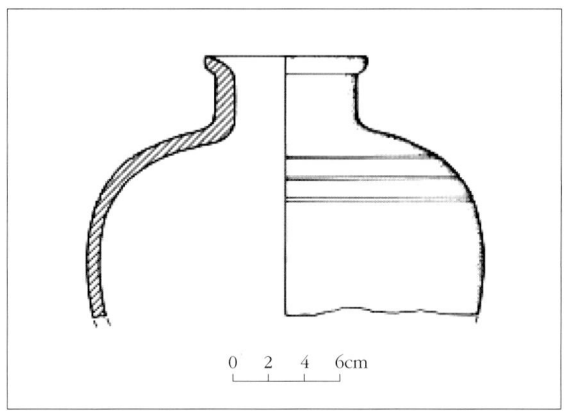

그림 130
30호 주거지 출토 호
(『五女山城』, 127쪽)

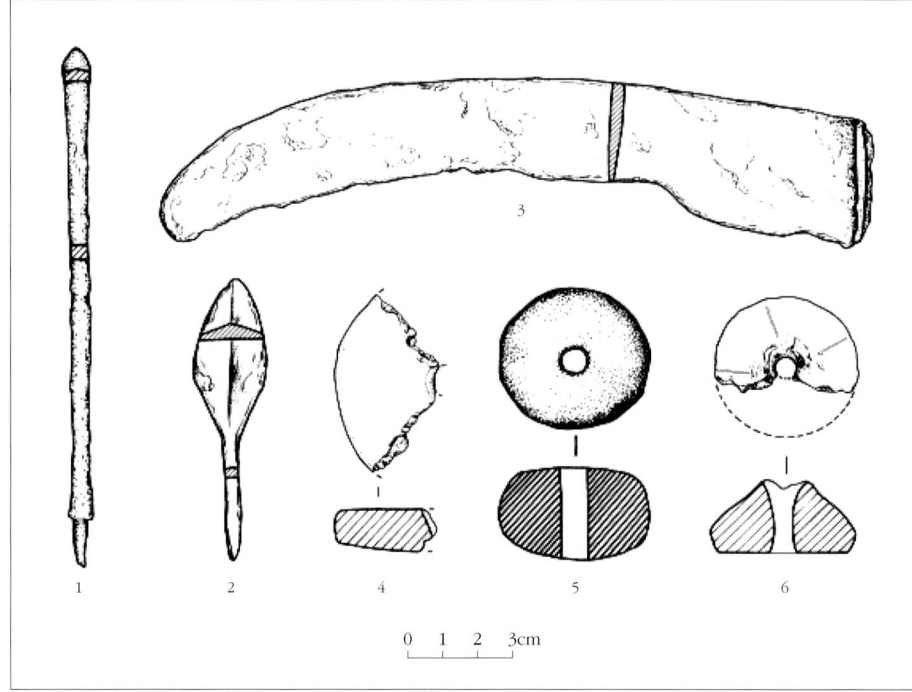

그림 131
31호 주거지 출토 유물
(『五女山城』, 130쪽)
1~2. 철제화살촉
3. 철제낫
4·6. 토제가락바퀴
5. 석제가락바퀴

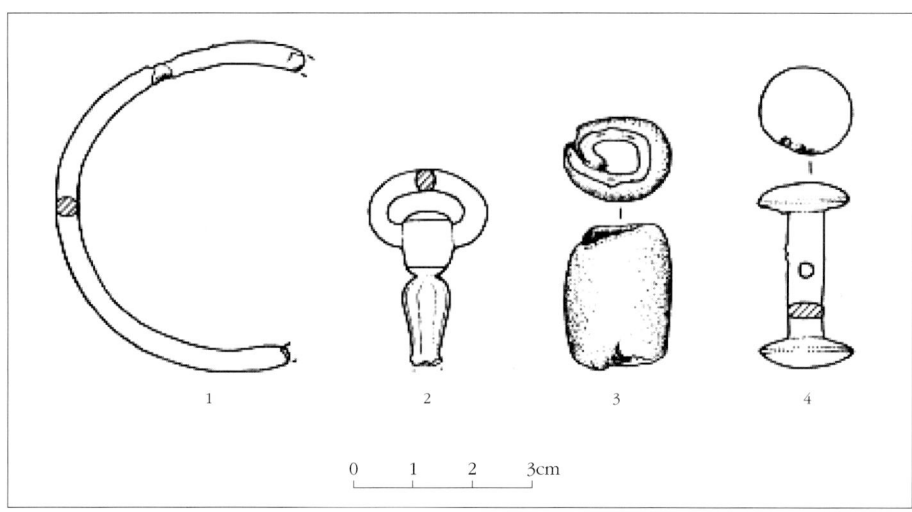

그림 132
32호 주거지 출토 청동기와 납기(『五女山城』, 139쪽)
1. 청동제팔찌
2. 청동제연결금구
3. 납제어망추
4. 청동제연결못

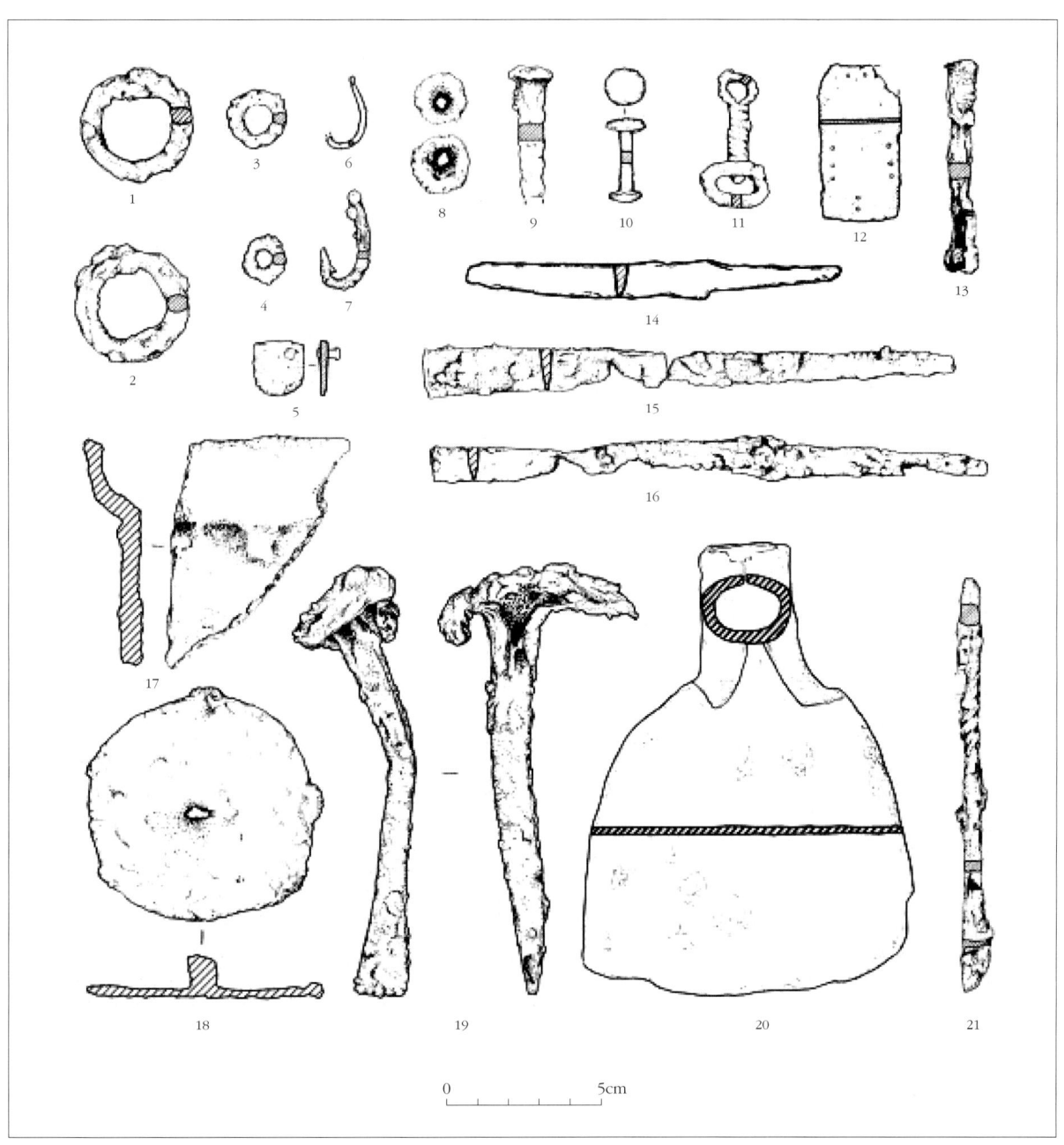

그림 133 32호 주거지 출토 철기(『五女山城』, 136쪽)
1~4. 고리 5. 리벳이음 6·7. 낚시바늘 8. 꼭지모양장식 9. 못 10. 연결못 11. 연결금구 12. 찰갑편 13. 자루 14~16. 도자
17. 솥 구연부 18. 거울모양장식 19. 정 20. 삽 21. 조각칼

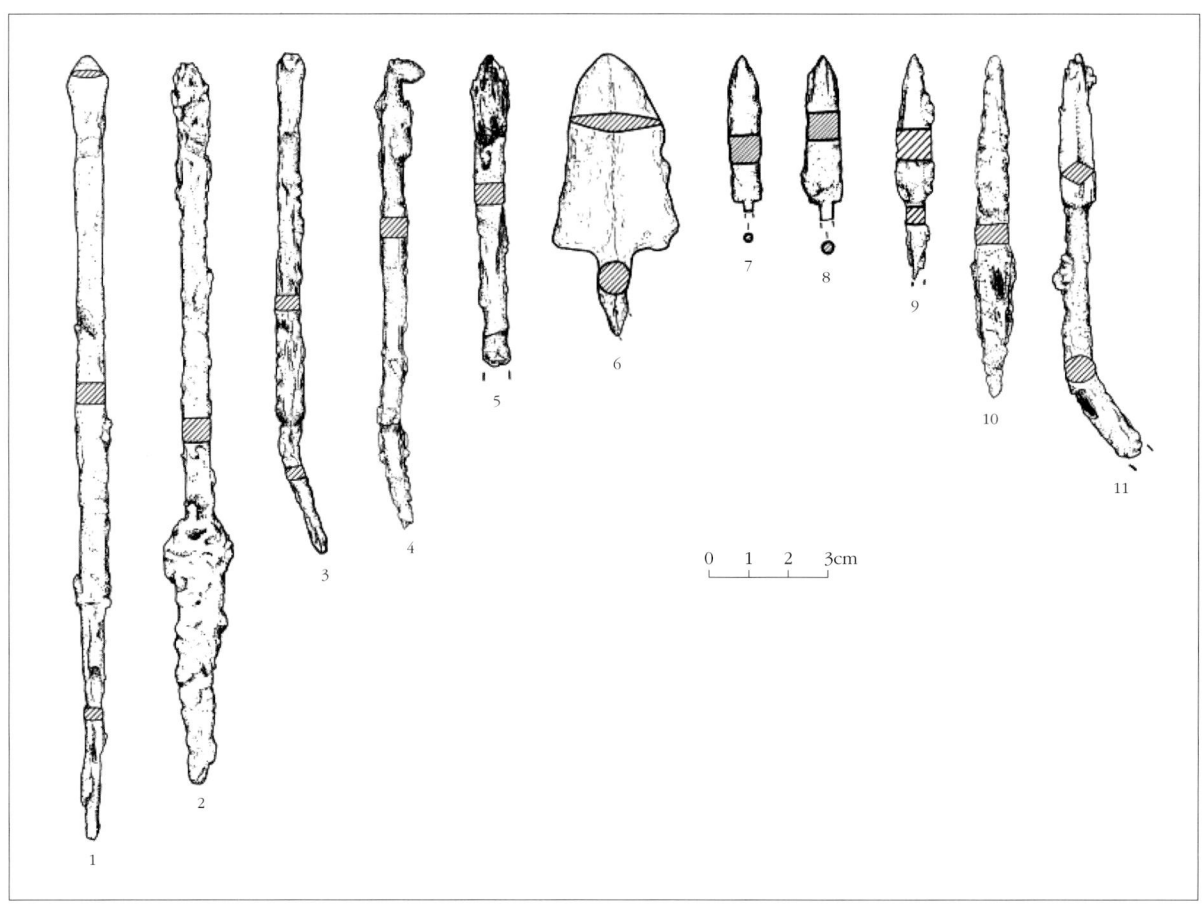

그림 134 32호 주거지 출토 철제화살촉(『五女山城』, 138쪽)

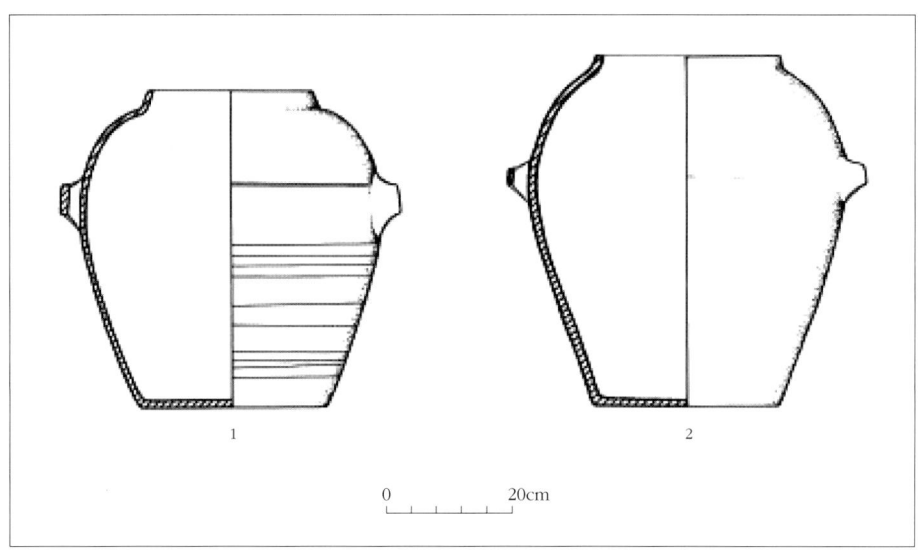

그림 135
32호 주거지 출토 옹
(『五女山城』, 133쪽)

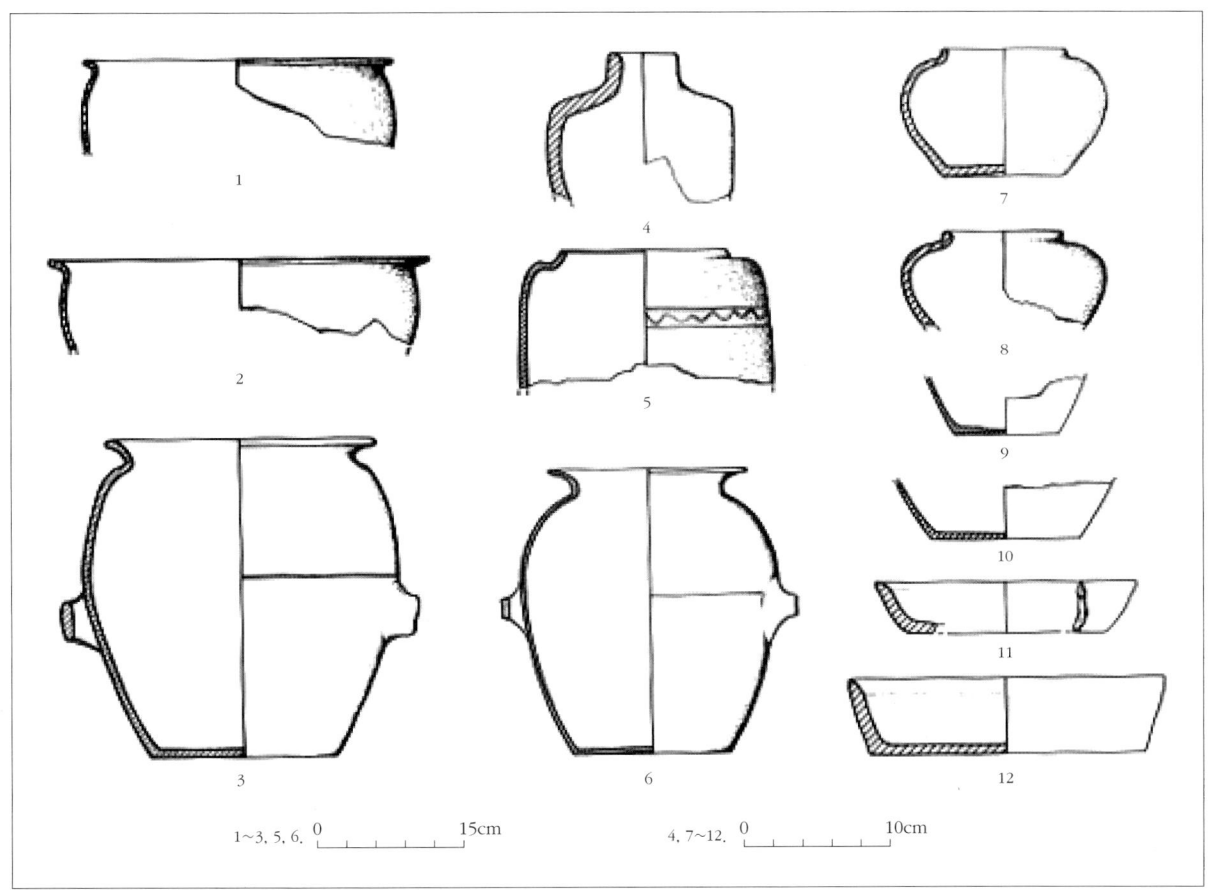

그림 136 32호 주거지 출토 토기(『五女山城』, 134쪽)
1·3·5~8. 호 2. 분 4. 호 9~10. 토기 바닥 11~12. 반

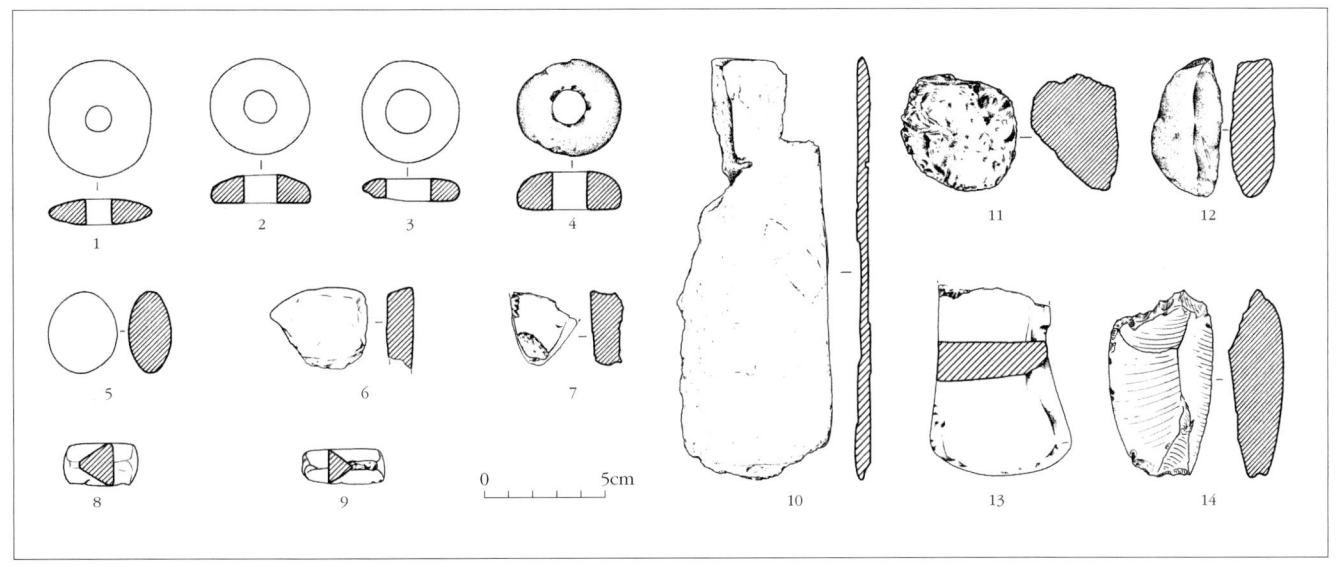

그림 137 32호 주거지 출토 석기(『五女山城』, 132쪽)
1~4. 가락바퀴 5. 구슬 6. 활석 7. 뿔모양석기 8~9. 삼각기둥모양석기 10. 삽 11. 고잡기 12·14. 긁개 13. 숫돌

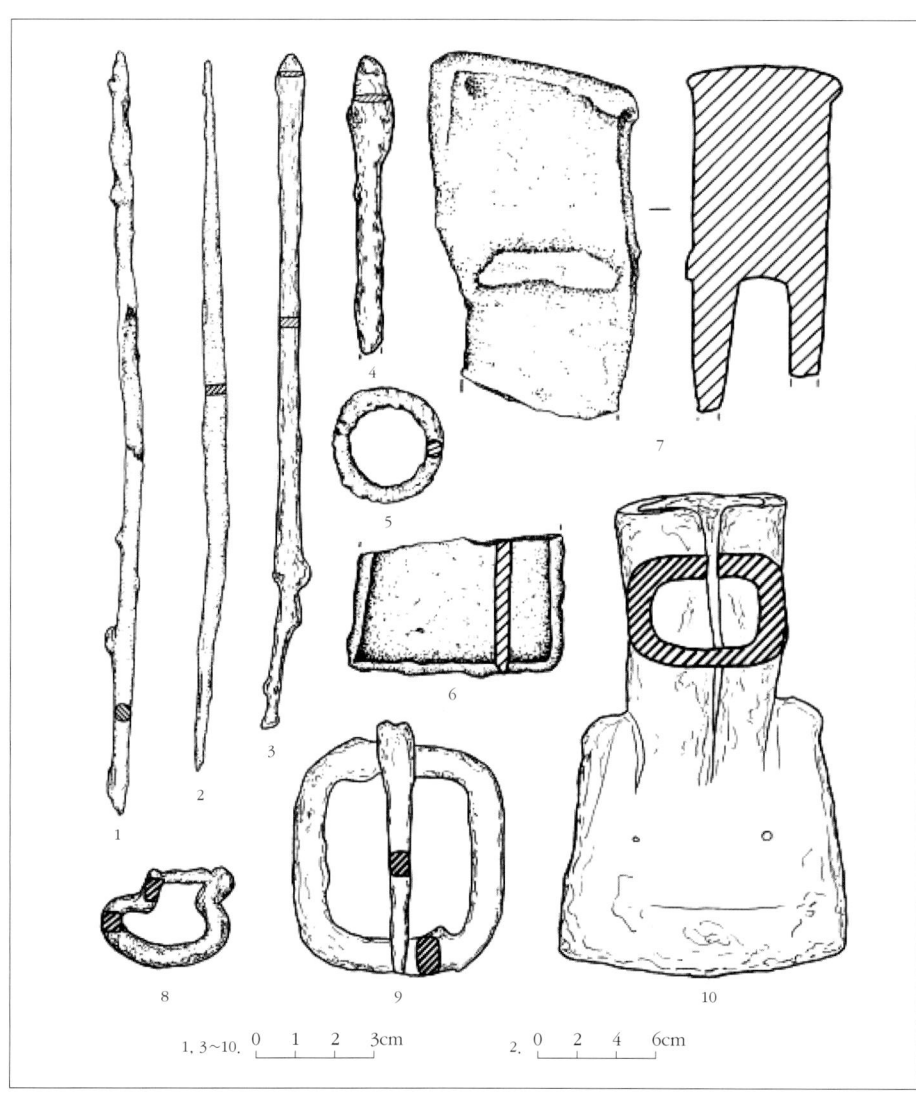

그림 138
33호 주거지 출토 철기
(『五女山城』, 141쪽)
1~2. 추 3~4. 화살촉
5. 고리 6. 날 7. 도끼
8~9. 허리띠고리 10. 삽

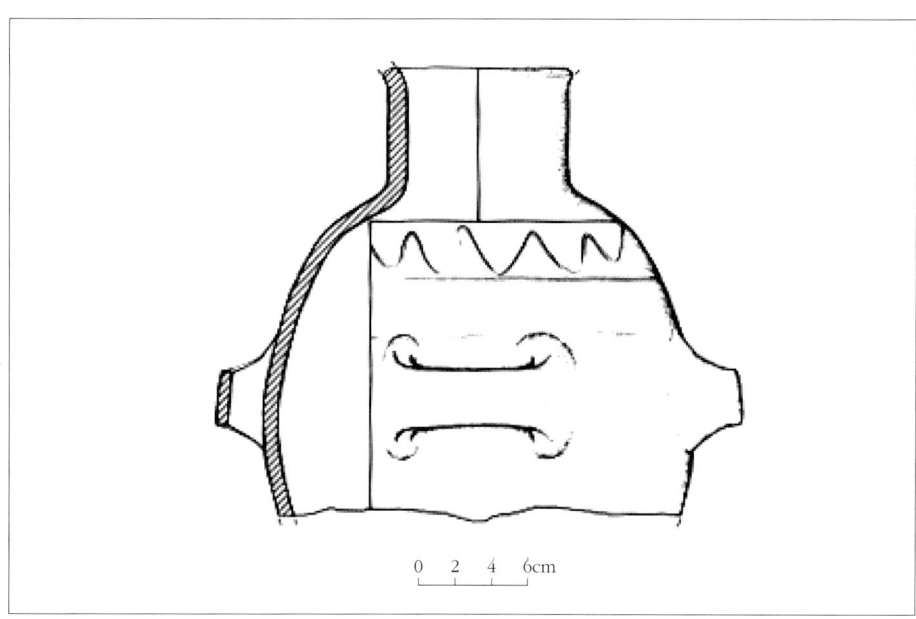

그림 139
33호 주거지 출토 호
(『五女山城』, 140쪽)

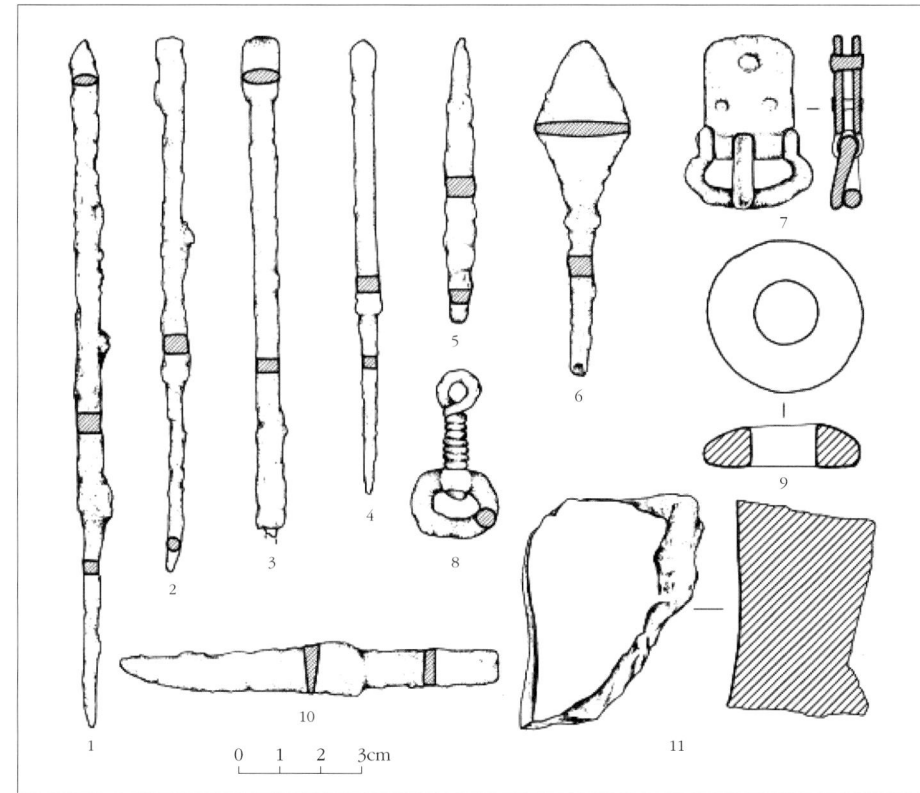

그림 140
37호 주거지 출토 유물
(『五女山城』, 143쪽)
1~6. 철제화살촉
7. 철제허리띠고리
8. 철제연결금구
9. 석제가락바퀴
10. 철제도자
11. 숫돌

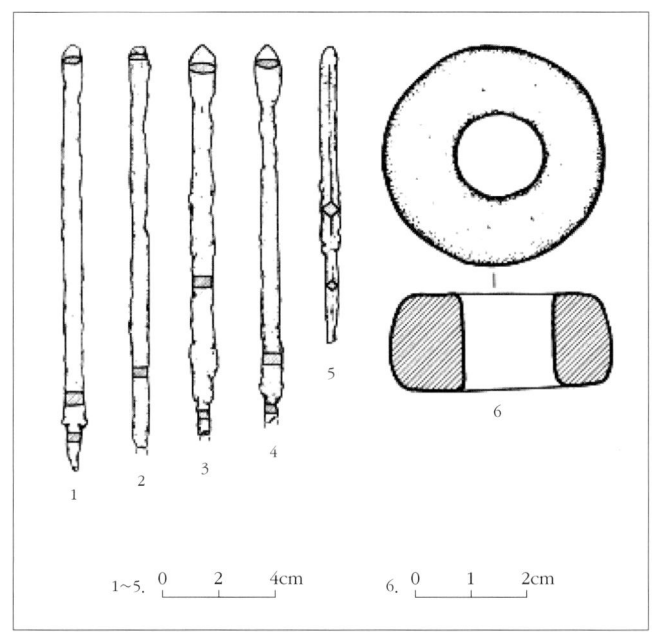

그림 141 38호 주거지 출토 유물(『五女山城』, 145쪽)
1~5. 철제화살촉 6. 돌가락바퀴

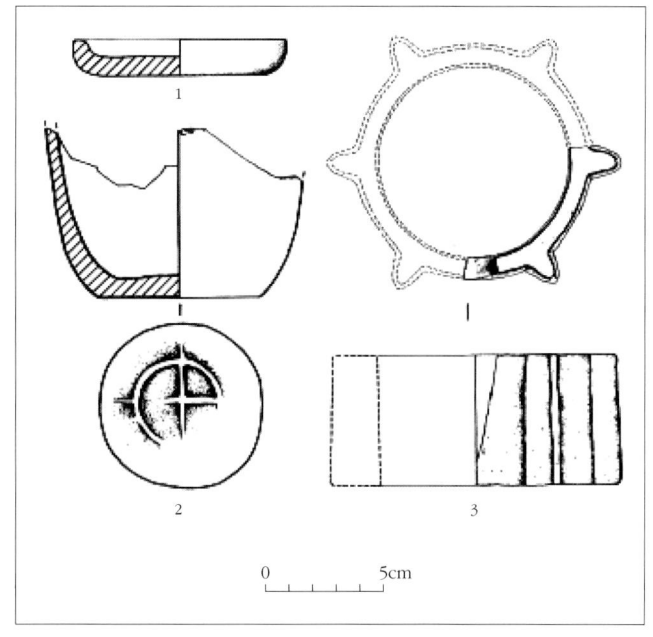

그림 142 39호 주거지 출토 유물(『五女山城』, 145쪽)
1. 접시 2. 호 3. 철제수레바퀴굿대축

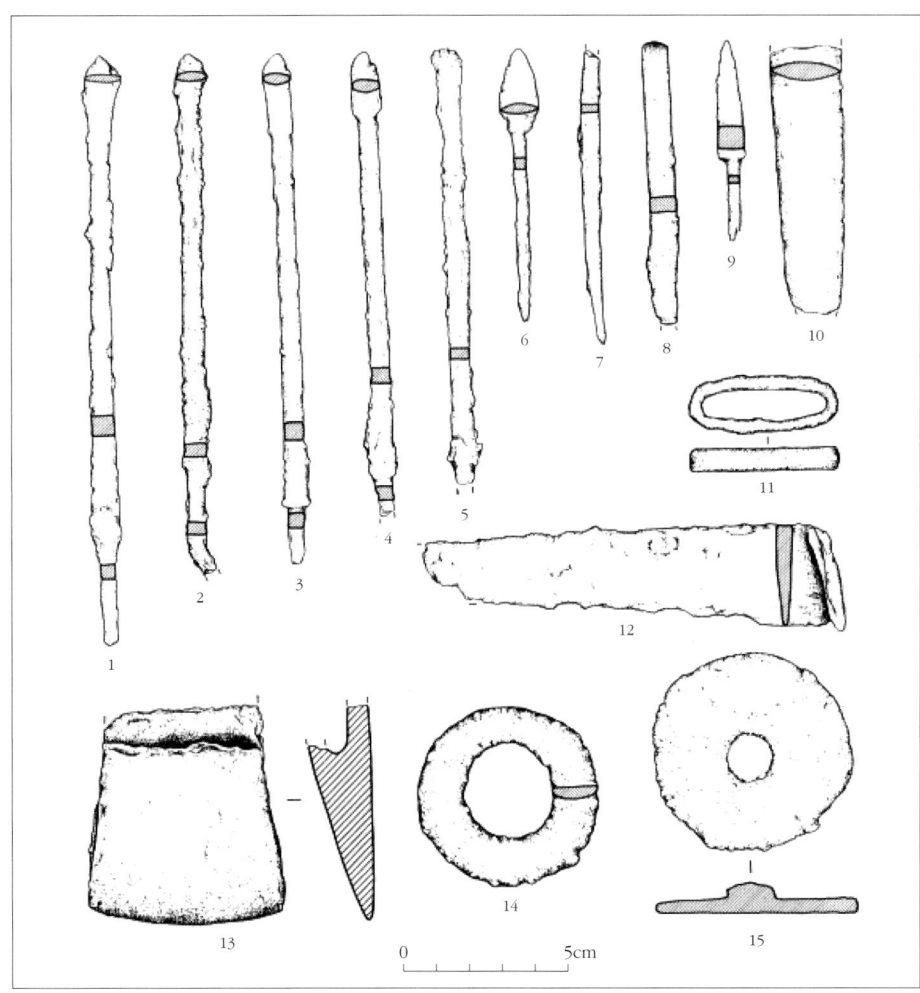

그림 143
63호 주거지 출토 철기
(『五女山城』, 148쪽)
1~9. 화살촉 10. 비수
11. 테 12. 낫 13. 도끼
14. 고리 15. 거울모양장식

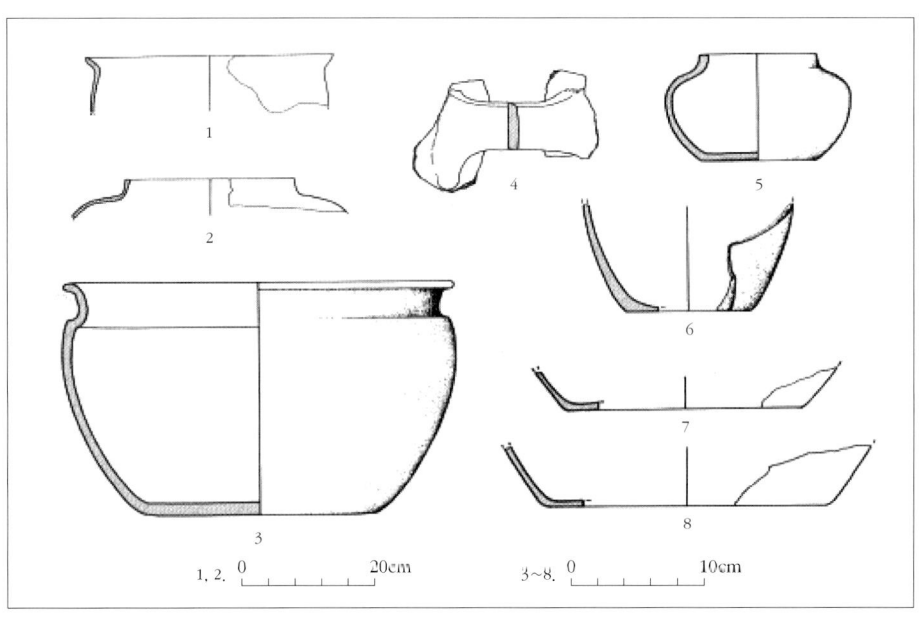

그림 144
63호 주거지 출토 토기
(『五女山城』, 147쪽)
1. 분 구연부 2. 옹 구연부
3. 분 4. 피수 5. 호
6. 호 바닥 7~8. 분 바닥

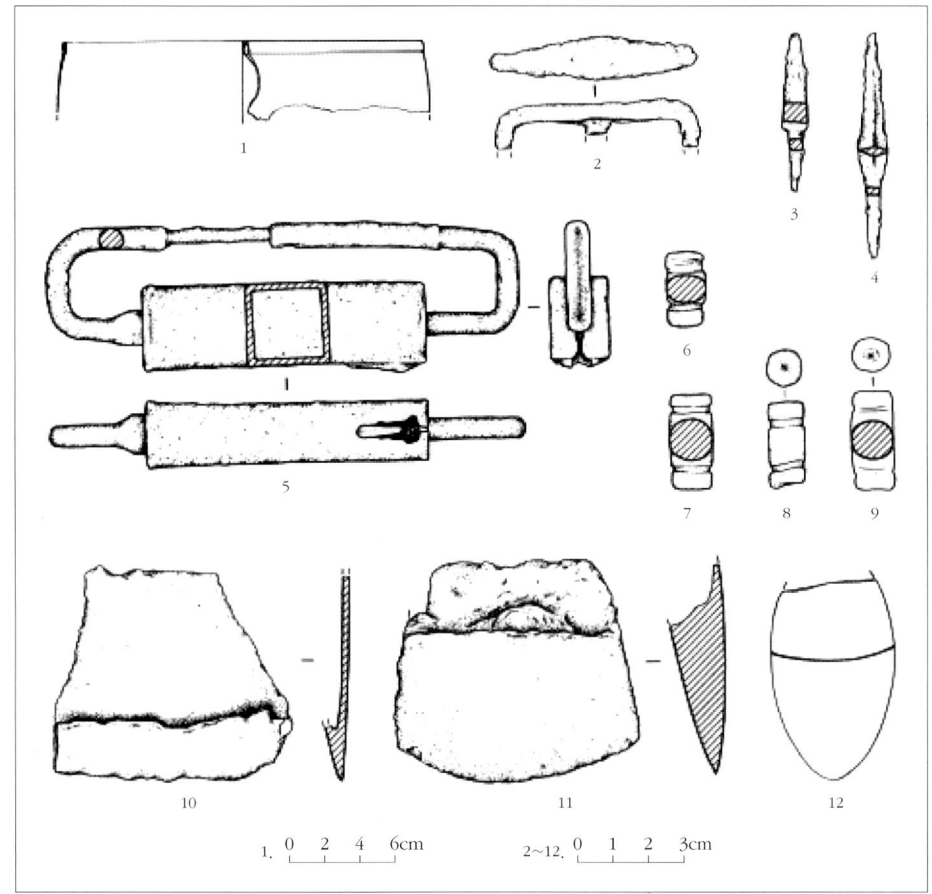

그림 145
70호 주거지 출토 유물
(『五女山城』, 150쪽)
1. 발 구연부 2. 철제거멀못
3. 철제화살촉 4. 추형철기
5. 철제자물쇠
6~9. 토제어망추
10. 철제낫 11. 철제도끼
12. 청동제숟가락

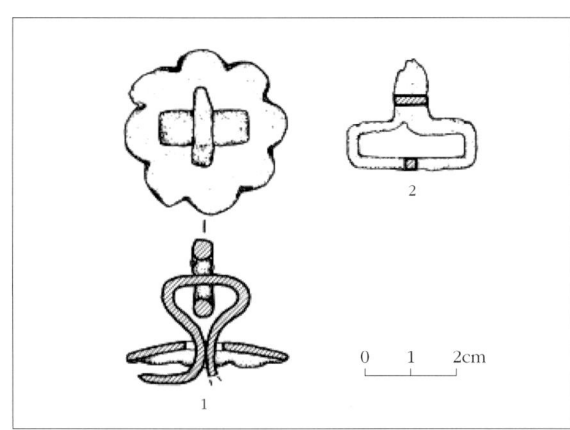

그림 146
71, 72호 주거지 출토 철기
(『五女山城』, 152쪽)
1. 고리장식 2. 방형고리

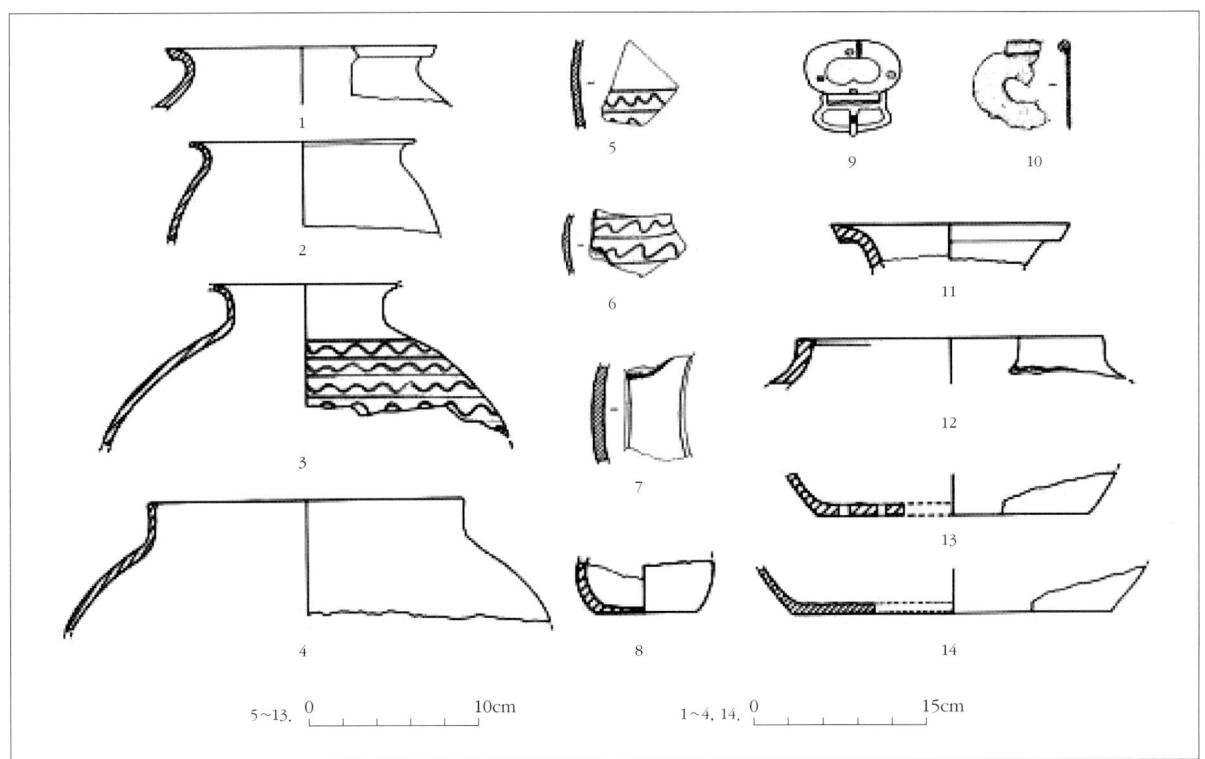

그림 147 4호 주거지 출토 유물(『五女山城』, 155쪽)
1~2. 호 구연부 3. 호 4·12. 옹 구연부 5~6. 토기편 7. 파수 8. 발 바닥 9~10. 철제허리띠고리 11. 호 구연부 13. 시루 바닥 14. 분 바닥

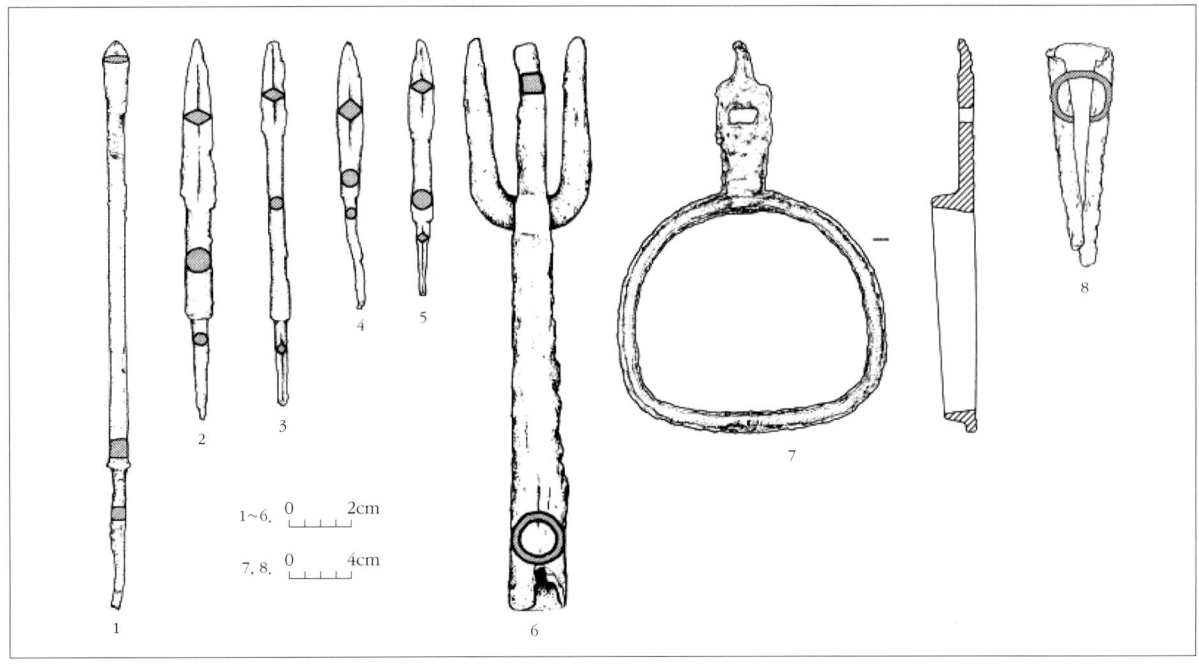

그림 148 11, 12호 주거지 출토 철기(『五女山城』, 157쪽)
1~5. 화살촉 6. 삼지창 7. 등자 8. 물미

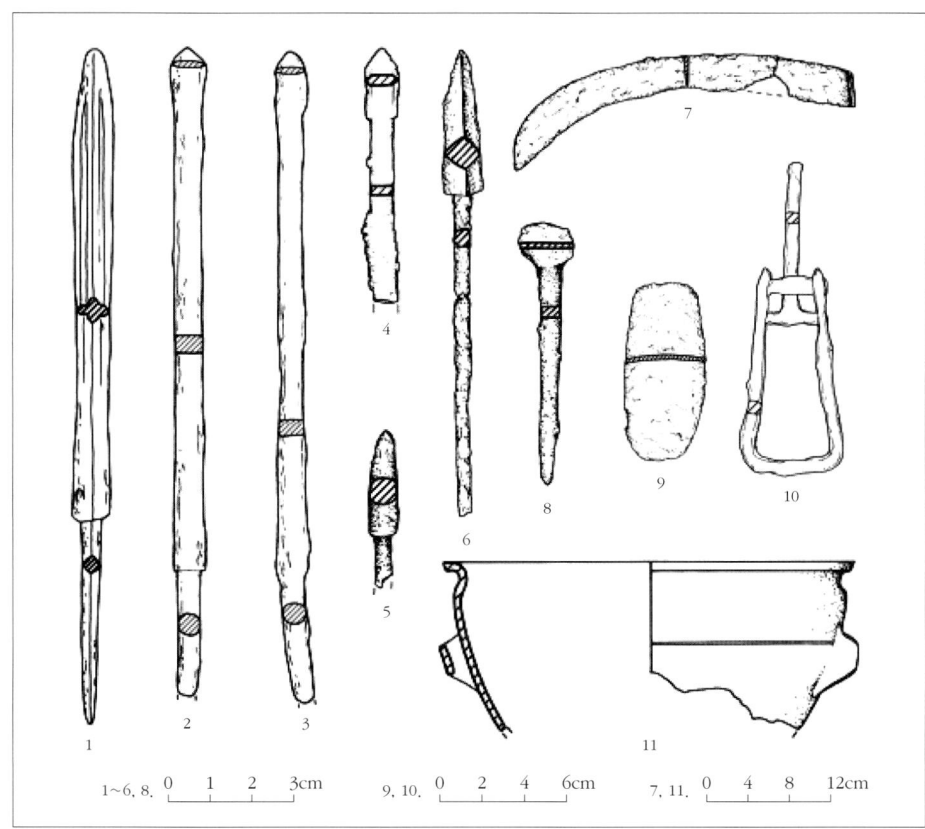

그림 149
51호 주거지 출토 유물
(『五女山城』, 159쪽)
1~6. 철제화살촉 7. 철제낫
8. 철제못 9. 철편
10. 철제허리띠고리
11. 분 구연부

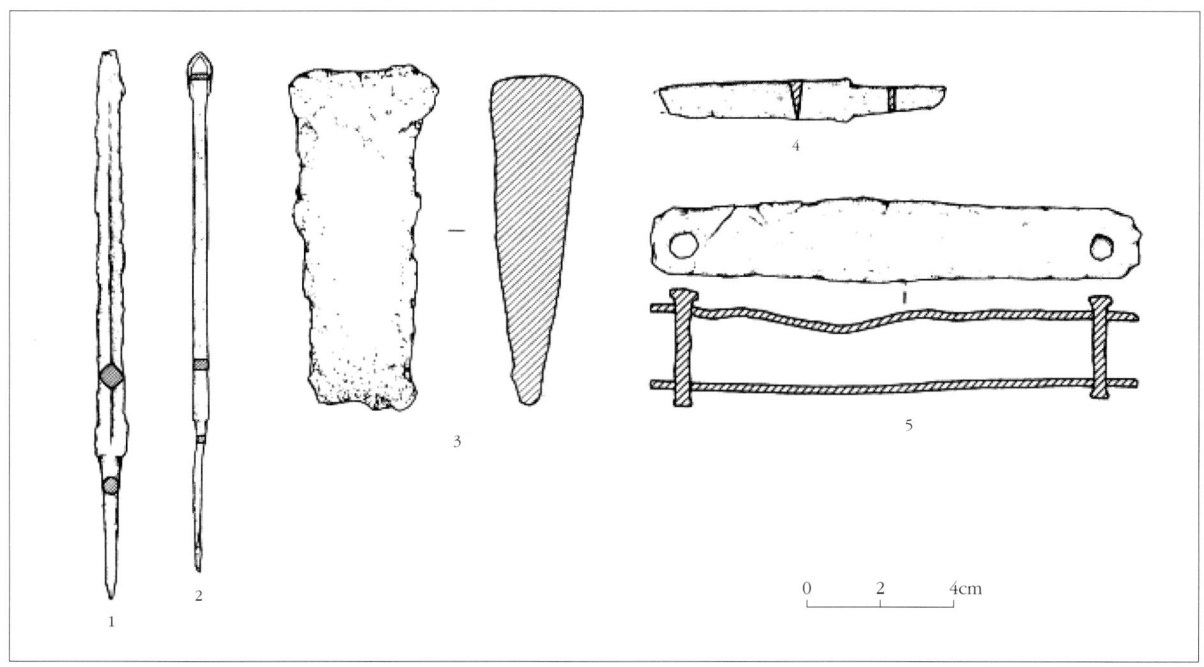

그림 150 52, 54호 주거지 출토 철기(『五女山城』, 161쪽)
1~2. 화살촉 3. 쐐기 4. 도자 5. 리벳이음

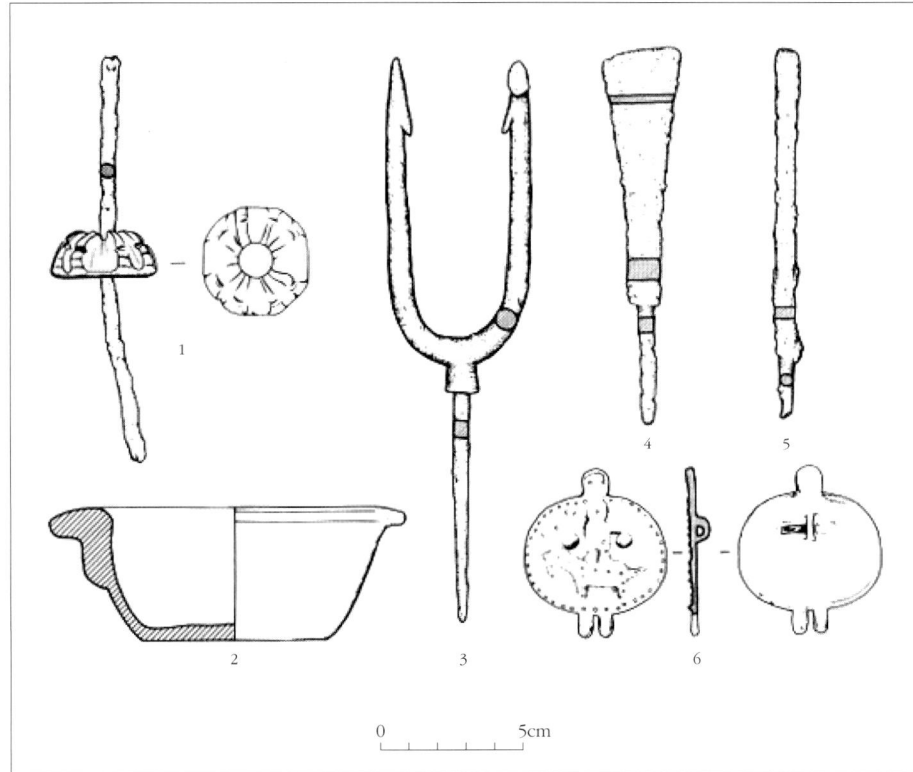

그림 151
65호 주거지 출토 유물
(『五女山城』, 163쪽)
1. 석제가락바퀴
2. 등잔
3. 철제가지창
4~5. 철제화살촉
6. 청동제패식

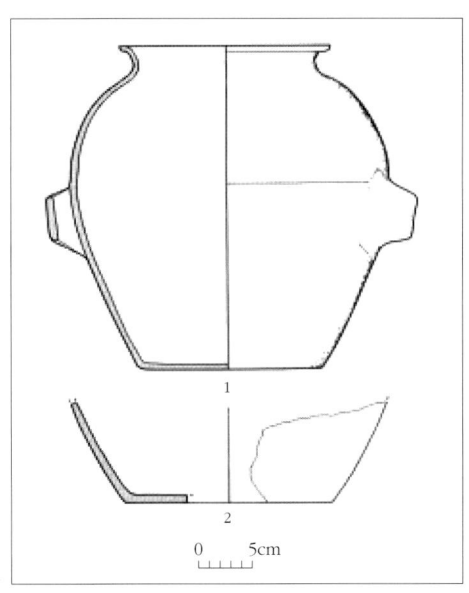

그림 152 66호 주거지 출토 토기(『五女山城』, 164쪽)
1. 호 2. 토기 바닥

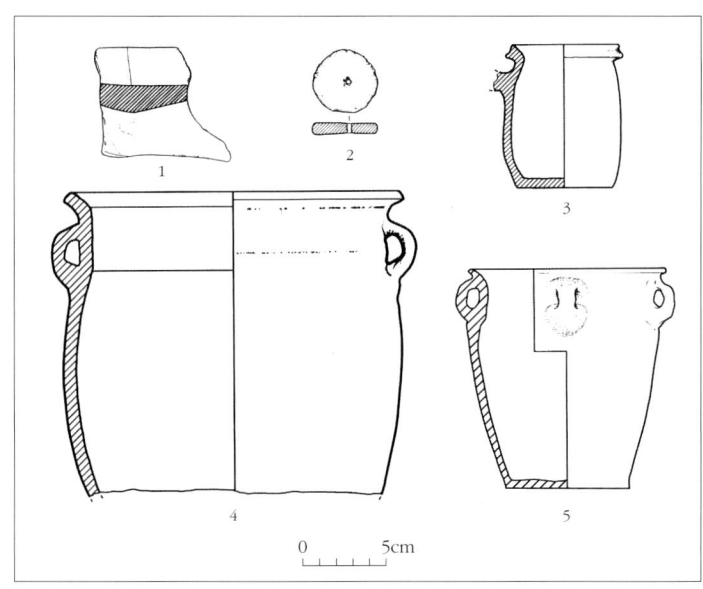

그림 153 제3기 문화 재구덩이 출토유물(『五女山城』, 80쪽)
1. 숫돌 2. 토제가락바퀴 3. 잔 4~5. 호

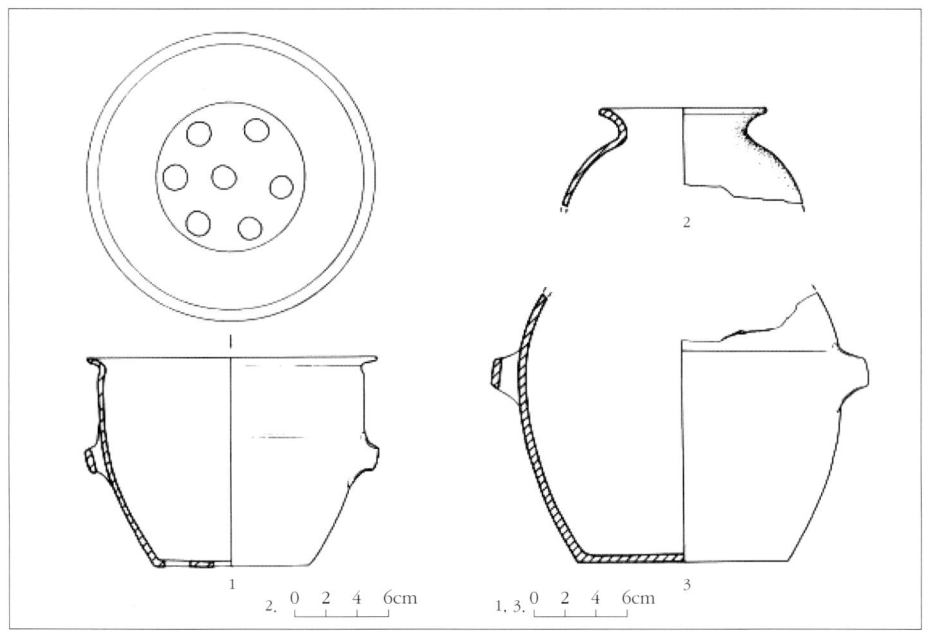

그림 154
1호 재구덩이 출토 토기
(『五女山城』, 165쪽)
1. 시루 2. 호 구연부 3. 옹

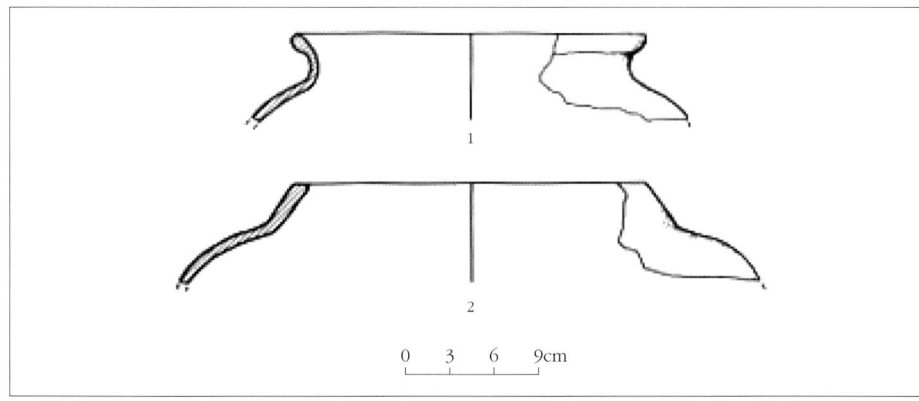

그림 155
3호 재구덩이 출토 토기
(『五女山城』, 166쪽)
1. 호 구연부 2. 옹 구연부

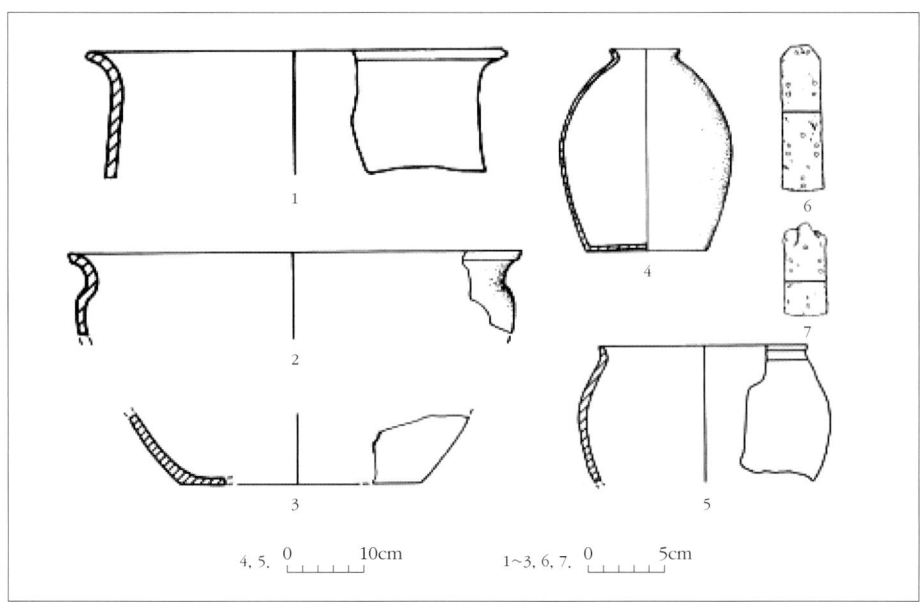

그림 156
4, 13호 재구덩이 출토 유물
(『五女山城』, 167쪽)
1~2. 분 구연부 3. 토기 바닥
4~5. 호 6~7. 철제찰갑편

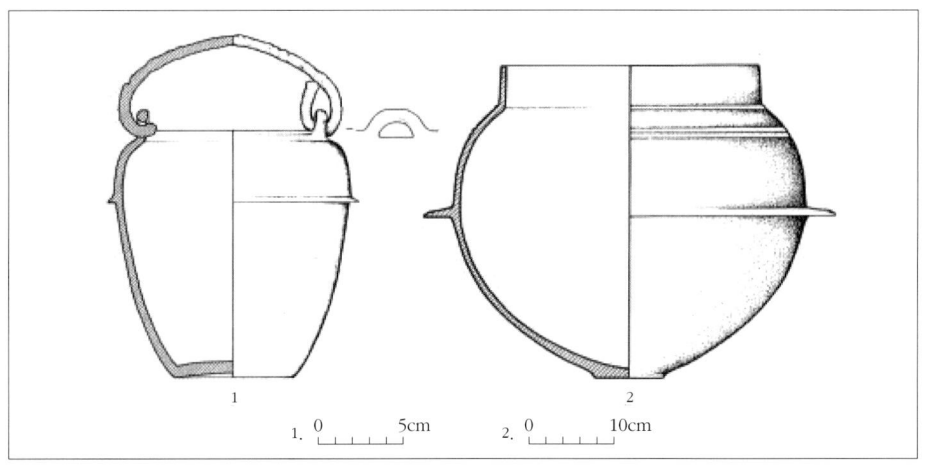

그림 157
철기저장구덩이 출토 철기
(『五女山城』, 168쪽)
1. 철복 2. 철솥

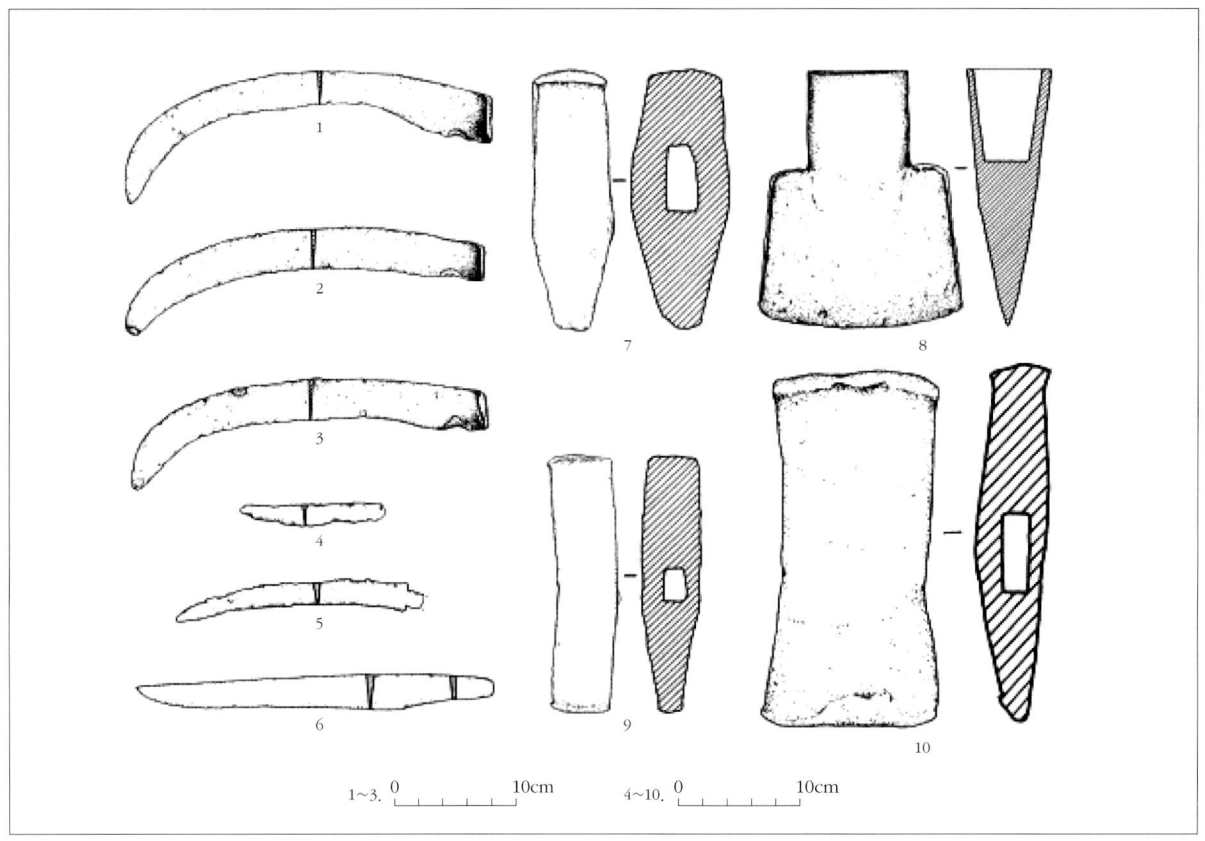

그림 158 철기저장구덩이 출토 철기(『五女山城』, 169쪽)
1~3. 낫 4~6. 도자 7·9. 망치 8·10. 도끼

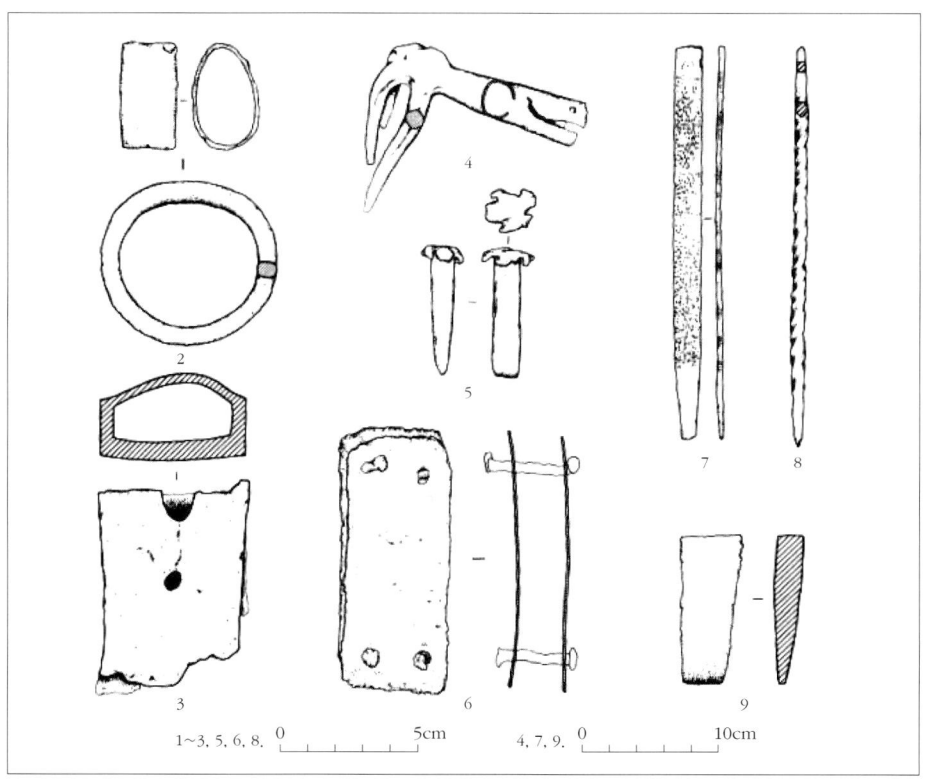

그림 159
철기저장구덩이 출토 철기
(『五女山城』, 170쪽)
1. 테 2. 고리 3. 공형철기
4. 쇠스랑 5. 정
6. 리벳이음 7. 철줄
8. 뚫개 9. 쐐기

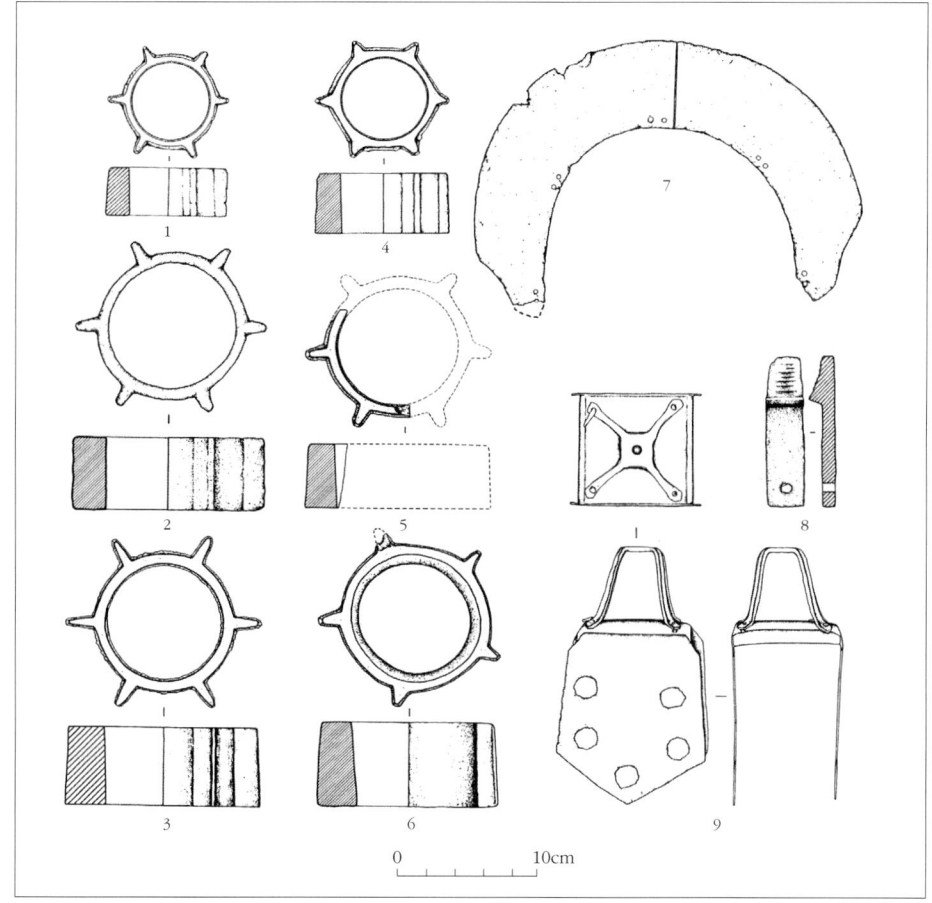

그림 160
철기저장구덩이 출토 철기
(『五女山城』, 172쪽)
1~6. 수레바퀴굿대축
7·9. 장식 8. 수레바퀴비녀장

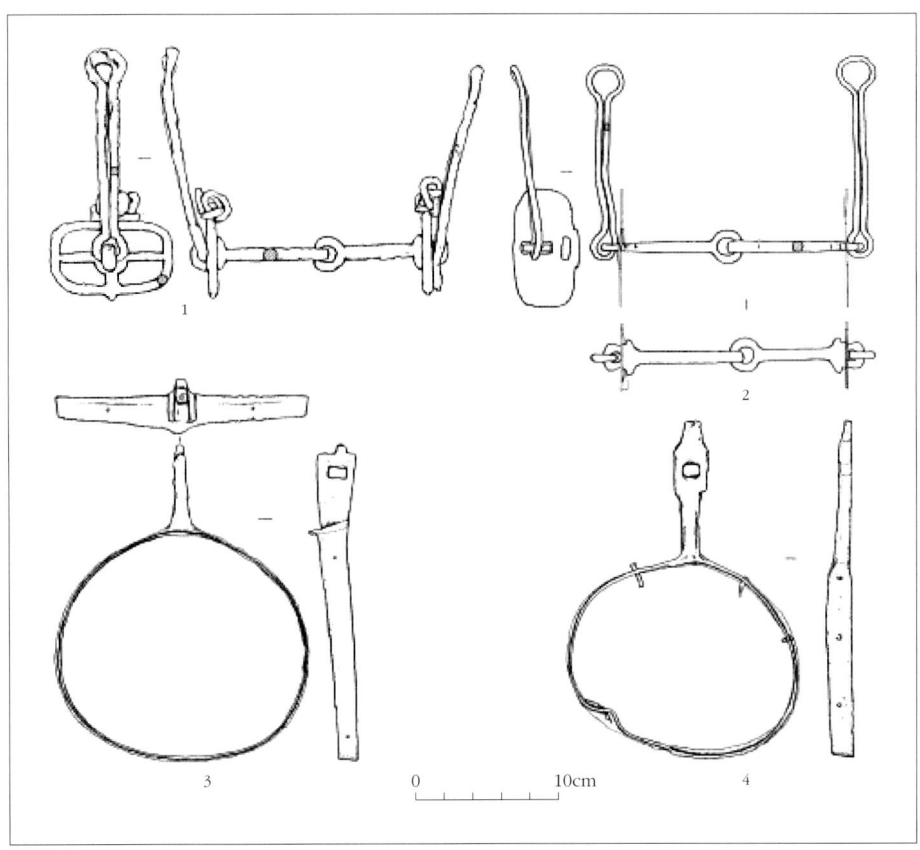

그림 161
철기저장구덩이 출토 철기
(『五女山城』, 173쪽)
1~2. 재갈 3~4. 등자

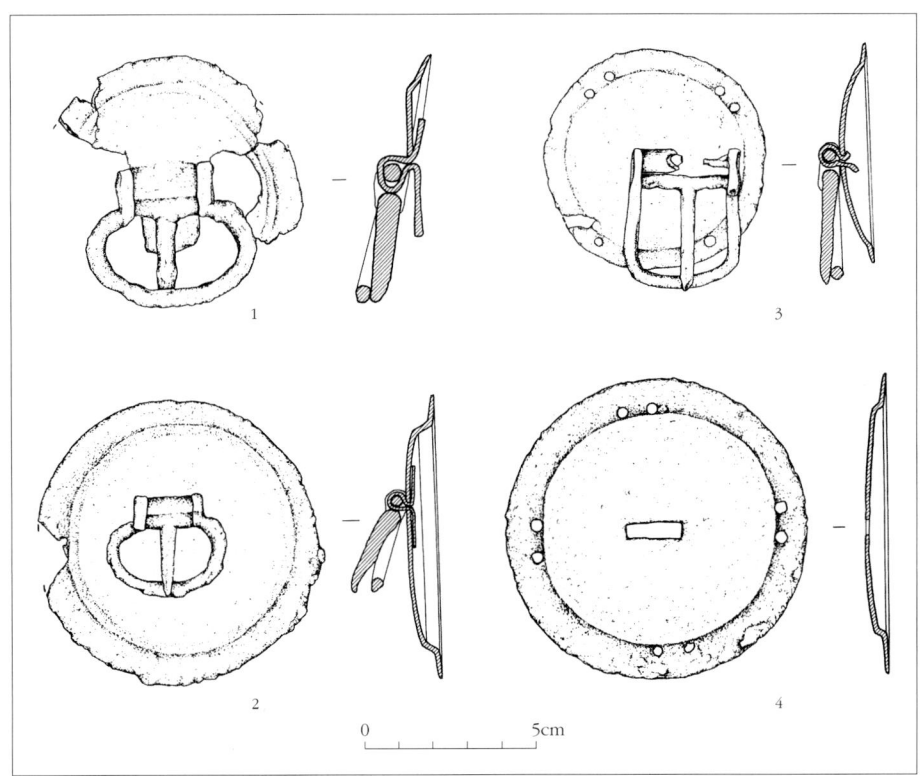

그림 162
철기저장구덩이 출토 띠고리
(『五女山城』, 174쪽)

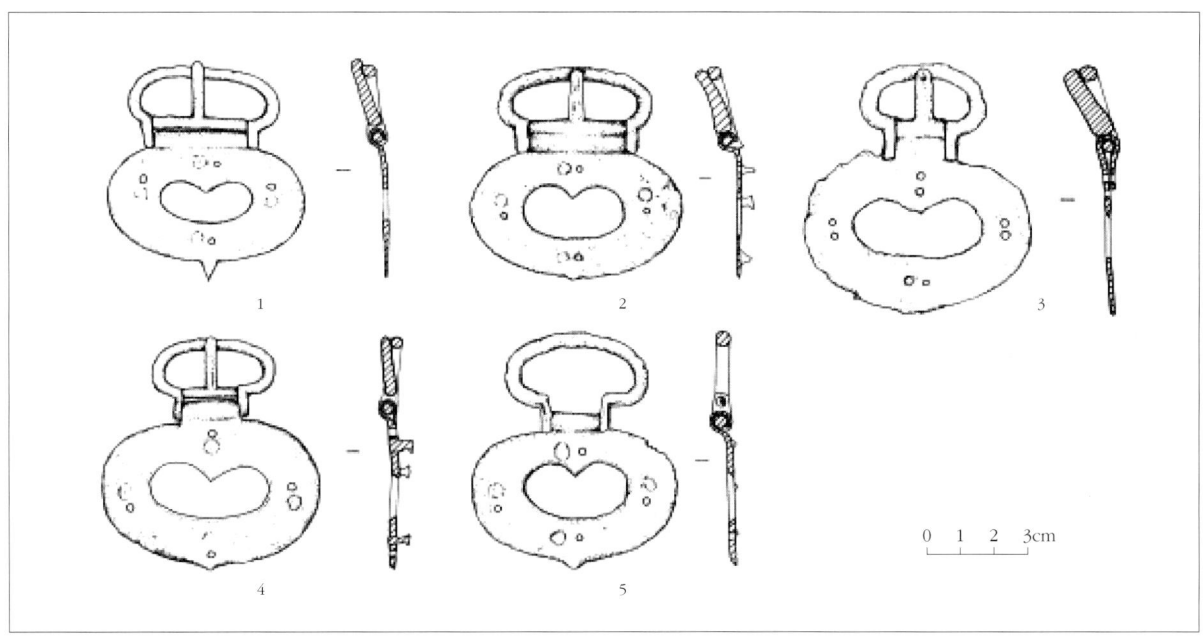

그림 163 철기저장구덩이 출토 철제허리띠고리 1(『五女山城』, 175쪽)

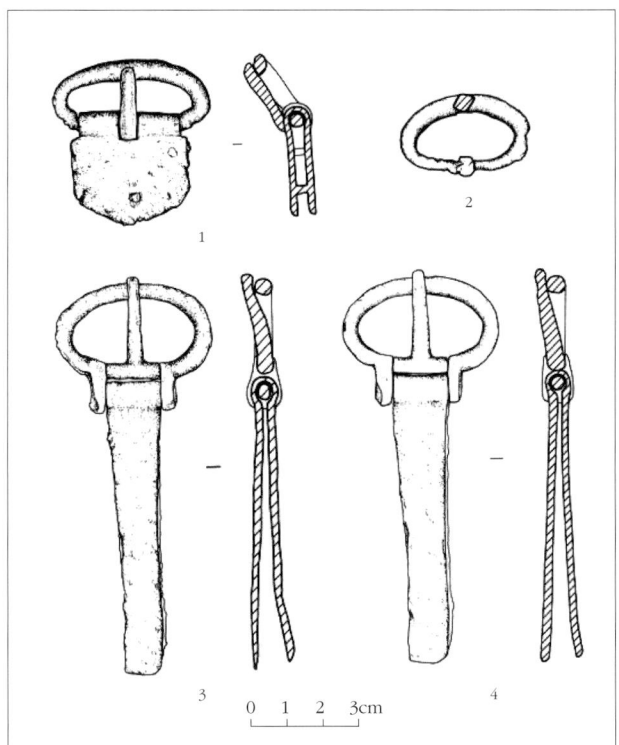

그림 164
철기저장구덩이 출토
철제허리띠고리 2
(『五女山城』, 176쪽)

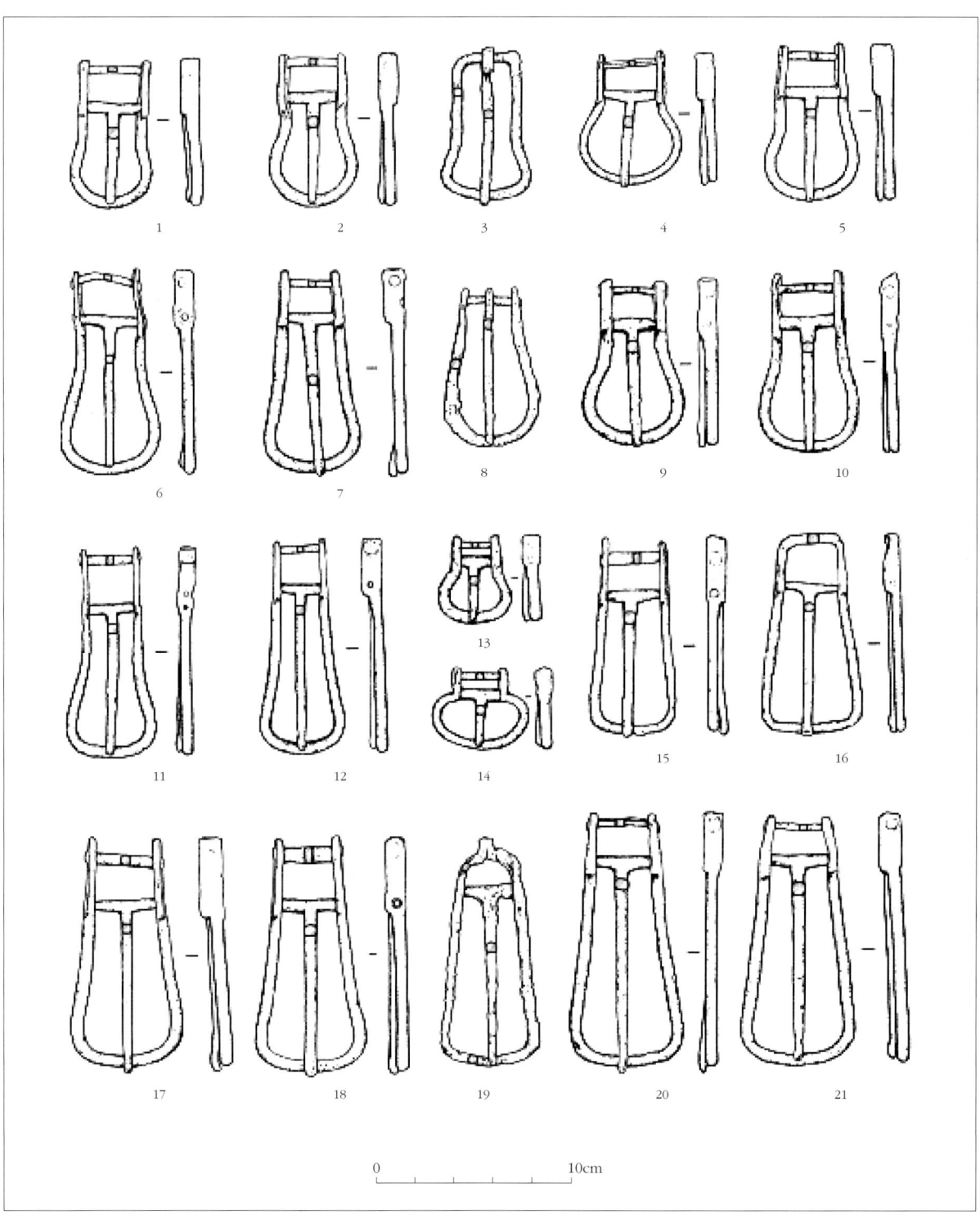

그림 165 철기저장구덩이 출토 철제허리띠고리 3(『五女山城』, 178쪽)

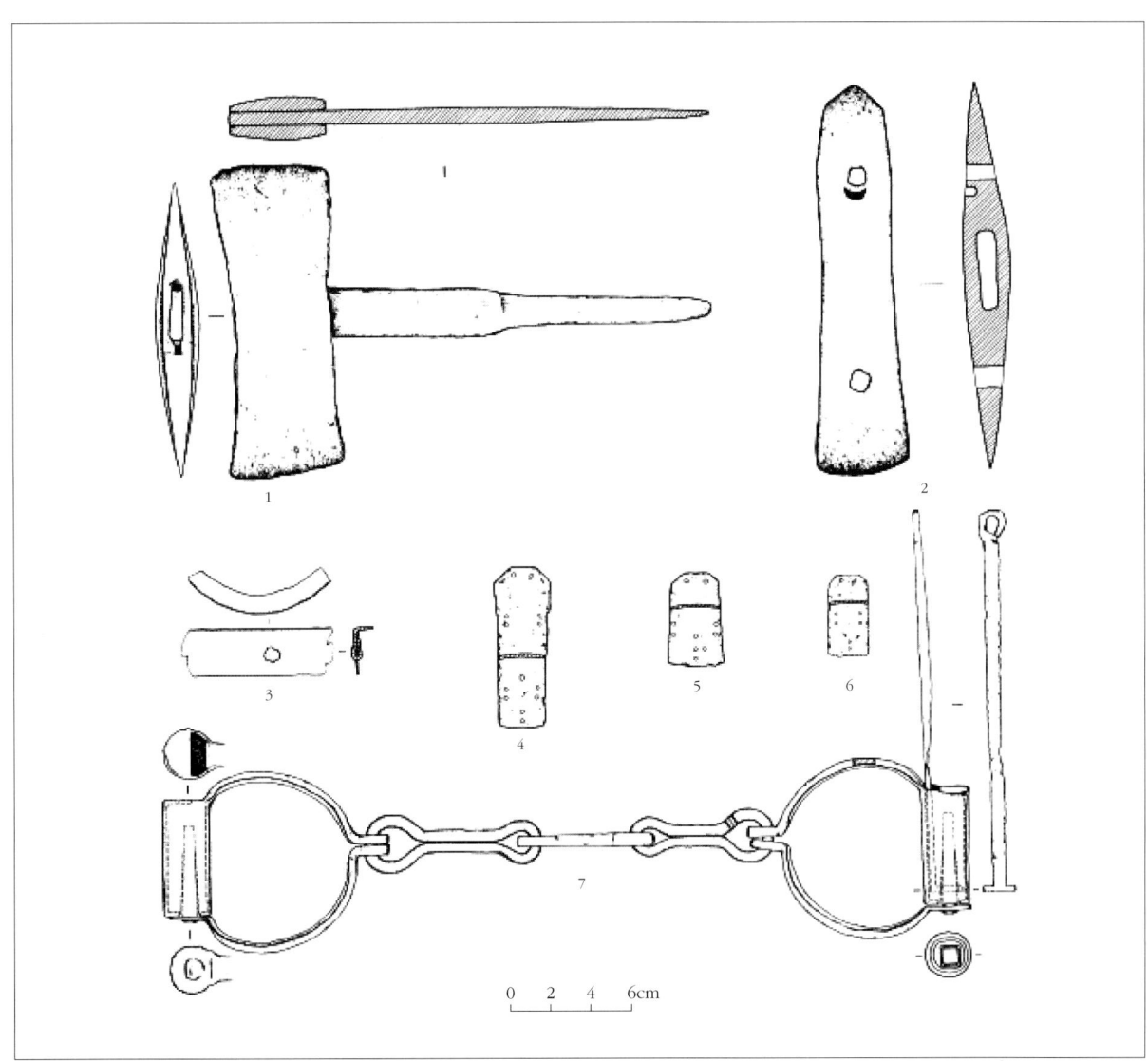

그림 166 철기저장구덩이 출토 철기(『五女山城』, 179쪽)
1~2. 도끼 3. 포편 4~6. 찰갑편 7. 족쇄

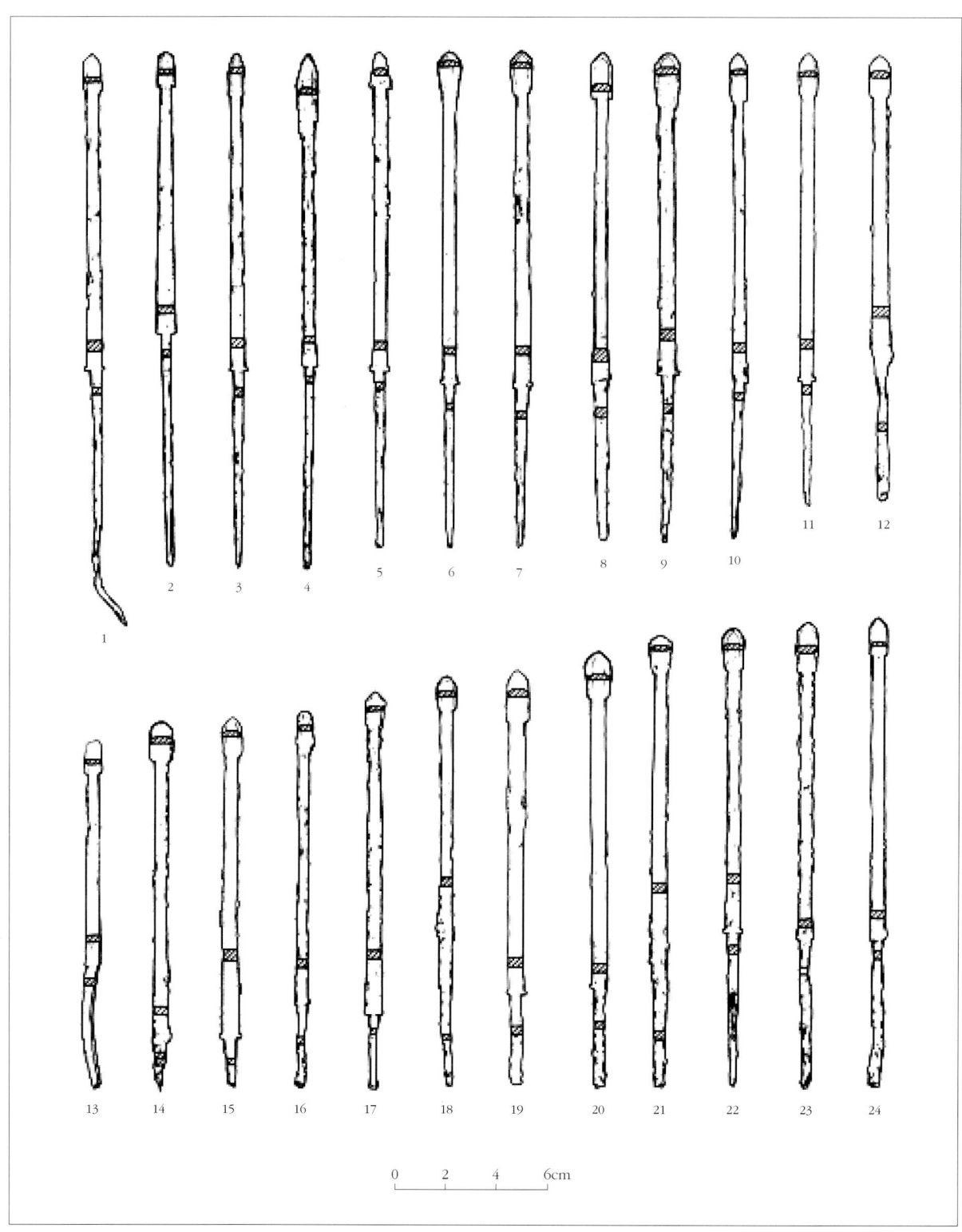

그림 167 철기저장구덩이 출토 철제화살촉 1(『五女山城』, 181쪽)

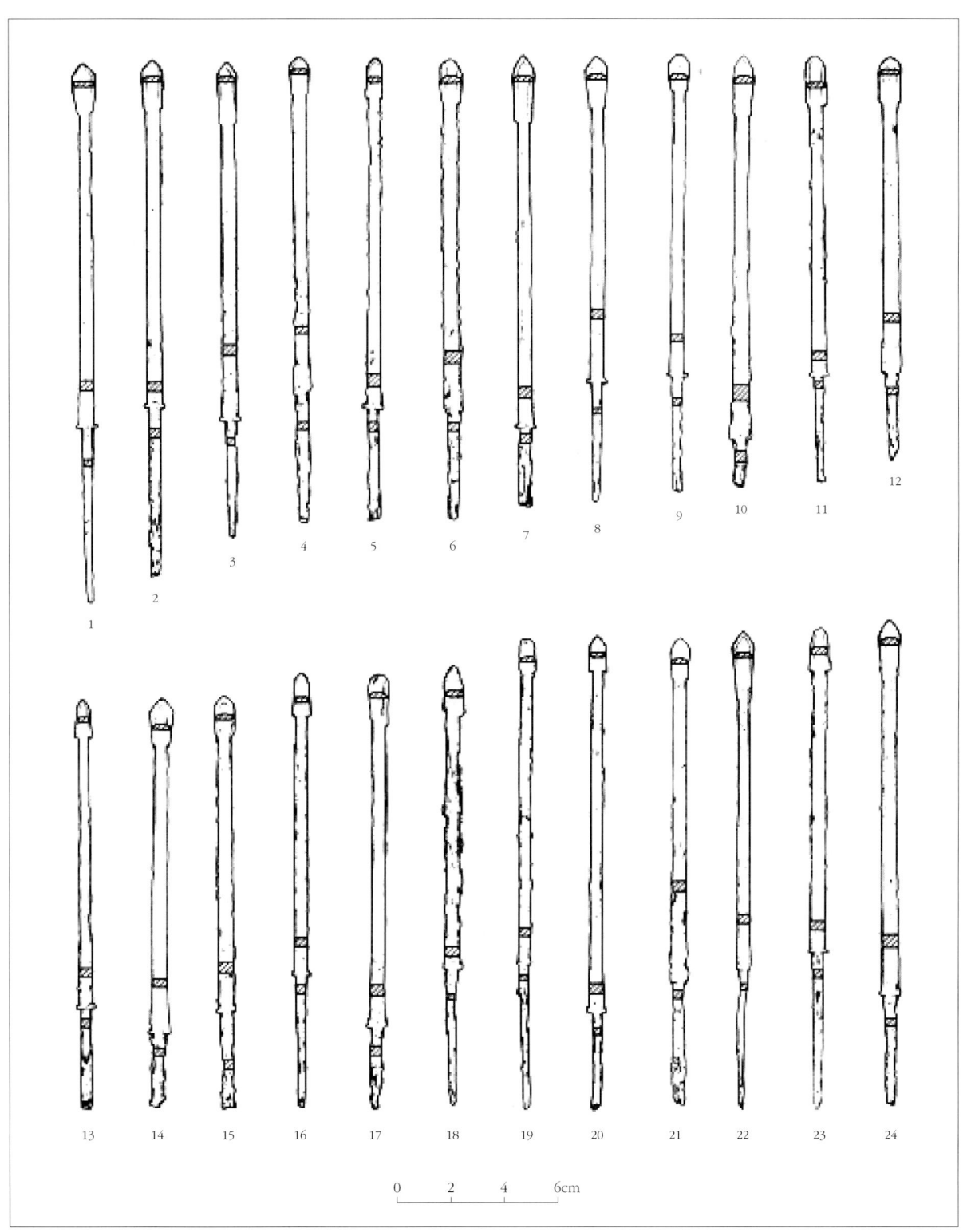

그림 168 철기저장구덩이 출토 철제화살촉 2(『五女山城』, 182쪽)

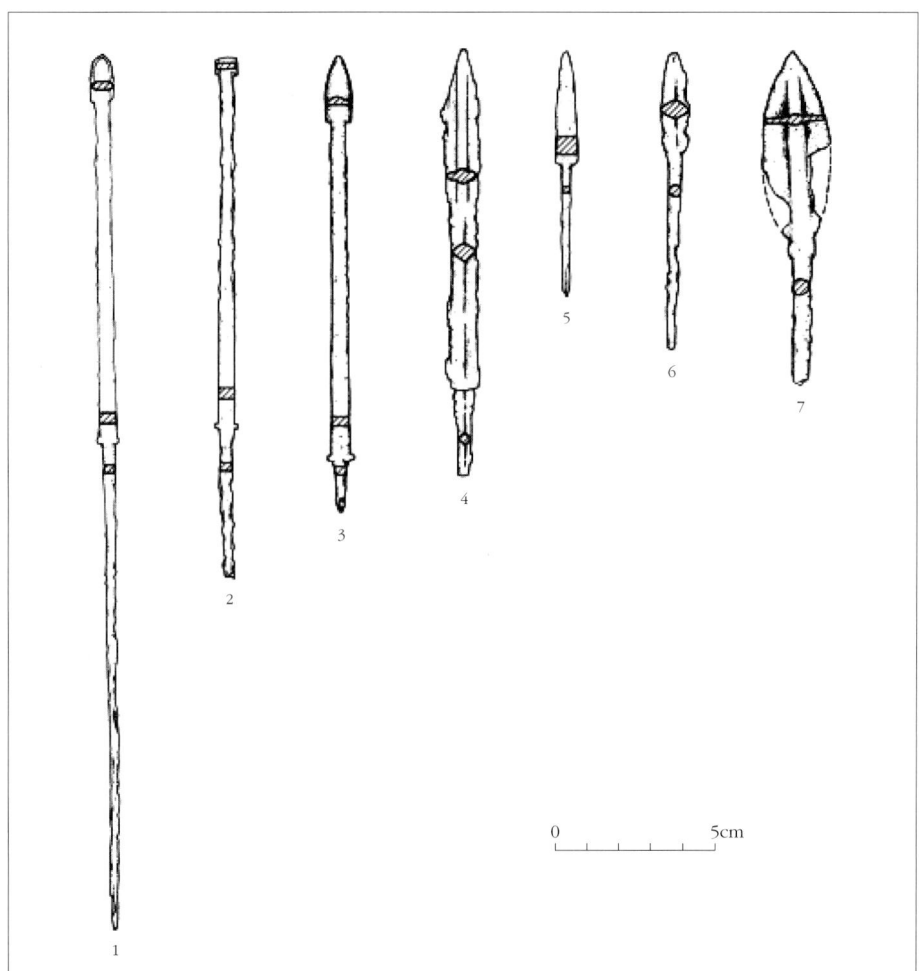

그림 169
철기저장구덩이 출토 철제화살촉 3
(『五女山城』, 183쪽)

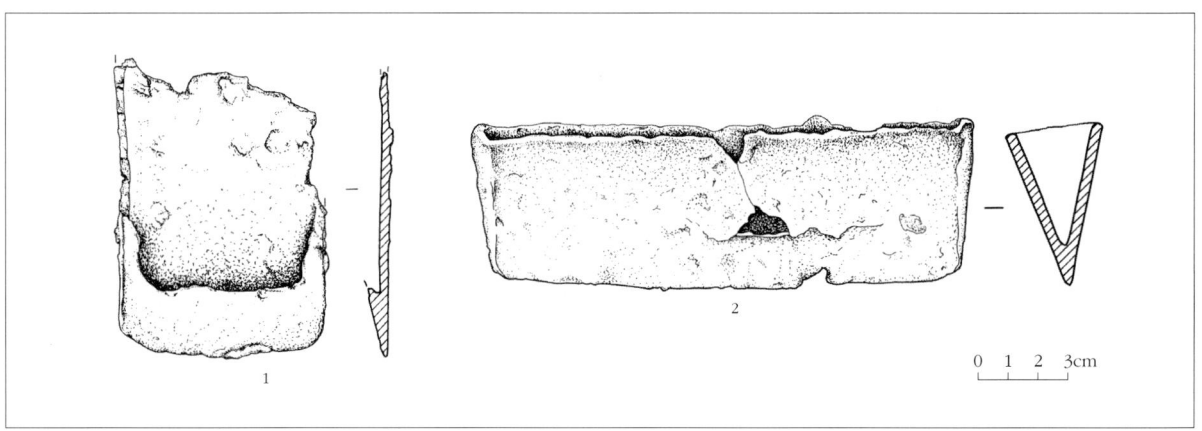

그림 170 제3기 문화층 출토 철기(『五女山城』, 82쪽)
1. 괭이   2. 삽

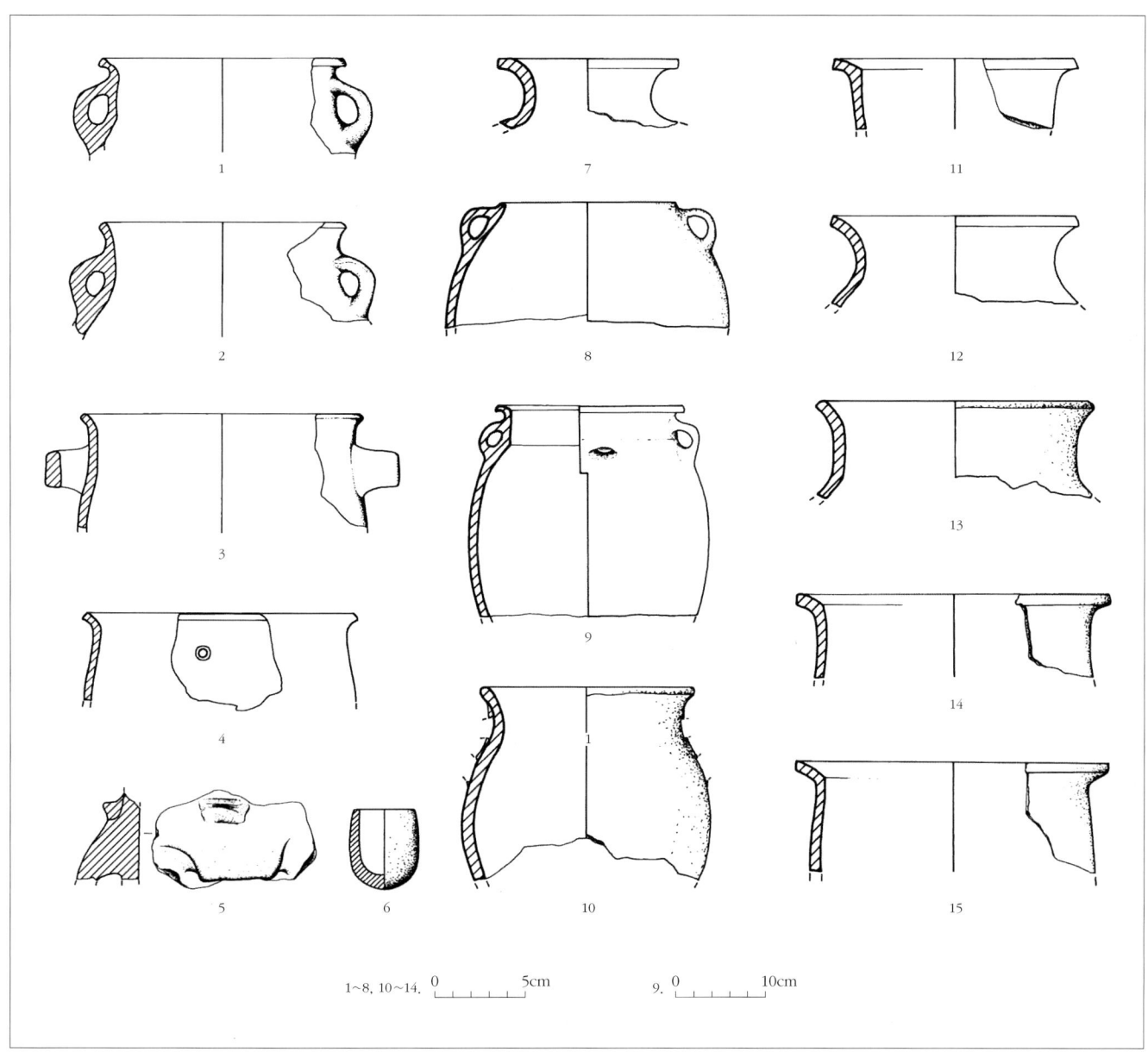

그림 171 제3기 문화층 출토 토기(『五女山城』, 81쪽)
1~4·7·8·10~15. 호 구연부 5. 파수 6. 종지 9. 호

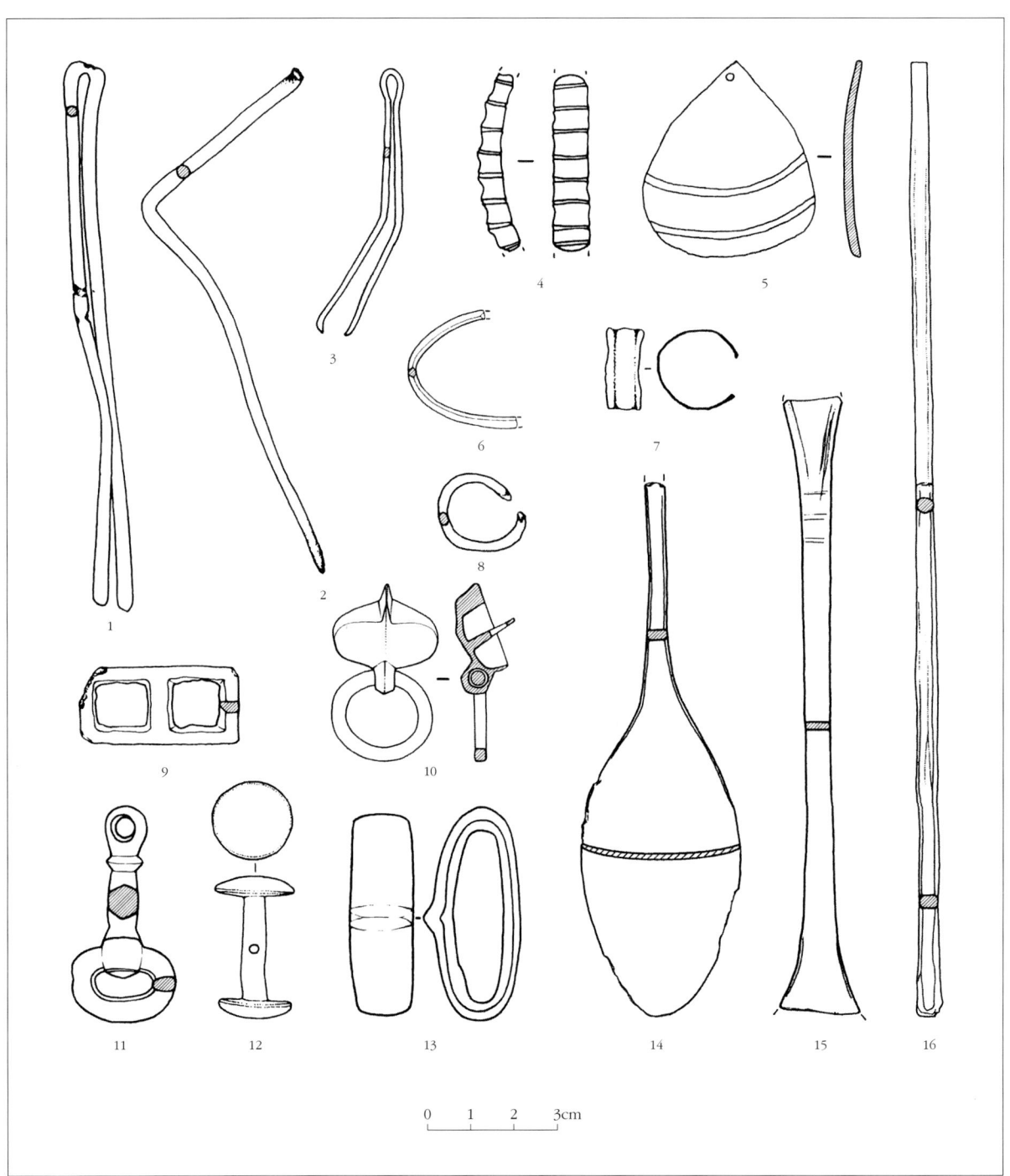

그림 172 제4기 문화층 출토 청동기(『五女山城』, 214쪽)
1~2. 비녀 3. 족집게 4·6. 팔찌 5. 추장식 7. 반지 8. 귀고리 9. 장식 10. 고리 11. 연결금구 12. 연결못 13. 테 14~15. 숟가락 16. 젓가락

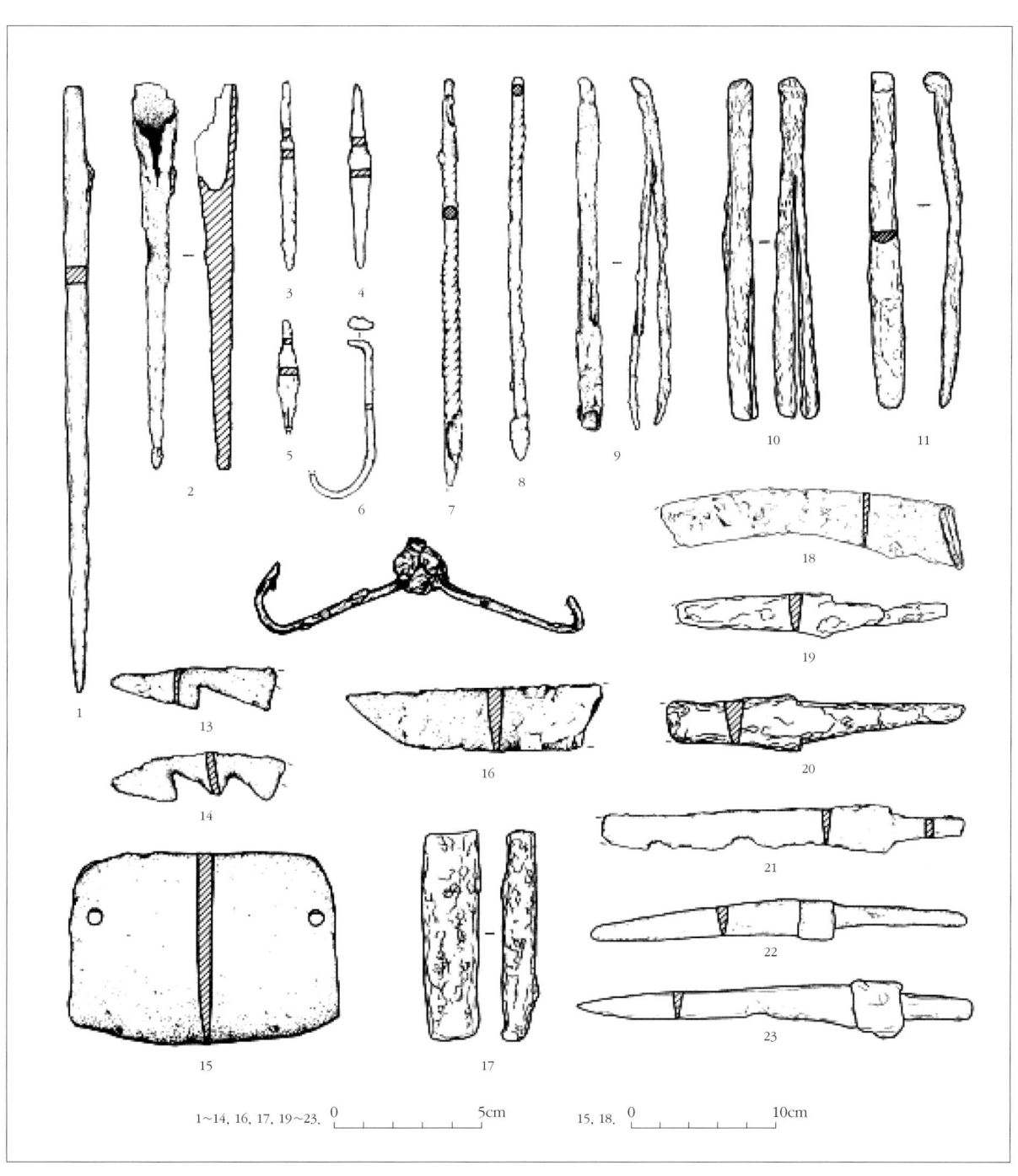

그림 173 제4기 문화층 출토 철기(『五女山城』, 201쪽)
1~5. 추   6·12. 낚시바늘   7~8. 송곳   9~11. 집게   13~14. 낚시구   15. 가래편   16·19~23. 도자   17. 자르개   18. 낫

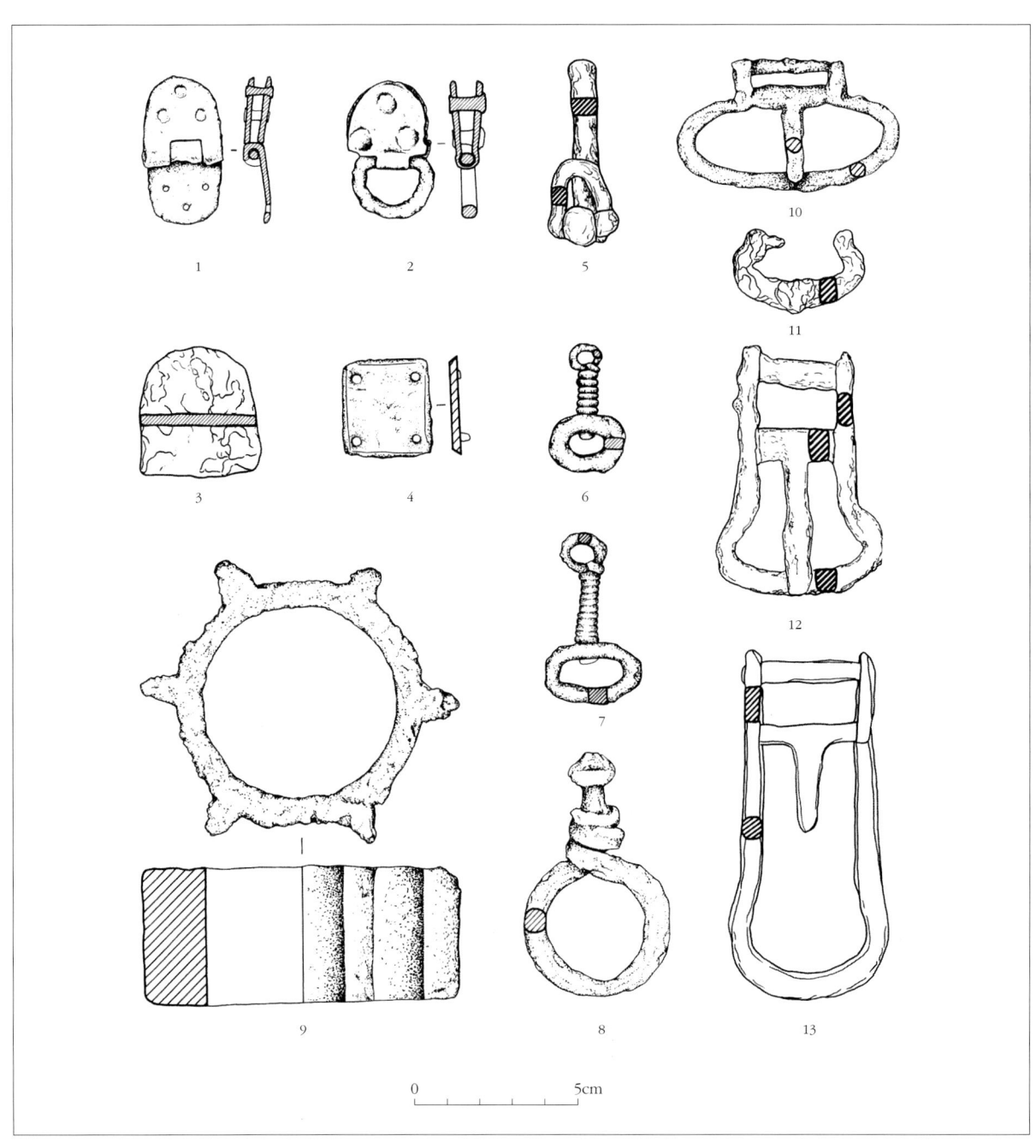

그림 174 제4기 문화층 출토 철기(『五女山城』, 202쪽)
1~2. 경첩 3~4. 리벳이음 5~8. 연결금구 9. 수레바퀴줏대축 10~13. 허리띠고리

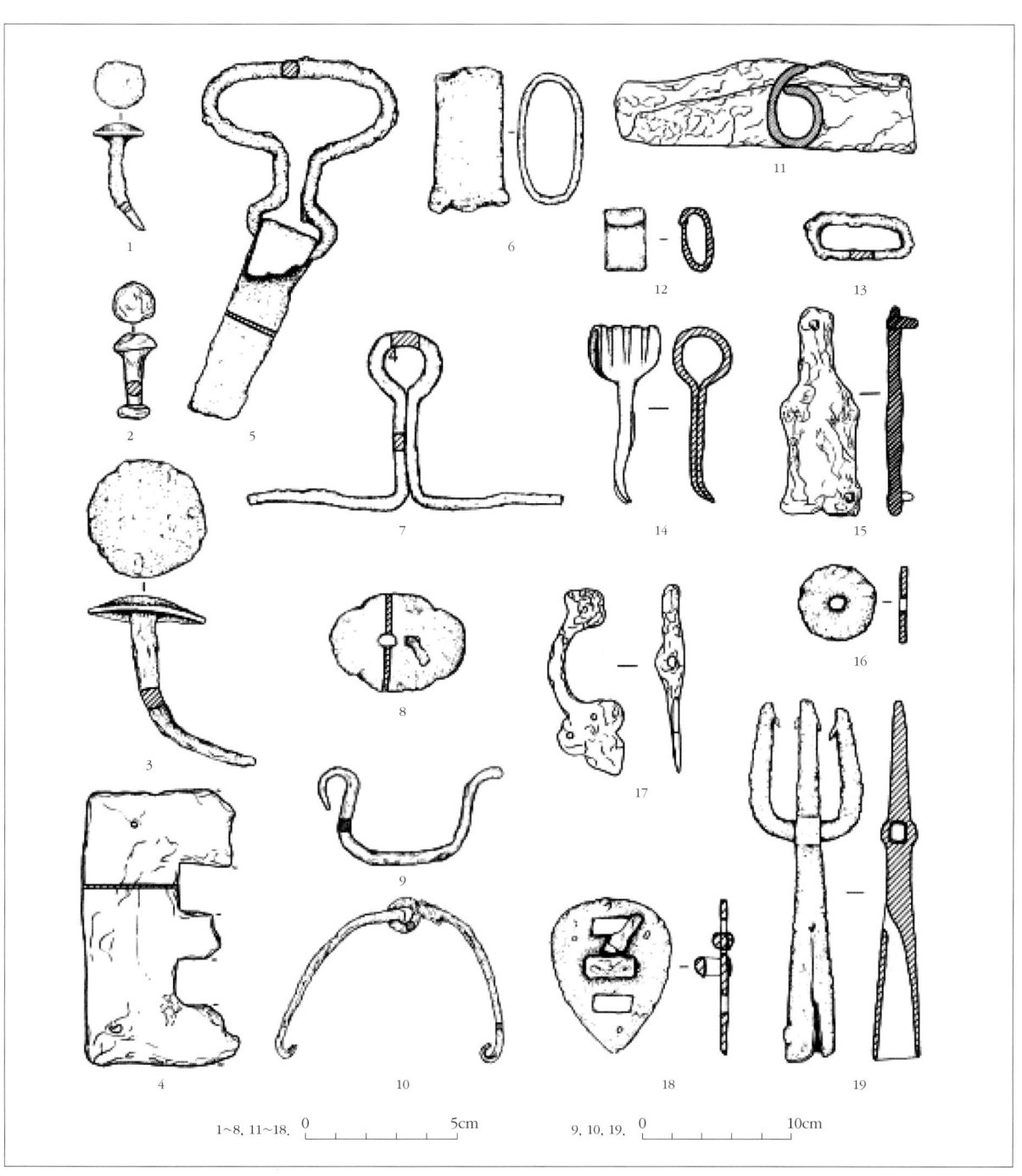

그림 175 제4기 문화층 출토 철기(『五女山城』, 204쪽)
1~3. 연결못 4. '山'자형장식 5. 걸쇠 6·11~13. 테 7·14. 고리장식 8·16. 점편 9. 궁형걸쇠 10. 손잡이 15. '凸'자형장식 17. 엽형장식 18. 복숭아모양장식 19. 가지창

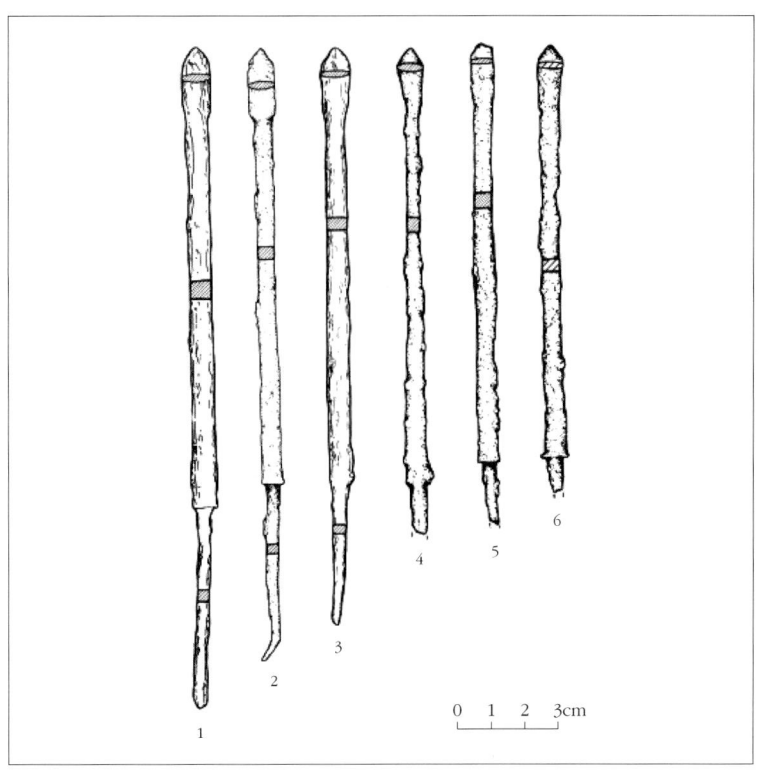

그림 176
제4기 문화층 출토 철제화살촉 1
(『五女山城』, 206쪽)

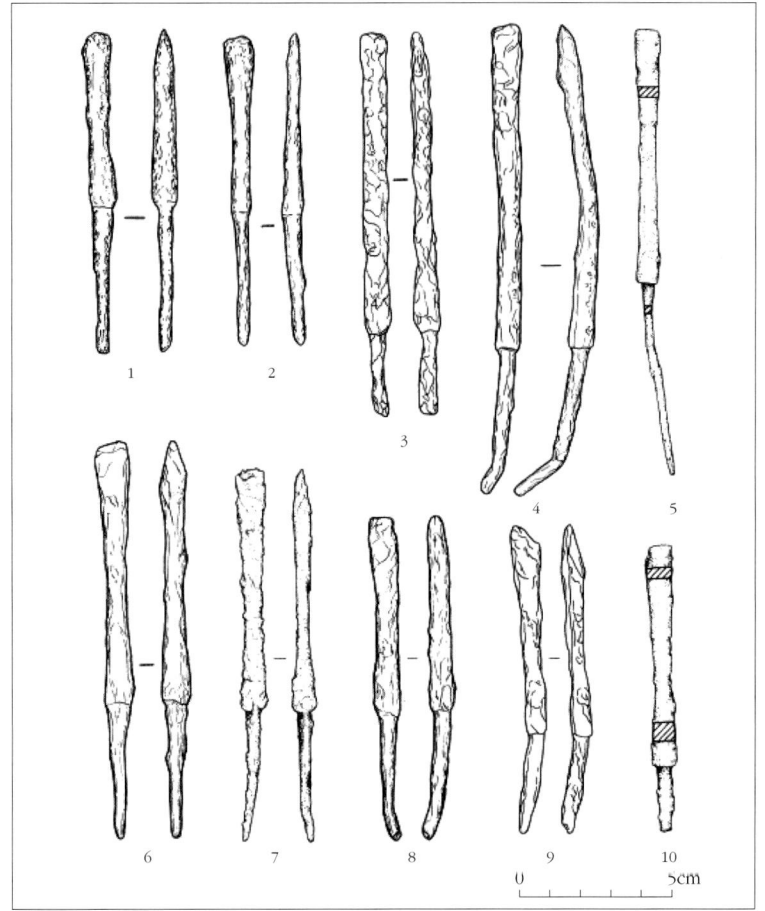

그림 177
제4기 문화층 출토 철제화살촉 2
(『五女山城』, 207쪽)

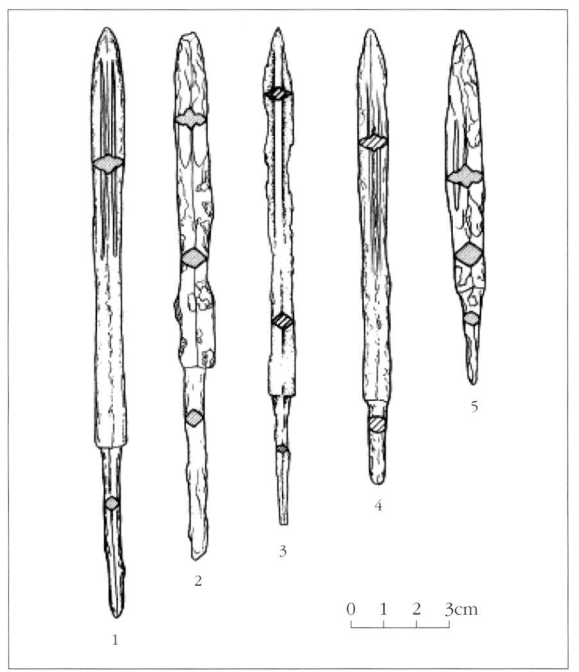

그림 178 제4기 문화층 출토 철제화살촉 3(『五女山城』, 208쪽)

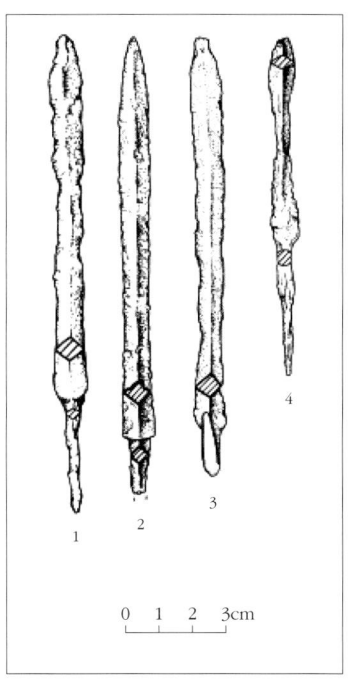

그림 179 제4기 문화층 출토 철제화살촉 4(『五女山城』, 209쪽)

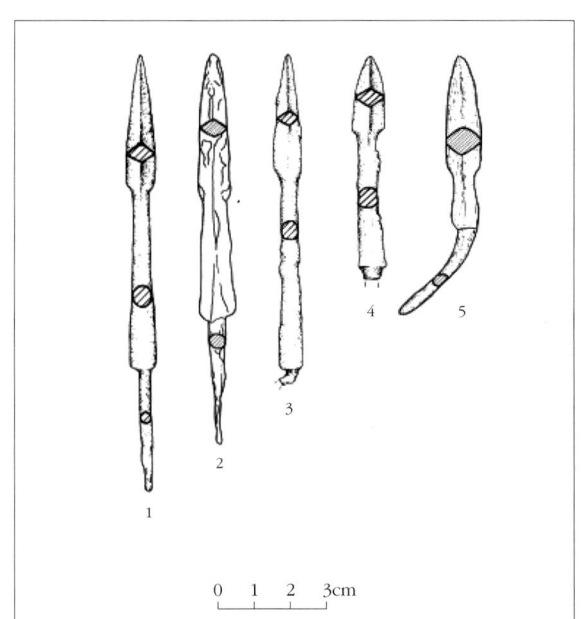

그림 180 제4기 문화층 출토 철제화살촉 5(『五女山城』, 209쪽)

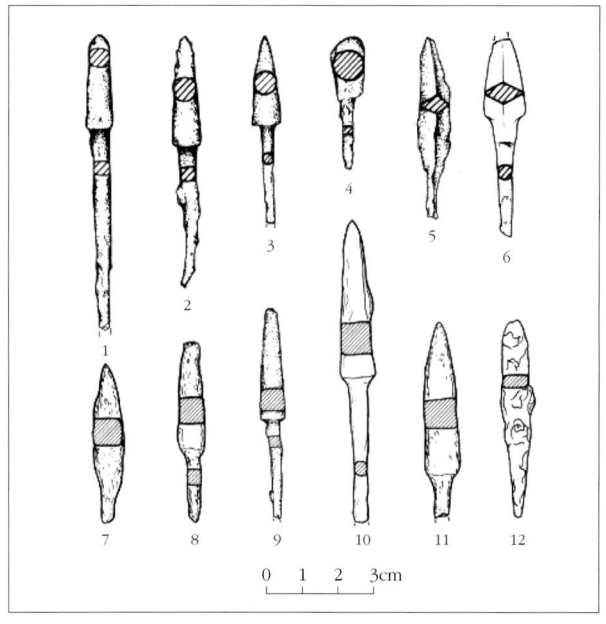

그림 181 제4기 문화층 출토 철제화살촉 6(『五女山城』, 210쪽)

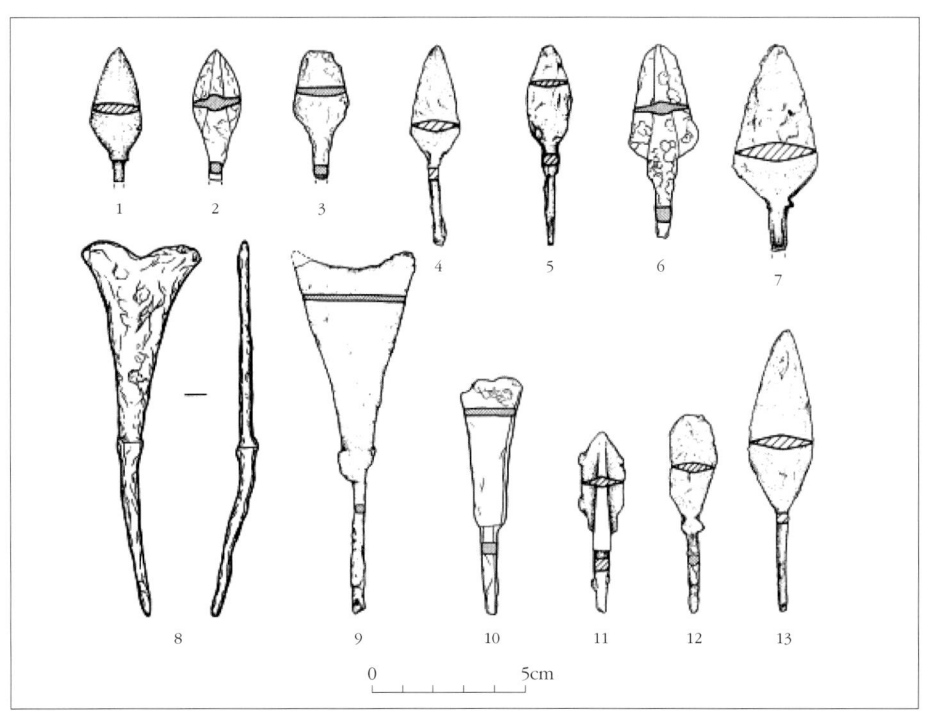

그림 182
제4기 문화층 출토
철제화살촉 7
(『五女山城』, 211쪽)

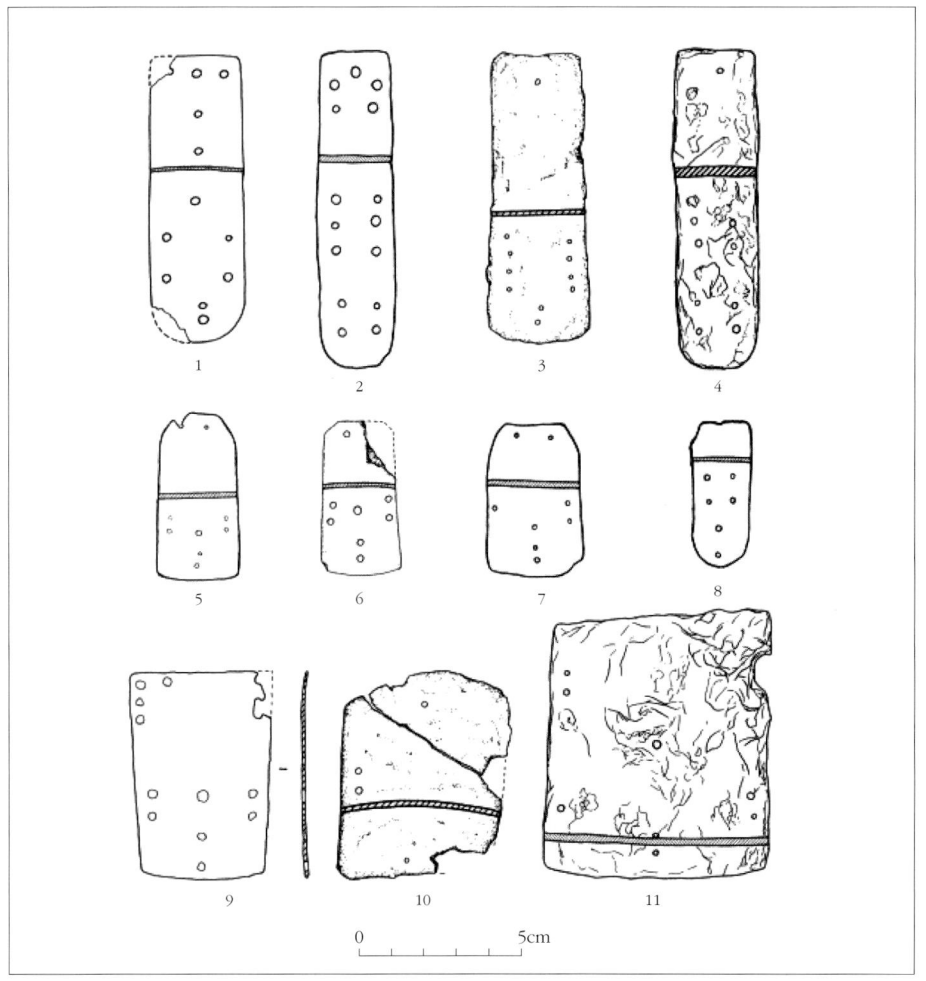

그림 183
제4기 문화층 출토
철제찰갑편
(『五女山城』, 213쪽)

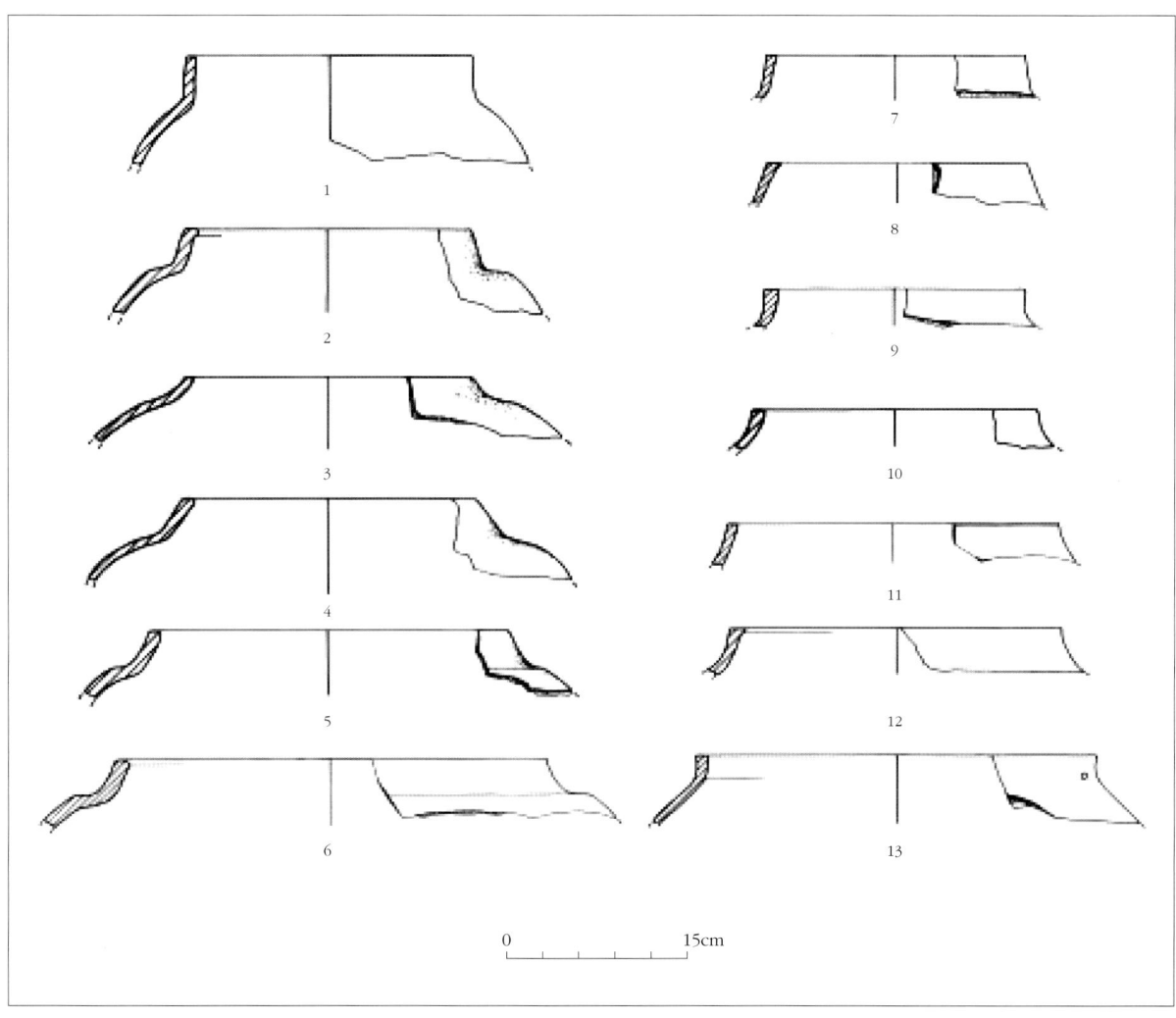

그림 184 제4기 문화층 출토 옹(『五女山城』, 185쪽)

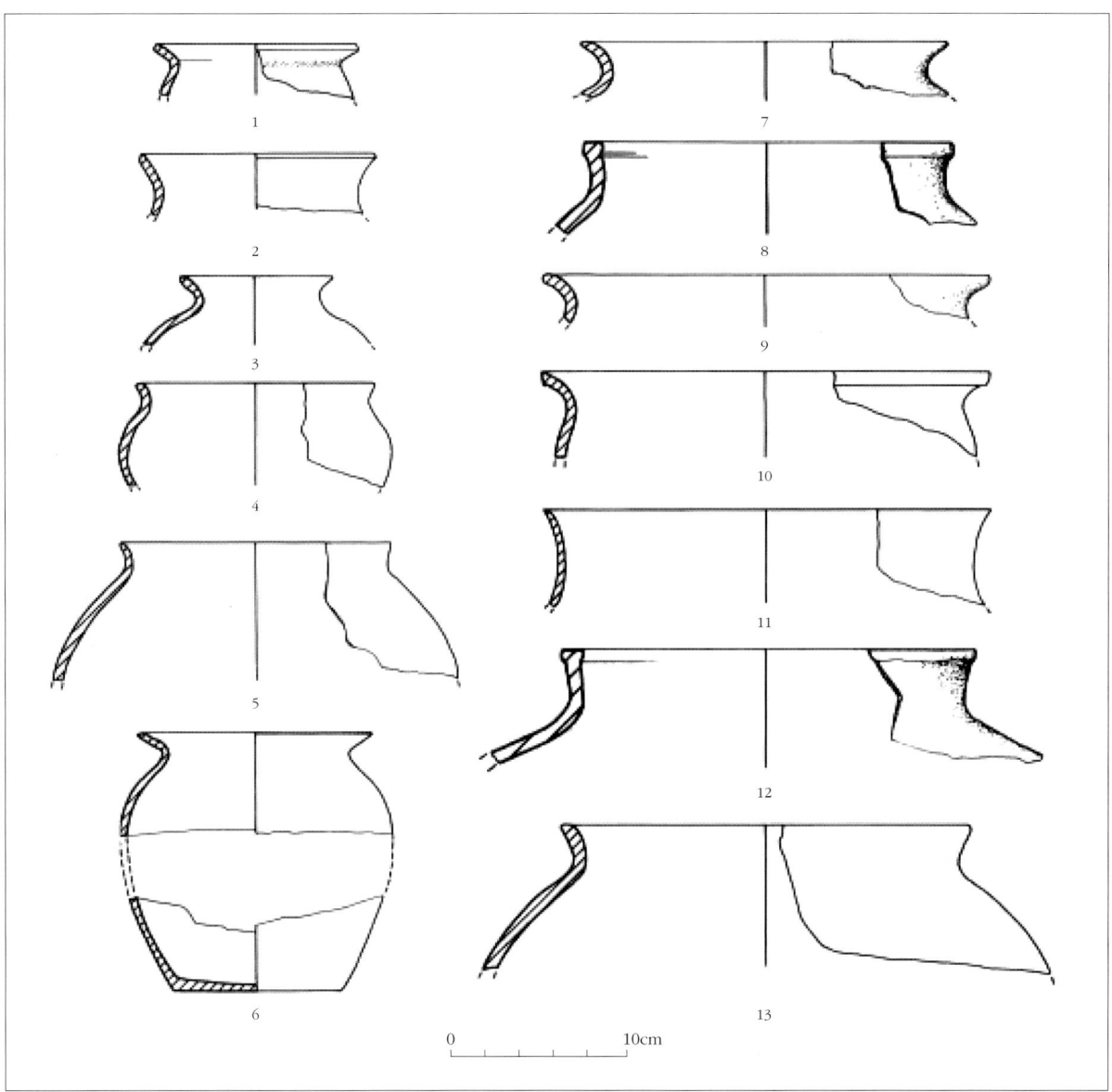

그림 185 제4기 문화층 출토 호 1(『五女山城』, 186쪽)

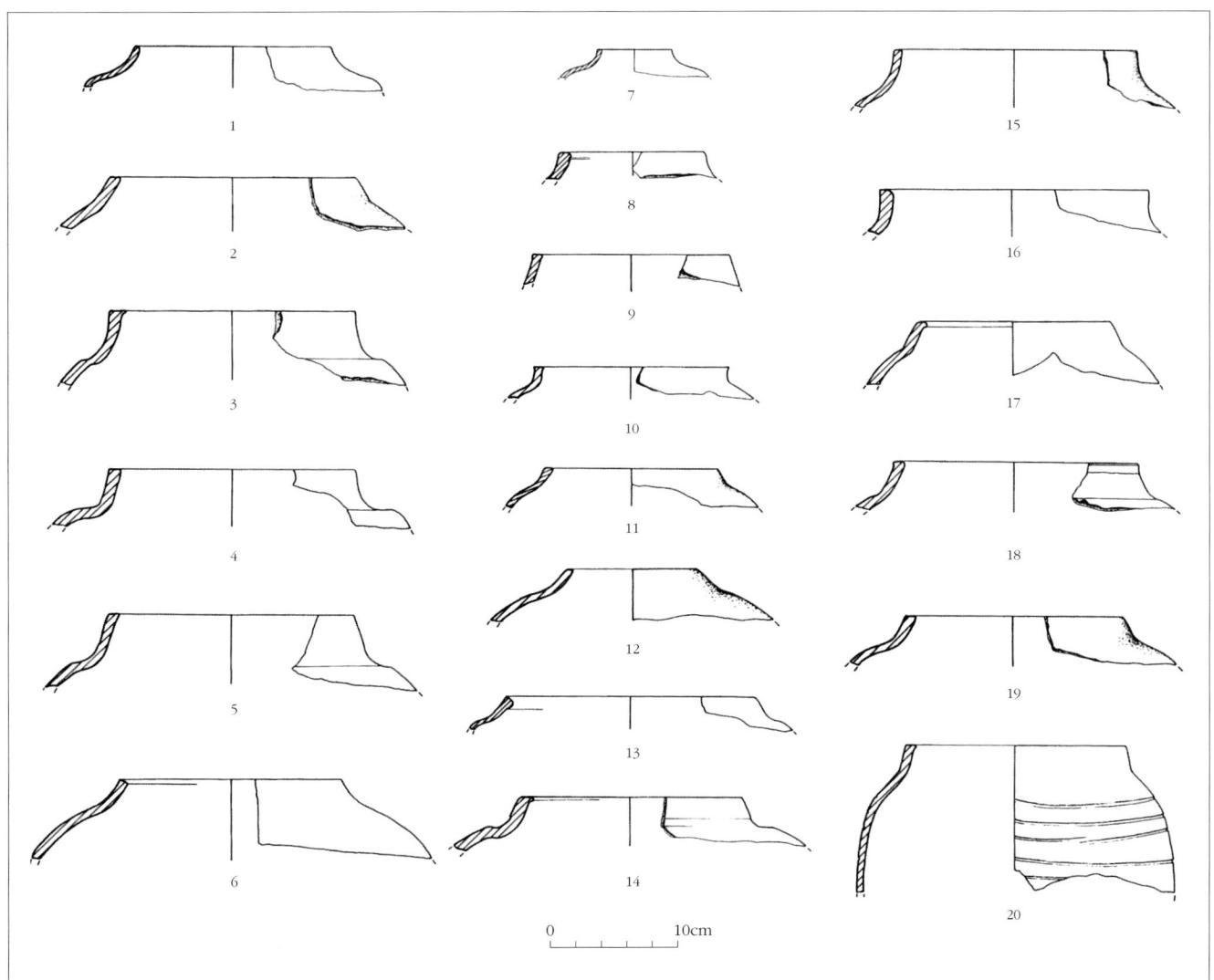

그림 186 제4기 문화층 출토 호 2(『五女山城』, 188쪽)

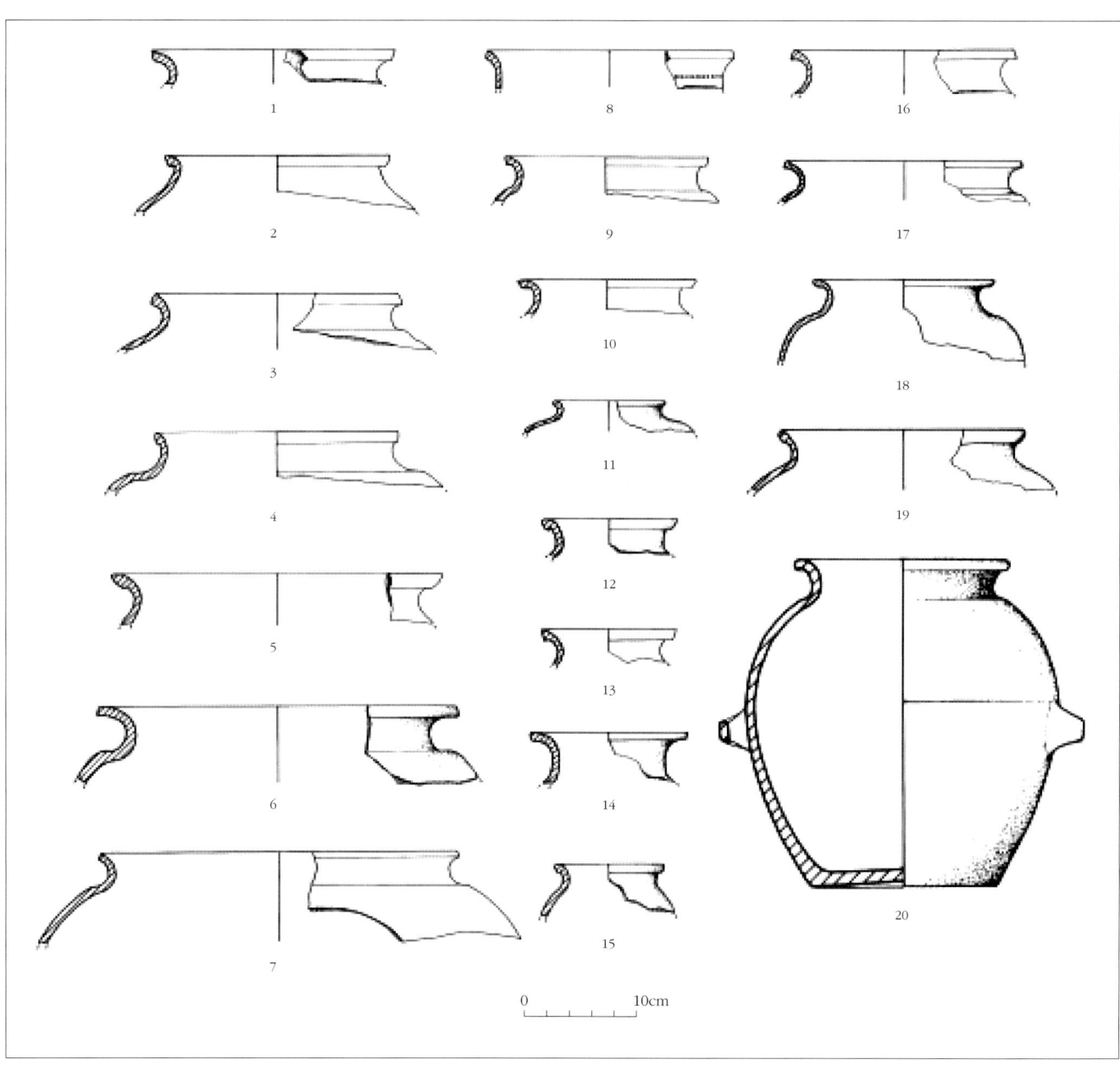

그림 187 제4기 문화층 출토 호 3(『五女山城』, 189쪽)

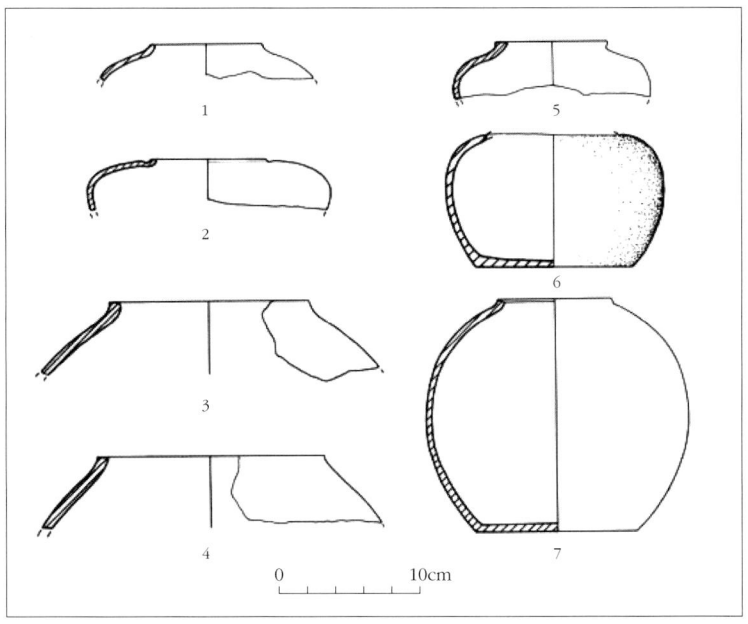

그림 188
제4기 문화층 출토 호 4
(『五女山城』, 190쪽)

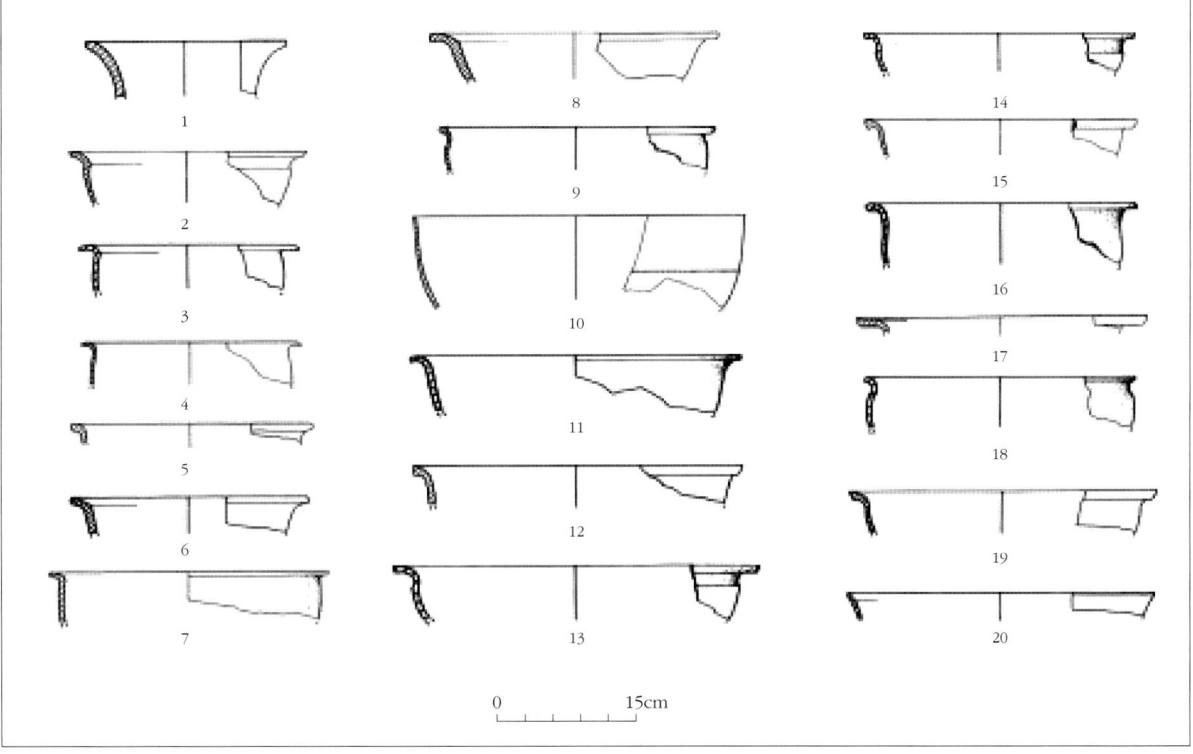

그림 189 제4기 문화층 출토 분(『五女山城』, 191쪽)

제2부 환인현(桓仁縣) 지역의 유적과 유물   429

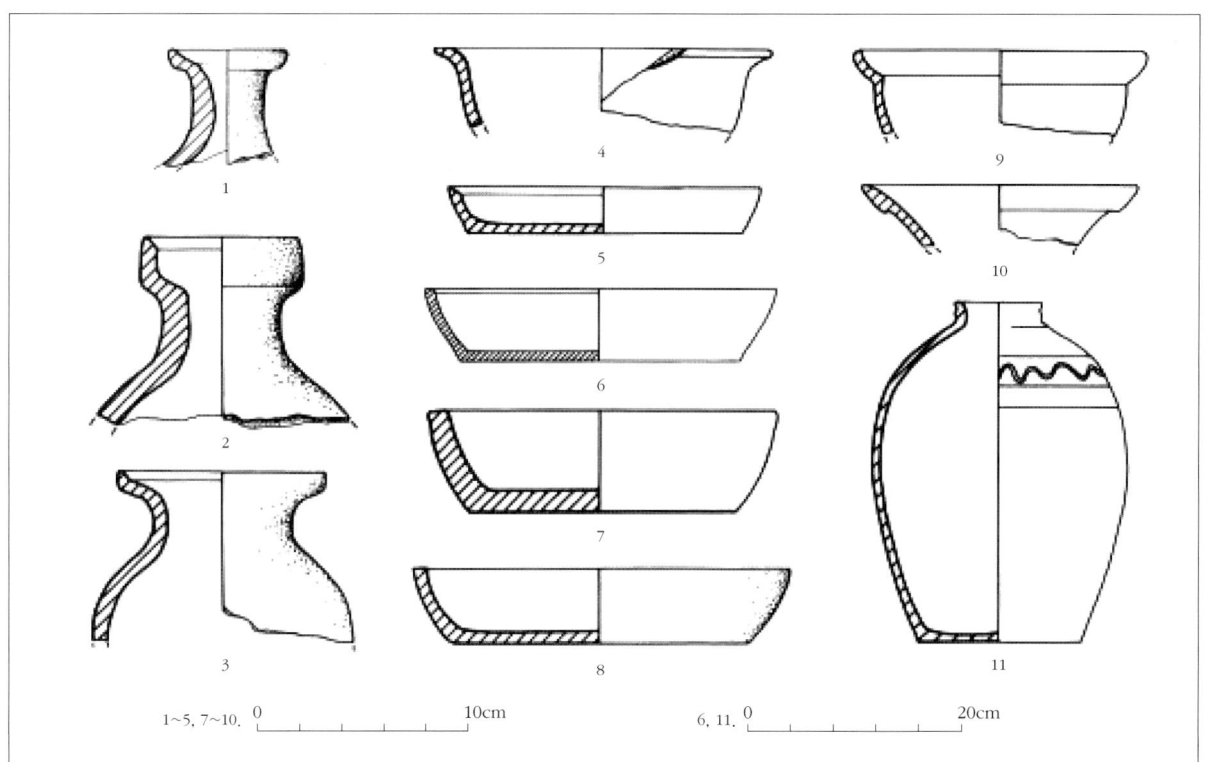

그림 190 제4기 문화층 출토 토기(『五女山城』, 192쪽)

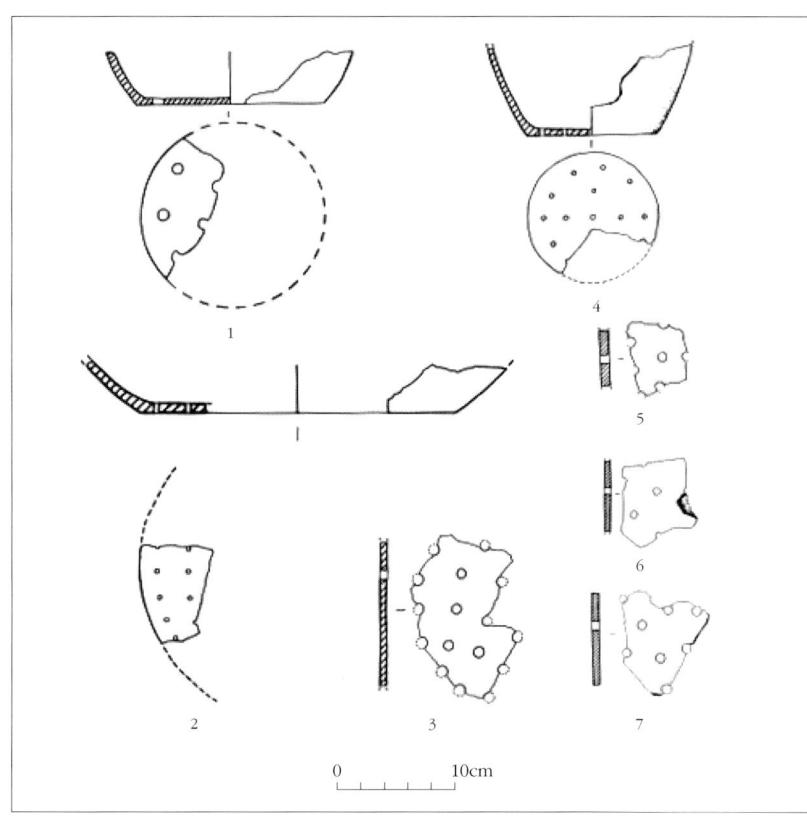

그림 191
제4기 문화층 출토 시루 바닥
(『五女山城』, 196쪽)

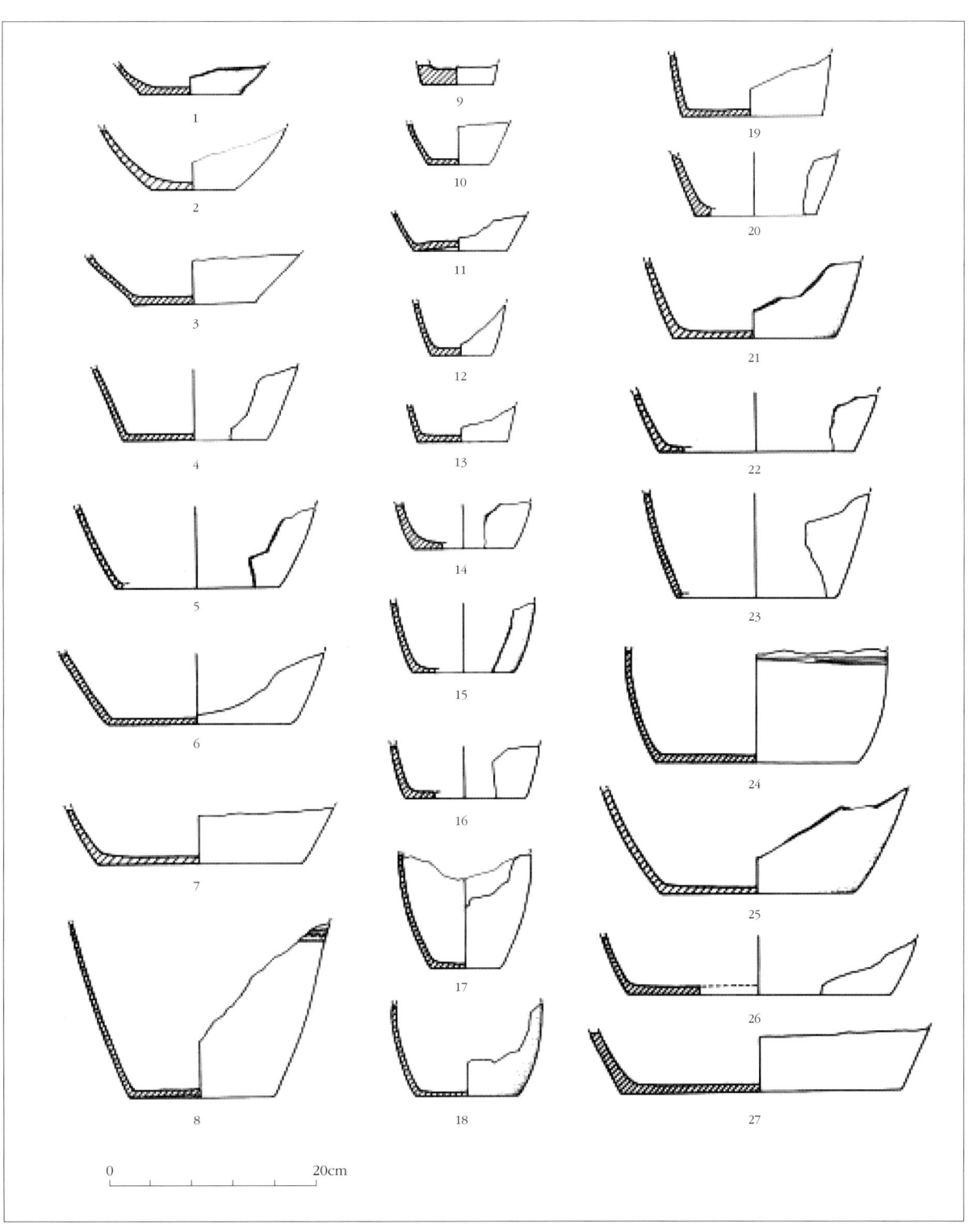

그림 192 제4기 문화층 출토 호 바닥(『五女山城』, 195쪽)

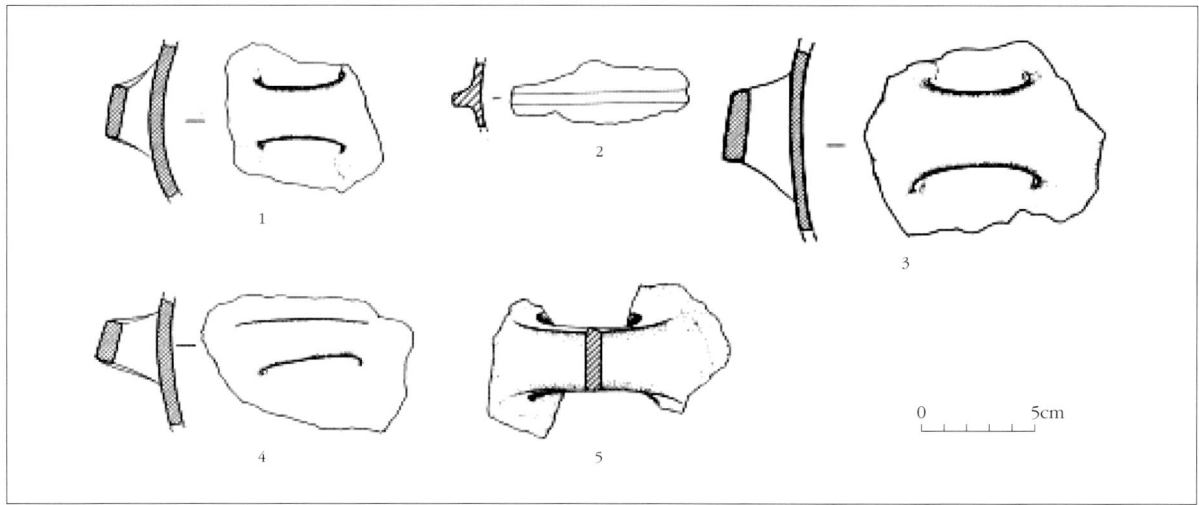

그림 193 제4기 문화층 출토 파수(『五女山城』, 197쪽)

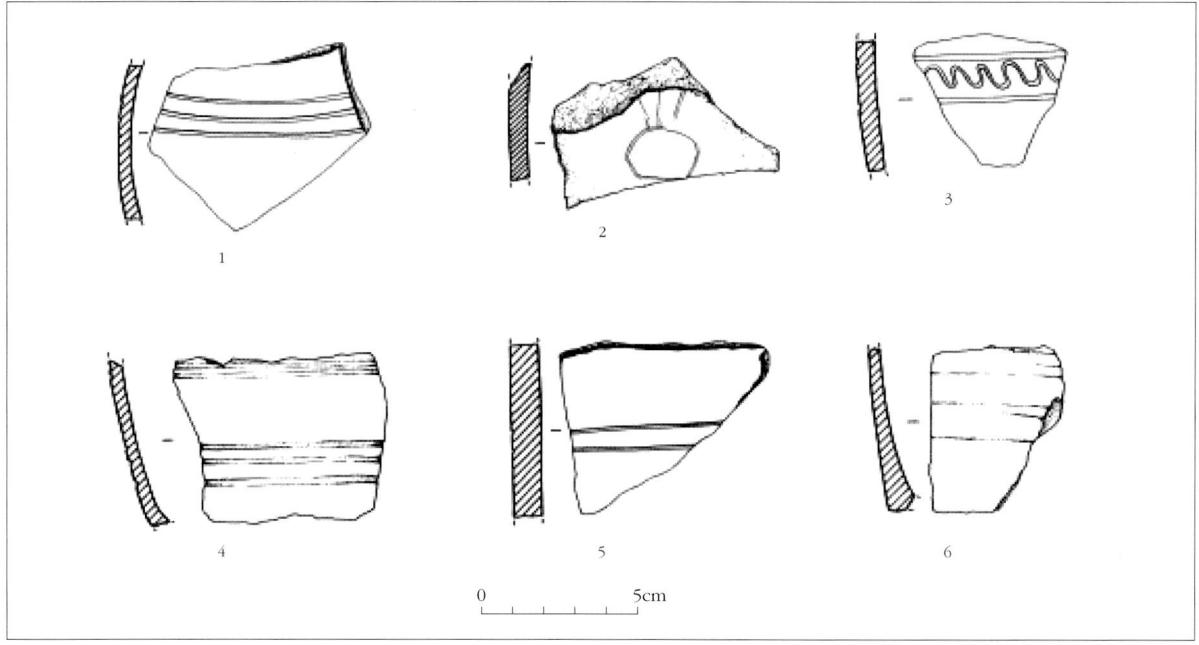

그림 194 제4기 문화층 출토 토기편(『五女山城』, 198쪽)

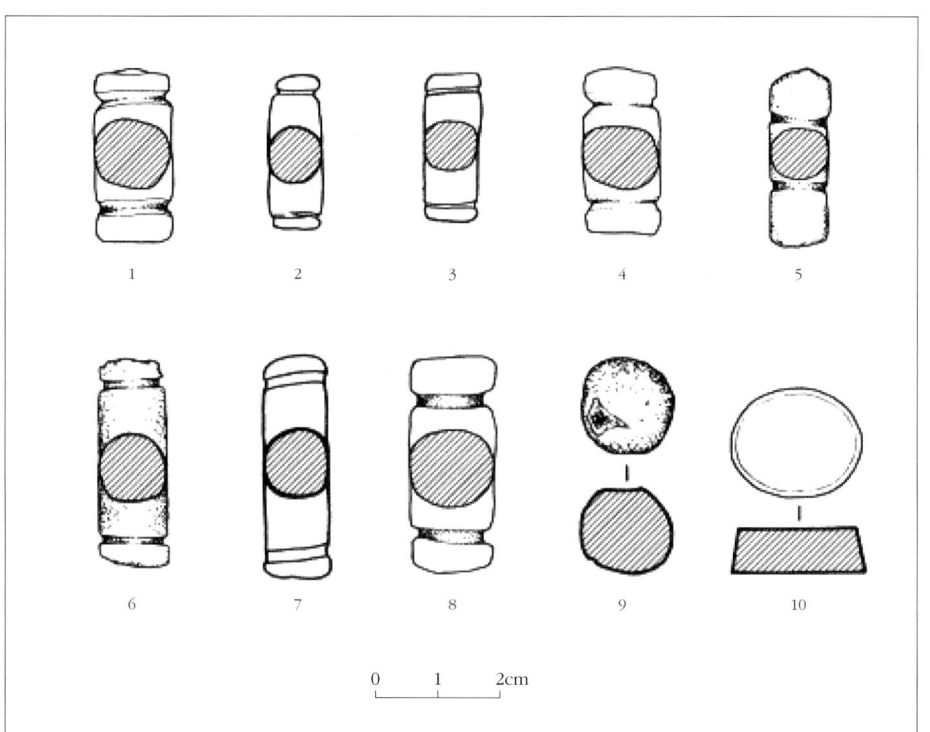

그림 195
제4기 문화층 출토 토기
(『五女山城』, 193쪽)
1~8. 어망추 9~10. 구슬

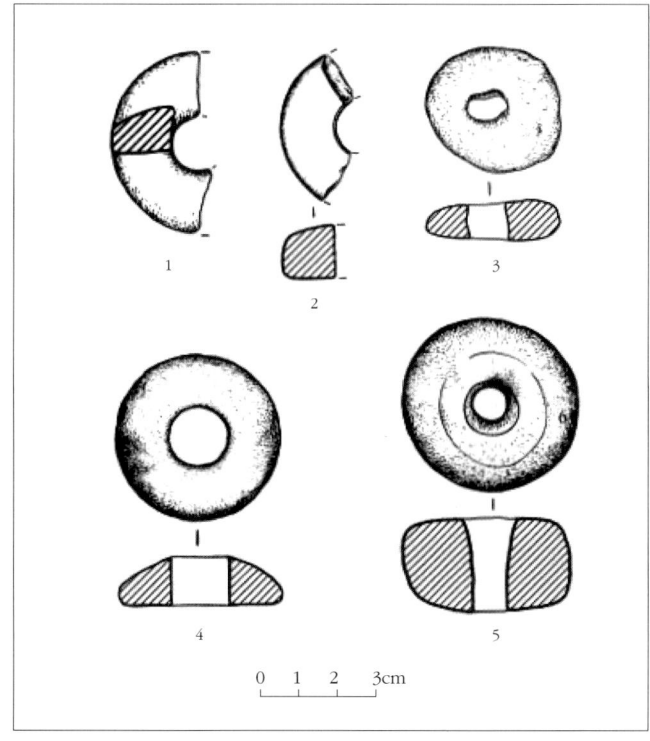

그림 196
제4기 문화층 출토 석기
(『五女山城』, 199쪽)
1~2·4~5. 가락바퀴 3. 석환

제2부 환인현(桓仁縣) 지역의 유적과 유물   433

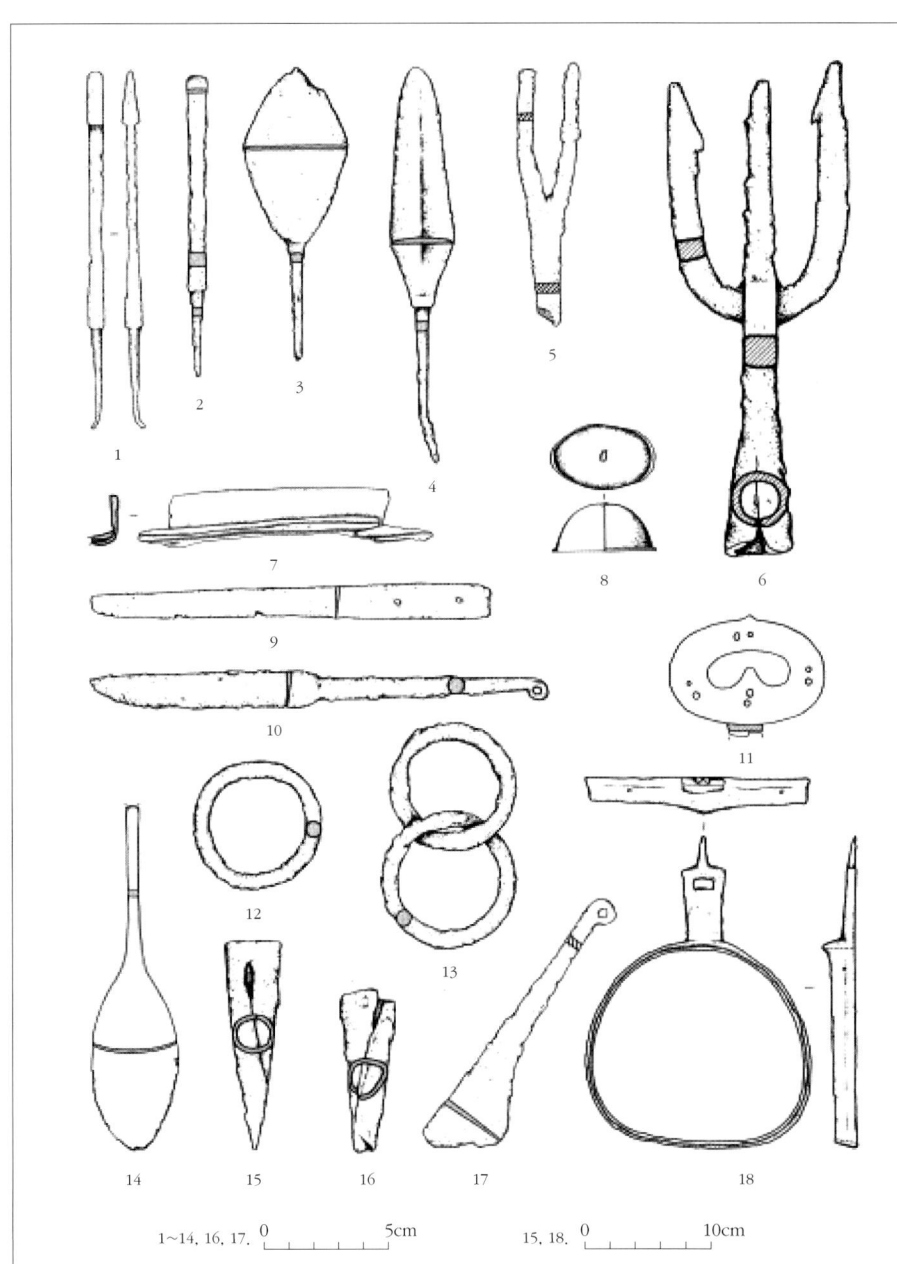

그림 197
제4기 문화층 수습 철기와 청동기(『五女山城』, 217쪽)
1~4. 철제화살촉
5~6. 철제가지창
7. 청동제호 구연부
8. 청동제방울
9~10. 철제도자
11. 철제허리띠고리
12~13. 철제고리
14. 청동제숟가락
15~16. 철제물미
17. 철제조각칼
18. 철제등자

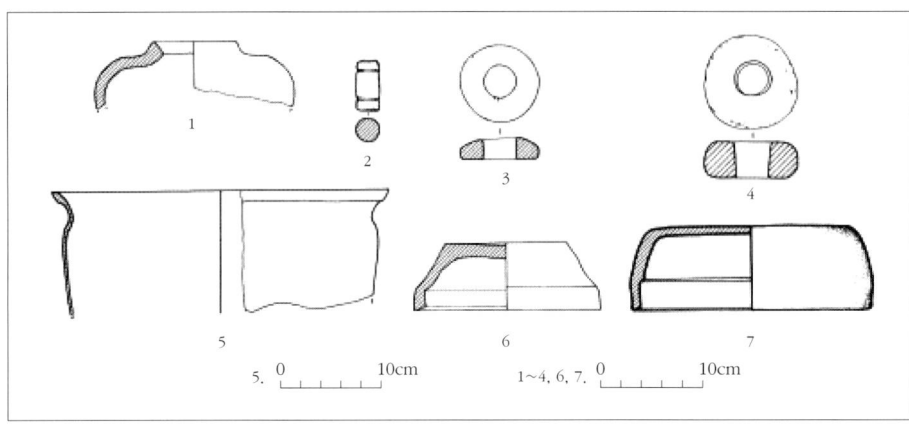

그림 198
제4기 문화층 수습 석기와 토기(『五女山城』, 216쪽)
1. 호 2. 도제어망추
3~4. 석제가락바퀴
5. 분 6~7. 토기 뚜껑

02 환인 하고성자성
桓仁 下古城子城

1. 조사현황

1) 1950년대
○ 시행기관 : 遼寧省博物館, 吉林大學 歷史科 등.
○ 조사내용 : 여러 차례 유적 현황 조사.

2) 1978년 7월 14일
○ 시행기관 : 吉林大學 歷史科의 魏存成, 李春圃 교수와 학생 100여 명, 桓仁縣 文化局의 蘇長淸.
○ 조사내용 : 성곽 실측.

3) 1982년
○ 시행기관 : 遼寧省博物館 고고팀.
○ 조사내용 : 부분적인 발굴을 통해 유적의 규모 확인, 유물 출토.
○ 발표 : 蘇長淸, 1985, 「高句麗早期平原城 - 下古城子」, 『遼寧丹東本溪地區考古學術討論文集』.

4) 1983년 10월
○ 시행기관 : 遼寧省博物館 陳大爲, 本溪市博物館 직원.
○ 조사내용 : 성 내부에 2개의 트렌치 시굴, 고구려시기 및 遼·金代의 토기편 출토.

5) 1986년
○ 시행기관 : 王綿厚가 李健才와 개인적으로 조사.
○ 조사내용 : 현황 조사.
○ 발표 : 王綿厚, 1994, 『秦漢東北史』, 遼寧人民出版社.

6) 1987년 봄
○ 시행기관 : 遼寧省博物館(梁志龍, 王俊輝 등 참가).
○ 조사내용 : 실측 및 발굴조사.
○ 발표 : 『桓仁滿族自治縣文物志』게재.

7) 1998년 11월 2~13일
○ 시행기관 : 遼寧省 文物考古研究所, 本溪市博物館, 桓仁縣文物管理所.
- 발굴 주도 : 遼寧省 文物考古研究所 辛占山.
- 부책임자 : 遼寧省 文物考古研究所 李新全.
○ 조사내용 : 실측, 서벽 북단의 성벽 발굴, 유물 채집.
○ 발표 : 遼寧省文物考古研究所 編著, 2004, 『五女山城』(1996~1999, 2003년 桓仁五女山城調査發掘報告), 文物出版社.

2. 위치와 자연환경 (그림 1 ~ 그림 3)

1) 지리위치
○ 遼寧省 桓仁縣 六道河子鄉 下古城子村에 위치, 마을 내부가 성터임.

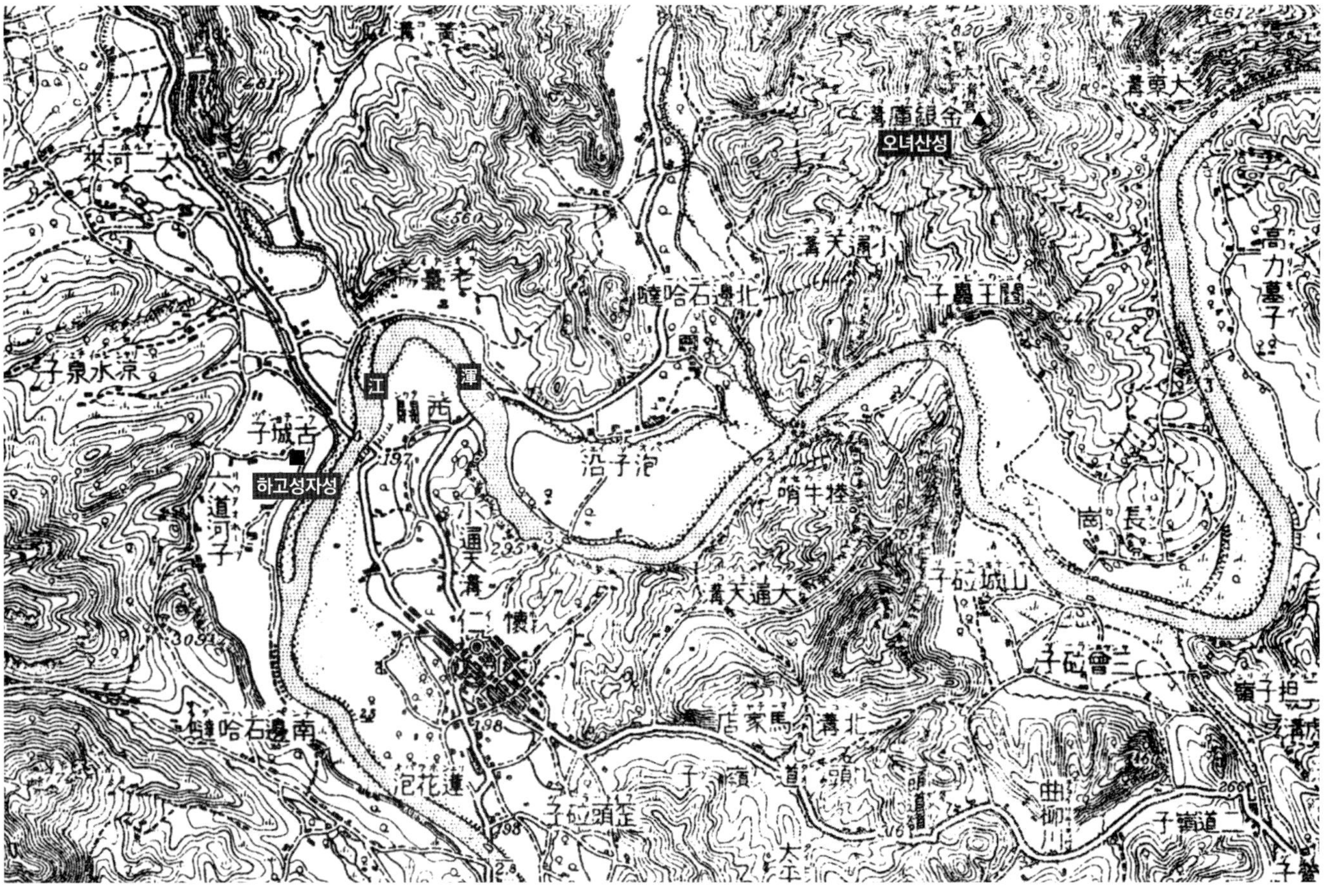

그림 1 하고성자성 주변 지형도(滿洲國 10만분의 1 지형도)

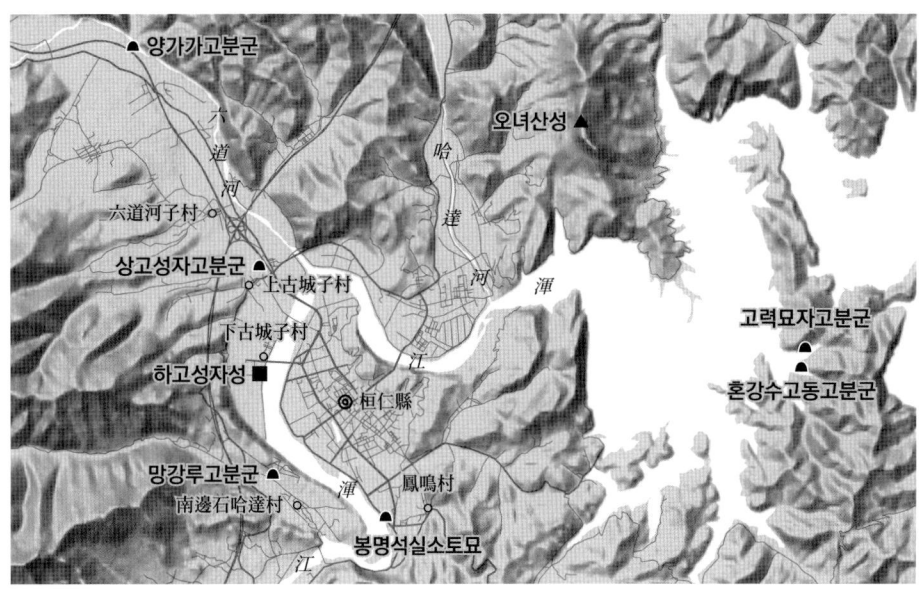

그림 2
하고성자성 위치도 1

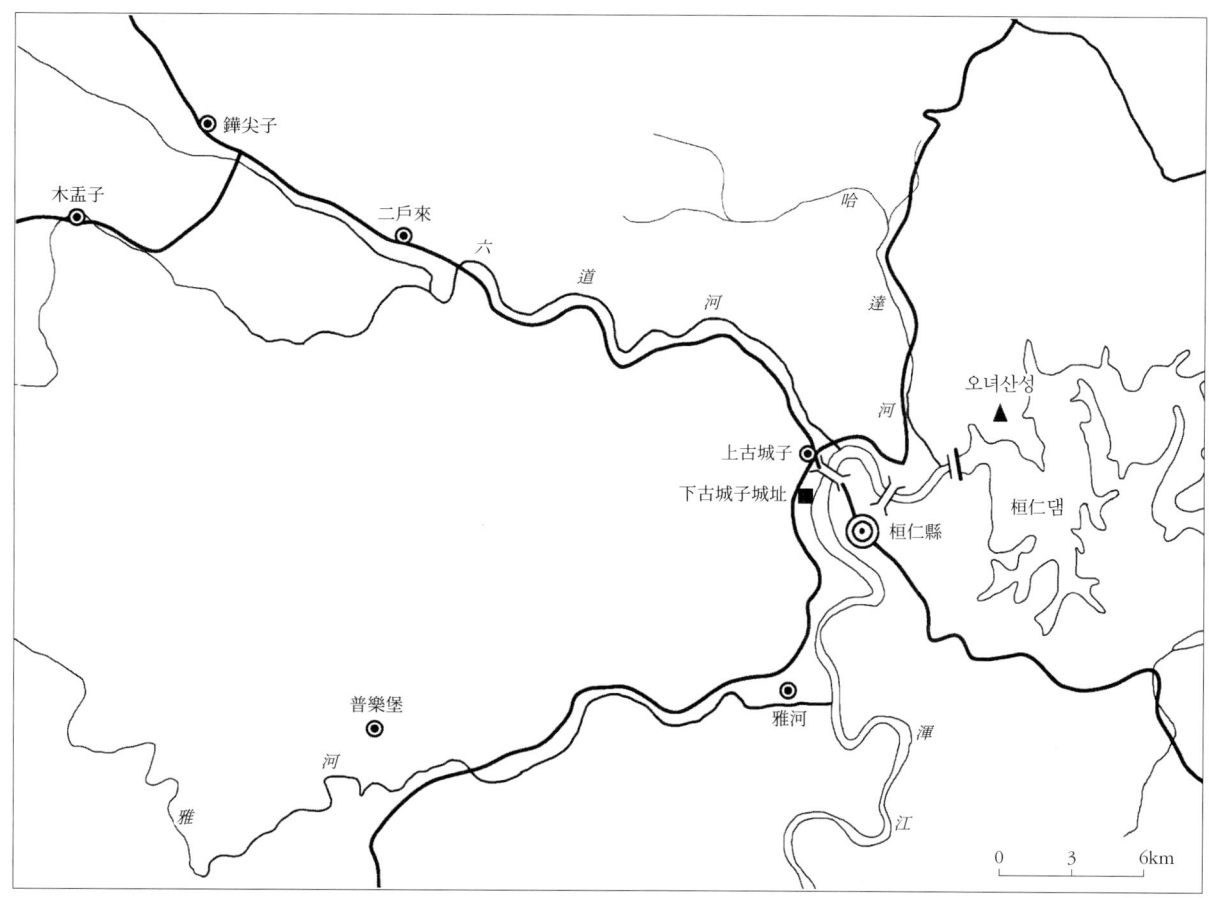

그림 3 하고성자성 위치도 2(『五女山城』, 304쪽)

○ 동남쪽 3km에[1] 桓仁縣城, 북쪽 3km에 六道河子鄕이 있음.

○ 동북 10km 못 미치는 거리에 오녀산성이 있고 강 건너로 볼 수 있음.

○ 북쪽 1km 거리에 本溪 - 桓仁 도로가 있고, 서쪽 1km 지점에는 寬甸 - 桓仁 도로가 있음. 서쪽 2km 지점에서 산들이 서쪽 방향으로 연이어지며, 서남쪽 조금 먼 곳에는 挂牌嶺고개가 있음.

2) 자연환경

○ 渾江 西岸의 넓은 충적평원에 자리잡고 있는데, 혼강이 북쪽에서 흘러와 고성 동쪽을 지나 남쪽으로 흘러가고 있음.

○ 고성 서쪽에는 작은 하천이 있는데 부근 臺西溝에서 흘러나와 고성 남쪽 1.2km 지점에서 渾江으로 유입되고 있음.

○ 이곳은 물이 풍부하고 교통이 편리하여 예로부터 이상적인 거주지였으며 오늘날에도 농업생산물이 풍부한 상태임.

---

[1] 『桓仁滿族自治縣文物志』, 3쪽. 蘇長淸, 1985 ; 魏存成, 1985 ; 王綿厚, 1994 등에는 4km라고 나옴.

3. 성곽의 전체현황

1) 전체 평면
○ 고성은 渾江 수면보다 약 5m 정도 높고, 성터는 주위 지면보다 약 1m² 정도 높음. 고성의 평면은 방형에 가까우며 대체적인 윤곽을 뚜렷하게 관찰할 수 있음.

○ 성벽의 규모에 대해서는 자료마다 조금씩 다름. 1987년 실측 자료에 따르면 성벽 전체가 잘 남아 있는 서벽은 264m이고, 일부가 유실된 남벽과 북벽의 길이는 212m와 237m이며, 전체가 유실된 동벽은 226m로 추정된다고 함(『桓仁滿族自治縣文物志』, 34쪽; 梁志龍, 1992).

2) 보존상태
○ 하고성자촌 마을 내부가 성터인데 지금은 가옥이 빽빽하게 들어서 있으며 성터 외곽은 논과 밭 등 농경지로 경작되고 있음.

○ 현지 주민에 따르면 70여 년 전 대홍수로 渾江이 범람하면서 동쪽 성벽이 유실되어 지금은 흔적조차 찾아볼 수 없다는데, 다른 세 성벽의 기초부는 비교적 잘 남아 있음.

○ 성터의 서북 및 동남 모서리에 성벽의 흔적이 비교적 잘 남아 있는데, 殘高는 2m 정도라고 함(蘇長淸, 1985; 王綿厚, 1994).

4. 성벽과 성곽시설

1) 성벽
○ 성벽은 黃土, 泥砂土 등을 사용하여 축조하였음. 성벽 기초부는 매우 조밀하고 견고하게 다졌음. 단면이 노출된 곳에서 판축한 층위를 확인할 수 있는데, 십수 층에 달하는 곳도 있음.

○ 성벽 길이는 조사자에 따라 차이가 있는데 다음과 같음.

조사자(기관)	동벽	서벽	남벽	북벽
1978년 吉林大學		161.9m	188.6m	241.5m
魏存成, 1985		약 160m	약 200m	약 250m
蘇長淸, 1985 王綿厚, 1994		162m	188.6m	241.5m
『桓仁滿族自治縣文物志』 梁志龍, 1992	226m	264m	212m	237m

2) 1998년 성벽 발굴조사 내용

(1) 성벽 현황(그림 4)
성벽은 토축이고, 전체 평면은 장방형이고, 잔고는 1~2m임.

① 북벽
길이 240m, 방향 110°, 직선모양, 동단의 바깥쪽 높이 1m 전후, 안쪽은 지면과 거의 수평, 서쪽으로 갈수록 높아져 서북 모서리는 바깥쪽 높이 2m, 안쪽 높이 1m.

② 서벽
길이 170m, 직선모양, 방향 26°, 북단의 外高는 1~2m, 남쪽으로 갈수록 낮아져 남단은 두둑모양을 겨우 볼 수 있음. 외부는 해자로 너비 10m인데 양어장으로 사용. 성벽을 축조할 때 흙을 채취했던 지점인데, 그 뒤 해자로 사용됨.

③ 남벽
길이 205m, 직선모양, 방향 297°. 성벽은 거의 평평해

---
2 『桓仁滿族自治縣文物志』, 34쪽. 蘇長淸, 1985에는 0.5~2m라고 나옴.

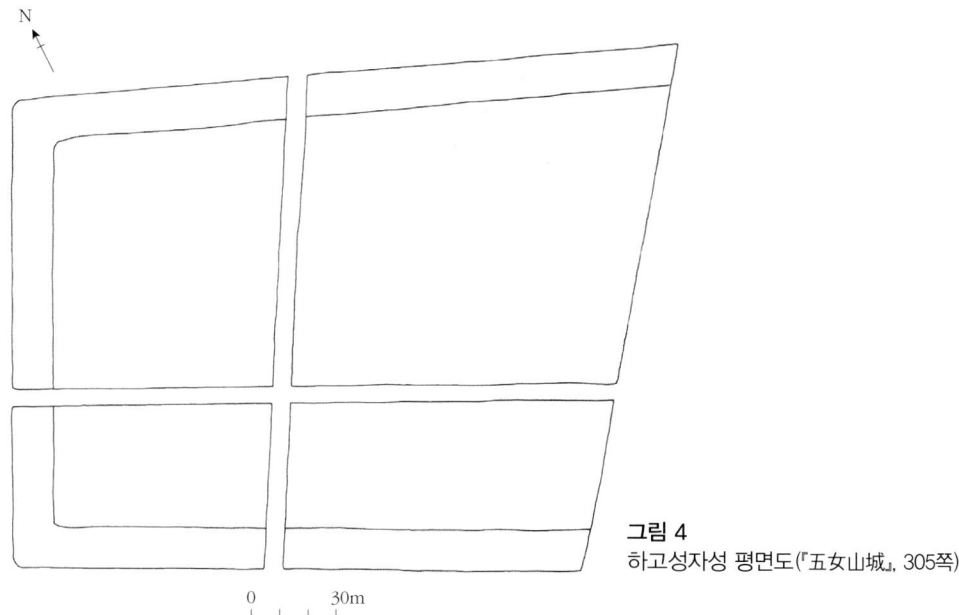

그림 4
하고성자성 평면도(『五女山城』, 305쪽)

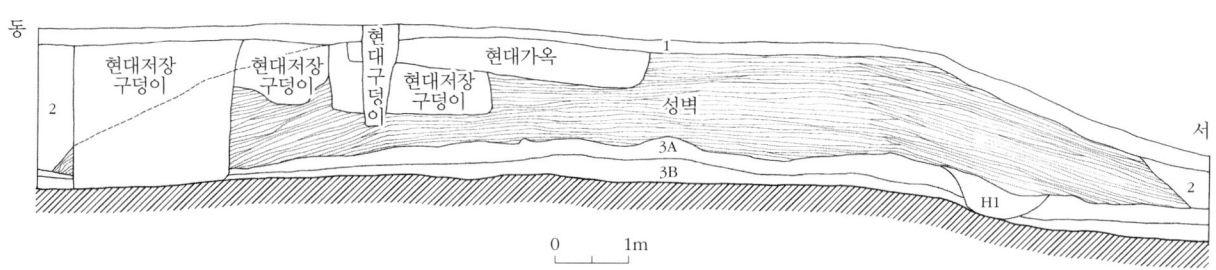

그림 5 하고성자성 서벽 북단의 T1 단면도(『五女山城』, 306쪽)
1. 표토층 2. 황갈색 진흙층 3A. 회흑색 토층 3B. 흑갈색 토층 H1. 재구덩이(灰坑; 竪穴)

졌고, 일부 구간에만 두둑 형태가 남아 있음.

④ 동벽

모두 유실되었는데, 북벽과 남벽을 연결하여 추론하면 길이는 200m 전후로 추정됨.

(2) 서벽 북단의 T1 발굴 현황(그림 5)

① 위치

서벽 북단 남쪽 25m 지점. 발굴 당시 曲씨 주민의 텃밭.

② 발굴 규모

길이 16m, 너비 2m.

③ 층위

○ 제1층 : 흑색 경작토, 두께 12~20cm.

○ 제2층 : 황갈색 진흙, 두께 70~180cm, 성벽에 해당함.

○ 제3층 : 흑갈색토, 다시 3A, 3B 등 2개 층위로 구분

- 3A층 : 회흑색토, 두께 10~40cm, 탄화곡물, 붉게 탄 흙덩이 등 포함. 성벽은 이 층 위에 축조. 이 층에서 재구덩이(灰坑; 竪穴) 입구를 발견했는데(그림

5의 H1), 성벽 아래에 해당함.
- 3B층 : 흑길색도, 두께 6~40cm.

④ **성벽 축조양상**
흙을 다져 성벽을 축조. 단면은 사다리꼴, 밑너비 15.2m, 윗너비 8.4m, 잔고 1.4m. 황토, 흑회색토, 黃色泥沙, 황색모래 등을 사용하여 성벽을 다져 쌓음. 다진 정도는 각기 다름. 성벽 양쪽의 동측과 서측은 비교적 견실하게 다져 쌓았으며, 중부는 모래흙이 많으며 다진 정도가 조금 덜함. 다진 층위는 대체로 양측이 아래로 기울어진 활모양을 이루며, 두께는 2~5cm 전후로 고르지 않고, 두께가 10~20cm에 달하는 곳도 있음.

3) 성곽시설

(1) 성문
○ 1987년 조사에 따르면 성문은 본래 동문과 남문 등 2개 있었는데, 정문이었던 동문은 홍수로 인해 유실되었고 남문터도 그다지 명확하지 않다고 함(『桓仁滿族自治縣文物志』, 34쪽).
○ 1998년 조사자들은 성문이 본래 4개였을 것으로 추정함. 즉 '十'자모양으로 교차하는 성 내부의 도로가 사방을 향해 뻗어 나가다가 성문을 통과하는데, 이를 각 성벽의 성문과 관련된 것으로 추정함. 가령 북벽 통과지점은 너비 6m이고 양측 성벽은 조금 높고, 서벽 통과지점은 너비 5m로 안쪽은 높고 바깥쪽은 낮고, 남벽 통과지점은 너비 6m로 양측은 비교적 평평한데, 이러한 성벽 통과지점은 모두 문길(門道)로 추정된다는 것임. 이에 네 성벽에 모두 성문을 설치했을 것으로 보았지만, 정밀 조사를 진행하지는 않음(『五女山城』, 307쪽).

5. 성내시설과 유적

1) 도로
마을 안에는 비교적 넓은 길이 2개 있는데, '十'자모양으로 교차함. 원래 성 내부의 도로였을 가능성이 있음. 두 갈래의 도로는 사방을 향해 뻗어 나가는데, 모두 성벽을 통과함.

2) 구덩이
○ 위치 : 서북쪽 모서리와 서남쪽 모서리의 경작지.
○ 마을 주민들이 양어장으로 사용하는 연못이 하나 있는데, 성벽 축조용 흙을 채취하였던 구덩이로 추정됨.
○ 지표하 2尺 지점에서 붉게 구워진 흙과 人面瓦當 등이 출토되었음.

6. 유물 출토 현황과 출토유물

1) 1980년대의 유물 출토현황[3]
○ 유물은 서북쪽과 동남쪽 모서리에서 많이 출토되었는데, 청동기시대부터 高句麗, 遼·金代에 이르는 다양한 유물이 출토됨. 지표하 2尺 깊이에서 遼·金代 유물이 출토되었고, 여기에서 다시 1m 정도 내려간 지점에서 고구려시기의 유물이 다량 출토됨.
○ 청동기시대 유물로는 돌도끼, 돌어망추, 돌창, 돌화살촉, 石料 등이 출토됨. 동쪽 강변에서 갈돌 1개와 토기편이 다량 출토되었는데, 토기는 협사홍갈도가 많았고 활석가루가 소량 포함되어 있었음. 갈돌은 청회색 頁岩을 갈아 만든 것으로 사각기둥모양이고, 위쪽에 구멍이 있어 허리에 맬 수 있음(그림 59 참조).
○ 고구려시기의 토기 손잡이가 상당수 출토되었는데,

---

[3] 蘇長淸, 1985; 『桓仁滿族自治縣文物志』, 34~35쪽.

夾細沙灰陶, 夾細沙紅褐陶 등이 많음. 대형 손잡이의 경우 너비 8.5cm, 두께 1.4cm에 이르는데, 四耳壺의 손잡이로 추정하기도 함(梁志龍, 1992, 69쪽). 그밖에 시루 바닥이나 토기 구연부 등이 출토됨. 철기로는 고리칼과 화살촉 등이 출토되었는데, 화살촉은 鏃形, 扇形, 矛形 등으로 나뉘며 오녀산성 출토품과 유사하다고 함. 1950년대에 고구려시기의 獸面文瓦當이 출토되었다고 하는데 현존하지 않음(梁志龍, 1992, 67쪽).

○ 遼·金代의 유물로는 평기와, 句滴, 수면문와당 등 건축자재가 다량 출토됨.

2) 출토유물[4]

(1) 토기 구연부(H1:1, 그림 6)
○ 출토지 : 하고성자성의 T1 H1.
○ 크기 : 구경 14cm, 잔존 높이 4.2cm.
○ 형태 : 입술이 네모나고 직립 구연. 구연부에 서로 대칭되는 뿔모양 파수가 있음.
○ 태토 및 색깔 : 모래가 함유된 회갈색토기

(2) 토기 구연부(H1:2, 그림 7)
○ 출토지 : 하고성자성의 T1 H1.
○ 크기 : 구경 20cm 잔존 높이 7.4cm.
○ 형태 : 입술이 네모나고 어깨가 접혀졌으며 배가 곧음.
○ 태토 및 색깔 : 모래가 함유된 회갈색토기.

(3) 토기 구연부(H1:3, 그림 8)
○ 출토지 : 하고성자성의 T1 H1.
○ 크기 : 구경 36cm 남은 부분 높이 5.6cm.
○ 형태 : 입술이 네모나고 구연이 외반됨.

○ 태토 및 색깔 : 모래가 함유된 회갈색.

(4) 토기 구연부(H1:4, 그림 9)
○ 출토지 : 하고성자성의 T1 H1.
○ 형태 : 입술이 네모남. 직립구연.
○ 태토 및 색깔 : 모래가 함유된 회색토기.

(5) 토기 구연부(H1:5, 그림 10)
○ 출토지 : 하고성자성의 T1 H1.
○ 형태 : 입술이 네모나고 구연이 약간 벌어짐.
○ 태토 및 색깔 : 모래가 함유된 적갈색토기.

(6) 토기 구연부(H1:6, 그림 11)
○ 출토지 : 하고성자성의 T1 H1.
○ 형태 : 입술이 둥그렇고 직립 구연.
○ 태토 및 색깔 : 모래가 함유된 회색토기.

(7) 토기 파수(H1:7, 그림 12)
○ 출토지 : 하고성자성의 T1 H1.
○ 형태 : 세워진 다리모양 손잡이가 있고 단면은 기둥모양.
○ 태토 및 색깔 : 모래가 함유된 적갈색토기.

(8) 석제방추차(그림 13)
○ 출토지 : 하고성자성.
○ 크기 : 직경 8.6cm 구멍직경 2.6cm 두께 1.5cm.
○ 형태 : 원형을 띠었고 가운데 구멍이 있음. 외연이 약간 얇았는데 날과 비슷했으며 사용된 흔적이 있음.

(9) 석제방추차(그림 14)
○ 출토지 : 하고성자성.
○ 크기 : 직경 5.9cm 두께 0.9cm.
○ 형태 : 얇은 원모양이었고 가운데 구멍이 있음.

---

[4] 그림 6~그림 57은 『五女山城』, 308~313쪽의 도면임.

(10) 석제칼(그림 15)
○ 출토지 : 하고성자성.
○ 크기 : 남은 길이 16cm 너비 4.5cm.
○ 형태 : 파손되었으며 평면은 제형(梯形)에 가까움. 등이 편평하고(平背) 날이 약간 구부러짐.

(11) 석제칼(그림 16)
○ 출토지 : 하고성자성
○ 크기 : 남은 길이 5.3cm 너비 2.2cm
○ 형태 : 한 부분만 남아 있음. 등이 편평하고(平背), 날이 구불었음(弧刃).

(12) 석제칼(그림 17)
○ 출토지 : 하고성자성.
○ 크기 : 남은 길이 4.2cm 너비 3cm.
○ 형태 : 한 부분만 남아 있음. 등이 약간 편평하고(背略平) 날은 휘어짐.

(13) 석제화살촉(그림 18)
○ 출토지 : 하고성자성.
○ 크기 : 길이 4.2cm 너비 2cm.
○ 형태 : 평면이 삼각형에 가깝고 등날과 꼬리 부분이 안으로 들어감.

(14) 호(그림 19)
○ 출토지 : 하고성자성.
○ 크기 : 구경 8.8cm 저경 5cm 높이 7cm.
○ 형태 : 입술이 뾰족하고(尖脣) 어깨가 처짐(溜肩). 배가 볼록하고(鼓腹) 바닥이 편평함(平底). 아가리 아래에 치윤모양 부가문이 장식되었으며 배에는 서로 대칭되는 돌기모양(瘤狀)의 손잡이가 있음.
○ 태토 및 색깔 : 모래와 활석분이 함유된 적갈색토기.

(15) 양이심발 (그림 20)
○ 출토지 : 하고성자성.
○ 크기 : 구경 13.8cm 저경 10.3cm 높이 17.2cm.
○ 형태 : 입술이 네모나고(方脣) 아가리가 접혀졌으며(折沿) 목이 약간 좁음(頸微束). 배가 볼록하고(鼓腹) 바닥이 편평함(平底). 배 윗부분에 대칭되는 다리모양 손잡이가 내리 세워져 있음. 아가리 아리에 한 줄의 압날문(捺窩文)이 있음.
○ 태토 및 색깔 : 모래가 함유된 황갈색토기.

(16) 양이심발(그림 21)
○ 출토지 : 하고성자성.
○ 크기 : 구경 18cm 잔존 높이 14.4cm.
○ 형태 : 입술이 네모나고(方脣) 아가리가 접혀졌으며(折沿) 배가 볼록함(鼓腹). 배에 내리 놓인 다리모양 손잡이가 서로 대칭되게 있음.
○ 태토 및 색깔 : 모래가 함유된 적갈색토기.

(17) 토기 구연부(그림 22)
○ 출토지 : 하고성자성.
○ 크기 : 구경 22cm이고 잔존 높이 6.2cm.
○ 형태 : 입술이 네모나고(方脣) 아가리가 접혀짐(折沿). 배가 약간 곧았고(腹略直) 아가리 아래에 한 줄의 압날문이 있음.
○ 태토 및 색깔 : 모래가 함유된 회색토기.

(18) 토기 구연부(그림 23)
○ 출토지 : 하고성자성.
○ 크기 : 구경 30cm 잔존 높이 6cm.
○ 형태 : 입술이 네모나고(方脣) 아가리가 접혀졌으며(折沿) 아가리 아래에 한 줄의 압날문이 있음.
○ 태토 및 색깔 : 모래가 함유된 회갈색토기.

(19) 토기 구연부(그림 24)
- 출토지 : 하고성자성.
- 크기 : 구경 33.6cm 잔존 높이 6.5cm.
- 형태 : 입술이 둥그렇고 아가리가 벌어졌으며 아가리 아래에 한 줄의 압날문이 있음.
- 태토 및 색깔 : 모래가 함유된 회갈색토기.

(20) 토기 구연부
- 출토지 : 하고성자성.
- 크기 : 구경 12cm 잔존 높이 4.5cm.
- 형태 : 입술이 네모나고 아가리가 벌어졌으며 어깨가 처짐.
- 태토 및 색깔 : 모래가 함유된 회색토기.

(21) 토기 구연부
- 출토지 : 하고성자성.
- 크기 : 구경 10cm 잔존 높이 3.2cm.
- 형태 : 입술이 네모나고 아가리가 접혀졌으며 어깨가 처짐.
- 태토 및 색깔 : 모래가 함유된 적갈색토기.

(22) 토기 구연부(그림 25)
- 출토지 : 하고성자성.
- 크기 : 구경 28cm 잔존높이 8.6cm.
- 형태 : 입술이 네모나고 아가리가 벌어짐.
- 태토 및 색깔 : 모래가 함유된 적갈색토기.

(23) 토기 구연부(그림 26)
- 출토지 : 하고성자성.
- 크기 : 구경 12cm 잔존 높이 3.8cm.
- 형태 : 입술이 네모나고 아가리가 접혀졌으며 목이 좁음.
- 태토 및 색깔 : 모래가 함유된 적색토기.

(24) 토기 구연부(그림 27)
- 출토지 : 하고성자성.
- 크기 : 구경 32cm 잔존높이 6cm.
- 형태 : 입술이 네모나고 아가리가 벌어짐.
- 태토 및 색깔 : 모래가 함유된 회흑색토기.

(25) 토기 구연부(그림 28)
- 출토지 : 하고성자성.
- 크기 : 구경 16cm 잔존높이 2.5cm.
- 형태 : 입술이 네모나고 아가리가 접혀짐(折沿).
- 태토 및 색깔 : 모래가 함유된 회색토기.

(26) 토기 구연부(그림 29)
- 출토지 : 하고성자성.
- 크기 : 구경 30cm 잔존 높이 12.4cm.
- 형태 : 동이. 입술이 네모나고 아가리가 접혀짐(折沿). 배에 가로 놓인 다리모양 손잡이 두 개가 대칭되게 있음.
- 태토 및 색깔 : 모래가 함유된 적갈색토기.

(27) 토기 구연부(그림 30)
- 출토지 : 하고성자성.
- 크기 : 구경 26cm 잔존 높이 12cm.
- 형태 : 동이. 모양이 그림 25와 같음.
- 태토 및 색깔 : 모래가 함유된 회갈색토기.

(28) 토기 구연부(그림 31)
- 출토지 : 하고성자성.
- 크기 : 구경 36cm 잔존 높이가 16.7cm.
- 형태 : 동이. 모양이 그림 25와 같음.
- 태토 및 색깔 : 모래가 함유된 적갈색토기.

(29) 토기 구연부(그림 32)
- 출토지 : 하고성자성

○ 크기 : 구경 40cm이고 잔존 높이 6.4cm.
○ 형태 : 동이. 입술이 뾰족하고(尖脣) 아가리가 벌어졌으며(侈口) 그 아래에 안으로 패인 홈 한 줄이 있음.
○ 태토 및 색깔 : 모래가 함유된 적색토기.

(30) 뚜껑(그림 33)
○ 출토지 : 하고성자성.
○ 크기 : 직경 11.5cm 높이 3.6cm.
○ 형태 : 평면 원형. 손잡이는 다리모양.
○ 태토 및 색깔 : 모래가 함유된 황갈색토기.

(31) 토기 저부(그림 34)
○ 출토지 : 하고성자성.
○ 크기 : 저경 20cm 잔존 높이 10.8cm.
○ 형태 : 평저.
○ 태토 및 색깔 : 모래가 함유된 회색토기.

(32) 토기 저부(그림 35)
○ 출토지 : 하고성자성.
○ 크기 : 저경 8.5cm 잔존 높이 6.2cm.
○ 형태 : 모래가 함유된 회색토기이며 바닥이 편평함.

(33) 토기 저부(그림 36)
○ 출토지 : 하고성자성.
○ 크기 : 저경 18cm 잔존 높이 4.4cm.
○ 형태 : 평저.
○ 태토 및 색깔 : 모래가 함유된 회색토기.

(34) 토기 저부(그림 37)
○ 출토지 : 하고성자성.
○ 크기 : 저경 11.5cm 잔존 높이 5.4cm.
○ 형태 : 평저.
○ 태토 및 색깔 : 모래가 함유된 황갈색토기.

(35) 토기 저부(그림 38)
○ 출토지 : 하고성자성.
○ 크기 : 저경 14cm 잔존 높이 6cm.
○ 형태 : 평저.
○ 태토 및 색깔 : 모래가 함유된 회색토기.

(36) 시루 저부(그림 39)
○ 출토지 : 하고성자성.
○ 크기 : 저경 18cm 잔존 높이 1.8cm.
○ 형태 : 바닥에 작은 원모양 구멍들이 있고 가는 선들이 새겨져 있음.
○ 태토 및 색깔 : 모래가 함유된 회색토기.

(37) 시루 저부(그림 40)
○ 출토지 : 하고성자성
○ 크기 : 저경 18cm 잔존 높이 6.6cm.
○ 형태 : 바닥에 가는 선들이 종횡으로 새겨져 있고 작은 원모양 구멍은 선에 따라 분포됨.
○ 태토 및 색깔 : 모래가 함유된 회색토기.

(38) 토기 파수(그림 41~그림 44)
○ 출토지 : 하고성자성.
○ 형태 : 세로 놓인 다리모양 손잡이가 있고 단면은 기둥모양에 가까움.
○ 태토 및 색깔 : 모래가 함유된 적갈색토기.

(39) 토기 파수(그림 45~그림 53)
○ 출토지 : 하고성자성.
○ 형태 : 모두 가로 놓인 다리모양 손잡이이며 모양은 다 비슷함. 표본8과 표본11은 약간 두텁고 큼.
○ 태토 및 색깔 : 모래가 함유된 적갈색 혹은 흑갈색토기.

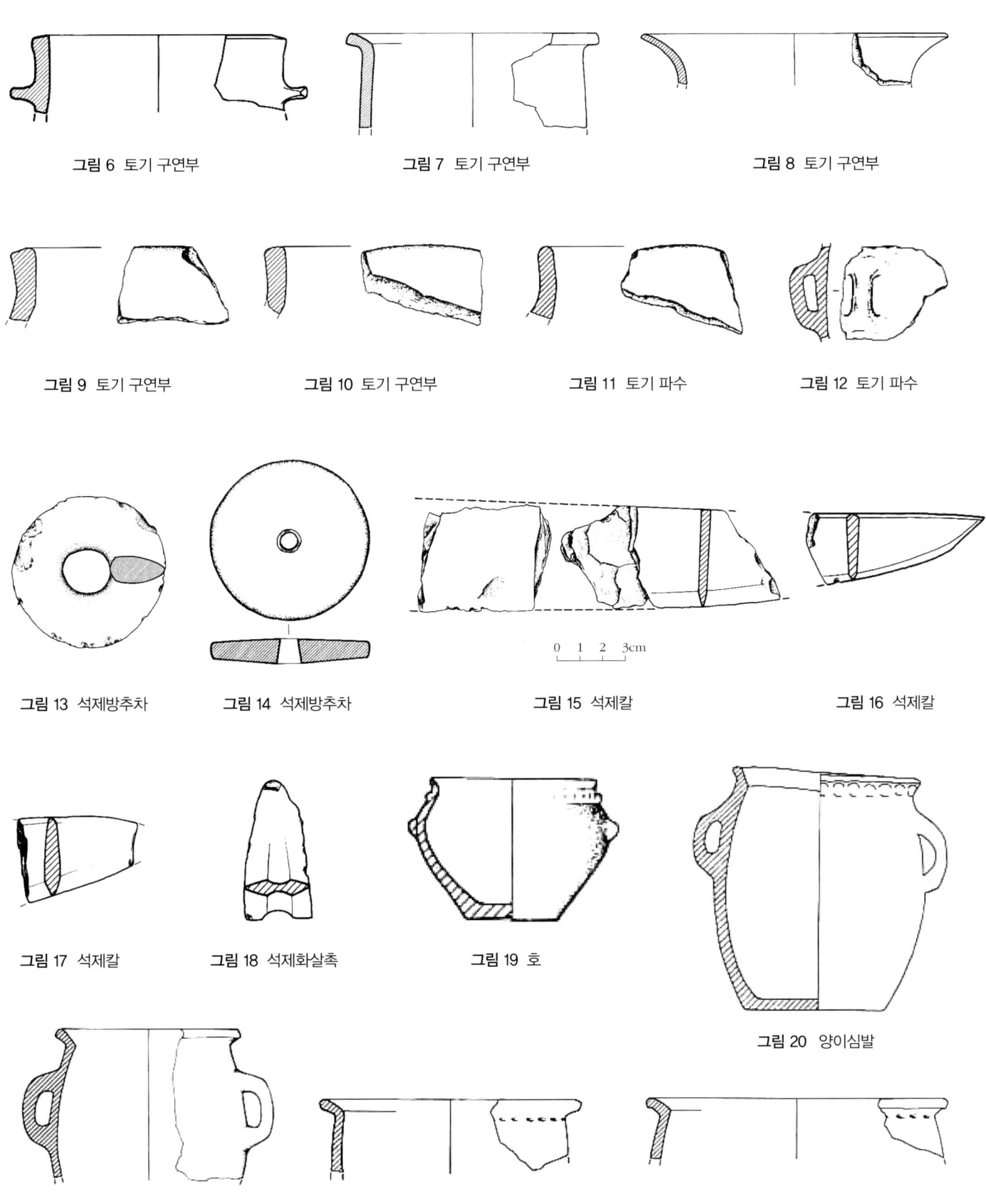

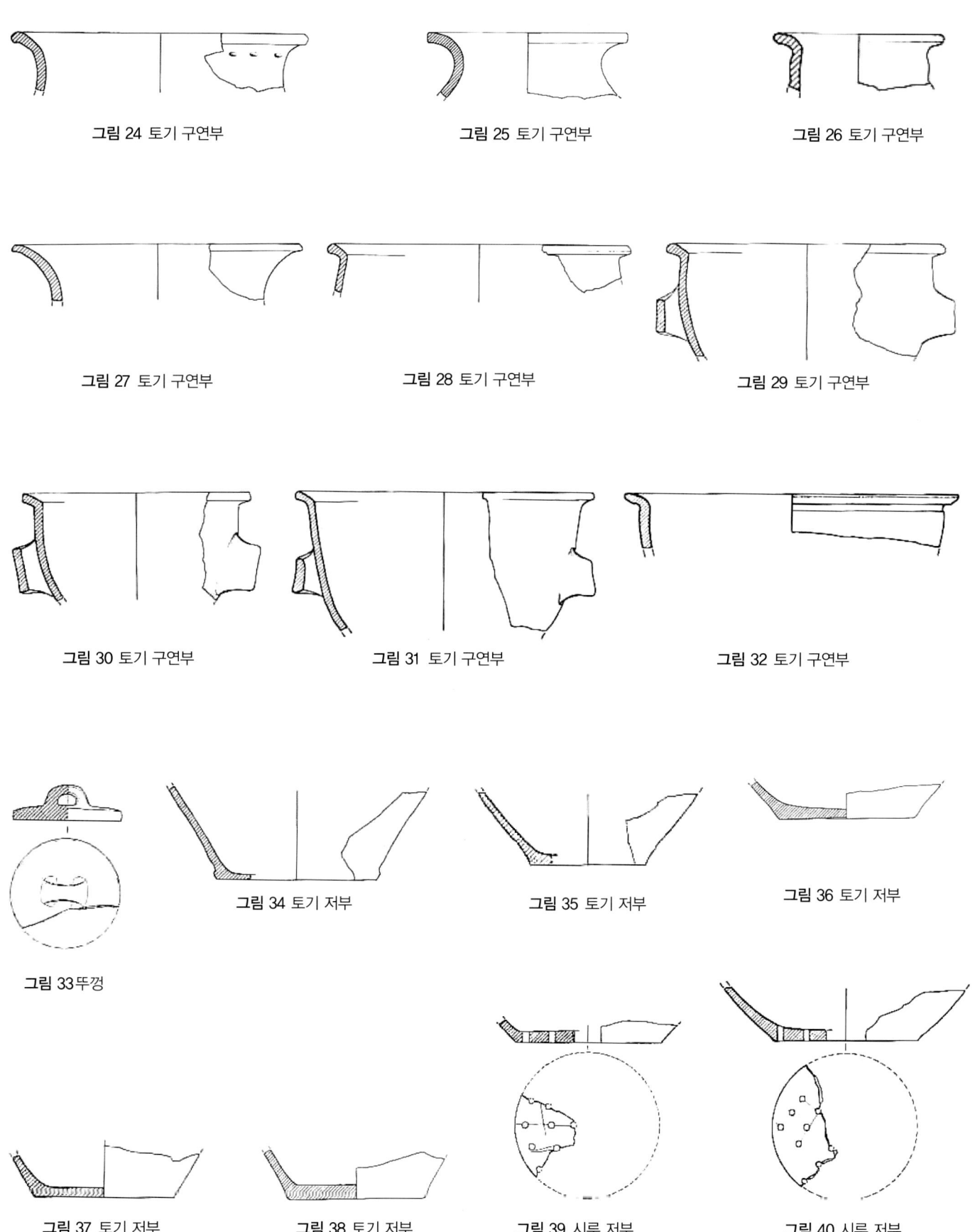

그림 24 토기 구연부 그림 25 토기 구연부 그림 26 토기 구연부
그림 27 토기 구연부 그림 28 토기 구연부 그림 29 토기 구연부
그림 30 토기 구연부 그림 31 토기 구연부 그림 32 토기 구연부
그림 33 뚜껑 그림 34 토기 저부 그림 35 토기 저부 그림 36 토기 저부
그림 37 토기 저부 그림 38 토기 저부 그림 39 시루 저부 그림 40 시루 저부

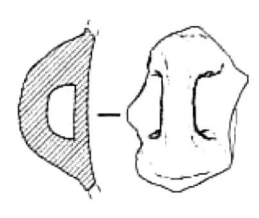

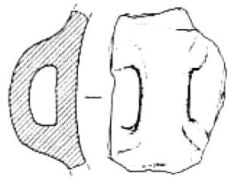
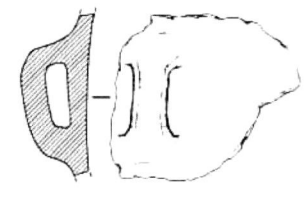

그림 41 토기 파수   그림 42 토기 파수   그림 43 토기 파수   그림 44 토기 파수

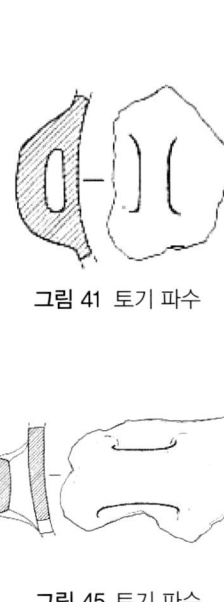
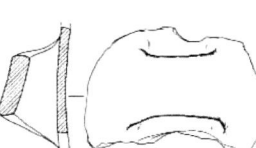

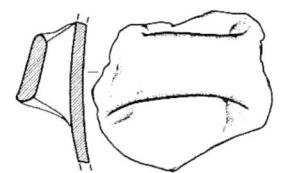

그림 45 토기 파수   그림 46 토기 파수   그림 47 토기 파수   그림 48 토기 파수

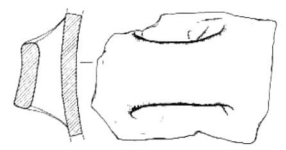
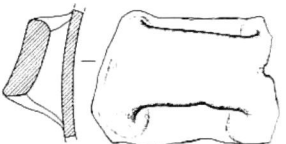
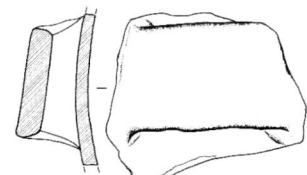

그림 49 토기 파수   그림 50 토기 파수   그림 51 토기 파수   그림 52 토기 파수

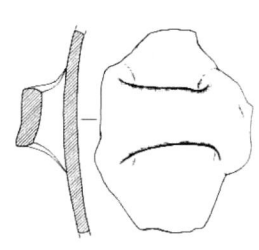
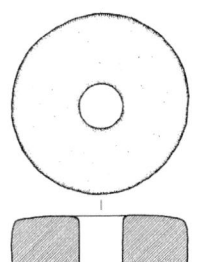
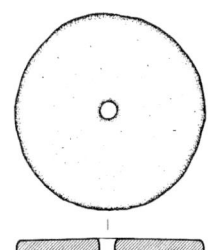
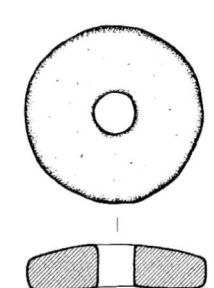

그림 53 토기 파수   그림 54 석제방추차   그림 55 석제방추차   그림 56 석제방추차

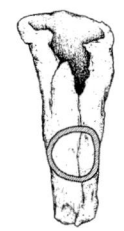
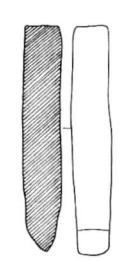
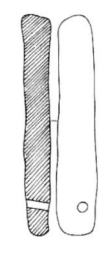
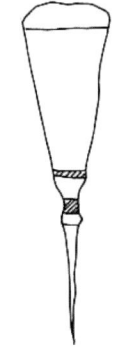

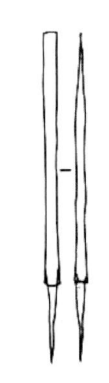

그림 57
철제물미

그림 58 돌도끼
(『高句麗考古』, 도6)

그림 59 갈돌
(『高句麗考古』, 도6)

그림 60 철제화살촉
(『高句麗考古』, 도6)

그림 61 철제화살촉
(『高句麗考古』, 도6)

그림 62 철제화살촉
(『高句麗考古』, 도6)

(40) 토제방추차(그림 54)
- 출토지 : 하고성자성
- 크기 : 직경 7.8cm 구멍직경 2cm 두께 2.7cm.
- 형태 : 원형. 가운데 구멍이 있으며 비교적 두텁고 큼.
- 태토 및 색깔 : 모래가 함유된 적갈색 토제품.

(41) 토제방추차(그림 55)
- 출토지 : 하고성자성.
- 크기 : 직경 7cm 두께 0.9cm.
- 형태 : 원모양을 띠었고 가운데 구멍이 있으며 변두리가 약간 얇아짐.
- 태토 및 색깔 : 모래가 함유된 적갈색 토제품.

(42) 토제방추차(그림 56)
- 출토지 : 하고성자성.
- 크기 : 직경 4.9cm 두께 1.1cm.
- 형태 : 원모양, 한 면이 약간 볼록하고 다른 한 면이 약간 오목함.
- 태토 및 색깔 : 모래가 함유된 적갈색 토제품.

(43) 철제물미(그림 57)
- 출토지 : 하고성자성.
- 크기 : 잔존 길이 9.7cm 너비 4.3cm.
- 형태 : 파손. 원추형(圓錐形)을 띠었고 중간이 비었음.

(44) 돌도끼(그림 58)
- 출토지 : 하고성자성.
- 형태 : 세장방형.

(45) 갈돌(그림 59)
- 출토지 : 하고성자성.
- 형태 : 청회색 셰일(shale, 頁岩)을 갈아서 제작. 사각기둥모양, 위쪽에 구멍이 있어 허리에 맬 수 있음.

(46) 토기 파수
- 출토지 : 하고성자성.
- 크기 : 너비 8.5cm, 두께 1.4cm.
- 형태 : 대형. 사이토기의 손잡이로 추정.
- 태토 및 색깔 : 가는 모래질 회색토기.

(47) 철제화살촉(그림 60~그림 62)
- 출토지 : 하고성자성.
- 형태 : 鏃形, 扇形, 矛形. 오녀산성출토품과 유사.

7. 역사적 성격

1) 지정학적 위치와 주변의 유적 현황
하고성자성은 고구려의 건국지로 추정되는 桓仁盆地의 중심지에 위치했음. 고성은 환인분지를 관통하는 渾江의 서쪽 평지에 자리잡고 있는데, 혼강이 북쪽에서 흘러와 성터 동편을 지나 남쪽으로 유유히 흐르고 있음. 고성에 서면 桓仁縣 시가지가 한눈에 들어오며, 북쪽 1km 거리에 本溪-桓仁 도로가 지나가며, 서쪽 1km 거리에는 寬甸으로 향하는 도로가 지나감.

이처럼 하고성자성은 桓仁盆地의 중심지에 위치하였기 때문에 주변에는 성곽과 고분군 등의 유적이 많이 분포되어 있음. 가령 고성에서 동북쪽으로 10km 정도 떨어진 거리에는 桓仁 五女山城이 있고, 서북쪽으로 六道河를 따라 15km 정도 가면 桓仁 馬鞍山城이 나타남. 또 혼강 하류를 따라 내려가면 桓仁 城墻砬子山城과 瓦房溝山城 등이 나옴.

고성 주변에는 渾江 본류나 그 지류인 六道河, 雅河 등을 따라 고구려 고분군이 많이 분포함. 특히 북쪽으로 1.8km 거리에는 上古城子 고분군이 있는데, 하고성자성의 거주자가 남겼을 것으로 추정하기도 함(蘇長淸, 1985, 144쪽 ; 『桓仁滿族自治縣文物志』, 35쪽 ; 梁志龍, 1992, 69쪽). 고성 남쪽으로 渾江 남안 절벽 위의 산등성이에 望江樓고분군이 분포하는데, 부여계 유물이 다량 출토되어 고구려 건국 전후에 南下한 부여계 이주민과 연관될 것으로 파악됨(梁志龍·王俊輝, 1994, 75~77쪽 ; 여호규, 1996, 62쪽).

2) 축조시기와 성격

하고성자성 내부에서는 돌도끼, 돌어망추, 돌창, 돌화살촉 등 청동기시대 유물이 많이 출토되었는데, 일찍부터 사람이 거주하였음을 잘 보여줌. 또 고구려시기에서 遼·金代에 이르는 다양한 유물이 출토되는 것으로 보아 여러 시기에 걸쳐 환인분지에서 중요한 거점으로 활용되었던 것으로 추정됨.

압록강 중상류의 고구려 성곽은 도성을 제외하면 거의 대부분 돌로 축조한 산성임. 이에 비해 하고성자성은 하천가에 자리한 평지성일 뿐 아니라, 흙으로 축조한 토성임. 이에 일찍부터 하고성자성은 漢이 축조한 평지토성으로 玄菟郡의 郡縣 治所로 추정하는 견해가 다수 제기되었는데(魏存成, 1985 : 1994, 14쪽 ; 田中俊明, 1994, 22쪽 ; 尹龍九, 1996, 325쪽 ; 임기환, 1998, 73쪽), 성 내부에서 漢代의 유물이 출토된 적이 없다는 점에서 면밀한 검토가 요청된다는 비판이 제기되었음(閔德植, 1997, 149쪽).

한편 하고성자성 주변에는 上古城子고분군이나 望江樓고분군 등 고구려 초기 고분군이 다수 분포해 있음. 더욱이 1980년대에 하고성자성에서 출토된 토기편과 철제화살촉 등은 五女山城 출토품과 유사한 것으로 이해함. 이에 하고성자성을 평상시에 거주하던 평지성, 오녀산성을 비상시의 군사방어성으로 비정하기도 함. 하고성자성을 고구려 첫 번째 도성인 紇升骨城(오녀산성)의 평지성으로 비정했던 것임(蘇長淸, 1985, 143쪽 ; 『桓仁滿族自治縣文物志』, 35쪽 ; 梁志龍, 1992, 69쪽 ; 차용걸, 1993, 26쪽 ; 王綿厚, 2002, 48~49쪽).

그렇지만 〈광개토왕릉비〉에 따르면 고구려 시조인 鄒牟王은 '沸流谷 忽本의 서쪽 산 위에 성을 쌓고 建都하였다'고 함. 즉 평상시의 거점인 忽本은 서쪽 산 위에 축조한 산성의 동쪽에 위치하였다는 것임. 그런데 하고성자성은 오녀산성의 동쪽이 아니라 서남쪽에 위치했음. 따라서 하고성자성을 오녀산성의 평지성으로 비정하려면 〈광개토왕릉비〉의 기록과 상충되는 측면을 해결할 필요가 있음(여호규, 1998, 147쪽).

이러한 문제를 해결하기 위해 최근 하고성자성을 紇升骨城에 비정하기도 하는데(耿鐵華, 2004, 106~110쪽), 사료상 흘승골성은 산성이 명확한 만큼 평지성인 하고성자성으로 비정하기는 어려움. 또 하고성자성을 유리왕 3년에 축조했다는 鶻川 離宮으로 비정하기도 하는데(조법종, 2007, 153~154쪽), 沸流水를 渾江으로 상정한다면 하고성자성 옆을 지나가는 渾江 본류를 비류수와 구별되는 하천인 鶻川으로 비정할 수 있을지 의문임.

특히 1998년에 서벽 북단을 절개 조사하는 과정에서 성벽 아래에 위치한 재구덩이(灰坑 ; 竪穴)를 확인했는데, 여기에서 다량의 토기가 출토됨. 조사자들은 이 재구덩이에서 출토된 토기가 국내성지 하부의 토축 기초부에서 출토된 것과 유사하다며 하고성자성을 고구려 건국 초기의 평지도성으로 비정함(『五女山城』, 314~315쪽).

그렇지만 이 재구덩이에서 출토된 종위 대상파수나 심발형토기 등은 고구려 전기로 편년되며, 고구려 건국 시점이 아닌 2~3세기일 가능성이 높다고 함(양시은, 2016, 25쪽 및 217쪽). 더욱이 국내성지 하부의 토축 기초부에서는 3세기 말~4세기 초로 편년되는 토기가 출토되었음. 국내성지 하부의 토축 기초부는 4세기 초를 전후하여 비로소 축조된 것(吉林省文物考古硏究所·集安市博物館, 2012, 39~46쪽).

이상과 같은 고고조사 현황을 놓고 본다면 하고성자성을 한 현도군의 군현성이나 졸본시기 고구려의 평지도성으로 보는 견해는 성립하기 어렵다고 생각됨. 하고성자성은 고구려가 도성을 졸본에서 국내성으로 옮긴 이후에 축조되었을 가능성이 더 높음. 하고성자성은 국내천도 이후에 지방제도를 정비하면서 환인분지 일대를 경영하기 위한 중심성으로 축조했을 가능성이 높고, 고구려 후기까지 지역 거점성의 역할을 수행했을 것으로 파악됨(이경미, 2012, 123~131쪽). 특히 하고성자성은 渾江 연안에 위치했다는 점에서 渾江 水路의 거점 역할을 수행했을 것으로 파악됨.

참고문헌

- 蘇長淸, 1985, 「高句麗早期平原城-下古城子」, 『遼寧丹東本溪地區考古學術討論文集』.
- 魏存成, 1985, 「高句麗初中期的都城」, 『北方文物』 1985-2.
- 孫進己·馮永謙, 1988, 『東北歷史地理』(2), 黑龍江人民出版社.
- 桓仁滿族自治縣文物志 編纂委員會, 1990, 『桓仁滿族自治縣文物志』.
- 李殿福·孫玉良, 1990, 『高句麗都城考』 1990-1.
- 李殿福·孫玉良 저, 강인구·김영수 역, 1990, 『高句麗簡史』, 삼성출판사.
- 梁志龍, 1992, 「桓仁地區高句麗城址槪述」, 『博物館硏究』 1992-1.
- 차용걸, 1993, 「고구려 전기의 도성」, 『국사관논총』 48.
- 梁志龍·王俊輝, 1994, 「遼寧桓仁出土靑銅遺物墓葬及相關問題」, 『博物館硏究』 1994-2.
- 王綿厚, 1994, 『秦漢東北史』, 遼寧人民出版社.
- 李殿福 저, 차용걸·김인경 역, 1994, 『중국 내의 고구려 유적』, 학연문화사.
- 魏存成, 1994, 「城址·建築址」, 『高句麗考古』, 吉林大學出版社.
- 田中俊明, 1994, 「高句麗の興起と玄菟郡」, 『朝鮮文化硏究』 1.
- 馮永謙, 1994, 「高句麗城址輯要」, 『北方史地硏究』, 中州古籍出版社.
- 尹龍九, 1996, 「한국 고대의 중국식 토성에 대하여」, 『한국고대사논총』 8.
- 여호규, 1996, 「압록강 중류유역에서 고구려의 국가형성」, 『역사와현실』 21.
- 閔德植, 1997, 「三國時代 이전의 中國系 土城」, 『아시아문화』 13.
- 余昊奎, 1998, 「桓仁 下古城子城」, 『高句麗 城』 I(鴨綠江 中上流篇), 國防軍史硏究所.
- 林起煥, 1998, 「高句麗前期 山城 硏究」, 『國史館論叢』 82.
- 宋福娟, 2000, 「桓仁 下古城子城」, 『高句麗歷史與文化』, 吉林文史出版社.
- 王綿厚, 2002, 『高句麗古城硏究』, 文物出版社.
- 李新全, 2003, 「高句麗初期都城考」, 『遼寧考古文集』, 遼寧民族出版社.
- 耿鐵華, 2004, 「高句麗紇升骨城新考」, 『高句麗考古硏究』, 吉林文史出版社.
- 遼寧省文物考古硏究所 編著, 2004, 『五女山城』(1996~1999, 2003年 桓仁五女山城調査發掘報告), 文物出版社.
- 조법종, 2007, 「고구려 초기 도읍과 沸流國城」, 『백산학보』 77.
- 이경미, 2012, 「압록강 중상류 고구려 성곽의 분포 양상과 기능의 변화」, 『한국고대사연구』 66.
- 吉林省文物考古硏究所·集安市博物館, 2012, 「集安國內城東南城垣考古淸理收穫」, 『邊疆考古硏究』 11.
- 양시은, 2016, 『고구려 성 연구』, 진인진.

03 환인 나합성지
桓仁 喇哈城址

1. 조사현황

1) 20세기 전반
○ 『懷仁縣志』(1909년) : "縣城 동북쪽 60리인 富爾江과 渾江의 합류지점에 성곽이 위치했다"고 기재되어 있음.
○ 20세기 전반의 상황 : 나합성이 20세기 전반에 이미 널리 알려져 있었던 것으로 추정됨.

2) 2002년 여름
○ 시행기관 : 桓仁縣 文物管理所.
○ 조사내용 : 『懷仁縣志』의 기록을 토대로 桓仁縣 北甸子 일대에서 나합성지를 찾으려고 했으나 발견하지 못함.
○ 발표 : 『東北史地』 2004-2.

3) 2003년 봄
○ 시행기관 : 桓仁縣 文物管理所.
○ 조사내용 : 桓仁縣 北甸子鄉 彎龍背村 혼강 우안 평지에서 성벽 발굴.
○ 발표 : 『東北史地』 2004-2.

4) 2004년
○ 시행기관 : 王俊輝·梁志龍.
○ 발표 : 『桓仁縣報』 2004. 6. 7.

5) 2006년
○ 시행기관 : 王從安·紀飛.
○ 조사내용 : 古道, 고분군, 채석장 등 조사.
○ 발표 : 『桓仁縣報』 2006. 3. 7.

2. 위치와 자연환경 (그림 1~그림 2)

○ 나합성지는 遼寧省 桓仁縣 北甸子鄉 彎龍背村 혼강 우안의 작은 평원상에 위치함. 평지는 혼강 우안에 남북방향으로 기다랗게 뻗어 있는데, 남북 길이 2km, 동서 너비는 300~600m 전후임.
○ 소평원의 서쪽으로는 산봉우리가 약 5km 가까이 이어져 있는데, 그 모양이 흡사 용과 같다 하여 '龍山'이라 부르며, 산 아래에 오래된 廟宇가 있다 하여 '大廟山'으로도 불림. 20세기 전반에 소평원 북단에 민가가 10여 호 있었는데, 龍山의 背面에 위치했다 하여 '彎龍背村'이라고 불림.
○ 소평원 동쪽에는 서쪽의 龍山과 마주하며 흙으로 이루어진 구릉이 소평원을 감싸며 기다랗게 이어지고 있는데, 길이는 5km에 이름. 이 구릉은 소평원 동쪽에 위치했다 하여 '東崗'으로 부르기도 함. 『懷仁縣志』의 '東崗屯'은 바로 이 동강을 지칭하는 것으로 보임. 이 구릉은 황토로 이루어져 있어서 멀리서 보면 마치 용과 같다하여 '龍崗'으로 부르기도 함.
○ 이처럼 소평원은 서쪽의 용산과 동쪽의 동강으로 감

그림 1 나합성지 주변 지형도(滿洲國 10만분의 1 지형도)

그림 2
나합성지 위치도

싸여 있으며, 용산과 동강이 만나는 서남쪽 입구의 폭은 190m에 불과함. 소평원은 사방이 용산과 동강에 의해 둘러싸인 것이나 마찬가지임. 이에 『懷仁縣志』에서 사방이 모두 산으로 둘러싸여 있다고 서술한 것으로 여겨짐.

3. 성곽의 전체현황

○ 소평원 서남쪽 입구에서 북쪽으로 1.5km 거리에 위치.
○ 평면은 대략 方形으로 남북방향이며 길이와 너비는 200m 전후임. 환인댐이 건설되기 이전만 하더라도 石墻과 石堆가 지상에 노출되어 있었다고 함. 그 높이는 대략 2척(60cm) 전후였다고 함. 20세기 전반에 나합성의 성벽과 성돌을 활용하여 '日子紅'이라는 상점 건물을 지었던 것으로 추정됨.
○ 환인댐 건설 이후 수몰되었지만 갈수기에는 성벽이 지면에 드러나 석벽의 일부를 볼 수 있음. 특히 댐 건설 이후 소평원 동측 구릉의 마을 주민들이 갈수기에 소평원에서 성돌을 운반해 건축자재로 사용했다고 함.

4. 성벽과 성곽시설

1) 성돌
○ 석재는 잘 다듬었는데 대부분 쐐기형돌로 고구려 고성의 건축 성돌과 같다고 함.
○ 소평원 동측 마을 주민들이 운반한 성돌은 대부분이 청색을 띤 큰 돌로서 이 지역에서 산출되는 것이 아니라고 함.

2) 성벽의 축조양상
○ 2003년 봄에 성벽 85m를 발굴했다고 함. 성벽 기단부를 발굴했는데, 위쪽 너비는 약 1m였다고 함.

3) 성곽시설
○ 『懷仁縣志』에 따르면 성터 부근에는 古廟가 있었는데, 기초 벽돌의 무게가 30여 근이며, 처음 개간할 때에 石佛 3개를 얻었다고 함.
○ 2006년도에 성터 부근에서 古道, 古道渡口, 고분군, 채석장 등을 확인했다고 함.

5. 출토유물

○ 『懷仁縣志』에 따르면, 주민들이 경작지에서 화살촉이나 창끝 등을 출토하였다고 함. 또 성터 부근에는 古廟가 있었는데, 기초 벽돌의 무게가 30여 근이며, 처음 개간할 때에 石佛 3개를 얻었다고 함.
○ 2003년도 봄에 요, 금, 명, 청 시기의 토기나 자기편과 함께 회색연질토기(夾沙灰陶) 파수 3점, 연질토기편(夾粗沙土器片) 다수가 출토했는데, 파수는 고구려 시기 이전의 토기편으로 추정된다고 함.

6. 역사적 성격

1) 지정학적 위치와 주변의 유적 현황

나합성지가 위치한 곳은 渾江과 그 지류인 富爾江이 교차하는 지점으로서 혼강 수로 교통의 요충지임. 20세기 전반에도 渾江 수로를 운항하는 배들이 이곳까지 왕래했고, 渾江 수로를 통해 운송한 물자를 판매하던 日子紅이라는 상점이 나합성 유적의 성벽을 활용하여 건축되기도 하였음.

또 이 지역은 蘇子河 유역에서 富爾江 하류 방면으로 내려와 渾江 본류를 따라 고구려 건국지인 환인분지로 나아갈 수 있고, 혼강 지류인 新開河를 경유해 고구려 두 번째 도성인 국내성으로도 나아갈 수 있는 육상 교통로의 요충지임. 이러한 지정학적 위치로 인해 나합성지 주변에는 고구려 성곽이나 고분군이 많이 분포함.

가령 나합성지에서 혼강 하류 방면을 따라 서쪽으로 내려가면 桓仁 五女山城과 下古城子城이 나오며, 혼강을 거슬러 상류로 올라가면 渾江-新開河 합류처의 동편에 集安 覇王朝山城이 위치해 있음. 또 혼강 지류인 부이강을 거슬러 올라가면 新賓 黑溝山城과 轉水湖山城 등이 나옴.

나합성 주변의 혼강 연안과 부이강 등 지류 유역에도 고구려 초기의 고분군이 매우 조밀하게 분포한 것으로 확인되었음. 특히 나합성에서 혼강 하류방면을 따라 내려가면 환인지역 최대의 고구려 고분군인 高力墓子 고분군이 나옴.

2) 나합성유적의 기능과 성격

나합성유적은 쐐기형돌로 축조되었다는 점에서 흔히 고구려시기의 평지성으로 파악되고 있음(梁志龍, 1992, 67쪽). 이에 최근 고구려 초기 도성인 졸본성(盧泰敦, 1999, 338~339쪽; 王從安·紀飛, 2004, 44~46쪽)[1] 또는 沸流國의 소재지(조법종, 2007, 161~165쪽) 등으로 파악하는 견해가 제기되었음. 더욱이 평지성이라는 점에 주목하여 본래 漢 玄菟郡의 縣城으로서 토성으로 축조되었다가 석성으로 개축되었을 가능성을 상정하기도 함(梁志龍, 1992, 64~69쪽; 田中俊明, 1994, 22쪽; 임기환, 1998, 73쪽).

그렇지만 나합성지에서는 아직 고구려시기의 유물이 출토되지 않았고, 성벽의 축조방식도 상세히 조사되지 않은 상태임. 나합성지가 고구려시기에 축조한 성곽이라고 단정할 만한 근거가 없으므로 향후 고고조사를 통해 축조시기나 유적의 성격을 보다 명확하게 규명할 필요가 있음.

참고문헌

- 蘇長淸, 1985, 「高句麗早期平原城-下古城子」, 『遼寧丹東本溪地區考古學術討論文集』.
- 梁志龍, 1992, 「桓仁地區高句麗城址槪述」, 『博物館硏究』 1992-1.
- 王禹浪·王宏北, 1994, 「中國遼寧省桓仁縣高句麗喇哈古城址」, 『高句麗·渤海古城址硏究彙編』 上, 哈爾濱出版社.
- 田中俊明, 1994, 「高句麗の興起と玄菟郡」, 『朝鮮文化硏究』 1.
- 馮永謙, 1994, 「高句麗城址輯要」, 『北方史地硏究』, 中州古籍出版社.
- 田中俊明·東潮, 1995, 『高句麗の歷史と遺跡』, 中央公論社.
- 余昊奎, 1998, 「桓仁 喇哈城址」, 『高句麗 城』 I(鴨綠江 中上流篇), 國防軍史硏究所.
- 林起煥, 1998, 「高句麗前期 山城 硏究」, 『國史館論叢』 82.
- 盧泰敦, 1999, 「고구려의 기원과 국내성 천도」, 『한반도와 중국 동북 3성의 역사와 문화』, 서울대학교출판부.
- Mark E. Byington, 2004, 「Problems Concerning the First Relocation of the Koguryo Capital」, 『고구려의 역사와 문화유산』, 서경문화사.
- 王俊輝·梁志龍, 2004, 「北甸子尋古」, 『桓仁縣報』 2004. 6. 7.
- 王從安·紀飛, 2004, 「卒本城何在」, 『東北史地』 2004-2.
- 王從安·紀飛, 2006, 「說話喇哈城」, 『桓仁縣報』 2006. 3. 7.
- 조법종, 2007, 「고구려 초기 도읍과 沸流國城」, 『백산학보』 77.

---

1 Mark E. Byington 2004, 560쪽에서도 고구려의 가장 이른 시기의 수도는 富爾江 유역에 있다가 五女山城으로 천도한 것으로 파악했다.

04 환인 마안산성
桓仁 馬鞍山城

1. 조사현황

1) 1980년 4월
(1) 시행기관 : 本溪市, 桓仁縣 考古工作者.
(2) 조사내용 : 유적 발견 및 현황 조사.
(3) 발표 : 文物檔案 작성 및 『桓仁滿族自治縣文物志』 게재.

2. 위치와 자연환경(그림 1 ~ 그림 2)

1) 지리위치
○ 遼寧省 桓仁縣 四道河子鄕을 지나는 桓仁 – 本溪 도로 남쪽 산에 위치.
○ 六道河 하곡평지 남쪽에 동서 방향으로 기다랗게 뻗은 산줄기가 있는데, 산성이 위치한 산은 이 산줄기의 동쪽 끝단에 자리잡고 있음.

2) 자연환경
○ 산성이 위치한 산은 산등성이 양단이 우뚝 솟아있고, 중앙으로 가면서 점차 낮아져 '凹'자처럼 가운데가 움푹 들어간 것이 마치 말안장모양처럼 생겼음. 이에 현지 주민들은 산의 모양이 말안장과 같다고 하여 '馬鞍山'이라고 부름.
○ 산의 서쪽으로는 산줄기가 계속 이어지지만, 북쪽과 동쪽에는 六道河의 하곡평지가 펼쳐져 있고, 남쪽으로도 六道河 지류를 따라 형성된 좁고 기다란 충적평지가 펼쳐져 있음.
○ 산의 서쪽과 북쪽 기슭은 경사가 비교적 완만한 편이지만, 동쪽과 남쪽 기슭은 경사가 매우 급하여 적군이 접근하기 힘듦. 그리고 산봉우리에 올라서면 멀리 동쪽으로 五女山城을 직접 바라볼 수 있음.

3. 성곽의 전체현황

1) 전체 평면
○ 천연성벽 : 산성의 남부와 동부는 반원형으로 둘러쳐진 경사가 가파른 산등성이를 자연성벽으로 삼았는데, 길이는 약 500m임.
○ 인공성벽 : 경사가 완만한 서부와 북부에 성벽을 축조했는데, 서벽 150m, 북벽 250m로 총길이는 약 400m임. 다만 서벽과 북벽은 실제로는 하나로 이어진 성벽으로 중간부분이 바깥쪽으로 휘어진 활모양을 이룸.
○ 내부지세 : 성 내부는 아주 넓지는 않지만, 대체로 평탄한 편임.

2) 보존상태
○ 1980년 조사 당시 성벽이 심하게 무너져 성돌이 어지럽게 널려 있었다고 하는데, 어떤 곳은 간혹 성벽 기초부가 노출되었다고 함.

그림 1 마안산성 주변 지형도(滿洲國 10만분의 1 지형도)

그림 2 마안산성 위치도

○ 성벽의 흔적은 명확하지 않지만, 그 윤곽을 희미하게 확인할 수 있음.

4. 성벽과 성곽시설

1) 성벽
○ 성돌 : 대체로 괴석(塊石)으로 정교하게 다듬지 않았음.
○ 남벽과 동벽 : 남부와 동부는 반원형으로 둘러쳐진 경사가 가파른 산등성이를 천연성벽으로 삼았는데, 길이는 약 500m임.
○ 서벽과 북벽 : 경사가 완만한 서부와 북부에 성벽을 축조했는데, 서벽 150m, 북벽 250m으로 총길이는 약 400m임. 다만 서벽과 북벽은 실제로는 하나로 이어진 성벽으로 중간 부분이 바깥쪽으로 휘어진 활모양을 이룸. 성벽의 너비는 약 2m, 잔고는 1~1.5m임.

2) 성곽시설
○ 문지 : 성벽 중앙부의 조금 동쪽에 트인 곳이 있는데, 문지로 추정됨.

5. 출토유물

현지 주민에 따르면 일찍이 성 안에서 쇠화살촉, 토기편 등을 주웠으나 세월이 오래되어 유실되었다고 함.

6. 역사적 성격

마안산성은 渾江의 지류인 六道河 하곡평지의 남쪽에 위치해 있는데, 환인분지에서 蘇子河나 太子河 상류로 나아가는 교통로 상의 요충지에 해당함. 산성의 동북쪽에 소형 적석묘가 여러 기 분포하며, 산성 동쪽의 六道河 하곡평지에 五道河子고분군, 楊家街고분군 등이 있으며, 서남쪽의 六道河 지류에는 大甸子고분군이 있음.

동남쪽 20km 거리에 五女山城이 위치해 있는데, 마안산성에 올라서면 오녀산성의 전경이 한눈에 들어옴. 서북쪽 30여 km 거리에는 高儉地山城이 있음. 이처럼 마안산성 주변에는 고구려 고분군이 다수 분포하며, 동남쪽의 오녀산성이나 서북쪽의 고검지산성과 일정한 간격으로 분포하며 밀접한 관계를 이루고 있음.

이에 마안산성은 대체로 환인분지의 서쪽 일대를 공제하던 산성으로 파악되며(桓仁滿族自治縣文物志 編纂委員會, 1990, 42쪽), 서북쪽 약 30km 거리에 위치한 高儉地山城과 함께 환인분지 서부 일대의 방어선을 구축했을 것으로 여겨짐(여호규, 1998, 151쪽; 양시은, 2016, 181쪽).

참고문헌
- 桓仁滿族自治縣文物志 編纂委員會, 1990, 『桓仁滿族自治縣文物志』.
- 梁志龍, 1992, 「桓仁地區高句麗城址槪述」, 『博物館硏究』 1992-1.
- 辛占山, 1994, 「遼寧境內高句麗城址的考察」, 『遼海文物學刊』 1994-2.
- 王禹浪·王宏北, 1994, 「中國遼寧省桓仁縣四道河子鄕高句麗馬鞍山山城址」, 『高句麗·渤海古城址硏究匯編』 上, 哈爾濱出版社.
- 馮永謙, 1994, 「高句麗城址輯要」, 『北方史地硏究』, 中州古籍出版社.
- 陳大爲, 1995, 「遼寧高句麗山城再探」, 『北方文物』 1995-3.
- 余昊奎, 1998, 「桓仁 馬鞍山城」, 『高句麗 城』 I(鴨綠江中上流篇), 國防軍史硏究所.
- 魏存成, 2002, 「山城」, 『高句麗遺迹』, 文物出版社.
- 양시은, 2016, 『高句麗 城 硏究』, 진인진.

05 환인 고검지산성
桓仁 高儉地山城

1. 조사현황

1) 1950~1960년대
○ 1950년대 말 문화재 조사 때 고검지산성을 발견함.
○ 1961년에 桓仁縣 인민위원회가 桓仁縣 重點文物保護單位로 지정함.

2) 1980년 4월
○ 시행기관 : 本溪市, 桓仁縣 考古工作者.
○ 조사내용 : 유적의 전체현황 조사 및 실측.
○ 발표 : 文物檔案 작성 및 『桓仁滿族自治縣文物志』게재.

3) 1981년 3월 27일
○ 시행기관 : 桓仁縣 인민정부.
○ 내용 : 桓仁縣 重點文物保護單位로 지정.

4) 1986년 7월 30일
○ 시행기관 : 本溪市 인민정부.
○ 내용 : 本溪市 重點文物保護單位로 지정.

5) 1990년대
○ 1990년 4월에 桓仁縣文物志를 편찬할 때 초보적인 측량을 진행하였음.
○ 1994년 5월에 本溪市博物館과 桓仁縣 文物管理所에서 성곽을 측량하고, 성 내부에 대한 비교적 정밀한 조사를 진행함.

6) 2002년
遼寧省 重點文物保護單位로 공포됨.

7) 2008년 9~10월 및 2009년 7~8월.
○ 시행기관 : 遼寧省 文物考古硏究所, 本溪市博物館, 桓仁縣 文物局.
○ 내용 : 북벽을 발굴조사하였는데, 북벽 서쪽 구간의 북문지, 내측의 등성로(坡道) 2곳, 치(馬面) 등을 발견하였음.
○ 발표 : 梁志龍·王俊輝, 2011, 「遼寧省桓仁縣高儉地高句麗山城調査」, 『東北史地』2011-1 및 遼寧省文物考古硏究所, 2012, 「2008-2009年遼寧桓仁縣高儉地高句麗山城發掘簡報」, 『東北史地』2012-3.

2. 위치와 자연환경(그림 1~그림 4)

1) 지리위치
○ 遼寧省 本溪市 桓仁縣 華來鎭(鏵尖子, 二戶來, 木盂子鎭 등 3鎭을 합병하여 설치했고, 고검지산성은 본래 木盂子鎭에 속했음) 高儉地村 腰段組 동북쪽 약 1.5km 거리의 높은 산에 위치함.
○ 산성의 동남쪽 7km에 木盂子鎭, 남쪽 2.2km에 高

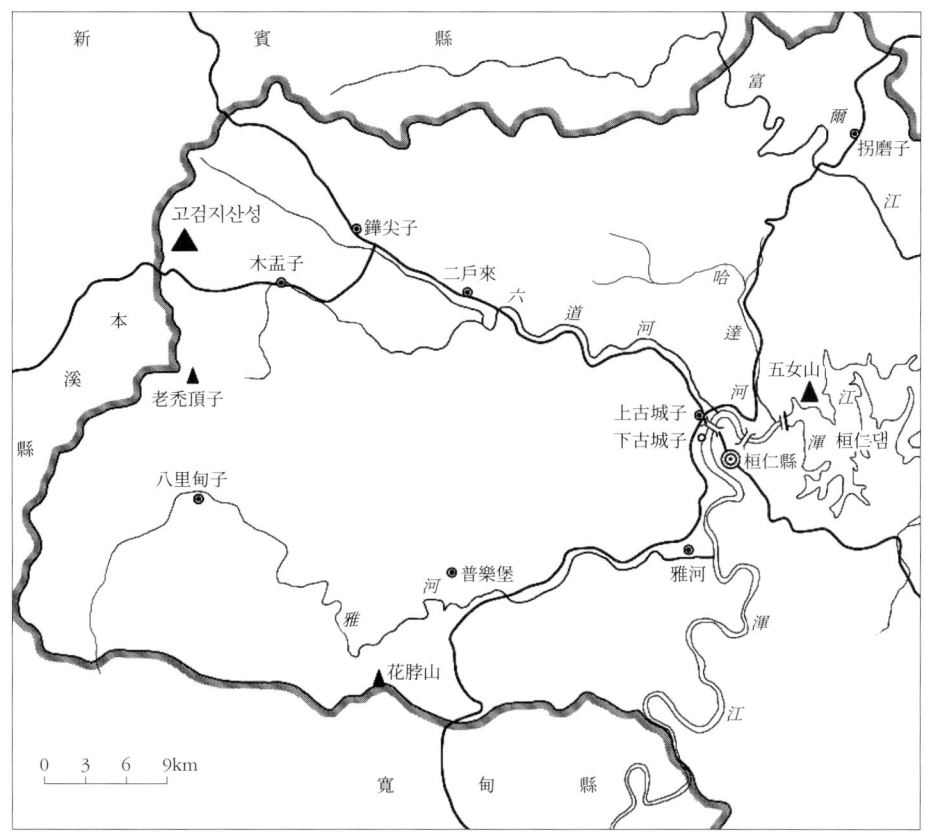

그림 1
고검지산성 위치도 1
(『東北史地』 2012-3, 5쪽)

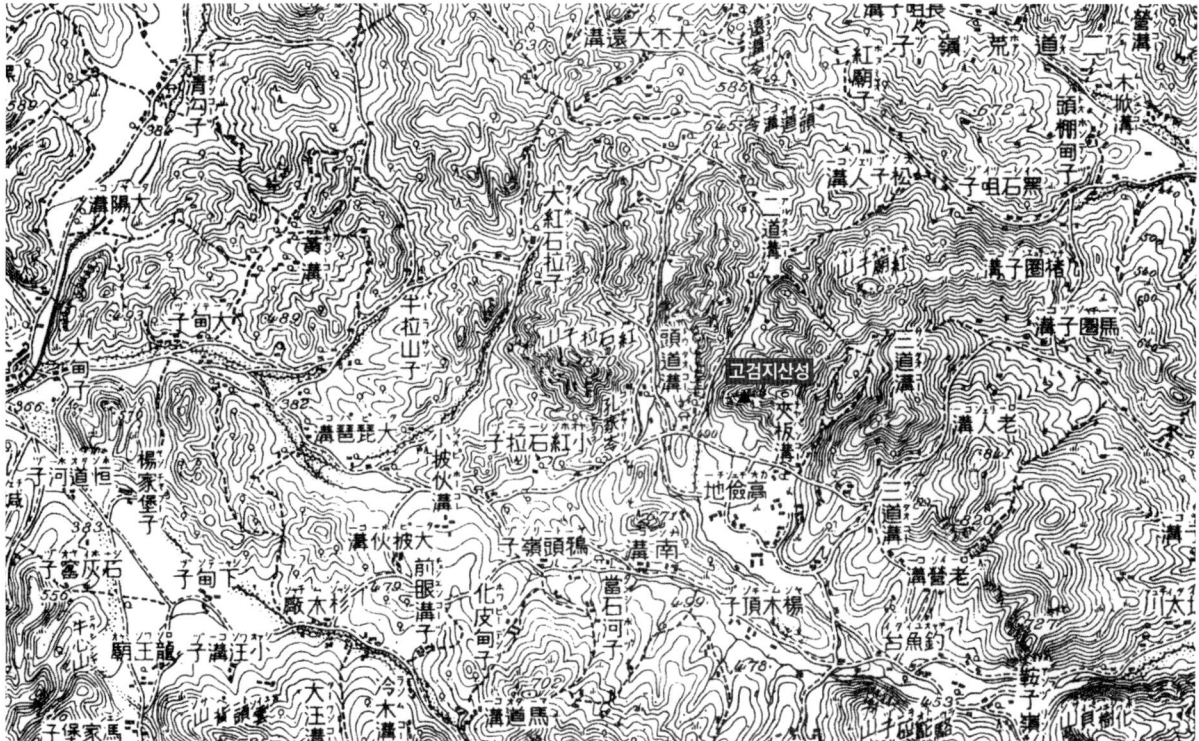

그림 2 고검지산성 주변 지형도(滿洲國 10만분의 1 지형도)

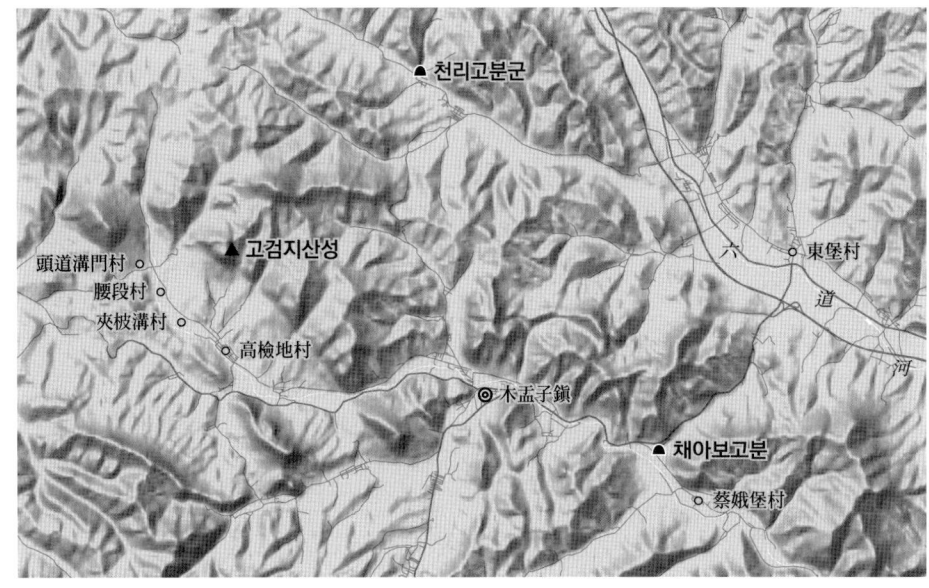

그림 3
고검지산성 위치도 2

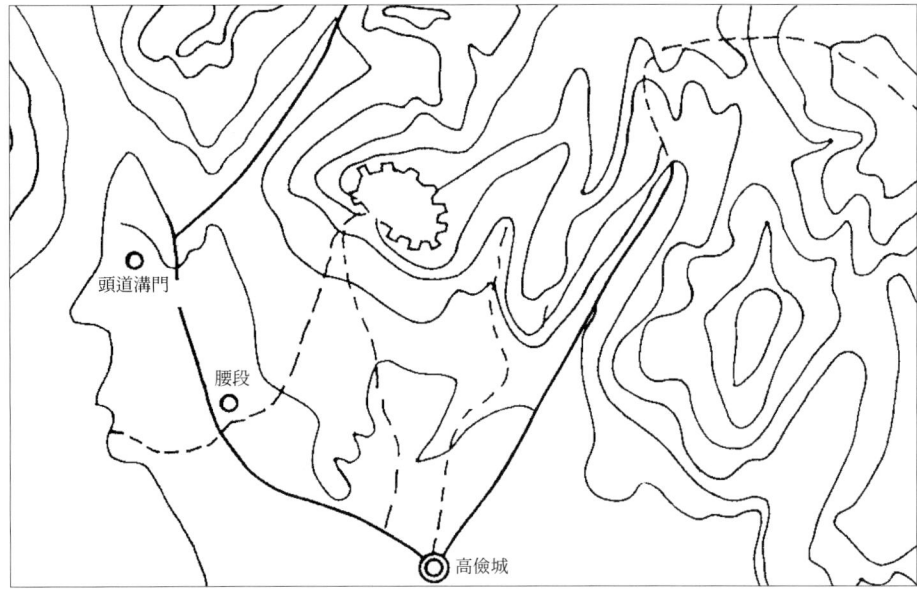

그림 4
고검지산성 위치도 3
(『桓仁滿族自治縣文物志』, 36쪽)

儉地村, 남쪽 3.3km 거리에 桓仁 - 本溪 도로가 지나감. 서쪽 산 아래에 二道溝가 있고 약 1.5km 거리에 작은 마을이 두 개 있는데, 북쪽 마을은 頭道溝門村, 아래 마을은 腰段村임.

○ 산성은 桓仁縣과 新賓縣의 접경지역에 위치했는데, 동남 42km 거리에 桓仁縣城 소재지가 있고, 북쪽 38km 거리에 新賓縣城 소재지가 있음. 서쪽 10km 거리에는 태자하 상류에 자리한 新賓縣 平頂山鄕이 있음.

2) 자연환경

○ 산성이 위치한 산은 해발 831m로 산봉우리로 첩첩이 둘러싸인 말발굽형 산간분지에 자리잡고 있음. 東·西·北 3면은 산봉우리로 둘러싸여 있고, 남쪽으로는 사방 1km 정도의 넓은 개활지가 펼쳐져 있음.

○ 산성으로 들어가는 길은 두 갈래가 있는데, 모두 성

남쪽에 있음. 하나는 高儉地村에서 夾彼溝村을 따라 올라가는 길이며, 다른 하나는 腰段村에서 완만한 산비탈을 따라 올라가는 길임.

○ 성 바깥 산 아래 동서 양측으로 2갈래의 협곡이 펼쳐지는데, 서쪽은 二道溝이며, 동쪽은 언덕을 지나 三道溝가 됨. 북쪽으로는 뭇 산들이 면면히 이어짐. 남부에는 개활한 완만한 비탈지대가 펼쳐짐. 남쪽 9.5km 거리에 '遼寧屋脊'이라 불리는 老禿頂子山이 우뚝 솟아있고, 서쪽으로 2.5km 거리에 속칭 紅石砬子(일명 太古砬子)로 불리는 산봉우리가 우뚝 솟아있는데, 모두 환인현과 신빈현의 분계령임. 분계령의 서쪽으로 흐르는 강은 太子河의 발원지의 하나이며 동쪽으로 흐르는 강은 渾江 지류인 六道河의 上源으로 두 강이 동서로 흐르며 각각 다른 수계로 유입됨.

○ 산성이 위치한 곳은 六道河 上源의 동측임. 腰段에서 서북으로 가면 작은 길(小路)이 있어서 성내로 진입함. 高儉地村에서 夾彼溝를 따라 북상하면 또 다른 작은 길이 있는데 성 아래에 이르러 앞의 길과 서로 만남. 고검지촌에서 남쪽으로 1km 가면 本溪-桓仁 도로에 이름.

3. 성곽의 전체현황(그림 5~그림 6)

1) 『桓仁滿族自治縣文物志』 및 『博物館研究』 1992-1의 기술 내용

○ 성곽의 평면은 타원형으로 동서가 넓고 남북이 좁으며 성 내부 지세는 북쪽이 높고 남쪽이 낮음. 성벽의 길이는 동벽 333m, 서벽 254m, 남벽 510m, 북벽 369m임.

○ 환인지역에서 가장 잘 보존된 고구려 성곽의 하나임. 북벽과 동벽이 잘 보존되어 있는데, 성가퀴(女墻)와 기둥구멍(柱洞)의 흔적도 비교적 잘 남아 있음. 다만 개활지로 이어지는 남쪽 산비탈의 성벽은 많이 무너

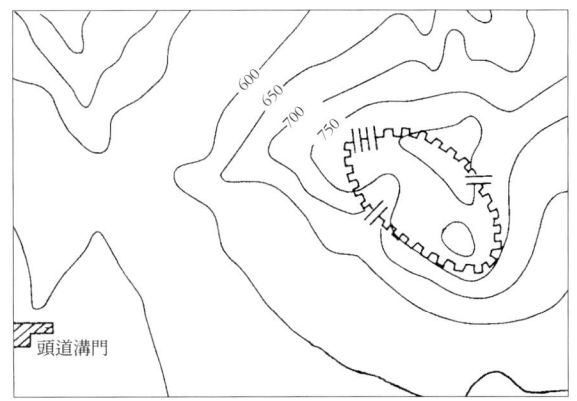

그림 5 고검지산성 형세도(『博物館研究』1992-1, 66쪽)

진 상태임.

2) 『東北史地』 2011-1의 기술 내용

○ 산등성이를 따라 성벽을 축조하였음. 산등성이가 돌기하여 ㅁ字形으로 포옹하는 모양을 띔. 산등성이가 높은 곳에는 성벽을 비교적 낮게 쌓았고, 산등성이가 낮은 곳과 골짜기 입구에는 성벽을 비교적 높게 쌓았음.

○ 평면은 불규칙한 장방형으로 동서 길이가 324~374m, 남북 너비 236~328m임.

○ 1970년대 초기에 촌민이 밭을 개간하다가 서벽 남쪽 구간과 남벽 서쪽 구간을 훼손하게 되었으나, 나머지 성벽은 보존상태가 기본적으로 완전하며 겨우 몇 곳만이 자연적으로 허물어진 상태임.

○ 산성의 지세는 동쪽이 높고 서쪽이 낮으며, 성내 동부와 북부는 지세가 약간 평평함. 성내 서부는 경사도가 약간 가파른데, 절벽이 무너져 생긴 암석으로 가득 차 있는데, 큰 것은 집만 하고, 작은 것은 머리만 함.

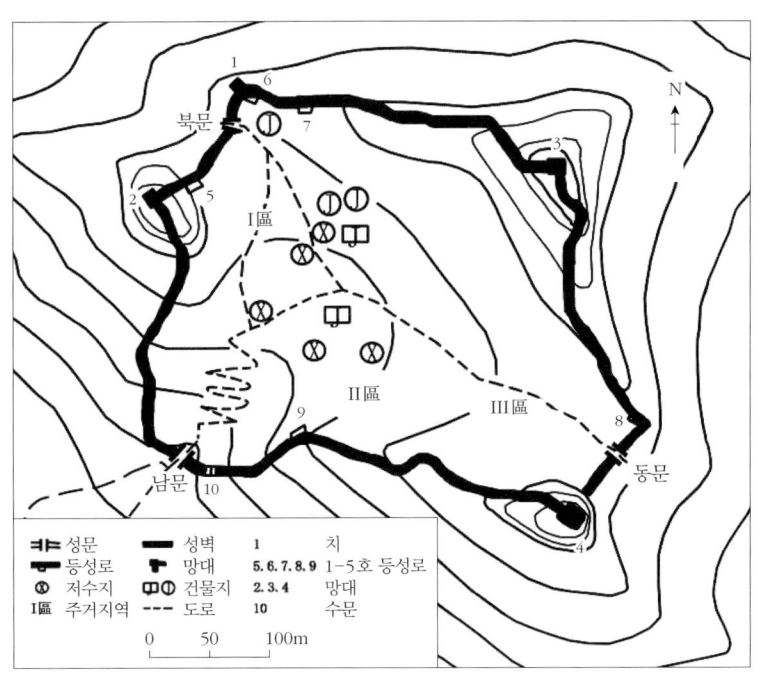

그림 6 고검지산성 평면도(『東北史地』 2012-3, 6쪽)

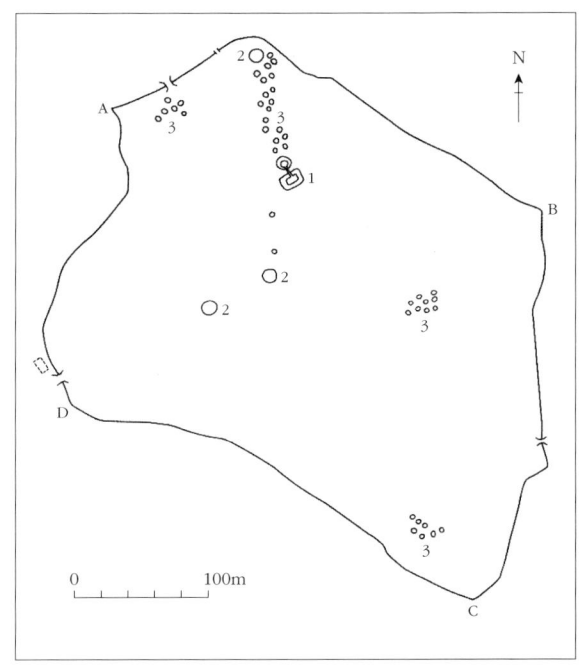

그림 7 고검지산성 평면도(『東北史地』 2011-1, 40쪽)
1. 저수지 2. 큰구덩이 3. 작은구덩이 4. 점장대

4. 성벽과 성곽시설

1) 성벽

(1) 『桓仁滿族自治縣文物志』 및 『博物館硏究』 1992-1의 기술 내용

① 성돌
○ 쐐기형 성돌(楔形石) : 내외 벽면은 쐐기형돌로 축조. 모양은 삼각형에 가까우며 한 변은 넓은 반면, 다른 한 변은 뾰족함. 크기는 대체로 길이 50cm, 너비 40cm, 두께 20cm 전후임.

② 성벽 축조양상
○ 지세 : 성벽은 대부분 산등성이를 따라 축조했는데, 인공적으로 축조한 성벽이 비교적 길고, 일부 구간에는 가파른 암벽을 이용하였음.
○ 축성법 : 내외벽은 모두 잘 다듬은 쐐기형돌로 축조.

성돌의 형태는 거의 비슷하나 크기는 다름. 아래쪽 성돌은 비교적 크고 위로 올라갈수록 점차 작아지며, 층층이 평평하게 쌓아 정연함.

㉠ 동벽
○ 길이 333m로 북단 아래쪽은 험준한 낭떠러지임.
○ 절벽 위에 돌을 쌓아 세운 성벽은 비교적 낮고, 골짜기 입구나 낮은 곳은 성벽을 비교적 높게 쌓았음.
○ 성벽은 보통 바깥쪽이 높고 안쪽이 낮음. 외벽 가운데 가장 높은 곳은 높이가 3.2m에 달함. 내벽의 높이는 보통 1m 전후, 위 너비 2.5m. 성가퀴(女墻) 너비 1m, 높이 0.6m

㉡ 남벽
○ 길이 510m로 산등성이 마루와 험준한 산비탈을 따라 축조함.
○ 천연성벽 : 가장 서쪽의 100여m는 절벽을 천연성벽으로 삼았음.

○ 보존상태 : 서단은 비교적 심하게 훼손되었는데 외벽이 거의 파괴되었지만, 성가퀴는 반 정도 남아 있음. 동쪽 부분의 보존상태가 비교적 양호함. 높은 곳은 약 2m, 너비는 2~2.8m, 성가퀴 너비는 0.5~0.6m, 높이는 0.7m임.

ⓒ 서벽
○ 길이 254m로 남쪽에서 북쪽으로 뻗은 산등성이 마루를 따라 축조하였는데, 부분적으로 낭떠러지 암벽을 이용하였음.
○ 보존상태 : 남단 100여m 구간은 많이 허물어졌고, 북쪽 부분은 비교적 보존이 잘 되어 있음. 가장 높은 곳은 2.8m, 너비는 2.5~3m, 성가퀴 흔적은 보이지 않음. 북단 30여m 부분은 성벽 안쪽과 산등성이의 높이가 같지만, 성벽 바깥쪽은 가파른 비탈임. 성벽 윗부분에는 기둥구멍(柱洞, 石洞)이 늘어서 있는데 모두 9개가 발견되었음.

㉣ 북벽
○ 길이 369m로 산세를 따라 축조했는데, 바깥쪽으로 휜 활모양임.
○ 보존상태 : 북벽은 매우 잘 보존된 편인데, 내벽의 보존상태가 특히 좋음. 내벽 가장 높은 곳은 높이 4.8m, 29단이며, 성벽 위쪽에는 石板을 평평하게 깐 부분도 있음. 너비는 3.2m이며, 성가퀴는 비교적 낮은데 너비 0.6m~1m, 높이 0.4m 정도임.

③ 성가퀴와 기둥구멍

㉠ 성가퀴(女墻)
○ 현황 : 동·서·남·북 각 성벽 위에는 성가퀴가 잘 남아 있음.
○ 동벽 성가퀴 : 너비 1m, 높이 0.6m
○ 남벽 성가퀴 : 너비 0.5~0.6m, 높이 0.7m
○ 북벽 성가퀴 : 너비 0.6~1m, 높이 0.4m 전후

㉡ 기둥구멍(柱洞, 石洞, 돌구멍)
○ 서벽 북단 30여m 부분은 성벽 안쪽과 산세가 서로 평평한 반면, 성벽 바깥쪽은 험준한 산비탈임. 이곳의 성벽의 성가퀴 안에는 돌로 쌓은 기둥구멍 9개가 1.8~2m 간격으로 배열되어 있음.
○ 기둥구멍의 모양은 대체로 長方形으로 돌로 쌓았는데, 길이 30cm, 너비 25cm, 깊이 50cm임. 그 가운데 비교적 좁고 깊은 구멍은 方形으로 한 변의 길이 23cm, 깊이 75cm임.

(2) 『東北史地』 2011-1의 기술 내용(그림 7)
○ 고검지산성은 인공 성벽이 연이어지는데, 천연 절벽을 그대로 성벽으로 삼은 것은 아님. 산등성이가 직립한 초벽장(峭巖)의 경우에도 절벽 외면에 좁다란 석벽을 덧대어 쌓았고, 암석 위에 석판(板石)을 깔기도 했음.
○ 성벽이 뻗어 나간 곳에는 시작부터 끝까지 인공적으로 축조한 성벽의 흔적이 보이며, 수미일관한 형세를 갖추고 있음. 성벽은 쐐기형이나 장방형 성돌을 끼워서 쌓는 '干打壘'의 축성 방법을 채용하여 층층이 가지런하게 축조하였고, 내외 벽면은 아주 규칙적으로 축조하여 가지런함.
○ 성벽의 전체 길이는 1,373m인데, 성벽이 뻗어 나간 방향은 규칙적이지 않아서 평면도상에 A, B, C, D 등 4점을 찍어 각 성벽의 끝점을 구분하였음. AB는 북벽, BC는 동벽, CD는 남벽, DA는 서벽이 됨.[1]
○ 성벽의 모퉁이에 해당하는 A, B, C 세 지점은 산봉우리로 요망대의 기능을 수행함.

---

[1] 『東北史地』 2011-1, 40쪽에는 AB는 북벽, CD는 남벽, AC는 서벽, BD는 동벽이라고 기술했는데, 〈그림 7〉의 도면과 맞지 않는다. 오기로 보여 본문과 같이 수정하였다.

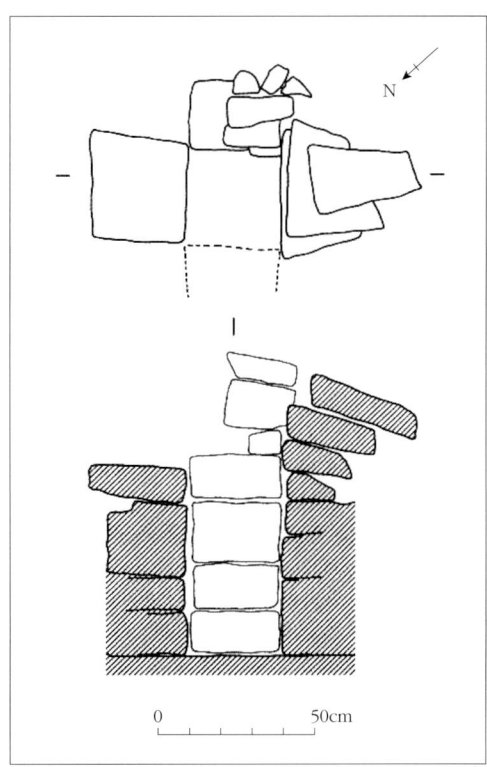

그림 8 고검지산성 서벽 돌구멍 평면 및 단면도
(『東北史地』 2011-1, 41쪽)

① 서벽(AD)

○ 길이는 267m임. 서문 남측 20m에 해당하는 D지점에서 시작하여 북쪽으로 뻗어 가는데, 서문을 통과한 후 산등성이를 따라 완연하게 뻗어가다 약 100m 정도 지점에서 석벽이 바위와 접하는데 바위 바깥에 잇대어 좁게 성벽을 쌓았음. 바위 꼭대기의 함몰부에는 돌을 쌓아 평평하게 채웠음. 이 지점에서 40m 정도 가면 성벽 꼭대기가 한 단(級)의 臺階모양을 띠며 상승하는데, 단의 높이 차이는 0.6~1m임.

○ 이 지점에서 30m 정도 가면 성벽 꼭대기에 돌구멍(石洞)이 출현하는데, 모두 9개가 보이며 크기는 일정하지 않음. 성벽을 따라 배열되어 있고 간격은 1.8~2m 정도임. 돌구멍 가운데 1개는 서벽이 허물어졌는데, 내부 상황이 전부 노출되어 있음. 구멍 입구(洞口) 평면은 방형이며, 한 변의 길이가 32cm이고 아래로 수직이며 깊이는 97cm에 이름. 네 둘레는 잘 다듬은 장방형 석재로 쌓았으며, 내부는 가지런하며 돌구멍 바닥(洞底)은 노출되어 있는데 역시 가지런한 석면임(그림 8). 돌구멍 위치는 성벽 정상부의 중심에 있는 것이 아니라, 바깥 측에 가까움.[2] 이 구간의 성벽은 산등성이 외측에 덧대어 쌓았는데, 성벽 내측은 상당히 넓은 산마루(山梁)를 이용하였고, 성벽 윗부분은 산마루와 수평을 이룸.

○ 서벽 북단은 해발 790.8m의 산봉우리로 A지점에 해당함. 성벽 끝부분에 垛面을 축조하였는데, 돌이 5층 남아 있으며, 너비 3.9m, 높이 0.8m임.

○ 서벽이 위치한 산마루 외측은 대부분 암벽인데 오르기가 쉽지 않음. 내측은 대부분 가파른 수직의 낭떠러지로 높은 곳은 20m에 달하며, 일반적으로 석벽을 쌓지 않았으며, 내려가기가 매우 험난함.

○ 이처럼 우월한 자연조건 때문에 서벽은 비교적 낮게 축조하였는데, 높이는 대체로 1~1.8m 사이임. 내외벽의 높이도 대체로 같으며 안으로 들여쌓기한 흔적은 불분명함. 다만 골짜기 입구 구간에는 약간 높이 쌓았는데, 높은 곳은 2.8m에 달하며 너비는 2.5~3m임. 보존상태가 비교적 좋은 성벽 꼭대기에는 판석(石板)을 몇 개 평평하게 깐 것이 보임. 서벽에서는 아직 성가퀴를 쌓은 흔적은 발견되지 않았음.

---

[2] 이러한 돌구멍(石洞)은 환인 오녀산성, 집안 패왕조산성, 신빈 흑구산성 등에서도 발견되었는데, 보고자는 고구려 초기 산성의 주요 특징으로 보기도 함(『桓仁滿族自治縣文物志』, 38쪽 ; 梁志龍, 1992, 69쪽). 그렇지만 고구려 중기 이후에 축조한 서풍 성자산산성이나 대련 대흑산산성 등에서도 돌구멍이 발견된다는 점에서 고구려 초기 산성만의 특징으로 보기는 힘듦. 돌구멍의 기능에 대해서는 쇠뇌 발사 장치, 또는 적을 향해 굴리거나 던졌던 곤목(滾木)이나 뇌석(礌石)을 묶어두기 위한 시설 등으로 보는 견해가 제기된 바 있음(정원철, 2017, 286~294쪽). 이에 대해 보고자는 돌구멍이 설치된 서벽 바깥은 남쪽을 향해 경사진 절벽으로 곤목이나 뇌석을 곧바로 밀어뜨리기에는 부적합하다며 성벽 위에 목책을 세우기 위한 시설로 파악함(『東北史地』 2011-1).

② **북벽**(AB, 그림 9~그림 10)
○ 길이는 391m임. 북벽의 서단은 산봉우리 A지점에서[3] 시작하여 동북쪽으로 120m쯤 가면 동남쪽으로 도는 곳에 이르고, 산등성이를 따라 뻗어 나간 모습이 바깥으로 휜 활모양을 띰. 중간 구간의 벽체가 보존상태가 가장 좋으나, 북문의 동측 구간 외벽은 허물어졌으며, 내벽은 허물어지지 않았음. 가장 높은 곳은 4.6m에 이르며 돌로 쌓은 층이 30층임. 벽면은 가지런하며, 정밀하게 쌓았음.

○ 이 구간에는 외벽이 약간 허물어진 벽체가 있는데, 내부의 단면이 분명하게 보여 측량하였음. 벽체는 아래는 넓고 위는 좁으며, 횡단면(剖面)은 사다리꼴을 띰. 산세에 의지하여 바깥은 높고 안쪽은 낮게 축조했는데, 내외 벽면을 모두 정밀하게 가공한 석재로 쌓아 올렸음. 벽체 안에는 길쭉한 돌(石條)을 끼워 넣고 깬 돌로 채웠음. 위쪽으로 층층이 올라가면서 안으로 들여 쌓기 하였음. 아랫너비 4.4m, 윗너비 3.3m, 바깥 높이 3.9m, 안쪽 높이 2.1m임. 체성 정상부의 경우, 바깥쪽의 외벽이 너비 약 90cm로 띠모양(帶形)을 이루며 뻗어 있고 내측보다 10~15cm 정도 높은데, 성가퀴로 보임(그림 9).

○ 이곳에서 더 나아가면 벽체가 바위와 서로 접하는데, 성벽을 바위 위에 쌓아 자연의 힘과 인간의 노력이 혼연일체를 이루게 됨. 다시 50m 앞쪽에는 산등성이가 좁아지는데, 초벽장(峭巖)을 이용하여 바깥쪽에 1m 정도 높이의 벽체를 쌓았음. 내부에는 비탈진 경사도를 이용하여 1m 너비의 좁은 외벽을 쌓았으며, 외벽은 안쪽 비탈보다 약간 높으며, 성가퀴의 특징을 갖추고 있음. 이러한 종류의 성벽 길이가 약 100m나 됨(그림 10).

---

[3] 『東北史地』 2011-1, 40쪽에서는 북벽의 서단이 B지점에서 시작한다고 하였지만, 〈그림 7〉의 도면과 맞지 않는다. 오기로 보여 본문과 같이 수정한다.

○ 이곳 다음부터는 순수한 인공성벽이 나타나는데, 약간 낮음. 바깥 높이 2.1m, 안쪽 높이 0.8~1m, 윗너비 3.5m임. 일부 구간에는 성가퀴의 흔적이 분명히 드러나 있는데, 성가퀴의 너비는 90cm, 높이 30cm임.
○ 북벽 동단에는 산봉우리가 있는데, 해발 837.9m로 산성에서 가장 높은 B지점에 해당함.

③ **동벽**
○ 길이는 332m임. 동북의 북단은 산봉우리 B지점에서 시작하는데 북벽 동쪽 끝과 이어짐. 동벽의 북쪽 구간은 아찔한 벼랑 위에 축조하였는데 바깥은 깊은 골짜기에 잇닿아 있음. 남쪽으로 45m 정도 가면 平臺가 하나 있는데, 인공적으로 축조한 것으로 길이 11m, 너비 7.4m임. 평대 위에 옆으로 누워있는 천연 거석이 한 개 있음. 거석 동쪽에는 원형의 흙구덩이(土坑)가 있는데, 지름 70cm, 깊이 30cm임. 이 평대는 비교적 낮아서 망대로 보기는 어려우며, 보초병이 순찰할 때 휴식하는 장소일 가능성이 큼.

○ 이곳에서 앞쪽 100m 구간은 벽체를 완전한 모습으로 축조하였음. 아랫너비 3.5m, 윗너비 2.7m, 바깥 높이 3.8m, 안쪽 높이 1m임. 성가퀴는 너비 90~100cm, 높이 30cm임(그림 11).

○ 이곳에서 앞쪽 약 20m 구간은 성가퀴가 겨우 반 정도 노출되어 있고, 안쪽은 자연 산비탈임. 동문을 지나 18m 정도 가면 성벽이 갑자기 서쪽으로 뻗어 있는데, 외벽은 직각으로 꺾이며 내벽은 활처럼 둥글게 꺾임. 이곳에서 20m 정도 더 가서 다시 남쪽으로 꺾인 다음 산봉우리로 이어지는데, 이 산봉우리의 해발은 816m로 정상부는 平臺를 이룸.

④ **남벽**
○ 길이는 383m임. 남벽의 동단은 산봉우리 C지점에서 시작하여 산등성이를 따라 아래쪽으로 西行하는데, 동쪽 구간은 보존상태가 비교적 좋으며, 성가퀴도 가

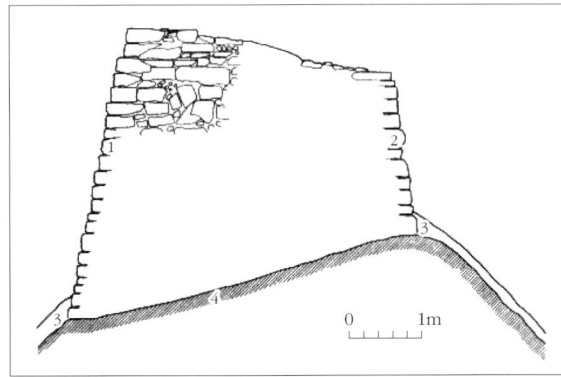

그림 9 고검지산성 북벽 단면도(『東北史地』 2011-1, 41쪽)
1. 외벽 2. 내벽 3. 낙엽부식토 4. 산등성이

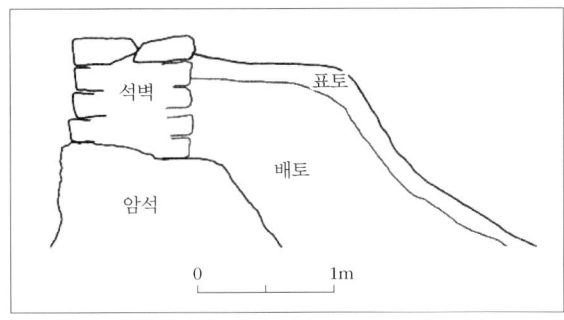

그림 10 고검지산성 북벽 일부 구간 단면도
(『東北史地』 2011-1, 41쪽)

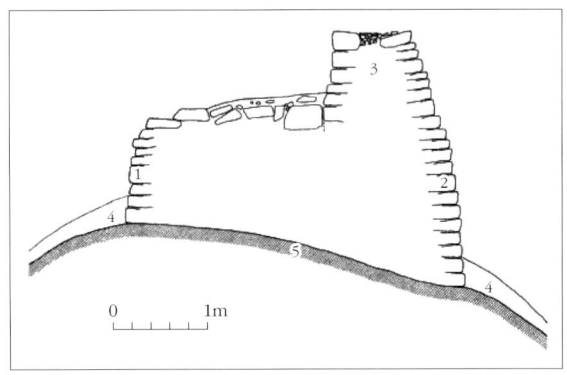

그림 11 고검지산성 동벽 단면도(『東北史地』 2011-1, 41쪽)
1. 내벽 2. 외벽 3. 성가퀴 4. 낙엽부식토 5. 산등성이

장 분명하게 남아 있음. 벽체는 위쪽으로 올라갈수록 층층이 안으로 들여쌓았음. 아랫너비 3.3cm, 윗 너비 2.4m, 바깥 높이(성가퀴 포함) 2.7m, 안쪽 높이 1.2m임. 성가퀴는 너비 80~100cm, 높이 70cm임.

○ 중간 구간의 외벽은 가공한 석재 대부분이 허물어졌기 때문에 부분적으로 끊어진 구간의 성가퀴는 벽이 반 정도만 남아 있음. 이 구간의 성벽은 대체로 산등성이 외측을 따라 뻗어 있는데, 인공성벽의 높이는 0.5~2m로 일정하지 않음. 산등성이 내측은 대체로 수직의 벼랑(崖壁)임.

○ 서쪽 구간의 성벽은 허물어졌으나 잔파된 흔적이 남아 있으며, 산등성이 위에 성벽을 축조하였음이 확인됨. 부분적으로 끊어진 구간은 산등성이가 융기한 바위 외측에 덧대어 쌓았음. 서쪽 부근의 성벽은 산등성이가 없는 산비탈에 쌓았는데 외벽은 석벽으로 쌓고 안쪽에는 산흙을 성토하여 성벽으로 삼았음. 토벽은 경사진 모양의 퇴적된 형태를 띠며 산흙을 성벽 부근에서 직접 파냈기 때문에 흙구덩이가 아직 남아 있음.

⑤ 축성 재료

○ 고검지산성은 모두 石英砂巖, 山巖 등 현지의 암석 석재로 성벽을 쌓았음. 채석 지점은 현지 부근임.

○ 성벽 내외 면석의 석재는 모두 정밀 가공을 거쳤음. 뒷채움돌은 일반적으로 가공하지 않았는데, 일부 석재는 거칠게 대략 가공하기도 함.

㉠ 쐐기형돌(楔形石)

정밀 가공한 석재의 형태는 한쪽 끝은 넓고 두껍고, 다른 한쪽 끝은 좁고 얇은 쐐기형돌임. 형태는 사다리꼴, 삼각형, 장방형 등으로 세분할 수 있음.

◎ 쐐기형돌 1(그림 12-1)

○ 크기 : 일반적으로 윗너비 20~25cm, 아랫너비 30~40cm, 길이 45~55cm, 두께 10~20cm.

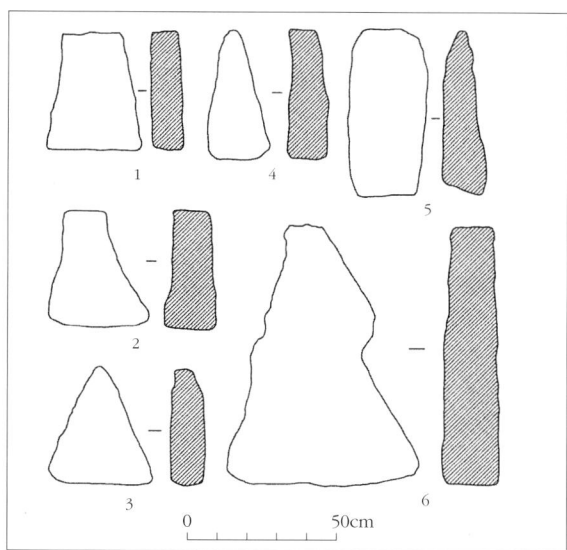

그림 12 고검지산성 성돌의 평면 및 단면도
(『東北史地』 2011-1, 44쪽)

○ 형태 : 점유 비중이 비교적 큼. 평면은 사다리꼴임.

◎ 쐐기형돌 2(그림 12-2)

○ 형태 : 평면은 사다리꼴이나 허리가 잘록함.

ⓒ 삼각형 돌

○ 두 가지 종류로 구분됨.

◎ 삼각형 돌 1(그림 12-3)

○ 크기 : 일반적으로 한 변의 길이 40~45cm, 두께 8~15cm.

○ 형태 : 정삼각형에 가까우며, 각 변의 길이가 서로 같음.

◎ 삼각형 돌 2(그림 12-4)

○ 크기 : 일반적으로 밑변의 길이 20~30cm, 이등변의 길이 50cm. 두께 10~20cm.

○ 형태 : 평면은 좁고 긴 이등변 삼각형임.

ⓒ 장방형 돌(그림 12-5)

○ 크기 : 일반적으로 길이 60cm, 너비 30cm, 두께 10~15cm.

○ 형태 : 평면은 각이 짧은 장방형임.

ⓐ 기타 건축재료

○ 서벽과 북벽 상면에는 평평하게 깐 석판이 있는데 형태는 대체로 장방형 혹은 삼각형임.

○ 서문 부근에 두껍고 무거운 성문 측벽 기초석(門垛基石)이 남아 있는데 평면은 허리가 잘록한 조롱박모양(束腰葫芦)이며, 길이 95cm, 너비 11~70cm, 두께 20cm(그림 12-6).

○ 성벽 내부의 장대석(長石條)은 어떤 것은 대략 가공하였는데, 큰 것은 길이 70cm, 너비 30cm, 두께 20cm임.

○ 성벽 내부에 뒷채움한 깬돌은 크기가 일정하지 않은데 석재를 가공할 때 나온 부스러기임.

(3) 『東北史地』 2012-3의 기술 내용

① 지층퇴적

북문 문길을 발굴하여 3개의 지층을 확인함.

㉠ 제1층

○ 부식토층으로 두께 10~20cm임.

○ 대부분 썩은 나뭇잎, 나무뿌리로 이루어졌으며, 그 중에 작은 돌덩이(石塊)가 섞여 있으며, 유물은 발견되지 않았음.

㉡ 제2층

○ 벽체가 무너진 석괴 퇴적으로 두께 50~100cm.

○ 유물은 보이지 않음.

ⓒ 제3층
○ 노면 토층으로 흑회색이며 두께는 20~30cm임.
○ 유물은 전부 이 층에서 출토되었는데, 대부분 토기편임. 토기편은 불타 변형되었고, 주로 모래혼입 황갈색토기가 다수임. 철기는 주로 철제찰갑편이 많으며, 이 외에 철제화살촉 1점이 출토되었음. 그 아래는 생토층임.

2) 성곽시설

(1) 성문

① 『桓仁滿族自治縣文物志』 및 『博物館硏究』 1992-1의 기술 내용
성문은 남벽 1, 북벽 2, 동벽 1 등 4곳이 있음.

㉠ 동문
○ 위치 : 동북 모서리에서 34m 떨어진 곳.
○ 현황 : 너비는 3m로 흔적이 뚜렷하지 않으며, 트인 통로에 불과함.

㉡ 남문
○ 위치 : 서남 모서리로 산의 입구에 해당. 성의 가장 중요한 통로임.
○ 현황 : 너비 4.5m로 산의 입구를 이용하여 돌을 쌓아 축조.
○ 지세 : 성문 바깥은 완만하게 경사진 넓은 산비탈임.

㉢ 북문
○ 위치 : 서북 모서리에서 각각 48m와 92m 떨어진 곳 등 두 곳.
○ 서쪽 북문 : 너비 7.5m, 서쪽 내벽이 바깥쪽으로 직각으로 꺾여 있음.
○ 동쪽 북문 : 너비 4m로 산 아래로 내려가는 작은 길이 있음.

② 『東北史地』 2011-1의 기술 내용
성문은 모두 3개가 설치되어 있는데, 서벽에 한 개, 북벽에 한 개, 동벽에 한 개 설치되어 있으며, 남벽에는 문이 없음.

㉠ 서문[4]
○ 서남 모퉁이 부근 서벽의 남단에 위치하며, 방향 250°, 너비 7m임.
○ 주민의 소개에 따르면 1970년대 서문이 허물어지기 전에는 보존상태가 상당히 좋아 높이 약 3m의 양 측벽(垛口)이 서로 마주보았다고 함.
○ 현재 성문 부근에 많은 양의 측벽 석재가 흩어져 있음.
○ 서문은 산성에서 가장 낮은 지점으로 성 안에서 흐르는 물이 모두 이곳을 지나 바깥으로 유출되는데, 문 가운데에 현재 도랑이 형성되어 있음. 실제상 산성과 외부 세계를 연결해주는 주요 통로이며 산성에서 하나밖에 없는 유일한 배수구임.

㉡ 북문
○ 북벽 서단에서 서북으로 84m 떨어져 있는데, 방향 326°, 너비 1.6m임.
○ 서문에서 성 안으로 들어가는 작은 길을 지나 이 문을 통과해서 아래로 내려가면 二道溝에 이름.

㉢ 동문
○ 동벽 중간 구간에서 남쪽으로 약간 치우친 곳에 위치함. 동벽 북단에서 185m 떨어져 있으며, 방향은 76°, 너비 3m임. 문 바깥 산길을 따라 가면 협판구로

---
4 『桓仁滿族自治縣文物志』와 『博物館硏究』 1992-1에 기술된 남문에 해당함.

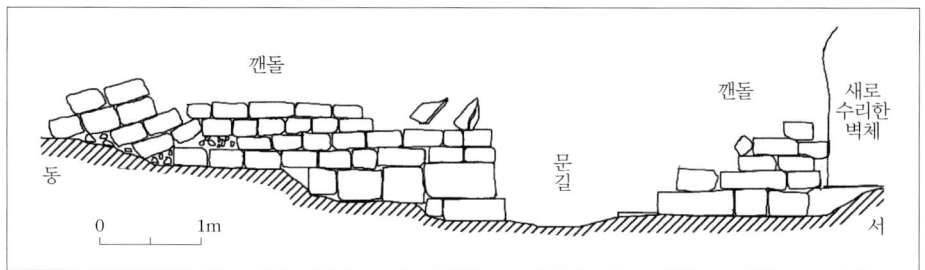

그림 13
북쪽에서 바라본 북문 입면도
(『東北史地』 2012-3, 6쪽)

통함.

○ 동문 및 양측의 성벽은 산등성이 외측 10m의 산비탈상에 축조하였는데, 문 안쪽 산등성이는 한 갈래의 장벽(屛障)을 자연적으로 형성하고 있음.

③ 『東北史地』 2012-3의 기술 내용

㉠ 북문지(38HGBM, 그림 13)

○ 위치 : 북벽 서쪽 구간에 위치하며, 동쪽 16m 거리에 치성과 2호 등성로(登城路 ; 坡道)가 있으며, 서쪽 50m 거리에 1호 등성로가 있음.

○ 지리좌표는 N 41°24′42.9″, E 124°52′46″. 해발 784m, 방향 310°임.

○ 문길(門道) 평면은 사다리꼴인데, 바깥쪽 입구는 좁고 작으며, 너비 1.6m임. 안쪽 입구는 비교적 넓은데 너비는 3m임.

○ 안쪽 입구에서 약 4m 떨어진 문길 중간에서 지표 아래 생토층에 박혀 있는 橫木이 하나 발견되었는데, 이미 불에 타 훼손된 상태이며, 전부 탄화되었음. 길이는 1.8m, 너비 0.3m, 두께 0.05m임. 그 동단의 윗면에 문장부 돌(門軸石)이 하나 있는데, 이 문장부 돌은 자연 석괴로 인공적인 흔적이 보이지 않음. 길이 0.35m, 너비 0.25m임. 그 위에서 비교적 얕은 홈(凹坑)이 있는데, 문장부(門軸)를 세운 곳으로 추정됨. 횡목은 북문의 문지방으로 판단되며, 이를 경계로 문길을 안쪽과 바깥쪽 두 부분으로 나눌 수 있음.

○ 문 안쪽의 동서 양쪽 벽체 아래의 가장자리에서도 각각 불에 탄 나무가 하나씩 발견되었음. 동일한 모양으로 지표에 홈(槽)을 파서 끼워 넣은 것으로 모두 문길 안쪽 입구에서 시작하여 北端 중간 횡면까지 이어짐. 동쪽의 불탄 나무의 보존상태가 약간 양호하여 몇 조각이 아직 남아 있음. 서쪽의 것은 일부 목탄만 엉성하게 남아 있는 정도이며, 기본적으로 얕은 구덩이(溝) 하나가 남아 있음.

○ 문 안쪽 노면은 비교적 평평하고 완만하며, 그 위에서 대량의 목탄과 불에 탄 흔적이 발견되었는데, 성문은 목조건축으로 화재로 허물어진 것임.

○ 문길 양쪽 바닥 가장자리의 불탄 나무는 건물에 사용된 지면 마룻대(地栿)로 그 위에 나무기둥을 세웠을 것인데, 건물을 지탱하고 문길 양측 벽체를 보호하는 기능을 하였을 것임.

○ 성문 바깥 노면은 약간 넓음. 문지방에서 서쪽 벽체 바깥의 가장자리 기초석 구간의 노면은 괴석을 깔아 대략 2단의 계단모양을 띠는데, 문길 노면이 빗물에 의해 파괴되는 것을 막기 위해 만들어진 것임. 그 양측의 벽체 기초 부분은 문 안쪽의 목재 구조와 유사해 보이지는 않음.

○ 문길 양측의 측벽은 쐐기형돌(楔形石)이 아니라 괴석을 사용하여 가지런하게 쌓았음. 양측 벽체의 너비도 서벽 너비 5.6m, 동벽 너비 7.2m로 같지 않음. 동쪽 벽체 北端 너비는 서벽보다 1.6m 넓은데, 활모양(弧狀)을 띠며 안쪽으로 오목함(向內凹).

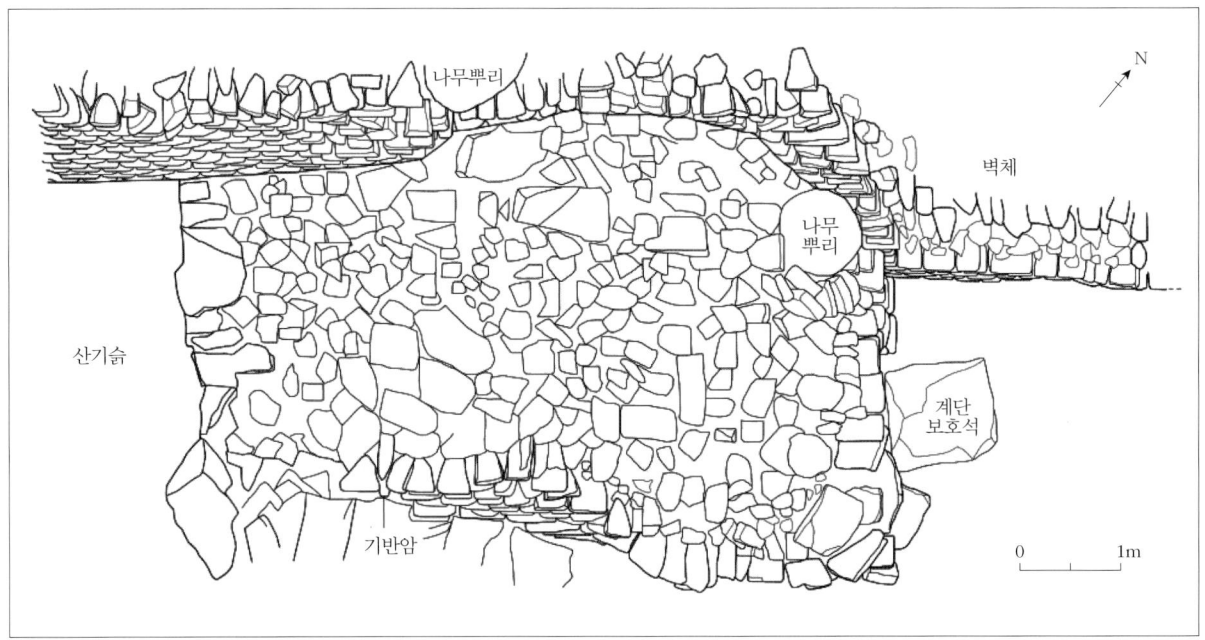

그림 14 고검지산성 1호 등성로 평면도(『東北史地』 2012-3, 6쪽)

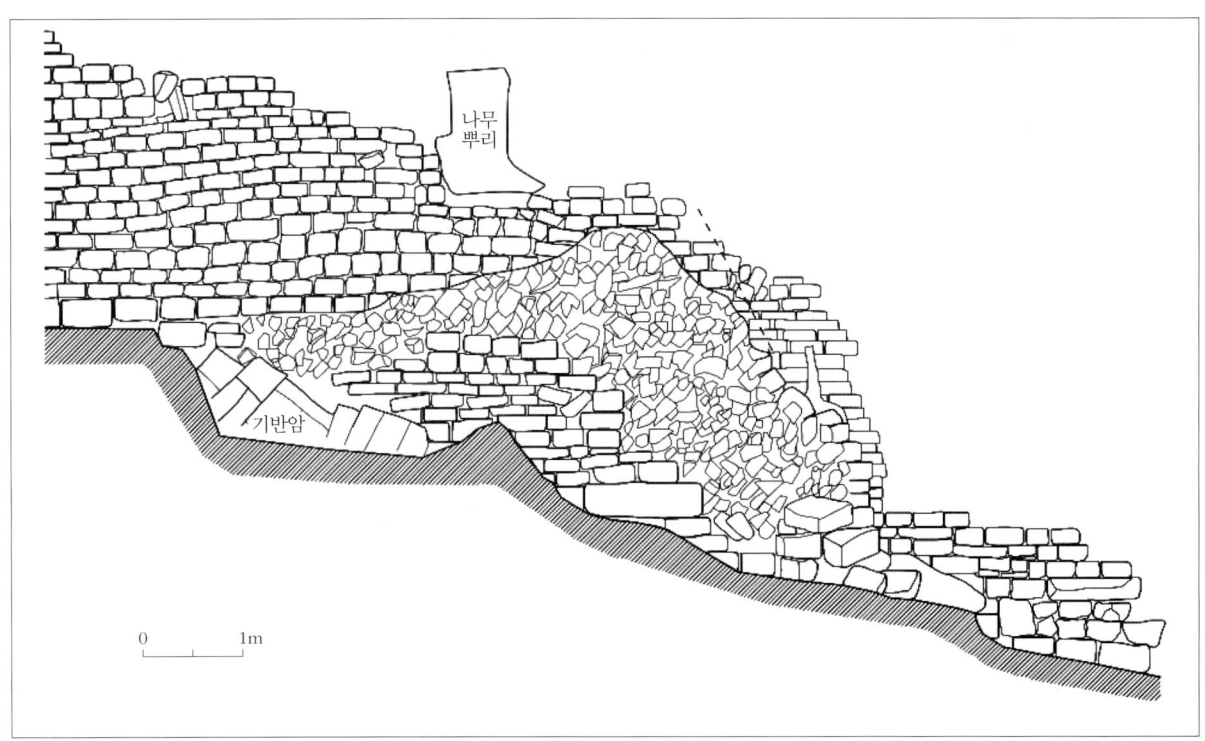

그림 15 고검지산성 1호 등성로 남쪽에서 바라본 입면도(『東北史地』 2012-3, 7쪽)

○ 그 바깥측은 활모양을 띠며 바깥쪽을 향해 돌출해 있는데, 2차로 축조한 것으로 의심됨. 현재 4층으로 높이 약 1m인 벽체가 남아 있으며, 문길 서측 외벽은 근소하나마 원래의 벽체석이 남아 있는데, 대부분은 새로 수리한 벽체임. 문길의 서측 내벽은 보존상태가 비교적 양호한데, 현재 7층으로 높이 약 1.4m인 벽체가 남아 있으며, 동쪽은 2~3층의 벽체 기초석(墻基石)이 남아 있음.

○ 유물은 전부 문길 노면에서 출토되었으며, 주요한 유물로 토기와 철기 두 종류가 있음.

(2) 등성로(坡道)

① 『東北史地』 2011-1의 기술 내용

○ 성벽 내벽을 따라 정상부에 오르는 등성로를 2곳 조영함.

○ 한 곳은 북문에서 서쪽으로 40m 떨어진 곳에 위치함. 평면은 장방형임. 길이는 10m, 너비는 3m임. 서쪽에서 동쪽을 향하여 점점 높아짐.

○ 다른 한 곳은 북문 동측 17m 지점에 위치함. 평면은 사다리꼴에 가까움. 길이는 약 9m, 너비는 약 3m임. 동쪽에서 서쪽을 향해 점점 높아짐.

② 『東北史地』 2012-3의 기술 내용

㉠ 1호 등성로(坡道, 그림 14~그림 15)

○ 산성의 북벽 西端 안쪽에 위치함. 서쪽 35m 거리에 서북각 망대가 있음. 동쪽으로 49m 거리에 북문이 있음.

○ 지리좌표는 N 41°24′41.5″, E 124°52′44.6″, 해발 776m.

○ 1호 등성로는 보존상태가 비교적 양호하며 형태 구조를 판별할 수 있음. 서북 모서리 산기슭에 위치하는데, 산체의 경사를 이용하여 축조하였음. 북측은 벽체에 의지해 쌓았으며, 남측은 산비탈을 따라 석벽을 축조하였는데, 동측에 쌓은 벽체는 비교적 높음.

○ 전체 평면은 장방형임. 길이 7m, 너비 3m, 높이 3.5m.

○ 등성로 노면은 북쪽 가장자리에 의지한 벽체가 바깥쪽을 향하여 경사져, 노면이 사다리꼴(梯形)을 띠게 만들었음.

○ 路面의 동서 길이는 약 5m(동벽은 허물어져서 벽체상에 남아 있는 흔적을 추측하여 근거한 것임), 西端 너비 3m, 東端 너비 4.6m.

○ 서쪽 가장자리(西邊)는 원 지표상에 직접 돌로 2층 높이의 경계를 쌓았으며, 남단은 기반암(基巖) 위에 세웠음.

○ 路面 동부는 벽체에 기대어 위치하고 있는데, 크고 길쭉한 장대석(大石條)을 사용하여 쌓아 올린 3단의 계단 시설을 발견하였음. 이 위치의 벽체상에 큰 과실수가 한 그루 있어 계단을 변형시켰고, 장대석은 길이 1m, 너비 0.3m임.

○ 남측 입면의 형태는 삼각형이며, 대부분 허물어졌으나 중간부분에 길이 약 3m, 높이 1.7m의 벽체 한 구간이 남았음. 이 구간에서 아직 허물어지지 않은 벽체는 전부 기반암 위에 축조한 것임. 이 구간과 동남모서리 사이의 벽체는 전부 허물어졌고 2~3단의 기초석만 남아 있음. 그중에 가장 큰 기초석은 길이 1.2m, 두께 0.4m(그림 15).

○ 1호 등성로는 성벽 벽체와 동시에 쌓은 것이 아니며, 벽체를 완성한 후에 다시 덧붙여 축조한 것으로 추측됨. 전체 성벽과 벽체의 결합 부분을 통해 볼 때, 둘은 서로 분리되어있으며 상호 교차된 결합 구조가 아님. 벽체 외벽면의 쐐기형돌도 연속되어 있는데, 이런 점은 2호 등성로와 근본적으로 구별되는 것임. 이 밖에도 남아 있는 벽체를 통해 볼 때, 석재의 선택은 그리 규칙적이지 않아서 축조 시 크기가 같지 않은 석괴를 섞어 사용하였을 뿐 아니라, 1층의 외벽을 쌓는 데에도

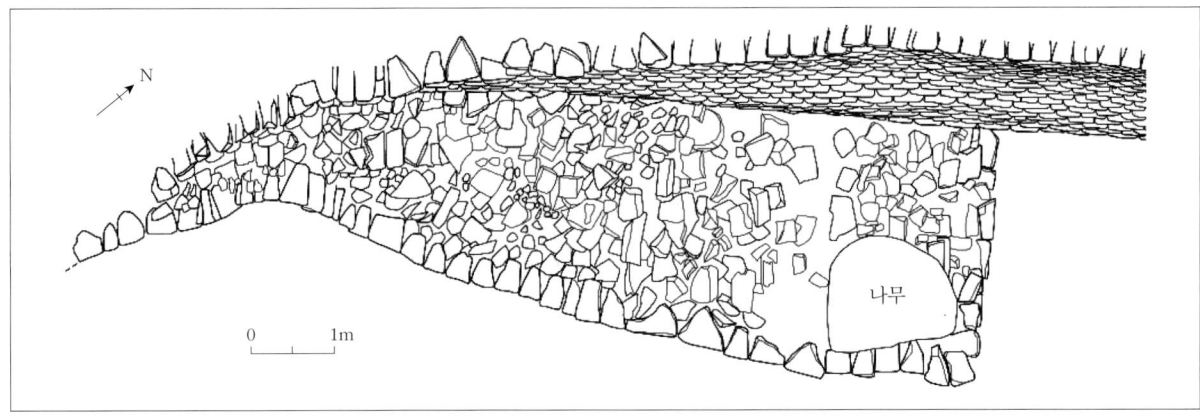

그림 16　고검지산성 2호 등성로 평면도(『東北史地』 2012-3, 7쪽)

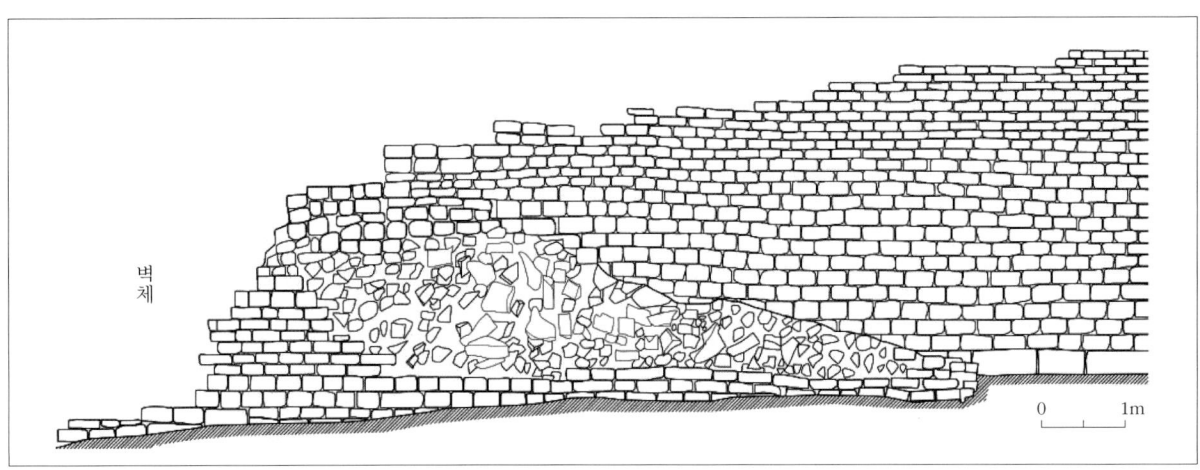

그림 17　고검지산성 2호 등성로 남쪽에서 바라본 입면도(『東北史地』 2012-3, 7쪽)

그 내부에 북꼴돌을 끼워 결합하는 고구려의 전형적인 축조방법을 사용하지 않았음.

○ 1호 등성로 路面을 조사하는 중에 철제칼(鐵削) 1점과 철제솥(鐵釜) 2점이 출토되었음.

ⓒ 2호 등성로(坡道, 그림 16~그림 17)

○ 산성 북벽 서쪽 구간 내측에 위치하며, 북문에서 서쪽으로 16m 떨어져 있음. 치성과는 성벽을 사이에 두고 마주하는데, 성벽이 꺾이는 구간임.

○ 지리좌표는 N 41°24′43.2″, E 124°52′46.7″, 해발 792m임.

○ 이 등성로는 규칙적으로 쌓았고, 보존상태도 비교적 양호하여 형태 구조를 판별할 수 있음. 북측은 성벽의 벽체 내벽에 잇닿아 있는데, 성벽의 벽체 벽면과 등성로 벽면이 서로 결합되어 있음. 2호 등성로는 벽체와 동시기에 축조된 것임을 알 수 있음.

○ 등성로의 전체 평면 형태는 삼각형이며, 길이 약 9m(벽체와 결합한 부분에서 동쪽 가장자리까지의 직선거리), 너비 3m(東邊에서 가장 넓은 곳), 높이 3m임(지표에서 윗 벽체 트인 곳까지의 높이).

○ 노면 전체 형태는 계단모양이며, 크게 두 구간으로 구분됨. 제 1구간은 東邊에서 제1층(級) 돌계단까지로 길이 약 3.1m. 이 구간의 전체 경사도는 비교적 완만하며, 규칙적으로 돌계단을 축조하지 않았기 때문에 등성로라는 개념에 부합되며 대체로 3단(級)으로 나눌 수 있음. 아래에서 높은 곳까지 너비는 각각 0.7m, 1m 및 1.4m 등임.

○ 제2구간은 제1층 돌계단에서 시작하여 상부 벽체가 트인 곳(缺口處)까지임. 이 구간은 전부 규칙적으로 계단을 쌓았고, 돌계단의 北端 제1 石頭는 벽체의 면석과 서로 결합된 것으로 등성로와 벽체가 하나를 이루게 하였음. 그 때문에 등성로가 더욱 견고하고 내구력이 있게 됨. 결합 부분 안쪽의 벽체 벽면은 규정적인 쐐기형돌을 사용하지 않았는데, 이러한 특징 역시 돌계단의 상황을 확인하는데 유리한 증거를 제공함.

○ 돌계단은 6단이며, 臺面의 너비와 크기는 같지 않으며, 아래에서 위쪽으로 각 단의 길이는 각각 0.76m, 0.76m, 0.2m, 0.3m, 0.8m, 1m임.

○ 남벽은 대부분 허물어졌기 때문에 돌계단 면은 이미 남아 있지 않으며, 이로 인해 돌계단 南端 앞쪽의 구조에 대하여 정확하게 알 수 없음.

○ 남측 입면은 삼각형을 띠며, 벽체가 심하게 허물어졌기 때문에 벽체 결합 부분은 단지 한 구간이 남았을 뿐이며, 길이 약 1.5m, 높이 1.7m임.

○ 그 나머지 부분은 2~3단(層)의 기초석만 남아 있음. 동쪽 가장자리는 원지표상에 직접 돌을 사용하여 쌓았음.

○ 등성로의 남벽 아랫부분에서 철제솥(鐵釜) 잔편이 1점 출토되었음.

(3) 치(馬面)

① 『東北史地』 2011-1의 기술 내용
○ 치성은 모두 2기 확인됨.

○ 1기는 북문 동측에 위치하며 심하게 허물어졌음. 평면은 방형에 가까우며 한 변의 길이 약 6m, 높이 4m 정도임.

○ 또 다른 1기는 동문 북측에 위치하며, 심하게 허물어졌음. 현재 모양은 성벽 바깥으로 돌출한 石堆이지만 외측 기초석 부분에는 아직도 층층이 쌓은 흔적이 남아 있음. 평면은 방형에 가까우며 한 변의 길이 약 6m, 높이 2m 정도임.

② 『東北史地』 2012-3의 기술 내용(그림 18)
○ 산성 북벽 서쪽 구간 바깥 측에 위치하며, 2호 등성로(坡道)와 성벽을 사이에 두고 서로 마주함. 이곳은 작은 산봉우리의 정상으로 시야가 탁 트여 있으며 조망하기에 좋은 위치여서 동서 양측의 산비탈 및 북문을 조망할 수 있는데, 북문의 방어 능력을 강화시키는 역할을 했을 것임.

○ 치의 전체 모습은 심하게 허물어져 3면의 벽체는 모두 가장 낮은 1단(層)의 기초석만 남아 있을 뿐으로 이번 조사에서는 기초석만 정리하였음. 치의 평면 형태에 대하여 상세한 기록을 진행하였고 그 외의 상황에 대해서는 정확하게 알 수 없음.

○ 치의 평면은 사다리꼴이며, 서측의 기초 너비 약 5.8m, 동측의 기초 너비 약 7.4m. 동서 너비 약 6.8m임. 내부의 잔고와 벽체의 잔고는 같으며 방향은 310°.

○ 서벽 남단과 벽체의 결합 부분은 보존상태가 정연한데, 6단(層)의 벽체가 남아 있으며, 높이 약 1.1m임. 이곳에서 치와 벽체를 상호 교차시켜 쌓은 모습을 확인할 수 있으며, 치의 외벽이 성벽 벽체의 외벽임.

○ 북벽 기초석은 대형의 장대석이며, 그 크기는 기본적으로 같은데, 길이 약 0.8m, 너비 약 0.4m, 높이 약 0.4m임.

○ 동벽 남반부의 지세는 비교적 평평하고 완만하며, 기초석은 비교적 작음. 기초석 위에 2~4단(層)의 쐐기형돌이 남아 있음. 동벽 북반부의 지세는 비교적 가

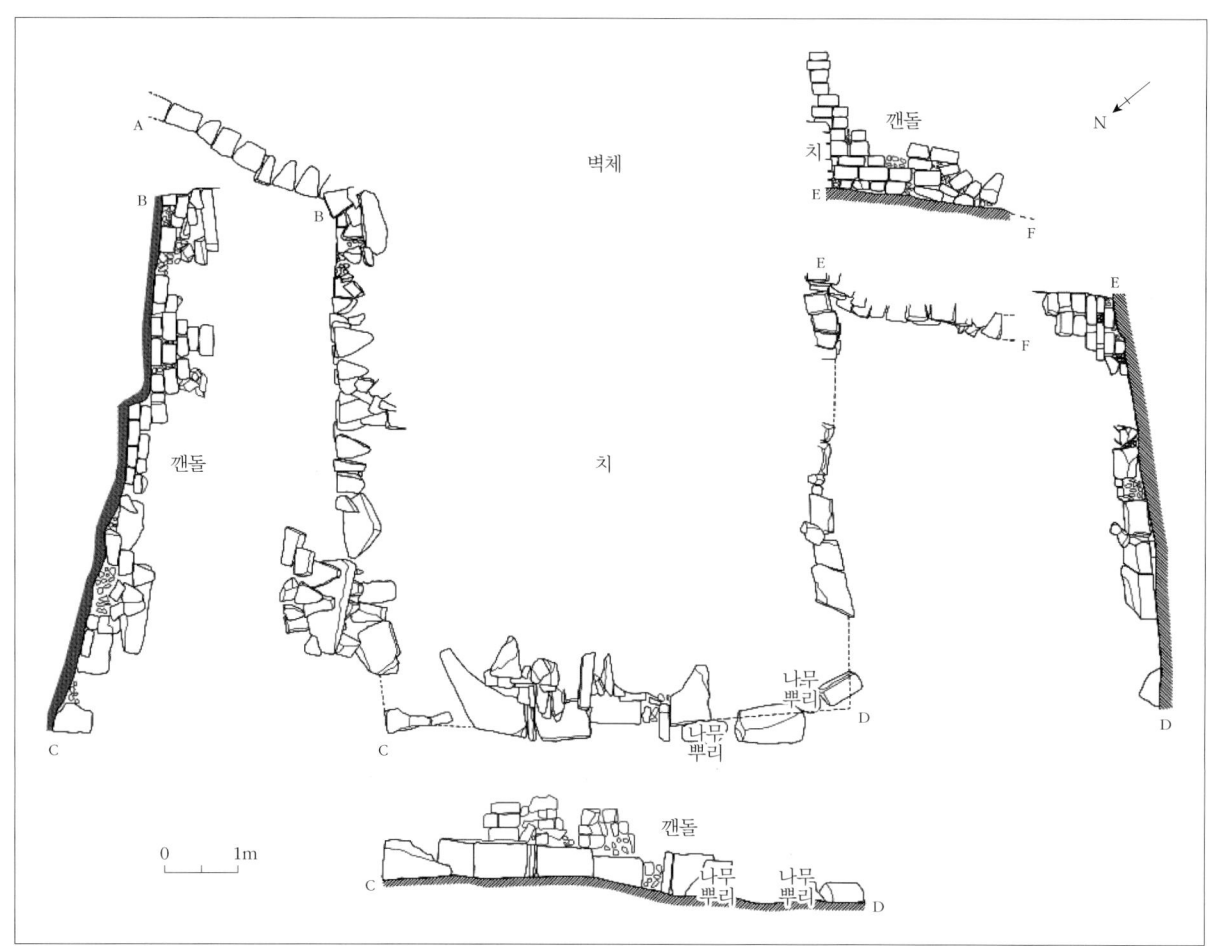

그림 18 고검지산성 치의 평면도 및 입면도(『東北史地』 2012-3, 8쪽)

파르며, 심하게 허물어졌음. 기초석과 면석 모두 비교적 큰 장대석을 사용하여 쌓았는데, 기초석 윗면에서 면석(墻壁石)을 발견하였음. 성벽 전체가 허물어진 상태에서 서로 중첩된 상태를 유지하고 있음.

(4) 將臺와 望臺

① 『桓仁滿族自治縣文物志』 및 『博物館研究』 1992-1의 기술 내용

남벽 동단 부근에 우뚝 솟은 바위가 있는데, 윗면을 평평하게 다듬었음. 이곳에 서면 남쪽으로 고검지촌, 동쪽으로 여러 산봉우리 등을 멀리까지 조망할 수 있어 장대나 망대로 활용되었을 것으로 보임.

② 『東北史地』 2011-1의 기술 내용

성벽 A, B, C 등 3곳의 모서리 지점은 각기 산봉우리 꼭대기에 위치함. 산봉우리의 꼭대기는 우뚝 솟아있어 그 곳에 서서 멀리 바라보면 시야가 탁 트여 양호한 망대 시설의 조건을 갖추고 있음. 산봉우리 정상부는 비교적 가지런하며, 망대 시설(요망대)로 사용되었을 것으로 파악됨.

㉠ 망대 1(臺A)

○ 서벽과 북벽이 접하는 지점의 산봉우리에 위치함.

평면은 불규칙한 장방형이며, 길이 약 6m, 너비 약 5m.
○ 서벽 북단 垛口는 실제로는 이 요망대의 북측에 해당함.

ⓒ 망대 2(臺B)
북벽과 동벽이 접하는 지점의 산봉우리에 위치함. 대지는 비교적 협소함. 길이 5m, 너비 3m.

ⓒ 망대 3(臺C)
○ 동벽과 남벽이 접하는 지점의 산봉우리에 위치함. 흡사 인공적으로 가지런하게 다듬은 것처럼 평면은 타원형을 띠며, 길이 7m, 너비 6m.
○ 망대 위에서 멀리 조망하면 동, 남, 서 3면이 모두 한눈에 들어와 고검지산성에서 가장 이상적인 공제 지점임.
○ 현지 주민의 소개에 따르면, 성 바깥 서문 북측은 원래 점장대 하나가 세워져 있었는데, 1970년대 초기에 허물어졌다고 함. 원래 석축이며 평면은 장방형이고 길이 약 8m, 너비 5m, 높이 1m 정도임.

5. 성내시설과 유적

1) 『桓仁滿族自治縣文物志』 및 『博物館研究』 1992-1의 기술 내용

(1) 저수지와 우물
○ 위치 : 성 안 서남쪽에 '凹'자모양의 낮고 우묵한 물웅덩이가 있음. 현지 주민은 '水井'이라고 부름.
○ 현황 : 현재 거의 매몰되어 매우 얕고 물도 없지만, 당시에는 물을 저장하던 저수지로 사용되었을 것임. 또 성 가운데에 늘 산골짜기에서 흐르는 개울이 있는데, 이것도 水源의 역할을 하였을 것으로 추정됨.

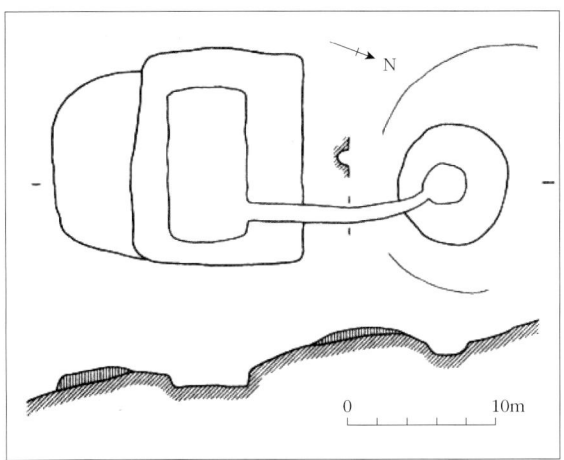

그림 19 고검지산성 저수지 평면 및 단면도(『東北史地』 2011-1, 43쪽)

(2) 원형 구덩이
○ 위치 : 동쪽 북문터에서 동쪽으로 10m, 북벽에서 남쪽으로 약 8m 지점에 비교적 큰 원형 구덩이가 있음.
○ 모양 : 솥의 아랫부분과 비슷한 모양으로 직경 8.5m, 깊이 1.5m이며, 성문을 지키던 병사의 주둔지로 추정됨.

2) 『東北史地』 2011-1의 기술 내용
성내 유적은 대부분 성내 북부와 동남부의 지세가 평탄하고 완만한 지대에 위치하며, 서부 및 서남부에는 적게 보임. 주요 유적으로 저수지, 흙구덩이(土坑), 돌로 쌓은 地穴 등이 있음.

(1) 저수지(그림 19)
성 중앙에서 북쪽으로 치우친 곳의 완만한 비탈에 위치함. 인공적으로 판 2개의 저수지(水池)가 있고, 저수지의 벽을 돌로 쌓은 모습이 보이지 않음. 池A, 池B로 편호함.

① 저수지 1(池A)
○ 평면은 타원형이며, 솥바닥 모양을 띰.
○ 2층 계단상으로 조영했는데, 위쪽 계단의 길이는 8m, 너비는 7.4m임. 아래쪽 계단의 길이는 3m이고, 바닥에서의 높이는 2m임.
○ 조사할 때 깊이 1m 정도의 물이 차 있었음.

② 저수지 2(池B)
○ 저수지1(池A)의 남부에 위치함. 두 저수지 사이에 도랑이 있어 서로 통함, 도랑의 너비 1~1.4m, 깊이 1m.
○ 평면은 장방형으로 길이 10m, 너비 5.4m, 깊이 1.4m.
○ 저수지1에 물이 가득차면, 도랑을 따라 바깥으로 넘쳐나 저수지2에 유입됨. 저수지2의 서남 모서리에 항상 물이 있으나 깊이는 얕음.
○ 저수지 주위에는 저수지를 팔 때 퇴적된 흙이 있음. [5]

(2) 원형 구덩이(土坑)
○ 크고 작은 2종류로 구분됨.
○ 평면은 원형 혹은 타원형이며 솥바닥 모양을 띰.
○ 큰 구덩이의 직경은 일반적으로 10m 정도이며 작은 구덩이의 직경은 일반적으로 5m 정도임. 큰 구덩이는 분산해있고 작은 구덩이는 밀집해있음.

① 큰 구덩이(大坑)
성내에서 모두 3개의 큰 구덩이가 발견되었음.

◎ 큰 구덩이 1
○ 위치 : 북문 부근.
○ 구덩이 입구(坑口)에 약간 높은 두렁이 있는데 동부가 가장 현저함.
○ 입구는 타원형을 띠며, 남북 길이 8.6m, 동서 너비 7.3m, 깊이 1.3m.

◎ 큰 구덩이 2
○ 위치 : 성 중부.
○ 주위에 두렁이 있고, 구덩이 남쪽에 서문으로 통하는 길이 있음.
○ 구덩이 북쪽에는 망대2(대B)로 통하는 길이 있음.

◎ 큰 구덩이 3
○ 위치 : 성내 서남부에 위치. 서문과 120m 떨어져 있음.
○ 규모 : 직경 12.4m, 현재 깊이 2m.
○ 동쪽은 산비탈에 의지하였고 비탈의 구덩이 벽체를 따라 돌덩이가 있는데, 원래 쌓았던 돌인지 아닌지는 분명하지 않음.

② 작은 구덩이(小坑)
○ 주로 성내 서북부, 북문에서 저수지에 이르는 곳, 성 동부의 평지, 동남모서리 등 4곳에 분포함.
○ 작은 구덩이의 입구에는 돌덩이가 배열된 것도 있음.

◎ 작은 구덩이 1
○ 위치 : 북문 부근.
○ 규모 : 직경 5m, 깊이 0.5m.
○ 서남쪽에 돌로 쌓은 너비 1m의 트인 곳이 있는데 문길과 유사함.

---

[5] 보고자는 두 저수지가 다른 시기에 조성되었을 것으로 파악함. 처음에 저수지A를 조성했다가 성에 거주하는 군인과 주민의 수가 증가하자 저수지B를 파서 저수지A의 남는 저장하여 물이 부족할 때를 대비했다는 것임. 이와 함께 저수지A가 주민의 음용수를 제공하기 위한 것이라면, 저수지B는 말이나 가축용일 가능성도 있다고 봄(『東北史地』 2011-1).

◎ 작은 구덩이 2
○ 구덩이 입구 주위를 둘러싼 돌이 아주 분명하며, 쐐기형돌도 있음.
○ 규모 : 직경 3.2m, 현재 깊이 1m.[6]

(3) 돌로 쌓은 움(石砌地穴) : 5개
○ 현지 주민들은 '고구려 움(高麗窞)'이라 부름.
○ 성내 동쪽 치우친 곳에 위치하는데, 평평한 산비탈에 건축하였음. 움이 위치한 평지는 남북 길이 17m, 동서 너비 14.7m로 서부에는 계단밭 모양으로 보호벽을 축조했음. 움의 평면은 원형인데, 북측에 2개, 남측에 3개 등 5개가 있음.
○ 움은 통로로 연결되어 있으며 서부에 있는 것은 너비 1m의 문길(門道)이 있으며, 지하 건축물을 형성함. 움(地穴)과 통로는 모두 석축임. 석재는 대부분 장방형이며 소량은 쐐기형돌임. 움의 직경 2.8~3.4m, 현재 깊이 1.5m
○ 서남부에도 원형 토갱이 하나 있으나 움과 서로 통하지는 않음.[7]

(4) 주거지(房址)
○ 성의 북쪽에서 1기 발견됨.

○ 인공적으로 조성한 평지에 돌로 건축하였는데, 장방형임. 동, 남, 북의 3면에 기초가 남아 있음. 서측 벽체의 기초는 판별 가능하며 길이 7.3m, 너비 7m, 벽체의 잔고 1.2m, 너비 0.7m.

(5) 돌더미(石堆)
○ 성의 북쪽에 위치하는데, 괴석과 쐐기형돌의 퇴적임.
○ 둥근 언덕(圓丘)모양으로 직경 3.2m, 높이 1m임.
○ 집(房室)이 무너진 후의 퇴적일 가능성이 있음.

6. 출토유물

1) 『東北史地』 2011-1의 기술 내용
수목이 울창하고 낙엽이 두껍게 쌓여 지표에 유물이 거의 없음. 도로 옆 도랑 가장자리에서 30여 점의 토기편과 오수전 1매를 채집하였음.

(1) 오수전(五銖錢)
○ 출토지 : 환인 고검지산성.
○ 크기 : 동전직경 2.2cm, 구멍직경 0.9cm.
○ 형태 : 외곽은 약간 넓으며(闊), 글자체는 비교적 가늚(瘦). '五'자는 直笔 교차에 가까운데, 隨 文帝시기의 오수전 계통으로 여겨짐.

(2) 토기편
○ 토기편은 두 종류로 분류할 수 있음.
○ 하나는 가는 모래가 혼입된 토기로 토질이 부드러우며, 소성온도는 높지 않음. 토기의 색깔은 붉은색, 흑갈색의 두 종류이며 대부분 수제임.
○ 또 다른 한 종류는 니질 토기로, 토질이 단단하고 소성온도도 비교적 높으며, 토기 색깔은 홍갈색과 황갈색, 흑색, 회색의 여러 가지가 있으며 대부분 물레로 제

---

6   이러한 원형 구덩이(土坑)는 환인 오녀산성, 서풍 성자산산성, 유하 나통산성 등 다른 고구려 산성에서도 다수 확인되는데, 오녀산성의 발굴 결과에 따르면 작은 구덩이는 반지하 주거지로 파악됨. 고검지산성의 경우, 작은 구덩이 주변에 열 지어 있는 돌은 지상 건물에 접한 목책으로 이용 가능한데 구체적으로 礎石 작용을 했을 것으로 추정됨. 이에 보고자는 이러한 종류의 건물을 복원한다면 과거 요동 산지에서 흔히 볼 수 있던 토굴(地窨子) 형식의 움집(窩棚)모양과 유사했을 것으로 파악함. 작은 구덩이가 집중 분포한 구역은 당시 성내의 주요 취락 혹은 병영지로 추정되며, 대형 구덩이는 수가 적고 거리도 비교적 멀어 군수품을 비롯한 각종 물자를 비축하는 움식(窖穴式) 창고로 파악(『東北史地』 2011-1).

7   돌로 쌓은 움(地穴)은 형태가 특수하며, 각 움의 면적은 작은 구덩이와 비슷함. 이에 보고자는 신분이 고귀한 자의 반지하식 주거지(半地穴居址)로 파악함(『東北史地』 2011-1).

작하였음(輪制).

(1) 토기편

① 토기편 1(그림 20-1)
○ 출토지 : 환인 고검지산성
○ 형태 : 호(罐) 혹은 壺의 어깨 부분과 유사함. 안에 운모 알갱이를 함유하고 있으며, 수제임. 2갈래의 침선(凹弦文)을 새겨넣었음.
○ 태토 및 색깔 : 모래혼입 흑갈색토기.

② 토기편 2(그림 20-2)
○ 출토지 : 환인 고검지산성
○ 형태 : 겉 표면에 눌러 문지른 흔적이 있음(抹壓條痕)
○ 태토 및 색깔 : 니질의 회색토기편.

③ 토기편 3(그림 20-3)
○ 출토지 : 환인 고검지산성
○ 형태 : 겉 표면에 얕게 선을 그어 새겨 넣었음(刻劃淺線文).
○ 태토 및 색깔 : 니질의 황갈색토기.

(2) 호(陶壺)(그림 20-4)
○ 출토지 : 환인 고검지산성
○ 형태 : 호의 구연부(陶壺口沿). 구연은 외반하였으며(侈口), 목이 좁고(束頸), 어깨는 비스듬하게 경사졌음(斜肩). 윤제품.
○ 태토 및 색깔 : 니질의 황갈색토기.

(3) 토기바닥(器底)(그림 20-5)
○ 출토지 : 환인 고검지산성.
○ 크기 : 바닥직경 7.1cm, 잔고 1.7cm.
○ 형태 : 겉 표면에 수직선모양(竪條狀)의 눌러 문지른 흔적이 있으며, 바닥은 평평함.

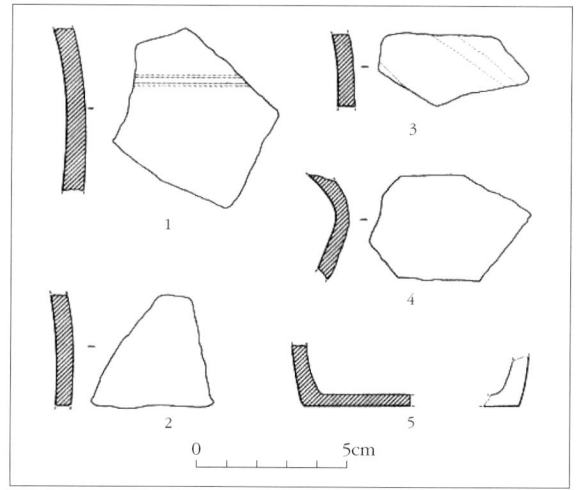

그림 20 고검지산성 성내 채집 토기편(『東北史地』 2011-1, 43쪽)
1~3. 토기편 4. 호의 구연부 5. 토기바닥

2) 『東北史地』 2012-3의 기술 내용
출토유물은 수량과 종류가 모두 적으며, 주로 철기와 토기 두 종류임.

(1) 철기
찰갑(鐵甲片)과 철제못(鐵釘)이 주로 출토되었음.

① 찰갑(鐵甲片)
○ 출토지 : 주로 환인 고검지산성 북문 문길 위에서 출토되었음.
○ 부식이 심하여 보존 형태가 비교적 완전한 것은 모두 74점이며, 그중에 크기에 따라 대, 중, 소 3종류로 구분할 수 있으며 큰 것 12점, 중간 크기 48점, 작은 것 14점으로 분류되며, 그중에 표본으로 선택된 것은 23점으로 형태에 따라 3가지 유형으로 구분됨.
○ A형은 평면이 사다리꼴(梯形), 사다리꼴의 각도에 따라 2가지 형식으로 구분할 수 있음. A형I식은 정사다리꼴(正梯形), 수량이 가장 많으며, 주요 형태로, 모두 12점. A형II식은 역사다리꼴(倒梯形), 4점.
○ B형은 평면이 장방형이며, 6점.
○ C형은 평면은 대략 평행사변형이며, 1점.

그림 21 고검지산성 출토 찰갑편(『東北史地』 2012-3, 9쪽)
1~4·9~16. A형I식 찰갑편(08HGBM③:3~6 08HGBM③:11~18) 17~20. A형II식 찰갑편(08HGBM③:19~22)
5~8·21·22. B형 찰갑편(08HGBM③:7~10 08HGBM③:23·24) 23. C형 찰갑편(08HGBM③:25)

◎ 찰갑(鐵甲片) 1(표본 088HGBM③:3, 그림 21-1)
ㅇ 출토지 : 환인 고검지산성
ㅇ 크기 : 길이 3.4cm. 너비 1.8~2.3cm.
ㅇ 형태 : A형I식. 평면은 사다리꼴을 띰. 상단은 평평하고 가지런하며 하단은 약간 활모양임. 상부의 양 각은 抹斜, 중간에 구멍이 하나 있으며, 중부 양측의 가장자리(邊緣)를 따라 2개의 구멍이 대칭해서 세로로 열 지어 있음. 하부 중간에 3개의 구멍이 세로로 열지어 있음.

◎ 찰갑(鐵甲片) 2(표본 088HGBM③:4, 그림 21-2)
ㅇ 출토지 : 환인 고검지산성.
ㅇ 크기 : 길이 3.4cm. 너비 1.8~2.3cm.
ㅇ 형태 : A형I식. 평면은 사다리꼴을 띰. 상단은 평평하고 가지런하며 하단은 약간 활모양임. 상부의 양 각은 抹斜, 구멍 2개가 가로로 열지어 있으며, 중부 양측의 가장자리(邊緣)를 따라 2개의 구멍이 대칭해서 세로로 열 지어 있음. 중간에 구멍이 하나 있고, 하부 중간에 2개의 구멍이 세로로 열지어 있음.

◎ 찰갑(鐵甲片) 3(표본 088HGBM③:5, 그림 21-3)
ㅇ 출토지 : 환인 고검지산성.
ㅇ 크기 : 길이 3.6cm. 너비 2.3~2.6cm.
ㅇ 형태 : A형I식. 평면은 사다리꼴을 띰. 상단은 평평하고 가지런하며 하단은 약간 활모양임. 상부의 양 각은 抹斜, 구멍 2개가 가로로 열지어 있으며, 중부 양측의 가장자리(邊緣)를 따라 2개의 구멍이 대칭해서 세로로 열 지어 있음. 중간에 구멍이 하나 있고, 하부 중간에 2개의 구멍이 세로로 열지어 있음.

◎ 찰갑(鐵甲片) 4(표본 088HGBM③:6, 그림 21-4)
ㅇ 출토지 : 환인 고검지산성.
ㅇ 크기 : 길이 3.5cm. 너비 1.9~2.3cm.
ㅇ 형태 : A형I식. 평면은 사다리꼴을 띰. 상단은 평평하고 가지런하며 하단은 약간 활모양임. 상부의 양 각은 抹斜, 구멍 2개가 가로로 열지어 있으며, 중부 양측의 가장자리(邊緣)를 따라 2개의 구멍이 대칭해서 세로로 열 지어 있음. 중간에 구멍이 하나 있고, 하부 중간에 2개의 구멍이 세로로 열지어 있음.

◎ 찰갑(鐵甲片) 5(표본 088HGBM③:11, 그림 21-9)
ㅇ 출토지 : 환인 고검지산성.
ㅇ 크기 : 길이 4.5cm. 너비 2.4~2.8cm.
ㅇ 형태 : A형I식. 평면은 사다리꼴을 띰. 상단은 평평하고 가지런하며 하단은 약간 활모양임. 상부의 양 각은 抹斜, 구멍 2개가 가로로 열지어 있으며, 중하부 양측의 가장자리(邊緣)를 따라 2개의 구멍이 대칭해서 세로로 열 지어 있음. 중간에 구멍이 하나 있고, 하부 중간에 2개의 구멍이 세로로 열지어 있음.

◎ 찰갑(鐵甲片) 6(표본 088HGBM③:12, 그림 21-10)
ㅇ 출토지 : 환인 고검지산성.
ㅇ 크기 : 길이 4.4cm. 너비 2.2~2.5cm.
ㅇ 형태 : A형I식. 평면은 사다리꼴을 띰. 상단은 평평하고 가지런하며 하단은 약간 활모양임. 상부의 양 각은 抹斜, 구멍 2개가 가로로 열지어 있으며, 중하부 양측의 가장자리(邊緣)를 따라 2개의 구멍이 대칭해서 세로로 열 지어 있음. 중간에 구멍이 하나 있고, 하부 중간에 2개의 구멍이 세로로 열지어 있음.

◎ 찰갑(鐵甲片) 7(표본 088HGBM③:13, 그림 21-11)
ㅇ 출토지 : 환인 고검지산성.
ㅇ 크기 : 길이 4.5cm. 너비 2.4~2.7cm.
ㅇ 형태 : A형I식. 평면은 사다리꼴을 띰. 상단은 평평하고 가지런하며 하단은 약간 활모양임. 상부의 양 각은 抹斜, 구멍 2개가 가로로 열지어 있으며, 중하부 양측의 가장자리(邊緣)를 따라 2개의 구멍이 대칭해서 세로로 열 지어 있음. 중간에 구멍이 하나 있고, 하부

중간에 2개의 구멍이 세로로 열지어 있음.

◎ 찰갑(鐵甲片) 8(표본 088HGBM③:14, 그림 21-12)
○ 출토지 : 환인 고검지산성.
○ 크기 : 길이 5.2cm. 너비 2.7~3.5cm.
○ 형태 : A형I식. 평면은 사다리꼴을 띰. 상단은 평평하고 가지런하며 하단은 약간 활모양임. 상부의 양 각은 抹斜, 구멍 2개가 가로로 열지어 있으며, 중하부 양측의 가장자리(邊緣)를 따라 2개의 구멍이 대칭해서 세로로 열 지어 있음. 중간에 구멍이 하나 있고, 하부 중간에 2개의 구멍이 세로로 열지어 있음. 측면은 활처럼 굽었음.

◎ 찰갑(鐵甲片) 9(표본 088HGBM③:15, 그림 21-13)
○ 출토지 : 환인 고검지산성.
○ 크기 : 길이 4.3cm. 너비 2~2.7cm.
○ 형태 : A형I식. 평면은 사다리꼴을 띰. 상단은 평평하고 가지런하며 하단은 약간 활모양임. 상부의 양 각은 抹斜, 구멍 2개가 가로로 열지어 있으며, 중하부 양측의 가장자리(邊緣)를 따라 2개의 구멍이 대칭해서 세로로 열 지어 있음. 중간에 구멍이 하나 있고, 하부 중간에 2개의 구멍이 세로로 열지어 있음. 측면은 활처럼 굽었음.

◎ 찰갑(鐵甲片) 10(표본 088HGBM③:16, 그림 21-14)
○ 출토지 : 환인 고검지산성.
○ 크기 : 길이 4.8cm. 너비 2.4~2.7cm.
○ 형태 : A형I식. 평면은 사다리꼴을 띰. 상단은 평평하고 가지런하며 하단은 약간 활모양임. 상부의 양 각은 抹斜, 구멍 2개가 가로로 열지어 있으며, 중하부 양측의 가장자리(邊緣)를 따라 2개의 구멍이 대칭해서 세로로 열 지어 있음. 중간에 구멍이 하나 있고, 하부 중간에 2개의 구멍이 세로로 열지어 있음. 측면은 활처럼 굽었음.

◎ 찰갑(鐵甲片) 11(표본 088HGBM③:17, 그림 21-15)
○ 출토지 : 환인 고검지산성.
○ 크기 : 길이 4.8cm. 너비 2.4~2.7cm.
○ 형태 : A형I식. 평면은 사다리꼴을 띰. 상단은 평평하고 가지런하며 하단은 약간 활모양임. 상부의 양 각은 抹斜, 구멍 2개가 가로로 열지어 있으며, 중하부 양측의 가장자리(邊緣)를 따라 2개의 구멍이 대칭해서 세로로 열 지어 있음. 중간에 구멍이 하나 있고, 하부 중간에 2개의 구멍이 세로로 열지어 있음. 측면은 활처럼 굽었음.

◎ 찰갑(鐵甲片) 12(표본 088HGBM③:18, 그림 21-16)
○ 출토지 : 환인 고검지산성.
○ 크기 : 길이 4.6cm. 너비 2.3~3cm.
○ 형태 : A형I식. 평면은 사다리꼴을 띰. 상단은 평평하고 가지런하며 하단은 약간 활모양임. 상부의 양 각은 抹斜, 구멍 2개가 가로로 열지어 있으며, 중하부 양측의 가장자리(邊緣)를 따라 2개의 구멍이 대칭해서 세로로 열 지어 있음. 중간에 구멍이 하나 있고, 하부 중간에 2개의 구멍이 세로로 열지어 있음. 측면은 활처럼 굽었음. 다만 상부 양측에 각각 구멍이 하나 더 있음.

◎ 찰갑(鐵甲片) 13(표본 088HGBM③:19, 그림 21-17)
○ 출토지 : 환인 고검지산성
○ 크기 : 길이 7.3cm. 너비 2.3~2.5cm.
○ 형태 : A형 II식. 평면은 역사다리꼴(倒梯形)을 띰. 상단은 평평하고 가지런하며 하단은 약간 활모양임. 상부의 양 각은 抹斜, 구멍 2개가 가로로 열지어 있으며, 중부 양측의 가장자리(邊緣)를 따라 2개의 구멍이 대칭해서 세로로 열 지어 있음. 중간에 구멍이 하나 있고, 하부 양측의 가장자리(邊緣)를 따라 2개의 구멍이 대칭해서 세로로 열 지어 있으며, 중간에 2개의 구멍이 세로로 열 지어 있음.

◎ 찰갑(鐵甲片) 14(표본 088HGBM③:20, 그림 21-18)
○ 출토지 : 환인 고검지산성.
○ 크기 : 길이 7.4cm. 너비 2.4~207cm.
○ 형태 : A형 Ⅱ식. 평면은 역사다리꼴(倒梯形)을 띰. 상단은 평평하고 가지런하며 하단은 약간 활모양임. 상부의 양 각은 抹斜, 구멍 2개가 가로로 열지어 있으며, 중부 양측의 가장자리(邊緣)를 따라 2개의 구멍이 대칭해서 세로로 열 지어 있음. 중간에 구멍이 하나 있고, 하부 양측의 가장자리(邊緣)를 따라 2개의 구멍이 대칭해서 세로로 열 지어 있으며, 중간에 2개의 구멍이 세로로 열 지어 있음. 이 밖에 상부에 2개의 구멍 아래에 또 구멍 하나가 있음.

◎ 찰갑(鐵甲片) 15(표본 088HGBM③:21, 그림 21-19)
○ 출토지 : 환인 고검지산성.
○ 크기 : 길이 7cm. 너비 2.3~2.6cm.
○ 형태 : A형 Ⅱ식. 평면은 역사다리꼴(倒梯形)을 띰. 상단은 평평하고 가지런하며 하단은 약간 활모양임. 상부의 양 각은 抹斜, 구멍 2개가 가로로 열지어 있으며, 중부 양측의 가장자리(邊緣)를 따라 2개의 구멍이 대칭해서 세로로 열 지어 있음. 중간에 구멍이 하나 있고, 하부 양측의 가장자리(邊緣)를 따라 2개의 구멍이 대칭해서 세로로 열 지어 있으며, 중간에 2개의 구멍이 세로로 열 지어 있음. 표본 088HGBM③:20과 다른 점은 상부 중간에 구멍이 하나 있음.

◎ 찰갑(鐵甲片) 16(표본 088HGBM③:22, 그림 21-20)
○ 출토지 : 환인 고검지산성.
○ 크기 : 길이 7.2cm. 너비 2.4~2.7cm.
○ 형태 : A형 Ⅱ식. 평면은 역사다리꼴(倒梯形)을 띰. 상단은 평평하고 가지런하며 하단은 약간 활모양임. 상부의 양 각은 抹斜, 구멍 2개가 가로로 열지어 있으며, 중부 양측의 가장자리(邊緣)를 따라 2개의 구멍이 대칭해서 세로로 열 지어 있음. 중간에 구멍이 하나 있고, 하부 양측의 가장자리(邊緣)를 따라 2개의 구멍이 대칭해서 세로로 열 지어 있으며, 중간에 2개의 구멍이 세로로 열 지어 있음. 표본 088HGBM③:21과 다른 점은 중부 중간에 구멍이 하나 작게 있음.

◎ 찰갑(鐵甲片) 17(표본 088HGBM③:7, 그림 21-5)
○ 출토지 : 환인 고검지산성.
○ 크기 : 길이 3.4cm. 너비 2.4cm.
○ 형태 : B형. 평면은 장방형. 상단은 평평하고 가지런하며 하단은 약간 활모양임. 상부의 양 각은 抹斜, 구멍 2개가 가로로 열지어 있으며, 중부 양측의 가장자리(邊緣)를 따라 2개의 구멍이 대칭해서 세로로 열 지어 있음. 중부 중간에 구멍이 하나 있고, 하부 중간에 2개의 구멍이 세로로 열 지어 있음.

◎ 찰갑(鐵甲片) 18(표본 088HGBM③:8, 그림 21-6)
○ 출토지 : 환인 고검지산성.
○ 크기 : 길이 4.8cm. 너비 2.8cm.
○ 형태 : B형. 평면은 장방형. 상단 양 각은 抹斜, 상부 가장자리(邊緣)를 따라 구멍 2개가 가로로 열지어 있으며, 중부 양측에 대칭해서 구멍 4개가 분포해 있으며 하부 중간에 3개의 구멍이 세로로 열 지어 있음.

◎ 찰갑(鐵甲片) 19(표본 088HGBM③:9, 그림 21-7)
○ 출토지 : 환인 고검지산성.
○ 크기 : 길이 4.5cm. 너비 2.3cm.
○ 형태 : B형. 평면은 장방형. 상단은 평평하고 가지런하며 하단은 약간 활모양임. 상부 양 각은 抹斜, 2개의 구멍이 가로로 열지어 있으며, 중부 양측에는 아래쪽으로 가장자리(邊緣)를 따라 대칭해서 구멍 3개가 세로로 열지어 있으며, 중부 중간에 구멍이 하나 있음. 하부 중간에 구멍 2개가 세로로 열지어 있음.

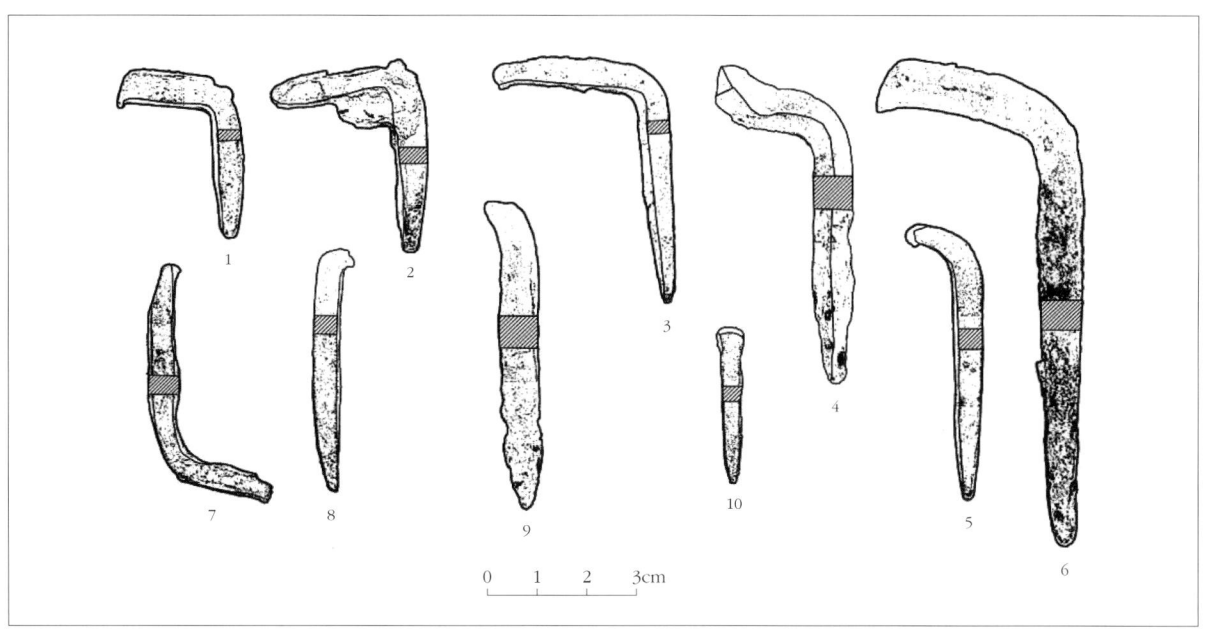

그림 22 고검지산성 출토 철제못(『東北史地』 2012-3, 10쪽)
1~9. II식 철제못(08HGBM③:29·30·31·32·28·33·35·27·34) 10. I식 철제못(08HGBM③:26)

◎ 찰갑(鐵甲片) 20 (표본 088HGBM③:10, 그림 21-8)
ㅇ 출토지 : 환인 고검지산성.
ㅇ 크기 : 길이 4.5cm. 너비 2.3cm.
ㅇ 형태 : B형. 평면은 장방형. 상단은 평평하고 가지런하며 하단은 약간 활모양임. 상부 양 각은 抹斜, 2개의 구멍이 가로로 열지어 있으며, 중부 양측에는 아래쪽으로 가장자리(邊緣)를 따라 대칭해서 구멍 2개가 세로로 열지어 있으며, 중부 중간에 구멍이 하나 있음. 하부 중간에 구멍 2개가 세로로 열지어 있음. 그 표면에는 붉은색으로 옻칠하였음.

◎ 찰갑 (鐵甲片) 21 (표본 088HGBM③:23, 그림 21-21)
ㅇ 출토지 : 환인 고검지산성.
ㅇ 크기 : 길이 8.7cm. 너비 2.2cm.
ㅇ 형태 : B형. 평면은 장방형. 상단은 평평하고 가지런하며 하단은 약간 활모양임. 상부 양 각은 抹斜, 2개의 구멍이 가로로 열지어 있으며, 중부 양측에는 가장자리(邊緣)를 따라 대칭해서 구멍 2개가 세로로 열지어 있으며, 중부 중간에 구멍이 하나 있음. 하부 양측에 가장자리(邊緣)를 따라 구멍 2개가 대칭해서 세로로 열지어 있으며, 하부 중간에 2개의 구멍이 세로로 열지어 있음.

◎ 찰갑 (鐵甲片) 22 (표본 088HGBM③:24, 그림 21-22)
ㅇ 출토지 : 환인 고검지산성.
ㅇ 크기 : 길이 8.5cm. 너비 2.4cm.
ㅇ 형태 : B형. 평면은 장방형. 상단은 평평하고 가지런하며 하단은 약간 활모양임. 상부 양 각은 抹斜, 2개의 구멍이 가로로 열지어 있으며, 중부 양측에는 가장자리(邊緣)를 따라 대칭해서 구멍 2개가 세로로 열지어 있으며, 중부 중간에 구멍이 하나 있음. 하부 양측에 가장자리(邊緣)를 따라 구멍 2개가 대칭해서 세로로 열지어 있으며, 하부 중간에 2개의 구멍이 세로로 열지어 있음.

◎ 찰갑(鐵甲片) 23 (표본 088HGBM③:25, 그림 21-23)
○ 출토지 : 환인 고검지산성.
○ 크기 : 길이 5.4cm. 너비 5cm.
○ 형태 : C형. 약간 파손되었음. 위는 평평하고 가지런하며, 하단은 약간 활모양임. 오른쪽 상부 모서리는 抹斜. 상부는 구멍 2개가 가로로 열지어 있으며, 중부 양측에는 가장자리(邊緣)를 따라 대칭해서 2개의 구멍이 세로로 열지어 있음. 하부 중간에 2개의 구멍이 세로로 열지어 있음.

② **철제못(鐵釘)**
○ 수량 : 23점.
○ 2가지 형식으로 구분됨. I식은 두부(釘帽)가 四稜의 대형이며 1점임. II식은 두부(釘帽)가 편평하며 9점임.

◎ 철제못(鐵釘) 1 (표본 088HGBM③:26, 그림 22-10)
○ 출토지 : 환인 고검지산성.
○ 크기 : 길이 3cm. 너비 0.3cm.
○ 형태 : I식. 보존상태가 완전하며, 대면 凸起, 釘身은 사릉의 송곳모양.

◎ 철제못(鐵釘) 2 (표본 088HGBM③:27, 그림 22-8)
○ 출토지 : 환인 고검지산성.
○ 크기 : 길이 4.4cm. 너비 0.5cm.
○ 형태 : II식. 두부(釘帽)가 편평하며, 釘身은 四稜의 송곳모양.

◎ 철제못(鐵釘) 3 (표본 088HGBM③:28, 그림 22-5)
○ 출토지 : 환인 고검지산성.
○ 크기 : 길이 5.4cm. 너비 0.5cm.
○ 형태 : II식. 두부(釘帽)가 편평하며, 釘身은 四稜의 송곳모양. 타격을 가한 후에 꺾었음.

◎ 철제못(鐵釘) 4 (표본 088HGBM③:29, 그림 22-1)
○ 출토지 : 환인 고검지산성.
○ 크기 : 길이 4.4cm. 너비 0.7cm.
○ 형태 : II식. 두부(釘帽)가 편평하며, 釘身은 편편한 四稜의 송곳모양. 사용후 釘身이 변형되어 직각에 가까움.

◎ 철제못(鐵釘) 5 (표본 088HGBM③:30, 그림 22-2)
○ 출토지 : 환인 고검지산성.
○ 크기 : 길이 5.1cm. 너비 0.7cm, 두께 0.5cm.
○ 형태 : II식. 두부(釘帽)가 편평하며, 釘身은 편편한 四稜의 송곳모양. 사용후 釘身이 변형되어 직각에 가까움. 釘身 상부에 부식해 구멍이 뚫려있음.

◎ 철제못(鐵釘) 6 (표본 088HGBM③:31, 그림 22-3)
○ 출토지 : 환인 고검지산성.
○ 크기 : 길이 6.7cm. 너비 0.4cm.
○ 형태 : II식. 두부(釘帽)가 편평하며, 釘身은 四稜의 송곳모양. 사용후 釘身이 변형되어 직각에 가까움.

◎ 철제못(鐵釘) 7 (표본 088HGBM③:32, 그림 22-4)
○ 출토지 : 환인 고검지산성.
○ 크기 : 길이 7cm. 너비 0.6cm.
○ 형태 : II식. 두부(釘帽)가 편평하며, 釘身은 四稜의 송곳모양이며 직각에 가까움.

◎ 철제못(鐵釘) 8 (표본 088HGBM③:33, 그림 22-6)
○ 출토지 : 환인 고검지산성.
○ 크기 : 길이 12cm. 너비 0.8cm.
○ 형태 : II식. 두부(釘帽)가 편평하며, 釘身은 四稜의 송곳모양이며 직각에 가까움.

◎ 철제못(鐵釘) 9 (표본 088HGBM③:34, 그림 22-9)
○ 출토지 : 환인 고검지산성.

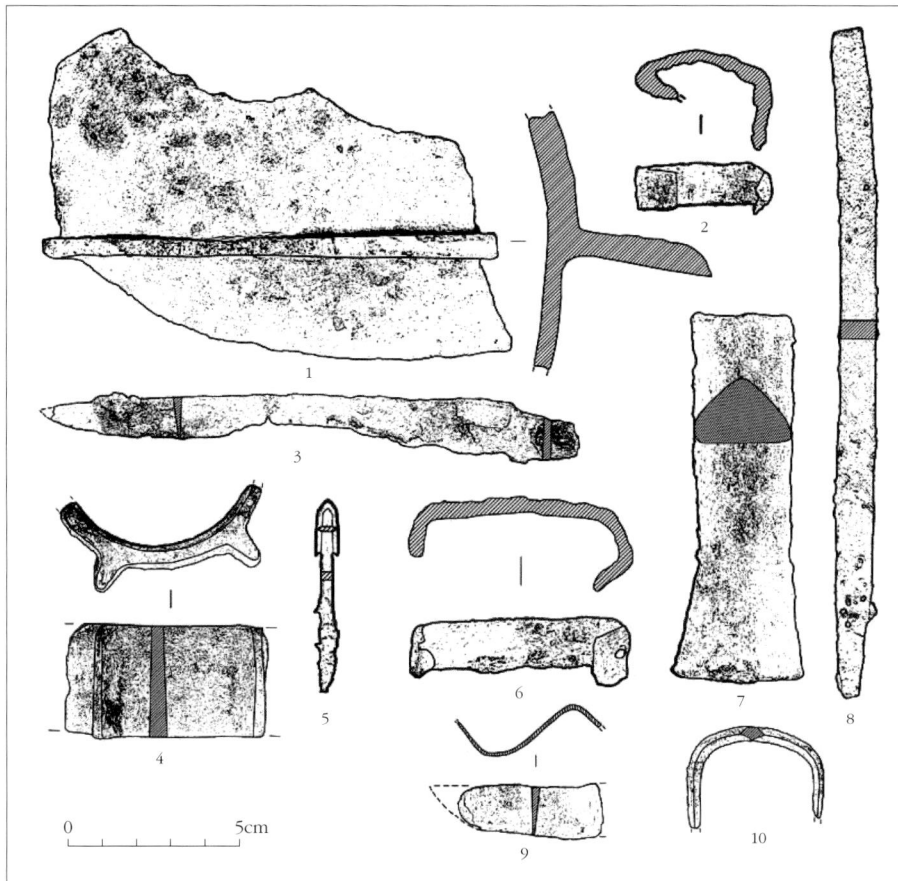

그림 23
고검지산성 출토 철기
(『東北史地』 2012-3, 10쪽)
1. 철제솥 잔편(08HGP2:1)
2. 철제거멀못(HGBM③:36)
3. 철제도자(08HGP1:1)
4. 철제수레바퀴 굴대축(08HGYM:1)
5. 철제화살촉(08HGBM③:2)
6. Ⅰ식 철제테(08HGBM③:37)
7. 철제끌(08HGBM③:40)
8. 철제줄칼(08HGBM③:1)
9. 철제도자(08HGBM③:39)
10. Ⅱ식 철제테(08HGBM③:38)

○ 크기 : 길이 6cm, 너비 0.5cm.
○ 형태 : Ⅱ식. 두부(釘帽)가 편평하며, 釘身은 사릉의 송곳모양이며 직각에 가까움.

◎ 철제못(鐵釘) 10 (표본 088HGBM③:35, 그림 22-7)
○ 출토지 : 환인 고검지산성.
○ 크기 : 길이 7cm, 너비 0.7cm, 두께 0.5cm.
○ 형태 : Ⅱ식. 두부(釘帽)가 편평하며, 釘身은 편편한 四稜의 송곳모양이며 사용 후에 뾰족한 정이 구부러졌음.

③ 철제솥 잔편(鐵釜殘片)(표본 08HGP2:1, 그림 23-1)
○ 출토지 : 환인 고검지산성.
○ 수량 : 1점.

○ 크기 : 남은 길이 12cm, 너비 8cm. 등 두께 0.2~0.7cm. 손잡이 너비 3.5cm. 두께 0.6cm.
○ 형태 : 파손품. 부식이 심함, 손잡이가 있음.

④ 철제거멀못(鐵扒鋦)(표본 08HGBM③:36, 그림 23-2)
○ 출토지 : 환인 고검지산성.
○ 수량 : 1점.
○ 크기 : 鋦身의 남은 길이 4cm, 너비 1cm. 鋦釘의 길이 1.8cm.
○ 형태 : 파손품. 鋦身은 비교적 얇으며, 장방형을 띰. 鋦釘은 삼각형을 띠며 한 쪽 끝은 결실됨.

⑤ 철제도자(鐵削)
○ 수량 : 2점.

◎ 철제도자(鐵削) 1(표본 08HGP1:1, 그림 23-3)

○ 출토지 : 환인 고검지산성.

○ 크기 : 남은 길이 15.5cm, 너비 1.8cm, 등 두께 0.4cm.

○ 형태 : 파손품. 부식 정도가 심함. 등은 평평하며 날은 경사졌음. 날에 이가 빠졌으며(崩損), 경부(鋌)는 납작함.

◎ 철제도자(鐵削) 2(표본 08HGBM③:39, 그림 23-9)

○ 출토지 : 환인 고검지산성.

○ 크기 : 남은 길이 4cm, 너비 1.5cm, 등 두께 0.2cm

○ 형태 : 파손품. 뾰족한 부분만 남아 있음. 刀身은 휘어서 'S'모양을 띰. 등은 평평하며 날은 경사졌음. 날에 이가 빠졌으며(崩損) 경부(鋌)는 납작함.

⑥ 철제테(鐵箍)

○ 수량 : 2점.

○ 2가지 형식으로 분류됨.

◎ 철제테(鐵箍) 1(표본 08HGBM③:37, 그림 23-6 ; 그림 24)

○ 출토지 : 환인 고검지산성.

○ 크기 : 箍身 남은 길이 6.5cm, 너비 1cm.

○ 형태 : I식. 箍身은 비교적 얇으며, 장방형을 띰. 양 끝의 머리는 굽었으며 각각 못구멍(釘孔)이 있음. 다른 한 쪽 끝에 못구멍이 있는 곳이 파손되었음.

◎ 철제테(鐵箍) 2(표본 08HGBM③:38, 그림 23-10 ; 그림 24)

○ 출토지 : 환인 고검지산성.

○ 크기 : 철제테(鐵箍) 길이 3.9cm, 남은 너비 3cm. 箍身 너비 0.7cm, 두께 0.4cm.

○ 형태 : II식. 철제테(鐵箍) 전체 모습은 방형을 띠며, 반쪽은 결실되었음. 箍身은 장방형을 띰.

 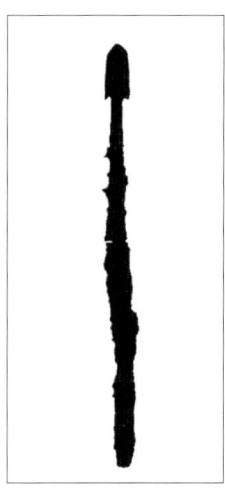

그림 24 고검지산성 출토 철제테(鐵箍)(『東北史地』 2012-3, 도판 1)

그림 25 고검지산성 출토 철제화살촉(『東北史地』 2012-3, 도판 1)

⑦ 철제줄칼(鐵鋥)

○ 수량 : 1점.

◎ 철제줄칼(鐵鋥)(표본 08HGBM③:1, 그림 23-8)

○ 출토지 : 환인 고검지산성.

○ 크기 : 줄칼(鋥身) 길이 19cm, 자루(鋥柄) 길이 7cm. 너비 1.4cm, 두께 0.7cm.

○ 형태 : 보존상태는 기본적으로 완전하며 전체 모습은 장방체를 띰. 제작은 규정적이며 약간 휘었음. 부식된 정도가 비교적 가벼워, 그 위에 줄칼무늬 흔적이 선명하게 있어 판별이 가능함. 그물 형태의 무늬로 3면에 줄칼문이 있음. 한쪽 면에는 줄칼무늬(鋥文)를 가공하지 않았음.

⑧ 철제화살촉(鐵鏃)

○ 수량 : 1점.

◎ 철제화살촉(鐵鏃)(표본 08HGBM③:2, 그림 23-5 ; 그림 25)

○ 출토지 : 환인 고검지산성.

○ 크기 : 남은 길이 5.5cm, 촉신 길이 1.5cm, 너비

0.6cm, 두께 0.3cm.

○ 형태 : 뱀머리형(蛇頭形), 등은 평평하며 촉두(鏃鋒)는 삼각형임. 몸체(鏃身)는 부식되지 않았으며, 四棱柱 모양. 경부(鏃鋌)는 네모 기둥(方柱)모양, 꼬리에 짧은 날개가 안쪽으로 오목하게(內凹) 있음.

⑨ 철제끌(鐵鑿)

○ 수량 : 1점

◎ 철제끌(鐵鑿)(표본 08HGBM③:40)

○ 출토지 : 환인 고검지산성.

○ 크기 : 위쪽 끝(頂端) 남은 길이 10.5cm, 너비 2.8cm, 한 변(腰)의 길이 2cm, 높이 1.8cm.

○ 형태 : 파손품, 상반부만 남아 있으며, 三棱體임. 위쪽 끝(頂端)부분은 약간 넓음. 단면(剖面)은 이등변 삼각형에 가까움.

⑩ 수레바퀴 굴대축(鐵車輻)

○ 수량 : 1점.

◎ 수레바퀴 굴대축(鐵車輻)(표본 08HGYM:1, 그림 23-4)

○ 출토지 : 환인 고검지산성.

○ 크기 : 남은 길이 6cm, 너비 3.4cm, 톱니 길이 1cm, 너비 0.4cm.

○ 형태 : 파손품. 톱니바퀴(齒輪)모양. 두 개의 톱니만 남아 있음. 車輻 몸체의 단면(剖面)은 사다리꼴을 띰. 톱니 단면은 삼각형임.

(2) 토기

○ 온전한 것은 없지만, 원래의 토기로 복원 가능하며 기형을 분별할 수 있는데 주로 호(罐)와 옹이 있음.

○ 토질은 전부 모래 혼입 토기이며, 대부분 운모 조각을 함유하고 있음. 니질 토기는 보이지 않음.

○ 토기의 색깔은 회갈색토기와 황갈색토기가 주로 있으며, 홍갈색토기도 소량있음.

○ 토기는 일반적으로 단단하며, 소성 온도는 비교적 높음.

○ 문양은 민무늬(素面) 위주이고 새김무늬(刻劃文)도 드물게 확인됨.

○ 토기는 대부분 조잡하게 제작되었고 손잡이는 대상 파수(橫橋耳)임.

① 호(罐) [8]

○ 수량 : 4점.

○ 구연의 특징에 따라 둥근 형태(圓脣)과 각이 진 형태(方脣) 두 유형으로 구분됨.

㉠ A형 호(圓脣罐)

◎ A형 호(圓脣罐)(표본 08HGBM③:41, 그림 26-1)

○ 출토지 : 환인 고검지산성.

○ 크기 : 口經 28cm, 잔고 8cm.

○ 형태 : 方脣, 折沿, 束頸, 有肩.

○ 태토 및 색깔 : 모래혼입 홍갈색토기.

㉡ B형 호(方脣罐)

◎ B형 호(方脣罐) 1 (표본 08HGBM③:42, 그림 26-2)

○ 출토지 : 환인 고검지산성.

○ 크기 : 口經 20cm, 잔고 3.5cm.

○ 형태 : 方脣, 直口

○ 태토 및 색깔 : 모래혼입 황갈색토기.

---

[8] 『東北史地』 2012-3, 8쪽의 〈도면 9〉와 본문의 호 일련번호가 서로 일치하지 않음. 이에 호의 크기를 상호 비교하여 일련 번호를 수정함.

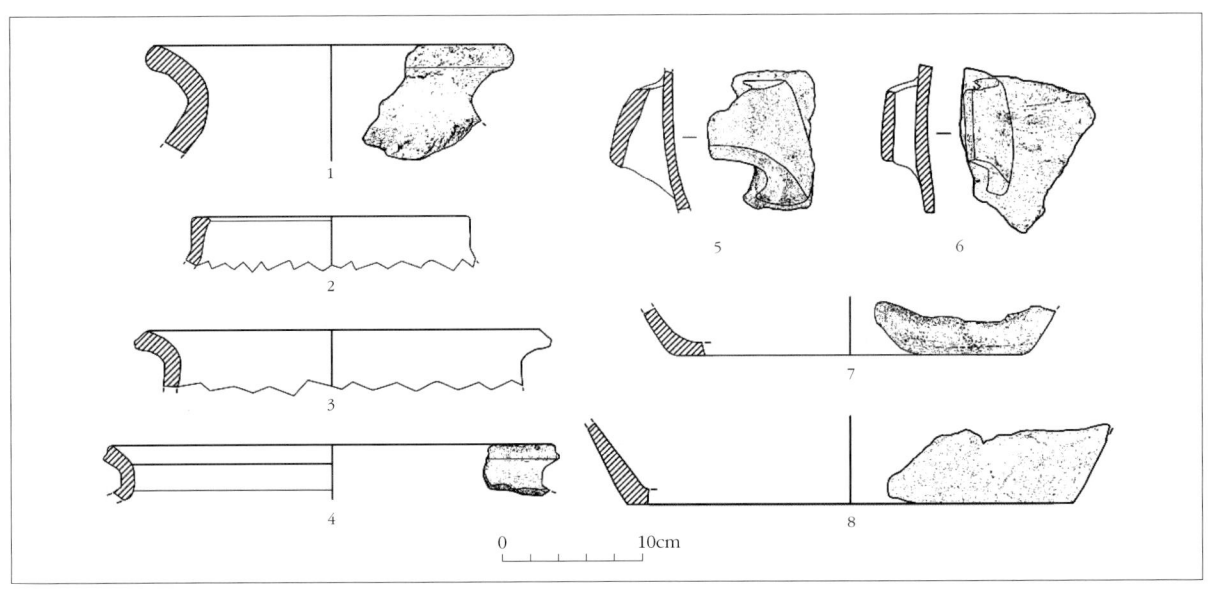

그림 26 고검지산성 출토 토기(『東北史地』 2012-3, 8쪽)
1~4. 호 구연(罐口沿)(1. 08HGBM③:41 2. 08HGBM③:42 3. 08HGBM③:43 4. 08HGBM③:44) 5·6. 대상파수(器耳)
(5. 08HGBM③:47 6. 08HGBM③:48) 7·8. 바닥(器底)(7. 08HGBM③:45 8. 08HGBM③:46)

◎ B형 호(方唇罐) 2(표본 08HGBM③:43, 그림 26-3)
- 출토지 : 환인 고검지산성.
- 크기 : 口經 30cm, 잔고 4cm.
- 형태 : 方唇, 折沿, 束頸, 有肩.
- 태토 및 색깔 : 모래혼입 회갈색토기.

◎ B형 호(方唇罐) 3(표본 08HGBM③:44, 그림 26-4)
- 출토지 : 환인 고검지산성.
- 크기 : 口經 32cm, 잔고 4cm.
- 형태 : 방진, 창구, 속경.
- 태토 및 색깔 : 모래혼입 황갈색토기.

② **토기 바닥**(器底)
- 수량 : 2점.

◎ 토기 바닥(器底) 1(표본 08hGBM③:45, 그림 26-7)
- 출토지 : 환인 고검지산성.
- 크기 : 저경 26cm, 잔고 3.5cm.
- 형태 : 민무늬(素面), 바닥은 평평함(平底).
- 태토 및 색깔 : 모래혼입 황갈색토기, 토질은 견고하고 단단함.

◎ 토기 바닥(器底) 2(표본 08hGBM③:46, 그림 26-8)
- 출토지 : 환인 고검지산성.
- 크기 : 저경 32cm, 잔고 6cm.
- 형태 : 민무늬(素面), 바닥은 평평함(平底).
- 태토 및 색깔 : 모래혼입 회갈색토기, 토질은 견고하고 단단함.

③ **토기 손잡이**(器耳)
- 수량 : 2점.

◎ 토기 손잡이(器耳) 1(표본 08hGBM③:47, 그림 26-5)
- 출토지 : 환인 고검지산성.
- 크기 : 파손품.
- 형태 : 대상파수(橫橋狀耳).

○ 태토 및 색깔 : 모래혼입 황갈색토기.

◎ 토기 손잡이(器耳) 2 (표본 08hGBM③:48, 그림 26-6)
○ 출토지 : 환인 고검지산성.
○ 크기 : 파손품.
○ 형태 : 대상파수(橫橋狀耳).
○ 태토 및 색깔 : 모래혼입 황갈색토기.

7. 역사적 성격

1) 지정학적 위치

고검지산성은 현재의 교통로상 太子河 上流 일대에서 桓仁盆地로 들어오는 교통로의 길목에 위치하고 있음. 다만 太子河 상류 일대에는 蘇子河 유역의 楡樹鎭을 거쳐 제2현도군의 치소가 있던 新賓 永陵鎭으로 나아가는 산간로도 개설되어 있음. 현지인의 증언에 따르면 高儉地山城이 위치한 高儉地村에서 蘇子河 유역의 永陵鎭으로 갈 경우 과거에는 太子河 상류의 平頂山 일대를 경유했다고 함.

渾江-太子河-蘇子河 일대의 산간로 가운데 고검지산성이 위치한 渾江 상류에서 太子河 상류의 平頂山 일대로 나아가는 분수령은 그다지 험하지 않고, 태자하 상류의 평정산에서 소자하 유역의 楡樹를 거쳐 영릉진으로 나아가는 산간로도 비교적 평탄함. 이로 보아 고검지산성은 태자하뿐 아니라 소자하에서 태자하 상류를 경유해 환인분지로 진입하는 교통로를 방어하기 위해 축조한 것으로 파악됨(여호규, 1998, 156~157쪽).

高儉地山城에서 동남쪽 약 30km 거리에 桓仁 마안산성이 위치해 있고, 여기에서 동쪽으로 약 20km 정도 가면 五女山城이 나옴. 고검지산성에서 渾江-太子河 분수령을 넘어 태자하 상류로 나아가면 新賓 杉松山城과 太子城이 나옴. 고검지산성은 환인분지와 태자하 상류의 고구려 성곽을 연결해주는 전략적 요충지에 위치했던 것임.

2) 산성의 축조시기와 성곽 유형

고검지산성은 조사 초기 단계부터 고구려 초기에 축조했을 것으로 파악함. 특히 서벽의 성가퀴 안쪽에서 발견된 돌구멍을 고구려 초기 산성의 주요 특징으로 파악하여 축성시기를 초기로 추정하고, 건국 초기 서쪽 국경 일대의 중요한 성으로 비정함(『桓仁滿族自治縣文物志』, 38쪽 ; 梁志龍, 1992, 69쪽).

이러한 견해는 그 이후 조사가 진전되면서 더욱 구체화됨. 고검지산성의 축조방법은 오녀산성, 환도산성, 흑구산성, 전수호산성 등 다른 고구려 초기 산성과 일치한다고 파악함. 특히 서벽의 돌구멍(石洞)도 고구려 초기 산성에서 많이 보이며, 성가퀴(女墻)의 설치도 고구려 초기 산성의 큰 특징으로 일찍이 환도산성, 패왕조산성, 전수호산성 등에서 보인다고 파악함. 또 고구려 토기 연구성과에 근거하여 고검지산성 내부에서 채집된 모래혼입 토기편은 태토나 색깔, 형태 등 모두 고구려 초기 토기의 성격을 갖추고 있다고 파악함. 다만 성내에서 발견된 泥質 토기편은 대부분 고구려 중후기의 유물이고, 성내에서는 隋代 五銖錢도 출토되었는데, 이는 고검지산성이 초기에 축조되어 후기까지 장기간 사용했음을 반영한다고 파악함. 고검지산성은 첫 번째 도성인 흘승골성의 서부 衛城으로 축조되었으며, 고구려 후기까지 중요한 성곽으로 기능했다는 것임(梁志龍·王俊輝, 2011, 44~45쪽).

2008~2009년 조사를 통해 산성의 시축 연대에 대한 더욱 확실한 근거를 확보했다고 함. 즉 고검지산성은 다음과 같은 네 가지 측면에서 고구려 초기에 축조한 산성이 거의 명확하다는 것임.

첫째, 지리 환경을 통해 볼 때, "고구려 산성은 대부분 반고리 형태(半環形)의 골짜기에 축조하였는데, 밖으로는 산봉우리나 절벽을 이용하여 장벽으로 삼고, 안으로는 약간 완만하고 평평한 산비탈을 포괄하여 거주와 활동의 주요 장소로 삼았다"는 특징에 부합함. 고검지산성이 자리한 곳은 세 개의 산봉우리가 둘러싸고 있는 산골짜기 지대이며, 산세는 험준하여 대부분 절벽과 낭떠러지로 되어 있음. 또한 성 내부에는 비교적 크고 완만한 경사지대가 3곳 있는데, 이곳에 분포하는 주거지는 사람들의 거주와 활동의 중요 장소였다고 파악함.

둘째, 성벽의 축조방법이 고구려 산성의 전형적인 축조방식에 부합한다고 파악함. 인공적으로 가공한 쐐기형돌을 이용하였고, 성벽 내부에는 크고 긴 북꼴돌(梭形石)을 이용하여 결합하였음. 이러한 성돌을 이용한 축조방식은 매우 규칙적인데, 벽면에 쐐기형돌을 한 층 쌓은 후 벽체 중심 내에 북꼴돌을 쌓기 시작함. 쐐기형돌은 밖으로 향한 앞부분이 넓은 반면, 안으로 향한 뒤쪽은 좁아서 그 안쪽에는 자연히 삼각형의 빈 공간이 남게 됨. 북꼴돌의 끝은 삼각형 또는 둥근 활모양 형태로 되어 있어서 그 빈 공간에 정확하게 맞아 들어감. 쐐기형돌을 교차하면서 평평하게 쌓아감에 따라 아래층의 끝부분은 아래층 북꼴돌의 뾰족한 끝부분을 누르게 되고, 여기에 북꼴돌의 뾰족한 끝부분을 쌓으면 다시 아래층 쐐기형돌의 뒷부분을 누르게 됨. 이처럼 반복적으로 쌓고 층층이 교차하여 중첩시키면서 벽체의 견고성을 증가시키고 밖으로 향하는 장력을 감소시켰음. 이러한 축조방식은 지금까지 고구려 성곽에서만 볼 수 있음. 고검지산성은 축조방식에서 이러한 고구려 초기의 독특한 특징을 엄격하게 따르고 있음.

셋째, 성벽 벽체의 구조를 통해 볼 때, 벽체 상면에는 대부분 성가퀴를 축조하였음. 성가퀴 아랫부분에서는 돌구멍이 발견되었으며, 성문 부근의 성벽 밖으로는 치를 설치하고 그 안쪽에는 성벽으로 오르기 위한 등성로를 축조하였음. 또 산성의 낮은 곳에는 배수시설을 설치하였으며, 각 모서리의 제일 높은 곳에는 망대를 설치하였음. 이러한 특징들은 모두 환인 오녀산성, 집안 패왕조산성, 신빈 흑구산성 등 고구려산성과 동일함.

넷째, 출토된 유물을 통해 볼 때, 토기 바탕흙은 모두 모래가 혼입된 토기로 운모편이 많이 함유되어 있음. 그러나 泥質 토기는 확인되지 않았음. 토기의 색깔은 주로 회갈색과 황갈색이며, 소량의 홍갈색토기도 있음. 토기의 경도는 일반적으로 비교적 단단하며, 소성온도는 비교적 높음. 문양은 민무늬가 대부분이며 간혹 각획문이 보이기도 함. 토기 대부분은 제작방식이 조잡하고, 유물의 손잡이는 帶狀把手(竪橋狀耳)인데, 이러한 특징은 오녀산성 제3기 문화 즉 고구려 초기 문화에서 출토된 유물의 특징과 일치한다고 함. 이에 보고자는 고검지산성을 고구려 초기 산성으로 파악함(『東北史地』 2012-3, 10~11쪽).

이처럼 중국학자들은 고검지산성이 고구려 초기에 축조되어 후기까지 장기간 사용되었을 것으로 파악하고 있으며, 특히 첫 번째 도성인 흘승골성의 서부 위성으로 기능했다고 보기도 함. 국내 연구자들도 대체로 이와 유사한 견해를 제기하고 있지만, 졸본시기에 축조했을 가능성은 낮다고 파악함. 가령 임기환은 고검지산성이 2세기 말에서 3세기 말경에 축조되었고, 산 위에 위치했다는 점에서 지방통치의 중심지보다는 군사적 거점으로 기능했을 것으로 파악함(임기환, 1998, 67~72쪽). 양시은도 고검지산성이 고구려 전기에 축조되어 중기 이후까지 활용된 것으로 파악함(양시은, 2016, 26쪽).

한편 고검지산성은 산상에 위치했다는 점이 강조됨. 이에 대부분의 연구자는 고검지산성이 주로 군사방어적 기능을 수행했을 것으로 파악함. 그런데 고검지산성은 비록 산 위에 자리했지만, 동, 북, 서 등 3면은 산봉우리로 둘러싸여 있는 포곡식 산성의 형태를 띰(여호규, 1998, 18쪽). 이에 포곡식 산성의 유형을 산상형과 하곡평지형으로 양분한 다음, 고검지산성을 산상형 포곡식산성으로 분류하기도 함. 산상에 위치했다는 점에서는 군사방어적 목적이 강하지만, 계곡을 끼고 있고 수원이 풍부하기 때문에 많은 병사가 장기간 주둔하면서 방어할 수 있었을 것으로 파악함(양시은, 2016, 127쪽).

3) 산성의 기능과 역사지리 비정

고검지산성은 현재의 교통로상 太子河 상류에서 桓仁盆地로 들어오는 교통로의 길목에 위치하고 있음. 이에 고검지산성의 기능에 대해 일찍부터 고구려 건국 초기에 서부에 설치한 중요한 성곽으로 파악하는 견해가 제기되었음(『桓仁滿族自治縣文物志』, 38쪽). 특히 유리왕 33년에 太子河 상류의 梁貊을 정벌한 기사에 주목하여 고검지산성이 梁貊과 연관될 것으로 추정하고(梁志龍, 1992, 69쪽), 첫 번째 도성인 흘승골성(졸본성)의 서부 위성이었다고 보기도 함(梁志龍·王俊輝, 2011, 45쪽)

또 342년 前燕 慕容皝이 고구려를 침공할 때 경유했다는 南道와 北道 가운데 南道를 요동평원에서 太子河 연안을 경유해 환인분지로 진입하는 루트, 北道를 蘇子河 연안을 경유하는 루트로 각각 설정한 다음, 고검지산성을 南道에 위치했다는 木底城으로 비정하기도 함(田中俊明, 1997 ; 임기환, 1998 ; 정원철, 2011 ; 기경량, 2016 ; 양시은, 2016, 191~194쪽 ; 정원철, 2017, 434~439쪽).

이처럼 고검지산성의 기능에 대해서는 주로 太子河 방면과 연관시켜 파악하는 견해가 우세한 상황임. 그런데 고구려는 유리왕 33년에 太子河 상류의 梁貊을 정벌한 다음, 그 여세를 몰아 蘇子河 연안에 자리한 제2현도군을 공격한 것으로 나옴(『三國史記』 고구려본기 1 유리명왕 33년 8월조). 고구려 초기에는 桓仁盆地에서 蘇子河 유역으로 나아갈 때 太子河 상류를 경유하기도 했던 것임.

실제 20세기 전반이나 최근 지도를 보면 태자하 상류의 平頂山 일대에는 桓仁 木盂子鎭에서 평정산을 거쳐 蘇子河 유역으로 나아가는 산간로가 다수 확인됨. 이로 보아 고구려시기에는 환인분지에서 태자하 상류를 경유하여 소자하 연안으로 나아가는 교통로가 개설되었던 것으로 추정됨(여호규, 2014, 491~495쪽). 고검지산성은 태자하 연안뿐 아니라 소자하 유역에서 환인분지로 들어오던 교통로를 방어하는 역할도 수행했을 가능성이 높은 것임(余昊奎, 1998, 156~157쪽).

이에 고검지산성을 소자하 연안에서 태자하 상류를 경유해 환인분지로 진입하는 교통로와 연관시켜 고구려 후기의 蒼巖城으로 비정하기도 함. 즉 『舊唐書』 薛仁貴傳에 따르면 667년 설인귀가 新城(撫順 高爾山城)을 함락시킨 다음 남소, 목저, 창암 등 3성을 점령한 다음 男生과 만났다"고 하며, 『新唐書』 泉男生傳에는 "남생이 가물, 남소, 창암 등을 들어 내항했다"고 나오는데, 이를 종합하면 창암성은 목저성과 가물성 사이에 위치했다고 볼 수 있음. 이에 목저성을 신빈 영릉진 하남산성, 가물성을 환인 오녀산성으로 비정한 다음, 창암성을 양자 사이의 고검지산성으로 비정함. 고검지산성은 영릉진 남쪽 32km, 오녀산성 서쪽 44km에 위치했는데, 영릉진에서 남쪽으로 내려와 고검지산성을 지나 동남쪽으로 방향을 바꿔 오녀산에 이르렀다는 것임(梁志龍, 1994, 73쪽 ; 梁志龍·王俊輝, 2011, 45쪽).

상기와 같이 고검지산성을 342년 前燕이 침공로인 남도와 연관시켜 木底城으로 비정하거나, 667년 唐軍의 고구려 공격 상황과 연관시켜 蒼巖城으로 비정하기도 함. 그렇지만 342년 전연이나 667년 당군의 고구려 공격 상황을 종합하면, 남소성, 목저성, 창암성 등은 하나의 권역을 이루었을 것으로 보이며, 대체로 소자하 연안에 위치했을 가능성이 높음(여호규, 2014, 482~491쪽). 고검지산성을 문헌사료에 나오는 특정 성곽에 비정할 경우, 관련된 제반 사료를 보다 종합적으로 검토할 필요가 있음.

참고문헌

- 孫進己·馮永謙, 1988, 『東北歷史地理』(2), 黑龍江人民出版社.
- 桓仁滿族自治縣文物志 編纂委員會, 1990, 『桓仁滿族自治縣文物志』.
- 梁志龍, 1992, 「桓仁地區高句麗城址槪述」, 『博物館研究』 1992-1.
- 辛占山, 1994, 「遼寧境內高句麗城址的考察」, 『遼海文物學刊』 1994-2.
- 梁志龍, 1994, 「可勿考辨」, 『遼海文物學刊』 1994-2.
- 王綿厚, 1994, 「鴨綠江右岸高句麗山城研究」, 『遼海文物學刊』 1994-2.
- 王禹浪·王宏北, 1994, 「中國遼寧省桓仁縣木盂子鎭高儉地村高句麗山城」; 『高句麗·渤海古城址研究匯編』 上, 哈爾濱出版社.
- 魏存成, 1994, 『高句麗考古』, 吉林大學出版社.
- 馮永謙, 1994, 「高句麗城址輯要」, 『北方史地研究』, 中州古籍出版社.
- 陳大爲, 1995, 「遼寧高句麗山城再探」, 『北方文物』 1995-3.
- 田中俊明, 1997, 「高句麗前期·中期の遼東進出路」, 『朝鮮社會の史的展開と東アジア』, 山川出版社.
- 余昊奎, 1998, 「桓仁 高儉地山城」, 『高句麗 城』 I(鴨綠江 中上流篇), 國防軍史硏究所.
- 林起煥, 1998, 「高句麗前期 山城 硏究」, 『國史館論叢』 82.
- 田中俊明, 1999, 「성곽시설로 고구려의 방어체계」, 『고구려연구』 8.
- 王綿厚, 2002, 『高句麗古城研究』, 文物出版社.
- 魏存成, 2002, 「山城」, 『高句麗遺迹』, 文物出版社.
- 梁志龍·王俊輝, 2011, 「遼寧省桓仁縣高儉地高句麗山城調査」, 『東北史地』 2011-1.
- 정원철, 2011, 「고구려 남도·북도와 고구려 산성의 축성」, 『동국사학』 50.
- 遼寧省文物考古研究所, 2012, 「2008-2009年遼寧桓仁縣高儉地高句麗山城發掘簡報」, 『東北史地』 2012-3.
- 정원철, 2012, 「2008-2009年 遼寧 桓仁縣 高儉地高句麗山城 發掘簡報」(번역문), 『백산학보』 93.
- 여호규, 2014, 『고구려 초기 정치사 연구』, 신서원.
- 기경량, 2016, 「4세기 고구려 '南道·北道'의 실체와 그 성격」, 『한국문화』 73.
- 양시은, 2016, 『고구려 성 연구』, 진인진.
- 白種伍, 2017, 「高句麗 城郭 築城術의 擴散에 대한 豫備的 檢討」, 『高句麗渤海硏究』 59.
- 白種伍, 2017, 「中國內 高句麗 山城의 發掘 現況과 主要 遺構·遺物의 檢討」, 『先史와 古代』 53.
- 정원철, 2017, 『고구려 산성 연구』, 동북아역사재단.

06 환인 성장립자산성
桓仁 城墻砬子山城

1. 조사현황

1) 1980년 4월
○ 시행기관 : 本溪市, 桓仁縣 考古工作者.
○ 조사내용 : 유적 발견 및 현황 조사.
○ 발표 : 文物檔案 작성 및 『桓仁滿族自治縣文物志』게재.

2) 1981년 3월 27일
○ 시행기관 : 桓仁縣 인민정부.
○ 내용 : 桓仁縣 重點文物保護單位로 지정.

2. 위치와 자연환경(그림 1 ~ 그림 3)

1) 지리위치
○ 遼寧省 桓仁縣 沙尖子鎭 동남쪽 약 1.5km의 높은 산 위에 위치.
○ 서쪽 1km 거리에 혼강, 북쪽 1.7km 거리에 혼강 지류인 漏河가 있고, 桓仁 - 集安 도로가 산성이 자리한 산의 북·서·남쪽을 돌아서 지나감.

2) 자연환경
○ 산성이 자리잡은 산은 해발 500여m로 매우 험준하며, 특히 서편 북쪽에는 백 길 정도의 가파른 절벽이 있음.
○ 산에 오르는 길은 두 갈래가 있는데, 하나는 西路로 于家溝에서 산기슭을 따라 올라가는 길로서 매우 험준함. 다른 하나는 北路로 下甸子村에서 城墻砬子溝를 따라 올라가는 길로서 조금 완만한 편임.

3. 성곽의 전체현황

1) 전체 평면
○ 성곽 규모 : 남북 길이 400여m, 동서 너비 300여m.
○ 평면 : 대략 長方形.
○ 지세 : 성 내부는 서남쪽이 높고 동북쪽이 낮음. 약간 기복이 있음.

2) 보존상태
남벽의 한 부분은 비교적 잘 보존되어 있음. 잔여 길이는 약 20m.

4. 성벽과 성곽시설

1) 성벽
○ 산성은 산 정상부의 움푹 들어간 평탄지에 위치했는데, 산세의 자연 조건을 충분히 이용하여 성벽을 쌓았음.
○ 천연성벽 : 동·서·북 삼면은 높이 솟은 산등성이와

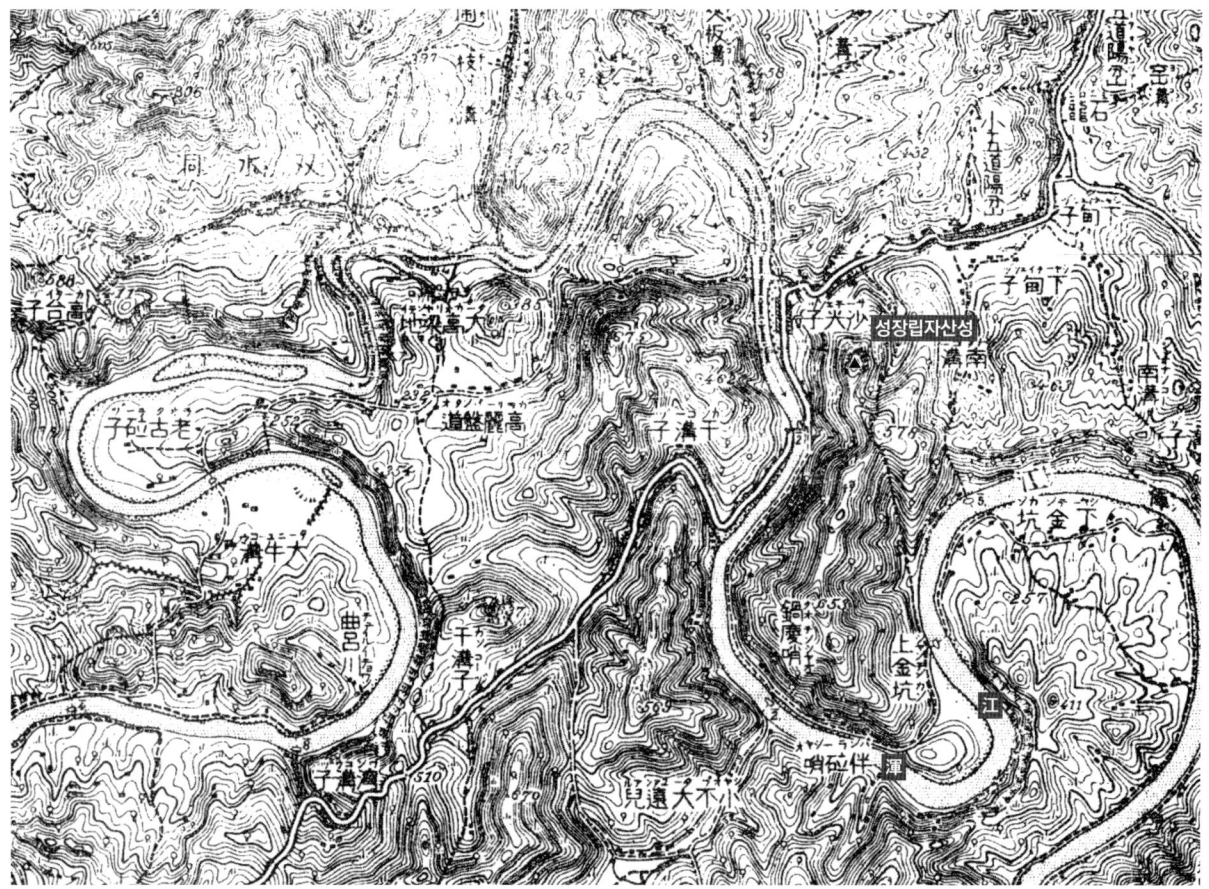

그림 1 성장립자산성 주변 지형도(滿洲國 10만분의 1 지형도)

그림 2
성장립자산성 위치도 1

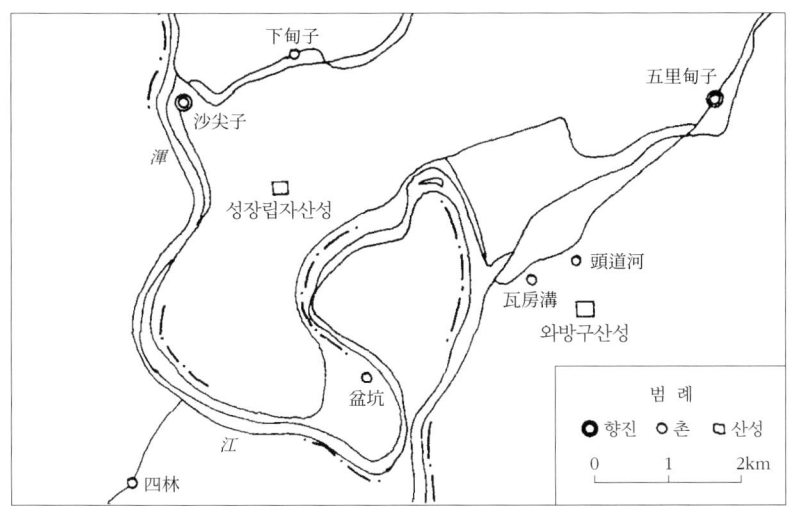

그림 3
성장립자산성 위치도 2
(『桓仁滿族自治縣文物志』, 39쪽)

가파른 절벽을 천연성벽으로 삼았음.
○ 인공성벽 : 경사가 완만한 남쪽에만 인공석벽을 축조함.

(1) 남벽

○ 길이 약 100m로 산등성이를 따라 성벽을 축조하였음. 지세가 낮은 곳에는 성벽을 높게, 높은 곳에는 성벽을 낮게 쌓아 일정한 높이를 유지하였음.
○ 남벽 서단은 산등성이와 서로 이어져 있음. 너비 2~4m, 높이 2m인 산등성이를 천연성벽으로 삼았는데 마치 인공적으로 쌓은 것 같음.
○ 남벽의 한 부분은 비교적 잘 보존되어 있는데, 길이는 약 20m임. 성벽 기단부는 장대석이나 쐐기형돌을 깔아 쌓았는데 장대석은 보통 길이 80cm, 너비 40cm, 두께 25cm 정도인데, 그 위에 쌓은 석재는 조금 작고 납작함.
○ 체성의 외벽은 길이 25~35cm, 너비 20cm, 두께 15~20cm인 쐐기형돌로 쌓았음. 성벽 아랫부분의 너비는 4.5m임.
○ 성벽의 윗부분은 안쪽으로 약간 좁아져 있음. 겉모양은 아주 가지런하며, 층층이 다져 쌓은 흔적이 역력함.

(2) 성 밖 서쪽 산비탈의 석벽

서쪽 산비탈에는 석축성벽 3곳이 있는데, 모두 허물어져 원래 모습을 확인할 수 없음. 잔고 0.5~1m, 석재는 板石으로 본래 조잡하게 축조하여 보존상태가 서로 차이남. 석벽 세 곳은 모두 산비탈을 가로질러 축조했는데, 서편의 방어선으로 추정됨. 첫째와 둘째 석벽의 길이는 20여m, 셋째 석벽의 길이는 약 50m임.

2) 성곽시설

(1) 성문

동북부에 1개 있음. 마치 석벽으로 둘러싸인 골짜기 입구와 같고 양 옆에 깎아지른 암벽이 서 있어 천연 성문을 형성하고 있음. 城墻砬子溝 안을 따라 올라온 산길이 바로 이곳을 통과함.

(2) 將臺

○ 산등성이의 서단 곧 성의 서남쪽 모서리에 타원형 石臺가 있음.
○ 외형은 잘린 원추모양(截圓錐形)인데, 아래쪽 너비 8m, 위쪽 너비 4~5m, 높이 2m임. 저부는 자연암석이고, 위쪽은 돌을 쌓아 둥근 석대를 축조하였음.

○ 석대 주변에 돌이 많이 흩어져 있지만, 형태를 확인하기 힘듦

5. 성내시설과 유적

1) 우물
현지 주민에 따르면 성 안 서북쪽에 원래 우물이 하나 있었다고 하는데, 지금은 매몰되었으며 구체적인 위치도 확인할 수 없으나 과거에 고정적인 수원이 있었으리라고 추정됨.

6. 역사적 성격

성장립자산성은 桓仁盆地에서 渾江 하류방면으로 가다가 集安 경내로 진입하는 도로변에 위치하였음. 서쪽으로는 渾江 수로, 북쪽으로 下甸子 계곡을 공제할 수 있을 뿐 아니라, 고구려 두 번째 도성인 국내성이 위치했던 集安盆地와도 비교적 가까워 군사적으로 중요한 위치임.

성장립자산성에서 혼강을 따라 하류 방면으로 조금 내려가면 桓仁 瓦房溝山城이 나오며, 동북쪽으로 혼강 지류인 漏河를 거슬러 올라가면 桓仁 北溝關隘가 나옴. 고구려가 성장립자산성 주변에 군사방어시설을 비교적 촘촘하게 구축하였던 것임.

이에 성장립자산성을 성벽의 축조방식이나 성돌을 근거로 고구려 초기의 산성으로 비정한 다음, 서쪽으로 渾江 수로, 북쪽으로 下甸子 계곡을 공제하던 군사적인 城堡로 파악함(『桓仁滿族自治縣文物志』, 40쪽 ; 梁志龍, 1992, 69쪽). 또 성장립자산성이 국내성기에 주변의 와방구산성·북구관애 등과 함께 渾江 하류 일대에서 국내 도성으로 진입하던 교통로를 방어하던 군사방성의 기능을 수행했다고 파악하기도 함(余昊奎, 1998, 160쪽 ; 양시은, 2016, 188~189쪽).

참고문헌

- 孫進己·馮永謙, 1988, 『東北歷史地理』(2), 黑龍江人民出版社.
- 桓仁滿族自治縣文物志 編纂委員會, 1990, 『桓仁滿族自治縣文物志』.
- 梁志龍, 1992, 「桓仁地區高句麗城址槪述」, 『博物館硏究』 1992-1.
- 辛占山, 1994, 「遼寧境內高句麗城址的考察」, 『遼海文物學刊』 1994-2.
- 王綿厚, 1994, 「鴨綠江右岸高句麗山城硏究」, 『遼海文物學刊』 1994-2.
- 王禹浪·王宏北, 1994, 「中國遼寧省桓仁縣沙尖子鎭下甸子村高句麗城墻砬子山城址」, 『高句麗·渤海古城址硏究匯編』上, 哈爾濱出版社.
- 馮永謙, 1994, 「高句麗城址輯要」, 『北方史地硏究』, 中州古籍出版社.
- 陳大爲, 1995, 「遼寧高句麗山城再探」, 『北方文物』 1995-3.
- 余昊奎, 1998, 「桓仁 城墻砬子山城」, 『高句麗 城』I(鴨綠江 中上流篇) 國防軍史硏究所.
- 王綿厚, 2002, 『高句麗古城硏究』, 文物出版社.
- 魏存成, 2002, 「山城」, 『高句麗遺迹』, 文物出版社.
- 양시은, 2016, 『고구려 성 연구』, 진인진.

07 환인 와방구산성
桓仁 瓦房溝山城

1. 조사현황

1) 1980년 4월
○ 시행기관 : 本溪市, 桓仁縣 考古工作者.
○ 조사내용 : 유적 발견 및 현황 조사.
○ 발표 : 文物檔案 작성 및 『桓仁滿族自治縣文物志』 게재.

2) 1990년 봄
○ 시행기관 : 本溪市博物館의 梁志龍.
○ 조사내용 : 유적의 전체현황 조사.
○ 발표 : 『博物館硏究』 1992-1.

2. 위치와 자연환경 (그림 1 ~ 그림 2)

1) 지리위치
○ 遼寧省 桓仁縣 五里甸子鎭 頭道河村의 瓦房溝에 위치.
○ 동북쪽 4km에 五里甸子鎭이 있고, 서북쪽 6km에 寬甸縣과의 접경지역인 沙尖子鎭이 있음. 서쪽 1km에 寬甸縣 下金坑村이 있음.
○ 頭道河子村 관할이기 때문에 종래 '頭道河子山城'이라고 불렀음.

2) 자연환경
○ 瓦房溝는 길이 1km 정도의 작은 산골짜기로 골짜기 입구는 서북쪽에 있고, 안쪽에 민가 수십호의 와방구촌이 자리잡고 있음. 골짜기 입구에서 500m 떨어진 북쪽 산비탈에 와방구산성이 있음.
○ 성의 서쪽 800m 거리에 渾江이 남류하고, 漏河가 서북쪽 850m 지점에서 혼강으로 유입됨.
○ 성 안 높은 곳에 서면 굽이쳐 흐르는 혼강과 더불어 혼강 건너편 寬甸縣의 마을이 한눈에 들어옴.

3. 성곽의 전체현황

1) 전체 평면
○ 성 내부 지세는 동북쪽이 높고 서남쪽이 낮으며, 동북쪽의 산등성이가 가장 높고 서남쪽에 골짜기 입구가 있음.
○ 성곽의 평면은 전체적으로 장방형으로 동서 길이 300m,[1] 남북 너비 200m로 총면적은 약 6만㎡임.

2) 보존상태
○ 인공적으로 축조한 성벽은 심하게 무너져 훼손이 심함. 현재는 성벽의 흔적조차 찾기 힘들 정도로 많이 훼손되었음.

---

[1] 『桓仁滿族自治縣文物志』. 한편 梁志龍, 1992에는 400m라고 나옴.

그림 1 와방구산성 주변 지형도(滿洲國 10만분의 1 지형도)

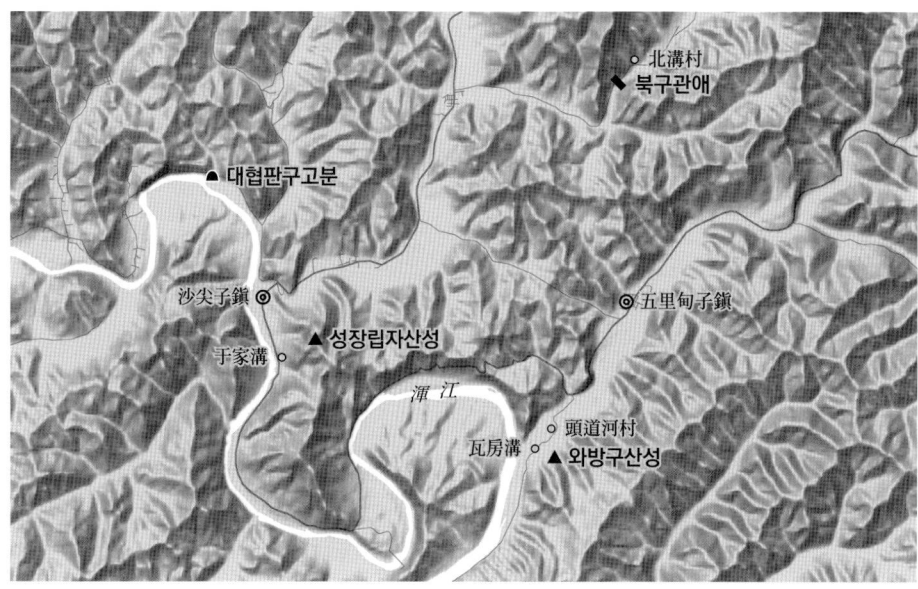

그림 2
와방구산성 위치도

4. 성벽과 성곽시설

1) 성벽

(1) 성돌
○ 와방구촌 민가의 건물이나 담장 축조에 산성의 성돌이 많이 사용되었는데, 대부분 잘 다듬은 쐐기형돌(楔形石)로 평면은 사다리꼴이나 삼각형.
○ 성돌은 앞쪽이 넓은 반면 뒤쪽은 좁음. 어떤 것은 뒤쪽 끝이 약간 꺾인 뾰족한 꼬리를 형성해서 현지 주민들은 '勾子石'이라고 부름.
○ 성돌 가운데 비교적 큰 것은 길이 45cm, 너비 45cm, 두께 16cm이고, 작은 것은 길이 20cm, 너비 15cm, 두께 14cm임.

(2) 성벽 축조양상
서남부에만 성벽을 축조하고 나머지는 산등성이를 자연성벽으로 삼음.

① 서남부의 성벽
○ 길이는 150m임. 서쪽 산등성이 남단의 큰 바위에서 시작하여 동쪽의 약간 솟아오른 산등성이와 접함. 골짜기 입구를 막는 긴 벽을 형성함.
○ 성벽이 많이 무너져 보존상태가 좋지 않음. 더욱이 비교적 양호한 성돌은 대부분 부근 민가의 건축자재로 사용되어 성벽에는 잔돌만 남아 있어 흔적조차 뚜렷하지 않음. 현재 남아 있는 성벽 기초부는 너비 2~4m, 높이 0.5~1m임.

② 바깥 방어선 추정 성벽
○ 현지 주민에 따르면 과거에는 또 다른 성벽이 있었다고 함. 이 성벽은 산성 북쪽의 산비탈을 따라 와방구를 지나서 산성 맞은편 산기슭에까지 이르렀다고 함. 산성 바깥쪽을 봉쇄하는 방어선으로 추정되지만, 현재는 그 흔적도 찾아볼 수 없음.

5. 역사적 성격

와방구산성은 서쪽 800m 거리에 혼강이 남류하고, 서북쪽 850m 지점에서 漏河가 혼강으로 유입하는 곳에 위치하였음. 산성이 渾江 수로를 공제할 수 있는 전략적 요충지에 입지한 것인데, 산성 북쪽의 頭道河子 河谷平地에는 桓仁盆地에서 渾江 하류방면을 거쳐 集安 경내로 진입하는 도로가 지나가고 있음.

와방구산성에서 혼강을 따라 상류 방면으로 조금 올라가면 桓仁 城墻砬子山城이 나오며, 여기에서 다시 혼강 지류인 漏河를 거슬러 동북쪽으로 올라가면 桓仁 北溝關隘가 나옴. 고구려가 와방구산성 주변에 군사방어시설을 비교적 촘촘하게 구축하였던 것임.

이러한 점에서 와방구산성은 서쪽으로 渾江 수로, 동북쪽으로 桓仁-集安 도로를 공제하던 군사적인 城堡로 파악됨(『桓仁滿族自治縣文物志』, 41~42쪽; 梁志龍 1992, 69쪽). 이에 와방구산성이 국내성기에 주변의 성장립자산성·북구관애 등과 함께 국내 도성으로 진입하던 교통로를 방어하던 군사방성의 기능을 수행했다고 파악하기도 함(余昊奎, 1998, 162~163쪽 ; 양시은, 2016, 188~189쪽).

참고문헌
- 桓仁滿族自治縣文物志 編纂委員會, 1990, 『桓仁滿族自治縣文物志』.
- 梁志龍, 1992, 「桓仁地區高句麗城址槪述」, 『博物館研究』 1992-1.
- 辛占山, 1994, 「遼寧境內高句麗城址的考察」, 『遼海文物學刊』 1994-2.
- 王禹浪·王宏北, 1994, 「中國遼寧省桓仁縣五里甸子鎭頭道河村高句麗瓦房溝山城址」, 『高句麗·渤海古城址

- 硏究匯編』上, 哈爾濱出版社.
- 馮永謙, 1994, 「高句麗城址輯要」, 『北方史地硏究』, 中州古籍出版社.
- 陳大爲, 1995, 「遼寧高句麗山城再探」, 『北方文物』 1995-3.
- 余昊奎, 1998, 「桓仁 瓦房溝山城」, 『高句麗 城』 I(鴨綠江 中上流篇), 國防軍史硏究所.
- 魏存成, 2002, 「山城」, 『高句麗遺迹』, 文物出版社.
- 王綿厚, 2002, 『高句麗古城硏究』, 文物出版社.
- 양시은, 2016, 『고구려 성 연구』, 진인진.

08 환인 북구관애
桓仁 北溝關隘

1. 조사현황

1) 1980년 4월
○ 시행기관 : 本溪市, 桓仁縣 考古工作者.
○ 조사내용 : 유적 발견 및 현황 조사.
○ 발표 : 文物檔案 작성 및 『桓仁滿族自治縣文物志』게재.

2) 1990년 재조사
○ 시행기관 : 미상.
○ 조사내용 : 현황 재조사.
○ 발표 : 『桓仁滿族自治縣文物志』 및 『博物館硏究』1992-1.

2. 위치와 자연환경(그림 1~그림 2)

1) 지리위치
○ 遼寧省 桓仁縣 沙尖子鎭 北溝村 서남쪽 1.5km의 干溝子 협곡에 위치.
○ 서쪽으로 3km 떨어진 지점에서 渾江의 지류인 漏河가 南流함.

2) 자연환경
○ 관애가 입지한 干溝子는 협곡 입구가 비교적 트여 있는 소규모의 충적평지임. 동쪽으로 가면서 점차 좁아지다가 약 2.5km 지점에서 두 개 골짜기로 갈라짐. 하나는 동쪽, 다른 하나는 동북쪽으로 향하는데, 각각 '南干溝'와 '北干溝'로 불림. 골짜기 양 옆으로는 산들이 연이어지면서 높은 산봉우리가 우뚝 솟아 있으며, 골짜기는 안쪽으로 깊이 들어갈수록 더욱 좁아짐.
○ 干溝子 협곡을 따라 흐르는 干溝子河는 北干溝 가장 위쪽에서 발원하여 南流하다가 石湖溝를 지나 서남쪽으로 꺾이며, 관애를 지나 다시 완만하게 꺾여 흘러가다가 干溝子村 서쪽에서 혼강 지류인 漏河에 유입됨. 干溝子河를 따라 鄕路가 개설되어 있는데 관애를 통과함.
○ 관애는 北干溝에 설치되어 있는데, 골짜기 입구에서 약 1km 거리로서 협곡이 완만하게 꺾이는 좁고 험준한 요충지로서 골짜기 전체를 단단히 봉쇄하고 있음. 관애를 지나 동쪽으로 나아가면 集安市 경내에 도달함.

3. 관애의 전체현황

1) 전체 평면
○ 관애 양단의 성벽은 산허리부터 쌓기 시작했는데, 성벽이 우뚝 솟은 절벽(石崖)과 이어져 자연지형과 인공성벽이 결합된 봉쇄선을 형성함.
○ 남단 절벽은 길이 100여m, 높이 20여m로 마치 자연적으로 구축된 석벽과 같음. 북단 절벽은 길이 10여

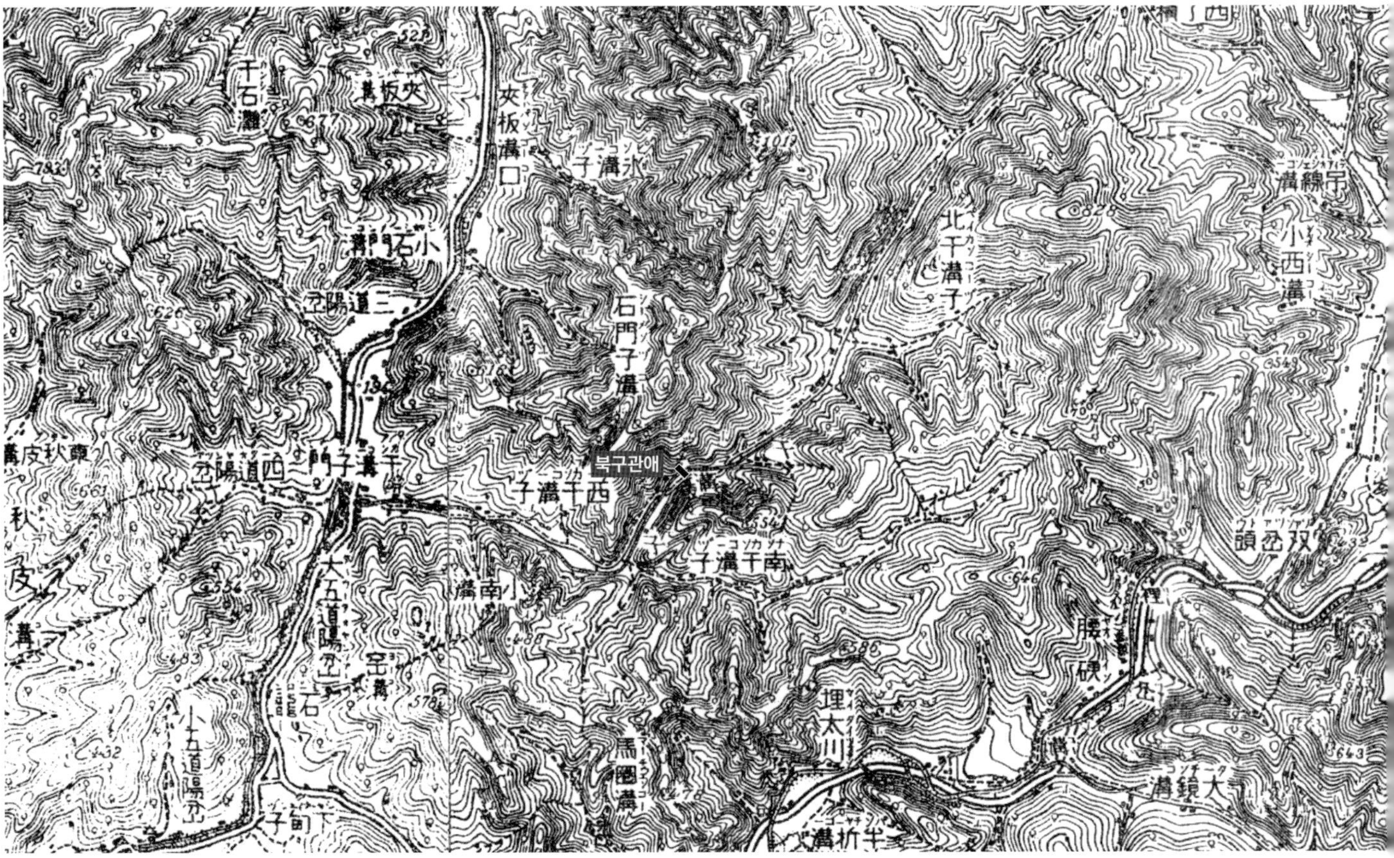

그림 1 북구관애 주변 지형도(滿洲國 10만분의 1 지형도)

그림 2
북구관애 위치도

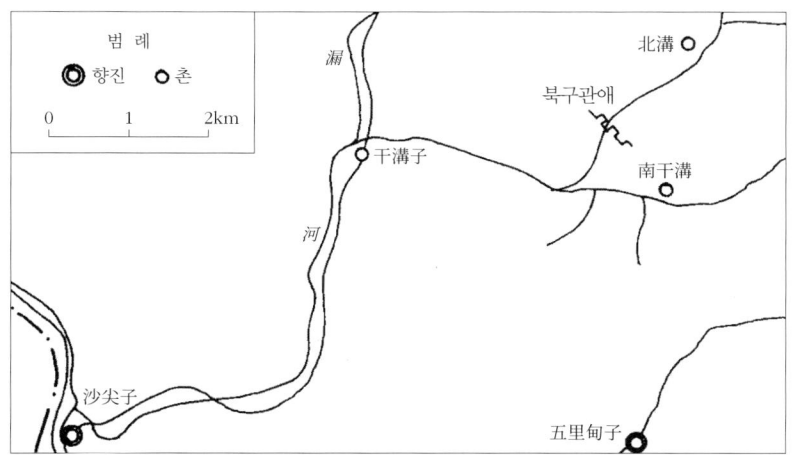

그림 3
북구관애 위치도(세부)
(『桓仁滿族自治縣文物志』, 43쪽)

m, 높이 2~4m임.
○ 두 절벽 사이를 가로질러 인공석벽을 기다랗게 축조함. 성벽의 방향은 대체로 남북향으로 345°임. 석벽은 많이 허물어져 돌두둑처럼 변했으나 여전히 흔적이 선명함.

2) 보존상태
○ 성벽은 많이 훼손되어 바깥쪽의 큰 돌은 거의 남아 있지 않고, 작은 돌만 남아 있음. 다만 남단 약 10m는 보존상태가 좋은 편인데, 여러 층으로 쌓은 큰 돌을 볼 수 있음. 기초부의 너비 9~10m, 현재 높이 1~1.8m.
○ 鄉路가 지나가는 관애 중앙에는 관애의 흔적이 거의 남아 있지 않으며, 干溝子河 좌우의 성벽도 거의 유실된 상태임.

4. 성벽과 성곽시설

1) 성벽

(1) 성돌
외벽의 성돌은 대부분 長方形이고 쐐기형은 적음. 비교적 큰 돌은 길이 50cm, 너비 40cm, 두께 20cm임.

(2) 성벽 축조양상
남단 약 10m는 여러 층으로 쌓은 큰 돌을 볼 수 있는데 바깥쪽 외벽은 잘 다듬은 돌을 층층이 쌓아 올렸고 그 안에는 잔돌로 메웠음.

(3) 성벽 길이
○ 인공성벽의 전체 길이는 259m.
○ 1990년 조사 당시 남단의 석벽 88m, 북단의 석벽 134m가 남아 있었음. 다만 중앙부 37m 정도는 하천과 도로에 의해 파괴됨.

2) 關門, 水門, 水柵
○ 關門은 본래 현재 도로가 지나가는 지점에 설치되었을 것으로 추정됨.
○ 그 밖에 하천이 흐르는 지점 아래에는 원래 水門이나 水柵 같은 것을 설치했을 것으로 추정되지만, 파괴가 심하여 흔적을 찾아볼 수 없음.

5. 건물지

관애 북단 동쪽의 산기슭 아래에는 평평한 경작지가 있는데 석벽과의 거리는 약 20m임. 이곳에서 돌로 쌓은 건물의 기초가 발견된 적이 있는데 병사 주둔지 또는 지휘소로 추정됨. 건물지 앞쪽에는 큰 바위가 2개 있는데 건물 시설의 일부로 활용한 것으로 추정됨.

6. 역사적 성격

북구관애는 渾江 지류인 漏河 유역의 험준한 干溝子 협곡에 위치했는데, 이곳에서 협곡을 따라 동쪽으로 나아가면 고구려 두 번째 도성이 위치했던 集安 경내에 도달함. 그리고 북구관애에서 혼강을 따라 하류 방면으로 조금 내려가면 桓仁 城墻砬子山城이 나오며, 여기에서 다시 혼강을 따라 내려가면 桓仁 瓦房溝山城이 나옴. 이로 보아 북구관애는 성립자산성이나 와방구산성 등과 함께 일련의 방어체계를 이루었을 것으로 추정됨.

그런데 북구관애 북단에서는 성벽 동쪽의 경작지에서 건물지가 발견됨. 이는 북구관애의 동쪽이 안쪽, 서쪽이 바깥쪽이고, 서쪽의 渾江유역에서 集安지역으로 진격하는 적군을 방어하기 위해 축조되었을 가능성을 시사함. 또 關隘 남북 산중턱의 절벽을 천연성벽으로 활용하면서 절벽의 동단에서부터 인공성벽으로 축조했는데, 이것 역시 관애 서쪽이 바깥쪽임을 시사함.

이로 보아 북구관애는 두 번째 도성인 국내성을 보호하기 위해 축조한 방어시설으로 추정됨. 집안시 경내에서는 칠개정자관애, 노변장관애, 망파령관애, 관마장산성, 대천초소, 석호관애 등의 방어시설이 발견되고 있는데, 북구관애도 이들과 더불어 국내성을 방어하기 위한 군사시설을 이루었다고 보임(『桓仁滿族自治縣文物志』, 44쪽 ; 梁志龍, 1992, 69쪽 및 82쪽).

특히 북구관애는 성장립자산성이나 와방구산성 등과 함께 환인지역에서 혼강 하류방면을 경유하여 집안 경내로 진입하는 도로변에 위치한 것으로 보아, 이들과 함께 혼강 하류일대에서 도성 외곽의 방어선을 구성하였다고 파악됨. 물론 혼강 하류 방면에서 환인분지로 향하는 적군을 방어하는 기능도 겸하였을 것으로 파악됨(余昊奎, 1998, 166쪽 ; 양시은, 2016, 188~189쪽).

참고문헌

- 桓仁滿族自治縣文物志 編纂委員會, 1990, 「北溝關隘」, 『桓仁滿族自治縣文物志』.
- 梁志龍, 1992, 「桓仁地區高句麗城址槪述」, 『博物館硏究』 1992-1.
- 王禹浪·王宏北, 1994, 「中國遼寧省桓仁縣沙尖子鎭鎭北溝村高句麗關隘」, 『高句麗·渤海古城址硏究匯編』 上, 哈爾濱出版社.
- 余昊奎, 1998, 「桓仁 北溝關隘」, 『高句麗 城』 I (鴨綠江 中上流篇), 國防軍史硏究所.
- 양시은, 2016, 『고구려 성 연구』, 진인진.

09　환인 동고성자유적
桓仁 東古城子遺蹟 | 東古城과 西古城

1. 조사현황

1) 1980년
○ 시행기관 : 本溪市, 桓仁縣 考古工作者.
○ 조사내용 : 유적 발견, 현황 조사, 유적 명칭(東古城子遺址) 부여함.
○ 발표 : 文物檔案 작성 및 『桓仁滿族自治縣文物志』 게재.

2) 1987년 봄
재조사 실시.

2. 위치와 자연환경(그림 1 ~ 그림 2)

○ 동고성자유적이 자리한 동고성자촌은 遼寧省 桓仁縣 拐磨子鎭 소속으로 환인현 소재지에서 동북쪽으로 30km 떨어져 있고, 拐磨子鎭에서 남쪽 3km 거리임. 마을에는 桓仁 – 通化 도로의 정류장이 있고, 주변에는 渾江 지류인 富爾江을 따라 남북방향으로 하곡평지가 비교적 넓게 펼쳐져 있는데, 동고성자촌은 富爾江의 東岸 평지상에 위치.
○ 동고성자유적은 동고성자촌 남쪽 1km 거리의 밭에 위치하고, 유적 남쪽 약 500m 거리에 부이강이 南流하고 있음.

3. 성곽의 전체현황

○ 1944년 현지를 방문한 三上次男의 기술에 따르면, 마을 서쪽 구릉에 옛날 토성이 있다는 주민의 말을 듣고 조사했지만 토성의 흔적을 찾지 못하였다고 함(三上次男, 1990, 81쪽).
○ 현지 주민에 따르면 본래 '동고성자'와 '서고성자'로 불린 두 개 성이 있었다고 하는데, 두 성의 거리는 약 1.3km이며 그 사이로 작은 개울이 흘렀다고 함. 다만 중국에서 여러 차례 발굴·조사하였지만, 성벽의 흔적이나 유물을 발견하지는 못하였음.
○ 1980년 동고성자촌 남쪽 1km 거리의 河谷平地 한복판의 밭에서 건물지로 추정되는 유적을 발견하였는데, 성벽을 확인하지는 못함. 유적이 위치한 주변 지역의 지세는 비교적 평탄함. 1980년 조사 당시 조금 낮은 동·남·북 3면은 논으로 경작되고 있었는데, 그 가운데 일부는 灌漑 문제로 인해 다시 밭으로 전환했다고 함.
○ 유적이 위치한 곳은 주변에 비해 0.5m 정도 높은 편인데, 1980년 당시 밭으로 경작되고 있었음. 유적의 면적은 길이 50m, 너비 20m로 비교적 작은 편임. 지표상에서 마제석부, 암키와, 토기편 등을 채집하였는데, 암키와가 가장 많았음. 조사자는 규모와 출토유물로 보아 고구려시기의 廟宇일 것으로 추정함(『桓仁滿族自治縣文物志』, 24~25쪽).

그림 1 동고성자유적 주변 지형도(滿洲國 10만분의 1 지형도)

그림 2
동고성자유적 위치도

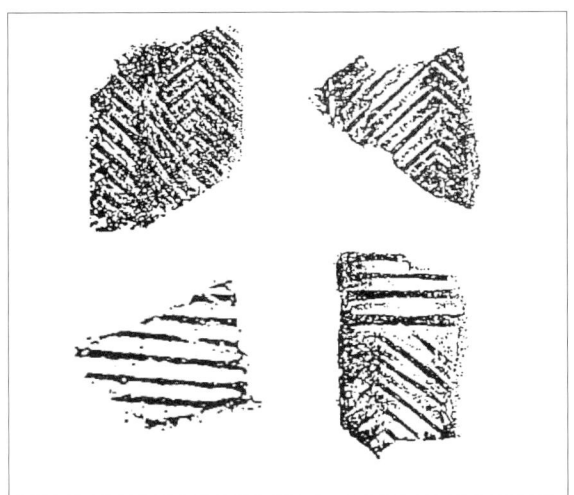

그림 3 수키와(『桓仁縣文物志』, 25쪽)

4. 출토유물

(1) 암키와
○ 출토지 : 동고성자유적.
○ 형태 : 니질의 회색기와와 니질의 적색기와로 구분. 태토나 문양에 있어 집안출토 고구려 기와와 동일시기로 추정. 니질의 적색기와의 소성도가 비교적 높고 단단한 편.

(2) 수키와 (그림 3)
○ 출토지 : 동고성자유적.
○ 크기 : 길이 11.2cm, 너비 10cm, 두께 2.5cm.
○ 형태 : 단면 반원형. 가운데 부분이 조금 꺾여 각을 이루고 있음. 배면에 선문(평행현문), 어골문(절각문), 석문 등 문양이 새겨져 있고 내면에 포문이 확인.

(3) 토기 구연부
○ 출토지 : 동고성자유적.
○ 형태 : 외반구연.
○ 태토 및 색깔 : 사질 회갈색. 운모와 활석가루 혼입.

(4) 토기 구연부
○ 출토지 : 동고성자유적.
○ 형태 : 태토가 아주 미세하고, 질은 굳고 단단함. 구연은 원형이고 목이 잘록하며 어깨가 불룩한 것으로 보아 호로 추정됨.
○ 태토 및 색깔 : 가는 진흙질 회색.

5. 역사적 성격

동고성자유적은 소자하 유역에서 부이강-신개하를 거쳐 집안에 이르는 교통로와 환인에서 통화로 나아가는 교통로가 만나는 전략적 요충지로서 고구려시기에도 중요한 역할을 담당하였다고 추정됨(王綿厚·李健才 1990, 127쪽). 부근에는 大荒溝古墳群 등 고구려 고분군도 분포되어 있으며, 명나라 초기에는 建州衛 首領 李滿의 兀彌府 소재지였음.

이에 최근 동고성자촌 일대를 고구려 건국 이전의 沸流國 소재지로 보는 견해가 제기되기도 함(王從安·王俊輝·趙金付, 2006, 92~94쪽). 다만 동고성자유적 일대에서는 성벽의 흔적이 확인되지 않았다는 점에서 토성으로 보기는 어려움(田中俊明, 1994, 23쪽). 동고성자유적의 정확한 성격을 파악하기 위해서는 향후 추가적인 고고조사가 필요하다고 생각됨.

참고문헌
- 三上次男, 1990, 「東滿風土雜記」, 『高句麗と渤海』, 吉川弘文館.
- 王綿厚·李健才, 1990, 『東北古代交通』, 潘陽出版社.
- 桓仁滿族自治縣文物志 編纂委員會, 1990, 『桓仁滿族自治縣文物志』.
- 田中俊明, 1994, 「高句麗の興起と玄菟郡」, 『朝鮮文化研究』 1.
- 余昊奎, 1998, 「桓仁 東古城과 西古城」, 『高句麗 城』 I(鴨綠江 中上流篇), 國防軍史研究所.
- 王從安·王俊輝·趙金付, 2006, 「沸流王故地在桓仁」, 『東北史地』 2006-2.

10 환인 수허산성
桓仁 愁虛山城

1. 성곽의 전체현황

○ 桓仁縣 拐磨子鄕 小荒溝村 서쪽에 위치했다고 함.
○ 전체 둘레는 500m 정도라고 함.
○ 흙으로 축조했다고 하는데 자세한 상황은 알 수 없음.

2. 역사적 성격

성곽에 대한 상세한 정보가 없어 그 성격을 정확히 파악할 수 없음.

참고문헌

· 陳大爲, 1995, 「遼寧高句麗山城再探」, 『北方文物』 1995-3.
· 魏存成, 2002, 「山城」, 『高句麗遺迹』, 文物出版社.

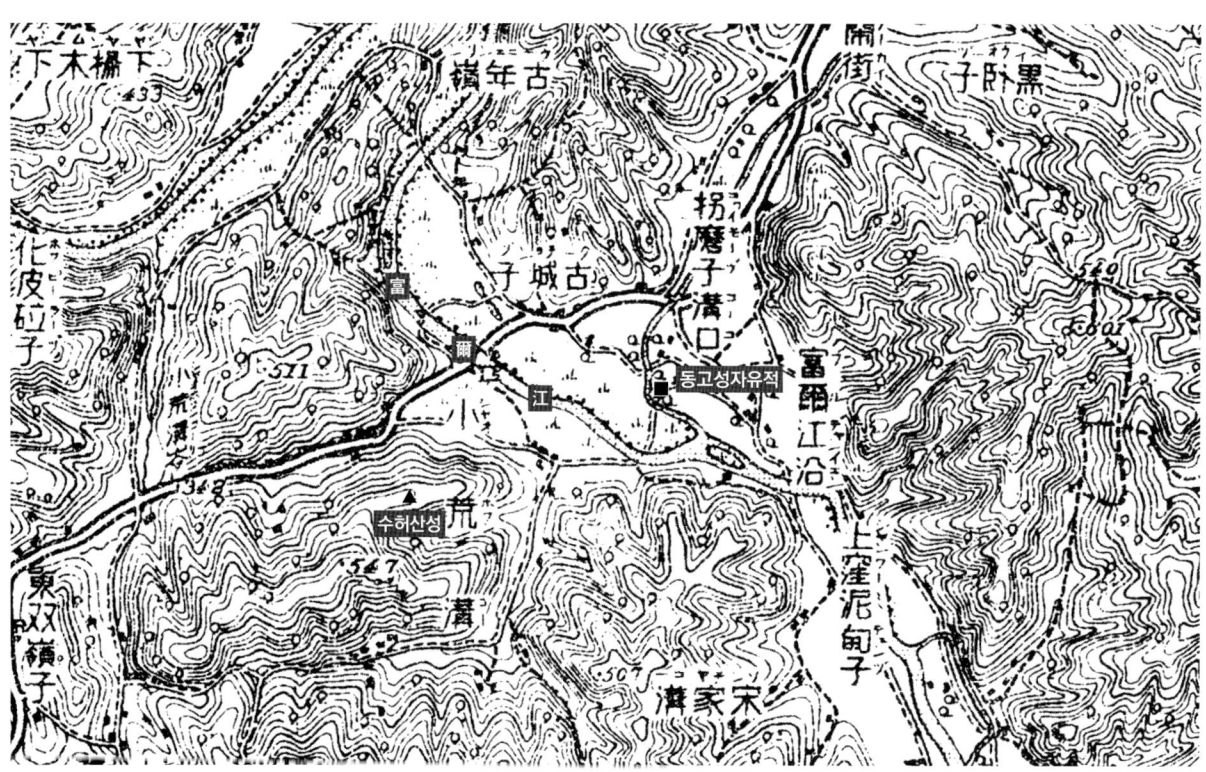

그림 1 수허산성 주변 지형도(滿洲國 10만분의 1 지형도)

3
유물

01 청동제도끼
銅斧

1. 출토지

1974년, 桓仁縣 文化館에서 수집.

2. 크기

길이 5.3cm 너비 4cm. 자루를 끼우는 구멍(銎口) 길이 4cm, 너비 2.1cm, 안으로 들어간 깊이 4.1cm.

3. 형태

도끼 몸(斧身)은 장방형을 띰. 허리 부분이 좁혀 졌고 부채꼴의 구불어진 날이 있었으며 양측에 거푸집으로 주조할 때 남겨진 흔적이 있음. 자루를 끼우는 주머니 주위에 두 줄의 凸弦무늬가 있고 도끼 몸 정면에는 비교적 난잡한 사선 網格무늬가 있음. 이 도끼의 모양은 瀋陽 鄭家洼子 제1지점에서 발견된 청동도끼와 비슷하고 그 연대는 춘추 말기부터 전국 초기로 추측됨.

참고문헌

- 桓仁滿族自治縣文物志 編纂委員會, 1990, 『桓仁滿族自治縣文物志』.

02 청동제꺾창
銅戈

1. 출토지

1958년, 桓仁縣 四道河子鄉.

2. 크기

총길이 26.1cm, 너비 12.5cm. 연의 길이 16.5cm 너비 2.1~2.4cm.

3. 형태

꺾창 몸(戈身)은 검은색을 띠었고 검은색이 없는 곳에서 동황(銅黃)이 약간씩 드러남. 날이 예리했고 잘 보존. 연이 길었고(長援) 척이 편평했으며(平脊) 봉이 약간 위로 들림(鋒略上翹). 내부의 뒤 주위(內后部周圍)에 날이 있으며 그 길이는 9.6cm임. 闌側에 타원형 모양의 三穿이 있고 안에 삼각형모양의 一穿이 있음. 이 꺾창은 전국 말기에 비교적 유행되었던 狹援內刃式 꺾창이었고 내몽골 準格爾上塔 고분에서 출토된 '12년 上群戈'과 비슷함. 양자사이에 구별도 있는데 '12년 上群戈'의 胡尾는 곧게 안으로 들어갔고 이 꺾창의 胡尾는 구불게 안으로 들어감. 연대 차이가 얼마 나지 않고 이 꺾창은 전국 말기 중원의 병기에 속할 것으로 추측됨.

4. 소장처

桓仁縣 文物管理所.

참고문헌

- 桓仁滿族自治縣文物志 編纂委員會, 1990, 『桓仁滿族自治縣文物志』.

03 철제솥
鐵鍋

1. 출토지

1984년 7월 22일, 桓仁縣 業主溝鄕 老砬子村 楊木下屯子.

2. 크기

구경 28.5cm, 목 높이 3.4cm.

3. 형태

鑄造. 완전하게 보존. 구연이 약간 벌어지고 목이 곧았으며 배가 볼록하고 바닥이 둥그럼. 배 중간 위에 한줄의 緋沿이 있는데 너비가 1.7cm이고 두께가 0.7cm임. 어깨에 네 줄의 凸弦무늬가 있음.

4. 소장처

桓仁縣 文物管理所.

참고문헌
- 桓仁滿族自治縣文物志 編纂委員會, 1990, 『桓仁滿族自治縣文物志』.

04 철제화살촉
鐵鏃

1. 출토지

桓仁縣.

2. 형태

삽모양(鏟式). 화살촉 몸이 제형(梯形)을 띠었고 납작함. 곧은 날 혹은 호형 날임. 方錐狀의 슴베가 있음. 拐磨子鎭 花房溝에서 길이가 17.5cm이고 날의 너비가 4.6cm인 화살촉이 출토됨.

참고문헌

- 桓仁滿族自治縣文物志 編纂委員會, 1990, 『桓仁滿族自治縣文物志』.

05 철제화살촉
鐵鏃

1. 출토지

桓仁縣.

2. 형태

부채면모양(扇面式). 화살촉 몸이 부채형을 띠었고 날이 휘었음. 오녀산성에서 길이가 7.8cm이고 인의 너비가 3.1cm인 화살촉이 출토됨.

참고문헌

- 桓仁滿族自治縣文物志 編纂委員會, 1990, 『桓仁滿族自治縣文物志』.

06 철제화살촉
鐵鏃

1. 출토지

桓仁縣.

2. 형태

삼각형모양. 화살촉 몸이 납작하고 편평하며 이등변삼각형(等腰三角形)을 띰. 날은 곧고 꼬리 부분에 날개 두 개가 있음. 오녀산성에서 남은 부분의 길이가 6.2cm이고 너비가 3.6cm인 이런 화살촉이 출토됨.

참고문헌

- 桓仁滿族自治縣文物志 編纂委員會, 1990, 『桓仁滿族自治縣文物志』.

07 철제화살촉
鐵鏃

1. 출토지

桓仁縣.

2. 형태

넓은 잎모양(寬葉式). 화살촉 몸이 타원형을 띠고 잎모양을 띰. 중간에 柱脊와 棱脊이 있고 약간 두터웠으며 슴베가 뾰족함. 오녀산성에서 길이가 11.3cm이고 너비가 2.6cm인 화살촉이 출토됨.

참고문헌

- 桓仁滿族自治縣文物志 編纂委員會, 1990, 『桓仁滿族自治縣文物志』.

08 철제화살촉
鐵鏃

1. 출토지

桓仁縣.

2. 형태

鏟形倒刺式. 화살촉 몸이 삽모양을 띠었고 꼬리 부분 양측에 거꾸로 놓인 가시 두 개가 있음. 오녀산성에서 길이가 6.3cm이고 너비가 2cm인 화살촉이 출토됨.

참고문헌

- 桓仁滿族自治縣文物志 編纂委員會, 1990, 『桓仁滿族自治縣文物志』.

09 철제화살촉
鐵鏃

1. 출토지

桓仁縣.

2. 형태

원추식(圓錐狀), 화살촉 몸이 원추형을 띠었고 그 형태는 탄알과 같으며 方尖슴베가 있음. 오녀산성에서 길이가 6.5cm이고 너비가 0.8cm인 화살촉이 출토됨.

참고문헌

- 桓仁滿族自治縣文物志 編纂委員會, 1990, 『桓仁滿族自治縣文物志』.

10 철제화살촉
鐵鏃

1. 출토지

桓仁縣.

2. 형태

삼릉식(三棱狀). 화살촉 몸이 삼릉기둥모양(三棱柱狀)을 띠고 단면이 삼각형을 띰. 뒷부분 단면은 육릉형이고 슴베가 뾰족하며 이미 파손. 오녀산성에서 길이가 4.9cm이고 너비가 1.6cm인 화살촉이 출토됨.

참고문헌

- 桓仁滿族自治縣文物志 編纂委員會, 1990, 『桓仁滿族自治縣文物志』.

11 철제화살촉
鐵鏃

1. 출토지

桓仁縣.

2. 형태

물고기꼬리모양(魚尾式). 화살촉 몸이 납작하며 인부가 안으로 오목하게 들어감. 형태가 물고기꼬리모양을 띠었고 슴베가 뾰족함. 오녀산성에서 길이가 9.4cm이고 너비가 4.6cm인 화살촉이 출토됨.

참고문헌

- 桓仁滿族自治縣文物志 編纂委員會, 1990, 『桓仁滿族自治縣文物志』.

12 철제화살촉
鐵鏃

1. 출토지

桓仁縣.

2. 형태

뱀머리모양(蛇頭式). 이런 형식의 화살촉이 가장 많이 출토되며 긴 몸에 뱀머리모양이 특징임. 오녀산성에서 길이가 15.2cm이고 너비가 1cm인 화살촉이 출토됨.

참고문헌

- 桓仁滿族自治縣文物志 編纂委員會, 1990, 『桓仁滿族自治縣文物志』.

13 철제화살촉
鐵鏃

1. 출토지

桓仁縣.

2. 형태

버드나무잎모양(柳葉式). 화살촉 몸이 비교적 좁음. 앞부분에 棱脊 혹은 柱脊가 있고 일부분 脊側에 血槽가 있음. 어떤 것은 원기둥의 뾰족한 슴베가 있음. 길이가 16.8cm이고 너비가 1cm임.

참고문헌

- 桓仁滿族自治縣文物志 編纂委員會, 1990, 『桓仁滿族自治縣文物志』.

중국 소재 고구려 유적과 유물 I
압록강 중상류 1 환인

초판 1쇄 인쇄　2021년 11월 10일
초판 1쇄 발행　2021년 11월 30일

기　　획　동북아역사재단 한국고중세사연구소
엮 은 이　여호규, 강현숙, 백종오, 김종은, 이경미, 정동민
펴 낸 이　이영호
펴 낸 곳　동북아역사재단

등　　록　제312-2004-050호(2004년 10월 18일)
주　　소　03739 서울시 서대문구 통일로 81(미근동267) NH농협생명빌딩
전　　화　02-2012-6065
팩　　스　02-2012-6189
홈페이지　www.nahf.or.kr
제작·인쇄　역사공간

ISBN　978-89-6187-543-1 94910(세트)
　　　　978-89-6187-666-7 94910

• 이 책은 저작권법으로 보호를 받는 저작물이므로 어떤 형태나
　어떤 방법으로도 무단전재와 무단복제를 금합니다.
• 책값은 뒤표지에 있습니다. 잘못된 책은 바꾸어 드립니다.